# ARISTOTLE
## DE ANIMALIBUS
### MICHAEL SCOT'S ARABIC-LATIN TRANSLATION
### PART TWO

# ARISTOTELES SEMITICO-LATINUS

*founded by H.J. Drossaart Lulofs*

is prepared under the supervision of the ROYAL NETHERLANDS ACADEMY
OF ARTS AND SCIENCES as part of the CORPUS PHILOSOPHORUM
MEDII AEVI project of the UNION ACADÉMIQUE INTERNATIONALE.

The Aristoteles Semitico-Latinus project envisages the publication of the
Syriac, Arabic and Hebrew translations of Aristotle's works, of the Latin
translations of those translations, and of the mediaeval paraphrases and
commentaries made in the context of this translation tradition.

*General Editors*

H. DAIBER and R. KRUK

*Editorial Board*

H.A.G. BRAAKHUIS, H.J. DROSSAART LULOFS, W.P. GERRITSEN
J. MANSFELD, C.J. RUIJGH, D.Th. RUNIA

VOLUME 5

# ARISTOTLE
# DE ANIMALIBUS

MICHAEL SCOT'S ARABIC-LATIN TRANSLATION

PART TWO
BOOKS XI-XIV: PARTS OF ANIMALS

EDITED BY

AAFKE M.I. VAN OPPENRAAIJ

BRILL
LEIDEN · BOSTON · KÖLN
1998

ARISTOTELES SEMITICO-LATINUS
is prepared under the supervision of the
ROYAL NETHERLANDS ACADEMY OF ARTS AND SCIENCES
as part of the
CORPUS PHILOSOPHORUM MEDII AEVI
project of the
UNION ACADÉMIQUE INTERNATIONALE

The Aristoteles Semitico-Latinus project envisages the publication of the Syriac, Arabic and Hebrew translations of Aristotle's works, of the Latin translations of those transla-tions, and of the mediaeval paraphrases and commentaries made in the context of this translation tradition.

The paper in this book meets the guidelines for permanence and durability of the Committee on Production Guidelines for Book Longevity of the Council on Library Resources.

**Library of Congress Cataloging-in-Publication Data**

Aristotle.
   [On the Generation of Animals. Arabic & Latin].
   Aristotle De Animalibus: Michael Scot's Arabic-Latin translation.
   Part three, books XV-XIX, Generation of Animals / [edited] by Aafke M.I. van Oppenraaij; with a Greek index to De Generatione Animalium by H.J. Drossaart Lulofs.
     p.   cm. — (Aristoteles Semitico-latinus, ISSN 0927-4103 ; v. ) 5)
   Translation of: On the Generation of Animals.
   Revision of thesis, 1988.
     Includes bibliographical references (p.  ) and indexes.
     ISBN 9004110704 (cloth: alk. papier)
     1. Zoology—pre-Linnean works. 2. Reproduction—Early works to 1800. 3. Aristotle. On the Generation of Animals—Indexes.
I. Scot, Michael, ca. 1175-ca. 1234. II. Oppenraaij, Aafke M.
I. van. III. Title. IV. Title: De animalibus. V. Title:
Generation of Animals. VI. Series.
   QL41.A712   1992
   591—dc20                                                              92-4288
                                                                                  CIP
                  ISSN   0927-4100
                  ISBN   90 04 11070 4

© *Copyright 1998 by Koninklijke Brill, Leiden, The Netherlands*

*All rights reserved. No part of this publication may be reproduced, translated, stored in a retrieval system, or transmitted in any form or by any means, electronic, mechanical, photocopying, recording or otherwise, without prior written permission from the publisher.*

*Authorization to photocopy items for internal or personal use is granted by Brill provided that the appropriate fees are paid directly to The Copyright Clearance Center, 222 Rosewood Drive, Suite 910 Danvers MA 01923, USA.
Fees are subject to change.*

PRINTED IN THE NETHERLANDS

# CONTENTS

PREFACE ............................................. VII

INTRODUCTION (with short bibliography on pp. xxi-xxii) .......... XI

DE ANIMALIBUS LIBER XI - *De partibus animalium I* .......... 1

DE ANIMALIBUS LIBER XII - *De partibus animalium II* ........ 32

DE ANIMALIBUS LIBER XIII - *De partibus animalium III* ....... 92

DE ANIMALIBUS LIBER XIV - *De partibus animalium IV* ...... 146

NOTES ............................................... 225

INDEX LATINO-ARABUS ................................ 315

INDEX ANIMALIUM PLANTARUM NOMINUM PROPRIORUM ..... 441

INDEX ARABO-LATINUS ................................ 449

A GREEK INDEX OF NAMES, ANIMALS, PLANTS .............. 583

**PREFACE**

The present volume contains the *Libri de animalibus XI-XIV*, being the counterpart of Aristotle's *De partibus animalium* as translated from the Arabic into Latin by Michael Scot. The third part, containing *De animalibus XV-XIX* (= *De generatione animalium*) appeared in 1992,[1] and the series will be completed with *Libri I-X*, corresponding to the *Historia animalium* in Greek. The reversed order of appearance can easily be defended, for when the project started, all the basic material for the transmission of *GA*, i.e. recent editions of the Greek text (1965),[2] of Moerbeke's Graeco-Latin translation (1966)[3] and of the Arabic translation (1971)[4] were accessible in print. For *PA* the conditions are less favourable: we are fortunate in having a critical edition of the Arabic translation by Dr. Remke Kruk (1979),[5] but the twentieth century has not yet produced an up to date critical edition of the Greek text. As regards *HA* the situation is no better: a critical edition of the Greek text prepared by the late David Balme has not yet appeared, and the strenuous work on the Arabic translation is still in progress, as is the work on Moerbeke's Graeco-Latin translation.[6]

While I was preparing the present edition of Scot's translation, Liliane Bodson published a complete *Index verborum* of *De partibus animalium* (Liège 1990),[7] a valuable tool that proved to be a reliable help, not only in drawing up the Arabic-Latin and the Latin-Arabic indices but also in approaching dubious readings in this extremely difficult work. My own contribution in this field consists in a separate index for names of animals, plants, and geographical and personal names in Greek.

Users of the preceding volume (Scot's version of *GA*) will see that in preparing the text, in composing the two apparatus and in arranging the indices I have followed the same or similar lines, which therefore need no further explanation. As soon as Dr. P. Rossi (Turin) will have published *De partibus animalium* in the Graeco-Latin version of Willem van Moerbeke, the landmarks for the history of the transmission of the two principal works on zoology by Aristotle will be available.

This edition is part of the UAI project Aristoteles Semitico-Latinus, the Latin texts of which are prepared at the *Constantijn Huygens Instituut voor Tekstedities en Intellectuele Geschiedenis* (The Hague), patronized by the Royal Netherlands Academy of Arts and Sciences (KNAW). It was subsidized by the Netherlands Organization for Scientific Research (NWO). I am greatly indebted to both Institutes for their helpful assistance. To Mr. F.C. Bos and the staff of the Edita Department of KNAW I owe many helpful remarks and the design of some diagrams to *PA* 684b23ff.

During the period that my work was subsidized directly by NWO (1990–1994), Dr. Arpad P. Orbán (Nijmegen) was added as a temporary assistant. On the base of an existing transcript of one MS of Scot's translation (made by Mrs. B. Autsema and Mr. J. Rotteveel Mansfeld) he collated MSS *CEHW* and part of *D*. I am grateful to him for his help and his attentive care in the important initial phase of building up the Latin apparatus.

Dr. K. Vollmann (Munich) courteously lent me his microfilm of the Nürnberg MS to check some readings.

I am very grateful to Mr. A.P. Runia for translating the Notes and for correcting the English of the Introduction.

Dr. J. Brams (Louvain) kindly undertook the laborious task of going through the Latin-Arabic index and the second apparatus of the text. I greatly benefited by his expertise in editing mediaeval Latin translations of Aristotle.

To Dr. H.J. Drossaart Lulofs I will be lastingly thankful for his interest in my work in all phases and for his encouraging criticism.

Dr. Remke Kruk's expert knowledge of the Arabic version of Aristotle's zoological works and of the reception of Greek biology in the Arabic world has been an essential support for my work. I owe here many thanks for the help she has given me to complete the present book. The frequent references to her edition of the Arabic translation in the second apparatus and in the Notes may testify to the primary importance that edition has had for me.

Towards the end of the second millennium, the interest in the history of exact sciences and natural history is rapidly increasing. I hope that this work will contribute to widen the view of those who investigate the variegated blossoming of Aristotelian biology through the ages. How serious Aristotle himself took the subject is well expressed in the famous fifth chapter of the first book: [8]

*Si ergo aliquis putaverit quod cognitio animalium sit ignobilis, putet ergo quod cognitio ipsius sit ignobilis.*

AMSTERDAM July 15th, 1997.

# INTRODUCTION

## GENERAL REMARKS ON THE TEXT

The history of the zoological works of Aristotle, the position of the book in the Aristotelian Corpus and the transmission of the text itself have occasionally been dealt with in introductions to and commentaries on various editions, notably those of Ogle (1882, rev. 1911), of Peck (1945, rev. 1961) and of Louis (1957).[9] The Arabic tradition is discussed at some length in the Introductions to the editions of *De generatione animalium* by Brugman and Drossaart Lulofs (1971, = BDL) and of *De partibus animalium* by Kruk (1979). The small treatises *De motu animalium* and *De incessu animalium* have not been handed down to us in Arabic, though their existence was known.[10]

The Arabic-Latin translation of *GA* has been discussed in the Preface to my edition of *GA* (1992). A comparison with that of *PA* shows that the translation of the latter work presented more problematic aspects. In the first place the MSS of the Greek text offer a wealth of variant readings, and it was bound to happen that in several cases the Arabic translator ($\Xi$), followed by Scot ($\Sigma$), adopted a reading rejected by the editors of the Greek text ($\Omega$). On the other hand, syntactical and morphological problems made the interpretation difficult, and there often existed uncertainty about the meaning of technical terms. The Arabic translator was time and again confronted with difficulties of this kind, and so was Scot. Both of them exerted themselves to find a solution, which of course was not necessarily the true one. However, in general it can be said that both translators, each in his own way, rendered the text rather faithfully.

There were, for instance, the long hypotactical constructions. The Arabic translator might succeed in rewriting a sentence in paratactic sequences, but sometimes he failed to resolve all the components of the Greek. Scot, who had no other means to get at the intention of the Greek author, rendered the Arabic as closely as possible and did his utmost to make a plausible Latin sentence. Occasionally he tried to give it a meaning which, in his opinion, it ought to have.

The notorious difficulties caused by negations in Greek texts, especially in complicated sentences, might mislead the Arabic translator: at times, for instance, a negative statement was rendered by a positive one, or vice versa. Here again Scot was forced to follow, or, when the opposite sense was too obvious, to emend as well as he could. An example is the following statement in 695b14-6: the Greek sentence Ἐπὶ δὲ τῶν βατράχων τὸ ἐναντίον συμβέβηκεν. διὰ γὰρ τὸ μὴ σαρκῶδες εἶναι τὸ πλάτος αὐτῶν τὸ ἐμπρόσθιον, ὅσον ἀφῄρηται σαρκῶδες, πρὸς τὸ ὄπισθεν αὐτὸ (v. l. αὐτῶν) ἔθηκεν ἡ φύσις καὶ τὴν οὐράν ('In the fishing-frog the opposite has taken place. Here, the wide, flat part of the body in front is not fleshy; Nature has taken the fleshy material away from the front and added an equivalent amount at the back – in the tail' *(Peck)*) had been rendered into Arabic as فاما الضفادع فالذى يعرض لها على خلاف ممّا ذكرنا لان عرض مقاديمها اكثر لحما من المواخير وما نقص من المواخير والذنب زاد الطباع على المقدّم . Because the translator had omitted μή, the rest of the sentence was incomprehensible. Scot was unable to ferret out the mistake, and limited himself to a literal translation: 'Ranae autem, accidit eis econtrario ei quod diximus, quoniam latitudo sui anterioris est pluris carnis posteriori, et quod diminuitur ex posteriori et cauda augmentavit natura in anteriori'.

As to the contents, Scot rarely preferred the easy solution of omitting passages that baffled him; if possible he tried to restore the sense by summarizing. It is interesting to see how Albertus in his elaborate commentary on *De animalibus* dealt with problems of this kind.[11] Though Scot had struggled to make his translation as readable and comprehensible as possible, Albertus was sometimes forced to interpret passages that were based on an inaccurate translation. In his attempts to make them understandable in the context, he displayed an almost inexhaustible ingenuity.

In my dissertation of 1988[12] I characterized Scot's translation as follows: 'Generally speaking, it can be said that Michael Scot had a profound knowledge of Arabic, and he appears to have been familiar with the Christian Arabic used by the 9th cent. translator.[13] There are instances where he apparently did not grasp the meaning of a particular word. In those cases he gave a transcription of the Arabic, or he left the place open to be filled in later. There are also cases where he found a faulty or incomplete rendering in his Arabic exemplar, and he restored the original meaning of the Greek text, either by logical reasoning or by sheer intuition – or at least tried to present a comprehensible text. Apparently, his aim was to provide a clear and precise text, as faithful as possible to the Arabic version, at the same time avoiding superabundant or obscure Arabic periphrasis as much as he could. It goes without saying that he did not always succeed, either through some misinterpretation of the sometimes ambiguous Arabic writing, or because of his misunderstanding of an Arabic clause. But he did his best, in a way one cannot but admire, the more one occupies oneself with his translation.'

In Scot's translation the superabundant periphrases, known as the *verbositas arabica*, are in most cases straightened out. Wherever the Arab had introduced synonyms, [14] Scot habitually preferred a single word. There are various possibilities:

The Arab tended to render Greek words by synonyms, but Scot reduced them again to a single word, so that the Latin is in concord with the Greek.

E.g. τὰ σώματα جثث واجساد corpora 694a11

φράγμα سياج وحائط murus 679a6

μέθοδον المسلك والسبيل methodum 644b17

φαίνονται ذلك بيّن ظاهر hoc manifestum est 639a2

οὐ κάμνουσι بلا تعب وبغير عناء sine labore 689b17

It might happen that the Greek had a hendiadys, duly translated in Arabic by two equivalents, but rendered as a single word by Scot.

E.g. διὰ πλῆθος καὶ ὑπερβολὴν τῆς εἰσφερομένης τροφῆς لحال كثرة وافراط الغذاء propter multitudinem cibi 668b13

πρὸς φυλακὴν καὶ σκέπην لحفظ وسترة ad custodiendum 690a2

The reverse also might happen, though rarely.

E.g. ὀλίγον يسيرة parvos modicos 675a2

τοῦ ἡδέος اللذيذ dulce delectabile 661a8

παχύτερον غليظا grossum et spissum 694b27

In 645a34 'lapides', in the usual manner, is the translation of اللبن والحجارة (πλίνθων), but in 646a27 the same combination اللبن والحجارة in Arabic, which stands for Greek πλίνθων ... καὶ λίθων, is rendered literatim as 'lapides et tegulas' *(inv.)*.

As an example of impatient curtailing of a verbose text cf. 689b24 'caruit cauda' for اعدمته الطبيعة حاجة الذنب, in Greek ἀφῄρηται ἡ τῆς οὐρᾶς ἀναγκαία χρῆσις 'the need and the necessity of a tail is taken away'. Here, however, Aristotle himself had been more elaborate than usual (for another striking example see BDL Introd. p. 58 and *GA Notes ad* 715a1-2).

It may happen that peculiarities of the Arabic syntax can be traced in the Latin, e.g. 687a25 'est nudus in corpore neque habet ungulas (*pro* 'coopertorium') in pedibus', for Arabic عريان ليس له سترة ولا لرجليه غطاء, in Greek ἀνυπόδητόν (τε γὰρ αὐτὸν εἶναι φασι) καὶ γυμνόν '(they point out that man) is barefoot and naked' (Notice the Arabic synonyms for γυμνόν and the typical, rather frequent inversion of the Arabic versus the Greek text).

681b28 might be adduced as an example of an intricate error: 'et erunt decem remota a' does not make sense, neither does the correction in $BD^2$ 'et erit remotum a', although it does fit in the context. However, the Arabic has وتكون العسرة بعيدة من corresponding to the Greek καὶ τὸ δυσχερὲς ἄποθεν ᾖ 'it and its unpleasantness are kept as far as possible from' *(Peck)*. It is clear that Scot read عسرة ('unpleasantness' - without diacritical points), corresponding to Greek δυσχερές, as عشرة 'decem'.

A complicated error is found in 641b35. Scot has 'sicut semen grani' for Arabic مثل زرع الحيّة. The Greek had οἷον (σπέρμα) ὀρέως 'like (the seed) of a mule'. The Arab mistook ὀρέως 'mule' for ὀφέως 'snake', and Scot in his turn mistook الحيّة 'serpentis' for الحبّة 'grani'.

It is obvious that all texts should be compared, especially when there are many variant readings. A case in point is 662b9: ' (aves parvae) quae vivunt ex cimicibus et sibi similibus'. This translates اخذ ... يعيش من البقّ وما يشبهه for Greek (πρὸς) τὰς λήψεις τῶν ζῳδαρίων ' (for) catching minute animals' *(Peck)*. The Arab specifies the ζῳδάρια as بقّ وما يشبهه ... والدود ('bedbugs *(or* chinches*)* and the like ... and worms'. Scot correctly renders بقّ as 'cimicibus' i.e. the reading of *ADH*. The Latin variant readings are: nucibus *B*; om. *C*; seminibus *E*; cucucibus *W*. Although 'nucibus' and 'seminibus' are more or less possible, the reading of the Arabic text is decisive.

In at least one case the Arabic translation is an improvement on the original Greek. In Aristotle the words μέρος and μόριον are both used indiscriminately, but the Arab carefully distinguishes two kinds of parts: *(a)* جزء (juz'), plural اجزاء (ajzā') 'a portion of something', e.g. الجزء اللحمى pars carnosa 654b33, جزء العظام pars ossium 663b29, اجزاء ناتئة partes prominentes 675a12, and *(b)* عضو ('uḍw) plural اعضاء (a'ḍā') 'members', 'limbs', 'organs', comprising in Aristotle's conception blood, fat, marrow, semen, milk, flesh, bones etc. Compare for instance the circumscriptions: جزء الجسد pars corporis 662b18 and جزء من اجزاء الحيوان pars animalis 641a24 with الاعضاء التى فى اجساد الحيوان membra *(sc. corporum animalium)* 652a28 and الجزء الصلب pars dura 655a29, الجزء الاعلى pars superior 691a27, الجزء الاسفل pars inferior 691b17, جزء المعاء الذى يسمّى اعمى pars intestini quod 'orbum' dicitur 675b7 with الاعضاء اليابسة membra sicca dura 647b15, الاعضاء العليا membra superiora 647b34, اعضاء سفلية membra inferiora 683b21 and ما يلى البطن من الاعضاء membra ventris 678b27. In all these instances the Greek text has μόριον, occasionally together with μέρος (647b34, 690b1 etc.), but the Arab and, in his footsteps, Scot, make a careful distinction.

Conspicuous in this respect are the translations of Aristotle's well-known formulae τὰ ὁμοιομερῆ (sc. μόρια), the uniform parts (blood etc.) and τὰ ἀνομοιομερῆ, the non-uniform parts (hand etc.), also τὰ ὀργανικὰ τῶν μορίων (646b26 661b29) or τὰ ὀργανικὰ μερῆ (647a3-4, b23), rendered as الاعضاء التى اجزاؤها تشبه بعضها بعضا membra quae assimilantur; membra quae assimilantur in partibus; - quae habent partes consimiles; - consimilia, and الاعضاء (الآلة) التى اجزاؤها لا تشبه بعضها بعضا membra quae habent partes dissimiles; - dissimilia; - organica (→ Indices), respectively.

In this connexion the rendering of the title of Aristotle's work is interesting.

The current title in Greek Περὶ τῶν ζῴων μορίων is not used, because the three main zoological treatises were put together in a series of nineteen books (maqālāt). They were variously quoted by Arabic authors, but the division into three separate works is rarely made. However, Ibn abī Uṣaibi'a (d. 1270) did so.[15] He called the 'second part' of the series *Kitāb fi l-a'ḍā' allāti bihā l-ḥayāh arba' maqālāt* ('Book of the Parts *(lit. Members)* which make Life possible, four Books *(lit. Treatises)*'), and Ḥajjī Kalīfa (d. 1657)[16] offers a similar designation (they may possibly have had access to some Catalogue of Aristotle's works). That title aptly refers to the anatomical character of the work, which is concerned with the enumeration, description and the explanation of the functioning of the anatomical parts. Accordingly, Kruk's edition chooses the title *Fī a'ḍā' l-ḥayawān* (On the Parts of Animals), whereas Badawī prefers *Fī l-ajzā' l-ḥayawān*.

These few examples may suffice to show that it would be hazardous to edit a Latin translation of the text without carefully comparing the Arabic as well as the Greek.

### THE ARABIC EXEMPLAR

The Arabic translation was edited by Remke Kruk in 1979. She based her text on MSS *L* (= London, British Library Or. Add. 7511; 6th Cent. H. (BDL) / 12th or 13th Cent.) and *G* (= Leiden, University Library Or. 166; 5th Cent. H. / 11th or 12th Cent.). A third MS, *T* (= Teheran Majles Library 1143; 11th Cent. H./17th or 18th Cent.), proved to be an inaccurate transcript of *L* and was dismissed. She collated Scot's translation in a transcript of MSS Vaticanus Chis. E VIII 251 and Göteborg Lat. 8. It appeared that Scot's exemplar in general agreed with *L*, but that a number of variants were related to *G*.

The numerous instances where the Arabic (Ξ in this edition) deviates from the Greek (Ω) have been singled out by Kruk (1979).[17] I have referred to variants in the Greek text in the *Notes*, whenever they have some bearing on Scot's text. Mere trifles are omitted. Most of Kruk's conjectures are based on the Greek, especially when transcriptions are concerned. Scot's transliterations usually correspond to readings that are found in *L* or *G*, and rarely to an unknown source. I checked all Latin transliterations in *L*, and, if necessary, in *G*. The reader should be aware of the fact that, because of Scot's readings, my interpretation of the Arabic text does not always agree with the printed version of the Arabic transliterations (which are often without diacritical points in the MSS) in the apparatus of the edition of Kruk, which is mainly focussed on the Greek text. It should also be stressed that Scot's Arabic exemplar was not identical with the Arabic text as we have it. This is especially obvious in his translation of *HA*, but there are some traces of a different text in *PA*, too (see notes to 65la30 54a28 70b21 84b2 87a7-8, b18 91a25).

The edition of the Arabic text by Abdurrahmān Badawī,[18] which appeared in 1978, is based exclusively on MS *T*, a rather poor copy of *L* (Kruk, *Introd.* p. 33). Badawī mentions Scot's translation in his *Introduction* pp. 24-5, but has not used it. In his critical apparatus he does not always account for his own conjectures, so that it is sometimes impossible to discern them from the readings of *T*. Nevertheless, it goes without saying that the contributions of an editor of many Aristotelica in his native language should be carefully considered. Indeed, he has made some valuable suggestions for emending the Arabic text. They are duly quoted in the apparatus and Notes.

### THE MANUSCRIPTS

A complete list of the manuscripts of *De animalibus* in Scot's translation from the Arabic is found on pp. XXIII-XXV. For the present edition I have used seven MSS:

*A* = Vaticanus Chisianus E. VIII. 251, saec. xiii (A.L.[2] 1750)

*B* = Brugensis, Bibliotheek van het Groot Seminarie 99/112, saec. xiii ex. (A.L.[1] 161)

*D* = Gotoburgensis, Stadsbibliotek 8, saec. xiii-xiv (A.L.[2] 1699)

*W* = Vindobonensis, Nationalbibliothek 97, saec. xiii (A.L.[1] 88)

*C* = Cantabrigiensis, Gonville and Caius College Library 109/178, saec. xiii (A.L.[1] 223)

*E* = Pisanus, Biblioteca del Seminario e Collegio Arcivescovile di Santa Caterina, saec. xiii (A.L.[2] 1530)

*H* = Berolinensis, Staatsbibliothek Preussischer Kulturbesitz 194, saec. xiii ex.

MSS *ABDW* were used before for my edition of *GA* (1992, *Introduction* pp. XX-XXIII). MSS *CEH* have one special feature in common: they all contain the curious note on a case of missed abortion apparently written by Scotus himself (see *GA* 1992, 244-6). For that reason they were described in Y.V. O'Neill's paper *Michael Scot and Mary of Bologna. A Medieval Gynecological Puzzle* in: Clio Medica VIII (1973) pp. 87-111. At that time the Berolinensis was known as Honeyman MS 88. See my edition of *GA* (1992) pp. 244-7.

The Cantabrigiensis *(C)* is dated to the 13th cent. The text (of the mixed type, (→ *GA Introd.* pp. XII-XIII) is written in a single hand throughout, with numerous marginal notes in more than one hand. Inversion is rather frequent, but there are also interesting individual variant readings. Scot's note is found on f. 102v-103r. The MS has been described in A.L.[1] 223 and by M.R. James, *A descriptive Catalogue of the Manuscripts in the Library of Gonville and Caius College*, Cambridge 1907-8, pp. 112-3.

The Pisanus *(E)* is likewise dated to the 13th cent. and it has also been written in a single hand. The text is of the mixed type and it is easy to read, because most ligatures are clearly written in full. There are many inversions, but also individual variants. The MS has been described by C. Vitelli, *Index codicum latinorum qui Pisis bibliotheca conventus S. Catherinae et Universitatis adservantur* in: Studi italiani di filologia classica, VIII, Firenze 1900, pp. 324-5. Cf. also G. Tamburini, *I manoscritti della Biblioteca Cateriniana del Seminario*, in: Mazzatinti-Sorbelli, *Inventari dei manoscritti delle biblioteche d'Italia*, Firenze 1916-7, pp. 69-92.

The Berolinensis of the 3rd quarter of the 13th cent. contains Scotus' *De animalibus* only (ff. 1ra-119vb). Written by various hands. Since its owner, the Abbey of St. Maximin in Trier, was secularized in 1802 its existence has been unstable (cf. O'Neill pp. 88ff.). No scientific description of the MS has been made so far. Instead I offer some data graciously given to me in 1994 by Dr. Bernd Michael, scientific collaborator of the Staatsbibliothek zu Berlin: [19]

Pergament - 120 Bl. - 28,5 x 20 cm. - Nordfrankreich, 13. Jh., 3. Viertel.
10 Senionen; stellenweise Lagenzählung. Schriftraum 16 x 10. 2 Spalten. 50 und 49 Zeilen; gotische Buchschrift (Textualis), von mehreren Händen; Randeinträge. 3-12 zeilige rot-blaue Fleuronnée-Initialen; abwechselnd rote und blaue Paragraphenzeichen; rotblaue Buchzählung über dem Schriftspiegel. Weisser Lederband über Pappe. Trier, 18. Jh., Mitte; Streicheisengliederung mit Einzel- und Rollenstempelverzierung; 2 Schliessen verloren. Rote Schnittsprenkelung. Entstehen auf Grund des paläographischen Befundes und des Initialschmucks in Nordfrankreich, 13. Jh., 3. Viertel, aus dem Besitz der Abtei St. Maximin in

Trier: 1r Besitzvermerk des Stiftsbibliothekars Nicolaus Petreius, um 1593, mit zugehöriger Signatur N. 38.

## THE ARRANGEMENT OF THE EDITION

The Latin text is constituted on the basis of MSS *ABDWCEH*. Four of them, *ABDW*, had been used for the edition of *GA*, together with *KP*. *KP* supported the readings of the principal MS *A* and the MSS of the mixed readings, respectively. (*GA Introd.* pp. XIIff.). However, as far as *PA* was concerned, the MSS *KP* proved to be unsatisfactory. *K* (= Kues B.H. 182) had a great number of *lacunae per homoioteleuton*. They were supplied in the margin, which was subsequently cut off by the binder. Moreover, in general the text was inferior to that of *GA*. *P* (= Paris B.N. 17843) supports mainly the text of *A*, but shares also many readings with the second group, and is in fact not very helpful. Accordingly I have preferred the group *CEH*, which is much more interesting. They evidently proceed from the same tradition, they all three contain the same gynaecological note, and though the handwriting is very different, they are written by intelligent scribes, who do not hesitate to adjust a dubious reading to the context. Occasionally their text may seem preferable to that of the base $ABD^1$, until a comparison with the Arabic exemplar shows that the scribe has emended the text on his own initiative. In 650a6, for instance, the linking of *si ... non* in $ABD^1$ is replaced with *nisi* in the other MSS, and in 650b9 $BCD^2EHW$ have added *sanguis* after *erit*. In other cases the decision may be difficult, because more than one solution is possible.

The first apparatus offers a comparison of the Latin manuscripts with each other. They are listed in alphabetical order *ABCDEHW*, but, as was the case in *GA*, $ABD^1$ are the most important and most trustworthy witnesses to the original text by Scot. The *CEH* group, like *W*, closely follows the text of *B*, but has quite a few readings from the text of *A*.

The second apparatus compares the Latin text with the Arabic one as established by Remke Kruk (*siglum* Kruk). Its arrangement is the same as for *GA* (*Introd.* pp. XIX-XX). In addition to what has been said there, I would like to mention the following: I retained the Arabic spelling as found in the text of Kruk (→ Kruk 1979, *Intro-*

*duction* pp. 47-8). An asterisk with an Arabic word indicates a conjecture, either by Kruk or by Badawī or by myself; they are explained further in the *Notes* behind the text. Whenever Scot's readings correspond to a manuscript reading other than given in the text of Kruk, this is mentioned ($L^1$, $G^2$ etc.). The edition of Badawī is occasionally referred to (*siglum* Bad.).

The Latin-Arabic and Arabic-Latin Indices have been arranged as in the edition of *GA*. Unfortunately, those Arabic words that had not been translated by Scot were not included in the Arabic-Latin index of the *GA* edition. I decided to include them for the rest of the edition, because it facilitates the search for parallel passages (up to the present, for instance, no complete Greek or Arabic indices of *HA* exist, which makes any investigation on this long text a time-absorbing affair). They are marked as such in the Index by being placed between round brackets, or by *no Latin equivalent* having been added to the place.

A separate Greek Index of the names of animals and plants, as well as of geographical and personal names, has been included again in the present edition, since they were not set apart in Bodson's list, nor presented as the compounds they sometimes are (e.g. ὁ Ὁπλόσμιος Ζεύς, ὁ στρουθὸς ὁ Λιβυκός, ὁ Πυρραῖος εὔριπος etc.). Many of these have been mutilated beyond recognition due to the Arab's and Scot's transliterations. Therefore this separate Index offers a relatively easy survey of the frequency of occurrence of animal names (e.g. τὰ στρομβώδη) and others.

The traditional division into chapters, the punctuation (which is mine) and the preference for the spelling of classical Latin, and, finally, the insertion of the numbers of Bekker's edition in the text (they correspond to the ones inserted in Kruk's edition) have been discussed in the *Introduction* to *GA* (1992, pp. XVIII -XIX).

### NOTES TO PREFACE AND INTRODUCTION

[1] Van Oppenraay, A.M.I. 1992. *Aristotle, De animalibus. Michael Scot's Arabic-Latin Translation. Part three, Books XV-XIX: Generation of Animals. Critical Edition with Introduction and Latin and Arabic Indices. With a Greek Index to 'De generatione animalium'* by H.J. Drossaart Lulofs. Aristoteles Semitico-Latinus V. Leiden, New York, Köln. See also Van Oppenraay, A.M.I. 1990, 'Quel-

ques Particularités de la Méthode de Traduction de Michel Scot' in: *Rencontres de Cultures dans la Philosophie médiévale. Traductions et Traducteurs de l'Antiquité tardive au XIVe Siècle*. Louvain-la-Neuve, Cassino, pp. 121-129.

[2] Drossaart Lulofs, H.J. 1965. *Aristotelis De Generatione Animalium. Recognovit brevique adnotatione critica instruxit* ... Oxford.

[3] Drossaart Lulofs, H.J. 1966. *De Generatione Animalium. Translatio Guillelmi de Moerbeka. Edidit* ... Aristoteles Latinus XVII 2.V. Bruges-Paris.

[4] Brugman, J. and Drossaart Lulofs, H.J. 1971. *Aristotle, Generation of Animals. The Arabic Translation commonly ascribed to Yaḥyā ibn al-Biṭrīq. Edited with Introduction and Glossary.* Leiden.

[5] Kruk, R. 1979. *The Arabic Version of Aristotle's Parts of Animals, Book XI-XIV of the Kitāb al-Ḥayawān. Critical Edition with Introduction and selected Glossary.* Aristoteles Semitico-Latinus II. Amsterdam-Oxford.

[6] The Arabic translation of *HA* will be edited by L. Filius, J. den Heyer and J.N. Mattock (Leiden). The Graeco-Latin translation of *HA* by William of Moerbeke is being prepared by P. Beullens (Louvain). A revised Greek text of *HA*, prepared by D.M. Balme, is continued by A. Gotthelf (Trenton).

[7] Bodson, L. 1990. *Aristote. De partibus animalium. Index verborum. Listes de fréquence.* C.I.P.L. Fascicule 17. Liège.

[8] *PA, Translatio Scoti* 1. 645a26-8.

[9] Ogle, W. 1882. *Aristotle, On the Parts of Animals. Translated with Introduction and Notes.* London.

Ogle, W. 1911. *Aristotle, De Partibus Animalium. Translated by* - . Oxford.

Peck, A.L. 1937 (rev. 1945, 1961). *Aristotle, Parts of Animals. With an English Translation.* London/Cambridge, Massachusetts.

Louis, P. 1957 (-1990). *Aristote, Les Parties des Animaux. Texte établi et traduit par* - . Paris. (with Introduction; offers some valuable Greek variant readings).

[10] Kruk (1979), *Introd.* p. 13.

[11] Stadler, H. 1916. *Albertus Magnus De animalibus Libri XXVI, herausgegeben von* - . In: Beiträge zur Geschichte der Philosophie des Mittelalters, Band XV. Münster i.W. *PA* is found on pp. 761-989.

[12] Van Oppenraay, A.M.I. *Het eerste boek van Michael Scotus' Latijnse vertaling van Aristoteles' De generatione animalium (= Libri de animalibus XV-XIX) uit het Arabisch. Proeve van een tekstkritische uitgave.* Diss. Amsterdam 1988. Unpublished.

[13] Kruk (1979), *Introd.* pp. 27ff., 47.

[14] Daiber, H. 1980. *Aetius Arabus.* Akademie der Wissenschaften und der Literatur (Mainz). Veröffentlichungen der Orientalischen Kommission, XXXIII, pp. 63-6.

[15] Brugman-Drossaart Lulofs (1971), *Introd.* p. 17.; Kruk (1979), *Introd.* p. 39; Badawī (1978), *Introd.* p. 25.

[16] Ḥajjī Kalīfa (*Lexicon bibliographicum et encyclopaedicum.* Ed. G. Flügel.

Leipzig-London 1835-1858, Vol. V p. 1801): كتاب اعضاء الحيوان التى بها الحيوة لارسطو اربع مقالات (kitāb a'ḍā' l-ḥayawān allātī bihā al-ḥayāh li-Arisṭū, arba' maqālāt *'Book of the Parts (lit. Members) which make Life possible, according to Aristotle, four Books (lit. Treatises)'*). See also Kruk, R. 1997, 'Ibn Bājja's Commentary on Aristotle's *De animalibus*' in: *The Ancient Tradition in Christian and Islamic Hellenism. Studies on the Transmission of Greek Philosophy and Sciences (dedicated to H. J. Drossaart Lulofs ...)*. Ed. by G. Endress and R. Kruk, Leiden, pp. 165-179 (p. 169).

[17] Kruk (1979), *Introd.* pp. 25, 30-1, 46, 61ff. A separate Arabic edition of the 4th book of *PA* was brought to my attention by Remke Kruk when this book went to the press (it is therefore not incorporated in this edition): 'Azza Muḥammad Salīm Sālem, *Al-maqāla ar-rābi'a 'asra min kitāb ṭabā'i' al-ḥayawān al-baḥrī wa-al-barrī li-Arisṭūṭālīs*. Al-hai'a al-miṣrīya al-'āmma li-l-kitāb, 1984. The author does not mention the editions of Badawī and Kruk, and she considers Ibn al-Biṭrīq to be the translator of the work.

[18] Badawī, A. 1978. *Aristotelis De partibus animalium. In arabice vertit Johanna ibn al-Baṭriq. Edidit, annotavit et Prolegomenis instruxit* - . Kuwait.

[19] Dr. Michael also informed me about the Catalogue of the Library-Exhibition: *Glanz alter Buchkunst. Mittelalterliche Handschriften der Staatsbibliothek Preussischer Kulturbesitz Berlin* (Ausstellungskataloge 33), Wiesbaden 1988, composed by Brandis, Tilo and Becker. On pp. 126-7 Nr. 57 the Hdschr. 194 is described. I am extremely grateful to Dr. Michael for his readiness to help me with this information.

## SHORT BIBLIOGRAPHY OF CITED WORKS

The following books proved extremely useful during my work on this text:

- Bodson, L. 1990. *Aristote, De partibus animalium. Index verborum. Listes de fréquence*. CIPL Fascicule 17. Liège.
- André, J. 1990. *Le vocabulaire latin de l'anatomie*. In: Collections d'études anciennes. Paris.
- Thompson, d'Arcy Wentworth, 1966. *A Glossary of Greek Birds*. Hildesheim (repr. of the Oxford-London edd. 1895/1936).
- Thompson, d'Arcy Wentworth, 1947. *A Glossary of Greek Fishes*. London.

They are frequently cited. Sometimes reference is made to:

- Bekker, I. 1831. In: *Aristotelis Opera. Edidit Academia Regia Borussica*. Berlin (1831-1870). Vol. 1 and 2: *Aristoteles Graece ex recognitione Immanuelis Bekkeri*. Berlin 1931.

- Lane, E.W. 1863ff. *An Arabic-English Lexicon.* Beirut.
- Dozy, R. 1927². *Supplément aux Dictionnaires Arabes.* Leiden-Paris.
- Madkour, I. 1970. *Ibn Sīnā, Al-Shifā' - La Physique, VIIIe - Les Animaux. Texte établi et édité par Montasir, Zayed et Isma'il. Revu et précédé d'une Introduction par - .* Le Caire.
- Singer, Ch. and Rabin, C. 1946. *A Prelude to Modern Science. (The 'Tabulae Anatomicae Sex' of Vesalius).* Cambridge.

# MANUSCRIPTS OF DE ANIMALIBUS

A.L.¹ = ARISTOTELES LATINUS, codices descripsit Georgius Lacombe in societatem operis adsumptis A. Birkenmajer, M. Dulong, A. Franceschini. Pars prior, Romae 1939
A.L.² = ARISTOTELES LATINUS, codices descripsit Idem, ... supplementis indicibusque instruxit L. Minio-Paluello, Cantabrigiae 1955
A.L.ˢ = ARISTOTELES LATINUS, codices. Supplementa altera edidit L. Minio-Paluello, Bruges/Paris 1961
† = the whole text has been collated
\* = selected passages have been compared

BARCELONA, Archivo de la Corona de Aragón
  \* Ripoll 128; saec. xiii; ff. 1r - 112r    A.L.² 1172
BASEL, Universitätsbibliothek
  \* F. II. 20; saec. xiii; ff. 1r - 148v    A.L.² 1143
BELLUNO, Biblioteca Lolliana Gregoriana del Seminario
    cod. 7; saec. xiii; ff. 1r - 107v    A.L.² 1270; A.L.ˢ 1270
BERLIN, Staatsbibliothek Preussischer Kulturbesitz
  † Hdschr. 194; saec. xiii ex.; ff. 1r - 119v
BOULOGNE SUR MER, Bibliothèque municipale
    109; saec. xiii; ff. 5r - 142v    A.L.¹ 449
BRUGGE, Bibliotheek van het Groot Seminarie
  † 99/112; saec. xiii ex. ; ff. 1r - 122r    A.L.¹ 161
CAMBRIDGE, Gonville and Caius College Library
  † 109/178; saec. xiii; ff. 9r - 107v    A.L.¹ 223
  - - University Library
    Dd.IV.30; saec. xiv; ff. 1r - 161v    A.L.¹ 259
    Ii. III. 16; saec. xiii ex. ; ff. 2r - 147r    A.L.¹ 262
EL ESCORIAL, Biblioteca del Monasterio de San Lorenzo
  \* f. II. 6; saec. xiii ex. ; ff. 27r - 62 (explic. in L. XVII)    A.L.² 1219
    f. III. 22; saec. xiii ex. ; ff. 1r - 107r    A.L.² 1221
FIRENZE, Biblioteca Mediceo-Laurenziana
  \* S. Crucis, Plut. XIII Sin. 9; saec. xiii (anno 1266); ff. 1r - 56v    A.L.² 1370
    Idem, Sin. 10; saec. xiii; ff. 1r - 82r    A.L.² 1371
GDAŃSK, Biblioteka Polskiej Akademii Nauk w Gdańsku
    2368 (IX E. f. 5); saec. xiv in. ; ff. 1r - 142v    A.L.¹ 785

GÖTEBORG, Stadsbibliotek
  † 8; saec. xiii - xiv; ff. 1r - 106r    A.L.² 1699
KLOSTERNEUBURG - BEI - WIEN, Stiftsbibliothek
  1053; saec. xiii; ff. 2r - 97r    A.L.¹ 50
KRAKOW, Biblioteka Jagiellońska
  * 653; saec. xiv; ff. 1v - 96r    A.L.² 1673; A.L.ˢ 1673
KUES, Bibliothek des Hospitals
  * 182; saec. xiii - xiv; ff. 117r - 186r    A.L.¹ 841
  * 205; saec. xiv in. ; ff. 1r - 38v    A.L.¹ 843
LEIPZIG, Universitätsbibliothek
  1429; saec. xv; ff. 3v - 294r    A.L.¹ 988
  1431; saec. xiii ex. ; ff. 1r - 64r    A.L.¹ 990
LONDON, British Museum
  Harleianus 4970; saec. xiii ex. - xiv in. ; ff. 1r - 65r    A.L.¹ 303
  * Regii, 12. c. XV; saec. xiii in. ; ff. 150r - 235v    A.L.¹ 309
MADRID, Biblioteca Nacional
  3347; saec. xiii ex. ; ff. 1r - 97v    A.L.² 1199
MIDDELBURG, Zeeuwse Bibliotheek
  * 6469; saec. xiii ex. ; ff. 1r - 92r
NAPOLI, Biblioteca Nazionale
  VIII. c. 23; saec. xiii; ff. 1r - 76r    A.L.² 1470
  * VIII. c. 24; saec. xiii med. ; ff. 1r - 126v    A.L.² 1471
NÜRNBERG, Stadtbibliothek
  * Cent. VI. 10; saec. xiii; ff. 1r - 110r    A.L.¹ 1093
OXFORD, Balliol College
  252; saec. xiii ex. ; ff. 3r - 150r    A.L.¹ 355
  - - Merton College
  * 278; saec. xiii ex. - xiv in. ; ff. 5r - 180r    A.L.¹ 369
PARIS, Bibliothèque Mazarine
  * 985; saec. xiii; ff. 1r - 44r (vóór 1278)    A.L.¹ 518
  - - Bibliothèque Nationale
  * Lat. 6788; saec. xiii; ff. 1r - 261r    A.L.¹ 600
  * Lat. 6789; saec. xiii ex. ; ff. 1r - 284v    A.L.¹ 601
  Lat. 6790; saec. xiii ex. ; ff. 3r - 56r    A.L.¹ 602
  Lat. 6791; saec. xiii - xiv; ff. 7r - 110r    A.L.¹ 603
  * Lat. 6792; saec. xiii; ff. 1r - 117r    A.L.¹ 604
  Lat. 10226; saec. xiv; ff. 2r - 131r    A.L.¹ 615
  Lat. 14725; saec. xiv in. ; ff. 4r - 44r    A.L.¹ 646
  * Lat. 15453; saec. xiii; ff. 355r - 411v    A.L.¹ 654
  * Lat. 16162; saec. xiii; ff. 2r - 135r    A.L.¹ 684
  * Lat. 17843; saec. xiii in.; ff. 1r - 77v    A.L.¹ 718
PISA, Biblioteca del Seminario e Collegio Arcivescovile di Santa Caterina
  † 11; saec. xiii; ff. 38r - 132v    A.L.² 1530

POMMERSFELDEN, Schlossbibliothek
    124/2700; saec. xiv; ff. 1r - 86r    A.L.¹ 1095
    176/2824; saec. xiv; ff. 2r - 126v    A.L.¹ 1097
    243/2865; saec. xiv; ff. 1r - 199v    A.L.¹ 1098
ROMA, Biblioteca Casanatense
    1048; saec. xiii; ff. 1r - 82v (usque ad XVI. 10)    A.L.² 1550
ROUDNICE, Lobkowiczky archiv e bibliothéka
    VI. Fb. 21; saec. xiii ex. - xiv in. ; pp. 1 - 311    A.L.¹ 212
SALAMANCA, Biblioteca Universitaria
    2241 [olim Madrid, B. Palat. 1122] ; saec. xiii; ff. 91r - 171r    A.L.ˢ 2136
SALISBURY, Library of Salisbury Cathedral
    * 111; saec. xiii in. ; 1r - 155v    A.L.¹ 382
SAN MARINO, California, Henry E. Huntington Library and Art Gallery
    * H.M. 1035; saec. xiii ex. ; ff. 1r - 98v    A.L.¹ 19
SANKT GALLEN, Stiftsbibliothek
    836; saec. xiii ex. ; pp. 4, 207    A.L.² 1166
TODI, Biblioteca Comunale
    * 94; saec. xiii; ff. 1r - 114v    A.L.² 1584
VATICANUS CHIGI
    † E. VIII. 251; saec. xiii; ff. 1r - 108r    A.L.² 1750
    * E. VIII. 252; saec. xiii; ff. 1r - 83v    A.L.² 1751
VATICANUS
    Lat. 2091; saec. xiii - xiv; ff. 1r - 133r    A.L.² 1848
    * Lat. 2092; saec. xiii ex. ; ff. 1r - 87v    A.L.² 1849
WASHINGTON, The Army Medical Museum and Library
    n.3; saec. xiii ex. ; ff. 1r - 164v    A.L.¹ 22
WIEN, Nationalbibliothek
    † 97; saec. xiii; ff. 1r - 108v    A.L.¹ 88
    2341; saec. xiii; ff. 2r - 81    A.L.¹ 110
    * 2379; saec. xiii; ff. 1r - 63r    A.L.¹ 118
    * 2412; saec. xiii; ff. 1v - 78v    A.L.¹ 119

# SIGLA

*A* = Vaticanus Chigi E.VIII.251 (A.L.² 1750)
*B* = Brugge, Bibliotheek van het Groot Seminarie 99/112 (A.L.¹ 161)
*C* = Cambridge, Gonville and Caius College Library 109/178 (A.L.¹ 223)
*D* = Göteborg, Stadsbibliotek 8 (A.L.² 1699)
*E* = Pisa, Biblioteca del Seminario e Collegio Arcivescovile di Santa Caterina 11 (A.L.² 1530)
*H* = Berlin, Staatsbibliothek Preussischer Kulturbesitz Hdschr. 194
*W* = Wien, Nationalbibliothek 97 (A.L.¹ 88)
Ξ = Arabic text (edition of Kruk, Amsterdam/Oxford 1979)
Ω = Greek text (edition of Bekker, Vol. I, Berlin 1831)
Kruk = edition of Kruk (Amsterdam/Oxford 1979) *or* a reading of the editor of that edition
Bad. = edition of Badawî (Kuwait 1978) *or* a reading of the editor of that edition
*G* = Arabic MS of Leiden Or. 166
*L* = Arabic MS of Londen B.M. Or. Add. 7511
*T* = Arabic MS Teheran Majles Library 1143
*om.* = omittit, omittunt
*del.* = delevit, deleverunt
*em.* = emendavit, emendaverunt
*inv.* = invertit, inversion
*lac. _ litt.* = lacuna, ... litteras
*adn.* = adnotatio *(refers to notes behind the text)*
*syn.* = synonyms
*mg.* = in margine
*sc.* = scilicet
*s.p.* = sine punctis *('without dots')*
*suprascr.* = suprascripsit
*inc. alt. col./fol.* = incipit altera columna/alterum folium
*cett.* = ceteri (codices)
*lit.* = literal, literatim
[ ] = to be secluded
< > = to be inserted
+ = added
− = minus
\* = before a Latin or an Arabic word: conjecture; in my Latin translations within the apparatus: the word is not used by Scot elsewhere in this text
† = corrupt word or passage

# DE ANIMALIBUS

## LIBER XI

[1] ¹In omni opinione ²nobili et vili sunt duo modi dispositionum, et hoc manifestum est. ³Et rectum est dicere alterum eorum scire rei quaesitae ⁴et alterum quasi instructionem, quoniam ex operatione auditoris docti ⁵est iudicare super sermones dicentis et locutiones loquentis, utrum inveniatur in sermone suo aut ⁶erretur. Et ego credo quod ⁷doctus debet habere hanc dispositionem et virtutem ⁸secundum quod dixi ex operatione documenti et multitudine iudiciorum. Et forte est doctrina docti ⁹in cognitione naturarum alicuius rei et scientia singulari, ¹⁰et alius erit doctus et sapiens naturarum alterius rei proprie. ¹¹Et omnis scientia habet diffinitiones notas, et similiter quaelibet pars partium scientiarum etiam. ¹²Manifestum est ergo quod ¹³qui voluerit narrare quod cognovit et vidit ex naturis animalium debet habere diffinitiones notas, ut sit intentio sermocinantis in illa secundum ¹⁴illas diffinitiones, ut declaretur ei per illas, si hoc quod dicitur sit secundum verum aut ¹⁵contra veritatem, scilicet quod debet ser-

639a

---

*ABCDEHW* 1 liber xi] incipit tractatus x *(!)A* 2 vili] utili *H*: vel utili *E* dispositionum] disputationum *E* 3 est $D^2$: esse $D^1$ eorum] illorum *CEH* quaesitae] quisite *A* 4 alterum] alteram *AB* instructionem] instructivam *B*: institutionem *C* ex + in $D^1$(sed del. $D^2$) auditoris] auctoris *CE* 5 sermones] sermonem *W* dicentis et locutiones *mg. B* loquentis] bene loquentis (*em. ex* -es)*B*: dicentis *CW* suo + veritas *B* aut] an *B*: + eicit $D^1$(sed del. $D^2$) 6 erretur] enegetur *C*: eitietur *W* ego *om. H* quod] quia *A* 8 secundum] sed *AH* dixi] diximus *D* ex] in *C* operatione + loquentis utrum inveniatur $D^1$(sed del. $D^2$) documenti *om. E* docti *om. B* 9 naturarum] naturaliter *ABCH* 10 alius] alicuius *C* naturarum] naturaliter $BCD^1$ 11 quaelibet] que sit *C* partium + partitarum *H* etiam *ante* scientiarum *E*: *om. D* 12 est *om. H* 13 voluit *H* vidit] viderit *C* ex] de *CEW* sermocinantis] sermonizantis *C* 14 diffinitiones illas *H* ei] eis $CD^2H$ si] sed *H* secundum *om. B* 15 contra] econtra *W* scilicet] secundum $BD^2$ quod] quia *A* sermonizans debet *C*

Ξ 1 opinione] رأي ومذهب *(syn.)* 2 manifestum est] بيّن ظاهر *(syn.)* 4 auditoris docti] الاديب 5 utrum inveniatur] إن كان مصيبا sermone suo] قوله وكلامه *(syn.)* 7 habere] esse secundum 8 documenti: = *doctrinae* 13 ut sit ... secundum] ليكون in illa] فى ذلك النظر (in illa consideratione) 14 ei *om.* Ξ عرض ... الى

mocinans in naturis et substantiis separare ¹⁶quidlibet per se ex naturis et substantiis, et ¹⁷narrare quod voluerit, sicut substantiam naturae hominis et naturae leonis et tauri et huiusmodi. ¹⁸Et si voluerit loqui de accidentibus quae accidunt omnibus animalibus modo communi, ¹⁹ponet suum sermonem in illis communem generalem, quoniam multa accidentia sunt communia pluribus animalibus ²⁰quamvis sint diversorum generum, sicut somnus et vigilia, ²¹et crementum et corruptio, et vita et mors, et cum istis etiam alia accidentia ²²ex sensibus et aliis. Tamen sermo de huiusmodi modŏ latens est non manifestus neque determinatus. ²³Et manifestum est quod ²⁴si nos voluerimus dicere de quolibet per se et narrare accidentia eius, dicemus plura eorum multotiens, et redibimus in eundem sermonem multotiens, ²⁵quoniam quaelibet eorum quae diximus sunt in equis et hominibus et canibus. ²⁶Et propter hoc si aliquis voluerit dicere accidentia cuiuslibet istorum generum, ²⁷necessario sequitur ut dicat idem accidens multotiens.

639b ²⁹Et forte accidit ut sint aliae res attributae uni sermoni ¹et sunt diversae in differentia formae, sicut cursus animalis ²qui diversatur in modis, scilicet quod quaedam volant, et quaedam natant,

---

substantiis] substantias *C*: + et *E*   15 separare ... 16 substantiis *mg. W*   16 quidlibet] quodlibet *BDE*   et¹ *om. C*   substantiis] substantias *C*   17 hominis] hominum *E*   18 de + omnibus *BD²H*   accidentibus + omnibus *C*   communi] communiter *C*: quoniam *D¹*   19 ponit *CEW*   communem + sive *B*   quoniam] quando *W*   accidentia *D²*: communia *D¹*   20 generum *D²*: generationum *D¹*   21 corruptio: id est diminutio *mg. D²*   etiam *om. CEW*   22 tamen] cum *CD¹*   sermo *em. ex* sermone *A*   huiusmodi *A²*: huius *A¹*   modo *post* latens *C*: *om. B*   24 nos] non *E*   quolibet + animali *D²*   25 quaelibet *EH*] quilibet *A*: quodlibet *BCDW*   hominibus et equis *B*   canis *C*   26 istorum] multorum *CD¹*   2 qui] quae *B*   in *om. C*   volant ... natant: *inv. CDEHW*

---

17 sicut + وصف يريد الذى (ille qui voluerit narrare)   substantiam naturae] جوهر وطبيعة (substantiam et naturam)   et ... et ... et] او ... او ... او (aut ... aut ... aut)   huiusmodi] صنف آخر من اصناف الحيوان (alii modi animalium)   19 multa ... animalibus] الاعراض التى تعرض لكثير من الحيوان مشتركة (accidentia quae accidunt pluribus animalibus sunt communia)   20 et vigilia] والنفس (et anhelitus)   21 et vita *om.* Ξ   et⁵ ... etiam: *فو* (→ *Kruk*)   istis] هذه الاعراض (istis accidentibus)   22 aliis] الآفات الباقية (aliis accidentibus)   latens est non manifestus] غير بيّن   24 accidentia eius] اعراضه وآفاته (syn.)   multotiens² *om.* Ξ   26 et propter hoc si] فان (si ergo)   1 sunt diversae in] اختلافها بالصورة وبفضل الصورة (diversitas eorum est in forma et in differentia formae)   2 qui ... modis] فان فى اصناف مسير الحيوان اختلافا   2 et 3 quaedam: *sc. animalia*

³et quaedam ambulant, et quaedam moventur super ventrem. Non ergo lateat nos qualiter ⁴debemus recte considerare et perscrutari utrum debeamus considerare prius de rebus quae accidunt omnibus generibus animalium, ⁵deinde considerabimus in proprietatibus cuiuslibet illorum generum, aut prius etiam debemus incipere narrare naturas et dispositiones cuiuslibet animalis. ⁶Et hoc modō non est determinatum aut notum, si debemus dicere in hoc generaliter et communiter ⁷sicut faciunt mathematici ut astrologi, ⁸ita debent facere naturales, scilicet quod ⁹prius debent considerare res manifestas operationum modorum animalium et partes cuiuslibet illorum, ¹⁰et post debet dare causas de eis, aut debet facere econtra ¹¹in rebus quas narravimus.

Et dicemus nos multas causas post, scilicet causas generationis ¹²naturalis, ut causam finalem et causam quae est principium ¹³motus. Et deinde distinguemus quae sunt causae primae et quae sunt secundae. ¹⁴Et videtur quod causa prima, quae dicitur quod est propter quam, ¹⁵et diffinitio est eadem causa in rebus quarum

---

3 nos ergo non lateat *B*    lateat] latet *BCD²HW*    4 recte] iuste *E*    considerare ... debeamus *del. D²*    5 considerabimus] consideremus *B*: considerare debeamus *H*    illorum] eorum *C*    naturas + et differentias *BD²*    6 notum + et *codd.*    si *om. E*    generaliter in hoc *C*    7 ut] aut *CEH*: et *D*    astrologii *C*    8 facere *om. W*    scilicet *D²*: secundum *D¹EHW*    9 debent prius *D*    manifestas *W*] manifeste *cett.*: + et *E* (→ 640a14)    operationum] operationes *E*: et operationem *H*    illorum + animalium *C*    10 dare causas] causas dare *CE*: dicere causa *H*    econtra] econtrario *BC*: econverso *H*    11 dicemus nos *om. H*    post ... causas *om. E*    post *om. B*    causas scilicet *C*    generationis + principium *(sed del.) D*    12 ut *D²*: et *D¹*    causam finalem et *om. E*    et + que *(sed del.) D*    quae + in *H*    est + proprium *D*    principium + proprium *C*    13 et *om. CE*    sunt¹] sint *W*    sunt² *om. CEH*    14 videtur *om. C*    15 diffinitio + eius *H*    est¹ *D²*: *lac. (vel rasura) D¹*

---

3 ventrem + ويدبّ (et repunt)    lateat nos] debet nos latere    4 debemus recte] rectum est    perscrutari + عن طبائع الحيوان (de naturis animalium)    5 generum *om.* Ξ    etiam debemus *om.* Ξ    narrare] تصنيف وتلخيص (*syn.*)    animalis] generis animalium    6 determinatum aut notum] بمحدود اعني تصنيف ما نريد ان نبتدى ء* بصفته والكلام فيه ولا هو معروف (→ *Kruk*) (determinatum scilicet quid voluerimus incipere narrare in sermone neque *est* notum)    7 ut: مثل    astrologi + ويوضحون حججهم (qui ostendunt rationes)    8 ita] وكذلك (et ita)    debent facere naturales] debet facere naturales    9 debent] debet    operationum] اعمال وافعال (*syn.*)    10 debet + يقول لماذا فـ (dicere propter quod et)    12 quae] منها التى (ex qua)    13 distinguemus] نميّز ونبيّن (*syn.*)    quae sunt causae] quae istarum causarum sunt    15 est eadem ... sustentatio] علّة بادئة على كلّ حال واحدة فى الاشياء التى تكوينها وتقويمها (est causa prima omnino eadem in rebus quarum generatio et sustentatio *sunt*)

generatio est sustentatio per naturam et artificium. ¹⁶Quoniam diffinitio accipitur ex sensu et discretione, ¹⁷sicut facit medicus quando diffinit medicinam et carpentarius quando diffinit ¹⁸carpentariam, et dant causas propter quas faciunt quidlibet quod faciunt. ¹⁹Et causa propter quam est quod est melius ²⁰in operationibus naturae et artificii. ²¹Et quod est necessarium in omnibus rebus naturalibus invenitur ²²secundum eundem modum, et omnes sermocinantes intendunt per sermonem ad ipsum. ²³Et debemus scire quot modis dicitur res necessario, ²⁴quoniam dicitur simpliciter in rebus aeternis, et dicitur modo transumptivo in omnibus rebus ²⁵attributis generationi, sicut dicitur de artificibus quando volunt diffinire sua artificia, sicut diffinitio domus ²⁶et alterius sibi similis. Et necessarium est ut sit ²⁷aedificatio propter complementum, ²⁸et hoc est prius, deinde hoc, deinde quod sequitur ipsum ²⁹continue, quousque perveniat ad complementum propter quod fuit operatio cuiuslibet rei quam intendebat operari. ³⁰Et secundum hanc dispositionem debet esse in modo naturali.

640a Sed ¹declaratio et necessitas erunt sumptae ²ex rebus naturalibus, scilicet per opiniones naturales et scientias quae utuntur intellectu. Et iam narravimus in alio libro hoc. ³Quoniam quod est, est primum in quibusdam rebus, et in quibusdam quod erit. ⁴Quia ergo sanitas est in homine, necessarium est ut ⁵sit hoc vel fu-

---

naturam] quam $H$ 17 quando¹] quoniam $BD^1$ 19 causa] causam $A$ melius $D^1$: finis $D^2$ 21 necessarium est $E$ naturalibus] naturaliter $H$ 22 eundem] hunc $W$ sermocinantes] sermozinantes $C$: sermocinationes $EW$ 23 necessario res $H$ 24 transumptivo] transitivo $CE$: de transumptione necessitatis mg. $C^2$ 25 quando $D^2$: quoniam $D^1$ 26 est om. $C$ 27 aedificatio + domus $D^2$ 28 hoc¹ ... hoc² del. $D^2$ (hoc²] est $D^1$) 28 et hoc ... 29 continue mg. $A^2$ 28 deinde² + hoc $D$: om. $C$ 29 cuiuslibet $D^2$: cuius $D^1$ 1 sumptae $D^2$: sunt $D^1$ 2 naturalibus] naturalis $D$ per] propter $DH^2$(ante scilicet )$W$: om. $H^1$ opiniones + propter operationes $C$ 3 est² om. $BCEH$ rebus (om. $D^2$) ... quibusdam² om. $D^1$ erit] erunt $B$ 4 est² om. $E$ ut $B^2$: quod $B^1$ 5 hoc sit $D$

---

16 sensu et discretione] الرأي او الحسّ (discretione aut sensu) 18 causas propter quas] من الامر ... لماذا ومن اجل ماذا الكلام والعلل التي من اجلها 19 melius] الجيّد (bonum) 24 aeternis] الدائمة السرمدية (syn.) 27 aedificatio] هيولى فى بناء البيت وفى جميع الاشياء التى تعالج (materia in aedificatione et in omnibus rebus artificialibus) 30 debet esse] يكون كلّ ما يكون (erit omne quod erit) 1-2 declaratio ... naturalibus] نوع الايضاح والاضطرار الذى يؤدى عن الاشياء الطباعية آخر (modus declarationis et necessitatis qui sumptus est de rebus naturalibus est diversus)

turum, et non: quia est hoc, aut quia fuit propter hoc, non est nisi [6]necessario, aut erit. Et non possumus attribuere [7]necessitatem huius declarationis rei aeternae [in animali], quando dicimus quod hoc est hoc vel erit. [8]Et iam distinximus istum sermonem in aliis libris, [9]scilicet in quibus rebus erit, et qui istorum modorum convertuntur super se et propter quid.

[10]Et licet nos etiam scire quod [11]antiqui etiam usi sunt hac re secundum quod diximus et qualiter et quomodo erit quaelibet rerum, quoniam hoc magis erat quaesitum apud eos [12]quam quomodo et qualiter est. Et diversitas inter istas duas res non est parva. [13]Et manifestum est quod debemus incipere de hoc sicut diximus superius, scilicet [14]quod debemus prius narrare res manifestas in quolibet genere, [15]deinde narrare causas illarum rerum iam manifestarum, et maxime in narratione generationis. [16]Et simile accidit in narratione carpentariae, [18]quoniam generatio est propter substantiam, et non est substantia [19]propter generationem. Et propter hoc erravit Empedocles quando [20]finxit quod multae

---

non[1]] vel $D^1$: om. A     hoc est BD     quia[2] + hoc B: om. E     fuit] fuerit W     est[2]] fuit E     nisi om. W     7 necessitates W     huius] huiusmodi CDEW     in animali codd.: delevi     vel] aut E     8 distinximus] diximus A     istum] hunc B     libris $W^2$: rebus $W^1$     9 scilicet] si $D^1$(sed del. $D^2$): om. CEW     rebus quibus C     convertuntur super] communicentur sub $D^1$: convertuntur inter $D^2$     10 etiam nos H     11 etiam B: om. cett.     sunt usi B     diximus] dicimus H     erit om. C     erat] erit $D^1$: ante magis C     12 quam + quando et W     est[1] del. $D^2$     istas] has H     13 quod ... scilicet del. $D^2$     14 prius post res BH     14 res ... 15 manifestarum] re re manifeste non est $D^1$: res prius manifeste in quolibet genere deinde causas earum rerum iam manifestarum $D^2$     manifestas W: manifeste cett.(→ 639b9)     15 illarum] istarum C: earum D     generationis narratione H     16 simile] similiter B     in narratione om. W     carpentariae $D^1$: carpentatorie $D^2$     18 quoniam ... 19 generationem om. C     est[2] om. H     19 quando] quoniam E     20 finxit] fixit D     multae res $D^2$: mulieres $D^1$

---

7 aeternae] ابدا سرمدى (syn.)     in animali om. ΩΞ     quando ... erit] بقدر ما نقول اذ هو هذا او متى سيكون هذا (in eo quod dicimus quod cum hoc est hoc, vel quando, erit hoc)     9 scilicet om. Ξ     erit: sc. necessitas     modorum: sc. necessitatis     convertuntur super se] تنتكس وترجع على ذاتها (syn.)     10 licet nos ... scire] لا ان ينبغى     يخفى علينا (non debet nos latere)     11 hac re] الرأى (opinione)     13 manifestum] ناخذ ... (syn.) ظاهر بين     incipere + بالقول (in sermone)     14 prius narrare] ناخذ فى صفة     iam om. Ξ     in     اولا manifestas] البيّنة الظاهرة (syn.)     15 narrare] ناخذ فى صفة     16 carpentariae + اعنى صورة البيت مثل هذا او البيت مثل     اذا اخذنا فى صفة     هذا وان البيت يبنى ويكون على مثل هذه الحال (scilicet forma domus est talis aut domus est talis, et ita domus fuerit *facta secundum talem dispositionem)     19 erravit + فى قوله (in suo sermone)

res sunt in modis animalium quoniam accidit quod sint ita ²¹in generatione, sicut creatio spondylium, quoniam accidebat ei fractura quando ²²permutavit suum situm. Et prius ignoravit quod ²³sperma debet habere talem virtutem, ²⁴et quod fecit erat ante ipsum, non in diffinitione tantum, sed ²⁵per tempus, quoniam homo generat hominem.

²⁷Et similiter accidit rebus de quibus fingitur quod generantur per se, ³⁰sicut ars quae est artifex imaginum aenearum, ³¹quoniam haec imago non erit per se, quia artificium est diffinitio operationis sine ³²materia. Et forte erit ex casu secundum hanc dispositionem. Et sicut est artificialiter, ³³ita est etiam naturaliter. Et propter hoc dicimus proprie quod propter ³⁴hoc fuit in generatione hominis, quoniam habet istas res; quoniam non ³⁵potest esse sine istis membris, aut fere ³⁶valde, et universaliter non potest esse alio modo. ¹Et istae res sequuntur. Et quia ²hoc est necessarium, necessario accidit tale, scilicet propter quod erit prius ³hoc membrum, deinde hoc, deinde quod sequitur ipsum. Per hunc ergo modum erit divisio ⁴omnium rerum naturalium.

Antiqui ergo, ⁵et illi qui locuti fuerunt philosophice de naturis

---

sint] sunt *D*   21 ei] eis *D*²: om. *H*¹   22 situm] statum *B*   24 ante] apud *E*   25 quoniam] quando *C*   generat homo *C*   27 accidit + de *B*: + in *H*   de] in *H*   per se: id est casu *D*²   31 haec *om. E*   quia] quare *C*: qualiter *W*   sine *D*¹: vel sive *D*²   33 est etiam] quod etiam est *B*   etiam] et *EW*   dicimus] dicemus *H*   proprie *suprascr. B*   34 hoc *om. C*   36 universaliter] naturaliter *C*: vel naturaliter *D*²   1 sequitur *H*   2 est *om. C*   necessario: *lac. B*   accidit] -det *CDEW*   propter + hoc *D*¹(*sed del. D*²) *C*   quod *em. ex* quia *B*   erit prius *AB*] prius erit(erat *D*¹) *cett.*   3 hoc¹ ... erit *om. C*   erit + demonstratio sive *D*²   5 fuerunt] fuerint *C*: sunt *E*   naturis rerum] rebus nature *C*: rerum naturis *EW*

---

22 prius + ايضا (etiam)   23 sperma + المقوّم (sustentans)   24 quod fecit] ان الذى فعل (quod illud quod fecit)   ipsum *om.* Ξ   25 tempus + ايضا (etiam)   hominem + ولان الانسان مثل هذا عرض ولاد فلان مثل هذا (et quia homo est talis accidet generatio alicuius *hominis* talis)   27 per se + مثل ( * * * ) مثل الاشياء التى تعمل من المهن *الصحة (الصنم) والصانع شبيه بالاشياء التى قد تقدّمت كينونتها (sicut res artificiales < * * * > sicut *sanitas (imago L) et artifex debet esse similem istis rebus quas praecedit generatio earum)   32 erit] erit aliquid   33 naturaliter *om.* Ξ   33–4 propter² ... res] من اجل ان هذا كان فى كينونة الانسان اعنى ان له هذه الاشياء (quia hoc fuit in generatione hominis scilicet quod habet istas res)   36 universaliter + وانه جيّد الكينونة على مثل هذه الحال (quod) modo + انه (et quod suum esse fuerit bonum secundum talem dispositionem)   2 hoc est necessarium] ولاد فلان مثل هذا (generatio alicuius *hominis* est talis)   5 de naturis rerum] فى الطباع

rerum, non consideraverunt ex principiis nisi ex materia, ⁶et quae causa est talis causa, ⁷et qualiter erit totum ex ea, et quis est motor, scilicet ⁸principium a quo est aut diversitas aut operatio quae dicitur per se, ⁹scilicet sicut dico quod ignis est ¹⁰calidus et terra frigida. Et natura ignis est levis et natura terrae est ¹¹ponderosa. Et secundum hanc dispositionem narrant generationem mundi. Et similiter dicunt ¹²in generatione animalium et arborum, sicut si aliquis dixerit quod quando ¹³aqua currit in corpore erit in eo venter, scilicet profunditas, et erit ¹⁴locus recipiens totum cibum et superfluitatem, ¹⁵et nasus non findebatur et non aperiebatur nisi propter receptionem anhelitus et aeris. Et propter hoc fingunt ¹⁶quod aer et aqua sunt materia corporum, scilicet quod illi sustinent naturam ex ¹⁷istis corporibus, et hoc dicunt omnes.

Si vero ¹⁸homo et alia animalia sint naturalia, licet dicere et declarare ¹⁹quod membrum est caro, et quod sanguis, et quod os, et similiter de aliis ²⁰quae assimilantur in partibus, et organica, sicut facies, ²¹et manus, et pes, et quod est propter quod ²²et per quam

---

considerant *CW*  principiis] principio ?*B*   ex² *D*¹: de *D*²   6 causa² *om. CE*   7 et¹] ut *D*: etiam *H*   qualiter *post* totum *H*   totum *D*¹: vel notum *D*²   8 aut¹] vel *H*   9 sicut *om. C*   10 terra + est *H*   est¹ et est² *om. W*   ignis ... est² *om. E*   11 et¹] etiam *E*: *om. AW*   dispositionem hanc *ABCDE*   narrant] narraret *C*   12 si *om. D*¹   aliquis *W*²: quis *W*¹   quod *om. E*   13 scilicet] autem *B*   erit² + in eo(ea *H*¹)*CEH*²*W*   14 locus + in eo *BD*²   cibum totum *C*   15 findebatur *D*²: fundebatur *D*¹   et non aperiebatur *om. A*¹   non² *D*²: si *D*¹   receptionem] acceptionem *H*   anhelitus] haneli *A*   et³ *B*: *om. cett.*   16 corporum] corporis *C*   illi] isti *D*²*H*   sustinet *A*   17 hoc *om. H*¹   18 homo *om. C*   animalia alia *C*   sint] sunt(*post* naturalia *E*) *DEW*: *om. C*   declarare + et *CE*   19 quod³ *om. CHW*   20 organica] organa *C*   21 et¹ *om. E*   et³ *om. AB*   quod² *D*¹: quid *D*²

---

ex ... materia] فى الاوّل الذى يكون من الهيولى (nisi in principio quod est ex materia) 6 quae ... causa²] العلة التى هى مثل هذه واىّ علة ومثل ماذا (*in* causa quae est talis et quae causa est *(illa causa)* et qualis est)   8 principium a quo est *om.* Ξ   aut diversitas] الصداقة او الخلاف (amicitia aut diversitas (= inimicitia → *HA* 610a33))   operatio (= العمل] العقل (intellectus)   quae] او الذى (aut illud quod)   per se + فاذا كان طباع مثل هذا(الذى يقال من ذاته ) للهيولى الموضوعة باضطرار يكون ما يكون على مثل ذلك الطباع (→ *Kruk*) (si ergo fuerit natura in materia posita talis *(quae dicitur per se L²)* necessario erit illud quod erit secundum illam *(om. L¹)* naturam)   14 et] او (aut)   15 anhelitus et aeris] الهواء والنفس *(inv.)*   18 alia *om.* Ξ   naturalia + وجميع اعضائه (et omnia membra eorum)   19 quod membrum] ماذا (quid)   quod²] ماذا (quid)   quod³] quid   et similiter] وماذا   de aliis] جميع الاعضاء ماذا (quae sunt omnia membra)   20 et organica *om.* Ξ (→ *adn.*)   21 et quod est propter quod] وإن كان كلّ واحد منها مثل هذا (et utrum sit quodlibet eorum tale)

virtutem. Quoniam non sufficit dicere ex quibus rebus est, scilicet ex [23]igne et terra. Et si vellemus narrare dispositionem lecti aut [24]alterius, debemus distinguere [25]magis formam ipsius quam materiam, scilicet ligna aut aes. Et si non narraremus ipsum secundum hoc, [26]narrabimus in quantum totum, dicendo quod lectus est hoc et hoc. [27]Et si voluerimus narrare figuram ipsius, etiam debemus distinguere hoc, et declarare [28]formam ipsius, quoniam natura cognita per formam est nobilior quam [29]quae per materiam.

Si ergo fuerit quodlibet [30]animal et membrum cognitum per figuram et colorem, bene dixit Democritus, [31]quoniam videtur quod sua opinio sit talis. Qui ergo fingit [32]quod sufficit figura et aspectus hominis, non dicit hoc nisi quia [33]figura ipsius cognita est sine dubitatione. Et [34]homo imaginatus habet illam figuram et formam, [35]et quamvis sit homo in forma et aspectu, non tamen est vere homo. Et similiter [36]manus vera et manus figurata, quia sunt aequivoca in nomine, [1]sicut medicus figuratus. Quoniam manus figurata non potest facere suum opus, sicut neque medicus [2]figu-

---

22 non om. $A^1$    scilicet $D^2$: sed $D^1$    ex[2]] et $H^1$: del. $D^2$: om. CEW    23 igne $D^2$ : genere $D^1$    vellemus] velimus CEW    dispositionem bis scr. H    24 altius A    debemus] deberemus BD    25 forma A    materiam] naturam CHW    ligna aut aes] lingua aut os E    non om. CDEW    narraremus] narremus CW : narrare E    26 et] aut E    27 si + hoc H    etiam] et H: post debemus DE    declarare] narrare CEW    28 natura cognita] cognita natura C: cognitia E    per om. $A^1$    29 materiam] naturam H    30 cognitum] agnitum E    31 sit] fit B: est EH    talis] testis E    32 hoc] hic C    33 ipsius] eius B    34 imaginatus] ymaginis (contra eos qui dicunt quod antichrist est homo mg.) E    figuram et om. CEW    illam ... formam] formam illam E    35 vere est C    36 nomine] homine E    1 opus suum H

---

22-3 scilicet ... et[1]] ام ... ا (an ... aut)    24 alterius + مثله (sibi similis)    distinguere + خاصّة (proprie)    25 materiam + التي هو منها (a qua fuit)    ligna aut aes] النحاس والخشب (inv.)    26 narrabimus] debemus narrare    in quantum totum] كلّيته hoc et hoc] هذا مثل وهذا في هذا (hoc in hoc aut hoc tale)    27 hoc + تلخيصا بيّنا (manifeste)    28 nobilior] اشرف واعظم شأنا (syn.)    29 quae] الطباع المعروف (natura cognita)    32 sufficit] بيّن واضع لكلّ ماذا (manifestum est omnibus quod est)    non] et non    33 et] ولان (sed quia)    34 homo imaginatus] الانسان    35 similiter + الحديث ... اعنى بقولى الانسان الحديث : المعمول بمهنة المعمولة اعنى المصنوعة من نحاس او خشب او هيولى (→ adn.)    36 figurata] يقال آخر (figurata scilicet ex aere aut ligno aut alia materia)    quia ... nomine] وانما تشترك اليد الحقيقية والمعمولة بالاسم فقط (et non sunt manus vera et figurata aequivoca nisi in nomine tantum)

ratus. ⁶Et similiter facit carpentarius quando voluerit narrare manum factam ex lignis, ⁷et similiter facit naturalis quando voluerit narrare generationem et causas ⁸et formas et virtutes. ⁹Sed carpentarius dat securim et serram, ¹⁰naturalis autem dat terram et aquam. Sed carpentarius melius narrat et perfectius, ¹¹quoniam dicit quod ubi cadit instrumentum facit ¹²lignum in quibusdam locis profundum et in quibusdam ¹³aequale, et dat causam ¹⁴propter quam est lignum figuratum tali figura, et propter quid fuit factum, et fingit quod non fuit factum nisi ut sit talis formae et talis figurae. Et manifestum est ¹⁵quod non recte dicit, quia debet dicere et declarare propter quid est ¹⁶animal, et quid est animal, et narrare quodlibet membrum, ¹⁷sicut narrat formam lecti.

Et si ¹⁸hoc est anima, et si illud est anima vel pars animae, ¹⁹et quod quando animal caruerit anima non ²⁰remanebit animal post hoc, neque aliquod membrum remanebit membrum vere, sed in figura et forma tantum, sicut animalia quae dicuntur in prover-

---

6 et *om.* CEW    voluerit] volunt A    7 naturalis *om.* E    quando H²] quoniam H¹    et²] in E    8 et formas *om.* E    9 serram + et B    10 narrat melius C    11 quoniam D²: vel quando D²    quod *om.* C    12 in¹ ... 13 aequale] in quibusdam locis equale in quibusdam locis profundum E    12 locis ... quibusdam² *om.* B    et *om.* W    quibusdam² + locis CDEHW    14 est¹ ... quod *om.* C    quid] quod ACE    fuit¹] fuerit DEW    fuit²] fuerit W    formae - figurae: *inv.* H    15 dicit recte H    quia] quod BH    quia ... dicere] quod dicere debet B    16 et¹ ... animal² *om.* A    membrum + sicut membrum E    17-8 et si hoc est anima *etc.*: contra opinionem eorum qui dicunt quod antichrist est homo *mg.* E    18 et D¹: ut D²    si *om.* H¹    illud] istud EW    anima est D    19 quod *om.* B    animal *om.* A¹    caruerit] caruit CE: caret W    anima + et B    20 hoc + neque aliquod membrum remanebit membrum post hoc B    membrum¹] membrorum CEHW    membrum²] membrorum H    tantum *ante* et H    dicuntur] dicunt H

---

2 figuratus + مثل اقول والمعمولة الحقيقية الاعضاء من واحد كلّ يقال النوع هذا وبمثل عمله يعمل ان على ... يقوى واليد العين (et secundum hunc modum dicitur quodlibet membrum verum et figuratum, dico sicut oculus et manus potest facere suum opus)    7 narrare] وذكر ... صفة (syn.)    8 et virtutes] عملت القوى اي ومن (et per quas virtutes efficiuntur)    9 dat] ينذكر ان خليق (forte dicit)    serram (= منشار)]    10 dat] ينذكر ان خليق (forte dicit)    terram et aquam: الارض (*terebram)    مثقب    والماء    11-2 facit lignum] وبعضه عميقا الخشب بعض صار الخشب يعمل بها التي (quo figuratum fit lignum erit quoddam ligni profundum et quoddam aequale simile *plano)    بسطح شبيها مستويا    15 debet] debemus    16 quid est] ماذا مثل    هو    animal² *om.* Ξ    17 narrat] narramus    18 et ... anima² *om.* Ξ    animae + وان    نفس بغير يكن لم (et si non erit sine anima)    19 et quod] فانه (quoniam)    animal caruerit anima] الحيوان عن النفس ذهبت (recedit anima ab animali)    20 remanebit² *om.* Ξ    animalia] الاصناف (modi *qui*)

biis, ²¹quae mutabantur in lapides. Si ergo istae res sunt sicut narravimus, naturalis debet dicere et docere ex dispositione animae ²²quanto magis poterit dicere, et debet narrare dispositionem cuiuslibet animae aut dispositionem cuiuslibet modi animae, et diffinire ²³quid sit anima ²⁴aut utrum sit anima pars animalis, aut non. Deinde narrabimus accidentia quae accidunt ²⁵substantiae animae quae est talis. Et alio modo dicitur natura duobus modis, et ita ²⁶est alter illorum sicut materia, et alter sicut ²⁷substantia. Et natura est sicut motor ²⁸et sicut complementum.

²⁹Igitur est manifestum quod secundum talem divisionem debemus considerare et attribuere considerationem ³⁰in dispositione animae magis quam in consideratione materiae, quoniam ³¹materia non dicitur natura nisi propter dispositionem animae, et anima non dicitur natura propter dispositionem materiae. Quoniam lignum a quo fit lectus ³²et instrumentum habet tres pedes, quoniam lignum in potentia dicitur istae res. ³³Et quando aliquis consideraverit in eo quod diximus, dubitabit utrum naturalis philo-

---

21 quae] quod *W* mutabantur] mutantur *CEW* sunt] sint *HW* narravimus] monstravimus *H* et ... dispositione] dispositionem cuiuslibet *C* ex dispositione *D²*: expositionem *D¹* 22 debet] deberet *ACDH ²*: -rent *H¹* animae¹ ... cuiuslibet² *om. EW* aut] ad *C* 23 anima] animal *ABEHW* 24 aut¹ *D¹*: et *D²* utrum] utrumque *H* 25 dicitur natura *H*] dicuntur *cett.* et² *om. E* 25 ita ... 26 illorum] alter eorum(+ est *H²*) ita *H¹* 26 illorum] eorum *CEHW* 29 est igitur *CEW* divisionem] diffinitionem *E*: dispositionem *D¹H*: vel divisionem *D²* considerare + dispositionem *BD²* 30 dispositionem *H* consideratione] dispositione *E* 31 dispositionem¹ + materie (*sed del.*) *B* animae *H¹*: del. *H²* et ... dispositionem² *om. H* natura² + nisi *BCD¹EW*: *om. A¹* 32 res] tres *CD¹EW* 33 consideraverit] consideravit *CW*: considerat *E* dubitabit] -vit *C* utrum *om W* naturalis] naturaliter *E*: *om. W¹*

---

21 mutabantur in lapides] تتحجّر اعنى انها تصير من حجارة debet] ... هو من عمل docere (= يَعلَم)] يعلم (scire) 22 animae¹ + عامّة (universalis) dispositionem² cuiuslibet modi] صنفا من اصناف animae² + بتلخيص مفرد (in divisione per se) 24 pars] aliqua pars narrabimus] narrare 25 quae *sc. substantia* 26 alter] alter modus 28 complementum + ( وهو ) كلّ نفس حيوان مثل هذا او جزء من <et> omnis anima animalis est talis aut pars eius (*sc. animae*)) 29 divisionem] اجزائها المأخذ والتصنيف (*syn.*) 29 considerare ... 30 materiae] ينسب النظر فى حال النفس الى صاحب الرأى الطباعى فان النظر فى حال النفس اعظم من النظر فى الهيولى (attribuere considerationem in dispositione animae naturali (*sc. philosopho*) quoniam consideratio in dispositione animae est maior quam consideratio in materia) 31 a ... lectus] المعمولة تقال سريرا (figuratum dicitur lectus) 32 habet] لزمه العويص لانه يعتاص لها (habens) 33 dubitabit]

sophus vult loqui in [34]anima naturali generali aut in anima singulari. Quoniam si voluerit loqui in [35]qualibet anima, nulla diversitas erit inter eum et philosophum naturalem, [36]quoniam intellectus philosophi quaerit scientiam rerum intellectarum. Manifestum ergo est quod [1]scientia naturalis quaerit cognoscere omnes res, quoniam ex eius scientia est considerare ex intellectu [2]et intellecto, quoniam opinio [3]omnium rerum collativarum eadem est, verbi gratia quoniam opinio sensus [4]et rerum sensatarum est eadem. Et non quaelibet anima [5]est principium motus nec omnium membrorum, sed principium crementi, scilicet principium quod est [6]in arboribus, et principium alterationis, quod est [8]in aliis rebus generum animalium. Intellectus vero non est in aliquibus istorum. Iam ergo manifestum est nobis quod non [9]debemus loqui in tota anima, quoniam non est in tota anima natura, [10]sed quaedam pars, quoniam in anima sunt multae partes.

Et etiam [11]non potest esse opinio naturalis ex rebus sumptis ab anima, [12]quoniam apparet nobis quod natura non intelligit omne quod intelligit nisi propter quid, [13]sicut facit ars in rebus artificialibus. Et ita dicimus quod [14]in rebus est aliud principium et alia causa, sicut causa quae est in nobis, scilicet [15]calidum et frigidum, quae est pars ex toto. Et propter hoc dicimus quod [16]dignum est quod sit generatio caeli ex causa istorum, si [17]fuerit ge-

---

loqui *om.* A   34 anima[1] ... in[2] *om.* B   naturali *om.* CE   si *om.* C   loqui *om.* E   35 nulla] et in illa C: *om.* H[1]   36 intellectuarum C   est ergo BCEW   quod] quoniam C   1 cognoscere quaerit H   ex[1] *om.* D[1]   2 intellecto H[2]: intellectu H[1]   3 collativarum] collaterarum ?B?D[1]: collectarum CD[2]EW   4 eadem est EH   5 nec] neque E   membrorum omnium E   6 in *om.* A[1]   principium + quod est E   8 istorum] istarum C   non[2] D[2]: *om. cett.*   9 natura *ante* non H   10 quaedam H[2]: tota H[1]   in *suprascr.* W   anima] anime H   etiam *om.* CEW   12 quoniam] quando EW: vel et D[2]   apparet] aperit A   quod[1] *om.* E   omne ... nisi D[2]: esse nisi intelligat D[1]   quod[2] *om.* D[1]   13 sicut] sunt sicut *(sed em.)* D   quod] qui A   14 alia] aliqua H   sicut causa *om.* B   quae est] est quae est *(sed em.)* D   15 et[2] *om.* D[1]   16 caeli + et C

---

34-5 in qualibet anima] فى كلّ نفس   1 ex eius scientia (= من علمه)](من عمله (ex eius operatione)   ex[2]] فى (in)   4 qualibet anima] كلّ نفس   5 omnium membrorum] omnia membra *(sc. animae)*   scilicet *om.* Ξ   8 in[1] + والصانع) وابتداء المنهب الحسّ ) (sensu [et artifex LT, -Ω) et principium cursus est aliud et non est illud in quo est intellectus quoniam cursus est in) شىء آخر وليس الذى فيه العقل لان المنهب فى   non[2]: <لا> Kruk   9 in[2]: فى L[1] (-Ω)   12 intelligit (1+2) (= يعقل)]يفعل (facit)   16 istorum: هذه L[1]

neratum. Et dico quod caelum, si est ex tali causa, dignum est ut attribuatur caelum tali causae magis quam animalia. [18]Quoniam laudabile et ordinatum apparet in caelestibus magis [19]quam in nobis. Quod vero est in alio tempore [20]et alio modo et sicut venit, apparet in rebus corruptibilibus magis. Et quidam homines fingunt quod [21]animalia generantur natura, [22]et caelum per se et per casum, et non vident quod in caelo sit aliquid [23]casu aut privatio ordinis. Et nos [24]dicimus in omni loco quod istud est propter hoc, scilicet in omni loco in quo apparet quod complementum et finis [25]motus est ad ipsum, si aliquid non prohibuerit. Et manifestum est [26]quod aliquid est tale, scilicet quod dicitur natura. Quoniam non [27]erit ex quolibet semine quodlibet per casum, sed hoc erit [28]ex isto semine, et hoc ex hoc, et hoc est determinatum cognitum. Illud ergo corpus a quo exit semen [29]est principium illius quod exit ab eo, et ipsum est artifex eius, quoniam istae res oriuntur [30]et sunt ex natura; origo ergo et principium eorum est ex semine. Tamen etiam [31]causa anterior quam sperma est illud a quo deciditur sperma, quoniam sperma est generatio [32]et complementum

---

17 si] non *BE*    tali² *om. E*    causae] esse *A*    quam *om. W¹*    18 quoniam] quia *CDEW*    laudabile + est *W*    ordinatum] ornatum *D¹*: + et *H*    19 quod] et quod *(sed em.) D*    est ... tempore] in alio tempore et in alio non gulosa(= glosa?)*B*    in alio tempore] modo alio tempore et in alio non guloso(= gloso?) est tempore *E*    alio] aliquo *H*    tempore + et in alio *CW*: + et in alio non (+ glosa est tempore *sed del. D²*) *D¹*: + et etiam in alio *H*: et in alio non. glosa *mg. A²*    20 et¹ *om. D¹*    venit] verum *B*: vente *W*: *om. H*    fingunt] dicunt *C*    21 animalia] anima *CD¹EH¹W¹*    generantur] generatur *CEW*: + a *H*    22 et¹] ex *A*    se + est *CD¹(sed del. D²)EW*    non] si *E*    23 casu aut] causu ut *H*    24 dicimus + quod *CEH*    in¹ ... scilicet *om. E*    quod¹ *ante* in¹ *W*    istud] illud *HW*: *post* est *C*    27 quodlibet] quolibet *A*    28 hoc²] illo *B*    est *post* determinatum *B*    determinatum + et *BD²*    corpus + est corpus *C*    29 res istae *CEW*    30 eorum] illorum *CDE(post* est *E)HW*    tamen] tantum *BCD*: tam *W*    etiam] et *BCD²*: + non est *H*    31 causa + et *(sed del.) B*: + est *D²*    sperma¹ + et *D²H*    deciditur] descinditur *CDEHW*    quoniam sperma *om. B*

---

17 dico] dicimus    18 laudabile et ordinatum] المحمود المنضود المرتّب الشريف (→ *adn.*)    19 in nobis] فينا وفيما يلينا (in nobis et in eo quod vicinatur nobis)    20 corruptibilibus] الاشياء التي تبلى وتموت (*syn.*)    21 animalia] كلّ واحد من الحيوان (omnia animalia)    22 et caelum] et quod generatio caeli est    casum + وكذلك كان تقويمـا (et ita est sustentatio eius)    23 ordinis] الترتيب والنضد    24 quod² *om.* Ξ    26 aliquid est] est aliquid    27 semine] زرع ... بذر (*syn.*)    28 et hoc ex hoc *om.* Ξ    29 eius + اعنى الــزرع (scilicet seminis)    oriuntur] ٭تنبت (تثبت *L edd.*)    31 deciditur] يخرج (exit)

et substantia. Et causa anterior istis est illud a quo exit ³³semen. Et semen dicitur duobus modis, scilicet a quo et propter quod. ³⁴Quoniam semen est attributum illi a quo exit, sicut sperma equi, ³⁵quod est attributum illi a quo exivit prius, sicut semen grani, sed non unius modi, ³⁶sed per unum modum illorum duorum quos narravimus. Et etiam semen in potentia; ¹non dico potentia nisi quod tendit ad actum. 642a

Manifestum est ergo quod istae res ²habent duas causas, scilicet propter quod et necessitatem, quoniam ³multae res sunt ex necessitate. Et dignum est ut dubitet aliquis ⁴dicendo quod unus modus modorum necessitatis dicitur hic, quoniam ⁵non potest dicere uno modo illorum duorum modorum, sed ex modis determinatis in ⁶philosophia. Dicitur ergo ⁷tertio modo in rebus quae habent principium generationis. Possumus ergo dicere hic necessitatem uno modo ⁸illorum modorum quos narravimus, verbi gratia quia cibus non dicitur per necessitatem uno modo istorum modorum, sed dicitur quod animal non potest esse, ⁹sicut dicimus quod securis debet findere lignum secundum necessitatem et debet esse dura, et si debet esse dura ¹¹necessario erit ex ferro et aere. Et similiter dicimus in corpore si esset instrumentum, quoniam

---

32 causa] tamen *C*   istis] istius *E*   illud] illis *D*¹: istud *E*   33 semen (1+2) + illi *H*   dicitur semen *DH*   quod] quid *BCDH*   35 granis *C*   36 modum] modorum *CEW*   illorum + modorum *D*¹ (*sed del. D*²)*H*   et] est *E*   etiam] est *CDHW*   1 dico + in *CD*¹(*sed del. D*²)*H*   quod¹] que *CEW*   ad *om. B*   ergo est *BCEHW*   2 quod] quid *CDEHW*   3 ut] quod *B*   aliquis] alius *A*: *om. C*   4 hic *D*¹: vel is *D*²   quoniam] quia *W*   5 duorum (*om. H*¹) *post* modorum *A*¹*D*   6 philosophia] philosophica *C*   ergo + uno modo scilicet *B*   7 generationis + non *B*   ergo *om. H*   dicere (] dicitur *C*) *post* necessitatem *CEW*   8 illorum] istorum *E*   quia] quod *B*   per] propter *CD*²*EW*   modo *om. CEW*   uno modo *om. B*   9 dicimus] diximus *CEHW*   quod] quia *HW*   securis] securus *H*¹: + non *C*   findere] scindere *BE*: fingere *H*¹   lignum + et *HW*   et¹ *ante* secundum *B*   et² ... dura² *om. D*¹   si ... dura²] ita *E*   11 et² *om. CW*   dicimus *om. E*

---

32 et²] est   istis] هذين (istis duobus (*sc. sperma et substantia*))   35 quod: فهو a quo exivit prius: الذى منه بدأ   grani (= حبّة)] حيّة (serpentis (*muli* Ω))   unius] واحد هو فهو   36 in] *est* in   1 non] et non   4 quod unus (= ان)] اىّ (quis)   5 sed ex: بل من   7 possumus ergo] non ergo possumus   8 uno modo] واحد (ولا بنوع واحد (neque per unum modum)   esse + بغير غذاء (sine cibo)   9 lignum + او اشياء أخر (vel alias res) et¹ *om.* Ξ   11 erit ex] يكون معمولا من (erit factum ex)   ferro et aere] نحاس او حديد (*inv.*)   si esset (= ان كان)] ان كان (quod est)

¹²quodlibet membrum non est nisi propter quid, et similiter totum etiam, ¹³necessarium ergo per necessitatem erit hoc, et propter hoc, scilicet propter ¹⁴id quod est.

Per istos ergo duos modos modorum causae propter quam, erit generatio rerum proprie. ¹⁵Et si hoc non foret sicut narravimus, manifestum est quod debemus declarare quod illi, qui non dicunt istud, non dicunt in natura rectum, quoniam hoc dignius est ut sit natura materiae. ¹⁸Et veritas inducit Empedoclem necessario, in pluribus locis, ad dicendum istam causam, ¹⁹et propter hoc omnino dicit quod substantia et natura ²⁰sunt diffinitio, sicut facit aliquis si voluerit diffinire os. Quoniam si voluerit dicere quid est os, ²¹non dicet quod est unum elementorum, neque duo, neque ²²tria, neque omnia, sed dicet quod est admixtum ex eis. Et ²³similiter diffinire carnem et diffinire quodlibet ²⁴membrum. Et causa quae prohibuit antiquos ²⁵a subtiliando in consideratione eius quod diximus, est quoniam illi ²⁶non diffinierunt naturam, neque dixerunt quid sit generatio cuiuslibet rerum. Sed Democritus ²⁷fuit primus qui appropinquavit subtilitati, et non fecit hoc quoniam imitatus est naturales, ²⁸sed quia ipsa res adduxit ipsum necessario ad hoc. Et in tempore Socratis ²⁹crevit ista opinio, et fecit

---

12 quolibet *D*    similiter + dicimus in corpore *D*¹(*sed del. D*²)    totum + est *B*    13 per] secundum *E*: *om. C*    necessitatem + ergo *AD*¹(*sed del. D*²)*H*    hoc¹] si *A*    propter¹] per *C*    propter²] per *D*¹*HW*    14 id] hid *A*    per *B*²: propter *B*¹    ergo *ante* per *CDEHW*    duos] duorum *H*: *post* modos *C*    modos] modis *A*: *om. EHW*    generatio] –nis *B*    15 est¹ *om. AEHW*    dicunt¹] habent *B*    istud] istum *B*    in natura rectum] in rerum natura rectum *D*¹: rectum natura *D*²    sit *om. C*    18 et + hec *E*    enpedoclem *D*    dicendum] dandum *W*    20 sunt] sit *H*: est *W*    quoniam *om. E*    quid] quod *C*    21 dicet *D*²: decet *D*¹    22 neque omnia *om. B*    sed + dicemus *ACD*¹    dicet] dicemus *HW*    eis] es *C*    23 diffinire¹] diffinere *A*    diffinire²] difinire *A*: *del. D*²    24 prohibuit] –et *E*    25 in consideratione] considerationes *B*    26 naturam + rerum *H*: *om. B*    rerum] rei *CH*    sed] et *H*    27 fecit] facit *H*    quoniam] quod *H*    28 ipsa *om. E*    ipsum] propter *A*    necessario *H*²: necessarium (*post* hoc) *H*¹    et *suprascr. C*

---

13 necessarium *om.* Ξ    propter¹] من (ex)    15 declarare] ان نروم ونوضح (laborare in declarando)    illi] omnes illi    18 inducit ... necessario ... ad dicendum] الى ... يضطر    الكلمة اعني 20 diffinitio]    لا يجد بدا من ان يقول 19 omnino dicit]    ان يلجأ الى ذكر    الحد aliquis *om.* Ξ    23 similiter] هو بيّن ان ... على مثل هذه الحال    ايضا (manifestum est quod ... erit secundum talem dispositionem etiam)    27 subtilitati + الرأي (opinionis)    imitatus est: ... لازم    naturales + باضطرار (necessario)    28 adduxit ipsum necessario] ألجأه واضطرّه    29 crevit] نشأ ونمى (*syn.*)

quiescere modos inquirendi cognitiones naturae, et acquieverunt philosophi ad inquirendum [30]virtutem iuvantem et regimen corporis.

[31]Et debemus dicere sermonem nostrum secundum hanc dispositionem, scilicet quod anima est propter hoc, [32]et hoc est propter istas res necessario. Et necessitas [33]est significatio quod hoc quod est non est nisi propter aliquid. Illud ergo est complementum propter quod erit. [34]Necessario ergo erunt istae res sicut sunt et secundum naturam qua naturatae fuerunt. [35]Et necessario exibit calor et intrabit etiam, [36]quoniam introitus [non] erit oppositus ad exitum. Via vero aeris et introitus eius ad interius indigetur necessario, [1]quoniam quietat calorem qui est in *interiori, [2]et propter hoc indigetur exitu aeris qui intrat et introitu aeris qui est extra. Hoc ergo est ingenium [3]summae cognitionis rerum naturalium, [4]et secundum hoc licet accipere causas quando quis acquisiverit aliquid.

[2] [5]Et quidam homines accipiunt quamlibet rem per se, et dividunt [6]genus in duas differentias. Et hoc per unum modum vero

---

29 quiescere + duos $BD^2W$: om. E    inquirendum $D^2$: quirendum $D^1$    30 et om. B
33 est$^1$ om. C    hoc + est $D^1$(sed del. $D^2$)    quod$^2$ om. $A^1$    non est om. E    a-
liquid] quid BCDEH: + et W    quod$^3$] quid CDW    34 istae + due $BCD^2HW$    et
del. $D^2$    naturatae fuerunt] nate vel vel naturate fuerunt C: nature vel (del. $D^2$)
naturate vel(del. $D^2$) fuerunt $D^1$: nominate fuerunt E: fuerint nominate W: nate
fuerunt H    35 et$^1$ + ideo E: om. W    necessario] idcirco D: ante et$^1$ H: om. C
intrabit] introibit H    36 quoniam] quam E    non codd.: delevi    oppositus] contrarius CEW    exitum + vel oppositus CEW    vero] ergo W    aeris + quoniam
intrat B    et introitus ... necessario] et introitus aeri anterius indigetur necessario $D^1$:
quoniam intrat et introitus aeris qui est ex anterius indigetur necessario (vel sit via
vero aeris et introitus eius ad anterius indigetur necessario suprascr.) $D^2$    eius] aeris
qui extra est B    interius C] anterius cett.    1 quietat] inquietat C: qui erat qui H
est $H^2$: erat $H^1$    *interiori scripsi ] anteriori codd.    2 indiget C    intrat ...
qui$^2$ om. BE    intrat $D^1$: est intra $D^2$    extra est CEW    est ergo CW    3
cognitionem H    rerum] non C    4 secundum om. H    accipere] aperire $CD^2EH$
quis] quid AB    acquisiverit] adquisiverat C: acquisierit E    5 quamlibet $D^2$: quam
$D^1$    6 in $D^1$: per $D^2$    vero] quod CEW: quidem $D^2$: non H

---

30 corporis: البدن $L^1$    31 sermonem nostrum] بقول عامّ (generaliter)    anima (= النفس)] التنفّس (anhelitus)    36 non om. ΩΞ    1 in *interiori: فى الجوف    4 acquisiverit] طلب استقصاء (inquisiverit)    5 per se] مفردا بذاته    6 et ... vero] و

est grave difficile, per alium autem [7]est impossibile. Quoniam differentia quarundam rerum est una tantum, et aliae differentiae sunt superfluitates [8]et quibus non indigetur, verbi gratia habens duos pedes, et fissum pedem, et quod non habet duos pedes. Ista ergo differentia [9]est occulta cooperta tantum, et si fuerit contra hoc, necessario debemus dicere eandem rem multotiens et redire in eundem sermonem. [10]Et etiam non est rectum dividere quemlibet modum. Dico quod non est conveniens dividere modos avium, et ponere [11]quasdam in cursu uno et quasdam in alio, sicut genus [12]avium depictarum. Quoniam accidit ut dividetur etiam avis quae est in figura et in forma, et dicetur quod quaedam ponuntur [13]in cursu avium aquosarum. [14]Avis ergo figurata non dicitur avis nisi per similitudinem figurae tantum, et piscis figuratus non dicitur piscis nisi per similitudinem tantum. [15]Et sunt aliae differentiae carentes nominibus, ut habens sanguinem et carens sanguine, [16]quoniam neutra istarum differentiarum habet nomen proprie positum. Si ergo non est rectum dividere aliquid [17]aequi-

---

grave + et $BCD^2W$ per alium autem] secundum autem alium modum $CE$: secundum ergo (autem $D^2HW$) alium $D^1HW$ 8 non$^1$ om. $HW$ fissum] fixum $B$: figerit $H^1$ pedem] pedum $A$ 9 occulta + et $BDE$ cooperta tantum] tantum cooperata $C$ multotiens rem $H^1$ in] etiam $H$ 10 dividere$^1$ + secundum $D^2$ dico + ergo $D^2W$: + etiam $E$ dico ... conveniens] sicut neque $B$ 10 et ponere ... 12 avium om. $C$ 11 quasdam$^1$] quamdam $H$ in (1+2)] sub $D^2$ alio] aliis $E$ 12 depictarum avium $E$ accidit + etiam $W$ ut] quod $C$ dividatur $H$ etiam(] et $E$) post avis $CEW$: ante ut $H$ et$^1$ om. $C$ in$^2$ $AB$: om. cett. et$^2$ om. $EW$ quaedam om. $C$ ponuntur] ponetur $CEW$ 13 aquosarum om. $C$ 14 avis ergo] nature $C$ ergo] vero $DEHW$ per$^1$] propter $D^2$ tantum figurae $H$ per$^2$] propter $D^2$: secundum $W$ 15 sunt post differentiae $H$ carentes $H^2$: -tibus $H^1$ nominibus + habentes (sed del.) $B$ carens] carentes $W$ 16 quoniam] quantum $B$ neutra] neutrum $ABD^1EW$ habent $C$ nomen + unum $D^2$ positum] impositum $BD^2$ ergo om. $W^1$ est om. $H$ aliquid(aliquod $H^1$) dividere $H$ 17 aequivocatorum $D^2$: -tarum $D^1$

---

7 impossibile] مما لا يمكن ولا يستطاع (syn.) superfluitates] من الفضول 8 pedes$^1$ + فقط (tantum) fissum pedem] المشقوق الرجلين 9 occulta (= خفي) cooperta (= مستور $L$)] *مسوّد حقّي (→ Kruk) (principalis digna) (inv.) 10 est rectum] مما ينبغي ان (debemus) dividere$^1$] نفرّق ولا نجزّى ء (syn.) est conveniens] ينبغي ان (debet) 11 cursu (= مجرى)] تجزّى ء (divisione) alio] تجزّى ء آخر (divisione alia) 12 etiam om. Ξ quae ... forma] في الصورة 13 cursu (= مجرى)] الذى يأوى فى البرّ وبعضه يوضع مع الطائر تجزّى ء (divisione) aquosarum] المائى (manentium in terra et quaedam ponuntur cum avibus aquosis) 14 non ... nisi (1+2) om. Ξ 15 nominibus + خاصّة (proprie) 16 differentiarum] الصنفين (istorum modorum) dividere] يفرّق ويجزّأ (syn.) 17 aequivocatorum] المتّفقة (convenientium)

vocatorum in genere, manifestum est tunc quod qui facit hoc [18]errat et otiatur, [19]et quaedam animalia multipedia sunt ordinata cum animalibus [20]aquosis, et quaedam cum animalibus silvestribus.
[3] [21]Necessarium ergo est ut sit divisio eorum secundum privationem. [22]Et inter duas privationes non est differentia, quoniam [23]non habent formas et differentias, quoniam non est, scilicet privatio 'quod non habet pedes' et privatio [24] 'quod non habet plumas'. Necessarium ergo est ut non habeant istae duae privationes differentias 'habentis pedes' et 'habentis plumas'. Et necessario habet [25]formas differentia universalis semper. Quoniam si non habuerit differentias, qua de causa attribuetur toti, [26]et non singulari? Quaedam ergo differentiae sunt differentiae universales [27]et habent formas, verbi gratia quia aves habentes alas habent differentias quod quaedam sunt alarum fissurarum [28]et quaedam non, et similiter habens duos pedes, quoniam quaedam habent duos pedes [29]fissos in duo, sicut animal habens duas ungulas, et quaedam [30]non, sicut bestiae habentes soleas. [31]Divisio ergo in istis formis est difficilis. Manifestum ergo est quod [32]quodlibet animal est in istis differentiis, et non est idem in multis differentiis, [33]sicut alatum et carens alis, quoniam est tale animal, sicut for-

---

est *om.* $H^1$     tunc *om.* $H$     quod] quoniam $H$     19 multipedia] multipeda $CW^1$: *post* ordinata $H$     ordinata] ornata $D^1$: *ante* sunt $CEW$     20 animalibus *om.* $C$     21 necessarium] neutrum (*vel* neutra? *suprascr.* a) $C$     est ergo $CDEHW$     secundum] per $E$     22 inter privationes (*om.* duas) *post* differentia $H$     23 non$^1$  *om.* $C$     differentias et formas $E$     pedes] pedem $D$     24 est ergo $C$     non habeant *post* privationes $H$     non$^2$ *om.* $C$     pedes] pedem $D$     25 attribuatur $C$     26 differentiae$^2$ + etiam $B$     26-7 et universales $ACHW$     27 et *om.* $E$     verbi] ut $H$     habent$^2$] habens $W$     differentias *om.* $W$     quod] quia $CDEHW$     sunt alarum fissurarum $A$] habent alam(-as $H^1$) fissam *cett.*     28 non] integram $BD^2$     29 duo] duos $C$     animal *om.* $EW$     duas $D^1$: divisas $D^2$     ungulas + divisas $B$     30 non $D^1$: integras $D^2$     31 ergo$^1$ + est $C$     est ergo $EHW$     31 manifestum ... 32 differentiis$^1$ *om.* $C$     32 quodlibet] quolibet $A$     33 alatum] alarum $E$     alis] aliis $C$

---

18 otiatur + فانه اذا جزّاً على مثل هذه الحال باضطرار يفرّق ويجزّى ء (quoniam quando dividit secundum hunc modum necessario separabit et dividet)     21 privationem + والذين *يفرّقون يجزّئون (et illi qui separantur *ita* dividuntur)     22 quoniam ... 23 est] لانه لا يمكن ان تكون فصول وصور للذى ليس له كون (quoniam non potest habere differentias et formas illud quod non est)     24 necessarium ergo est ut non habeant] فليس لـ ... (non ergo habent) differentias + مثل الفصول (sicut differentias)     26 non] non attribuetur     singulari] المفرد الجزئى     27 quod] scilicet quod     28 non] non sunt alarum fissurarum     quaedam$^2$ + من الذى له رجلان (habentia duos pedes)     30 non] non habent pedes fissos     32 est] non est nisi

mica ³⁴et vermis qui lucet sicut ignis, et alii modi. ³⁵Et divisio animalis carentis sanguine est difficillima omnibus divisionibus, et rectius est dicere quod est impossibile, et necessario erit ³⁶in omni singulari differentia propria. ¹Ergo manifestum est ut sit contrarium differentiae in suo contrario etiam. Si ergo est impossibile ut sit ²aliqua formarum substantiae una, non dividetur in res carentes differentia, sed erit ei semper, ³sicut inter aves et homines. Quod autem caret pedibus non habet differentias. ⁴Et si fuerit animal habens sanguinem, in sanguine etiam erunt differentiae, quoniam sanguis est aliquid substantiae. ⁶Et si ita est, manifestum est ergo quod privatio non poterit habere differentiam. ⁷Et erunt differentiae secundum privationem aequales individuis, scilicet individuis animalium, ⁸cum ista individua non dividantur neque differentiae dividantur, et nulla differentia est communis. ⁹Si vero est possibile ut sit aliqua differentia communis quae non dividitur, ¹⁰manifestum erit quod non erit nisi secundum principium commune quod est in eisdem rebus, quoniam quaedam animalia ¹¹sunt in forma diversa ab aliis. Necessarium ergo est di-

---

34 vermis] vermes $W$    qui] que $D^1H$    lucet] licet $A$: lucent $W$    35 est¹ om. $E$    difficillima] difficilior $B$    rectius] rectum $CEW$    dicere + in omni $B$    necessario] non $E$    36 propria differentia $DH$    1 est¹ om. $E$    ut¹] quod $B$    differentiae] dicere $E$    etiam] et $B$: del. $D^2$: om. $CW$    si ergo om. $C$    2 aliqua] alia $C$    formarum] forma $EHW$    substantiae] -ia $H$    non om. $A$    dividetur] -itur $E$    semper + in animali manifesta $B$: + in alio manus $A^2CD^1H^1W$: + in alio et maius $D^2$: in alio maius $EH^2$    3 quod] quia $W$    pedibus] pedes $A$    6 si om. $D^1$    est ita $E$    est² om. $H$    ergo ante est² $C$: del. $D^2$: om. $E$    7 privationem] -nes $E$    aequales] equale $D^1$: equales (ante secundum) $D^2$: + in $E$    scilicet + in $E$    8 individua + non individua $C$: + animalium $D^1$(sed del. $D^2$)    neque + dicere $D^1$(sed del. $D^2$)    dividantur²] dividentur $CEH$    et + sit $B$    9 vero] ergo $W$    est] sit $H$    possibile om. $C$    sit post differentia $E$: om. $H^1$    aliqua] alia $H$    differentia + aliai $D^1$(sed del. $D^2$): bis scr. $C$    quae $D^2$: om. cett.    dividitur] -etur $C$    10 erit¹] erunt $A$: est $D^2$    quod¹ $D^2H$] quoniam cett.    quaedam om. $C$    11 diversa forma $C$    est ergo $CDE$

---

36 omni] omni re    2 erit ... semper: sc. differentia    3 sicut + الفصل الذى (differentia quae est)    4 substantiae + فان كان ما ذكرنا على مثل هذه الحال فهو بيّن ان الفصل الواحد ٭سيكون فى اثنين (et si illud quod diximus est secundum talem dispositionem manifestum est quod differentia una erit in duobus (sc. generibus animalium))    6 ita est] كما ذكرنا كان ذلك (hoc est sicut diximus)    8 non dividantur¹] لا تقسم ولا تجزّا (syn.)    communis] عامّ مشترك (syn.)    9 communis] عامّا مشتركا (syn.)    non dividitur] لا يقسم ولا يجزّا (syn.)    10 quod²: pron. rel.    11 est dicere] dicimus

cere quod non est una forma communis [12]omnibus individuis, [13]si autem non, ergo erunt aliae, et attribuentur eidem differentiae. Et non debet [14]esse idem individuum attributum diversis differentiis [15]ex differentiis divisis quas diximus.

[16]Manifestum ergo est quod non est possibile ut inveniantur formae quae non dividuntur, [17]sicut divisio illorum *qui dividunt animalia in duo. [18]Quoniam secundum sermonem illorum necessarium est ut sint omnia genera animalium quae non dividuntur secundum formam in [19]fine differentiarum. [20]Quoniam quando aliquod genus ex generibus quae principia differentiarum earum sunt modi [21]albedinis, et quilibet illorum modorum dividitur in alias differentias, et illae in alias, et sic quousque perveniatur ad [22]individua, erunt ultimae differentiae quattuor vel [23]plures partes quae duplicabantur ex uno. Et erunt [24]etiam formae secundum hanc dispositionem in multitudine.

Forma autem et differentia sunt in materia. Quoniam non potest aliquod membrum animalis esse [25]sine materia neque potest esse

---

quod] quoniam *CE*   est² + ex *A*   13 ergo + et *H*   erunt] erit *A*   attribuentur] -uuntur *D¹H*   eidem] eisdem *B*: eis *H¹*: vel ei *H²*   14 esse idem (*inv. EW*)] eidem esse *C*   differentiis *om. D¹*   15 quas diximus *om. CDEHW*   16 manifestum + est (*sed del.*) *D*   est¹ *ante* ergo *CH*: *om. E*   est²] potest *D¹*: potest esse *D²*: *om. H*   ut *om. H¹*   dividuntur] -antur *CD²EW*   17 illorum *H²*] illarum *cett.*: vel illorum *D²*   *qui *scripsi*: que *codd.*   18 illorum *B²*: eorum *B¹*   est necessarium *CDEHW*   quae] quod *A*   20 generibus] pluribus *E*   quae + sunt *H*   principia] -ium *W*   differentiarum earum] ipsarum differentiarum *CEW*   sunt] sicut *H¹*   21 et¹ *om. E*   modorum illorum *DW*   differentias *om. E*   22 ultimae] multe *C*   vel *om. A¹*   23 duplicabantur] duplicantur *E*   erunt] erit *B*   24 formae] forma *B*: + et *CEW*   24 animalis ... 25 membrum *om. D¹*   25 potest] posset *D²* (*om. D¹*)   esse *post* membrum *D²H*: *om. B¹D¹*

---

communis] مشترك واقع على   12 individuis + التى لا تقسم ابدا (quae non dividuntur semper)   13 aliae: *sc. formae*   15 quas diximus (التى ذكرنا) + *L²*)  ولا تنسب الاشياء*   المختلفة الى فصل واحد هو فهو ولا جميع الاشياء تنسب الى هذه الفصــول (neque debent res diversae esse attributae uni eidem differentiae et non omnes res debent esse attributae istis differentiis)   16 inveniantur (= توجد)] تؤخذ (accipiantur)   17 divisio ... dividunt] ما يجزّى الذين يجزئون + duo + او جنس آخر ايّما كان (vel quodlibet aliud genus)   20 quando] quando est   quae principia] in quorum principiis   earum] eorum   21 et illae ... sic] وتذهب مثل هذا المذهب الى ما بين يديه   23 plures partes (= كثرة اجزاء)] كثرة اخرى (alia multitudo *illorum*)   24 forma ... materia] والصورة والفصل فى الهيولى

aliquod membrum materia tantum, ²⁶neque omne quod est corpus erit animal, sicut ²⁷diximus multotiens.

Et etiam debet esse divisio per substantiam, non ²⁸per accidens. Verbi gratia si quis voluerit dividere figuras, dicet ²⁹quod quidam anguli quarundam figurarum sunt aequales duobus angulis rectis, et anguli quarundam aequales multis, ³⁰quoniam accidit figurae trianguli ut habeat ³¹angulos aequales duobus rectis.

Et etiam debet esse divisio ³²per contraria, sicut albedo et nigredo, ³³et rectitudo et curvitas. Et quodlibet istorum etiam debet ³⁴dividi in contraria, et non debent dividi quaedam scilicet per pondus et quaedam per mensuram. ³⁵Et cum hoc quod diximus genera animalium dividuntur per operationes communes animae ³⁶et corpori, sicut etiam narravimus ubi diximus animalia ¹currentia et volantia. Quoniam quaedam genera animalium habent ista duo, ²scilicet quod in eis est quod habet alas, et in eis est quod non habet alas, sicut genus formicarum.

---

tantum materia *CEHW*   27 diximus + quod *D¹*(*sed del. D²*): *post* multotiens *H*   per] secundum *C*   non] neque *B¹*: et *C*   29 figurarum] figuras *C*   29 duobus ... 31 aequales *om. C*   29 et ... 31 rectis *om. A¹*   29 quarundam²] quorundam *H*   aequales² + sunt *E*   30 ut] et *A¹*   habeat + tres *BCDH*   31 et *om. W*   etiam *om. E*   32 et *om. H*   33 et¹ *om. H*   quodlibet] quolibet *C*   etiam *ante* istorum(istarum *E*) *EW*: *post* debet *C*: *post* 34 dividi¹ *H*   34 in ... dividi² *om. A¹*   debent dividi] dividi debet *H*   scilicet *om. E*   et² *D²*: sed *D¹*   quaedam² *post* mensuram *E*   35 diximus + quod *W*   dividuntur] -entur *C*   per + oppositiones in alio(*vel* aliis) *E*   operationes communes] oppositiones communes vel operationes *W*   35-6 corpori et animae *E*   36 etiam] et *H*   diximus ubi narravimus *H*   diximus + alia *C*   1 currentia] creantia *C*   currentia et volantia] volantia currentia *E*   volantia] volatilia *H*   et *om. C*   animalium] -ia *H*   duo + membra *H*   2 quod² ... est² *om. H¹*   est² *om. C*   alas habet *C*

---

25 membrum] membrum animalium   26 est] كان له (habet)   animal + على كلّ   حال (omnino)   27 per substantiam] بالتى فى الجوهر (per illa quae sunt in substantia)   28 accidens + بذاتها (per se)   29 quidam *om.* Ξ   et] ولم يميّز (et non distinguet *ut sint*)   quarundam² + الاشكال (figurarum)   multis + زوايا (angulis)   32 contraria + لان الاشياء التى يضادّ بعضها بعضا مختلفة (quoniam contraria diversantur ad invicem)   33 istorum] من هذه الفصول (istarum differentiarum)   etiam *om.* Ξ   33-4 debet dividi] dividitur   34 contraria] الذى يضادّه ويخالفه (contraria et diversa)   scilicet *om.* Ξ   per pondus: بالوزن   per mensuram: بالمساحة   1 habent] توجد ... لـ   2 formicarum + فان منه ما له (in ... inveniuntur)   ista duo] هتان الخصلتان   2 formicarum + جناح ويطير ومنه ما ليس له جناح ولا يطير (quoniam quaedam earum (*sc. formicarum*) habent alas et volant et quaedam earum non habent alas et non volant)

³Et debet etiam divisio esse in domestica et silvestria. ⁵Et universaliter quando animal fuerit domesticum erit etiam agreste, sicut homo ⁶et canis et vacca, et in terra Indiae sunt porci et caprae et oves ⁷et omnes modi communis nominis. Si isti ergo modi sunt idem ⁸in forma, non possunt esse differentiae domesticorum et silvestrium nisi per illum modum quem diximus. ⁹Et necessarium est ut accidat hoc accidens ei qui voluerit dividere recte.

¹⁰Et non debet accipi cognitio animalium nisi secundum genera ¹¹quae narravimus. Multi vero homines dividunt genera avium et genera ¹²piscium secundum diversas differentias, et quamlibet illarum differentiarum per alias etiam differentias, et non diviserunt ¹³per modum divisionis cuiuslibet generum per duas differentias. Et hoc non potest esse omnino, ¹⁴quoniam accidit quod idem cadit in multa genera divisionum, ¹⁵et cadent contraria in eandem divisionem. ¹⁷Si ergo non inveniatur differentia secundum modum differentiae, ¹⁸necessarium erit ut sit divisio continua successiva, sicut praeparatur ligamentum unius sermonis. ¹⁹Dico quod tale accidens accidet illis qui dicunt et fingunt quod ²⁰quaedam animalia habent alas, et quaedam alata ²¹sunt alba et

---

3 etiam *om. C*   esse *ante* divisio *CEHW* : *ante* etiam *D*   in *om. CH*   5 et universaliter] universaliter etiam *E*   quando] quodcumque *H*   agreste + etiam *AHW*: + et *C*   6 indiae] ydie *D¹*: yndie *D²*: in die *W*: indie *cett.*   porci] porce *H*   7 ergo isti *H*   sunt] fiunt *A*   8 in forma *om. C*   esse *om. C*   domesticorum *D²W*] -arum *cett.*   quem] quo *E*   9 ei *D²*: *ante* hoc *B*: *om. cett.*   voluerit] volunt *C*   11 avium] canum *W*   12 illarum] istarum *W*   et²] sed *B*   diviserunt] dimiserunt *B*   13 differentias] species *E*   14 accidit] -et *W*   cadit] cadet *BDW*   multa] multerca *W*   15 cadent] -unt *D*   17 ergo] autem *BE*   secundum + hunc *D²H*   18 erit] est *CEW*   19 accidet] accideret *A*: accidit *CH*   et + qui *CH*   fingunt + et *B*   20 habent alas] sunt allata *H*   et *om. D¹*   21 sunt¹ *om. H*   alba ... nigra: *inv. EW*   et² *om. C*   21 et² ... 22 alati *om. E*

---

3 silvestria + فان هذين الصنفين من اصناف التجزى (quoniam isti duo modi *sunt* ex modis divisionis)   5 agreste] برى وحشى (*syn.*)   6 canis et vacca] البقر والكلاب (*inv.*)   7 idem] هى فهى واحدة   8 domesticorum: *sc. modorum*   9 ei qui] للذى   11 quae] كما (*sicut*)   narravimus + فيما سلف (*superius*)   13 divisionis] التجزى ( + الذى   ← *Kruk*)   14 accidit quod *om.* Ξ   idem] الواحد الذى هو فهو   15 divisionem + اما ان يكون واحدا مبسوطا واما ان يكون واحدا من تركيب ويكون من ذلك الصورة الآخرة (sive sit eadem simplex *sc. differentia* sive sit eadem ex compositione et ex illa erit ultima forma)   17 inveniatur (= يوجد *L²*)] يؤخذ (accipiatur)   18 sit] هيّا (praeparetur)   ligamentum] رباط وعقد (*syn.*)   19 dicunt] يجزّئون (dividunt)   20 alas + ومنه ما ليس له جناح (et quaedam non habent alas)

quaedam nigra. Et domesticum et album non sunt [22]differentiae alati, sed sunt differentiae [23]aliorum primorum. Et sic dividitur unum in multas differentias, [24]sicut diximus superius, et per hunc modum ponunt [25]privationem alati differentiam. In divisione vero quae est duorum non faciunt hoc.

[26]Et ex istis divisionibus declaratur etiam quod impossibile est quod inveniatur res singularis per se [27]sine uno, sicut fingunt quidam homines, [28]quia impossibile est quod sit [29]una differentia rebus singularibus per se, sive sit differentia [30]simplex sive sit composita. Et dicere simplex est [31]si habuerit differentiam et si non habuerit, [32]verbi gratia avis divisa quando confertur ad fissam pedes, composita vero est sicut fissura pedum. [33]Et per hunc modum erit continuatio quae [34]est ex genere in divisione quousque perveniat ad differentiam, quoniam universale est quasi una res. Sed accidit ex [35]diffinitione ut differentia ultima [36]sit solum differentia, sicut quod finditur in multa aut quod habet duos pedes tantum. [1]Quod vero habet duos pedes aut multos sunt ex differentiis differentiarum.

Quoniam manifestum est quod non possunt esse tales differentiae multae. [2]Et si quis diviserit recte, [3]perveniet ad ultimam

---

22 differentiae¹ + animalis B    sunt differentiae om. B    25 privationem] –nes CE    quae + non B    hoc om. C    26 etiam del. D²: om. C    est impossibile C    quod²] et quod C    27 homines + per D¹(sed del. D²)    28 quia A: quod cett.    est] sit (ante impossibile) H: om. C    29 differentia¹ + in BD²    differentia² om. W    30 sit om. CW    dicere AD¹] differentia (post est E) cett.    est om. CH¹    32 ad om. H¹    fissam pedes] fissos pedum D    pedes] –em H    est H¹    33 quae D²: quod D¹    34 genere + neque CW    quasi] quod BC    36 finditur] scinditur CE    1 pedes duos E    aut] vel E    multos + pedes B    sunt D²: habent D¹    est om. C    3 perveniet] –iat AH: –it D

---

23 aliorum primorum] لاوّل آخر (alii principii (vel primi))    et sic dividitur] وذلك يجزّى ء (et illud principium (vel primum) est secundum modum accidentalem et sic dividitur)    25 alati] المجنّح (–Ω)    est duorum] ء يجزّى باثنين (dividit in duo)    26 divisionibus] الحجج (rationibus)    declaratur] manifestatur    inveniatur] accipiatur    res] aliqua res    28 quia A] انه (quod)    29 et 30 sit] ان اخذ احد (accipiat aliquis differentiam etc.)    32 avis divisa quando confertur ad avem fissam pedes] الكثير الافتراق اذا قيس الى المشقوق الرجلين (differentia multae divisionis quando confertur ad differentiam fissorum pedum)    35 ut] ان يظنّ ان (ut opinatur quod)    1 pedes + فقط (tantum)    multos] quod habet multos pedes    differentiis (= فضول] فصول (superfluitatibus)

DE PARTIBUS ANIMALIUM I 3-4, 643b21-644a21  23

divisionem et ad formam. ⁴Per hunc ergo modum erunt omnes compositiones divisionis. Et si ⁵quis diviserit hominem, scilicet componendo habentem duos pedes et habentem multos pedes et habentem pedes fissos, ⁶sciet *quod homo non habebit nisi duos pedes tantum. Haec ergo erit ⁷una differentia. Modo vero iam declaravimus quod non debent esse ⁸multae differentiae attributae uni differentiae, neque possunt esse multae differentiae ⁹in eadem re attributae uni divisioni, sed debet esse ¹⁰ultima differentia una.
[4] ¹²Et dignum est ut dubitet aliquis dicendo quare non ¹³generalizabant homines duo genera sub uno nomine, scilicet genus animalis aquosi et genus avium. Quoniam ¹⁵isti modi et alii modi habent accidentia communia. ¹⁶Et secundum hoc recte fuerunt divisa, quoniam genera ¹⁷habentia differentias secundum magis ¹⁸et minus sunt nominata uno nomine, habentia vero convenientiam similem ei quod diximus ¹⁹sunt posita per se. Dico quod inter avem et avem est differentia ²⁰secundum magis et minus, quoniam quaedam sunt longae alae et quaedam brevis. ²¹Differentia vero quae est inter pisces et aves est per convenientiam, quoniam aves

---

divisionem] diffinitionem *E*   4 ergo *om. A*   erunt] erit *A*   compositiones] competentes *B*: vel competentes *D²*   divisionis] divisiones *BCDEW*   5 habentem²] -tes *B¹*   habentem ³] -tes *CD¹EH*   fissos] scissos *ABH*   6 *quod *scripsi*: quoniam *codd.*   haec] hoc *D¹HW*   erit] erunt *A*   7 non *om. CEW*   debent] dicitur *B*: habent *H¹*   9 eadem re] eandem rem *W*   12 dicendo *om. C*   13 homines *post* genera *ACD¹EHW*   scilicet] sed *A*   animalis + et *ACD¹(sed del. D²)EHW*   genus² + hominum *(sed del.) B*   15 et *om. A*   modi² *om. CE*   16 fuerunt] -ant *E*   17 differentias] diversas *W*   magis] maius *H*   18 sunt] sint *D¹E*   habentia *bis scr. (inc. alt. lin.) C*   19 per se posita *C*   20 magis] maius *C*   brevis] -es *E*: + ale *B*   21 pisces et aves] avem et piscem *C*   est²] sunt *ABD¹HW*   aves²] abes *C*

---

3 formam + وانّما التجزى ء الاخير الذى يجزّى ء فى المشقوق الرجلين فقط (et non est divisio ultima nisi quae dividit in habentem pedes fissos tantum)   6 *quod: ان   8 differentiae² + باضطرار necessario   10 una + فليس مما يمكن ان يؤخذ كلّ واحد من (non ergo potest accipi *(vel* inveniri) quodlibet animal per se dividendo in duo)   13 nomine + فى قديم التجزى ء (in antiqua divisione)   scilicet] اعنى بقولى جنسين (et est dicere 'duo genera')   15 modi¹] modi modorum animalium   accidentia] آفات واعراض (syn.)   communia + لجميعها (omnibus eorum)   16 divisa + على مثل هذه الحال (ita)   17 differentias + بالفضلة التى فيها (secundum superfluitatem quae est in eis)   18 nomine + منسوبة الى جنس واحد (*et* attributa uni generi)   20 secundum magis et minus] بالفضلة (secundum superfluitatem)   brevis] brevis alae

habent ²²plumam et pisces squamas loco plumae. Et ista comparatio non est facilis in omnibus differentiis generum, sed valde difficilis. ²³Quoniam ista accidentia in pluribus animalibus et generibus animalium sunt substantiae, ²⁴et ultimae sunt formae, et non habent differentiam secundum modum formae, verbi gratia ²⁵Socrates et Forcicoz, propter hoc fit nobis necesse dicere prius ²⁶res universales et dicere eandem rem multotiens.

²⁸Et in hoc est dubium, scilicet si debeat aliquis loqui prius de generibus aut individuis, ²⁹quoniam genus continet formas et individua, forma vero continet individua tantum, ³⁰et individua non continent alia. ³¹Et sicut dicitur in homine, ita debemus dicere in ³²avibus etiam, et non debemus etiam loqui de qualibet ave quoniam in isto genere sunt formae, sed debemus loqui de individuis ³³avium quae non dividuntur, sicut passer et grus. ³⁴Si autem non, accidat ut loquamur de eodem accidente multotiens, ³⁵et hoc est error, et non est error tantum sed ¹etiam elongatio loqui, scilicet de quolibet animali per se.

---

22 plumam] plumas *CE*   pisces + habent *BCHW*   squamas] -am *D*   ista] illa *H*   comparatio] operatio *BE*   non est facilis *bis scr. C*   23 et + in *B*   generibus + pluribus *B*   substantiae sunt *H*   24 sunt formae *om. B*   25 socrates] -is *E*   et] est *C*   forcicoz] forticoz *B*: forcior *C*: forticorum *D¹*: formator *D²*: formatorum *E*: fortiticorum *H*: fortiorum *W*   fit] sit *ACHW*   necesse] necessario *BCEW*: necessarium *D*   26 universales *om. C*   28 in *om. D¹*   est *post* dubium *D²*: *om.* *CD¹EHW*   dubium + etiam *W*   scilicet *om. W*   debeat] debebat *W*   prius *ante* loqui *H*: *post* generibus *CW*: *om. E*   29 continet²] -ebat *EW*   30 et] etiam *W*: *om. DH*   individua + vero *D²*   continent] -et *C*   alia *H²*: animalia *H¹*   31 et *om. D¹*   debemus *om. E*   32 etiam¹ *post* et *H*: *om. CDE*   etiam² *om. H*   sunt *D²*: erunt *D¹*   de² *om. A*   33 quae non] quando *C*   grus] gruis *E*   34 si] sic *H*   non *om. E*   accidat] -et *BW*: -it *D²H*   eodem] eo *H¹*   accidente + proprie *BD²*   35 est¹] erit *CDEHW*   et²] sed *DW*: *om. H¹*   et² ... error² *om. C*   est²] erit *E*   error² *om. E*   1 etiam *om. EW*

---

22 comparatio (= قياس)] فصل (differentia)   23 accidentia] الآفات والاعراض (*syn.*)   25 propter] ولذلك (et propter)   fit nobis necesse] يلزمنا باضطرار   26 et (= و) L)]   multotiens + فانه كما قلنا فيما سلف الكلّية مشتركة وكلّ ما يكون فى او* (aut) *Kruk*   كثير مما نستى كلّ (quoniam sicut diximus superius generalia sunt communia et omne quod est in multis dicimus generale)   30 individua + مفردة بذاتها   32 etiam² *om.* E   33 passer: العصفور   grus + مثل هذا او شىء آخر مثل (vel aliud simile)   34 multotiens + لان تلك الآفة فى كثرة بنوع مشترك (quoniam hoc accidens erit in pluribus secundum modum generalem)   1 elongatio loqui] التطويل وترداد القول مرارا شتّى (elongatio *sermonis* et redire in sermonem multotiens)

Et dignum est ut ²dicamus genera ³quae diffiniuntur ab hominibus recte, quoniam sunt genera universalia communia et habent unam naturam communem, et in illa natura sunt ⁴formae non remotae ad invicem, sicut aves et pisces, ⁵et quodlibet non habens nomen proprium et est sub illo genere. ⁶Quod vero non habet genus commune, manifestum est quod debemus dicere de quolibet per se, sicut homo. ⁷Et si fuerint similia in figuris ⁸membrorum, habent genera ⁹determinata, sicut genus avium et genus piscium ¹⁰et genus malakie et genus halzun. ¹¹Quoniam membra istorum generum sunt diversa, et non assimilantur in convenientia, ¹²ut in homine et piscibus, quoniam os hominis est simile spinae piscium secundum convenientiam, ¹³immo debemus accipere quod diximus ex accidentibus corporalibus, scilicet magnitudine ¹⁴et parvitate, et mollitie et duritie, et lenitate et asperitate, ¹⁵et aliis accidentibus sibi similibus. Et universaliter debemus considerare in maiori et minori.

¹⁶Iam ergo declaravimus ingenium cognoscendi naturas, et per quem modum ¹⁷debemus considerare in naturis animalium, et declaravimus methodum. Et declaravimus etiam ¹⁸qualiter debet esse modum divisionis, et quae divisio sit ¹⁹redarguenda, et quod di-

---

3 communia $D^1$: vel convenientia $D^2$   5 non habens] quod non habet $E$   et² del. $D^2$   illo] isto $W$   6 quod¹] quia $W$   commune + vel $D^1$(sed del. $D^2$)   8 habent] habentia $CDEHW$   9 avium ... piscium: inv. $CDEHW$   10 malakie] malokiez $C$: malkoz $E$   halzun] azun (sed del.?) halzun $A$: hakilhalzun $B$: halzin $C$: hassin $E$   11 generum ante istorum $D$: om. $B$   12 simile] -is $E$   13 accipere + secundum $D^2$: om. $E$   14 et³ om. $D$   15 et³ + in $BCDE$   16 per] propter $B$   per quem modum] quemadmodum $CE$   17 et¹ ... methodum om. $D^1$   18 esse + etiam $AB$   modum] modus $CEHW$   divisionis] divisi modis (modi $D^1H$) $AD^1H$: diversi modi $EW$   sit] fit $B$   19 redarguenda] -di $CE$: redarguonda $D$

---

لا (...) (بعدا) كثيرا [non 4   خليق ان تكون الاستقامة والصواب في [dignum est ut (non multum)   5 et²] وهو (sed est)   illo] illo eodem   6 homo + وإن كان شىء آخر   مثله (et aliud simile)   7 et si] وبقدر قول القائل إن (et forte si)   8 membrorum + وكلّ الجسد (et totius corporis)   10 genus + الحيوان التى تسمّى باليونانية (animalis quod dicitur graece)   11 et non assimilantur] non assimilantia   15 sibi similibus] التى تشبه هذه الصفة المصنّفة   16 declaravimus + كيف ينبغى ان ⁕تقبل (quomodo debet recipi)   ingenium cognoscendi naturas] الحيلة الآخذة الى معرفة الطباع   17 considerare] ان يكون الرأى الناظر   declaravimus ... et declaravimus ... أوضحنا   mollem اللين اعنى الذى ليس بعسر + (syn.) المسلك والسبيل [methodum وبيّنّا scilicet non difficilem)   18 debet] potest   18-9 et quae divisio sit redarguenda] وكيف ينبغى ان يعلّمه الذى يريد ان يستعمله على الصواب (et quomodo debet redarguere ipsam qui voluerit uti ipsa recte)

visio forte in duo erit possibilis et forte erit impossibilis. ²⁰Et postquam iam declaravimus omnia ista, debemus ponere principium ²¹sermonis nostri ita.

[5] ²²Et accidit ut sint quaedam substantiae naturales non generabiles ²³neque corruptibiles, et quaedam ²⁴generabiles et corruptibiles. Et opinio nostra et sermo ²⁵in substantia divina una est pauca, quoniam res manifestae nobis ²⁶de accidentibus illius substantiae sunt paucae valde. ²⁸Et magis possumus dicere de animalibus et arboribus, ²⁹quoniam scientia illorum est levior propter appropinquationem eorum ad nos.

³⁰Et qui voluerit loqui de illis substantiis caelestibus loquetur ³¹cum labore et difficultate. Et in duobus est gravitas, quoniam non ³²comprehendemus nisi parvam scientiam substantiarum caelestium ³³propter magnitudinem nobilitatis earum. ³⁴Amator autem, quando amat aliquid, angustiatur in comprehendendo modicum amati quamvis sit pars parva, et hoc proprium est amatoris. Et comprehensio illius partis parvae plus diligitur ab amatore ³⁵quam comprehensio aliarum partium multarum quas non diligit, quam-

---

erit in duo H  et² *om.* A¹: *bis scr.* D¹(*em.* D²)  impossibilis + et etiam qualiter esse debet diversimode et que divisio sit reducenda et quedam dividi in duo forte erit impossibile B  20 iam *post* declaravimus DH: *om.* CEW  21 nostri sermonis CEW  22 ut sint] quod sunt H  non] neque W  generabiles] generales H  23 neque corruptibiles] incorruptibiles B  25 est una B  26 substantiae *om.* E  29 illorum] eorum CEHW  est *om.* H¹  eorum] earum C: illorum W  30 voluerit] volunt H  loqui D²: qui D¹  loquetur] liquetur C: loquentur H  32 comprehendemus] -dimus BD²EW  parvam H²: perviam H¹  scientiam + et A  33 nobilitatis] debilitatis C  earum BD²: *om. cett.*  34 autem] enim D¹H  angustiatur + et E  comprehendendo] comprehendo A  modicum] aliquid C  parvae partis W  35 partium *om.* E  diligit + amator BCHW

---

19 forte in duo erit] باثنين ربما كان (in duo forte erit)  20 debemus + ان نذكر ما هذا الابتداء اوّل ita] principium ... 1–20  (dicere quod sequitur ipsa et) يتلوها و۔  قولنا naturales] 22  التى تقوّم طباعا  corruptibiles + 23  فى جميع العالم (in omni *aeternitate*)  24 generabiles et corruptibiles] مشترك فى الولاد والبلى  25 divina una] الواحد الإلهى (*inv.*)  26 accidentibus (= آفات)] آثار (*signis)  28 arboribus + وتربيتنا معها (et corruptibilibus) التى تفسد وتبلى  29 levior] nobis levior  nos + quia *creati fuimus cum eis)  30 loqui] علم (scire)  illis substantiis caelestibus] كلّ واحد منهما (quolibet illorum (*sc. animalium et arborum*))  loquetur] ان ... يقوى قد  (potest loqui) يقول  32 scientiam + من علم (ex scientia)  33 magnitudinem nobilitatis earum] كرمها وعظم شأنها  34 modicum ... parva] جزء من الاجزاء ايّما كان  amatore] ipso وإن كان جزءا صغيرا

vis sint magnae. ¹Res vero quae vicinantur nobis, scilicet quae ge- 645a
nerantur et corrumpuntur, sunt scitae a nobis magis ²et perfectius, quoniam naturae earum appropinquant ³naturis nostris. ⁴Et
postquam diximus dispositionem animalium superius, ⁵et declaravimus quod visum fuit nobis de eis, remanebit ad dicendum naturas ⁶animalium secundum perfectionem opinionis nostrae, ⁷sive
sit nobilissimum sive ignobile. ⁹Quoniam natura quae creavit animalia erit causa magnae delectationis ¹⁰illis qui possunt cognoscere
causas, scilicet philosophis naturae, ⁸quoniam considerant in a-
nimali vili. ¹¹Et propter hoc debemus considerare formas eorum,
¹²et delectari in artifice qui fecit ea, quoniam artificium ope-
rantis manifestatur in operato, ¹³verbi gratia quia in operatione
imaginum apparet scientia artificis.

¹⁵Et propter hoc licet nos ut non vitemus considerationem ¹⁶in
naturis animalium vilium, et non grave sit hoc nobis sicut sit
pueris. Et in omnibus ¹⁷rebus naturalibus est mirabile. Et sicut dicitur quod Heraclitus ¹⁸dixit peregrinis qui voluerunt ¹⁹sermonem

---

1 scitae] scire *W*    2 et *om. C*    earum $D^2H^1$] eorum *cett.*    4 et *om. EH*    diximus + naturas vel *B*    dispositionem] -nes *B*: naturas vel diffinitiones $D^2$    5 et]
scilicet et $H^2$: cum $H^1$    eis] is *A*    ad dicendum] addendum *E*    naturas] -a *E*    7
sive² + sit *CEH*    9 quoniam $H^1$: quando $H^2$    natura *om. C*    delectationis (+ in
$D^2$)] dilectionis *BCD*¹: dilectionis sive delectationis *E*    10 illis] in illis *B*    8
quoniam] quando *BEH*    11 eorum $D^1$: earum $D^2$    12 in artifice] manifestatione *C*
ea $D^1$: eas $D^2$    13 quia *om. E*    15 non] nos $CH^1$    vitemus $H^2$: videmus $H^1$    16
sit²] si $D^1$(*sed del.* $D^2$): *om. EH*    17 et *om. CD*    quod *om. C*    heraclitus *scripsi*]
eraclites $ABD^1E$: eraclitus $CD^2HW$    18 voluerunt] volunt *H*

---

35 magnae + تلك الاجزاء ولطفت معرفته لها (illae partes et subtilietur comprehensio
eius ipsarum)    1 generantur et corrumpuntur] تبلى وتفسد (*syn.*) (corrumpuntur)    2
perfectius + يقينا من علم غيرها ونعرفها (quam aliae (*sc. caelestes*) et cognoscimus eas
vere)    quoniam + انها اقرب الينا من غيرها و- (sunt propinquiores ad nos quam aliae
et)    4 animalium: الحيوان    6 animalium + ولا ندع شيئا مما نقوى على ذكره (et non
dimittemus aliquid secundum quod possumus in sermone)    8 quoniam] اذا (quando)
vili] الحقير الذى ليس بحسن المنظر (vili non pulchri aspectus)    11 et ... considerare]
فى مهنة    quia] 13    (et erit nobis error considerare) وهو من الجهل والخطأ ان ننظر
و- عمل الصور احكام تستبين الصورة (in artificio formae apparet *scientia operationis
formarum et)    imaginum] الاصنام وافراغها    artificis + ومعرفة رأى نستحب ولا
معرفة العلل على نقرى اذ سيّما ولا المقوّمة الاشياء (cum non diligimus opinionem et
cognitionem rerum sustentatarum et maxime quando poterimus cognoscere causas)
16 vilium] الحقير الذى ليس بكريم (vilium ignobilium)    sit²] يصعب على (sit grave)
17 est] est aliquid

eius quando inspexerunt ipsum intrantem ad [20]templum, et steterunt et non potuerunt appropinquare ad ipsum, et tunc praecepit ipsis intrare ad templum, [21]quoniam ibi erant dii. Et propter hoc debemus inquirere naturas [22]cuiuslibet animalis, et scire quod in omnibus animalibus [23]est res naturalis nobilis. Quoniam non fuit naturatum ullum eorum otiose neque casualiter, sed [24]quantumcumque erit ex operationibus naturae non erit nisi propter aliquid. [25]Et omne quod fuit et quod erit non fuit neque erit nisi propter aliquid et complementum, et propter hoc habet locum et ordinem nobilem. [26]Si ergo aliquis putaverit quod cognitio animalium sit [27]ignobilis, putet ergo quod cognitio [28]ipsius sit ignobilis. Quoniam non potest cognoscere res [29]ex quibus componitur homo sine difficultate, scilicet sanguis, et caro, et os, [30]et venae, et sibi similia.

Et sicut debemus scire [31]quod si aliquis loquatur de aliquo instrumento, non sufficit ei dicere [32]materiam tantum, neque sermo eius est propter materiam, [33]sed propter formam. [34]Quoniam non

---

19 quando] quoniam *C*    intrantem] -es *C*    20 potuerunt] poterunt *B*: poterunt vel putaverunt *E*    ipsis] eis *E*: + appropinquare et *B*    ad²] in *BC*    21 quoniam *D²*: quando *D¹*    naturas] -am *CEHW*    22 quod] quoniam *H*    23 est om. *H*    fuit naturatum] fuit natum *AD*: fecit natura *BH²*    ullum] illud *C*: illum *H¹*    eorum om. *CE*    casualiter] causaliter *A*    24 naturae + et *B*    25 et²] aut *E*    quod² om. *H*    neque] nec *H*    habet + et *H*    nobilem *D²*: mobilem *D¹*    26 sit] fuerit *CEW*    27 putet ergo] vel si putaret *C*: ut sic putet ergo *W*    cognitio + sui *BD²*    28 sit *post* ignobilis *H²*: om. *H¹*    res] rem *H*: om. *E*    29 quibus + cognoscitur *(sed del.)* *E*    homo componitur *E*    30 scire debemus *B*    31 loquatur *H²*: -mur *H¹*    instrumento aliquo *H*    32 materiam¹] naturam *CD¹E*    tantum om. *C*    est + tantum *(post* materiam²*)* *B*    materiam²] naturam *CEW¹*: + tantum *D²*    34 non] quando *C*

---

19-20 intrantem ad] داخـل (intra)    20 templum (1+2)] الهيكل    21 ibi] ibi etiam    propter hoc] كذلك (similiter)    debemus + ايضـا (etiam)    naturas] معرفة طبـاع (cognitionem naturae)    23 otiose] على وجه الباطل    neque casualiter] ولا كما جاء ولا بالبخت (syn.)    25 erit² + من الطباع (naturaliter)    et²] اعني لحال (scilicet propter)    nobilem] فاضلة صالحـة (syn.)    26 cognitio] الرأي الذي يكون في    animalium] سائر الحيوان (aliorum animalium)    27-8 putet ... ignobilis] فليعلم انه لا ينبغي ان يظنّ به ايضا مثل هذا الظنّ (sciat ergo quod debet etiam de se ipso similiter aestimare)    28 cognoscere] يعرف ويعلم (syn.)    29 homo] جنس الانسان (genus hominum)    difficultate + شديدة (gravi)    sanguis et caro] اللحم (inv.)    os] العظام (ossa)    30 et²] والاعضاء (et membra)    scire] ان نظنّ (putare)    31 instrumento] من الآلة او من الآنية    32 materiam¹ + التي هي    materiam²] من اجلها (a qua fuit)    (propter illam (sc. materiam))    33 formam] كلّ الصورة كما نفعل اذا ذكرنا بيتا (totam (-*L¹*) formam sicut facimus quando dicimus domum)

sufficit dicere lapides et lutum et lignum, quousque dicatur modus ³⁵compositionis et omnis substantia et forma domus.

¹Et necessario debemus narrare prius accidentia ²quae accidunt cuilibet, et post ³hoc dicemus causas illorum accidentium. Et iam diximus ⁴superius quod multae res sunt communes in pluribus animalibus, et quaedam sunt ⁵modo simplici, sicut pedes et cortices et pluma, ⁶et quaedam sunt secundum convenientiam, ⁷quoniam quaedam habent pulmonem, et quaedam non, ⁸sed habent membrum conveniens pulmoni, et quaedam habent ⁹sanguinem, et quaedam habent rem convenientem sanguini, et habent virtutem eius ¹⁰in animali habenti sanguinem. Et iam diximus superius quod sermo de quolibet ¹¹membro in quolibet genere animalium est causa redeundi in ¹²eundem sermonem multotiens. ¹³Quoniam multae res eaedem sunt in pluribus animalibus.

¹⁴Et iam scivimus quod quodlibet instrumentale ¹⁵membrum corporis est propter aliquid ad disponendum. ¹⁷Et non fuit operatio

645b

---

lapides] -em *D*    modus + dispositionis et *BD*²: + dictionis et *CW*: + divisionis et *E*    35 compositionis + et divisionis *H*    1 necessario + etiam *H*    prius *ante* narrare *BEW*: *ante* debemus *C*    3 hoc] hec *D*: + etiam *H*    dicemus] debemus dicere *H*    accidentium + i *D*¹: + in laude manifestatione ipsius nature creationis *BD*²    4 superius *om. E*    communes sunt *W*¹    in *om. EW*    pluribus] multis *H*: *post* animalibus *B*    6 secundum] per *H*    7 non + habent *E*    8 sed] et *H*: et quedam *C*    membrum habent *C*    9 habent *om. H*¹    10 habenti] -te *CW*    11 in¹ *B*] et *cett.*    in² *BD*²: *om. cett.*    13 pluribus] multis *H*    14 quod *om. W*¹    quod ... instrumentale] instrumentale quod quodlibet *C*¹: quod instrumentale quodlibet *C*²    quodlibet] quolibet *A*    15 corporis membrum *H*    est *D*²: et *D*¹

---

34 lapides] الحجارة واللبن (*syn.*)    2 cuilibet] لكلّ واحد من اجناس الحيوان (cuilibet generi animalium)    5 pluma + وجميع ما يشبه هذا الفنّ (et omnia huiusmodi)    6 sunt + فى الحيوان (in animalibus)    convenientiam + وانما اقول بنوع الملاءمة (et non dico secundum convenientiam nisi)    7 non] non habent pulmonem    8 membrum + آخر (aliud)    9 quaedam] quaedam non habent sanguinem sed    rem] aliam rem et² ... eius] له قوة مثل قوته (habentem virtutem similem virtuti eius (*sc. sanguinis*))    10 quolibet] quolibet alio    11 in¹: التى فى    12 multotiens + ولا سيّما اذا اردنا تصنيف جميع هذه الاشياء التى فى كلّ واحد من الحيوان (et maxime cum voluerimus narrare omnes istas res quae sunt in quolibet animali)    13 animalibus + فلنميز هذه الاشياء على مثل هذه الحال (nos ergo distinximus istas res secundum talem dispositionem)    14 instrumentale + لحال شىء وكلّ واحد من (est propter aliquid et quodlibet)    15 ad disponendum] والذى يقال لحال شىء فعل من الافعال فهو بيّن ان كلّ الجسد ايضا صار مقوّما لحال فعل من الافعال كثير الاجزاء (et quod dicitur 'propter aliquid' est quaedam operatio. manifestum est ergo quod totum corpus etiam fuerit sustentatum propter aliquam operationem *multiplicem (lit. multarum partium)*)

serrae propter dispositionem serrae, ¹⁸sed serra fuit facta propter dispositionem suae operationis. ¹⁹Et propter hoc dicimus quod creatio corporis fuit propter animam, ²⁰et membra fuerunt creata propter operationes, et natura cuiuslibet est conveniens rei ad quam est praeparata. Et debemus prius dicere ²¹operationes communes omnibus generibus animalium, deinde operationes ²²attributas cuilibet formae.

Et dico operationes communes illas quae sunt in omnibus ²³animalibus; operationes vero attributae cuilibet generum differentiarum quae appropinquantur ad invicem, ²⁴apparet nobis esse eorum secundum magis et minus. Verbi gratia quod ²⁵avis est per genus, homo autem per formam, et quodlibet carens differentia ²⁶per diffinitionem universalem. Quoniam commune in quibusdam animalibus <est> ²⁷per convenientiam, et in quibusdam per genus, et in quibusdam ²⁸per formam. ²⁹Operationes autem diversantur ad invicem secundum hunc modum. Et operationes non erunt nisi propter aliquid, ³⁰et quaedam operationes praecedunt alias, et quaedam sunt complementa ³¹aliarum. Et secundum hunc modum erit dispositio ³²cuiuslibet membri. Et secundum tertium modum ³³necessarium erit ut sint in animalibus accidentia operationum etiam, sicut generatio, ³⁴et coitus, et crementum, et vigilia, et som-

---

17 serrae¹ $D^2$: scire $D^1$    18 facta fuit $C$    19 dicimus] diximus $CEW$    propter² *om.* $C$    20 operationes] -nem $BC$    rei *om.* $D^1$    22 attributas] -tis $D$    cuilibet] cuiuslibet $ACD$: + generi $H$: + generi et $BD^2$    illas] -is $C$    23 cuilibet] cuiuslibet $H$    generum] -ri $C$    appropinquant $BD$    ad + se $B$    24 apparet] -ent $E$: vel sit apparent nobis per causas earum secundum etc. $D^2$    magis] maius $C$    quod $D^2$: quedam $D^1$    26 quoniam *om.* $A^1$    <est> scripsi: *om. codd.*    27 et¹ *om.* $H$    29 erunt] erant $D^1H$    30 alias *om.* $H$    31 hunc *om.* $DH$    33 erit necessarium $C$    etiam] et $CW$: del. $D^2$

---

17 propter dispositionem serrae] لحال المنشار (propter serram)    18 propter ... operationis] لحال فعله وانما فعله النشر (propter suam operationem et sua operatio non est nisi *serrare)    19 et propter hoc (= وكذلك) ولذلك (et similiter)    20 cuiuslibet] cuiuslibet eorum (*sc. membrorum*)    est¹] طبع (est naturata)    21 operationes¹ + اعني (scilicet)    24 apparet] et apparet    esse (*subst.*) eorum: كينونتها magis] الفضلة والزيادة (*syn.*)    25 carens differentia] carens aliqua differentia    26 <est>: يكون    27 et¹ ... 28 formam] وبعضه يكون بالاجناس ومنه ما يكون بالصورة (et quaedam eorum sunt per genus et quaedam eorum sunt per formam)    29 modum + وتبعد بعضها من بعض (et sunt remotae ad invicem)    30 quaedam²] quaedam operationes    32 membri + بقدر الافعال التى وصفنا (secundum operationes quas narravimus)    33 accidentia operationum] آفات وافعال (accidentia et operationes)    34 coitus et crementum] النشوء والسفاد (*inv.*)

nus et ³⁵sibi similia. Et debemus dicere membra animalium scilicet nasum, ³⁶et oculum, et totam faciem, quoniam quodlibet istorum dicitur ¹pars, et similiter membra residua.

Sufficit ergo nobis hoc quod diximus ²in ingenio quo debemus uti in cognoscendo naturas animalium. Modo vero debemus dicere causas ³communes et proprias, et incipiemus ⁴dicere principia eorum sicut determinavimus et distinximus superius.

646a

---

35 membra] -um *ACEHW* : *om. D*¹   36 oculum] collum *E*   1 similiter] sibi *B* membra] membrum *A*   ergo + dicere *D*¹(*sed del. D*²)   hoc *om. H*   2 in¹ *D*¹: de *D*² quo] quod *CD*¹*EHW*   3 et¹ *om. C*   4 distinximus *D*¹: diximus *D*²

---

somnus + والسير (et ambulatio)   34-5 et sibi similia] وجميع الآفات التى تكون فى الحيوان مثل هذه (et omnia talia accidentia quae accidunt in animalibus)   35 membra: اعضاء   36 istorum] مما ذكرنا (istorum quae diximus)   1 pars: جزء   et] et dicemus ان نروم ذكر   dicere] مذهب الحيلة   2 ingenio]

# DE ANIMALIBUS

## LIBER XII

646a8 [1] ⁸Iam declaravimus superius membra a quibus est compositio et sustentatio cuiuslibet ⁹animalis. ¹⁰Modo vero volumus declarare causas propter quas fuit creatum quodlibet membrum, ¹¹et distinguemus quodlibet illorum per se, sicut fecimus superius.

¹²Et debemus scire quod modi compositionis sunt tres. Primus vero est compositio ¹³ex illis quae dicuntur a quibusdam elementa, sicut terra, ¹⁴aqua, aer, et ignis. Et dignum est ut sit convenientior sermo, ¹⁵et non ex omnibus, sed sicut fecimus in aliis locis, ¹⁶ex humido et sicco et calido ¹⁷et frigido, quoniam istae virtutes sunt materia corporum compositorum. Aliae vero differentiae ¹⁸sunt adiuvantes istas, sicut ponderositas et levitas, ¹⁹et raritas et spissitudo, et asperum et lene, et aliae formae ²⁰quae assimilantur istis et consequuntur corpora. Secunda vero compositio ²¹est ex illis quae habent partes consimiles ad invicem naturaliter, ²²sicut os, et

---

*ABCDEHW* Titulus: tractatus undecimus (!)*A*  8 declaravimus] narravimus *H*  superius *om. CE*  membra $H^2$: -um $H^1$  10 creatum *post* membrum *CEHW*  11 illorum] eorum *C*: ipsorum (*ante* quodlibet) *D*  12 scire debemus *H*  compositionis *EH*] -num $D^2$: dispositionis $ABCD^1W$  13 terra + et *W*  14 aqua *om.* $D^1$  ignis aer et aqua *C*  aer et ignis] ignis aer *EH*: et ignis aer *W*  sit *om. W*  convenientior] -ius *ACEHW*  sermo + et sermo *AE*  15 non + est *E*  omnibus + est (*sed del.*) *W*  18 adiuvantes] adunantes *H*  19 et¹ *om. CEW*  raritas *om. C*  et³ *om. C*  et⁴ *om. E*  aliae + qualitates vel *B*  20 consequuntur $D^2$: secuntur $D^1$  secunda] in instantia $H^1$: vel secunda $H^2$  21 est *post* illis *H*  illis] istis *CE*  naturaliter *del.* $D^2$

---

Ξ  8 declaravimus] بيّنا واوضحنا (*syn.*)  compositio et sustentatio] تقويم وتركيب (*inv.*)  9 animalis + وكم تلك الاعضاء (et quot sunt illa membra)  12 modi compositionis: انواع التركيب  primus] primus modus ex illis modorum  14 aqua aer] امثل واوفق ان يكون القول والهواء والماء (et aer et aqua)  convenientior sermo] فى القوى (convenientius ut sit sermo in virtutibus)  15 locis + فيما سلف (superius)  18 adiuvantes (= نافعة) ل] تابعة ل (consequentes)  19 raritas et spissitudo] الصفاقة والسخافة (*inv.*)  aliae formae] سائر الآفات (alia accidentia)  21 ex + الاوائل اعنى (principiis scilicet ex)  naturaliter + من وهى الاعضاء التى فى تركيب الحيوان من الطباع (et sunt membra quae sunt in compositione animalium naturaliter)

caro et huiusmodi. Tertia autem compositio ²³est ex membris quae habent partes dissimiles, sicut facies ²⁴et manus.

Et iam scivimus quod inter ²⁵generationes ²⁶sunt prima in natura, et primum quod est in generatione non est ultimum nisi propter ²⁷quia non dicitur quod domus est propter lapides et tegulas, sed ²⁸dicitur quod istae sunt propter domum, et similiter ²⁹yle. Et manifestum est non sermone sequenti tantum quod istae res sunt secundum hanc dispositionem, ³⁰sed etiam ex diffinitione. Quoniam quodcumque generatur, ³¹ab aliquo generatur, et est in aliquo, et ex primo ³²ad primum, scilicet ex primo moventi quod habet ³³naturam ad aliquam formam. Quoniam quidam homo ³⁴generat hominem, et ex arbore nascitur arbor, et hoc erit ³⁵ex materia posita cuilibet rei. ¹Necessarium est ergo ut sint materia et generatio anteriora quam alia, in diffinitione autem et substantia ²est forma cuiuslibet rei anterior. Et hoc manifestum est quando quis dixerit diffinitionem generationis. ³Quoniam in diffinitione aedificatoris est diffinitio ⁴aedis, in diffinitione autem domus non est diffinitio

646b

---

22 tertia] tertio *B*   autem] vero *H*   23 dissimiles partes *E*   24 iam] etiam *A*   scivimus] sciamus *C*: scimus *E*   26 sunt + tantum *B*   prima] et prima principia *C*   natura] materia *H*   primum] primus *H*¹: principium *E*   quod *D*²: quidem *D*¹   ultimum nisi propter (+ hoc *B*) *ABH*¹: nisi propter ultimum *CDE H*²*W*   27 tegulas] regulas *B*   sed] et *H*   28 istae] illa *BCE*   29 yle] ille *A*: lac. 4 litt. *B*   est + in *E*   sermone non *E*   sequenti] -te *CE*   quod] quoniam *W*   res istae *EW*   hanc] istam *H*   30 etiam om. *E*   quoniam] quando *C*   31 ab] in *E*   in *D*²: ab *D*¹   primo + et *BD*²   32 scilicet] sed *C*: + quod *H*¹(*sed del. H*²)   moventi] -te *BEW* : om. *H*¹   33 naturam *B*] -as *cett.*: vel naturam *D*²   quidam] quidem *ABH*   35 cuilibet] cuiuslibet *EHW*   1 ergo est *H*   sint *D*¹] sit (*post* anteriorum *E*) *cett.*   anteriora] anterior *C*: -iorum *E*   autem om. *D*¹   et² om. *H*   1-2 est substantia *H*   2 est manifestum *H*   quando] quoniam si *C*   dixerit] dixit *H*   3 diffinitione] generatio *C*   3 est ... 4 aedificii] vel edificii *C*   4 aedis] edificationis *H*   diffinitio + edificatoris vel *EHW*

---

22 compositio + والاعضاء التى مثل هذه (et membra similia istis)   (quae est ultima) وهو الاخير   24 manus + 25 generationes] الولاد والجوهر خلاف من قبل ان الاواخر فى الـــولاد (generationem et materiam est diversitas quoniam ultima in generatione) 26-7 ultimum nisi propter quia] nisi ultimum quia   27 est] non est nisi   lapides et tegulas] اللبن والحجارة (inv.)   29 yle: ميولى   30 diffinitione] الكلمة والحدّ (syn.)   31 ab aliquo generatur] non generatur nisi ab aliquo   33 quidam om. Ξ   1 generatio] الولاد والكينونة (syn.)   anteriora] anteriores   diffinitione] الكلمة والحدّ (syn.)   1-2 et substantia est forma] est substantia et forma   3 aedificatoris (= بنَّاء)] بناء (aedificationis)   4 aedis] البيت ايضا (domus etiam)

aedificii, ⁵et similiter etiam in aliis rebus. Manifestum est ergo quod necessarium est ut sint ⁶elementa materia posita membris quae habent partes consimiles, ⁷et illis membris posterioribus in generatione post ista, ⁸et in eis est complementum et finis. Deinde accipiemus sustentationem quae est ex modo ⁹compositionis tertiae, sicut ¹⁰accidit complementum modorum generationis multis rebus.

Compositio ergo ¹¹animalium est ex omnibus istis membris, sed tamen quodlibet membrum quod assimilatur non est nisi propter ¹²membrum dissimile. Quoniam operationes non sunt nisi in membris organicis, ¹³sicut oculus, et nasus, et facies tota, ¹⁴et digitus, et manus minor, et manus maior. ¹⁵Et debemus scire quod motus et operationes ¹⁶animalium sunt diversae et multarum formarum, et operationes membrorum similiter. Necessarium est ergo ut sit ¹⁷compositio animalium ex virtutibus dissimilibus. Et propter hoc ¹⁸molle convenit quibusdam operationibus, et durum aliis, ¹⁹et ex eis convenit palmae et eius duplicationi, et ex eis convenit palmae et eius extensioni. Unumquodque ergo membrum consimile ²⁰habet

---

aedificii + vel edificatoris (ediffficatoris $A^2$)$A^2D$: + vel edificationis $B$     5 etiam om. CEHW    rebus aliis CEW    est$^1$ + etiam AD    quod] quoniam CDW    ut] quod CHW    6 materia om. C    posita + in CDEHW    7 et] etiam H: + in $D^2$: om. E    illis] istis W: similis B    generatione $D^2$: regione $D^1$    ista] ipsam C: illam E    8 accipiemus] accepimus C    quae est om. E    9 tertiae (tertio C) compositionis CEW    10 rebus] modis E: om. C    ergo] vero W    11 omnibus] communibus $D^1$: post istis H: del. $D^2$    membrum] membrorum CW    est$^2$ om. C    nisi post propter $A^1$ (em. $A^2$) : om. $E^1$    13 sicut] ut CEHW    14 et$^1$ om. E    manus + sinistra maior et $D^2$    manus$^2$ + dextra $D^2$    maior + et minor $D^2$    16 diversae] divise H    similiter + et H    17 dissimilibus ante virtutibus CEW : om. $A^1$    19 ex$^1$ om. $CD^1$    duplicationi (duplicatoni A) ... eius$^2$ om. C    eis$^2$ + quod convenit H

---

aedificii (= بناء] بناء (aedificationis)    6 membris] لحال الاعضاء (propter membra) 7 et illis membris posterioribus] وتلك الاعضاء الاواخر (et illa membra sunt posteriora) 8 accipiemus (= نأخذ] تأخذ (accipient)    10 generationis + فى (in)    11 assimilatur] assimilatur in partibus    12 membrum dissimile] membra dissimilia in partibus    operationes] الاعمال والافعال (syn.)    14 manus minor] اليد    manus maior] كلّ العضد (totum assetum)    16 et$^1$ om. Ξ    membrorum + مثل هذه التى (istorum)    18 operationibus] modis operationum    aliis] convenit aliis operationibus    19 eis (1+2) + ما (est quod)    convenit$^1$: يوافق    eius (1+2) om. Ξ    convenit$^2$: يلائم    palmae$^2$: (→ adn. ad loc.)    extensioni] المدّ والانبساط (syn.)    19 unumquodque ... 20 istarum] فنى الاعضاء التى اجزاؤها تشبه بعضها بعضا مثل هذه القوى وفى كلّ واحد منها قوة على حدته (in membris consimilibus ergo sunt istae virtutes et in unoquoque illorum est virtus per se)

unam virtutem istarum, quoniam [21]ex eis est quod est molle, et ex eis est quod est durum, et ex eis humidum, et ex eis [22]siccum, et ex eis viscosum, et ex eis non tenax. Membra vero organica [23]habent multas virtutes, quoniam sunt composita ex multis, et propter hoc est quaedam virtus [24]conveniens ad accipiendum aliquid manu et alia conveniens ad deprehendendum cum manu. [25]Et propter hoc est sustentatio istorum membrorum ex ossibus et nervis et carne [26]et huiusmodi. Per hunc ergo modum est compositio corporis a membris organicis. [29]Et manifestum est [30]quod modi compositionis sunt sicut diximus, et quod ita ordinantur, [31]quoniam dissimilia membra necessarium est ut componantur ex membris consimilibus. Et possibile est ut sit sustentatio et compositio quorundam membrorum [32]ex multis et ex uno, sicut quaedam membra interiora; [33]quoniam figura eorum est ex formis diversis, et ex eis est quod est ex uno corpore consimili, [34]secundum quod potest homo dicere simpliciter. Et membra organica non possunt esse ex istis, [35]quoniam membrum organicum non est unum sed plura. Et propter [1]hoc sunt quaedam membra simplicia et habent partes consimiles, et quaedam membra [2]organica.

647a

---

20 virtutem] (-tum *W*) *post* istarum *EW*: *ante* unam *H*   21 molle est *CEW*   est$^3$ quod$^2$ est $D^2H$] est quod *C*: est $D^1$: quod *EW*: *om. AB*   durum + est *CEW*   eis$^3$ + est *CE*: + quod est *B*: + quod est $D^2$   eis$^4$ + quod est *B*: + est quod est $D^2$   22 siccum + est *C*   et ex eis viscosum *om.* $A^1$   eis$^1$ + est *E*   viscosum + est *C*   eis$^2$ + est *B*   non] est *E*: + est $D^2$   tenax $W^2$: tenat $W^1$   membra $H^2$: membrum $H^1$   vero] ergo $CEW^1$   23 habent $H^2$: habet $H^1$   composita *om. E*   24 alia + est $D^2$   deprehendendum] apprehendendum *B*: + aliquid $D^2E$   25 et carne *om. C*   26 huiusmodi] huius *AD*   31 quoniam] quando *H*   est$^1$ *om.* $D^1$   32 quaedam + interiorum vel *E*   33 formis + multis et *B*   diversis + et multis $D^2$   eis] eisdem *C*   34 esse + istis *C*   35 unum + est *(sed del.) H*

---

21 est$^3$ quod est: ما هو   الاعضاء التى هى [organicis ... corporis   (aliis) سائر + et 26   آلة لكل الجسد فلهذه العلة صار تركيب اعضاء الحيوان كما ذكرنا (membrorum organicorum *(lit.* quae sunt instrumenta) totius corporis et propter istam causam est compositio membrorum animalium sicut diximus)   30 quod$^1$ + باضطرار (necessario)   diximus] narravimus   وبعض الانواع تتقدّم غيره كما [et quod ita ordinantur quoniam   لخصنا و ـ تركيب (et quidam modi sunt anteriores aliis sicut distinximus et)   32 et + من التى تشبه اجزاؤها *(om.* $L^1$) (compositio quorundam eorum)   35 plura + بعضها بعضا (membra consimilia)   1 membra$^2$ + مركّبة (composita)   2 organica + ومن الاعضاء التى فى الحيوان اعضاء هى آلة وكلّ واحد من تلك الاعضاء لا تشبه اجزاؤها بعضها بعضا كما بيّنا فيما سلف (et quaedam membra animalium sunt instrumenta et omnia ista membra sunt organica sicut declaravimus superius)

[5]Et sensus est prius in omnibus [6]membris consimilibus, quoniam unusquisque sensus attribuitur uni [7]generi, et unumquodque instrumentum sensus est receptibile rerum sensibilium. [8]Et non currit hoc nisi per virtutem quae currit ab eo [9]quod est in actu. In genere ergo sunt idem, et illud unum et istud unum. [10]Et propter hoc nullus eorum [11]qui loquebantur de natura dixit quod facies vel aliud membrum est ex terra tantum, vel aqua tantum, [12]vel igne. Omnia autem instrumenta sensus [13]attribuunt illi cuilibet elementorum, et significant quod quoddam est aer, [14]et quoddam ignis. Et quia sensus simpliciter est in membris simplicibus, [15]dignum est dicere quod sensus tactus est in membris consimilibus, [16]et hoc est modo simpli. Et sensus iste, de eo fingitur quod [17]sentit multis modis diversis et multis contrariis, [18]ut calidum et frigidum, et siccum [19]et humidum, et huiusmodi. Instrumentum ergo sensus istarum rerum est caro vel sibi simile, et instrumentum huius sensus est ex [20]carne magis quam alio. [21]Et quia est impossibile ut sit animal sine sensu, [22]necessaria fuerunt in animalibus membra in [23]istis membris.

---

5 prius est *C*   in *om. E*   7 instrumentum] membrum *W*   receptibile] susceptibile *CEW*   8 per] propter *DH*   virtutem] veritatem *A*   9 in¹ *om. E*   in actu] innatum *CDW*   actu *A*²: actum *A*¹   ergo] vero *CH*   sunt *D*²: sicut *D*¹   idem sunt ergo *B*   illud ... istud: *inv. CEW*   illud + idem *(sed del.) B*   istud] illud *H*   10 eorum] illorum *AE*   11 loquebantur] -batur *CE*   terra *om. D*¹   vel² + ex *H*   tantum² *del. D*²: *om. C*   13 attribuunt] -tur *E*   illi] illud *CEHW*: *om. D*   aer] are *A*   14 et¹ *om. EW*   quoddam + est *CDEW*   quia] quod *B*   est *om. H*   15 dicere + quia *C*   quod] quia *E*   16 est *om. CH*   sensus + autem *ACD*¹*(sed del. D*²*)EHW*   iste *post eo H*   17 multis¹ *D*²: in istis *D*¹   multis² + modis *B*   18-9 calidum ... humidum] ca.sic.fri. et hu. *H*: cali. fri. hu. sic. *W*   18 et¹] vel aut *D*²: *om. CE*   frigidum + ferrum *D*¹ *(sed del. D*²*)*   18-9 et² *(om. D)* ... humidum] humidum siccum *CE*   19 et¹ *D*¹: vel aut *D*²   ergo instrumentum *C*   est² *om. D*¹   20 quam + ex *D*²   alio *D*¹: aliis *D*²   21 et ... animal] quia impossibile est animal esse *C*   quia + hoc *D*   impossibile est (+ etiam *W*) *EW*   ut sit] esse *EH*: *om. W*   sine *om. W*   sensu + unde necessario *B*   22 fuerunt] sunt *E*   membra + multa *BD*²   in² *om. A*¹

---

5 prius: اوّلا   8 quae currit: مما يلقا *L*²   11 dixit] ان يقال ... يروم (intendit dicere)   aliud + ومنها ما   التى مثل هذه (tale)   tantum² *om.* Ξ   13 significant] fingunt   aer + ومنها ما   هو ماء (et quoddam est aqua)   14 simpliciter] simplex   16 simpli + دون غيره (minus aliis)   sensus iste] اللمس (*sensus* tactus)   17 sentit ... contrariis] يحسّ باصناف كثيرة مختلفة من الاشياء التى تقع تحت الحسّ وبضدّيات كثيرة توجد فى المحسوس الذى يدرك بحسّ اللمس (sentit multos modos diversos rerum sensibilium et multa contraria quae inveniuntur in sensato quod potest comprehendi per sensum tactum)   22 animalibus] quibusdam animalibus   22-3 membra in istis membris] اعضاء من هذه الاعضاء (quaedam istorum membrorum)

Operationes vero sunt [24]in membris organicis [25]per virtutem sensus et motus animalium et virtutem motus appetitivi in [26]eodem membro, sicut diximus in aliis locis. [27]Necessarium ergo est ut sit in corpore membrum primum recipiens ista [28]principia. Quia ergo est recipiens omnia sensata debet esse ex [29]simplicibus, et quia est motor et principium appetitus debet esse [30]organicum. Et hoc membrum in animalibus carentibus sanguine [31]est illud quod assimilatur cordi. Cor autem dividitur [32]in partes consimiles, sicut unumquodque aliorum membrorum quae sunt interiora. [35]Quoniam substantia eorum est ex materia sicut istorum, scilicet quod [1]natura omnium membrorum interiorum est sanguinea, quoniam situs eorum est super vias [2]venarum, et vacuitas est inter ea, sicut in locis in quibus currit aqua [3]ponderosa. Omnia ergo membra corporis [4]sunt composita ex venis in quibus currit sanguis. In corde autem est [5]principium venarum et prima virtus creans [6]sanguinem, et debet [7]esse ex cibo quem recipit, et propter hoc est cibus secundum hanc dispositionem. [8]Iam ergo declaravimus per causam propter quam fuit cibus membrorum interiorum sanguis, et propter quam [9]fuerunt quaedam membra consimilia et quaedam organica.

[2] [10]Quaedam autem membra consimilia sunt [11]mollia, et quaedam humida, et quaedam dura, et quaedam humida cum sunt [12]in natura ut sanguis, et sebum, et sanies, [13]et zirbus, et sperma, in anima-

647b

---

23 vero] non *CW* 24 organicis + nisi *W* 25 et$^2$] est *E*: + per *D*$^2$ virtutem$^2$] -te *E* appetitivi] appetiti *H*: appetitum *CW*: appetit *D*$^1$ 27 necessarium] necesse *H* est *ante* ergo *CW*: om. *H* 28 sensata + et (*sed del.*) *W* 32 sunt del. *D*$^2$ interiora] -rum *ADEHW* 35 est om. *E* quod] quia *D*$^2$: om. *A*$^1$ 1 natura om. *A*$^1$ super] per *B* vias] vacuas *B* 2 venarum] venas *AB* et om. *H*$^1$ vacuitas + eorum *H*$^1$: + earum *H*$^2$ ea *D*$^1$: eas *D*$^2$ 4 autem om. *AD*$^1$ 5 virtus *i. m. B* 7 recipit *D*$^2$: recepit *D*$^1$ secundum ... dispositionem] propter dispositionem hanc *B* 8 declaravimus + per *AB* propter$^1$] per *ABCD*$^1$: vel propter *D*$^2$ sanguis *W*$^2$: sanguine *W*$^1$ propter$^2$] per *ABD*$^1$*H*: vel propter *D*$^2$ 9 fuerunt] fuerit *D*$^1$: sunt *D*$^2$ 11 et$^1$ ... humida$^1$ om. *B* cum sunt (sint *CD*$^1$) del. *D*$^2$: om. *E* 12 in natura] cum sunt materia *B* et$^1$ om. *B* sebum (*scripsi semper*: sepum *codd.*)] cepum *C* 13 sperma] spina *B*

---

24 in] ب (per) 25 per virtutem ... appetitivi] قـوة الحسّ والقوة المحرّكة للحيوان والقوة المهيّجة للشهوة (virtus ergo sensus et virtus motus animalium et virtus motus appetitivi sunt) 28 ex + الاعضـاء (membris) 30 organicum] ex organicis membrum om. E animalibus + الدمى القلب وفى الحيوان (habentibus sanguinem est cor et in animalibus) 31 illud] العضو (membrum) assimilatur] يلائم ويشبه (*syn.*) 8 et + العلة (causam) 11 dura] جاس صلب (*syn.*) 12 et sebum et sanies] والشحم والقيح *L*$^1$ Bad. (*inv.*) 13 sperma + والمرّة واللبن (et cholera et lac)

libus habentibus carnem vel [14]sibi simile. Et dico istud quoniam non possunt esse omnia ista [15]membra in quolibet animali, sed in quibusdam sunt membra convenientia istis membris. Et etiam dico quod membra [16]sicca dura ex membris consimilibus sunt sicut os, et spina, [17]et nervus, et venae, et alia. Et in ista divisione [18]est differentia et diversitas, quoniam ex istis quae diximus est quod diversatur diversum ab illo quod communicat cum toto in nomine, [19]verbi gratia vena et venae. Et hoc non est sicut commune in nomine, sed sicut dicitur quod facies [20]communicat cum facie in nomine.

Modi autem causarum membrorum [21]siccorum et humidorum sunt multi. Quoniam quaedam sunt [22]sicut materia membris organicis, [23]nam quodlibet membrum organicum sustentatur ab istis, scilicet ab ossibus [24]et nervis et carne et sibi similibus – et quoddam istorum [25]est conveniens substantiae, et quoddam operationi – et quaedam [26]humiditates sunt cibus istis, quoniam omnia membra crescunt ex humiditatibus; [27]et est ex intentione ut sint quaedam superfluitates istorum, scilicet [28]ponderositas cibi sicci et humidi in animalibus [29]habentibus vesicam.

Et de istis rebus quas narravimus sunt superfluitates [30]propter meliorationem, verbi gratia quod in sanguine sunt differentiae di-

---

vel] et $E$   14 dico] -unt $E$   istud] illud $HW$: om. $D^1$   quoniam $D^2$: quod $D^1$   non om. $A^1C$   esse post 15 membra$^1$ $CEW$   15 animali quolibet $C$   sed] et $H$   sunt ante membra$^2$ $D$: om. $EW$   membra$^2$ om. $E$   membris om. $E$   16 sicca + et $CW$   dura + sunt $D^2$   sicut sunt $D$   17 nervus $D^2$: vermis $D^1$   18 diversitas et differentia $E$   istis $D^1$: illis $D^2$   quod$^1$] quoddam $CDEW$   diversatur] -antur $B$: diversum $E$: om. $CDW$   illo] eo $CH$: alio $EW$   toto + modo $H$   19 venae et vena $A^1$(em. $A^2$)   dicitur quod om. $E$   nomine] homine $H$   20 facie $H^2$: facies $H^1$   nomine] homine $BH$   22 organicis membris $A$   23 nam] et iam $E$   organicum om. $E$   ab$^2$ om. $EW$   24 et sibi ... 25 substantiae om. $A^1$   24 quoddam $B$] quedam cett.: om. $A^1$   25 est conveniens] sunt convenientia (inv. $EW$) $CEW$   quoddam $B$] quedam cett.   operationi] -nes $H$   28 ponderositas] -tates $B$   humidi et $H$   30 diversae differentiae $CEH$

---

13-4 vel sibi simile] والحيوان الذى له شىء ملائم للحـم (et in animalibus habentibus aliquid conveniens carni)   14 dico istud] non dico istud nisi   17 alia + التى اجزاؤها   الاعضاء التى اجزاؤها (consimilia)   18 diversatur ... quod$^2$ om. $\Xi$   21 siccorum et humidorum] الرطبة واليابسة (inv.)   22 membris organicis: لا   تشبه بعضها بعضا   24 et$^3$ + سائر (aliis)   26 crescunt] ينشو وينمو (syn.) humiditatibus] -te   27 est ex intentione] هو من العرض ان (accidit ut)   28 ponderositas (= ثقل)] ثفل (faex)   29 de] فى (in)   superfluitates (= فضول)] فصول (differentiae)   30 meliorationem] الامثل والاجود (syn.) (melius)

versae quando confertur sanguis [31]ad alium sanguinem. Quoniam quidam sanguis est subtilior, et quidam spissior, et quidam [32]mundior, et quidam turbidior, et quidam frigidior, [33]et quidam calidior. Et hoc est in membris quorundam animalium, [34]quoniam sanguis qui est in membris superioribus diversatur a sanguine qui est in membris inferioribus [35]ista diversitate quam diximus, et differentiae etiam aliarum humiditatum sunt etiam secundum hanc dispositionem. Et universaliter [1]quaedam animalia habent sanguinem, et quaedam loco sanguinis habent [2]quiddam conveniens sanguini. [3]Et sanguis spissus est pluris cibi corpori et est minoris sensus, [4]sanguis vero mundus est calidior et maioris sensus et convenientior intellectui et frigidior. [5]Et similiter dico in parte convenienti. Et propter hoc [6]habent apes et alii modi animalium [7]maius intelligentiae animalibus habentibus sanguinem, et quaedam animalia sanguinosa habent sanguinem frigidiorem [8]et subtiliorem et sunt sapientiora habentibus sanguinem contrarium. [9]Et meliora animalia sunt habentia sanguinem calidum subtilem mundum, [10]quoniam tale animal est convenientius in sapientia et in audacia [11]et similibus. Membra autem superiora sunt diversa a membris

---

31 quidam[1]] quis A: quidem $W^1$ et[1] om. CEHW et[2] om. CEW 32 turbidior] turpidior EW et[2] om. A 33 calidior + et quidam turpior E est om. H 35 etiam[2]] et B: om. C 2 quiddam] quoddam $D^2$: om. $AD^1H$ 3 sanguis post spissus C: om. E pluris cibi] plus cibus E 4 et[1] om. A maioris $H^2$: minoris $H^1$ convenientior + in H intellectui + est CH et[3]] est E: + est BW 6 apes habent H 7 maius] magis CDH animalibus habentibus] quam (+ alia (sed del.) W) animalia habentia CEW frigidiorem] superiorem H 8 et[1] om. H sapientiora + animalibus EW contrarium sanguinem B 9 et] sed H habentia] que habent E subtilem] subtiliorem B 10 tale ... est] talia animalia sunt CEH(om. sunt $H^1$)W convenientius] -tiora (post sapientia) CEW: -tia H sapientia ... audacia: inv. D 11 et + in CW similibus] consimilibus E autem] vero H

---

31 subtilior] والطف ارق (syn.) spissior] اثخن اغلظ (syn.) 32 et[2] quidam] من وايضا هو ما الدم (et etiam quidam sanguis est) 33 quorundam animalium] الواحد الحيوان فهو هو الذى (eiusdem animalis) 34 sanguis om. Ξ sanguine] eo 35 diximus + لغيره مخالف واحد وكلّ (et unumquodque (sc. animal) diversatur ab alio) et ... etiam ... etiam: ايضا ... و 2 quiddam] آخر شىء (aliud) 3 pluris] كثير (multi) 4 intellectui] العقل لذى 5 similiter dico (= القول)] الفصل هذا مثل (eadem differentia invenitur) convenienti + الحيوان فى الذى (in animalibus) 7 intelligentiae + فى طباعها (naturaliter) 10 sapientia ... audacia] الحلم ... الجلادة (inv.) 11 et similibus om. Ξ membra autem] الاعضاء آخر وبنوع (et secundum alium modum membra)

inferioribus secundum istam ¹²differentiam, et membra maris quando conferuntur membris feminae, et membra partis dextrae ¹³quando conferuntur membris sinistrae. Et debemus opinari quod in ¹⁴aliis membris sunt differentiae sicut istae, et in membris consimilibus, ¹⁵quoniam quaedam sunt convenientiores ¹⁶substantiae et operationibus, et quaedam sunt convenientiores meliorationi, ¹⁷sicut differentiae quae sunt in creatione oculi. Quoniam quaedam animalia sunt duri oculi, ¹⁸et quaedam mollis, et quaedam non habent palpebras, ¹⁹et quaedam habent, ut sit visus acutior et subtilior.

²⁰Necessarium igitur est ut sit in quolibet animali aut sanguis aut aliud conveniens sanguini. Naturae autem sanguinis diversantur, sicut diximus superius. ²¹Et prius debemus dividere calidum et frigidum et distinguere modos sanguinis, deinde considerabimus ²³causas, quoniam naturae multarum rerum attribuuntur ²⁴eisdem principiis. Et multi homines opponunt aliis, et quaerunt ita quod animal est ²⁵frigidum et quod animal est calidum, et quod membrum est calidum et quod membrum est frigidum. Quidam vero homines opinantur quod animal aquosum est calidius ²⁶ambulanti agresti, et ratiocinantur ad hoc quoniam non patitur ²⁷frigus aquae nisi ex natura eius, ²⁸et animal habens sanguinem est ca-

---

12 quando] quoniam *B*: quandoque *CEW* partis dextrae] dextra(-e *W*²) partis *W*  13 quando] quandoque *CEW* membris] membre *H*: + femine et membra partis dextre quandoque conferuntur membris *C*: + partis *D*: om. *E*  14 differentiae + diverse *E* membris²] aliis *C*  16 et² om. *CE* meliorationi] ad meliorationem *CEW*  17 sunt animalia *CEW*  18 non habent palpebras] habent palpebras et quedam non *CH*  19 habent om. *C* visus + melior *C* acutior + et melior *EHW* subtilior + et melior *B*  20 est igitur *BCEW* sit *post* animali *CEW* aut¹ om. *CEW* aut²] vel *E* aliud] aliquid *CW* naturae *H*²: nec *H*¹ sicut] ut *EW*  21 dividere *A*²: videre *A*¹ et³ + prius *B* considerabimus] -avimus *D*¹: -are *D*²  23 naturae] nec *H*  24 eisdem] eis *B* opponunt] apponunt *C*  25 et¹] ac ·si diceremus *E* a-nimal est om. *C* et²] ac *W* et³] ac *C* membrum ² est om. *EHW* frigidum² + et quod calidum *C* vero om. *E* calidius] -dus *C*  26 quoniam] quod *CEW*  27 nisi om. *CD*¹*EW* ex om. *AH*¹

---

12 membra maris quando conferuntur membris feminae] mas quando confertur feminae  14 consimilibus] بعضها لا تشبه بعضها اجزاؤها التي الاعضاء (organicis)  16 operationibus + الحيوان (animalium) meliorationi] للاجود او الاردأ (meliori aut *peiori)  18 mollis] sunt mollis oculi  19 habent] habent palpebras  24 opponunt] ويشاجر يقاول ita om. Ξ quod] اي (quid)  25 quod (1+2+3)] اي (quid)  26 ratiocinantur ad hoc] ويقول يحتجّ  27 ex natura eius] طباعه لحرارة (propter calorem naturae eius)  28 calidius] واسخن احرّ (syn.)

lidius carenti sanguine. ²⁹Et Gorcion fingit quod mulieres sunt calidiores viris, ³⁰et similiter dixit alius etiam, et ratiocinantur ad hoc quod ³¹menstruum non accidit mulieribus nisi propter abundantiam caloris. Empedocles vero dicit contrarium huius. Et etiam ³²quidam antiquorum dicebant quod sanguis est frigidus, et similiter cholera, et quidam illorum dicebant contrarium. ³³Si autem in naturis calidi et frigidi dubitabant et diversati sunt ³⁴in hoc, quid facient in aliis? ³⁵Nam calidum et frigidum sunt apparentia nobis magis aliis quae cognoscuntur sensu.

Et videtur nobis quod hoc accidit quoniam calidus et frigidus dicitur multipliciter. ¹Et unusquisque loquentium reputat quod aliquid dicat, et ipse certe non dicit nisi aliquid contrarium veritatis. ²Igitur non debet nos latere quod quaedam res naturales ³sunt calidae et quaedam frigidae, et quaedam humidae et quaedam siccae, ⁴et maxime cum sit manifestum quod ista sunt causae vitae et mortis, ⁵et causae vigiliae et somni, et iuventutis ⁶et senectutis, et sanitatis et aegritudinis, et non sunt causae istorum asperitas et lenitas, ⁷neque levitas et ponderositas, neque aliud ab istis. ⁸Et

---

28 carenti] -te *CEHW*    29 gorcion] gorion *C*: gorizon *D²*: gocion *E*    fingit] fingunt *AH*    viris] quam viri *H*    30 dixit + etiam *H*    etiam *ante* alius *B*: *om. C*    hoc] hec *W*: + quoniam *A*    31 menstruum] -ua *CEHW*    accidit] -unt *EHW*    abundantiam] superhabundantiam *B*    empedocles] empe *H*    dicit] dixit *H*    etiam *om. A¹EW*    32 antiquorum] anteriorum *E*    similiter et *B¹CEHW*    et² + etiam *H*    illorum] eorum *D*    dicebant² + quod frigidus est *D¹(sed del. D²)*    33 naturis] materia *CEW*    diversati] diversificati *H*    34 in hoc *om. C*    35 nobis¹ *post* aliis *W¹(em. W²)*    magis *ante* nobis¹ *C*: *om. D¹*    aliis quae *D²*: aliisque *D¹*    quod nobis *E*    hoc *om. A¹*    accidit] -et *H*: + nobis *ABCD¹(sed del. D²)HW*    calidus] -dius *BCEW*    frigidus] -dius *CEW*    multipliciter] (+ nobis *(sed del.) W*) membrum *CEW*: universaliter *H*    1 aliquid¹ *BD*] aliquis *ACHW*: quid *E*    non *om. W¹*    3 calidae] -da *AB*    et¹ *om. W*    et² *om. H*    4 et¹ *om. ABEW*    manifestum sit *H*    ista] iste *CDW*    sunt] sint *D*: est *E*    5 somni] sompni *C*: sompnii *D*    6 istorum] eorum *C*    7 neque¹] nec *CEW*    levitas *om. E*    et] nec *H*: *om. E*    neque²] nec *E*

---

sanguine + والاناث احرّ من الذكور (et feminae sunt calidiores maribus)    29 et gorcion] كما فعل ⁕برمنيدس حيث (sicut facit *Parmenides quando)    31 caloris] caloris earum    34 quid facient in aliis] ماذا ينبغى ان نظنّ نحن فى تشكيكهم واختلافهم فى الآخر (quid nos debemus opinari de dubitatione et diversitate eorum in aliis)    35 apparentia] ex rebus apparentibus    accidit] accidit eis    1 certe *om.* Ξ    aliquid² *om.* Ξ    2 naturales] المقوّمة من الطباع (sustentatae ex natura)    3 humidae ... siccae] رطبة ... يابسة *(inv.)*    4 ista] هذه الاشياء (istae res)    6 sanitatis et aegritudinis] السقم والصحة *(inv.)*    istorum] ما وصفنا (istorum quae narravimus)    7 istis] الاشياء التى مثل هذه بقدر قول القائل

recte accidit hoc, quoniam [9]principia elementorum naturalium [10]sunt calidum et frigidum et humidum et siccum.

[11]Debemus ergo scire prius utrum calidum dicatur simpliciter aut multipliciter, [12]et considerare quae sunt operationes calidi, et utrum sint paucae aut multae. Secundum vero unum modum [13]dicitur calidum illud quod calefacit illud quod tangitur ab eo secundum appropinquationem, [14]et secundum alium modum dicitur calidum illud quod erit ex eo in corpore sensus manifestus [15]quando tangit ipsum et admiscetur cum eo, et etiam dicitur calidum quando fuerit ex eo sensus cum hoc – et forte opinabimur [16]quod iste modus est modorum mendacii, quoniam forte erit visus causa doloris [17]in illis qui sentiunt – etiam quando calidum erit liquefaciens, [18]et etiam quando quiddam illius calidi fuerit maius et quiddam minus, [19]quoniam maius in quantitate est calidius minori. Et etiam dicitur calidius [20]illud quod non infrigidatur cito, sed est tardae infrigidationis, [21]et quod calefit citius [22]dicitur quod est calidius. Manifestum est ergo quoniam contrarium [23]removebitur et simile appropinquabitur.

[24]Secundum ergo istos modos quos narravimus dicitur quod aliquid est calidius aliquo. [25]Et non possunt omnes isti modi esse in

---

9 naturalium] -ia $BD^2$   10 calidum ... siccum] calidum frigidum humidum siccum $H$: calida et frigida et humida et sicca (sicca et humida $B$) $BD$   $et^2$ om. $CEW$   11 prius om. $CEW$   12 aut] an $EHW$   vero] ergo $CD^2EHW$   13 illud$^2$] aliud $C$   secundum appropinquationem om. $D^1$   14 alium] unum $D$   illud] id $H$   illud ... corpore] quando fuerit ex eo $E$   erit] exit $B$   eo om. $C$   corpore + et $B$   15 quando$^1$] quoniam $BD^1$: vel quando $D^2$   dicitur etiam $W$   quando$^2$] quod non $B$   cum$^2$] ex $E$   opinabimur] -atur $B$: -abitur $D^2$   16 quod] quid $H$   erit (est $H$) post visus $CEHW$   17 qui] que $CEW$   erit + liquescens vel $CW$   liquefaciens] liquescens $E$   18 maius + in quantitate $D^1$(sed del. $D^2$)   19 minori] -re $CEW$   20 illud om. $CE$   quod + neque (sed del.) $B$   sed + tantum (sed del.) $B$   21 calefit citius] citius calescit $C$: citius calefit $EW$   22 quod est om. $W$   ergo] igitur $EH^2W$: etiam $H^1$: ante $est^2$ $BD$: om. $C$   23 appropinquabitur] -atur $CE$   24 aliquid] -is $C$   aliquo] alio $CE$

---

8 quoniam] لانه كما قلنا فيما سلف ان (quoniam est sicut diximus superius quod)   10 humidum et siccum] اليابس والرطب (inv.)   12 sunt operationes] est operatio   sint] sint operationes eius   13 secundum appropinquationem] ويدنو منه   14 quod erit ex eo] ex quo erit   15 cum hoc] مع اذى (cum nocumento)   17 etiam] وايضا (et etiam)   21 citius] citius alio   22 calidius + منه من قبل الطباع (eo naturaliter)   quoniam] فهو بين انه لا يقال ... بعدّة هذه الانواع التى (quod)   24 secundum ... dicitur] ان وصفنا (hoc ergo manifestum est quod non dicitur ... secundum numerum istorum modorum quos narravimus)

eadem re, quoniam non potest esse calidum omnibus istis modis. ²⁶Quoniam aqua calida calefacit magis frigida, ²⁷ignis autem comburit et liquefacit corpus magis quam aqua. ²⁸Et dicitur quod aqua ebulliens est calidior alia, et aqua calefit et infrigidatur, ²⁹et forte infrigidatur citius igne parvo, ³⁰quoniam ignis non potest infrigidari, aqua autem infrigidatur. Et etiam ³¹aqua ebulliens est calidior sensui tactui, et infrigidatur et coagulatur ³²citius. Et sanguis ³³per sensum tactum est calidior oleo, et similiter aqua calida, et quando infrigidatur aqua infrigidatione magna coagulabitur magis oleo. ³⁴Et etiam lapis et ferrum et huiusmodi calefiunt calefactione tardiori ³⁵calefactione aquae, et tunc comburunt plus aqua.

Et ex istis est ³⁶quae narravimus quod calefaciunt corpus contactum, ex istis est quod caliditas est accidentalis et ex eis est ¹essentialis, et inter istos duos modos ²est magna diversitas. Quoniam est propinquum calido quod dicitur accidentaliter, ³et fit unumquodque eorum per se, sicut aliquis dicit ⁴quod accidit ut sit musicus febricitans, ⁵aut sit maioris sanguinis ⁶aut calidioris. Iam

649a

---

25 esse¹ om. C   eadem re] uno aliquo C: aliquo uno EW   26 magis + quam BCEH²W   27 ignis autem] et ignis CEW   comburit + corpus D   28 quod om. A¹   est ... infrigidatur om. A¹   calidior + quam CEW   calefit] calescit C: calefacit D¹EW   30 ignis post potest H   31 aqua om. CEW   ebulliens] bulliens B   sensui] sensu H   tactui] tactu B: tactus H: que tui (inc. alt. lin.) C   33 aqua² om. CEW   infrigidatione] coagulatione W   magna + et coagulatione magna infrigidabitur et B   coagulabitur] coagulatur C: infrigidabitur EW   34 calefiunt] calefaciunt CD¹H   calefactione om. BW   tardiori om. W   35 calefactione] coagulatione W   comburunt] -rit C   et² D²: set D¹   35-6 et² ... quae A²: et quod A¹   36 quae] quod CHW   calefaciunt D²: faciunt D¹   contactum (contractum D¹)] quod contactum est (+ et E) EW: + et BCDH   ex¹] et W   est³ om. W   1 duos om. C   2 calido + et D¹(sed del. D²)E   3 fit] sit AD²: si CD¹E: sic W   eorum] eorum (sed del.) illorum B: istorum D¹   sicut] sint C   5 sit om. C   6 iam ergo bis scr. (inc. alt. col.) D

---

25 quoniam non] ولا (neque)   esse calidum] ان يسخن شيء واحد (una res esse calida)   26 frigida: البارد L¹ (→ Kruk; النار 'igne' L²)   27 corpus + وينوب يحترق الذى (quod potest comburi et liquefieri)   28 alia] ولا يقال النار اسخن من غيره (et non dicitur quod ignis est calidior alio)   35 tunc] اذا سخنت (quando calefiunt)   et ex istis est] ومعما (et cum istis)   36 quod²] cuius   est³ + ما حرارته (cuius caliditas)   1 istos duos modos] هذا الحار الذى يكون بهذا النوع والحار الذى يكون من النوع الآخر (illud calidum quod fit secundum hunc modum et calidum quod fit ex alio modo)   2 dicitur + حار (calidum)   3 et] ولكن (sed)   4 musicus] صاحب علم   5-6 aut sit maioris sanguinis (= دماء) aut aut calidioris] او يكون اكثر دفاء وحرارة او يكون صاحب الصحّة (aut sit maioris caloris (syn.) aut sit homo sanus multi caloris) كثير الحرارة

ergo scivimus ⁷quod forte est calidum calidum essentialiter, et forte est calidum accidentaliter, et multotiens calefacit ⁸tactum sensum maiori calefactione id quod est calidum accidentaliter. Et etiam ⁹calidum essentialiter est semper calidum magis alio, sicut dicimus quod ignis est semper magis calidus ¹⁰aqua ebulliente.

¹¹Manifestum est ergo quod ¹²iudicium inter duo, quod illorum sit calidius, non est simplex, quoniam ¹³in hoc erit hoc calidius, et in hoc aliud, et sunt res quas non possumus dicere in eis utrum sint calidae aut non. ¹⁵Et forte erit subiectum rei unum non calidum, et cum appropinquat ad aliud aut componitur ¹⁶cum eo, efficitur calidum, sicut si aliquid tetigerit aquam vel ferrum calidum, nam unumquodque istorum non est calidum, et cum appropinquat ad ignem efficitur calidum. ¹⁷Sanguis vero est calidus per se, et forte fit calidus calore accidentali. Et ¹⁸manifestum est in talibus quod frigidum non est natura, sed ¹⁹privatio, et hoc dicitur in omnibus rebus quarum subiectum est calidum modo accidentis. ²⁰Et dignum est ut sit natura ignis etiam talis, ²¹quoniam subiectum forte erit fumus vel fax, ²²et unum istorum est semper calidum, quoniam fumus est similis vapori, ²³fax vero est frigida, quando extinguitur. Oleum vero et taeda pinus ²⁴sunt frigida in quolibet

---

scivimus] scimus $CD^2$    7 et¹ + quod $H$: om. $EW$    calidum² om. $A^1CD$    calefacit] facit $E$    8 sensum tactum $BCEHW$    maiori $D^2$: maior $D^1$    calidum est $D$    etiam] est $C$: sunt $W$: om. $E$    9 est¹ ante calidum¹ $E$: om. $C$    magis calidum $CEW$    dicimus] diximus $D$    calidus + magis $D^1$(sed del. $D^2$)    magis post calidus $E$    10 ebulliente] bulliente $D$: + et (sed del.) $A$    11 est om. $C$    quod] quoniam $CEW$    12 quod + unum $C$    illorum] istorum $E$    sit] est $EH^1$    calidius $D^2$: -dus $D^1$    simplex] simpliciter $CDEHW$    quoniam $H^2$: quantum $H^1$    13 hoc² om. $ABDH$    calidius $D^2$: -us $D^1$    et¹] erit $H^1$(sed del. $H^2$)    hoc³ + calidius $E$    res] tres $C$    aut] vel $CEW$    15 rei] ei (ante subiectum) $E$    unum $D^2$: vinum $D^1$    non + est $D^1$ (sed del. $D^2$)    componitur] cum ponitur $CD$: ponitur $EW$    16 eo + erunt $A$: + erit et $CDHW$: + et tunc $B$    aliquid] -is $CDEW$    vel ... calidum³ om. $C$    calidum²] candidum $W$    appropinquat] -atur $W$    ignem] aliud aut ponitur cum eo $E$    efficitur¹] efficietur $B$    17 calidus est $D$    fit] sit $C$    19 dicitur] -mus $E$    accidentis] accidentali $CEHW$    20 est om. $A$    22 unum] verum $H$    semper est $DW$    est² om. $A^1$    23 quando] quoniam $DE$    23 quando ... 24 frigida om. $A^1$    extinguitur] -it $B$    taeda + et $CDEHW$    pinus] purus $C$    24 frigida sunt $BD$

---

7 accidentaliter + فالحارّ بذاته بطىء البرودة (et calidum per se est tardae infrigidationis)    8 tactum sensum] الحسّ    maiori calefactione + من (quam)    12 quod illorum] والمعرفة ايّهما (et cognitio quid illorum)    13 hoc²] هذا    16 tetigerit: يمسّ $L$    17 accidentali + ايضا (etiam)    19 accidentis] آفة وعرض (syn.)

quod calefit ex corporibus calore, ²⁵ut cinis, et superfluitas ignis, et omnes superfluitates remanentes in corporibus ²⁶animalium, et cholera citrina etiam est calida. Et corpora combusta non fiunt calida nisi ²⁷remanserit in eis aliquid ex calore ignis. Et dicitur etiam secundum alium modum ²⁸in taeda pini et in aliis rebus quae sunt calidae, quoniam cito alterantur et mutantur per ignem in actu. ²⁹Et putatur quod calidum liquefaciat et coagulet omnia corpora. ³⁰Corpora vero quae sunt multae aquae in compositione coagulantur ex frigore, et quae sunt multae ³¹aquae et terrae in compositione coagulantur et adunantur ex calore. ³²Et quod est in eius compositione plus ex parte terrae, citius exsiccatur et adunatur.

³³Sed iam locuti fuimus in istis rebus locutione magis manifesta in alio, ³⁴et distinximus corpora quae liquefiunt, et propter quid adunantur. ³⁵Inquisitio vero sciendi calidum et calidius est indeterminata, quoniam dicitur multipliciter. ¹Et propter hoc non est 649b in omnibus rebus secundum eundem modum, sed debemus distinguere et dicere ²quod quoddam calidum est calidum per se, et est illud quod est semper calidum, alterum vero est calidum per accidens. ³Et etiam dicitur quod quiddam est calidum potentia et aliud actu, et dicitur ⁴quod quiddam est calidum secundum modum caloris eius, et quiddam est calidum quoniam calefacit sen-

---

quod] quo $H$   calefit] calefacit $C$   25 corporibus] -pore $C$   26 etiam om. $CEW$   fiunt] sunt $BCDE$   27 remanserit] -sit $A$   etiam om. $CEW$   28 pini] puri $C$   in²] etiam $H$   quoniam] quando $H$   alterantur om. $D^1$   mutantur] permutantur $BCEW$   29 liquefaciat] -cit $E$   coagulet] -entur $B$   30 multae $H^1$: minute $H^2$   quae² om. $C$   31 terrae post coagulantur $C$   et² om. $E$   adunantur] adiuvantur $W$: om. $CE$   32 in: vel ex $D^2$: om. $H^1$   terrae] terra $A$   adunatur] adiuvatur $W$   33 sed] et $E$   fuimus] sumus $CEH$   magis] magna $B$   alio] -iis $BD^2H$: aliud $D^1$   34 corpora] corpus $A$   liquefiunt] liquescunt $C$   35 est om. $W^1$   indeterminata] -am $B$: -um $CD^1EH$: determinatum $W$   1 distinguere $D^1$: determinare $D^2$   dicere et distinguere $CEW$   2 quoddam om. $E$   per se calidum $CH$   semper est $CDEHW$   alterum] alter $A$: aliud $B$: aliter $E$: om. $D^1$   2 alterum ... 4 calidum¹ om. $D^1$   calidum⁴ est $B$   3 quiddam] quoddam $BD$   aliud] non $C$   4 est¹ om. $H^1$   calidum¹ + potentia et aliud actu et dicitur quod quiddam est calidum $A$   quoniam $D^1$: scilicet quod $D^2$

---

26 animalium + وما يخرج من قناها (et *superfluitates exeuntes)   nisi] nisi quoniam   28 per ignem in actu] الى فعل النار (in actum ignis)   29 coagulet + اعني (scilicet)   31 aquae et terrae] الارض والماء (inv.)   33 magis manifesta] اوضح وابين (syn.)   in alio] فى غير هذا الكتاب (in alio libro)   34 distinximus] ميّزناه واوضحنا (syn.)   35 est indeterminata quoniam om. Ξ

sum tactum plus alio, [5]et dicitur magni caloris quod est ex inflammatione ignis. Et postquam scivimus quod [6]calidum est multipliciter, necessarium est dicere quod frigidum etiam dicitur [7]multipliciter.

[3] Et sequetur in sermone nostro dicere de sicco et humido. [10]Quoniam et illa dicuntur multipliciter, scilicet quoniam quaedam dicuntur sicca et humida [11]potentia, et quaedam actu. Quoniam glacies [12]dicitur humidum, et est in actu et per accidens siccum, et per se humidum, terra autem [14]et cinis et sibi similia quando miscentur cum humiditate dicuntur humida per accidens, et dicuntur sicca in potentia [15]et per se. [16]Et quando fuerint separatae istae res dicuntur in actu [17]et dicuntur humida, quoniam in eis est multa pars aquae, quae vero in eis est multa pars terrae dicuntur sicca. [18]Et per hunc modum occulte dicitur siccum, et humidum, et similiter [19]calidum et frigidum [20]secundum modum veritatis.

Et postquam [21]distinximus istas res, manifestum est quod sanguis est calidus per se, et forte est magni caloris per accidens. [25]Et calor eius recipitur in eius diffinitione, [26]sicut recipitur albedo in

---

5 quod[1]] qui *H*: + quia *W*    scivimus *D*[1]: scimus *D*[2]    6 calidum] -dus *A*    est[1]] dicitur *CEW*: om. *D*[1]    quod] quoniam *CEW*    etiam] et (*ante* frigidum) *EW*: om. *C*    7 sequetur] -itur *D*[2]*E*    nostro] meo *CEW*    10 et[1] *D*[2]: in *D*[1]    quoniam[2] om. *BCEHW*    quaedam] quemadmodum *E*    12 et[1] ... humidum[2] om. *E*    accidens + dicitur *DH*    14 sibi om. *D*    quando] quoniam *C*: vel que *D*[2]    humiditate + et *C*    dicuntur humida om. *D*[1]    per] et (*del. D*[2]) per *D*[1]    et[3] *ante* per *B*    dicuntur[2]] dicitur *D*[1]*H*: *post* sicca *E*    16 separatae fuerint *DH*    17 quae] quia *BW*: quod *D*[2]: quando *H*[2]    quae ... sicca om. *C*    dicuntur[2] *D*[2]: dicitur *D*[1]    18 et[1]] vel *W*: om. *A*    per] secundum *CEHW*    similiter + accidit *A*[1](*sed del. A*[2])    19 et (+ similiter) frigidum *post* 20 veritatis *EW*    20 secundum] per *E*: per hunc *H*    et om. *H*    21 calidus (*post* se *C*[1])] -um *ADW*    est[2] et est[3] om. *C*    25 eius[1] om. *B*    diffinitione] -nem *A*

---

5 quod[1]] كما (sicut)    6 est[1]] يقال dicitur    necessarium est] باضطرار يلزمنا (necessario debemus)    etiam om. Ξ    7 multipliciter + فى حال الحار والبارد    فهذا تمييز قولنا بقدر هذا التحديد (haec ergo est distinctio in sermone nostro in calido et frigido secundum illam *determinationem)    10 quoniam[2]] quod    11 quaedam + يابسة تقال    ورطبة (dicuntur sicca et humida)    glacies + وكلّ ما يجمد (et omne quod congelatur)    14 humida + و- بالفعل (in actu et)    et[3] om. Ξ    17 et dicuntur] والقوة (et potentiā)    quoniam in eis] فيها التى (in quibus)    quae vero in eis] in quibus vero    18 occulte (= الخفى)] الحقّى المسوّد (verum et principalem)    humidum + بمثل هذا الفنّ (secundum hunc modum)    19 frigidum + يقال ... اعنى الاجساد الحارّة والباردة (dicuntur scilicet corpora calida et frigida)    21 sanguis + ربما (forte)    25 recipitur] تكون (est)    26 recipitur] يكون (est)

diffinitione albi. ²⁷Et forte erit sanguis calidus propter occasionem accidens, et tunc non dicitur calidus per se. ²⁸Et propter hoc dicimus quod res quae sunt in natura ²⁹calidae et humidae quando separantur a natura, scilicet a corpore, coagulantur ³⁰et apparent frigidae, sicut sanguis, res vero quae sunt in natura calidae grossae ³¹quando separantur a corpore, ³²currunt econtrario suae dispositioni, sicut cholera quae infrigidatur et efficitur humida. ³³Sanguis vero exsiccatur magis, ³⁴et cholera humefit magis. Communicatio ergo contrariorum ³⁵et generatio eorum in rebus est secundum magis et minus, sicut generatio naturalis. ¹Iam ergo declaravimus  650a
qualiter dicitur in sanguine calidum et qualiter humidum, et qualiter habet communicationem in natura ²cum contrariis, secundum quod possumus.

Et necessarium est ³quod cibetur omne quod crescit. Et non cibatur nisi a ⁴sicco et humido, et digestio eorum est ⁵per fortitudinem caloris. ⁷Necessarium est ergo ut sit principium caloris naturalis in omnibus arboribus et animalibus ⁶propter hanc causam, si alia causa non ibi habeatur. ⁸Et instrumenta convenientia ad usum cibi sunt multa, verbi gratia quia primum membrum ⁹conveniens ad usum cibi est os ¹⁰et partes quae sunt in eo, quando

---

27 sanguis calidus] calidum sanguis *D*    propter] per *D*    et²] ad *H*: + per *C*    tunc om. *D*¹    28 quae del. *D*²    30 calidae + et *CEHW*    31 a corpore om. *E*    32 currunt] que currunt *A*    efficitur humida] humidum efficitur *D*    34 humefit] humescit *CE*    communicatio] commonitio *A*    ergo] vero *H*: om. *E*    35 eorum + est *C*    magis] maius *C*    sicut ... naturalis om. *C*    1 iam ergo declaravimus] ergo *C*    ergo om. *E*    habet om. *A*¹    in² om. *H*    3 crescit] -unt *A*    cibatur *B*: cibetur cett.    4 et¹ om. *CH*¹    est] cum *D*¹: ante digestio *C*: om. *H*¹    7 ergo] igitur *B*    6 propter *D*¹: vel per *D*²    si ... non] nisi *CD*²*EHW*    alia causa] aliam causam *D*¹(sed em. *D*²)    causa om. *EW*    8 et om. *H*¹    sunt] sint *W*    8 sunt ... 9 cibi om. *B*    quia] quod *C*    primum] propter *W*    10 in¹ om. *C*¹    quando] quoniam *D*

---

27 calidus¹ om. Ξ    et tunc] واذا كان حارًّا على مثل تلك الحال (et quando erit calidus secundum illam dispositionem)    se + فهذا قولنا فى اليابس والرطب ايضا (et similiter dicimus in sicco et humido)    32 quae] scilicet quae    34 cholera] المـرّة الصفراء (cholera citrina)    magis om. Ξ    1 ergo om. Ξ    in sanguine calidum ... humidum] sanguis calidus ... sanguis humidus    3 non cibatur nisi] وانما غذاء جميع الاشياء التى تغذى (cibus omnium rerum quae cibantur non est nisi)    4 digestio eorum] طبخها ونضوجهما (decoctio et digestio eorum)    est] non est nisi    5 caloris + *وتغييرها كمثل (et alteratio eorum similiter)    7 arboribus et animalibus] الحيوان والشجر (inv.)    6 si] إن ... ايضا (etiam si)    ibi om. Ξ    8 cibi] الطعام والغذاء (syn.)    multa + لذلك اعنى الاعضاء التى تصلح (scilicet membra quae iuvant ad hoc)    membrum om. Ξ    9 usum] استعمال وخدمة (syn.)

animal quod cibatur indiget incisione cibi in partibus parvis. ¹¹Et haec incisio non est causa digestionis cibi omnino, sed causa melioris digestionis cibi, ¹²quoniam abscisio cibi in partes parvas est causa velocioris digestionis. ¹³Venter autem superior et inferior ¹⁴digerunt cibum calore naturali. Et sicut dicimus quod ¹⁵os est via et introitus cibi indigesti, ¹⁶ita est membrum sequens ipsum, quod dicitur introitus cibi, et hoc in animalibus ¹⁷habentibus hoc membrum, et per ipsum vadit cibus ad ventrem. ¹⁸Et debent esse etiam alia multa principia secundum hunc modum, ut accipiat totum corpus per illa ¹⁹cibum. ²⁰Et arbores accipiunt cibum ²¹factum completum a terra per radices suas, et propter hoc ²²non est in arboribus superfluitas, quoniam terra et calor qui est in ea faciunt in eis ²³quod faciunt ventres. Et omnia animalia, ²⁴et maxime ambulantia, habent ventrem, ²⁵et ex eo accipit totum corpus cibum, sicut accipiunt radices arborum a terra, ²⁶et per illas radices vadit cibus ad totam arborem donec ²⁷perveniat digestio ad finem et complementum. Operatio vero oris est inicere ²⁸ventri, et necessarium est ut sit aliud membrum accipiens cibum a ventre, ²⁹scilicet venae, quae extenduntur ³⁰ad medium intestini. Et incipiunt

---

11 causa digestionis $H^1$: digestio $H^2$  digestionis¹ $D^2$: digerationis $D^1$  sed + est $D^2$  melioris $D^2$: meliorationis $D^1$  digestionis² $D^2$: digerationis $D^1$  cibi² (*ante digestionis* ²) + omnino *C*   12 velocioris $D^1$: vel meliorationis $D^2$   13 inferior et superior *E*   14 et *om.* $D^1$   15 via] una *A*   16 est] et *W*  sequens] quod sequitur *CEW*  ipsum + et per *H*   17 membrum + partitum *B*: + ut *C*  vadit] vadat *C*  cibus *om. E*   18 etiam *ante* esse *B*: *om. CEH¹W*  alia *ante* etiam *D*: *post* multa *CEW*  illa $D^1$: illum $D^2$   20 et ... cibum *om. C*  accipiunt] -iant *W*  cibum *om.* $A^1$   21 factum] semen *B*: frigidum $D^2$   22 ea] eis *EW*: + in eo quod $A^2$   22 in³ ...  23 faciunt² *om. A*  in eis *om. C*  eis $D^2$: eo $D^1$   23 et ... 24 ventrem *om. E*   24 ventrem] -es *HW*   25 arborum radices *H*   26 ad] per *C*   27 perveniat] veniat *D*  digestio + ita est $D^1$ (*sed del.* $D^2$)  et + ad *H*  vero] autem *H*  oris *om. C*  est *om.* $A^1$   28 ventri $H^2$: -is $H^1$  accipiens] recipiens *H*  a ventre *om. CE*   29 extenduntur + usque *H*   30 intestini] -num *BEW*

---

11 digestionis] هضم ونضوج (*syn.*)  melioris] جودة (bonitatis)  cibi² *om.* Ξ   12 velocioris] سرعة وجودة (velocitatis et bonitatis)  digestionis] الهضم والنضوج (*syn.*)   13 venter] طباع البطن   14 digerunt] يطبخ وينضج (*syn.*)   15 indigesti] لم ينضج بعد (adhuc non digesti)   19 cibum + كما يؤخذ من *فاتنى اعنى من البطن ومن* طباع المعاء (sicut accipitur ex *praesaepio scilicet ex ventre et ex intestinis)   21 terra + وانّما يأخذه (et non accipiunt illud nisi)   22 in eis *om.* Ξ   23 quod] مثل ما   25 radices] جميع اصول (toti radices)   26 ad totam arborem] الى بقية الشجر (ad residuum arboris)

inferius et separantur per totum corpus. ³¹Et qui voluerit scire has res, debet considerare eas ex Anatomia.

³²Et omnis cibus habet membrum recipiens ipsum, et aliud membrum ³³recipiens eius superfluitatem, venae autem sunt quasi vasa ³⁴sanguinis. Et per hoc manifestatur quod sanguis est cibus ultimus ³⁵animalis habentis sanguinem, animal vero carens sanguine cibatur per illud quod convenit cum sanguine. Et propter ³⁶hoc, si animal non cibetur ex isto cibo, efficitur macilentum et malae dispositionis, et quando cibatur ¹crescet et erit bonae dispositionis. Et si ille cibus fuerit clarus et bonus erit corpus sanum, et si fuerit malus erit corpus ²infirmum. Sanguis ³ergo in animalibus non est nisi propter cibum, et hoc manifestum est ex eo quod diximus. Et propter hoc ⁴sanguis non habet sensum, sicut neque habet sensum alia ⁵superfluitas. Et neque cibus habet sensum, sicut sensum carnis, quoniam si ⁶caro tangatur sentiet manifeste, quia sanguis non est continuus cum carne, ⁷sed est quasi in vase positus ⁸in corde et venis. Qualiter ergo ⁹recipiunt membra sensum a corde, et qualiter erit cibus, ¹⁰melius est dicere in sermone quem narravimus in generatione, et in aliis libris. ¹¹Modo vero sufficit nobis dicere ¹²quod sanguis non est nisi propter ci-

650b

---

et² *om.* $C^1$   31 voluerit] -int *H*   debet] -eret *EW*   anatomia] athomia *C*   32 ipsum ... 33 recipiens *om.* $D^1$   et²] etiam *H*   33 eius *om. E*   sunt *om. H*   34 per] propter *H*: *om. E*   ultimus + huius *C*   36 animal *om.* $H^1$   cibetur non *E*   ex] ab *E*   efficitur] fit *CE*: facit *W*: + animal *BW*   malae] ma *A*   et quando] quando autem *EW*   a36 et quando ... b1 dispositionis *om.* $D^1H^1$   1 bonae] bene *C*   fuerit cibus *C*   fuerit²] ille cibus erit (+ cibus *sed del.*) *B*   malus $D^2$: malum $D^1$   3 ergo] vero *BEH*   est² + ita *W*   4 neque] non *D*   alia] aliqua *B*   5 superfluitas] infirmitas (*sed del.*) superfluitas *B*   et *om. H*   habet cibus *H*   sicut + habet $H^1$(*sed del.* $H^2$)   sensum²] -us *BCEW*   6 sentiet] sentiret *C*   cum] in *CW*   7 positus *ante* quasi *D*   8 in] scilicet in *D*   et + in *E*   9 membra recipiunt *E*   erit + sanguis $BCD^2EHW$   10 narravimus $D^1$: -bimus $D^2$   aliis] alii *C*   11 dicere nobis *H*

---

31 anatomia + والمباشرة الطباعية (et *historia naturali (= historia animalium))   35 animalis habentis sanguinem] الذى به يغذى الحيوان الدمى (per quem cibatur animal habens sanguinem)   1 corpus¹] جسد   fuerit²] fuerit cibus   corpus²: جسم   3 ergo ... non ... nisi (= وانّما]وايضا (et etiam)   ex eo quod diximus] من الحجج التى احتججنا بها (ex rationibus quas diximus → GA 736b22)   4 sensum + احد (si tangatur)   5 superfluitas + احد البتّة مسّه اذا (omnino si tangatur)   et neque] ولا   6 carne + ولا هو عرض (neque accidens)   10 narravimus: وصفنا *L Bad.* (وضعنا Kruk)   14 tantum: هذا القول (isto sermone)

bum ¹³membrorum, ¹⁴et tantum indigemus ad sermocinandum in sanguine modo.

[4] Et in quodam sanguine est res subtilis sicut pilus, et in quodam ¹⁵non, sicut in sanguine cervorum. Et propter hoc non coagulatur ¹⁶sanguis in quo non sunt pili. Et sanguis qui est aquosus est frigidior, ¹⁷et propter hoc non coagulatur, sanguis vero terrestris coagulatur ¹⁸propter privationem humiditatis. Et accidit quod ¹⁹intellectus sit melior et purior secundum ista, ²⁰non propter frigiditatem sanguinis, sed propter ²¹subtilitatem et puritatem, ²²et istis duobus caret terra. Et omne animal habens humiditatem ²³subtiliorem et puriorem habet meliorem sensum. ²⁴Et propter hoc multa animalia carentia sanguine sunt subtiliora ²⁵quibusdam habentibus sanguinem, sicut ²⁶apes et formicae et ²⁷huiusmodi. Animalia vero multae aquae quae infrigidantur naturaliter sunt maioris timoris, quoniam timor ²⁸infrigidat corpus, et propter hoc animal cuius cor est talis complexionis habet tale accidens. ²⁹Et aqua frigida citius congelatur. ³⁰Et propter hoc est animal carens sanguine maioris timoris animali habenti sanguinem, ³¹et propter hoc non movetur nisi modicum, propter timorem. ³²Et quaedam animalia carentia

---

14 sermocinandum] sermonizandum *C*: sermoquandum *H*   in¹] de *CEW*   sanguine quodam *H*   est *om. AD*¹   16 sanguis¹ ... 17 coagulatur¹ *om. D*¹ (qui ... frigidior] est frigidior que est aquosus *D*²)   16 sunt] fiunt *E*   sanguis² + est *(sed del.) E*   est² *om.* *A*¹   frigidior] frigidus *CH*   17 terrestris + non *C*   18 humiditatis *D*²: -tas *D*¹   19 sit] fit *C*   purior et melior *D*   20 sed *D*²: et *D*¹   22 et¹ + in *CE*   humiditatem *ante* habens *H*¹: *post* 23 subtiliorem *CEW*   25 sicut] ut *CEHW*   26 et¹ *D*²: in *D*¹   26-7 et huiusmodi *om. EW*   27 animalia] alie *C*   28 cor] corpus *CD*²*EHW*   tale] ille *C*   29 et + propter hoc *H*   30 est *D*¹: *del. D*²   sanguine + est *D*   habenti] -te *C*   31 non *om. A*   32 et] tunc *C*

---

15 cervorum + وغيرها من الحيوان الذي يكون (et aliorum animalium)   16 sanguis¹ + الذي يكون   مثل [pili (qui est secundum talem dispositionem scilicet) على مثل هذه الحال اعني   اصغى [الشعر الدقيق (quasi pili subtiles)   19 melior et purior (= اجود وانقى) واجود (clarior et melior)   secundum ista *om.* Ξ   23 habet meliorem sensum] يكون لهذه الحال (habet sensum cuius motus est bonus)   24 propter hoc] حسّ حركته جيّدة   24-5 multa ... sanguinem] انفس كثير من الحيوان الذي ليس له دم الّبّ من (*syn.*) والعلة   انفس بعض الحيوان الذي له دم (animae multorum animalium carentium sanguine sunt subtiliores animis quorundam animalium habentium sanguinem)   25 sanguinem + كما قلنا فيما سلف (sicut diximus superius)   26 formicae] جنس النمل (genus formicarum)   27 quae infrigidantur *om.* Ξ   timor] الجزع والفزع (*syn.*)   28 propter hoc *om.* Ξ   cor est talis complexionis] complexio cordis est talis   31 timorem (فزعه   وجزعه (*syn.*) + ويلقى فضولا (et eiciunt superfluitates)

sanguine mutant suum colorem. ³³Et omnia quae sunt in eo corpora parva quae assimilantur pilis vel magis grossa sunt terrestris ³⁴naturae, et animal quod est talis dispositionis est iracundum et audax, propter ³⁵iracundiam. Et iracundia movet calorem, et corpora dura quando calefiunt magis calefiunt quam humida. Et ista corpora parva quae sunt in sanguine assimilantur pilis duris ¹terrestribus, et efficiuntur in sanguine sicut carbones ²igniti in temporibus iracundiae. Et propter hoc dicimus quod taurus et porcus ³sunt valde iracundi indiscreti apud iracundiam, quoniam in sanguine eorum sunt multi istorum pilorum, ⁴et sanguis tauri proprie congelatur citius omnibus sanguinibus. Et quando extrahuntur ⁵istae partes a sanguine non congelatur omnino, et si quis extraxerit ⁶partem terrestrem non adunabitur neque siccabitur. ⁸Lutum vero humidum congelatur a frigore, quoniam cum ⁹exprimetur calor ab eo et eicietur, exibit cum eo humidum, sicut diximus superius, ¹⁰et propter hoc congelatur, non quia exsiccatur ex calore, sed ex humiditate. Humiditates vero quae sunt in ¹¹corporibus sunt propter calorem animalium. ¹²Sanguis autem est multus in corporibus animalium, ¹³et dignum est; quoniam est materia ¹⁴totius corporis, quoniam cibus est materia, et sanguis est

651a

---

sanguine *om. A*  33 eo + vacua $D^1$(*sed del.* $D^2$)  vel] et $D^2W$  sunt² $BD^2$] est *cett.*  34 quod + nature causam iracundie et audatie $D^1$(*sed del.* $D^2$)  dispositionis] complexionis *CEW*: vel complexionis $D^2$  iracundum] -us *E*  35 iracundia + manet (*sed del.*) *B*  quando] quoniam *A*  quam + corpora *BCEW*  humida + corpora $D^2$  parva] dura *EW*: *ante* corpora ² *D*: *om. C*  sunt + dura *C*  1 carbones] arbores *C*  2 temporibus] -re *D*  iracundiae] -um *D*  et¹ *om. H*  3 valde + magne $D^2$  iracundi] magne iracundie *CEHW*  3 iracundi + et *CDEHW*  indiscreti] -te $ABD^1$: -ta *E*  iracundiam] -dum *D*  eorum] istorum *E*: illorum *W*: *om. H*  istorum] illorum *C*: *del.* $D^2$  pilorum] pili *D*  4 congelatur] coeigebatur *C*: coagulatur *E*  5 omnino congelatur *CEW*  extraxerit] -xit *CH*  8 humidum + non $D^1$(*sed del.* $D^2$)  9 exprimetur] -itur *BCEW*  eicietur] eicitur *CEW*: -cetur *H*: + et $D^2$  sicut] si *C*  10 hoc + non $D^1$(*sed del.* $D^2$)  ex¹] a *CEHW*  ex² *om. H*  humiditates] -ditas *D*  sunt] est *D*  11 corporibus (+ animalium $D^2HW$)] temporibus $D^1$  sunt] sed *B*  14 corporis totius *H*  cibus] cibi *B*

---

34 animal quod est] شكل الحيوان الذى يكون دمه (figura animalis cuius sanguis (-$L^1$ → *Kruk*) est)  35 corpora parva] الاجزاء الصغار (partes parvae)  2 taurus et porcus] الثيران وذكورة الخنازير (tauri et mares porcorum)  3 pilorum] الاجزاء التى تشبه الشعر (*istarum* partium quae assimilantur pilis)  5 partes + التى تشبه الشعر (quae assimilantur pilis)  6 terrestrem + من الطين (a luto)  9 ab eo] من البرودة (a frigore)  10 humiditate: الرطوبة *L*  humiditates ... quae sunt] humiditas ... quae est  11 sunt] فهى فيها (est in eis)

[15]ultimus cibus. Et in sanguine est multa diversitas in calore [16]et frigore, et subtilitate et grossitie, et puritate et turbiditate.

[17]Aquositas vero sanguinis est illud quod est subtile ex eo, quoniam adhuc non [18]digerebatur, aut quia corrumpebatur.

[5] [20]Zirbus vero et pinguedo differunt secundum [21]superfluitatem sanguinis, quoniam utrumque illorum est sanguis [22]coctus propter meliorationem cibi. Et quod non assumpatur ad [23]cibum animalis et est bonae decoctionis, efficitur pinguedo aut zirbus. [24]Et significatio super hoc est quod non inveniuntur nisi in animali fertili bonae dispositionis. Quoniam pars pinguedinis communicat [25]cum aere et igne, et propter hoc non invenitur pinguedo aut zirbus in [26]corporibus animalium carentium sanguine. Et animal quoddam habens sanguinem [27]propinquum corpori habet zirbum, [28]quoniam zirbus est terrestris, et propter hoc congelatur, sicut sanguis in quo sunt illae partes parvae quae assimilantur pilis. [29]Et brodium in quo decoquitur caro animalis talis dispositionis congelatur etiam, [30]quoniam pars terrestris quae est in eo est multa et pars aquosa pauca. Et propter hoc est zirbus in corporibus animalium carentium dente in mandibula superiori et habentium cornua. [31]Et istud

---

15 cibus ultimus *CE*   16 et[2]] in *HW*: *om. E*   subtilitate] sublimitate *CE*   grossitie: in arabico congelatur et coagulatur fere eodem significantur *mg. A*   turbiditate] turbitate *AEHW*   17 subtile est *D*   18 digerebatur + materia *B*   20 vero] autem *EW*: *om. C*   21 utrumque] utrum *D*[1]: uterque *E*   illorum] istorum *CH*: eorum *D*   22 meliorationem] meliorem digestionem *E*   non *om. E*   assumpatur *scripsi*] assuntatur *A*: affinitatur *BCD*[2]*E*: affiniatur *D*[1]: affinitur *H*: affinicatur *W*   ad *om. D*[1]   23 animalis *om. H*   pinguedo] pingue *W*   24 et ... 25 zirbus *om. C*   24 inveniuntur] -itur *D*[1]*H*[1]   fertili] sterili *W*   bonae dispositionis *W*   25 et[2] *om. H*   26 corporibus ... carentium] animalibus carentibus *CEW*   quoddam] quedam *A*   27 corpori *AD*[1]] cordi *cett.*   28 parvae partes *H*   30 est[1] *post* eo *CE*: *om. W*   carentium + sanguine (*sed del.*) *B*   dente + et *C*

---

15 in calore *etc.*] cum sit calidus *etc.*   16 puritate et turbiditate] كدرا او نقيا (*inv.*)   18 corrumpebatur + فمائية الدم تكون باضطرار لحال الدم (aquositas ergo sanguinis erit necessario propter sanguinem)   20 zirbus ... et pinguedo] الشحم والثرب (*inv.*)   22 meliorationem] جودة (bonitatem)   assumpatur ad] يغنى فى (transit in)   23 animalis] لحم الحيوان (carnis animalis)   24 quod ... fertili] ما كان من الحيوان مخصبا (animal fertile)   pinguedinis + من الرطوبات (in humiditatibus)   26 animal] animal sanguineum   27 corpori: للجسد   28 sicut] sicut congelatur   illae *om.* Ξ   30 pars aquosa: الجزء ●المائى (→ Kruk) + الذى فيها (quae est in eo)   superiori + والفك   (et *in* mandibula inferiori) الاسفل   31 istud animal] طباع هذا الحيوان (natura istius animalis)

animal manifestum est quod est ³²plenum isto elemento, quoniam habet cornua et ungulas. ³³Animal vero carens dentibus in mandibula superiori ³⁴et carens cornibus est siccum terrestris naturae, et habet pinduedinem loco zirbi. ³⁵Et illa pinguedo non conteritur cum exsiccatur, quoniam natura eius non est ³⁶terrestris. Et quando fuerit ³⁷in membris animalis paucum, iuvabit, quoniam non ¹prohibebit bonitatem sensus, et adducet sanitatem et fortitudinem. ²Et cum multiplicabitur nocebit et corrumpet animal, quoniam si ³totum corpus efficiatur pinguedo aut zirbus, necesse est quod morietur animal. ⁴Quoniam pinguedo et zirbus sunt in membro in quo est sensus tactus, et caro est membrum in quo est sensus tactus. ⁵Et sanguis ⁶non habet sensum, et propter hoc neque pinguedo neque zirbus habet sensum, quoniam non sunt nisi sanguis ⁷bonae decoctionis. Manifestum est ergo quod si totum corpus efficiatur tale, ⁸non habebit sensum. Et propter hoc cito senescet ⁹animal multae pinguedinis, quoniam sanguis eius est paucus quia ¹⁰transit in pinguedinem, ¹¹quoniam corruptio et senectus non est nisi paucitas sanguinis. Et omne pauci sanguinis ¹²est multarum occasionum, quoniam recipit citius ex frigido et calido. ¹³Et omne animal multae pinguedinis est paucae generationis aut nullius omnino

651b

---

31 manifestum] mansuetum $CE$   est¹ om. $A^1$   quod] quoniam $H$   33 superiori mandibula $H$   34 siccum $D^2$: sicut $D^1$   35 exsiccatur] siccatur $C$   eius ... est $A^2$: est $A^1$   1 prohibebit] -bat $CW$   et¹ $D^1$: set $D^2$   2 corrumpet $D^2$: corrumpit $D^1$   si $A^2$: sic $A^1$   3 efficiatur] -citur $C$   aut] autem $A$   est om. $AD^1$   morietur] -atur $BCD^2HW$   4 et¹] aut $BH^1$   6 et om. $A$ (inc. alt. fol.)   sunt] est $H$   7 corpus om. $E$   tale + quod $ACEHW$: + et $D^1$(sed del. $D^2$)   8 senescet $AW$] -it $BDEH$: senscit $C$   9 paucus est $H$   11 nisi] in $A$   omne + animal $BCEHW$   12 occasionum multarum $D^2$   ex om. $H^1$   calido et frigido $C$

---

32 quoniam + هذا الحيوان (istud animal)   33 carens] له الذى (habens)   superiori + والفك الاسفل (et in mandibula inferiori)   34 est + كلّه (totum)   35 non + يجمد ولا (congelatur neque)   36 fuerit] كان ما وصفنا (fuerint quae diximus (sc. zirbus et pinguedo))   37 paucum] يسيرا معتدلا (pauca temperata etc.)   1 adducet] معين على (adiuvabit ad)   3 morietur] يهلك ويبيد (syn.)   4 sunt] non sunt nisi   membro + الجسد (corporis)   5 sanguis + كما قلنا فيما سلف فيما تقدّم من قولنا (sicut diximus superius)   6 sensum² + ايضا (etiam)   quoniam + الشحم والثرب (pinguedo et zirbus)   7 decoctionis] الطبخ والنضوج (syn.)   8 senescet] يكبر ويشيخ (syn.)   9 multae pinguedinis] multum pingue   10 pinguedinem + وكلّ ما كان قليل الدم ينهب الى مذهب البلى والفساد (et omne pauci sanguinis pertransit in corruptionem)   11 corruptio et senectus] البلى والفساد   non ... nisi om. Ξ   12 recipit (= يقبل)] يلقى (patitur)   citius] ايّما كان (quodcumque)   13 nullius] لا يلد (non generat)

propter eandem causam, quoniam [14]sanguis qui efficeretur sperma [15]transit in pinguedinem. [17]Iam ergo diximus quid est sanguis, [18]et quid est aquositas, et quid pinguedo, et quid zirbus, et causae eorum.

[6] [20]Medulla autem est naturae sanguineae, [21]et non est sicut putant multi homines quod est ex virtute spermatis. Et hoc manifestum est [22]in iuvenibus, quoniam membra corporis sunt sustentata ex sanguine, [23]et cibus embryonis est sanguis, et medulla [24]quae est in suis ossibus est sanguis. Et quando creverit [25]immutatur color eius, [26]quoniam color eius est sanguineus, et quodlibet illorum mutatur quando crescit animal, [27]et similiter mutatur medulla iuvenum etiam. [28]Et medulla animalis multae pinguedinis est valde pinguis, [29]et quando bene digeritur sanguis animalis non efficietur pinguedo, sed zirbus. [30]Medulla ergo est similis zirbo. Et propter hoc est medulla animalis habentis cornua [31]et dentes in mandibula

---

14 efficeretur] -citur *W*   sperma *om. B*   18 quid² + est *CEW*   quid³ + est *E*   causae] -as *B*   20 est *om. D¹*   21 est² *om. A*   est³ *om. EH*   22 iuvenibus] corporibus iuvenum *D*   membra] -um *A*   24 quae est *om. B*   ossibus suis *E*   creverit] -int *W*   25 immutatur] mutatur *E*   26 eius] eiusdem *D¹*: *om. W*   est *om. D¹*   illorum *H²*: eorum *H¹*   mutatur] immutatur *B*   crescit] crevit *C*   27 iuvenum *D²*: -nium *D¹*   etiam *om. CE*   28 et *om. A¹*   est ... pinguis *om. H¹*   29 digeritur bene *C*   animalis] -ium *B*   efficietur] -itur *W*   30 ergo + animalis *B*   similis est *B*   30 est² *post* 31 tantum *BE*: *om. W*   31 in¹] et *C*

---

14 qui + و ‑ يتغيّر (mutatur et)   15 transit] يغنى وينهب (syn.)   pinguedinem + والثرب لان الشحم والثرب من الدم الجيّد الطبخ ولذلك لا تكون فضلة فى اجساد الحيوان التى هذه حالها البتّة وإن كان فضلة لا تكون الّا قليلة يسيرة (et zirbum, quoniam pinguedo et zirbus sunt ex sanguine bonae decoctionis et propter hoc non erit superfluitas in corporibus animalium istius dispositionis omnino, et si erit superfluitas, non erit nisi modica)   18 aquositas] aquositas eius   et causae eorum] وبيّنا طباع كلّ واحد منها ولم ندع ذكر عللها (et declaravimus naturam cuiuslibet eorum et non dimisimus sermonem causarum eorum)   20 autem + ايضا (etiam)   naturae sanguineae] طباع من اصناف طباع الدم (natura ex modis naturae sanguinis)   21 multi] quidam   ex virtute spermatis] قوة زرعية المنى (virtus spermaticalis spermatis)   22 iuvenibus] valde iuvenibus   24 sanguis] sanguineus   creverit + جدًّا الاحداث (creverint valde iuvenes)   25 eius] اعضاء الجوف (membrorum interiorum)   26 eius] eorum   sanguineus] valde sanguineus   27 etiam + ويكون لونه غير اللون الاوّل (et color eius erit diversus a colore primo)   28 medulla (= مخ Bad.)] مع *L* (in *animalibus etc.*)   valde pinguis] دسما شبيها بالشحم (pinguis similis pinguedini)   29 et quando ... 30 zirbo] فاما فى الحيوان الذى اذا جاد نضوج دمه لم يصر شحما بل ثربا فالمخ يكون شبيها بالثرب (in animalibus vero in quibus quando bene digeritur sanguis eorum non efficietur pinguedo, sed zirbus, erit medulla similis zirbo)   31 dentes ... tantum] ليس له اسنان فى الفكّ الاعلى والفكّ الاسفل (carentis dentibus in mandibula superiori et *in* mandibula inferiori)

inferiori tantum similis zirbo, animal vero habens dentes in utraque [32]mandibula habet medullam similem pinguedini. Et talis est [33]medulla spondylium, quoniam debet esse continua [34]et transiens per omnia spondylia. [35]Et si medulla spondylium esset similis zirbo, non esset continua secundum hunc modum, sed [36]humida et conteribilis.

Et quaedam animalia non habent [37]multam medullam, scilicet animal habens ossa fortia spissa, sicut [1]ossa leonis. Quoniam in eis non est nisi parva medulla, [2]et propter hoc fingitur quod non est in eis medulla omnino. [3]Et necessarium est ut sint in animali ossa naturaliter vel membra convenientia [4]ossibus, sicut spina quae est in animali aquoso. Et necessarium est ut sit [5]medulla in ossibus et in illa spina, propter retentionem cibi [6]ex quo generantur ossa. Et iam diximus superius quod sanguis est cibus omnium membrorum. [7]Et propter hoc dignum est ut sit medulla zirbosa et pinguis, [8]quoniam digeritur ex calore ossium continentium, [9]et sanguis digestus per se efficitur [10]pinguedo vel zirbus. Et dignum est dicere quod non est medulla in osse [11]forti spisso, [12]et si est, est parva, quoniam cibus transit in ossa. [13]In animali vero carenti ossibus et habenti spinas invenitur medulla spondylium [14]tantum, quoniam animal habens spinas loco ossium est pauci sanguinis naturaliter.

652a

---

tantum + et est $W$   similis + est $C$   vero] autem $C$   32 est] debet esse $E$   34 per *om.* $D^1$   36 conteribilis] contribilis $D^2$: terribilis $H^1$   37 animal habens $D^1$: animalia habentia $D^2$   fortia] fortiora $A^1$: + et $CDEW$   2 non est *post* eis $C$   3 est *om.* $H^1$   ut] quod $H$   sint] sit $DEW$   in + omni $BCD^2EW$   animali + habente $BD^2$: + habenti $CEH^2W$   vel membra *om.* $A^1$   4 aquoso $H^2$: -sa $H^1$   5 in$^1$ + omnibus $B$   et ... spina *bis scr.* $C$   6 generantur $D^2$: cibantur $D^1$   7 medulla sit $H$   8 continentium + eam $BD^2$   9 et $D^2$: ut $D^1$   digestus $D^2$: digeritur $D^1$   10 et dignum] indignum $E$   et $D^2$: ut $D^1$   11 forti + et $CEW$   12 est$^2$ *om.* $A^1C$   parva] -o $A$   13 carenti $D^2$: -tibus $D^1$   habenti] -tibus $A^1H$   spinas + loco ossium $C$   14 pauci] parvi $E$: *ante* est $D$

---

31-2 in utraque mandibula] فى الفكّ الاعلى والفكّ الاسفل (in mandibula superiori et *in* mandibula inferiori)   34 spondylia + ويتجزّأ فى خرز الفقار (quae dividuntur in armillis spondylium)   36 humida et conteribilis] متفتّتا او رطبا (*inv.*)   1 quoniam + عظام الاسد قوية صفيقة و۔ (ossa leonis sunt fortia spissa et)   parva] valde pauca   2 eis] عظام الاسد (ossibus leonis)   3 sint ... 4 ossibus] sit in animali natura ossium vel membrum conveniens ossibus   7 zirbosa et pinguis] شحميا وثربيا (*inv.*)   9 sanguis digestus] digestio sanguinis   12 et si est, est parva] وربّما كان فيه مخ يسير (et forte erit in eo medulla parva)   13 carenti ... spinas] ليس له عظام بل شوك (non habenti ossa sed spinas)   14 naturaliter + وانّما فيه شوكة الفقار مشتركة فقط (et non est in eo spina spondylium nisi communis tantum)

[15]Et medulla non habet locum nisi spondylia tantum, [16]et ipsa indigetur [17]propter ligamentum ad fortitudinem et infixionem. Et propter hoc dico quod medulla spondylium est [18]alterati coloris, sicut narravimus prius, et est viscosa nervosa, [19]quoniam non est in spondylibus nisi loco clandestini transeuntis. [20]Iam ergo declaravimus causam propter quam est medulla in ossibus animalium habentium medullam, [21]et declaravimus quid est medulla, et quod est superfluitas [22]cibi sanguinis ex quo cibantur ossa et spinae animalium. Et propter hoc [23]est retentum intra ossa, et non generatur nisi a sanguine bonae decoctionis.

[7] [24]Sequitur dicere de cerebro. Nam multi [25]homines putant quod cerebrum est principium [26]medullae et spondylium, quoniam medulla est continua cum cerebro. [27]Et veritas contradicit illis, quoniam natura cerebri est diversa a naturis medullae. Quoniam [28]cerebrum est valde frigidum magis omnibus membris, [29]natura autem medullae est calida, et pinguedo [30]quae est in ea est significatio eius quod diximus. Et propter hoc est medulla spondylium continua cum cerebro, [31]quoniam natura semper laborat in dando virtutem adiuvantem et eicientem distemperantiam cuiuslibet membri [32]per suum contrarium, et ponit illam prope [33]ipsum. Manifestum est ergo quod medulla calida [34]est, ex multis rationibus

---

15 et + in *C*   17 infixionem *A*] inflexionem *cett.*   18 coloris alterati *B*   est + etiam *B*   nervosa] non volad(*sed del.* d) *H*¹: vel nervosa *H*²   19 nisi + in *EH*   clandestini *ACW*] clamdestini *BD²EH*: clampdestini *D*¹   20 medulla est *E*   22 cibi (+ et *E*) sanguinis *om. D*¹   sanguinis] -is *H*   quo] co *A*   23 retentum + necessario *H*   intra] inter *W*   24 dicere] denumerare *C*   25 est] sit *CEW*   26 est *om. E*   27 diversa *D*²: divisa *D*¹   naturis] -a *CD*   28 omnibus + aliis *C*   30 ea] eo *B*¹: + et *C*   significatio] sanguis *C*: *ante* est² *H*   spondylium + ita *H*   31 virtutem + et *B*   distemperantiam] disperantiam *C*   32 illam] ipsam *D*   33 ipsum] -am *C*   ergo est *D*

---

16–7 et ipsa (*sc. medulla*) ... ligamentum] وهو يحتاج الى الرباط (et ipsa (*sc.* فقار = spina spondylium) indiget ligamento)   19 non ( ... ) nisi *om.* Ξ   transeuntis + لكى يكون له ٭امتداد وقوة (ut habeat extensionem et fortitudinem)   20 declaravimus] diximus   23 generatur + هذا الغناء (ille cibus)   26 medullae et spondylium] مخ الفقار (medullae spondylium)   quoniam + يعاينون (vident quod)   27 illis] ظنهم (opinioni eorum)   est] بقدر قول القائل (fere est)   naturis] natura   28 membris + التى فى اجساد الحيوان (quae sunt in corporibus animalium)   29 pinguedo] الدسم والشحم (*syn.*)   31 distemperantiam] افراط مزاج   32 et ponit illam (*sc. distemperantiam*) prope ipsum (*sc. contrarium*)] المخالف الذى هو قريب منه لكى يكون آخر مساوى لافراط الآخر (diversum quod est prope illam ut sit unum aequale distemperantiae alterius)

et frigiditate cerebri. Et significatio super hoc est quod ³⁵tactus cerebri est valde frigidus, et est privatum a sanguine magis omnibus humiditatibus quae sunt in ³⁶corpore, quoniam nullus sanguis apparet in eo, et est cum hoc ¹subsiccum. Cerebrum autem non est superfluitas, neque est ex membris continuis, ²sed natura eius est natura aeterna, et recte fuit natura cerebri talis.

³Et cerebrum non habet continuationem cum ullo membrorum sensibilium, et hoc ⁴manifestum est visui, et etiam cerebrum non habet omnino sensum tactus, sicut neque sanguis neque ⁶superfluitas animalis. Et non est in corporibus animalium nisi ad ⁷salvandum naturam. Et quidam homines fingunt ⁸quod anima est ignis, vel alia virtus sicut ista, et hoc falsum est. Et ⁹melius est dicere quod anima sustentata est in tali corpore, ¹⁰vel causa illius quoniam calor in corporibus servit operationibus animae. ¹¹Quoniam cibus et motus sunt ex ¹²operationibus animae, et istae operationes non sunt nisi propter virtutem caloris. ¹³Et tantum valet dicere quod anima est ignis quantum dicere quod ¹⁴serra sit faber. ¹⁵Manifestum est ergo necessario ex istis rationibus quod ¹⁶animal habet partem caloris.

Et quia omnes res ¹⁷indigent contrario cibi, ut temperentur ¹⁸et

---

35 est¹ *post* frigidus *C*   est² *om. C*   a *om. CEW*   36 cum hoc] tamen *E*   1 est² *post* continuis (] -uus *C*) *CEW*   2 est *om. C*   aeterna] terrea *E*: vel terrea *W*²   3 ullo] illo *C*   6 animalis *om. E*   7 salvandum] sanandum *C*   8 quod] quoniam *E*   est falsum *B*   9 est¹ *om. D*   anima + in animali *BD*¹   sustentata ... tali: vel sit quod anima in animali sit sustentatio in tali corpore etc. *D*²   sustentata est] in substentatio *A*¹(in alio sustentata *A*²): est sustentatio *BCEW*   est² + sustentatione *D*¹*H*: *om. A*   tali corpore] corpore tali *D*: calidi corpore *C*   10 servit] fuerit *C*   11 quoniam ... 12 animae *om. C*   11 cibus] sensus *BD*²*W*   12 operationibus *D*²: -ne *D*   animae *om. A*¹   propter + calorem *D*¹(*sed del. D*²)   caloris virtutem *CEW*   13 quantum + est *DH*   15 necessario] nunc *B*: *post* rationibus *H*: *post* 16 animal *D*²   rationibus] propositionibus *EW*: + necessario *CEW*   16 animal + necessario *B*   caloris] coloris *B*   17 cibi *A*] cibo *B*: sibi *DH*: *om. CEW*   18 et¹ + ut *EH*²   fuit] sicut *E*   frigida cerebri *E*

---

34 et¹] et ex   1 superfluitas] فضلة من الفضول (quaedam superfluitas)   4 neque¹ + يحسّ (sentit)   7 naturam] جميع الطباع (totam naturam)   8 hoc falsum est] قولهم في ذلك خطأ (sermo eorum in hoc falsus est)   10 vel] و (et)   illius] illius *est*   14 serra faber] النجّار او مهنة النجّار لان العمل يتمّ بقرب هذه بعضها (vel *terebra) + والمنقب من بعض (carpentarius aut ars carpentarii quoniam completur operatio propter propinquitatem illorum ad invicem)   16 partem caloris] شركة من الحرارة (communicationem in calore)   17 contrario cibi: ضدّية الغذاء   temperentur + وتكون حالها الاوسط (et sit dispositio earum media)

non sit in eis aliqua distemperantia, fuit creatio cerebri frigida. Et contrarium eius est calor cordis, quoniam non potest esse membrum in aliqua complexione per se sine contrarietate alterius. [19]Et ideo ingeniata est natura [20]ponere cerebrum in opposito cordis. [22]Et propter hoc fuit natura huius membri in animalibus communicans terrae et aquae. [23]Et propter hoc omne animal habens sanguinem habet cerebrum, [24]et non habetur cerebrum ab aliquo animali alio, nisi forte habeat aliud membrum conveniens cerebro, [25]sicut animal multipes et sibi simile. Modi ergo huius animalis sunt calidi propter [26]privationem cerebri. Cerebrum ergo meliorat [27]complexionem caloris et ebullitionis cordis, et ut habeat istud membrum [28]etiam calorem temperatum in duabus venis, [29]scilicet in vena maiori et in adorti. Et perventio istarum [30]venarum est in tela continenti cerebrum, et ut [31]non accidat cerebro nocumentum ex calore, fuerunt [32]venae continentes ipsum spissae graciles loco venarum paucarum magnarum, [33]et fuit sanguis continens ipsum mundus subtilis loco spissi et turbidi. Et ideo [35]si cerebrum fuerit frigidius complexione temperata, [34]acciderent statim catarrhi. [36]Quoniam vapor cibi ascendit sursum et vadit per venas, [1]et cum infrigidatur superfluitas cerebri propter [2]fortitudinem huius loci, accidet catarrhus phlegmatis et aquositatis sanguinis. [3]Et

---

eius om. W    est om. ACD[1]E    aliqua[2]] alia C    contrarietate] -tibus CEW    22 hoc om. C    huius] huiusmodi C    membri om. C    24 habetur] habet E    ab] ad D    alio animali CEHW    cerebro D[2]: -um D[1]    25 multipes] -pedes C    simile sibi C    26 ergo D[1]: vero D[2]    27 ebullitionis] -nem E    et[2] D[2]: om. cett.    28 etiam om. CEW    29 vena om. CEW    30 continenti] -te (em. ex -ti) D    31 calore + venarum D[2]    fuerunt] sunt CE: fiunt W    32 magnarum ante venarum B: ante paucarum H    33 fuit] fuerit H    subtilis] purus E: ante mundus CEHW    spissi + sanguinis B    et[2] om. E    35 fuerit] fuit E    frigidius] -dus BC    complexione] -nes A    temperata] -ti A    34 acciderent] -deret CH: -dent DEW    36 ascendit] -det H[1]    1 cerebri D[1]: vel cibi D[2]    2 fortitudinem D[1]: + frigoris vel frigiditatem D[2]    loci huius CEHW    accidet A] -dit cett.    aquositatis] -tas CD[2]

---

18 eius: sc. creationis cerebri frigidae    cordis] qui est in corde    quoniam (= وذلك ولذلك)] لان (et propter hoc)    membrum] aliquod istorum membrorum    20 in opposito] فى موضعه قبالة مكان    cordis + والحرارة التى فيه (et caloris qui est in eo)    22 terrae et aquae] من العرق    in[2] ماء وارض (inv.)    28 in] من (ex.)    29 in[1]] من (ex.)    الذى يسمّى باليونانية (ex vena quae dicitur graece)    33 spissi et turbidi] الكدر الغليظ (inv.)    35 cerebrum] ما يلى الدماغ (quod vicinatur cerebro)    34 accident statim catarrhi] ينزل انواع النازلة من الدماغ الى الجسد (descenderent modi catarrhi a cerebro ad corpus)

cum conferetur minus ad maius, erit hoc accidens sicut [4]generatio pluviarum ex vaporibus: quia ergo vapor [5]terrae ascendit ad superius per calorem, [6]et cum pervenit ad aerem continentem terram, scilicet aerem frigidum, [7]sustentabitur et alterabitur, et fiet aqua propter frigiditatem, deinde cadit ad inferius. [8]Sed licet nunc dicere [9]in hoc quod debemus dicere ex principiis aegritudinum, secundum potestatem nostram et secundum quod comprehendit philosophia naturalis.

[10]Somnus etiam est in animali habenti [11]cerebrum. Et cerebrum non est nisi in animali habenti sanguinem, in animali vero carenti sanguine est aliud membrum conveniens cerebro. [12]Quoniam infrigidat cibum venientem ad ipsum ex cursu sanguinis, [13]et forte erit hoc propter alias causas similes istis, et propter ponderositatem [14]loci. Et propter hoc est caput dormientis ponderosum. [15]Calor vero fugit cum sanguine ad inferius, [16]et quia calor aggregatur in loco inferiori erit [17]somnus, et non potest animal erecti corporis elevare suum corpus, et maxime [18]animal ponderosi corporis, et gravantur [19]capita animalium quadrupedum apud tempus somni. Et iam locuti sumus de somno subtiliter [20]in sermonibus quos fecimus de somno et vigilia, et distinximus istud distinctione completa.

[21]Cerebrum autem est compositum ex terra et aqua, et hoc

---

3 conferetur] –fertur *BCEH*    ad] aut *H*    5 ad *om. W*[1]    6 scilicet + ad *BW*    7 propter frigiditatem *ante* fiet *E*    cadit] –et *H*    8 sed] et *H*    dicere nunc *D*    9 in] de *C*    aegritudinum *B*] –em *cett.*    et *om. H*[1]    quod[2]] hoc *CE*: *om. B*    comprehendit] –ditur *CW*    philosophia] phīca *C*    10 etiam *D*[1]: vero *D*[2]    11 et] vero (*post* cerebrum[2]) *H*    habenti] –te *C*: + cerebrum (*sed del.*) *B*    aliud est *H*    conveniens] convenientis *A*[1]: + cum *EW*    13 hoc] istud *CEW*    alias] –a *H*    14 dormientis] –ti *A*    16 aggregatur] congregatur *E*    17 non *om. A*[1]    erecti] elevati *CW*    18 gravantur] generantur *H*[1]: + corpora *W*: + corpora et *BD*[2]    19 capita] capitata *C*    somni] sompnii *CW*    sumus] fuimus *A*[2]*BHW*    subtiliter] substantialiter *EW*: + et *B*    20 vigilia] –li *D*    istud] illud *DH*    distinctione] –nem *A*    21 autem *om. E*    compositum] complexum *C*

---

7 sustentabitur + ايضا (etiam)    ad inferius + اعنى الارض (scilicet *ad* terram)    8 sed ولكن ينبغى لنا ان نذكر هذه الاشياء ونقول فيها ما يلزمنا فى ذكر اوائل    9 naturalis] الامراض بقدر ما نستطيع ان نقول *ويدرك الفلسفة الطباعية (sed debemus dicere istas res et dicemus in istis secundum quod debemus in sermone de principiis aegritudinum secundum quod possumus dicere et secundum quod comprehendit philosophia naturalis)    10 habenti + هذا العضو اعنى (hoc membrum scilicet)    12 infrigidat + جدّا (multum)    13 propter ponderositatem (= لثقل) loci] يثقل المكان (aggravat locum)    17 elevare] قيام    20 fecimus: وصفنا *L*[1] *Bad.* (وضعنا *Kruk*)    de somno et vigilia] فى الحسّ والنوم (de sensu et *de* somno)

manifestatur ex eo quod accidit ²²ei quando decoquitur: quoniam efficitur siccum durum ²³quando dissolvetur ab eo pars aquosa per calorem, et remanet in eo pars terrestris, ²⁴sicut accidit aliis modis granorum quando decoquuntur. Quoniam pars terrestris in eis est multa, et pars ²⁵humida dissolvetur ab eis, ²⁶et remanebit in eis valde durum. ²⁷Homo autem respectu corporis eius habet magnum cerebrum quando confertur ad cerebra aliorum animalium, ²⁸et cerebrum viri est maius cerebro mulieris. ²⁹Et locus qui vicinatur cordi et pulmoni ³⁰est valde calidus et multi sanguinis. Et propter hoc est homo inter alia animalia erecti corporis, ³¹quoniam natura eius est calida, et calor efficit ³²crementum secundum eandem viam. ³³Humiditas vero et frigiditas contradicunt illi calori, et propter multitudinem illius humidi et frigidi ³⁴non durescit quod vicinatur cerebro nisi tarde et post magnum tempus, scilicet os ³⁵quod dicitur sinciput, quoniam vapor caloris exit ab illo loco diu. ³⁶Et non accidit hoc alii ³⁷animali habenti sanguinem. In eo quod vicinatur testae capitis multae suturae, ¹et illae suturae sunt in capitibus feminarum propter eandem causam, ²ut sit locus levioris inspirationis, et maxime quando cerebrum fuerit maius. ³Quoniam

---

eo] hoc *C*   22 quoniam] quod *CEW*   siccum] sicut $D^1H^1$: + et *CEHW*   23 dissolvetur] -itur *CDEHW*   eo¹] ea *CEW*   24 granorum] generatorum $BD^2$: granitorum $D^1$: gravorum $H^1$: gravium $H^2$   decoquuntur] -quitur *H*   pars terrestris *post* eis *H*   25 dissolvetur] -itur *E*   26 in $D^2$: ab $D^1$   27 autem] enim *B*   eius corporis *H*   confertur] -eretur $CDHW^2$   cerebra] -um *DE*   28 maius] magis in *C*   30 et² *om. C*   inter + omnia *B*   animalia alia *W*   31 quoniam] quam *B*   calida] calidior + quia habet calorem magis subtilem et propter hoc agit iste calor in materiam magis subtilem (*glossa ut vid.*) *E*   33 vero *om. E*   calori illi *C*   35 sinciput(] scincipud *CE*) dicitur *CE*   vapor caloris] illius vaporis calor *H*   36 et non accidit *om. C*¹   36-7 hoc alii animali] animali hoc alii *C*   alii $D^1$: ab homine $D^2$   37 suturae + fiunt $D^1$(*sed del.* $D^2$)   1 capitibus] -e $W^1$: vel -ibus $W^2$   2 sit *om. H*¹   inspirationis] -ibus $A^1$

---

22 quando ... quoniam] quoniam quando ...   23 quando ... per calorem *post* terrestris Ξ   quando + و- يبس (desiccatur et)   dissolvetur] يفنى ويذهب (*syn.*)   per calorem] الذى فيه الحرارة (in qua est calor)   24 sicut accidit ... quando decoquuntur] sicut decoquuntur (*alii modi etc.*)   granorum + والثمرات (et fructuum)   25 humida + الذى يخالطه (quae est admixta cum ea)   ab eis *om.* Ξ   26 eis + ارضية (terrestre)   27 cerebrum + اكبر (maius)   31 est calida et calor] الحرارة يقوى ويصير (est calor potens efficere)   32 secundum] من الاوسط الى (ex medio in)   33 frigiditas + الكثيرة (multa)   humidi et frigidi] البرودة والرطوبة (*inv.*)   34 durescit + العظم (os)   37 in eo] وفيما (et in eo)   testae + عظم (ossis)   multae] sunt multae   1 sunt + اكثر (plures)

quando exsiccatur vel humefit magis quam debet, non faciet [4]suum opus, sed infrigidabitur corpus et liquefaciet ipsum. Et ideo accidunt infirmitates, [5]et amissio intellectus, et mors, quoniam calor cordis [6]et primi membri multum vel de facili laeditur ab aliis, [7]et sensus eius est festinus valde, quando immutatur vel concurrit aliquid ex [8]sanguine continenti cerebrum.

[9]Iam ergo diximus et declaravimus dispositionem humiditatum generatarum cum animali, et non abscondebamus de suis modis aut dispositionibus aliquid. [10]Superfluitates vero quae generantur in corporibus animalium ultimo sunt ex superfluitatibus [11]cibi, sicut ventris, et vesicae, [12]et aliae superfluitates, ex spermate et lacte, in naturis animalium habentium lac. [13]Una differentia erit ex superfluitate cibi praeter sperma et lac. [14]Dispositio autem superfluitatum cibi et decoctionis cibi melius est ut dicatur in sermonibus positis in generatione eorum, [15]et propter quam causam erunt.

[8] [19]Modo vero volumus perscrutari de aliis membris consimilibus, [20]et prius de dispositione carnis quae est in animali habenti carnem, et in [21]aliis animalibus membrum conveniens carni. Quoniam est primum, et est per se corpus [22]animalis. Et hoc manifestum est ex diffinitione, quoniam nos diffinimus animal [23]dicendo

---

3 vel] et *CEW*   humefit] humescit *CE*   4 opus suum *CE*   infrigidabitur] -datur *DE*   6 membri + est *ABCEHW*   multum] -us *CEHW*   vel] et *BEH²W*: om. *DH¹*   7 et om. *C*   eius om. *A*   immutatur] mutatur *E*   8 continenti] -te *CE*   9 dispositionem] -es *E*   generatarum *H²*: gravatarum *H¹*   et² *D²*: ut *D¹*   abscondebamus *D¹*: -dimus *D²*   10 superfluitates] -tas *H¹*   ultimo om. *C*   12 superfluitates + et *codd. (sed del. D²)*   et² + ex *BC*   in] et *CE*   lac + et *D²H*   13 erit] exit *D¹*: *ante* differentia *E*   superfluitate] -tes *A¹*   cibi om. *BD¹*   lac + et *E*   14 decoctionis *D¹*: vel defectionis *D²*   cibi² + et *D¹(sed del. D²)*   eorum *D¹*: earum *D²*   15 erunt] erit *B*   19 modo vero *etc.*: c.x. de carne et membro convenienti carni. et secundum hoc non incipit l.xiii, sed potius ibi sequitur de naturis dentium. et melius est quod ibi incipiatur *B*   20 dispositione] -ibus *B*: depositione *H*   carnis] etatis *B*   carnem] sanguinem *E*   21 aliis] similibus *H: post* animalibus *C*   animalibus + habentibus *BD²*   22 diffinimus] -ivimus *CD¹*

---

4 et¹] و (aut)   6 multum vel de facili: جدّا   9 modis (*lit.* causis) aut dispositionibus] حالاتها ولا عللها (*inv.*)   aliquid] شيئا بقدر قول القائل (fere aliquid)   11 ventris] الفضلة التى تكون فى البطون (superfluitas quae est in ventribus)   vesicae] فضلة الرطوبة التى تكون فى المثانة (superfluitas humidi quae est in vesica)   13 una differentia (= فصل)] فكل واحد ممّا ذكرنا (omnia vero quae diximus erunt etc.)   14 generatione] ولادها وكينونتها (*syn.*)   20 prius] اوّل نظرنا (principium considerationis nostrae est)   22 diffinitione + اعنى الجسد (scilicet corporis)

animal esse illud quod habet sensum. Et prius primum sensum, scilicet ²⁴sensum tactus. Et instrumentum sensus tactus est hoc membrum, scilicet caro, et membrum conveniens illi in aliis animalibus. Istud ergo membrum habet sensum tactum, ²⁵et est primum istius sensus, sicut dicimus quod pupilla oculi est principium sensus visus, quoniam depuratio visus est in eo. ²⁹Et necessarium est ut sit sensus tactus in corpore, et in instrumento quod est corporeum magis quam alia instrumenta ³⁰sensus. Et manifestatur nobis quod omnia alia membra non sunt ³¹creata nisi propter istum sensum. Dicamus ergo de ossibus, et nervis, ³²et corio, et pilis, et unguibus, ³³et sibi similibus. Ossa autem fuerunt creata ³⁴propter salutem corporis mollis, quoniam natura eius est valde dura. ³⁵In animali vero carenti ossibus est membrum conveniens ossibus, sicut ³⁶spina in piscibus, et cartilago in quibusdam animalibus est loco spinarum. ³⁷Et hoc iuvamentum est in quibusdam animalibus intra corpus et in quibusdam ¹carentibus sanguine extra corpus, sicut in mollis testae, scilicet ²cancris et karabo, et in anima-

---

23 animal esse] quoniam animal est *D*: *om. E*  24 sensum¹ *om. C*  tactus¹] tactum *CEW*  sensus tactus²] tactus sensum *H*  et² + hoc *CEHW*  membrum² + hoc est *B*  conveniens + est *CEW*  illi] isti *H*  istud] illud *H*  25 est¹ *om. C*  istius] illius *CEW*  dicimus + quoniam *W*  quod] quoniam *E*  oculi *om. C*  depuratio *AD¹E*] deputatio *H*: vel deputatio sensus *D²*: deportatio *CW*: operatio *B*  29 est¹ *om. AD¹*  sit *post* tactus *CEW*  in² *om. A¹E*  instrumenta + sunt *E*: *ante* alia *D*  30 sensus + sunt nobis *C*  nobis *om. E*  quod] quoniam *CE*  alia] animalia *C*: *ante* omnia *E*  30–1 non ... nisi] creata sunt *CEW*  31 propter] super *E*  dicamus] dico *W*  et *om. ABH*  31 et nervis] et venis *post* 32 pilis *E*  32 et corio *post* unguibus *CEW*  33 fuerunt] sunt *B*  34 salutem] sanitatem *C*  corporis *D¹*: vel carnis *D²*  est eius *A*  36 spina] –am *C*  piscibus] spissibus *E*  est + in *B*  37 animalibus *bis scr. B*  1 in + animali *B*: + animalibus *C*  scilicet + in *H*  2 karabo] carabo *BE*: karobo *C*

---

24 habet (= له *L²*)] آلة *L¹* (est instrumentum (sensus tactus))  25 depuratio] صفاء هو من الآلة (claritas et acumen)  in eo] فيها (in ea)  29 in² ... corporeum] وحدّة جسدانى (sit instrumentum corporeum)  30 sensus] sensuum  et + من الحسّ (ex sensu)  30–1 non ( ... ) nisi *om.* Ξ  31 dicamus ergo de] اقول مثل (dico sicut ossa etc.)  ossibus + والعروق (et venis)  32 et²] et etiam  unguibus] جنس الاظفار (genus unguium)  33 ossa] طباع العظام  34 valde *om.* Ξ  dura + فلهذا خلقت العظام فى اجساد الحيوان الذى له عظام (propter hoc ergo fuerunt creata ossa in corporibus animalium habentium ossa)  36 spina + التى تكون (quae est)  est] quae est (*ante* in² Ξ)  37 quibusdam² + الحيوان (animalibus)  1 in + كلّ واحد من الحيوان (omnibus animalibus)  2 et¹ + باليونانية يسمّى الذى الحيوان جنس (genere animalis quod dicitur graece)  animali] genere animalis

li testae durae ³sicut alzun. Quoniam ⁴pars creata ex terrestri est in omnibus istorum animalibus intra, et alia pars custodiens et continens ipsum ⁵est extra. Et ideo etiam ⁶non est in natura istorum animalium nisi modicus calor, quoniam non habent sanguinem, ⁷testa autem continet corpus intrinsecum et custodit illum ⁸calorem ex occasionibus extrinsecis. Tortuca ⁹etiam, secundum quod fingitur ex ea, est calidae naturae, et similiter animal quod dicitur amidon, et non est de genere tortucae. ¹⁰Natura vero anulosi corporis et malakie est contraria naturae ¹¹corporis animalium quae narravimus, quoniam non est in corpore istius animalis os ¹²neque ulla pars terrestris distincta per se. Et ¹³voco malakie omnia animalia mollis carnis et creata ex carne tantum. Et ut ¹⁴non sit corpus istius animalis velocis corruptionis, sicut ¹⁵habens corpus ex carne tantum, posuit natura creationem eius inter carnem et nervum, ¹⁶ut sit molle sicut caro et habeat extensionem sicut nervus. ¹⁷Et caro eius non aequaliter finditur, sed ¹⁸circulariter, et cum fuerit tale erit fortitudinis maioris. Et est in eo membrum conveniens ²⁰spinis piscium, et illud ²¹membrum dicitur sepion,

---

durae testae *CDEW*   3 sicut + est *CEW*   alzun] halzim *BDE*: halunz *C*: halzun *EW*   4 pars¹ + una *BD²*   terrestri] cartil(l)agine *CDEW*   istorum + modorum *DE*   animalibus] -ium *CEW*   5 etiam del. *D²*: om. *CEH*   6 est + et *H*   in om. *C*   habent] -et *A*   7 intrinsecum] -us *DW*   8 extrinsecis] intrinsecus *C*: intrinsecis *D¹*   9 etiam] autem *CEW*   ex] de *CEW*   et¹ om. *H*   similiter] simpliciter *H*   animal *D²*: anima *D¹*   et² om. *H*   10 vero + animalis *B*   malakie] malathie *D*: malachie *E*   contraria] congrua *E*   11 istius] ipsius *D¹*: illius *E*   12 neque] nec *D*   13 voco] vo *C*   malakie] malachie *E*   et¹ om. *E*   et² om. *C*   14 istius] illius *E*   corruptionis + posuit natura *ACH*   sicut om. *D¹*   16 ut] et *D¹E*   nervus] nervi *D*   17 non eius *C*   finditur] scinditur *E*   sed om. *A¹*   18 maioris fortitudinis *CE*   20 spinis] continens spinas *E*   piscium em. ex spissium *C*: del. *H²*   21 sepion] sipion *AC*: simpion *B*: spition *W*

---

3 sicut] كمثل اعنى اصناف الحيوان الذى يسمّى (similiter scilicet modis animalium quae dicuntur)   4 ex terrestri] من لحم (ex carne)   alia pars] الجزء الخزفى (pars testea)   5 et ideo etiam] وذلك لانه (et hoc est quia)   9 ex ea: عنها *L¹*(del. *L²*)   animal] genus animalis   dicitur + باليونانية (graece)   non ... genere] genus istorum animalium est aliud quam genus   10 natura + وتقويم جسده (et sustentatio corporis) vero + الحيوان (animalis)   et + الحيوان الذى يسمّى باليونانية (animalis quod dicitur graece)   10-1 naturae corporis] corpori   12 per se + ولا شىء يعنى به (neque aliquid *dignum ut dicetur (sc. os vel pars terrestris))   13 voco malakie] non voco malakie nisi carnis] الجسد (corporis)   14 corruptionis] البلى والفساد (syn.)   16 ut sit] فهو (et est)   21 dicitur¹ + باليونانية (graece)

animal ergo marinum quod dicitur sepie. In animali vero quod dicitur tobiz est membrum quod dicitur gladius. ²²Genus vero animalis multipedis non habet tale membrum omnino, quoniam ²³corpus membri est quod dicitur caput parvum valde, et alia membra ²⁴sunt longa. Et natura fecit hoc propter rectitudinem corporis eius, et ut non flecteretur eius corpus, ²⁵sicut in creatione animalis habentis corpora, quoniam in quibusdam fecit ossa, ²⁶in quibusdam spinam. Creatio vero anulosi corporis est contraria creationi huius animalis ²⁷et animalis habentis sanguinem, sicut diximus. Quoniam in corpore eius non est res sola et distincta per se, sed ²⁸totum est durum. Et cum confertur ad os erit carnosum, ²⁹et cum confertur ad carnem ³⁰erit terrestre plus ea, ut non sit corpus animalis levis abscisionis.

[9] ³²Et natura ossium assimilatur naturae venarum. ³³Quoniam utrumque istorum est continuum exiens ab uno principio. ³⁴Ergo non est os neque est unum solum per se omnino, sed est continuum ad invicem ³⁵sicut res ligata, ita quod natura utitur ipso sicut uno et continuo, et sicut duobus distinctis, propter ²expansionem et constrictionem. Et non est in hoc animali vena sola per se,

---

ergo] vero *CDE*    marinum + est *BCD²EHW*    sepie] sipie *ACW*: simpie *B*    vero om. *D¹*    tobiz] tobis *C*: kokiz *D²*: cobiz *E*    gladius] gadius *E*    22 vero om. *E*    multipedis] -um *H*    23 alia] aliqua *EW*    24 hoc fecit *B*    fecit *W²*: facit *W¹*    rectitudinem] restitutionem *W*: post eius¹ *C*    corpus eius *BEW*    25 animalis] -i *A*    corpora *AD¹*] corpus *H*: cornua *BCD²EW*    ossa + et *BCE*    25 fecit ... 26 quibusdam om. *A¹*    26 spinam] -as *B*    vero + animalis *BD²*    27 animalis habentis] animali habenti *C*    et² om. *E*    per se distincta *CEW*    28 durum *D²*: dignum *D¹*    confertur] conferetur *DH*    os] nos *C*    erit + totum *D²*    29 confertur] conferatur *A¹*: conferetur *A²DH*    30 non om. *B*    32 ossium] ossis *CEW*    naturae venarum: generatio venarum et nervorum similis est existentie colorum ut potest videri in celo et mundo *mg. A²*: + generatio vero nervorum et venarum similis est existentie celorum ut potes videri in celo et mundo *(glossa ut vid.) in textu habet E*    33 utrumque] utrum *A*    est + vincini *E*    continuum + adinvicem *E*    34 neque] nec *E*    est² om. *W*    est³ + unum *D²W*    35 res om. *H¹*    ita quod] itaque *CE*    natura + non *D¹(sed del. D²)*    et¹ om. *C*    2 et¹ + propter *W*    constrictionem] restrictionem *CEW*: contristationem *D¹*    vena *D²*: una *D¹*    sola + propria *B*    se + proprie *D²*

---

animal ergo (= فى الحيوان *L*)] ⁕فالحيوان *edd.* (in animali)    23 corpus membri est] corpus eius est membrum    24 fecit hoc] non fecit hoc nisi    eius corpus om. Ξ    25 sicut + فعل (fecit)    habentis corpora (= البدنى)] الدمى (habentis sanguinem)    quoniam] حيث (quando)    28 totum est durum] له جساوة    30 ut] et hoc est ut    animalis] istius animalis    abscisionis] القطع والتجزى *(syn.)*    2 propter expansionem et constrictionem] لحال الكف (⁕الكبّ ؟) والانشاء

³sed omnes venae sunt partes venae. Non est ergo in corpore istius animalis res distincta ⁴ut opus sit communicans. Et si ita non esset, non faceret opus quod ⁵natura facit cum osse. Et si non esset continuum, non esset causa expansionis et constrictionis, ⁶sed esset inter corpus eius vacuitas, et etiam de facili occasionaretur ⁷corpus eius, si esset in eo spina vel sagitta, quoniam hoc quando esset intra carnem noceret ipsi. Et etiam si esset vena ⁸distincta non continua cum eius principio, non ⁹salvaretur in eo sanguis, quoniam calor ¹⁰prohiberet ipsum a sustentatione. Et videtur nobis quod sanguis distinctus putrefit.

¹¹Et debemus scire quod principium venarum est cor, et principium ossium est membrum ¹²quod dicitur spondyle, et hoc est in animali habenti ossa. ¹³Natura ergo ossium est continua cum illo membro, quoniam spondylia custodiunt rectitudinem corporum animalium. ¹⁴Et quia necessarium est quod ¹⁵reflectatur corpus animalis, fuerunt spondylia ligata, ¹⁶et alia ossa continua cum spondylibus, ¹⁷in animali habenti pedes et manus. Et in extremitatibus ossium manuum et pedum sunt ¹⁸loca convenientia ad introitum quorundam in quaedam, et propter hoc extrema quorundam sunt concava, et quorundam prominentia, praeparata ad introitum quorundam in quaedam propter extensionem et constrictionem, et

---

3 ergo est *CEW*    4 sit opus *CEW*    5 natura *ante* 4 opus² *CEW*    osse] ossa *E*    non² esset *om. C*    et² *om. D¹*    constrictionis] restrictionis *CE*: *om. D¹*    sed *D²*: et si *D¹*    esset³ *om. C*    inter] intra *E*    eius *om. D¹*    7 quoniam + propter *H*    quando hoc *C*    ipsi] ei *CD*    et *om. B*    10 nobis *om. A¹*    putrefit] putrescit *CDEW*    11 est² + quoddam *CEW*    12 spondyle] spondilion *CE*: spondilium *W*    habenti + non *D¹ (sed del. D²)*    13 ergo] vero *C*    14 est *om. B*    quod] ut *CEW*    15 reflectatur] delectatur *C*    17 animali] -ibus *H*    habenti] habent *A*: -tibus *H*    ossium + et *C*    18 quaedam¹] quodam *H*    quaedam²] quadam *C*    18 propter² ... 19 nervo *om. E*    extensionem *D¹*: expansionem *D²*

---

3 venae²] unius venae    5 esset²] posset esse    causa expansionis et constrictionis] علة الانشاء ولا علة الاستقامة (causa constrictionis neque causa expansionis)    7 eo + شىء (syn.)    مثل (quiddam sicut)    intra] بين (inter)    8 principio] اوّله وابتدائه    10 sustentatione] الجمود والتقويم (coagulatione et sustentatione)    nobis + ايضا (etiam)    sanguis] omnis sanguis    12 habenti] الذى فى جسده (habenti in corpore)    13 ossium] سائر العظام (aliorum ossium)    cum] خارج من (exiens ab)    rectitudinem + وطول (et longitudinem)    14 necessarium est] necessario accidit    15 animalis + اذا يحرّك (quando movetur)    ligata + بالخرز الذى فيه *وصار كثير من الاجزاء (sed fuerunt multae partes propter armillas quae sunt in eis)    17 pedes et manus] يدان ورجلان (inv.)    18 et² + اطراف (extrema)    prominentia + مستديرة (rotunda)    praeparata ad introitum (= الدخول)] فدخول (ergo erit introitus)

sunt [19]ligata cum nervo. [20]Et forte erunt duo extrema concava, [21]et in medio simile kahab, ut sit [22]extensio et constrictio modica. Et non esset ita per alium modum omnino, sed [23]si esset per alium modum, non esset motus levis. [24]Et quaedam ossa habent extremitates similes, [25]et sunt ligata cum nervo, et inter creationem eorum sunt partes quarum creatio est cartilaginosa, [26]et est simile lanae, ut non conterantur ossa.

[27]Et circa ossa est caro retenta [28]cum ligamentis gracilibus similibus pilis nervosis. Et propter carnem fuit [29]creatio ossium, sicut diximus superius. Et sicut faciunt illi qui volunt facere animal ex luto [30]vel ex alia materia humida – quia ponunt sub illo [31]aliquod corpus durum, deinde componunt super ipsum lutum vel aliam materiam – ita [32]facit natura per ossa.

[33]Ossa ergo sunt posita sub partibus carnosis, in membris vero motis [34]propter constrictionem, in membris autem quae non moventur [35]ad custodiam, sicut costa continens pectus. Quoniam non fuit creata nisi ad salutem [1]membrorum interiorum continentium cor. Ossa autem quae vicinantur [2]ventri sunt parva, ut non prohibeant tumorem ventris [3]propter cibum animalis, et quod [4]accidit

---

20 duo erunt $C$    21 et om. $D^1$    kahab] haha $B$: kahob $C$: hahab $D^2$: cahab $H$    22 et$^1$ om. $B$    omnino om. $B$    sed + et $BCDEW$    23 motus $H^2$: modus $H^1$    24 similes] consimiles $W$    25 eorum] earum $H$    26 est simile] similis $B$    27 circa $H^2$: contra $H^1$    29 animal] aliquid (post luto $EW$) $B^2D^2EW$: aliquid vel animal $C$: om. $B^1$    30 vel] et $CEW$    31 durum + sicut (sed del.) $B$    componunt] -it $H$    ipsum] illum $D$    vel] et $BE$    aliam] aliquam $H$    32 facit] fecit $BCDHW$    33 sub] in $CE$    34 moventur + sed $D^2$: + sed sunt $CEW$    35 ad$^2$] propter $CEW$    salutem] sanitatem $C$    1 interiorum $D^1$] anteriorum $ABH$: in anteriori $CEW$: vel anteriorum $D^2$

---

19 nervo + فالناتىء المستدير يدخل فى العميق (et prominens rotundum intrat in profundum)    22 non esset ita] لم يكن يمكن ان يكون ذلك (non posset esse hoc)    23 levis + على مثل هذه الحال (secundum hunc modum)    24 habent extremitates similes] اوّل احدهما شبيه بغاية الآخر (sunt quorum principium unius illorum est simile termino alterius)    25 creationem] انقباضهما (constrictionem)    26 et est] quae est simile lanae (= من صوف) [شبيه بشىء مصفوف (?)]    ossa + بعضها ببعض (ad invicem)    29 volunt facere] يجبلون (faciunt)    30 materia] تقويم هيولى (substantia materiae humidae)    quia om. $\Xi$    illo] ذلك الجبل    32 facit natura per ossa] خلقت الطبيعة الحيوان من اللحم (creat natura animal ex carne)    35 costa continens] costae continentes    2 tumorem] وتورّمه ... انتفاخ (syn.)    3 propter] بالضطرار ... الذى يكون من (qui erit ex cibo animalis necessario)    et] et propter

feminis ex impraegnatione. ⁵Ossa ergo animalis generantis sibi simile intra et extra sunt secundum eandem dispositionem in duritie ⁶et fortitudine, et ossa istius animalis maiora sunt valde ⁷ossibus animalis quod non generat animal, respectu ⁸corporis. Et in locis multis est ⁹animal magni corporis, sicut in terra Nivia et in locis calidis ¹⁰et siccis. Et quando animal fuerit magni corporis, indiget magno sustentamento, ¹¹et debet esse illud sustentamentum fortius et durius propter ponderositatem, ¹²et maxime quando animal fuerit forte vivens ex venatione. Ossa vero masculorum sunt fortiora ossibus ¹³feminarum, et maxime quando animal fuerit ex lupis comedentibus carnes, ¹⁴sicut ossa leonis quae sunt ¹⁵valde dura. Et propter duritiem eorum, si conficerentur ad invicem, exibit ab eis ignis, ¹⁶sicut exit a lapidibus. Et in corpore delphini sunt ossa, et non habet spinas, ¹⁷quoniam generat animalia.

In animalibus vero habentibus sanguinem et non generantibus animalia, ¹⁸natura mutavit creationem paulatim paulatim, sicut fecit in avibus, quoniam ossa ¹⁹avium sunt debiliora aliis. In piscibus autem ovantibus natura creavit spinam. ²⁰Et ossa serpentum sunt de natura spinae piscium, ²¹nisi sint magni serpentes valde,

---

4 ex impraegnatione] in expregnatione *C*   5 ergo] autem *(sed del.)* ergo *A*: autem *D²*   dispositionem] depositionem *H*   5–6 fortitudine et duritie *CEW*   6 sunt maiora *CEW*   7 quod *D²*: quoniam *D¹*   respectu + sui *BD²E*   9 magni *om. H¹*   nivia *AD¹*] indie *D²*: nivea *B*: in una vel rama *E*: rama *H*: nimia *W*: *om. C*   11 esse *post* sustentamentum *CEW*   illud] istud *C*   durius] duritius *D¹H*   12 maxime *om. C*   forte] fort *(ante* quando) *C*   13 fuerit] fuit *C*: + forte *H¹(sed del. H²)*   15 si] quando *H*: *om. D¹*   exibit] exivit *A*   16 exit] exibit *H*: *om. B*   delphini] delfin *BEW*: delphin *D*: *om. C*   habet] habent *CDEHW*   17 generat] -ant *CDEW*   vero] autem *E*   18 natura] naturata vel nature *E*   mutavit] mutat *C*: -tant *E*   paulatim² *om. CDEHW*   avibus] ovibus *A*   ossa] assa *A*   19 autem] vero *CEW*   ovantibus + non *E*: + creavit *H*   creavit natura *CEW*   20 spinae + et *E*

---

4 ex impraegnatione] من حمل الجنين وتربيته ونشوءه (ex ferendo embryonem et ex cremento eius)   5 sibi simile] مثله حيوانا (animal sibi simile)   7 respectu + اعنى الحيوان (magnitudinis)   8 locis] امكان وبلدان (*syn.*)   9 magni corporis + عظم الذى يلد حيوانا مثله (scilicet animal generans animal sibi simile)   in terra nivia] بارض لوبية (in terra *libyca)   10 et¹ *om.* Ξ   sustentamento] يسنده ... سند   11 propter ponderositatem] لحال الثقل (ad portandum pondus)   12 ex venatione] من صيده بقهر وشدة (*lit.* ex venatione cum victoria et vigore)   fortiora] اصلب واقوى (duriora et fortiora)   14 quae sunt] فان طباعه (quorum natura est)   15 conficerentur + عظامه (ossa eius (sc. leonis))   16 lapidibus + اذا ضرب بعضها ببعض (quando percutitur una cum alia)   20 sunt de natura] شبيهة بطباع (similia naturae *spinarum*)

quoniam si essent magni [22]serpentes indigent forti sustentamento, sicut sustentamento quod est in animali generanti animal.

[23]Natura autem celeti est creata ex spinis et cartilagine. [24]Quoniam necessarium est ut sit humidius, et propter [25]hoc debet sustentamentum esse molle, non siccum. [26]Pars autem terrestris quae est in isto animali transivit in corium. [28]Et in animali generanti animal [29]sunt multa ossa similia creationi cartilaginis, in locis in quibus accidit ut pars dura non sit mollis [30]mucilaginosa propter carnem continentem ipsum, sicut [31]accidit auriculis et naso, scilicet partibus prominentibus.

[32]Natura vero carnis [33]et cartilaginis eadem est, et non diversatur nisi secundum magis et minus. [34]Et quando abscinditur cartilago vel os, non crescit. Et cartilago quae est in [35]ambulanti est sine medulla, quoniam non potest esse medulla distincta. Si enim distingueretur, [36]efficeretur substantia cartilaginosa mollis mucilagi-

---

21 quoniam] verum *E*   22 serpentes + forte *ABCDEW*   indigent forti sustentamento *scripsi* (→ ΩΞ *Alb.*)] indigent forte sustentamento (+ magno $D^2$)$AD^1$: indigerent forti sustentamento *B*: indigerent magno sustentamento *C*: indigerent magno sustentamento et forti *EW*: indigerentur forte sustentamento *H*   sicut sustentamento *om. C*   sustentamento$^2$] sustentatio *W*   generanti] -te $B^1CEW$   23 celeti] celiti *C*: celici *E*   creata est *D*   et + ex *H*   24 quoniam] et propter hoc *E*   est *ante* necessarium *C*: *om.* $A^1$   ut] quod *C*   sit + huiusmodi *H*   humidius] -dus *D*   28 generanti] -te *E*   29 ut *om. C*   30 mucilaginosa] cartil(l)aginosa $EW^1$   propter $D^2$: per $D^1$   continentem *A*] sustinentem *BDEHW*: sustentantem *C*   31 accidit + in *CEW*   scilicet + in *E*   32-3 cartilaginis et carnis *C*   33 est eadem *BC*   diversatur] -sificatur *H*   magis] maius *CH*: magnum $D^1$   34 crescit] -et *A*   est *om. C*   in *om. B*   35 ambulanti + non $D^1$(*sed del.* $D^2$)*EW*   medulla$^1$] -is *E*   esse *post* medulla$^2$ *H*: *post* distincta *CEW*   medulla$^2$ *ante* non *W*

---

21 si essent] اذا كانت (quando sunt)   magni$^2$] magni corporis   22 serpentes *om.* Ξ   animal + واصلب اقوى السند ذلك يكون وبحقّ (et dignum est ut sit illud sustentamentum fortius et durius)   23 autem + باليونانية يسمّى الذى الحيوان (animalis quod dicitur graece)   24 humidius] ارطب حركتها (motus eorum humidior)   25 debet ... siccum] non debet sustentamentum esse siccum sed molle   26 transivit in] قد افتنه الطبيعة فى (natura fecit eam transire in)   corium + ان الطباع يستطيع وليس يحفظ الفضلة والزيادة فى اماكن كثيرة على حال واحدة (et non potest natura custodire superfluitates in locis multis secundum eandem dispositionem)   28 et: و٠ (Kruk)   29 accidit ( ... ) non] non accidit   30 continentem ipsum: به يحيط الذى   32 carnis] العظم (ossis)   33 non diversatur nisi] diversantur   35 ambulanti] animali ambulanti   36 efficeretur (= يصير) substantia cartilaginosa] الغضروف تقويم صيّر (faceret substantiam cartilaginis *mollem mucilaginosam*)

nosa. ³⁷Celeti vero est natura spondylium cartilaginosa, ¹et intra 655b
ipsa est medulla.

Per sensum vero, tactus ossium est sicut tactus membrorum consimilium, scilicet unguium, et ungula, et solea, ⁴et cornu, et rostra avium. Et creatio omnium ⁵istorum in corporibus animalium est ad vigorandum et iuvandum. Et omnia ⁶ista communicant in nomine, quoniam solea, quoniam pars communicat ⁷nomine soleae cum toto, et similiter pars cornu. Et ingeniata est natura in dando ad salvandum ⁸quodlibet animal. Et ex isto genere est natura dentium etiam. ⁹Dentes in animali sunt ad abscindendum et molendum, ¹⁰et in quibusdam ad hoc et ad vigorandum, sicut dentes fortes luporum ¹¹et culmi. Necessaria ergo sunt omnia ista in corporibus animalium. ¹²Et natura illorum est terrestris dura, quoniam non fuerunt creata nisi propter vigorem sicut arma. ¹³Et propter hoc dignum est ut sint ista in animali quadrupedi ¹⁴et gene-

---

37 celeti] celeci *AC*: celici *E*   celeti ... cartilaginosa *bis scr. B*   est *post* spondylium $D^2$   1 ipsa] -am $D^1$: -um $D^2$   est¹ *om.* $W^1$   medulla + et *C*   ossium tactus *A*   tactus² *om. C*   solea et *om.* $D^1$   4 cornu $D^2$: cornua $D^1$   5 corporibus] cornibus *E*   iuvandum (] adiuvandum $B^1CE$): + omnia corpora huiusmodi animalium $B^2D^2$   6 ista (+ *lac.* 6 *litt.*) + ossa natura *E*   quoniam] cum *E*   pars + solee *E*   communicat + in $D^2$   7 nomine soleae *om. E*   cum $D^2$: tam $D^1$   pars + cum $D^2$   ingeniata] ingeminata *W*   in dando *om. EW*   8 quodlibet + et $D^1$(*sed del.* $D^2$)   etiam] et *EW*: et etiam *H*: + et *BCD*   9 abscindendum] -cidendum *CE*   et + ad *C*   molendum] mollendum *H*   10 et¹ *om. H*   ad² *om. D*   11 sunt ergo *DE*   12 illorum] illarum $AD^1HW$   est + in *A*

---

37 celeti vero] صلاخى باليونانية يسمّى الذى الحيوان فى فاما (in animalibus vero quae dicuntur graece celeti)   cartilaginosa] غضروف من (ex cartilagine)   1 ipsa: *sc. spondylia*   medulla + الحال هذه مثل على الحيوان هذا فى الفقار فعضو (membrum ergo spondylium in istis animalibus est secundum talem dispositionem)   sensum] sensum tactum   unguium] ungues   ungula et solea] والاظلاف الحوافر (*inv.*)   5 istorum] istorum modorum   est] non est nisi   iuvandum] والمعونة المنفعة (*syn.*)   6 ista] ما منها مركّبا كان (quae sunt composita ex istis)   communicant + الكلّ (cum toto)   6–7 quoniam ¹ ... cornu] كلّية يشارك والقرن بالاسم الحافر كلّية يشارك الحافر ان اعنى بالاسم (quoniam solea (= *pars soleae*) communicat cum toto soleae in nomine et cornu communicat cum toto in nomine)   7 in dando] الاشياء بهذه (in dando istas res (*lit. in istis rebus*))   9 dentes] dentes ergo   molendum] واستعمال طحن (*syn.*) + الطعام (cibum)   10 quibusdam + الحيوان (animalibus)   dentes fortes: الاسنان القوية *L*   luporum] السباع افواه فى تكون التى (qui sunt in oribus luporum)   11 culmi + كمثل (similiter)   ista] الاصناف هذه (huiusmodi)   12 non ( ... ) nisi *om.* Ξ   armal] السلاح قوة (vigor armorum)   13 ista] وامثالها الاشياء هذه جميع (omnia ista et sibi similia)

ranti animal, quoniam natura istorum est magis terrestris ¹⁵aliis, praeter genus hominum.

Sed ¹⁶nos dicemus dispositionem istorum et quod sequitur ea, sicut corium, et vesica, ¹⁷et tela, et pilus, et pluma, ¹⁸post, quando dicemus membra organica, ¹⁹et causam cuiuslibet illorum in ²⁰corporibus animalium. Et non sunt cognitae suae dispositiones nisi ex operationibus eorum. ²¹Et partes istorum membrorum etiam communicant cum toto in nomine. ²³Et omnia ista sunt principia, scilicet os et caro et alia.

²⁴Naturam autem spermatis et lactis dicemus cum aliis humiditatibus ²⁵sibi similibus, quoniam conveniens est dicere de eis cum dictione de generatione. ²⁶Et ex eis est principium, et ex eis est quod est ²⁷cibus.

[10] ²⁸Modo vero volumus incipere, et dicere sermones nuper. ²⁹Quoniam omne animal habet ³⁰duo membra quibus indiget necessario, scilicet membrum recipiens ³¹cibum et membrum per quod exit superfluitas. Quoniam non ³²potest generari animal vel crescere sine cibo. Arbores autem ³³vivunt secundum quod fingunt quidam homines, et non habent superfluitatis locum quo non indigetur, ³⁴quoniam recipit cibum ex terra coctum completum,

---

14 magis *post* terrestris *H*    terrestris + et *B*: + quam *D¹*(*sed del. D²*)    15 sed] et *C*    16 nos *om. CE*    sicut *D²*: sunt *D¹*    et² *om. W*    17 pilus] pillus *A¹*: pilli *A²*    pluma + (et *BE*) hoc narrabimus *BD²*    18 quando] quoniam *C*    19 illorum] istorum *BD*    20 dispositiones] -nis *H¹*    operationibus] operibus *CE*    21 membrorum istorum *W*    etiam (*post* communicant *H*)] et *C*    24 naturam] -a *H*    cum] in *E*    25 conveniens *D²*: veniens *D¹*    dictione] distinctione *BD¹*    generatione] genere *B*    26 est¹ *om. H*    28 et *om. CEHW*    nuper + dictos *BD²*    29 quoniam] quod *B*    animal *om. A*    30 necessario indiget *E*    32 animal *om. H¹*    33 secundum *D¹*: et *D²*    et] quod *D²*: *om. A*    superfluitatis] -tas *A*: -tates *D¹*    indigetur] -et *B*    34 terra *om. D¹*

---

14 natura] تقويم (sustentatio)    istorum] omnium istorum animalium    17 pluma + وكلّ ما يلائمها من الاعضاء (et omnia membra convenientia istis)    18 quando dicemus] مع ذكر    20 operationibus] افعالها واعمالها (syn.)    eorum + كما علمنا تلك الأخر (sicut cognoscimus illas (sc. dispositiones) aliorum (sc. membrorum organicorum)    24 naturam] حال طباع ـ (dispositionem naturae)    dicemus cum] تركنا ذكرها مع    24-5 humiditatibus sibi similibus] الاشياء الرطبة والتى اجزاؤها تشبه بعضها ذكر بعضا (rebus humidis et consimilibus)    26 est¹ + ما هو (quod est)    27 cibus + التى تكون (generatis)    28 et dicere] بقولنا ونذكر (sermonem nostrum et dicemus)    sermones nuper] اوائل (principia)    29 animal + التام (completum)    30 recipiens] الذى به يقبل (per quod recipit)    33 superfluitatis ... indigetur] مكان للفضلة التى لا يختاج اليها (locum superfluitatis qua non indigent)    34 recipit] recipiunt

³⁵et significatio super hoc membrum est exitus seminis ³⁶et fructuum. Et in omnibus animalibus est tertium membrum, ³⁷scilicet membrum in quo est principium vitae. Et istud membrum est inter duo membra quae diximus, quoniam est medium inter ea. Natura ergo arborum ¹est paucorum membrorum organicorum, quoniam est fixa. ²Et quando operationes fuerint paucae, erunt etiam organica pauca. Et propter hoc ³debemus considerare dispositiones arborum consideratione per se. Animal vero quod habet ⁴sensum convenientem vitae habet aspectum diversum multarum formarum, ⁵et maxime animal ⁶habens spinas, non in ingenio tantum, sed in bonitate vitae.

⁷Et non est aliud genus animalis quod habeat partem ⁸in bonitate vitae praeter hominem tantum, scilicet de animalibus cognitis nobis. ⁹Et propter hoc quod membra ¹⁰extrinseca in corpore hominis sunt cognita nobis, debemus incipere in narratione eorum prius. ¹¹Quoniam membra hominis naturalia secundum naturam sunt in homine, ¹²et maxime membrum superius, quoniam habet convenientiam cum toto superiori. Et non est ¹³in generibus animalium genus rectum elevati corporis nisi homo. Et necessario accidit ei quod tunc habeat ¹⁴caput, et sit caput eius sine carne,

656a

---

35 est membrum $H$     36 animalibus] aliis $C$     est + etiam $H$     37 scilicet membrum om. $A^1$     istud] illud $H$     medium om. $CEW$     1 est² om. $C$     2 quando] quoniam $BCD^2EW$: + earum $B$     fuerint] -it $B$: -unt $CW$: sunt $D^2E$     etiam om. $CEH$     organica] organa $BC$: + membra $D^2$     3 arborum] -is $B$     4 diversum + convenientem $BD^2$     6 in¹ om. $H$     ingenio $H^2$: genio $H^1$     in² om. $CE$     7 et ... 8 vitae om. $A^1$     7 genus om. $W$     animalis] animal $W$: om. $A^2CD^1EH$     habeat] -et $BCE$     11 quoniam membra] de capite $H$     naturalia $D^2$] -ium $ABD^1EHW$: -iter $C$     secundum naturam post homine $CEW$     sunt] sicut $H$     12 membrum $D^2$: -orum $D^1$     quoniam] quod $CD^2E$     13 rectum] recti $E$     elevati] -ri $A$: erecti $B$     13 tunc post 14 caput¹ $CEW$     habeat] -et $D$

---

35 et significatio super (= ودلّ) hoc membrum] وبدل هذا العضو (et loco istius membri)     est exitus] يخرج (emittunt semen et fructus)     36 tertium membrum] عضو آخر ثالث (membrum ultimum tertium)     37 quae diximus quoniam] اللذين ذكرنا أنفا انه (quorum diximus superius quod)     2 erunt ... pauca] كانت حاجة الآلة ايضا قليلة (erit indigentia organicorum etiam pauca)     4 formarum + ولا سيّما اذا قيس بعضه الى بعض (et maxime quando conferuntur ad invicem)     6 spinas: شوك (etiam et genus hominum est tale) $LT$     ingenio (= الحيلة)] الحياة (vita)     vitae + ايضا وجنس الانسان مثل هذا     8 nobis + فمن اجل هذه العلة (propter ergo hanc causam)     10 nobis + ومناظرها ليست بمجهولة (et aspectus eorum non sunt ignoti nobis)     11 membra ... naturalia: الطباعية ... اعضاء     13 tunc ... 14 et om. $\Omega\Xi$

propter causas quas diximus in cerebro. [15]Et nihil est quod fingunt quidam homines, dicendo quod si [16]caput hominis habuisset carnem, esset longioris vitae, et non fuit [17]creatum caput hominis sine carne nisi ut sit melioris sensus et perfectioris et velocioris. [18]Hic ergo est sermo quorundam hominum, et istam causam dant in essendo caput sine carne. [19]Et duo sermones sunt falsi. Quoniam si [20]locus continens caput fuisset multae carnis, esset operatio cerebri contraria [21]operationi naturali propter quam creabatur. [22]Quoniam tunc non posset infrigidari, quoniam esset valde calidum, [23]neque sensus possent esse in eo, sed [24]esset cerebrum sicut aliquod superfluitatum. Quia ergo isti non inveniunt [25]causam, dubitant et nesciunt quare fuerint quidam sensus in capite.

Nos vero dicemus quod [28]principium sensus animalis est in corde. [29]Et nos iam declaravimus et distinxeriunus hoc in sermonibus quos narravimus de sensu, et diximus quod duo sensus [30]sunt continui cum corde, scilicet sensus tactus [31]et gustus, et hoc est manifestum visui. Tres vero sensus residui sunt in capite, et sensus olfactus est in medio, [32]et sensus visus est super olfactum, et in lateribus capitis est sensus auditus. [33]Et sensus visus in omnibus animalibus est supra sensum auditus, et sub sensu visus [34]est sensus

---

14 in] cum *B*   15 et *om. C*   nihil] hinc *B*   homines quidam *DE*   16 esset + longo *E*: + homo *W*   vitae + homo *H*   et + si *W*¹(*sed del. W*²)   fuit] fuerit *D*   17 capud *D*²: apud *D*¹   17 nisi ... 18 carne *om. C*   sit] esset *EW*   18 ergo *post* est *H*: *om. E*   19 falsi] animali *C*   20 fuisset] fuisse *A*: esset *CEW*: + et *D*¹(*sed del. D*²)   21 creabatur] creabantur (*sed em.*) *C*: -bitur *B*   22 quoniam *D*²: quando *D*¹   posset *H*²: potest *H*¹   esset + membrum *BD*²   23 possent (] -et *CD*²*W*) esse] esset in eo *E*   sed + etiam *H*   24 aliquod] -quid *BD*   inveniunt] invenerunt *H*   25 fuerint] -unt *CH*   28 est *om. C*¹   29 iam *om. H*   sensus *ante* duo *D*: *post* 30 sunt *E*   30 sensus *om. EW*   31 et¹ *om. B*   manifestum est *C*   olfactus + tactus *A*: + siccus *C*: + situs *EHW*   est² + situs *D*² 33 visus¹ + naturaliter *D*²: *om. C*   supra] super *CW*   auditus] -um *CEW*   visus²] -su *ACE*   34 sensus *om. CEW*

---

14 cerebro] فى صفة الدماغ (in narratione cerebri)   15 nihil est quod] ليس هو   كما (non est sicut)   dicendo quod] انه   19 quoniam] ولكن (sed)   22 infrigidari (= يبرد)] يبرّد (infrigidare)   valde calidum] دفىء مسخن جدّا (*syn.*)   24 aliquod] اليق   25 causam + الخفية (latentem) *L Kruk* : + الحقّية (veram) *Bad.*   dubitant + فى قولهم (in sermone)   29 hoc + اوّلا (prius)   narravimus: وصفنا *L Bad.* (وضعنا *Kruk*)   30 tactus] بالمسّ التى تحسّ الاشياء (rerum sensatarum per tactum)   31 et¹ + حسّ (sensus)   gustus + الرطوبات (humidorum)   32 super olfactum] فوق حسّ المشمة (supra sensum olfactum)   auditus + فهذه الثلاثة الحواس فى الرأس لحال طباع آلة الحسّ (isti ergo tres sensus sunt in capite propter naturam instrumenti sensus)

olfactus etiam, et maxime etiam in modis piscium, ³⁵quoniam audiunt et olfaciunt, ³⁶et non habent in capite aliquod instrumentum manifestum.

³⁷Et recte fuit sensus visus ¹circa cerebrum in omnibus animalibus habentibus visum. Quoniam natura sensus visus est frigida humida, quoniam est aqua. ²Et aqua est ex humiditatibus claris valde, et claritas eius est fixa remanens. ³Et etiam necessarium est ut sit subtilior sensuum per membrum cuius ⁴sanguis est melior et purior, ⁵quoniam motus caloris sanguinis prohibet ⁶operationem sensus. Et propter hoc fuerunt instrumenta istorum sensuum in capite. ⁷Et anterius capitis non est tantum privatum a carne, ⁸sed etiam posterius, quoniam ⁹hoc membrum debet esse in omnibus animalibus habentibus caput valde rectum. Et est inconveniens ut ¹⁰sit membrum elevatum rectum, quando super ipsum fuerit pondus, et si caput esset carnosum, esset talis dispositionis. ¹¹Et ex istis rationibus manifestatur quod in capite non est caro ¹²propter sensum cerebri, in ¹³posteriori vero capitis non est caro neque cerebrum.

Et in ¹⁴posteriori capitis est instrumentum auditus, et hoc fuit rectum, et maxime in quibusdam animalibus habentibus auditum prope caput. ¹⁵Quoniam illud quod vocatur 'vacuum' plenum est

656b

---

etiam¹ *del. D²*: *om.* EH    et maxime *om.* C    etiam² *del. D²*    modis] -o C    36 in capite *post* manifestum CEW    1 in omnibus *om.* B    quoniam] quando A    frigida + et BCD²EHW    2 et aqua *om.* A    ex] e C    humiditatibus D¹: humoribus D²    3 etiam *om.* CEW    est *om.* H    4 est sanguis H    melior + subtilior D²    purior et melior (+ et subtilior E) CEW    5 sanguinis *om.* E    6 istorum] illorum W    in *om.* H¹    7 anterius] argerius C    est *cm.* C    privatum] -a C    a] materia C    9 membrum *om.* CE    inconveniens] conveniens CEW    10 sit] sint A    elevatum membrum D²    quando] quoniam CW    fuerit] fuit CEW    carnosum + non E    12 cerebri] cerebrim et(*sed del.* H²) H    13-4 caro ... capitis (*om.* et) *mg.* D²: *om.* D¹    14 posteriori + vero E    instrumentum est B    et¹ *om.* E    et² + hoc E    quibusdam *om.* B    habentibus] habent A: que(] qui H) habent EHW    15 quod *om.* CW    vocatur] vocatum H¹(+ est H²)    vacuum] nocuum A    est *ante* plenum W: *om.* C

---

34 etiam² *om.* Ξ    36 manifestum + لهذه الاشياء المحسوسة (istis rebus sensatis)    1 frigida humida] رطب بارد (*inv.*)    2 fixa remanens] باقية ثابتة (*inv.*)    4 melior et purior] انقى واصفى (purior et clarior) + ولذلك تكون الحواس ألطف وابلغ (et propter hoc erunt sensus subtiliores et perfectiores)    5 prohibet] تقمع وتمنع (*syn.*)    10 membrum] aliquod membrum    pondus] حمل وثقل (*syn.*)    14 habentibus auditum] تكون آلة السمع (est instrumentum auditus)    prope caput] in eo quod vicinatur capiti

aere, ¹⁶et dicimus quod instrumentum sensus auditus est aereum. ¹⁷Via ergo oculorum pervenit ad venas quae sunt circa cerebrum, ¹⁸et etiam exeunt viae ab auriculis, et continuantur cum posteriori capitis. ¹⁹Et nullum habet sensum sine sanguine, ²⁰neque sanguis est instrumentum sensus, sed quod ex eo. Et propter hoc non est in animali habenti sanguinem ²¹res habens sensum privata a sanguine, neque ipse sanguis. Quoniam non est ²²membrum habens sensum sine sanguine.

Et omne animal habens cerebrum habet ipsum in anteriori capitis, ²³quoniam ipsum est instrumentum sensus per quod sentitur in anteriori. ²⁴Et iste sensus debet esse ex corde, cor autem est ²⁵in anteriori corporis. Et sensus est per membra sanguinea, ²⁶et totum posterius capitis est vacuum a venis.

²⁷Et bene fuit ordinatio instrumentorum sensuum ex natura. Quoniam ²⁸posuit sensum auditus in medio rotundi capitis, quoniam instrumentum auditus audit ²⁹non recte tantum sed circumquaque. Sensus vero visus est in anteriori capitis, ³⁰quoniam animal debet ³¹videre quod est ad anterius, et sensus visus est valde subtilis. Sensus vero olfactus ³²est inter oculos, quoniam ³³quodlibet instrumentum sensuum est duplex. Quoniam corium etiam

---

16 et ... aereum *bis scr.* $A^1$(*sed em.* $A^2$)   quod] quoniam *H*: *om.* *C*   instrumentum *om.* *CE*   sensus *om.* *CEW*   aereum] aerium *C*   17 ergo *om.* *C*   18 viae *om.* *H*   ab *om.* *C*   19 nullum + membrum $BD^2W$: + animal $CD^1EH$   20 sensus] auditus *CEW*: *bis scr.* $A^1$(*sed em.* $A^2$)   sed + est $CD^2EHW$   quod] quiddam $D^2EW$: quidam *C*   ex] cum *C*   habenti] -e *C*   21 a *om.* *H*   neque] nec *CEW*   non *om.* *C*   est + in eo *W*   22 ipsum $D^2$: -am $D^1$   anteriori + parte $BD^2$   23 ipsum *om.* *C*   instrumentum est *H*   instrumentum + capitis *E*   24 iste] ille *C*   24 est *post* 25 corporis *CEW*   25 anteriori + capitis (*sed del.*) *W*   sensus et *C*   est *om.* *E*   per $D^2$: propter $D^1$   membra] -um *A*   27 instrumentorum *om.* *E*   ex $D^1$: a $D^2$   28 sensum *om.* *C*   auditus¹] auditum *CE*   rotundi $H^2$: rotunditatis $H^1$   instrumentum *om.* $D^1$   28-9 audit non] non audit *CHW*: non auditus vel vadit *E*   29 tantum *om.* *CW*   circumquaque] -quamque *H*   est *om.* *CW*   in *om.* $A^1$   30 animal *om.* *C*   31 anterius $H^2$: interius $H^1$   visus *om.* *E*   subtilis *ante* est² *E*   33 est etiam *BCDEW*

---

17 via oculorum] سبل البصر (viae visus ... perveniunt)   18 viae] (exit) via ( ... et continuatur)   22 habet ipsum] يوجد دماغه (invenitur cerebrum eius)   25 corporis + ايضا (etiam)   per] في (in *membris sanguineis*)   27 sensuum + بمثل هذا الفنّ (secundum hunc modum)   30 videre quod est ad anterius] يتقدّم ويبصر ما بين يديه   32 oculos + وذلك بحقّ (et hoc est rectum)   33 corium (= الجلد] الجسد (corpus)   etiam *om.* Ξ

est duplex, ³⁴scilicet quod ex eis est in parte dextra et parte sinistra. Et hoc manifestum est in sensu tactu, ³⁵et causa illius est quoniam caro non est primum instrumentum sensus, neque ³⁶membrum conveniens carni, sed est intra carnem. Lingua vero est ³⁷infra, sed est magis in eo sensu tactu, quoniam sensus linguae est similis cuidam sensui tactus ¹et suo sensui. Et manifestum est etiam in isto sensu, quoniam lingua videtur ²divisa. In aliis vero instrumentis sensus manifestum est quod sunt in utraque parte. Et propter hoc fuit sensus visus in oculo dextro et sinistro, ⁴et virtus olfactus in duabus partibus, ⁵et est positus divisus secundum alium modum, sicut sensus auditus. Et si ita non esset, ⁶non faceret opus proprium. Et ⁷sensus olfactus non est nisi per attractionem aeris in animali habenti nasum. Et hoc ⁸membrum est in medio et in anteriori capitis, et propter hoc ⁹posuit natura nasum in medio trium instrumentorum, ¹⁰quasi una trutina posita propter motum anhelitus. [11] ¹¹Et bene etiam fuerunt posita ista instrumenta in aliis ¹²animalibus secundum naturam cuiuslibet illorum. Quoniam auriculae animalis quadrupedis ¹³sunt in superiori capitis, ¹⁴et apparet ita quia hoc animal non est rectum neque elevati corporis, ¹⁵sed est declinati capitis ad terram. Et motus auricularum huius animalis

657a

---

34 ex] in *CE*   in¹] ex *C*   et¹ + in *BCEW* : + quod in *D*²   hoc *om. CE*   35 quoniam] quod *CEW*   sensus + tactus *D*²: *om. E*   36 vero] non *C*   37 infra] intra *B*: + hoc *W*   sensu tactu] sensus tactus *BD*²   cuidam sensui] quidam sensus *C*   1 quoniam *D*¹: vel quod *D*²   lingua + non *B*   2 est *om. E*   et² + in *H*   5 et¹ *om. H*   positus est *D*   6 opus *om. E*   7 per] propter *B*   per ... aeris *post* nasum *C*   9 in medio *om. C*   trium instrumentorum *D*²: cum instrumen(to?) *D*¹   10 una *del. D*²   trutina] tracitia *D*¹: uttina *H*¹: trattina *H*²   motum] meatum *E*   11 et *om. H*¹   instrumenta posita ista(*om. E) CE*   12 auriculae + cuiuslibet *D*²   animalis] -ium *D*   quadrupedis] -um *DH*   14 apparet] -ent *DEHW*   quia] quod *BC*: quoniam *EHW*   15 est *om. C*   declinati + corporis *D*¹(*sed del. D*²)   huius] huiusmodi *B*

---

34 dextra ... sinistra] اليمنى ... اليسرى (*inv.*)   et¹ + منه ما هو في (ex eis est in)   37 infra] دون   sed ... tactu] sed est magis quam quod est in sensu tactu   1 et suo sensui] والحسّ بعينه (et sensui ipsi)   2 manifestum est quod sunt] فالحسّ أبين انه (magis manifestum est quod sensus est)   6 opus proprium: ولا الآلة التي + العمل الذي يعمل (neque instrumentum in quo est)   7 attractionem aeris] التنفّس   9 instrumentorum + من آلة الحواس (de instrumentis sensuum)   10 una trutina: ميزان واحد (→ *GA 777a30*)   11 ista instrumenta] آلة هذه الحواس (instrumenta istorum sensuum)   12 naturam] خصوصية طباع (naturam propriam)   14 apparet: يظهر *L*

sunt multi, [16]propter elevationem sui loci et quia quando moventur in partes diversas [17]recipiunt sonum receptione multa.

[12] Aves vero [18]habent vias auditus tantum, propter duritiem corii. [19]Et quia aves non habent pilos sed plumam habent [20]talem materiam, et ex eis latent auriculae earum. Et animal [21]squamosae cutis ovans habet vias etiam auditus. [22]Et animal marinum quod dicitur koki habet [23]tales vias etiam. Et nullum animal ovans habet auriculas, sed habet vias auditus, quoniam est [24]quadrupes perfectio, [25]et non habet sensum visus.

[13] Et animal ovans et aves [26]et quadrupes ovans habent coopertorium et custodiam sensus visus. [27]Animal vero generans animal habet palpebras, [28]et similiter avis ponderosa magni corporis. [29]Et etiam animal quadrupes claudit oculum per superiorem palpebram, [30]avis autem claudit oculum per telam applicatam extremitatibus oculorum.

Et quia [31]natura oculi est creata ex humiditate indiget ista custodia, et causa illius est ut sit visus valde acutus. Et propter hoc fuit creatio oculi naturaliter secundum istam dispositionem. [32]Et si non esset illud coopertorium quod est in animalibus duri corii, [33]acciderent ei occasiones extrinsecae magis, et non esset acuti

---

16 quando $D^2$: non $D^1$    18 vias] viam $H$    tantum] ante $CEW$    20 materiam] naturam $D^2HW$: materiam vel naturam $E$    21 cutis ovans om. $C$    vias] -am $AH$: om. $E$    auditus] -um $CEW$    22 et + etiam $CE$    marinum om. $E$    dicitur om. $A$    koki] kokin $DHW$: speroki $B$: zoki $E$    23 etiam om. $BH$    habet²] etiam $C$    24 quadrupes] quadruplex $BDW$    25 et¹ ... visus ante 22 et $B$    visus] -um $E$    et²] ut $H$    aves] avis $BD$    26 et¹ $D^2$: om. cett.    quadrupes ovans] quadrupedes ovantes $CEW$    27 animal² om. $C$    30 oculum] occultum $D^1$: om. $CE$    per + e $D$    31 natura + et $A$ (inc. alt. fol.)    creata est $H$    visus] multis $D^1$: post sit $CEHW$    acutus valde $E$    istam + creationem (sed del.) $B$: post dispositionem $E$    32 si om. $D^1$    non om. $E$    illud] istud $D$    33 acciderent] -dent $A$    ei $D^1$: eis $D^2$    esset] -ent $CDEHW$

---

16 moventur in partes diversas] تحرّكت ومالت من ناحية الى نواحى أخر    17 recipiunt sonum receptione multa] قبلت اصناف الدوى قبولا اكثر (recipiunt magis modos soni)    20 materiam: ميولى    latent] جعلت (*creantur)    21 auditus + فان هذا القول ملائم لعلته ايضا (quoniam iste sermo etiam est conveniens in dando causam illius)    25 et non ... 26 coopertorium] ولآلة حسّ بصر الناس والطائر والحيوان الذى يبيض بيضا والحيوان الذى له اربعة ارجل ويبيض بيضا سترة (et instrumentum sensus visus hominis et avium et animalis ovantis et animalis quadrupedis ovantis habet coopertorium)    27 palpebras + بها يغلق العين (per quas claudit oculum)    29 oculum om. $\Xi$    30 oculorum] الاشفار (palpebrarum)    31 indiget + هذه السترة و (isto coopertorio et)    32 coopertorium + العين (oculi)    33 ei: sc. oculo

visus. ³⁴Et propter acumen visus fuit corium quod est super pupillam valde tenue, ³⁵propter ergo salutem oculi fuerunt creatae palpebrae. Et ³⁶omne animal claudit oculum ³⁷ut non cadat super ipsum extrinsecum, et hoc ¹non ex voluntate, sed ex natura. ²Et homo claudit oculos multotiens, quoniam est tenuis corii plus omnibus animalibus.

Et super palpebram ³est corium continens ipsum, et propter hoc non consolidatur palpebra, ⁴neque praeputium, quoniam sunt corium sine carne. ⁵Avis vero quae claudit oculos non claudit ipsos nisi per palpebram inferiorem, et animal quadrupes ovans ⁶claudit ipsos per palpebram inferiorem, propter duritiem corii continentis ⁷caput, et propter hoc claudit oculos secundum hanc dispositionem. Et aves non volantes propter gravitatem corporis ⁸transit pluma in eis ⁹in grossitudinem corii, quoniam declinatio eius est ad corium. Et propter hoc claudit oculos ¹⁰per inferiorem palpebram. Columbae autem assimilantur huic modo, ¹¹animal autem quadrupes et ovans est squamosi corii. ¹²Et corium eius est durius corio animalis habentis palpebram, ¹³et quod vicinatur capiti eius est valde durum. ¹⁴Et propter hoc non habet palpebram in superiori parte, sed habet palpebram habentem carnem in parte inferiori. ¹⁵Et propter hoc habet in palpebra sua duritiem et extensionem convenientem ad claudendum oculum.

---

34 et *om.* H   propter + hoc W²   acumen] acutum C   35 oculi] -orum CEW   creatae] date D   37 ut] prout C: *om.* B   cadat] -it B   1 non + est CD²E   ex¹ *om.* E   2 claudit homo H   oculos] -um C   plus + etiam A   3 et *om.* E   consolidatur] consideratur H   palpebra] -e C   4 praeputium] propter vicium A   quoniam] quando C   sunt] fuerit C   corium] -ii CE   5 nisi *om.* H   per] prius C: propter W   5 et ... 6 inferiorem *om.* A¹D¹   quadrupes] -ples D² (*om.* D¹)   6 ipsos] oculos D² (*om.* D¹)   palpebram inferiorem] palpebras inferiores H   continentis D²: convenientis D¹   8 pluma *post* eis D   9 grossitudinem] grossinem C: grossitiem EW: gressitudinem H   10 palpebram inferiorem CEW   modo] modi C   11 autem] vero CEW   13 vicinatur] armatur C   eius + valde est bonum *(sed del.)*B: *om.* E   14 parte¹ A²: capite A¹   sed] et H   habet²] habeat H: *om.* A   15 hoc *om.* B¹   oculum *om.* C

---

34 pupillam + العين   35 palpebrae + ولذلك يغلق عينيه كلّ حيوان وخاصّة الانسان (et propter hoc claudit omne animal oculos et praecipue homo)   37 ut non cadat super ipsum] لكى يدفع ما لا يوافقها (ut eiciant quod non est conveniens illi *(sc. oculo)*)   extrinsecum + فهو يدفعه بغلق عينيه (et hoc eiciunt per clausuram oculi)   1 natura + الذى فعله (quae facit illud)   4 praeputium: طرف الكمرة (→HA 1. 493a27 3. 518a1)   8 transit pluma in eis] فهو *يفنى نشوء ريشه (transit crementum plumae earum)   12 palpebram (= شفر)] شعر (pilos)

¹⁶Et avis gravis corporis claudit oculos secundum quod narravimus, scilicet cum tela conveniente ad hoc. ¹⁷Quoniam motus palpebrae est tardus, et clausura oculi debet esse festina. ¹⁸Et avis non claudit oculum nisi per palpebram propinquam ¹⁹naso. Et dignius est ut ²⁰sit natura, scilicet palpebrarum, ab uno principio. Et principium earum est in parte quae continuatur ²¹cum naso, et quod est post hoc est principium superciliorum. ²²Animal vero quadrupes et ovans non claudit oculum ²³secundum hanc dispositionem, quoniam non indiget necessario ut sit in eo hoc instrumentum sensus visus humidum subtile, ²⁴quoniam sunt terrestria, scilicet quod mansio eius est in terra. Aves autem indigent necessario acuto visu, quoniam vident a remotis ²⁵et a locis altissimis. Et propter hoc est animal uncorum unguium ²⁶acuti visus valde, quoniam videt suum cibum a loco remoto, et propter hoc ²⁷elevat se ista avis in aere plus quam alia. ²⁸Aves vero manentes in terra quae non sunt volantes, ut gallina et sibi similes, ²⁹non indigent acuto visu.

³⁰Piscis vero et animalia anulosi corporis et animalia duri corii diversantur in oculis. ³¹Quoniam quaedam habent oculos et carent palpebris, ³²et quod est ex eis duri corii non habet omnino palpebras. Et ³³opus palpebrae debet esse festinum. Et creatio eius est ex corio, ³⁴et loco huius coopertorii et custodiae fuerunt oculi eorum duri. ³⁵Et propter ³⁶duritiem oculi vident debiliter, et propter

---

16 conveniente] veniente $C$   17 tardus] -ius $W$   18 avis + que $C$   19 dignius] dignus $CD^2$: dignum $H$   20 earum] eorum $C$   in] cum $CE$   quae + non $E$   continuatur] -antur $B$   21 cum] in $C$: del. $D^2$   quod est del. $D^2$   est$^2$ om. $CH^1$   24 quoniam] quod $C$   terrestria] -ri $A$   quod $D^1$: quia $D^2$   autem] vero $C$: + non $H$   25 est post unguium $H$   animal $D^1$: avis $D^2$   26 valde om. $E$   cibum] visum $B$: ante suum $CDEW$   loco + valde $C$   remoto + valde $B$   27 avis ista $CEW$   in aere om. $C$   plus quam $C^2$: postquam $C^1$   alia] -e $CEHW$   30 piscis] -es $CEH$   animalia$^1$] -al $W$   corporis] corii $ACDE$   32 duri $H^2$: corii bis scr. $H^1$   corii + et $D^1$(sed del. $D^2$)   33 eius om. $E$   est om. $D^1$   34 fuerunt ante et$^2$ $C$   eorum oculi $CDEW$   36 duritiem] -tiam $E$: + eorum (sed del.) $B$   oculi om. $CE$

---

19 et] لانه (quoniam)   20 natura] natura earum   est] non est nisi   21 superciliorum (= الحاجبين)] الجانب (laterum)   23 hoc om. $E$   25 altissimis] altis   26 cibum] صيده وغذائه (praedam et cibum)   remoto + عال (alto)   27 aere + خاصّة (praecipue)   28 gallina] الديوك والدجاج (galli et gallinae)   29 acuto visu] حدّة البصر لانه ليس شيء يضطرها الى ذلك لحال معاشها (acuitate visus quoniam non *indigent hoc necessario propter vitam)   31 carent] ليس لشيء منها (nullum corum habet palpebras)   34 fuerunt] خلقت (fuerunt creati)

hoc creavit natura [37]oculos animalis anulosi corporis mobiles, et maxime [1]oculos animalis duri corii, sicut quorundam animalium quadrupedum, [2]ut sit visus eorum acutior quando revertuntur ad lucem et recipiunt ipsam [3]ex aere. Pisces vero sunt humidi oculi, [4]quoniam necessarium est ut indigeant multo visu animalia multi motus. [7]Et animalia quae manent in aqua non habent prohibens visum, sicut habent animalia quae manent in aere, quae habent prohibentia quasi infinita. [8]Et propter hoc non habent oculi piscium palpebras, quoniam natura [9]nihil agit otiose, et propter grossitudinem aquae fuerunt oculi piscium [10]humidi.

[14] [11]Et omnia animalia habentia pilos habent palpebras per quas cooperiunt oculos. [12]Aves vero et animalia squamosi corporis non habent palpebras cooperientes oculos, quoniam non habent [13]pilos. Et nos dicemus ultimo dispositionem struthionis, et causam et dispositionem oculorum eius.

[14]Et quaedam animalia habentia [15]pilos non habent pilos in palpebris nisi in superiori tantum, praeter hominem, [21]quoniam homo habet pilos in utraque palpebra, quoniam natura semper praeparat iuvamentum animali nobiliori alio. Et causa eius quod est iuvan-

658a

---

37 anulosi] anunosi $A$   mobiles + maxime $ABCD^1(sed\ del.\ D^2)HW$: + valde $E$   2 eorum] eius $C$   quando] quoniam $CE$   lucem] lumen $H$   ipsam] -a $W$: speciem $E$   3 ex om. $C$   4 est om. $H^1$   indigeant] digeant $A$: videant $DW$   7 manent$^1$] remanent $C$: vel movent $D^2$   aqua] aquis $E$: annis $C$   prohibens] -ent $B$   habent$^2$] habens $A^1$: om. $CEW$   manent$^2$] vel movent $D^2$: post aere $H$   quae$^3$] quia $CD^2EH$   prohibentia $H^2$: -iam $H^1$   quasi + ad $H^1(sed\ del.\ H^2)$   infinita] ututa $C$   8 quoniam ... 11 quas om. $C$   9 nihil + habet (sed del.) $B$   agit om. $D^1$   propter + ergo $E$   grossitudinem] spissitudinem vel grossitudinem $E$ + oculi (sed del.) $B$   11 per quas om. $E$   cooperiunt] cooperientes $CE$   13 et$^1$ ... 15 pilos$^2$ om. $C$   13 dispositionem$^1$] -es $BH$   struthionis scripsi] structionis $ABD^1(del.\ c\ D^2)EHW$   et$^3$ dispositionem$^2$ em. ex etiam dispositionis $B$   21 habet om. $B^1$   palpebra + scilicet $B$   natura $H^2$: non $H^1$   quod est] est quod $D^1H$: est quia quod est $D^2$: est quod est $E$

---

4 multo] multum   motus + والهواء للحيوان شيء صاف فاما للسمك فالماء (animalibus autem aer est res clara, piscibus vero aqua)   7 quae$^3$ habent ... infinita] الذى يمنع ويحجر بينه وبين البصر غير شيء واحد   11 per quas cooperiunt] تستر (cooperientes)   12 corporis] الجلد (corii)   13 et dispositionem$^2$ om. Ξ   eius + فان لعينى هذا الحيوان   اشفار (quoniam oculi istius animalis habent palpebras)   15 superiori] superiori palpebra   21 homo] oculi hominis (habent etc.)   quoniam$^2$ + خلقت لحال السترة و‍ــ والحفظ (fuerunt creatae propter coopertorium et custodiam et)   iuvamentum] المعونة والمنفعة (syn.)   iuvantior codd.] امثل وانفع (iuvantius)

tior semper est ex rebus possibilibus. Et propter hoc ²⁵nullum animal quadrupes habet pilos in palpebra inferiori, sed ²⁶sub ista palpebra crescunt pili in quibusdam animalibus. ²⁷Et non crescunt pili in subascellaribus istius animalis, neque in pectine, sicut ²⁸in homine. Loco enim istorum pilorum est totum dorsum animalium quadrupedum ²⁹pilosum, sicut genus canum, ³⁰et quaedam istorum animalium habent crinem, sicut equus, ³¹et quaedam habent comas, sicut leo mas.

Natura etiam ³²ornavit caudas animalium longas cum pilis, sicut caudas equi, ³³et posuit pilos caudarum parvarum parvos, et mensuravit hoc secundum ³⁵naturam cuiuslibet corporis. ³⁶Animal vero pilosum ·¹habet caudam brevem paucorum pilorum, sicut accidit ²lupis.

Et nullum animal est multorum pilorum in capite praeterquam homo. ³Et hoc necessarium fuit propter humiditatem ⁴cerebri, et propter suturas quae sunt in testa capitis. Et ubi est humiditas ⁵et calor multus, necessarium est ut sint ibi pili multi, ⁶ad iuvandum et ut cooperiant cerebrum et custodiant a forti ⁷calore et frigore. Et quia cerebrum hominis est multum, ⁹indiget multa custodia. Quoniam humidum valde infrigidatur et ebullit ¹⁰proprie, quod est

---

est² semper *H*   possibilibus *D*¹: potentioribus *D*²   25 inferiori palpebra *CEW*   26 in ... 27 pili *om.* *H*¹   27 subascellaribus *B*] subacellaribus *AD²EHW*: subscellaribus *C*: subancellaribus *D*¹   pectine] pictine *H*   28 quadrupedum animalium *C*   30 quaedam] quoddam *C*: quiddam *W*   istorum *om.* *H*¹   habent] -et *W*   sicut] ut *CEW*: *post* equus *A*¹   31 comas] -am *D*: -es *H*¹   mas] masculus *D*   etiam] autem *C*   32 ornavit] ordinavit *E*   equi] -orum *C*   33 parvarum parvos *om.* *E*   1 brevem caudam *E*   pilorum paucorum *C*   accidit + in *CEW*   3 et] etiam (*post* hoc) *C*   necessarium] -io *W*   fuit *om.* *C*   4 cerebri *H*²: -um *H*¹   5 multus] -um *BD*¹*H*   ibi] isti *W*: *om.* *A*¹   multi pili *CH*   6 iuvandum] adiuvandum *EW*   a + multo et *BCEW*   7 quia] quod *B*¹: *om.* *C*   est + frigidum *H*²: *om.* *C*   7-8 indiget multum *C*   9 quoniam] quia *D*¹: et quia *D*²: + multum *CEW*   valde *om. CE*   infrigidatur *ante* humidum *CEW*   ebullit] bullit *A*¹   10 est vero (*inv.* *BEW*)] non est *C*

---

27 pectine] مواضع العانة (locis pectinis)   sicut] sicut crescunt   28 in homine] فى ازبّ كثير   الاماكن من الانسان (in *istis* locis in homine)   enim *om.* E   29 pilosum] الشعر (syn.)   30 equus + وما يشبهه من الحيوان (et animalia sibi similia)   33 posuit ... parvos] قليلا ... صغر   36 pilosum] الذى جسده ازبّ كثير الشعر (habens corpus pilosum)   1-2 sicut accidit lupis] كلدببة* الذى يعرض العرض من قبل (secundum quod accidit ursis)   5 sint] نبات ... يكون (crescant)   6 cooperiant + الشعر (pili)   9 humidum valde: الرطب جدّا

vero econtrario, non accidunt ei occasiones extrinsecae nisi difficile et raro. Et [11]nos non diximus modo causam pilorum capitis nisi propter convenientiam quam habet [12]cum pilis palpebrarum.

[15] [14]Supercilia vero et cilia non fuerunt creata nisi ad iuvamentum, [15]supercilia vero ut prohibeant humiditates [16]quae descendunt a capite ad frontem, [17]palpebrae autem ut prohibeant quod cadit super oculum ab extrinseco, [18]ut saepes quae prohibent introitum in hortum. [19]Et supercilia sunt posita super ossa, et propter hoc augmentantur pili in eis [20]apud senectutem, et forte augmentantur valde ita quod indigent abscisione. [21]Cilia autem crescunt super finem venarum, et ubi est complementum corii, [22]ibi etiam est complementum longitudinis venarum. Necessario ergo [23]fuerunt creata cilia, ut non prohibeatur [24]ulla operatio ex operationibus naturae conveniens ad aliquid. Propter hoc ergo [25]fuit necessarium crementum pilorum in istis locis.

[16] [27]Et instrumentum olfactus in quadrupedibus et generantibus animalia [28]est positum in loco in quo debet esse naturaliter. [29]Et hoc instrumentum est in membro quod dicitur nasus in [30]animali

---

econtrario $A^2$: contrario $A^1$   ei] eis $H$   extrinsecae] intrinsece $C$   11 nos + iam $HW^2$: om. $C$   non om. $A$   habet] -ent $B$   14 ad] propter $CEW$   iuvamentum] iuvamen $H$   15 ut om. $E$   prohibeant] -ent $E$   16 ad frontem] a fronte $B$   17 oculum] -os $CEW$   extrinseco] intrinseco $C$   18 saepes] sedes $C$   prohibent] -et $B$   19 augmentantur $H^2$: argumentantur $H^1$   20 forte] propter hoc $H$   21 autem] vero $DW$   ubi] ubique $C$   22 est etiam $EHW$   23 fuerunt + data (sed del.) $D$   creata ante fuerunt $H$: om. $E$   cilia] cetilia $C$   24 operationibus] operibus $W$   naturae $H^2$: nisi $H^1$   conveniens $D^1$: -tibus $D^2$   aliquid + et $D^1$(sed del. $D^2$)   ergo om. $CE$   27 animalia + alia $C$   28 loco in om. $B$   29 nasus in] nausin $C$   in$^2$ om. $D^1$

---

10 accidunt ei occasiones] يلقى هذه الآفات (patitur istas occasiones *extrinsecas*)   11 convenientiam] قرب ... ومناسبة (syn.)   12 palpebrarum + وسنذكر سائر الاعضاء فى المواضع التى تنبغى ونؤدى عللها (et dicemus alia membra in locis *propriis et reddebimus causas eorum)   14 cilia] شعر اشفار العين (pili ciliorum)   ad iuvamentum] لحال المعونة ودفع المكروه (syn.)   18 quae] معمول بمنع (quae factae sunt ut prohibeant)   hortum] بعض الزرع والثمرات (quaedam semina et quosdam fructus)   19 sunt posita super ossa] على تركيب عظام (sunt posita super compositionem ossium)   21 finem] غاية وتمام (syn.)   23 cilia + لحال الندى الجسدانى الذى يصير هناك (propter humiditatem corporalem quae efficitur ibi)   ut non: لكى لا   24 aliquid] حاجة اخرى (*aliquid* aliud)

habenti duas fauces longas, ³²et in aliis animalibus est divisum prope ³³maxillas.

Elephas autem habet proprium, ³⁴quoniam instrumentum sui olfactus habet magnam virtutem. ³⁵Quoniam nasus elephantis est membrum per quod adducit cibum ad os, et utitur ipso ³⁶sicut manu. ¹Et ipse ponit suum nasum, scilicet suum additamentum, in arboribus et eradicat ipsas. ²Ipse ergo utitur illo additamento loco manus in omnibus quibus indiget. Et natura istius animalis est conveniens ad habitandum in ³desertis et prope aquas. Et quia accidit ei ut cibus sit ei ex humido, ⁴necessario indiget anhelitu, quoniam est animal ambulans habens sanguinem. ⁵Et difficile ambulat a loco sicco ⁶ad locum humidum, ⁷et propter hoc indiget multo anhelitu secundum magnitudinem corporis eius. ⁸Et necessario indiget uti elemento humido, sicut utitur terra. ⁹Et sicut ergo illi ingeniantur qui submergunt se in aqua et praeparant sibi instrumentum ¹⁰quo anhelent in aqua longo tempore, ¹¹ut perveniat aer eis in humido mediante isto instrumento, ita ¹²ingeniata est natura in dando eis additamenta longa. Et propter hoc ¹³elevant

---

30 habenti (] -is C) post longas CEW  32 animalibus aliis H  33 elephans DW  34 sui om. C  35 adducit] -et H¹  1 ipse] -um B  ponit D] per BCEHW : om. A  nasum suum EW  additamentum suum CE  additamentum + suum H  in ... ipsas] eradicat arbores B  et² om. CEW  ipsas] -os C  2 illo D¹: suo D²  3 et² om. H  sit] fit H  4 indiget] -ebat H  ambulans om. B  5 a] de H  sicco] suo BW¹  7 et om. E  eius om. CE  9 illi] isti CE  ingeniantur] -atur C  aqua] -am EHW  10 anhelent] hanelent ADE: anelat C  in aqua] in qua D¹: del. D²  11 eis om. E  mediante] medietate B  12 eis] eius H: + illa BD²  additamenta] alimenta CEW  13 elevant] -at C

---

30 fauces] لحيان (maxillas)  longas + ان يمكن الذي الموضع وهو الضيّق* الى منتهاهما يكون هذه الآلة (pervenientes ad strictum et illud (sc. membrum) est locus in quo potest esse hoc instrumentum)  32 divisum: sc. instrumentum  33 maxillas: الخدّين LT  autem + الحيوان سائر بين من (inter alia animalia)  habet + الجزء هذا فى (in ista parte)  proprium + الحيوان لسائر هى ليس (quod non est in aliis animalibus)  34 virtutem + فاضل وعظم (et magnitudinem *valde)  36 manu + فيه الى يؤدى وبه  1 ponit ... in] يلفّ الطعام (et per ipsum reddit suo ori cibum siccum et humidum)  ... على (involvit ... super)  eradicat ipsas] فقلعه يجذب (syn.)  3 in desertis] فى البرّ (in terra)  cibus] غذائه كثرة (multus cibus)  5 difficile] بسريع ليس (non velociter)  ambulat] الانتقال (transferet se)  6 humidum + الدمى الحيوان بعض ينتقل كما حيوانا يلد الذى (sicut transferuntur quaedam animalia habentia sanguinem generantia animal)  10 quo anhelent] للتنفّس موافقة (conveniens anhelitui)  11 ut] و (et pervenit)  ita + و - فعل (fecit et)  12 eis additamenta longa] خراطيم عظم مثل الفيلة (quasi magnitudinem additamenti elephantis)

sua additamenta sursum super aquam, ad attrahendum aera ¹⁴quando natant in aqua. Et propter hoc ¹⁵fuit nasus elephantis instrumentum conveniens ad hoc. ¹⁶Et creatio eius fuit mollis et flexibilis, ¹⁷ut possit retinere ¹⁸cibum quem accipit extra. Et ita fingunt ¹⁹de cornibus vaccarum pascentium ad posterius. ²⁰Et quia natura posuit creationem additamenti elephantis ²¹secundum hanc dispositionem, utitur eo ²²in multis rebus, sicut utitur animal ²³pedibus anterioribus. Et propter hoc quaedam animalia quadrupedia habent multos digitos quoniam utuntur pedibus anterioribus ²⁴loco manuum. ²⁵Et elephantes non habent multos digitos, neque ²⁶pedes eorum sunt fissi, neque habent soleas. Et propter ponderositatem ²⁷et gravedinem sui corporis posuit natura pedes eorum valde fortes, ²⁸ut sint sustentamentum ad portandum corpus tantum ²⁹et nihil aliud, et non utitur eis in alio nisi solum ad portandum pondus. Propter ergo ³⁰anhelitum habent nasum, scilicet additamentum, sicut omne animal ³¹habens pulmonem, et propter ³²mansionem eius in aqua et tardationem eius in exitu ³³posuit natura illud additamentum longum, potens involvi et duplicari. Et quia natura privavit ipsum ³⁴ab usu pedum, dedit ei usum in addita-

---

additamenta sua *CE*    ad attrahendum] et attrahunt *CEW*    14 quando] quoniam *CE*    aqua] -am *H*¹    15 fuit] est (*post* elephantis) *CEW*    18 quem] quod *A*: que *B*    accipit] accepit *D*: recipit *H*    20 creationem additamenti (*inv. E*)] additamenta (] -um *W*) creationem *CW*: vel additamentum creationi *D*²    22 utitur *om. H*    23 anterioribus + loco manuum *D*¹(*sed del. D*²)    quoniam] quando *AD*¹*H*    pedibus² *om. E*    25 non *om. C*    27 gravedinem] gravitudinem *C*    natura + suos *C*    28 sustentamentum] -a *D*    portandum + suum *B*    28 corpus ... 29 portandum *om. H*¹    29 utitur] -untur *C* + in *W*²    pondus] corpus (+ suum *D*²) *CD*²*W*    propter + hunc *EW*    ergo + hunc *C*    31 habens *om. W*    33 illud] istud *H*    34 ei] eis *D*

---

13 attrahendum + بها (per ea)    14 natant] احتاجت الى السباحة (indigent natare)    15 instrumentum] خرطوما (additamentum)    ad hoc] للحاجة التى ذكرنا (propter necessitatem quam diximus) + ومن اجل انه لم يكن استطاع ان يكون الخرطوم مثل هذا ولا يكون لينا ولا ينثنى بقدر ما لا يكون طوله مانعا (et quia non potest esse additamentum tale sine lenitate et flexibilitate in tantum quod longitudo eius non sit prohibens *creatio eius fuit mollis etc.*)    25 non habent multos digitos] من الحيوان الكثيرة (*sunt* ex animalibus habentibus multos digitos)    26 fissi] fissi in duo    26 propter ... 27 corporis] من اجل ان عظم جثتها كثير وثقل اجسادها (quia magnitudo corporis eorum est multa et pondus corporum eorum *est multum*)    28 corpus] ذلك لحال الثقل وعسر انثناء (illud pondus)    29 et nihil aliud *om.* Ξ    et² + رجليها (propter pondus et difficultatem flexionis pedum suorum)    30 habent] للفيلة (habent elephantes)    32 exitu] خروجه وتنقّله من الماء (exitu (*syn.*) ex aqua)    34 dedit ei usum] صار يستعمل (utitur)

mento loco illius, ³⁵quoniam utitur ipso sicut utuntur animalia pedibus anterioribus.

**659b** Aves vero, et serpentes, et alia animalia ¹habentia sanguinem ovantia quadrupedia, habent vias ²nasi prope os ³propter anhelitum. Et illae viae non sunt manifestae divisae, ⁴et propter hoc potest homo dicere quod non habent nasum. ⁵Et accidit eis hoc quoniam rostra sua non habent duos terminos. ⁷Quoniam aves sunt incurvatae alatae, ⁸et propter hoc fuit pondus ⁹capitis paucum et creatio pectoris angusta, et quia ¹⁰indigent cibo et vigore habent rostra quasi de natura ossium, ¹¹et fuerunt stricta propter parvitatem capitis. ¹²Et viae olfactus non sunt nisi in rostris, ¹³et propter hoc non possunt habere nasos. Alia autem animalia ¹⁴anhelantia, iam diximus causam propter quam ¹⁵anhelant aut per cannas aut ¹⁶per brancos. Animal vero anulosi corporis anhelat per telam parietis, et sentit ¹⁷modos odoris. Et omne anhelans eventat corpus naturale, ¹⁹et aer intrat et exit per eam.

²⁰Creatio vero labiorum est sub naso in ²¹animalibus habentibus sanguinem et dentes. Aves vero habent loco dentium et oris ros-

---

35 utuntur] utantur *C*  alia *post* animalia² *DH*: *om. CE*  1 ovantia + et *E*  2 nasi + proprie *B*  3 anhelitum] auditum *E*  divisae] divis *B*  4 homo *om. C*  5 eis hoc *om. C*  quoniam] quod *BCEW*  habent] -ens *C*  7 alatae] ale *D²EW*  8 fuit ... 13 hoc *om. E*  8 fuit *om. C*  9 angusta] -o *A*  11 parvitatem] -es *H*  12 olfactus] -fatus *A*  sunt ?*A*  in *om. A*  13 nasos + sicut *B*  alia autem animalia *AD*¹] alia animalia *BCE*: animalia autem alia *H*: animalia alia *W*: sicut alia animalia *D²*  14 anhelantia + et *BD²*  iam + ergo *CE*  propter] per *AD¹E*  15 aut¹ *om. E*  cannas] -os *B*¹  17 eventat] *lac. 9 litt B*  19 et² *om. A*  20 creatio *D²*: -nem *D*¹  vero *om. D*¹  est *ante* labiorum *D*¹ (*sed em. D²*)  21 habent *post* oris *C*

---

هذا [ipso 35  (usus sicut diximus superius) الاستعمال كما قلنا فيما سلف  + illius
يمكن ان يقول [potest homo dicere quod 4  بيّنة :manifestae 3  (isto membro) العضو
قائل ان  [habent منها لشيء (habet aliquod istorum)  5 duos terminos (= حدّين *L*)]
خدّان (duas maxillas) +  وعلة ذلك طباع الطائر المقوّم على مثل هذه الحال (et causa illius est natura avium sustentata secundum talem dispositionem)  7 incurvatae (= مثنى)]
مشاء (ambulantes)  8 propter hoc] باضطرار (necessario)  fuit + ثقل العنق
و. (pondus colli et)  10 habent rostra] سنت رستر ا اويم  14 iam + بيّنّا حاله فيما
و. سلف (declaravimus dispositionem eorum superius et)  15 anhelant ... 16 brancos]
ليس له مناخير بل بعضه يتنفّس بالنغانغ وبعضه بانبوب (non habent nasos sed quaedam eorum anhelant per brancos et quaedam per cannas)  16 per telam: بسفاق *L*²  17
وكلّها يتنفّس بروح الجسد الطباعى كما يتحرّك وذلك فى جميعها من  ... 19 eam]
خارج (et omnia (sc. *animalia anulosi corporis*) anhelant per spiritum corporis naturalem sicut moventur et hoc est in omnibus eorum naturaliter et aer intrat in eis ab extrinseco)  21 rostrum + والمنقار (et rostrum est)

trum ²²propter cibum, sicut diximus superius, et propter vigorem. Et propter hoc fuit rostrum durum ²³adunatum loco dentium et labiorum, ita ²⁴quod si aliquis elevaverit unum labium hominis et posuerit ²⁵partem superiorem dentium continuam per se et partem inferiorem etiam per se, deinde posuerit duas partes longas graciles ²⁶pervenientes ad acutum, ex huius creatione accideret ²⁷rostrum avium. Et in aliis animalibus fuerunt labia creata propter salutem ²⁸dentium et custodiam eorum, ²⁹et propter hoc ³⁰fuit hoc membrum divisum, et creatio eius conveniens ad hoc quo indiget. ³¹Labia vero hominis sunt mollia carnosa, quae bene possunt aperiri et separari ³²propter salutem et custodiam dentium, ³³et ut conveniant ad exitum sermonis. ³⁴Et sicut natura non fecit creationem linguae in homine similem creationi ³⁵linguarum aliorum animalium, sed dedit ipsam duabus rebus, ³⁶ita fecit in creatione labiorum et dentium.

¹Creatio ergo linguae est ad gustandum humiditates et ad sermocinandum, creatio autem labiorum ²propter hoc et ad custodiendum dentes. Quoniam ³locutio quae exit cum voce est composita ex litteris, ⁴et si creatio linguae non esset talis dispositionis neque labia essent humida, ⁵non posset lingua pertingere ad dicendum multos modos litterarum. ⁶Quoniam ex eis quaedam dicuntur per percussionem linguae, et quaedam per coniunctionem

---

22 cibum + et *H¹* (*sed del. H²*)   superius *om. CE*   fuit] facit *C*   24 hominis] oris *CE*: vel oris *D²*   25 per¹ se *D²*: esse *D¹*   etiam *ante* inferiorem *H*: *post* se² *D*   duas *post* longas *C*   longas + et *D*   26 huius] huiusmodi *C*   27 creata labia *CEHW*   28 eorum] earum *H*   30 eius + est *CE*   31 carnosa mollia *CEW*   et separari *om. CE*   33 exitum *H²*: -us *H¹*   34 et *om. D¹*   non *om. CEW¹*   35 duabus *om. C*   1 ergo] vero *E*: *post* linguae *D*   humiditates] humidum *D*   et *om. H*   sermocinandum] sermonizandum *C*   autem] ergo *C*   labiorum + est *D²*   2 et *om. H¹*   3 exit *post* voce *H*   ex] cum *E*   4 linguae *om. E*   5 dicendum] descindendum *W*   6 quaedam ex eis *CEHW*   percussionem] concussionem *W*   6 quaedam² *post* 7 labiorum *H*   6 per² + percussionem vel *E*   coniunctionem] percussionem *C*

---

25 etiam (= ايضا)] الاسنان (dentium)   27 rostrum + مثل مناقير (sicut rostra)   labia] طباع الشفتين   31 bene possunt] قوية على   32 salutem et custodiam] ... حفظ وسلامة (*inv.*)   dentium + كما وصفنا عن حال شفتي سائر الحيوان (sicut narravimus de dispositione labiorum aliorum animalium)   35 duabus rebus] موافقا لاستعمال امرين   كما قلنا (convenientem operationi duarum rerum sicut diximus)   2 propter hoc] لهذه العلل : *sc. ad sermocinandum*   4 labia essent] خلقة الشفتين (creatio labiorum esset)   5 ad dicendum] ان ينغم   multos modos] كثيرا من (plures)

[7]labiorum. Et debemus perscrutari a versificatoribus propter qualitatem et quantitatem differentiarum earum. [8]Necessario ergo fuit creatio [9]istius membri conveniens [10]praedictis duobus, ut sit operatio naturae melior quantumcumque possit esse. [11]Et propter hoc fuit caro hominis valde mollis, [12]quoniam homo est boni sensus magis quam omnia animalia, [13]scilicet sensus tactus.

[17] [14]Et lingua animalis est posita in ore sub palato, [15]et est in omnibus animalibus ambulantibus secundum unam dispositionem. In aliis vero animalibus [16]est secundum modos diversos respectu sui et respectu animalium ambulantium. [17]Lingua autem hominis est absoluta, valde mollis, [18]lata, ut utatur ea in duabus operationibus [19]quas diximus, scilicet in sensu et gustu humiditatum. [21]Et omne corpus molle est conveniens ad bonitatem sensus tactus, et non erit gustus nisi per aliquem modorum sensus tactus. [22]Et creatio linguae est conveniens ad dividendum litteras, [23]et lingua mollis lata est conveniens ad bonitatem sermonis, [24]quoniam extenditur et contrahitur et gyratur circumquaque in ore modis diversis. [25]Et quando lingua fuerit absoluta lata potest sermocinari bene, et hoc manifestum est ex illis qui habent linguas ligatas.

---

7 versificatoribus i.e. gramatici $D^2$: verificatoribus $D^1$   quantitatem et qualitatem $H$   earum *ante* a $C$: *om.* $E$   8 necessario] -um $C$: -a $E$   fuit] fuerit $B$: + datio $D^1$(*sed del.* $D^2$)   9 istius] huiusmodi $C$   10 praedictis *om.* $H$   sit *post* naturae $E$: *om.* $H^1$   naturae] nec $H^1$: + sit $C$   possit] -et $CE$   esse] ita esse $C$   12 omnia + alia $CW$   14 posita est $CE$   15 est *del.* $D^2$   in$^1$ *om.* $A$   animalibus *om.* $E$   16 modos diversos] vias diversas $C$   17 autem] vero $W$   absoluta *ante* est $E$: *post* valde $H$   17-8 lata mollis $CE$   18 ea *post* 19 diximus $AD^1$(*sed del.* $D^2$)   19 diximus + ea $H$   humiditatum] humidi $D^1$: *del.* $D^2$   21 aliquem] -quod $E$   modorum $D^1$: vel membrorum $D^2$   nisi ... tactus$^2$: vel sit nisi propter bonitatem sensus tactus aliquorum membrorum*(del.)* modorum $D^2$   23 mollis + et $CEW$   24 gyratur] generatur $CE$   circumquaque *ante* et$^2$ $CE$   modis diversis] diversis modis $CEHW$: + modis $D$   25 fuerit] fuit $A$   sermocinari] sermonizari $C$   qui] que $A$   linguas habent $CEW$

---

7 versificatoribus] اصحاب وزن الشعر   qualitatem et quantitatem] كمية وكيفيـة (*inv.*)   differentiarum earum] فصولها واختلافها (*syn.*)   9 membri + ايضا (etiam)   conveniens] موافقة لحاجة   10 naturae] حال الطباع   melior] احسن واجود (*syn.*)   15 et + بقدر قول القائل (*fere*)   19 sensu et gustu] حسّ مذاقة (sensu gustus)   humiditatum + لان الانسان جيّد الحسّ جدّا اكثر من سائر الحيوان (quoniam homo est boni sensus valde magis quam alia animalia)   24 extenditur et contrahitur] ينقبض وينبسط (*inv.*)   gyratur circumquaque] يصير فى كلّ ناحية   25 absoluta lata] عريضا مرسلا (*inv.*)   qui habent linguas ligatas] ليس لسانهم مرسلا (qui non habent linguas absolutas)

²⁶Quoniam quidam sunt trauli et quidam habent aliam occasionem in lingua, et hoc non accidit nisi in quibusdam ²⁷litteris, quando lingua fuerit stricta et non fuerit lata, ²⁸quoniam parvum est in magno, ²⁹magnum autem non est in parvo. Et propter hoc avis latae linguae potest proferre aliquas ³⁰litteras magis avibus strictae linguae.

³¹Animal vero habens sanguinem quadrupes et generans animal non habet vocem divisam nisi parum, ³²quoniam eius lingua est dura non absoluta, ³³quamvis sit lata. Aves vero parvae ³⁴sunt multae vociferationis, ³⁵ita quod ³⁶quaedam cognoscunt intentiones quarundam vociferando. Et omnes aves cognoscunt hoc, sed diversantur secundum magis et minus, ¹et propter hoc opinatur quod quaedam addiscunt voces a quibusdam. ³Linguae vero animalium habentium sanguinem ambulantium ovantium ⁴non iuvant ad vociferationem, quoniam ⁵sunt durae ligatae, sed valent ad gustum. ⁶Linguae autem serpentum et modorum lacertorum sunt longae et habent duos ramos, ⁷et linguae serpentum sunt valde longae, et propter hoc forte extendunt ipsam extensione magna, ita quod extrahunt ipsam ab ore, et apparent multum longae. ⁸Et habent in linguis duos ramos subtiles in suis extremis sicut pili, propter ⁹insaturitatem naturae eorum. Et sapor humiditatum in eis est duplex, ¹⁰quoniam sensus gustus in eis est duplex.

660b

---

26 trauli] trahuli *D*: canali *C*   aliam *om. B*   accidit + idem (*sed del.*) *D*   nisi *om. C*   27 quando] causa *C*: + vero *BCE*   fuerit¹] fuit *H*: *ante* lingua *BC*   fuerit² *om. CEW*   29 autem] vero *CEW*   est *om. D¹E*   in *om. A¹*   avis] alius *C*   potest] propter *C*   31 et *om. E*   animal² *om. E*   divisam] diversam *BD*   32 lingua eius *E*   est *post* non *C*   dura *om. C*   36 intentiones *D¹*: vel voces *D²*   magis] maius *CH*   1 addiscunt] -ant *C*   3 vero] autem *E*   ambulantium] ambulabilium *A*   4 quoniam] quia *D*: + lingue eorum *H*   5 valent] -et *B*   6 autem] vero *HW*: *om. C*   lacertorum] racertorum *C*   7 linguae¹ ... hoc *om. E*   longae¹ + et habent duos ramos *ABCD¹*(*sed del. D²*)*HW*   propter hoc *om. C*   ipsam¹] -um *A*   extrahunt] -it *ABD¹H*   ipsam²] ipsum *AH*   8 duos] duros *C*   pili *om. C*   9 humiditatum] -is *C*   10 quoniam ... duplex *om. BW¹*   sensus + et *W²*

---

26 lingua + مثل اللجلجة وغير ذلك (sicut *balbutiem et alias)   26-7 in quibusdam litteris] لبعض نغمة الحروف   34 vociferationis + ويستعمل اللسان (et utuntur lingua)   36 diversantur ... minus] آخر يعرف الاصوات اكثر من آخر (una cognoscit voces magis quam alia)   1 quibusdam + وقد قلنا فى ذلك ما يصلح فى صفة مناظر الحيوان واعمالها (et iam diximus de hoc in sermone de aspectibus animalium et operationibus eorum (= *historia animalium*))   4 ad + شىء من (ullam)   quoniam + ألسن اكثرها (linguae plurium eorum)   5 gustum + الرطوبات (humiditatum)   7 multum longae] طوالا بعد ان كانت تظهر قصارا (longae postquam apparuerant breves)

¹¹Et animal carens sanguine habet membrum per quod sentit ¹²humiditates. ¹³Et quidam pisces habent ¹⁴viscosum per quod gustant humiditates, sicut ¹⁵tencheah fluvianum. Et in quibusdam non videtur hoc membrum ¹⁶propter causam necessitatis, scilicet quoniam locus oris est spinosus, ¹⁷scilicet oris omnium animalium quae sunt talis dispositionis. Quoniam ¹⁸sensus humiditatum est in animali aquoso parvo tempore. ²⁰Et cibus festine vadit ad ventrem, ²¹quoniam non potest manere in ore tam diu quod extrahatur humiditas eius, propter aquam. ²²Et si quis non declinaverit os ad unam partem, non apparebit ²³hoc membrum. Et maxime quia locus oris est spinosus, ²⁴et compositio eius non est nisi ex compositione brancorum, ²⁵et natura brancorum est spinosa.

Tenchea autem, ²⁶in eo quod convenit parvitati et brevitati linguae eius, privabitur motu mandibulae, ²⁷quoniam mandibula eius inferior non movetur omnino, et lingua eius est continua ²⁸cum illa mandibula. Tenchea autem movet superiorem mandibulam

---

12 humiditates + sicut tencheah (*sed del.*) *B*    13 quidam] quidem *H*    habent + membrum *BCEW*    14 viscosum + membrum *D²*: *om. H*    quod] quam *C*    humiditates] humidum *D*    15 tencheah] tenchea *EHW*    fluvianum] fluminum *BD²*: fluviarum (*vel* -re) *C*: fluvium *D¹*    videtur] invenitur *AD²*: utitur *B*    16 oris + eis *D²*    est] eius *W*    18 sensus] -um *C*    humiditatum *D¹*: -tis *D²*    in + aliquo *D*    tempore parvo *H*    21 ore] orci *C*    quod] quam *D¹*: ut *E*    23 maxime] maiorem *A*    24 compositio + oris *B*    ex compositione] expositione *H*    25 spinosa + et *B*    tenchea] temchea *A*: tencheah *D*: thenthea *H*    autem + vivit (*sed del.*) *W*    26 convenit] contingit *E*    linguae eius *om. BD²*    motu] -us *ACD¹EW*: modus *H*: vel motu *D²*    27 eius¹] est *B*    non + moritur (*sed del.*) *B*    28 illa *om. C*    tenchea] tencheah *D*: tenthea *H*    mandibulam superiorem *CEW*

---

12 humiditates + وهو فى جميع الحيوان الذى له دم ايضا وهذا العضو فى جميع الحيوان الذى يظهر لبعض الناس انه *ليس له مثل السمك (et hoc est in omnibus animalibus habentibus sanguinem etiam et istud membrum est in omnibus animalibus quae videtur a quibusdam hominibus <non> habere sicut pisces)    14 viscosum] شىء آخر لزج (quoddam aliud viscosum)    humiditates + بنوع من الانواع (aliquo modo)    17 quoniam] et quoniam    18 tempore + كما يكون فى الاستعمال يسيرا فمن اجل هذه العلة    صار تفصيل هذا العضو فى الحيوان الذى وصفنا يسيرا (sicut est parvus in usu et propter hoc erit distinctio istius membri parva in animalibus quae narravimus)    20 festine] valde festine    vadit ad] يصير ... الى (*G*)    21 extrahatur] يمصّ ويستخرج (*syn.*)    propter aquam] من اجل ان الماء يقع فيما بين ذلك (quoniam aqua caderet in medio)    24 compositione] التئام (continuatione)    26 in eo quod ... mandibulae] فانه مما يوافق قصر وصغر ألسنتها عدم حركة الفك الاسفل (quod convenit brevitati et parvitati linguae eius est privatio motus mandibulae inferioris)    mandibulae + الاسفل (inferioris)

econtrario motui aliorum animalium, ²⁹quoniam mandibula superior in aliis animalibus non movetur. Lingua ergo tenchea non est continua cum parte superioris mandibulae, ³⁰quoniam introitus cibi est econtra ³¹introitui cibi in aliis. ³²Et etiam ex accidentibus quae accidunt isti animali est quod est ambulans, et regimen vitae eius est ³³sicut regimen vitae piscium. Et propter hoc fuit hoc membrum, scilicet lingua tenchea, non continua.

³⁴Palatum autem est carnosum ³⁵in pluribus animalibus marinis, et in piscibus fluviorum forte erit carnosum ³⁶valde molle, sicut palatum piscis qui dicitur Graece kobri. Et propter hoc putant ¹plures videntes quod palatum est lingua divisa. ²Pisces autem habent linguam, sed non divisam, propter causam quam diximus. ⁴Et habent membrum quod assimilatur linguae ³ad usum sensus cibi, ⁵sed non est omnino similis creationi linguae secundum totam dispositionem, sed proprie in termino propter causam quam narravimus, et quia ⁶hoc solum est in piscibus.

Omnia autem animalia habent appetitum ⁷cibi, quoniam habent sensum saporis ⁸cibi, quoniam appetitus non est nisi ad dulce delectabile. ⁹Sed hoc membrum non est in omnibus animalibus consimile, scilicet membrum per quod sentit ¹⁰cibum. Sed hoc membrum est in quibusdam animalibus absolutum ¹¹et in quibusdam

661a

---

motui] -tu *A*     29 in + omnibus *BCEW*     animalibus aliis *H*     non¹ *om. H*¹     ergo] vero *BC*     tenchea] techea *A*: tenche *B*: tencheah *D*¹: tenchee *D*²: tenthee *H*: thenchee *W*     30 cibi + non *CE*     econtra] contrarius *D*²: circa *H*     31 introitui] -tum *AD*¹*EHW* : -tu *C*     32 ex + aliis *D*²: *om. CE*     est¹ *om. CE*     regimen] regnum *C*     eius vitae *H*     est³ *om. CE*     33 regimen] regnum *C*     membrum hoc *W*     tenchea] thenchea *A*: tencheah *D*¹: tenchee *D*²: tenthea *H*     34 palatum] paulatim *C*     autem + grossum *C*     est] et *C*: grossum et *E*: + grossum *D*²: + grassum et *W*     36 palatum] paulatim *C*     kobri] kebri *C*: koki *D*²     1 palatum] paulatim *C*: + eius *W*     4 habent] -et *AEH*     3 usum] visum *CE*     sensus *bis scr. C*     5 omnino + sensus *CE*     creationi *post* linguae *C*: *om. E*     totam *D*²: talem *D*¹     proprie] -io *C*     propter] secundum *E*     quia] quod *D*     6 est *post* animalibus *E*: *om. D*¹     omnia *post* autem *H*     autem *post* habent *A*¹: *post* animalia *A*²*H*     appetitum + ad *H*²     7 cibi] -um *AH*¹: *om. B*     8 quoniam *D*¹: qui *D*²     9 omnibus] communibus *C*     9 consimile ... 10 animalibus *om. C*     10 est *post* animalibus *H*: *om. AD*¹     11 quibusdam + animalibus *CW*

---

32 regimen vitae eius] معاشه وتدبير حياته     33 regimen vitae] تدبير ومعاش     hoc + ايضا (etiam)     non continua] غير متّصل (non distincta)     35 piscibus fluviorum] السمك النهري     36 kobri] قوبرنى     6 solum est] فقط ... مفرد (solum est distinctum)     8 dulce delectabile *(syn.)* اللذيذ     9 membrum² *om.* Ξ

applicatum cum inferiori mandibula, et maxime < * * * > ¹²et in quibusdam animalibus durum et in quibusdam molle carnosum. Et propter hoc ¹³habet tale membrum animal mollis testae, sicut karabo et huiusmodi, ¹⁴et in ore animalis quod dicitur malakie, sicut ¹⁵sepie et animalis multipedis.

Animal vero anulosi corporis habet intra os ¹⁶tale membrum, sicut genus formicarum ¹⁷et multa animalia testei corii. Et quaedam istorum animalium habent membrum istud extra sicut ¹⁸aculeum, et natura eius est mollis vacua, et per ipsum gustat ¹⁹et sentit et attrahit cibum. Et manifestum est hoc in ²⁰muscis et apibus et sibi similibus, et etiam hoc membrum est in ²¹quibusdam animalibus testei corii. ²²Hoc ergo membrum habet talem vigorem in animali quod dicitur bokori quod perforat testas quorundam modorum halzun, ²³sicut sarcoci. Et etiam ²⁴cimices et muscae bestiarum perforant per hoc membrum ²⁵corium hominis et aliorum animalium.

Ista ergo est dispositio ²⁶linguae in istis animalibus, et ista utuntur hoc membro ²⁷sicut utuntur elephantes additamentis. ²⁸Quoniam lingua est creata in istis animalibus ²⁹ad faciendum opus quod

---

12 et¹ + etiam D¹(sed del. D²) : om. CEW    13 habet om. C    tale] molle E    sicut] sic A    karabo] carabo B: karobo C    huiusmodi] huius A    14 malakie] malakye C: malathie D: malachie H    15 et om. C    multipedis] pedis multi A¹: multepedum H¹: multipedum H²    vero om. C    anulosi] anulloso C    17 et¹ + etiam H    animalia] alia CW    membrum om. E    istud] illud (ante membrum C) CH: ante membrum W    18 est om. B    mollis + et CDEHW    20 et¹ + in B    etiam] per H    20 est post 21 animalibus B    22 ergo hoc E    vigorem + et H    in om. CE    animali] -al E    bokori] kokori BCDE: barkori H    perforat] perferat H    quorundam + membrorum (sed del.) B    modorum] membrorum C    halzun] halzim D: haltun H: animalium B: avium CEW    modorum halzun: vel membrorum animalium kakim D²    23 sarcoci] sarcoti B: saribci D    etiam om. H    24 cimices] cinifoz H: turtures E    25 et] vel C    est om. H    26 linguae] signe ?A    in om. H    istis] aliis E    ista D²: ita D¹

---

12 et¹] فى الحيوان الذى لا يحتاج الى استعمال الصوت وهذا العضو يكون (in animalibus quae non indigent usu vocis et hoc membrum erit)    13 sicut + يسمّى الذى    باليونانية (illud quod dicitur graece)    15 animal] quaedam animalia (... habent)    19 attrahit] يجتر (ruminat)    20 et² + جميع (omnibus)    22 dicitur + باليونانية (graece)    23 sicut + الصنف الذى يسمّى (modus qui dicitur)    25 linguae] طباع اللسان (naturae linguae)    28 quoniam + مناخير الفيلة خلقت لتعينها و- (nasus elephantum sunt creati propter *iuvamentum eorum et)

facit illud additamentum, et propter hoc fuit creatum ³⁰sicut a-
culeus. Linguae ergo omnium animalium sunt secundum quod
narravimus.

---

29 illud] istud $D^1$: aliud $E$: *post* additamentum $D^2$    30 ergo] vero $E$    sunt] est $AD^1$    narravimus + l.xiii. C.i. quidam dicunt hic incipere xiii.l. sed in hoc non est multa vis. est igitur secundum hoc C.i. de causis dispositionum creature dentium in animalibus $B$

---

29 facit] يشبه عمل (assimilatur operi *illorum additamentorum*)    creatum] creata (*sc. lingua*)    30 omnium + سائر (aliorum)    narravimus] ذكرنا ووصفنا *(syn.)*

# DE ANIMALIBUS

## LIBER XIII

661a34 [1] ³⁴Sequitur dicere de naturis ³⁵dentium animalium, et contento-
661b rum in ore, quoniam os continet dentes. ³⁶Natura ergo dentium ¹est in animalibus communiter ad utendum cibo, ²et in quibusdam animalibus ad vigorem, ³scilicet contra nocumenta. Natura ergo dentium in quibusdam est ⁴ut agat et non patiatur, sicut in a- nimalibus ⁵agrestibus comedentibus carnes, et in quibusdam ad iuvamentum, ⁷ad utendum ⁸et abscindendum cibum. Et molares sunt lati ⁹ad molendum, et inter anteriores et molares sunt canini. ¹⁰Et natura caninorum est media inter dentes anteriores et molares, quoniam habent virtutem duorum, ¹¹scilicet quod uno modo sunt

---

ABCDEHW    34 sequitur dicere *etc.*: cap. xiii *i.m.* $E^2$: de dentibus *titulus* $E^1$    dicere *om.* C    naturis] -a H    35 animalium et contentorum *om.* C    et *om.* E    36 ergo natura CEW    1 est *post* animalibus H: *post* communiter EW: *om.* C    communiter + et C    2 animalibus + est H    3 nocumenta] -um CEW    in *om.* H    quibusdam + animalibus CDEW: *om.* H    est *ante* in $D^2$: *om.* $D^1$    4 agat] agas C    in + quibusdam $CD^2$EHW: *om.* $B^1$    5 carnes] -em H    7 utendum] ducendum CW    8 abscindendum] -cidendum E    cibum *om.* C    9 molendum] -landum E    inter anteriores $D^2$: interiores $D^1$    molares et anteriores CEW    $et^2$ *om.* H    canini] canni C    10 caninorum] cannorum C    media + est B    anteriores B: *om. cett.*    virtutem] naturam CEW

---

Ξ    34 sequitur dicere de] والذى يتلو قولنا الذى سلف ذكر    35 et *om.* Ξ    dentes + ومقوّم منها (et sustentatur ex eis)    1 communiter] communis    ad utendum cibo] ad usum cibi    2 animalibus] اجناس الحيوان (generibus animalium)    3 scilicet] ايضا    contra nocumenta] لان ولان يفعل بالاسنان و- (etiam scilicet quia agit per dentes aut)    quibusdam + لا يلقى اعنى يدفع به الاذى (ne patiatur scilicet ut eiciat nocumenta)    quibusdam + الحيوان الذى (generibus animalium)    4-5 in animalibus agrestibus] اجناس الحيوان (animalia agrestia in natura) طباعه برى    quibusdam + الحيوان (animalibus)    7-8 ad utendum et] والاستعمال كما يكون فى كثير من الحيوان الوحشى والانيس فاما اسنان الانسان فخلقتها موافقة للاستعمال المشترك اعنى ان مقاديم اسنان الانسان ( ٭حادّة ) لحال (et ad utendum sicut erit in pluribus animalibus silvestribus et domesticis. creatio vero dentium hominis est conveniens ad usum communem, scilicet quod dentes anteriores hominis <acuti> sunt ad)    9 ad molendum] لكى تطحن وتملّس (*syn.*) +    sunt canini] النابان تفرق وتحدّ ما    anteriores + الاسنان (dentium)    cibum] الطعام    10 dentes anteriores] بينهما (sunt canini *qui* distinguunt quod est inter eos)    duorum] مشتركة من كليهما    المقاديم

acuti et alio modo [12]lati. Et talis est dispositio dentium in omnibus animalibus quae [13]non habent omnes dentes acutos. Qualitas vero [14]et quantitas dentium hominis sunt convenientes ad loquendum, et maxime [15]anteriores dentium.

[16]Quaedam autem animalia habent dentes propter cibum tantum, sicut diximus superius, [17]et quaedam propter vigorem. Et quaedam habent [18]duos culmos, sicut porci, et quaedam habent dentes acutos [19]sitos ad modum serrae, et propter hoc dicuntur fortes, quoniam [20]vigor eorum est in dentibus, propter acumen eorum. [21]Et omnes dentes fortes intrant se secundum serram, ut [22]non obtundantur. Et nullum [23]animal habet dentes acutos intra et culmos prominentes simul, quoniam natura nihil fecit [24]superflue. Et istorum duorum modorum unus est propter [25]vigorem et alius est ad pugnandum, et propter hoc non habent [26]porcae culmos prominentes, et non mordent nisi per acuitatem dentium suorum.

Et universaliter [27]debemus scire aliquid conveniens ei quod dicemus modo et quod [28]volumus dicere post, scilicet quod [29]natura non dat membra convenientia vigori nisi [30]animalibus indigentibus illis, [31]ut aculeum et ungues et cornua et culmos prominentes [32]et

---

11 et om. CEW    modo² + sunt DH    13 omnes post dentes BC: om. H    14 dentium ante et¹ A¹: om. C    15 dentium D¹: -tes D²    17 quaedam²] quidam H    18 culmos] -es C    sicut porci om. C    quaedam] quidam H    19 serrae] scire C    20 dentibus + et H    21 se om. C    22 obtundantur] abtundantur H    23 habet] -ens C    acutos dentes CE    et om. CH    24 duorum] secundorum W: post modorum D    25 et¹ om. EW    26 porcae ante 25 non H    26 dentium bis scr. D    27 dicemus] -imus EH    28 volumus] vellemus C: volemus HW    30 indigentibus] videntibus C    illis] illud H    31 et¹ om. CEHW    et² om. H    32 et¹ om. B

---

14 ad loquendum] موافقة للتصويت بالهجاء + 15 dentium + لبعض الكلام والتصويت ايضا (sunt convenientes ad vociferationem per syllabas etiam)    17 quaedam¹] من + المعونة و. (iuvamentum et) + propter    الحيوان ما له اسنان (quaedam animalia habent dentes)    18 culmos + ناتثان (prominentes)    porci] masculi porcorum    19 sitos ad modum serrae] بعضها يدخل فى بعض (intrantes se ad invicem)    fortes] قوى الاسنان (GL) (fortia dentium)    20 propter] لحال وذلك يكون (et hoc est propter)    21 fortes] موافقا للقوة (convenientes vigori)    intrant se secundum serram] يكون مداخلا من سحق بعضها + (تفسد حدّتها) 22 obtundantur    اعنى يقع بعضه فى داخل بعض (in conterendo se ad invicem)    24 superflue] باطلا ولا فضلا (syn.)    25 alius + النوع (modus)    ad pugnandum] لحال القتال ودفع المكروه    27 quod²] لما (ei quod)    28 volumus + باستئناف (incipere)    post om. Ξ    29 convenientia + المعونة و. (iuvamento et)    30 indigentibus (= المحتاج الى)] المحمول ل L: المحتمل ل G (→ adn.)    illis + اعنى (scilicet)    31 ungues + التى تكون فى ساقى الطير (qui sunt in cruribus avium)

sibi similia. Et quia masculi animalium sunt fortiores ³³et iracundiores, forte erunt ista instrumenta in masculinis tantum, et forte erunt in masculis fortiora quam in feminis. ³⁴Membra vero quibus necessario indigetur sunt in feminis etiam, ³⁵sed minus quam in masculis. ³⁶Membra vero quibus non indigetur aliquo modo necessitatis non sunt in feminis. ¹Et propter hoc habent mares cervorum cornua, ²feminae autem non. Et inter cornua ³vaccarum et taurorum est diversitas, et similiter in cornibus ovium.

⁶Dentes autem omnium piscium sunt acuti sicut serra, praeter ⁷unum genus piscium, quod dicitur Graece tehakariz. Et in pluribus ⁸linguis et palatis piscium sunt dentes. Et causa illius est ⁹quia pisces necessario recipiunt aquam cum cibo, ¹⁰quapropter subito vadit cibus ad ventrem et non potest manere ¹¹in orificiis eorum diu, ne intret aqua in ventres eorum et impleat eos. ¹²Et propter hoc sunt dentes omnium modorum piscium acuti, ut abscindant cibum cito. ¹³Et fuerunt in locis diversis, quoniam cum multitudine dentium erit abscisio cibi in partes parvas citius, et erit hoc loco molitionis. ¹⁴Et dentes piscium sunt incurvati, quoniam vigor eorum ¹⁵est in eis.

---

fortiores + et audaciores $D^2$   33 masculinis] -culis $D$   erunt² om. $CE$   masculis] mas $H$   fortiora] -res $ABD^1H$   in³ om. $C$   feminis] -ninis $H$   34 vero om. $C$   34 indigetur ... 36 non¹ om. $A^1$   34 necessario post indigetur(] -ent $H^1$) $H$   feminis] -ninis $H$   35 masculis] -inis $H$   36 vero om. $H$   non¹ om. $H$   indigetur] indigent $H^1$   necessitatis] lac. 4 litt. $B$   feminis] fe $H$   1 habent post cervorum $C$: post cornua $E$   mares $H^2$: maiores $H^1$   2 feminae] -a $H$   3 et² om. $D^1$   6 serra] seira $C$: terra $H$   7 tehakariz] chehakariz $B$: theakare $C$: theharez $E$: tehapkariz $H$: cechehakariz $W$   8 palatis piscium] paascium $C$   piscium] animalium $EW$   9 quia] quod $CEW$: propter quod $H$   recipiant] -unt $H$   11 diu ante eorum¹ $A^1H^1$: ante in¹ $W$: ante 10 manere $CE$   ventres] -em $CE$: -is $H$   e-os] os $AD^1$   12 cito cibum $D$   13 parvas partes $CEHW$   hoc + in $D^2$: + modo $H$   molitionis $C$: mollitionis cett.

---

32 et sibi similia] وكلّ عضو مثل هذه الاعضاء التى ذكرنا (et omnia membra sibi similia quae diximus)   2 feminae] feminae eorum   non] non habent cornua   3 vaccarum et taurorum] فهذه وجميع الآلة البقر واناثها (taurorum et feminarum eorum)   ovium + التى تشبهها تحتاج اليها لحال العون والقوة (istis ergo et omnibus instrumentis similibus indigetur propter *iuvamentum et vigorem)   6 sicut serra] يدخل بعضها فى بعض   cibo + لماواه فى الرطوبة ولانه (propter mansionem eorum in humido)   10 quapropter] يحتاج الى ان (et quia indigetur quod)   manere + الطعم (cibus)   11 eorum] السمك   ne intret] لانه إن لبث الطعم فى افواههما ويطحن (piscium neque moli) (quoniam si manserit cibus in orificiis eorum intraret etc.)   12 modorum: اصناف (G)   13 fuerunt + الانسان (dentes)   quoniam: لانها $G$ (لكى ut $L$)   erit¹ ... citius] يكثر (multiplicatur)

Natura ergo oris est in animalibus propter [17]istas operationes, et propter anhelitum, in generibus animalium quae anhelant. Quoniam natura, [19]sicut diximus superius, utitur multis membris in [20]operationibus communibus, sicut ore, quoniam omnia animalia comedunt per os. [21]Vigor vero est proprium quibusdam animalibus. [22]Anhelitus autem non est communis omnibus animalibus eodem modo. [23]Et aggregavit natura ista in uno membro, et posuit creationem illius membri diversam, [24]secundum diversitatem operationum. Et propter hoc quaedam animalia sunt parvi oris, [25]et quaedam magni oris. [26]Et quodlibet os quo indigetur ad vigorem [27]est multae fissurae, quoniam [28]vigor illius animalis est in isto membro. Et propter hoc [29]omnia animalia acutorum dentium comedentia carnes multum aperiunt os, [30]ut sit suum mordere fortius. Et propter hoc est apertio oris luporum maxima. Et orificia piscium similiter sunt magnae apertionis, [31]et maxime pisces qui mordent et comedunt carnes.

[33]Aves vero [34]habent rostrum loco labiorum et dentium. [35]Et rostra avium diversantur secundum modum indigentiae [1]et iuvamenti. Et propter hoc sunt rostra avium incurvata, quoniam comedunt

---

15 est² *om.* $B^1$    19 sicut] si $A$: *ante* 18 natura $C$    multis *om. C*    in *om. C*    21 vero] autem $CD^2EHW$: ergo $D^1$    proprium + in (*sed del.* D) $CDH$    22 est *om. CH*    communis] -e $CEW$    eodem] e $CDW$    modo] m $D$    23 ista + duo $B$: + omnia $C$    membro uno $CEW$    illius] istius $E$    diversam $CEH$] diversum *cett.*    25 magni oris] maioris $CE$    28 animalis *om. A*    est *om.* $H^1$    29 comedentia] -ium $ADHW$: que sunt comedentes $C$    30 suum *om. E*    similiter *ante* piscium $CDEW$    sunt *om. ADEH*    31 pisces] -ium $B$    33-4 habent vero aves $D$    1 iuvamenti] -ta $H^1$    sunt + quedam $H$: *post* avium $CE$    avium *om.* $A^1$    1 quoniam ... 3 incurvatum *om. C*

---

17 anhelant + ويبرد جوفه من الهواء الذى يدخل عليه من خارج (et quorum interius infrigidatur ex aere intranti ex extrinseco)    20 communibus] المشتركة العامّة (*syn.*)    sicut + ما يستعمل (utitur)    comedunt] non comedunt nisi    21 animalibus + ولبعض اجناسها (et quibusdam generibus eorum)    23 ista] جملة الحاجة (omnes *istas* indigentias)    26 ad + طعم وتتنفّس وكلام فهو صغير وكلّ فم يحتاج اليه لحال (cibum et anhelitum et ad loquendum est parvum et quodlibet os quo indigetur ad) vigorem] معونة وقوة (iuvamentum et vigorem)    27 multae fissurae (= مشقّق كثيرا)] في *العضّ* ($L$)] في العضو (= in isto membro)    28 مشقّق كبير (fissum magnum)    mordendo ΩKruk)    30 ut sit] واذا كان فتح الفم كبيرا (et quando multum aperiunt os potest esse)    fortius] اشدّ واقوى (*syn.*)    est ... maxima] صارت افواه السباع اكبر فتحا (sunt orificia luporum maioris apertionis aliis)    31 carnes + فتح الفم موافق من غيرها (apertio ergo oris erit conveniens talibus animalibus, parvitas vero et strictura oris non)    34 rostrum + وذلك لمثل هذا الحيوان فاما صغر الفم وضيقه فعلى خلاف ذلك المنقار للطير (et hoc rostrum est in avibus)    1 avium] quarundam avium

carnes. ³Quando rostrum fuerit incurvatum, poterit enim tunc retinere id quod tenet. ⁴Vigor ergo avium comedentium carnes est in rostro et in unguibus, et propter hoc fuit rostrum durum ⁶conveniens regimini vitae, sicut ⁷rostrum avis perforantis arbores, quoniam rostrum huius avis est valde durum forte, et rostrum corvi similiter. ⁸Rostrum vero generum avium parvarum est subtile, conveniens ad accipiendum grana, ⁹et similiter aves parvae quae vivunt ex cimicibus et sibi similibus, et aves quae comedunt vermes. ¹⁰Et quae habent inter pedes corium et manent multum in ¹¹aqua, rostra ergo istarum avium sunt convenientia hiis quae diximus. ¹²Et quaedam aves habent rostra lata, quoniam latitudo rostri ¹³est conveniens ad cavandum, sicut latitudo quae accidit porcis inter alia animalia quadrupedia, ¹⁴scilicet quod porcus est habens additamentum latum ad cavandum terram et comedendum radices. ¹⁵Et similiter sunt rostra avium comedentium radices et habentium vitam similem vitae porcorum.

---

carnes + quia $D^2$   3 rostrum] -a $A$   incurvatum + est maioris iuvamenti $D^2$   poterit] potuerunt $C$   tunc *post* retinere(] detinere $E$) $CEW$   retinere + bene $B$   id] illud $H$: *om. CE*   tenet] -ent $C$   4 ergo] autem $CEH^1W$   est *post* rostro $D^2$: *post* et¹ $D^1$   fuit] facit $W$   7 avis¹ *om.* $A^1$   valde *post* durum $E$   durum + et $D^2$   similiter *ante* rostrum³ $H$   corvi] corium $C$   8 rostrum] rostra $AD$   parvarum avium $CEW$   est subtile] sunt subtilia $D$   conveniens] -tia $D$   accipiendum] capiendum $D^1$: retinendum $D^2$   9 et¹ ... similibus *post* 11 aqua $C$ (quae] qui $C$)   cimicibus] nucibus $B$: seminibus $E$: cucucibus $W$   et³ + similiter $CEW$   10 inter *om.* $A^1$   corium *ante* inter $CEHW$   et² + que $EWC$   10 et² ... 11 avium *om.* $A^1$   manent] movent $H$   11 ergo] vero $H$   avium *om.* $C$   13 cavandum $D^2$: capiendum $D^1$   porcis] poris $D^1$: *om. C*   animalia alia $D$   14 latum *om. C*   cavandum] elevandum $E$   et + ad $CE$   comedendum] commedunt $H$: vel fodiendum $D^2$   15 et habentium] habentiumque $H$

---

carnes + ولا تغذى بشىء من اصناف الحبوب (et non cibantur ex aliquo modo granorum)   3 quando ... enim] فاذا (quando enim)   tunc *om.* Ξ   retinere] ضبط وامساك (syn.)   tenet + ولا سيّما اذا اراد ان يضبط شيئا ضبطا شديدا (et maxime quando voluerit tenere aliquid fortiter)   7 durum forte] قوى جاس (inv.)   corvi + واصناف الطائر الذى يشبه ويلائم الغربان (et modorum avium quae assimilantur (syn.) corvis)   9 et similiter ff. (→ *adn.*)   10 et¹] والطائر (et aves)   manent multum] ماواه   12 quaedam aves] quaedam genera avium   13 latitudo (= عرض) quae accidit] العرض الذى يعرض (hoc quod accidit)   14 ad cavandum] لانه يحفر (quoniam cavat ... et comedit)   15 porcorum + اعنى ان منقاره عريض وهو موافق للحفر واكل اصول العشب (scilicet quod rostra earum sunt lata et hoc est conveniens ad cavandum et ad comedendum radices *herbarum)

¹⁷Iam ergo diximus omnia membra capitis, et narravimus dispositionem et causam creationis eorum. ¹⁸Pars vero corporis quae est inter testam ¹⁹capitis et collum dicitur in homine facies, ²⁰quoniam nullus modus animalis est recti corporis praeter hominem.
[2] ²³Et nos volumus dicere causam cornuum. Quoniam cornua sunt ²⁴naturaliter in animalibus generantibus animalia. ²⁵Et in aliis etiam est caput transumptive, et forte etiam habent cornua quae dicuntur cornua transumptive. ²⁷Et cornua fuerunt creata propter vigorem et iuvamentum. ²⁸Et quaedam animalia habent ²⁹cornua debilia, et non sunt convenientia ad vigorem neque ad pugnandum. ³⁰Et omne animal fissi pedis multae fissurae ³¹non habet cornua, quoniam cornua ³²non sunt nisi causa vigoris animalium habentium multas fissuras in pedibus et alios modos ³³vigoris. Et natura dedit quibusdam animalibus ungues incurvatos, et quibusdam ³⁴dentes convenientes pugnae.

³⁵Et plura animalia habentia ungulas fissas habent cornua, ¹et quaedam animalia etiam habentia soleas. Origo ergo cornuum non est nisi propter vigorem. Animalia ergo quibus ²non dedit natura ullum modum iuvamenti, sicut ³velocitatem quam dedit equis, ⁴aut magnitudinem corporis ⁶ut elephanti et camelo, ⁴quoniam magni-

663a

---

17 iam ergo diximus *etc.*: incipit liber xiii-us *E*   ergo *om. C*   19 facies *ante* in *E*   20 animalis] similis *AD¹HW* : vel animalis *D²*: *om. CE*   est + similis *CE*   23 quoniam] quia *B*   25 etiam¹ *post* est *DW*: *om. CE*   est *om. E*   caput + et *C*: *om. E*   transumptive ¹ + cornua *B*   habent] -et *A*   quae ... cornua² *om. H¹*   quae ... transumptive² *om. C*   29 et + ideo *BD²*   vigorem + ubique *W*   31 habet] -ent *C*   32 et *om. C*   33 dedit] cedit *A*   incurvatos] curvatos *D*   et² + in *CE*   35 fissas] fissuras *H¹*: *ante* ungulas *B*: *om. E*   1 etiam] et *H*: *post* habentia *D*   habentia] -ent *W*   nisi *om. C*   ergo²] vero *E*   2 natura + animalium *H*: *om. C*   ullum] illum *B*   iuvamenti + habent alium modum iuvamenti *D²*   4 aut] et *C*

---

17 dispositionem] d. eorum   19 facies + وانّما سمّى وجها (et non dicitur facies nisi)   20 hominem + فقط (tantum)   23 dicere] نأخذ فى ذكر (incipere dicere)   24 animalibus + الذي له رأس وليس يمكن ان يكون رأس الا فى الحيوان (habentibus caput et caput non potest esse manifestum nisi in animalibus)   25 et¹ ( ... ) etiam¹] و   aliis + الحيوان (animalibus)   transumptive (1+2)] باستعارة الاسم   27 fuerunt creata] non fuerunt creata nisi   vigorem et iuvamentum] المعونة والقوة (*inv.*)   29 et] quae   convenientia + لمعونة ولا (ad iuvamentum neque)   ad pugnandum + لقتال ولا لقهر (*syn.*) + فان هذه الاعمال انما هى اعمال القوة (quoniam istae operationes non sunt nisi operationes vigoris)   32 causa + و للمعونة (iuvamenti et)   33 ungues incurvatos] مخاليب   34 convenientes] ... لـ موافقة خلقتها (quorum creatio est conveniens) pugnae] للقتال ودفع المكروه عنها   4 corporis¹ + مثل عظم الجمال (sicut magnitudinem corporis cameli)   6 ut elephanti et camelo] ut magnitudo corporis cameli et magnitudo corporis elephantis (*post* 5 animalibus Ξ)

tudo corporis ⁵prohibet occasiones ab animalibus, ⁶habent alios modos iuvamenti. ⁷Et animal habens culmos prominentes, sicut porci, ⁸habent ungulas fissas.

Animalia vero quae non possunt habere iuvamentum ex cornibus, ⁹natura dedit eis aliud iuvamentum, sicut ¹⁰dedit velocitatem cervis, quoniam magnitudo corporis et multitudo ramificationis suorum cornuum ¹¹est propinquior suo nocumento quam iuvamento. Et similiter cornua taurorum silvestrium et cornua hinnulorum, ¹²quoniam hoc animal forte pugnabit cum cornibus cum eo quod est eo debilius, ¹³et fugit lupos et fortiores se. ¹⁴Vacca vero agrestis habet cornua incurvata declinantia ¹⁵ad invicem, et propter hoc dedit ei natura aliud iuvamentum, scilicet eiectionem stercoris remote, ¹⁶ut detineatur ab ipso venator.

¹⁷Natura enim non dedit multos modos iuvamenti ¹⁸eidem animali. Et plura animalia habentia cornua habent sotulares. ¹⁹Et forte erunt animalia habentia cornua et soleas simul, sicut asinus Indicus. ²⁰Et quia corpora animalium sunt divisa secundum motus, scilicet ²¹dextri et sinistri, ²²habent quaedam animalia duo cornua, scilicet cornu dextrum et sinistrum. Et quaedam habent unum

---

5 ab + aliis $BD^2$    animalibus + et quedam animalia $B$: + que $CE$: + et quedam $W$    6 habent] -tibus $D^2H$    alios] aliis $D^1$: alteros $H$    8 non + habent nec $E$    possunt habere] habent $D$    ex] a $CEW$    9 aliud] aliquod $W$: om. $H$    iuvamentum] adiuvamentum $H$    10 quoniam + in cervo $B$    corporis om. $E$    11 quam + suo $B$    12 hoc] hic $H$    est post debilius $CEW$    $eo^2$ om. $CEW$    13 et² om. $B^1$    14 vacca ... agrestis: de bonaco mg. $A^2$    vero] ergo $CW$    incurvata + et $D$    15 hoc om. $H^1$    ei om. $H$    16 detineatur ut $H$    ipso] -a $CEH$    17 iuvamenti] iuramen et $C$    18 sotulares habent $H$    19 forte] -i $H$    sicut] ut $H$    indicus $E^2$: modicus $E^1$    20 corpora] cornua $BD^2$    divisa] -versa $DEHW$    motus] -um $C$    22 cornua duo $C$    scilicet om. $H$    et¹ + cornu $CH$    habent² om. $CEW$    cornu unum $CEW$

---

5 animalibus] سائر الحيوان (aliis animalibus)    8 cornibus] طباع القرون    9 aliud iuvamentum] alium modum ex modis iuvamenti    10 corporis] corporis eorum    11 et similiter] وكذلك ... ايضا (et similiter ... etiam)    taurorum silvestrium] الجواميس    hinnulorum] الغزلان    12 debilius + ولا يقوى على قتاله (et non potest pugnare cum eo)    13 fortiores se] القتال الخبيث (quae sunt *mala in pugna)    15 aliud iuvamentum] modum alii iuvamenti    remote + رمى اذا اتّقى هذا الحيوان فان (quoniam istud animal quando timuerit *eicit stercus suum ad locum remotum) بروثه الى موضع بعيد    16 venator + سلم ذلك فعل فاذا (et quando facit hoc salvabitur)    19 cornua et soleas simul] حوافر (soleas)    sicut + يسمّى الذي الحيوان (animal quod dicitur)    20 motus] motus eorum    21 dextri et sinistri] motum dextrum et motum sinistrum    22 quaedam²] quaedam animalia

cornu, ²³sicut asinus Indicus et animal quod dicitur Graece arcoz. ²⁴Arcoz vero habet sotulares, asinus vero Indicus habet soleas. Et quando animal habuerit unum cornu ²⁵erit in medio capitis, quoniam ²⁶medium capitis ²⁷est terminus communis inter extrema. Et recte ²⁸habuit hoc animal unum cornu et soleas. ³¹Et fissura non erit nisi propter diminutionem quarundam naturarum. ³²Et recte non habent animalia habentia soleas cornua, quoniam natura posuit vigorem in soleis, ³³et privavit caput a cornibus. Recte ergo habent animalia habentia soleas unum cornu.

³⁴Et recte fuit origo cornuum in capite, ³⁵non sicut dixit Alcinoz, quando culpavit taurum quia non habebat cornua in umeris, et finxit quod si habuisset cornua in umeris ¹impulisset fortius. Iste ergo culpat taurum quia cornua ²sunt in capite, et caput est debilius membrorum, secundum quod finxit. Et erravit in sermone eius, ³quoniam si origo cornuum esset in alio membro a capite, ⁴esset ei pondus magnum et prohibens operationes, ⁵et non esset iuvamentum per ipsam aliquo modo. ⁶Et non debemus tantum

663b

---

23 indicus $E^2$: modicus $E^1$    arcoz] archoz $C$: ardoz $D$: areoz $H$: aicoz $W$: de monocerote *mg.* $A^2$    24 arcoz $W$] archoz $C$: aicor $H$: *om.* $ABDE$    vero *om.* $BDEH$    habuerit] -uit $C$: -et $DE$    26 medium *om.* $C$    27 est + medius $E$    28 habuit] habuerit $AB$    hoc animal *post* soleas $C$    31 fissura] -as $E$    nisi] vere $C$    diminutionem] dampnationem $W$    naturarum] naturalium $B$    32 habent + nisi raro $CEW$    habent animalia habentia $D^1$: accidit nisi raro animali habenti $D^2$    soleas + et $C$: + habere $D^2$    vigorem *post* soleis $C$    33 caput *post* cornibus $C$    habent *post* soleas $C$    34 recte + ergo $H$    fuit] fuerit $H$    35 alcinoz] alkinoz $D^2$: alcine $C$: altinoz $W$    quando] quoniam $CEW$    taurum *post* habebat $B$    quia] quod $B$    habebat] habuit $CEW$    1 impulisset] ut pulisset $H$: *post* fortius $CEW$    culpat] -avit $CE$    quia] quoniam $E$    2 sunt (] habuit $C$: -et $W$) *ante* 1 cornua $CEW$    caput + eius $C$    est *post* membrorum(] membrum $CDEW$) $C$    in² ... eius *om.* $E$    4 esset] esse $B$    5 iuvamentum] iuvamen $C$: innatum $H$    ipsam] ipsum $B$: ipso $C$: ipsa $DHW$    modo aliquo $C$    6 tantum *post* considerare $W$: *om.* $E$

---

24 arcoz] ارقس يسمّى الذى (illud quod dicitur arcoz)    25 erit] نابت (orietur)    27 extrema] والجوانب والاطراف (extrema et latera)    28 soleas + والاظلاف الحوافر وطباع واحد بعضه قريب من بعض وكذلك يكون التشقيق فى الاظلاف والقرون فى الحيوان الذى هو فهو (et natura solearum et sotularium est una propinqua ad invicem, et similiter erit fissura in sotularibus et cornibus in eodem animali)    31 quarundam naturarum] naturae    35 alcinoz] ايسوبوس    1 impulisset + القرون بتلك (cum istis cornibus) fortius + رأسه من به ينطح الذى النطح من (quam impulisset cum impulsione capitis) cornua] cornua sua    2 erravit] وجهل اخطأ    4 magnum *om.* Ξ    5 ipsam: sc. *originem cornuum*

considerare a quo erit ⁷impulsio fortior, sed a quo magis possibilis. ⁸Et propter hoc non sunt cornua in manibus et pedibus, ⁹et si essent in orificiis, prohiberent cibum. Necessario ergo ¹⁰fuit origo cornuum in capite.

¹²Et debemus scire quod cornua sunt durissima et solida in cervis ¹³tantum. Et propter hoc eiciunt cervi cornua sua. ¹⁴Eiciunt ergo cornua ad iuvamentum et propter necessitatem, scilicet propter pondus. Cornua autem aliorum animalium ¹⁵sunt concava prope radicem, et residuum est durum solidum, quoniam ¹⁶illud est conveniens et melius ad impellendum.

²⁰Et iam declaravimus qua de causa fuit natura cornuum in animalibus, ²¹et reddidimus causam illius, et quare habent quaedam animalia cornua et quaedam non. ²²Et non fecit hoc natura nisi propter ²³necessitatem, ²⁴scilicet quia corpus ²⁵terrestre est multum in animali magni corporis. ²⁶Et non scitur animal cursile habens cornua nisi caper montanus. Et non debemus ²⁷cognoscere opus naturae nisi quando habuerit dominium super multa. ²⁸Et illud est quando fuerit in omnibus vel in pluribus. ²⁹Et pars ossium quae sunt in corporibus animalium est terrestris, ³⁰et propter hoc

---

erit] sit *CEW*    7 quo + sit *C*    9 necessario] –um *C*    10 cornuum] canuum *A*: eorum *H*    12 et² + etiam *H*    13 sua *ante* cornua *E*: + et *C*    14 cornua² *om.* *H*¹    15 concava] –e *C*    et] vero (*post* residuum) *CEW*    durum + et *CEW*    16 est *om.* *H*    impellendum] implendum *A*    20 declaravimus iam *B*    fuit] fuerit *CD*    21 reddidimus] reddimus *CHW*    et² *om.* *H*    habent *post* animalia *CEW*    22 propter + diversitatem (*sed del.*) *H*    25 terrestre] –i *C*    26 scitur *D*²: facit *D*¹    cursile] consimile *B*    habens] –ent *H*    nisi + propter (*sed del.*) *A*    27 naturae opus *B*    quando] cum *CEW*    28 vel] aut *C*    29 pars] os *C*    sunt] est *E*

---

6 considerare + المكان (locum)    7 sed + ايضا نتفقّد ان ينبغى (debemus considerare etiam)    a quo] النطح يكون منه الذى المكان (locum a quo erit impulsio)    possibilis + وابعد (et remotior)    8 et² pedibus] ايضا الرجلين على تكون ان يمكن ولا (neque possunt esse in pedibus etiam)    10 capite + الاعمال سائر من يمنع لا مما هناك نباتها فان والحركات (quoniam origo eorum ibi non prohibet alias operationes et *alios* motus)    12 durissima] صلبة (dura)    13 sua + فقط (tantum)    14 et + تلقيها (eiciunt ea)    pondus] الثقل طرح (eiectionem ponderis)    16 conveniens] convenientius    impellendum + العظم من نباته الطباع صنّف*  الجلد من لنباته ضعيفا المجوّف الجزء يكون لا ولكى معاشها تدبير لسائر مضرّة واقلّ اقوى القرون تكون النوع وبهذا (et ut non sit pars concava debilis propter originem suam ex corio *fecit natura originem suam ex osse et secundum hunc modum erunt cornua fortiora et minoris occasionis in residuo regimine vitae)    25 terrestre + الجسدانى (corporale)    26 cursile] جدّا صغير (parvum valde)    27 habuerit dominium super] على مستوليا غالبا كان (*syn*)

est ista pars multa in animali magni corporis. ³¹Et hoc quod dico cognitum est illi qui considerabat et intuebatur istud. Et ³³natura non facit nisi quod est melius et perfectius. ³⁴Necessarium ergo est ut declinet materia istius partis terrestris in quibusdam animalibus ad partem superiorem, scilicet in dentes ³⁵et culmos prominentes, et in quibusdam in cornua. Et propter hoc non potest habere dentes in utraque mandibula ³⁶animal habens cornua. Tale ergo animal non habet dentes anteriores in parte superiori. ¹Et quod diminuit natura in istis dentibus, augmentavit in cornibus, ²et cibus qui transivit in dentes mandibulae superioris, transit in cornua. Causa vero propter quam non habent feminae cervorum ⁴cornua, et habent dentes sicut dentes ⁵masculorum, est quia natura feminarum et marium est una, ⁶et naturaliter debent habere cornua. Sed natura privavit a feminis cervorum cornua, quoniam non ⁷iuvant eas, neque etiam masculos, et quia occasio eorum est minor ⁸propter vigorem aliorum animalium in quibus non ⁹transit pars terrestris in ista membra, scilicet cornua. Et natura ¹⁰posuit magnitudinem omnium dentium multam in quibusdam animalibus, et posuit ¹¹culmos in quibusdam prominentes, sicut est origo cornuum in capite.

[3] ¹²Iam ergo determinavimus et distinximus et reddidimus causas membrorum capitis secundum hunc modum. ¹³Quod vero sub ca-

---

30 ista] illa *CEH*   31 cognitum] -nitium *C*   istud] illud *CD*   33 facit] fecit *H*   est *om. D*¹   34 est ergo *BCEHW*   declinet] -at *B*¹   terrestris + et *C*   in dentes] videntes *H*   35 utraque] utroque *C*   36 animal² *om. E*   anteriores *D*²: interiores *D*¹   2 transivit] -sit *CEW*   dentes + sicut dentes masculorum *D*¹(*sed del. D*²)   4-5 dentes masculorum *D*¹: mares *D*²   5 est¹ *om. BC*   6 debent] -etur *B*   habere] esse hominis *C*   a] in *E*   feminis] -a *C*   7 eas *B*²: eos *B*¹   est eorum *C*   8 animalium + et *B*²   9 transit + aliqua *BD*²   10 magnitudinem *D*¹: vel multitudinem *D*²   multam] -a *A*: *om. CW*   11 sicut] sic ergo *E*   est] ergo *C*   cornuum *om. C*   12 iam] causam *CE*   reddidimus] reddimus *CHW*¹   causas *om. CE*

---

31 istud] الكثير (illud quod est multum (= *multa* → b27))   33 natura + ابدا (semper) melius] اجود وامثل (*syn.*)   34 istius *om.* Ξ   35 in utraque mandibula] فى الفك الاعلى والفك الاسفل (in mandibula superiori et mandibula inferiori)   2 qui transivit] الذى كان يؤدى (quem dedit (*sc. natura*) *dentibus etc.*)   dentes] مقاديم الاسنان (dentes anteriores)   in² + تربية ونشوء (creationem et crementum *cornuum*)   6 et] et quod debent habere] habent   7 neque etiam] ولا   et quia:] ولان (→ Kruk)   9 transit ... in] فى ... ينفذ   11 prominentes + من الخدّين (*L*) (ex maxillis)   12 determinavimus et distinximus] ميّزنا وحددنا (*inv.*)

pite, est membrum quod dicitur collum. Et hoc est [14]in animali habenti collum, quoniam hoc membrum non est [15]in omnibus animalibus.

[16]Et membrum quod dicitur trachea, et quod dicitur oesophagus, sunt in collo. [17]Creatio vero tracheae est propter anhelitum, [18]quoniam per ipsum est introitus et exitus aeris. [19]Et hoc dico quia quaedam animalia non habent pulmonem [20]et collum, sicut genus piscium.

Oesophagus vero [21]est membrum per quod intrat cibus ad ventrem. [22]Et manifestum est quod si animal non habuerit collum, non habebit pulmonem, [23]neque indiget oesophago. [24]Et potest esse [25]situs ventris post situm capitis, [26]et non potest esse situs pulmonis post situm capitis. Quoniam debet esse inter ea membrum, [27]sicut canna, et dividitur aer per ipsam [28]in concavitate pulmonis et in venis quae perveniunt ad ipsum, quoniam pulmo dividitur in duas partes. Et secundum hunc modum [29]erit operatio pulmonis completa et perfecta, scilicet introitus aeris in ipsum et eius exitus. Et quia instrumentum [30]anhelitus est longum, necessario [31]accidit ut sit oesophagus inter caput et ventrem. [32]Et est carnosum, et habet extensionem ad modum nervi. [33]Et ampliatur apud introitum cibi, et fuit [34]carnosus ut sit oboediens ad [35]introitum cibi.

---

13 quod² *om.* EW    14 animali $H^2$: -bus $H^1$    14 non est *post* 15 animalibus W    16 trachea + arteria $BD^2$    oesophagus *scripsi semper*] isofagus A: ysofagus B: ysophagus CDEHW    17 tracheae + arterie $D^2$    est *om.* H    19 quia] quoniam $DH^1$: quod vel quia $H^2$    20 et] nec $BD^2$    23 indiget] -ebit D    24 et] set H    26 situm] sicut E    membrum] -a ABD    27 canna] -e E    ipsam] -um E    28 in¹ $D^2$: et $D^1$    concavitate] -es H    ad $W^2$: in $W^1$    hunc *om.* $D^1$    29 operatio erit H    perfecta et completa C    et³ *om.* $AD^1H$    34 carnosus $D^2$: -um $D^1$

---

14 quoniam] واقول ذلك لانه (et hoc dico quia)    membrum + اعنى العنق (scilicet collum)    16 oesophagus + اعنى الذى منه يدخل الطعام (id est per quod intrat cibus)    18 per ipsum] بالتنفّس (per anhelitum)    20 et] ولا (neque)    21 per quod] منه (ex quo)    22 si animal non] ليس (G) كلّ حيوان (omne animal quod non)    23 oesophago] + عضو المرىء باضطرار لحال مدخل الطعام (membro oesophago necessario propter introitum cibi)    25 capitis + فى الجسد (in corpore)    26 situm capitis] الرأس (caput)    inter ea membrum] عضو مشترك (membrum commune)    27 ipsam] ذلك العضو (illud membrum)    29 et¹ *om.* Ξ    exitus + منها (ex ipso)    31 ventrem + باضطرار (necessario)    32 et¹ + طباع المرى ء (natura oesophagi *est carnosa*)    ad modum] مثل امتداد (sicut extensio)    33 et ampliatur] لكى يمتدّ ويتسع (ut possit extendi et ampliari)    et² + خلقته (creatio eius *fuit carnosa*)    34-5 ut sit ... cibi] لكى يكون ليّنا وبحيث لا يصيبه من الطعام الذى يدخل فيه شىء وتكون من ذلك ضرورة (ut sit lenis in eo quod non cadet in ipso aliquid cibi intrantis et accidet ex hoc occasio)

DE PARTIBUS ANIMALIUM III 3, 664a13–b22   103

Canna vero [36]et vena aspera est corpus cartilaginosum. [1]Quoniam   664b
creatio eius non est propter anhelitum tantum, sed etiam propter
vocem. Et [2]vox debet esse dura lenis. [3]Et vena magna est posita
coram oesophago, quamvis [4]prohibeat ipsum a receptione cibi.
Quoniam si [5]aliquid ceciderit ex cibo in venam magnam, erit causa [6]strangulationis et multae occasionis. [9]Et debemus deridere eos
qui fingunt [10]quod vena magna est cursus aquae et humiditatis,
quoniam [11]non est in ea via procedens ex pulmone ad ventrem
omnino. [12]Via autem procedens ex ore ad oesophagum et ventrem
manifesta est visui. Et etiam quando *acciderit [13]vomitus manifes-
tabitur a quo loco exit humiditas. [14]Et manifestum est etiam quod
humiditas non congregatur prius in vesica, [15]sed in ventre, deinde
vadit a ventre in vesicam. [16]Et superfluitates ventris recipiunt colorem ex [17]faece vini nigri. Et hoc accidit etiam [18]ex vulneribus
quae sunt in ventre. Sed [19]dignum est nos redargui ab aliquo, eo
quod loquimur in sermone stultorum.

[20]Vena autem magna, quia posita est coram oesophago, [21]exposita
est magno nocumento. Et propter hoc ingeniata est natura, [22]et
posuit super orificium cannae coopertorium, et est membrum
quod est super radicem linguae. Et hoc membrum non est in

---

36 est aspera $C$   1 anhelitum] hanelitus $H$   etiam] est $EW$: tantum $H$   4 ipsum]
-am $HW$   5 ceciderit] occiderit $C$: acciderit $E$: post cibo $H$   6 occasionis $H^2$: -es
$H^1$   9 deridere] dirigere $C$: descidere $D^1$   eos] ipsos $H$   10 humiditatis $H^2$: -es
$H^1$   11 ex] a $EW$   11 ex ... 12 procedens om. $C$   11 pulmone + et $D$   12 ex] ab
$CEHW$   ventrem + et $W$: om. $E$   est + ergo $C$   *acciderit scripsi: ceciderit
codd.   13 manifestabitur] -tatur $C$   humiditas] humidum $D$   14 est $CHW$: om.
$ABD^1E$   etiam om. $EHW$   15 sed $D^2$: et $D^1$   ventre$^1$ + et $B$   in$^2$] ad $EW$   16
colorem] calorem $CEH$   16–7 ex faece om. $C$   17 etiam accidit(] -et $E$) $CEW$   19
aliquo + eorum $B$: + in $D$   quod + nos $EW$   20 quia] que $CD^1EW$: vel quia $D^2$   est
posita $CEW$   22 cannae $H^2$: carne $H^1$   et$^2$ om. $D^1$   super$^2$] supra $A$   in om. $D^1$

---

35 canna] الحلقوم   36 est corpus cartilaginosum] فتقويمها من جسد غضروفى (sustentatio earum est ex corpore cartilaginoso)   1 eius] earum   3 vena magna (= العرق
العظيم)](العرق الخشن (vena aspera)   5 aliquid] شىء رطب او يابس (aliquid humidum
aut siccum)   causa + و ـ اوجاع (dolorum et)   10 vena magna] العرق الخشن (vena
aspera)   quoniam + لا يمكن ان يقبل به الحيوان الرطوبة من اجل انه (non potest animal
recipere per eam humiditatem quia)   12 visui] لكل من عاينه (unicuique videnti ipsam)   *acciderit: عرض   13 vomitus] الغثيان والقىء (syn.)   17 nigri: الاسود*
(→ Kruk)   19 stultorum] اهل الجهل وقلة المعرفة   20 vena autem magna] فاما العرق
الخشن (vena autem aspera)   21 exposita est magno nocumento] يكون علة أذى وضرورة
من الطعام (erit causa nocumenti et occasionis ex cibo)   22 super: على* (→ Kruk)
cannae] العرق الخشن (venae asperae)

²³omnibus animalibus generantibus animalia, sed in animali habenti pulmonem, ²⁴et non squamosae cutis neque [in] habenti alas. ²⁵Tale ergo animal non habet illud membrum, sed ²⁶orificium cannae aperitur et clauditur apud indigentiam anhelitus, sicut clauditur et aperitur canna animalis habentis illud membrum quod est super radicem linguae, ut ²⁹non cadat cibus in eam. Et si ³⁰animal neglexerit, ³¹et anhelaverit comedendo et potando, cadet aliquid ex cibo in cannam, et accidet tussis et strangulatio. Et sicut ³²diximus superius, optime ingeniata est natura in creatione linguae et membri quod est super radicem linguae, ³³et motus eorum ad molendum et masticandum cibum in ³⁴ore. Et si remanserit aliquid ex eo, remanebit ³⁵inter dentes, et non ³⁶errabit in itinere eundo ad cannam.

**665a** Et animal quod narravimus caret hoc ¹membro quod est super radicem linguae, propter siccitatem suae carnis ²et duritiem suae cutis. Quoniam si haberet hoc membrum, non esset boni motus, ³quia substantia eius est ex carne sicca et cute dura. ⁴Et propter hoc aperitur et clauditur orificium cannae apud indigentiam anhelitus citius ⁵quam motus illius membri creati, super radicem linguae, ex carne et cute quam diximus. Ista ergo est dispositio can-

---

23 habenti] habent *A*   24 cutis *H*²: cuncti *H*¹   neque] sed *CE*   in *codd.*: delevi   25 illud] istud *EW*   26 apud] ipsum *B*   illud] istud *W*   super] -pra *C*   ut *om. C*   31 anhelaverit] hanelaverit *H*²: hanelaverunt *H*¹   potando et comedendo *H*   comedendo + et bibendo *CE*   et² *D*¹: aut *D*²   cadet] -at *H*   accidet *H*²: -it *H*¹   et⁴ + forte *BD*²   et sicut *AD*¹] sicut *cett.*   32 optime + et *D*¹ (*sed del. D*²)   est¹ *om. H*¹   33 motus] modus *C*   molendum] mollendum *D*   in] scilicet *C*   34 si *om. B*¹   ex eo aliquid *H*   remanebit *bis scr.* (*sed em.*) *A*   36 eundo itinere *B*   quod + dicitur (*sed del.*) *H*   2 duritiem] -e *C*   haberet] habet *D*   hoc *om. E*   non] nisi *B*   esset] est *D*   3 est + et (*sed del.*) *H*   4 hoc + quod *H*²   clauditur et aperitur *CEW*   5 diximus + et *H*   5 ista ... 6 collum *om. E*

---

24 in *om.* Ξ   26 cannae] العرق الخشن (venae asperae)   canna] عرق (vena) linguae + فهذا العرق ينفتح وينغلق عند حاجة التنفّس (et ista vena aperitur et clauditur apud indigentiam anhelitus)   29 cibus] شيء الطعام (aliquid cibi)   eam] ذلك العرق (illam venam)   31 comedendo et potando] ساعة يطعم الطعام   cadet] ووقع (G) (et cadet)   ex cibo] منه (ex eo)   cannam] العرق الخشن (venam asperam)   et³ *om.* Ξ   accidet + له منه (ei ex hoc)   et sicut: وكما   33 molendum et masticandum] مضغ وطحن (*inv.*)   34 eo + عند الابتلاع (apud transglutionem)   36 cannam] فم العرق الخشن (os cannae (*lit. venae asperae*))   1 quod] scilicet quod   2 membrum + مع ما وصفنا من حاله (cum eo quod narravimus de dispositione eius)   4 aperitur et clauditur] ينغلق وينفتح (*inv.*)   cannae] هذا العرق (illius cannae)   5 super radicem linguae *om.* Ξ   cannae] العرق الخشن (venae asperae)

nae in ⁶animalibus habentibus collum. Iam ergo diximus causam quare quaedam ⁷animalia habent hoc membrum et quaedam non, scilicet epiglottin. ⁸Et bene ingeniata est natura in ⁹eiectione occasionum a canna.

Canna autem est posita ¹⁰coram oesophago. Quoniam cor est positum in anteriori ¹¹pectoris et in medio. Et dico quod ¹²principium vitae est, et omnis motus, et omnis ¹³sensus est in eo. Sensus autem ¹⁴et motus non sunt nisi in anteriori parte cordis, et propter hoc distinguitur medium ¹⁵et ultimum. Pulmo vero est positus ubi est cor, ¹⁶et anhelitus est per pulmonem, propter ¹⁷principium quod est in corde. ¹⁸Et anhelitus aeris prius vadit ad ¹⁹anterius cordis. Necessario ergo movetur epiglottis et canna apud anhelitum. ²⁰Manifestum est ergo quod necessario fuit locus cannae coram oesophago, quoniam ²¹quod intrat in cannam pervenit ad pulmonem et cor, ²²quod autem intrat oesophagum vadit ad ventrem. Membrum autem nobilius et melius, ²³quando non fuerit alia res nobilior prohibens ipsum ut sit ²⁴in parte superiori, non erit in parte inferiori, et dignius est ut sit in ²⁵anteriori, non in posteriori, et in parte ²⁶dextra, non in sinistra.

[4] ²⁷Iam ergo diximus de collo et oesophago et canna, ²⁸et tunc sequitur dicere de membris interioribus. Et ista membra ²⁹proprie

---

7 hoc om. HW¹   epiglottin] -otin AW: -otum BCDH   9 est autem canna H   10 coram om. C   anteriori] -is C   11 et¹ om. D¹H   et dico om. A¹   quod + cor W   12 est ante principium CEW   13 est] sunt B   14 in om. A   propter] per CD¹H   15 ultimum + et H¹ (sed del. H²)   vero om. C   positus] -um EW   16 est om. C   per] propter E   18 et ... 19 cordis om. C   19 movetur] moveretur B: modo A   epiglottis scripsi] epiglotis ABCEH²W: epuglotis H¹: epiglotum D   anhelitum] horam anhelitus B   20 ergo est E   necessario] -um B: vel necessarius D²   21 in] ad BE: del. D²   et + ad CEW   22 autem] et ante membrum D: om. ACE   melius + est CE   23 alia] aliqua B   ipsum] -am CEHW   24 dignius] -num C   in³ + parte B: om. A   25 anteriori + et BW   non in om. W¹   et om. C   26 dextra + et BC   in + parte CDEW   27 ergo om. C   et¹ om. EHW   28 et (om. E) tunc] et nunc B: vel nunc autem D²   interioribus] inferioribus CE   ista] ita C

---

6 collum (= عنق)[شعر (pilos)   7 epiglottin] العضو الذى يكون على اصل اللسان (membrum quod est super radicem linguae)   10 oesophago + باضطرار (necessario)   12 est om. Ξ   15 cor + القلب يلى وفيما (et in eo quod vicinatur cordi)   17 corde + وانّما يكون التنفّس الذى يتنفّس الحيوان بالرئه والعرق الخشن (et anhelitus animalis anhelantis non est nisi per pulmonem et cannam)   19 apud anhelitum] فى اوان   20 coram] فى مقدّم (in anteriori oesophagi)   22 membrum autem] وبقول التنفّس   كلّى العضو (et universaliter membrum)   25 et + احرى ان يصير (dignius est ut sit)   28 tunc om. Ξ

sunt in animali habenti sanguinem. Et in quibusdam animalibus sunt omnia membra interiora, et [30]in quibusdam non. Et erravit [31]Democritus quando [32]dixit quod membra interiora sunt in animali carenti sanguine, sed tamen non apparent, propter parvitatem sui. [33]Et hoc manifestum est, quia in animali habenti sanguinem apparent membra interiora in principio suae creationis, [34]quamvis sit valde parvum, et manifeste cor eius et epar. [35]Et forte erit animal trium dierum, et magnitudo eius quasi punctus, et apparent in eo ista membra valde parva, [1]et similiter apparent parva in aborso. [2]Et sicut diximus quod usus membrorum extrinsecorum [3]diversatur secundum indigentiam ex ipsis, [4]ita diversatur etiam usus membrorum intrinsecorum secundum modos regiminis vitae. Et membra interiora sunt propria animali habenti sanguinem, [6]et quodlibet istorum sustentatur ex sanguine. Et hoc manifestatur in [7]pueris, quoniam membra puerorum respectu sui corporis sunt valde magna sanguinea.

[9]Cor autem [10]est in omnibus animalibus habentibus sanguinem.

---

29 sunt proprie *CEW*   et[1] *om.* $D^1$   et[1] ... interiora *om.* $A^1$   30 quibusdam + animalibus *A*   et *om. A*   31 quando] quoniam *C*   32 sunt *om.* $D^1$   sed $D^2$: et $D^1$   34 valde] velud *B*   parvum] -a $D^2$   35 erit] erat *H*   eius + est *H*   punctus] pontus *C*   et[3] *om. A*   in eo *post* membra *W*   in eo ista] ita in ea *C*   in *om.* $D^1E$   eo *om. E*   1 apparent + membra $BD^2$   aborso] ambroso *CW*: avibus *E*   3 diversatur *AB*] -antur *cett.*   secundum + magnitudinem vel $D^2$   indigentiam] magnitudinem *EW*   ex $D^1$: ab $D^2$   4 diversatur] diversificatur *A*: diversantur *H*   etiam] et *E*: *post* usus $D^1$: *del.* $D^2$: *om.* $HW^1$   intrinsecorum] extrinsecorum *C*   modos] -um *D*   interiora *B*] anteriora *cett.*   sunt] fiunt *E*   propria] -ie *CEW*   animali] in animali *CEHW*   6 istorum] aliorum $AD^1$: membrorum $H^1$: illorum $H^2$   ex] in *H*   7 pueris] parvis *ADW*   puerorum] parvorum *ADW*   respectu *CE*] in respectu *ABDHW*   sunt *ante* (in) respectu *CEHW*   magna *om. CEW*   10 omnibus animalibus habentibus] omni animali habenti *CEW*

---

29-30 et in quibusdam non] وهذه الاعضاء ليس جميعها فى بعض ولا تكون اعضاء الجوف فى الحيوان الذى لا دم له (et in quibusdam non sunt ista membra omnia et non sunt membra interiora in animalibus carentibus sanguine)   33 creationis + وتقويمه (et sustentationis)   34 sit + بعد (adhuc)   manifeste] يظهر ظهورا بيّنا (apparent manifeste)   2 et + ايضا (etiam)   extrinsecorum] التى فى ظاهر اجساد الحيوان (quae sunt in exteriori corporum animalium)   3 diversatur] ليس ... واحدا بل مختلف (non est idem sed diversatur)   4 regiminis: تدبير *(→ Kruk)   6 sanguine] هيولى دمية (materia sanguinea)   7 pueris, puerorum: الاطفال   sanguinea + لان صنف الهيولى وكثرتها ظاهر جدًّا فى اوّل التقويم (quoniam modus et multitudo materiae sunt apparentes valde in principio sustentationis)

Et iam diximus ¹¹qua de causa, scilicet quia necessarium est ut sit sanguis in tali animali. ¹²Et quia sanguis est humidus, indiget vase ¹³in quo sit, et propter hoc ingeniata est natura facere ¹⁴venas. Et venae indigent principio, et ubi est possibile esse unam radicem, ¹⁵melius est ita quam facere multa principia. Si vero est cor ¹⁶principium venarum, videtur quia venae exeunt a corde, et non videbuntur transire per ipsum. ¹⁷Natura autem creationis cordis est ex venis, quia est ex genere venarum. ¹⁸Et situs cordis est conveniens ad suum esse prius. Quoniam est positum ¹⁹in loco superiori et in anteriori, ²⁰quia nobilius est ordinatum in loco nobiliori naturaliter. ²¹Et hoc quod dico manifestatur ²²proprie in homine, et in aliis animalibus ²³etiam, scilicet quod natura posuit cor in medio loco corporis, quo indigetur necessario. ²⁴Et complementum illius corporis est locus exitus superfluitatum. Alia vero membra ²⁵sunt in animalibus secundum dispositiones diversas. Et non sunt necessaria ad vitam, ²⁶et propter hoc vivit animal quamvis abscindantur illa membra.

---

11 sit *om. C* sanguis] dignius *E* animali tali *W* 12 est + calidus (*sed del.*) *B* 13 sit] fit *BE* facere] ut faceret *CEW* 14 indigent + in $H^1$ (*sed del.* $H^2$) possibile est *E* unam esse *CEW* 15 facere] -ceret *A* est² *post* cor *CEW*: *om.* $H^1$ 16 quia] quod $CD^2EHW$ exeunt] -eant *H* 17 est² *om. C* 18 et + etiam *E* positum] -us *B* 19 in² *om. CEW* 20 quia] quod $D^1HW$: vel sit quoniam nobilius debet ordinari in loco etc. $D^2$ loco] lato *C* nobiliori naturaliter] naturaliter in nobiliori *H* 23 etiam scilicet *om. C* quod] quia *E* in *om.* $D^1$ loco *B*: *om. cett.* 24 superfluitatum] -is *CE* 25 dispositiones diversas] dispositionem diversam (*inv. C*) *CE* et *om. H* necessaria $H^2$: nunc $H^1$ 26 vivit] *lac.* 6 *litt. B* illa] alia *E*

---

10 diximus + فيما سلف (superius) 11 causa + يكون القلب فى كلّ حيوان دمى (est cor in omni animali habenti sanguinem) scilicet quia] ومن اجل انه necessarium est ut sit] necessario debet esse *sanguinem* in tali animali] فى كلّ حيوان دمى (in omni animali habenti sanguinem) 12 indiget] باضطرار يحتاج الى ان يكون له (necessario debet habere *vas*) 13 sit] يجتمع (congregetur) facere] وصير خلقة (in faciendo creationem *venarum*) 14 indigent principio] اوّل ... لـ اوّل واحد (necessario habent ... principio uno) 15 melius est] هو امثل واجود (*syn.*) ita quam facere] ان يكون واحد ولا تكون (ut sit una quam ut sint) 15-6 si ... exeunt] وانّما القلب ابتداء واوّل العروق فانها تظهر خارجة (cor autem non est nisi principium venarum quoniam videntur exire) 18 est¹ + مكان (locus) prius] اوّل (primum *(vel principium)*) positum + فى المكان الاوسط بل هو موضوع (in loco medio sed est positum) 19 superiori + وليس فى المؤخر (et non in loco inferiori) anteriori + وليس فى المكان الاسفل (et non in posteriori) 20 loco nobiliori] locis nobilioribus naturaliter + ان لم يكن شىء اعظم مانع لـه (si non fuerit res nobilior prohibens illud) 21 manifestatur + جدّا (valde) 26 quamvis] اذا (quando)

²⁷Illi vero qui finxerunt quod principium ²⁸venarum est in capite, erraverunt et male dixerunt. Quoniam ponunt ²⁹multa principia distincta, et in loco ³⁰frigido. Et hoc manifestum est, quia frigus cito accidit isti membro, locus autem cordis est econtrario, ³¹sicut diximus superius quod venae ³²transeunt per alia membra corporis interiora, et non transeunt per cor. ³³Et hoc manifestatur, quia cor est una partium venarum. ³⁴Et hoc est rectum, quia corpus cordis est in medio, et creatio eius ³⁵est in corpore spisso concavo naturaliter, ¹quoniam principium venarum est ex eo. Et est concavum ²ad recipiendum sanguinem, et est spissum ad custodiendum ³principium motus.

Et in nullo membro est ⁴sanguis sine venis nisi in corde tantum. Sanguis autem qui est in aliis membris ⁵est in venis. ⁶Quoniam sanguis exit a corde et vadit in ⁷venis, et non venit sanguis ad cor ex alio loco, quoniam ⁸est fons et principium sanguinis et primum membrum recipiens sanguinem. Et hoc manifestatur ex ⁹Anatomia et modis generationis, ¹⁰quoniam creatio cordis apparet prius sanguinea. ¹¹Et est principium motuum rerum delectabilium et

---

28 et ... dixerunt *om. E*  dixerunt male *CHW*  quoniam] quia *H*  28-9 multa ponunt *H*  29 et *om. H*  30 hoc *om. C*  quia] quod *CE*: quoniam *H*  cito *om. CE*  isti] -o *C*  econtrario] -tra *D*  31 quod] quoniam *D*  32 transeunt¹ + quia *CE*  per ... transeunt² *om. A¹*  alia] aliqua *H*  corporis membra *EHW*  33 quia] quod *C*: quoniam *H*  34 rectum est *CEHW*  quia] quod *H*  corpus *om. E*  creatio + corporis *B*  35 est *om. C*  corpore] corde *E*: *post* spisso *C*  1 venarum *B²*: earum *B¹*  est¹ *bis scr. D*  2 et est] et etiam *H*: est etiam *CW*  3 in *om. B*  4 corde *H²*: corpore *H¹*  6 quoniam ... 7 venis *om. B*  7 venis] venas *CEW*  ad cor *A²*: a corde *A¹*  ex] in *D*  8 principium et fons *E*  9 anatomia] athomia *C*  generationis *D²*: -tio *D¹*  10 creatio] generatio *CEW*  prius apparet *CEW*  11 motuum] -tui *C*  rerum + et *D¹ (sed del. D²)*  delectabilium] dilectabilium *C*

---

28 dixerunt] ظنّـوا (putaverunt)  30 membro + ويشتدّ عليه (et est *valde* magnum super ipsum)  31 sicut ... quod] وكما ... ان (et sicut ... quod)  32 corporis *om.* Ξ  33 hoc manifestatur quia] من هذه الحجة يستبين ان (ex ista ratione manifestatur quod)  35 naturaliter + وهو ايضا مملوء دما (et etiam est plenum sanguinis)  1 est²] non est nisi  3 motus: الحركة  in nullo] ليس يكون فى سائر (non in *ullo* alio)  5 est] هو محتبس (est retentus)  venis + وذلك بحقّ (et hoc est rectum)  7 quoniam + القلب (cor)  8 primum membrum] اوّلا ... العضو (membrum ... prius)  11 et est principium motuum] وكينونتها قبل كينونة سائر الاعضاء وايضا حركات (et generatio eius est ante generationem aliorum membrorum et etiam motus (*plur.*))

offensibilium, [12]et universaliter motus cuiuslibet sensus ex illo incipiunt [13]et ad ipsum redeunt. Et ita debet esse [14]principium, scilicet quod debet esse principium et unum et in medio, [15]quoniam ille locus est convenientior. Et medium est unum, et virtus eius expanditur ad omnia membra [16]secundum unum modum.

Et postquam scivimus quod nullum membrum sanguineum habet [17]sensum neque ipse sanguis, debet esse tunc locus in quo est sanguis sicut [18]vas, et necessarium est ut sit radix et principium simile ei. [19]Et hoc non manifestatur ex ratione tantum sed [20]etiam per sensum, quoniam cor apparet in corpore embryonis in initio suae creationis, et videtur [21]moveri inter alia membra quasi animal, quoniam ipsum est principium naturae [22]animalis habentis sanguinem. Et testimonium ad hoc est quod cor est in [23]omnibus animalibus habentibus sanguinem, quoniam necessario [24]indiget sanguis principio.

Et similiter etiam est epar in [25]omnibus animalibus habentibus sanguinem, tamen non potest aliquis dicere quod epar sit [26]principium totius corporis, neque principium sanguinis. Quoniam non est [27]positum in loco convenienti principio, et habet aliud membrum positum in eius opposito in [28]animalibus subtilis creationis, scilicet splenem. Et etiam epar non habet locum ad recipiendum [29]sanguinem, sicut habet cor, sed [30]sanguis qui est in epate retinetur in venis, sicut sanguis qui est in aliis membris. Et etiam per hoc membrum transeunt venae, [31]et non per cor. Et quia [32]neces-

---

13 debet] debent A    14 scilicet] et secundum H    esse] et A    et[1]] etiam B: del. D[2]: om. CEW    15 locus ante ille B: post convenientior ADH    medium + eius C    est[2]] et C: eius E    16 membrum] -orum CHW    17 locus tunc H    18 et[1] om. EHW    19 non om. H    20 in[2] bis scr. D[1]: et in D[2]    21 est] esse C    24 etiam om. CEW    25 sanguinem + et D[2]    non tamen CEW    26 totius ... principium[2] om. E    neque] nec CH    27 eius + principio (sed del.) B    28 epar etiam CEW    29 habet om. CEW    30 retinetur D[2]: est D[1]    etiam om. C    31 et[2] om. E

---

12 sensus: ‎حسّ‎ *(→ Kruk)    ex illo: ‎من هذا‎ L[1] (‎من هنا‎ 'hinc' cett. → Kruk)    incipiunt + ‎فى *معرضها‎ (in *apparitione)    13 redeunt] ‎تكون غايتها اعنى الى القلب‎ (erit finis eorum scilicet ad cor)    14 quod debet esse principium] quod ipsum debet esse et[1] om. Ξ    in medio] ubi est medium    15 convenientior + ‎من غيره‎ (aliis)    16 modum + ‎او نوع مقارب‎ (aut secundum modum propinquum)    et] et etiam    17 ipse sanguis] ‎للدم حسّ‎ (sanguis habet sensum)    tunc om. Ξ    locus] ‎الاوّل‎ (principium)    22 hoc + ‎ما ذكرنا‎ (quod diximus)    31 non + ‎عروق ... تمرّ‎ (transeunt venae)    cor + ‎من اجل ان اوائل جميع العروق من القلب‎ (quia principia omnium venarum sunt ex corde)    quia] ‎ايضا‎ (etiam)

sarium est ut sit alterum istorum principium, et [33]non est epar, erit ergo cor, et [34]principium sanguinis. Quoniam hoc est determinatum per sensum, et membrum [35]primum animalis habentis sensum habet sanguinem, ut cor, quia [1]est principium sanguinis, et est sanguineum ante alia membra.

Et extremitas cordis [2]est acuta, et est magis dura residuo, et posita [3]in pectore. Et universaliter est positum in anteriori corporis, ut non infrigidetur cito. [4]Et propter hoc fuit creatio pectoris paucae carnis, et posterius maioris carnis, [5]et propter hoc habet calor cooperimentum multum ex parte dorsi.

[6]Cor autem in aliis animalibus est positum in medio pectoris, [7]in homine vero declinat ad sinistrum, [8]ut sit infrigidatio partis sinistrae aequalis infrigidationi partis dextrae. [9]Quoniam pars sinistra in homine est frigida magis quam in aliis animalibus. [10]Et etiam cor est positum in piscibus secundum unum modum, [11]sicut diximus superius, et iam declaravimus causam propter quam apparet situs cordis diversus. [12]Et pars acuta cordis est in oppositione capitis, [13]et in eo est motus.

Et in corde etiam est multitudo venarum, [14]quoniam omnes motus sunt ab eo, [15]et ipsum emittit et attrahit ad se. Propter ergo hoc opus indiget cor [16]fortitudine, sicut diximus [17]superius. Et est in natura sicut animal in corporibus in quibus est.

---

32 istorum + membrorum $D^2$    33 est + primum principium $BD^2$: *om.* $CE$    ergo erit $H$    cor + primum $BCD^2EW$    et *om.* $E$    34 quoniam + etiam $ACDEH$: + et $B$    membrum] -orum $H$    35 sanguinem] sensum $C$    quia] quod $BD^2E$    1 et$^1$ $D^2$: quia $D^1$    est$^2$ + principium $D$    et$^2$ *om.* $D^1$    2 posita] ponitur $BDEH$    3 et $D^2$: ut $D^1$    universaliter] naturaliter $C$    4 posterius] posterioris $C$: postea $E$    5 hoc *om.* $W^1$    calor] cor $BCD^2EW$    multum *om.* $CE$    7 sinistrum] -am $E$    9 in homine *om.* $C$    magis frigida $CEHW$    10 unum] hunc $D$: *post modum* $CE$    11 sicut] ut $E$    cordis *post* diversus $E$: *om.* $W^1$    12 cordis acuta $H$    est *bis scr.* $D$: *om.* $B$    oppositione] positione $C$    13 motus $H^2$: modus $H^1$    etiam *post* est$^2$ $E$: *om.* $D^1$    est$^2$ *om.* $AD^1$    14 sunt] fuerunt $C$    15 ad] a $H$    hoc ergo $CH$    17 animal *om.* $H^1$    corporibus + et $A$

---

32 istorum + العضوين (duorum membrorum)    33 non est epar] اذ قد علمنا ان الكبد (cum iam scivimus quod epar non sit principium)    erit ergo] فباضطرار ان ليس هو اوّل    يكون (necessario ergo erit)    cor + اوّل جميع الجسد (principium totius corporis)    34 quoniam hoc] لانه    34 membrum ... 35 habet sanguinem: للعضو ... دم    2 residuo + جسده (corporis eius)    4 posterius + الجسد (corporis)    carnis + من المقدّم (quam anterius)    9 in homine] من جسد الانسان (corporis hominis)    frigida + خاصّة (proprie)    10 piscibus] اجساد السمك (corporibus piscium)    13 venarum + وذلك بحقّ (et hoc est rectum)    14 omnes motus] الحركات    15 emittit et attrahit ad se] يجذب ويمدّ الى ذاته (*inv.*)    16 fortitudine + ايضا (etiam)

Et non est ¹⁸in aliquo corde os, secundum quod vidimus, praeterquam in equo ¹⁹et in uno genere vaccarum. Quoniam in corde horum animalium ²⁰est os, propter magnitudinem corporis eius. Os ergo est positum in corde naturaliter ad sustentamentum, sicut in omnibus corporibus.

²¹Et in corde animalis magni corporis sunt tres ventres, ²²et in parvi corporis sunt duo ventres. Et omnino debet esse in corde animalis venter, ²³quoniam cor debet esse locus ²⁴receptionis sanguinis puri, ²⁵et iam diximus multotiens quod sanguis debet esse prius in corde. Et debemus scire quod principia venarum ²⁶sunt duo, scilicet vena magna et adorti. ²⁷Et utraque istarum duarum venarum est principium venarum diversarum ²⁸secundum differentias, et nos dicemus dispositiones earum ultimo. Et propter hoc debent esse principia venarum ²⁹diversa, quoniam natura sanguinis est divisa in duo. ³⁰Et propter hoc sunt loca quae recipiunt sanguinem in animalibus quae plus possunt in hoc, manifestiora et possibiliora, ³¹scilicet in animalibus magni corporis, quoniam ³²corda istorum animalium habent magnitudinem etiam. Et melius est ut sint ventres ³³tres, ut sit unum principium commune, et est medium singulare. ³⁴Et debent esse in istis ventribus magnitudines. ³⁵Et in ventribus qui sunt in parte dextra est sanguis multum

---

18 vidimus] audivimus $E$   equo $D^1$: -is $D^2$   19 in$^1$ om. $CEW$   20 est os] esse $B$   eius] eorum $CE$: om. $H$   eius. Os] Eorum os $C$   eius. Ergo os $D$   22 in$^1$ + corde $BD^2EHW$   omnino $D^2$: ideo $D^1$   25 et$^1$ om. $H^1$   diximus + prius $CEHW$   quod] quia $CHW$   prius ante debet $C$   26 duo sunt $C$   adorti] adoriti $A$   27 diversarum venarum $D$   29 est + diversa $E$   31 in om. $AH$   quoniam $D^1$: quia $D^2$   32 et om. $AW$   est om. $H^1$   33 tres ante 32 ventres $E$: om. $C$   33 ut] et ut $C$   commune $D^1$: conveniens $D^2$   35 et om. $H$   qui] que $W$   qui sunt ante in$^1$ $H$   sanguis est $CEHW$

---

18 aliquo corde] شيء من خلقة القلوب (aliqua creatione cordium)   19 corde] cordibus   20 ad] مثل (quasi)   omnibus] totis   corporibus + سند ايضا (est sustentamentum etiam)   21 corde animalis] cordibus animalium   ventres] ventriculi   22 in$^1$ + قلب   كلّ الحيوان (corde omnis animalis)   ventres] ventriculi   corde + كلّ (omnis)   venter] ventriculus + كما قلنا فيما سلف (sicut diximus superius)   23 locus] مكان وموضع (syn.)   24 puri] الاوّل فى القلب (primi in corde)   26 duo] عرقين duae venae   vena + الذى يسمّى (quae dicitur)   et + العرق الذى يسمّى باليونانية (vena quae dicitur graece)   27 principium] اوّل وابتداء (syn.)   30 manifestiora (= ابين) et possibiliora scilicet] اثنين وهو ممكن (duo, et hoc est possibile)   32 melius] امثل واجود (syn.)   ventres] ventriculi   34 debent esse ... magnitudines] debet esse ... magnitudo   ventribus] ventriculis   magnitudines + ومن اجل هذه العلة يكون فى كبار القلب ثلاثة بطون (et propter hoc sunt in habentibus corda magna tres ventriculos)   35 ventribus] ventriculis + القلوب (cordium → Kruk)   multum] كثير (multus)

**667a** ¹calidus valde, et propter hoc est pars dextra maioris caloris parte sinistra, ²et sanguis qui est in parte sinistra est minor et frigidior. ³Et ventriculi habent sanguinem temperatum in quantitate et qualitate, et est valde humidus. ⁴Et ita debet esse in membro in quo est prima virtus.

⁶Et in cordibus est divisio quae assimilatur suturae. ⁷Et illa divisio non est continua ad invicem, ⁸sicut continuatio rei compositae ex multis, sed sicut diximus ⁹assimilatur divisioni iuncturae. Et corda animalium habentium maiorem sensum sunt magis ¹⁰similia divisioni iuncturae, et corda animalium paucae segnitiei habent divisionem iuncturae, sicut ¹¹corda porcorum.

Corda autem diversantur in magnitudine ¹²et parvitate, et mollitie et duritie. ¹³Quoniam corda animalium carentium sensu sunt dura, ¹⁴et corda animalium habentium sensum sunt mollia. ¹⁵Et etiam animal habens magnum cor est timidum, et habens ¹⁶mediocre est magis audax. Et occasio quae accidit huic animali ¹⁷ex timore non est nisi quia calor cordis est modicus, ¹⁸et non potest implere ipsum, quia calor parvus in cordibus magnis ¹⁹debilitatur, et efficitur sanguis propter hoc frigidior. Corda autem ²⁰mag-

---

1 dextra pars *H*   2 et¹ ... sinistra *om. B*   est² *om. H*   3 qualitate et quantitate *CH*   6 cordibus + eorum *H*   9 sunt *post* 10 similia *C*   9 iuncturae divisioni *H* magis *om. CE*   10 paucae segnitiei(] singnitiei *C*)] pauci regiminis *E*: vel pauci sanguinis secundum aliquos libros *D²*   13 sunt] erunt *H*   13 dura ... 14 sunt *om. B* 15 etiam *om. H*   16 mediocre] –em *A*   est *om. A*   magis] magnum *W*: *post* audax *D: om. A*   17 ex timore *post* nisi *B*   est¹ *om. C*   est cordis *C*   18 non *om. E*   magnis cordibus *H*   19 et] ut *C*   sanguis *post* hoc *CEW*   hoc + debilior et *D²*

---

2 parte] البطن (ventriculo *sinistro*)   3 ventriculi] ما كان من البطون متوسّطا (ventriculi medii *habent*)   qualitate (= كيفية] الحرارة (caliditate)   humidus] نقى (mundus)   4 et ita: وكذلك *L* (→ Kruk)   virtus + خاصّة اعنى من دم نقى معتدل الكثرة والحرارة (proprie scilicet ex sanguine mundo temperato in quantitate et caliditate)   9 maiorem *om.* Ξ   10 paucae segnitiei habent divisionem iuncturae] اقلّ الابله الكسل تفصيل المفاصل (segnium *(syn.)* habent pauciorem divisionem iuncturae)   13 dura + الحيوان الذى له صفيقة الجسد (spissi corporis)   14 mollia: لّين (G)   15 habens²] اقدم واجرأ قلوب (animal habens cor *(lit. animalia habentia cordia)*)   16 magis audax] فيه (syn.)   17 timore] الفزع والجزع (syn.)   cordis + فيه (in eo *sc. animali*)   18 non potest implere (= ملا) ipsum] ليس تلائمها القلوب (non convenit cordibus in ipsis)   quia: ولان G (→ Kruk)   19 propter hoc *om.* Ξ

na sunt in leporibus et cervis et asinis et muribus [21]et filio hirz, et in aliis animalibus in quibus [22]manifestatur timor.

[24]Et sicut ignis modicus calefacit [25]minus in domo magna quam parva, [26]ita est calor in istis. [27]Et etiam modi motuum, qui sunt in quolibet [28]corpore calido, infrigidantur, [29]et spiritus erit maior et fortior in locis amplis. Et propter hoc [30]non erit pingue aliquod animal magnorum ventriculorum, neque animal magnarum venarum, [31]sed omne animal parvorum ventriculorum et gracilium venarum [32]est pinguis carnis in maiori parte.

Cor autem solummodo [33]inter omnia membra interiora non potest pati dolorem neque infirmitatem magnam. [34]Et hoc rectum est, quia quando corrumpetur principium, [35]in nullo adiuvat residua membra, et alia membra recipiunt virtutem a corde, cor autem non recipit ex eis. [1]Et significatio super hoc est [2]quoniam nullum interfectum in corde eius apparet [3]dolor aut infirmitas sicut apparet in aliis membris interioribus. [4]Quoniam in renibus apparent multotiens lapides [5]et vulnera aut apostemata, [6]et similiter in epate et pulmone. Et apparent aliae infirmitates multae [7]in eis quae vicinantur [8]membris interioribus, et maxime in eis quae

---

20 et³ + in *C*   muribus] mulieribus *CW*: + et mulieribus *D*²   21 et¹ + mulieribus *B*   hirz] rret *D*¹: yez *D*²: huez *W*   aliis *om. W*   25 minus *ante* 24 calefacit *EW*   25 quam + in *D*   26 est *D*¹: et *D*²   27 modi] moti *H*   28 calido + et *ACDH* : + etiam *W*: + etiam non *E*   29 et fortior *bis scr. D*   30 pingue *H*²: pinguis *H*¹ animal aliquod *C*   venarum magnarum *E*   31 sed ... venarum *om. A*¹   gracilium *H*²: -orum *H*¹   32 est] erit *CEW*   33 inter] habens *C*   34 corrumpetur] -itur *BCEW*   35 in nullo] in illo *E*   adiuvat] -ant *BCEW*: -antur *D*   et alia] animalia *H*   non *om. H*¹   ex] ab *CEW*   2 quoniam] quia *B*: quod *D*   3 interioribus] inferioribus *C*   5 aut] et *H*   6 aliae *post* infirmitates *CDEW* : *post* multae *H*   multae + et *EW*   7 eis + et *H*   8 interioribus membris *W*   membris ... vicinantur *om. E*   in eis *om. H*¹

---

20 et asinis et muribus] والفأر والضبع والحمير (et muribus et zabo et asinis)   22 (et) والذى يمكن لحال الفزع وحال العروق والبطون قريبة من الحال التى وصفنا + timor quae sunt *prava propter timorem et dispositio venarum et ventriculorum fere est sicut dispositio (sc. cordium) quam narravimus)   26 istis + العروق والبطن ايضا لان (etiam (-*L*¹) quoniam venae et ventriculus sunt vasa) اوعية   28 infrigidantur (=) تبرد](   تبرد (infrigidant)   29 maior] اكثر (plus)   30 venarum + سمينة لا تكون ان الجثة اعنى (scilicet quod corpus non erit pingue valde)   31 gracilium] صغير (parvarum)   32 carnis + او (aut)   33 magnam] شديدا صعبا   35 in nullo adiuvat] آخر شىء يمكن لا على ان القلب لا يحتمل معين ... دافعا عنها (non potest aliud adiuvare)   1 super hoc] شديدا سقما ولا مرضا (quod cor non potest pati infirmitatem magnam)   3 infirmitas] آفة (occasio)   4 in ... multotiens] renes apparent multotiens pleni *(lapidum)*

vicinantur pulmoni et venae magnae. Et infirmitates epatis apparent in loco continuationis eius [9]cum vena magna, quoniam [10]per hunc locum habet continuationem cum corde. Omnes ergo [11]occasiones quae accidunt animalibus [non] apparent in eo quod vicinatur cordi. [12]Iam ergo diximus dispositionem cordis, [13]et diximus causam propter quam est cor in animalibus habentibus cor, [14]et propter quid non est in quibusdam.

[5] [15]Sequitur de venis, scilicet vena magna [16]et adorti. Quoniam istae duae venae recipiunt [17]sanguinem a corde prius, aliae autem venae oriuntur ex istis, et ramificantur ab eis. [18]Et iam diximus superius quod creatio venarum est propter sanguinem. [20]Et nos volumus dicere causam propter quam fuerunt istae venae et ex uno principio, et quare dividuntur venae per [21]totum corpus. Et dignum est dicere, quia [23]anima est una in actu, fuit principium conveniens unum ex principio uno, et propter hoc fuit membrum in quo est [24]ista virtus unum prius. Est ergo in animali habenti sanguinem potentiā [25]et actu, et in quibusdam animalibus carentibus sanguine actu tantum. [26]Et propter hoc primus calor necessa-

---

magnae venae *E*   eius + est *H*   9 cum *D*²: et *D*¹   10 habet] -ent *W*   continuationem *post* corde *H*   10-1 omnes ergo occasiones *H*²: omnis ergo occasio *H*¹   11 accidunt *H*²: -it *H*¹   non *codd.: delevi*   in ... cordi *H*¹: vel nisi in eo quod vicinatur cordi *H*²   vicinatur] -antur *BCW*   13 cor¹ *om. H*¹   15 sequitur + dicere *W*   16 et *om. E*   adorti] orti *A*   duae istae *C*   17 sanguinem *post* prius *D*   oriuntur *D*¹: vel dividuntur *D*²   ramificantur] -bantur *D*¹   18 et *om. CEW*   20 fuerunt] fluunt *EW*   et² *om. C*   21 dignum est *om. H*¹   quia] quoniam *CW*   23 una] unum *D*: *ante* est¹ *CEHW*   in¹ *om. CD*   actu + et *CD*²*W*   fuit¹] facit *C*: et si sit *E*: sicut *H*   uno principio *C*   24 habenti *post* sanguinem *H*: *om. CE*   sanguinem] sanguis *CE*: + sanguis *B*   25 carentibus animalibus *C*   26 primus] prius *E*   necessarium(] -io *W*) *post* est *CW*: *om. E*

---

8 venae magnae] الورید الخشن (venae asperae)   9 magna + وذلك بحقّ (et hoc est rectum)   11 animalibus + لحال سقم (propter infirmitatem)   [non] : لا *G*⁴; *om. cett.* Ω (→ Kruk)   cordi + اذا ذبح وشقّ (quando fuerint interfecta et divisa)   14 quibusdam] quibusdam animalibus   15 de] ذكر (dicere de)   16 et + العرق الذى (vena quae dicitur)   venae + الكبيرين (magnae)   17 prius] قبل غيرهما (ante alias)   18 sanguinem + وكلّ رطب يحتاج الى وعاء يكون فيه وانّما يكون الدم فى هذين [العرقين والعرق الذى ينشؤ منهما] (et omne humidum indiget vase in quo potest esse et sanguis non est nisi in illis duabus venis [et *in* vena quae oritur ex istis *L*; *om. cett.* → Kruk])   20 causam propter quam] لماذا (quare)   venae¹ + اثنين (duae)   quare] لاىّ علة (causam propter quam)   21 dicere] انه   23 anima + التى تحسّ (sensibilis)   24 unum + هو فهو (idem)   26 primus calor] اوّل الحرارة (principium caloris)

rium est ut sit in ²⁷eodem membro. Et iste calor est causa essendi sanguinem calidum ²⁸et humidum.

Quia ergo ²⁹principium sensus est in uno membro, et in eo est primus calor, fuit calor sanguinis ³⁰ex uno principio, et propter hoc ³¹fuerunt venae ex uno principio. Et propter hoc etiam ³²fuerunt duae partes, scilicet dextra et sinistra, in animalibus habentibus sanguinem et ambulantibus. Et in corporibus omnium ³³istorum animalium est determinatum anterius et posterius, ³⁴et dextrum et sinistrum, et superius et inferius. Et quantum anterius est ³⁵nobilius posteriori, ita ¹est vena magna nobilior adorti.

Quoniam vena magna est posita in ²anteriori, adorti autem in posteriori. Et vena magna manifestatur in omnibus ³animalibus habentibus sanguinem, alia autem in habentibus sanguinem, in quibusdam debiliter, ⁴et in quibusdam non omnino. ⁵Causa vero propter quam dividuntur venae per totum corpus est quia sanguis est materia totius corporis ⁶animalis habentis sanguinem. Et in animalibus carentibus sanguine est pars conveniens sanguini, et quod convenit ipsi est positum in venis. ⁷Qualiter vero cibetur animal, et ex quo, et quomodo ⁸recipit cibum ex ventre, melius est ⁹dicere in sermonibus positis, et sustentatione ¹⁰membrorum ex sanguine, sicut diximus superius.

---

ut sit *om.* EW    27 est + calor (*sed del.*) D: *ante* iste H    28 et humidum *om.* $D^1$    29 uno $D^1$: unico $D^2$    29 et ... 30 principio *om.* $H^1$    29 $calor^1$ + et B    30 et ... 31 principio *om.* B    31 venae ... 32 fuerunt *om.* W    31 etiam *om.* CE    32 sinistra + et C    33 animalium istorum CE    34 quantum] quemadmodum CEW    35 nobilius] dignius CEW    2 anteriori $D^2$: interiori $D^1$    adorti] oriti $A^1$: orti $A^2$    3 animalibus BD: *om. cett.*    alia] animalia H    alia ... $sanguinem^2$ *om.* $A^1CD$    3 alia ... 6 sanguinem *om.* C    3 $sanguinem^2$ + sed BCD    $in^2$ *om.* A    4 quibusdam $H^2$: quibus $H^1$    5 totius *om.* $D^1$    7 animal cibetur CEW    9 in] ex H    et] ex BDH: in CEW

---

27 eodem] uno eodem    29 primus calor] اوّل الحرارة (principium caloris)    30 hoc] إلتمام الدم (*unitatem sanguinis)    31 etiam *om.* Ξ    32 dextra et sinistra] pars dextra et pars sinistra    34 est] يقال ان (dicitur quod est)    35 nobilius] اكرم واراس واشرف (G) (syn. → Kruk)    1 adorti] العرق الذى يسمّى اورطى (vena quae dicitur adorti)    2 anteriori + الجسد (corporis)    adorti autem] فاما الذى يسمّى اورطى فهو موضوع (quae autem dicitur adorti est posita)    posteriori + الجسد (corporis)    3 alia ... quibusdam] فاما العرق الآخر فهو يظهر فى بعض الحيوان الدمى (alia autem vena apparet in quibusdam animalibus habentibus sanguinem)    4 non + يظهر (apparet)    6 sanguini + والدم L (et sanguis)    9 positis + على *الولاد (de generatione)

[11]Et rectum fuit quod erat cursus sanguinis in venis et toto corpore naturaliter, [13]si sustentatio cuiuslibet membri est ex sanguine. Et hoc [14]assimilatur canalibus aquae praeparatis in hortis, quae exeunt [15]ab uno principio et ab uno fonte, et dividuntur prius per canales et illae in alias, ita [16]quod veniet aqua ad quemlibet locum. [19]Et similiter [20]ingeniata fuit natura et posuit cursum sanguinis per totum corpus, [21]quoniam sanguis naturaliter est materia totius corporis.

Et hoc manifestatur [22]in corporibus quae macilenta sunt multum, quoniam non [23]apparet in eis aliquid praeter venas, sicut accidit foliis vitis [24]et foliis ficuum et sibi similibus, [25]quoniam quando desiccantur, nihil apparet in eis nisi venae. Et causa huius est [26]quia sanguis et quod convenit ipsi est in potentia corpus aut [27]conveniens corpori. Et sicut accidit in canalibus quod [28]vallis magna, per quam transeunt, remanet longo tempore, parvae autem corrumpuntur [29]cito et implentur ex luto, et carent aqua, deinde [30]revertuntur ad priorem statum quando cavantur et mundificantur, ita accidit venis, scilicet quod [31]venae magnae remanent, et parvae efficiuntur caro actu, et [32]venae non minus quam erant

---

11 erat *om.* C   et² + in *DE*   13 si *om.* C   15 dividuntur] -itur *E*   16 veniet *D¹*: dividitur *D²*   ad] de *A*: in *CEW*   20 fuit] est *CEW*: *ante* ingeniata *H*   et *A²*: cum *A¹*   21 est naturaliter *CEW*   totius] istius *C*   22 sunt macilenta *CEW*   23 aliquid] -quis *C*: *ante* in *EH*: *om.* B   24 et¹ + in *CEW*   ficuum *D²*: fucum *D¹*   et² + in *C*   sibi *om.* C   25 quando *om.* C   desiccantur *H²*: designantur *H¹*   huius] eius *H*   26 aut (] autem *B*) + est *BD²*   27 accidit *post* canalibus *CEHW*   28 vallis] vadit (*sed del.*) vasis *H*   transeunt (] -erit *H*) + aque *BD²W*: + et *H*   remanet *B*] -ent *cett.*   longo] magno *CEW*   autem + aque *D²*   29 ex *om.* D   30 quando] quia *C*: quoniam *D¹*: vel quando *D²*   mundificantur + non minus *H²*   ita + quod *H*   accidit + in *D²*   30 scilicet *post* 31 venae *CEW*: *om.* H   31 actu] tactu *E*

---

11 et²] فى (in)   naturaliter + لانه يجب ان يجوز الدم بكل الجسد ويكون فى كله (quoniam sanguis debet transire per totum corpus et esse in toto)   14 canalibus] قنى ومجرى (syn.)   15 prius *om.* E   et illae in alias] ومجار كثيرة (et per canales multas)   16 locum + يحتاج اليه وفى البناء توضع الحجارة فى جميع حدود الاساس فنبات البساتين يكون من الماء والاساس يكون من الحجارة ثم يوضع البناء عليها (indigentem illa (sc. aqua) et in *aedificatione ponuntur lapides in omnibus *delineationibus *fundamenti et plantae hortorum erunt ex aqua et fundamentum erit ex lapidibus deinde ponitur *aedificium super ipsum)   20 cursum] مسيل ومجرى (syn.)   21 manifestatur + خاصّة (maxime)   24 et² + جميع الورق (omnibus foliis)   26 corpus + فهو اما جسد (scilicet aut corpus)   28 transeunt: *sc. canales*   parvae: *sc. valles*   29 et carent aqua] وثفل الماء (et faece aquae)   30 revertuntur ad priorem statum] يستبين ايضا (manifestantur etiam)   31 et²] فهو (et sunt)

prius in potentia. Et propter hoc ³³semper est caro salvata in quolibet membro per quod currit sanguis. Et non potest esse sanguis sine ³⁴venis, et ibi non manifestatur vena parva omnino, sicut ³⁵neque manifestantur valles parvae quae praeparantur ad cursum aquae omnino, quando corrumpuntur et antequam extrahatur materia corrumpens.

¹Et venae procedunt a magnitudine ad parvitatem quanto plus extenduntur in corpore, ²donec perveniant viae ad magnam angustiam et parvitatem propter spissitudinem sanguinis, ³scilicet viae convenientes cursui sanguinis. Et ex superfluitate ⁴humidi exit id quod dicitur sudor. Et sudor non fit nisi ⁵quando calefit corpus et aperiuntur orificia venarum. ⁶Et iam accidit quibusdam hominibus sudor sanguineus, ⁷propter malitiam complexionis corporis, quia corpus fuit paratum ad fluxum et fuit valde rarum, ⁸et sanguis efficitur valde humidus aquosus propter debilitatem caloris ⁹in venis parvis, et maxime propter paucitatem sanguinis. Et iam diximus superius ¹⁰quod sanguis quando digeritur inspissabitur. ¹²Calor autem non potest digerere propter sui paucitatem, ¹³et hoc erit

668b

---

32 prius *ante* erant *CD*: *post* potentia *H*     33 semper *post* est *D*: *post* caro *CE HW*     sanguis² *om. C*     34 manifestantur vene parve *E*     35 neque] nec *EW*     manifestantur] -atur *A*     praeparantur] -bantur *E*     quando] quoniam *CE*     corrumpens] corruptionis *CE*     1 venae + magne *BD²*     quanto] quam *C*: quoniam *E*     2 viae] vene *E*     3 scilicet ... sanguinis *om. A¹*     viae] voce *C*     convenientes] -is *B*     4 exit id] erit illud *H*     6 sanguineus] sanguinis *E*: *ante* sudor *H*     7 fuit¹ *om. AD¹*     paratum] paratur *A*: preparatum *CEHW*     ad *om. H¹*     fuit²] fluit *C*     8 humidus + et *B*     9 paucitatem] parvitatem *CEW*: vel parvitatem *D²*     10 quod *H*] quando *AD¹*: quoniam *BCD²EW*     quando] non *D¹*: + non *CW*: *ante* sanguis *B*     digeritur] dirigitur *H¹*: + quando *B*     inspissabitur] -satur *B*     12 digerere *H²*: dirigere *H¹*     13 erit] est *CEW*

---

33 semper ... sanguis¹] ما كان اللحم سليما فى ايّما عضو من الاعضاء وشقّ يسيل منه دم (dum caro sit salvata in quolibet membro et finditur currit ex ea sanguis)     35 omnino *om.* Ξ     corrumpuntur] انطمّت (implentur)     et antequam] و ـ قبل ان تنقى (antequam mundificantur et)     corrumpens] implens     2 angustiam et parvitatem] اصغر واضيق (*inv.*)     3 convenientes: الموافقة (→ Kruk)     cursui: لمجارى *G* (→ Kruk)     4 id quod] ندى (humiditas quae)     5 calefit] حمى ودفىء (*syn.*)     7 quia] اعنى لان (scilicet quia)     valde *om.* Ξ     8 propter] لقلّة نضوج و ـ (propter paucitatem digestionis et)     9 in] quae est in     10 quod: ان     sanguis] كلّ ما فيه شركة من الدم (omne quod habet communicationem cum sanguine)     inspissabitur] يغلظ ويثخن (*syn.*) + والغناء والدم مخلوط من كليهما (et cibus et sanguis sunt admixti ex ambobus)     12 digerere] الطبخ والنضوج (*syn.*)     13 erit + ايضا (etiam)

propter multitudinem cibi. [14]Calor ergo est parvus respectu multitudinis cibi. Multitudo vero est duobus modis, scilicet [15]quantitate et qualitate. Quoniam non est totus sanguis bonae digestionis secundum unum modum.

[16]Et viae sanguinis sunt valde amplae, [17]et propter hoc decurrit sanguis ex viis gingivarum et viis aculeorum. [18]Et propter hoc fluit multus sanguis ex viis sine dolore [19]et sine gravitate, sed fluit sicut sanguis qui fluit ex [20]vena.

Vena autem magna et adorti [21]mutant sua loca et involvuntur ad invicem, ut retineant corpus et sustentent ipsum, cum extensae fuerint venae et vadunt ad partes manuum et pedum. [22]Et fiunt amplae et ramificantur, et procedit una pars a posteriori corporis ad [23]suum anterius, et alia pars ab anteriori ad posterius, [24]deinde concurrunt in uno loco. Sicut accidit corporibus quae involvuntur [25]ad invicem, ita accidit [26]venis quando componuntur ad invicem, scilicet quia quod est ex eis [27]posterius componitur super illud quod est anterius. Et ita accidit venis quae exeunt ex corde et

---

14 calor ... cibi *om.* C    est[1] *om.* B    vero *om.* H    scilicet + aut B    15 qualitate et quantitate C    et] aut B    digestionis] dispositionis E    secundum] per CEW    unum $D^2$: hunc $D^1$    16 amplae valde CEW    17 gingivarum] graginarum E    18 fluit] fuit $D^1$: currit CE    18 ex ... 19 sanguis *om.* $A^1$    18 viis] venis E    20 et *om.* $C^1$    adorti] adoriti A    21 sustentent] -tant C    extensae] extente CEW    fuerint] -runt C: *post* venae D    22 fiunt] fuerunt B: fuerint D: sunt CE    pars una A    posteriori + capitis (*sed del.*) B    23 alia *om.* C    pars *om.* E    anteriori] interiori H    24 in uno loco $D^1$: vel ad unum locum $D^2$    accidit + in BE    quae] qui C    25 accidit + in CEHW    26 quando] que E    27 componitur] -untur C: ponitur E    anterius est H    ex] a BCEW

---

multitudinem] كثرة وافراط (*syn.*)    cibi + الذى يصير الى الجسد (*intrantis in corpus)    15 totus sanguis] جميع الدم    16 et viae ... amplae] يسيل الدم من السبل الواسعة واتّما جدّا (G) (et sanguis non decurrit nisi ex viis valde amplis)    17 ex viis gingivarum et viis aculeorum] من سبل المناخير وسبل اللثات والدبر (ex viis nasi et viis gingivarum et *partis posterioris)    18 et propter hoc] وربّما (et forte)    ex viis] من الفم (ex ore)    19 et sine gravitate] ولا يكون مسيل هذا الدم عسرا مؤذيا (et non erit fluxus illius sanguinis gravis nocens)    fluit sicut] مثل مسيل (sicut fluxus *sanguinis*)    20 vena[1] (الوريد)    فانه يسيل بعسرة وشدّة واذى + (quoniam ille fluit cum gravitate et fortitudine et nocumento)    et + العرق الذى يسمّى (vena quae dicitur)    21 cum] واذا (et cum)    22 et[1] *om.* Ξ    fiunt amplae: اتّسعت (G) (→ Kruk)    22-3 una pars ... et alia pars] التى تضفر وتشتبك ... الشق الواحد والشق الأخر    24 quae involvuntur ad invicem] حتّى تلتئم وتركّب بعضها على بعض + بعضها ببعض (*syn.*) (quousque continuentur ad invicem et componentur)    27 anterius] in anteriori corporis

procedunt ad partem ²⁸superiorem. Dispositio vero ²⁹venarum, et compositio et separatio earum, non comprehenduntur nisi ex Anatomia et ex hoc quod narravimus ³⁰de dispositione et natura animalium. Sufficit ergo nobis quod diximus de venis et corde. ³¹Et sequitur consideratio de naturis aliorum membrorum interiorum, ³²sicut fecimus superius de aliis.

[6] ³³Animal vero ambulans habet pulmonem. ³⁴Et hoc necessarium est, quoniam indiget infrigidatione, ³⁵et animal habens sanguinem indiget hoc magis quoniam habet maiorem calorem. ¹Animal vero carens sanguine, ei sufficit de ²infrigidatione spiritus naturalis qui est in eo.

⁵Animal autem quod anhelat infrigidatur per aerem qui intrat in suo *interiori. ⁶Et propter hoc dicimus quod omnia animalia anhelantia habent pulmonem, ⁷et omnia animalia ambulantia anhelant. Et quaedam animalia aquosa anhelant etiam, sicut ⁸delphin, et animal magnum quod dicitur Graece malakie, et omnes lupi marini magnorum corporum qui attrahunt aerem. ⁹Et multa animalia sunt communis naturae, ¹⁰scilicet aquosa et silvestria. ¹¹Et hoc animal manet in aqua in maiori parte temporis. ¹²Et multa animalia silvestria manent in aqua propter hoc quod diximus, et quia sunt silvestria anhelant, et ille anhelitus est complementum vitae illorum.

669a

---

28 vero *om.* CW  29 comprehenduntur] -henditur $BCDEH^2$: -hentur $H^1$  anatomia A] anathomia $BDEHW$: anothomia C  hoc + est CEH  quod *om.* $A^1$  30 nobis + hoc $BCDH$  quod diximus *om.* $A^1$  31 consideratio (*in titulo* $D^2$)] considerare (*in textu*) D  et *om.* B  naturis + multis C  35 quoniam $D^2$: quam quod $D^1$  2 naturalis] vel C  5 autem] vero D  *interiori *scripsi*: anteriori *codd.*  6 hoc + quod B: *om.* $D^1$  7 etiam] et C  8 animal $A^2$: -lia $A^1$  malakie] malachie E  lupi marini $D^2$: lupinarum $D^1$  9 sunt] sicut H  10 scilicet *om.* H  11 manet $D^1$: vel vivit $D^2$  12 manent ... silvestria² *om.* $D^1$  aqua] aquis C  ille] illius C  illorum] eorum B

---

28-9 dispositio vero venarum] فاما كيف حال معرفة العروق L (→ Kruk)  28-9 vero ... non ... nisi (= فانّما)] فاما (vero)  30 de venis et corde] de dispositione venarum et cordis  32 sicut ... aliis] فنحن نفعل ذلك ايضا بقدر المأخذ الذي اخذناه فيما سلف من قولنا  35 hoc magis] خاصّة الى هذا التبريد (praecipue hac infrigidatione)  calorem + من غيرها (quam alia)  1-2 ei sufficit de infrigidatione] فهو قوى على التبريد (illud potest infrigidari per *spiritum naturalem*)  5 in suo *interiori: فى جوفه  8 malakie: ملاقيا G (→ Kruk)  attrahunt aerem] تنفخ وتجنب الهواء (syn.)  10 silvestria + لحال مزاج جسده الطباعى (propter complexionem naturalem sui corporis)  12 hoc quod] causam quam  complementum] غاية وتمام (syn.)

¹⁴Pulmo autem est instrumentum. Et principium motus pulmonis ¹⁵est in corde, et ipse est praeparatus ad amplitudinem in introitu aeris, ¹⁶propter mollitiem et vacuitatem et concavitatem et magnitudinem sui corporis. Et cum inflatur ¹⁷intrat aer, et cum constringitur exit aer. ¹⁸Et quia pulmo est conveniens pulsui cordis non inflatur neque elevatur multum. ¹⁹Pulsus autem cordis non accidit nisi praecipue in homine, ²⁰quoniam homo sperat ²¹et timet. Pulmo ergo est conveniens pulsui cordis et anhelitui, sicut diximus.

²⁴Et in pulmone animalium est magna diversitas. Quoniam quaedam animalia habent ²⁵pulmonem sanguineum magnum, et quaedam animalia habent pulmonem vacuum et concavum. ²⁶Animal ergo generans animal habet pulmonem magnum ²⁷multi sanguinis, propter calorem naturae, pulmo vero animalis ovantis est parvus siccus, et bene potest ²⁸inflari et tumescere quando insufflatur, sicut ²⁹in animali ambulanti et ovanti, sicut in tortuca et lacertulo ³⁰et sibi similibus, et cum istis ³¹genus avium. Quoniam genus avium habet pulmonem ³²concavum similem spumae, quoniam spuma efficitur pauca ³³ex multo quando dissolvitur et fit aqua. Pulmo ergo istius animalis ³⁴est parvus quasi tela, et propter hoc omnes isti modi non sitiunt et abstinent a potu ³⁵longo tempore,

---

14 instrumentum est *H*    pulmonis *om. W*    15 ipse] -um (*sed em.*) *B*    est² *om. H*    amplitudinem + et *A*    in² *om. D¹*    introitu] -um *H¹*    17 intrat + per os *CW*    18 inflatur ... 19 non *om. H*    21 et¹] vel *C*    ergo] autem *B*    est *om. C*    24 in *om. H¹*    25 sanguineum ... pulmonem² *om. A¹*    concavum] cavum *A*    26 ergo] vero *E*    magnum + et *B*    27 multi *D¹*: multique *D²*    animalis + habentis sanguinem *BD²*: + generantis *E*    28 quando] quoniam *E*    insufflatur] inflatur *DE*    29 et¹ *om. E*    lacertulo] -tula *H²*: -talo *C*    30 istis + generibus *B*    31 genus¹] ergo *C*    avium¹ *H²*: animalium *H¹*    quoniam *D²*: quando *D¹*    32 quoniam *D²*: quando *D¹*    33 quando] quam *C*: quoniam *E*    ergo] vero *B*    34 est] fit *D¹*: *post* parvus (*sed em.*) *H*    parvus (] -a *EH*) *post* tela *EHW*: *post* quasi *C*    isti *om. E*    modi + utuntur cibo et *D²*: + est *H*: *om. E*    sitiunt] scitiunt *C*    et² *D¹*: set *D²*    abstinent] -eant *D*

---

15 in¹] من (ex)    16 vacuitatem et concavitatem (*syn.*)] تجويف    inflatur] انتفخت (*syn.*)    18 (*syn.*) + الرئة (pulmo)    17 constringitur] انقبضت واجتمعت الى ذاتها (*syn.*) وتورّمت    et quia: ولان (→ Kruk)    non: لا *G³* (→ Kruk)    21 timet + الامر الآتى (*futurum (lit. rem venientem)*)    24 animalium] التى تكون فى جوف الحيوان (qui est in interiori animalium)    25 pulmonem² + صغيرة (parvum)    vacuum] رخوة الجسد    et² *om. E*    27 bene potest] قوية على    29 ambulanti + الذى له اربعة ارجل (quadrupedi)    30 et¹ + كل جنس (omnibus generibus)    et² + ايضا (etiam)    31 genus avium habet pulmonem] رئة جميع الطير (pulmo omnium avium est)    34 quasi tela] telalis    sitiunt + وهى قليلة الشرب (et potant modicum)    et²] ولذلك (et propter hoc)    a potu] عن الماء (ab aqua)

³⁶propter paucitatem caloris in corpore. ¹Ista ergo infrigidantur ex 669b
motu pulmonis, quoniam eius motus adducit multum ²aeris. Et accidit ut sit magnitudo istorum generum ³minor magnitudine aliorum animalium, quoniam calor naturalis est causa crementi, ⁴et multitudo sanguinis est signum caloris. Calor autem ⁵rectificat corpora animalium, et propter hoc fit homo tantum recti ⁶corporis, plus aliis animalibus. Et animal generans animal est rectioris corporis plus aliis quadrupedibus, ⁷et non manet in foraminibus aut fissuris aliquod animal generans animal et non carens pedibus. ⁸Et universaliter creatio pulmonis non fuit nisi propter anhelitum.
[7] ¹³Quaedam vero membra interiora sunt divisa in duo, ut renes, et quaedam non, ¹⁴sicut pulmo et cor. ¹⁵Et de quibusdam est dubium utrum sint divisa aut non, sicut ¹⁶epar, quoniam habet duas partes quamvis sint continuae ¹⁷ad invicem, et propter hoc videntur sicut unum. ¹⁸Et universaliter omnia membra interiora sunt dupla. Et causa illius est ¹⁹quoniam corpus dividitur in duo, scilicet ²⁰ᵃpars inferior et superior, ²¹ᵃet dextra et sinistra, ²⁰ᵇet anterius et posterius. ²¹ᵇEt propter hoc opinatur ²²quod *cerebrum cuiuslibet

---

2 aeris] -re H    3 aliorum *post* animalium A: *om.* D¹    5 homo fit D¹: fuit homo D² tantum + est D²    recti] erecti B    6 animal² *om.* H¹    rectiori] erectioris BCDE: erectionis H    plus² *om.* CEHW    aliis²] animalis C: + animalibus H    7 manet] -ent A    aut + in CE    8 universaliter] naturaliter C    13 et *om.* CE    14 sicut] ut D    15 et *om.* CE    quibusdam] quibus HW    sint] sit A    divisa] -sum A²D¹: -se (*post* non) H    15 sint ... 16 quamvis *om.* A¹    aut] an B    16 quoniam + epar D²    partes *om.* E    17 videntur] suūnt C: *lac.* 4 *litt.* B    18 et¹ *om.* C    universaliter] naturaliter C: *post* membra H    est *om.* D¹    19 dividitur corpus E    in duo *om.* B    20a et + pars EHW    21a dextra et sinistra A] dextrum et sinistrum (*post* 20b posterius CEW) BCDEHW    21b et¹ *om.* D¹    opinatur *om.* CEW    22 quod D²H: *om. cett.*    *cerebrum *scripsi*] interius BH: epar CEW: cor vel epar D²: *om.* AD¹

---

36 in corpore (= اجسادها)] اجوافها (in interiori eorum)    1 infrigidantur + زمانا
*خالية] جالبة هوائيتها (= Kruk)] كثيرا (longo tempore)    1-2 adducit multum aeris (=
*هوائية (est vacuus aereus)    3 animalium] جثث الحيوان (corporum animalium)    5
tantum *om.* Ξ    5-6 recti corporis] قائما مستقيم الجثّة (*syn.*)    13 non + بمقسوم (sunt
divisa)    15 divisa + بجزئين (in duo)    19 quoniam corpus dividitur in duo] افتراق الجسد فان لكلّ جسد ناحيتين وهو موافق لاوّل واحد (divisio corporis quoniam omne corpus habet duo partes et hoc est conveniens principio uno)    20a-20b pars inferior ... et posterius] الناحية العليا والناحية السفلى ومقدّم الجسد ومؤخّره والناحية اليمنى والناحية اليسرى (pars superior et pars inferior et anterius corporis et posterius eius et pars dextra et pars sinistra)    21b-22 opinatur quod *cerebrum: يظنّ ان دماغ

animalis est divisum in duo, et similiter quodlibet instrumentum sensus. ²³Et propter hoc dividitur cor in ventriculos. ²⁴Pulmo autem dividitur in corporibus animalium generantium animalia in duo, et propter hoc putant multi homines ²⁵quod habeant duos pulmones. Divisio vero renum est manifesta cuilibet.

²⁶In epate vero et splene est dubium. ²⁷Et causa illius est quoniam animal habens ²⁸splenem necessario opinatur quod splen sit epar impurum. In animali vero ²⁹carenti splene necessario, sed habenti splenem valde parvum sicut signum aut punctum, ³⁰invenitur epar divisum in duo, et maior pars est in parte dextra, ³¹et minor pars in parte sinistra, ³²et situs earum est manifestus visui. Et hoc non manifestatur in animalibus ovantibus, sed in quibusdam. ³³Quoniam forte invenitur epar divisum in quibusdam istorum animalium, et in ³⁴quibusdam locis et regionibus, sicut animal quod dicitur decheonoz, quoniam opinatur de eo quod habeat ³⁵duplex epar, sicut quidam pisces et ³⁶celeti.

Et quia situs epatis est in parte dextra erit situs splenis ¹in si-

---

23 cor *om.* W    25 manifesta est *CEHW*    cuilibet] cuilibet(?) cuiuslibet *C*    26 est] etiam *C*    27 est *om. EC*    animal + est *EW*    28 opinatur] -antur *ABD*¹    splen *om. E*    impurum] *lac.* 5 *litt.* B    29 splenem] splen est *E*    parvum valde *C*    signum *D*²: significat *D*¹    punctum + et *H*    30 pars *om. CD*¹    est *post* parte *H*: *om. E*    31 pars + est *A*: *om. CEHW*    32 earum] eorum *CD*²    manifestus est *E*    et²] ex *E*    non *om. EH*¹    in¹ + aliis *B*: + omnibus *D*²*W*    quibusdam + animalibus *C*    33 forte *post* epar *EW*: *post* divisum *C*    invenitur *post* animalium *H*    istorum *D*¹: illorum *D*²    et *om. H*    34 decheonoz] decheonez *B*: detheonoz *D*¹: grece cletheonor *D*²: docheonez *E*: decheouoz *H*    35 epar duplex *B*    quidam *H*¹: quedam *H*²    pisces] -is *B*    et *om. B*¹*E*    36 celeti] celici *E*    est *om. C*    parte *post* dextra *D*²*H*: *om. AD*¹    b36 erit ... a4 dextra *om. A*¹    1 in + parte *CEHW*

---

23 propter hoc] بهذا النوع (secundum hunc modum)    24 animalium generantium animalia: الحيوان الذى يلد حيوانا    فاما الكليتان فهى مفترقة    25 divisio vero renum] وافتراقها (renes vero sunt divisi et divisio eorum)    26 epate] حال الكبد (dispositione epatis ... *et splenis*)    29 carenti splene necessario] الذى ليس له طحال باضطرار (non habenti splenem necessario)    signum aut punctum] نقطة او علامة (*inv.*)    30 maior pars] الجزء الواحد الاعظم (una pars *quae est* maior)    32 visui + فوضعهما على حال ما ذكرنا (*LG; del. Kruk*) (situs ergo earum est secundum dispositionem quam diximus)    non ... sed] ليس ... إلا (non ... nisi)    34 dicitur + باليونانية (graece)    36 celeti] الحيوان البحرى الذى يسمى باليونانية صلاخى (animalia marina quae dicuntur graece celeti)    splenis + من قبل الطباع (naturaliter)    1 in + الناحية (parte)    sinistra + فباضطرار صار الكبد عضو من اعضاء جوف الحيوان (necessario ergo est epar quoddam membrorum interiorum animalium)

nistra. ²Et sicut diximus ⁴pars dextra et sinistra sunt causae divisionis ⁸membrorum quae sunt sub pariete proprie. Et creatio membrorum interiorum ⁹est propter venas, ut sint in corpore ¹⁰ligatae cum istis membris, sicut chordae grossae cum quibus ligantur naves quando ancorantur. ¹¹Et hoc erit in partibus extensis ¹²ex vena magna ad epar et splenem, ¹³quoniam ista duo membra sunt sicut clandestinum retinens ¹⁴corpus. Vena ergo magna procedit ad ¹⁵epar et splenem, et ad unam partem interiorum, ¹⁶et venae quae exeunt a vena magna non procedunt nisi ad ista duo membra tantum. Et in ¹⁷posteriori corporis sunt renes, et procedunt ad ipsos venae non ex ¹⁸vena magna tantum sed etiam ex adorti. Quoniam ab illa vena exeunt duae venae, quarum una vadit ad ¹⁹dextrum renem, et alia ad sinistrum.

²⁰Epar autem et splen possunt decoquere ²¹cibum, quoniam sunt ex sanguine, et propter hoc habent multum calorem. ²²Renes vero sunt ad colandum superfluitatem humidi quod currit ad vesicam. ²³Necessarium ergo est ut sint ista membra in corporibus ²⁴ani-

---

2 et ... 4 sinistra *om. B*    8 interiorum membrorum *C*    9 propter] prope *D*¹: vel propter *D*²    sint + create (*sed del.*) *W*    10 grossae *om. E*    ancorantur] anchorarantur *W*: + naves in mari *B*: + in mari *D*²    11 in *D*¹: vel ex *D*²    12 vena] -ne *A*¹: post magna *B*    et + ad *C*    13 clandestinum *AH*] clamdestinum *BD*: clam destinum *W*: cia destinum *C*: causa testium *E*    14 ergo] vero *H*    15 et¹ + ad *CD*    15 splenem ... 16 venae: vel sit ad splenem ad unam partem interius et vene etc. *D*² et² *om. E*    ad *om. H*¹    interiorum] -em *E*    16 in *om. C*    18 vena ?*A*²: una *A*¹    etiam] et *H*: *om. E*    vena² + magna *CHW*    vadit] procedit *D*    19 renem] -um *H*    21 ex] de *E*    calorem] colorem *C*¹    22 sunt *om. H*    superfluitatem] -tes *CDEW*    23 est ergo *W*    membra ista *C*

---

2 diximus + فيما سلف الناحيتان اعنى (*superius duae partes scilicet*)    4 sinistra] pars sinistra    8 membrorum¹] اعضاء الجوف وانّما سمّى اعضاء الجوف الاعضاء (*L*² → Kruk) (*membrorum interiorum et non dicuntur membra interiora nisi membra*)    9 venas + التى تبقى عالية (*quae remanent \*fluctuantes*)    ut: لـ* (Kruk)    sint] تبقى (*remaneant*)    10 membris + وانّما العروق موضوعة فى الجسد (*et venae non sunt positae in corpore nisi*)    naves + فى البرّ (*in terra*)    11 hoc] لذلك (*propter hoc*)    13 ista ... sunt] natura istorum duorum membrorum est    15 interiorum (= نواحى الجوف)] (*duarum partium corporis*) نواحى الجسد    18 etiam ex adorti] من الذى يسمّى باليونانية اورطى ايضا (*ex illo quod dicitur graece adorti etiam*)    19 dextrum ... sinistrum] الواحدة ... الاخرى (*unum ... alium*) + وذلك موافق لتقويم الحيوان (*et hoc est conveniens sustentationi animalium*)    20 possunt] معونة على (*adiuvant ad decoctionem cibi*)    21 habent multum calorem] صار طباع الحرارة فيهما كثير (*est natura caloris in eis multa*)    22 sunt ad] خلقتهما لحال (*creatio eorum est ad*)

malium, scilicet cor et epar, propter primum calorem. Quoniam debet esse [25]res sicut fornax, ut calor naturalis sit in eo, et ut sit [26]calor conservatus, quoniam ille calor regit corpus sicut princeps regionem. [27]Epar autem est ad decoquendum et digerendum. Et omne animal habens sanguinem indiget [28]istis duobus membris, et propter hoc omnia huiusmodi habent [29]cor et epar. Animal vero anhelans indiget [30]tertio membro, scilicet pulmone. Et splen est in corporibus animalium accidentaliter, et non necessario, [31]quoniam assimilatur superfluitati, scilicet superfluitati ventris et [32]vesicae. Et propter hoc est splen parvus [33]in quibusdam animalibus, et maxime in avibus [34]calidi ventris, sicut in columba et accipitre et milvo. Et similiter accidit [1]animalibus ovantibus quadrupedibus, et in [2]multis animalibus habentibus cortices, scilicet carentibus vesica. [3]Quoniam superfluitas corporis declinat ad partem [4]carnis, et de carne procedit ad partem plumarum. Splen vero attrahit ex [5]ventre superfluitatem humiditatis, [6]et decoquit ipsam, quoniam creatio eius est sanguinea.

Et forte attrahet ex ventre superfluitatem humidi multam, [7]et hoc erit causa desiccationis [8]ventris, et causa duritiei splenis,

---

24 primum] principium *EW*  calorem] –is *CEW*  25 res *om. EH*  27 decoquendum] quoquendum $D^1$: coquendum *H*  28 habent + modi *C*  30 tertio] tertium *A*  membro] membrum *A*: membrorum *W*  pulmone] –em *A*: + et splene *E*  splen est] –ne *CW*  31 superfluitati scilicet *del.* $D^2$  scilicet superfluitati *om.* $A^1$  32 est *om. H*  a33 et ... b1 animalibus *om. E*  33 in$^2$ *om. H*  avibus + parvis *B*  34 et$^1$ + ventre (*sed del.*) *B*: + in *H*  accipitre] ancipitre *HW*: ancipite *C*  accidit + in $D^2$  2 vesica carentibus *H*  4 carne $D^1$: parte carnis $D^2$  6 attrahet] extrahit *CE*: extrahet *W*  ex] a *E*  superfluitatem + multam *H*  multam humidi *CE*  8 duritiei $CD^2$] duritie *cett.*  splenis + et *B*

---

24 epar + القلب فأما⁕ (cor vero)  primum calorem] اوّل الحرارة (principium caloris → *EW*)  25 ut ... sit$^1$] لحال وضع (propter situm *caloris etc.*)  et ut sit] وان تكون (et debet esse quod erit)  26 calor ... ille calor] تلك (ille)  conservatus] محفوظة حفظا جيّدا (bene conservatus)  princeps: رئيس ⁕ (Kruk)  regionem] فى بعض المدن (in aliqua regione)  27 est] خلقته (est creatum)  28 omnia huiusmodi habent] يكون فى جسد كلّ حيوان دمى (in corporibus omnium animalium habentium sanguinem sunt)  29 indiget] له ... على كلّ حال (habet *tertium membrum* omnino)  31 et + الغضلة التى (superfluitati)  تكون فى  32 parvus + ناقص الجثّة (diminuti corporis)  1 quadrupedibus + فان طحال هذا الحيوان صغير جدّا (quoniam splen istorum animalium est valde parvus)  2 scilicet + الحيوان (animalibus)  vesica + ايضا (etiam)  3 corporis] التى تكون فى اجسادها (quae est in corporibus eorum)  4 plumarum + والقشور (et corticum)  5 humiditatis] الرطوبة والندى (*syn.*)  6 decoquit] potest decoquere  est] est creatio  7 desiccationis] جفاف ويبس (*syn.*)  8 causa *om.* Ξ

propter aggregationem humidi in eo. [9]Et similiter accidit illis qui mingunt multum [10]propter attractionem humidi extra suum locum. [11]Si autem fuerit superfluitas corporis pauca, tunc non erit splen parvus, sicut accidit avibus et piscibus. [12]Quoniam ex eis est quod non habet splenem parvum, et ex eis est quod habet splenem valde parvum, sicut signum.

[13]Et hoc accidit animalibus ovantibus quadrupedibus sicut accidit avibus, quoniam splen invenitur in istis animalibus parvus, et creatio eius est sicut creatio renum, [14]quoniam creatio pulmonis est mollis concava paucae [15]digestionis. Illa ergo superfluitas declinat [16]ad corpus et squamas, [et] sicut declinat in avibus ad plumam et alas. [17]In animali vero habenti vesicam et pulmonem sanguineum [18]invenitur splen humidus, propter hoc quod diximus, et quia natura [19]partis sinistrae universaliter est humidior [20]et frigidior. Et unumquodque contrariorum est divisum secundum genus [21]elementorum conveniens, scilicet quod dextrum est contra sinistrum, et calidum contra [22]frigidum, et sunt elementa convenientia secundum modum quem diximus.

[23]Renes autem non sunt nisi [24]propter meliorationem. Et natura eorum est propter superfluitatem [25]quae aggregatur in vesica, [26]et illa superfluitas est multa in quibusdam animalibus. Renes ergo

---

aggregationem $D^1$: agitationem $D^2$   9 illis] eis $H$   qui om. $C$   11 tunc om. $E$   12 quod$^1$ $D^2$: quando $D^1$   habet$^1$] fit $D$   est$^2$ om. $D^1$   splenem$^2$ + parvum $B$   valde om. $E$   signum] cignus $BD^2EW$: signus $CH$   13 hoc om. $C$   quadrupedibus + et $B$   invenitur + etiam $A$   in om. $A^1$   animalibus$^2$ + valde $CD^2EW$   parvus $A^2$: parvis $A^1$   14 est] et $C$   mollis] valde mollis $C$   15 illa] ista $C$   16 squamas mg. $D^2$: quasi squamas $D^1$   [et] codd.: delevi cum $D^2$: om. $EW$   plumam] –as $CE$   17 vero om. $B$   19 humidior est $CEW$   20 divisum] –us $A$: diversum $D$   21 conveniens om. $B$   scilicet] secundum $H$   22 et om. $H$   23 autem] vero $EH$   25 aggregatur] congregatur $E$   26 ergo + non $C$

---

10 extra suum locum] الى غير مواضعها   11 corporis] corporum animalium   parvus] كبيرا (magnus)   avibus et piscibus] لاجناس الطير والسمك (generibus avium et piscium)   12 parvum$^1$] كبير (magnum)   parvum$^2$ + ليكون (ut)   13 avibus] لاجناس الطائر (generibus avium)   in istis animalibus] فى الحيوان الذى وصفنا (in animalibus quae narravimus)   parvus + صلبا (durus)   16 [et] sicut: وكما $L$; كما (sicut) $G\Omega$   21 conveniens] الملائم المتّفق (syn.)   sinistrum + وان الرطب ضدّ اليابس (et quod humidum est contra siccum)   23–4 non sunt nisi propter meliorationem] خلقتهما فى اجواف الحيوان الذى له كليتان ليس باضطرار بل لحسن وجودة الحال (creatio eorum in interioribus animalium habentium renes non est necessario sed propter meliorationem dispositionis) (syn.)   24 natura eorum] خلقة طباعها (creatio naturae eorum)   est] انّما non est nisi

fuerunt creati ut ²⁷sit operatio vesicae melior et perfectior. Et quia ²⁸operatio renum ²⁹et vesicae est una, debemus dicere de natura vesicae, et dimittemus alia membra, ³⁰quoniam adhuc non diximus dispositionem naturae parietis neque distinximus adhuc de eo aliquid.

[8] ³¹Et non habet quodlibet animal vesicam. ³³Et videtur quod natura ³⁴dedit vesicam animalibus habentibus pulmonem sanguineum ¹tantum. ²Et quodlibet animal habens pulmonem sitit multum, ³et propter hoc indiget cibo, non sicco tantum, ⁴sed humido plus quam sicco. ⁷Necessarium ergo est ut sit membrum recipiens istam ⁸superfluitatem, et propter hoc erit ⁹vesica in corporibus omnium animalium habentium pulmonem sanguineum, sicut diximus superius. Animal vero carens pulmone et potans modicum aquae caret vesica, ¹⁰et hoc animal non recipit aquam ¹¹in potum, sed propter cibum, sicut anulosi corporis et pisces. ¹²Animal ergo habens plumam aut squamam aut corticem non habet vesicam, ¹³propter

---

fuerunt] sunt *CEH*   27 operatio $D^2$: –nes $D^1$   meliores et perfectiores $D^1$   29 et vesicae *post* una $D$   una + et $H^2$   alia] illa $H$   30 adhuc² *post* eo $D$: *post* aliquid (–quam $H^1$) *CEHW*   31 habet *post* animal $E$   quodlibet] omne *CEW*   33 et ... 34 vesicam *om.* $H^1$   34 pulmonem *om. A*   2 habens] –et $C$   sitit] sitis $C$: fuit $H$   3 tantum sicco *CEW*   7 est ergo *CEHW*   8 erit + in $D^1$ *(sed del.* $D^2$)   9 animalium omnium *CEW*   habentium] –ibus $C$   pulmone + sanguineo $B$: + sanguinea $D^2$   et *om. EW*   11 propter] in $CD^2EW$   sicut + animal $CD^2EH$   et] sicut $C$   12 ergo] vero $D$   aut¹] et $C$: vel $H$

---

27 melior et perfectior] ابلغ واجود (inv.)   quia + العرض الذي يعرض للحيوان ان (hoc quod accidit animalibus est quod)   29 vesicae² + حيننا هذا (modo)   membra + واٺما الحجاب من الاعضاء التى واٺما نقول ذلك (et non dicemus hoc nisi)   30 aliquid + تحيط باعضاء الجوف (et paries non est nisi ex membris quae continent membra interiora)   1 tantum + وذلك بحق فله هذا العضو لفضلة زيادة الطبيعة (et hoc est rectum; habent ergo tale membrum propter naturae superfluitatem (syn.))   3 non] وليس الى الغناء الرطب الى الغناء يحتاج الى الغناء (et non indiget cibo)   4 humido plus quam sicco] ايضا اكثر من حاجته الى الغناء اليابس فباضطرار تكون الفضلة اكثر ولا تكون فى كميتها بقدر ما يطبخ من البطن ويدفع ويخرج مع فضلتها فقط (cibo humido etiam plus quam indiget cibo sicco. necessario ergo erit superfluitas plus et non erit quanta potest decoqui a ventre et eici cum superfluitate eius tantum)   8 superfluitatem + ايضا (etiam)   9 pulmone] رئة مثل هذه يشرب ... لحال (tali pulmone)   10–1 recipit ... in potum] الحيوان (animal)   12 aut squamam aut corticem] او له قشور او الشرب sicut +   corticem + فى جسده تغليس (in corpore eius)

paucitatem potus, et quia superfluitas aquae ¹⁴transit in plumas et alia, ¹⁵praeter tortucam.

¹⁶Quoniam pulmo tortucae ¹⁷*marinae est carnosus sanguineus, ¹⁸similis pulmoni vaccae. Pulmo autem tortucae silvestris est maior quam debet esse, ¹⁹quoniam corpus eius continetur in testa spissa, et propter hoc ²⁰non dissolvetur nisi in carne tantum, sicut in avibus et ²¹animalibus squamosi corii. ²²Et propter hoc fuit vesica in tortuca, ²³ut sit recipiens superfluitatem quasi vas. ²⁴Et propter hoc invenitur vesica tortucae marinae ²⁵et silvestris valde parva.

[9] ²⁶Et similiter etiam renes, scilicet quod nullum animal habens ²⁷plumas aut cortices aut squamas habet vesicam omnino, ²⁸praeter tortucam marinam et silvestrem. ²⁹Quoniam caro extensa ad renes ³⁰separatur in partes quarum creatio est similis creationi renum, in ³¹quibusdam avibus. Animal vero quod dicitur Graece amoz non habet renes neque vesicam, ³²propter mollitiem suae testae. Quoniam illa mollities est causa dissolutionis ³³humiditatis, et propter hoc non habet amoz ³⁴aliquod istorum membrorum.

Alia vero animalia habentia pulmonem sanguineum habent re-

---

13 et om. H    17 *marinae scripsi: maxime (post est CEW) codd.    18 esse + ex speratione CEW    20 dissolvetur] -itur E: + neque dissolvetur A² in carne] carne D¹: vel in carne D² et + in EW    23 ut A²: et A¹ quasi D¹: sicut D² vas] lac. 6 litt. B    24 *marinae] maxime E    25 et om. B    26 etiam del. D²    30 in¹] ad E    quarum om. B    31 animal] -ali B    amoz] annoz C: aritoz D¹: anioz E: + et B    32 dissolutionis + illius B    33 habet om. H¹    amoz] anroz C: anioz E    34 alia post vero H: om. CDEW    animalia vero CDEHW: om. B

---

13 aquae + الذى يشرب (quam potant)    14 alia + مما وصفنا (quae narravimus)    15 من الحيوان الذى له قشور فان الطباع صار ناقصا فى السلحفاة فقط وعلة ذلك (ex animalibus habentibus cortices quoniam natura fuit imperfecta in tortuca solummodo et causa illius est)    16-7 tortucae *marinae: السلحفاة البحرية    19 quoniam] et hoc est quoniam    20 dissolvetur (تنفش GL² → Kruk) + الرطوبة (humiditas)    in avibus] العرض الذى يعرض لاصناف الطيور (hoc quod accidit generibus avium)    22 in + هذا الحيوان اعنى فى (isto animali scilicet in)    23 vas + فلهذه العلة    توجد المثانة فى هذا الحيوان فقط (et propter hoc invenitur vesica in isto animali tantum)    24 marinae + كبيرة (magna)    25 et + مثانة السلحفاة (vesica tortucae)    26 et ... renes] et renes etiam sunt secundum talem dispositionem    27 squamas + فى جلده (in cute eius)    vesicam: مثانة G¹L (→ Kruk): كلا (renes) G⁴    29 quoniam] et hoc est quoniam    30 partes + كثير عريضة (multas latas)    31 avibus] generibus avium    32 propter] et hoc est propter    causa + جودة (bonitatis)    dissolutionis: *تنفش (Kruk)    33 habet + الحيوان الذى يسمى (animal quod dicitur)

## 128  DE ANIMALIBUS LIBER XIII

671b nes, ³⁵sicut diximus. ¹Et natura non utitur renibus nisi propter venas ²et ad exitum superflui humidi. ³Et in omnibus renibus ⁴est profunditas, propter multitudinem cibi. ⁵Creatio autem renum est similis creationi renum vaccae, et sunt valde duri magis aliis membris. ⁶Et renes hominis assimilantur renibus vaccae, ⁷quasi essent ex renibus parvis multis, non ex carne leni aequali, ⁸sicut renes ovium et aliorum quadrupedum. ⁹Et propter hoc est dolor renum hominis difficilis ¹⁰curationis quando infirmantur, quoniam infirmitas est ¹¹quasi in multis renibus.

¹²Via autem procedens a vena magna ad renes non pervenit ¹³ad profunditatem. Et propter hoc ¹⁵non invenitur sanguis in profunditate renum, neque coagulatur illic. Et ex ¹⁶profundo renum exeunt duae venae in quibus non est sanguis, et perveniunt ad vesicam, ¹⁷et sunt duae viae durae fortes, et aliae viae exeunt ab adorti, et etiam fortes, ¹⁸et succedunt sibi, ut ¹⁹exeat superfluitas humidi ex vena magna ad ²⁰renes. Et in renibus est faex, propter colamentum ²¹humiditatis in renibus. Et propter hoc erit ²²profunditas renum in quibusdam animalibus magna. Et propter hoc sunt renes ²³plus fetentes aliis membris interioribus. Et ex medio exit quasi super-

---

2 superflui + et C    4 multitudinem $D^1$: vel superfluitatem $D^2$    cibi] ibi B    5 renum¹ + hominis $BCD^2EHW$    renum² om. $CD^1$    magis + omnibus $BD^2$    7 non] et C    8 aliorum + animalium $B^2D^2$    9 dolor est E    difficilis] dissimilis C    10 curationis] creationis $CD^1$    quando ... infirmitas om. B    infirmantur] -atur E: inflantur C    infirmitas] influitas C    12 a om. $H^1$    magna ante vena D: + usque CEW    15 non om. C    coagulatur] -antur A    et $D^2$: ut $D^1$    16 in ... 17 viae¹ om. C    17 sunt] sue H: om. A    viae¹ $D^1$: vel vene $D^2$    viae²] vene EH: vel vene $D^2$    ab] ad D    fortes² om. $H^1$    18 et om. $CEH^1$    sibi] cibi C    19 humidi] humiditatis W    20 colamentum] calamentum C    23 fetentes + omnibus $BD^2$    interioribus] posterioribus CE

---

2 humidi + الكليتين الى العظيم العرق من سبيل تجيء ولذلك (et propter hoc *procedit via ex vena magna ad renes)    7 quasi essent ex] من مركبة كانهما L (quasi essent compositi ex)    non] وليس (et non)    8 quadrupedum] animalium quadrupedum    10 infirmantur + واحدة مرّة (semel)    quoniam] لحال عسرا يكون فالبروء (curatio ergo est difficilis quoniam)    11 in multis renibus] كثيرة كلى سقم (infirmitas multorum renum)    13 profunditatem + الكلى (renum)    16 duae venae] سبيلا (duae viae)    17 exeunt + ايضا (etiam)    ab] يسمّى الذى العرق من (a vena quae dicitur)    et³] وهى (et sunt)    18 sibi + الحال هذه مثل على السبل هذه خلقة وانّما (et creatio illarum viarum non est secundum talem dispositionem nisi)    20 in] من (ex)    propter] يكون الذى لحال    21 in renibus] الكليتين بجسد تصفى التى (quae colatur per corpus renum)    22 sunt renes] الكلى جسد يكون (est corpus renum plus fetens)

fluum, et vadit in ²⁴istas vias, quousque perveniat ad vesicam. ²⁶Et istae viae sunt valde durae fortes. Et propter hoc fuit creatio ²⁷renum in corporibus animalium, et in renibus sunt virtutes convenientes essentiae.

²⁸Ren vero dexter est altior rene ²⁹sinistro in omnibus habentibus renes. Quoniam motus qui est ex parte ³⁰dextra est fortior, et motus naturalis debet facere viam omnium membrorum in parte ³¹dextra ad superius. ³²Et propter hoc ³³movet animal palpebram dextram ad superius, et declinat sinistram ad ³⁴inferius. Et quoniam dexter ren est altior quam ren sinister, attrahitur ad superius, ³⁵et epar tangit renem dextrum in omnibus animalibus habentibus renes.

¹Et in renibus est multum sebum proprie plus ²aliis membris interioribus, propter colamentum ³superfluitatis, quia ⁴sanguis qui remanet ibi est bonae digestionis et decoctionis. Et complementum bonitatis digestionis sanguinis ⁵est pinguedo et zirbus. Et sicut accidit corporibus ⁶combustis quando sunt sicca, scilicet quod superfluitas eorum est cinis, ita accidit ⁷humoribus decoctis diges-

672a

---

24 perveniat] -ant *C*  ad] in *CEW*  26 viae] vene *E*  durae + et *D²*  28 dexter *D²*: dextrum *D¹*  29 renes habentibus *C*  ex] in *H*  32 et ... 33 superius *om. BD¹*  34 et + hoc *BCDEHW*  ren¹] renum *H*  altior + rene sinistro *E*  quam] quoniam *E*  quam ren sinister] rene sinistro et *C*  35 et *om. C*  animalibus omnibus *E*  2 colamentum + et *C*  3 superfluitatis] -tum *C*  4 remanet] remanebit *H*  ibi] in *C*  decoctionis et digestionis *CEW*  et² *om. D¹*  et² ... digestionis² *om. C*  sanguinis] sanguis *C*  5 et² *om. H*  accidit + in *CEW*  6 quando] quoniam *E*  sicca sunt *E*  cinis *D²*: citius *D¹*  6 cinis ... 7 erit *om. C*  7 decoctis + et *BD²*

---

24 vesicam + وانّما مادّة الرطوبة التى تجىء الى المثانة من الكليتين لحال السبيل التى تمتدّ وتنتهى الى الكليتى كما قلنا فيما سلف (materia autem humiditatis quae *procedit ad vesicam ex renibus non est nisi propter vias quae extenduntur et perveniunt ad renes sicut diximus superius)  27 in renibus] فيهما اعنى الكليتين (in eis scilicet renibus)  29 omnibus + الحيوان (animalibus)  30 et motus naturalis ... membrorum] وينبغى ان يطرق للحركة الطباعية ويصير جميع الاعضاء التى تكون (et propter motum naturalem debent facere viam omnia membra quae sunt)  31 dextra + من الجسد (corporis)  ad superius] الى ما يلى الناحية العليا + اكثر من غيرها (magis quam alia *sc. membra (sc. quae sunt in parte sinistra))  33 sinistram] palpebram sinistram  34 est altior quam ren sinister *om.* Ξ  35 et: و *G*  2 interioribus + باضطرار (necessario)  3 superfluitatis + التى تصفى بجسد الكليتين (quae colatur per corpus renum)  4 digestionis et decoctionis] الطبخ والنضوج (*inv.*)  complementum] تمام وغاية (*syn.*)  5 est] non est nisi  6 combustis] المتّقدة التى تحترق بالنار  scilicet quod] ان  cinis: الرماد *L*

tis, scilicet quod superfluitas eorum erit pinguedo et zirbus, quoniam non remanet ex eis [8]nisi calor usitatus. Et propter hoc pinguedo est levis, [9]et natat super humorem.

Et pinguedo non est in renum corpore, [10]quoniam corpus eorum est valde spissum plus omnibus membris interioribus. Sed [11]substantia pinguedinis est extra corpus renum, et circumdat ipsos si fuerit ex animalibus patientibus pinguedinem; si fuerit ex animalibus zirbosis [12]erit zirbus circa renes. Et iam narravimus diversitatem inter zirbum et pinguedinem [13]superius. Necessarium ergo est ut renes habeant multam pinguedinem. [14]Et propter salutem fuit creatio [15]renum calida. Quoniam renes sunt ex ultimis membrorum interiorum, et propter hoc indigent [16]magno calore. [17]Et pars dorsi est multum carnosa, ut sit coopertorium membris [18]circa cor. In dorso vero silvestri [19]non est caro, quoniam loco carnis [20]cooperit pinguedo renes. Et quando in renibus fuerit multa pinguedo, distinguet et digeret [21]humidum digestione magna, quoniam pinguedo est convenientior digestioni, [22]et calor digerit. Et propter hoc sunt renes [23]multae pinguedinis. Et in omnibus animalibus est ren dexter minoris pinguedinis [24]quam sinister, et altior.

---

erit] est $B^1D^2$    non] si $H$: om. $BC$    8 calor] color $D^1$: post usitatus $H$    pinguedo est] est pinguedo est(sed del.) $W$    9 humorem $H^2$: -es $H^1$    corpore renum $CEH$    10 eorum om. $D^1$    membris ante omnibus $C$: om. $E$    sed] et $H$    11 renum $D^2$: rerum $D^1$    ipsos] eos $H$    ex$^1$ om. $A^1$    pinguedinem + et $BD^2$    11 pinguedinem ... 13 habeant om. $C$    12 circa] contra $H$    pinguedinem et zirbum $EW$    13 est ergo $EHW$    pinguedinem multam $CEW$    14 creatio fuit $C^1$    15 ultimis] multis $E$    hoc om. $H^1$    17 dorsi bis scr. $A$    multum + aquosa $B$    carnosa] -um $A^1H^1$    18 circa] contra $H$    19 loco] -us $C$    20 renes $E^2$: carnes $E^1$    quando] quoniam $C$    21 digestione] digressione $C$    23 et om. $H^1$    omnibus + etiam $E$    24 altior $D^2$: acutior $D^1$

---

8 calor] جزء الحرارة (pars caloris usitati)    est + سمينا (pinguis et)    9 humorem] الرطوبات (humores)    corpore] اجساد (corporibus)    11 est] non est nisi    corpus] corpora    et circumdat] circumdans    ex animalibus[1]] animal ex    si[2]] فاما اذا (si autem)    ex animalibus zirbosis] الحيوان مما يحمل الشحم (animal ex patientibus zirbum)    12 erit] يوجد (invenitur)    zirbum et pinguedinem] الشحم والثرب (inv.)    13 pinguedinem + لحال هذه العلة فى جميع الحيوان الذى له كليتان (propter istam causam in omnibus animalibus habentibus renes)    15 renes sunt ex ultimis] ipsi sunt ultima    17 membris + التى (quae sunt)    19 caro + وكذلك اصلاب جميع الحيوان (et similiter in dorsis (sc. silvestribus) omnium animalium)    quoniam loco] فمكان (loco ergo)    20 in ... pinguedo[2]] renes fuerint multae pinguedinis    distinguet et digeret] distinguent et digerent    21 magna] اكثر (magis)    pinguedo] الشحم وجميع الدسم    24 sinister] ren sinister    et altior om. Ξ

Quoniam natura membrorum quae sunt in ²⁵parte dextra est levior et maioris motus. Motus autem contradicit virtuti coagulativae pinguedinis, quoniam motus dissolvit ²⁶pinguedinem.

Melius est ergo et convenientius aliis animalibus ²⁷ut sint renes multae pinguedinis, et forte erunt pleni circumquaque. ²⁸Oves autem, quando accidit eis quod multiplicatur pinguedo in renibus, moriuntur, ³⁰quoniam pinguedo in animalibus pinguibus ³²est humida. Dolores vero qui accidunt ex ventositate non sunt secundum unum modum. Et causa doloris est ³³ventositas quae movetur propter oppilationem. ³⁴Et propter hoc est dolor renum in hominibus valde nocens, ³⁵et quando augmentantur dolores renum, ³⁶cito adducunt ad mortem. Pinguedo vero quae est in renibus aliorum animalium ¹non est multum spissa sicut spissitudo ²pinguedinis ovium. Et pinguedo ovium est maior pinguedine aliorum. Et renes ovium impinguantur ³cito. ⁴Et humiditas quae est in renibus comburitur et movet ventositatem, et ex dolore illius ventositatis ⁵moriuntur cito. Quoniam dolor transit per venam maiorem et adorti, et pervenit ⁶subito ad cor. Viae enim ⁷procedentes ab istis ad renes sibi continuantur succedendo.

672b

---

quoniam] quandoque $B$: quam $H$    25 virtuti $E^2$: -te $E^1$    coagulativae] coagulatione $D^1W$    26 aliis] omnibus $D^1$: vel aliis animalibus mg. $D^2$    27 circumquaque pleni $B$    28 multiplicatur + eis $B$    32 qui] que $CD^1$    unum] eundem $E$    doloris causa $C$    33 movetur $B^2$: moritur $B^1$    oppilationem] opinionem $C$    35 quando] quoniam $H$    36 adducunt] -it $A$    ad om. $EW$    vero om. $AD^1H$    renibus] corporibus $E$    animalium aliorum $BW$    1 multum] -a $EHW$    sicut om. $D^1H^1$    spissitudo $CD^2EW$] -ine $AD^1H$: -inis $B$: vel sine spissitudine mg. $D^2$    2 aliorum + animalium $BD^2$    4 renibus + cito $B$    comburitur] -it $AW$: + cito $D^2$    ventositatem + extra $E$    et³ om. $D^1$    5 moriuntur $BD^2$] -ietur $A$: -itur $CD^1EHW$    6 subito] cito $B^2$: om. $B^1$    enim] autem $H$    7 sibi om. $C$

---

quoniam] ان قبل من ذلك وعلة (et causa illius est quoniam)    25 levior (= ايسر)] ابيس (siccior)    virtuti coagulativae] تعقّد تقويم ($L$)    27 erunt] erunt renes    pleni فانه اذا القى ذلك هلك اعنى اذا كثر (quando ... moriuntur]    28 pinguedinis) شحما + جدّا كلّيه شحم (quando accidit hoc moriuntur scilicet quando multiplicatur pinguedo in renibus eorum valde)    30 quoniam] قبل من يعرض للغنم الذي العرض اعنى ذلك وعلة ان (et causa illius scilicet illius quod accidit ovibus est quoniam)    32 ventositate: داعية الريح ($L$)    35 augmentantur] وكثرت اشتدّت (syn.)    36 cito adducunt ad] اكثر ... جدّا (multum plus) 2 maior] سائر كلّ [aliorum الى (omnium aliorum)    3 cito + الحيوان جميع كلّ من اكثر (magis quam renes omnium aliorum animalium)    4 et¹ ... et ex] من ... فلان (quia ergo ... ex)    ex dolore] وروج ضربات من    5 et adorti] اورطي باليونانية يسمّى الذى والعرق (et per venam quae dicitur graece adorti)    7 istis] istis venis

⁸Iam ergo narravimus dispositionem cordis ⁹et epatis et renum et splenis, et reddidimus causas eorum.

[10] Et ista membra ¹⁰sunt separata ad invicem. Et quidam homines ¹¹clamant parietem 'intellectum', scilicet parietem qui distinguit ¹²parietem et pulmonem ab aliis quae sunt sub ipsa. ¹³Et omne animal habet parietem, ¹⁴sicut habet cor et epar. Et creatio eius non est nisi ¹⁵inter cor et ventrem ut sit ¹⁶principium animae sensibilis sine occasione, ¹⁷quae potest accidere cito propter vaporem cibi qui ¹⁸ascendit a stomacho, et propter calorem accidentalem extrinsecum. ¹⁹Et propter hoc praeparavit natura ²⁰membrum quod dicitur paries, sicut murum prohibentem introitum, et distinxit inter ²¹membrum nobilius et alia membra, scilicet inter ²²membrum superius et membra quae sunt inferius. Quoniam membrum superius est per quod venit melioratio, ²³membrum vero inferius est propter membrum superius, ²⁴scilicet receptio cibi. Paries autem prope membra est fortior ²⁵et maioris carnositatis, et in medio tenuior et magis similis telae. ²⁶Et sic erit convenientior extensioni,

---

9 epatis + pulmonis $H$ et² *om. H* reddidimus] reddimus $CW^1$ eorum] istorum $CEW$ 10 ad] ab $BE$ quidam] quedam $B$ 11 clamant + ad invicem $C$ intellectum] -us $E$: -am $W$ parietem²] -e $A$ 12 parietem et *del.* $D^2$ ipsa] -o $D$ 13 habet] -ens $BD^2$ 14 sicut + homo $H^1$ (*sed del.* $H^2$): *del.* $D^2$: *om.* $B$ et² + quia $ACD^1$(*sed del.* $D^2$)$HW$ 15 sit *om.* $E$ 16 principium + alie $D^1$ (*sed del.* $D^2$) 18 extrinsecum] intrinsecum $E$ 19 hoc *mg.* $D$ 20 distinxit] -guit $CDEW$ 21 nobilius membrum $B$ 22 membrum¹] -a $D^2HW$ superius + est $D^1$ (*sed del.* $D^2$) 23 est *om.* $C^1$ 24 paries] partes $H$ autem] vero $CEW$: + sicut $B$ membra] -um $A$ 25 tenuior] tenuor $D^1$: tremor $B$ 26 sic] sicut $C$

---

8 narravimus: وصفنا $G$ 9 et epatis ... splenis] والرئة وحال الكبد والطحال والكليتين (et pulmonis et dispositionem epatis et splenis et renum) 11 parietem²] الصفاق (tela quae) distinguit] يحدّ ويميّز (*syn.*) 12 parietem] القلب (cor) aliis + اعضاء الجوف (membris interioribus) 14-5 et creatio ... ventrem] وعلة ذلك ان خلقته لحال تمييز وفرق ما بين القلب والبطن وما يليه (et causa illius est quod creatio eius est propter distinctionem inter cor et ventrem et quod vicinatur eis) 15 ut: لكي $G$ sit] ولا تصل يبقى (remaneat) 16 occasione] آفة وضرورة (*syn.*) 17 quae potest accidere] اليها الضرورة $L$ (neque accideret occasio) 18 a stomacho *om.* $\Xi$ accidentalem extrinsecum] الداخلة العرضية (*inv.*) 19 praeparavit natura] احتال الطباع وهيّأ (ingeniata est natura in praeparando) 20 murum] سياج وبناء حائط (*syn.*) introitum] بما كان يمكن ان يفرقه من سائر الاعضاء الدخول الى داخل (in quantum possibile erat distinguere illud ab aliis membris) 22 melioratio] الاجود 24 prope membra (= الاعضاء) فيما يلي الاضلاع (in eo quod vicinatur costis) والامثل (*syn.*) 25 in medio] اوسطه (medium eius *est etc.*) telae] naturae telae

et plus iuvans principium. ²⁷Et paries habet vias procedentes ad ipsum ex inferiori, ²⁸et significatio super hoc sunt accidentia quae accidunt. Quoniam quando ²⁹paries attraxerit humorem calidum ex parte inferiori, et fuerit ille humor superfluus, ³⁰subito mutabitur et alterabitur sensus et intellectus. Et propter hoc dicitur ³¹paries intellectus, quoniam habet communicationem cum sensu et intellectu. Tamen paries non habet intellectum, ³²sed quia propinquus est ei quod habet intellectum, ³³alterat intellectum alteratione manifesta.

Et similiter medium eius est tenue, ³⁴non ³⁵solummodo quia partes parietis quae vicinantur costis sunt maioris carnositatis, sed etiam quia ³⁶non pervenit ad medium nisi humiditas parva valde. Et si medium esset carnosum, ¹attraheret maiorem humiditatem.     673a

Et quando paries calefit, ²mutabit sensum subito mutatione manifesta. Et significatio super hoc ³est ex titillatione, ⁴quoniam risus subito sequitur ipsam cum quis tetigerit membrum quod vicinatur telae extra. Quoniam motus declinat ad ⁵istum locum cito, et ex motu calefit locus, ⁶et sic mutabitur intellectus sine volun-

---

principium] -ia B     27 ex $H^2$: epar inferiorum et inferiori $H^1$     29 attraxerit] attrahit D: extrahit CEW     humor + calidum $A^1$(sed del. $A^2$): ante ille H: om. W     superfluus (bis scr.A) AE: superfluum cett.     30 subito] cito C     mutabitur] -tantur B     30 et³ ... 31 intellectus bis scr. B: om. $W^1$     31 quoniam habet communicationem] propter communicationem quam habet E     communicationem $H^2$: communem alterationem $H^1$     intellectu + et $CD^2EH$: + set B     tamen] cum C     31 tamen ... 32 intellectum om. $A^1$     32 sed ... intellectum bis scr. $B^1$ (sed del. $B^2$)     propinquus] -quius CE     33 alterat intellectum(om. $A^1$)] scilicet cordi alterat intellectum $D^2$: om. $D^1$     et om. $H^1$     est om. C     35 quae] qui C     36 non om. A     humiditas + media (sed del.) B     valde parva CEW     2 subito] -a $D^2$: post manifesta C     mutatione + facta $D^1$ (sed del. $D^2$)     3 titillatione] tintillatione CE: certillatione $D^1$     4 risus $D^2$: visus $D^1$     subito om. C     ipsam] -um A     5 calefit] calescit E     locus] motus C     6 mutabitur $D^1$: vel movebitur $D^2$     sine $D^2$: cum $D^1$

---

29 inferiori + لقربه منها (propter appropinquationem eius (sc. parietis) ad illam (sc. partem inferiorem))     superfluus] من فضلة     30 mutabitur et alterabitur (syn.)] يتغيّر     sensus et intellectus] العقل والحسّ (inv.)     31 cum sensu et intellectu] منه (cum eo (sc. intellectu))     intellectum] شركة عقل (communicationem cum intellectu)     32 intellectum] communicationem cum intellectu     33 et similiter: وكذلك (L)     tenue + وذلك باضطرار (et hoc necessarium est)     1 humiditatem] ندى ورطوبة (syn.)     3 est + العرض الذى يعرض (hoc quod accidit)     4 subito: من ساعته *Kruk (ταχὺ Ω)     tetigerit] دغدغ (*titillaverit)     membrum quod vicinatur telae] ناحية الجلد الذى يلى الحجاب (partem cutis quae vicinatur parieti)     6 sic om. Ξ

tate, et ridet homo. ⁷Quare vero recipit homo solum titillationem, ⁸est quia corium eius est tenue valde, et nullum animal ridet nisi homo. ⁹Titillatio autem adducit risum per talem motum, et maxime motus corii quod vicinatur subascellaribus.

¹⁰Et fingunt quidam homines quod si aliquis fuerit percussus ¹¹super locum parietis, accidet ei risus ¹²propter calorem percussionis. ¹³Et nos debemus verificare istum sermonem magis quam sermonem illorum qui fingunt quod ¹⁴caput hominis loquitur postquam est separatum a corpore. Et dixerunt ¹⁵quod Homerus versificator dixit talem sermonem. ¹⁷In regione vero quae dicitur Graece Archadie crediderunt homines ¹⁸hunc sermonem, ita quod disputaverunt ¹⁹de quodam homine decollato. Et finxerunt quod divinum Iovis, quando mortuum fuit, ²⁰audiverunt multi homines ²¹suum verbum post mortem suam, et ipse fuit decollatus. ²³Et iste sermo apud me est falsus, quoniam non potest exire sermo a capite absciso separato ²⁴a canna, neque potest sermo esse sine motu pulmonis. ²⁵Et notum est apud gentes et barbaros qui decollant

---

ridet] idet *C*    7 vero *om. C*    solum] -us *E*    titillationem] tintillationem *CE*: citillationem (*ante* solum *D*) + erica (= erit causa?) *C*: + hoc *D*¹ (*sed del. D*²)    8 est¹] causa est *H*²: *om. H*¹*W*    eius *om. C*    tenue *post* valde *CEH*²*W*: *om. H*¹    animal *om. D*¹    nisi *om. C*¹    9 titillatio] tintillatio *CE*: citillatio *D*    autem] enim *CE*: vero *H*: + que *B*    risum] usum *C*    per] super *E*    quod] qui *D*²*E*: *om. C*    vicinatur + quod *B*    subascellaribus *B*] subacellaribus *cett.*    10 fingunt *post* homines *C*    aliquis + homo *BCW*    11 accidet] -it *AH*    risus] usus *C*    13 et *om. C*    nos *om. CEW*    debemus] edebemus *C*    verificare + tam *B*²*D*¹(*sed del. D*²): + magis *D*²    istum *D*¹: vel illum *D*²    magis quam] quam *ABD*    sermonem² *om. CE*    illorum] istorum *H*    quod] qui *H*    14 est separatum] separatur *CEW*    15 quod *om. D*¹·    versificator] verificator *CD*    17 archadie] arcadie *B*    18 quod + crediderunt vel *E*    19 finxerunt] dixerunt *CEW*    divinum] divum *C*: + genus *B*    quando] quoniam *C*    20 audiverunt] -ierunt *BCEHW*    21 suum verbum] suum sermonem *D*: vocem suam (*post* suam *C*) *CEW*    ipse] iste *CEW*    23 sermo iste *CEW*    falsus est *CEW*    sermo exire *BCEW*    absciso] abscisio *H*¹: *post* separato *C*: *del. D*²    24 canna] -o *E*    esse sermo *DEH*    25 apud + omnes *E*    gentes *D*¹: grecos *D*²

---

7 quare ... 8 valde] causa vero titillationis hominis tantum non est nisi tenuitas corii eius    8 et] ولانه (et quia)    10 aliquis + فى القتال (*om. L*) (in pugna)    fuerit percussus super] ضرب ... ضربة على (percusserit super)    11 parietis + الذى يلى الحجاب (qui vicinatur parieti)    ei] يقطع ويرمى (*homini* percusso)    14 separatum] للمضروب (*homini* percusso)    15 dixit + فى شعره (in versibus suis)    17 archadie: ارقاديا    19 homine] رجل من به    iovis: المشترى    (homine illius climatis) اهل الكورة    23 falsus] كذب وزور (syn.)    24 canna] العرق الخشن    25 et] وذلك (et hoc)

²⁶multotiens quod numquam accidit tale in partibus illorum. Alia vero ²⁷animalia non rident ²⁸apud percussionem parietis, propter spissitudinem sui corii, et quia non ridet naturaliter nisi homo. ²⁹Motus vero corporis de loco ad locum post abscisionem capitis ³⁰possibile est, et animal carens sanguine vivit longo tempore post abscisionem capitis, ³¹et iam declaravimus quare in aliis locis.

³²Et iam diximus causam cuiuslibet membri interioris propter quam fuit. ³³Et necessarium est ut sit creatio membrorum in terminis venarum. ³⁴Quoniam ex venis exit humiditas sanguinea, ¹et   673b quando confirmatur et coagulatur, efficitur illud humidum ²membrum. Et propter hoc sunt membra interiora sanguinea consimilia, ³et diversa in natura ab aliis membris corporis.

[11] ⁴Et omnia membra interiora intromittuntur in tela continente ipsa. Quoniam indigent coopertorio, ⁵et illud coopertorium est leve, ⁶et talis est natura telae, scilicet quod sit spissa ad patiendum occasionem, et quod non sit carnosa, ⁷quatenus non attrahat ad se superflua, et tenuis, ut sit levis, ⁸et non aggravet membrum quod continet. Et fortiores et plures ⁹sunt telae cerebri et cordis. ¹⁰Quo-

---

26-7 animalia vero alia *D*   28 parietis + et *C*   sui + corporis (*sed del.*) *D*   quia] qui *B*: que *H*   non] nullum animal *E*   naturaliter *post* homo *C*   30 possibile (] -is *BCD²EW*) ... 31 iam *om. D¹*   30 est *ante* possibile *H*: *om. A¹*   31 et *om. CD¹E*   iam] etiam *A*: nam *D¹*   32 iam] etiam *A*: + declaravimus et *H*   quam + causam *EW*   33 sit *om. C*   34 ex venis] venis *A*: *om. B*   1 coagulatur et confirmatur *CEW*   coagulatur] congelatur *D*   illud] istud *D*: *bis scr.* (*sed em.*) *A*   1-2 membrum humidum *H*   2 hoc *om. A*   sunt + multa *W*   membra] multa *E*   sanguinea + et *D²*   3 natura] materia *B*   4 interiora + corporis *B*   intromittuntur *D²*: introivint et utuntur *D¹*   ipsa] -am *W¹*: *om. D¹*   quoniam] non (*sed del. D²*) quia *D*   5 coopertorium *post* leve *C*   6 telae] tale *A*   sit²] fit *B*   7 non *om. W*   attrahat] -it *C*: trahat *D*   ad] a *C*   ad se *post* superflua *B*   superflua] superbiam *C*   8 plures et fortiores *H*

---

26 quod numquam] قط ... ولم (et tamen numquam)   accidit + لبشر (*alicui homini)   28 sui corii] الجلد الذى يليه (corii quod vicinatur ei)   et *om.* Ξ   naturaliter + حيوان (aliquod animal)   29 motus] وتنقّله ... حركة (*syn.*)   de loco ad locum] من مكانه (de loco suo)   30 possibile est] فممّا يمكن (est quod est possibile)   32 fuit] خلق (fuit creatum)   34 quoniam + باضطرار (necessario)   ex venis] منها (ex eis)   humiditas + وذلك الندى (et illa humiditas est)   2 consimilia] consimilia in natura   4 intromittuntur in] فى (sunt in)   5 et ... est] وان كانت (et ut ... sit)   6 scilicet quod sit] لانه (quoniam est)   et quod non sit] وهو عادم (et est privata *a carne*)   7 superflua + ولا يكون فيه ندى (neque sit in ea humiditas)   8 fortiores et plures (= اكثر)]اكبر واقوى (maiores et fortiores)   9 cerebri et cordis] الذى يلى الدماغ والقلب وذلك بحقّ (quae vicinantur cerebro et cordi et hoc est rectum)

niam ista duo membra indigent coopertorio et custodia multa, ¹²quia in eis est praecipue virtus vitae.
[12] Et in corporibus quorundam animalium sunt omnia membra interiora, ¹³et in quorundam non. Et iam diximus superius quae, et propter quid. ¹⁴Et membra quae conveniunt in numero in quibusdam animalibus diversantur in esse, ¹⁵scilicet quia corda non sunt unius modi in omnibus animalibus, ¹⁶neque aliud membrum.

Epar autem ¹⁷in quibusdam animalibus est fissum multis fissuris, et in quibusdam non omnino. ¹⁹Et maxime epar piscium et animalium ²⁰quadrupedum ovantium. Epar vero avium assimilatur ²¹epati animalis ovantis, quoniam ²²color vincens super ipsum est sicut color epatis piscium et illorum quae diximus. Et causa illius est quia ²³corpora illorum sunt bonae respirationis et dissolutionis, et non est in eis ²⁴multum superfluum malum. Et propter hoc carent multa animalia felle. ²⁵Epar vero est conveniens bonitati complexionis ²⁶corporis et sanitatis. Quoniam ²⁷complementum istarum duarum rerum est in sanguine praecipue, et epar est multi sanguinis post ²⁸cor, et est pluris sanguinis quam omnia alia membra interiora.

²⁹Color epatis animalium quadrupedum ovantium et piscium est unus in maiori parte. Et epar quorundam ³⁰est valde malum, quia

---

10 coopertorio] cooperimento *CW*   12 quia] que *C*: quoniam *H*   in¹ *om. D*   interiora membra *CW*   13 quae *H*²: qua *H*¹   et³] est *C*   quid] quod *ABD*   14 et] est *A*: *om. B*   membra + et *E*   in¹ *om. H*   15 quia *D*²: quod *D*¹   sunt *om. D*¹   unius modi *om. E*   omnibus animalibus] corporibus animalium omnium *CW*   17 animalibus] -ium *CW*   22 color¹] calor *CHW*   vincens] veniens *C*   vincens ... color² *om. B*   color²] calor *HW*: *post* epatis *D*   quia] quod *H*   23 illorum] eorum *CEH*   24 multa ... 25 complexionis *om. A*¹   29 color] calor *CEHW*: + vero *CH*   parte maiori *CEW*   quorundam + animalium *BD*²   30 quia] quoniam *H*

---

10 multa + وانّما الحفظ للاعضاء المسوّدة وهذين العضوين مسوّدين (et non est custodia nisi membris principalibus et ista duo *(sc. cerebrum et cor)* sunt membra principalia)   12 sunt omnia membra interiora] جميع عدّة اعضاء الجوف (*lit.* est totus numerus membrorum interiorum)   13 in + اجساد (corporibus)   non + تلك العدّة (est iste numerus) quae] اىّ الاعضاء *L*²*T* (quae *sunt ista* membra): لاىّ الاعضاء *GL*¹ (quae *(sc. animalia)* habent *ista* membra)   15 animalibus + فيه تكون الذى* (habentibus ea *(sc. corda)*)   16 neque + بقدر القول (*fere)   17 animalibus] اجساد الحيوان (corporibus animalium)   quibusdam² + الحيوان (animalibus)   non + مشقوقا (est fissum)   19 epar (1+2)] اكباد (epata)   22 est¹ + انقى دما (mundioris sanguinis)   24 multa animalia] اجساد بعض الحيوان (corpora quorundam animalium)   25 est conveniens] ـل موافقة عظيمة ... (habet convenientiam magnam)   27 sanguinis + جدّا (valde)   29 unus: واحد   quorundam] quorundam eorum

corpora eorum sunt malae complexionis valde, ut tortuca et [31]carui et sibi simile.

[32]Splen vero animalium habentium cornua et ungulas fissas, ut aries, est rotundus, [33]sicut ovis et capri, [34]nisi accidat quod elongetur splen propter multitudinem crementi et corporis, sicut accidit spleni [1]vaccae. Splen autem omnium animalium habentium multas fissuras in pedibus est longus, [2]ut porci et hominis et canis. Splen vero animalium habentium soleas [3]est medius inter istos duos modos. Et forte erit strictus, sicut splen [4]hominis et asini et muli.

[13] Et non diversantur membra corporis in [5]magnitudine tantum, sed etiam in situ, quia quaedam sunt extra, et quaedam [6]intra. Quoniam natura quorundam [7]habet communicationem cum venis, [8]et quorundam non.

[14] [9]Et post parietem est venter in corporibus quorundam animalium, [10]et in animalibus habentibus oesophagum ponitur venter in fine illius, [11]et in carentibus est post os, applicatus cum eo. [12]Et post ventrem est intestinum.

---

31 carui] corvi *BW*: corii $D^1$: corvus $D^2$: cervi *E*   32 splen] splena *C*   vero] autem *CEW*   ut] et $D^1$: sicut $D^2$   34 accidat] -it *C*   et *om. E*   corporis + et $D^1$ (*sed del.* $D^2$)   spleni] spen *C*   1 vaccae] valde *H*   splen] spen *C*   omnium *om. E*   2 et$^1$ ... 4 hominis *om. C*   2 vero] autem *HW*: + omnium *BEHW*   4 asini + et vituli *E*   5 in *om. CEW*   quia] quod *H*: quoniam *W*   et *om. EW*   quaedam$^2$ + sunt *CW*   intra *om.* $D^1$   quorundam $H^2$: quorum $H^1$   7 habet *om. B*   communicationem] continuationem *E*   8 et ... non *om. E*   9 venter] ventus *H*   10 fine] superficie *E*   11 et ... eo: vel sit et in carentibus est os applicatum post cum ipso $D^2$   est post] postponitur *CEW*   os + et *H*   applicatus] -um *C*: et applicatur $D^2$

---

30 et + جميع   الحيوان الذى يسمّى باليونانية (animal quod dicitur graece)   31 et + الحيوان (omnia animalia *sibi similia*)   32 ut aries (*glossa ut vid.*) : *om.* ΩΞ   33 sicut + طحال (splen)   capri + وكلّ واحد من الاخر (et uniuscuiusque aliorum)   2 ut + الذين ذكرنا اعنى ان (splen)   3 est + مخلوط اعنى (admixtus scilicet)   modos + فيه خلط (quos diximus scilicet quod est in eis mixtio)   4 asini et muli] البغل والحمار (*inv.*)   5 etiam in situ *om.* Ξ   quaedam ... et quaedam] ووضع ... وضع بعضها (situs quorundam eorum est ... et situs quorundam)   5-6 extra ... intra] داخل ... خارج من الجسد (intra ... extra corpus)   6 quoniam ... 8 non] وعلة ذلك لان طباعها مشارك للعروق وبعضها لحال العروق وبعضها ليست بغير عروق (et causa illius est quoniam natura eorum est communicans cum venis et quaedam eorum sunt propter venas et quaedam eorum non possunt esse (*lit. sunt*) sine venis)   9 est] وضع (est positus)   quorundam *om.* Ξ   10 habentibus + العضو الذى يسمّى (membrum quod dicitur) illius + العضو (membri)   11 carentibus] animalibus carentibus oesophago   est + البطن (venter)   12 post] الذى يتلو (quod sequitur)

Et manifestum est quod causa ¹³cuiuslibet membri in corporibus animalium ¹⁴est propter cibum. Quoniam ergo necessarium est ut ¹⁵digeratur cibus cuius humiditas sugitur, et quia cibus qui non digeritur ¹⁶et superfluitas non sunt unius modi ¹⁷cum primo, fuerunt quaedam istorum membrorum ad recipiendum cibum qui intrat corpus, ad alterandum ipsum, et quaedam ad recipiendum superfluum ¹⁸quod non habet iuvamentum. ¹⁹Et necessarium est ut sit quodlibet istorum quae diximus retentum in suo loco. ²⁰Sed sermo in istis convenientior est in sermone de cibo et generatione.

²¹Modo vero considerabimus in diversitate ventris ²²et membrorum convenientium digestioni cibi. Quoniam non est magnitudo ²³et aspectus ventris unius dispositionis in modis animalium, ²⁴sed animal habens dentes in utraque mandibula et habens sanguinem generans animal habet ²⁵unum ventrem, sicut homo et leo et canis ²⁶et alia animalia multorum digitorum, et animalia habentia soleas, sicut equus ²⁷et mulus et asinus, et animal habens dentes in utraque mandibula et habens ungulas fissas, ²⁸ut porcus. Animal autem cuius cibus est ex materia lignea spinosa ²⁹habet multos ventres, ut camelus et animal habens cornua ³⁰et carens dentibus

---

12 et² B²: om. B¹    quod] quoniam E    15 cuius] cum A    sugitur] -geritur B: + et superfluitas(sed del.) W    cibus qui] humiditas C    digeritur] -retur C: dirigitur H    16 superfluitas] -tates E    17 primo] post C    fuerunt] fiunt CW    membrorum] modorum H    ipsum] ipsa EH    superfluum] -ua E    18 quod] que C    19 istorum H²: eorum H¹    19 retentum ... 20 generatione om. C    20 in¹] de W    est] erit D²W: ante convenientior E    de ... generatione] et cibo H¹: et generatione et cibo H²    21 in] de CW: om. E    diversitate] -tem E    22 digestioni H²: -em H¹    cibi] cati C    23 dispositionis H²: -nes H¹    modis] modum ?C    24 sanguinem + et E    generans om. C    25 et¹ om. W    26 animalia alia W    27 habens²] habet H    28 porcus W²: corpus W¹    autem] vero E    ex] quod C    lignea + est C    spinosa om. E    29 ut D²: et D¹

---

manifestum est + لكلّ (omnibus)    12-4 quod causa cuiuslibet membri ... est¹] ﻻﺋ *    علة كلّ واحد من هذه الاعضاء (qua de causa est quodlibet illorum membrorum)    13 animalium + اعنى (scilicet)    14 propter cibum] ليقبض الطعام الذى يدخل فيها (propter *receptionem cibi intrantis in eis)    15 digeratur] يطبخ وينضج (decoquatur et digeratur)    17 cum primo om. Ξ    fuerunt ... ad recipiendum¹] recipiunt    ad alterandum] et alterant    ad recipiendum²] recipiunt    18 habet iuvamentum: ينتفع بها    19 et] ولكلّ واحد زمان مفرد على حدته ولذلك (et unicuique (sc. istorum membrorum) est tempus per se et propter hoc)    20 in sermone de cibo et generatione (inv.)] فى    وضعنا L الاقاويل التى وصفنا على الولاد والغناء Bad. Kruk; → Kruk)    23 ventris] ventrium    24 (27 30 32 idem) in utraque mandibula] in mandibula superiori et mandibula inferiori    28 spinosa + لذلك الحيوان (illud animal)

in utraque mandibula. ³¹Et propter hoc ³²non est camelus ex animalibus habentibus dentes in utraque mandibula, quamvis careat cornibus. ³³Necessario ergo fuit venter cameli talis dispositionis. ³⁴Venter ergo cameli assimilatur ventribus ¹animalium carentium dentibus in mandibula superiori, et fuit creatio suorum dentium sicut animalis habentis cornua. ²Et quia cibus cameli ³est spinosus, necessario fuit lingua eius carnosa, propter ⁴duritiem palati. Natura ergo utitur palato sicut ⁵parte terrestri dentium. Et propter hoc ruminat camelus sicut ⁶animalia habentia cornua, quoniam ventres cameli sunt sicut ventres animalium habentium cornua.

⁷Et quodlibet istorum animalium habet multos ventres, sicut vacca ⁸et ovis et caper et alia animalia similia, ⁹ut compleatur usus cibi. Et quod diminuitur ex eo propter diminutionem cibi ¹⁰habet ¹¹ventrem post alium. Venter ergo primus recipit cibum ¹²crudum, et venter secundus recipit ipsum digestum, ¹³et tertius recipit ipsum in meliori digestione, et quartus recipit ipsum bene digestum. ¹⁴Et isti ventres nominantur Graece nominibus diversis. ¹⁵Et qui voluerit cognoscere ¹⁶situm et aspectum istorum ventrium, legat libros nostros in narratione membrorum, ¹⁷et utatur Anatomia corporum animalium.

---

30 utraque $D^1$: altera $D^2$   mandibula + scilicet $C$   31 et ... 32 mandibula *om.* $C$   32 ex $H^2$: in $H^1$   careat $D^2$: -et $D^1$   33 necessario] -ius $C$   fuit *post* cameli $E$   1 dentium suorum $C$   animalis (+ dentis *(sed del.)* B) habentis] animalibus habentibus $C$   2 quia $H^2$: que $H^1$   3 spinosus] spineus $E$   necessario] -a $C$   5 sicut + alia $C$   6 sicut *om.* $CW^1$   habentium] -ia $D$   8 alia] animalia $A$   9 et ... cibi *om.* $A^1$   12 recipit *bis scr. (sed em.)* $A$   13 tertius $D^2$: -um $D^1$   ipsum¹] illud $C$: *om.* $H$   digestione meliori $C$   et² *om.* $E$   quartus $D^2$: -um $D^1$   ipsum²] illum $C$   14 graece nominantur $C$   15 voluerit] -unt $EW$   16 legat] -ant $E$   libros nostros] librum nostrum $CEW$   17 anatomia] anotomia $A^1C$

---

33 dispositionis + ولم تصر له مقاديم الاسنان (et non habet anteriores dentium)   1 superiori + والفك الاسفل (et *in* mandibula inferiori)   sicut + خلقة اسنان ذلك (creatio dentium illius)   2 cibus] غذاء وطعم *(syn.)*   3 eius] الجمل (cameli)   5 sicut + قبله $L$; يجتر (ruminant)   8 caper + والايّل (et cervus)   10-1 habet ventrem: فله بطن بطن $G$ (recipit venter)   11 alium] بطن (*alium* ventrem) + ولتتمّ طبخه ونضجه (et ut compleat decoctionem et digestionem eius)   12 digestum] مطحونا (molitum)   13 tertius] venter tertius   in meliori digestione] وطبخه أجود (bene digestum + وطبخه   ومن اجل هذه العلة تكون فى مثل هذا الحيوان بطون واماكن طحن الطعام + (بليغ محكم كثيرة (et propter hoc habent talia animalia multos ventres et multos locos digestionis *(lit. molitionis)* cibi   14 isti] هذه الاعضاء اعنى (ista membra scilicet)   16 legat libros nostros ... 17 et utatur] ومن ... فليعلم ذلك من كتبنا (sciat hoc ex libris nostris ... et ex)   16 in narratione membrorum: فى صفة الاعضاء

Et propter eandem ¹⁸causam diversatur ¹⁹membrum recipiens cibum in avibus. Quia ergo avis non habet opus conveniens ²⁰ad molendum cibum dentibus, invenitur ²²in quibusdam membrum quod dicitur *papum, ut faciat opus ²³loco operationis oris. Et in quibusdam invenitur oesophagus, et in quibusdam aliud membrum. ²⁴Et quaedam habent in anteriori ventris quaedam additamenta prominentia, in quibus reponunt ²⁵suum cibum indigestum. ²⁶Et quaedam habent ventrem carnosum ²⁷fortem, ut possint retinere multum cibum digestum longo tempore. ²⁸Natura autem complet quiddam operationis oris per virtutem et calorem ²⁹ventris. ³⁰Et quaedam aves non habent aliquid istorum quae diximus, sed ³¹papum longum et ventrem, scilicet aves longae valde. ³²Quoniam cibus istorum modorum ³³est velox ad digerendum, et propter hoc accidit ut sint ³⁴ventres istarum avium humidi, propter cibum qui non decoquitur neque digeritur.

675a ¹Genus vero piscium habet dentes, ²praeter modos parvos modicos, ³ut quod dicitur Graece ascaroz, et propter hoc ⁴dicitur quod

---

19 ergo] genus *C*    opus] membrum *BD*²    conveniens + eis *H*    20 cibum + eis *H*    invenitur + membrum *AD*    22 membrum *ante* in *BCEW*: del. *D*²    *papum *scripsi*: papa *codd*.    opus *om. D*¹    23 et²] quia *C*    24 anteriori] interiori *W*    ventris] -es *W*    quibus] quibusdam *C*    reponunt] recipiunt *EW*    25 suum *post* cibum *CW*: *om. EH*    27 fortem] -te *A*    cibum multum *CH*    longo] loco *W*    28 autem] ergo (*ante* natura) *H*: *om. AD*¹    quiddam *H*²: quidam *H*¹    quiddam operationis *D*¹: quasdam operationes *D*²    30 quae] quod *C*    sed] scilicet *C*    31 papum] papam *BD*²*E*: vel papam *W*²    longum] -am *BD*²    scilicet] sed *CW*    valde *om. H*¹    32 modorum istorum *AD*    33 est] et *A*    digerendum] dirigendum *C*    33-4 ventres sint *D*    34 istarum] istorum (*ante* ventres *C*): *om. EW*    avium *om. B*    digeritur] degeritur *H*    2 parvos + et *CEH*    3 graece *om. H*    ascaroz] ascuros *E*

---

18-9 diversatur membrum] invenitur diversitas in membro    19 avibus] generibus avium    20 dentibus + واللسان ليس له ما *يملس الطعام به* (et linguā neque habet cum quo *molere (vel *mollificare) possit cibum)    invenitur] est    22 quibusdam] quibusdam earum    ut faciat opus *om.* Ξ    23 in quibusdam invenitur] quaedam earum habent + العضو الذي يسمّى (membrum quod dicitur)    et in quibusdam aliud membrum *om.* ΩΞ    24 quaedam additamenta prominentia] شيء وارم ناتي    25 indigestum] الذي ليس بمطبوخ ولا معمول (*syn.*)    27 digestum] المطحون المطبوخ (*syn.*)    30 sed] وانّما له (sed non habent nisi)    32 quoniam] وذلك لحال رطوبة الطعام اعني ان (et hoc est propter humiditatem cibi scilicet quod)    cibus + جميع (omnium)    33 digerendum] الطحن والملوسة (*syn.*)    34 istarum avium] هذه الاصناف من اجناس الطير (istorum modorum generum avium)    1 dentes + وليس منه ما ليس له اسنان (et non sunt ex eis qui non habent dentes)    2 parvos modicos (*syn.*)] يسيرة    4 dicitur] يظنّ (opinatur) ipse solus ruminat propter istam causam. Quoniam [5]animal habens dentes in utraque mandibula non ruminat. Et omnes dentes piscium sunt acuti, [6]ut possint abscindere et dividere cibum, quamvis illa abscisio sit mala incompleta. [7]Quoniam non potest cibus manere in suo ore longo tempore, et propter hoc non habent pisces [8]molares, et si haberent essent otiosi.

[9]Et quidam pisces carent stomacho omnino, et quidam habent stomachum parvum brevem, [10]propter iuvamentum decoctionis cibi. Et quidam pisces habent [11]ventres carnosos sicut ventres avium, ut piscis qui dicitur Graece taricoz. Et quidam pisces habent in ventribus [12]partes prominentes in quibus deponunt cibum. [14]Et istae partes prominentes diversantur in generibus avium et piscium, [15]quoniam ista membra inveniuntur in piscibus superius [16]et in avibus inferius, apud complementum intestini. [17]Et quaedam animalia generantia animalia habent partes intestini prominentes in parte inferiori, [18]propter hoc quod diximus.

Omnes vero modi piscium [19]propter diminutionem usus cibi eiciunt superfluitatem cibi [20]crudam indigestam. Et propter hoc sunt valde gulosi, [21]et similiter omnia alia animalia recti intestini. [22]Quoniam exitus cibi erit cito, [23]et sic appetit ipsum cito.

---

4 ipse] iste *DH*: *om. C*   5 animal + non $D^2$   non *om. CDEW*   6 cibum *post* illa *C*   mala] -le *E*   7 non$^1$] nec *E*   pisces + dentes *CEHW*   9 omnino stomacho *B*   quidam$^2$ + pisces *B*   brevem parvum *DH*   10 decoctionis] coctionis *H*   11 piscis qui dicitur] pisces qui dicuntur *H*   taricoz] tarikez $D^2$: karicoz *E*: caricoz *W*: taucoz *B*: tautoz *C*: murig $H^1$: vel taricoz $H^2$: mugil' *mg.* $A^2$   12 partes] tres *H*   in *om. H*   deponunt] reponunt *EW*: recipiunt et reponunt *C*   14 prominentes *om. CE*   16 intestini] -orum *C*   17 et ... intestini *om. B*   inferiori + et *H*   18 hoc (*del.* $W^2$)] id *CE*: + id *W*   19 cibi$^2$ *post* 20 indigestam *E*   20 crudam] -um $D^1$: -i $D^2$   21 alia *post* animalia *H*: *om. BEW*   recti] reti *C*   23 et ... cito *om. B*   ipsum] cibum *H*

---

5 habens ... non ruminat] يجترّ ... ليس له الذى (non habens ... ruminat)   8 molares للسمك   haberent + فليس يمكن ان يطخن الطعام (et non possunt molere cibum)   اسنان عريضة (pisces molares)   9 parvum brevem] قصيرة   11 piscis] صنف السمك (genus piscium quod)   taricoz: قسطروس   12 cibum + مثل ما يكنز الشىء فى الحفر الذى يكون بين يدى الأبيار فالطعام يعفن وينطبخ هناك (sicut deponitur aliquid in *cavitatibus quae sunt ante *cisternas et cibus putrefit et decoquitur ibi)   14 prominentes + من البطون (in ventribus)   15 membra + الناتئة (prominentia)   15-6 superius et] فى الناحية العليا من البطن وتوجد (in parte superiori ventris et inveniuntur)   16 inferius] in parte inferiori   complementum] تمام غاية (syn.)   19 cibi$^2$] البطن (ventris)   20 crudam indigestam] غير نضيجة   valde gulosi] رغيب فى طلب الطعم   22-3 cito ... cito] من ساعته ... عاجلا   23 ipsum + ايضا *L* (etiam)

²⁴Et iam diximus superius quod animal habens dentes in utraque mandibula habet ventrem parvum. ²⁵Et in ventribus omnium istorum animalium sunt duo modi diversitatis. ²⁶Quoniam ventres quorundam assimilantur ventri porci, ²⁷et ventres quorundam assimilantur ventri canis. Et venter porci est maior, ²⁸et habet in se involutionem ut sit ²⁹decoctio cibi in longo tempore. Venter autem canis est parvus, ³⁰et non est amplior ventre multum, ³¹quia intestinum est positum post ventrem in omnibus ³²animalibus.

Et intestina diversantur secundum diversitatem ventris. ³³Quoniam intestinum est in quibusdam animalibus simplex, et cum dissolvitur, assimilatur in partibus. ³⁴Et forte erit pars intestini quae vicinatur ventri ³⁵amplior, et quae vicinatur termino strictior. Et propter hoc ³⁶exit superfluitas a ventre canis cum dolore. ¹Et in pluribus animalibus est econtrario, ²et habent involutionem multam, sicut intestina habentium cornua. ³Et magnitudo ventrium istorum animalium est maior, et ⁴similiter magnitudo intestini, propter magnitudinem corporum. Et omnia corpora animalium ⁵habentium cornua sunt magna, propter humiditatem usus cibi.

675b

---

24 animal *om.* $A^1$    in *om.* $C$    27 quorundam + animalium $H$    assimilantur *om.* $W$    28 involutionem in se $CEW$    sit] fit $B$    29 cibi $D^2$: sibi $D^1$    in *om.* $H$    30 ventre $D^1$: vel venter $D^2$    31 ventrem + et $D^1$ (*sed del.* $D^2$)    32 diversitatem] -es $C$    ventris] -es $C$    33 intestinum est *om.* $H^1$    simplex] -iciter $B$    34 erit *om.* $C$    intestini *om.* $D^1$    quae] qui $C$    35 amplior] -ori $C$    vicinatur] -antur $H$    termino] intestino $CEW$    36 exit] erit $H$    2 et $D^2$: ut $D^1$    intestina (vel intestinum $D^2$) + animalium $D^2$    cornua] corium $C$    4 similiter] sinistrum $C$    intestini + est $D^2$    corporum] cornuum $W$    5 cornua] corpora $W$

---

28 involutionem] بعض التشبيك (quasdam involutiones)    30 ventre: البطن    31 quia intestinum] وذلك لحال الجوف اعنى لان طباع المعاء (et hoc est propter interius scilicet quia natura intestini *est posita*)    32 intestina ... ventris] in intestinis est multa diversitas sicut diversitas quae est in ventre    33 partibus + وفى بعض الحيوان اذا انحلّ المعاء يكون غير شبيه بعضه ببعض (et in quibusdam animalibus cum dissolvitur intestinum non assimilatur in partibus)    1 econtrario] ما يلى البطن من المعاء اضيق وما يلى التمام اوسع (pars intestini quae vicinatur ventri strictior et quae vicinatur termino amplior)    2 intestina + الحيوان (animalium)    4 magnitudinem corporum] عظم جثث (fere)    5 humiditatem] جودة (bonitatem)    cibi + وبقدر قول القائل et + الاجساد    فاما الحيوان الذى ليس بمستقيم المعاء فكلّ ما بعد معائه من البطن صار اوسع (in animalibus vero quae non sunt recti intestini quaelibet *pars ventris quae est post intestinum eorum efficitur amplior)

⁷Et habent colon, et partem intestini quod orbum dicitur, ⁸deinde efficitur intestinum strictius involutum, ⁹deinde rectum, donec perveniat ad locum exitus ¹⁰superfluitatis. Et ibi est membrum quod dicitur longaon, ¹¹et in quibusdam est pingue et in quibusdam non.

¹²Et natura ingeniata est in creatione omnium istorum propter operationes convenientes, scilicet receptionem et decoctionem ¹³cibi et exitum superflui. ¹⁴Et quando cibus descendet et fuerit in loco amplo, ¹⁵non remanebit, et maxime si animal fuerit boni labii ¹⁶indigens multo cibo propter magnitudinem aut calorem. ¹⁷Deinde ergo etiam ¹⁸recipit cibum intestinum strictum a superiori ventre, similiter etiam a membro quod dicitur colon, a ¹⁹loco amplo vadit ad ventrem inferiorem, et ab eo vadit ad intestinum strictum. ²⁰Et tunc pervenit superfluitas valde sicca ad involutionem intestini, ²¹ut maneat illic et non exeat subito.

²²Animal ergo non gulosum ²³non habet in intestino suo ²⁴multam amplitudinem in eo quod vicinatur inferiori ventri, ²⁵et habet in intestinis involutionem, et non sunt recta. Et propter amplitu-

---

7 colon $D^2$: color $D^1$  et² om. $D^1$  orbum (*post* dicitur $D$)] -us $D^2$: cibum $H^1$  8 efficitur] fit *CEW*  10 est ibi *CEW*  longaon] langaon *HW*: langon *C*  12 omnium + membrorum $H$  istorum + membrorum *CEW*  13 cibi $D^2$: sibi $D^1$  superflui $D^1$: superfluitatis $D^2$  14 descendet] -erit *CDEW*  15 fuerit animal *DH*  16 indigens] -et *C*  cibo + et $H$  17 ergo om. *C*  etiam] et *B*: *post* 18 cibum $H$: om. $EW^1$  18 cibum om. *C*  strictum] vel rectum $D^2$: *ante* intestinum *C*  etiam om. *C*  colon $D^2$: calon $D^1$  19 ad²] in *CE*: om. *W*  20 sicca valde *C*  22 ergo] vero *CDE*  23 in om. $CD^1H^1$  24 ventri inferiori *CEW*  25 in om. $CD^1$

---

7 habent + العضو الذى يسمّى (membrum quod dicitur)  et²] et habent  orbum (*sc. intestinum*): اعمى  dicitur + وهو متورّم (quae est *tumida)  8 deinde] ثم بعد هذا (deinde post hoc)  10 longaon: مبعر  11 quibusdam¹ + الحيوان (animalibus)  non] ليس له شحم البتّة (non habet pinguedinem omnino)  12 istorum + الاعضاء (membrorum)  14 et fuerit] اوّلا (primo fuerit)  15 non (= لم)] ثمّ (deinde)  remanebit + هناك (ibi)  labii: الشفة $GL^1$ (→ Kruk)  16 calorem + الاماكن (locorum)  18 strictum + اعنى انه يقبله (scilicet quod recipit ipsum)  similiter] وكذلك (et similiter)  a³] ومن (et a)  19 loco amplo] amplitudine loci  20 et tunc] و  valde sicca] جافة  21 illic + تلك الفضلة (illa superfluitas)  exeat] erit exitus eius جدّا قد نشف نداها  22 non gulosum] لم يخلق رغيبا مشتاقا الى كثرة الطعام  25 et propter amplitudinem ... erit] من اجل ان ... تكون علة كثرة رغبته فى الطعام (quoniam amplitudo ... erit causa gulositatis eius)

dinem intestini erit gulosum, ²⁶et propter rectitudinem intestini erit cito appetens. Et propter hoc erit ²⁷animal, cuius vasa intestini sunt ampla et cuius intestinum est rectum, ²⁸valde gulosum et valde appetens. Et quia cibus est recens in ²⁹ventre superiori ³⁰et efficitur in ventre inferiori stercus fetidum ³¹siccum, necessarium est ut sit aliud medium inter ista duo, ³²ut alteretur ibi cibus et non exeat recens.

Et propter hoc ³³fuit in omnibus animalibus membrum quod dicitur ieiunum. ³⁴Et est inter ³⁵ventrem superiorem et inferiorem, et in eo est cibus qui adhuc non est digestus, et post est venter inferior, in quo est cibus corruptus, ³⁶scilicet superfluum. Et est in omni animali ¹magni corporis ieiunum, quod non accipit aliquid, quasi ²res habens communicationem in duobus locis. Si vero animal comederit, ³tempus ergo alterationis erit < * * * > in feminis ⁴supra intestinum, in maribus autem erit ⁵ante intestinum quod dicitur *caecum, et ante ventrem inferiorem.

---

26 appetens $W^2$: apparens $W^1$    26-7 animal erit $D$    27 cuius² $D^2$: citius $D^1$    est om. $CE$    rectum] erectum $E$: valde directum $C$    28 est om. $C$    30 et $D^2$: ut $D^1$    inferiori] superiori $AD^1HW$: + et efficitur in ventre superiori (sed del.) $A$    stercus (+ valde $BD^2$)] strictus $AD^1H^1W$: strictius $B$: strictus et $C$    fetidum $BD^2H^2$] fetidus (+ et $E$) $ACD^1EH^1W$    31 siccum $BD^2H^2$] siccus $ACD^1EH^1W$    ut] ne $C$    aliud] calidum $E$: + membrum (sed del.) $W$    medium] intellectum $E$: om. $C$    32 alteretur] -atur $A$    exeat om. $C$    et² om. $E$    33 membrum $D^2$: -orum $D^1$    dicitur + ge (= grece ?) $D^1$ (sed del. $D^2$)    ieiunum] ieiunium $D^1H$    35 inferiorem] interiorem $C$: ante superiorem $H$    est in eo $CEW$    post + hoc $BCD^2$    in²] a $C$    est⁴ om. $B$    36 scilicet om. $B$    superfluum] -uus $BE$    1 magni] -um $E$: om. $C$    corporis om. $CE$    ieiunum] ieiunium $D^1H$    quod $H^1$: aut aliquod $H^2$    aliquid] -quod $A$: -quem $CEHW$    2 comederit] -dit $AD$: + non $B$    3 ergo om. $E$    alterationis] alienationis $W$    erit] habet $CE$    feminis + etiam $B$    4 intestinum] -is $C$    5 dicitur lac. $H^1$    *caecum scripsi: centum codd.: ante intestinum $D^1$ (em. $D^2$): lac. $H^1$

---

26 et propter rectitudinem intestini] واستقامة المعاء تكون علة سرعة شهوة الطعام (et rectitudo intestini erit causa velocitatis appetitus cibi)    27 vasa intestini (= معاه)] اوعية طعامه (vasa cibi)    28 valde gulosum] كثير الرغبة فى الطعام    valde appetens] شهوته سريعة اليه (cito appetens)    30 efficitur in ventre inferiori] اذا صار الى البطن الاسفل صار (quando vadit ad ventrem inferiorem efficitur)    31 siccum] قد جفّ ونشفت    32 recens] حديثا طريا (syn.) + لانه    ista duo] البطنين (istos duos ventres)    رطوبته    وهو المعاء الدقيق الذى لم يصر بعد زبلا (quoniam adhuc non fuit stercus)    34 et est] بعد البطن فهذا العضو (et est intestinum tenue quod est post ventrem et hoc membrum est)    35 inferiorem] ventrem inferiorem    1 non] لم ... بعد (adhuc non)    aliquid + erit    3 erit + فى زمان يسير (in parvo tempore;    quasi] فهو يكون مثل (est ergo quasi)    من الطعام (ex cibo) + فالعضو الذى قلنا انه يسمّى صائما يكون membrum ergo de quo diximus quod nominatur ieiunum erit)    5 *caecum: اعمى (orbum → 675b7)

[15] ⁶Et in ventribus animalis etiam invenitur coagulum. ⁷Et omnia animalia habentia unum ventrem carent coagulo, praeter animal quod dicitur pilosi pedis. ⁸Coagulum non invenitur, in animalibus multorum ventrium, in duobus ventribus primis, ⁹sed in tertio, qui est ante ventrem ultimum. ¹¹Omnia ergo ista animalia habent coagulum, ¹²praeter in animalibus habentibus unum ventrem. ¹³Quoniam animal habens unum ventrem habet lac tenue, et propter hoc ¹⁴coagulatur lac animalis habentis cornua, et non coagulatur lac animalis carentis cornibus. ¹⁵Animal vero pilosi pedis caret coagulo, quoniam pascitur herbas multae humiditatis, ¹⁶et quando fuerit talis humiditas, non coagulatur lac in interiori ¹⁷concepti. Et propter hoc erit coagulum per ventrem qui dicitur Graece hahinoz, et hoc est in animalibus habentibus multos ventres, ¹⁸sicut diximus in libro de quaestionibus.

---

6 animalis] -ium *E*   invenitur etiam *CEW*   coagulum] coagulatum *A*   7 carent] -et *C*   pilosi *D*²: polosi *D*¹   8 coagulum.+ autem *BCD²EW*   invenitur *post* ventrium *C*   9 ultimum *om. D*¹   11 animalia ista *C*   12 praeter] praeterquam *C*   13 unum *om. AD¹H*   lac *BD*²: *om. cett.*   tenue] retinere *H*²: lac. 8 litt. *E*   14 et ... cornibus *om. E*   carentis] -ibus *D*¹   carentis cornibus] non habentis cornua *W*   15 vero *om. C*   herbas] -is *CE*   16 fuerit] fuit *A*   humiditas] -tatis *E*   in *om. ACH*   interiori] inferiori *C*   17 erit] exit *DE*   coagulum] coagulatum *C*   hahinoz *AW*] ahinoz *C*: habinoz *BD²H*: habioz *D*¹: halinoz *E*   habentibus *post* ventres *C*   18 diximus + superius *B*

---

6 in ... invenitur] فى   coagulum + وخاصّة جميع الحيوان الذى له بطون كثيرة (et proprie omnium animalium habentium multos ventres)   7 omnia *om.* Ξ   carent] ليس   توجد فى بطنه (non invenitur in ventre eorum)   pedis + واذا وجدت (et quando invenitur)   9 in + البطن (ventre)   11 coagulum + اللبن (البطن)* لحال غلظ (propter spissitudinem lactis (ventris *GL* → Kruk))   12 praeter in] فى (et non invenitur coagulum in)   13 lac] لبن *ابدا (‘semper' *GL*)   15 caret: ليس يكون له   humiditatis] الرطوبة والندى (*syn.*)   16 non: لا   17 per ventrem] فى البطن (in ventre)   18 de] الذى وصفنا فى (quem narravimus de)

# DE ANIMALIBUS

## LIBER XIV

676a22 [1] ²²Secundum ergo hunc modum est dispositio intestinorum in generibus animalium, et dispositio ²³ventris et cuiuslibet membri, scilicet animalium quadrupedum generantium animalia. ²⁴Et animal etiam carens pedibus, sicut serpentes. ²⁵Quoniam serpentes assimilantur ²⁶lacertulis longi corporis carentibus pedibus. ²⁷Et quaedam istorum animalium habent pulmonem, quia ambulant, ²⁸et quaedam non habent pulmonem, sed brancos loco pulmonis.

²⁹Et nullus istorum modorum habet vesicam, neque pisces, praeter tortucam. ³⁰Quoniam humiditas transit eis in squamas, et humiditas istorum animalium est parva, non quia pulmo ³¹caret sanguine, sicut accidit avibus, quoniam humiditas corporis avium declinat ad ³²plumas. Humiditas ergo corporum istius animalis est pauca, et assimilatur in paucitate humiditati corporum avium. ³³Et propter hoc, si ponatur ³⁴superfluitas animalium habentium vesicam in vas, aggregabitur in suo inferiori superfluum salsum, ³⁵quoniam quod est in illo humido ex aqua dulci potabili iam transivit ³⁶in carnem, propter sui subtilitatem et levitatem.

---

ABCDEHW   22 ergo om. $A^1$   intestinorum ... dispositio² bis scr. $H^1$ (em. $H^2$)   generibus $B^2$: generationibus $B^1$   23 scilicet] secundum C   quadrupedum + et C   24 etiam om. CEW   27 istorum] illorum $H^1$: vel istorum $H^2$   quia] qui CEW   28 pulmonem om. E   29 modorum istorum D   habet] -ent A   pisces] pedes CEW   30 humiditas¹] humidum D   non om. EW   30 transit + in BCEW   30-1 quia pulmo caret $D^1$: vel sit vel quia plura carent etc. (affirmative scilicet suprascr.) $D^2$   pulmo] plura EW   31 caret] -ent EW   sanguine om. C   31 avium ... 32 humiditas om. C   declinat $D^1$: transit $D^2$   32 corporum¹] -ris BCEW   pauca est E   humiditati] in humiditate H   34 aggregabitur] congregabitur H   inferiori $D^2$: superiori $D^1$   salsum $D^2$: calsum $D^1$

---

Ξ   22 modum + الذى وصفنا (quem narravimus)   intestinorum: ﻣﻌﺎء اﺟﻮاف٭   24 serpentes + فان طباع الحيّات مناسب لهذا الحيوان الذى ذكرنـا (quoniam natura serpentum est conveniens istis animalibus quae diximus)   29 modorum + الحيـوان (animalium)   30 eis om. Ξ   parva] valda parva   non: ﻟﻴﺲ   32 et assimilatur] assimilata   33 ponatur] خرجت ... ووضعت (exeat ... et ponatur in vas)   34 superfluitas] فضلة الرطوبة   35-6 transivit in] فنى وصار الى (syn.)

Inter autem serpentes et tiros ¹est diversitas, sicut diversitas  **676b**
quae est inter pisces. Quoniam inter ²celeti et animal marinum est
diversitas, quoniam celeti ³generant animal in agresti, et tiri generant animal postquam ovaverunt ⁴prius in suo *interiori.

Et omnia ista animalia habent unum ventrem, sicut alia animalia habentia dentes in utraque mandibula, et habent ⁵membra
interiora parva, sicut ⁶alia animalia carentia vesica. Membra autem interiora serpentum sunt stricta longa, secundum ⁷creationem
sui corporis, et non assimilantur ⁸membris interioribus aliorum
⁹animalium, quoniam illa membra sunt bonae creationis pulchrae
figurae, ¹⁰propter amplitudinem locorum in quibus sunt.

Et ista animalia habent intestinum quod dicitur medium, ¹¹et
alia intestina, et habent etiam parietem ¹²post cor, scilicet quod
omnia animalia habentia sanguinem habent ista membra, et non
omnia habent pulmonem ¹³et cannam, praeter pisces. Et situs
¹⁴cannae et oesophagi in omnibus animalibus habentibus ista
membra sunt eiusdem dispositionis, ¹⁵propter causas quas diximus
superius.

[2] ¹⁶Et plura animalia habentia sanguinem habent fel. Et in quibusdam ¹⁷invenitur super epar, et in quibusdam pendet ab intestino, ¹⁸quoniam natura fellis est ex natura ventris inferioris. ¹⁹Et

---

36 tiros] tyros *BD*: turos *A*¹: siros *E*   1 sicut + est *C*: *om. E*   diversitas² *om. E*   2 celeti¹] celiti *C*: celici *E*   marinum] magna *C*   celeti²] celiti *C*: celici *E*   3 generant¹ *A*] -at *cett.*   tiri] tyri *BH*   generant²] -at *CE*   ovaverunt] obviaverit *CE*: obviaverunt *D*: oviaverint *H*   4 *interiori *scripsi*: anteriori *codd.*   alia *del.* *D*²*H*²: *om. CEW*   5 interiora *BD*¹*H*¹] anteriora *cett.*: vel anteriora *D*²   6 interiora] anteriora *CE*   7 assimilantur] -atur *A*   9 illa] ista *EW*   creationis *ante* bonae *A*¹: + et *CD*²*EH*   10 amplitudinem *D*²: altitudinem *D*¹   et *om. C*¹   intestinum *BD*²*E*] -a *cett.*   11 et¹ ... intestina *om. D*¹   alia] animalia *B*: illa *C*: *om. D*¹   et² *om. C*   habent *BD*] -et *cett.*   12 cor] corpus *BD*¹*H*: vel cor *D*²   scilicet *om. C*   quod] quia *C*: id est quia *D*²   non *om. E*   omnia *post* habent² *HW*: *om. E*   14 in *om. D*¹   17 invenitur ... quibusdam *om. A*¹*B*   intestino + et *EW*   18 quoniam] quod *H*   natura²] parte *CD*²*EW*   inferioris] -ibus *C*   19 et] ut *E*

---

1 inter² + يسمّى الذي الحيوان (animalia quae dicuntur)   2 quoniam + يسمّى الذي (quae dicuntur)   4 in suo *interiori: في اجوافها   5 parva] valde parva   6 secundum (= حال على)لحال (propter)   7 corporis + اعنى لانها مستطيلة ضيّقة (scilicet quoniam est longa stricta (sc. creatio))   12 et non: وليس *G*²*L* (→ Kruk)   13 cannam: وريد   14 cannae: الخشن العرق   خشن   16 et² + المرّة (fel)   17 pendet] ... توجد   متعلّقة (invenitur pendens)   18 inferioris + غيرها بدون ليس (non minus quam alia (sc. natura epatis et intestini))   19 et] وذلك (et hoc)

manifestatur proprie in piscibus, quoniam omnes pisces habent fel. [20]In aliis invenitur prope intestinum, et propter hoc invenitur fel [21]contextum super intestina omnia, sicut invenitur in animali marino quod dicitur amie. [22]Et ex hoc manifestatur quod illi qui fingunt quod fel fuit creatum propter [23]sensum errant, quoniam illi dicunt [24]quod fel [25]pungit epar, ut faciat ipsum boni sensus. Et debemus scire quod quaedam animalia non habent fel [26]omnino, sicut equus et mulus et asinus [27]et elephas. Et camelus etiam non habet fel distinctum, [28]sed venas parvas in quibus est fel. Koki autem [29]non habet fel, neque delphin. Et in generibus animalium quae sunt eadem [30]forte invenitur fel, forte in quibusdam non, sicut [31]in mure et homine, scilicet quod quidam homines habent fel [32]manifestum super epar, et quidam non. [33]Et propter hoc accidit dubium de isto sensu. [34]Et propter hoc opinatur quod omnes homines habent fel. [35]Et similiter accidit capris [36]et ovibus, scilicet quod plures eorum habent [1]fel. Et forte erit multum, tantum

---

manifestatur $A^1$: manifestam $A^1$ proprie *om.* CE fel + et CEH 20 invenitur$^1$ *om.* $H^1$ prope] proprie (*ante* invenitur$^1$) CEH 21 sicut + fel H animali ... dicitur] aliis animalibus marinis que dicuntur H dicitur + grece $BCD^2EW$ amie] anne BCD 22 et + hoc AB quod$^1$] quoniam CEW quod$^2$ *om.* $W^1$ propter] preter H 23 quoniam] qui C: + autem H illi] alii H: + qui BEW dicunt] fingunt EW 25 pungit] pingit C faciat $D^1$: fiat $D^2$ debemus] -es ABDH 26-27 asinus(] assinus A) et elephas] elephas (] elephans W: epaphas C: elefas *cett.*) et asinus CEW 26 et asinus *om.* H 27 et$^2$ *om.* B fel *om.* C 28 sed] sive C autem] vero E: *om.* CW 30 fel + et B 31 et + in E homines quidam CE 31-32 fel manifestum *post* epar E 32 super epar *ante* 31 habent C 33 sensu] -um A: genere *mg.* A: gensu D: + vel genere W 34 opinatur] -antur $D^1$ homines omnes AB 35 et *om.* CEW 36 ovibus $D^2$: omnibus $D^1$ scilicet *om.* CEW 1 erit$^1$] -unt A

---

20 aliis] aliis autem animalibus invenitur$^1$ + المرّة (fel) propter hoc] ربّما (forte) invenitur$^2$] كانت (erit) 21 dicitur + باليونانية (graece) amie + وكثير من الحيات على مثل هذه الحال (et plures serpentes sunt secundum eandem dispositionem) 22 fel] طباع المرّة (natura fellis *fuit creata*) 25 pungit ... sensus] جعلت لكى تلدغ الكبد وتصيّره جيّد الحسّ (*fuit creatum ut pungat epar et faciat ipsum boni sensus*) 27 elephas + والحيوان الذى يسمّى باليونانية برقس ينبغى ان نعلم (et debemus scire: animal quod dicitur graece *brox*) distinctum] مفردة منفردة (*syn.*) 28 koki autem] الحيوان الذى يسمّى باليونانية فوقى (animal autem quod dicitur graece koki) 30 non] non invenitur sicut + يصاب (accidit) 31 in ... homine] فى جنس الفار ومرّة الانسان على مثل هذه الحال (in genere murium et fel hominis est secundum eandem dispositionem) 32 non] non habent fel manifestum 33 de isto sensu (= الحسّ)] فى حال هذا الجنس (de dispositione istius generis) 1 erit$^1$ + تلك المرّة (illud fel)

quod erit ²mirabile in quantitate, sicut accidit in antiquo in regione quae dicitur ³Halkiz, in climate Obo. ⁴Et sicut diximus in felle, invenitur in interioribus piscium remote ⁵ab epate.

Et ego puto quod illi qui sunt in opinione Anaxagorae errant in eo quod fingunt quod fel ⁶est causa infirmitatum acutarum, ⁷quoniam si multiplicetur, curret ad pulmonem ⁸et costas et inferius parietis. Quoniam non habent fel illi quibus accidunt ⁹istae infirmitates, et si esset, ¹⁰foret cognitum et manifestaretur per anatomiam. ¹¹Et quod manifestatur ex eo, non est conveniens ei quod ipsi dixerunt, sed ¹²videtur quod sit fel sicut residuum corporis, ¹⁴ut faex quae aggregatur ¹⁵in ventre et intestinis. Et forte utetur natura ¹⁶quibusdam superfluis aliquo modo iuvamenti, ¹⁷et non debemus ponere istam causam necessariam, dicendo quod omnia ista sunt propter aliquid.

¹⁹In illis ergo quorum natura epatis est sana ²⁰et natura sanguinis est dulcis, ²¹aut non invenitur fel, ²²aut si invenitur erit in venis valde gracilibus, aut invenitur in quibusdam et in quibusdam non.

erit² A²: erunt A¹   2 antiquo] -a CEHW   in³ om. CEHW   quae] quod W   halkiz] alkiz CEHW: akilz D²   3 in] et B   obo] tho B: oleo C: olio W: cibo D²H   4 invenitur om. C   interioribus] anterioribus CE   5 ego puto] lac. 10 litt. B   anaxagorae] anxagore E   6 causa om. A   7 quoniam] quod B   multiplicetur] -aretur CEW   curret] curreret CE: currit DH   8 costas] -is E   et² + si B: + ad CD²EW   illi] aliqui CEW: -quod D²   10 foret] forte W   anatomiam] atonomiam D¹: anathomiam D²   11 manifestatur] -antur C   eo + et D¹(sed del. D²): + quod H   est conveniens] convenit CE: inconveniens W   14 faex] fel H   quae] quod CEW   aggregatur] congregatur E   15 et² + si B   natura + in H   16 aliquo] quo A: alio W   iuvamenti H²: -to H¹   17 necessariam] necesse B   20 et] extra B   22 gracilibus] gracile subtile E   et] autem (post quibusdam²) CEW

erit²] يظنّ ان (putatur esse)   2 antiquo] الدهر السالف (antiquo tempore)   dicitur + باليونانية ناقسوس وليس لبعض هذا الحيوان مرّة مثل ما عرض فى البلدة التى تسمّى باليونانية (graece naxos et quaedam istorum animalium non habent fel sicut accidit in regione quae dicitur graece)   5 illi qui sunt in opinione Anaxagorae] اصحاب انقسغوراس   5–6 in eo ... est] فى قولهم فى المرّة حيث زعموا انها (in sermone eorum de felle ubi fingunt quod ipsum est)   8 quoniam + بقدر قول القائل (fere)   9 si esset] لو كان ذلك (si esset ita)   11 et quod manifestatur (= تتضع) ex eo] وايضا الكثرة التى تكون فى الامراض والتى تنضع منها (et etiam multitudo (sc. fellis) quae erit in istis infirmitatibus et illa quae eicitur)   12 corporis + وليس لحال شىء آخر (et non erit propter aliud)   17 aliquid + بل لان بعضها مثل هذه باضطرار تعرض أخر لحالها (sed quia quaedam sunt talia necessario accident alia propter ista necessario)   20 dulcis + اعنى طباع الدم الذى يصير الى الكبد (scilicet natura sanguinis qui vadit ad epar)   21 non invenitur fel] لا تكون مرّة البتة (non erit fel omnino)   22 si invenitur erit] invenitur   non] non invenitur

²³Et propter hoc erit epar illorum quae carent felle boni coloris et dulcius aliis, ²⁴et quando habuerit aliquod animal fel, invenitur pars ²⁵epatis quae est sub felle valde dulcis.

Si ergo fuerit substantia fellis ²⁶ex pauco ²⁷superfluo, superius erit contrarium cibo, quoniam complexio superfluitatis debet esse contraria cibo, et propter hoc ²⁸est amarum contrarium dulci. Et sanguis ²⁹sanus est dulcis. Manifestum est ergo ex istis rationibus quod creatio ³⁰fellis non est propter aliquid, sed est superfluum.

Et propter hoc debemus mirari ex sermone antiquorum ³¹qui fingunt quod privatio fellis ³²est causa longitudinis vitae, et quia illi consideraverunt animalia habentia soleas et cervos, quia ista non habent fel ³³et vivunt multum. Et ³⁴non consideraverunt animalia similiter quae non habent fel et vivunt multum, sicut delphin ³⁵et camelus, quoniam ista etiam non habent fel. ³⁶Et rectum esset quod natura epatis esset ³⁷causa paucitatis vitae, quod est membrum principale in omnibus animalibus habentibus sanguinem. ¹Quoniam ²epar habet talem superfluitatem, et alia membra non habent. ³Et est impossibile ut appropinquet cordi talis hu-

677b

---

23 illorum] eorum *D*   quae] qui *E*   24 habuerit] -uit *C*   aliquod *om. H*   25 quae] quod *C*   valde *om. CE*   dulcis] dulce *ABD*¹: dulces *H*   26 pauco] parvo *H*   27 erit] est *W*   contrarium] -us *C*   29 ergo *ante* manifestum *CEW*   istis] his *C*: hiis *EW*   30 non *om. E*   propter¹ *om. A*¹   sed + et *C*   hoc *om. H*   mirari] imitare *H*¹: imitari *H*²   31 fingunt] finxerunt *EW*   32 est] fuit *CEW*   cervos *A*²: cum vos *A*¹   33 et¹ ... multum *om. C*   33 et² ... 34 multum *del. D*²: *om. E*   34 consideraverunt] -verant *W*   similiter animalia *H*   35 et camelus *om. D*¹   ista] illa *D*   etiam *del. D*²   fel + et vivunt multum *BCDEHW* (+ et non consideraverunt animalia similiter que non habent fel et vivunt multum sicut delfin et camelus quoniam ista etiam non habent fel et vivunt multum *B*)   36 esset¹ *D*¹: est *D*²   37 quod *H*²: que *H*¹   2 epar *om. B*

---

23 erit epar] erunt epata   et²] بقدر قول القائل ... وهى فى الاكل (et in omni comestione (*L*) fere)   26-7 ex pauco superfluo superius erit] من تنقية قليلة فالفضلة (ex purgatione pauca, ergo superfluum erit)   27 cibo¹] ذلك الغذاء (illo cibo)   cibo²] لمزاج الغذاء (complexioni cibi)   30 superfluum] فضلة تنقية   32 longitudinis vitae] طول العمر وكثرة الحياة (*syn.*)   quia²] اعنى انه (scilicet quod)   33 et² non ... 35 fel] وايضا من الحيوان ما لم يعاينوه ولم يعلموا انه ليس له مرة مثل الدلفين والجمل فان هذين الصنفين من الحيوان طويلا العمر (et etiam sunt animalia quae non consideraverunt neque cognoverunt de eis quod carent felle sicut delphin et camelus quoniam illi duo modi animalium vivunt multum)   37 quod] لانه (quoniam)   principale + محتاج اليه (quo indigetur necessario)   2 habent + فضلة اخرى مثلها (aliam talem superfluitatem)

miditas omnino, quoniam cor non potest pati [4]infirmitates fortes omnino. Epar autem est ex [5]membris quibus indigetur necessario, [6]et propter hoc accidit hoc epati tantum. [7]Et non est rectum quod non putetur quod phlegma crudum [8]et faex ventris est superfluitas, et fel, [9]et in hoc non est diversitas secundum [10]loca. [11]Iam ergo declaravimus propter quid est in corporibus quorundam animalium fel, [12]et quorundam non.

[3] [14]Mirac autem est tela, [15]et in ea est zirbus in habentibus zirbum, aut pinguedo in habentibus pinguedinem. [17]Et mirac est positum secundum unum modum in animalibus habentibus unum ventrem et in habentibus multos, [18]ex medio ventris, [19]et pervenit ad residuum ventris. [20]Et multitudo intestinorum est eiusdem dispositionis in habentibus sanguinem, silvestribus [21]et aquosis. Et hoc membrum accidit necessario, [22]quoniam quod fit ultimo ex calefactione admixtione sicci et humidi, [23]semper est [24]aut corium aut tela. Et iste locus est plenus tali cibo, et etiam [25]propter spissitudinem telae [26]necessarium est quod quicquid fuerit colatum ex

---

3 quoniam ... 4 omnino *om. C*    4 infirmitates] humiditates *W*: vel humiditates $D^2$    fortes] -te *A*    6 propter hoc] forte *H*    $hoc^2$ *om. CE*    7 rectum est *CE*    $non^2$ *om. W*    putetur quod *om. W*    crudum + est *C*    8 faex] fel *(sed em.) H*    et fel *ante* est $BD^2$    9 in *om. C*    11 fel *ante* in *CEW*    14 mirac] mirach *B*    15 in ea est] inest ea *H*    zirbus] tirbuz *C*    aut] et *E*    17 mirac] mirach *B*    habentibus$^1$ *post* ventrem *D*    ventrem unum *CE*    multos *ante* $in^2$ $D^1$: *ante* habentibus$^2$ $D^2$: + ventres *BCEW*    20 sanguinem + in $BCD^2EHW$    21 $et^1$ + in *BCEW*    $et^2$] in *A*: ex *E*    22 quoniam *om. C*    fit] sit *E*    ultimo] -um *C*: multitudo $D^1$    calefactione + et $BCD^2EHW$    et *om. C*    humidi + et *D*    24 $aut^1$] ut *H*: *om. CE*    $aut^2$ $H^2$: et $H^1$    est *ante* locus *CE*: + semper $D^2$    plenus *post* cibo *D*    25 spissitudinem] grossitudinem *B*    26 est necessarium *CEW*    est quod] et ut *H*    colatum] collatum *ACEH*

---

3 potest pati] يحتمل    4 infirmitates] شيئا من الاوجاع (aliquam infirmitatem *fortem*)    5 indigetur] يحتاج اليها الحيوان (indigent animalia)    7 quod $non^2$] ان لا $L^2$    crudum + مرّة وقد بقى ذكر حال المعاء الذى يعاين حيثما كان (ubicumque videtur)    12 non] الاوسط والمراق فى هذا المكان وهى مع هذه الاعضاء (est fel et remanet dicere dispositionem intestini medii et mirac in isto loco et ipsa sunt cum istis membris)    14 est] non est nisi    15 et in ea] فيه (in qua)    $in^2$ + الحيوان (animalibus)    aut] وفيه (et in ea est)    $in^3$ + الحيوان (animalibus)    pinguedinem + حال سلف فيما وبيّنا قلنا وقد الشحم والثرب ولاىّ علة تكون (et iam diximus et declaravimus superius dispositionem pinguedinis et zirbi et qua de causa sunt)    17 est positum] non est positum nisi    $in^2$ + الحيوان (animalibus)    multos] بطون كثيرة (multos ventres)    18 ventris + حيث    يكون *عكن البطن (ubi est *sutura *(lit. sunt suturae)* ventris)    20 in + الحيوان (animalibus)    21 hoc membrum] كينونة هذا العضو (generatio illius membri)    22 admixtione] -nis    24 corium ... tela] جلديا ... صفاقيا (coriale ... telale)

cibo sanguineo sit pinguedo, et quando decoctum fuerit ²⁹per calorem qui vicinatur loco, erit zirbus ²⁸loco substantiae carnosae sanguineae, et forte erit pinguedo. Secundum ergo hunc modum est generatio mirac. ³⁰Et natura utitur ipso ³¹ad meliorandum decoctionem et digestionem cibi. ³²Quoniam calidum digerit, ³³et pinguedo est calida, et mirac est pingue. Et propter hoc ³⁴incipit situs eius ex medio ventris, quoniam digestio cibi ³⁵est ex parte epatis in illo loco. Iam ergo diximus dispositionem mirac, et causam ipsius.

[4] ³⁶Quod vero dicitur intestinum medium est tela. Et extenditur ³⁷continue ex extensione intestini, donec vadat ¹ad venam maiorem et adorti. Et est plenum venis ²multis spissis, et illae venae extenduntur ex intestino ad ³venam maiorem et adorti.

⁴Et manifestum est ⁵qua de causa fuit hoc membrum in corporibus animalium habentium sanguinem eis qui volunt bene intueri in hoc, ⁶scilicet quod necessario indiget animal ad accipiendum cibum exterius, ⁷et ex illo cibo erit ultimus cibus ⁹qui est in animalibus sanguinosis sanguis, et in animalibus carentibus san-

---

sit] fit *BCH* quando] quod *CEW* 29 qui] que *H* vicinatur + illi *BCDEHW* 29-8 erit zirbus loco *om. C* 28 pinguedo erit forte *H* est] erit *CEW* mirac] mirach *B* 31 decoctionem et *del.* $D^2$ digestionem] dispositionem *E* 32 quoniam] quod *CE* 33 est calida(] -dum *D*)] calidum est (*ante* pinguedo) *H*: *om.* $A^1$ et² $A^2$: est $A^1$ mirac] mirach *B* est² *om. E* 35 est *om.* $B^1$ parte ... loco *om. C* ergo *om. C* dispositionem $W^2$: -es $W^1$ mirac] mirach *B* 36 quod] qui *A* vero *om. C* dicitur *om.* $H^1$ et *om.* $A^1$ 37 continue] -a *BE* ex *om. BCEH* 1 et² *om. A* 2 multis *ante* 1 venis *C* 2 spissis] et spissis $CD^2$: piscis *A* illae $D^2$: multe $D^1$ 5 eis] ei *ADH* volunt] voluerint $D^1$: voluerit $D^2H$ in hoc *ante* bene *H* in² *del.* $D^2$: *om. CEW* 6 scilicet] secundum *CEW* accipiendum] recipiendum *DE* cibum *om.* $H^1$ 7 et] est hoc *C* cibus ultimus *H* 9 qui] quod *ABH* sanguinosis $D^1$: -eis $D^2$ sanguis] -inis *H*

---

26 pinguedo] pingue 29 loco + لحال لطفه ورقته (propter subtilitatem *(syn.)* eius) 28 carnosae + و (et) generatio] تقويم وولاد *(syn.)* 31 decoctionem et digestionem] لکی یکون طبخ ونضوج طعام الحیوان یسیرا سریعا + cibi نضوج وطبخ *(inv.)* (ut sit decoctio et digestio cibi animalium facilis velox) 1 et¹ + العرق الذی یسمی (venam quae dicitur) 3 et + العرق الذی یسمی adorti +فکینونة المعاء (venam quae dicitur) الاوسط فی اجواف الحیوان باضطرار مثل سائر الاعضاء (generatio ergo intestini medii in interioribus animalium est per necessitatem sicut aliorum membrorum) 5 in corporibus] فی جوف اجساد 7 cibus + الذی منه یؤدی الی جمیع الاعضاء و (ex quo vadit ad omnia membra et) 9 animalibus carentibus sanguine] غیره (aliis) conveniens sanguini] شیء آخر ملائم لذلك الدم (aliud conveniens illi sanguini)

guine conveniens sanguini. ¹⁰Et sanguis vadit per venas quae exeunt a ventre, et vadunt ad omnia membra, sicut vadit ¹¹cibus arborum ex radicibus, scilicet quod arbores habent radices in ¹²terra, et ex eis accipiunt cibum. In animalibus vero est ¹³natura ventris et intestini sicut natura terrae, et ex eis accipitur ¹⁴cibus. Propter hoc ergo erat natura intestini medii, ¹⁵quoniam venae quae transeunt per ipsum sunt sicut radices. ¹⁶Et nos dicemus quomodo accipiunt cibum, ¹⁷et quomodo intrat venas cibus ¹⁸ab istis membris.

²¹Iam ergo diximus dispositionem animalis habentis sanguinem, et declaravimus dispositionem omnium suorum membrorum, donec pervenimus ad ²²membra distincta determinata, et diximus causas illorum secundum quod potuimus. Modo autem remanebit dicendum dispositionem ²³membrorum convenientium generationi, scilicet per quae diversantur ²⁴mares et feminae, quoniam hoc remanebit ad dicendum. ²⁶Et ante istud debemus dicere hoc.

[5] ²⁷Malakie et mollis testae diversantur quando conferuntur ad

---

sanguini] -nis $D^1$: -nei $H$    10 et¹ om. $D^1$    10-1 cibus vadit $H$    12 accipiunt $D^2$: -it $D^1$    13 natura¹] nec $A$    et¹ om. $A^1$    13 sicut ... 14 intestini om. $C$    14 hoc om. $A$    erat] erit $EW$    natura om. $W$    15 ipsum] epar $EW$    radices + in terra $D^2$    16 quomodo] quoniam $C$    accipiunt] -ent $E$    cibum om. $B$    17 cibus ante intrat $CEW$    21 animalis habentis] animaliums habentis $D^1$: animalium habentium $D^2$    membrorum suorum $H$    pervenimus] -erimus $CE$: -iamus $H$    22 causas] -am $CEW$    quod om. $H^1$    remanebit] -net $CD^2EW$    23 generationi convenientium $CEW$    24 remanebit] -net $CD^2EW$    ad dicendum om. $B$    26 istud] -a $CDEW$    hoc] quod $D^2$: + quod $BEH^2$    27 malakie] malachie $E$    quando] quoniam $BH^1W$    conferuntur] -unt $H$

---

10 vadit¹] non vadit nisi    vadunt (= تصير)] يصير (vadit)    membra + الغذاء في    ويؤدّى الى الاعضاء (in cibo et vadit ad membra)    12 ex eis] من هناك (inde)    13 فلهذه العلة صارت خلقة (natura(1+2))] قوة (virtus)    14 cibus] غذاء الطعام    15 radices + المعاء الاوسط فى الاقاويل التى وصفنا فى حال ولاد الحيوان والغذاء (propter hoc ergo fuit creatio intestini medii in sermonibus quos narravimus in dispositione generationis animalium et cibi)    16 et nos dicemus] وسنذكر    17-8 cibus ab istis membris] بالطعام    الذى يصل الى هذه الاعضاء ويؤدّى الى العروق (cibus (sc. غذاء) per cibum pervenientem ad ista membra et vadentem ad venas)    21 ad + ذكر (sermonem membrorum etc.)    22 illorum] صارت التى من اجلها (propter quas sunt)    secundum quod potuimus om. Ξ    modo om. Ξ    24 remanebit ad dicendum] بقى    26 et ... hoc] وهو يتلو ما ذكرنا من امر الولاد فينبغى لنا ان نذكر هنا ايضا فى اوّل ذكر تلك (et hoc sequetur illud quod dixerimus de generatione; debemus ergo dicere hoc etiam in principio sermonis illius)    27 malakie et] الحيوان الذى يسمّى باليونانية مالاقيا والحيوان (animalia autem quae dicuntur graece malakie et animalia)    diversantur + كثير (multum)

ista animalia quae diximus. ²⁸Quoniam non habent aliquid ex ²⁹natura membrorum interiorum nec aliorum membrorum animalium habentium sanguinem. Et remanent ³⁰etiam duo modi animalium carentium sanguine, scilicet durae testae ³¹et anulosi corporis. Et ista membra non habent interiora, quoniam ³²substantia naturae eorum est diversa a substantia naturae animalium habentium sanguinem. ³³Et iam diximus superius quod quaedam animalia habent sanguinem et quaedam non, et hoc manifestum est ³⁴ex sermone qui distinguit inter modos animalium et substantias eorum. ³⁵Et etiam non habent isti modi ³⁶causas propter quas erit intestinum interius in animalibus carentibus sanguine, quoniam non habent venas ¹aut vesicam, neque anhelant, et non habent nisi ²membrum quod convenit cordi necessario. Quoniam membrum in quo est sensus animae et quod est ³causa vitae, necessarium est ut sit in principio membrorum corporis ⁴in animalibus omnibus. Et isti modi habent omnia membra convenientia cibo, ⁵in locis vero diversantur, quoniam ⁶loca quae recipiunt cibum diversantur.

⁷Et in orificiis malakie sunt duo dentes, ⁸et membrum carnosum

---

28 quoniam] quando *BC*   29 habentium ... 30 animalium *om. C*   31 et ista membra] et membra ista *B*: hec *E*: et hec *C*: hec autem *W*: hec autem membra $D^2$   membra *post* habent *EW*   32 substantia¹ naturae] nature substantia(] -tie $D^1$) $D^2$   naturae¹ *om. H*   est *om. H*   33 et¹ ... sanguinem *om. A*   animalia] animalium *E*   et² *om. W*   non *om. A*   et³ $D^2$: ex $D^1$   hoc *om. C*   34 modos] -o *C*   35 non etiam *H*   modi *ante* isti *H*: + animalium $BCD^2EW$   36 erit] non erunt *A*   1 neque] nec *CEW*   2 membrum¹] -orum $A^1$: *om. W*   convenit] -itur *C*: contingit (*post* cordi) *E*   et] est *C*   3 sit *om.* $D^1$   4 omnibus animalibus *EH*   omnia *post* membra *C*: *om. E*   5–6 quoniam loca *om. C*   6 quae + sunt $H^1$ (*sed del.* $H^2$)   7 orificiis] -tii *A*: -tio *CEW*   malakie] malachie *E*   duo sunt *CE*

---

29 nec] nec aliquid   30 scilicet + جنس الحيوان (genus animalium)   31 et¹ + جنس الحيوان (genus animalium)   ista membra non habent] ليس لشىء من هذين الجنسين (nullum istorum duorum generum habet)   interiora + لانه ليس لها دم يكون طباع تقويم اعضائها منه (quoniam non habent sanguinem ex quo sit natura substantiae membrorum eorum)   33 diximus] بيّنا (declaravimus)   non] non habent sanguinem   34 distinguit] يحدّ ويميّز (*syn.*)   36 causas] شىء من العلل (aliquam causarum)   intestinum interius in] معاء الجوف فى   3 in principio] فى اوّل من اوائل (in aliquo principio)   corporis (= التى للجسد *G*): والجسد *L* (et corporis)   4 cibo + وذلك باضطرار (et hoc est necessarium)   7 orificiis + الحيوان البحرى الذى فى افواهها يسمّى باليونانية (animalium marinorum quae dicuntur graece)   8 et¹ + ايضا (in orificiis eorum est etiam)

loco linguae, et per ipsum sentit ⁹saporem cibi. Et similiter mollis testae habet ¹⁰dentes et membrum conveniens linguae. ¹¹Et etiam omnia animalia durae testae habent istud membrum, ¹²propter eandem causam quam diximus in animalibus habentibus sanguinem, ad ¹³accipiendum cibum. Et similiter animal carens sanguine recipit cibum per additamentum quod exit ab ¹⁴ore suo, et non facit hoc nisi quidam modus illius, sicut genus apum ¹⁵et muscarum. Quae vero non ¹⁶habent additamentum in anteriori corporis simile aculeo habent in ore suo aliud membrum, sicut ¹⁷genus formicarum et simile sibi. Quoniam quidam istius modi habent ¹⁸dentes qui non assimilantur dentibus aliorum, sicut est genus ¹⁹muscarum et apum, et quaedam non habent, et est quod ²⁰cibatur cibo humido. Et plura animalia anulosi corporis habent ²¹dentes, non propter cibum, sed propter vigorem.

Quaedam vero animalia marina durae testae ²²habent ²³fortem linguam, sicut diximus in principio sermonis nostri. Animal autem quod dicitur kogile habet ²⁴dentes etiam, cum forti lingua, sicut mollis testae.

²⁵Malakie autem habet longum stomachum post os, et post sto-

---

8 per] propter $AD^1$: propter hoc *CEHW*    ipsum] epar *CEW*: om. *H*    9 habet] -ent *BH*    11 animalia omnia *B*    istud] -um *C*: illud *E*    12 sanguinem + scilicet *BDHW*    13 accipiendum] recipiendum *DH*    animal similiter *H*    14 facit] fecit *A*    15 quae] quod *H*    16 additamentum] -a *E*    habent *BCE*] -et *cett.*    17 sibi simile *EH*    quoniam] scilicet quoniam *H*    quidam $D^1$: quedam $D^2$    istius modi] modi illius *H*    18 non om. *E*    19 quod] qui *CEW*    21 sed $H^2$: sicut $H^1$    durae] -a *A*    23 kogile] cogile *H*: gogile *D*    habet] -ent *H*    24 dentes + et $D^1$(*sed del.* $D^2$)    etiam] et *CW*    forti $H^2$: -e $H^1$    lingua + etiam (*sed del.*) *B*    25 malakie] malakye *C*: malachie *E*    habet $H^2$: -ent $H^1$

---

9 cibi] اصناف الطعام (modorum cibi)    similiter + وللحيوان (animal)    10 dentes] السنّان الاوّلان (duos dentes primos)    membrum + لحمى (carnosum)    11 animalia + الحيوان الذى البحرى (marina)    12 causam + اعنى العلة (scilicet causam)    14 illius] الحيوان الذى (sicut diximus superius)    15 muscarum + كما قلنا فيما سلف ليس له دم (animalis carentis sanguine)    16 aliud] مثل هذا (simile)    17 formicarum (= *G*): النمل *L* (apum)    et simile sibi] وما كان مثله وشبيهه (syn.)    18 sicut est] مثل    23 fortem linguam] العضو الذى يسمّى لسانا وهو قوى (membrum quod dicitur lingua et est forte)    dicitur + باليونانية (graece)    24 dentes (= *G*): اسنان سنّان *L* (duos dentes)    sicut + الحيوان (animalia)    25 malakie autem] وللحيوان الذى يسمّى باليونانية مالاقيا (animal autem quod dicitur graece malakie)    stomachum² + الطويلة (longum)

machum ²⁶habet papum sicut papum avis, deinde ventrem, deinde ²⁷intestinum extensum perveniens ad locum exitus superfluitatis. Membra autem ventris in ²⁸animali quod dicitur sepie et in multipede sunt consimilia in figura et tactu. ²⁹Taukum autem ³⁰habet duo membra similia ventribus, per quae recipit cibum, sed tamen alterum istorum est minoris ³¹similitudinis papo. Et ista duo membra diversantur in figura, et quia ³²totum corpus sustentatur ex carne molli.

Membra ergo istorum animalium sunt eiusdem dispositionis propter eandem causam, ³⁴scilicet propter causam propter quam erunt in avibus. Quoniam ³⁵nullum istorum animalium omnino potest molere et mollificare cibum, et propter hoc erit creatio papi ante ³⁶ventrem.

679a  Et ¹sperma istius animalis est in vase membranali, propter salutem, ²et illud vas est applicatum loco a quo exit superfluitas ³ventris, ubi est membrum quod dicitur canale, et est ⁴versus partem dorsi. Et hoc membrum est in omnibus malakie, ⁵et praecipue in

---

26 papum¹] papam $BD^2H^2$   papum²] papam $BD^2H^2$   deinde¹ + habet $C$   27 extensum] extrinsecum $C$   perveniens + usque $CEW$   ventris] -es $C$   28 et¹ + etiam $D^2$   in¹ om. $C$   tactu om. $A$   29 taukum $BD^2H$] taucum $W$: tanchum $E$: caukam $D^1$: cautinci $C$: carisintum $A^1$(sed del. $A^2$)   autem om. $W$   30 habet] -ent $C$   similia] consimilia $D^1H$   quae + duo $CEW$   alterum] animalium $H$: ante tamen $E$   minoris] maioris $CEW$: vel maioris $D^2$   31 papo] papae $BDH^2W^1$   duo] dua $A$   et² om. $H$   32 totum + eius $B$   corpus + eius $D^2$: + etiam $BD^1H$   sustentatur] est sustentatum $CEW$   molli carne $E$   ergo om. $C$   34 propter] per $ABD$   erunt] erant $D^2E$: errant $C$   35 et mollificare om. $E$   erit $D^1$: erat $D^2$   papi] papae $BD^2$: om. $C$   1 istius] illius $D^2$: + maris $D^1$(sed del. $D^2$)   2 illud] istud $E$   vas om. $C$   3 membrum] -orum $A$   canale scripsi] kannale $W$: cannale cett.   4 malakie] malakye $C$: malachie $E$   5 in¹ om. $D^1$

---

26 papum¹ + لاصقة بها (applicatum cum eo)   ventrem + متصل بذلك (continuum cum illo)   deinde²] وبعد البطن (et post ventrem)   27 ventris] ما يلى البطن (quae vicinantur ventri)   28 dicitur + باليونانية (graece)   in¹ + الحيوان (animali)   29 taukum] فاما الحيوان الذى يسمى باليونانية طاوفس (animal autem quod dicitur graece taukum)   30 istorum] العضوين (istorum duorum membrorum)   31 et quia] ... لان (quia ... etiam)   ايضا   34 propter¹ om. Ξ   erunt + على مثل هذه الحال (eiusdem dispositionis)   1 sperma] رطوبة المنى (humidum spermatis)   sperma istius animalis est] istud animal habet sperma   salutem + والمعونة (et iuvamentum)   2-3 a quo ... ventris] الذى منه مخرج الفضلة التى تخرج من المعاء الذى يلى البطن (a quo est exitus superfluitatis quae exit ab intestino quod vicinatur ventri)   4 omnibus + الحيوان الذى يسمى باليونانية (animalibus quae dicuntur graece)   5 in¹ + الذى يسمى (eo quod dicitur)

sepie, quoniam est in eo multum. Et quando ⁶timuerit, eicit humiditatem illam nigram, et facit ex ea quasi murum circa se, quoniam ⁷per ipsam inspissatur aqua. Animal vero ⁸multipes et taotidez habet sperma in parte superiori, super membrum quod dicitur Graece bositiz. ⁹Sepie autem habet istam superfluitatem inferius, prope ventrem. Quoniam ista humiditas est in eo maior, quoniam ¹⁰utitur ipsa in eo quod diximus. Et accidit ei hoc quoniam mansio eius in maiori parte ¹¹et regimen vitae eius est prope terram, et non habet aliud iuvamentum, sicut habet ¹²multipes, scilicet squamositatem pedum, quoniam per illam squamositatem involvit multipes omne quod sibi appropinquat, ¹³et illud accidit ei quod mutatur in colore propter timorem, sicut accidit ei ¹⁴exitus spermatis ex timore etiam. Taukiz vero est ex istis modis pelagosis.

¹⁵In animali ergo quod dicitur sepie est multum istius superflui-

---

sepie] cepie $C$   quoniam + non $CE$   est post eo $DH$   6 eicit] exit $C$: lac. 5 litt. $B$   nigram ante illam $C$: om. $H^1$   circa] contra $EH$   quoniam] ipsum $C$   7 ipsam] -um $CEHW$   inspissatur + in $W$   8 et om. $E$   taotidez] taocidez $W$: tauocidez $A$: tatudoz $C$: tactide $E$: corodez $D^2$   superiori parte $CEW$   super] supra $CEW$   quod dicitur om. $W$   bositiz] bosi + lac. 3 litt. $B$: bosidiz $E$: bosidez $W$: hosidez $D^2$: boscorum $C$: otiz $D^1$   9 sepie] sipie $A$   habet] -ent $D^1$: post superfluitatem $C$   istam om. $C$   inferius $D^2$: interius $D^1$   prope] propter $C$   in] cum $CE$: om. $A^1W$   maior ante in $D$   10 mansio om. $B$   eius ante mansio $C$: om. $AB$   in²] est in $ACD^2E$   11 est om. $CH^1$   12 scilicet ... multipes² om. $A^1$   quod ... appropinquat] sibi appropinquans $H$   13 et + etiam $D^2W$   quod ... ei² om. $A^1$   in + sermone $H^1$(sed del. $H^2$)   colore] calore $CD^1W$   14 ex¹] et $C$   etiam] et $C$: ex etiam $D^1$(sed del. $D^2$)   taukiz] tankuz vel taukuz $A$: taukii $C$: tankiz $DE$   pelagosis + et $C$   15 ergo] vero $CD$: om. $H$   sepie] sipie $A$   superfluitatis + eius $ABD^1$(sed del. $D^2$)$H$

---

multum] كثير   6 timuerit + هذا الحيوان (illud animal)   illam om. Ξ   murum] يلبدها (syn.) se] جثته (corpus suum)   7 per ipsam inspissatur aqua (= سياج وحائط   G [?)] بالماء   (turbat per ipsam aquam)   8 et + الحيوان الذي يسمى   باليونانية (animal quod dicitur graece)   9 sepie autem] animal autem quod dicitur sepie   10 diximus + آنفا (superius)   accidit ei hoc] non accidit ei hoc nisi   11 sicut + المعونة التي (iuvamentum quod)   12 multipes¹] animal multipes   squamositatem (1+2): تفليس   involvit] يلزم ويتشبك (syn.)   multipes²] ipsum appropinquat + فللحيوان الكثير الارجل موافقة هذه الاعضاء التي يتشبك بها (animal ergo multipes habet convenientiam istorum membrorum per quae involvit)   13 et illud ... colore] وتغيير اللون الذي يعرض له (et mutationem coloris quae accidit ei)   14 spermatis: المنى   taukiz] الحيوان الذي يسمى طاوتيس (animal quod dicitur taukiz)   est ... pelagosis] لجى من هذه الاصناف فقط (est pelagosum ex istis modis tantum)   15 superfluitatis] الفضلة الرطبة

tatis, et est [16]in parte inferiori, propter multitudinem eius. [17]Et quando ista superfluitas fuerit multa, erunt exitus et applicatio eius ad locum remotum leviores. Et ista superfluitas est sicut faex alba terrestris quae est superfluum [18]in corporibus avium. Secundum ergo hunc modum erit sperma in isto animali etiam, [19]quoniam non habet vesicam. [20]Et non exit in eo nisi pars terrestris valde, et est multum in sepie, [21]quoniam pars terrestris est in eo multum. Et significatio super hoc est quod cutis eius [22]est talis dispositionis. Et animal multipes non habet talem, in tauridez autem est cutis [23]cartilaginosa tenuis. Et iam diximus superius qua de causa erit ista pars in quibusdam animalibus [24]et in quibusdam non, et in quibusdam generibus erit.

[25]Et hoc accidit animali quod diximus quia caret sanguine, [26]et similiter accidit aliis animalibus, scilicet ut quando timuerint patientur fluxum ventris, et eiciunt superfluitatem. Et quaedam [27]mingunt, et hoc accidit eis [28]propter timorem. [29]Natura ergo utitur ista superfluitate [30]ad salvandum et iuvamentum.

Et propter hoc habent cancri [31]et mollis testae et animal quod assimilatur karabo [32]duos dentes ex primis dentibus anterioribus, et inter eos est membrum [33]quod assimilatur linguae, deinde ori-

---

16 eius *om.* $A^1$     17 erunt] erit *CEHW*: *bis scr. B*     leviores] -ior $CD^2$: -iorum *E*     ista$^2$ + semper *D*     sicut *om.* $D^1$     terrestris + et $D^1$(*sed del.* $D^2$)     quae] quod *CEW*     est$^2$ *om. C*     18 erit] erat *H*     isto] illa *A*: huiusmodi *CEW*     etiam *del.* $D^2$     21 multum $D^1$: vel multam $D^2$     significatio $H^2$: si ergo $H^1$     cutis eius (*inv. E*)] avis *C*     22 tauridez $D^2$: tauidez $D^1$     23 cartilaginosa + valde *D*     erit] -unt *A*: est $D^2$     pars + dura *B*     24 et$^1$] etiam (*post* quibusdam $^1$) *C*: autem (*post* quibusdam $^1$) *W*     quibusdam $^1$ + autem *E*     25 diximus + scilicet $BD^2$     quia] quod *EW*: vel quod $D^2$     26 ut scilicet *CEW*     timuerint] diminuerint *C*     patientur] -antur *W*     et$^2$] ut *A*     superfluitatem + et que *A*     et quaedam *bis scr. C*     quaedam] quidam *E*     27 hoc *om. E*     28 timorem + illatam *A*     29 natura *om. A*     ergo] vero *E*     30 iuvamentum] iuvandum *C*     cancri] canni *C*     31 karabo + habet *H*     32 est $A^2$: et $A^1$     33 deinde + et $D^2$

---

17 ista$^1$ *om.* Ξ     est$^1$] non est nisi     est$^2$] يكون على (est super)     20 in$^2$ + الحيوان الذى     يسمّى (animali quod dicitur)     21 in eo: فيه *L*     multum] multa     cutis eius: جلده     22 in + الحيوان الذى يسمّى (animali quod dicitur)     cutis *om.* Ξ     26 patientur fluxum ventris] سهل بطنه     quaedam] من الحيوان ما اذا جزع (sunt animalia quae quando timuerint)     27 mingunt] سالت الفضلة التى فى مثانته     eis + باضطرار (necessario)     28 timorem + كما يعرض للحيوان الذى يخرج الفضلة من مثانته اذا فزع (sicut accidit animalibus quae emittunt superfluitatem ex vesica quando timuerint)     31 et$^1$ + الحيوان (animal)     assimilatur + الحيوان الذى يسمّى (animali quod dicitur)     33 linguae + كما قلنا فيما سلف (sicut diximus superius)

ficium. Et post ³⁴orificium est stomachus parvus respectu magnitudinis corporis. ³⁵Et post stomachum est venter, ³⁶et in eo sunt alii dentes in quibusdam cancris et in animalibus quae dicuntur karabo, quoniam dentes superiores non sufficiunt in abscisione cibi. ¹Et post ventrem est intestinum extensum perveniens ad locum exitus ²superfluitatis.

Et ista membra sunt in quolibet animali durae testae. ³Et in quibusdam animalibus sunt distincta distinctione maiori, in quibusdam distinctione minori. ⁴Et in animali maioris corporis sunt distincta distinctione manifesta. ⁵Animal autem quod dicitur kogilio habet dentes duros acutos, ⁶sicut diximus superius, et membrum quod est inter dentes est carnosum, sicut membrum ⁷malakie et mollis testae. Et habet additamentum, ⁸sicut diximus superius, et creatio illius additamenti est medium inter creationem aculei et linguae. Et post orificium habet ⁹membrum simile papo avium, deinde ¹⁰stomachum, deinde ventrem, et in eo est superfluitas quae dicitur ¹¹micon. Et post ventrem est intestinum extensum, incipiens ¹²ex micon. Et ista ¹³superfluitas est in omnibus animalibus durae testae, et opinatur quod sit comestum.

Dispositio autem ¹⁴aliorum animalium quae assimilantur astarinoz est sicut dispositio modi karoloz, scilicet sicut barcora ¹⁵et

---

36 dentes + et $D^2$    quibusdam $D^2$: quibus $D^1$    karabo] karobo $C$    2 sunt + etiam $H$    quolibet] quodlibet $C$    3 quibusdam¹ $C^2$: quibus $C^1$    distincta om. $C$    maiori] manifesta $E$: + et $CE$    3 maiori ... 4 distinctione om. $W$    4 et] enim (post animali) $E$    maioris] magni $EH$    distincta] -i $H$    5 kogilio] koligio $A$: kegili $D^2$: gogaio $D^1$: kokiko $E$    duros] duos $C$    acutos (vel curvos $D^2$) ante duros $DH$    6 carnosum est $H$    7 malakie] malachie $E$    8 superius ante diximus $D$: om. $H^1$    additamenti] additi $A$    et linguae om. $A^1$    9 papo] pape $BD$    10 eo om. $B^1$    11 micon $D^2$: mcon $D^1$    12 micon] micone $A$: mcon $D^1$    et om. $A$    12-3 superfluitas ista $H$    13 comestum] commixtura $B$    dispositio + istorum $A$    14 aliorum] istorum $W$    astarinoz] astaroz $D^2$: astannoz $E$    est om. $B$    karoloz] karaboz $B$: karaloz $DEW$: kariloz $H$    scilicet] est $B$    barcora] hancora $B$

---

34 corporis + وقياس صغيرها الى كبيرها (et secundum comparationem parvorum eorum ad magna eorum)    36 sunt] موجودة (inveniuntur)    3 quibusdam² + مفصّلة (sunt distincta)    4 sunt + هذه الاعضاء (ista membra)    distincta ... manifesta] ابين (manifestiora)    6 membrum² + الحيوان الذى يسمّى (animalium quae dicuntur)    7 et¹ + الحيوان (animalium)    10 stomachum] العضو المعدة deinde] بعد المعدة (post stomachum)    superfluitas: الفضلة    dicitur + باليونانية (graece)    12 micon] الذى يسمّى ميقون (illo quod dicitur micon)    13 testae + خاصّة (praecipue)    14 assimilantur + الصنف الذى يسمّى باليونانية (modo qui dicitur graece)    modi + الذى يسمّى (qui dicitur)    sicut² + الذى يسمّى (illa quae dicuntur)

kikilez. Et in generibus durae testae sunt multi modi. [16]Quoniam quaedam assimilantur astarinoz, sicut diximus superius, [17]et quaedam habent duos culmos, et quaedam habent unum culmum. Et animal simile astarinoz [18]assimilatur uno modo habenti duos culmos, quia habet coopertoria super illud quod [19]apparet ex carne eius. Et hoc invenitur in omnibus istius modi a tempore generationis, sicut in [20]barcora et kirikez et biritin et [21]sibi similibus. Et si [22]testa illa non cooperiret corpus eius, accideret ei occasio ex omnibus rebus [23]extrinsecis. Animal vero habens unum culmum [24]salvatur quia testa eius est dura fortis in posteriori corporis. [25]Et illa testa erit ei sicut duo culmi, propter coopertorium propinquum, sicut animal quod dicitur lubarez. [26]Animal vero habens duos culmos salvatur quoniam aggregat duos culmos et claudit ipsos, sicut ataniz et moez. [27]Animal vero simile astarinoz salvatur per membrum quod assimilatur coopertorio, quoniam est habens quasi duos culmos, [28]postquam habebat unum.

---

15 kikilez] kikiles C: kikelez H: kirilez $D^1$: kirrilez $D^2$    16 astarinoz] astarinorum C: astaroz $D^2$    17 habent$^2$] non habent nisi (+ duos sed del.) H: om. CE    astarinoz] astorinoz C: astaroz $D^2$    18 assimilatur] assimilantur (+ astarnoz sed del.) H    habenti] habendi H    duos om. $D^1H$    habet] sunt duo B    coopertoria] -am $H^1$(em. $H^2$)    19 omnibus + animalibus DEH    a om. $H^1$    20 barcora] harcora B: barota D    kirikez] kikikez A: karikez C: kilikez E: kisikez H    biritin] beritin E: birinu B: kirin $D^2$    22 illa $D^1$: vel ista $D^2$    ei] tali C    24 eius testa B    fortis + et A    in] et C    posteriori $C^2$: -ris $C^1$    25 ei erit C    lubarez] luparez $D^2$: suparez W: supares C: supez E: kibarez H    26 quoniam] quando CE    aggregat] congregat H    ataniz] acaniz W: attani H: achanuz E    moez] mohez $BD^1HW$: mchohez C: mohoz $D^2$: anchoz E    27 astarinoz] astorimoz C: astaroz $D^1$: ancarivoz $D^2$    quod] qui A    coopertorio] cooperimento C

---

15 generibus + الحيوان (animalium)    multi modi] اجناس واصناف كثيرة (multa genera et multi modi)    16 assimilantur + الحيوان الذى يسمّى (animalibus quae dicuntur) sicut + الذى (illa quae)    17 duos culmos (= بابان)](نابان) (duas *valvas)    unum culmum (= باب واحد)](ناب واحد) (unam *valvam)    simile + الذى يسمّى (ei quod dicitur)    18 uno modo: بنوع من الانواع    habenti] الصنف الذى له (modo habenti) duos culmos] duas *valvas    19 in$^2$] الذى يسمّى (illis quae dicuntur)    21 sibi similibus] كلّ جنس يكون على مثل هذه الحال وانّما ذلك ليكون شبيه معونة وقوة (omne genus eiusdem dispositionis et hoc non est nisi ut sit quasi iuvamentum et vigor)    22 cooperiret: يستر L    occasio + اسرع (citius)    23 extrinsecis] التى توافقها وتلقاها من    خارج    unum culmum] unam *valvam    24 dura fortis] قوى    25 duo culmi] duae *valvae    26 animal ... habens] الذى له (illud quod habet)    duos culmos] duas *valvas    sicut + الذى يسمّى (illa quae dicuntur)    27 simile + الصنف الذى يسمّى (modo qui dicitur)    duos culmos] duas *valvas    28 unum (sc. culmum)] باب واحد (unam *valvam)

Ericius autem proprie est calidus magis omnibus istis modis, ²⁹quoniam testa circumdat ipsum, sicut circumdat animal quod est anulosum, ³⁰spinis, et habet istam proprietatem inter animalia durae testae, sicut ³¹dicebatur prius. Quoniam natura est in eo inter naturam mollis testae et durae testae ³²econtrario malakie, quoniam in quibusdam est pars terrestris extra ³³et in quibusdam est pars carnosa extra. ³⁴In ericio autem non est pars carnosa. Omnia ergo membra ipsius sunt ³⁵sicut narravimus.

Et omnia animalia durae testae habent orificia, ³⁶et simile linguae, et ventrem, ³⁷et membrum a quo exit superfluitas, et diversatur in istis. ¹Et qui voluerit hoc quod diximus vere scire, sciet hoc ex sermone quem fecimus ²de animalibus et Anatomia.

⁴Et ericius ⁵et quod dicitur Graece tibo habent proprium inter

---

28 ericius *scripsi semper*] iritius *AW*: iricius *BD*: hiricius *C²H*: yricius *C¹E*: de yricio *mg. C³*: de hyricio *mg. H²*   est proprie *CEW*   modis *ante* istis *H*: *om. E*   29 sicut ... quod] *lac.* 12 *litt. A*: *in rasura in textu habet D² (inc. alt. col.)*: vel sit et est anulosum spinis *mg. D²*: *om. C*   animal] -lis *W*   29 quod ... 30 spinis] et corpus eius est (*lac.* 25 *litt.*) spinis et est anulosi corporis spinis *E*   30 spinis] spumis *C*   habet *om. D¹*   sicut + de eo *D²*: *om. H*   31 dicebatur *A²*: dicebam *A¹*   prius *om. C* quoniam] quod *CW*: scilicet quod *D²*: + eius *B*   est *D¹*: eius *D²*   testae² + et *C*   32 malakie] machie *D¹*: malahie *D²*: malachie *E*   quibusdam] quibus *W¹*: vel quibusdam *W²*   33 est *A*: *om. cett.*   pars *om. A¹*   extra + omnia ergo membra (*sed del.*) *H*: *om. A¹*   34 in ericio] in iricio *A²(om. A¹)BD²*: in hiricio *H*: in hiritio *C*: in yricio *E*: in iritio *W*: miricon *D¹*   in ... carnosa *om. A¹*   carnosa + extra *HW*   ipsius] istius *CEW*: eius *H*   35 omnia + alia *CD¹(sed del. D²)*   durae] -a *A*   37 diversatur] -antur *D*   1 qui] quia *C*   voluerit] volunt *CEW*: + scire *D²*   quod] quo *A*: *om. D¹*   vere scire *H*] vere *ABD*: scire *CEW*   sciet] -ent *CEW*   fecimus] fecerimus *C* 2 et + in *B*   anatomia] athomia *C*   4 et *bis scr. CEW*   ericius] hiritius *ACH*: iricius *BD*: hericius *EW¹*: iritius *W²*   5 et¹ *om. BCD¹H*   graece dicitur *CEW*   tibo] cibo *W*: tiko *D²*: + abe *C*   habent] -et *B*

---

est calidus (= فهو دفىء) [*فله وقى (habet *custodiam)   29 sicut ... anulosum (= محززا [مثلما محرزا] ملتئما *munita)   31 est] مقوّم من تقويم (est sustentata ex substantia *quae est*)   naturam + الحيوان (animalis)   mollis testae] اللين   الحيوان الذى يسمّى (→ Kruk) *الخزف   et + الحيوان (animalis)   32 econtrario + باليونانية (animalibus quae dicuntur graece)   34 pars (= جزء] شىء (aliquid *carnosum*)   36 simile] membrum simile   37 in istis + من قبل الوضع والاعظام (secundum situm et magnitudinem (*lit. magnitudines*))   1 fecimus: وصفنا *L¹* (*L² Bad. Kruk*)   2 et + من (ex)   anatomia + من الكلام ومن المعاينة فانه سيعلم ذلك (quoniam sciet hoc ex sermone et ex visu)   4 et + للحيوان الذى يسمّى (animal quod dicitur)

animalia durae testae. Et ericius habet ⁶quinque dentes, et inter eos membrum carnosum, ⁷deinde stomachum, deinde ⁸ventrem divisum in multas partes, sicut animal habens ⁹ventres multos. Et illi ventres sunt extensi pleni ex superfluitate cibi, et illi ¹⁰ventres exeunt a stomacho et pendent ex eo, ¹¹et finis eorum est ex loco exitus superfluitatis. Et non est in ventribus eorum ¹²pars carnosa omnino. ¹³Et in illis ventribus sunt multa ova distincta, et quodlibet eorum per se ponitur in una tela, ¹⁴et sunt nigri coloris, ¹⁵et non habent nomen proprium, quoniam genera ¹⁶ericiorum sunt multa. In omnibus generibus ericiorum sunt ¹⁷ova, sed non comeduntur, praeter ova quae natant. ¹⁸Et ova ericiorum sunt parva. Et generaliter ¹⁹accidit hoc omnibus durae testae, quoniam carnes eorum ²⁰non comeduntur eodem modo, ²¹et superfluitas quae dicitur micon erit in quibusdam et comeditur, et in quibusdam non.

---

testae + et hyritius quod dicitur grece tibo habent proprium inter animalia dure teste $D^1$ (sed del. $D^2$)    ericius] hiritius *AC*: iricius *B*: hyritius *DH*: yricius *E*: hiricius *W*    6 quinque] vi *B*: vel 6 $D^2$: post dentes *C*    et om. *CH*    eos + est *CHW*    7 stomachum + habet *W*    8 ventrem + deinde membrum *C*    9 ex del. $D^2$    11 eorum¹ om. *C*    est¹ + exitus *A*: om. *C*    ex + eo *C*    superfluitatis exitus *H*    13 illis] istis (post ventribus *D*) *CDEHW*    ova] membra *CW*    eorum] istorum *C*: om. $AD^1H$    se om. *C*    16 ericiorum¹] iritiorum *A*: hiriciorum *B*: hiritiorum *C*: hirticorum *H*: yriciorum *DE*: hyriciorum *W*    multa + et *E*    ericiorum²] iritiorum *A*: hiriciorum *B*: hiritiorum *CW*: hirtiorum *H*: yriciorum *DE*    sunt² + multa $D^2$    17 ova¹ + multa *B*    praeter om. *W*    natant] vacant *C*    18 ericiorum] iritiorum *A*: hiritiorum *BCW*: yriciorum *E*: hyriciorum *D*: hirtorum *H*    19 hoc accidit *CEW*    omnibus] animalibus *H*: + animalibus vel generibus *E*    20 eodem] eo *B*    21 et¹] est *H*: om. *A*    micon] micio *E*    erit] exit *E*    et³] autem (post quibusdam²) *C*

---

5 ericius habet] ericii habent    6 carnosum + الذى فى جميع الاصناف التى وصفنا (quod est in omnibus modis quos narravimus)    7 deinde stomachum] وبعد ذلك العضو معدة    deinde²] وبعد تتلوه (et post illud membrum stomachum qui sequitur ipsum)    المعدة (et post stomachum)    8 partes + وتلك الاجزاء (et illae partes sunt sicut animalis etc.)    9 extensi (= ممتدّة)] مفترقة (divisi)    11 finis eorum est ex] منتهاها الى (perventio eorum est ad *locum*)    12 pars carnosa] شىء لحمى (aliquid carnosum → 79b34)    omnino + كما قلنا اوّلا (sicut diximus superius)    13 distincta om. Ξ (→ ad al4)    ponitur in] فى    14 sunt + مبدّدة حول المعدة (divisa circa stomachum)    16 multa + وليس لها جنس واحد مفرد (et non habent genus unum per se)    in] فى (et in)    17 natant: يطفو    19 omnibus + اجناس الحيوان (generibus animalium)    eorum] جميعها (omnium eorum)    21 quae dicitur] التى يسمّى بعض الناس باليونانية (quam dicunt quidam homines graece)    et comeditur] comestum    non] على خلاف ذلك (est econtra)

Et est in [22]animalibus similibus astarinoz in involutione intestini, in modo vero habenti unum culmum [23]est in partibus intestini, sicut invenitur in modo qui dicitur boniz, in modo vero habenti duos culmos apud [24]finem.

Ova vero sunt in parte dextra, [25]et in sinistra est exitus superfluitatis. Et non dicuntur ova recte, quia sunt in isto animali sicut [26]pinguedo [27]in animali habenti sanguinem quando impinguatur. Et propter hoc [28]inveniuntur in temporibus anni in quibus impinguantur, scilicet vere et autumno, [29]quoniam in frigore et calore laeditur dispositio [30]cuiuslibet durae testae, et non possunt pati multum calorem neque multum frigus. [31]Et significatio super hoc est quod accidit ericiis, quoniam ista pars [32]generatur in isto animali subito, et maxime in plenilunio, non quia tunc [33]pascitur multum, sicut putant quidam, sed [34]quia noctes plenilunii sunt calidiores propter lucem lunae. Quoniam est animal habens sanguinem, et propter hoc [35]sentit frigus multum et indiget calore. Et propter hoc [36]impinguatur istud animal in omni loco, praeterquam

---

est om. $H^1$   22 similibus om. $E$   astarinoz] astironoz $C$: astarimoz $D^2$: astannoz $E$: + et $B$   in$^1$] et in $D^2$: post involutione $C$: om. $D^1H$   22 in$^2$ ... 23 intestini om. $B$   22 in$^2$ ... 23 boniz om. $A^1$   23 in$^1$ om. $C$   sicut om. $H^1$   boniz] haniz $CW$: bariz $E$   duos + modos et $E$   23 duos ... 25 est om. $C$   24 finem + duo non $A$   vero] enim $W$   in] ex $EW$   25 in$^1$ om. $B$   recte] teste $W$   quia $D^2$: que $D^1$   27 animali om. $CD^1EH$   sanguinem $D^1$: vel pinguedinem $D^2$   quando] quoniam $CD^2H$   impinguatur] -antur $D$   hoc + in temporibus $A$   28 inveniuntur] -nitur $E$: om. $C$   impinguantur $D^2$: impregnantur $D^1$   scilicet + in $CD^2EW$   et + in $EW$   29 frigore] -em $H$   31 est (] eius $C$) ante super $CW$   ericiis] hritiis $A$: iriciis $B$: hiritiis $HW$: hiriciis $C$: hyriciis $D$: yriciis $E$   32 non quia $D^2$: set $D^1$   quia om. $AD^1$   33 multum ante pascitur $CEW$: om. $B$   34 noctes $D^2$: -is $D^1$   plenilunii] plenii lunii $A$   quoniam + non $H^2$   propter] post $E$   34-5 propter hoc sentit] sentit propter(] apex $C$) hoc $CW$   35 sentit post et$^2$ $E$   multum ante frigus $B$: om. $EW$   36 impinguatur om. $H$   istud] illud $C$

---

22 similibus + الصنف الذي يسمّى (modo qui dicitur)   unum culmum] unam *valvam   23 in partibus (= اجزاء $L$) intestini] فى آخر المعاء (in fine intestini)   duos culmos] duas *valvas   24 finem (= التمام)] الالتثام (continuationem)   25 sinistra] parte sinistra   sicut] sicut est   28 vere et autumno] الخريف والربيع (inv.)   29 in frigore et calore] اذا كان زمان شدّة البرد وزمان شدّة الحرّ (in tempore fortitudinis frigoris et in tempore fortitudinis caloris)   30 multum$^1$ ... frigus] افراط الحرّ والبرد (multitudinem caloris aut frigoris)   32 tunc om. Ξ   33 quidam] quidam homines   34 quoniam: من اجل ان $L$   habens sanguinem: دمى $L$   36 praeterquam + ما يكون منه (quod est ex eis)

**680b** in parte maris quae dicitur ¹Borioz Horinoz, quoniam dispositio eius erit semper sicut in hieme. Et ²hoc accidit quoniam omnes isti modi inveniunt pascua multa, et maxime quia pisces ³in illo tempore transferuntur a suis locis.

Et in omnibus interioribus ericiorum sunt ova aequalia ⁴numero impari, scilicet quinque, ⁵et numerus dentium similiter, et ventrium similiter. Et causa in hoc est quoniam ⁶illud quod dicitur ovum non est ovum, sicut diximus prius, sed est simile ⁷pinguedini animalis fertilis bonae dispositionis. Et hoc quod dicitur non erit nisi in parte dextra. ⁸Et ericius est rotundi corporis circumquaque, ¹⁰et non est sicut corpus aliorum modorum halzun, neque habet ¹¹diversitatem in corpore neque habet rotunditatem in una parte et contrarium in alia, sed est rotundum ¹²circumquaque, ¹³et propter hoc erit ovum talis dispositionis. ¹⁴Et caput omnium modorum quos narravimus est in medio corporis, caput vero ericii est in superiori parte. Et ¹⁵ova non possunt esse continua, neque in aliis modis. ¹⁷Et proprietas ericii non est nisi rotunditas corporis et numerus ovorum, scilicet quod est impar. Et si esset par, ²⁰esset

---

1 borioz horinoz $BH^1$] borioz et borinoz $W$: horioz et horinoz (vel hormoz $D^2$) $D^1$: barioz borioz $A$: bovez $C$: boriez $E$: boiorioz $H^2$   quoniam $D^2$: quando $D^1$   erit $D^2$: exit $D^1$   2 quoniam] quia $CEW$   inveniunt] -ent $B$   multa pascua $H$   3 in$^1$ om. $CEW$   ericiorum] hirtiorum $A$: iriciorum $B$: hiriciorum $C$: hiritiorum $HW$: hyriciorum $D$: yriciorum $E$   aequalia] inequalia in $E$   4 quinque scilicet $H$   5 dentium + et $A$: + est $BDH$   similiter$^2$ om. $E$   6 illud] istud $E$   ovum$^1$] ovium $H$   ovum$^2$] ovium $D^1H$   7 fertilis] sensibilis $C$: + et $CD^2EW$   parte] epate $C$   8 ericius] iritius $A$: iricius $B$: hiricius $CH$: hiritius $W$: yricius $DE$   10 corpus sicut $B$   halzun] halzum $D$: halzim $C^2E^2$   11 rotunditatem + in corpore neque habet rotunditatem $C$   est om. $CE$   13 ovum] ovium $H$   14 ericii] hiritii $AW$: iricii $B$: hiricii $CH$: hyricii $D$: yricii $E$   15 continua + quia $BHW$   neque] quia non $C$: quia neque $D^2E$: + sunt continua $BCD^2EHW$: om. $AD^1$   17 ericii] hiritii $ACW$: iricii $B$: hirtii $H$: hyricii $D$: yricii $E$   ovorum] duorum $ABD^1$   scilicet om. $H^1$   quod] vel qui $D^2$: om. $H$

---

dicitur] dicitur graece   1 borioz horinoz: بوريوس وريبوس $GL$   semper sicut] مثل حاله (sicut dispositio eius)   hieme + وليس بدون ذلك (et non minus (sc. quam erit in aestate))   2 accidit] non accidit nisi   3 aequalia: مساوى $L^1$   4 quinque] فى جميع + اجوافها خمس بيضات (in omnibus interioribus eorum sunt quinque ova)   5 et$^2$ + عدّة (numerus)   similiter$^2$ om. Ξ   7 fertilis bonae dispositionis] الذى تقويمه من dicitur + الخصب وحسن الحال بيضة (ovum)   10 neque] لان ليس (quoniam non) habet + القنفذ (ericius)   11 alia] باقية (residua)   rotundum] مستوى الاستدارة (aequaliter rotundum)   13 talis] eiusdem   14 omnium modorum] جميع الصنف   parte + من الجنّته (corporis eius)   15 neque: ولا   17 quod + عدّته (numerus eorum)

quodlibet ovum in oppositione ad aliud in omnibus partibus. Et non est situs suorum ovorum talis dispositionis, [21]neque etiam in aliis halzon. [22]Quoniam ova omnium modorum halzon [23]et modorum qui dicuntur pecten sunt in una parte partium rotunditatis suorum corporum, et propter hoc erunt ova quinque vel tria, [24]et generaliter imparia. Et si essent tria, essent remota ad invicem, [25]et si essent plura quinque, essent successiva continua. Primum vero [26]non est melius, secundum autem impossibile. Necessario ergo fuerunt quinque, [27]et propter eandem causam erit dispositio ventris [28]secundum hunc modum etiam, et numerus multitudinis dentium similiter. [29]Et quodlibet ovorum est sicut corpus [30]conveniens modo vitae, et hoc est in eo necessarium, quoniam [31]crementum et nutrimentum erit hinc. Et si ovum esset unum, esset remotum, aut impleret totum ventrem, et tunc necessario [32]accideret ericio ut esset gravis motus, [33]et non impleretur vas ex cibo. Et cum numerus dentium sit quinque, [34]et inter eos sit vacuitas, necessario accidit ut sint ova etiam quinque. [36]Natura ergo dat similitudinem [1]membrorum secundum hunc modum.

---

20 quodlibet] quod omne *A*   oppositione] appositione *E*   suorum] illorum *C*   21 etiam] est *D*   halzon] halzun *BW*: halzun *H*[1]: halzim *H*[2]: halzen *E*: hakzon *A*: halson *C*: halkun *D*[1]: halkon *D*[2]   22 ova *om. C*   modorum omnium *D*   halzon] halzun *H*: halon *D*[1]   23 parte una *CEW*   rotunditatis] -tas *D*[1]*H*   ova erunt *A*   24 essent[2] *om. H*[1]   26 non *post* est *H*: *om. E*   autem + est *BCDH*   necessario] -a *CE*   ergo] autem *E*   fuerunt] sunt *BE*   28 etiam *post* et *CD*[2]*EW*: *om. BH*   29 ovorum *D*[2]: duorum *D*[1]   30 necessarium] -o *B*   31 crementum] incrementum *E*   nutrimentum] incrementum *C*   erit] essent *C*   ovum esset unum] unum esset ovum *H*: non esset ovum *C*   remotum esset *C*   31-2 accideret necessario *H*   32 ericio] hiritio *ACHW*: iricio *B*: hyricio *D*: yricio *E*   gravis] contrarius *B*   33 impleretur] -ret *CEW*   et cum *D*[2]: siccum *D*[2]   34 sit] est *C*   ut] quod *CW*   etiam] et *C*

---

20 suorum ovorum: بيضه   dispositionis + اعنى ان كلّ بيضة قبالة الاخرى (scilicet quod quodlibet ovum est in oppositione ad aliud)   21 etiam + ذلك يكون (erit hoc)   23 oval عدّة بيضها (numerus ovorum suorum erit)   24 generaliter + تكون عدّة البيض (e-rit numerus ovorum impar)   essent[1] + البيض (ova)   25 successiva continua] متّصلا متتابعا (inv.)   26 non est melius] ليس بأمثل ولا أجود (syn.)   impossibile] ليس يمكن ولا مما يستطاع (syn.)   fuerunt] صارت عدّة بيض القنافذ (fuerit numerus ovorum ericiorum)   29 corpus] corpus eius   30 vitae: الحياة   31 crementum et nutrimentum] النشوء والتربية   hinc: من هنا *G*   tunc *om.* Ξ

681a

Iam ergo declaravimus quod ²ova ericii sunt quinque. Et quia quidam ericii sunt meliores quibusdam, sunt etiam ³ova quorundam maiora et quorundam minora, ⁴quoniam calor potest decoquere et digerere. ⁵Et propter hoc erunt illa quae non comeduntur plena superfluitate. ⁶Et calor naturae facit ipsos maioris motus, ⁷et propter hoc moventur et pascuntur melius. ⁸Et significatio super hoc est sordes quae invenitur super spinas ipsius ⁹propter multitudinem motus, quoniam ericii utuntur spinis sicut utuntur alia animalia pedibus et manibus.

¹⁰Animal vero marinum quod dicitur Graece tibo non diversatur ab arboribus nisi parum, et secundum hoc est propinquius vitae ¹¹quam spongia scilicet nubes. Istud ergo animal habet virtutem similem virtuti arborum. ¹²Et natura semper transfertur a corporibus inanimatis ¹³ad animata, et non mutatur prius nisi ad illa quae dicuntur animalia et non sunt vere, et illud animal habet diversitatem inter istas res ¹⁴valde paucam, ¹⁵quia appropinquantur ad invicem. Quia nubes, quando ¹⁶applicantur cum locis in quibus

---

1 declaravimus] determinavimus *CE* 2 ericii¹] hirtii *A*¹: hiritii *A*²*CW*: hiricii *H*: iricii *B*: hyricii *DE* quia *om. D*¹*H* ericii²] hirittii *A*¹: hiritii *A*²*CW*: hiricii *BH*: hyricii *DE* 3 et *om. DH* 4 decoquere] coquere *W* 6 naturae] necesse *A* 7 et² *D*²: ut *D*¹ 8 est *om. A* quae *D*²: quia *D*¹ invenitur] -untur *C* 9 motus + ipsius *D*² quoniam] quia *CEW* ericii] hritii *A*¹: hiritii *A*²*W*: iricii *B*: hiricii *CH*: hyricii *D*: yricii *E* animal] animalia *D*¹: illud *C* tibo] cibo *B*: tiboz *D*² 10 diversatur] -antur *B* parum] parvum *A* propinquius] principium *CEW*¹: vel propinquius *W*² 11 quam] quasi *E* istud] illud *DEH* 12 et] quia ?*H* transfertur] transfert *EW*: transit *C* a] ab *CEW* corporibus *om. EW* 13 mutatur] -antur *EW* nisi *post* dicuntur *A*¹ illud] istud *DW* 14 paucam] -a *H* 15 quia] et *A* quando] quoniam *A*

---

1 membrorum + ذكرنا التى (quae diximus) quod] العلة التى من اجلها (causam propter quam) 2 ova] عدّة بيض (numerus ovorum ... est) quinque + وانّما الخمسة من العدد الفرد (et quinque non est nisi numerus impar) meliores (= احسن *G*²*G*³)] اكبر *L* (maiores et calidiores) etiam *om.* Ξ 3 maiora ... minora] magna ... parva et] et ova 4 digerere + الاكثر (magis) 7 hoc + لا ثبتت فى مكان واحد بل (non *remanent in uno loco sed) moventur] تتحرّك وتنتقل (syn.) 8 ipsius] ipsorum 9 pedibus et manibus] اليدين والرجلين (inv.) 10 arboribus] طباع الشجر (natura arborum) et secundum hoc est] وعلى ذلك (licet sit → GA 756a34) 11 spongia scilicet nubes] الاسفنج اعنى الغيم similem] valde simile 13 animata: الحيوان mutatur + الطباع (natura) ad²] ب (per) vere + حيوان (animalia) animal: الحيوان *L*¹ 15 quia nubes quando] quia quando nubes 16 locis in quibus ... eis] loco in quo ... eo

manent, vivunt, et cum separantur ab eis, moriuntur, tunc putatur quod ¹⁷dispositio eius est sicut dispositio arborum. Animal vero quod dicitur Graece colobria, ¹⁸et rabba, et alii modi ¹⁹marini, sunt in mari absoluta. Et non ²⁰habent unum genus, et vivunt sicut arbores, absoluta. Et in ²¹arboribus terrestribus sunt sicut quidam isti modi, et ex eis sunt ²²sicut aliae arbores et ex eis sunt absoluta, ²³sicut animalia quae exeunt ab arboribus quae dicuntur barneteoz, et dicuntur Graece astaroz. ²⁵Et forte erit modus qui dicitur titho sicut isti. ²⁶Et quia omnia ista sunt applicata cum locis in quibus manent, assimilantur arboribus, ²⁷et quia habent partem carnosam dicitur quod vivunt et habent vitam. Secundum ergo hunc modum sunt isti modi propinquiores generi arborum, magis aliis. ³³Et ista animalia non habent superfluitatem sicut ³⁴neque habent arbores. Et non habent in medio nisi unam telam, et in illa tela ³⁵habent virtutem vitae.

Animal vero marinum quod ³⁶dicitur a quibusdam hominibus al-

---

16 ab eis(] eo *ABD¹H) ante* separantur *CEW* moriuntur + et *H* tunc] quod *E*: et ideo *D²* 17 est] sit *DH* colobria] colebria *H*: calobia *C*: colodria *D²*: *ante* graece *BE* 18 et alii modi *om. C* 19 marini *om. E* 21 sicut *ante* sunt¹ *D²*: *post* quidam *CEHW* eis] hiis *E* sunt² *om. AB* 22 sunt + sicut *W¹* (*sed del. W²*) absoluta] -ti *DH* 23 arboribus + et ex eis sunt sicut absoluta sicut animalia que exeunt ab arboribus *C* barneteoz *BC*] barneceoz *W*: barneatoz *A*: barnateoz *D¹*: barnatheoz *H*: barnerez *E*: hamekeoz *D²* astaroz] hastaroz *D*: astuerez *E* 25 erit + unus *C* titho *ACD*] ticho *B*: tico *E*: thico *H*: thicho *W* sicut] sunt *H* 26 quia] quoniam *W*: sicut *B* ista *ante* omnia *D²*: *om. BCD¹H* sunt *bis scr. D* 27 quia] quoniam *CE* carnosam partem *BE* vitam + et *D¹*(*sed del. D²*)*H²* secundum *om. H¹* generi] quam *C* 33 sicut *H²*: set *H¹* 34 neque *om. B* arbores + telam *D¹* (*sed del. D²*) illa] ista *W* tela *ante* illa *C*: *om. E* 35 virtutem] principium *CD²EW* 36 alfinidez] alfundez *BE*: affinidez *C*: affirmodez *D²*: assinidez *W*

---

tunc *om.* Ξ 17 arborum + بكلّ نوع (παντελῶς) (secundum omnem modum) animal + البحرى *L edd.* (*om.* ΩG) (marinum) 18 et¹ + الحيوان الذى يسمّى (animal quod dicitur) 19 marini *om.* Ξ 20 genus (= جنس *G*)] حسّ *L* (sensum) absoluta] -tae 21-2 sunt² sicut (= مثل *G*): ما يكون فى *L* (sunt quae sunt in *aliis arboribus*) 22 sunt + ما يكون (quae sunt) 23 animalia: الحيوان 25 isti + ما يشبه جنس وكلّ 26 ista] الاصناف هذه (isti modi) 27 isti modi] جميع ما ذكرنا (et omnia huiusmodi) وبحقّ يسمّى + aliis كان من الحيوان البحرى (omnia animalia marina propinquiora) باسمه (et recte nominantur hoc nomine) 34 unam telam] حجاب رقيق (telam tenuem) 35 habent virtutem] ينبغى ان تكون قوة (debet esse virtus) 36 dicitur a quibusdam hominibus ... et a quibusdam] dicunt quidam homines ... et quidam hominibus + باليونانية (graece)

**681b** finidez, et a quibusdam hakilikez, non est durae testae, ¹sed est extra naturam generum quae diximus, quia est commune ²inter naturam arborum et naturam animalium. Et quia est absolutum, et cibatur, et sentit res convenientes ei, ⁵et utitur asperitate sui corporis propter salvationem, ⁴communicat cum animalibus, et quia ⁶non dormit et est applicatum lapidibus communicat cum ⁷genere arborum. Et istud animal non habet superfluitatem ⁸manifestam, et habet orificium. ⁹Et cum ceciderit super aliquem ¹⁰modorum halzon, suget humiditatem ipsius, et assimilatur generi ¹¹animalis marini quod diximus, sicut animal quod dicitur Graece malakie, et animal mollis testae. ¹²Hoc ergo est sermo noster in animalibus durae testae.

¹⁴Et debent habere membrum conveniens membro sentienti, scilicet principali, quod est ¹⁵in animalibus habentibus sanguinem. ¹⁷Et invenitur in malakie positum in tela, ¹⁸et est *humidum. Et propter hoc erit stomachus extensus usque ad ventrem ¹⁹et applicatus in parte dorsi, et a quibusdam hominibus dicitur ²⁰bastiz.

---

a²] in *AH*   hakilikez] hakilikoz $D^2$: halkilikez *CEW*: + et *H*   1 extra naturam] ex natura *CEW*   generum $D^2$: -is $D^1$   1 generum ... 2 naturam¹ *om. BW*   diximus] dixi *CE*   2 inter naturam] sicut natura *C*   naturam² *om. CDEH*   est post absolutum *C: om. E*   et⁴ *om. B*   5 et] ut *B*   7 istud] iste *C*   non *om. B*   8 et habet orificium *om. $D^1$*   9 aliquem + aliquod *W*   10 halzon] alzon(*del.* n) halzon *A*: halsoz $D^1$: bactoz *E*: loliboez *C*   suget] linget *E*: + et $D^1$ (*sed del.* $D^2$)   ipsius $D^2$: proprius $D^1$   generi *om. C*   11 quod diximus *om. E*   malakie] malachie *E*   12 hoc] hic *CDEHW*   ergo post est *BC: om. E*   17 malakie] malachie *E*   18 et¹ *om. B*   *humidum *scripsi*: humidus $ACD^1E$: -ius $BD^2HW$: quam in animalibus dure teste *mg.* $D^2$   erit $D^1$: est $D^2$   19 applicatus] -tur *CEW*   in parte] ad partem *E*   hominibus *om. CEW*   20 bastiz] bastie $CEW^1$: mastix $D^2$: vel bastiz $W^2$

---

1 commune] مشترك الطباع (communis naturae)   2 arborum ... animalium] الحيوان ... الشجر (*inv.*)   5 et] ولانه (et quia)   4 cum + طباع (natura *animalium*)   6 non dormit (= ينام) ليس بتامّ (est incompletum)   et] ولانه (et quia)   lapidibus + *ومثل عاجلا (cito)   communicat cum] ينسب الى (attribuitur *generi*)   8 orificium + فان له اعضاء موضوعة (et sicut istud animal est etiam genus quod dicitur stella (*sc. marina*))   11 testae] جلد (cutis)   12 testae + هذا الحيوان ايضا الجنس الذى يسمى نجم بقدر النوع الذى ذكرنا فيما سلف (quoniam habent membra posita secundum modum quem diximus superius)   14 sentienti] الحواس (sensuum)   scilicet + العضو (membro)   15 sanguinem + لانه ينبغى ان يكون هذا العضو فى جميع الحيوان (quoniam hoc membrum debet esse in omnibus animalibus)   17 in¹ + الحيوان الذى يسمّى (animalibus quae dicuntur)   18 *humidum (*adj.* → b22): رطب   19 a ... dicitur] quidam homines dicunt ipsum + باليونانية (graece)   20 bastiz: مسطيس *semper L*

Et tale membrum habent animalia durae testae, [21]et dicitur Graece bastiz, et est [22]corporeum humidum, et extenditur [23]ad partem ventris, et inter illa est stomachus. Et si esset inter hoc et [24]dorsum, non posset accipere [25]cibum, propter asperitatem dorsi. [26]Et super membrum quod dicitur mastiz invenitur intestinum extrinsecus. Et sperma est prope [27]intestinum, sed remotum est ab introitu cibi, [28]et erunt decem remota a loco primae virtutis. Et res quae est dignior, est melior. Et hoc animal habet membrum [29]conveniens cordi, et hoc manifestatur quia est [30]in loco cordis, et significatio super hoc est etiam dulcedo humiditatis, quia est [31]sanguinea decocta. Et membrum principale in quo est virtus sensitiva invenitur [32]secundum hunc modum, sed non est [33]valde manifestum. Et semper debemus inquirere hoc [34]membrum in quo est virtus sensitiva in medio corporis, scilicet inter membrum quod recipit cibum et membrum a quo exit [35]superfluitas et sperma. Et hoc est in animali fixo, in ambulanti vero semper est [1]in medio partis dextrae et sinistrae.

In anulosi autem corii [2]est membrum inventum in quo est ista prima virtus inter caput et residuum corporis quod continet caput,

---

23 esset] -ent $D^1$    et$^3$ om. $H^1$    26 et super membrum om. A    extrinsecus] -um EH    sperma + eius E    28 et$^1$ ... loco: aliqui libri habent hic talem litteram et erit remotum a loco etc. mg. $D^2$    et$^1$ om. E    erunt decem remota] erit remotum (+ et B) $BD^2$    loco] locis B    primae] proprie B    res om. A    dignior est BCW: melior est C    29 quia] quod W    30 significatio $D^2$: si hoc $D^1$    etiam post dulcedo CEHW: del. $D^2$    quia est del. $D^2$    31 sanguinea + et CEW    est post virtus B: om. CEW    31 invenitur ... 34 sensitiva om. $A^1$    33 manifestum valde C    debemus semper CEW    34 sensitiva + scilicet BCDEHW    scilicet] set $D^1H$    35 superfluitas et sperma] sperma et superfluitatis H    sperma] spina C    et$^2$ ... fixo] cum hoc est animali( sed del.) cum animali fixxo A    est$^1$ + cum C: + tantum E    in$^1$] cum $ABD^1$    fixo + et CW    1 partis] ventris C    in$^2$ + animali $BCD^2$    autem (ante anulosi $D^1$)] vero (ante anulosi $BCD^2$) $BCD^2EW$    autem corii] accorii A    2 est ... inventum] membrum invenitur H    ista] hec CEW    virtus + scilicet $W^2$    inter] in W

---

et ... testae] ومثل هذا العضو يكون عضو آخر فى الحيوان الحزفى الجلد (et est aliud membrum simile illo membro in animalibus durae testae)    21 dicitur + ايضـا (etiam)    24 dorsum] ما يلى الظهر (illud quod vicinatur dorso)    26 sperma: المنى    28 et erunt decem (= عشرة) remota] وتكون العسرة بعيدة (et erit illud quod est grave remotum)    et res ... melior] والامر الذى هو احق وامثل (et a re quae est dignior et melior)    habet + ايضا (etiam)    29 manifestatur + اعنى من المكان (ex loco scilicet)    30 cordis] فى القلب الذى يكون فيه (in quo est cor)    31 invenitur + فى الحيوان الخزفى    in$^1$: فى L    in$^2$ + الحيوان (animali)    1 in$^2$ + الجلد (in animalibus durae testae)    35 الحيوان (animalibus)    corii: الجلد L    2 caput$^2$: الراس

sicut diximus ³in sermone praecedenti. Et hoc membrum invenitur ⁴in pluribus animalibus quae narravimus unum, et in quibusdam multa, sicut in ⁵animalibus longi corporis quae dicuntur Graece haroloriz. Et propter hoc vivit hoc animal postquam abscinditur. ⁶Quoniam natura vult ponere in omnibus animalibus hoc membrum praecipue, ⁷et si non poterit ponere hoc membrum actu, ponet ipsum in potentia ⁸multa. Et significatio super hoc est quia hoc membrum invenitur in quibusdam manifestius et in quibusdam magis latens.

⁹Membra vero convenientia cibo sunt in omnibus istis animalibus, sed diversantur. ¹⁰Quoniam quaedam habent ¹¹aculeum, et est compositum, quoniam habet ¹²virtutem linguae et labiorum. Et in quibusdam est iste aculeus ¹³intra dentes. Et post istud membrum est ¹⁴intestinum rectum extensum usque ad locum exitus superfluitatis, ¹⁵et hoc intestinum invenitur in quibusdam istorum animalium. ¹⁶Et quidam istius modi habent ventrem post os, et intestinum involutum. ¹⁸Genus vero animalis strepentis alchearrar habet naturam propriam, ¹⁹quoniam habet hoc membrum, et habet orifi-

---

4 animalibus pluribus *CEW*    narravimus + quia in quibusdam *B*    unum] unam *A*: una $D^1H$: in quibusdam unum (+ et in quibusdam *sed del.*) $D^2$    multa] -um *C*    5 haroloriz *H*] aroloriz *A*: hatoloiz *B*: halelonz *C*: haraloziz $D^1$: halelokez $D^2$: haleloiz *E*: haleloziz *W*    abscinditur + caput $BCD^2EHW$    6 quoniam] quod *C*: quia *EW*    7 potential natura *E*: vel in materia *H*    8 significatio *om.* $B^1$    quia] quod *B*    invenitur *ante* hoc² *C*    quibusdam¹ + istorum animalium *C*    manifestius] -tus *C*    11 est *om. C*    12 est *om.* $B^1$    13 intra] inter *A*    istud] illud *BCH*    membrum *om. B*    14 locum + superflui *(inc. alt. col.) A*    superfluitatis exitus *BD*    15 animalium + et quidam istorum animalium *A*    16 quidam] quedam $BD^2$    habent] -et *AH*    18 genus $A^2$: ergo $A^1$    vero + serpentis *codd.* *(sed delevi)*    animalis *om. C*    strepentis *om. AB*    alchearrar $AH^2W$] alchearrat $H^1$: altheariar *B*: alchaenar *C*: et alchehiraz $D^1$: et archear $D^2$: alcheatat *E*    19 habet¹ *om. C*

---

3 sermone praecedenti] الاقاويل الاوائل (sermone primo)    4 quibusdam + يوجد (invenitur)    multa: بكثرة    sicut + يصاب (accidit)    7 hoc membrum] ـه (ipsum) actu: بالفعال    8 multa: بكثرة    manifestius: أبين *L*    9 diversantur + كثيرا (multum)    10 habent + العضو الذى يسمّى (membrum quod dicitur)    12 quibusdam + هذا الحيوان (istorum animalium)    est] توجد (invenitur)    13 dentes + بما وهو يحسّ ذكرنا (et sentit illud quod diximus)    14 rectum extensum] مبسوط مستقيم (inv.) superfluitatis + اعنى العضو الذى منه يخرج الزبل والمنى (scilicet membrum ex quo exit *stercus et sperma*)    15 invenitur + ملتويا (involutum)    16 involutum + لكى يكون موضعا موافقا للطعام الاكثر واذا كان الحيوان اعظم جثّة واكثر اكلا (ut sit locus conveniens pluri cibo quando animal fuerit maioris corporis et maioris comestionis)    18 animalis strepentis alchearrar] الحيوان الصرّار (animalis *cicadae*)    19 et habet] وهو (quod est *orificium et lingua*)

cium et linguam $^{20}$per quae recipit cibum, sicut accipiunt arbores a radice, et cibus eius $^{21}$est ex humiditatibus. Et omnia animalia carentia sanguine sunt pauci cibi, $^{22}$propter parvitatem sui et paucitatem caloris.

$^{30}$Et postquam diximus dispositiones omnium membrorum istorum modorum, $^{31}$debemus reverti ad dicendum membra extrinseca. $^{32}$Et non incipiemus in illis quae dimisimus, $^{33}$ut non erremus in narratione illorum, quoniam sunt minoris sensus et debiliora $^{34}$animalibus perfectis habentibus sanguinem.

[6] $^{35}$Membra ergo anulosae cutis non sunt multa numero, $^{36}$et tamen diversantur multum. $^{37}$Quoniam quaedam habent multos pedes propter sui tarditatem $^{1}$et frigus naturale, ut sit motus eorum levior. $^{2}$Et propter hoc fuit animal $^{3}$frigidum naturaliter multipes proprie, propter longitudinem sui corporis, sicut genus animalis quod dicitur boloz, $^{4}$quoniam propter multitudinem carnis fuit corpus istius animalis anulosum $^{5}$et habuit multos pedes. Quod vero est ex eis parvi corporis paucae carnis $^{6}$habet pauciores pedes aliis, et maxime avis solitaria.

Aves vero quae volant in comitatu $^{8}$habent quattuor alas, et sunt levis $^{9}$corporis, sicut apes $^{10}$et sibi similia, et habent duos pedes in

682b

---

20 quae] quam $E$   sicut *om.* $C$   accipiunt] recipiunt $CEW$   21 ex *om.* $H^1$   22 parvitatem] paucitatem $D^1E$: paucitem $C$   paucitatem + sui $H$   caloris] doloris $C$   30 diximus + omnes $ABCEHW$   membrorum (] membrum $C$) *post* modorum $CEW$   31 dicendum] dandum $H$   32 quae] quod $C$   dimisimus] divisimus $BC$: dividimus $E$   33 erremus] reddemus $AC$: revertemus $B$   quoniam] que $C$   minoris] –es $A$   34 perfectis] –ibus $A$: *ante* animalibus $H$   35 ergo] vero $EHW$: + animalis $C$   anulosae] –i $H$   36 et ... 37 quoniam *om.* $A$   36 tamen] non $CD^2$: cum $D^1$   37 multos pedes *om.* $W$   1 sit *om.* $C$   3 multipes + est $H$   animalis $D^2$: animal $D^1$   quod] que $A$   boloz] bolez $DH$: baloz $E$   4 fuit (*post* animalis $D^2$)] fuerit $AB$: aut $D^1$   istius] illius $H$   animalis *om.* $B^1$   anulosum $A^1$: –us $A^1$   5 habuit] –erit $AB$: –ent $CE$   vero est *inv.* $CDHW$: *om.* $A$   eis] ei $A$: parte $H$: + veris $A$   corporis + et $CD^2EW$   6 avis $D^2$: suis $D^1$   vero *om.* $D^1H$   volant + etiam $H$   8 alas *om.* $A$   10 pedes$^1$ *om.* $H^1$

---

linguam + معا وهو ملتئم (simul scilicet continuum *per quod*)   30 modorum + الحيوان (*animalium*)   31 debemus reverti ad: ينبغى لنا ان نعطف ايضا ونعود الى   32 incipiemus + بذكر (*dicere*)   dimisimus: تركنا صفتها   33 erremus: نزمن $L$ (→ *Bad.*)   sensus (= حسّا)] جثثا (*corporis*)   35 cutis (= الجلد)] الجسد (*anulosi corporis*)   36 tamen + ان كانت اعضاؤه قليلة العدد (quamvis membra eorum sint pauca numero)   1 naturale] طباعها (naturae suae)   levior (= الأيسر)] أسرع (velocior)   3 frigidum naturaliter: البارد الطباع   dicitur + باليونانية (*graece*)   4 multitudinem carnis: كثرة اللحم   6 avis, aves: الطير (volans, volantia)   10 et$^1$ + سائر الحيوان (alia animalia)

dextra et in sinistra. Et non habent magis quam quattuor pedes ut non prohibeant suum victum. ¹¹Quod ergo est ex istis animalibus parvum habet duas alas tantum, ¹²sicut genus muscarum. Et quod est ex istis parvum, ¹³et regimen vitae eius est fixum, habet multas alas, sicut alas apum, ¹⁴et suae alae sunt membranales, sicut vespae et sibi similia, ¹⁵ut salventur alae. Et quia istud animal ¹⁶est fixum pauci motus, citius accidit ei occasio animalibus boni motus. ¹⁷Et ala istius animalis est fissa in duo, ¹⁸et non habet id quod assimilatur cannae, neque alae eius sunt plumatae, sed membranales. ¹⁹Et necessario separatur ²⁰illa tela a corpore quando infrigidatur pars carnosa quae est in eis.

Et hoc animal non est anulosi corporis nisi ²¹propter causas quas diximus. ²²Et per istam anulositatem congregatur corpus et efficitur curtum postquam fuit longum, ²³et hoc erat impossibile nisi propter anulositatem corporis. Et quod est ex eis ²⁴non involutum, efficitur valde durum quando constringitur et adunatur in se. ²⁵Et hoc manifestum est in vespa iohalh, quoniam ²⁶quando timet non movetur et efficitur ²⁷valde durum. Et necessario fuit hoc animal anulosi corporis, ²⁸quoniam ex natura eius est ²⁹ut habeat multas †induationes, et secundum hunc modum assimilatur arbo-

---

et³ + duos $D^2$   ut] et $A$   victum $D^1$: motum vel victum $D^2$   11 ex] in $CEW$   istis] illis $C$   animalibus + et (sed del.) $H$: + est $W$   12 genus $A^2$: ergo $A^1$   istis $W^2$: eis $W^1$   13 eius vitae $C$   fixum (] fluxum $C$) + et $CEW$   alas²] genus $BD^2$   14 suae] eius $B$   sicut + sunt $CEW$   15 quia $D^1$: quod $D^2$   istud] illud $BD^2$   16 ei] eis $CW$   17 fissa] fixa $AC$   18 id om. $H^1$   sed $D^2$: sicut $D^1$   19 et necessario om. $D^1$   20 a corpore] accca $A$   quando] quoniam $CD$   21 diximus + predictas $B$: + prius $C$   22 per] propter $D^2HW$   istam om. $H$   corpus] cecus $A$   fuit] fuerit $CHW$   23 erat (ante hoc $D^1H$)] erit $CD^2E$   impossibile] possibile $B$   24 non] est $C$   efficitur] est $EW$: om. $C$   quando] quoniam $CD^1EHW$   25 est om. $A$   iohalh] iohalorin ?$C$: iohal $D^1H$: iohalin $E$: iohalem $W$   26 quando om. $W$   29 ut] quod $CEW$   induationes $AC$] induationes vel viduationes $BHW$: viduationes $D^1$: inductiones $E$: vel inductiones $D^2$

---

prohibeant] prohibeat hoc   11 parvum] valde parvum   12 istis + الحيوان (animalibus)   14 similia + من الحيوان المحزّز الجسد (ex animalibus anulosi corporis)   15 salventur alae] تسلم قوة الاجنحة (salvetur virtus (vel) vigor) alarum)   16 motus² + ومن اجل هذه العلة لاجنحة غلف مثل سياج يسترها (et propter hoc habent alas membranales quasi murum custodientem se)   17 fissa in duo] مشقوق باثنين   18 id quod assimilatur cannae] جذر يشبه انبوبة   membranales] صفاق من جلد (sunt tela ex corio)   21 diximus + ولكى يسلم بعدم الآفات (et ut salvetur sine occasionibus)   24 adunatur + تحزيزها (anulositas eorum)   25 est + خاصّة (proprie)   vespa om. Ξ   26 efficitur + جسده (corpus eius)   27 valde om. Ξ   29 induationes] اوائل (principia)

ribus. Istud ergo animal ³⁰potest vivere post abscisionem, ³¹sed istud animal non vivit nisi modico tempore post abscisionem. Arbores autem postquam abscinduntur sunt perfectae ³²naturae, et propter hoc exeunt ex una arbore multae arbores.

Quaedam autem ³³animalia anulosi corporis habent aculeum propter fortitudinem et iuvamentum. ³⁴Et forte erit aculeus in quibusdam ³⁵apud locum linguae, et in quibusdam apud locum caudae. ³⁶Et sicut est nasus in elephante ³⁷conveniens ad fortitudinem ¹et usum cibi, ita est in quibusdam anulosi corporis membrum compositum cum lingua. ²Et per illud membrum sentit hoc animal cibum, et accipit ipsum, ³et ducit ipsum ad interius. Et quod non habet ex istis animalibus ⁴aculeum in anteriori corporis habet dentes, quosdam ⁵ad accipiendum et quosdam ad sentiendum, sicut formicae ⁶et genus apum.

683a

Quod vero habet aculeum in posteriori corporis, ⁷habet ipsum quia ira movet illum aculeum quasi arma. ⁸Et quaedam istorum animalium habent aculeum intra corpus, et quaedam extra, sicut apes ⁹et vespae. Et si aculeus apum et vesparum esset ¹⁰extra, cor-

---

animal] genus animalis *B*: *om. D¹E*    31 istud] illud *C*    nisi + in *ABD¹*(*sed del. D²*): *om. D¹*    32 multae *W²*: -as *W¹*    autem] vero *E*    34 erit] -unt *A*    36 nasus est *E*    1 cibi + et *ACEW*    membrum *A²*: -orum *A¹*    2 et¹ *om. D¹*    illud] illos *A*    et accipit ipsum *om. AH*    accipit] recipit *CEW*    3 ducit *A²*: potest *A¹*    ex istis animalibus *om. CE*    4 aculeum] anuleum *C*    5 et *om. E*    ad² *om. C*    sentiendum: vel scindendum *D²*    6 genus *A²*: ergo *A¹*    vero] non *BC*    corporis] capitis *W*    7 habet ... arma *om. C*    ipsum] eum *DH*: *om. E*    quia] quoniam (*post* iram *E*) *EHW*    ira] iram *E*    illum] istum *EW*    8 aculeum *D²*: aculeo *D¹*    9 et² *om. A*    si *post* vesparum *C*: *om. W¹*    vesparum] vesperum *C*

---

30 abscisionem + مثل الشجر (sicut arbores)    31 vivit] يلبث (remanet)    sunt + ايضا (etiam)    perfectae] تامّا كاملا (*syn.*)    33 aculeum + ايضا (etiam)    fortitudinem et iuvamentum] المعونة والقوة ودفع ما يضرّ به (→ *Bad.*) (iuvamentum et fortitudinem et eiectionem illius quod est sibi nocens)    35 apud locum linguae] عند اللسان    et] et forte    quibusdam + خلف (posterius)    apud locum caudae] عند الذنب    36 nasus] آلة حسّ المشمّة (instrumentum sensus olfactus)    1 quibusdam + الحيوان (animalibus)    3 ex istis animalibus] من صنف هذا الحيوان    4-5 quosdam ... sentiendum] بعضها لحال الطعم وبعضها لاخذ الطعام ويصيّره الى الجوف (quosdam propter cibum et quosdam ad accipiendum cibum et ad ducendum ipsum ad interius)    7 habet ipsum quia] فذلك يكون لان (hoc erit quia)    movet] يهيج ... ويصير (*syn.*)    8 et quaedam extra] وما حمته خارج ناتٍ عن جسده (et quaedam habent aculeum prominens extra corpus)    9 vespae + لانه طير (quoniam sunt volantes)    10 corrumperetur] لهلكت وفسدت (*syn.*)

rumperetur de facili propter debilitatem sui et gracilitatem, et si aculeus esset extra sicut est aculeus scorpionum, esset causa [11]ponderositatis. Scorpiones vero, quia repunt [12]et habent aculeum, necessario habent extra aculeum, et est [13]conveniens vigori. Et non potest esse animal habens duas alas tantum et habere aculeum [14]post, quoniam est debile et carens sanguine. Et iste modus, scilicet modus animalis parvi aculei, est multus numero. [15]Et quicquid est istius modi defert animal minus ipso, [16]et propter hoc est aculeus istius animalis in anteriori corporis, [17]et non potest percutere cum aculeo ex anteriori corporis nisi difficile propter sui debilitatem. [18]Modus vero multarum alarum habet multas alas propter magnitudinem sui corporis et vigorem. [19]Et propter hoc habet vigorem cum membris quae sunt in posteriori corporis.

Et est melius [20]ut sit unum membrum conveniens uni operationi, [21]et propter hoc fuit aculeus loco armorum propter acumen eius, et aculeus qui assimilatur linguae est ad [22]attrahendum cibum. Et ubi potest natura uti [23]duobus membris in duabus operationibus, ita quod non sit unum eorum prohibens aliud, facit tunc illud, [24]quoniam natura nihil facit otiose. Et forte utetur natura uno

---

10 de] ex $D$   et sui $ABD$   gracilitatem + eius $D^2$   aculeus + apum $B^1$ (+ et vesparum $B^2$) : + apum et vesparum $D^2$   est om. $C$   scorpionum] -is $CE$   esset$^2$ bis scr. $B$   11 vero om. $W$   quia] que $CEW$   repunt] reccipiunt $A^1$: recipiunt $EH$   11-2 repunt et habent] habent vel recipiunt $C$   12 necessario ... aculeum$^2$ om. $H$   aculeum$^2$] eum $C$: illum $EW$: ante extra $BCW$   13 conveniens] -tius $E$   non om. $W$   14 scilicet modus om. $CEW$   15 defert] differt $CD^1H$   ipso minus $H^1$ (em. $H^2$)   16 corporis bis scr. $A$   17 et (+ propter hoc) ... corporis mg. $B^1$   18 alarum om. $A$   sui $B$: om. cett.   et + propter $DH$: om. $CE$   vigorem om. $CE$   19 et$^1$ om. $A$   habet] -ent $H$   21 qui] que $C$   21-2 ad attrahendum] adtrahendum $C$   22 attrahendum] contrahendum $A$   ubi] nichil $W$: + non $D^1H$   22 et ... 24 operationibus: vel sit secundum aliquos libros et ubi potest natura uti in duobus membris illis duabus operationibus etc. $D^2$   natura potest $E$   uti] utitur $B$   23 quod] ut $CEW$   sit] fit $D$   unum] alterum $CEW$   aliud] alterum $CEW$   tunc facit $E$   24 quoniam] quia $CEHW$   nihil post otiose $D$   otiose et] et osiose $H^1$: otiose $H^2$   utetur $D^2$: ut haberetur $D^1$

---

debilitatem ... gracilitatem] دقّتها وضعفها (inv.)   10 extra$^2$ + وعلى (et supra)   12 extra] extra corpus   13 vigori + ايضا (etiam)   14 et carens] له وليس $G$   aculei (= الحمة)الجنّة (corporis)   15 defert: يحمل   18 vigorem + طباعه (suae naturae)   19 melius: أمكن وأشبه   21 loco armorum] دافعة للمكروه (eiciens *occasionem)   propter acumen eius: لحدّتها $L$   est + مجوّفة (concavus)   21-2 ad attrahendum] attrahens   23 aliud] للعمل الآخر (operationem alii)

membro in duabus operationibus, sicut facit faber quando facit
²⁵laternam quae est laterna et candela. Et quando natura potuerit
uti ²⁶eodem membro in multis operationibus, utetur.

Et duo pedes qui sunt in anteriori quorundam istorum animalium sunt maiores, ²⁷quoniam sunt duri oculi, ²⁸et non vident visu
acuto. Et non potest accipere quod volet nisi per virtutem pedum
anteriorum. ²⁹Et manifestum est visui quod istud animal facit hoc
quod diximus, scilicet modus ³⁰muscarum et modi qui assimilantur
apibus.

³¹Pedes autem posteriores sunt maiores quam medii, ³²propter
ambulationem et ut eleventur cito a terra quando volunt ³³volare.
Quod vero coit ex eis manifestius facit hoc, ³⁴sicut locustae et pulices. ³⁵Quoniam ista flectunt pedes constringendo, deinde extendunt eos, et sic elevantur a terra. ¹Quoniam necessaria est flexio      683b
in pedibus declinans ad interius, ²et pedes anteriores non possunt
esse talis dispositionis. ³Et omnes isti modi habent sex pedes, cum
duobus pedibus per quos coeunt.

[7] ⁴Corpus vero animalium durae testae non est multae divisionis,
⁵quia natura eius est fixa. ⁶Et corpus animalis multi motus debet

---

in] et *E*   duabus *H*¹: multis *H*²   facit² *bis scr. A*   25 laternam] lanternam
*CDEHW*   quae est laterna *om. W*   laterna] lanterna *CDEH*   candela] cande-
labram *W*   potuerit] poterit *EW*   26 eodem *D*²: uno *D*¹   membro + in duabus
operationibus *H*   multis] duabus *CEW*   operationibus + vel pluribus *CEW*   duo]
due *C*   qui sunt *bis scr. A*   anteriori + parte *D*²   quorundam *om. H*   animalium + qui *B*   28 non¹ *om. C*   29 est *ante* manifestum *CE*: *om. W*¹   istud]
illud *C*   hoc *om. ACE*   quod] que *C*   30 modi qui assimilantur] modus qui assimilatur *CE*   31 posteriores + omnes *D*²   quam medii (] quando medum *D*¹) *ante*
sunt *DH*   32 eleventur] -antur *A*   a *om. A*   volunt] voluerunt *BD*¹: voluerint
*D*²*EHW* : + erunt *C*   33 ex *D*¹: vel cum *D*²   eis] hiis *CEW*   facit] fecit
*A*   facit manifestius *DH*   34 pulices] publices *A*   35 flectunt] fictunt *C*   con-
stringendo] astringendo *E*   et] cum *CE*   sic (] sicut *E*) *post* elevantur *CEW*   1
necessaria] ¬o *C*: *vel* natura *A*   flexio] flectio *E*   declinans] -antis *E*   interius]
inferius *C*   2 esse *om. A*   3 habent modi *A*   coeunt] coit *ABDH*   4 est *D*²:
sunt *D*¹   6 animalis] -i *C*

---

26 utetur] فعل (faciet)   30 apibus + فهى تأخذ ما تأخذ بمقاديم رجليها (isti ergo accipiunt quod accipiunt cum pedibus anterioribus)   32 volunt + ترتفع عنها و. (elevare
se ab ea et)   33 coit: ينزو (*salit)   hoc + من غيره (quam alia)   34 locustae et pu-
lices] genus locustarum et genus pulicum   35 constringendo *om.* Ξ   et sic] و   1
est] ينبغى ان يكون (debet esse)   2 pedes anteriores non possunt esse] ليس يمكن ان
يكون شىء من مقاديم الرجلين (nullus pes anterior potest esse)   3 coeunt]
ينزو (*saliunt)

esse multarum partium, ⁷propter multitudinem operationis ipsius, cum indigeat multis instrumentis. ⁸Et quidam istorum modorum non moventur ⁹omnino, et quidam moventur modicum. Et propter hoc posuit natura circa suum corpus asperum et durum corpus ¹⁰ad salvandum. Et quaedam istorum habent unum culmum, ¹¹et quaedam duos, et quaedam ¹²assimilantur satirinoz, sicut diximus prius. Et quaedam habent ¹³involutionem in corpore, sicut kirikoz qui est modus halzon, et quaedam sunt rotundi corporis, sicut ¹⁴ericius. Et etiam quaedam animalia habentia duos culmos ¹⁵aperiunt et claudunt ipsos, sicut animal quod dicitur pecten et moez, ¹⁷et quaedam habent culmos applicatos ad invicem, sicut solinez, quod interpretatur 'iuvenis'. ¹⁸Et omnia animalia durae testae sunt sicut arbores, quoniam ¹⁹caput eius est ²⁰ex parte radicis. Et propter hoc

---

7 ipsius] illius $H$: + et $CD^1$(sed del. $D^2$)   indigeat] -ent $C$   8 modorum om. $A$   9 omnino om. $B$   quidam] quedam $CW$   hoc om. $H$   circa om. $W^1$   9 corpus² post 10 ad $B$: post 10 salvandum $CEW$   10 unum habent $CEW$   12 satirinoz] satirinorum $C$: sarurinoz $A$: sarinoz $H$   prius] superius $CDH$   13 in om. $A$   kirikoz] kirikez $D^2$: kirite $E$: kirike $W$: kitike $C$   modus] motus $H$   halzon] alzon $C$: ahalzon $D^1$: halizon $E$   14 ericius] hiritius $A$: hiricius $BH$: hirititus $C$: hyricius $DW$: yricius $E$   etiam] sunt $CEW$: del. $D^2$   quaedam + sunt $BD^2$   culmos + et $BCEW$: + que $D^2$   15 aperiunt] apparent $C$: appetunt $W^1$   moez] moz $C$: morz $E$   17 habent om. $H$   ad bis scr. $C$   solinez] salinez $E$   interpretatur post iuvenis $D^1$ (sed em. $D^2$)   18 et ... arbores bis scr. $D$ (inc. alt. col.)   animalia] animal $A$   sicut] quasi $E$   19 eius] eorum $CEW$   20 hoc om. $A$

---

7 operationis] فهى تحتاج الى آلة كثيرة لان اعمالها وافعالها (syn.)   cum ... instrumentis] لها شركة حركات كثيرة (illud ergo indiget multis instrumentis quoniam movet multum)   8 quidam istorum modorum] من اصناف هذا الحيوان الذى نصف ما (quidam modi istorum animalium quae narravimus)   9 moventur modicum] له شركة حركة يسيرة   asperum et durum corpus (= جرم) [الخزف وخشوتة جساوة ($G$)] (duritiem et asperitatem testae)   10 istorum + الحيوان (animalium)   unum culmum] unam *valvam (→ 679b17ff.)   11 duos (sc. culmos)] habent duas *valvas   12 assimilantur + الذى + (sicut ¹³   (animalibus quae dicuntur graece) الحيوان الذى يسمّى باليونانية   (illud quod dicitur graece) يسمّى باليونانية   modus] صنف من اصناف (quidam modus)   14 ericius] جنس القنافذ (genus ericiorum)   quaedam + هذا (istorum animalium etc.)   duos culmos] duas *valvas   15 et¹] ثم (deinde)   animal] الذى (illud)   et² + الذى   (illud quod dicitur graece) يسمّى باليونانية   17 culmos] ابوابه $GL^2$ (→ Kruk)   (*valvas)   sicut + الحيوان الذى يسمّى باليونانية (animal quod dicitur graece)   quod interpretatur 'iuvenis' (= الصبى) وتفسيره بالعربية القنى (quod interpretatur arabice *'canales')   19 eius] eorum   est + فى الناحية السفلى وعلة ذلك من قبل انه انّما يقبل الطعم من اسفل كما يغذى الشجر (in parte inferiori et causa illius est quoniam non recipiunt cibum nisi ex inferiori sicut cibantur arbores)

accidit ut sint [21]membra eius inferiora superius et superiora inferius. Et est in tela, [22]et per ipsam colat aquam dulcem et recipit cibum. Et omnes isti modi habent [23]capita, membra vero corporis eius non sunt [24]nominata, praeter membrum recipiens cibum.

[8] [25]Et omnia animalia ambulantia mollis testae [26]habent magnos pedes. Et genera istius modi sunt quattuor, scilicet [27]karabo et cesi et hakocin et [28]cancer. Et quodlibet istorum habet modos diversos, non [29]in figura tantum, sed in magnitudine corporum. [30]Modi ergo cancrorum [31]et karabo assimilantur ad invicem in aspectu, [32]quoniam habent duo labia, scilicet duo additamenta. Et non sunt in hoc animali ad ambulandum, [33]sed ad accipiendum et retinendum loco manuum. Et propter hoc [34]sunt ista additamenta contra loca quae diximus, et vadunt quaedam ad [35]profundum corporis et quaedam ad partem rotundam corporis, involvunt ergo ipsam secundum indigentiam, [36]et secundum hunc modum conveniunt ad accipiendum [1]cibum et adducendum ori.

684a

---

sint ut $C^1$ (em. $C^2$)   21 inferiora ... inferius] superiora inferius et inferiora superius (] posterius H) DH   22 et$^1$ om. $A^1$   23 corporis] cooperit H   eius om. $W^1$   25 omnia om. $B^1$   ambulantia post testae EW   26 magnos pedes] pedes maiores E: inv. W   scilicet] silicet C: om. E   27 karabo] carabo B   cesi] celi B: cosi $D^1$: cese $D^2$   hakocin] hacotin B: hacocin W: hacosin $D^1$: hascotin $D^2$: hatesin E   30 ergo] vero H   31 karabo] carabo BH   ad om. E   32 duo$^1$ $D^2$: dua $D^1$   in hoc om. C   33 accipiendum] recipiendum HW   et$^1$ + ad DH   manuum $D^2$: marium $D^1$   34 contra $BD^2$]: econtra ACEHW: circa $D^1$   35 partem rotundam] rotundum EW   corporis$^2$ + et H   involvunt] -untur B   ipsam] -a BEH   36 conveniunt] convenerunt B   accipiendum] recipiendum H   1 et$^1$ + ad $D^2$: om. $C^1$   adducendum] ad ducendum H

---

20 accidit + لهذا الصنف (isto modo)   21 et$^1$ + الاعضاء (membra)   26 magnos (= كبير)] كثير (multos)   et] واكثر (et in maiori parte)   scilicet + الصنف الذى يسمّى باليونانية (modus qui dicitur graece)   27 et (1+2+3) + الذى يسمّى (qui dicitur)   28 et quodlibet ... diversos] ولكلّ صنف من هذه الاصناف اجناس كثيرة مختلفة (et quilibet istorum modorum habet multa genera diversa)   29 corporum + ايضا لان منها ما هو عظيم الجثّة ومنها ما هو صغير الجثّة جدّا (etiam quoniam quidam eorum sunt magni corporis et quidam eorum sunt parvi corporis valde)   30-1 modi ... karabo] وصنف السراطين وصنف الذى يسمّى باليونانية قارابو (modus ergo cancrorum et modus qui dicitur graece karabo)   32 habent] لهذين الصنفين (isti duo modi habent)   scilicet ... non sunt] وليس تكون الشفتان اعنى زبانتان (et non sunt ista duo labia scilicet duo additamenta (= *forfices))   ad ambulandum] لحال المسير والمشى (syn.)   34 sunt] ينثنى (flectuntur)   36 conveniunt + للاستعمال (usui)

Cancri vero et karabo diversantur, quoniam karabo habet caudam, ²non autem cancer. Et karabo habet caudam ad ³natandum, et fulcitur super caudam, et natat sicut kalatez. ⁴Cancri autem non indigent hoc, quia ⁵mansio eorum est in locis prope terram, et non manent nisi in fissuris et foraminibus lapidum. Et quod est ex eis ⁶pelagosum habet pedes debiles multum, propter paucitatem ⁷ambulationis, sicut cancri qui dicuntur Graece baha et harekiokiz, ⁸quoniam non utuntur ambulatione nisi modicum. Et propter ⁹salutem habent corpora sicut corpora halzon. Et propter hoc fuerunt ¹⁰modi baha gracilium pedum, et modus qui dicitur hakkalionikis est curtorum pedum. ¹¹Duo vero modi cancrorum parvorum, qui deprehenduntur cum ¹²piscibus parvis, habent multos pedes latos convenientes ¹³ei, quoniam sunt sicut alae, ¹⁴scilicet pedes lati. Et inter hakocin et modos qui assimilantur cancris ¹⁵est diversitas, quoniam habent caudas, et inter ea et illa quae assimilantur karabo est diversitas, quoniam non ¹⁶habent additamenta. Et carent

---

cancri(] -cer *H*) vero] causa vero cancri *C*    karabo¹] carabo *DH*    quoniam] quia *H*    karabo²] carabo *BH*    1 habet ... 3 natat] super caudam natat *D*¹: habet caudam ad natandum et fulcitur super caudam et natat super costas *D*²    2 cancer autem(] vero *W*) non *EW*    karabo] carabo *H*: cancer *E*    ad] et *C*    3 natandum] notandum *A*    caudam] eandem *E*    natat(] -ant *H*¹) + super costas *B*    sicut] super *W*    kalatez] calatez *E*: kalatiz *D*²: calatoz *H*: castatez *W*    4 autem] vero *DH*    non *D*²: omnino *D*¹    quia] quoniam *C*    5 nisi *om. W*    et² + in *HW*    et³ *om. H*    6 pelagosum] pelogosum *E*    paucitatem + sui motus id est *B*    7 ambulationis] ampulationis *H*¹: apulationis *H*²: sui motus *EW*    baha] haha *ACE*    harekiokiz] hakekiokaz *BC*: hakekiokiz *D*¹: halekiz *D*²: kakekioz *E*: hakekiz *W*: kakekiekiz *H*    8 non *om. H*    9 corpora sicut corpora] corpora et *D*¹: comparationem sicut corpora *D*²    halzon] halzun *H*¹: halzim *H*²: hazon *W*    9 fuerunt *post* 10 baha *H*    10 baha] haha *AC*    hakkalionikis] hakkalionikis *H*: hakkalionibac *B*: hakilimonkiz *D*¹: harcalionluz *D*²: harkalunikus *E*: harkalionikic *W*    est] et est *H*    curtorum] curvorum *E*    11 parvorum *om. E*    deprehenduntur] dependuntur *C*    12 piscibus] piscis *D*    pedes latos *inv. W*: *om. E*    13 quoniam sunt *om. D*¹    14 scilicet + sicut *E*    hakocin] hakotin *BH*: kakocin *D*¹: halkocin *D*²*W*: halkosun *E*    15 habent] -et *A*    illa et ea *HW*    karabo] carabo *B*: karobos *H*    quoniam²] quia *BCDH*

---

1 et² + الصنف الذى يسمّى باليونانية (modus qui dicitur graece)    2 cancer + اذناب (habet caudam)    3 super + تلك (illam)    kalatez] الصنف الذى يسمّى باليونانية فلاطاس (modus qui dicitur graece 'falatez')    4 hoc] مثل هذا العضو (tali membro)    5 et non ... nisi: وانّما *L*    6 pelagosum: لجّيا (→ *679a14*)    7 et + التى تسمّى (qui dicuntur)    10 modi + الذى يسمّى باليونانية (qui dicuntur graece)    pedum] الساقين (crurium)    11 duo vero modi] فاما صنف (modus vero)    12 multos (= كثيرة)]    12-3 convenientes ei] موافقة للحاجة التى تراد (convenientes ei quod voluerit)    كبيرة (magnos)    16 additamenta (*sic semper* → *indices*): الزبانتان (\*forfices)

additamentis propter multitudinem pedum, ¹⁷hakocin autem habet ¹⁸multos pedes, quoniam natat et non ambulat super pedes.

Membra vero quae sunt in parte capitis ¹⁹et dorsi, quaedam sunt convenientia ad recipiendum ²⁰aquam et ad extrahendum ipsam. Et illa membra sunt branci multae plicationis, ²¹et ista membra in feminis sunt magis quam in maribus, scilicet maribus karabo. Feminae autem cancrorum habent ²²membra spissiora et fortiora in partibus portarum per quae claudit et aperit. ²³Et propter hoc ovant in illo loco, non ²⁴remote sicut ovant pisces et alii modi ovantes, ²⁵propter amplitudinem locorum et quia corpus eorum est maius.

²⁶Additamentum ergo dextrum in omnibus cancris et in modis similibus karabo ²⁷est maius et fortius. Quoniam pars dextra in omnibus ²⁸animalibus est maior et fortior, quoniam natura semper ponit vigorem in membris ²⁹quibus utuntur animalia, sicut facit in ³⁰dentibus qui sunt quasi serra, et in cornibus, et in unguibus, ³¹propter vigorem et iuvamentum. ³²Animal vero quod dicitur asceh habet duo additamenta, et ³³maius additamentum erit cum ungue unco in maribus et feminis. Et causa illius est ³⁴quia est ex

---

17 hakocin] hakotin $BH$: kakocin $D^1$: halkocin $D^2W$: kalkeun $E$   autem $D^2$: habet $D^1$   17-8 habet multos] multos habent(] -et $HW$) $EHW$   18 natat] -ant $E$   non om. $B$   ambulat] -ant $E$   super] propter $E$   19 quaedam $D^1$: que $D^2$   20 extrahendum] contrahendum $A$   ipsam] -um $AW$   et² + inter $D^1$(sed del. $D^2$)$E$: om. $H^1$   membra ante illa $E$: om. $W$   multae plicationis $D^1$: vel multiplicationis $D^2$   21 in feminis (post sunt) mg. $W$   magis sunt $EW$   scilicet + quam in $E$   karabo] carabo $H$: karabe $A$   feminae] membra (+ femine mg.) $W$   autem bis scr. $A$   cancrorum $D^2$: kancrorum $D^1$   21-2 spissiora membra habent $H$   22 per om. $A$   claudit et aperit] claudunt et aperiunt $D^2$: inv. $EW$   23 et¹ om. $A$   24 sicut] sic $H$   25 et del. $D^2$   eorum om. $D^1$   maius + et fortius $D^2$: + ad $E$   26 in² + omnibus $E^1$ (sed del. $E^2$)   karabo] carabo $H$   28 fortior et maior $EHW$   natura $A^2$: nec $A^1$   vigorem + et iuvamentum $D^2$   membris $W$] membra cett.   30 et¹ om. $B$   in² $A$: om. cett.   32 asceh] ascediz $D^1$: cese $D^2$: halcheh $E$   33 maius $B^2$: magis $B^1$   erit] et $A$   cum] tamen $B$   ungue bis scr. $B$   in ... feminis] in feminis et in maribus $E$   34 quia] quod $H$   est om. $E$

---

pedum + فى الرجلين (ergo transivit crementum suae naturae in pedibus)   18 non: ليس   21 maribus² + الحيوان الذى يسمّى (animalium quae dicuntur)   28 maior et fortior] من الناحية اليسرى (inv.) + اقوى واعظم (parte sinistra)   30 serra + وجميع ما يشبه ما وصفنا من (et in culmis prominentibus)   unguibus + والانياب الناتئة   الاعضاء التى فى الحيوان (et in omnibus membris similibus animalium quae narravimus)   31 vigorem et iuvamentum] المعونة والقوة (inv.)   32 dicitur + باليونانية (graece)   33 cum ungue unco: بالمخلب $L^1$; بالبخت (casu) $L^2$   illius] من اجلها صارت له   زبانتان (propter quam habet additamenta (sc. *forfices))

genere animalium habentium additamenta. ³⁵Et pluries erunt casu, quoniam natura istius animalis est laesa, et non utitur ¹additamentis in operationibus propter quas creabantur.

²Et ex sermonibus quos posuimus in aspectu animalium et ex a-natomia cognoscitur situs istorum membrorum, ³et diversitas quae est inter ea quando conferuntur ad invicem, et cognoscuntur ⁴etiam feminae et mares.

[9] ⁶Et iam diximus superius dispositionem membrorum interiorum malakie. ⁷Membra vero extrinseca ⁸huius modi non sunt divisa neque determinata, et pedes eius sunt in anteriori corporis, scilicet ⁹circa caput, prope oculos et circa ¹⁰os et dentes. Et quaedam animalia habentia ¹¹duos pedes habent pedes ad posterius et anterius, et quaedam habent pedes in ¹²latere, sicut animal habens sanguinem multipes. Et hoc ¹³genus habet proprium, scilicet quod pedes eius sunt in ¹⁴anteriori corporis. Et causa illius est quia pars ¹⁵anterior et posterior sunt adunatae in uno loco, sicut accidit animali quod assimilatur ¹⁶astarinoz, quoniam habet proprium quod non habet aliquod durae testae.

Et generaliter animal durae testae ¹⁷assimilatur malakie uno modo, et alio modo assimilatur animali durae testae. Quoniam ¹⁸cutis

---

35 et¹ om. E    pluries] plures DEW    casu] -us C    animalis om. B    et² om. A¹    1 creabantur] -buntur A: causabantur E    2 ex¹] in E: om. A¹    quos] que ACD¹    posuimus D²: possumus D¹    3 et¹ om. W¹    quando] que B: quoniam W    conferuntur H²: feruntur H¹    4 etiam + et E: om. H    6 et om. BW    superius om. E    malakie] malachie E    8 huius modi] huius AH: animalis suprascr. D²    divisa] diversa BCD²EW    eius om. A¹    anteriori] -is H²: -e H¹: + parte BD²H    11 habent¹ + duos H¹ (sed del. H²)    ad] et B    posterius E] post cett.    et² + ad D    12 multipes ante habens E    hoc om. E    15 adunatae] -to A    loco uno E    16 proprium + et D¹(sed del. D²)H    aliquod] -quid H: + animal BD    et ... testae² bis scr. A    animal generaliter E    17 malakie] et malabrie A: malachie E    18 cutis] cuntis A

---

1 creabantur + من قبل الطباع لكن يستعمله فى السير فقط (naturaliter sed utitur eis in ambulatione tantum)    2 posuimus: وضعنا L² Kruk (وصفنا L¹ Bad.)    cognoscitur situs istorum membrorum] تعرف هذه الاعضاء (cognoscuntur ista membra)    6 interiorum + الحيوان الذى يسمّى باليونانية (animalium quae dicuntur graece)    malakie + حيث وصفنا اعضاء جوف سائر الحيوان (ubi narravimus membra interiora aliorum animalium)    12 habens sanguinem: الدمى    13 genus + الحيوان (animalium (sc. malakie))    15 anterior et posterior] المؤخر والمقدّم (inv.)    assimilatur + الصنف الذى يسمّى باليونانية (modo qui dicitur graece)    16 aliquod] شىء آخر من الصنف (aliqui modus)    17 assimilatur¹ + الحيوان الذى يسمّى (animali quod dicitur)    durae testae: الخزفى الجلد

eius est valde dura sicut testa, et pars carnosa quae est intra corpus eius assimilatur parti quae est in corpore mollis testae. [19]Figura autem corporis est sicut figura [20]malakie, et praecipue modus qui assimilatur astarinoz et habet involutionem. Natura ergo istorum duorum modorum [22]est sicut diximus. Et propter hoc ambulant uniformiter, [23]sicut accidit animalibus quadrupedibus, [24]et hominibus etiam. Homo vero habet os in capite, scilicet in parte superiori corporis, [25]deinde habet stomachum, deinde [26]ventrem, et post ventrem intestinum perveniens ad locum exitus superfluitatis. [27]Istae ergo res in animalibus sanguinem habentibus sunt secundum hanc dispositionem. [28]Et post caput est clibanus, scilicet pectus et quod vicinatur ei. [29]Alia vero membra sunt propter ista et propter istum motum, [30]sicut membra [31]posteriora et anteriora, et manus et pedes. Et inter animalia mollis testae [32]et anulosi corporis est convenientia in membris *interioribus secundum modum quem diximus. [33]Et diversantur ab animali habenti sanguinem in membris extrinsecis mobilibus.

[34]Malakie autem et quod assimilatur satirinoz [35]diversantur quando conferuntur ad animalia durae testae. Et assimilantur in crea-

---

corpus] partes $E$ 19 corporis + eius $H$ figura$^2$ + corporis $DH$ 20 malakie] malachie $E$ duorum *post* modorum $A$: *om.* $C$ 22 ambulant + in $ACH$ uniformiter] unumformiter $W$ 23 accidit + in $EW$ 24 superiori $A$] -is *cett.* 25 stomachum habet $DH$ 27 habentibus sanguinem $EHW$ sunt *om.* $D^1$ 28 et$^2$ *om.* $A$ 29 alia] animalia $B$ vero] ergo $H$ 30 sicut] sunt $BD$: + omnia $EW$ 31 anteriora et posteriora $DH$ et$^2$ $D^1$: ut $D^2$ animalia $BD^2$: *om. cett.* 32 membris *interioribus *scripsi*] membris anterioribus (*inv. H*) *codd.* quem] que $C$ 34 malakie] malachie $E$ assimilatur] -antur $D$ satirinoz] satinoz $D^1$: saturinoz $E$: saterinoz $H$ 35 conferuntur] -antur $A$: -entur $BCD^1$ ad *om.* $C^1$

---

18 eius + ايضا (etiam) pars: الجزء $G$ parti: الجزء $G^2L^1$ corpore + الحيوان (a-nimalis) 19 figura$^1$ ... figura$^2$] فاما شكل تقويم الجسد فمثل تقويم شكل جسد الذى يسمّى (figura autem substantiae corporis est sicut sustentatio figurae corporis illius quod dicitur) 20 modus] ما كان من الصنف (quod est ex modo) et habet] habens 22 ambulant uniformiter: سيرها سير مستقيم 25 deinde$^2$] وبعد المعدة (et post stomachum) 27 istae ergo res (= الاشياء)] فهذه الاعضاء (ista ergo membra) 29 motum: الحركة $G$ 31 anteriora + الجسد (corporis) inter animalia] فى الحيوان (in animalibus) 32 et] et animalibus convenientia] استقامة (rectitudo) membris *interioribus: اعضاء الجوف 33 membris ... mobilibus] الاستعمال الذى يكون من خارج من الاعضاء المحركة (operatione membrorum extrinsecorum mobilium) 34 malakie] الصنف الذى (animal quod dicitur malakie) assimilatur + الحيوان الذى يسمّى مالاقيا (modo qui dicitur) 35 assimilantur] فيه موافقة ومشابهة (*syn.*) يسمّى

**685a** tione, ¹quoniam posteriora corporis sunt incurvata versus principium, ²sicut si linea recta AB esset incurvata ³ad locum C. Situs ergo membrorum anteriorum corporis sunt secundum hanc dispositionem. ⁴Corpus ergo malakie est talis creationis. ⁵In animali vero multipede est caput tantum, et in durae testae ⁶est membrum quod dicitur astarinoz. Et non diversantur alia diversitate nisi quod natura posuit ⁷duritiem in malakie circa corpus, ⁸et posuit duritiem continentem totum corpus durae testae ad salvandum ipsum propter tarditatem motus. ⁹Et propter hoc exit superfluitas ¹⁰ex orificio malakie, ¹¹sicut exit superfluitas a corpore animalis quod assimilatur astarinoz.

¹²Et propter hoc fuit creatio pedum malakie ¹³econtra creationi pedum aliorum modorum. ¹⁴Et sepie et tonidez diversantur, quando conferuntur ad multipedem, ¹⁵quoniam isti duo modi natant et iste modus ambulat. Et illi duo modi habent sex pedes in anteriori dentium, ¹⁶et ultimi sex pedum sunt maiores. ¹⁷Et unum par ex sex pedibus est in parte inferiori, et illud par est valde multum, ¹⁸et sicut sunt pedes posteriores maiores et fortiores, ¹⁹ita est hoc par in isto modo fortius, ad ferendum pondus, scilicet ²⁰quia

---

1 quoniam] quam $H$   corporis] -e $H$   2 sicut + igitur $D^1$(sed del. $D^2$)$HW$: + ergo $E$   si om. $H^1$   AB post esset $W$   3 secundum dispositionem sunt hanc $H$   hanc] istam $E$: post dispositionem $D$   4 ergo] vero $BH$   malakie] malachie $E$   6 non om. $H^1$   alia] animalia $A$   natura $A^2$: non $A^1$   7 malakie] malarie $A$   11 corpore $BD^2$] -ibus cett.   animalis quod assimilatur] animalium que assimilantur $E$   12-3 malakie ... pedum om. $D^1$   13 econtra] -rio $E$: extra $H$   modorum] animalium $E$: vel animalium $D^2$   14 tonidez] tonidoz $A$: conidez $B$: cronidez $D^2$   conferuntur] concurruntur $H$   15 natant] notant $A$   natant ... modi² om. $C$   modus] motus $H$   illi] isti $W$   17 par ex $D^2$: per $D^1$   illud] istud $D$   est² om. $H$   18 sunt + pares $E$   posteriores] anteriores $EW$   19 isto modo] medio $W$   pondus + sed $B$   19-20 quia scilicet $B$

---

1 posteriora] اواخر (ultima)   principium] -ia   2 sicut si ... esset incurvata] كما يفعل الذى يثنى (sicut facit ille qui incurvat lineam rectam etc.)   3 C] الذى عليه دال (D)   membrorum anteriorum corporis: اعضاء مقدّم اجسادها   4 corpus ergo] فجميع جثّة   (totum ergo corpus animalis quod dicitur)   5 in² + الحيوان (a-nimali)   7 duritiem: الجساوة   in + الحيوان الذى يسمّى (animali quod dicitur)   8 corpus + الحيوان (animalis)   10 orificio + الحيوان الذى يسمّى (animalis quod dicitur)   11 sicut: مثل ما $G$   corpore] جنب (latere)   assimilatur + الصنف الذى يسمّى (modo qui dicitur)   12 pedum + الحيوان الذى يسمّى (animalis quod dicitur)   14 et¹ + الحيوان الذى يسمّى (animal quod dicitur)   15 sex: ستّة $L$; ثمنية (octo) $G$   dentium: الابدان $G$; الاسنان (corporum) $L$   17 sex: الستّة   multum (= كثير)] كبير (magnum)   18 pedes + الحيوان (animalium)

pondus corporis est super ipsum. Et par ultimum pedum est fortius [21]medio, quoniam magis utitur ipso. Animal vero multipes [22]habet quattuor pedes valde magnos, et sunt pedes medii. Et omnes pedes istius animalis [23]sunt octo, et sunt in sepie et tonidez curti. Et in [24]animali multipede sunt magni, quoniam corpora illorum duorum modorum [25]sunt magna, et corpus istius modi est parvum.

Et ubi natura diminuit [26]naturam corporis augmentat in magnitudine pedum, [27]et ubi diminuit ex quantitate pedum augmentat in corpore. [28]Et propter hoc sunt pedes quorundam convenientes non ad figendum tantum, sed [29]etiam ad ambulandum, et pedes aliorum sunt sine iuvamento, quia sunt parvi, [30]et corpus est magnum. Quoniam [31]non adiuvant ad accipiendum neque ad exeundum [32]a lapidibus. Et quando undae maris moventur et invalescit hiems, [33]dat eis natura additamenta, scilicet quod quodlibet illorum habet duo additamenta [34]per quae ancorant, et per ipsa moventur [35]sicut moventur naves quando invalescit hiems, et per ipsa deprehendunt quicquid fuerit remotum ab eis. [1]Et non inveniuntur ista additamenta nisi in sepie et tonidez et multipede, [2]quoniam pedes eorum [3]conveniunt istis operationibus.

685b

---

20 par] per $B$ 21 vero *om.* $W$ 22 habet *om.* $H^1$ quattuor $D^1$: decem $D^2$ 23 sepie] sepido $W$ tonidez (] conidez $B$) + pedes $B$: + et $H^1$ (sed del. $H^2$) curti] corpore $E$ 24 magni + pedes $BEHW$ modorum *ante* duorum $D$: *om.* $AE$ 25 corpus + est $W^1$ (sed del. $W^2$) est + in $A$ 26 corporis *om.* $A$ magnitudine $D^1$: vel multitudine $D^2$ 27 et ... pedum *om.* $B$ augmentat] -ant $H^1$ 28 hoc *om.* $C$ ad non $H$ figendum] fingendum $D^1W$: constringendum $E$ 29 ad *om.* $H^1$ aliorum] aliquorum $W$: + animalium $E$ 30 est] eius $CEW$ 31 adiuvant] -at $EW$: iuvant $D$ neque ad exeundum *om.* $E$ ad$^2$ *om.* $A$ 32 invalescit] valescit $EW$ hiems] yempus $D$ 33 natura] nam $A$ scilicet ... additamenta$^2$ *om.* $E$ illorum] eorum $DH$: istorum $W$ additamenta$^2$ *om.* $B$ 34 ancorant] anchorat $E$ ipsa] ipsum $A$: que $H$ 35 invalescit] valescit $D^1EW$ per *om.* $E$ ipsa] -um $A$ deprehendunt] -ent $E$: dependent $W$ quicquid] quod $W$ 1 et$^1$] etiam $B$ ista + duo $D^2W$

---

20 ipsum + وبه يتحرّك (et per ipsum movetur) 21 magis *om.* Ξ 23 in$^1$ + الحيوان الذى يسمّى (animalibus quae dicuntur) 26 naturam] عظم (magnitudinem) magnitudine] طول (longitudine) 27 quantitate] طول (longitudine) corpore] عظم الجسد (magnitudine corporis) 28 ad figendum: للثبات $G^1L$ 30 quoniam] ولان رجليها قصار (et quia pedes eorum sunt curti) 31 adiuvant] adiuvantes 32 et$^1$ *om.* Ξ 33 additamenta$^1$: خراطيم additamenta$^2$ + طويلين (longa) 34 moventur: تتحرّك 35 invalescit: كان eis + وتذهب بها الى افواهها (et adducunt per ipsa ad os) 1 in + الاصناف التى تسمّى (modis qui dicuntur)

Modi vero qui habent in pedibus orificia et venas [4]et squamositatem et asperitatem, habent hoc propter vigorem. Et illa involutio [5]assimilatur involutioni quam faciebant antiqui. [6]Per involutionem ergo istius animalis ex partibus parvis, scilicet partibus nervi, [7]et per istas partes attrahet quicquid tangitur ab eo. [8]Et illa involutio erit mollis quando animal volet accipere per *ipsam aliquid, et cum acceperit, confortabitur et fit illa involutio fortis spissa. [9]Et hoc quod narravimus non est in alio animali. [10]Et quidam istorum modorum accipiunt cibum per additamenta, [11]quoniam utuntur ipsis [12]loco manuum. Et quaedam istorum animalium habent [13]unum membrum, et quaedam habent duo membra. Et causa istius est longitudo corporis, et tenuitas et gracilitas ipsius [14]naturaliter. Propter ergo longitudinem [15]et gracilitatem fuit corpus compositum ex uno osse. Et natura facit hoc non quia melius est, sed necessario [16]propter diffinitionem substantialem. Et omnes isti modi habent alas [17]in circuitu corporis. Et illae alae sunt in aliis modis [18]continuatae cum corpore, et in animali quod dicitur tani. [19]Quod est ergo ex isto modo parvi corporis, sicut tonidez, habet alam latam non strictam, [20]sicut ala sepie et multipedis.

---

3 vero] autem *EW* 4 et[1]] in *A*: secundum $D^1$ hoc *om. E* 5 quam + habebant $W^1$ (*sed del.* $W^2$) antiqui fatiebant *W* 6 nervi] in nervi $A^2$: *om.* $A^1$ 7 attrahet] -it $D^1EW$ 8 erit] est *W* mollis + et *H* animal *post* volet *E*: *om. W* per *ipsam scripsi*] per ipsa *AC*: per ipsum (*ante* accipere) *DEHW*: per quem *B* 9 quod] qui *A* animali alio *B* 10 quidam] quedam *EW* additamenta] -um *W* 13 unum *om.* $D^1$ istius] illius *EH* 14 propter + hoc $D^1$ (*sed del.* $D^2$) 15 compositum] positum *B* natura] nec *A* facit] fecit *EW* 16 modi *om. B* habent + substantiales $A^1$ (*sed del.* $A^2$) 17 illae] iste *W* alae *om.* $D^1$ 18 continuatae *post* corpore *D* tani] cani *H*: dani *A* 19 isto] toto *C* parvi] pauci *D* sicut $D^2$: sunt $D^1$ tonidez] tonidetz *W*: conscez *B* habet] et habet *W* latam *post* strictam $D^1$: *om. H* 20 ala + et $D^1$ (*sed del.* $D^2$)

---

3 orificia et venas] افواه عروق (orificia venarum) 4 squamositatem et asperitatem (= وخشونة *G* → Kruk)] تفليس خشن به تتشبك بجميع ما يماسها (squamositatem asperam per quam involvunt omne quod tangitur ab eis) 6 per ... animalis] هذا فيتشبك الحيوان (istud ergo animal involvit) 8 illa *om.* Ξ per *ipsam (sc. involutionem)*: به (*sc.* تشبك) 9 animali + ولا يأخذ ما يريد من طعمه الآ برجليه (et non accipit quod voluerit ex cibo nisi per pedes suos) 13 tenuitas et gracilitas ipsius (*syn.*)] دقتها 15 osse: عظم *G*: عضو (membro) *L* melius] أجود وأمثل (*syn.*) sed] sed facit 16 propter diffinitionem substantialem] لحال الكلمة الخاصة للجوهر (propter diffinitionem propriam substantiae) modi + الحيوان (animalium) alas] جناح (alam) 17 illae alae] illa ala *est ... continuata* 18 continuatae cum] ملتئم متصل بـ (*syn.*) animali + الكبير (magno) 19 latam] اعرض (latiorem) 20 ala + الذى يسمّى باليونانية (illius quod dicitur graece) et + الحيوان (animalis)

²¹Quoniam principium istorum modorum est ex medio corporis, et non circumdant totum corpus. ²²Et non habent istas alas nisi ut sustententur per eas, ²³sicut pectus in avibus et cauda in animalibus habentibus caudam. ²⁴Et ista ala est valde parva in multipedibus, et propter hoc non manifestatur visui. ²⁵Et parvitas ipsius est propter parvitatem corporis, et quia corpus elevatur in pedibus elevatione ²⁶sufficienti.

²⁷Iam ergo narravimus dispositionem animalium anulosi corporis, et animalium mollis testae ²⁸et durae testae, et malakie, et narravimus membra interiora ²⁹et exteriora.

[10] Modo ergo debemus considerare in dispositione animalium habentium sanguinem ³⁰generantium animalia. Et incipiemus in narratione membrorum residuorum, et postquam ³¹distinxerimus hoc, incipiemus ³²in narratione animalium habentium sanguinem ovantium, secundum modum quem fecimus superius.

Et iam narravimus *in praeterito dispositionem ³³membrorum quae vicinantur capitibus animalium et ³⁴collo. ³⁵Et omne habens sanguinem habet caput, et caput in quibusdam istorum animalium est distinctum determinatum, et in quibusdam ¹non, sicut capita cancrorum. ²Et omnia animalia generantia animalia habent collum, animalia vero ovantia quaedam ³habent collum et quaedam non.

---

21 modorum istorum *D*   circumdant] -at *CDH*   22 istas *om. D*¹   sustententur] sustentur *D*   per *bis scr. A*   23 avibus] animalibus *D*²: + volantibus *BD*²   24 parva valde *E*   25 ipsius] eius *E*   propter *om. A*   et² *del. D*²   quia] ipsum *B*   corpus + eius *CDHW*   27 dispositionem narravimus *DH*   28 et durae testae *om. E*   29 sanguinem + et *BE*   30 incipiemus] -amus *E*   narratione + istorum *D*¹*H*¹(*sed del. D*²*H*²)*W*   31 distinxerimus] dixerimus *H*   incipiemus *BD*²] accipiemus *cett.*   32 habentium *om. H*¹   quem] quam *A*: quod *D*   in² *scripsi: om. codd.*   35 omne + animal *EW*   istorum animalium] animalibus *EW*   distinctum + et *D*²   3 et¹ *om. W*   non + habent *W*

---

21 principium + جناح *L*²(*om. GL*¹) (alarum)   22 nisi + و- لتعوم (ut natent et)   sustententur + تقوّم اجسادها (sustentent corpora sua)   23 pectus: صدر   24 in + الحيوان (animalibus)   non ... visui] لا ... حسنا (non ... bene)   25 et parvitas ipsius est: وصغره *GL*¹ (→ Kruk)   28 et² + الحيوان الذى يسمّى باليونانية (animalium quae dicuntur graece)   29 debemus + ان نعود فى قولنا و- (reverti ad nostrum sermonem et)   30 residuorum] التى بقيت بعد تصنيف الاعضاء التى وصفنا (quae remanent post narrationem membrorum quae narravimus)   32 *in praeterito:* فيما سلف من   34 collo] العنق والحلق (*syn.*)   35 omne] omne animal   1 non] على خلاف ذلك اعنى انه ليس بمميّز ولا محدود قولنا (erit econtra scilicet quod non est distinctum neque determinatum)   3 non + له عنق (habent collum)

Et omne habens pulmonem ⁴habet collum, animal vero quod non anhelat aerem extrinsecum non habet ⁵collum. Et creatio capitis non fuit nisi propter cerebrum. ⁶Quoniam hoc membrum necessario debet esse in animalibus, scilicet in habentibus sanguinem, ⁷et debet esse hoc membrum in opposito cordis, propter ⁸causam quam diximus prius. Et natura posuit in capite quosdam sensus, ⁹quoniam complexio cerebri est temperata ¹⁰conveniens complexioni cerebri, propter causas quas narravimus ¹¹et propter quietem et subtilitatem sensuum. Et posuit sub collo tertium membrum, conveniens ¹²introitui cibi. Et ita ¹³deberet ponere, quoniam est in loco temperato, scilicet quia non esset possibile quod esset venter positus supra ¹⁴cor ubi est virtus prima, neque ¹⁵supra membrum divinum quod est magnae operationis.

²⁸Et operatio membri divini non est nisi ²⁹intellectus et sensus, et non posset ferre ³⁰super se aliud membrum propter sui pondus. Quoniam pondus ³¹gravat motum intellectus, et alterat sensum communem, et maxime si ³²corpus fuerit valde ponderosum, et necessario fuit declinatio corporis ³³ad terram propter custodiam. ³⁴Et natura posuit loco manuum ³⁵in animalibus quadrupedibus pedes anteriores, pedes autem posteriores necessario fuerunt in omnibus animalibus ambulantibus. Et propter hoc fuerunt quattuor pedes ¹in omnibus modis istorum animalium, ²ut possint ferre pondus.

---

4 quod non anhelat] non hanelans *E*    non¹ *om. AD¹W*    6 debet necessario *EW*    scilicet *del. D²*    in² *del. D²: om. W*    7 esse *post* membrum *H*    9 cerebri] ceribri *A*    9-10 est ... cerebri *om. E*    temperata + et *BD²*    10 cerebri] sensus *B*: vel sensus *D²*    propter + alas *H¹*: + alias *H²*    quas causas *D¹*    12 introitui] -tu *AD¹*    13 deberet] -et *D²*: -ent *B*    scilicet] sed *E*    15 est + in *A*    29 ferre] fore *E*    30 super] supra *EH*    31 gravat] generat *B*    32 corpus] pondus *H: om. E*    declinatio] declaratio *B*    35 pedes anteriores *inv. A²: om. A¹*    autem] vero *EW*    posteriores] anteriores *C*    fuerunt¹ (] sunt *EW*) *ante* necessario *EHW*    ambulantibus animalibus *E*    fuerunt²] fiunt *EW*    1 modis *om. E*

---

omne + الحيوان (animal)    4 collum + ايضا (etiam)    5 capitis + خاصّة (proprie)    6 in²] in animalibus    7 debet esse] يكون (erit)    8 causam quam] causas quas    9 cerebri] الدم (sanguinis)    10 complexioni] لدفاء (calori)    11 posuit + الطبيعة (natura)    13 ponere] poni + خاصّة (praecipue)    14 ubi] الذى فيه (in quo)    neque] ولا كان يمكن ان يكون (neque esset possibile quod esset *positum*)    15 magnae operationis] العظيم الشأن (magnae nobilitatis)    29 sensus: الحسّ* (→ Kruk)    ferre] يكون (esse)    34 loco manuum] بدل العضدين واليدين (loco assetorum et manuum)    1 omnibus *om.* Ξ

³Et anterius corporis in omnibus istis est maius posteriori, praeterquam in homine, ⁶quoniam pars superior sui corporis ⁷est temperata respectu partis inferioris, et minus eo multum in illis qui incurvantur ex aetate illorum; ⁸est econtra in pueris, scilicet quod pars superior est ponderosior ⁹inferiori. Et propter hoc incedunt pueri incurvati, et non possunt elevare sua corpora, ¹⁰quoniam pars superior corporis est maior inferiori. ¹¹Cum vero iuvenescit homo, augmentatur pars inferior. ¹²Dispositio autem animalium quadrupedum est econtrario, scilicet quod pars inferior est prius valde magna, ¹³et cum iuvenescit crescit pars superior. ¹⁴Et propter hoc erit elevatio anterioris corporis multorum ¹⁵equorum maior quam in posteriori, et cum iuvenis est pullus ¹⁶tangit caput suum pede posteriori, et quando intrat aetatem ¹⁷non potest hoc facere. Haec ergo est dispositio animalium habentium quattuor pedes, et dispositio animalium habentium ungulas in duo fissas. ¹⁸In animali vero habenti multos digitos et carenti cornibus est anterius ¹⁹corporis maius posteriori, et propter hoc erit crementum ²⁰partis superioris secundum diminutionem partis inferioris. ²¹Genus autem avium et piscium, ²²sicut diximus, est habens plus carnis in parte superiori, scilicet in parte anteriori corporis. Et propter hoc ²³om-

---

3 est maius *ante* in¹ *EW*   6 pars *om. A*   7 partis] partu *A*   qui] que *ACDE*   8 est¹ *om. B*   econtra] contra *C*: extra $D^1$   quod] quia *B*   9 incedunt $H^2$: intendunt $H^1$   pueri *om. E*   possunt + sua *A*   sua + membra id est *C*   10 quoniam] quia *E*: *om. W*   est $D^2$: et $D^1$   11 vero] ergo $D^1$: et (*ante* cum) *EW*   iuvenescit] -erit *A*   homo + crescit pars superior et propter hoc erit elevatio anterioris corporis multorum (*cf. b14*) $C^1$ (*sed del.* $C^2$)   12 est¹ + aut $A^1$ (*sed del.* $A^2$)   econtrario] econverso *C*   pars $D^2$: corpus $D^1$   prius *om. EW*   magna valde *H*   15 cum + eius *B*   iuvenis] eis *A*: eius *C*: equus $D^1E$   16 quando] cum *EW*   intrat $D^1$: mutat $D^2$   17 dispositio est *D*   habentium animalium $C^1$   18 multos] plures *EW*   19 corporis + multum *A*: + 15 equorum ... 19 posteriori *iterum scr.* (*sed secundo:* 15 iuvenis] eius, 17 duo] dua, 18 cornibus] carnibus) *A*   20 superioris] inferioris *W*   inferioris] superioris *W*   22 est *om.* $A^1$   scilicet] et *B*

---

3 istis + الحيوان (animalibus)   posteriori] الجزء الذى فى المؤخّر (parte quae est in posteriori)   6 quoniam] فاما الانسان (quoniam in homine)   7 in illis qui incurvantur ex aetate] فى الذين ∗تتّت ∗شبيبتهم (→ Kruk) (in illis quorum aetas fuerit completa)   8-9 ponderosior inferiori] اكبر والناحية السفلى اصغر (maior et pars inferior minor)   9 corpora + بل يبقوا بغير حركة (sed remanent immobiles)   10 inferiori + جسده (corporis eius)   11 inferior + كما قلنا آنفا (sicut diximus superius)   13 superior + وانّما سمّى الناحية العليا جزء الجثّة الذى بين موضع مخرج الفضلة وبين الرأس (et non dicitur pars superior nisi pars corporis quae est inter locum exitus superfluitatis et caput)   21 et] وجنس (et genus)   22 carnis: لحما

nia animalia sunt minoris intellectus quam homo, ²⁴et similiter pueri respectu seniorum, quoniam ²⁵quando pondus fuerit in parte superiori, diminuet intellectum. ²⁶Causa vero illius est quoniam ²⁷admiscetur multum cum principio animae, et efficitur ²⁸corporale parvi motus. Et etiam quando ²⁹calor fuerit in animalibus minor et pars terrestris maior, est necessarium ut sit corpus ³⁰illius animalis minus, et habebit multos pedes. Et quando complebitur hoc, erit sine pedibus ³¹et repet super terram. ³²Et erit membrum in quo est prima virtus versus terram, scilicet ³³caput, et non habebit sensum, ³⁴sed virtus eius est inferius, sicut in arboribus. Quoniam pars inferior ³⁵arborum est maior superiori et ¹extremitatibus ²ramorum.

687a

Iam ergo diximus causam propter quam habent quaedam animalia ³multos pedes, et quaedam duos, et quaedam carent omnino. Et declaravimus causam propter quam erit ⁵corpus hominis erectum et elevatum inter omnia animalia, et causam propter quam non indiguit ⁶pedibus anterioribus, sed ⁷dedit ei natura loco anteriorum pedum manus. Et propter hoc, scilicet ⁸quia homo habet

---

25 quando] cum *H*   26 quoniam] quando *H*   27 efficitur + multum *B*   28 parvi *H*¹: primi *H*²   29 fuerit] fiunt *A*   et ... maior *om. C*   est] erit *EW* : del. *D*²   necessarium + est *D*   30 animalis illius *DH*   erit *om. D*¹   31 repet] repetet *A*¹: crepet *W*   32 membrum erit *D*   est] erit *B*   34 inferius *D*¹: -ior *D*²   35 et *om. C*¹   1 extremitatibus + arborum *A*   2 ramorum] minorum *W*   ergo + quidem *EW*   3 pedes multos *B*   causam *om. E*   5 hominis corpus *B*   erectum] rectum *E*: + et *D*²   causam] quam *D*¹: *om. E*   indiguit (] -ent *E*) + homines *E*   7 naturam *A*   anteriorum *D*²: -ri *D*¹   manus] duas manus (*ante* loco *EW*) *EHW*: manus duas *D*²   8 quia] quod *E*

---

23 omnia + هذا (ista)   24 seniorum + لما موافقة القوة سائر كانت اذا سيّما ولا ذكرنا (et maxime quando fuerit alia virtus conveniens ei quod diximus)   25 fuerit] عظم (fuerit magnum)   diminuet intellectum] قلّ العقل (diminuetur intellectus) + كما   سلف فيما قلنا (sicut diximus superius)   28 parvi (= يسير)] عسر (gravis)   29 calor fuerit in animalibus] calor qui est in animalibus fuerit   31 et repet super terram] وتماسّ الارض وتدبّ عليها (G)   34 in arboribus] قوة الشجر (virtus arborum)   35 arborum] من ٭جنور الشجر (radicum arborum)   superiori] superiori parte   et + فى (in)   3 multos ... duos] duos pedes et quaedam multos pedes   carent] carent pedibus   quam + صار الشجر والحيوان والعلة التى من اجلها (erunt arbores vel animalia et causam propter quam)   5 omnia] سائر (alia)   causam propter quam *om.* Ξ   indiguit + الانسان (homo)   7 manus] عضدين ويدين (duo asseta et duas manus) ولم يقل انكساغورس ذلك فى قولا صوابا لانه قال et] (G) (et non dixit anaxagoras hoc recte quoniam dixit quod)

manus, est maioris intellectus et ingenii omnibus animalibus. ⁹Melius autem est dicere quod quia homo est pluris intellectus, ideo habet manus, ¹⁰quoniam manus non sunt nisi instrumentum. Natura autem ¹¹semper remanet secundum unam dispositionem. Quoniam ergo homo est pluris intellectus, habet instrumentum conveniens motibus et operationibus multis. ¹²Et recte dantur fistulae fistulatori, et fistulator est conveniens usui illarum. ¹³Quoniam natura ¹⁴addit minus maiori ¹⁵et nobilius et maius minori, et ita est melius. ¹⁶Et natura non facit nisi melius ex rebus possibilibus. ¹⁷Homo ergo non est intelligens quia habet manus, sed quia ¹⁸est intelligens habet manus, et quia quod est valde intelligens indiget ¹⁹multis instrumentis quibus utatur recte. Manus autem non est ²⁰unum instrumentum, sed multa, quoniam est sicut ²¹instrumentum recipiens instrumenta. Natura ergo dedit manum homini ut possit uti ipsa ²²diversis modis.

²³Illi vero qui fingunt quod corpus hominis non fuit ²⁴competenter dispositum, sed est peioris dispositionis omnibus aliis animalibus, ²⁵quoniam est nudus in corpore, neque habet ungulas in pedibus, neque habet arma ²⁶convenientia ad virtutem, errant.

---

9 melius *om.* $A^1$    autem *om. ABCD*$^1$    10 instrumentum] -ta *H*    11 homo *om. E*    pluris est *E*    intellectus + ideo *E*    12 fistulae + multe *H*    fistulatori] -um *E*    u-sui] usu *A*: visui $D^1$    14 addit] dedit *E*    et nobilius *om. A*    15 et maius minori *om.* $A^1$    15 et² ... melius *ante* 14 maiori $C^1$ (*em.* $C^2$)    16 nisi melius *post* possibilibus *DH*    17 ergo] vero *H*    18 est¹ *om. H*    quod *om. E*    19 utatur] utitur *E*: *post* recte *H*    20 instrumentum unum *H*    quoniam + non $D^1$ (*sed del.* $D^2$)    20 sicut *post* 21 instrumentum *H*: *om.* $C^1$    21 ut] et *A*    ipsa] ea $EW^2$: *om.* $BW^1$    24 dispositum competenter *DEH*    dispositionis + in $H^1$ (*sed del.* $H^2$)    animalibus aliis *H*    25 neque¹] non *B*

---

9 autem: بل    quod *om.* Ξ    intellectus + واحكم من جميع الحيوان (et ingenii omnibus animalibus)    10 non sunt nisi] sunt    instrumentum] آلة من الآلات (aliquod instrumentum)    11 remanet: يبقى    unam] suam    quoniam ergo] فلهذه العلل (propter hoc ergo)    intellectus + من جميع الحيوان (omnibus animalibus)    habet] et habet    12 illarum] تلك الآلة (illius instrumenti)    14 maiori + والمسوّد اكثر منه (et magis principali)    15 et¹ + يزيد * لا (non addit)    16 melius] الامثل الاجود (*syn.*)    17 intelligens + جدّاً (valde)    18 intelligens¹ + جدّاً (valde)    19 recte] بنوع الصواب والاستقامة    20 multa] multa instrumenta    21 recipiens (= قبلت)] قُبِل (*pro instrumentis*)    22 diversis modis (= انواع شتّى *L*)] فى اعمال شتّى ومهن مختلفة (in operationibus multis et operationibus diversis)    23-4 non ... dispositum] ليس بجيّد ولا محكم    24 est peioris dispositionis] هو اردا من تقويم ... واقلّ احكاما    omnibus aliis] سائر    25 nudus in corpore] عريان ليس له سترة (nudus carens coopertorio)    ungulas (= اظلاف)] غطاء (coopertorium)    arma] صنف من اصناف (aliquem modum *armorum convenientium*)

Quoniam alia animalia [27]non habent nisi unum modum vigoris, et non possunt habere alium modum neque possunt [28]illa mutare arma, sed necessario est sicut [29]dormiens et calcians sotulari, et facit suas operationes, [30]et non diminuit illum calorem etiam si [31]haberet aliam animam. Homo vero habet multos modos vigoris et iuvamenti, [1]et potest mutare illos modos in alios, et etiam habet arma [2]facta in quantitate et qualitate secundum quod vult. Manus ergo hominis est sicut [3]unguis et ungula et lancea et gladius [4]et alia instrumenta, [5]quoniam potest facere omnia ista.

[6]Et creatio manus [7]est conveniens omnibus operationibus. [8]Quoniam est extensa divisa in multas partes, [9]et potest uti una parte sola et duabus et multis, et secundum diversos modos. Et [10]mobilitas digitorum est conveniens ad accipiendum [11]et retinendum. Et pollex est curtus grossus propter operationes fortes, [21]et propter hoc vocatur digitus maior, quamvis sit minor. Et non adiuvatur homo per alios digitos sine pollice. [12]Et sicut dicimus quod si non esset manus non esset accipere, [13]ita dicimus quod si non esset pollex in una parte manus, non posset retinere. [14]Pollex autem re-

---

26 alia animalia] omnia alia *H*: *inv. AC*   28 necessario] -um *EW*   29 calcians *E*] caltiant *A*: calciantur $D^2$: calceat *C*: calceant $D^1$: calceatus (+ est *sed del.*) *B*: calceatum *H*: caltiantem *W*   sotulari] -ar *E*   facit $D^1$: faciunt vel facit $D^2$   30 et *om. AH*   non *om. B*   diminuit] -uunt *E*   31 haberet] habet *E*   homo vero habet] habet ergo homo *E*   modos *om.* $D^1$   1 et$^1$ + propter hoc $BD^2$   2 qualitate et quantitate *H*   et qualitate *om.* $A^1$   ergo $D^1$: vel vero $D^2$   sicut *om.* $H^1$   3 ungula et unguis *DH*   5 facere] in dispositione fatione *A*   ista omnia *D*   9 et$^4$ *om. H*   10 mobilitas *W*] nobilitas *cett.*   11 pollex + factus *B*   curtus] cunctus *A*   grossus] ergo sensus *W*   21 sit + digitus *E*   adiuvatur $D^2$: adunatur $D^1$   homo] habet *B*   12 dicimus] diximus *D*   12 manus ... 13 esset *om. B*   13 si *om. A*

---

26 ad virtutem] للقوة (ad vigorem)   27 non$^1$ ( ... ) nisi *om.* Ξ   27-8 habere ... arma] ان يغيّر ذلك النوع ويتّخذ مكانه غيره (mutare illum modum neque *possunt* facere alium loco illo)   29 et$^1$: و   calcians: اللابس   30 non ... etiam si: لا ولا لو   calorem: الدفاء *GL*   31 aliam *om.* Ξ   animam (= نفس)   سلاح (arma)   3 unguis et ungula] ظلف وظفر وقرن (ungula et unguis et cornu)   4 instrumenta + وصنف سلاح   ايّما كان فاليد تكون جميع هذه الاشياء (et *quicumque modus armorum. manus ergo erit omnia ista*)   5 facere] اخذ (accipere)   6 manus + التى وهب لها الطباع (quam dedit ei natura)   8 extensa (= ممتدّة)] مفترقة (distincta)   9 una ... sola: واحد   duabus] duabus partibus   multis] multis partibus   et$^5$] وايضا (et etiam)   10 mobilitas *W*] انثناء (flexibilitas)   11 retinendum] ضبط ومسك (syn.) + الاشياء (res)   21 maior] الكثيرة (magnus)   minor] صغيرة لحال قصرها (parvus propter brevitatem suam)   homo *om.* Ξ   digitos + بقدر قول القائل (fere)   12 accipere + البتة (omnino)   13 retinere + شيء (aliquid)   14 retinet + ما تمسك (*L*) (quod retinet)

tinet a parte inferiori ad superius, alii autem digiti retinent ab inferiori, et [15]hoc accidit ut retineant fortius. Pollex ergo est fortis, [16]et vigor eius est aequalis virtuti omnium digitorum. Et propter hoc est grossus et curtus, [17]et si esset longus, esset inutilis. Et recte fuit digitus parvus [18]curtus. Digitus vero medius fuit longus, sicut remus medius [19]navis, et quantumcumque tenet necessario retinet valde, id est quando alii digiti fuerint [20]in circuitu medii digiti.

[22]Et certe bene ingeniata est natura in creatione unguium. Et ungues [23]aliorum quorundam animalium non sunt nisi unci, [24]homo vero habet ungues ut cooperiant [25]extremitates. Flexio autem asseti est convenientior ad ferendum [26]cibum et alii modi usus. Et creatio eorum [27]est econtra creationi assetorum animalis ambulantis quadrupedis. [30]Animal vero habens multos digitos utitur [31]pedibus anterioribus non in ambulando tantum, sed utitur ipsis sicut utitur homo manibus, [1]et hoc manifestum est visui. Et pugnat cum eis, et eicit nocumentum a se. [2]Et animal habens soleas facit hoc cum

---

14 a *om. H*[1]    retinent + autem *A*    inferiori ad superius *D*[1]: vel a superiori ad inferius *D*[2]    15 accidit + ab inferiori *A*    retineant] retenient *C*    est fortis ergo *A*    fortis *D*[2]: -ius *D*[1]    16 vigor eius] vigore *E*    est[1] *om. W*    digitorum] vigorum *B*    18 vero *om. A*    remus *H*[2]: ramus *H*[1]    19 necessario *D*[2]: vere *D*[1]    retinet *B*[2]: tenet *B*[1]    quando] quoniam *A*    22 ingeniata] ingeminata *D*    est *om. C*    23 quorundam aliorum *BE*    non sunt nisi] sunt *E*    25 asseti *bis scr. A: om. E*    est *om. A*    convenientiorum *A*    26 et[1]] ut *A*    et[2]] ut *A*    27 assectorum *A*    ambulantis *om. AH*    30 habens] habet *A*    utitur] utetur *EW*    31 in *om. E*    utitur[1]] -untur *H*    ipsis] ipso *ABCD*[1]    1 et[3] *om. H*[1]

---

15 hoc accidit] ذلك ينبغي ان يعرض (debet accidere hoc)    ut ... fortius] لضبط اليد ما 16
تمسك ضبطا شديدا بابهام (ut retineat manus id quod retinet valde cum pollice)
et ... est[1]] لكي تكون (ut sit)    omnium] سائر (omnium aliorum)    grossus et curtus]
قصيرة غليظة (curtus grossus) + لحال القوة (propter vigorem)    17 fuit + في اليد (in
manu)    18 remus medius] مجذاف    19 id est *om.* Ξ    20 digiti + للاعمال اوفق وذلك
(et hoc erit convenientius operationibus etiam)    22 unguium + ايضا (etiam)
23 quorundam *om.* Ξ    25 asseti] العضدين (assetorum)    26 alii modi usus] لسائر
انواع الاستعمال (aliis modis usus)    eorum: *sc. assetorum*    27 quadrupedis +
وباضطرار ينثني ذلك الحيوان مقاديم يديه فاما الرجلان فموافقة للسير اعني سير الحيوان
الذي له اربعة ارجل (et necessario flectunt ista animalia manus anteriores. duo ergo
pedes sunt convenientes ambulationi scilicet ambulationi animalium quadrupedum)
1 manifestum est visui] بيّن ظاهر لنا لانّا نعاين هذا الصنف من الحيوان يستعمل مقاديم
رجليه (كما يستعمل الانسان يديه) (manifestum *(syn.)* est nobis quoniam vidimus quod
ille modus animalium utitur pedibus anterioribus [sicut utitur homo manibus *(del.
Kruk)*])    a se] عن نفسه    2 hoc + اعني يحامي عن نفسه ويدفع الاذى (*scilicet* \*defendet se et eicit nocumentum)

pedibus posterioribus, quoniam ³pedes anteriores eius non sunt convenientes ⁴manibus. Et propter hoc habet animal multorum digitorum quinque digitos ⁵in pedibus anterioribus et quattuor in pedibus posterioribus, ⁶sicut leo, lynx, canis, lupus. ⁸Et quaedam animalia multorum digitorum habent in pedibus posterioribus ⁹quinque digitos, quoniam quasi repit incedendo, et propter illam reptionem sustentantur ¹⁰super multos ungues, ut sit motus eius velocior et levior, et ut ¹¹eleventur latera eius a terra, et sic elevetur caput.

Et inter umeralia ¹²hominis, et pedes anteriores aliorum animalium, est ¹³pars quae dicitur pectus. Et pectus hominis est latum, et hoc ¹⁴fuit rectum, quoniam umeri sunt positi in lateribus. ¹⁵In quadrupedibus vero non potest esse hoc, scilicet latitudo pectoris, ¹⁶propter extensionem pedum anteriorum, ¹⁷et propter ambulationem. Et propter hoc fuit hoc membrum strictum. ¹⁸Et propter hoc non habet animal quadrupes duas mamillas ¹⁹in pectore. Mulieres autem habent in pectore duas mamillas, propter amplitudinem loci. ²¹Et quia ille locus est carnosus, fuerunt mamillae carnosae

---

3 eius *om.* $A^1$ non sunt convenientes *om.* A  6 lynx] linx BW  sicut ... lupus *om.* $A^1$: *mg.* $C^1$  8 animalia *om.* W  9 quasi] quod H  repit] repunt EW: reptio H: reptione B  incedendo] in cedendo CW: incendendo $D^1$  reptionem] repetionem D  10 super *om.* H  multos] -as E  eius] eorum BEHW  levior et velocior DH  11 elevetur] -atur B  eius] eorum $D^2E$  umeralia] humanalia $A^1$: humeralia $A^2$  13 $et^1$ *om.* B (*inc. alt. col.*)  $et^2$ + propter B  14 umeri *post* positi $C^1$(*em.* $C^2$)  lateribus + et H  15 in] et A  vero] vere A: autem E  16 extensionem] extentionem A  anteriorum pedum C  17 membrum hoc B  strictum] multum strictum B  18 habet ... quadrupes] potest animal quadrupes habere B  19 autem *om.* B  $in^2$ ... mamillas *om.* AC  21 et quia] eo quod H  carnosae + et E

---

3 convenientes + ولا للمرفقين (umeris neque)  5 quattuor] q. digitos  6 leo ... lupus] الاسد والذئاب والكلاب والفهود (leones et lupi et canes et lynces (*pro* *pantherae*)) + ولو كانت الاصبع الخامسة فى الرجلين التى فى المؤخر لكانت كبيرة مثل ما هى فى الرجلين التى فى المقدّم (et si esset digitus quintus in pedibus posterioribus esset magnus sicut ille qui est in pedibus anterioribus)  9 quasi *om.* Ξ  repit incedendo] يدبّ (repunt)  10 motus eius] دبيبه وحركته (reptio et motus eius)  11 latera eius (= جنبه)] جنّته (elevetur corpus eius)  et sic] و  12 et] وبين (et inter)  13 pars + الجسد (corporis)  14 lateribus + وليس يمنعان الصدر من ان يكون عريضا وعلى هذه الخلقة التى هو عليها (et non prohibent ut pectus sit latum et secundum illam creationem secundum quam est)  17 ambulationem] الانتقال والسير من مكان الى مكان  propter hoc: لذلك  strictum + الخلقة (in creatione)  19 loci + ما يلى القلب  ولان يستر (et quia *debet* cooperiri illud quod vicinatur cordi)

divisae. Et sunt [22]in maribus propter causam quam diximus, scilicet ambulationem, [23]in mulieribus autem natura utitur mamillis in alia operatione, [24]et est operatio quam diximus saepe, scilicet cibus [25]fetus. Et mamillae sunt duae, quia [26]latera corporis sunt duo, et sunt [27]distincta divisa quaelibet per se, et maxime in locis in quibus [28]concurrunt costis.

[29]Et non erat possibile ut haberent alia animalia mamillas [30]in pectore inter pedes anteriores, propter gravitatem et quia mamillae [31]prohiberent tunc motum. [32]Animalia vero paucorum filiorum habent soleas, et si [33]habeant ista cornua, habent mamillas prope coxas, et non habent nisi [34]duas mamillas tantum. Animal vero multorum filiorum et multae fissurae in pedibus habet multas mamillas, [35]sicut canis et porcus, et quaedam habent duas [1]tantum in medio ventris, sicut leaena. Et causa illius est non quia iste modus [2]est paucorum filiorum, sed quia [3]est modici lactis. Quoniam cibus [4]transit in corpus, quoniam non comedit nisi raro, et comedit carnem.

[5]Elephas vero femina habet duas mamillas tantum, in subascellaribus. [6]Et causa propter quam non habet nisi duas mamillas

---

sunt $D^2$: cum $D^1$   22 scilicet ambulationem *om.* E   23 alia] ampla E   26 et sunt *bis scr.* B   sunt$^2$ $A^2$: est $A^1$   27 distincta divisa] discreta E   28 concurrunt $B^2$: concutiunt $B^1$   29 possibile] ratio EW: vel ratio $D^2$   haberent *post* animalia EW   30 et *om.* $D^1$   quia] quoniam D   31 tunc] hunc E   33 ista *del.* $D^2$   34 habet $D^2$: -ent $D^1$   35 canis] -es D   1 ventris + tantum H   modus iste B   2 est] sit EW quia] quod E   4 raro $D^2$: caro $D^1$   5 elephas] -antis E   in *om.* E   subascellaribus $BD^2$] subacellaribus *cett.*   5 in ... 6 tantum *om.* $D^1$   6 et ... 7 fetum *om.* $A^1$   non habet nisi] habet E   habet *om.* W

---

22 ambulationem (= السير)] السترة (coopertorium)   24 cibus] الغناء الذى يغذى   26 duo + اعنى الجانب الايمن والجانب الايسر (scilicet latus dextrum et latus sinistrum)   27 et maxime (= ولا سيّما) ... quibus] وبينهما الموضع الذى فيه (et inter eas est locus in quo)   28 concurrunt] تلتقى وتلتئم (*syn.*)   30 mamillae + باضطرار (necessario)   31 tunc *om.* E   motum] للمسير والحركة (*syn.*)   32 habent] فله G   32-3 si habeant ista] ما كان من الحيوان الذى له (animalia quae habent)   34 et + الحيوان (animal)   pedibus] اليدين والرجلين (manibus et pedibus)   habet] منه ما له (quaedam habent)   mamillas$^2$ فيما بين ناحيتى البطن (inter duas partes ventris)   35 canis et porcus] فانه ربّما ولد اثنين ولا يلد + الخنزير والكلب (*inv.*)   duas] duas mamillas   2 filiorum + اكثر (quoniam forte generat duos et non generat plures)   3 est modici] ليس كثير (non est multi)   cibus] الغناء الذى يأخذ من طعمه   4 transit] يبيد ويفنى (*syn.*)   corpus] سائر الجسد (residuum corporis)   quoniam] و (et)   5 subascellaribus + لانه موضع اوائل الثديين (quoniam est locus primarum mamillarum)

tantum est quia ⁷non parit nisi unicum fetum. Et causa propter quam non sunt mamillae prope coxas est quia est fissi pedis, ⁸et non potest esse animal fissi pedis habens mamillas prope coxas. Et causa propter quam sunt ⁹in parte subascellari est quia est primus locus mamillarum. Et quaedam animalia ¹⁰habent multas mamillas et multum lac, sicut ¹¹porca. Et habet proprium, scilicet quod primam mamillam dat primo ¹²filio. ¹⁴Et primae mamillae sunt prope subascellaria, et propter hoc habet ¹⁵elephas femina duas mamillas tantum, et in illo ¹⁶loco quem diximus. Et mamillae animalis multorum filiorum sunt in ventre, quoniam animal quod habet multos filios indiget ¹⁷multis mamillis. Et quia non possunt esse ¹⁸in latitudine plus duabus mamillis, quoniam duo sunt latera, ¹⁹scilicet dextrum et sinistrum, fuit situs mamillarum in longitudine ventris, ²⁰scilicet inter pedes posteriores et anteriores.

²¹Animal vero carens multis fissuris in pedibus et manibus habens paucos filios ²²habet distinctiones in mamillis apud subascellaria, ²³ut camela et asina et equa, quoniam ista animalia non pa-

---

tantum *ante* duas *EW* quia] quoniam *EW* 7 unicum *ante* 6 quia *D¹* (*sed del. D²*) mamillae + in *AC*: + etiam *B* fissi] fixi *A*: *post* pedis *H* 8 et¹ ... pedis *om. B* fissi] fixi *A* habens] habere *W* prope *B²*: preter *B¹* 9 subascellari *B*] sub(*del.* b)bacellari *A*: subacellari *CDHW*: subascellarii *E* est¹ *om. ACD¹* primus] proprius *EHW*: vel prius *D²* 11 porca] porci *CE¹* (*sed* De porca *mg. E²*): porce *W* habet *D¹*: habent *D²* dat] dant *D²*: *om. W* 14 prope] proprie *B* subascellaria *scripsi*] subacellaria *codd.* habet *D¹*: dicitur *D²* 16 quem] que *C*: quoniam *W* ventre + animalis *H¹* (*sed del. H²*) quoniam + omne *D²* quod] que *C* 17 et ... 18 mamillis *om. D¹* (possunt] potest *D²*) 18 mamillis + et *A¹* 20 anteriores et posteriores *E* 21 in *B²*: et *B¹* et¹ + in *H* manibus + est *A²*: + et *BCDH* 22 subascellaria *B*] subacellaria *cett.* 23 equa] aqua *A*

---

7 unicum fetum] فقط واحدا (unum tantum) mamillae] mamillae suae 9 in parte subascellari] فى ناحية الابطين (in parte subascellarium) 10 et multum lac] وجراؤه (→ Bad.) ترضع لبنا كثيرا (et filii eorum sugunt multum lac) 10-1 sicut porca] والدليل على ذلك العرض الذى يعرض فى porcis) 11-2 primam ... filio] primas mamillas dat primis filiis + فباضطرار تمكّن من اوائل ثدييها اوّل ما يضع من جرائها (necessario ergo dat primas mamillas primo filio quem peperit) 14 et¹] فاما *G* (→ Kruk) prope subascellaria] تحت الابطين 15 et *om.* Ξ 16 in] فيما يلى (in eo quod vicinatur *ventri*) 17 mamillis + لحال الرضاع (propter lactationem) 18 mamillis + فقط (tantum) 19 dextrum et sinistrum] الايسر والايمن (*inv.*) 20 scilicet + فى المكان الذى (in loco qui est) 21 pedibus et manibus] اليدين والرجلين (*inv.*) 22 habet distinctiones] وله قرون (et habens cornua) in mamillis (= فى ثديه *G*)] وثدياه *L²* (et habet mamillas) subascellaria: الابطى 23 camela et asina et equa] الفرس الانثى والاتان والجمل (equa et asina et camela)

riunt nisi unum. ²⁴Et similis est dispositio animalis habentis sotulares, et etiam cerva et vacca ²⁵et capra et similia. Et causa illius est quoniam ²⁶corporis crementum est in parte superiori, et propter hoc indigent cibo pluri. ²⁸Pars vero inferior est econtra. Et propter hoc posuit ²⁹natura mamillas in illa parte et ubi est motus cibi, ³⁰et inde erit receptio facilior. ³¹Mares autem et feminae hominum habent mamillas, et mares ³²quorundam non habent. Equi vero, ³³quando assimilantur matribus habent mamillas, et quando patribus non habent.

Iam ergo diximus dispositionem mamillarum. ³⁴Medium pectoris autem ³⁵est continuum cum extremis laterum, propter causam quam diximus superius, ¹et ut non prohibeatur introductio cibi. ³Et apud complementum membri quod dicitur pectus sunt ⁴membra convenientia exitui superfluitatis ⁵siccae et humidae. Natura autem utitur ⁶eodem membro in exitu superfluitatis humidae ⁷et spermatis in maribus et feminis, praeterquam ⁸in paucis modis animalium habentium sanguinem. ⁹Et causa illius est quia sperma est humiditas et superfluum. ¹⁰Et nos dimittemus sermonem in hoc, et dice-

689a

---

24 habentis] -ibus A   25 est illius H   quoniam] quod EW   26 corporis] corpus H: post crementum E   est om. A.   superiori bis scr. $E^1$ (em. $E^2$)   pluri cibo B   29 parte illa EW   et $D^2$: ut $D^1$   30 erit + ibi E   31 hominum] non C   mamillas + in pectore EHW   33 matribus $D^2$: mensibus $D^1$   et quando] quando vero EW   dispositionem] -es B   34 medium pectoris] in medium pectoris AC: in medium pectoris pectus W: in medium. In pectoris pectus H: in medio pectoris $D^1$: in medio pectoris.pectus B: et medium pectoris $D^2$   autem ante pectoris E: del. $D^2$   34 cum om. E   1 ut post non H: om. A   5 humidae et siccae DH   6 in + medio H   exitu] -o A   7 in maribus om. B   praeterquam] quam A   9 quia] quod EW   10 sermonem dimittemus B   et dicemus] ut dicamus EW

---

25 et similia] وجميع الاجناس التى تشبه هذه (et omnia huiusmodi)   26 cibo pluri] فاما المكان الذى يلى الناحية فضلة غذاء (superfluitate cibi)   28 pars vero inferior] السفلى (locus vero qui vicinatur parti inferiori)   econtra] على خلاف ما ذكرنا   30 et om. Ξ   facilior] امكن وايسر (magis possibilis et facilior)   31 mamillas] duas mamillas   32 quorundam + الحيوان (animalium)   habent] habent duas mamillas   equi] ذكورة الخيل   vero + لبعضها (quidam eorum)   33 et + لبعضها (quidam eorum)   quando] quando assimilantur   habent²] habent mamillas   35 est continuum cum] ملتئم بـ معلق (syn.)   1 introductio (= مونّا $L^2$?)] تورّم (tumor)   cibi] غذاء الطعام   7 et spermatis] ولحال النكاح والسفاد (et propter coitum (syn.))   in maribus et feminis] وذلك بنوع واحد فى الاناث والذكورة (et hoc est secundum unum modum in feminis et maribus)   8 sanguinem + ولجميع سائر اصناف الحيوان (et in omniibus aliis modis animalium)   10 nos + حيننا هذا (modo)

mus ipsum postremo. ¹¹Secundum ergo unum modum erit exitus spermatis in feminis ¹²et menstrui. Et nos etiam distinguemus hoc. ¹⁵Et sperma etiam est superfluitas, et propter hoc etiam erit exitus eius ¹⁶ab eodem loco. Et cognoscere hoc vere, ¹⁷et quae est dispositio illius, et quid diversatur, et quid accidat spermati et impraegnationi, ¹⁸erit ex ¹⁹sermonibus positis in generatione.

²⁰Et manifestum est quod figurae istorum membrorum sunt convenientes ²¹operationibus eorum. Et membrum ²²marium conveniens coitui habet multas differentias, quoniam ²³quaelibet virga virilis non est naturaliter nervosa. Et hoc membrum inter omnia alia membra ²⁴crescit et diminuitur sine laesione sibi. ²⁵Augmentum vero eius est conveniens coitui, diminutio est conveniens ²⁶aliis rebus. Et si non esset ²⁷eius diminutio, prohiberet multas operationes. Et substantia eius est talis ²⁸quod possint ei convenire istae duae res, scilicet augmentum et diminutio, ²⁹et propter hoc est creatio eius ex nervo et cartilagine, et propter hoc ³⁰extenditur ex vento adveniente illi. ³¹Et quaedam feminae quadrupedum

---

ipsum + in $D^2$   11 unum] hunc $C$   spermatis $D^1$: vel superfluitatis $D^2$   12 et² om. $AE$   etiam om. $E$   15 et¹] quod $B$   etiam¹ del. $D^2$: om. $E$   est om. $A^1$   etiam² del. $D^2$   16 et om. $A$   17 quid²] quod $H$   accidat] -it $E$   20 et om. $H$   21 eorum om. $A^1$   membrum $A^2$: -orum $A^1$   22 marium om. $E$   23 alia (] animalia $A$: aliqua $H$) post membra $ABC$: ante omnia $D$   24 sibi] subiecti $AC$   25 est¹ om. $A$   coitui] -u $AH$   diminutio + eius $E$: + vero eius $D^2$   27 talis + dispositionis $B$: + est $H$   28 possint] -unt $DHW$   scilicet om. $H$

---

12 et¹] et exitus   nos ... distinguemus: سنميّز $G$   hoc + فانا فى آخرة فاما حيننا هذا فانا (postremo. modo vero sufficit nobis dicere quod menstruum quod accidit mulieribus est superfluitas) نكتفى بقولنا ان الطمث الذى يعرض للنساء فضلة من الفضول   15 etiam² om. Ξ   exitus eius] مسيلهما وخروجهما (exitus (syn.) eorum)   16 vere: يقينا   17 illius] illorum   quid diversatur] بماذا يختلفان (in quo diversantur ista duo)   18-9 ex ... generatione] من الاقاويل التى وضعنا فى صفة الحيوان ومن شق اجساد الحيوان وسنذكر ذلك ايضا فى آخرة فى الاقاويل التى نضع فى الولاد (ex sermonibus nostris de animalibus et ex anatomia et etiam dicemus hoc post in sermonibus quos ponemus in generatione)   21 eorum + باضطرار (necessario)   22 coitui] للجماع والسفاد (syn.)   23 quaelibet ... non] non quaelibet   virga virilis] عضو ذكر   omnia alia: سائر   24 crescit et diminuitur] يتغيّر ويزداد وينتقص (alteratur scilicet crescit et diminuitur)   sine laesione sibi] له يعرض مرض بغير (sine infirmitate accidenti sibi)   26 aliis] كثيرة (multis)   27 substantia eius] تقويم طباعه   28 convenire] تعرض (accidere)   30 extenditur + وينقبض (et constringitur)   illi + فهو قبول لهذين الامرين (et est receptibile istarum duarum rerum)   31 quaedam] ما كان من (omnes)   feminae + الحيوان (animalium)

mingunt retro, ³²quoniam illa figura est conveniens suo coitui. ³³Ex maribus vero animalium quadrupedum ³⁴quae mingunt retro est elephas, leo et camelus, et animal pilosum. Et non potest esse animal habens soleas mingens retro.

¹Quod vero est in posteriori corporis prope coxas et crura est in homine ²quoad eius creationem econtra creationi aliorum animalium quadrupedum. Et omnia illa animalia ³habent caudam, non illa solummodo quae generant animalia, sed ovantia etiam, ⁴sive magnam ⁵sive parvam. Et quaedam caudae habent pilos. Homo vero ⁶non habet caudam, neque ullum animal quadrupes habet ancas. ⁷Quoniam coxae et crura hominis sunt multum carnosa, ⁸et in aliis animalibus privantur a carne. ⁹Et animalia generantia animalia habent coxas et crura, et creatio eorum est ex ossibus et nervis. ¹⁰Et causa omnium istorum est fere una, ¹¹scilicet quia homo solummodo est recti corporis inter alia animalia. ¹²Ut ergo sit declinatio corporis et via ad partem inferiorem propter levitatem abstulit natura ¹³ex illa parte carnem, et addidit ipsam super inferiorem partem. ¹⁴Et propter hoc sunt ancae multum carnosae, et prope coxas ¹⁵et domesticum cruris, et natura laboravit in hoc propter pondus corporis et ut sit corpus rectum. Coxae vero et

---

32 suo coitui] ex suo coitu *A*: coitu suo *H*: *inv. D*   33 ex maribus vero] et de maribus *W*   quadrupedum *mg. B¹*   34 elephas + et *E*   1 posteriori *H²*: -ibus *H¹*   est²] et *A*   2 creationi *om. E*   illa] alia *D*   3 etiam] autem *D¹*: *om. H¹*   4 magnam] magna *E*: vel magna *D²*   5 sive *om. D*   parvam] parva *E*: vel parva *D²*   caudae + non *E*   6 habet + quidam *A*   ullum *D²*: nullum *D¹*   quadrupes] non *E*   7 coxae] -a *C*   hominis] -um *H*   carnosa] -e *E*   9 eorum *om. A*   10 istorum omnium *E*   fere est *DH*   11 scilicet *om. H*   quia] quod *A*   est *ante* solummodo *E*: *om. C*   recti *AD*] erecti *cett.*   inter + omnia *BH*   alia] autem *H*: *om. B*   12 via] una *A*   13 ipsam] -um *A*   14 sunt *om. A*   15 et³ *om. A¹E*

---

32 coitui + مثل هذه الحال (creatio ergo compositionis earum est secundum talem dispositionem)   34 quae ... pilosum] فالفيل يبول الى خلف مثل الاسد والجمل والحيوان الازب الرجلين (elephas mingit retro sicut leo et camelus et animal pilosi pedis)   1 prope] وما يلى (et quod est prope)   3 illa] للحيوان (animalia)   4-5 sive magnam sive parvam] وإن لم يكن لهذا العضو طول من الحيوان فله على كلّ حال صغر (G) (et si non habuerit illud membrum animalium longitudinem habebit omnino parvitatem)   5 pilos + كثير وليس لبعض (multos et quaedam non)   6 ancas: وركان   8 animalibus + فخذاه وساقاه (coxae et crura)   9 nervis + والشوك (et spinis)   12 ad partem inferiorem] الى الناحية العليا (ad partem superiorem)   14 sunt ancae] صيّر الوركين (posuit (sc. natura) ancas etc.)   15 domesticum cruris] بطون الساقين   pondus¹] حمل الثقل   et² + بحقّ (recte)

crura animalium quadrupedum sunt ex nervo et osse, ad portandum pondus. Quattuor ergo pedes sunt sicut quattuor sustentamenta, [16]et propter hoc nascitur animal quadrupes stans [17]sine labore. [19]Homo vero non potest esse [20]erectus longo tempore, sed indiget corpus eius [21]quiete. Coxa ergo et crura domestica et crura hominis [22]sunt multum carnosa, propter causam quam diximus. Et propter hoc non habet caudam, [23]quoniam cibus transit in carnem coxarum et crurium. [24]Quia ergo habet ancas, caruit cauda qua indigebat necessario. [25]Animal ergo quadrupes et alia genera sunt econtrario, [26]quoniam multitudo carnis et pondus est in parte superiori, [27]et propter hoc non habent ancas, et crura valde grossa [28]et dura.

Et ut [29]sit membrum ex quo exit superfluitas custoditum, posuit natura [30]caudam super illud membrum. [31]Cibus ergo qui transibat in coxas transit in cauda. Simia vero, [32]quia forma eius est communis inter formam hominis [33]et quadrupedis, non habet ancas. [34]Et in [1]caudis sunt multae differentiae. Et natura utitur ipsis [2]non ad custodiendum [3]anum solummodo, sed ad iuvamentum.

---

osse + et *H*    pedes sunt *H*    20 erectus] rectus *H*    21 coxa] coxe *BD²EW*    ergo] vero *D²*: + eius *H*    24 quia] quod *C*    habet] -ent *H*: habuerit *D*    caruit] caret *EW*: -ent *H*    qua + non *D²*    indigebat] -bant *H²*: -batur *H¹*    25 ergo] vero *E*    et + omnia *BD²*    alia] talia *E*: + omnia *W*    27 habent] -et *H*    28-9 ut sit] sic *E*    31 transibat] -bit *E*    simia] summa *ACD¹*    32 forma quia] *H*    formam] feminam *H*    33 quadrupedis] -um *H*    habet *D²*: -ent *D¹*    1 ipsis utitur *H*    4 etiam *post* est *D*: *om.* *E*

---

ad portandum pondus] لحال كثرة الثقل والحمل (propter magnitudinem ponderis et ad portandum *ipsum*)    sustentamenta + تسند الثقل (quae sustentant pondus)    16 nascitur (= ينبت)] يثبت (remanet)    17 sine labore] بلا تعب وبغير عناء (*syn.*)    21 crura domestica et crura] بطون ساقى    23 carnem] كثرة لحم (multitudinem carnis) crurium] بطون الساقين (domesticorum crurium)    24 caruit cauda] اعدمته الطبيعة حاجة الذنب (natura privavit eum ab indigentia caudae)    26 superiori + وليس فى الناحية السفلى منه شىء الا القليل واليسير (et in parte inferiori eorum non est aliquid nisi paucum)    27 habent + هذا الحيوان (ista animalia)    ancas + وفخذاه (et sunt coxa eorum)    27-8 grossa et *om.* E    29 sit ... custoditum] فى حفظ    يكون ... (et) فما نقص من الفخذين والساقين صيّره فى الذنب اعنى الغذاء (*syn.*) وسترة    31 cibus ergo] (ergo quod diminuit a coxis et cruribus posuit in cauda scilicet cibus)    32 est communis inter formam] مشتركة اعنى ان فيها شركة من صورة    33 habet + ذنب ولان له رجلين اثنين فقط (اذا قام قائما) ليس له ذنب ولان (caudam neque)    ancas + ولا له اربعة ارجل ليس له وركان L] (et quia habet duos pedes tantum [quando fuerit elevata non habet caudam et quia est quadrupes non habet ancas)    1 in caudis] فى الاعضاء التى تسمّى اذناب (in membris quae dicuntur caudae)    2 ad custodiendum] لحفظ وسترة (*syn.*)    3 iuvamentum + ايضا (etiam)

⁴Et in pedibus quadrupedum etiam est diversitas. ⁵Quoniam quaedam habent soleas tantum, et quaedam habent sotulares, et quaedam sunt ⁶fissi pedis. Soleae autem sunt in animalibus habentibus magnum corpus. ⁷Et pars terrestris quae est in eis transit in ⁸soleas loco cornuum et dentium. Soleae autem non sunt nisi ⁹loco multorum unguium. Est ergo sicut unus unguis.

Et propter hoc ¹⁰non est cahab in pedibus istorum animalium in maiori parte. Et propter hoc fuit ¹¹motus flexionis pedum posteriorum difficilis, quoniam ¹²non habent cahab. Et omne habens ¹³unum angulum aperitur et clauditur citius habente plures angulos. Cahab autem est sicut ¹⁴membrum extraneum inter duo membra, et inducit pondus, ¹⁵sed fixio pedum magis salvatur et firmatur per ipsum. Et propter hoc ¹⁶non sunt cahab in pedibus anterioribus ¹⁸levis flexionis, quoniam non debent esse ita, pedes vero ¹⁹posteriores debent esse fortiores et magis firmi, ²⁰et torquent per illos pedes. ²¹Animalia vero habentia duos sotulares habent in pedibus cahab, ²²et propter hoc sunt pedes levioris motus ²³et non habent soleas. ²⁴Habens vero multos digitos non habet cahab, ²⁵et si haberet cahab, non esset multorum digitorum. ²⁶Digiti ergo

---

5 soleas ... sotulares] soleatulares $A^1$: sotulares $A^2$   sotulares habent $H$   sunt om. $A$   6 pedis] -um $H$   7 pars + est $A$   9 multorum] multarum $H$: + dentium et $E$   unguium + et dentium $B$   ergo] autem $H$   10 cahab] chaab $C$: rahab $E$   12 habent $D^1$: -et $D^2$   cahab] rahab $E$   13 unum angulum] unam (bis scr. sed em. $H$) ungulam $EHW$   angulum] ungu (+ lac. 4 litt.) $B$   aperitur + in alio $W$   angulos] ungulas $BD^2$(+ vel unam ungulam $D^2$)$EHW$   cahab] rahab $E$   15 fixio] flexio $C$   pedum] -is $EW$   firmatur] infirmatur $A$   hoc om. $H^1$   16 cahab] rahab $E$   anterioribus om. $E$   18 flexionis] fixxionis $A$: fixionis $BCD^1H$: vel flexionis $D^2$   non om. $H$   debent] -et $E$: -etur $B$   vero om. $H$   19 firmi $D^2EW$] firme cett.   20 et] ut $H$   21 habentia post sotulares $H$   cahab] rahab $E$   22 hoc om. $C$   levioris] -es $A$   24 habens vero] animal vero habens $B$: + animal $D^2$   habet] -ent $AH$   cahab] rahab $E$   25 si om. $D^1$   haberet] -ent $A$   cahab] chahab $A$: rahab $E$

---

6 fissi pedis: مشقوق بشقوق الرجلين (G)   8 soleas] طباع الحوافر (naturam solearum)   12 non habent: ليس فيها   15 magis salvatur et firmatur] اوثق واسلم (inv.)   16 anterioribus + بل تكون فى الرجلين اللتين فى المؤخر (sed sunt in pedibus posterioribus)   18 levis ... ita] لانه ( لا ) ينبغى ان تكون الرجلان اللتان فى المقدّم سريعتى الانثناء (quoniam (+ non G, del. L) debent pedes anteriores esse levis flexionis)   19 firmi + لتدفع الامر المؤذى للحيوان (ut eiciant rem nocentem animali)   20 et] ولذلك (et propter hoc)   torquent + الحيوان (animalia)   24 cahab + فى رجليه (in pedibus)   25 digitorum + بل *انشقّ العرض بقدر ما كان يمسك الكعب ولو كان هناك كعب لم تكن اصابع كثيرة (sed finditur latitudo secundum quod retinebat cahab et si esset ibi cahab non esset multorum digitorum)

dominantur super locum cahab, et propter hoc sunt [27]sotulares in pluribus pedibus animalium habentium cahab.

Et recte habet homo magnos pedes valde [28]respectu corporis, [29]et propter hoc debent pedes qui ferunt [30]pondus corporis habere longitudinem et latitudinem, et digitos. [31]Et magnitudo digitorum pedum est econtra magnitudini digitorum [32]manuum. Quoniam operatio manuum est accipere [33]et retinere, et propter hoc sunt digiti manuum longiores. Et si non esset longitudo et flexibilitas eorum, [1]non possent bene retinere et accipere. Operatio vero pedum est ad figendum et portandum pondus, [2]et propter hoc sunt fortis creationis. [3]Fissura autem finis pedum est melior, [4]quoniam si non esset fissura digitorum, multotiens accideret occasio toti membro quando accideret alicui parti eius. [5]Secundum autem istam creationem non accidet ita. [8]Et propter hoc fuerunt ungues in extremo digitorum [9]manuum et pedum, ad custodiendum. [11]Iam ergo narravimus dispositionem animalium habentium sanguinem et [13]animalium ovantium.

---

26 ergo $D^1$: vero $D^2$    dominantur] diversantur $B$    cahab] rahab $E$    sunt *om.* $B$  27 cahab] chahab $A$: rahab $E$    habet *post* homo $H^2$: *om.* $H^1$    magnos] duos magnos $H$: *post* pedes $W$: *post* valde $E$    valde *om.* $W$    28 respectu + sui $B$    corporis + sui $HW$    29 qui] que $AC$    ferunt] fuerint $A$: fuerunt $BC$    31 est *post* econtra $D^2$: *om.* $ACD^1EH$    econtra] contra $W$: equa $B$    32 operatio + digitorum $E$  33 et$^2$ *om.* $A$    sunt *post* manuum $E$: *om.* $W^1$    1 et$^2$ + a (*sed del.*) $H$    2 et *om.* $H$  sunt] fuit $B$    3 autem] aut $A$    finis] situs $B$    pedum *om.* $H^1$    melior $D^1$: vel minor $D^2$    4 quando *scripsi*: quoniam *codd.*: vel quando $W^2$    alicui] alii $B$: alia $C$  5 accidet] -it $HW$: + ei $D^2E$    8 fuerunt] fuit $B$: fiunt $D^1EW$    ungues] -is $B$    digitorum + et $H$    9 et pedum *om.* $W^1$    13 ovantium animalium $H$

---

26 dominantur super: تستولى على (G)    cahab] الذى كان للكعب (quem habebat cahab)    28 respectu corporis] بقدر قياس عظمة الى عظم سائر الحيوان    32 manuum$^1$ + وذلك بحقّ (et hoc est rectum)    1 non possent] لم تكن اليد (non posset manus)    retinere et accipere] تأخذ... وتضبط (*inv.*)    est] هو اجود (est melius)    2 sunt + الرجلان (pedes)    3 melior] انفع وامثل (*syn.*)    4 esset fissura digitorum] essent digiti fissi    multotiens accideret occasio] لكانت الضرورة تسرع (occasio esset velocior)    membro + اعنى الرجل (scilicet pedi)    quando: اذا    accideret$^2$] اصابت    5 ita] الضرورة ومن اجل هذه العلة صارت اصابع رجلى الانسان قصيرة لانّ قصرها ممّا يدفع عنها كثيرا من الاذى (occasio. et propter hoc fuerunt digiti pedum hominis breves quoniam brevitas eorum eicit multa nocumenta)    9 ad custodiendum] لانها تحتاج الى حفظ وسترة ولا سيّما لحال ضعفها (quoniam indigent custodia et coopertorio et maxime propter debilitatem eorum)    11 et] et dispositionem    13 ovantium] المشاء الذى يبيض بيضا وحال الحيوان الذى يلد حيوانا (ambulantium (*om.* G) ovantium et dispositionem animalium generantium animal)

[11] Et quaedam animalia habent quattuor pedes, et quaedam carent pedibus, sicut serpentes. ¹⁴Et iam diximus causam quare ¹⁵serpentes carent pedibus in sermonibus quos diximus in motu serpentum. ¹⁶Alia vero animalia habent formam sicut formam ¹⁷animalis quadrupedis ovantis. Et hoc animal habet ¹⁸caput, et membra quae sunt in eo sunt propter easdem causas. ¹⁹Alia vero animalia habentia sanguinem habent linguam in ore, ²⁰praeter tenchea, quoniam opinatur quod istud non habet linguam, ²¹sed habet locum linguae. Et causa illius est ²²quod quia dicitur animal agreste ²³habet locum linguae, et quia aquosum caret lingua. ²⁴Pisces vero, in eis non apparet lingua ²⁵nisi multa inspectione, quoniam sunt valde gulosi, et lingua eorum non est divisa neque prominens, ²⁶quoniam non indigent lingua ²⁷ad gustandum et ad masticandum. ²⁹Illud ergo membrum quod est in loco linguae ³⁰sentit humiditates. Sapor vero sensus cibi erit apud descensum cibi ad interius. ³¹Quoniam iste modus et sibi simile apud transglutionem sentiunt res calidas pingues. ³²Animalia ergo generantia

---

et² ... pedibus *om.* $D^1$   15 diximus + vel de $H$   in²] de $EW$   motu] -um $C$   16 vero *om.* $E$   sicut formam *om.* $AB$   17 animalis $D^2$: *om. cett.*   18 sunt² + sicut $W$   easdem $B^2$: eandem $B^1$   19 alia vero animalia $H$] animalia vero $ADEW$: alia vero $BC$   20 tenchea] thenchea $W$: tencheah $D^2$: tencheam $D^1$: tentcha $A$: tenchan $B$   istud + animal $BD^2EW$   21 habet + aliquid $BD^2$   locum] loco $B$: vel loco $D^2$   21 et ... 23 linguae *om.* $B$   22 quod quia *scripsi*] quia $ACD^1$(*sed del.* $D^2$): quia quod $B$: quod $EHW$   23 locum] latum $ACD^1$   quia + animal $BD^2$   24 pisces ... lingua *om.* $B$   25 nisi + cum $BD^2$   eorum] eius $ABCD^1$   est + valde $W^2$   neque + valde $D^2$   26 indigent $D$] -et *cett.*   27 et $W^2$: neque $W^1$   masticandum] -gandum $H$   29 illud] istud $E$   loco + eis $H^1$: eis loco $H^2$   30 humiditatis] humiditates $D^2$: humitates $H$: humiditas $D^1$   sensus $D^1$: sui $D^2$   erit] esset $B$   cibi²] sibi $D$   interius] anterius $H$   31 et] est $H$   transglutionem] transglutationem $D^1H$: strangulationem $E$   32 ergo] vero $D$

---

serpentes] جنس الحيّات (genus serpentum)   15 diximus] وصفنا $L^1$ *Bad.* (وضعنا $L^2$ *Kruk*)   in motu serpentum (الحيّات $G$)] فى مسير الحيوان (in motu animalium) + وفصّلنا ذلك كلّه (et distinximus omnia ista)   16 alia vero animalia (= الحيوان $G$)] فاما سائر الحيّات $G$ (residuum vero serpentum *habet*)   19 alia vero animalia: فاما لسائر الحيوان   21 habet] non habet nisi   linguae + فقط (tantum)   22 quod quia: حيوان   dicitur: يقال $L$   23 quia] quia est   aquosum] من قبل انه ... فلذلك   مائى (est animal aquosum)   lingua + كما قلنا فيما سلف (sicut diximus superius)   25 nisi multa inspectione] ان لم يمل الانسان رأسه جدًّا (nisi declinet homo caput suum valde)   29 in loco] مثل (sicut *lingua*)   30 cibi¹] الاشياء المأكولة   cibi²] الطعام   31 modus + الحيوان (animalium)   et sibi simile: *والتى تشبه هذه الاصناف (et huiusmodi (*post* pingues)) Ξ   calidas pingues] الدسمة الحارّة (*inv.*)

691a animalia habent ³³istum sensum, et sentiunt fere omnes modos cibi ¹apud transglutionem, scilicet quod sentiunt saporem cibi apud apertionem oesophagi. ²Et propter hoc sunt valde gulosi et multi appetitus, et quidam non possunt abstinere a cibo ex quo sentiunt eius saporem. ⁴Pisces autem et simile sibi sentiunt ⁵modo quo diximus. Et ex animalibus quadrupedibus et ovantibus ⁶est lacertulus, et lingua eius habet duos ramos in extremo, sicut serpentes, ⁷et extrema illorum ramorum sunt gracilia sicut pili. ⁸Koki habet linguam fissam divisam in duos ramos, et propter hoc ⁹erunt omnes isti modi animalium macri, et sunt acutorum dentium, ¹⁰scilicet animal quadrupes et ovans, quoniam dentes eius sunt sicut dentes piscium.

¹¹Omnia vero instrumenta sensus inveniuntur in istis modis sicut in aliis animalibus. ¹²Habent ergo nasum quod est instrumentum odoris, et oculos visus, et ¹³auriculas auditus, sed non sunt prominentes, sicut in avibus, et non sunt nisi ¹⁴quasi viae tantum. Et causa illius est in ambobus durities cutis, ¹⁵quoniam aves habent plumas et alas, ¹⁶et alius modus habet cortices aut squamas, quae sunt naturaliter ¹⁷dura. Et hoc est manifestum in tortuca ¹⁸et in

---

33 sensum] substantiam $H$    et] ut $A$    1 transglutionem] -glutationem $D^1H$: strangulationem $E$    apertionem $D^2$: operationem $D^1$    oesophagi *scripsi*] issofragi $A$: ysofagi $BCD^2$: ysoptagi $D^1$: ysophagi $EHW$    2 hoc *om.* $H$    quidam $D^1$: quedam $D^2$    4 simile sibi] sibi simile $E$: sibi similes $B$: simile cibi $D$    5 et¹ *om.* $B$    et² *om.* $D$    7 ramorum *del.* $D^2$    8 koki] kaki $E$: + autem $H$    fissam] fusam $A$: + et $BD^2EHW$    ramos] minos $A$    9 erunt] fiunt $E$    acutorum] anteriorum $E$    10 scilicet] et $E$    quoniam] quando $H$    11 sicut + inveniuntur $B$    12 quod: *sic codd.*    oculos] -i $H$    et² *om.* $H$    13 prominentes] proramentes $A$    avibus] auribus $W$    14 est *post* ambobus $H$    ambobus + est $B$    cutis] curtis (*sed em.*) $H$    16 alius] animalis $A$    17 manifestum est $E$    18 et¹ *om.* $H^1$    in *om.* $BEHW$

---

33 modos cibi] اصناف الاطعمة وانواع الاشياء المأكولة (*syn.*)    1 sentiunt] يجد (inveniunt)    apertionem: انفتاخ $G^4$ ; انتفاخ (*tumorem*) $L$    2 saporem + فاما سائر    الحيوان فانه يحسّ بجميع الاطعمة المذاقة (alia vero animalia habent sensum gustum omnium ciborum)    7 gracilia + جدّا    pili + كما قلنا فيما سلف (sicut diximus superius)    8 koki] وللحيوان (البحرى) الذى يسمّى باليونانية فوقى (et animal (*marinum G*) quod dicitur graece koki)    fissam divisam (*syn.*) in duos ramos] مشقوق بشعبتين    12 quod] qui    oculos + وهى آلة (qui sunt instrumenta)    13 auriculas + وهى آلة (quae sunt instrumenta)    sed + اذنيه (auriculae eorum)    in avibus] آذان الطير (auriculae avium)    13 et ... 14 tantum] فقط    واتّما لها سبيل (et non habent nisi viam tantum)    15 plumas et alas] اجنحة وريش (*inv.*)    16 quae] والقشور والفلوس (et cortices et squamae)    17 dura] durae    tortuca: السلحفاة

serpentibus magnis et tenchea fluviali. Et illae squamae [19]sunt etiam fortiores ossibus multum, quoniam natura earum est sicut natura ossium.

[20]Et iste modus non habet superiorem palpebram, sicut neque [21]aves, et non claudunt oculos nisi per inferiorem palpebram. [22]Istud vero animal non claudit oculos, [24]quoniam eius cutis est durior cute avium. Et causa illius est [25]quia aves indigent visu acuto propter [26]regimen suae vitae. Iste autem modus non indiget visu acuto, quoniam eius mansio est in lapidibus et foraminibus et fissuris.

[27]Et caput istius animalis est divisum in duo, scilicet in partem superiorem capitis [28]et mandibulam inferiorem. Homo vero, et omne [29]animal quadrupes generans animal, movet mandibulam utramque superius et inferius, [30]et in latus. Pisces autem et aves [31]movent superius et inferius tantum, [32]quoniam iste motus est conveniens ad mordendum [1]et abscindendum, motus autem [2]in latus est conveniens ad masticandum et mollificandum cibum. [3]Et hoc non est conveniens piscibus, et propter hoc privavit eos natura [4]ab istis modis motus, quoniam natura nihil facit otiose. Omne autem [5]animal movet mandibulam inferiorem, praeter [6]tenchea,

---

tenchea] thencheah $W$: tentheahc $B$: tenchas $D^1$: esse cehac $A$   19 etiam sunt $E$   20 habet *om.* $H^1$   palpebram] -um $A$   sicut + diximus *codd. (sed delevi)*   21 et] quoniam $E$   nisi *bis scr.* $A$   per *om.* $E$   22 vero] ergo $H$   24 durior] duriori $A$   causa] -am $A$   illius] istius $DH$   25 quia] quod $H$   25 propter ... 26 acuto *om.* $E$   26 vitae suae $H$   27 est *om.* $AE$   28 et$^1$ + in $E$   29 mandibulam + et $A$   utramque + scilicet $D^2$   31 movent + eam $BD^2$   32 conveniens est $BH$   2 latus + eius $D^2$   masticandum] mastigandum $H$: + et molendum $EW$   cibum + et molendum cibum $D^2$   3 privavit] -abit $A$: -at $D^1$   natura $A^2$: nec $A^1$   4 ab *om.* $EW$   natura] -e $A$   6 tenchea] tencheah $D^2$: tenchean $B$: tenceha $A$

---

18-9 et$^3$ ... etiam] و   20 modus + من الحيوان (animalium)   sicut neque: كما ليس L   لحال العلة التى ذكرنا ومن الطير ما يغلق عينيه بالشفر الاسفل + palpebram 21   ل (*om.* G) (propter causam quam diximus et quaedam aves claudunt oculos per inferiorem palpebram)   24 eius cutis (= جلده → G)] جلدة عينيه L (cutis oculorum suorum)   25 viso acuto] الى حدّة البصر والى بعد النظر L (acuitate visus et visu a remotis)   30 aves + وما كان من الحيوان الذى له اربعة ارجل ويبيض بيضا (et omnia animalia quadrupedia ovantia)   31 movent + الفكّ الاسفل (mandibulam inferiorem)   3 piscibus + اعنى الحركة التى تكون فى الجانبين (scilicet motus in latus)   3-4 privavit ... motus] اعدم الطباع جميع هذه الامناف الحركة #الجنبية (privavit natura omnes istos modos a motu in latus)   4-5 omne autem animal] فجميع سائر الحيوان (omnia autem alia animalia *movent*)   6 tenchea + النهرى (fluviale)

quod movet mandibulam superiorem. Et causa illius est quoniam pedes eius non sunt convenientes ad accipiendum [7]et retinendum, quoniam sunt valde parvi, [8]quapropter natura paravit [9]orificium istius animalis conveniens istis operationibus loco pedum. Et quando percussio fuerit a superiori, erit convenientior [10]ad accipiendum et retinendum, [11]nam manifestum est quod percussio quae erit a [12]superiori parte erit fortior illa quae est ab inferiori. Et quia orificium [13]est conveniens ad accipiendum et mordendum, [14]et indigentia retentionis est necessaria, et istud animal neque habet manus neque pedes [15]convenientes ad retinendum, paravit ei natura motum mandibulae superioris, quoniam est convenientior ei quam [16]mandibulae inferioris. Et propter hoc cancri movent illam partem quae claudit [17]additamenta, et non movent partem inferiorem. Quoniam [18]additamenta fuerunt creata in cancris loco manuum, sunt ergo convenientia ad accipiendum, non [19]ad abscindendum. Morsus autem [20]et abscisio est operatio propria dentium. Possibile est ergo in cancris [21]et omni animali sibi simili [est possibile] ad accipiendum quod accipit per duos culmos, et etiam quia mansio eorum [22]non est in aqua. Et propter hoc habent orificia divisa, [23]et accipiunt aut per manus aut per pedes, et abscin-

---

quod $D^1$: que $D^2$ causa] -am $A$ quoniam] quod $EW$ non *om.* $H$ accipiendum $H^2$: accidendum $H^1$ 7 valde sunt $E$ 8 paravit $D^2$: -ant $D^1$ 9 fuerit] erit $EW$ 11 nam] iam $D$ 12 parte superiori $D$ est] erit $E$ orificium + eius $BD^2$ 13 est *om.* $E$ accipiendum + et retinendum $AB$ et mordendum *om.* $B$ 14 necessaria] -o $A$ istud] illud $CD$ animal + quod $W$ neque[1] $H^2$: res $H^1$ neque[2] + habet $W$ pedes + neque $E$ 15 retinendum + et $B$ natura ei $H$ 16 mandibulae + inferioris et propter hoc cancri movent (*sed del.*) $H$ inferioris] -i $E$ 17 additamenta] -um $B$: vel additamentum $D^2$ 17 et ... 18 additamenta *bis scr.* $A$ 18 fuerunt] -int $C$ convenientia] -tes $B$ accipiendum + et $EW$ 20 et *om.* $A$ ergo *om.* $E$ 21 et[1] + in $DEHW$ omni ... simili] omnibus animalibus sibi similibus $E$ animali *om.* $H^1$ est possibile (*inv.* $H$) *codd.*: *sed delevi* accipit] recipit $H$ mansio *om.* $W^1$ 22 et *om.* $E$

---

7 retinendum + الاشياء من لشيء (aliquid) 11 nam] العليا ناحية من كانت اذا الضربة و- اقوى صارت (quoniam quando percussio fuerit a parte superiori erit fortior et) 11-2 a superiori parte] فوق من 13 conveniens + اعني الحاجتين لهاتين (istis duobus (*lit.* duabus indigentiis) scilicet) 15 ei[1]] فقط الحيوان هذا فى (in isto animali tantum) quam + حركة (motus) 16 quae claudit (= يغلق الذى)] يعلو الذى (quae est super) 19-20 morsus ... et abscisio] والعضّ القطع (*inv.*) 21 est possibile *om.* $\Xi$ per duos culmos (= بناباه)] وابطاء باناة (*syn.*) $L$ (cum tardatione) et etiam: وايضا $G$ 22 orificia: افواهها

dunt ²⁴et mordent per orificia. Orificium autem tenchea est conveniens duabus operationibus, ²⁵et propter hoc movet mandibulam superiorem.

²⁶Et omnes isti modi animalium habent collum, propter indigentiam pulmonis, ²⁷et recipiunt spiritum cum canna. ²⁸Et non vocatur collum nisi membrum quod est inter caput et spatulas. ²⁹Serpens vero secundum quod opinatur non habet collum, ³⁰sed habet aliud membrum conveniens collo, quoniam istud membrum non est distinctum ³¹in eo extremitatibus notis. Serpentes autem habent proprium, ³²scilicet quod possunt movere caput ¹ad posterius quiescente corpore. Et causa illius est sicut causa ²in animali anulosi corporis, scilicet quod armillae spondylium serpentum creantur ³ex cartilagine, et propter hoc est bonae flexionis. Necessario ergo accidit hoc serpentibus ⁴propter causam quam diximus, et fuit hoc etiam in serpentibus propter melius ⁵et ad aspiciendum retro, scilicet quia vertunt caput ad posterius et aspiciunt suum corpus longum et strictum, ⁶et quia serpentes non habent pedes, neque instrumentum conveniens ad accipiendum cibum ⁷et ad custodiendum quod est posterius. Et serpentes non iuvarentur elevatione capitis, ⁸nisi possent aspicere ad posterius.

Et in hoc animali est ⁹membrum conveniens pectori. Et non habet mamillas, neque in pectore, ¹⁰neque in residuo corporis. Et non inveniuntur in avibus, neque in aliquibus modis piscium.

692a

---

24 et] aut *EW*   tenchea] tencheah $BD^2$: tenchee *W*   operationibus duabus *H*   25 movet] -ent *C*   26 habent animalium $W^1$   28 vocatur] -antur *H*   spatulas $D^2$: scapulas $D^1$   29 vero *om. W*   quod *om. A*   30 distinctum] determinatum *EW*   31 eo + quoniam *A: del.* $D^2$   2 animali] alii *A*   3 accidit] accideret *AC*: accidet $D^1HW$   4 propter¹ ... serpentibus *om.* $A^1$   et $D^2$: ut $D^1$   in *om. EW*   5 et¹] et fuit $H^1$ (*sed del.* $H^2$): *del.* $D^2$: *om. A*   ad *om. E*   ad aspiciendum] adspiciendum $DW^1$: ad accipiendum *C*   quia $ACD^1$: quod *cett.*   6 instrumentum $D^1$: membrum $D^2$   7 ad *om. AE*   est + ad *EW*   9 et *om. H*   10 piscium modis *E*

---

24 operationibus + وذلك من قبل الطباع (et hoc est naturaliter)   25 movet ... superiorem] fit motus mandibulae superioris   27 cum canna] لطول الورید الخشن (per longitudinem cannae)   30 distinctum: محدودا   31 in eo *om.* Ξ   proprium + لیس هو لسائر الحیوان الذى یناسبه بشبه الخلقة (quod non habent alia animalia sibi similia in creatione)   1 corpore] سائر اجسادها (residuo corporis)   4 in serpentibus] فى خلقة الحیّات (in creatione serpentum)   8 aspicere] تحرّکها (movere)   9 habet + هذا العضو الملائم للصدر لشىء من هذا الصنف (illo membro convenienti pectori)   10 inveniuntur + ثدیان (mamillae)   avibus] شىء من الطیر (aliqua ave)   neque² (= ولا *G*)] ایضا ... ولا *L* (neque ... etiam)

¹¹Quoniam non habent lac ¹²aliqui modi animalium ovantium, ¹³quoniam faciunt ova, et humiditas mollis non erit nisi in ovis. ¹⁵Animal vero generans animal habet lac, et propter hoc etiam caret ovis. ¹⁶Et nos declarabimus hoc et subtiliabimus in eo in sermone de generatione animalium. ¹⁸Et omnes isti modi habent caudam, ¹⁹et diversantur in ea secundum magis et minus. Et iam narravimus causam illius ²⁰generaliter.

Hameleon autem, quod interpretatur 'leo terrae', est macer valde, ²¹magis omnibus animalibus ovantibus. Quoniam est pauci sanguinis, ²²quia est valde timorosum, ²³et propter timorem ipsius mutatur color eius in multos colores, quoniam timor eius augmentatur ²⁴propter paucitatem sanguinis et diminutionem caloris.

692b   Iam ergo diximus dispositionem ¹animalium habentium sanguinem et carentium pedibus, et narravimus omnia membra interiora ²et exteriora, et sufficit nobis quod diximus in hoc.

[12] ³Aves vero diversantur ⁴secundum magis et minus in suis membris. ⁵Quoniam quaedam habent longa crura, et quaedam cur-

---

11 quoniam + et *H*   habent] -et *H*   15 etiam *del. D²*: *om. B*   caret] -ent *W*   16 hoc *ante* declarabimus *HW: om. E*   subtiliabimus] -amus *AC*: -avimus *W*   in² *om. H*   sermone + in (*sed del.*) *D*   19 ea] eo *EHW*   magis] maius *CDH*   iam] etiam *B²: om. B¹*   20 hameleon] -ion *D²E*   est] et *A*   21 omnibus + aliis *B*: *post* ovantibus *E*   animalibus *om. EW*   est *bis scr. C¹* (*sed em. C²*)   22 timorosum] -us *E*   23 ipsius] illius *EHW*   24 caloris] coloris *C¹H*   diximus] narravimus *H*   1 animalium + generantium *H*   3 diversantur] -sificantur *D*   4 magis] maius *CDH*   5 quaedam² + habent *D*   curta *D²*: crura *D¹*

---

11 quoniam + ... ليس لها لبن ايضا واتما الثدى مثل وعاء قبول للبن ف (non habent lac etiam et non sunt mamillae nisi quasi vas recipiens lac et)   12 aliqui modi] لشيء  ovantium + من هذا الحيوان ولا لصنف (aliquod istorum animalium neque modus)   البتّة (omnino)   13 humiditas mollis (= اللّيّنة)] الرطوبة اللبنية (humiditas *lactea → GA 740b7)   15 et ... etiam] و   16 animalium + فاما حال ثنى اجسادها فقد وصفناها   في الاقاويل التي وصفنا على مسير الحيوان بقول عام (dispositio vero flexionis corporum eorum iam narravimus eam in sermone de ambulatione animalium (= *de incessu animalium*) generaliter)   18 modi + الحيوان (animalium)   19 et diversantur ... minus] ومنها ما له ذنب اكبر ومنها ما له ذنب اصغر (et quidam habent caudam maiorem et quidam habent caudam minorem)   illius + فيما سلف (superius)   20 hameleon] الحيوان الذى يسمّى باليونانية خامليون (animal quod dicitur graece hameleon)   21 quoniam] et hoc est quoniam   وعلة ذلك من قبل   sanguinis + جدّا (valde)   22 quia] شكل نفسه اعنى انه (et causa illius est figura animae eius scilicet quod)   23 eius² *om. E*   augmentatur (= يتزيّد *L² Bad.*)] *تبريد (*Kruk:* κατάψυξις Ω) (est infrigidatio)   1 sanguinem + الذى له اربعة ارجل (quadrupedum)   4 magis ... membris] زيادة ونقص الاعضاء ومن قبل الاكثر والاقلّ (augmentationem et diminutionem membrorum et secundum magis et minus)   5 quaedam] quaedam aves   curta] curta crura

ta, ⁶et quaedam habent latam linguam, et quaedam ⁷strictam, et similiter in aliis membris. Et similiter etiam diversantur aves quae assimilantur ad invicem in membris, sed modica diversitate. ⁸Et inter aves et inter alia animalia est diversitas secundum ⁹formas membrorum.

Omnes ergo aves habent plumas, ¹⁰et est eis proprium. Quoniam quaedam alia animalia ¹¹habent squamas, ¹²et quaedam cortices, aves vero habent alas et plumas. Et alae quarundam avium sunt divisae, ¹³et aspectus earum non assimilatur aspectui alarum continuarum. ¹⁴Et quaedam habent parietem sicut canale, et quaedam non.

¹⁵Aves autem habent proprium in capite, scilicet ¹⁶rostrum, quoniam non invenitur in aliis animalibus. Elephas vero habet ¹⁷nasum loco manus, et quaedam animalia anulosi corporis habent linguam loco ¹⁸oris. Aves vero habent loco dentium et manuum rostrum, creatum ex osse, ¹⁹et collum ²⁰extensum naturaliter propter causam quam diximus, scilicet causam propter quam creabatur in aliis animalibus, ²¹et quaedam aves habent longum et quaedam curtum. ²²Et in maiori parte collum sequitur crura, quoniam si aves sunt ²³longi cruris erunt longi colli, et si curti, ²⁴curti, praeterquam in avibus habentibus corium inter digitos pedum. Quoniam

---

6 linguam latam $EHW$   et² om. $E$   7 ad om. $D^1$   membris² + et diversantur mg. $B^1D^2$   10 est et $C$   eis $D^2$: eius $D^1$   animalia alia $D$   11 habent $D^2$: -eant $D^1$   12 alas $H^2$: alies $H^1$   et³] ac $E$: at $W$   quarundam] quorundam $AD^1$   14 canale] cannale $ACD$   15 scilicet om. $EW$   18 vero] autem $D$   habent post manuum $D^2$: om. $D^1$   creatum + et $A$: ante rostrum $C^1$   20 causam² + propter quam diximus scili- cet causam $A$   21 aves om. $D^1EW$   22 aves sunt $A$] avis fuerit cett.   23 erunt] erit $BCDEH$   24 curti om. $H^1$   istarum] -orum $D^1EHW$

---

6 quaedam² + ليس له لسان عريض ومنه ما له لسان (non habent linguam latam et quaedam habent linguam)   7 similiter¹ + الاختلاف يكون (diversantur)   et similiter etiam: ايضا ... و   8 inter² om. Ξ   diversitas + ايضا (etiam)   9 formas: صور $G$   10 et + هذا الاختلاف (illa diversitas est eis propria)   12 alas et plumas] ريش فربما كان الجناح مشقوقا + (syn.)) المتصلة الملتئمة)   13 continuarum (syn.)) وجناحان وربما كان غير مشقوق (forte ergo erunt alae divisae et forte non divisae)   14 parietem: (→ adn.)   non] non habent *caulem   15 proprium + ايضا (etiam)   16 rostrum] طباع المنقار فهو خاصّ للطائر (naturam rostri et hoc est proprium avibus)   17 loco¹] بدل   loco²] مكان   18 osse + وقد ذكرنا حال آلة الحواس فيما سلف (et iam diximus dispositionem instrumentorum sensuum superius)   19 et] وللطائر (et aves habent)   20 creabatur + العنق (collum)   21 habent] habent collum   quaedam² + له (habent collum)   22 si aves] aves quae   23 si] quae   curti] sunt curti cruris   24 curti] erunt curti colli   24 avibus] صنف الطائر (modo avium habentium)

693a  quaedam istarum habent collum ¹curtum et crura longa, et si hoc esset in ²avibus manentibus in terra, non esset possibile. ³In avibus vero habentibus corium inter digitos est possibile contrarium eius, quoniam mansio earum est in aqua. ⁵Et propter hoc non habent ⁶longum collum aves uncorum unguium. Et quaedam aves manentes in aqua ⁷habentes inter digitos corium ⁸habent longum collum conveniens suae operationi. Quoniam quando ita fuerit, erit convenientius ⁹ad accipiendum cibum ex aqua, ¹⁰et crura istarum avium sunt curta, ad natandum.

¹¹Rostra etiam diversantur, secundum modos et regimen vitae. Quaedam enim aves habent rostrum rectum, et quaedam ¹²incurvatum. Et rostrum rectum erit in avibus indigentibus ad accipiendum cibum tantum, rostrum vero incurvatum est in ¹³avibus comedentibus carnem crudam, quoniam illa figura est conveniens ad retinendum illam carnem. Et necessario fuit creatio sui rostri ¹⁴talis dispositionis, quoniam non acquiritur suum cibum nisi ex animalibus. ¹⁵Aves vero quarum vita est quieta mansueta quoniam pascuntur ex herbis viridibus, habent rostrum ¹⁶latum, conveniens ¹⁷ad cavandum et abscindendum. Et quaedam avium istius generis habent longum rostrum, ¹⁸propter longitudinem ¹⁹colli et quia acquirit suum cibum ex profundo. ²⁰Et aves habentes inter digitos

---

1 esset hoc *B*   2 avibus] omnibus *E*   esset + hoc *EHW*   3 vero *om. C*   est¹ *D*²: et *D*¹   eius *D*¹: huius *D*²   earum] -orum *D*¹*EHW*   6 collum longum *E*   8 quando *om. A*¹   convenientius] -ens *E*   10 curta] crura *W*   natandum] notandum *A*   11 etiam] autem *BDEW*   modos] -us *E*   enim] vero *D*¹*E*   aves *om. E*   12 incurvatum¹ *D*²: -vantur *D*¹   indigentibus *ante* avibus *W*: + avibus *E*   13 illa] ista *E*   est *om. D*   illam *del. D*²   carnem² + crudam *D*   necessario] -a *EHW*   14 acquiritur *AC*] acquirit *BD*: adquirit *HW*: accipiunt *E*   cibum suum *DW*   nisi] quoniam *A*   animalibus *D*¹: vel avibus *D*²   15 vita] via *W*   mansueta] mensueta *D: ante* quieta *EHW*   viridibus herbis *E*   17 et¹ + ad *B*   abscindendum *D*¹: scindendum *D*²   rostrum longum *EHW*   19 et *om. D*¹   acquirit] -unt *BEHW*   cibum suum *DHW*

---

2 possibile + لانه لم يكن مما يستطاع ان تكون الساقان طوالا والعنق قصير (quoniam non esset possibile ut essent crura longa et collum curtum)   3 aqua + من الصيد   والامساك (ex venatione et retentione)   7 digitos + رجليه (pedum)   11 modos et regimen vitae] اصناف الحياة وتدبير المعاش   quaedam² + له منقار (habent rostrum)   14 quoniam ... ex] لكسبه وطعمه من   15 vita] تدبير معاشه (regimen vitae)   quieta mansueta] هين لذيذ (facilis dulcis)   herbis viridibus] الخضرة والحشيش (syn.)   17 abscindendum] القطع والجزّ (syn.)   19 suum cibum] طعمه وغذاءه (syn.)   profundo + وكثير من الجنس اعنى من جنس الطائر الذى على مثل هذه الحال (et plures istius generis scilicet generis avium quae sunt talis dispositionis)   20 digitos + رجليه (pedum)

corium simpliciter vel [21]per aliquod membrum, deprehendent [22]animalia quae manent in aqua. Et collum eius est sicut [23]harundo piscatorum, et rostrum eius est sicut hamus.

[24]Anterius vero corporis et posterius eius, et membrum quod [25]dicitur pectus in animalibus quadrupedibus, est continuum in [26]omnibus avibus, et pendet super assetum [27]et crura. Aves autem habent [1]proprium, scilicet alas, et propter hoc erit inter spatulas apud finem dorsi [2]super alas. Aves autem habent duos pedes, [3]sicut homo. [5]Et necessario habet avis duos pedes, [6]quoniam eius substantia est ex substantia animalis habentis sanguinem, et etiam [7]est alata. Animal vero carens sanguine non movetur plus quattuor [8]signis, et habet membra sicut membra [9]aliorum animalium ambulantium. [11]Et aves habent loco pedum anteriorum et loco assetorum [12]alam communem, et in ea est vigor earum. [13]Et propter hoc [14]debet avis habere duos pedes tantum, quoniam quando fuerit talis dispositionis movebitur per quattuor signa, scilicet alas [15]et pedes.

Et omnes aves habent pectus [16]acutum carnosum. Quoniam quanto magis fuerit acutum erit melioris volatus, quoniam si esset latum, [17]moveret multum aeris et esset gravis motus. Et est car-

---

20 corium *ante* inter $C$   21 membrum] -orum $HW$   deprehendent $A$] -it *cett.*   22 manent] -et $W$   collum] corium $E$   eius] earum $BD^2$   23 eius] earum $BD^2$   est *om.* $D$   24 corporis $D^2$: corpus $D^1$   posterius + est (*sed del.*) $D$   25 dicitur *del.* $B^2$   quadrupedibus + et *codd.* (*sed delevi*)   26 pendet] -ens $E$: -ent $H$   assetum] acssetum $B$: assetuum $D^1$   27 autem] vero $BE$   2 autem *suprascr.* $C$   3 sicut $B^2$: ut $B^1$   5 avis *post* pedes $C^1$(*em.* $C^2$)   pedes + tantum $E$   7 est *om.* $A^1$   vero *om.* $E$   11 loco$^2$ *om.* $E$   assetorum] assectorum $A$   12 alam] aliam $A$   ea $D^2$: eo $D^1$   earum] eorum $E$   14 duos *om.* $D^1$   tantum *om.* $E$   quando *om.* $A$   fuerit] fuit $B$   movebitur] moveretur $B$: movetur $E$   scilicet + per $E$   16 quanto] quando $E$   fuerit + carnosum vel $EW$   erit] -unt $HW$   volatus melioris $E$   si esset *om.* $D^1$   17 moveret] movebitur $E$   et$^1$ *om.* $A^1$

---

22 animalia + الصغير (parva)   eius] هذا الصنف (istius modi)   23 eius *om.* $\Xi$   sicut + و- الخيط (*funicula et)   25 est: وهو   continuum] ملتئم متصل (*syn.*)   1 proprium] عضو خاص (membrum proprium)   erit + ما (illud quod est)   3 homo + ورجلاه الى   خارج كما تنثنى رجلا الحيوان الذى له اربعة ارجل وليس كما تنثنى رجلا الانسان الى داخل (et pedes earum *flectunt* ad exterius sicut flectunt pedes animalium quadrupedum et non sicut flectunt pedes hominis ad interius)   7 carens sanguine: ليس   12 earum + وفى جوهر الطائر قوة الطيران بدمى (et in substantia avis est virtus volatus)   14-5 alas et pedes] الرجلين والجناحين (duos pedes et duas alas)   16 quanto ... volatus] وهو حاد لحال جودة الطيران (et erit acutum propter bonitatem volatus)   si esset] كلّ ما كان (quantumcumque esset)   17 moveret] يدفع

nosum, quoniam [18]acutum est debile nisi habeat coopertorium ex multa carne. Et sub pectore avium [19]est venter perveniens ad locum exitus superfluitatis, [20]sicut in quadrupedibus et in homine. [21]Ista ergo membra sunt inter alas et crura. [22]Et omne animal generans animal et ovans habet [23]umbilicum tempore partus. [24]Et cum crescit avis latet umbilicus et non apparet omnino, [25]quoniam continuatur cum intestino per aliquam partium venarum, sicut [26]accidit animalibus generantibus animalia.

Et etiam quaedam [27]aves sunt boni volatus et habent magnas alas [1]fortes, et maxime aves uncorum unguium comedentes carnem, [2]propter bonitatem volatus. Et propter hoc habent [3]multas plumas et alas magnas fortes. Et [4]aves uncorum unguium non sunt solummodo boni volatus, sed etiam alia genera avium, [5]et maxime aves quibus natura dedit bonitatem volatus propter salutem et quia transferuntur de una regione in aliam. [6]Et quaedam aves sunt mali volatus, [7]propter pondus corporis et quia mansio earum est super terram et vita earum est ex ea, et cibus earum est grana, [8]et quod manet in aqua. Corpora autem avium uncorum unguium [9]sunt parva subtilia, praeter alas, quoniam [10]cibus transit in alas, quia vigor et arma earum sunt alae. [11]Corpora autem avium mali volatus sunt econtrario, scilicet quod corpora earum sunt magna pon-

---

18 coopertorium + debile *W*   19 venter] ventum *A*   perveniens $D^2$: proveniens $D^1$   23 umbilicum] umbiculum *C*   tempore *om. $A^1$*   24 umbilicus] umbiculum *C*   $et^2$ *om. $D^1$*   25 intestino] -is *B*   sicut $D^2$: set $D^1$   26 etiam *om. E*   b27 et ... a2 volatus *om. E*   1 unguium + et *BH*   2 habent] -tes *B*   4 sunt *post* solummodo (solum *EHW*) *EHW*: *om. A*   5 aves] -ibus *C*   quia] quando *W*   transferuntur] -fertur *B*   del *ab EHW*   7 pondus + sui *B*   corporis + sui $D^2$   $earum^1$] eorum $ACD^1EW$   $est^1$ *om. $D^1$*   $earum^2$] eorum *EW*   $est^2$ *om. CD*   8 et *om. B*   9 praeter] et propter *B*   11 autem] vero *C*   quod] quia *CHW*   $corpora^2$ ... ponderosa] ponderosa magna sunt earum corpora *C*   earum *om. $H^1$*   magna ponderosa] ponderosa valde magna *D*

---

18 coopertorium] غطاء وسترة (*syn.*)   19 superfluitatis + والى انثناء الرجلين (et ad flexionem pedum)   22 $et^2$: و *G*: او *LΩ* (aut)   1 carnem + فباضطرار يكون على مثل هذه الحال (necessario ergo erit secundum talem dispositionem)   6 sunt mali volatus] ليس هو جيّد الطيران (non sunt boni volatus)   8 aqua + على مثل هذه الحال $L^1$ (est secundum hanc dispositionem)   10 transit in] يصير الى ... وفى ... يفنى (*syn.*)   in alas] اليها (in eas)   quia] و   vigor et arma earum] سلاحه وقوته (*inv.*)   11 corpora] جثث واجساد (*syn.*)   magna ponderosa] ثقال كبار (*inv.*)

derosa. ¹²Et quaedam aves ponderosi corporis habent aliud iuvamentum loco alarum, ¹³scilicet ungues qui sunt in cruribus. Et nulla avis ¹⁴habet ungues in pedibus et cruribus, quoniam ¹⁵natura nihil facit superflue. ¹⁶Et ungues qui sunt in pedibus, non indiget eis avis uncorum unguium, quoniam ungues qui sunt in cruribus sunt convenientes ad ¹⁷pugnandum eundo fixe super terram, et propter hoc sunt isti ungues in cruribus avium ponderosi corporis. Et propter hoc non habent ungues curvos aves ponderosi corporis, ¹⁸quoniam non indigent ipsis, sed nocerent, ¹⁹quoniam involverentur super omnia super quae ambularent. ²⁰Et propter hoc non incedit avis habens curvos ungues neque sedet super ²¹arbores, quoniam ²²natura unguium eius est contra istas duas res. Et necessario accidit hoc huic modo avium in tempore ²³generationis, cum pars terrestris sit convenientior generationi ²⁴membrorum fortiorum, ²⁵et quia pars terrestris declinat ad partem inferiorem ²⁶efficiuntur ex ea ungues qui sunt in cruribus, et ex illa parte erit ²⁷magnitudo et fortitudo unguium.

Et si non esset ista pars terrestris in avibus, et ista superfluitas, esset ²⁸natura debilis. ²Et propter hoc habent quaedam aves natan- 694b

---

12 quaedam + etiam habent magnas alas et fortes et maxime aves uncorum unguium comedentes carnes propter bonitatem volatus (→ 693b27-94a2) et propter hoc non habent ungues curvos aves ponderosi corporis et (→ a17) E   13 in] cum C   et D²: quia D¹   14 habet] habent A   15 nihil] enim A   16 pedibus] cruribus D²: om. D¹   non om. D¹   sunt² + in pedibus D¹ (sed del. D²)   17 fixe] fixo D   in ... ungues² om. B   et² ... corporis² om. AE   habent] sunt C   curvos H²: cruros H¹   18 nocerent] -cent ACEHW   19 involverentur] -vuntur A: -ventur CW   20 curvos] curvens A¹: curves A²: uncos D²   neque] sed E   sedet] -ent W   22 eius del. D²   contra] inter B   duas D²: duras D¹   huic modo] habuerit modo D¹: vel huic modo D²   23 sit D²: ita D¹   convenientior] -ri H   26 ex ea D²: exa D¹   ea] eo B: + aves (sed del.) H   qui D²: que D¹   27 fortitudo et magnitudo EHW   2 et om. E

---

14 et + مخاليب فى (ungues in)   16 ungues qui sunt in pedibus: المخاليب التى تكون فى   16-7 ad pugnandum] للذى يقاتل ويهارش بعضه بعضا *فى القتال (ad pugnandum (syn.) ad invicem)   19 quoniam + و- الارض فى يوتد* كان (*infigerentur in terra et)   20 non] لا ... على كلّ حال (non omnino)   avis] كلّ طائر (aliqua avis)   21 arbores: الشجر (pro الصخر) GL   23 convenientior] conveniens   24 fortiorum] القوية منه   ولان الجزء الارضى مال الى الناحية العليا صارت منه جساوة المنقار وعظمه (fortium ex ea (sc. parte) et quia pars terrestris declinat ad partem superiorem efficitur ex ea durities rostri et magnitudo eius)   27 unguium + الرجلين (in pedibus)

tes corium inter digitos, ³et quaedam non, sed ⁴habent digitos ⁵latos continuos. Necessario ergo habent aves ista membra ⁶propter istas causas. ⁸Pluma vero istarum avium, quae cooperit sua corpora et pervenit ad suos pedes, est conveniens ⁹ad natandum, quoniam est sicut remi, ¹⁰et similiter sunt alae piscium. Et alae avium sunt prope capita, ¹¹et non erunt inter pedes.

¹²Et quaedam aves sunt longorum crurium, et causa illius est ¹³debilitas suae vitae. Quoniam natura dat instrumentum secundum operationem qua indigetur, ¹⁴et non praeparat operationem secundum instrumentum. Et quia aliqui modorum avium ¹⁵non stant neque natant in aqua, non posuit natura inter digitos pedum corium, et quia mansio earum est in terra, ¹⁶fuerunt longorum digitorum. ¹⁸Quia ergo sunt mali volatus, et cibus qui transibat ¹⁹in posterius pectoris transit in crura, ²⁰et propter hoc creverunt et facta sunt magna. Et propter hoc, quando volaverit modus iste, ²¹utitur pedibus loco posterioris pectoris et caudae, et volant extensis pedibus ad posterius. ²²Et secundum hunc modum fuit creatio suorum crurium conveniens sibi. ²³Et quaedam aves habent pedes et crura curta, et cum volant, constringunt eos ad ventrem,

---

5 aves habent *B*   9 natandum] notandum *A*   10 sunt² *om. E*   13 dat *bis scr. D*¹ (*em. D*²)   13 qua ... 14 instrumentum *om. B*   13 indigetur] -eretur *A*   14 non *om. C*   operationem *D*²: ordinationem *D*¹   aliqui] -quid *AC*   modorum + istarum *BD*²   15 non stant *scripsi*] instant *ACD*¹*HW*: non instant *B*: neque stant *D*²*E*   natura *om. H*¹   pedum + eorum *D*²: *om. E*   earum mansio *E*   est] fuit *EW*   19 posterius] -um *E*   pectoris *D*¹: vel corporis *D*²   20 creverunt] creaverunt *C*   facta *B*] facte *cett.*: vel facta *D*²   magna *B*] magne *cett.*: vel magna *D*²   21 loco *om. B*   pectoris *D*¹: vel corporis *D*²   volant *post* pedibus² *E*: *post* posterius *HW*   pedibus extensis *HW*   22 crurium *C*²: modorum *C*¹   23 volant] -at *AC*   constringunt] -it *ACD*¹

---

2 digitos + بقول مبسوط (simpliciter)   3 non] ليس بين اصابعه جلد (non habent inter digitos corium)   6 causas + وخلقة ارجل هذا الصنف على مثل هذه الحال لما فيه الخيرة   لانه ياوى فى الماء ومنه معاشه (et creatio pedum istius modi est secundum talem dispositionem *propter melius quoniam manet in aqua et vita eius est ex ea)   8 cooperit + جميع (tota)   9 est + له (eis)   13 debilitas (= ضعف)] صنف (modus)   dat] يعمل (facit)   15 non ... natant] لا يعوم ولا ياوى (non natant neque manent)   posuit (= يصيّر) natural] يصر (fuit)   16 fuerunt + طويل الساقين (longorum crurium *et*)   digitorum + وانشاء اصابعه اكثر (et pluris flexionis digitorum)   18 volatus + وهو من رجلان وساقان هيولى واحدة (et sunt ex materia eadem)   23 pedes et crura curta] قصار

DE PARTIBUS ANIMALIUM IV 12, 694b2-695a13   213

²⁴ut non prohibeant eas a volatu et curtitas pedum non prohibeat a volatu. ²⁵Pedes autem avium uncorum unguium sunt convenientes venationi et depraedationi. ²⁶Et omnes aves longorum pedum habent collum grossum et spissum, et ²⁷volant extenso collo, et si habuerint collum longum debile, ²⁸declinant ipsum in volando.

²⁹Et omnes aves habent ancas, ¹quamvis multi homines opinentur 695a quod non habeant ancas sed coxas tantum. ²Et nos bene scimus quod habent ancas extensas usque ad medium ventris. ³Et causa illius est quoniam habent duos pedes, et propter hoc habent duas ancas, ⁴et non carent ancis, sicut animal quadrupes. Et sunt suae ancae in parte ⁵ani, et pedes eius sunt applicati ancis, ut ⁶possint elevare corpus. Et propter hoc elevat homo suum corpus etiam. ⁷Animal vero quadrupes declinat ad terram propter ponderositatem sui capitis. ⁸Et aves etiam non sunt quolibet tempore elevati corporis, propter sui indigentiam ad quaerendum cibum. ⁹Et aves non habent nisi duos pedes tantum, quoniam habent duas alas ¹⁰loco pedum anteriorum. Et propter hoc posuit natura ancas longas, ¹¹et in medio ancarum posuit natura crura ad sustentamentum, ¹²ut sit pondus aequale ex utraque parte ¹³et ut possint volare et ambulare, et ut sint bonae fixionis.

---

24 prohibeant] -eat $AC$   eas $D^2$: eos $D^1$   et ... volatu² om. $A$   curtitas] curvitas $DEHW$   prohibeat $A$] -et cett.   25 avium] animalium $EHW$   unguium $B$   venationi] conventioni $A$   et om. $H$   27 habuerint] -it $E$   longum collum $B$   28 declinant] -at $EW$   29 aves ante omnes $B$: om. $A$   1 opinentur $BD^2$] oppinantur $A$: opinantur cett.   habeant] habebant $C$: habent $E$   ancas + quamvis multi homines oppinantur sed non habeant anchas $A$   3 est om. $B$   quoniam] quando $ACD^1$   habent¹] -et $A^2CEW$   habent²] -et $A$   4 suae] ille $B^1$: om. $D^1$   in $D^1$: ex $D^2$   5 eius] sui $EHW$   6 homo om. $E$   corpus suum $EHW$   etiam del. $D^2$   7 quadrupes vero $C$   capitis] corporis $C^1D^1$: id est capitis $C^2$   8 etiam del. $D^2$   quolibet] quodlibet $A$   corporis $D^1$: vel colli $D^2$   9 duos] duo $D$   11 et om. $ABD^1$   ancarum] anchis $A$   natura $A^2$: -am $A^1$   sustentamentum] sustentandum $EHW$   12 sit + corporis $HW$: om. $C$   pondus + corporis $E$   aequale] aquile $E$   parte om. $HW$   13 et¹ om. $D$   possint $EHW$] possent cett.   fixionis $D^1$: vel flexionis $D^2$

---

26 pedum: الرجلين $G^1$; العنق $L\Omega$ (longi colli)   habent] habentes   grossum et spissum (syn.)] غليظا   et² om. Ξ   28 declinant (= يميل)] يثنيه (flectunt)   1 opinentur quod non] non opinentur quod   3 quoniam] ان (quod)   ancas + مثل الانسان (sicut homo)   8 cibum + من الارض (a terra)   10 ancas + الطير (avium)   11 natura om. Ξ

¹⁴Et iam diximus causam propter quam habent aves duos pedes tantum. Et in cruribus avium non est caro, propter causam quam diximus, scilicet causam propter quam non habent ¹⁵quadrupedia carnem in pedibus.

¹⁶Et in quolibet pede avium sunt quattuor digiti. ¹⁷Et nos dicemus posterius avem quae est in Nubia, scilicet struthionem. ¹⁸Quoniam opinatur quod non sit ¹⁹ex generibus avium, propter diversitatem suae creationis. Et ista avis habet tres digitos in utroque pede, ²⁰propter alas et propter pondus. Et hoc quod accidit ei assimilatur ei quod accidit ²¹avibus longorum crurium, et praecipue ²²avibus quae dicuntur corcoz, quoniam ista avis etiam non est multorum digitorum. Ista ergo est dispositio ²³digitorum generum avium. Animal vero quod dicitur Graece hocoz non habet nisi ²⁴in anteriori duos pedes et in posteriori duos pedes tantum. Et causa illius est quoniam ²⁵corpus eius non declinat ad anterius sicut ad posterius.

²⁶Et omnes aves habent duos testiculos, et sunt intra corpus. ²⁷Et nos dicemus causam illius in sermone de generatione ²⁸animalium. Haec est ergo dispositio membrorum generum animalium.

---

14 quam + diximus *H*   aves habent *B*   17 nos *om. E*   avem *om. A*   in nubia *D²*: inubia *D¹*   struthionem *scripsi*] structionem *codd.*   18 quoniam + non *D¹ (sed del. D²)*   quod non sit *om. E*   19 ista] ita *A*   20 hoc *om. C¹*   ei¹ ... accidit² *om. B*   ei² *om. C*   21 praecipue + illis *B*   22 corcoz] torcoz *B*: cortoz *D¹E*: coikoz *D²* ista avis *D²*: iste aves *D¹*   etiam *om. E*   est¹ *D²*: sunt *D¹*   est ergo *E*   dispositio + multorum *DE*   23 digitorum + multorum *ACHW*: *om. B*   generum *D²*: -re *D¹*   graece dicitur *E*   hocoz] kokoz *D²*: ocoz *HW*: occoz *E*   23-4 in anteriori nisi *B*   24 in¹ *om. A¹*   pedes² *om. EHW*   causa *A²*: -am *A¹*   est *om. H*   25 eius *om. BD¹*   non *A²*: autem *A¹*   ad² *om. D¹*   26 habent aves *C¹*   27 sermone de generatione] generatione sermone *HW*   28 ergo *ante* est *E*: *om. A*

---

14 tantum + والعلة التى من اجلها لا يكون قائم الجثة فى كلّ حين (et causam propter quam non sunt erecti corporis quoliabet tempore)   16 avium] لكلّ طير (omnium avium)   digiti + بنوع واحد (secundum unum modum)   17 avem] dispositionem avis in nubia (= نوبية)] من ارض لوبية (in terra libyca)   scilicet] الذى يسمّى (quae dicitur struthio )   20 propter alas et propter pondus (= الثقل *G⁴*)] لحال الثقة ولحال الاجنحة (propter *firmitatem et propter alas)   21 praecipue + العرض الذى عرض ل (hoc quod accidit)   22 dicuntur + باليونانية (graece)   etiam: ايضا *L²*   23 avium + ووضعه (et situs eorum)   24 duos pedes: رجلان   25 declinat] يميل وينقل (syn.) ad posterius (= المؤخّر *L²*)] ميل الآخر (declinatio *corporis* aliorum)   28 animalium²] الطير (avium)

[13] ²Genus vero piscium est imperfectum ³in membris exterioribus. Quoniam non habet alas neque pedes neque manus, ⁴et corpus eius est continuum ⁵cum capite et cauda. ⁶Et capita eorum non sunt omnino consimilia, sed quaedam ex eis appropinquant aliis in similitudine. ⁷Et quidam pisces lati habent caudam longam spinosam, et deinde erit ⁸crementum et augmentum in latitudine corporis, sicut corpus piscis qui dicitur adro. ¹⁰Et ex eis sunt qui habent ¹¹multam carnem, et sunt curti propter eandem causam propter quam fuit cauda ¹²addro multum curta multae carnis. ¹⁴Ranae autem, accidit eis econtrario ei quod diximus, quoniam latitudo sui anterioris ¹⁵est pluris carnis posteriori, ¹⁶et quod diminuitur ex posteriori et cauda augmentavit natura in anteriori.

¹⁷Pisces autem non habent membra perfecta, quoniam eorum natura ¹⁸est ad natandum, ¹⁹et natura nihil facit otiose. Et ²⁰etiam substantia piscis est sanguinea, quoniam natat et habet ²¹alas, quoniam non ambulat quia non habet pedes. ²²Quoniam additamentum pedum non est conveniens nisi ²³motui, et non est possibile piscibus habere quattuor alas et duos pedes, ²⁴neque habere tale aliud membrum omnino. Et si habuisset, non haberet sanguinem. ²⁵Modi

---

3 habet] -ent *D*   4 eius + etiam *B*: *post* est *A*: *om. D*¹   est *om. W*   6 similitudine] -em *B*   7 habent + quedam *A*¹ (*sed del. A*²)   8 et] id est *C*   augmentum *BD*] augmentatio *cett.*   qui] que *C*   dicitur + agro (*sed del.*) *B*   adro] addro *D*¹: odro *D*²: cidro *E*   10 qui] que *C*   11 multam *ante* 10 habent *EHW*: *om. B et ... eandem om. A*¹   12 addro *AB*¹] haddro *B*²*CD*¹: adro *HW*: odro *D*²: cidro *E*   multum] scilicet multum *BD*²   curta] creata *C*   14 eis *om. BD*¹*E*   16 et¹ *om. C*   cauda] -am *B*   augmentavit *A*²: argumentum *A*¹   17 autem] vero *B*   membra + exteriora *D*²   natura eorum *H*   18 natandum] notandum *A*   19 natura (*post* otiose) *A*²: *om. A*¹   facit *D*¹: fecit *D*²   20 est *om. A*¹   21 non¹ *om. W*¹   quia *D*¹: qui *D*²   habet] -ent *C*   22 pedum] -is *EHW*   nisi *om. EHW*   23 motui + eius *D*²*EHW*   est *om. AC*   piscibus] pisces *D*   24 tale habere *D*

---

3 manus + فيما سلف ذلك علة ذكرنا وقد (et iam diximus causam illius superius)   6 et capita ... omnino] السمك جميع رؤوس وليس (et non sunt capita omnium piscium) quaedam] quaedam capita   8 corpus] corpora   adro + (خدر) وفواخت وكلّ ما كان   (et *raiae (= sting-rays) et omnes istius modi qui sunt propinqui istis quos diximus sunt spinosi et longi) من هذا الصنف قريبا ممّا ذكرنا مشوّك مستطيل   10 qui] quae   11 curti] curtae   12 multum *om.* Ξ   17 natura + وجوهره (et substantia)   18 est] يوافق (*om. GL*¹) (est conveniens)   19 et¹] لان تامّة اعضاء له فليس (non ergo habent membra perfecta quoniam)   otiose] والباطل الفضلة بنوع (superflue aut otiose)   21 alas] جناحان (duas alas)   23 motui] بالحركة لاستعمالها (usui eorum in motu)   24 habuisset + آخر عضو (aliud membrum)

vero piscium qui dicuntur fordaloz habent brancos et pedes, et non habent ²⁶alas, sed caudam latam non spissam.

²⁷Et pisces lati corporis, ²⁸sicut id quod dicitur Graece batoz, habent quattuor alas, duas in ¹ventre et duas in dorso. Et quidam pisces longi non habent alas in dorso, ³neque pedes, ⁴sicut enkeliz et quod dicitur Graece hunceroz, ⁵et quoddam genus fastaroz, et invenitur in regione quae dicitur Graece Cifez. ⁶Et iste modus est longi corporis, et assimilatur in creatione serpentibus qui dicuntur Graece ascaiorini. ⁷Et iste modus non habet alas, et non natat nisi per flexionem corporis quando ⁸movetur in aqua, sicut faciunt serpentes quando repunt super faciem terrae. ⁹Quoniam serpentes natant in aqua, sicut repunt super terram, et causa ¹⁰propter quam non habent modi qui assimilantur serpentibus alas ¹¹est eadem cum causa propter quam non habent serpentes pedes. Et iam diximus istam causam ¹²in sermonibus de ambulatione et motu animalis. Et si habuissent pedes, essent ¹³mali motus, quoniam essent super quattuor puncta. Et si essent alae ¹⁴propinquae ad invicem, essent gravis motus valde, et si essent remotae ad invicem, esset

---

25 fordaloz] fordalos *C*: phordolaon *E*: foroaloth *D²*: phardaloth *H*: phortaloth *W* brancos] -as *A* 26 non spissam *A²*: inspinosam *A¹* spissam] spinosam *B* 28 batoz] hatoz *B*: baroz *E* duas] duos *AD¹* 1 quidam] quedam *C* 3 pedes + in dorso *B* 4 enkeliz] embreliz *E* hunceroz *A*] hunkeroz *H*: henceroz *BC*: henzeteco *E*: henzeroes *W*: eucedoz *D* 5 genus om. *A¹* fastaroz] astaroz *A²BD*: gostaroz *A¹*: fastares *E* et² *D²*: ut *D¹* quae] quod *C* dicitur om. *A¹* cifez] ciphez *H*: cephed *D²*: cephet *W*: cehep *E* 6 qui] que *H* ascaiorini *AC*] ascariorini *D¹*: ascarorini *D²*: ascharorini *HW*: ascodrocin *E*: ascaioum ?*B* 7 habet] habuit *C* alas] scalas *A¹*: + et non habet alas *H* et non natat om. *B* flexionem] inflexionem *D²*: inflexiones *B* quando] quoniam *BE* 8 sicut ... 9 aqua om. *D¹* 8 serpentes + vel quoniam *D²*: ante faciunt *EHW* 9 natant post aqua *EHW* terram] faciem terre *D¹* causa] -am *AHW*: om. *B¹* 9-10 causa propter quam] propter hanc causam *E* 10 serpentibus + habentibus *D* 11 eadem est *EHW* cum om. *EHW* causam istam *DE* 12 ambulatione] ambulantibus *EW* et² om. *A¹* si om. *D¹* 14 ad invicem¹ ante propinquae *D²*: post essent¹ *D¹* essent¹] -et *EH* gravis] -ius *C* gravis ... esset om. *B* esset *A²*: -ent *A¹*

---

25 fordaloz: قوردولو •قردولو *G¹L* 26 sed] sed habent 28 batoz + والذى يسمّى •فاختة (et id quod dicitur *raia) duas] duas alas 1 duas] duas alas alas] duas alas in dorso² om. Ξ 3 pedes] duos pedes 5 genus + السمك الذى يسمّى بااليونانية (piscium qui dicuntur graece) in regione] فى •النقعة التى فى البلد (in lacu qui est in regione) 6 qui] مثل الذى (sicut qui) 8 aqua] رطوبة الماء (humiditate aquae) repunt] سارت 9 repunt] تسير وتدبّ terram: الارض *L* 13 puncta] علامات (signa → a15) 14 essent²] essent alae

motus malus, quoniam pars quae est ¹⁵inter alas est magna multa. Et si habuissent multa signa per quae moverentur, ¹⁶non haberent sanguinem.

Et propter hoc quidam pisces habent ¹⁷duas alas tantum, quoniam creatio eorum est longa similis creationi serpentum, ¹⁸et utuntur eorum flexibilitate corporis loco duarum alarum. Et propter hoc repunt in ¹⁹terra, et vivunt longo tempore. ²¹Et forte habent quidam pisces ²²duas alas in dorso tantum, et hoc invenitur in piscibus qui non prohibentur a natatione propter latitudinem corporis. ²³Et quidam pisces habent alas prope caput, quando non habuerint ²⁴corpus longum. ²⁵Modus vero qui dicitur Graece batoz ²⁶et sibi simile habet latitudinem loco alarum posteriorum, et ²⁷natat per illam latitudinem, sicut modus qui dicitur gidder et rana, quoniam natant cum latitudine inferioris corporis. ²⁸Alae vero quae sunt prope caput ²⁹non prohibent ipsum a motu propter latitudinem, sed loco eius quod erit ³⁰supra, erunt istae alae minores posterioribus. Et modus qui dicitur gidder ³¹habet duas alas prope caudam, et ³²utitur latitudine loco illarum alarum.

---

14 quae *post* 15 alas *H*    14 est *post* 15 alas *W*: *om. H*    15 moverentur] -ventur *C*    17 quoniam] quia *D*    longa *om. D¹*    18 et¹ *BD*: *om. cett.*    utuntur *D²*: utitur *D¹*    22 natatione *D²*: narratione *D¹*    23 quando] quoniam *CDH*    non *om. E*    habuerint] habuerunt *E*: habent *HW*    25 batoz *HW*] bathoz *ACD¹*: bathog *B*: batez *E*: harcoz *D²*    26 sibi simile] similem *E*: *inv. HW*    27 natat] -ant *BC*    per *D¹*: super *D²*    modus] mus *E*    gidder *CD¹*] gider *D²W*: quidder *A*: groder *B*: gudder *H*: gulec *E*    natant *D²*: latant *D¹*    28 vero] autem *D*    30 istae] due *E*: *om. W*    alae] alie *ABH*    posterioribus] posterioris *A*    modus] motu *A*    gidder] gider *D²W*: groder *B*    31 et *D²*: quod *D¹*    32 utitur] utuntur *E*    illarum + duarum *BD²W*

---

motus² + ايضا (etiam)    15 magna multa] كبير (magna)    16 haberent] possent habere    18 et¹] فهو    alarum + الباقيين *LT (om. G → a32)* (residuarum)    18-9 in terra] فى اليبس (in sicco)    21 pisces] اصناف السمك (modi piscium)    22 in dorso tantum] فقط وذانك الجناحان يكونان فيما يلى الظهر فقط (tantum et illae duae alae sunt in eo quod vicinatur dorso tantum)    23 alas] duas alas    24 longum + يتحرّك به فليس يمكن ان يكون جسد السمك الذى مثل هذا الصنف مستطيلا (per quod moverentur; non potest ergo esse corpus huiusmodi piscium longum)    27 corporis + *وخاصّة لحال عرض الناحية العليا (et praecipue propter latitudinem partis superioris)    29 ipsum: *sc. modum (sc. batoz, gidder et rana)*    32 illarum alarum] الجناحين الباقيين (duarum alarum residuarum *(LT, om. G → a18))* + وقد وصفنا حال الاعضاء وآلة الحواس التى فى الرأس فيما سلف من قولنا (et iam narravimus superius dispositionem membrorum et instrumentorum sensuum in capite)

³⁴Pisces autem habent proprium quod non est in aliis animalibus habentibus sanguinem, ¹scilicet naturam brancorum. Et iam diximus causam illius. ²Et quidam pisces habentes brancos ³habent coopertoria. Animal vero marinum quod dicitur taleni ⁴non habet coopertorium *super brancos omnino, quia branci eius sunt spinosi, ⁵et eius coopertorium est spinosum. Omnes autem modi animalium qui dicuntur celeti ⁶habent creationem brancorum cartilaginosam. ⁷Creatio vero spinosa est conveniens motui, ⁸et debet esse motus coopertorii velox, ⁹ut sit convenientior naturae brancorum. ¹¹Et quidam pisces habent paucos brancos, ¹³et quidam multos. Et forte erunt in quibusdam piscibus parvi, et forte erunt tenues extensi. ¹⁴Et hoc vere cognoscitur ex Anatomia ¹⁵et ex sermonibus quos fecimus in Anatomia. ¹⁶Et causa illius, scilicet multitudinis et paucitatis, ¹⁷est calor cordis, quoniam semper calor ponit motum velociorem ¹⁸et fortiorem. ¹⁹Quod vero habet tales brancos ²⁰habet talem naturam, quoniam habet maiorem fortitudinem minoribus

---

34 quod $D^2$: et $D^1$   2 habentes] -ent HW   3 taleni ACH] caleni E: talem BW: tale $D^1$: taleti $D^2$   4 non habet om. $A^1$   coopertorium B] -ia cett.   *super scripsi: sed codd.   5 est om. C   qui] que B   celeti] celici E: celea $A^1$   7 spinosa om. $H^1$   8 motus + cooperationi A   9 sit om. $D^1$   naturae] -a $D^2$: om. $D^1$   11 paucos om. $A^1$   13 tenues + et W   15 et ... anatomia om. $A^1$   in] de $A^2$   16 et¹] est C   20 minoribus + et BCDEHW

---

1 illius + فيما وصفنا من التنفّس (in eo quod narravimus de respiratione)   3 habent] لنغانغه (habent *super brancos suos)   dicitur + باليونانية (graece)   taleni] صلاخى (celeti)   4 coopertorium: غطاء   *super brancos] لنغانغه   4 branci eius: لنغانغه   5 et ... est] وإنّما (et ... non est nisi)   eius om. ꞊   6 habent ... cartilaginosam] فخلقته من غضروف وشوك (creatio eorum est ex cartilagine vel spinis) + وايضا حركات بعض النغانغ بطيئة لان خلقتها ليست من شوك ولا من غضروف (et etiam motus quorundam brancorum sunt tardi quoniam creatio eorum non est spinosa neque cartilaginosa)   9 ut sit] لانّ ذلك (quia hoc erit convenientius)   brancorum + ومن اجل هذه العلة يكون اجتماع النغانغ على موضع السبيل فى جميع اصناف الحيوان الذى يشبه صلاخى ولا يحتاج الى غطاء لكى تكون الحركة سريعة (et propter hoc erit *clausura brancorum super locum viarum (lit. viae) in omnibus modis animalium qui assimilantur celeti et non indigent coopertorio ut sit motus velox)   13 erunt¹ + تلك النغانغ (isti branci)   parvi: صغارا $G^1 L$   extensi] مبسوطا (simplices et ultimus eorum etiam erit simplex)   15 fecimus] وصفنا L Bad. وضعنا Kruk) in anatomia] فى حال طباع الحيوان (de dispositione naturae animalium (= historia animalium))   17 est ... calor² (→ G)] ان الحرارة التى فى القلب (est quod calor cordis)   semper om. ꞊   18 fortiorem + فحركة الاصناف التى لها حرارة اسرع (motus ergo modorum qui habent calorem erit velocior)   19 tales] اكثر مضعفة (plures aut duplices)

extensis. Et propter hoc [21]quidam istius modi possunt vivere in terra longo tempore, scilicet habentes multos brancos, [22]sicut enkeliz et omnes modi quorum [23]creatio est similis creationi serpentum, quoniam non indigent multa infrigidatione.

Et isti modi etiam diversantur in [24]creatione oris. Quoniam quidam habent orificium in opposito, et quidam [25]in anteriori, et quidam in dorso, sicut [26]delphin et omnes modi animalis quod dicitur celeti. Et non accipiunt [27]cibum nisi quando revertuntur super dorsum. Et manifestum est quod natura fecit hoc non [28]propter salutem tantum, [29]sed ut retardent ad accipiendum cibum, quoniam iste modus [30]comedit animalia. [32]Et praeter hoc quod diximus habet iste modus additamentum rotundum [33]tenue, et propter hoc non potest esse bonae abscisionis, [31]quoniam si esset levis comestionis moreretur cito per nimiam repletionem. [34]Et etiam quidam modi habentes orificia in parte superiori habent orificia multae apertionis, [1]et quidam non. Comedentes vero carnem [2]habent orificia bonae apertionis, [3]ea autem quae non comedunt carnem [4]habent orificium parvum paucae apertionis.

---

21 istius] isti $ACD^1E$ brancos multos $BE$ 22 sicut + est $CDEH$ enkeliz] keliz $CD^1EH$ 23 infrigidatione] frigiditate $E$ etiam *post* diversantur $D^1$: *del.* $D^2$ 24 oris] corporis $E$ quidam $^1$] quedam $CD$ quidam $^2$] quedam $ACD$ 25 quidam] quedam $ACDH$ 26 quod dicitur $D^1$: qui dicuntur $D^2$ celeti] celiti $E$ et$^2$ *om.* $C$ 27 super] supra $B$ est *om.* $D^1$ 29 sed + et $D^2$: + etiam $B$ modus *om.* $A^1$ 32 praeter $B$] propter $CD^2$: *om. cett.* habet] -ent $H$ 33 propter *om.* $C$ 31 nimiam] minimam $D$ 34 etiam *om.* $A^1$ modi *post* habentes $W^1$ (*em.* $W^2$): *mg.* $B^1$ orificia$^2$] -ium $E$ apertionis] operationis $BD^1$ 1 quidam $BE$] quedam *cett.* vero *om.* $E$ 3 autem] vero $HW$ 4 parvum] parve $W$: *om.* $E$ paucae *om.* $W$

---

20 extensis] المبسوطة (simplicibus) 21 multos: كثيرة brancos + من اكثر تبقى فانها الّ‎ (quoniam isti remanent plus habentibus brancos minores et pauciores) 23 diversantur: (اختلاف*) فى (...) (→ Kruk) 24 quidam$^2$] quidam habent orificium 25 quidam] quidam habent orificium 28 tantum + انقلب اذا فانه سلم (quoniam quando revertuntur *(sc. illi)* salvabuntur *(sc. alii)*) 29 ad accipiendum cibum] وعضّه الطعام اخذ فى iste modus] الصنف هذا جميع (omnia huiusmodi comedunt) 30 animalia + الطعام كثرة فى الرغبة فى حياة* له يكن فلم (*L Bad.*) (et ut non possint esse nimis gulosi in multitudine cibi) 32 diximus] narravimus 32-3 rotundum tenue] الطباع دقيق مستدير abscisionis] والتجزى القطع (*syn.*) 31 si ... comestionis] الصنف هذا الطعم (اخذ) سهل لو (si esset levis comestio istius modi) nimiam repletionem] امتلاء 34 orificia$^2$] orificium 1 non] الانفتاح قليل فم له (habent orificium paucae apertionis) 2 orificia] orificium apertionis + الصنف هذا قوة لانّ الفم فى (quia vigor istius modi est in orificio)

Et quaedam istorum animalium habent corium plenum corticibus, ⁶et quaedam habent corium asperum, sicut tehabitoz et huiusmodi. ⁷Habentia vero corium lene sunt pauci. Celeti vero habet cortices, sed est asperum, ⁸quoniam creatio eius est cartilaginosa et spinosa, quia pars terrestris ⁹transit in corium naturaliter.

Et ¹⁰nullus istorum modorum habet testiculos, neque extra neque intra, neque ullum animal carens pedibus. ¹¹Serpentes autem habent vias a quibus exit superfluitas, ¹²sicut habent alia animalia generantia animalia ¹³quadrupedia. Serpentes vero non habent viam exitus urinae, quoniam non habent vesicam. ¹⁴Ista ergo diversitas est inter genus piscium ¹⁵et genera aliorum animalium.

Delphin autem ¹⁶et kalabe et sibi similia, quae sunt magni corporis, non habent brancos, ¹⁷sed habent cannam, quoniam habent pulmonem. ¹⁸Et cum receperint per os multum cibum extrahunt ex ¹⁹canali minus, quoniam necessario recipiunt humiditatem, quoniam accipiunt ²⁰cibum in aqua. Et sic necessario extrahunt aquam. ²¹Branci ergo sunt convenientes modis qui carent anhelitu. ²²Et iam narravimus causam propter quam accidit hoc quando locuti fuimus de piscibus, quoniam nullus ex eis potest ²³habere brancos et

---

6 corium + plenum $A$   tehabitoz $HW$] teabitoz $D$: cehabitoz $BCE$: cehertoz $A$   huiusmodi] huius $A$   7 habentia $D^1$: habentes $D^2$   celeti] celici $E$   habet] habent $CD^1EW$   sed om. $B$   est] sunt $D^2$: sicut $B$   asperum $D^1$: -ri $D^2$   8 eius] eorum $BD^2$   pars + est $A$   9 transit + in eo $H$: + in eis $W$   10 modorum istorum $HW$   neque³ om. $W$   ullum] vel $W$: post carens $H^1$ (em. $H^2$): om. $E$   13 non¹: quidam libri habent affirmativam $D^2$   14 ergo] vero $EW$   16 similia sibi $E$   18 cibum + et (sed om. $D^1$) codd.   extrahunt] -ent $CD^2EW$   19 canali (cannali codd.)] animali $D^1$   accipiunt] recipiunt $A$   20 aqua + et sic necessario recipiunt humiditatem quoniam accipiunt cibum in aqua $D^1$ (sed del. $D^2$)   extrahunt] -ent $BCD^1W$   21 ergo] vero $W$   22 hoc om. $E$   quoniam] quia $E$   nullus] -um $C$   potest ante ex $H$

---

4 corticibus + واٮّما ٭تنتثر (تنفصل $G$) القشور من الجسد لحال رقّته وصفاوته (et non *separantur cortices a corpore nisi propter gracilitatem et claritatem eorum)   6 sicut tehabitoz] ٭رينا وباطوس (*squatina et *raia)   الذى يسمّى باليونانية + (quod dicitur graece)   7 celeti vero] فاما الصنف الذى يسمّى صلاخى (modus vero qui dicitur celeti)   9 transit in] مال الى ... وفنى فيه (syn.)   10 extra] extra corpus   11 vias: سبل $G$   13 vesicam + ولا تكون فيها فضلة رطوبة (neque est in eis superfluitas humida)   15 animalium + وهذه الفصول التى تعرف بها (et istae sunt differentiae notae)   16 et¹] ٭فالاينا   sibi similia] والحيوان الذى يسمّى باليونانية (et animal quod dicitur graece) kalabe:   19 minus: اقلّ   20 sic] اذا قبل الطعم (cum receperint cibum)   21 carent anhelitu] non anhelant   22 quando locuti fuimus] فى القول الذى قلنا   de piscibus (= سمك $G^1$)] فى التنفّس (de respiratione)

anhelare simul. Sed iste modus habet canalem [24]propter exitum a-
quae. Et locus canalis [25]est in anteriori cerebri. [26]Et causa propter
quam habet iste modus pulmonem et anhelat [27]est quia est ex animalibus magnis, et sic indiget multo calore [28]ad iuvamentum motus. Et propter hoc habet pulmonem [29]plenum sanguine et calore
naturali. Et secundum unum modum est istud animal agreste [30]et
aquosum, quoniam recipit aerem sicut agreste, et caret pedibus
[31]et accipit cibum ex humido sicut [1]aquosum.  697b

Modus autem qui dicitur Graece kokaz et rapax dicitur quod
[2]sit communis, scilicet agrestis et aquosa. Koki autem communicat
cum animalibus aquosis et agrestibus, hirundines autem habent
communicationem cum avibus [3]agrestibus, et propter hoc habent
spinam. [4]Et quod dicitur koki habet pedes sicut aquosum [5]et alas
sicut agreste, et pedes anteriores assimilantur pedibus [6]piscium
valde. Et etiam omnes dentes huius modi [7]sunt acuti, et sunt prominentes exterius. Hirundines vero habent pedes sicut aves, [9]et
carent cauda, quoniam sunt sicut agrestes. [10]Et propter hoc accidit
quod diximus necessario, quoniam alae hirundinum sunt membra-

---

27 est¹ om. ACH    ex om. A¹    sic] si C    28 habet om. D¹    29 istud] illud
EHW    30 et¹ ... agreste om. E    1 qui D²: que D¹    kokaz BD²] kokas C: cokaz
H: kokiz D¹: corac A: cohac W: coac vel yrundo E    rapax] capaoz B: kapaz D²
kokaz et rapax: in alio yrundines suprascr. H²    2 sit] fit BH    et¹ ... agrestibus
om. A¹ (koki] toki; cum om. A²)    aquosa: sic codd.    koki] coki D    cum¹ BD²:
om. cett.    hirundines scripsi semper] irundines ACD: yrundines BEH: hyrundines
W    autem² om. AC    avibus D²: ambobus D¹    3 agrestibus] grestibus H    6
modi om. B    7 exterius D²: extensis D¹    hirundines] irrundines A: irundines C:
yrundines BEH: hyrundines D²W: vespertiliones A²C²D¹    9 sunt D²: sicut D¹    10
necessario ante quod C    hirundinum] irrundinum A: irundinum C: yrundinum
BD²HW: yrunidinum D¹: yrundinis E    membranales] membrales E

---

24 exitum] خروج ودفع    25 est] non est nisi    cerebri + وهو يأخذ فى ناحية الدماغ الى
ان ينتهى الى آخر الفقار (et incipit in parte cerebri usque perveniat ad finem spondylium)    27 est ex .... sic] ما عظم من الحيوان (quod est magnum ex animalibus)    28
ad iuvamentum motus] لتجود حركته    habet pulmonem] خلقت فيه رئة (fuit creatus in
eis pulmo)    31 humido: الرطوبة G    1 rapax (= الخطاف)] الخطاف (hirundo)    2
aquosa] aquosus    koki autem] والذى يسمّى فوقى (illud autem quod dicitur koki)
hirundines: الخطاف    2-3 cum avibus agrestibus (= الطير البرى) GL)] والبرى الطير
(Kruk) (cum avibus et agrestibus)    3 spinam (= شوكة)] شركة (communicationem (sc.
cum duobus modis))    5 pedes anteriores: الرجلان اللتان فى مقدّم جثّته    pedibus:
بارجل    7 hirundines] الخطاف    10 hirundinum] الخطاف

nales, ¹¹et non habent caudam. ¹²Et si habuissent caudam ¹³prohiberet motum alarum, quoniam non sunt divisae.

[14] ¹⁴Et struthio etiam est talis dispositionis. ¹⁵Quoniam in creatione assimilatur avibus, et secundum quid quadrupedibus. Quoniam ergo animal quadrupes, non habet ¹⁶alas, quia non volat neque elevatur in aere, quoniam ¹⁷alae eius non sunt convenientes volatui, sed creatio earum est creatio tenuis sicut pili. Et etiam ¹⁸quia est sicut animal quadrupes habet palpebras superiores. ¹⁹Et pars capitis eius est divisa, et quod vicinatur collo eius, ²⁰et propter hoc sunt pili palpebrarum eius graciles sicut pili. Et quia est sicut avis ²¹habet multam plumam in inferiori corporis. Et habet duos pedes ²²sicut avis, et habet ungulas fissas sicut animal quadrupes. ²³Et causa illius est quia magnitudo sui corporis non assimilatur magnitudini avium, sed magnitudini quadrupedum. ²⁴Et necessarium est ut sit magnitudo corporum avium parva ²⁵generaliter, quoniam non possunt habere magnum corpus et moveri velociter ²⁶in aere.

²⁷Iam ergo narravimus dispositionem membrorum, et declaravimus causam propter quam est quodlibet illorum ²⁸in corpore ani-

---

12 habuissent] -set *H* 13 prohiberet] -rent *D* alarum] volare *C*: om. *A*¹ divisae] diverse *EW* 14 et struthio] destructio *D*¹ struthio] strutio *W*: structio *cett.* etiam *post* est *H*: om. *E* 15 assimilatur] -antur *W* 17 eius *post* sunt *H*¹ (em. *H*²): om. *D*¹ creatio² om. *E* sicut + creatio *D*² 18 quadrupes om. *E* habet] habent *D*¹: non habet *D*² superiores + fortiores *B* 19 eius om. *BE* est om. *E* 20 hoc om. *C* pili¹ : vel sit et propter hoc sunt palpebre eius gra- etc. (*sic*) *D*²: om. *B* palpebrarum] -brum *A*: -bre *B* 21 pedes om. *H*¹ 22 avis] -es *E* quadrupes animal *D* 23 corporis sui *D* magnitudini avium sed om. *D*¹ avium sed magnitudini *bis scr. H* 25 corpus magnum *E* moveri] movet *C* 27 declaravimus] -bimus *H* illorum] istorum *D*: eorum (*ante* quodlibet) *EHW*

---

11 et non habent caudam ( ... ) 13 quoniam non sunt divisae] من لشيء ذنب يكون وليس الاجنحة مشقوق يكن لم ان الطير (et non habet aliqua avis caudam nisi habeat alas divisas → *adn.*) 12 habuissent] للخطاف (habuissent hirundines (*pro 'vespertiliones'*)) 15 quoniam¹ ... quadrupedibus] شبيه خلقتها وبعض طير بخلقة شبيه خلقتها بعض لان ارجل اربعة له حيوان بخلقة (quoniam quaedam pars creationis eius assimilatur creationi avium et alia pars creationis eius assimilatur creationi animalium quadrupedum) 15 quoniam² ... 16 aere] [و] بطير ليس ولانه جناحان له ارجل اربعة ذى بحيوان ليس فلانه الهواء فى يرتفع ولا يطير لا (quia ergo non est animal quadrupes habet alas et quia non est avis non volat neque elevatur in aere) 17 creatio² om. Ξ 19 divisa: مشقوقة 22 quadrupes + اظلاف بل اصابع له ليس لان (quoniam non habet digitos sed sotulares) 23 sed] sed assimilatur quadrupedum] animalium quadrupedum 26 aere + فيه يرتفع ولا (et elevari in eo) 28 corpore animalis] corporibus animalium

malis, et distinximus quodlibet genus et quemlibet modum per se. ²⁹Et nos modo volumus incipere dicere de generatione animalium.

---

28 se *om.* $A^1$    29 volumus modo *EHW*    incipere] in corpore *C*

NOTES

## First Book

**639a1 in omni opinione nobili** *etc.* The rubricator of MS *Vaticanus Chisianus 251 (A)* starts book X here, because book X of *HA* had not been supplied with a heading of its own in the text. The book begins at the top of the left column of F. 46v. This is why he calls the second book 'Liber undecimus' (→ app. I *ad loc.*). From the third book onwards the numbering is correct.

**639a5 utrum inveniatur in.** This is apparently the literal translation of إن كان مصيبا فى (cf. 691a11). One would like to have an addition, for example '(aliquid) verum' or, as added in MS *B*, 'veritas'. The Arabic text literally says 'whether he is right in what he says'.

**639a17 et²**: Kruk has altered او (= 'aut'; read او³ in app. Kruk) to و on the basis of Greek καί.

**639a20 somnus et vigilia et crementum et corruptio et vita et mors.** The Arabic has والنفس ('et anhelitus') for the Greek ἀναπνοή, but its translation has not been preserved in Scot's version. 'vigilia' normally translates سهر (cf. 645b34 for ἐγρήγορσιν). It is remarkable that Albertus does have an equivalent for the term; his enumeration reads: 'somnus et vigilia ... crementum et corruptionem et vitam et mortem *et inspirationem* ...' (→ Stadler p. 763.32-8). 'Et vigilia' may have been added automatically, because in enumerations it often forms a standard contrast with 'somnus'.

**639a21** The same thing (see a20, above) has probably happened to 'et vita': this too has probably been added automatically next to 'et mors', although there is no counterpart in our Arabic and Greek texts.

**et⁵ ... etiam**: Kruk rightly inserts هو here, on the basis of Greek καί. Probably, Scot has added '**etiam**' interpretatively, in the way he frequently does.

**639a24 narrare**: read تصنيف instead of تصنيق (typing error ed. Kruk).

**639b1 in differentia**: read بفصل instead of بفضل (typing error ed. Kruk).

**639b11 dicemus nos ... post.** Apparently Scot read سننكر (→ *ed. Bad.*) instead of ينكر (see the Ar.-Lat. Index for more examples of س indicating the future tense in this translation).

**639b14-5 et videtur ... et artificium.** This is a difficult sentence, which has not been transmitted properly in the Arabic text. According to Kruk's plausible reconstruction in the Arabic text Scot's translation should have read: 'et videtur quod causa prima, quae dicitur quod est propter quam, <u>est</u> diffinitio, et diffinitio est eadem causa in rebus quarum generatio <u>et</u> sustentatio <u>sunt</u> per naturam et artificium.'

**639b29** (propter quod) fuit operatio cuiuslibet rei quam intendebat operari: يكون كلّ واحد من الاشياء ويستأنف كينونته (*lit.* 'erit quaelibet res et generatur'). This is a clear example of an interpretative translation by Scot.

**640a7** [in animali] is out of place here, although the MSS transmit it unanimously.

**quod hoc est hoc vel erit**: this is the highly condensed translation of the Arabic اذ هو هذا او متى سيكون هذا (*lit.* '*quod* cum hoc est hoc vel quando, erit hoc'), which is itself an unfortunate rendering of ἐπεὶ τόδ' ἐστίν, ὅτι τόδ' ἐστίν. Apparently, اذ ... او متى are two variants for ἐπεὶ ('cum ... vel quando').

**640a9 convertuntur super se**: read تنتكس (ed. Bad.) instead of تتنكس (ed. Kruk).

**640a10-1 etiam¹ ... etiam².** etiam¹ probably translates و٥, added by Kruk on the basis of καί. etiam² is found only in MS *B*; there is no equivalent in the Greek, but there is one in the Arabic text (ايضا).

**640a11 hac re**: this translates الرأى ('*ista* opinione') for θεωρίαν. رأى is used for various Greek expressions, and has therefore acquired many shades of meaning in Latin as well (→ Ar. Index *s.v.*).

**640a21 spondylium.** This is the gen. plur. of 'spondyle'. Scot uses the word for 'vertebra' in this form (→ Lat. Index *s.v.*). The correct Latin form is 'sp(h)ondylus' (→ André 1991 *s.v.*). The plural 'spondylia' in this text usually has the meaning 'backbone', 'chine'. Cf. also at 651b34.

**ei**: One would expect 'eis' (*sc. spondylibus*). The MSS nevertheless have 'ei', beside the singular 'permutavit', so that apparently Scot regarded 'creatio spondylium' as the subject of the sentence. *D*² has corrected this. Albertus reads 'eis' and adjusts 'permutavit' to 'permutaverunt' (→ Stadler p. 769.20-2). The difficulty is caused by the fact that فقار (Greek ῥάχιν 'spinal column', 'backbone with vertebrae') with Latin translation 'spondylia', represents a single concept. But 'spondylia' can also signify the plural 'vertebrae' (→ *ad* 651b34).

**640a33 naturaliter** was probably added by Scot to clarify 'artificialiter'. There is no Arabic or Greek equivalent.

**640b8 aut¹**: on the basis of Scot's translation Kruk has changed *L*'s reading و to او. It is interesting that the same variant occurs in the Greek MS P (Vaticanus 1339 → Louis *ad loc.*), which reads καί instead of ἤ¹, a plausible palaeographic error. *L*'s reading probably goes back to this tradition. Since Scot can translate both و and او by 'aut', it is hard to determine what exactly he read here.

**diversitas** translates خلاف, which is here a somewhat unfortunate rendering of νείκους. See *HA* 610a33, where Scot translates اختلاف by 'inimicitia'. Albertus has not been able to change it either: '... sive sit *diversa* ab eo quod debet esse, sicut fit quando peccat in operando' (→ Stadler p. 770.34-5).

**640b20 et organica.** From the fact that Scot does offer the translation of the Greek ὁμοίως δὲ καὶ τῶν ἀνομοιομερῶν it may be inferred that this part has been lost in our Arabic text وايضا الاعضاء التى اجزاؤها لا تشبه بعضها بعضا , probably as a result of a *lacuna per homoioteleuton* by the Arabic copyist (cf. *GA* 715a10 for a similar case of confusion). The addition لا ('non') in $L^2$, which does not improve anything, also suggests this. It is interesting that in the Greek text of Z the same mistake is made by $Z^1$ (corrected by $Z^2$ → Louis *ad loc.*).

**640b34 homo imaginatus.** This translates الانسان الحديث. This may be the Arabic translator's rendering of ὁ τεθνεώς ('a newly deceased person'). In view of the expansion of the sentence with respect to the Greek text it is also possible that he read a form of νέος ('new' → Kruk, *Introd.* pp. 25-26). There may also have been a copyist who sensed that the broad meaning of the word حديث might create confusion, so that he added a gloss: اعنى بقولى الانسان الحديث المعمول بمهنة (et est dicere 'homo novus': 'figuratus per artem'). Scot has adopted this interpretation.

**641a17 et si:** in view of this translation by Scot and the Greek εἰ δὴ it may be advisable to read وإن كان instead of إن كان.

**641a25 et alio modo** translates وبنوع آخر, a sloppy translation of ἄλλως τε καὶ ('especially'), which therefore caused confusion. *H* is the only MS to give the exact translation of the extant Arabic text: يقال الطباع 'dicitur natura' (dicuntur *cett.* → app. I).

**641a34-5 in qualibet anima** translates the Arabic فى كلّ نفس, which should be either فى كلّ النفس ('in tota anima') or النفس الكلّية ('in anima generali'), like فى النفس ... الكلّية for Greek περὶ πάσης ψυχῆς in a34).

**641b4** Here again (→ 41a34-5), **quaelibet anima** translates كلّ نفس, which should have been كلّ النفس ('tota anima' → 41b9) for the Greek πᾶσα ψυχή.

**641b5 scilicet** is (rightly) added by Scot.

**641b6 quod est etc.** (→ app. II *ad loc.*). Badawī has deleted والصانع ('et artifex') from the text, in my view correctly. This is an interesting variant which probably goes back to a variant in the Greek text: τὸ αἰσθητικόν: ἄλλο τὸ ποιητικόν Δ (→ Louis).

**641b8 non²:** this is the correct reading (the Greek has οὐ), but it was understood only by $D^2$. Kruk has rightly inserted لا into the Arabic text. It is nevertheless likely that Scot's translation never contained **non**², because he too had an Arabic copy without ﻻ.

**641b18 laudabile et ordinatum.** The Greek has τὸ ... τεταγμένον καὶ τὸ ὡρισμένον. For comparison: in *GA* 778a4 we find τεταγμένα καὶ ὡρισμένα, Arabic المرتّبة المحدودة, correctly translated by Scot as 'ordinatis determinatis'. Kruk's conjecture at this point (المحدود ٭ for the transmitted المحمود) involves three synonyms: مرتّب ('ordinatum') + ٭محدود ('determinatum') + منضود ('ordinatum'). الشريف would then have been translated by inversion as 'laudabile'. This is possible, although a writing error محمود for محدود does not seem very likely. The problem is that the element 'laudable', 'excellent', does not occur in the Greek text. So it is presumably an addition by the Arabic translator, and one might assume that Scot did have محمود in his text, clarified by الشريف. In that case there would be no inversion with respect to the Arabic text. The same order of the two forms is found in two of the substantives derived from these verbs, in 641b23: الترتيب والنضد ('ordo').

**641b19 in nobis:** فينا وفيما يلينا. In my view, Badawī's reading يلينا is preferable to the reading بيننا (ed. Kruk) as a translation of περὶ ἡμᾶς.

**641b29 oriuntur.** Scot doubtless read تنبت instead of the transmitted تثبت, which Scot normally translates by 'figor' or 'remaneo'. This seems better to me with respect to the Greek text: φύσει γὰρ ταῦτα لان هذه الاشياء ٭تنبت وتكون من طباع 'quoniam istae res oriuntur et sunt ex natura', also with regard to the immediately following فنباتها (origo ergo eorum).

**641b31 deciditur.** The Arabic text has يخرج, absent in $L^1$. Its normal translation is 'exit', but Scot may have opted for a more colourful word. More probably, he too had only منه in his text and added 'deciditur' for clarification.

**641b35 grani.** This involves a double error in the translating tradition. The Arabic translator read ὄφεως (= حيّة 'serpens') instead of ὀρέως (= بغل 'mulus'). Scot then read حبّة ('granum') instead of حيّة ('serpens').

**642a5 sed ex** translates بل من. The Arabic translator apparently read τῶν δὲ (after τῶν μὲν) instead of τῶν.

**642a11 instrumentum.** The Arabic translation has كلّ آلة ('totum instrumentum'). But $L^1$ does not have كلّ, and there is no equivalent in the Greek text. It may therefore be advisable to delete كلّ from the text, and to regard it as an addition by $L^2$, made on the basis of 42a12 الكلّ ('totum').

**642a13 necessarium.** There is no equivalent in the Arabic text. It may be an interpretative addition by Scot. It may also have been written above the text, as a variant of 'per necessitatem', witness the uncertain position of **ergo** (→ *codd.*). The original reading is probably just 'Per necessitatem ergo' (→$AD^1H$).

**642a14 per istos ergo etc.:** The Arabic translator apparently had difficulties here with the way the Greek sentences are connected. On the basis of Scot's translation one might say that a new sentence begins at فى هذين : Scot probably read فغى هذين in his text. Albertus follows this division (→ Stadler p. 778.26).

**642a15 quoniam hoc dignius est ut sit natura materiae.** A literal translation of the equally unintelligible Arabic. The Greek text reads ἀρχὴ γὰρ ἡ φύσις μᾶλλον τῆς ὕλης ('for a thing's "nature" is much more a first principle than it is matter' *Peck*). The Arabic translator apparently read the variant αὕτη (Δ → Louis) instead of ἀρχή, and translated لان هذا اجدر ان يكون طباع الهيولى.

**642a20 os¹**: read العظم instead of العظيم (typing error ed. Kruk).

**642a29 crevit**: read نشا instead of فشا (typing error ed. Kruk).

**et fecit quiescere.** On the basis of *GA* 750a35 (→727a9) I assume that Scot read ووقّف (active instead of passive). The conjecture *وضعفت (Kruk) for ἔληξε is plausible, but I think Scot would have translated this as 'debilitaverunt' (*modi etc.*; → Index *s.v.*). L's وضنفت is useless, as is وصنفت (ed. Badawī).

**642a30 corporis.** Scot apparently had the $L^1$ reading البدن in his Arabic copy. The correct reading with respect to the Greek text is المدن (*civitatis; مدنى is translated as 'civitatensis' in *HA* 1. 488a3-7).

**642a31 sermonem nostrum.** The extant Arabic text has the common collocation بقولى عامّ, usually rendered by Scot as 'generaliter'. But بقول عامّ has no equivalent in the Greek text. One might assume that it is a gloss. Scot probably had بقولنا in his text instead.

**642a36 quoniam introitus [non] erit oppositus ad exitum** translates the amplifying Arabic translation of the Greek ἀντικροῦον ('because of the resistance offered'). [non] is out of place and is not in the Arabic text either. All MSS pass it down, though, and Albertus also retains it (→ Stadler p. 780.5).

**642b2-3 ingenium summae cognitionis.** This enigmatic expression has been unanimously transmitted and was adopted by Albertus (→ Stadler p. 780.13). The Arabic text has the equally cryptic جملة مأخذ معرفة. The Latin translation suggests that Scot read the text as حيلة جملة معرفة. 'Summae' (*subst.*) could be the translation of جملة, which at some stage may have been written above the Arabic text as a variant of an original حيلة, entering the text at a later stage. But 'summae' may also have arisen from an ignored ligature of 'sumendae' (→ 41b11 مأخوذ 'sumptus'). In that case the Arabic text may have originally read حيلة مأخذ معرفة ('ingenium sumendae cognitionis' → 644b16, 646a2), with the variant جملة above it. Albertus takes 'summae' as an adjective going with 'cognitionis', but this is not in keeping with the Arabic text. The Greek text has ὁ μὲν οὖν τρόπος οὗτος ὁ τῆς μεθόδου ('this is the method which must be adopted').

**642b4 quando quis acquisiverit aliquid.** The Arabic literally has اذا طلب استقصاء شىء من الاشياء 'quando inquiritur aliquid'. 'quis' seems therefore the most likely reading, although the best MSS, *A* en *B*, offer 'quid', which is also explained by Albertus: 'quando aliquid naturalium aqquisiverit per naturam aliquid quod ad complementum est necessarium' (→ Stadler p. 780.15-6). In that case Scot may have read اذا طلب احد ... . There is no equivalent reading in the Greek text. The translation 'acquisiverit', generally transmitted instead of the required 'inquisiverit', seems odd. Did Scot read اكتساب instead of استقصاء ?

**642b7 superfluitates.** This translates من الفضول. Perhaps 'superflua' would have been somewhat clearer. In Scot's translation both 'superfluitas' and 'superfluum' can mean 'fluid' as well as 'something which is (or has become) superfluous'. He does mean the same here as the Arabic translator and Aristotle (περίεργα 'superfluous extras' *Peck*).

**642b8 habens duos pedes.** The Arabic translator has ذو رجلين والذى له من الارجل اثنان فقط ('habens duos pedes et habens duos pedes tantum') for ὑπόπουν ('footed'), δίπουν ('two-footed'). The faulty and confusing first dual form in the Arabic text has led Scot to interpret these two elements as a hendiadys.

**et quod non habet duos pedes.** The Arabic text has والذى ليس له رجلان, so it uses the dual form again. The Greek equivalent ἄπουν ('footless') does not occur in all the Greek MSS (*add.* ΕΡΥΣΣΥΔ → Louis).

**642b9 occulta cooperta.** 'occulta' translates *L*'s خفى, read by Scot as حقّى ('digna'). 'cooperta' translates مستور in *L*¹ (→ Kruk). These two words are meant to render in hendiadys the Greek κυρία ('important', 'principal' or 'valid'; → 649b18). Kruk is therefore right to conjecture مسوّد ('principalis' → *GA* 772b28) for مستور.

**642b13 avium aquosarum.** الطائر الذى يأوى فى البرّ ('avium manentium in terra'), which Scot did not translate, may go back to the Greek τοὺς δ' ἐν ἄλλῳ γένει, in which γένει may have been read (or heard) as γῇ. But it may also be due to an antithetical addition by the Arabic translator (water birds as against land birds). It is impossible to tell whether Scot read it. Note: in Kruk's apparatus *ad loc.*: read b12 الطائر[3] ... فى[1] -*L*¹.

**642b28 duos pedes.** Scot always gives a literal translation of the Arabic dual form رجلان, whereas the Greek text often means just a plural form.

**642b35 animalis carentis sanguine.** This translates للحيوان الذى ليس له دم for the Greek εἰς τὰ ἄναιμα. For these Greek words many other suggestions have been put forward (→ Ogle, Peck Louis *ad loc.*). But it seems quite logical to me that Aristotle should here discuss the dichotomy 'having blood/without blood' as the most difficult (and in fact impossible) category in the series of examples of dichotomies. He subsequently elaborates on the theme: (643a4) κἂν εἰ ἔναιμα, τὸ αἷμα διάφορον, ἢ οὐδὲν τῆς οὐσίας τὸ αἷμα θετέον *etc.*

**643a4 substantiae ff.** In the reconstruction of the following section of the Arabic text, poorly transmitted and therefore omitted by Scot (cf. app. II ad loc.), I have opted for سيكون* instead of شىء يكون (edd.) on the basis of 643a13 ستكون (erunt). In both cases the Greek text also has the future form: ἕξει (a4) ... βαδιεῖται (a13).

**643a15 quas diximus.** This translates التى ذكرنا, which was added by $L^2$. It is curious that there is no consensus among the Latin MSS either. There is no equivalent in the Greek text.

Next the Arabic has ولا تنسب الاشياء المختلفة الى فصل واحد هو فهو *وجميع الاشياء تنسب الى هذه الفصول. The first ولا* ('neque') has been conjectured by Kruk on the basis of the Greek equivalent οὔτ'(ε). ا, transmitted in the Arabic text, is useless. The second ولا (Kruk's text) has been transmitted in the Arabic text as the equivalent of καὶ. I have opted for *و ('et') instead of this ولا ('neque'). Apparently Scot could not make propter sense of this part of the sentence and therefore omitted it.

**643a18-9 in fine differentiarum.** This is the literal translation of the Arabic فى اواخر الفصول. The Arabic translator has somehow overlooked the crucial ἴσας. Perhaps he read εἰς instead of ἴσας, and connected ἀναγκαῖον with τοῖς ζῴοις.

**643a34 per pondus.** Scot read بالوزن with L. This is undoubtedly due to an Arabic copyist's error for *باللون ('per colorem') for the Greek χρώματι (→ Kruk).

**per mensuram.** This is probably another error by an Arabic copyist. Scot read the transmitted بالمساحة (L) instead of the required *بالسباحة ('per natationem' → GA 781b28) for Greek νεύσει (→ Kruk). Moreover, there is inversion with respect to the Greek text (τὸ μὲν νεύσει τὸ δὲ χρώματι).

**643a35 dividuntur.** This translates تجزأ for Greek διαιρετέον ('non debet dividi'). The Arabic translator failed to notice that the Greek negation in a34 (καὶ μὴ) extends to the second half of the sentence (πρὸς δὲ τούτοις ... πτηνά = ومعما ... الطير), which he makes into a new, independent sentence. As a result, the text no longer makes sense. Scot follows the text as he had it without trying to make improvements.

**643b3 et debet etiam.** The Arabic translator here has again failed to understand the Greek sentence structure with negation (→ ad 643a35).

**643b6 et in terra Indiae sunt.** Through the inversion of 'canis et vacca' with respect to the Arabic text (→ app. II ad loc.) the original Greek combination κύνες ἐν τῇ Ἰνδικῇ has been lost and the adjective 'Indian' has been connected with the next animal species ('porci et caprae et oves'). It is unknown what 'Indian dogs' exactly refers to (→ *HA* 8. 607a4; cf. A. Platt in *Cl.Q.* 1909, iii p. 241-3).

**643b12-3 et non ... per duas differentias.** This translates the Arabic paraphrase of the Greek οὐ κατὰ τὴν διχοτομίαν. The important concept 'dichotomy' occurs five times in *PA*: 642b22 643b13,25 644a9 and 644b19 (→ Bodson *s.v.*).

**643b27-8 sicut fingunt quidam homines quia.** The Arabic text reads كما ظنّ بعض الناس انه. Scot may have translated this as follows: 'sicut fingunt quidam homines quod'. The sentence thus linked up with the following and not with the preceding, in contrast to the Greek text. It is however curious that the Vaticanus MS *(A)* has the right reading with respect to the Greek text: *quia*. I have chosen this reading for the sake of internal logic. The reading 'quod' may be due to the fact that both 'quia' and 'quod' mean 'that' with *verba dicendi*.

**643b32 avis divisa quando confertur ad fissam pedes.** Scot has probably inserted the term 'bird' to give a concrete example. It is not found in the Greek or the Arabic text. The Greek antithesis (ἁπλᾶ μέν ... συμπεπλεγμένα δέ) has not been properly rendered in the Arabic.

**644a22 comparatio**, which would normally be Scot's translation of قياس, seems to have been deliberately chosen by Scot for clarification and variety instead of the usual 'differentia', for the Arabic الفصل (differentia).

**644a25 forcicoz.** This transcribes the Arabic قورسقوس for Greek Κορίσκος, ق having been read as ف, as often happens. Apparently the first c is meant as an s-sound, the second one as a k-sound.

**644a33 passer.** The Greek στρουθός can mean 'sparrow' as well as 'ostrich'. Within this text the meaning 'ostrich' is usually specified: στρουθὸς ὁ Λιβυκός ('struthio' → index *s.v.*). The Arabic translator has opted for the translation 'sparrow' (عصفور), and Scot translates this literally as 'passer'. There is disagreement among the modern translators of the Greek text ('ostrich' *Ogle, Peck*, 'moineau' *Louis*, 'passeri' *Torraca (Padova 1961)*).

**644b1 elongatio loqui.** This translates the Arabic من التطويل وترداد القول مرارا شتّى ('longwinded account'). One would expect 'elongatio *loquendi* ', but 'loqui' has been passed down unanimously. Apparently Scot here uses a construction analogous to that of the infinitive with verbs of procrastinating, tarrying (→ *Kühner-Stegmann, Ausführliche Grammatik d. Lat. Sprache 1966⁵*, Bd. II p. 667). An example is *Cic. Phil. V, c. 33* cui bellum moremur inferre. Scot here apparently construes a noun of the same import with an infinitive. I have found no parallel for this construction. Evidently Albertus also thought the expression strange, because he changes it into 'prolongatio sermonis' (→ Stadler p. 791.20).

**644b10 malakie.** This transcribes the Arabic مالاقيا, which transcribes the Greek μαλάκια ('cephalopods').

**halzun.** This transcribes the Arabic الحَلَزون, which translates the Greek ὄστρεα ('testacea').

**644b16 declaravimus.** After this the Arabic text has: كيف ينبغى ان ∗تقبل ('quomodo debet recipi') for the Greek πῶς μὲν οὖν ἀποδέχεσθαι δεῖ. ∗تقبل is a correct conjecture by Kruk (→ GA 740b18 غير مقبول 'non receptus').

**644b20 (debemus) ponere:** read نصيّر (ed. Bad.) instead of يصيّر (ed. Kruk).

**644b25 substantia divina una:** الجوهر الواحد الالهى . الواحد ('una') has no Greek equivalent. The Arabic translator perhaps had a manuscript which divided τιμίας over two lines (τι-μίας, which happens to occur in the Budé text of Louis as well!) so that he read μίας οὔσας instead of τιμίας οὔσας.

**644b30 illis substantiis caelestibus.** The Arabic text only has كلّ واحد منهما ('quolibet illorum'). Scot has attempted to explain 'illis' (sc. substantiis caelestibus), but he chooses the wrong subject (illis sc. animalibus et arboribus).

**644b30-1 loquetur cum labore et difficultate.** On the basis of Scot's translation there is no reason to prefer the $L^2$ reading اقاويل شتّى to the $L^1$ reading قائل شيئا (→ Kruk).

**644b31 gravitas.** This translates عويص. Normally this is the Arabic translation of ἀπορία (→ GA Index s.v.). The Greek text has χάριν ('charm', 'attractiveness'), so that a reading error is not very likely. It may be that the Arabic translator chose another shade of meaning of χάρις, and that the original Arabic translation was تعويض ('compensation', 'satisfaction'). This may have led to the incorrect عويص in the transmission.

**645a4 dispositio animalium** translates the Arabic حال الحيوان. The Arabic translator has tried to clarify the Greek περὶ ἐκείνων (= τὰ θεῖα 'things divine' Peck), but on account of the preceding τὰ δὲ διὰ τὸ μᾶλλον ... φιλοσοφίαν he has mistakenly chosen حيوان ('animalia') as the subject.

**645a13 operatio imaginum** translates the periphrastic Arabic عمل الاصنام وافراغها (τὴν γραφικὴν ἢ τὴν πλαστικήν). The fourth form of فرغ also means: 'he poured metal, such as gold and silver etc., in a molten state, into a mould. And: he cast a thing, i.e. formed it by pouring molten metal into a mould (Lane s.v.). There is a nice parallel expression in HA 8. 623b14: المعمول المفروغ منه for Greek τὰ πεποιημένα ('things ready made' Balme). The Latin translation is periphrastic there.

**645a20 templum.** This translates the Arabic الهيكل. The Arabic translator has apparently read τῷ νεῷ instead of τῷ ἰπνῷ (*furnus).

**645a31 instrumento.** This translates الآلة او من الآنية, which Scot has taken as a hendiadys. Apparently the Arabic translator read τῶν ὀργάνων ἢ τῶν σκευῶν (in the tradition of Δ → Louis) instead of τῶν μορίων ἢ τῶν σκευῶν.

**645b15 ad disponendum.** The next Arabic passage والذى يقال ... كثير الاجزاء, which Scot did not translate (→ app. II *ad loc.*), shows that the Arabic translator had the reading πολυμεροῦς ('complex') in his text (which has come down to us only in the Greek manuscript P) instead of the generally transmitted reading πλήρους ('plenary' *Ogle*; → Louis *ad loc.*).

**645b25 quodlibet.** Read كلّ ما (ed. Bad.) instead of كلّما (ed. Kruk) for Greek πᾶν.

### Second Book

**646a14 et dignum est ut sit convenientior sermo.** A curious contamination has taken place here in the Latin manuscripts. 'convenientius' would be better with respect to the Greek and the Arabic texts, but the structure of the sentence does not allow this. To obtain a correct sentence, a15 et[1] should properly be omitted, but all the Latin MSS have transmitted it. فى القوى ('in virtutibus') has not been translated by Scot (→ app. II *ad loc.*).

**646a26-7 non est ultimum nisi propter quia** in MSS *ABH*[1] is probably Scot's original reading. If so, من اجل انه ('quia') was overtranslated as 'propter quia', which *B* then corrected to 'propter hoc quia'. The Arabic has literally 'non est nisi ultimum quia'. Albertus also has this order, but instead of 'quia' he begins a new sentence ('non enim ...' → Stadler p. 799.31). The Latin scribes try in vain to make the sentence run properly. The problem with the syntax is caused by the insertion of 'propter'; this element may have entered the text owing to لحال in a27 en a28.

**646a29 yle.** This is the transcription (adopted by Albertus) of the Arabic هيولى (→ Stadler p. 799.33). Scot always translates this word as 'materia'. The transcription may represent هيولـى (hayūlā 'matter'), but it could also be the transcription of an Arabic transcription that came closer to the Greek ὕλην; if so, the form of the nominative singular was transcribed by that Arabic translator (ὕλη).

**646a29-30 non ... tantum ... sed etiam.** This normally translates the equally standard Arabic collocation ليس ... فقط ولكن ... ايضا (→ 640a24 and *GA* 738a36). It may therefore be better to read ولكن* instead of لكن (*G*) or لكن (*L* → Kruk).

**646b1-2 et substantia est forma.** Scotus has mistranslated the Arabic (→ app. II *ad loc.*). Apparently he read والجوهر فصورة instead of فالجوهر وصورة. 'Substantia et forma' should be the subject of the sentence, but were interpreted as ablative in this sentence structure, as Albertus' commentary shows: 'Diffinitione autem et substantia forma cuiuslibet rei, quae est finis, est anterior (→ Stadler p. 800.8-9).

**646b3 aedificatoris.** Scot apparently read بَنّاء ('builder') instead of بِناء ('a building' or 'the construction of a building'). Albertus has well understood the meaning ('in diffinitione aedificationis' → Stadler p. 800.12).

**646b4 aedificii.** As in the entire passage 46b3-4, the Latin MSS here are rather hesitant about the correct reading. 'vel aedificatoris' has obviously been added as a gloss, and adapted by B (→ app. I ad loc.). Scot read بِناء in the sense of 'aedificium' instead of 'aedificatoris'. Albertus has the correct interpretation here as well ('ratio aedificationis' instead of 'diffinitio aedificii' → Stadler p. 800.14-5).

**646b7 et illis** *etc.* Scot wrongly makes the construction run on (Ξ: et illa membra ... sunt *etc.* → app. II ad loc.).

**646b8 eis.** The Arabic translator has ignored the Greek phrase τούτων δὲ τὰ ἀνομοιομερῆ, and so 'eis' in this sentence refers to the 'partes consimiles' (τὰ ὁμοιομερῆ), whereas τὰ ἀνομοιομερῆ are meant in the original Greek text.

**646b14 manus minor et manus maior.** This translates the Arabic اليد وكلّ العضد (χειρὸς καὶ παντὸς τοῦ βραχίονος 'the hand and the whole arm' Ogle). Manus[1] translates يد. Scot has added **minor** here for clarification on account of the translation 'manus maior' for كلّ العضد, which literally means 'totum brachium' (→ GA 721b33). In *PA* Scot seems to avoid the word 'brachium'. He replaces it by 'assetum', which is probably based on the transcription of the Arabic الساعد as-sā'id ('forearm'; → Stadler IV p. 1657 s.v. asseyd; Singer-Rabin p. 24). Perhaps he does this to avoid confusion with 'branci' (branchi *often codd.*; 'gills'), which occurs frequently in this text. For comparison: in Scot's translation of Avicenna's *De animalibus* (Ar. ed. Madkour, *PA* pp. 244.4-5 332-4 etc.) الساعد is often transcribed as 'aseid', while عضد is translated as 'adiutorium'.

**646b19 palmae[2] et[2].** I see two possibilities here. If Scot had the same Arabic text as we have, he has translated المدّ والانبساط as a hendiadys ('extensioni'), adding 'palmae et' for clarification. He may also have read اليد ('manus') instead of المدّ (Badawī prints this reading in his text, although the Arabic MSS have المدّ). If so, Scot has translated اليد ('manus') as 'palmae' to match كف ('palma') in the first part of the sentence.

Kruk's conjecture *لضبط is correct with respect to the Greek text (→ Indices s.v. πιέζω, ضبط and مسك), but Scot would have rendered this as 'ad retinendum'. Judging by his translation, 'ad deprehendendum', he read *لصيد, so more in line with the L[1] reading (لصد → Kruk; → Index s.v. صاد, deprehendo).

**646b32 ex ... corpore.** Scot apparently read من جسد instead of جسد, which also agrees with the Greek text (ἐξ ... σώματος).

**647a8 et non currit hoc nisi per virtutem quae currit ab eo quod est in actu.** This probably translates the Arabic وانّما يلقى ذلك بالقوة ممّا يلقى من الذى بالفعال (→ Kruk). The translation 'currit' ('to be of effect' *Latham s.v.*) for يلقى (= 'patitur') seems odd. Kruk has emended the Arabic according to the Greek text: وانما يلقى ذلك الذى بالقوة من الذى بالفعال for the Greek πάσχει δὲ τὸ δυνάμει ὂν ὑπὸ τοῦ ἐνεργείᾳ ὄντος 'that which is *in potentia* is affected by that which is *in actu*').

**647a9 et illud unum.** This shows that Scot read وذلك واحد instead of the transmitted ولذلك واحد, consistent with a Greek text without εἰ (as added by Ogle, followed by Peck): καὶ ἐκεῖνο ἕν.

**647a10 et propter hoc** *etc.*. Kruk's edition indicates the beginning of Ch. II here, but this chapter begins at 647b10 ('quaedam autem membra ...').

**647a11 facies.** المنظر والوجه (*lit.* 'aspectus et facies') renders the Greek πρόσωπον ('face') by a hendiadys, and is apparently interpreted as such by Scot. As a rule, منظر translates the Greek μορφή. Curiously enough the Arabic text lacks a translation of χεῖρα ('hand').

**647a13 aer +** ومنها ما هو ماء (et quoddam est aqua → app. II *ad loc.*). This addition has no equivalent in the Greek text. It was probably added by the Arabic translator (cf. *ad* 667b14 683a8).

**647a14 simpliciter.** Possibly Scot read بنوع المبسوط instead of المبسوط ('simplex').

**647b19 caro.** This shows that Scot's Arabic text contained اللحم (→ Kruk), translating the Greek σάρξ.

**647a22-3 in animalibus membra in istis membris.** This translates فى بعض الحيوان اعضاء فى هذه الاعضاء. Scot quite sensibly omits بعض ('quidam'), which the Arabic translator had erroneously connected with الحيوان ('animals') instead of with اعضاء ('parts'), as in the Greek text (τοῖς ζῴοις ἔνια μόρια ὁμοιομερῆ 'animals ... some uniform parts' *Peck*). He also read فى$^2$ with $L^1$ (a22 in$^2$) instead of من (→ Kruk).

**647a25 per virtutem.** Scot apparently reads بقوة instead of فقوة, totally obscuring the original meaning of the sentence (→ app. II *ad loc.*).

**647a29 principium appetitus.** Read يهيج (ed. Badawī) instead of بهيج (typing error ed. Kruk). πρακτικός ('active') has been lost with respect to the Greek text. The extant Arabic text is corrupt (→ Kruk app. *ad loc.*). Kruk conjectures للنشاط, Badawī للنشوء. Judging by Scot's translation 'appetitus' he read للشهوة.

**647a31 dividitur.** Read تجزأ instead of يجزأ (typing error ed. Kruk).

**647b2 vacuitas** translates the Arabic خلل. The Arabic translator may have read διάλειψιν instead of διαλήψεσιν ('points of ramification' *Peck*).

**647b3 aqua ponderosa.** This translates the Arabic text as we have it: الماء ولذلك الماء ثقل (*lit.* 'aqua et illa aqua habet ponderositatem'). Undoubtedly the Arabic translation originally read ثفل ('faex', 'lutum' → 668a29), instead of ثقل ('pondus'), for the Greek ἰλύς ('mud'). In 647b28 Scot makes a similar reading error, but there our Arabic text has the correct reading.

**647b12-3 sanguis ... sperma.** The long catalogue of examples of different kinds of moist ὁμοιομερῆ has led to problems in the tradition. The Greek text has the order αἷμα (blood), ἰχώρ (serum), πιμελή (lard), στέαρ (suet), μυελός (marrow), γονή (semen), χολή (bile), γάλα (milk), σάρξ (flesh). In *L*'s Arabic text we find الدم (blood), والمخ (marrow), والشحم (lard), والثرب (suet), والمنى (semen), والمرّة (bile), واللبن (milk). The Arabic translator has taken ἐν τοῖς ἔχουσι σάρξ together, as if it said σάρκα, and Scot follows this up in his translation ('in animalibus habentibus carnem'). Scot's catalogue runs as follows: sanguis (blood), sebum (lard), sanies (serum), zirbus (suet), sperma (semen). 'Zirbus' is based on the transcription of the Arabic ثرب (tarb), and is declined in the normal way (→ *ad* 651a20).

Evidently the term 'sanies' in Scot must come from a translation of ἰχώρ. He probably read قيح at the point where our Arabic translation reads مخ ('marrow' → ed. Badawī). He does not have the Latin equivalents of مخ ('medulla'), مرّة ('cholera') and لبن ('lac'), and he has inverted 'sanies' and 'sebum' with respect to the Arabic text. The curious thing is that *L*'s text does have مخ ('marrow'), but at the place where there should be an equivalent of ἰχώρ. As far as I can see, $L^1$ had قيح, changed to مخ by $L^2$ (this is not mentioned by Kruk). Perhaps one of these two terms had been written above the original Arabic translation, later on giving rise to a double tradition in the MSS. Usually the Arabic translator renders ἰχώρ as مائية الدم, translated literally by Scot as 'aquositas sanguinis' (651a17 751b18 653a2). 'sanies' as a translation of قيح is found in Scot's Latin translation of Avicenna's *De animalibus* (ed. Madkour p. 53.2). In *GA* 777a10-1 the Arabic قيح is translated as 'virus' for the Greek τὸ πύον ('pus'). It is also possible that the Arabic translator did not translate ἰχώρ, and that he moved back μυελός in the catalogue. In any case Scot read قيح instead of مخ.

**647b18 diversatur diversum ab illo quod.** These words have no equivalent in the Arabic text. Scot may have added these words for clarification. It may also be a gloss which entered the Latin text at an early stage.

**647b22 sicut materia membris organicis.** Apparently Scot had an Arabic text which corresponded to the Greek text: ὡς ὕλη τῶν μερῶν τῶν ἀνομοιομερῶν ('as the material for the non-uniform parts' *Peck*). So the Arabic translation must have read مثل هيولى الاعضاء التى اجزاؤها لا تشبه بعضها بعضا.

**647b24-5 quoddam[1] istorum** (*sc. ossium et nervorum etc.*) ... **quoddam[2]**. 'Quaedam' was generally transmitted in the Latin MSS, and Albertus seems to have read this as well (→ Stadler p. 809.2-3). In that case however one would also have to read 'sunt' instead of 'est', but the latter has been transmitted unanimously. This is why I have opted for the *B* reading (→ app. I *ad loc.*).

**647b27 est ex intentione.** Scot may have read هو من المعنى (→ *PA* 660a36) instead of هو من العرض ('accidit').

**647b28 ponderositas.** Scot read ثقل instead of ثفل ('faex' → *ad* 647b3).

**648a13 debemus opinari quod.** Scot apparently read the Arabic as ينبغى لنا ان نظنّ ان ($L^2$ →Kruk).

**648a29 Gorcion.** This is not a very good transcription of the name of Parmenides in the extant Arabic text, which reads برسيون *s.p.* (barsiūn). Perhaps Scot read this as غرسيون. Remarkably, Albertus has a somewhat better transcription: 'Borgyan autem medicus ...' (→ Stadler p. 810.29). Kruk emends to ⁎برمنيدس in accordance with the Greek text.

**648a35 videtur nobis.** Read هو شبيه ان instead of هو سببه ان, for the Greek ἔοικε (typing error ed. Kruk).

**648b11 utrum ... aut.** Scot probably did read ⁎او (aut), since إن ... او is a standard collocation (→ Kruk).

**648b12 utrum ... aut.** This translates the collocation هل ... او. Apparently the Arabic translator read along with ΕΠΖ[1] ἢ πόσα ἢ πλείω, instead of εἰ πλείω 'if there are many', the general reading of the Greek editions (→ Louis *ad loc.*).

**648b15 cum hoc.** The Arabic text here has مع اذى ('cum nocumento') for the Greek μετὰ λύπης ('with pain'), whereas 'cum hoc' would translate the Arabic مع ذلك. I do not consider a reading error by Scot very likely here. 'Hoc' may be due to an early incomplete ligature of 'nocumento'.

**648b24 dicitur.** The Arabic text here has passed down لا يقال ('non dicitur' → app. II *ad loc.*). This is incorrect, but the Arabic text may have had it, because the translator's rendering of the Greek text is poor at this point. It may originally have been the translation of εἰ μή. Scot rightly omits it; but perhaps his Arabic copy did not have لا.

**648b35-6 et ex istis est quae narravimus quod.** Scot may have read ومنها ما وصفنا instead of ومعما وصفنا. The sentence would run more smoothly without est in b35. But all the MSS (except $A^1$) have it. Albertus has it as well.

**649a3 et fit.** The Arabic text has ولكن ('sed'). Perhaps Scot read ويكن instead of ولكن. Apparently the Arabic translator has overlooked the Greek μή.

**649a4 musicus.** This translates the Arabic صاحب علم in an interpretative way. The complete term صاحب علم اللهو is found in *GA* 724a26.

**649a5-6 aut sit maioris sanguinis aut calidioris.** Apparently Scot read دماء instead of دفاء, and the whole sentence has been misunderstood (→ app. II *ad loc.*).

**649a7 est**[1]. Read in the apparatus of ed. Kruk: a7 $L^1$ كانت : بطره. كان ... [1].

**649a8 sensum tactum.** 'Tactum' is properly superfluous. The Arabic and Greek texts have no equivalent. But it was generally passed down in the Latin MSS. In view of its uncertain position in the various MSS we can assume that it is an early gloss.

**649a18-9 non est natura, sed privatio.** This translates the Arabic ليس هو بطبيعته بل عدم. The Arabic translator apparently follows the tradition of the Greek MSS EYZΔ (→ Louis): οὐ φύσις τις ἀλλὰ στέρησις.

**649a34 liquefiunt.** Apparently the Arabic translator read τηκτά instead of πηκτά ('solidified' → *ad* 653b4).

**649a35 est indeterminata quoniam.** Apparently Scot added this for clarification. There is no equivalent in the Arabic or Greek text.

**649b18 occulte.** Apparently Scot read الخفى instead of الحقى ('dignus'). He ignores المسوّد ('principalem'). الحقى المسود probably render the Greek κυρίως ('most properly') in hendiadys (cf. 642b9).

**649b21 manifestum est quod.** Read يستبين instead of نستبين (typing error ed. Kruk).

**649b27 calidus**[1] **... et tunc.** This is Scot's summary of the Arabic passage واذا كان حارًا على مثل تلك الحال (→ app. II *ad loc.*).

**650a5 caloris +** كمثل ( ـ ) وتغييرهما ('et alteratio eorum similiter' → app. II *ad loc.*). The original Arabic translation doubtless had تغيير ('alteratio, mutatio') for the Greek μεταβολή ('transformation'), rather than the تغيرها which has come down to us, because the word always occurs in this form (→ Indices *s.v.*). In that case it is on a par with طبخهما and نضوجهما. Scot's omission of this part may indicate that he had doubts about the text.

**650a8 multa +** اعنى الاعضاء التى تصلح لذلك ('scilicet membra quae iuvant ad hoc' → app. II *ad loc.*). Perhaps this passage, omitted by Scot, was preserved in 'membrum', which rightly has no equivalent in the Arabic text; compare the Greek text: ἡ μὲν γὰρ πρώτη ... λειτουργία ('the first duty').

**650a19 cibum +** كما يؤخذ من ٭فاتنى اعنى من البطن ومن طباع المعاء ('sicut accipitur ex *praesepio scilicet ex ventre et intestinis' → app. II *ad loc.*). Kruk's conjecture ٭فاتنى for the corrupt Arabic word (ابىى s.p.) is quite reasonable. In that case we are dealing with a transcription of the Greek φάτνης ('manger'). But it is still strange that ف has disappeared, and that س is missing in the muddled Arabic transmission (unless the nom. singular of the word, φάτνη, was transcribed, as often) → Kruk.

**650b3 ergo ... non ... nisi.** Apparently Scot read وانّما instead of the transmitted وايضا ('et etiam'). This seems better with respect to the Greek text as well (ὅτι μὲν οὖν ...).

**650b9 sensum a corde.** Apparently the Arabic translator read αὐτῇ (sc. καρδίας) instead of αὐτοῦ (sc. αἵματος), and αἴσθησιν instead of αὔξησιν.

**650b15 cervorum** + وغيرها من الحيوان ('et aliorum animalium' → app. II ad loc.). Πρόξ ('gazelle', 'roe' or 'deer') was left untranslated by the Arabic translator, both here and in 676b27 (as well as in HA 2. 506a22 3. 515b34 and 520b24). He probably did not know the word.

**650b19 secundum ista.** This addition was introduced by Scot and there is no equivalent in the Arabic text. Albertus has interpreted it as follows: 'secundum dispositiones sanguinis et humoris qui est loco sanguinis' → Stadler p. 837.37).

**650b24-5 multa animalia ... quibusdam** (→ app. II ad loc.). Scot probably did not have the first انفس ('animae' b24) rendering τὴν ψυχὴν in his text (om. $L^1$ → Kruk). Nor, perhaps, the second (b25), since he does not translate it there either.

**650b27 multae aquae.** Scot' translation indicates that he had the $L^1$ reading كثير الماء. The $L^2$ reading كثير المائية ('multae aquositatis') corresponds more closely to the Greek text: τὰ λίαν ὑδατώδη ('those that have excessively watery blood' Peck).

**quae infrigidantur.** This has no equivalent in the Arabic or the Greek text. It may have been added by Scot, or it entered the text as a former gloss (from b28).

**timor.** L has الفزع, not الفرع (typing error ed. Kruk).

**650b34 animal.** The Arabic text has شكل الحيوان ('figura animalis'). شكل translates the Greek τὸ ἦθος ('character'). Scot probably ignores it because he always translates شكل as 'figura' (occasionally as 'forma'), which would be unsuitable here.

**quod est talis dispositionis.** $L^1$ does not have دمه ('sanguis'), and apparently Scot did not read it either. Nor is there an equivalent in the Greek text.

**audax.** Read كثير الجرأة (ed. Badawī) instead of كثير الحرارة (ed. Kruk), which is also preferable with respect to the Greek text (ἐκστατικὰ 'liable to outbursts' Peck).

**651a16 grossitie.** MS Vaticanus (A) has a marginal gloss at this point: 'in arabico congelatur et coagulatur fere eodem significantur'. The word in question is جمد, which is in fact frequently rendered by both the translations indicated. The gloss may be Scot's own. The gloss refers to 'congelatur', which is often used in this section.

**651a18 corrumpebatur ff.** (→ app. II *ad loc.*). In the next part of the sentence (a18-9) the Arabic translator ignores the antithesis ὁ μὲν ... ὁ δ' found in the Greek text.

**651a20 zirbus** transcribes the Arabic ثرب (tarb), which renders the Greek στέαρ ('hard fat'). 'Zirbus' is declined as an ordinary noun. The word is found in medical texts meaning 'omentum' (→ Singer-Rabin, Latham *s.v.*).

**pinguedo** (in conjunction with 'sebum' → Index *s.v.*) translates the Arabic شحم (šaḥm), which renders the Greek πιμέλη ('soft fat'). So this involves inversion with respect to the Greek text.

**651a21 superfluitatem.** De Arabic translator doubtless translated διαφοράν as فصل ('differentia'), which the editions of Kruk and Badawī rightly include. However, *L* has فضل, and Scot translates this as usual by 'superfluitas'. In my view, therefore, this is an error by an Arabic copyist, since the Arabic translator cannot have confused διαφοράν and περίττωμα.

**651a22 coctus.** Read مطبوخ, not مبطوخ (typing error ed. Kruk).

**651a24 quod non inveniuntur nisi in animali.** This translation suggests that Scot read انّما كان فى الحيوان مخصبا, so انّما instead of ما (→ app. II *ad loc.*).

It seems probable that the Arabic translator read ὑγρῶν ('fluids') as ὑγιεινῶν (for the translation 'bonae dispositionis' compare 650b1 ὑγιεινόν, Arabic حسنت حاله).

**651a30 et pars aquosa pauca.** This translates the Arabic والجزء ٭المائى الذى فيه قليل. Curiously enough Scot has the correct reading with respect to the Greek text (ὀλίγον ... ἔχει ὕδατος), while *LT* pass down النارى ('٭ignea') instead of ٭المائى. So Scot had a text here that was different from the extant Arabic text.

**651b4 pinguedo et zirbus.** Apparently the Arabic translator did not read ζῷον ('animal'). He therefore repeats الشحم والثرب ('pinguedo et zirbus') as the subject of the sentence.

**651b11 corruptio et senectus.** This translates the Arabic البلى والفساد. Scot has failed to recognize that the Arabic translator uses two synonyms to render the Greek φθορά ('decay'). He has overtranslated بلى as 'senectus', probably influenced by 'senescet' in b8. In the preceding part of the sentence the Arabic translator renders φθοράν in the same manner, but Scot did not translate this part (→ app. II *ad loc.* وكلّ ما ... والفساد).

**651b28 medulla animalis.** Scot may have read مخ الحيوان (ed. Badawī) instead of مع الحيوان (*L*, ed. Kruk). If the former reading is correct, the Arabic translator has repeated μυελός ('marrow') as subject. The latter construction might be intended to render the Greek genitive collocation (τῶν μὲν πιμελωδῶν 'in animals which contain lard'). In that case Scot himself has repeated the subject, 'medulla'.

**651b32 talis est.** The Arabic translator has apparently overlooked ἥκιστα in the Greek ἥκιστα δὲ τοιοῦτος ('cannot possibly be of this nature' *Peck*).

**651b34 transiens per omnia spondylia.** For the form 'spondyle' → *ad* 640 a21). This translates the Arabic ويجوز بجميع الفقار ويتجزآ فى خرز الفقار ('transiens per totam *spinam dorsi quae dividitur in armillis spondylium'), for the Greek διέχειν διὰ πάσης τῆς ῥάχεως διῃρημένης κατὰ τοὺς σφονδύλους ('to pass without a break right through the whole spine which is divided into separate vertebrae' *Peck*). The Arabic translation is therefore fairly accurate, whereas Scot simplifies the description, probably because in his translation of this text 'spondylia' can mean 'spinal column' as well as 'vertebrae', and it is difficult for him to make a distinction between these two notions (→ *ad* 640a21).

**652a14 naturaliter** + فقط مشتركة الفقار شوكة فيه وانّما ('et non est in eo spina spondylium nisi communis tantum' → app. II *ad loc.*). مشتركة ('communis') suggests that the Arabic translator read κοίνη instead of κοίλη (which is translated as مجوّفة 'concava'). Scot understood that something was wrong in the text and therefore omitted this part of the section.

**652a18 est alterati coloris.** This translates متغيّر اللون. Apparently the Arabic translator interpreted ἀλλοιότερος ('different') as an echo of μεταβάλλει ... τὰς χρόας ('changes its colour' *Peck*) in 651b27. He may also have read it as ἀλλοιόχροος.

**652a19 clandestini.** This translates the Arabic مسمار. Dozy classifies this word under سمر, and here it translates the Greek περόνη (*'fibula', 'fastening-pin'). The word 'clandestinum', which must be its translation, has been transmitted unanimously, also by Albertus (→ Stadler p. 842.9). I have not been able to find the Latin word used in this sense in a dictionary. It is used again in 670a13, where it translates the Greek ἧλοι ('nails', 'rivets').

**transeuntis** + وقوة امتداد* له يكون لكى ('ut habeat extensionem et fortitudinem' → app. II *ad loc.*). I assume that as usual the Arabic translator has rendered τάσις as *امتداد ('extensio'), even though at this point the form امداد has been passed down unanimously (→ Index *s.v.*).

**652b2 aeterna.** This translates the Arabic سرمدى. Apparently the Arabic translator read ἀλλ' ἀΐδιος ('but eternal') instead of ἀλλὰ ἴδιος ('but peculiar').

**652b3 membrorum sensibilium.** I think it likely that the Arabic translator has rendered the Greek equivalent τὰ αἰσθητικὰ μόρια as الاعضاء *الحسّية, and not as *الحاسّة (Kruk's conjecture on the basis of the transmission), since the form حسّى is usual for him, translated by Scot as 'sensibilis' (→ Indices *PA* and *GA s.v.*). The transmitted Arabic text has the useless الجاسية.

**652b17 contrario cibi.** This is the correct translation of the Arabic ضدّية الغناء. But the entire element غناء ('cibi') is out of place here. The Arabic translator probably read τροφῆς instead of ῥοπῆς ('counterbalance', 'equipoise'). Along with MSS *DH* Albertus reads the interpretatively adapted 'sibi' (→ Stadler p. 843.26). However, Scot preferably construes 'contrarius' with the genitive. Others, such as MSS *CEW*, omit the awkward element altogether.

**652b25 animal multipes.** This is Scot's standard translation of the Arabic الحيوان الكثير الارجل, which translates the Greek πολύπους ('octopus').

**652b25-6 modi ergo huius animalis sunt calidi propter privationem cerebri.** The Greek version runs: ὀλιγόθερμα γὰρ πάντα διὰ τὴν ἀναιμίαν ('for since they lack blood they *(lit. all of them* ed.*)* have but little heat' Peck). Apparently the Arabic translator read θερμά instead of ὀλιγόθερμα and something like ἀνωμαλίαν (?) instead of ἀναιμίαν.

**653a1 superfluitas cerebri.** This translates the Arabic فضلة الدماغ. Apparently the Arabic translator failed to remember that τὸ περίττωμα belongs with the preceding τῆς τροφῆς, because he had already used this element in his translation of ἀναθυμιωμένης (652b36 'vapor cibi ascendit sursum'). $D^2$ noticed the error and suggests the emendation: 'vel cibi'.

**653a2 fortitudinem.** This translates قوة, which can mean both 'virtus' and 'fortitudo' (→ Index *s.v.*). Here it would have been better perhaps if Scot had opted for 'virtutem', because at this point قوة translates δύναμιν ('influence' Ogle).

**aquositas sanguinis.** This translates مائية دم. The Arabic translator has interpreted ἰχώρ specifically as 'blood serum', which is indeed its usual meaning in this text. Louis *ad loc.* notes, however, that 'la partie liquide d'une humeur quelconque' is meant here.

**653a7 sustentabitur.** Strictly speaking the Arabic text has يكون له ايضا تقويم ('sustentabitur etiam'), 'etiam' being used in the sense of 'again'. 'Etiam' is sometimes used in this manner to render an original Greek πάλιν, as here: συνίσταται πάλιν ('condenses back again'). However, when πάλιν is rendered by ايضا in the Arabic text, it is often ignored in the Latin translation (cf. *GA* 715b12-3 as opposed to 722b24 etc.).

**653a9 secundum quod comprehendit.** So Scot probably read (بقدر ما) يدرك instead of (بقدر ما) ندرك. This seems better with respect to the Greek text too: ἐφ' ὅσον τῆς φυσικῆς φιλοσοφίας ἐστὶν εἰπεῖν περὶ αὐτῶν ('so far as Natural Philosophy is concerned with these matters' Peck).

**653a13 propter ponderositatem.** Scot probably read بثقل (→ ed. Badawī) or لثقل, on a par with لعلل. The Arabic text (→ app. II *ad loc.*) should be read as وَيُثْقَل ('et aggravat' → *GA* 779a9) for βαρύνει τε.

**653a16 aggregatur in.** Read تجتمع كثيرة فى (ed. Badawī) instead of تجمع كثيرة فى (ed. Kruk).

**653a17 elevare.** قيام (ed. Badawī) should be read here instead of قدام (ed. Kruk).

**653a21 ex eo quod accidit.** Read من العرض الذي يعرض instead of من الارض etc. (typing error ed. Kruk).

**653a23 in eo.** Scot apparently read فيه instead of $L^2$'s منه (→ Kruk).

**653b4 infrigidabitur corpus et liquefaciet ipsum.** Apparently Scot read يبرد ('infrigidabitur'), although one would expect him to read يبرّد ('infrigidat'). The Arabic translator must have overlooked the second Greek negation οὐ (b4).

**corpus.** The Arabic translator has added this element (الجسد) for clarification. In the Greek text the verb has no direct object, but 'the blood' is generally assumed to be implicit.

**liquefaciet ipsum.** This translates يذيبه. Apparently the Arabic translator read τήξει instead of πήξει ('set fast' Peck). Cf. 649a34 and GA 743a16 with app. II ad loc..

**653b6 multum vel de facili.** We find here two alternative translations alongside each other in the text, probably originating from Scot. 'Multum' and 'de facili' are clearly variants of the Arabic جدّا. The translation 'de facili' may have been suggested by سريع ('festinens valde' b7) slightly further on.

**653b9 non ... aliquid.** The Arabic text is لم ... شيئا بقدر قول القائل ('non ... fere aliquid'). بقدر قول القائل often translates the Greek σχεδόν (as here; also ὡς εἰπεῖν → ad 687b21), and is rarely translated by Scot ('fere', 'forte'). Cf. PA 660a15, GA 758a32 etc. It is often ignored (→ Indices).

**653b13 una differentia.** Apparently Scot read فصل instead of فكلّ ('omnia vero' → app. II ad loc.). In Albertus the result of this reading error comes with a well-wrought explanation: 'una autem differentia est omnium superfluitatum cibi praeter sperma et lac: omnes enim aliae superfluitates sunt ex impuro quod reicitur a natura' (→ Stadler p. 855.27-9).

**653b14 eorum.** This must refer to 'superfluitatum cibi et decoctionis'. So the $D^2$ reading 'earum' would be more correct grammatically. The confusion is caused by the fact that the Arabic translator ignores the treatise περὶ τὴν τῆς τροφῆς σκέψιν καὶ θεωρίαν mentioned in the Greek text, as well as the subsequent τὰ δὲ περὶ σπέρματος καὶ γάλακτος, making the text totally incoherent.

**653b22 diffinitione.** The Arabic translator has added اعنى الجسد ('scilicet corporis'), rightly ignored by Scot.

**diffinimus.** Read نحدّ instead of نجد (typing error ed. Kruk).

**653b24 habet.** This translation shows that Scot read له instead of آلة ('instrumentum' → app. II ad loc.). It seems that $L^1$ had آلة, subsequently altered to له by $L^2$ (not mentioned by Kruk). Badawī prints له in his text. Kruk opts for

اَلّ, which agrees more closely with the Greek text (ταύτης δ' αἰσθητήριον τό τοιοῦτον μόριόν ἐστιν 'that part is the organ of that *sense*' namely, the flesh is the organ of touch).

**653b25 depuratio visus.** There is considerable disagreement in the transmission of the peculiar word 'depuratio'. It is in fact strange that Scot should use this word instead of literally translating the Arabic صفاء والحدّة ('claritas et acumen'). Albertus has 'prima dispositio' instead of 'depuratio' (→ Stadler p. 857.6), so his reading is different from all the other readings in the MSS which I have used (→ app. I *ad loc.*). He also changed the unanimously transmitted 'in eo' *(sc. senso)* to 'in ea' *(sc. pupilla)*.

**653b30 manifestatur nobis.** Scot probably read here the Arabic expression يستبين لنا, common in this text, for the Greek φανερὸν 'it is clear (or obvious) to us'. However, the extant Arabic text has the exceptional form سيتبيّن لنا, meaning the same, but suggesting a future aspect not present in the original Greek text.

**654a4 ex terrestri ... et alia pars.** The Arabic translator has rendered τὸ σαρκῶδες ('fleshy part') as الجزء المخلوق من لحم ('pars creata ex carne'), τὸ γεῶδες ('earthy part') as الجزء الخزفى ('pars testea'); normally خزف translates ὄστρακον ('testa' →a7). But as a rule the Arabic translator renders τὸ γεῶδες as الجزء الارضى (→ 655a26), which Scot then translates as 'pars terrestris'. So it seems that Scot did read the element 'terrestris' (الارضى), but put it in the wrong place in the sentence, while distinguishing the second 'pars' by adding 'alia'. Unless one is to assume that the two phrases had already been interchanged in Scot's Arabic copy; in that case he may have read الجزء الارضى ... والجزء المخلوق من لحم. In any case 'alia' is an interpretative addition by Scot.

**654a9 amidon.** This is the Latin transcription of the Arabic اميدون, itself a transcription of the Greek ἐμύδων ('fresh water tortoise'), with inflection. At this point there are many variants in the Greek MSS (→ Louis *ad loc.*); it is hard to determine exactly which variant the Arabic translator read.

**654a21 sepion.** This is the Latin transcription of the Arabic سبيون, which is the Arabic transcription of the Greek σηπίον ('os sepiae').

**animal ergo.** Scot apparently read فالحيوان instead of *فى الحيوان ('in animali' → Kruk), which is required in relation to the Greek text (ἐν¹). In my view, this is also what *L* has (so not و, ed. Kruk). 'Ergo' is Scot's usual translation of the Arabic ف ; 'vero' (ed. Kruk) is a variant here of the Latin MSS *CDE* (→ app. I *ad loc.*).

**sepie.** This is the Latin transcription *(indecl.)* of the Arabic سيبيا, which is the Arabic transcription of the Greek σηπία ('sepia').

**tobiz.** This is the Latin transcription of the Arabic طوتيس (ed. Kruk), which is the Arabic transcription of the Greek τευθίς ('calamary'), probably in the form of the nom. singular. In the Arabic one would in fact expect طوثيس, so ث (th) for the Greek θ, as it is printed by Badawī (who, unfortunately, adapts the reading here to طوثييس; → ad 678b30 679a8 etc.). Scot has apparently interpreted the unpointed ث (th) as ب (b).

**654a25 animalis habentis corpora.** Apparently Scot read الحيوان البدنى instead of الحيوان الدمى ('animalis habentis sanguinem'), the transmitted translation of the Greek τῶν ἐναίμων ('animals having blood'). The variant 'cornua' in the Latin MSS (→ app. I *ad loc.*) is useless, and is probably due to a scribe who tried to create a more meaningful object.

**654a28 totum est durum.** 'Totum' has no equivalent in our Arabic text, but is correct with respect to the Greek text ὅλον τὸ σῶμα σκληρόν ('the whole body is hard' *Peck*). Scot possibly added 'totum' for clarification, but he may also have had an Arabic text which did render ὅλον literally; he may for example have read لكله جساوة instead of له جساوة.

**654b2 propter expansionem et constrictionem.** This translates a combination of two Arabic words which render the Greek πρὸς τὴν κάμψιν ('when flexion is required' *Peck*) in hendiadys. الانثناء ('flexio') would have sufficed as a translation of κάμψιν. *L* seems to have لحال الكف والانثناء. Kruk's edition has لحال الكف ء والانثناء. Neither كفّ ('to hold back', 'restrain') nor كف ء (كفأ 'to turn around') make proper sense. Was the original reading perhaps ٭كبّ ('overturn', 'bending') ? Scot probably adapted his translation to fit in with 'causa expansionis et constrictionis' in b5, where the translation does render the Arabic and Greek texts literally (albeit with inversion): الانثناء و... الاستقامة for the Greek κάμψεως ... ὀρθότητος.

**654b13-20 natura ergo ossium ... ligata cum nervo.** The Arabic translator here paraphrases the Greek text, so that it is difficult to maintain the line numbering of Bekker's edition. The division in Kruk's edition seems the best solution. In my view, however, 654b14 should begin before b13 الفقار, not before ومن, and b17 before b16 وسائر, not before فى الحيوان. The numbering of the words cited in the indices follow Kruk's edition.

**654b18 praeparata ad introitum.** Scot apparently read لدخول instead of فدخول, as he did just before in b18.

**extensionem:** read البسط (→ 688a16) instead of التبسط (typing error ed. Kruk).

**654b21 kahab.** This is the Latin transcription of the Arabic كعب (ka'b 'ankle', 'ankle-bone'), which translates the Greek ἀστράγαλον ('huckle-bone').

**654b25 inter creationem eorum.** The Arabic text has بين انقباضهما ('inter constrictionem eorum'), a rather unfortunate rendering of the Greek μεταξὺ τῶν κάμψεων ('interposed in the joints' *Ogle*). Scot may have adapted the translation for this reason.

**654b26 est simile lanae.** Apparently Scot read شبيه بشىء من صوف ('like something made of wool') instead of شبيه بشىء مصفوف ('like a pad', 'like a stuffed thing') for the Greek οἷον στοιβή ('to serve as a kind of padding' *Ogle*).

**655a5 intra et extra.** This belongs with 'generantis sibi simile', since it specifies the vivipara. The placing of the comma in 'generat sibi simile, intra et extra ... sunt' *etc.* in Albertus text in Stadler's edition (p. 861.10) is rather unfortunate in this connection.

**655a9 in terra Nivia.** 'Nivia' must be the Latin transcription of the Arabic لوبية ('Libyan'). The country 'Libya' was probably unknown to Scot; he seems to transcribe its name, rather than really translate it (cf. 695a17). Scot's translation of Avicenna's *De animalibus* consistently has the transcription 'Luvie' (occasionally 'Luvia'; → ed. Madkour p. 108.14 109.1 125.6; the *v* was probably to be pronounced as *b*, in the Spanish way). Perhaps 'nivia', transmitted here by $AD^1$, is a corrupted form of this. Albertus has 'in India', in accordance with the explanation in $D^2$ (→ Stadler p. 861.15).

**655a13 lupis comedentibus carnes.** In this Latin text 'lupus' can mean 'wolf' (translating the Arabic ذئب and the Greek λύκος, e.g. *GA* 742a9), and it can mean 'a predatory wild animal' in general, as is intended here (Arabic من الحيوان السباع التى تأكل اللحم translating the Greek τὰ τῶν σαρκοφάγων 'carnivores'). In 669a8 we similarly find the translation 'lupi marini' for the Arabic السباع البحرية (for the Greek τὰ κήτη 'cetacea'). In *GA* 746a34 we find 'lupus' translating ذئب (Greek λύκος), and slightly further on in 746a35 it translates سبع (Greek θηρίον τι 'some wild animal'). Compare also the description with سباع in 655b10.

**655a18 paulatim paulatim** is the literal translation here of the Arabic standing expression رويدا رويدا (Greek κατὰ μικρόν 'gradually'), as in *GA* 783 b14. It is also the standard translation of the Arabic standing expression قليلا قليلا ('paulatim' or 'paulatim paulatim', usually for the Greek κατὰ μικρόν or κατὰ μερός, 'gradually', 'a little'). Many Latin scribes delete one word and reduce the expression to a single 'paulatim', because the doubling of the word seems odd to them.

**655a23 celeti.** This is Scot's Latin transcription of the Arabic transcription of the Greek σέλαχη (sometimes σελαχώδη) 'selachia', 'cartilaginous fishes', including sharks. There are many different spellings in the Arabic manuscripts (→ Kruk, *PA Introd.* p. 29 and *Selected Glossary* p. 82; → BDL *GA Introd.* p. 34). In Kruk's edition the spelling صلاخى is used. The Latin MSS vary between 'celeti' and 'celeci', but the form 'celeti' is predominant. I have therefore opted for this form in my edition.

**655a29 non.** This is found in the Arabic text belonging with 'accidit' (لا
... تعرض). The insertion of this negation is a curious error by the Arabic translator. Apparently Scot has tried to correct it by moving the element.

**655a32 carnis** (= لحم) instead of the required 'ossis' (Arabic العظم, Greek ὀστοῦ 'bone') would be a strange and serious mistake for Scot. Oddly enough Albertus does have the correct translation: 'natura autem ossis et kartilaginis ...' (→ Stadler p. 862.3). So perhaps Scot's translation was corrupted here at an early stage.

**655a36 mucilaginosa.** Apparently the Arabic translator had YU's reading μυξώδη ('glutinous'; → Louis ad loc.), not the generally transmitted ζυμώδη ('like leaven').

**655a37 celeti vero** (→ app. II ad loc.). Scot, like $L^1$ (→ Kruk), probably did not read the required فى here for the Greek ἐν ('in'), creating an anacoluthon. Albertus therefore interprets 'celeti' as a genitive: 'celeti vero ... et similiter piscium qui ...' (→ Stadler p. 862.10).

**655b1 ungula et solea.** This translated (with inversion, and in the singular instead of the plural form) the Arabic الحوافر والاظلاف for the Greek ὀπλαί καὶ χηλαί ('solid and cloven hoofs'). Besides the translation 'ungulae' ('cloven hoofs') Scot also uses the translation 'sotulares' to render the Arabic له ظلفان, when this translates the Greek δίχηλα (→ Indices s.v.). In GA 743a15 one finds an almost identical classification of parts.

**655b10 luporum.** This translates the Arabic السباع ('wild animals') for the Greek τοῖς καρχαρόδουσι ('animals with saw-like teeth'; → ad 655a13).

**655b20 eorum** + كما علمنا تلك الأخر ('sicut cognoscimus illas (sc. dispositiones) aliorum (sc. membrorum organicorum)' → app. II ad loc.). In my view, the Arabic text rightly has كما علمنا تلك الأخر ('as from the consideration of the other ones') translating the equally implicit ὥσπερ κἀκεῖνα ('as with the heterogeneous parts' Ogle). Hence Kruk's conjecture: كما علمنا تلك الاجزاء ('as from the consideration of those parts') seems unnecessary to me.

**655b21 istorum membrorum.** This refers to the 'homogeneous parts', as Albertus rightly adds: 'omogeniorum' (→ Stadler p. 863.1).

**655b23 et omnia ista sunt principia.** This translates the Arabic وجميع هذه الاشياء اوائل. However, on the basis of the Greek the text should have read ولجميع هذه الاشياء اوائل ('et omnibus istis sunt (or: omnia ista habent) principia'.

**et alia** translates وغير ذلك, added by the Arabic translator.

**655b35 hoc membrum.** This translates the Arabic هذا العضو. The Arabic translator has apparently interpreted ἀντὶ δὲ τούτου (sc. περιττώματος 'instead of this residue' Peck) as ἀντὶ δὲ τούτου (sc. τόπου 'instead of this part').

**est exitus.** Apparently Scot has read يخرج as a 1st form ('to come out') instead of the 4th form ('to emit') required here for the Greek προΐεται.

**656a4 sensum convenientem vitae.** This translates the Arabic حسّ موافق للحياة. Apparently the Arabic translator read πρὸς τὸ ζῆν αἴσθησιν ('sensation convenient for living') instead of πρὸς τῷ ζῆν αἴσθησιν ('not only live but also have the power of sensation' *Peck*; → Louis *ad loc.*).

**656a6 habens spinas.** This translates the Arabic له شوك, transmitted in the extant Arabic text. Apparently Scot also read this, so there must have been a very early corrupt reading in the Arabic MSS, which no doubt originally read له شركة ('habens partem' *or* 'habens communicationem') instead of له شوك, for the Greek μετείληφεν (→ Badawī *ad loc.*), as in a7 ('habeat partem') for μετέχει.

**656a7 habeat partem in bonitate vitae.** This translates the Arabic ل ... شركة فى جودة المعاش. Apparently the Arabic translator had difficulty with the idea that human beings (let alone animals) could partake of the divine. In any case he replaced the translation of μετέχει τοῦ θείου ('partakes of the divine' *Ogle*) by that of μετέχει τοῦ εὖ ζῆν from the preceding line (→ Kruk *Introd.* p. 26).

**656a13 rectum elevati corporis.** 'Rectum' is the reading in all Latin MSS except Pisanus (*E*), which has attempted to correct the somewhat strange collocation to 'recti elevati corporis'. Both translations are possible with respect to the Arabic text (جنس مستقيم قائم الجثّة). The obvious assumption is that مستقيم قائم الجثّة is a hendiadys translation of the Greek ὀρθόν. Nevertheless, 'rectum' is the generally transmitted, and probably correct, reading. A similar construction is found in 657a14: ليس بمستقيم ولا قائم الجثّة, translated by Scot as 'non est rectum neque elevati corporis', rendering the Greek τὸ μὴ ὀρθὰ εἶναι.

**656a22 infrigidari.** Scot apparently read ييرد as a 1st form ('to become cold') instead of the 2nd form ('to cool') required here for the Greek καταψύχειν.

**656b4 melior et purior.** The Latin MSS $D^2$ and *E* have added 'subtilior' to these words, but at different positions in the sentence (→ app. I *ad loc.*). Scot may have added this word above the text, as a translation of the subsequent ألطف (→ app. II *ad loc.*). But I have not incorporated it in the text, because the next part of the sentence, in which the word ألطف occurs, is missing in Scot's translation.

**656b25 est per membra sanguinea.** In spite of the clumsy Arabic translation يكون فى الاعضاء الدمية (*lit.* 'est in membris sanguineis') of the Greek διὰ τῶν ἐναίμων γίνεσθαι μορίων ('depends upon parts that have blood in them' *Peck*), Scot apparently sensed what the correct interpretation should be.

**657a10 trutina.** This translates the Arabic ميزان, which means 'balance', 'weight' The Arabic translator probably read σταθμὸν instead of στάθμην ('carpenters line', h. l. 'level').

**657a19-20 habent talem materiam.** With respect to the Greek text (οὐκ οὖν or οὔκουν → Louis) there is one negation missing in the Arabic text, so that the sentence has come to mean the exact opposite.

**657a20 et ex eis latent.** The Arabic text has ومنها جعلت for the Greek ἐξ ἧς ἂν ἔπλασε ('for forming' Peck). Scot apparently read خفيت ('latent') instead of جعلت ('are created').

**657a24 quadrupes perfectio.** This is the literal translation of the Arabic ذو اربعة ارجل تمام, which does not make propter sense in the Arabic text either. Perhaps the original reading was دون تمام ('imperfectum') for the Greek πεπηρωμένον ('deformed'), and دون has been lost in the Arabic transmission owing to the preceding ذو. In GA 737a25 πεπηρωμένος is rendered in Arabic as ناقص مضرور, translated by Scot as 'imperfectus occasionatus'.

**657a25 et non habet sensum visus. Et animal ovans** etc. Scot reads ولا له ولآلة حسّ بصر (→ app. II ad loc.) instead of (الناس) حسّ بصر (الناس) and then connects this passage with the preceding sentence. He has therefore failed to see that a new sentence begins at ولآلة. الناس ('hominis') has been ignored in his translation.

**657a30 extremitatibus oculorum.** Scot has managed to give a correct interpretation here of the Arabic text باطراف الاشفار (lit. 'extremitatibus palpebrarum'), in spite of the Arabic translator's clumsy rendering of the Greek ἐκ τῶν κανθῶν ('out of the corners of the eye').

**657a32-3 et si non esset ... acciderent ... et non.** This is the literal translation of the Arabic ولو لا ... لكانت ... ولم تكن. So with respect to the Greek syntax the Arabic translator has misplaced the negation, obscuring the meaning of the sentence: σκληρόδερμα γὰρ ὄντα ἀβλαβέστερα μὲν ἂν ἦν ... οὐκ ... δὲ ('if the eyes had been covered with a hard skin, they would indeed have been less liable to get injured ... but not ...'). Had the Arabic translation from the Greek been correct, the Latin text should have read 'et si esset ... non acciderent ... sed non' instead of 'et si non esset ... acciderent ... et non'.

**657b4 praeputium.** This translates the Arabic طرف الكمرة (not الكرة, typing error in ed. Kruk), which literaly means 'the extremity of the gland', and which, rather carelessly, is here to be supposed to render the Greek ἀκροποσθία ('tip of the foreskin' Peck). For the terminology in this section two parallel passages can be found in the *Historia animalium*.

1. *HA* 1 493a26-30. τὸ μὲν ἄκρον (sc. αἰδοίου) σαρκῶδες καὶ ἀεὶ λεῖον ὡς εἰπεῖν ἴσον, ὃ καλεῖται βάλανος, τὸ δὲ περὶ αὐτὴν ἀνώνυμον δέρμα, ὃ ἐὰν διακοπῇ, οὐ συμφύεται, οὐδὲ γνάθος (οὐδὲ βλεφαρίς. κοινὸν δὲ τούτου καὶ

τῆς βαλάνον ἀκροποσθία: *not translated into Arabic*). 'the extremity is fleshy, and always, one may say, equal in size; it is called the glans. The skin round it (which has no special name) if cut does not grow together nor does the jaw (or the eyelid. Common to this part and the glans is the acropostia *(frenum).*)' Peck.

The Arabic translation: وطرفه يسمّى كمرة والجلد الذى يغطيه يسمّى قلفة واذا انقطع منها شىء لا يلتئم كما لا يلتئم ما دقّ من طرف الوجنة .

The Arabic-Latin translation by Scot: Et extremitas eius (*sc.* virgae) vocatur praeputium, et corium cooperiens dicitur culfa, et cum fuerit in ipso incisio non adunabitur, sicut neque illud quod est contritum (*this should be:* tenue) ex extremo genarum.

2. *HA* 3 518a1-2. ὅπου δ' ἂν ᾖ καθ' αὑτὸ δέρμα, ἂν διακοπῇ, οὐ συμφύεται, οἷον γνάθον τὸ λεπτὸν καὶ ἀκροποσθία καὶ βλεφαρίς. 'and wherever the skin is all on its own, it does not grow together again when severed, as is exemplified by the thin part of the jaw, the prepuce, and the eyelid' *Peck*.

The Arabic translation: واذا كان الجلد فى موضع من مواضع الجسد خاليا من اللحم البتة فانه لا يلتئم اذا قطع مثل الجزء الرقيق من الوجنتين وطرف القلفة واطراف الاشفار .

The Arabic-Latin translation: Et cum fuerit corium in aliquo loco corporis carente carne omnino, non consolidatur si abscinditur, sicut pars tenuis genarum et extremum praeputii et extremum palpebrae.

It is clear that the Arabic and Latin translations in these three passages are not always consistent as regards terminology.

In 493a26 Scot uses the word 'praeputium' in the sense of 'gland', in 518a2 and 657b4 in the sense of 'foreskin'. In 493a27 he does not seem to know the Arabic word قلفة, since he transcribes it as 'culfa' (the Arabic translator has replaced the Greek ἀνώνυμον δέρμα by a term he knew). In 518a2, however, he translates correctly 'praeputii'.

**657b8 transit pluma in eis in grossitudinem corii.** Judging by this translation, Scot read فغيه ( فغيها ) \*يفنى نشوء ريشه فى غلظ الجلد ('in eis transit crementum plumae earum in grossitudinem corii'), as a translation of the Greek τὴν τῶν πτερῶν αὔξησιν εἰς τὴν τοῦ δέρματος παχύτητα τετραμμένην ἔχουσιν ('the material which would have supplied growth for the wings has been diverted, resulting in thickness of the skin' *Peck*). Kruk's edition reads بقى ينشوء instead of يفنى نشوء, \*Badawī's edition reads يفى بنشوء. It is rather difficult here to emend the corrupt Arabic text with any certainty.

**657b26 Note to app. II** *ad loc.* In his translation of Avicenna's *De animalibus* Scot translates the Arabic صيد as 'praeda' (ed. Madkour p. 96.2 97.7 ff.).

**658a1 quadrupedum.** The Arabic translator has ignored the element τὰ ὦτα ('(movable) ears') in the Greek text, so that it seems as if some 'quadrupedia' are claimed to have moving eyes.

**658a7 quae habent prohibentia quasi infinita.** This is a fine example of an interpretative translation by Scot (→ app. II *ad loc.*). A too literal translation of the Arabic text ('who are impeded and blocked by many objects between them and their vision') would probably have produced a poor Latin sentence.

**658a13 et dispositionem**[2] was added by Scot for clarification.

**658a15 pilos**[1]: read شعر instead of شفر in the text of Kruk's edition (typing error).

**nisi in superiori** *(sc. palpebra)* **tantum.** Apparently the Arabic translator has interpreted ἐν τοῖς ὑπτίοις ('on their backs' *Peck*) as belonging with the 'upper' eyelids.

**658a27 subascellaribus.** This translates the Arabic ابطان for the Greek ταῖς μασχάλαις ('axillae', 'arm-pits'). Scot uses the form 'subascellare' to name this part of the body (there are a number of variants in the Latin MSS, 'subacellare' being the most frequent). The more usual Latin designation is 'subascella' (*var.* 'subacella'). For the complicated etymology of this word, see André pp. 80-81.

**658a28 loco enim.** 'Enim' has no equivalent in our Arabic text, but Scot's translation does match the Greek ἀλλ' ἀντί. Perhaps Scot read وبدل instead of بدل in his copy. Or perhaps a بل originally preceded بدل and was later lost.

**658a33 posuit ... parvos.** This translates صغر ... قليلا. But Scot's translation 'posuit' suggests that he read صيّر ... قليلا instead of صغر ... قليلا, which does seem tautological.

**658b2 sicut accidit lupis.** The Arabic translator doubtless wrote دببة (dibaba), plural of دبّ ('bear'), translating the Greek τῶν ἄρκτων. Scot, however, read either ذئبة ('she-wolf' → Kruk) or the plural form ذئابة ('wolves'). *L* has دينه (ي without dots). Badawī reads the word as ذنبه, on a par with and clarifying b1 فذنبه, and assumes that the Arabic translator has omitted the Greek words οἷον ἐπὶ τῶν ἄρκτων συμβέβηκεν ('as is the case in bears') altogether. The translation 'sicut' for the Arabic من قبل is exceptional, as is the translation من قبل for the Greek οἷον.

**658b7 est multum.** Scot read كثير instead of كبير (edd.), which is also more in agreement with the Greek πλεῖστος.

**658b18 saepes.** Scot probably read سياج (Badawī) instead of شباج (ed. Kruk), although the latter is found with pointing in *L*. سياج occurs in this text (exclusively in combination with other words) in the sense of 'murus' (→ Index *s.v.*).

**658b30 duas fauces longas.** This must be the translation of the Arabic

لحيان مستطيلان ('two long jaws') for the Greek προμήκεις ... τὰς σιαγόνας. 'Fauces' (plur. tantum) properly means 'throat'. The meaning 'jaw' is only used metonymically, e.g. Cic. de Or. I, 52,225 (→ Lewis and Short s.v.). It is not attested in this anatomical sense by André either (André pp. 72-3). Albertus explains: ' ... fauces longas, quae sunt duae mandibulae productae sub utraque maxillarum: et in quadrupedibus quidem producitur nasus ad longitudinem totam mandibularum, in aliis autem animalibus dividitur versus utramque maxillarum naris una, et remanet nasus breviatus super os animalis, sicut in homine' (→ Stadler p. 876.32-5).

**658b33 maxillas.** This translates the Arabic الخدّين ('sides', 'lateral portions', 'cheeks'), translating the Greek τὰς σιαγόνας ('the jaw-bones' → 659b5). In 664a11 it renders τῶν γνάθων ('jaws'), so that Kruk's conjecture اللحيين* ('jaws' → 658b30) seems unnecessary to me. For a discussion of the word → André s.v. (p. 39-40).

**659a1 ponit ... in.** This is the reading of the Latin MS *D*, which I think fits the context best. Albertus has this reading too (→ Stadler p. 877.3-4). It is curious that the other MSS unanimously have 'per' instead of 'ponit', and that the Vaticanus *(A)* has no equivalent at all.

**additamentum.** This translates the Arabic خرطوم ('proboscis', 'trunk'). When Scot uses the word 'additamentum' as an anatomical term, it can have various meanings: 'trunk', 'snout', 'proboscis', 'claws' (→ Index *s.v.*).

**eradicat ipsas.** This translates the Arabic يجنب فيقلعه, which apparently translates the Greek ἀνασπᾷ ('tears up'). Scot usually translates جنب as 'attrahere' (→ 659a13 and *ad* 661a19). He may have read here يجذر (جذر) 'to uproot', 'tear out by the roots').

**659a17 Note to app. II *ad loc.*** The Arabic passage, which Scot did not translate, has the correct مانعا in the margin of the London MS ($L^2$), whereas the text itself has the useless مافعا ($L^1$; cf. app. ed. Kruk).

**659a25 non habent multos digitos.** This is generally transmitted in the Latin MSS, and this reading has also been adopted by Albertus ('quia non habent multos digitos in pedibus eorum' → Stadler p. 877.38). But there is rightly no negation in the Arabic text, as there is none in the Greek one (→ app. II *ad loc.*).

**659b5 duos terminos.** Scot apparently read حدّان here instead of خدّان, rendering the Greek σιαγόνων ('jaws'). The Arabic translator has not understood the Greek sentence at all. Did he read οὔ τι instead of ἀντὶ ? Kruk's conjecture لحيان* is correct as regards meaning, but I think it unnecessary here as well (→ *ad* 658b33).

**659b7 incurvatae.** Scot probably read مثنيا instead of مشاء ('ambulantes'), which *L* writes as مشا and which here apparently translates the Greek δίπουν ('biped').

**659b14 animalia anhelantia.** This translates the Arabic الحيوان الذى يتنفّس (for the Greek μὴ ἀναπνεόντων 'that do not breathe' *Peck*). Apparently the Arabic translator has overlooked the negation μή.

**659b15 brancos.** 'Branci' is the form in which Scot uses the word for 'gills'. This translates the Arabic نغانغ, which in this text renders the Greek τὰ βράγχια ('gills'). But the form آذان, which properly means 'ears', occurs as variant in *G* (*PA* 659b15 660b24-5 684a20), and occasionally in *L*'s text as well (*HA* 2. 504b28ff.: الآذان, Scot 'auriculas ... scilicet brancos'). The more usual Arabic terms for 'gills' are خيشوم (kaišūm) and نخشوش (nak_šūš). The common Latin term for 'gills' is 'branchiae'. Scot uses the word 'brancus', always in the plural form, 'branci'. In the Latin MSS the forms *branchi, branchorum* and *branchos* occur as variants for *branci, brancorum* and *brancos* respectively.

**659b16 per telam parietis.** This translates the Arabic بصفاق الحجاب for the Greek διὰ τοῦ ὑποζώματος ('through the middle part of the body' *Peck*). A part of the text is missing here in $L^1$ (→ Kruk), while $L^2$ writes بصفاق differently in its addition (بسفاق, not بشقاق ed. Kruk).

**659b17-9 et omne anhelans eventat corpus naturale, et aer intrat et exit per eam.** The Arabic translator did not read οὐ (b18), nor did MSS $Z^1Δ$ (→ Louis *ad loc.*). Scot has misinterpreted the Arabic text. He has failed to see that this sentence still refers to insects and has related it generally to all 'animals that breathe'. Apparently he also read تروّح ('eventat') instead of بروح ('per spiritum'). Moreover, he ignores كما يتحرّك ... والطباع and he totally mistranslates والهواء ... خارج (→ app. II *ad loc.*).

**660a22 ad dividendum litteras.** The Arabic text should read لتصويل حروف الكتاب, translating the Greek πρὸς τὴν τῶν γραμμάτων διάρθρωσιν (not: λόγος app. ed. Kruk) 'for the articulation of letters' (*Ogle*), as in 660a3 (→ Kruk *Introd.* p. 41).

**660a25 potest sermocinari bene.** The Arabic text should undoubtedly read قوى على جودة الكلام وحسنه (ed. Badawī; with a common synonymic translation جودة ... وحسن) instead of ـ وحسه (ed. Kruk), though this is what *L* transmits.

**660b14 viscosum.** Scot gives his usual translation 'viscosus' for the Arabic لزج. The Arabic translator has failed to see that at this point another meaning of the Greek γλίσχρος is required, viz. 'shabby', 'scanty' instead of 'sticky', its usual meaning in this text.

**660b15 tencheah fluvianum.** This translates the Arabic التماسيح النهرية, translating the Greek τοῖς ποταμίοις κροκοδείλοις ('river-crocodiles'). 'Tencheah' is one of Scot's Latin transcriptions of the Arabic تمساح (timsāh 'crocodile'). The generally transmitted adjective 'fluvianus' apparently has the same meaning as the more usual 'fluvialis', which Albertus therefore prefers (→ Stadler p. 881.17), but I have been unable to find it in the dictionaries.

**660b30-1 quoniam introitus cibi est econtra introitui cibi in aliis.** Apparently the Arabic translator has ignored πρός¹ (b30) and omitted πρός² ... ἄνω ἐστίν.

**660b35 et in piscibus fluviorum forte erit.** Scot probably read وفى السمك النهرى فربما كان (instead of the transmitted وربما), which is also closer to the Greek text (καὶ τῶν ποταμίων ἔνιοι 'and in some of the river species' Ogle).

**660b36 kobri.** This is the Latin transcription of the Arabic قوبرنى (read by Scot as قوبرى), which transcribes the Greek κυπρῖνοι ('cyprinoids', 'carps').

**661a11 et maxime < * * * > et.** This generally transmitted anacoluthon indicates a *lacuna per homoioteleuton*. Scot himself may be responsible for this (skipping all فى ... a12 يكون (→ app. II *ad loc*.). Perhaps the original translation did not have 'et¹ ' in 661a12 (→ app. I *ad loc*.).

**661a12 carnosum.** In view of the Arabic wording in this passage (→ 660 b34-5) one expects لحما, as in $L^1$ and Badawī's edition. I have included it in the indices in this form. But $L^2$ has added dots to the ـح, so that somebody has wanted to read لحيما, which is what Kruk's edition prints. Three variants of the word occur in this text: لحم, لحمى and لحيم (→ Index *s.v.*).

**661a19 attrahit cibum.** Judging by the way that Scot and the Arabic translator usually translate, it must be concluded that Scot read a form of جذب ('attraho') here instead of the transmitted يجتر, which he always renders as 'ruminare'. جذب often translates the Greek (ἀνα)σπάω (→ 659a1 670b4 71b34). 683a22 offers a suitable parallel passage for this text: τὸ ... σπαστικὸν τῆς τροφῆς ('able to draw up nourishment' Peck), for which the Arabic translation has جاذبة للطعام, translated by Scot as 'ad attrahendum cibum'.

**661a22 bokori.** This is the Latin transcription of the Arabic برفيرى, which forms the transcription (partly with inflexion) of Greek πορφυραῖς ('purpura'), in which ف has been read as ق, as often happens. The reading of the Latin MS *H* ('barkori') seems closer to the Arabic transcription. But in view of the general transmission it is probably due to an accidental writing error rather than going back to an original reading by Scot.

**halzun.** This is the Latin transcription of the Arabic حلزون, which in this text usually translates the Greek τὰ ὄστρεα ('oysters'). Here, however, it is used in its proper sense of 'snails', to translate the Greek τῶν κογχυλίων ('snails', 'shell-fish').

**661a23 sarcoci.** This is probably the Latin transcription of the Arabic سطرسى (*L*; perhaps the original text had سطرمبس or سطرمبون ?), which must transcribe the Greek στρόμβων ('spiral snails'). Kruk has adapted this transcription to the transcription which is usual elsewhere in the text (اسطرنبس* → 79b14-27 etc.), where it corresponds to other Greek forms (στρομβώδης etc.).

**661a24 cimices.** This translates the Arabic بقّ. This can mean 'bedbugs', 'chinches', which is how Scot apparently interpreted it, but it can also mean 'gnats', 'musquitoes', which is probably what the Arabic translator intended here, as a translation of the Greek οἱ οἴστροι ('gadflies').

### Third Book

**661b3 scilicet]** ايضا ...و ('etiam scilicet quia agit per dentes aut' → app. II ad loc.). As regards 'quia': read ولان$^1$ $L^2$: لان $L^1$ in the apparatus of ed. Kruk.

**661b9 (inter ...) sunt canini.** $L^1$ does not have النابان ('canini'), like G (→ Kruk). $L^1$ has تفرّق تحدّ s.p., above which $L^2$ has written النابان and و. So it seems that Scot read النابان تفرّق وتحدّ, تفرّق وتحدّ being a hendiadys translation of the Greek ὁρίζουσι ('separate'). Badawī has adapted the expression to النابان يفرّقان ويحدّان (dual form).

**661b30 indigentibus illis.** It is hard to determine what the Arabic translator has intended to give as the equivalent of the Greek τοῖς δυναμένοις χρῆσθαι here. The usual translation of χρῆσθαι is the 10th form of عمل (→ 679a10 683a22 etc.). Judging by his translation, Scot read المحتاج. In 694a16 and a18 we find مما لا يحتاج اليه translating the Greek ἄχρηστα. There, as usual, Scot uses forms of 'indigere'. L reads المحمل, G المحتمل (→ Kruk). Badawī reads المحتال instead of T's reading محتل. But none of these readings covers the meaning adequately. Moreover, the construction with the unanimously transmitted لذلك is a problem, since محتاج is always followed by الى, and forms of عمل by the accusative or by ب. Scot ordinarily translates احتمل by forms of 'patior'; it renders Greek πάσχειν.

**661b31 ungues +** التي تكون فى ساقى الطير ('qui sunt in cruribus avium' → app. II ad loc.). This is Scot's condensed translation of 'ungues qui sunt in pedibus' or 'ungues qui sunt in cruribus' ('spurs'), the usual equivalents of Greek πλῆκτρα (→ 694a13-6). In the Arabic text we always find the plural form: المخاليب التي تكون فى الساقين (فى الرجلين). Scot probably read it here too (cf. ed. Badawī). L has an exceptional form here, the plural مخالب (normally مخاليب), followed by the singular (ساقى الطير) الذى يكون فى. The Greek text also has the singular form here (πλῆκτρον), so that it may perhaps be assumed that the Arabic translator hesitated in opting for singular or plural. NB. $G^1$ has substituted الظليم ('male ostrich') for الطير ('birds') (→ Kruk ad loc. and Introd. p. 35).

**662a7 tehakariz.** This is the Latin transcription of the Arabic سقاروس, which transcribes the Greek σκάρος ('scarus', 'parrot-fish'). The transcription is based on the nominative form; the Greek text has σκάρου.

**662a22 autem.** This is usually one of Scot's translations of و. He therefore probably read واما (L) instead of فاما٭ (→ Kruk). The Arabic translator presumably read ἔστι δὲ instead of ἔτι δὲ, in the tradition of the Greek MS P (→ Louis *ad loc.*).

**662a30 suum mordere.** It is curious that the Arabic text of this passage has twice wrongly translated the same Greek word. It has غضبه ('spirit', 'fury') instead of the required عضّه٭ ('bite') for the Greek δήξεται, while Scot apparently had the correct reading in his copy ('suum mordere'). 662a28 has العضو ('membrum') instead of العضّ٭ for the Greek δήγμασι ('bite'), and here Scot does follow the wrong Arabic reading: 'in isto membro'. In 661b33 we find a similar writing error: instead of the required غضبا (L) G has اعضاء (→ Kruk). Finally, in 662a31 there is no problem in the transmission: οἱ δηκτικοί - الذى يعضّ - Scot 'qui mordent'.

**662b7 avis perforantis arbores.** This translates the Arabic الطائر النقّار الشجر, which in its turn renders the Greek τοῖς δρυοκόποις ('woodpeckers').

**662b8-9 conveniens ad accipiendum grana, et similiter aves parvae quae vivunt.** This probably translates the Arabic موافقة ٭لجمع الحبوب وأخذه (و-) ما صغر من الطائر اعنى كالطائر الذى يعيش (G → Kruk). The translation 'ad accipiendum' seems determined by وأخذه, which translates the Greek τὰς λήψεις 'catching' (أخذ is usually rendered as 'accipere'); Scot has apparently taken it together with ٭لجمع, which translates the Greek τὰς συλλογάς 'picking up'. It may be that Scot read و (or وايضا) after وأخذه, and so arrived at his translation 'et similiter'.

The Arabic translator has replaced τῶν ζῳδαρίων ('minute animals') by the paraphrase البقّ وما يشبهه ('cimicibus et sibi similibus'). But if Kruk's conjecture ما صغر من ٭الحيوان ('animalia parva' = τῶν ζῳδαρίων) for ما صغر من الطائر ('a- ves parvae') is correct, the last passage in the Arabic text (اعنى كل طائر ... يأكل الدود) is a translation which expands on this ٭الحيوان. In that case the Latin translation should have been 'conveniens ad aggregandum grana et ad accipiendum animalia parva, scilicet aves quae vivunt' etc.

**663a3 equis.** This translates the Arabic للخيل (Greek τοῖς ἵπποις 'horses'). $G^2$ has added والارانب ('and hares'; → Kruk *app. ad loc.* and *Introd.* p. 35).

**663a10 cervis.** This translates the Arabic للايّلة L (Greek ταῖς ἐλάφοις 'deer'). G has substituted للزرافة ('giraffe'), the translation of καμηλοπάρδαλις ('cervus camelopardalis'), which however does not occur in Aristotle's text (→ Kruk, *app. ad loc.* and *Introd.* pp. 22 and 35).

**663a11 taurorum silvestrium.** This translates the Arabic الجواميس, plural of جاموس ('buffalo'), which translates the Greek βουβάλοις. βούβαλος means 'buffalo', and both the Arabic translator and Scot have translated accordingly, but here it must have the same meaning as βουβαλίς ('antelope' → HA 3. 515b34 516a5; → Ogle, Louis *ad loc.*). The only other place where the buffalo occurs in Aristotele's text is HA 2. 499a5, where it is called βοῦς ἄγριος, translated in Arabic as البقر البرّي, which Scot renders as 'vaccae agrestes' (→ *ad* 663a14).

**hinnulorum.** This is Scot's translation of the Arabic الغزلان, plural of غزال ('gazelle'), which renders the Greek δορκάσι weergeeft (→ HA 2. 499a9). The usual Latin translation is 'dorcas'. 'Hinnulus' properly means 'a young mule' (for comparison: 'hinnuleus' can mean 'a young mule' but also 'a young stag' or 'roebuck').

**663a14 vacca agrestis.** This translates the Arabic البقر البرّي, which in its turn renders the Greek βονάσοις, plural of βόνασος ('bonasus', 'European bison'; → HA 2. 498b31 500a1 506b30). See also *ad* 663a11.

**663a19, 23-4 asinus Indicus** translates the Arabic الحمار الهندي, which renders the Greek ὁ Ἰνδικὸς ὄνος (*lit*. 'Indian ass'). The rhinoceros is probably meant (→ Ogle, Peck *ad loc.*).

**663a18, 24 sotulares.** Scot uses the word 'sotularis' (→ Latham *s.v.* subtalaris, subtularis) to translate the Arabic ظلف, plural اظلاف, the cloven hoof of the ungulates. It renders the Greek χηλή ('cloven hoof'). He uses 'solea' to translate the Arabic حافر, plural حوافر, for the Greek ὁπλή ('solid hoof'). In 687a29 the word 'sotularis' is used in its proper sense of 'shoe', 'socket', but metaphorically for the hooves of animals: 'calcians sotulari' is Scot's translation there for the Arabic اللابس خفا, which renders the Greek ὑποδεδεμένος 'with their shoes on' (Peck).

**663a24. arcoz vero.** 'Arcoz' is the Latin transcription of the Arabic ارقس, which transcribes the Greek ὄρυξ ('oryx', 'kind of antelope or gazelle'). The main Latin MSS omit 'arcoz[2]' or 'arcoz vero'. It may be that Scot started a new sentence at a23 'et animal quod dicitur Graece arcoz habet' and then read on. In that case he probably had the Arabic text as transmitted in G (a24 فله ... فاما] له G → Kruk *ad loc.*). I have given the Latin text in accordance with the reading of the Arabic MS L in Kruk's edition (so following the Latin MSS CW and the Greek text).

**663a28 soleas +** وطباع ... الذى هو فهو ('et natura ... animali' → app. II *ad loc.*). The Arabic translator has overlooked the element κέρατι in the Greek sentence ('hoof, whether solid or cloven, is of the same nature as horn' *Ogle*), so that the sentence does not logically follow the preceding passage. Scot has therefore omitted the sentence.

**663a35 alcinoz.** This is the somewhat aberrant transcription of ايسوبوس (obviously read as السينوس), the transcription of the Greek name Αἴσωπος ('Aesop'). The Greek name Μῶμος of the figure from the Aesop's Fable has been ignored by the Arabic translator both here and in 663b2.

**663b7 magis possibilis.** Strictly speaking, this translates only the Arabic أمكن. But the Arabic translator has rendered the Greek ποppώτεpαι ('with the widest range' *Ogle*), by two comparative forms with different aspects of meaning: أمكن وأبعد ايضا ('magis possibilis et remotior (= *magis a remote*) etiam'). It therefore seems wrong to me to regard ايضا² as superfluous (→ Kruk app. *ad loc.*).

**663b9 et si essent in orificiis, prohiberent cibum.** This translates the Arabic ولو كانت على الافواه لمنعت الطعم. Apparently the Arabic translator read στόμασιν ('mouths') instead of γόνασιν ('knees') and τροφήν ('food') instead of κάμψιν ('flexion').

**663b26 animal cursile.** 'Cursile' ('swift', 'running' → Latham *s.v.*) is meant to translate the Arabic صغير جدّا (*lit.* 'parvum valde'), which renders the Greek μικρὸν πάμπαν ('very small'). 'Cursile' is apparently an interpretative translation by Scot.

**664a2 transivit in.** This has the meaning 'otherwise would have gone to'. A similar construction is found in 689b31, but the text there uses the imperfect instead of the perfect: 'cibus ergo qui transibat in coxas transit in caudam' (cf. *ad* 689b24).

**664a8 vigorem aliorum animalium** etc. The Arabic translator has overlooked δ' in the Greek text τῶν δ' ἄλλων ζῴων ('in other animals however'), and has thus failed to notice that a new sentence starts here. He therefore makes the sentence run on, and Scot follows this syntactic division.

**664a16-27. canna, trachea, vena aspera, vena magna.** There is quite some variation in the terminology for the anatomical notions of 'windpipe' and 'larynx' in the Arabic and Latin texts. A brief survey of the (not always correct) translations of the Greek terms ἀρτηρία ('windpipe') and φάρυγξ ('larynx') in the various places may therefore be useful:

**64a16-7 trachea:** حنجرة : φάρυγξ. Φάρυγξ means 'larynx' in this passage. NB. Aristotle does not usually make a clear distinction between the terms φάρυγξ 'throat', 'gullet' and λάρυγξ 'larynx', 'upper part of the windpipe'. Cf. Ogle *ad loc.*: 'It would seem that the two words *pharynx* and *larynx* had not in his (Aristotle's *ed.*) day been clearly differentiated from each other, but were used indifferently for one and the same part ... namely the larynx. What we call *pharynx* had for A. no distinct name, being nothing more than the first part of the oesophagus; which latter he says, later on in this chapter, is directly continuous with the mouth.'

64a35 canna: الحلقوم : φάρυγξ 'larynx'.

a36 vena aspera: الورید الخشن : ἀρτηρία 'windpipe'.

64b3 vena magna: العرق الخشن : ἀρτηρία 'windpipe'. See *ad* 664b3.

b5 venam magnam: الورید الخشن : τὴν ἀρτηρίαν 'windpipe'.

b10 vena magna: العرق الخشن : ταύτῃ (*sc.* ἀρτ.) 'windpipe'.

b20 vena magna: العرق الخشن : ἀρτηρία 'windpipe'.

b22 orificium cannae: العرق الخشن : *no Greek equivalent* (*edges of* windpipe)

b26 orificium cannae: فم العرق الخشن : φάρυγξ ('larynx')

canna: عرق : *no Greek equivalent* (windpipe)

b31 cannam: العرق : ἀρτηρίαν 'windpipe'

b36 cannam: فم العرق الخشن : ἀρτηρίαν 'windpipe'

65a4 orificium cannae: فم العرق الخشن : ἀρτηρίας '*edges of* windpipe'

a5-27 canna: العرق الخشن : ἀρτηρία (*or no Greek equivalent*) 'windpipe'

(a19 epiglottis: الحنجرة : φάρυγγα 'larynx').

**664a28 et in venis.** The Arabic MS *L* has here the curious form والوریدات, which Kruk has adopted. Badawī prints والوریدان ('two bronchial tubes'), the usual dual form of ورید in this text, and this seems very plausible to me in view of the context. 'Vena' means 'hollow pipe' here (→ *ad* 664b3). The Greek text has κατὰ τὰς ἀρτηρίας ('along the bronchial tubes' *Peck*).

**664b3 vena magna.** This is Scot's translation of the Arabic العرق الخشن (*lit.* 'vena aspera'), which renders Greek ἀρτηρία ('windpipe'). $G^2$ has regularly replaced it in this passage by the more usual قصبة الرئة (→ Kruk). Because Scot does not use the word 'arteria', he does not make the distinction, usual since the 1st century BC, between 'vena' = 'vessel filled with blood' and 'arteria' = 'pipe filled with air' in his translation (→ André p. 123; on the etymology of 'windpipe' and the various adjectives by which the various meanings of the terms ἀρτηρία and 'arteria' can be indicated → André pp. 122-3). The Arabic العرق الخشن is the literal translation of the Greek τραχεῖα ἀρτηρία ('aspera arteria'), the more usual medical term for 'windpipe'. Albertus explains the notion using the standard terms 'trachea sive canna', 'vena arterialis aspera' and 'venam magnam arterialem, quae canna vocatur' (→ Stadler p. 894.26, 34, 37). See also *ad* 664a16-27 'canna', 'trachea', 'vena aspera', 'vena magna'.

**664b12 \*acciderit.** This must have been Scot's original reading, translating the Arabic عرض. The erroneous reading 'ceciderit', which is generally passed down in our MSS, is probably due to the influence of b5 'ceciderit'. But Albertus has the correct reading (→ Stadler p. 895.7).

**664b22 membrum quod est super radicem linguae.** This translates the Arabic العضو الذی علی اصل اللسان, which is the standard circumscription of the

Greek ἡ ἐπιγλωττίς ('epiglottis') in this Arabic text. Besides this circumscription, the Arabic text also has العضو الذى فوق اصل اللسان (664b26, 32, 665a1). Usually Scot translates على as 'super' and فوق as 'supra', but in this case I have kept 'super' in all these places, as generally passed down in the Latin MSS (→ app. I ad loc.).

**664b24 et non squamosae cutis neque [in] habenti alas.** The Arabic translator did not have the Greek words καὶ τὸ δέρμα τριχωτόν ('and a hairy skin' Peck) in his text, in accordance with the tradition of the MSS ZΔ (→ Louis ad loc.), so that the contrast with the two following attributes, 'covered with horny scales' and 'covered with feathers', is not brought out properly.

**664b31 et sicut.** This is the reading of MSS $AD^1$ (they usually come closest to Scot's original version), and it agrees with the extant Arabic text, which has وكما ('et sicut'). Like the Arabic translator, however, Scot starts a new sentence here. This does not correspond to the Greek text, which concludes the sentence with καθάπερ εἴρηται ('as already has been said'). Albertus has 'Sicut igitur diximus superius, optime ingeniata est natura' etc. (→ Stadler p. 895.38-9).

**665a18-9 vadit ad ... moventur.** This translates the Arabic يصير ... الى ... يتحرّك. Apparently the Arabic translator twice read κινεῖσθαι instead of κεῖσθαι ('to be placed').

**665a19 apud anhelitum.** The reading 'apud horam anhelitus' of the Latin MS B (Brugensis) is very remarkable here: it may go back to a very old gloss, perhaps as an alternative translation by Scot himself, since it could be a literal translation of the Arabic فى اوان التنفّس (lit. 'in tempore anhelitus'; but given the translation 'apud anhelitum' one would expect عند التنفّس in this Arabic text). The expression is probably a clarification by the Arabic translator because he read κινεῖσθαι (see ad 665a18-9).

**665a23 nobilior.** This translates the Arabic أعظم منه (Greek μεῖζον), which is usually translated as 'maior' by Scot. Scot has coloured the translation of this word in accordance with the preceding أكرم ('nobilius', Greek τιμιώτερον). So he has taken the word in the sense of أعظم شأنا (→ PA 640b28, 644b33 GA 778a1).

**665a35 animal.** Apparently the Arabic translator read ζῴοις ('animals') instead of ᾠοῖς ('eggs').

**665b7 pueris, puerorum.** This literally translates the Arabic الاطفال, which renders the Greek τοῖς νεογνοῖς ('newborn young' Ogle). Albertus has the same reading (→ Stadler p. 903.17). The reading of the Latin variants 'parvis', 'parvorum' (ADW) seems to me an adaptation to the fact that the passage deals with the young of animals; 'parvus' in this text always translates the Arabic قليل, صغير or يسير, whereas اطفال is rendered by 'pueri' (686b9). The term 'pueri' is properly used for human children only; but the Arabic الاطفال can mean both. It may therefore be that the reading of the important MSS *ADW* comes from Scot after all (→ Indices *s.v.* parvus, puer, طفل, صبى *etc.*).

**665b15 si vero est cor.** Apparently Scot read وإن القلب instead of وانّما القلب ('cor autem non est ... nisi' or 'cor autem est').

**665b31 sicut diximus superius quod.** Scot has tried to improve the disjunctive Arabic sentence وكما قلنا فيما سلف ان 'et sicut diximus superius quod' (the Greek text has ὥσπερ δ' ἐλέχθη 'as already said' *Ogle*) by omitting و ('et'), but the real problem is ان ('quod'), which is found only in *G* and not in *L* (→ Kruk). With respect to the Greek text it is best removed. Albertus solves the problem well: 'Locus autem cordis contrariae est dispositionis, sicut patet per ea quae saepius ante dicta sunt. Adhuc autem sicut paulo ante diximus, venae transeunt per alia membra corporis' etc. (→ Stadler p. 904.12-4).

**666a3 principium motus.** This translates the extant Arabic text: ابتداء الحركة. Almost certainly this is a corruption in the Arabic textual tradition, and the original translation had ابتداء الحرارة 'principium caloris' translating the Greek τὴν ἀρχὴν τῆς θερμότητος ('source of heat').

**666a12 incipiunt +** فى \*معرضها Kruk ('in \*apparitione'). The Arabic text is very corrupt here (→ Kruk). It must have contained an equivalent of the Greek φαίνονται ('plainly', 'visibly'). I think that, besides Kruk's conjecture, فى \*معاينتها may also be possible (→ 656a31, 669b32, 683a29).

**666a16 membrum sanguineum.** This translates the Arabic ليس لشىء من الاعضاء الدمية. The Arabic translator apparently had the reading ἐναίμων from the tradition of ZΔ (→ Louis *ad loc.*) instead of ἀναίμων ('bloodless').

**666a17 ipse** and **tunc** have been added by Scot for the purpose of clarification; they do not have a direct equivalent in the Arabic or Greek text.

**locus.** This is apparently an interpretative translation by Scot of the Arabic الاوّل ('principium'), which translates the Greek τὸ πρῶτον ('the first part').

**666a20 in initio.** This translates the Arabic عند اوّل (*lit.* 'apud principium'). The word 'initium' ('beginning') occurs only once in Scot's translation of *PA*. Perhaps Scot has wanted to avoid confusion here with the words 'principium' and 'primum' ('first part', 'first principle', 'source'), which are his usual translations of the Arabic اوّل.

**666a31 et quia.** It is strange that Scot has a reading here which agrees with the meaning of the Greek text: ἐπεὶ οὖν ('since therefore' *Peck*), whereas the Arabic text continues وايضا ('et etiam'), in the recurrent series ἔτι δὲ of a28 and a30. It may be that his Arabic copy contained a more accurate translation.

**666a34 quoniam hoc.** This translates the Arabic لانه. The Arabic translator evidently overlooked the Greek ζῷον ('animal').

**666a35 habentis.** As regards the Arabic text, (\*الذى) له ('habens') can be connected both with الحيوان ('animalis') and with للعضو ('membrum'). In accordance with the Greek text the translation should be 'habens' ('the part of the body to have sensation first is the part that has blood in it first' *Peck*). But Scot has opted for the collocation 'animalis habentis'.

**666b13 multitudo venarum.** This translates the Arabic كثرة العروق, which has been passed down by the *L* manuscript tradition. Remarkably, *G* has better preserved the original Greek reading νεύρων πλῆθος ('abundance of sinews' *Peck*): اعصاب كثيرة (→ Kruk). There is clear evidence here of the influence of two translating traditions (→ Kruk *Introd.* p. 18-23).

**666b14 omnes.** This has been added by Scot for clarification.

**666b15 emittit et attrahit ad se.** Scot probably read يمدّ ويجنب الى ذاته here, with inversion with respect to the Greek text (ἕλκειν καὶ ἀνιέναι 'contraction and relaxation' *(Peck)*). In the extant Arabic text the parts have been turned around again (يجنب ويمدّ), but الى ذاته usually goes with جنب (→ Index *s.v.*).

**666b20 eius** *(sc. cordis).* This is the reading of the best Latin MSS, and I assume it was Scot's translation. The variant 'eorum' *(sc. horum animalium)* is possible as well, of course. The Greek text, too, can be interpreted in two ways: 'owing to its large bulk' *(Ogle),* 'owing to its great size' *(Peck),* 'ces animaux, en raison de leur taille' *(Louis).* Albertus opts for the second: 'propter magnitudinem corporis ipsorum *(sc. duorum generum animalium)*' (→ Stadler p. 906.21).

**666b21-2 ventres, venter. Venter** is the usual translation of the Arabic بطن. In this text بطن may translate, among other words, the Greek γαστήρ ('stomach') or κοιλία ('intestines', 'belly'). The Latin translation varies from 'stomachus' ('stomach') to 'venter' (in the sense of 'stomach', 'abdomen', 'intestines', 'belly', 'womb' → Indices *PA* and *GA s.v.*). 'Venter' is the most common translation, and is used by Scot here too. But in the present passage 666b21-667a31 بطن translates the Greek κοιλία in the sense of 'cavity of the heart', for which Scot elsewhere has the correct translation 'ventriculus' (→ 667a30-1 667b2 669b23).

**666b24 sanguinis puri.** This translation of the Arabic للدم الاوّل ('sanguinis primi') for the Greek τοῦ πρώτου αἵματος ('for the first blood' *Ogle*) has been uniformly passed down. We apparently have an interpretative translation by Scot here.

The following فى القلب ('in corde') is not found in *G*, and has no equivalent in the Greek text either. It may be that Scot has not read it either (→ app. II *ad loc.*; → Kruk).

**667a2 in parte sinistra.** This translates the Arabic فى البطن الايسر ('in ventriculo sinistro'). The translation has been coloured to suit the context: 'in parte dextra', 'parte sinistra' 666b35-667a1 (Arabic ناحية).

**667a3 ventriculi.** The indispensable addition 'medii' as the equivalent of the Greek αἱ μέσαι is lacking here, whereas the Arabic text does have it (متوسّطها → app. II *ad loc.*). Albertus has it in his text (added by himself? → Stadler p. 907.13-4). But it is absent in the MSS of Scot's text which I have used.

**667a4 in membro.** Perhaps Scot read *عند العضو. The Arabic text is corrupt here. The MSS seem to pass down غناء (→ Kruk, Badawī). The Arabic translator has probably failed to understand the Greek ἠρεμεῖν ('remain calm' *Peck*). Kruk gives the conjecture *يهدأ (هدأ 'to be calm'), on the basis of the Greek text. One would expect a form of سكن (→ 692a1).

**667a9 maiorem.** This is not literally stated in the Arabic text. It has probably been added interpretatively by Scot.

**667a20 et asinis et muribus.** The Arabic text has والفأر والضبع والحمير ('et muribus et zabo et asinis' → app. II *ad loc.*). الضبع (dabu') translates the Greek ὕαινα ('hyena'); it is never translated by Scot in this text but transcribed as 'zabo' or 'alzabo'.

**667a21 filio hirz.** This is Scot's rendering of the Arabic ابن عرس (the equivalent of the Greek γαλῆ 'weasle'), which he has partly translated ('filius') and partly transcribed ('hirz'). The curious addition 'mulieribus' in some Latin MSS may go back to an original writing error for 'muribus' (→ *CW*). It may also have been written above the text as a comment on the content ('et in aliis animalibus in quibus manifestatur timor'), perhaps echoing the argument in *HA* 8. 608a33-b18. The variant 'femina' found by Kruk, which may be due to the same reason, does not occur in the MSS which I have used (→ Kruk *Introd.* p. 14). NB. 'Filius hirz' should also be read in *GA* 756b16,31,4.

**667a22 timor** + وصفنا ... والذى يمكر (والذى يمكر لحال → app. II *ad loc.*). الفزع (ed. Badawī) must be the correct reading with respect to the Greek text ἢ διὰ φόβον κακοῦργα ('or else betrayed by their mischievous behaviour' *Peck*). *L* has يمكن instead of يمكر (→ Kruk). Scot probably had this reading too, which does not make proper sense; this is probably why he has left out the phrase (unless والذى يمكن (يمكر) was not in his copy at all, as in *G*). For a parallel passage, see *HA* 1. 488b20 'quaedam animalia sunt ingeniosa et pravarum operationum', where the Arabic text is بعض الحيوان منكر ردىء الفعل translating the Greek τὰ μὲν πανοῦργα καὶ κακοῦργα ('some are mischievous and wicked' *Peck*).

**667a24 ignis modicus.** This translates the Arabic النار القليلة. Apparently the Arabic translator read ἧσσον instead of ἴσον ('same-sized'), like Σ² (→ Louis).

**667a25 minus in domo magna quam parva.** The Arabic translator has simplified the Greek text in his translation. Various constructions have subsequently been passed down in the Arabic textual tradition (→ Kruk). Kruk has emended the text on the basis of Scot's translation. It is virtually impossible to determine precisely what Arabic text Scot read here, and whether Scot translated it literally or freely.

**667b2 quoniam nullum interfectum in corde eius apparet** etc. This sentence illustrates the way in which Scot sometimes maintains the Arabic syntax in Latin. Albertus 'repairs' the construction: 'quia in interfectis animalibus numquam in corde apparuit' etc. (→ Stadler p. 908.23-4). See also *ad* 669b27-8.

**667b3 dolor aut infirmitas.** This translates the Arabic وجع و ـ آفة, which renders the Greek πάθος ('affection') in a hendiadys. آفة, which is usually translated by Scot as 'accidens' or 'occasio', derives its sense of 'infirmitas' here from the context, not translated by Scot (→ app. II *ad* 667b1 super hoc] ... على شديدا 'quod ... magnam'), namely from the words سقما و ـ مرضا ('illness').

**667b11 [non].** 'Non', unanimously passed down in the Latin MSS, indicates that Scot had the Arabic text in the $G^4$ reading here: سقم + لا (→ Kruk). This was also adopted by Albertus: 'nulla autem occasionum istarum accidit cordi omnino' etc. (→ Stadler p. 908.31-2).

**667b14 et propter quid non est in quibusdam.** This phrase has no equivalent in the Greek text. It was apparently added by the Arabic translator to create an antithesis (cf. *ad* 647a13 683a8).

**667b20 venae**[1] + اثنين **(duae).** It is curious that this important element 'two in number' (δύο in the Greek text), explicitly mentioned in the Arabic text, has been lost in the Latin translation. Scot has probably overlooked it, or he had an Arabic copy in which اثنين ('two') had been left out. The scribe of the Latin MS C has even omitted 'et[2] ' in order to make the sentence run properly (→ app. I *ad loc.*).

**667b21 dicere.** This word has been added by Scot for clarification.

**668a9 et sustentatione.** The Arabic text is very corrupt here: على ولا وتقوّم. Scot probably read *وللتقويم, on a par with للاقاويل ('sermonibus'). The reconstruction which Kruk has made is undoubtedly correct with respect to the Greek text: على الولاد ولان تقويم ('de generatione quoniam sustentatio'). But the Arabic translator probably failed to grasp the structure of the Greek text, and did not notice that a new sentence starts at συνισταμένων δέ. He then connected περὶ γενέσεως λόγοις with συνισταμένων δὲ τῶν μορίων ἐκ τοῦ αἵματος ('the treatise about the generation of parts that are made out of blood'). I suspect that he originally wrote على ولاد وتقويم, as a hendiadys translation of γενέσεως.

**668a15 prius.** This word has been added by Scot for clarification.

**668a26-7 corpus aut conveniens corpori.** The Arabic translator has apparently overlooked the Greek words καὶ σάρξ ('and flesh').

**668a29 et carent aqua.** This is Scot's translation of the Arabic ويقلّ الماء

(→ Bad.), which is meant to translate the Greek ἀφανίζονται ('disappear' *Ogle*, 'get obliterated' *Peck*). Scot usually renders قلّ as 'diminuor'. Kruk gives الطين وثفل الماء, a possible hendiadys translation of τῆς ἰλύος ('mud'), but this is not found in *L*.

**668a30 et revertuntur ad priorem statum.** This is a clear example of a place where Scot prefers an interpretative translation to a literal one, which would be too obscure for the reader (→ app. II *ad loc.*). ايضا (etiam) here translates the Greek πάλιν ('again'; → *ad* 653a7).

**668a33 semper.** This word has no equivalent in the Arabic or Greek text. Presumably it was later written above the text (by Scot?) for clarification; hence probably the uncertainty in the MSS about the place of the word in the sentence. Scot apparently had the Arabic text according to *L*, and so missed the element وشقّ ('et finditur') of *G* (→ Kruk), which is required with respect to the Greek text: διαιρουμένων 'when cut' (→ app. II *ad loc.*).

**668a35 corrumpuntur, corrumpens.** These are both interpretative translations by Scot for انطمّت and انطمّ بها ('implentur', 'implens') respectively.

**materia.** This is the Latin translation of the Arabic الهيولى. Apparently the Arabic translator had the reading ὕλην of USΣ (→ Louis) instead of ἰλύν ('mud').

**668b8 efficitur valde humidus.** This translates the Arabic يرطب (Kruk) or ترطّب (Badawī), which translates the Greek ἐξυγρανθέντος ('become watery').

**668b10 inspissabitur +** ... كليهما والغذاء ('et cibus ... ambobus' → app. II *ad loc.*). Only *G*² (→ Kruk) has the right explanation of مخلوط ... كليهما (admixti ex ambobus) with respect to the Greek text: يكونان من اختلاط الماء والجوهر الارض ('compounds of water and earthen matter'). It is interesting in this connection that the Greek MS P does not have γῆς ('earth'; → Louis *ad loc.*). The Arabic translator has interpreted ὕδατος ('water') as الدم ('blood'). Because all this necessary information was lacking for Scot, he omitted this, for him illogical, part of the sentence.

**668b17 aculeorum.** Scot perhaps has confused the Arabic الدبر of *G*² (→ Kruk), which forms the translation of the Greek τῆς ἕδρας ('fundament'), with ابر, the plural of الابرة ('sting' → *GA* 755a33). Strangely, an equivalent of the Greek word is lacking in *LT*.

**668b18 et propter hoc.** Scot has apparently ignored وربّما (et forte) and again translated ولذلك (b17).

**668b19 sed fluit sicut sanguis qui fluit ex vena.** The Arabic translator has not understood the Greek sentence καὶ οὐχ ὥσπερ ἐκ τῆς ἀρτηρίας μετὰ βίας ('not violent as are those from the windpipe' *Ogle*). Scot omits the following part ولا يكون مسيل هذا الدم عسرا مؤذيا ('et non ... nocens' → app. II *ad loc.*), because it clashes with what goes before.

**668b22 fiunt amplae et ramificantur.** This translates the Arabic اتّسعت وتشعبت. Scot therefore had the *G* reading (→ Kruk). But the *L* reading must be original: انشقّت وتشعبت, a hendiadys translation of the Greek σχίζονται ('split into two' Ogle).

**668b24 sicut ... ita.** This translates the Arabic كما ... كذلك. Apparently the Arabic translator has ignored the Greek γάρ ('for') in b24. Albertus adds the missing element: 'sicut ... sicut enim ... et similiter' (→ Stadler p. 912.14–6).

**668b35 magis** (→ app. II *ad loc.*). The Arabic translator has apparently failed to see the Greek θύραθεν ('from outside' *Peck*), and has written خاصّة (praecipue), which usually translates the Greek μᾶλλον or μάλιστα.

**669a8 malakie.** Scot's transcription indicates that he had the *G* reading in his text: ملاقيا (ملاقا *L* → Kruk), which is the Arabic transcription of the Greek μαλάκια ('cephalopods'). But the extant Greek text has φάλαινα 'whale' (there are many variants in the Greek MSS → Louis). Hence Kruk has placed ⁎فالاينا in the text as a conjecture.

**lupi marini.** This translates the Arabic السباع البحرية (*lit.* 'large, wild sea-animals'), which renders the Greek τὰ ... κήτη ('cetacea'). 'Lupus' repeatedly means 'large, wild animal' in this text (→ *ad* 655a13).

**669a18 et quia pulmo est conveniens pulsui cordis non inflatur neque elevatur multum.** It is clear that Scot read ولأن 'et quia' with $G^5$ instead of *L*'s ولين 'et mollities *pulmonis etc.*' (→ Kruk). He also read لا 'non' with $G^3$ instead of لأنه 'quia'. The Arabic translator, perhaps influenced by a16 αἰρομένου, has probably read αἴρεται ('rises up') from αἴρω instead of εἴρηται ('the theory that' *Peck*), and then rendered this by a hendiadys: ينتفخ ولا يرتفع ('inflatur neque elevatur').

**669a27 bene potest.** 'Bene' is regularly added by Scot for clarification, often with forms of 'posse' and 'scire' (→ *PA* 659b31 *GA* 738a1 769a31 and 755b13 757b23 764b13 780b17 789b4).

**669a29 animali ambulanti.** This translates the Arabic الحيوان المشاء (*L*), which translates the Greek τῶν πεζῶν ('walking animals', i.e. 'land-animals' *Peck*). *G* omits المشاء, but we do find it in the Greek text, in contrast to what Kruk's apparatus mentions (: –Ar).

**669a31 genus² avium.** Scotus apparently read جنس الطير instead of جميع الطير ('all birds' → app. II *ad loc.*).

**669b1–2 quoniam eius motus adducit multum aeris.** Scot apparently read فان حركتها جالبة هوائيتها, adding 'multum' by way of clarification. He read *GL*'s reading خالية (vacuus) as جالبة (adducit). In any case the Arabic text supports the unanimously transmitted reading of the Greek text τῆς τοῦ πλεύμονος κινήσεως οὔσης ἀερώδους καὶ κενῆς ('the ... motion of the lung, airlike and void' *Ogle*), 'airlike and void' referring to κινήσεως 'motion' (فان حركتها). Kruk has plausibly emended the corrupt Arabic text (خالية *s.p.*; هوائيتها *L*, لهوائيتها *G*) in accordance with the Greek text: فان حركتها *خالية *هوائية ('quoniam eius motus est vacuus aereus'), with a common inversion of the order in the Greek text (ἀερώδους καὶ κενῆς 'airlike and void'). But the conjecture is not based on the Greek text changed by Thurot, in which ὄντος ἀερώδους καὶ κενοῦ ('airlike and void') is connected with τοῦ πλεύμονος ('the lung'), as the apparatus of Kruk's edition mentions. In the Arabic the two adjectives can refer only to حركة (motus).

**669b2-3 magnitudo ... magnitudine.** The Arabic text twice has the plural form, which agrees with the plural form in the Greek text: τὰ μεγέθη. This form أعظام occurs as a plural form of عَظم (os 'bone' → Dozy *s.v.*). Here and in 679b37 it evidently functions as the plural of عِظم (magnitudo).

**669b7 et non carens pedibus.** This is the literal translation of the Arabic text ولا يكون عادم الرجلين. The Arabic translator probably had the $Z^1$ reading (→ Louis): οὔτ' ἄπουν ἐστιν πεζεῦον, instead of οὔτ' ἄπουν οὔτε πεζεῦον ('be it apodous or be it possessed of feet' *Ogle*).

**669b15 sint divisa.** The $A^2D^1$ reading 'sit divisum', referring ahead to 'epar' (καὶ ὁ σπλήν 'and the spleen' has been ignored by the Arabic translator), may have been Scot's original reading. However, I have opted for the version of the other MSS (→ app. I *ad loc.*), because these agree with the Greek text. The Arabic text admits of both readings (منها ما يشك).

**669b21-2 opinatur quod *cerebrum cuiuslibet animalis.** The equivalent of ὁ ἐγκέφαλος ('the brain'), rendered by the Arabic translator as دماغ, has somehow been lost in the Latin translating tradition. 'Opinatur' lacks 'quod' (added by $D^2H$) and there is no noun to go with 'cuiuslibet animalis'. The Latin MSS have tried to fill the latter gap in various ways (→ app. I *ad loc.*). Albertus adds 'quodlibet membrum' (→ Stadler p. 914.24).

**669b23 propter hoc.** The Arabic text has بهذا النوع ('secundum hunc modum'), in accordance with the Greek text κατὰ τὸν αὐτὸν δὲ λόγον ('in the same way'). It may be that Scot had the *G* reading: لهذا النوع (→ Kruk; ل is often rendered as 'propter'), which could explain his deviant translation.

**669b24 animalium generantium animalia.** The Arabic translator apparently read ζωοτόκοις instead of ᾠοτόκοις ('ovipara'). Cf. *ad* 673b21 676a23 697a12.

**669b27-8 quoniam animal habens splenem necessario opinatur quod.** This is one of the sentences which illustrate how Scot sometimes maintains the Arabic sentence structure in the Latin (cf. *ad* 667b2 673a19).

**669b34 decheonoz.** This is the Latin transcription of the Arabic داسوبيوس, which transcribes the Greek δασύπους (i.e. the singular form; the Greek text has the plural form οἱ δασύποδες 'hares'). There are many variants in the Latin MSS (→ app. I *ad loc.*). Elsewhere the Arabic translator paraphrases the word by using the literal translation of δασύπους, الحيوان الازبّ الرجلين (676a7,15 689a34), which Scot also renders literally as 'animal pilosi pedis'. He translates the Greek λαγώς ('hare') as ارنب, rendered by Scot as 'lepus' (667a20).

**670a13 clandestinum.** This must be Scot's translation of the Arabic مسامير ('nails', 'rivets', plural of مسمار → *ad* 652a19), which translates the Greek ἧλοι. I cannot surmise what 'clandestinum' (as a technical term) means here. 'Hidden connection' is perhaps possible. Albertus interprets it as 'something secret' ('haec enim duo membra sunt sicut quoddam clandestine repositum' → Stadler p. 915.9-10). In that case Scot may have read a form of سرّ (سرّ 'secret', مستسرّ 'place of concealment').

**670a26 princeps.** This must translate the Arabic رئيس* (Kruk), which must have been in the text originally, though the MSS unanimously pass down the useless وليس ('et non'). We are probably dealing here with a curious corruption in the Arabic MSS. In *GA* 744b31 Scot translates رئيس as 'dominans'.

**670b11-2 parvus, parvum¹.** Scot makes the same curious and serious translation error twice in succession here: b11 'parvus' and b12 'parvum¹' translate what the Arabic text reads as كبير ('magnus', 'magnum'). Albertus has corrected the text (→ Stadler p. 916.13-5).

**670b16 [et] sicut.** This literally translates the *L* reading: وكما (→ Kruk). 'Et' does not fit the sentence in terms of meaning and syntax, which is why $D^2$ has deleted it and *EW*, like Albertus, leave it out altogether.

**670b21 dextrum est contra sinistrum.** It is curious that $GL^1$ lack this phrase (→ Kruk), whereas the Arabic text has inserted a different contrast which does not occur in the extant Greek text: وان الرطب ضدّ اليابس ('et quod humidum est contra siccum' → app. II *ad loc.*). This addition is probably due to an ancient Arabic (or Greek?) gloss. Scot's translation comes from an Arabic version which agreed with the extant Greek text.

**670b23 autem non ... nisi.** Scot apparently read وانّما* (cf. واما *L* → Kruk) instead of فاما ('autem').

**671a17 tortucae *marinae.** Scot has doubtless correctly translated the Arabic السلحفاة البحرية, the translation of the Greek αἱ χελῶναι θαλάττιαι ('sea-tortoises'; cf. 671a24,8). 'Maxime', passed down by the Latin MSS and also read by Albertus (→ Stadler p. 920.2), must go back to an early copying error for 'marine'. Cf. 671a24, where the *E* copyist has made the same error.

**671a20 dissolvetur.** This word translates تنفش, passed down by $GL^2$. The original word was probably تتنفس ($L^1$, Badawī), as the equivalent of the Greek διαπνέοντος ('exhaling'). Kruk offers the conjecture *تتفشش. Cf. ad 671a32 **dissolutionis**.

**671a31-3 amoz.** This transcribes the Arabic اموس, which transcribes the Greek ἐμὺς (v. l. αἰμὺς → Louis ad loc.) 'freshwater tortoise'.

**671a32 dissolutionis.** In view of the various Arabic readings for 'dissolvetur' in 671a20, one would expect another form of فش (→ GA 735b34 743a12 etc.). Hence Kruk's conjecture جودة * تفشش here as a translation of the Greek εὐδιάπνουν ('ready transpiration' Ogle). As in a20, however, $G^1L$ have a form of نفس: تتنفس, which is usually translated as 'anhelitus', but here may very well stand for 'evaporation', 'exhalation'. $G^2$ has an interesting clarification here: تحلل. Scot would have translated this too as 'dissolutio' (→ 675a33: انحل 'dissolvor').

**671b7 quasi essent ex.** Scot doubtless had the L reading and translated كانهما ... من (→ Kruk) for the Greek εἰσὶ γὰρ ὥσπερ ... ἐκ. The Arabic translator has ignored γάρ ('for').

**671b30 motus naturalis debet facere** etc. Scot apparently read الحركة الطباعية instead of للحركة الطباعية (→ app. II ad loc.).

**671b35 et.** This translates the G reading: و (→ Kruk). The L reading فان ('quoniam') accords with the Greek text: γάρ ('for').

**6672a8 usitatus.** Scot apparently read المستعملة (→ ed. Badawī). In my view, this agrees more with the Greek text: εἰργασμένης 'which has been generated' *(Peck)*, than المشتعلة ('burning') (→ ed. Kruk), which L has without pointing.

**672a19 quoniam loco.** Apparently Scot read فان مكان in his Arabic copy. $L^1$ has فان, corrected by $L^2$ to فمكان ('loco ergo'), which agrees more with the Greek text.

**672a24 et altior.** This element has no equivalent in the Arabic and Greek texts. It probably derives from an early gloss, added on the basis of 671b28-9.

**672b4 comburitur.** This translates the Arabic تحترق. Perhaps the Arabic translator read ἐγκατακαιομένης instead of ἐγκατακλειομένης ('to get shut up in'), which should have been translated as احتبس (retineor in → GA 786a13).

**et ex dolore.** Scot read ومن ضربات ووجع (→ ed. Badawī), simplifying the Arabic circumlocution with two synonyms into 'dolore'. Kruk's reading ضربان is based on MS L, which is rather obscure here, but seems to have a ن instead of ت.

**672b18 calorem accidentalem extrinsecum.** This translates (with inversion) the Arabic الحرارة الداخلة العرضية, which renders the Greek τῆς ἐπεισάκτου θερμότητος in a hendiadys. داخل properly means 'intrans', 'intrinsecus' (→ MS E !), but judging by the generally transmitted 'extrinsecum' Scot has wanted to translate the sense, as it were from the position of the 'principium animae sensibilis' (b16).

**672b26 principium.** The Arabic translator apparently read ἀρχήν (اوّل) instead of ἰσχύν ('strength'). Moreover, he inverts the sentence parts with respect to the Greek text (الاوّل ... الامتداد - τὴν ἰσχὺν ... τὴν τάσιν), as he often does.

**673a17 Archadie.** This is the generally transmitted transcription of the Arabic ارقاديا (the undeclinable -e ending shows that it is a transcription and not a translation). The basis for this was doubtless the Z reading: Ἀρκαδίαν (→ Louis *ad loc.*). This seems a better reading than the variant Καρίαν, since the cult of Zeus Hoplosmios in question here was rooted in Arcadia (→ Peck *ad loc.*).

**673a19 divinum Iovis ... suum verbum.** This sentence shows yet again how Scot sometimes maintains the Arabic sentence structure in his Latin translation. Cf. *ad* 667b2 669b27-8.

**Iovis.** The name of the god Jupiter is rendered in the Arabic text here by المشتري (al-muštarī), which is properly the astronomical name for the planet Jupiter. Cf. *GA* 736a20, were الزهرة (az-zuhara = the planet Venus) designates the goddess Venus.

**673a27 propter spissitudinem sui corii.** This part of the sentence has no equivalent in the Greek text and seems to have been added by the Arabic translator, probably on the basis of 673a7-8 ἥ τε λεπτότης τοῦ δέρματος ('the fineness of the skin' *Peck*).

The second part of the sentence: 'et quia non ridet naturaliter nisi homo' also seems to agree more with καὶ τὸ μόνον γελᾶν τῶν ζῴων ἄνθρωπον (a8) than with οὐδὲν γὰρ γελᾷ τῶν ἄλλων (a28). The extant Arabic text has لأنّه 'quia' instead of 'et quia', which is apparently a syntactic adaptation by Scot (→ app. II *ad loc.*).

**673b1-2 efficitur illud humidum membrum.** This is partly the translation of the Arabic text as we have it: صار منه حينئذ اعضاء الجوف ('efficiuntur tunc ex illo *(sc. humido)* membra interiora'). حينئذ ('tunc'), like الجوف ('interius'), has not been literally rendered by Scot. حينئذ is doubtless a corrupt version of an original *جسد, which must have been in the text as an equivalent of the Greek σῶμα ('substance'). The Arabic translation of the entire passage was thus: فاذا تقوّم وجمد ذلك الندى الدمى صار منه *جسد اعضاء الجوف 'et quando confirmatur et coagulatur illa humiditas sanguinea efficitur ex ea corpus membrorum interiorum'.

**673b21 animalis ovantis.** Apparently the Arabic translator read ᾠοτόκων instead of ζῳοτόκων ('vivipara'). Cf. *ad* 669b24 676a23.

**673b22 est**[1] + دما انقى (mundioris sanguinis → app. II *ad loc.*). One would expect نقى دمى (mundus sanguineus) in the Arabic text as the translation of the Greek καθαρὸν ... καὶ ἔναιμον, but this has not been passed down in the extant text. Perhaps the fact that the two words would produce an unsuitable translation led Scot to omit them.

**673b29 color ... est unus.** The Arabic translator has apparently read ἔνωχρα ('yellowish') as μονόχροα (or ἓν χρῶμα ?). Cf. GA 751a31, b30 785b16.

**673b31 carui.** This is the Latin transcription of the Arabic فرونى, which transcribes the Greek φρύνη ('toad'), so in the nominative form; the Greek text has the genitive form, φρύνης. As often, ف has been read as ق, while ن has been overlooked.

**674a4 hominis.** Apparently the Arabic translator read ἄνθρωπος instead of ἵππος ('horse').

**a4 et non ... a6 intra.** The Arabic translator has not translated the Greek words τὰ σπλάγχνα (membra interiora, 'the viscera') and τῆς σαρκὸς (caro, 'the flesh'), so that the contrast between these two 'membra corporis' remains unclear in the Latin text too.

**674a18 habet iuvamentum.** Read تنتفع instead of تتنفع (typing error ed. Kruk).

**674a28 autem.** This is Scot's usual translation of واما, passed down in L. Kruk's *فاما is also possible.

**lignea.** 'Ligneus' usually translates the Arabic خشبى. Here, however, it is used to translate حطبى, which is very rare in this text. Curiously, the text of Avicenna's *De animalibus* has the collocation شوكية وخشبية at this place (→ ed. Madkour p. 323.2).

**674b9 ex eo.** In the Arabic text منه 'ex eo' refers to هذا كلّ واحد من الحيوان 'quodlibet istorum animalium', but it is placed so awkwardly in the text that it is probably corrupt, just as the entire sentence is corrupt both in the Greek and in the Arabic text (→ Louis and Kruk ad loc.). Since the words ἡ λειτουργία ἡ τοῦ στόματος διὰ τὴν ἔνδειαν τῶν ὀδόντων ('since the mouth is deficient in teeth' *Peck*) are lacking in the present Arabic text, منه may be due to an original *فمه ('their mouth').

**674b14 et isti ventres nominantur Graece nominibus diversis.** Apparently the Arabic translator did not venture to translate the Greek names for the four different stomachs of the ruminants: κοιλία ('paunch'; the usual Latin translation is 'rumen'), κεκρύφαλος ('honeycomb-bag', 'net'; Latin 'reticulum'), ἐχῖνος ('manyplies'; Latin 'omasus') and ἤνυστρον ('reed'; Latin 'abomasus'). In the parallel passage in *HA* 2. 507a36-b15, where the four stomachs are described at somewhat greater length, the Arabic translator also confines himself to these circumlocutions, and omits the names, so that Scot's Latin translation does not have them either.

In 676a9 we also find a paraphrase ('in duobus ventribus prius, sed in tertio, qui est ante ventrem ultimum'). Only the word ἐχῖνος ('manyplies') is transcribed in the Arabic text: اخينوس, which Scot in turn transcribes as 'hahinoz' (676a17).

**674b16 in narratione membrorum.** This is the literal Latin translation of the Arabic فى صفة الاعضاء, which is a rather unfortunate translation of the Greek ἔκ τε τῆς ἱστορίας τῆς περὶ τὰ ζῷα ('*from* the Researches upon animals' *Peck* = Historia animalium. Cf. ad 674b14).

**674b20 dentibus** + واللسان وليس له *يملس الطعام به (et lingua neque habet cum quo molere possit cibum → app. II *ad loc.*). The generally transmitted يلمس (*GL edd.*) 'touch', 'handle' is incongruous here. The Greek text has ᾧ λεαίνει τὴν τροφήν ('with which to grind down (*or:* 'smooth') the food'). To render forms of λεαίνω, the Arabic translator commonly uses a form of ملس, so that it may perhaps be assumed that the two words have been confused here. Cf. e.g. 661b9 ἵνα λεαίνωσιν: لكى تطحن وتملس الطعام : *Scot* ad molendum (*sc. cibum*) ; 674b33 εὐλέαντος : سريع الطحن والملوسة [ *والطعام] : *Scot* velox ad digerendum (*sc. cibum*). For this reason I have read the form *يملس as a conjecture in the Arabic text.

**674b22 membrum quod dicitur papum.** 'Papum' (*v. l.* 'papa') translates the Arabic حوصلة (→ Lane *s.v.* حصل), which translates the Greek πρόλοβος ('crop'). I have been unable to find the word in this sense in the Latin dictionaries and lexicons which I have consulted. The usual Latin translation is 'ingluvies'. Albertus has 'vesiculum gutturis' and 'struma' in explanation of the word 'papa' (→ Stadler p. 929.14-5). 'Papum' may have led to (or derives from?) the Spanish word 'papo' which means 'crop' (from 'papar': 'to swallow down without chewing'). In the transmission of this Latin text various MSS have given the word the alternative form 'papa' (→ app. I 674b22,31 678b26,31,35 679b9).

**675a3 ascaroz.** This is the Latin transcription of the Arabic اسقاروس, which transcribes the Greek σκάρος ('parrot-fish').

**675a11 taricoz.** This is the Latin transcription of the Arabic قسطروس, which transcribes the Greek κεστρεύς 'kind of mullet'). There is an interesting clarification in $A^2$: mugilis ('mullet'); cf. app. I *ad loc.*

**675a12 in quibus deponunt cibum** + مثل ما يكنز الشىء فى الحفر الذى يكون بين يدى الأبيار فالطعام يعفن وينطبخ هناك (sicut deponitur aliquid in *cavitatibus quae sunt ante *cisternas et cibus putrefit et decoquitur ibi → app. II *ad loc.*). This renders the Greek ἵν' ἐν ταύταις ὥσπερ ἐν προλακκίοις θησαυρίζοντες συσσήπωσι καὶ πέττωσι τὴν τροφήν ('to serve as a sort of antechamber in which the food may be stored up and undergo putrefaction and concoction' (*Ogle*). Modern translators have had their difficulties with this passage, because the rare word προλάκκιον, a composite of λάκκος (*LSc* 'pond', 'cistern', 'tank', 'pit for storing wine' *etc.*, 'reservoir') has no equivalent in modern languages. Ogle's 'a sort of antechamber' is a workable circumscription, not a translation, though it has been adopted by Liddell and Scott. The Arabic translation: 'the cavities which are before the reservoirs' is almost literal, but very clumsy. Scot was apparently unable to interpret the passage properly and has therefore omitted it.

Kruk and Badawî opt for the readings الآبار (plur. of بئر) and الأبيار (plur. of بیر) respectively. I opted for Badawî's reading, because it agrees with the unpointed reading in *GL* (→ Kruk).

**675a31-2 quia intestinum]** وذلك لحال الجوف اعنى لان طباع المعاء (et hoc est propter interius scilicet quia natura intestini *est posita etc.* → app. II *ad loc.*). Since the element λεία ('smooth') from the Greek text is lacking in the Arabic (and so in the Latin) text, while لحال الجوف (propter interius) has been added, it may perhaps be assumed that the Arabic translator read (or heard) κοιλία instead of καὶ λεία.

**675b5 propter humiditatem usus cibi.** This translates the Arabic لحال جودة استعمال الطعام, which renders the Greek διὰ τὴν κατεργασίαν τὴν τῆς τροφῆς ('because of the thorough elaboration which their food undergoes' *Ogle*). Since the translation 'humiditatem' has been passed down unanimously (Albertus has also adopted this reading in his commentary and added an explanation → Stadler p. 931.23-9), we must assume that Scot has interpretatively rendered the Arabic reading جودة (bonitatem) as 'humiditas'. It seems very unlikely to me that an early reading error was made in the Latin tradition ('humiditatem' for 'bonitatem') or that Scot confused the two words in the Arabic text (رطوبة for جودة).

**675b7 partem intestini quod orbum dicitur.** This translates the Arabic جزء المعاء الذى يسمى اعمى, for the Greek τοῦ ἐντέρου τυφλόν τι (καὶ) ὀγκῶδες ('the blind and swollen part of the gut' *Peck*). 'Orbus' here translates the Arabic اعمى ('blind'). Usually 'blind gut' is translated in Latin as 'intestinum caecum' (→ André p. 145-6).

**675b10 membrum quod dicitur longaon.** 'Longaon' ('rectum') translates the Arabic مبعر, which translates the Greek ἀρχός ('rectum' *or* 'anus'). 'Longao' is the more usual form (→ André p. 146-7). The proper meaning is that of the last piece of intestine which leads to the anus, as Albertus explains: 'intestinum rectum quod longaon vocatur, quod continuatur ad anum' etc. → Stadler p. 931.31-2).

**675b15 boni labii.** This translates the Arabic جيّد الشفة. Apparently the Arabic translator read εὐχειλότεροις instead of εὐχιλότεροις ('consuming more fodder' *(cf. Ogle)*); → Kruk *Introd.* p. 25.

**675b33 membrum quod dicitur ieiunum.** 'Ieiunum' translates the Arabic صائما ('fasting'), which renders the Greek νῆστιν ('intestinum jejunum' → André pp. 144, 248). With respect to the Greek text καὶ ἐν τῷ ... ἐντέρῳ τῷ λεπτῷ ('which forms part of the small intestine' *(Peck)*) the Arabic text should have followed with وهو في المعاء الدقيق 'et est in intestino tenui', instead of وهو المعاء الدقيق ('et est intestinum tenue' → app. II *ad loc.*). Scot possibly sensed that something was lacking and therefore omitted the explanatory passage.

**676a1 quasi res habens communicationem in.** This translates the Arabic مثل شيء له شركة من. So the Arabic translator read δὴ οἷον μεταίχμιον with ΖΔ (→ Louis), instead of ἤδη μεταίχμιον ('the exact interspace').

**676a3 erit + يكون صائما ... في زمان** (in parvo tempore ... ieiunum erit → app. II *ad loc.*). There is clearly a *lacuna per homoioteleuton* here (erit[1] ... erit[2]). It is found in all the Latin MSS and so must be dated very early in the tradition. It may be even that the omission is due to Scot himself (يكون[1] ... يكون[2]).

**676a5 intestinum quod dicitur \*caecum.** I have succumbed to the temptation to correct the text in accordance with the Greek and Arabic texts. There is no problem in the Arabic tradition: المعاء الذي يسمّى اعمى translates the Greek τοῦ τυφλοῦ ('the caecum'). But the Latin MSS have, with remarkable consistency, passed down 'intestinum quod dicitur centum'. Albertus has ignored the awkward reading 'centum' ('a hundred'; → Stadler p. 932.35).

The persistent *lectio difficilior* is hard to explain. I see two possibilities. 'Centum' may be a reading error for 'cecum', in the Latin tradition; this must have occurred at a very early stage, perhaps during a first copying of the text. It is strange, however, that none of the otherwise so resourceful scribes made any attempt to correct the text. We should also note in this connection that Scot uses the term 'intestinum orbum' (→ 675b7). Another possibility is that Scot read a form of مائة 'hundred' (e.g. مئوى or مئينى) instead of اعمى ('blind').

**676a15-6 caret ... non coagulatur.** Both negations have been adopted by Scot from the Arabic translator. As a result, the meaning of the sentence is opposite to that of the Greek: τῷ δὲ δασύποδι γίνεται πυετία ... συνίστησιν ('as for the hare, it has rennet ... (it) can coagulate' *Peck*). In the first case (caret) the Arabic translator has apparently connected οὐ (non) in a14 with the following τῷ δὲ δασύποδι etc. as well. In the second case (non) the Arabic translator may have read οὐ γάρ instead of ὁ γάρ. Albertus tries to correct Scot's text: 'animal enim pilosi pedis ut in pluribus etiam, caret coagulo. Solus enim leporis partus coagulum invenitur habere' (→ Stadler p. 933.13-4).

**676a17 ventrem qui dicitur hahinoz.** 'Hahinoz' is the Latin transcription of the Arabic اخينوس, which transcribes the Greek ἐχῖνος (so in the nominative form), 'the manyplies', one of the four stomachs of ruminants (→ ad 674b14).

## Fourth Book

**676a22 dispositio intestinorum.** Scot probably read حال \*معاء اجواف instead of the expected حال \*اعضاء اجواف for the Greek τὰ σπλάγχνα 'the viscera' (→ Kruk). Scot translates the common collocation اعضاء الجوف as 'membra interiora' (→ 676b5-8).

A similar problem in the Arabic tradition is found in 678a36. Here, however, Scot has translated the collocation \*معاء الجوف (for Greek τὰ σπλάγχνα → Kruk) literally: 'intestinum interius'.

**676a23 generantium animalia.** The Arabic translator apparently read ζωοτόκοις instead of ᾠοτόκοις ('oviparous'; → ad 669b24, 673b21, 697a12).

**676a28 brancos.** This translates the Arabic نغائغ, which in this text renders the Greek βράγχια ('gills'; → ad 659b15 684a20).

**676a36 tiros** and **676b3 tiri.** 'Tiri', plural of 'tirus' (v. l. tyrus) translates the Arabic الافاعى, plural of الافعى, which renders the Greek οἱ ἔχεις ('vipers'; → ad GA 2. 732b21).

**676b21 amie.** This is the Latin transcription of the Arabic اميا, which transcribes the Greek ἀμία 'amia', a fish from the family of the *Scombridae* (→ Ogle *ad loc.*); 'a small tunny' (d'Arcy Wentworth Thompson *s.v.*).

**676b27 elephas.** This translates the Arabic الفيل. Apparently the Arabic translator read ἐλέφας instead of ἔλαφος (= الايّل 'deer'). Confusion between the two forms also occurs in the Greek MSS (→ *HA* 2. 498b14).

Although the next words καὶ πρόξ ('and the roe') have been rendered by the Arabic translator (→ app. II *ad loc.*), the name of the animal has been transcribed, not translated: برقس (\*brox). He was probably not familiar with the word (→ *ad* 650b15).

**676b28 koki.** This is the Latin transcription of the Arabic فوقى, which transcribes the Greek φώκη ('seal').

**676b33 de isto sensu.** Scot has probably mistaken the Arabic الجنس ('genus'), which translates the Greek τοῦ γένους ('genus' *Ogle* or 'group' *Peck*) for الحسّ ('sensus'). Albertus also has this reading (→ Stadler p. 937.34). It may be that Scot himself hesitated between the two readings, and wrote 'genere' above the text or in the margin. This might be the source of the variant 'genere' in the margins of A and W (→ app. I *ad loc.*). D has a most peculiar combination of the two: 'gensu'.

**677a3 Halkiz.** This is the Latin transcription of the Arabic خلقيس (Badawī), which represents the Greek Χαλκίς 'Chalcis' (i.e. in the nominative form; the

Greek text has the dative form ἐν Χαλκίδι). Kruk spells خلقس in accordance with *L*.

**677a4 Obo.** This is the Latin transcription of the Arabic ابوا (*L Bad.*), which transcribes the Greek Εὔβοια 'Euboea' (i.e. in the nominative form; the Greek text has the genitive form τῆς Εὐβοίας). Kruk spells اوبوا, which may well have been the original transcription.

**677a27 superius erit contrarium.** Scot apparently read اعلى خلاف ذلك instead of the standard collocation على خلاف ذلك (→ app. II *ad loc.*).

**677b7 phlegma crudum.** This translates the Arabic البلغم الخام, which was apparently the reading which Scot had in his copy. *G* has البلغم, *L* has الخام (→ Kruk). It may be that the Arabic translation was originally البلغم as an equivalent of the Greek φλέγμα ('phlegm'), possibly with الخامّ ('stinking', 'foul smelling') written above the text as an alternative or a clarification, after which the two readings came to lead a life of their own. Scot, however, had both readings. But he read الخام (without shaddah) 'raw', 'crude'.

**677b14 (b17 28 33 35) mirac.** This is the Latin transcription of the Arabic المُرَاقّ (al-marāqq; plural → Lane *s.v.* رقّ), which renders the Greek ἐπίπλοον ('caul', 'fat membrane around the intestines'). The usual Latin term is 'omentum' (→ André p. 140). The transcription with the vowel *i* instead of *a* is curious.

**677b18 ventris +** حيث يكون عكن البطن (*lit.* ubi sunt *suturae ventris → app. II *ad loc.*). This translates the Greek κατὰ τὴν ὑπογεγραμμένην οἶον ῥαφήν ('along a line which is marked on it like a seam' *Ogle*). Badawī's عكن (plur. of عكنة → Lane *s.v.*) seems the best solution for the transmitted, useless عكر ('origin', 'root', 'place of attachment'). But it may also be that the Arabic translator read ἀφήν instead of ῥαφήν. This could have been translated by عكر ('place of attachment'). Scot has omitted this part of the sentence, probably because he could make no sense of the obscure Arabic reading.

**677b20 et multitudo intestinorum est eiusdem dispositionis in habentibus sanguinem.** This translates the Arabic text in the *L* reading, adopted by Kruk. It may give rise to confusion about the syntactic construction of the sentence, and this is what happened in Scot. *G* has better preserved the right reading with respect to the Greek text: والي كثرة المعاء (instead of وكثرة المعاء → Kruk). The correct Latin translation should thus have been '(et pervenit ad residuum ventris) et ad multitudinem intestinorum secundum eandem dispositionem in habentibus sanguinem'.

**678a5 in corporibus animalium habentium sanguinem.** This should be the translation of فى اجساد الحيوان الدمى, but the extant Arabic text has the paraphrase فى جوف اجساد الحيوان الدمى ('in interiori corporum animalium'), so a translation expanding on the Greek text τοῖς ἐναίμοις ('in the blooded animals').

**678a10 vadunt ad.** This is Scot's usual translation of يصير الى (*GL*). In my view, it is therefore unnecessary to change the Arabic text to يسير الى (→ Kruk); → *PA* 665a18,22 668b21 675b19 677b37 etc.; *GA* 739b8 751a5 754b29 etc.

**678a15 radices** + الحيوان والغذاء ... فلهذه العلة ('propter hoc ergo ... animalium et cibi' → app. II *ad loc.*). It seems better to me to keep the tradition of the Arabic MSS in a16 (→ ed. Bad.). فى الاقاويل التى وصفنا renders the Greek term εἴρηται, while سنذكر translates λεχθήσεται. The Arabic translator has transposed two parts of the sentence, as he often does.

**678a36 intestinum interius.** Kruk's conjecture معاء الجوف for the corrupt tradition of the Arabic MSS seems the only possibility, in view of Scot's translation. But the collocation of these two words is peculiar and does not occur elsewhere in this text. Τὰ σπλάγχνα ('viscera') is always rendered as اعضاء الجوف, translated by Scot as 'membra interiora', while τὸ ἔντερον (τὰ ἔντερα) 'intestines' is rendered in Arabic by معاء (*Scot* 'intestinum, -a').

**in animalibus carentibus sanguine.** This translates the Arabic فى الحيوان الذى لا دم له. Apparently the Arabic translator read τὰ ἄναιμα instead of τὰ ἔναιμα.

**678b4 omnia membra.** The Arabic translator has connected πάντα with μόρια ('parts') instead of with ταῦτα ('those *sc. animals*').

**678b17 genus formicarum.** This translates *G*'s Arabic version: جنس النمل, which corresponds to the Greek text (τὸ τῶν μυρμήκων γένος 'the ants'). This reading is therefore better included in the text than *L*'s reading جنس النحل ('the bees') → Badawī.

**678b19 genus muscarum et apum.** This translates the Arabic جنس الذباب والنحل. So the Arabic translator had the reading τό τε τῶν μυιῶν καὶ τὸ τῶν μελιττῶν γένος ('the flies and the bees'). The Arabic translation therefore does not support Meyer's conjecture, μυρμήκων ('ants') for μυιῶν ('flies').

**678b23 kogile.** This is the Latin transcription of the Arabic قوخلى, which transcribes the Greek κόχλοι ('cochli', 'sea-snails'). Κόχλος means 'a spiral shell, or stromboid gastropod' (→ d'Arcy Wentworth Thompson *s.v.*).

**678b26 b31 papum.** This translates the Arabic حوصلة (Greek πρόλοβος) and means 'crop' (→ *ad* 674b22).

**678b29 taukum.** This is the very different Latin transcription of the Arabic طاوفلس *L*, طاوفس*G* → Kruk; there are many variants in the Latin MSS → app. I *ad loc.*), which transcribes the Greek τευθίς 'teuthis', 'small calamary' (i.e. in the form of the nominative sing.; the Greek text has the form of the dative plur. τευθίσι; → *ad* 679a8 taotidez). The ف (f) has been read as ق (k).

**679a1 sperma** (*pro* \*atramentum). This translates the Arabic رطوبة المنى

(*lit.* 'humidum spermatis'). In a8, a14 and a18 it translates مني. Apparently the Arabic translator consistently read θορόν ('sperm') instead of θολόν ('ink'). He probably had a Greek copy in which θολός had been consistently replaced by θορός. The same confusion between the two words is found in the Greek MSS in *HA* 4. 524a13, b21 and *HA* 5. 544a4, where θορόν has become θολόν in some MSS, and vice versa (→ Louis *ad loc.*; → *ad* 681b26). In *HA* 4. 524a13 the Arabic translator makes it quite clear what his interpretation of the text is: ومن هذا العضو تلقى الذكورة زرعها (*Scot* 'et per istud membrum eiciunt mares semen), translating the Greek ἀφίησι δὲ καὶ τὸν θολὸν ταύτῃ 'it also discharges its "ink" through it' *(Peck)*. AaCa have ἀφίησι δ' ἕκαστον θορὸν ταύτῃ there (→ Louis *ad loc.*).

Albertus has not been able to reconstruct the right interpretation of the ink fluid from another source, and adopts the reading 'sperma' (→ Stadler p. 942.34-5ff.). In the Latin translation of Avicenna's *De animalibus* (ed. Madkour p. 55.15) the fourth book has 'Et praeter ista non sunt apparentia in ipsa malachie nisi solum vas seminis quod dicitur *(Graece)* mastinoz. Et quando eicit illud quod est de humiditate in illo vase seminis, facit aquam turbidam' translating the Arabic وليس في جوفها عضو محسوس غير ذلك إلا عضو للزرع يسمى باليونانية مسطيس ، ومتى فرغ مج زرعه وكدر الماء . (فرغ : this should probably be متى فزع ;فزع 'when it is frightened'; → Aristotle *PA* 679a6 اذا فزع, *Scot* 'quando timuerit'). Avicenna has apparently copied the mistake from the Arabic translation.

**679a5 multum.** Scot probably read كثير 'abundant' (ed. Bad.) instead of كبير 'large' (ed. Kruk). The Greek text has πλεῖστον, which is ambiguous. The modern translations of the text reflect this disagreement: 'chief of all the Sepia, where it is more abundant than in the rest' *(Ogle)*; 'it is most remarkable in the Sepia, as well as the largest in size' *(Peck)*.

**679a7 inspissatur.** 'Inspissare' is Scot's usual translation of the Arabic verbs خثر, ثخن and غلظ (→ *PA* 668b10 *GA* 735a33 739a13 753b10). He translates forms of كدر by 'turbare' or 'turbari' (→ *PA* 647b32 651a16 652b33). Cf. Scot's translation of Avicenna *De animalibus* 4. 55.15 (ed. Madkour) كدر الماء 'facit aquam turbidam' (→ *ad* 679a1). It therefore seems probable to me that he had the G reading: يلبدها بالماء instead of *L*'s يكدر بها الماء (→ Kruk). لبد means 'to stick', 'to adhere'; تلبّد 'to become entangled with'. The word does not occur elsewhere in this text.

**679a8 taotidez.** This is the Latin transcription here of the Arabic طاوثيداس (Badawī; طاوتيداس Kruk), which transcribes the Greek τευθίδες 'calamaries' (→ 679a14, a22).

**bositiz.** This is the Latin transcription of the Arabic موسيطيس (*L*), which transcribes the Greek μύτις 'mytis', which is the analogous part of the liver in molluscs (i.e. in the form of the nominative; the Greek text has the dative form τῇ μύτιδι), ـب (m) having been read as ـب (b). In this text Kruk consistently gives the transcription which the Arabic translator should have originally made in accordance with the Greek: ميطيس* (mīṭīs; → Kruk *Introd.* p. 29).

**679a12 squamositatem¹ ... appropinquat.** 'Squamositas' translates the Arabic تفليس, which usually renders the Greek term φολιδωτός 'covered with scales', but here renders the Greek τὰς πλεκτάνας 'twining feet'. In 685b3-4 the Greek πλεκτάναι ('twining tentacles' *Peck*) is rendered as تفليس وخشونة (*L* خشن → Kruk) by the Arabic translator, which Scot translates as 'squamositatem et asperitatem'.

**679a14 taukiz.** This is the Latin transcription here of the Arabic طاوثيس (Badawī), which transcribes the Greek τευθίς 'calamary', ث (th) having been read as ق (k). Kruk consistently offers the form طاوتيس, and Scot seems to have read this in some places too (→ 679a8). But one expects the Greek θ to be transcribed by ث in Arabic, so that I have included this form in the indices.

**pelagosis.** This translates لجّي, passed down in the Arabic MSS, which renders the Greek πελάγιος ('living out at sea'). Both here and in 684a6 the Arabic translator has carefully distinguished the word from θαλάττιος (بحري, Scot 'marinus'), and I believe it should therefore not be changed here to بحري (→ Kruk). θάλαττα = بحر 'sea' (*Scot* 'mare'); πέλαγος = لجّ 'deep-sea' (*Scot* 'pelagus'; → *HA* 5. 543b5).

**679a21 cutis eius.** This translates the Arabic جلده, which Scot has read as جلده. Perhaps the Arabic translator meant جَلَدَهُ ('its hard part'), translating the Greek τὸ σηπίον ('os sepiae', 'bone'; → ad 679a23).

**679a22 tauridez.** This is the Latin transcription here of the Arabic طاوثيداس which renders the Greek τευθίδες 'calamaries'. The unanimously transmitted -r- in the transcription is strange; it has no equivalent in the Arabic transcription (→ *ad* 679a8, 14).

**679a23 ista pars.** The addition 'dura' in MS *B* (→ app. I *ad loc.*) is a gloss, probably derived from a20 'pars terrestris'. It may also be a reminiscence of *HA* 4. 524b23-4, where the Greek σηπίον ('os sepiae') is transcribed by the Arabic translator as سيبيون (*Scot's transcription*: 'sinon' with ـب (b) read as ـن (n)), and is then paraphrased as شيء صلب, which Scot translates as 'res dura' (524b23, b29).

**679b5 kogilio.** This is the Latin transcription of the Arabic transcription of the Greek κόχλοι ('sea-snails' → 678b23). Scot probably had a reading in *L*'s tradition: قوخليم (→ Kruk), but in a modified form, e.g. قوخليو*. Kruk gives the transcription قوخلى* (as in 678b23). *G*'s variant موطس ('mūṭis', based on the

Greek μύτις) must be due to an original gloss on ميقون ('mecon') further on in b11-3.

**679b10-1 superfluitas quae dicitur micon.** This translates the Arabic الفضلة التى تسمّى باليونانية ميقون, which renders the Greek ἡ καλουμένη μήκων 'what is known as the mecon' *(Peck)*. الفضلة ('superfluitas') is an addition by the Arabic translator, made on the basis of b12 περίττωμα τοῦτο 'this residue' (→ Ogle and Louis *ad loc.*; → 680a21).

**micon** transcribes the Arabic ميقون, which transcribes the Greek μήκων 'mecon' (the analogous part of the liver in gasteropods), the equivalent of μύτις 'mytis' (the analogous part of the liver in molluscs). Curiously enough *L* has twice مقيون here, while the correct form, ميقون, is found in 680a21. Kruk follows this spelling. In view of Scot's consistent transcription, we can assume that an individual mistake was made by the Arabic copyist here.

**679b14 astarinoz.** This is the Latin transcription of the Arabic اسطرنبوس (uniformized spelling Kruk), which transcribes the Greek (τὰ) στρομβώδη 'the creatures that have spiral shells'. The Arabic translator has probably based his transcription on the form of the nominative singular, στρόμβος. But the transcription is not very accurate. When the word occurs with pointing in *L*, it can be read as اسطرنيوس ('astarnioz') or as اسطرينوس ('astarinoz'). The Latin MSS contain both forms, often hardly distinguishable or not at all, besides variants like 'astorinoz' and 'satirinoz' etc. (→ app. I *ad loc.* and Index animalium). For this edition I give the uniformized spelling 'astarinoz'.

**karoloz.** This is an inaccurate transcription of the Arabic قخلوس (*L s.p.*), which transcribes the Greek κόχλος 'sea-snail' (i.e. the form of the nominative sing.; the greek text has the dative form, τῷ κόχλῳ).

**barcora.** This transcribes the Arabic برفوري (*L*), which transcribes the Greek πορφύραι 'purpuras'. The ف (f) has been read as ق (k (c in 679b20)). Kruk spells بورفيرى, uniformized with the form that occurs in *L* in 679b20.

**679b15 kikilez.** This transcribes the Arabic قيريقاس (*L*), which transcribes the Greek κήρυκες 'whelks'. A better variant of the Latin transcription is 'kirikez' (→ 679b20 683b13).

**multi modi.** Scot has shortened the Arabic اجناس واصناف كثيرة ('multa genera et multi modi' → app. II *ad loc.*), by which the Arabic translator had rendered the Greek γένη καὶ εἴδη πολλά ('many genera and species' *Peck*), to 'multi modi', probably to prevent confusion in the sentence, since the Arabic translator had already paraphrased the Greek τῶν ὀστρακοδέρμων as اجناس الحيوان الخزفى الجلد ('generibus durae testae').

**679b17 habent duos culmos, habent unum culmum.** Scot read in the entire passage 679b17-683b14 the Arabic words له باب واحد (habens, habet unam *valvam) and له بابان (habens, habet duas *valvas), the respective translations of Greek τὰ μονόθυρα 'univalves' and τὰ δίθυρα 'bivalves', as له ناب واحد (habens, habet unum culmum) and له نابان (habens, habet duos culmos).

**679b20 barcora.** This transcribes the Arabic بورفيري *(L)*, which transcribes the Greek πορφύραι 'purpuras' (→ *ad* 679b14).

**kirikez.** This is the transcription here of the Arabic قيريقاس, which transcribes the Greek κήρυκες 'whelks' (→ *ad* 679b15).

**biritin.** This transcribes the Arabic نيريطي, which transcribes the Greek νηρεῖται 'nerites' *(spiral, univalve shellfish)*. The unpointed ن (n) has been confused with the ب (b) and the ي (ī) has probably been mistaken for ن (final n).

**679b22 cooperiret.** This must be the translation of Arabic يستر, *L*'s reading. Kruk reads يسقف ('to provide with a roof'), which makes sense, but does not occur elsewhere in this text. *G* has ستر.

**679b25 lubarez.** This transcribes the Arabic لوباداس, which transcribes the Greek λεπάδες 'limpets'. The spelling suggests that the Arabic translator had the variant λοπάδες in his text (→ Louis). In the transcription in Latin د (d) has been read as ر (r).

**679b26 ataniz.** This transcribes the Arabic *اقطانيس (Kruk), which transcribes the Greek κτένες 'scallops'. Scot probably had the form of the transcription as found in *G*: اوطانيس. *L* has قطانفس.

**moez.** This transcribes the Arabic مواس, which transcribes the Greek μύες 'mussels'.

**679b28 est calidus.** Scot apparently read فهو دفىء instead of وقى (فله) (<habet> custodiam). So his text was closest to that of *G*: فدمى *G*, فهو *G*¹ (→ Kruk).

**ericius.** This translates the Arabic قنفذ, which renders the Greek ἐχῖνος 'sea-urchin' or 'hedgehog'. *PA* has only the sea-urchin. There are many variants of the animal's Latin name in the MSS. The most frequent forms are (h)iricius, (h)iritius, (h)yricius and hyritius. I have uniformly adopted the classical spelling 'ericius'. *Literature:* R. Kruk, *Hedgehogs and their 'Chicks'. A Case History of the Aristotelian Reception in Arabic Zoology.* In: Zeitschrift für Geschichte der Arabisch-Islamischen Wissenschaften, Bd. 2, Frankfurt am Main 1985, pp. 205-234.

**679b29 sicut circumdat animal quod est anulosum, spinis.** The Arabic text is corrupt here (→ Kruk), and it is hard to reconstruct what the original Arabic version was of συνηρεφὲς καὶ κεχαρακωμένον ταῖς ἀκάνθαις 'he has a good thick shell all round him, fortified with a palisade of spines' *(Peck)*. Kruk's reading ملتثما محرزا بالشوك agrees well with the content of the Greek text and remains close to the Arabic MSS. It seems likely that Scot read مثلما

محزّزا بالشوك. As usual, Albertus' solution to the problem is exemplary: 'est etiam amictus spinis' (→ Stadler p. 945.2).

**679b37 in istis.** The Arabic has من قبل الوضع والاعظام ('in situ et in magnitudine *(lit.* magnitudinibus)' → app. II). For the plural form أعظام of عِظَم → *ad* 669b2-3.

**680a5 tibo habent proprium.** Kruk gives the Arabic text according to $G^5$: طيتواس شيء خاصّ, and notes that شيء is lacking in *L* and has been added in *G* by $G^5$. شيء خاصّ ('proprium', 'quoddam proprium', 'res propria') is a common collocation in this text and was certainly read by Scot here. But *GL*'s س in طيتواس seems to me a relic of this original شيء (→ *ad* 681a25). In my view, the Arabic translator has transcribed the form τήθυα, nominative plural of τήθυον 'sea-squirt', 'ascidian', instead of the genitive plur. (τὸ τῶν) τηθύων (γένος), found in the text (cf. 681a9 'tibo'). So I believe the original Arabic text was طيثوا شيء خاصّ, with the spelling ث (th) for the Greek θ. This explains why Scot transcribes 'tibo' here instead of the form 'tiboz', which one would expect. He also reads ث (th) as ب (b). In 681a25 Scot transcribes طيثوا as 'titho' (Greek form τήθυα); so he probably read the correct letter ث (th) there.

NB. طيثوا should also be read in *GA* 763b14. Scot's transcription is 'tibo' there too. The Greek text has the form of the dative plur. τοῖς τηθύοις.

**680a14 sunt** + مبدّد حول المعدة (divisa circa stomachum → app. II *ad loc.*). Apparently the Arabic translator read ἀπὸ τοῦ στομάχου instead of ἀπὸ τοῦ στόματος ('beginning from the mouth' *Peck*), influenced by the previous sentences a7-a10. He has also ignored ἄττα ('certain ... objects' *Peck*), so that ᾠὰ ('eggs') in a13 has remained the subject in a14 and a15. Scot has therefore left out this now illogical part of the sentence.

It is curious that Scot has omitted the words وهى مبدّدة ('et sunt divisa'), whereas 'distincta' has been added to 'multa ova' in a13. It may well be that Scot has wanted to keep the element مبدّدة ('divisa') in the sentence and has moved it forward. But 'multa ... distincta' may also be intended as an expanded translation of كثير العدة.

NB. In *GA* 721b34 *divisum (KD)* should be read for مفترق instead of *diversum*. This is also Albertus' reading *ad loc.* (→ Stadler p. 1017.8).

**680a17 praeter ova quae natant.** This translates the Arabic ما خلا البيض الذى يطفو. The Arabic translator has interpreted the Greek ἔξω τῶν ἐπιπολαζόντων as 'except the ones *(namely, the eggs)* that float'. This interpretation has been adopted by Ibn Rušd (→ Kruk, *Introd.* p. 38). The modern translators of the text explain ἔξω τῶν ἐπιπολαζόντων as 'except in the common varieties' *(Peck)*, 'sauf chez les oursins communs' *(Louis)*, so going with ὄντων δὲ πλειόνων γενῶν 'the many different kinds, namely of sea-urchins'. They interpret ἐπιπολάζω as 'living near the surface' (→ Peck; cf. *HA* 525a15).

Besides 'floating on the surface' ἐπιπολάζω is also used in the sense of 'appear', 'become visible', 'emerge', 'come to the surface' (*HA* 6. 580b14 *GA* 1. 728b11 2. 733a15). Could it mean here: the eggs that emerge from, come to the surface of, become visible in the animal and in the water, i.e. shortly before and shortly after their release into the water? They will be larger than the other eggs mentioned, which are still contained inside the body and developing, i.e. the small ones (μικρὰ πάμπαν). This could perhaps explain the interpretation of the Arabic translator.

**680a21 superfluitas quae dicitur micon.** This translates the Arabic الفضلة التی یسمّی بعض الناس بالیونانیة میقون, which renders the Greek ἡ καλουμένη μήκων ('the so-called *mecon*' (Peck); → *ad* 679b10-1).

**680a23 boniz.** This transcribes the Arabic لوباس, which renders the Greek (ταῖς) λεπάσι 'limpets'. The Arabic translator presumably had the reading λοπάσι (→ Louis; cf. *ad* 679b25 'lubarez') and transcribed the nominative sing. λοπάς. Apparently Scot mistook ل (l) for ب (b) and ب (b) for ن (n).

**680a34 habens sanguinem.** This translates *L*'s reading الحیوان دمی (→ Kruk). Apparently the Arabic translator read τὸ ἔναιμα εἶναι instead of τὸ ἄναιμα εἶναι ('being bloodless'). Kruk reads غیر دمی ('without blood'), *G*'s better version.

**680a36 impinguatur ... in omni loco.** The Arabic translator has not translated ἐν τῷ θέρει μᾶλλον ('more during the summer'). As a result, the meaning of the addition ولیس بدون ذلك (*et non minus sc. quam in aestate* → app. II *ad loc.*) has become obscure to Scot. He has therefore omitted it.

**680a36-b1 in parte maris quae dicitur Borioz Horinoz.** This is the translation with transcription of the Arabic فی ناحیة البحر الذی یسمّی بالیونانیة بوریوس وریبوس (*GL* → Kruk). The Arabic translator has rendered the Greek ἐν τῷ Πυρραίῳ εὐρίπῳ 'in the strait of Pyrrha' in a clarifying translation: فی ناحیة البحر الذی یسمّی بالیونانیة ('in parte maris quae dicitur Graece'), followed by a transcription of the words Πυρραίῳ and εὐρίπῳ, but in the nominative form: بوریوس (Scot 'borioz') = Πυρραῖος and وریبوس (*اوریبوس Kruk) (*Scot* 'horinoz'; he mistook ب (b) for ن (n)) = εὔριπος. There are many variants in the Latin MSS for these two transcriptions (→ app. I *ad loc.*), and it is hard to say which transcription was made by Scot himself. I have opted for 'Borioz Horinoz', the *BH*[1] reading, which was adopted by Albertus (Boryoz Horynoz → Stadler p. 946.14).

**680b3-4 aequalia numero impari.** This translates the Arabic مساوی فرد العدد (*L*[1] → Kruk), which agrees with the Greek text: ἴσα τε τῷ ἀριθμῷ ... καὶ περιττά ('the same number ... and an odd one'). It is therefore better to include مساوی in the Arabic text (→ ed. Bad.).

**680b20 suorum ovorum.** Scot read بيضه (→ ed. Bad.) instead of بيضة (→ ed. Kruk). This is probably the original reading.

**680b30 modo vitae.** This translates the Arabic لصنف الحياة. So the Arabic translator read πρὸς τὸν τρόπον τὸν τῆς ζωῆς, and this agrees with the extant Greek text (the conjecture κοιλίας is not supported → Ogle, Peck ad loc.).

**680b31 crementum et nutrimentum.** This translates the Arabic النشوء والتربية, which renders the Greek αὔξησις. A combination of تربية with نشوء or غناء is used fairly often in this text to render the Greek αὔξησις ('growth') in a hendiadys (→ PA 664a3 تربية ونشوء *(not translated by Scot)*, GA 740a1 التربية والنشوء* Scot 'creatione et cremento', 748b21 تربية والغناء* Scot 'creationem et cibum').

**681a9 tibo.** This is the Latin transcription of the Arabic طيثوا, which transcribes the Greek (τὰ) τήθυα 'sea-squirts', 'ascidians' (→ ad 680a5).

**681a11 secundum hoc.** This is the literal translation of the Arabic على ذلك, which renders the Greek ὅμως ('but', 'however', 'yet'; → PA 644a16 GA 737a5). In GA 756a34 Scot's translation is clearer: 'licet'.

**spongia scilicet nubes.** This translates the Arabic الاسفنج اعنى الغيم (G Kruk; السفنج - L), which renders the Greek τῶν σπόγγων ('sponges'). غيم can mean both 'sponges' and 'clouds' (→ Dozy s.v.), hence the Latin translation of the Arabic clarification: 'scilicet nubes'.

**681a15 nubes.** This is one of the translations of the Arabic الغيم. Here, however, it translates the Greek (ὁ) σπόγγος 'sponge' (→ ad 681a11).

**681a17 colobria.** This transcribes the Arabic قولوثوريا (GL s.p.), as read by Scot. Kruk offers هولوتوريا*, Badawī perhaps more correctly هولوثوريا* (with ث for θ), which was certainly the original Arabic transcription of the Greek ὁλοθούρια ('sea-cucumbers', 'holothurians').

**681a18 rabba.** This transcribes G's Arabic رئة ('lung'), which translates the Greek πνεύμονες ('sea-lungs', 'jelly-fish'). Scot read بّ (bb) instead of ة ('). L has وبه s.p.

**681a19 marini.** This word has no equivalent here in the Arabic or Greek text, but may have been added by Scot on the basis of البحرى (GL), which he had not translated in a17 (→ app. II ad loc.).

**681a23-4 sicut animalia quae exeunt ab arboribus quae dicuntur barneteoz et dicuntur graece astaroz.** The Arabic translator has completely misunderstood the Greek sentence οἷον καὶ τὸ ἐκ τοῦ Παρασσοῦ καλούμενον ὑπό τινων ἐπίπετρον ('such, for example, is the plant *(lit. 'the one' ed.)* which is found on Parnassus, and which some call the Epipetrum' Ogle). He thinks that it is a description of an animal species instead of that of a plant, and he mistakes the name of Mount Parnassus for the name of a plant. He regards ἐπίπετρον as the Greek explanatory name of Παρνασσός or as the name of the animals, which he believes are the subject of the sentence. So both in the Arabic and in the Latin 'et dicuntur Graece astaroz' can refer to 'animalia' ('animals') and to 'arboribus' ('plants').

**barneteoz** transcribes the Arabic برناسوس (apparently read by Scot as برناتيوس), which transcribes the Greek Παρνασσός ('Mount Parnassus'), so in the nominative form (the Greek text has the genitive form (τοῦ) Παρνασσοῦ).

**astaroz** transcribes the Arabic اسطرون (L), which transcribes the Greek ἐπίπετρον ('epipetrum', a rock-plant), the final ن (n) having been read as a final س (s), which is usually transcribed as z in this text. Kruk gives the form which was probably the Arabic translator's original intention: ابييطرون*.

**681a25 titho.** This transcribes the Arabic طيثوا (Bad.; طيتوا Kruk), which transcribes the Greek (τὰ) τήθυα ('sea-squirts', 'ascidians'). An interesting variant here is G's طيثواس, while the L text, طيثوا شىء, is probably the correct reading (→ ad 680a5).

**681a34 unam telam.** The Arabic text has حجاب رقيق ('telam tenuem'). رقيق (the equivalent of the Greek λεπτόν 'thin') was probably missing in Scot's copy.

**681a36 alfinidez.** This transcribes the Arabic اقمداس (L) or افمداس (G), which transcribes the Greek κνίδας 'sea-nettles'. Perhaps the original Latin transcription was therefore *alfmidez, but this soon led to many variants in the tradition (→ app. I ad loc.). In any case Scot read a ف (f) instead of a ق (k). Kruk has reconstructed the Arabic form on the basis of the Greek text as *اقنيداس.

**hakilikez.** This transcribes the Arabic اقاليفاس, which transcribes the Greek ἀκαλήφας ('sea-anemones', 'sea-nettles', 'acalephae'). Scot has mistaken ف (f) for ق (k).

**681b12 hoc ergo est sermo noster.** This translates the Arabic وهذا قولنا, which renders the Greek ὁ δ' αὐτὸς λόγος ('the same may also be said' Ogle) imprecisely and therefore somewhat ambiguously. This has consequently led to confusion in the Latin MSS. 'Hoc' is probably Scot's original reading, summing up what goes before. Later scribes have changed 'hoc' to 'hic', which obviously links up better with 'sermo'.

**681b18 et propter hoc.** The Arabic translator has interpreted the Greek δι' οὗπερ ('through which') as 'reason why'.

**681b20-6 bastiz, mastiz.** These are Scot's transcriptions of the Arabic مسطيس (L), rightly changed by Kruk to *ميطيس, which was doubtless the Arabic translator's original intention, rendering the Greek μύτις ('mytis', *analogous part of the* liver' *in molluscs*; → ad 679a8).

**681b26 sperma.** This translates the Arabic المنى. The Arabic translator read θορός instead of θολός ('ink', *h. l.* 'ink-bag'; → *ad* 679a1).

**681b28 et erunt decem remota a.** The Latin MSS $BD^2$ have a corrected version of the text: 'et erit remotum a', which seems to fit better in the context, but the meaning remains obscure. The Arabic text وتكون العسرة بعيدة من adequately renders the Greek text καὶ τὸ δυσχερὲς ἄποθεν ᾖ 'it and its unpleasantness are kept as far as possible from' *(Peck)*. Clearly Scot read the unpointed عسرة ('it and its unpleasantness'), which is the equivalent of the Greek δυσχερές, as عشرة ('ten').

**681b35 in animali.** This translates the Arabic فى الحيوان, which we do find in *L*, despite Kruk's apparatus. It is curious that $ABD^1$ read 'cum' instead of 'in'. If this was Scot's original translation, it could indicate that he had ب or من in his text instead of فى. In 682a1 $L^1$ does not have فى$^2$ (*Scot:* in$^2$).

**682a2 quod continet caput.** This translates the Arabic المحيط بالرأس. The Arabic translator apparently had the reading κεφαλήν instead of κοιλίαν ('the cavity which contains the stomach' *Ogle*); → Louis *ad loc.*).

**682a5 haroloriz.** This transcribes the extant Arabic هولوريس, which transcribes the Greek (τοῖς) ἰουλώδεσι ('animals resembling the millipede'). Perhaps the Arabic translator had the P reading: οὐλώδεσι (→ Louis). In any case the Arabic transcription was based on the form of the nominative sing. (ἰ)ουλώδης. Hence the corrected form which Kruk gives in the text: ٭هيولوديس. The Latin MSS offer many variants (→ app. I *ad loc.*). I have opted for the *H* reading, 'haroloriz', which agrees with that of Vaticanus *(A)* ('aroloriz'), but has the aspirated form required with respect to the Arabic equivalent ه (though this form seems strange; cf. 682b3). It is hard to say which Arabic transcription Scot read in his copy.

**682a7 actu.** Read بالفعال instead of بالفعل (typing error ed. Kruk).

**682a18 genus ... animalis strepentis alchearrar.** The Arabic text has جنس الحيوان الصرّار here, translating the Greek τὸ ... τῶν τεττίγων γένος 'the species of cicadae'. Scot has probably first transcribed الصرّار ('cricket', 'chirping creature') as 'alchearrar' and then translated it as 'strepentis'. In the Latin MSS the clarifying translation 'strepentis', which Scot may have added in the margin, has become 'serpentis', and has been misplaced in the text (→ app. I *ad loc.*). It is however curious that 'strepentis' is lacking in the main MSS *AB*.

**682a33 ut non erremus in.** I have opted for the reading 'erremus', because it seems to make the best sense. *AC* have 'reddemus', *B* has 'revertemus' (→ app. I *ad loc.*). Albertus paraphrases 'ut non cogamur repetere dicta' (→ Stadler p. 951.9). In my view, the Arabic text should be لكى لا نزمن فى (ed. Badawī; I believe this is also the reading in *L*; cf. Kruk app. *ad loc.*), translating the Greek ὅπως ... διατριβὴν ἐλάττω ἐχόντων ('so that less time will be spent with *the* *discussion of*'). In GA 775b33 Scot translates ازمن ('to last long') as 'moror'. So 'errare' would have to mean 'to dwell on' here, though Scot mostly uses it in the sense of 'to make a mistake' or 'to err' (→ 640a19 665b28). I do not think that Scot saw the *G* reading لكى لا نزيد فى (→ Kruk); he translates زاد على as 'addo super' or as 'augmento in'.

**682b3 boloz.** This transcribes the Arabic يولوس, which transcribes the Greek ἴουλος 'millipede'; Scot interpreted the unpointed ـ (i) as ـ (b). So the Arabic translator did have the form with ι here (→ *ad* 682a5). He transcribed the form of the nominative sing.; the Greek text has the form of the genitive plur., (τῶν) ἰούλων.

**682b4 multitudinem carnis.** This translates the Arabic كثرة اللحم. The Arabic translator has apparently read (or heard?) σάρκας instead of ἀρχάς ('vital centre' *Ogle*; → Stadler p. 951.21 *with note ad loc.*).

**682b14 vespae.** This is Scot's customary translation of the Arabic الدبر, which is the usual translation of the Greek σφῆκες 'wasps'. Here, however, it translates (αἱ) μηλολόνθαι 'cockchafers' (? → *Ogle ad loc.*).

**682b17 est fissa in duo.** This translates the Arabic مشقوق باثنين. The Arabic translator has incomprehensibly overlooked the privative α of ἄσχιστον ('undivided'), and then interpreted 'σχιστόν' as 'split in two' (cf. *ad* 697a7).

**682b25 vespa iohalh.** 'iohalh' transcribes the Arabic الجُعَل, which translates the Greek κανθάρων 'dungbeetles'. As 'vespa' has been unanimously transmitted in the Latin MSS, this is probably a (mistaken) clarification by Scot himself.

**682b29 † induationes.** This puzzling word must be Scot's translation of the Arabic اوائل, which translates the Greek ἀρχάς ('vital centres'; 'supreme organs' *Ogle*). Unlike in 682b4, the Arabic translator has now understood the word properly. Scot usually translates اوائل as 'principia'. I have no idea what he may have meant by 'induationes'. The variants in the Latin MSS ('viduationes', 'inductiones') cannot solve the problem, nor Albertus' ingenious 'indurationes' (→ Stadler p. 952.20).

**682b31 vivit.** This is Scot's translation, coloured by the context, of the Arabic يلبث. He usually translates لبث as 'remanet', but the translation 'vivit' is due to 'potest vivere' in b30.

**683a5 ad sentiendum.** These words have been added by Scot, probably on the basis of a2 'sentit'. They have no equivalent in the Arabic or Greek text.

**683a8 et quaedam extra.** This translates the Arabic وما حمته خارج ناتىء عن جسده ('et quaedam habent aculeum prominens extra corpus' → app. II *ad loc.*). Strictly speaking, this passage has no equivalent in the Greek text. It was probably added by the Arabic translator to get a contrast with the first part of the sentence (cf. *ad* 667b14). The content of the sentence anticipates a10 ἀπεῖχεν ('externally prominent').

**683a10 extra sicut est.** The Arabic text here reads من خارج وعلي مثل (extra et supra sicut). This clearly renders the Greek ἀπεῖχεν ὥσπερ 'externally prominent like'.

**683a12 aculeum**[1]. This translates the Arabic حمة. So the Arabic translator read κέντρον instead of κέρκον 'tail' (→ Peck, Louis *ad loc.*).

**683a14-5 quoniam est debile ... minus ipso.** The Arabic translator has completely misunderstood the Greek sentence. Moreover, Scot makes a reading error (aculei] corporis → app. II *ad loc.*). a15 defert translates the Arabic يحمل. The addition of *على is unnecessary in my view (→ GA 735b26 757a1).

**683a21 propter acumen eius.** This translates the Arabic لحدّتها (*L Bad.*), which renders the Greek ὀξύτατον ('very sharp'). Kruk offers يجد بها, which is less fortunate here.

**683a33 quod ... coit ex eis.** This is Scot's translation of the Arabic ما كان ينزو منها (quod ... *salit ex eis → app. II *ad loc.*), which renders the Greek ὅσα ... πηδητικὰ αὐτῶν 'such insects as leap' (*Ogle*). He apparently failed to realize that the Arabic نزا is used here in the literal sense of 'to leap', and not in the sense of 'to mate', 'to cover' (*Scot* 'coeo' → GA 717b3 747b16 etc.) which often occurs elsewhere in the text. He makes the same error further on in 683b3.

**manifestius facit hoc.** This translates the Arabic فهو يفعل مثل هذا الفعل ابين من غيره. The Arabic translator apparently had the P version: ἔτι μᾶλλον τοῦτο ποιεῖ φανερόν (→ Louis *ad loc.*).

**683a35 constringendo.** Scot has added this word for clarification. It has no equivalent in the Arabic or Greek text.

**683b3 per quos coeunt.** This translates the Arabic التى بها ينزو (per quos *saliunt), which renders the Greek τοῖς ἁλτικοῖς μορίοις ('the parts used for leaping' *Peck*). Scot has used the translation 'to copulate' of نزا, frequent in this text, but the meaning 'to leap' is required here (→ *ad* 683a33).

**683b10-7 habet unum culmum, duos culmos.** Scot read ناب (culmus) in this passage instead of باب (*valva), so that the Greek μονόθυρος 'one-valved' and δίθυρος 'two-valved' have not been properly translated (→ *ad* 679b17). Apparently Scot had the $L^1$ plural form انيابه (plur. of ناب) in his text of b17 (→ Kruk); the $GL^2$ form ابوابه (plur. of باب) required here could possibly have alerted him to his erroneous translation 'culmos'.

**683b12 satirinoz.** This is the Latin transcription of the Arabic سطرنبوس L *s.p.* (not اسطرنبوس ed. Kruk), which transcribes the Greek στρομβώδη ('turbinated shells'), ن (n) having been read as ي ($i^2$) and ب (b) as ن (n). The Arabic transcription is based on the form of the nominative sing., στρομβώδης (→ *ad* 684b34).

**683b13 kirikoz qui est modus halzun.** 'kirikoz' is the reading of the main

Latin MSS *ABD*[1]; it has been adopted by Albertus ('kyrikoz' → Stadler p. 954.24). I have therefore put it in the text, though the corrected $D^2$ reading 'kirikez' is a better transcription of the Arabic قيرقيس ($L^2$), which transcribes the Greek κήρυκες 'whelks' (→ *ad* 679b20). $L^1$ lacks b13 الذى يسمّى ... صنف من.

**qui est modus halzun.** This is the translation (with a transcription) of the Arabic وهو صنف من اصناف الحلزون, which has apparently been inserted by the Arabic translator as a clarification. It has no equivalent in the Greek text. 'Halzon' transcribes the Arabic حلزون ('testacea'), which elsewhere in this text renders the Greek ὄστρεα 'testacea', ὄστρεα 'oysters', or κογχύλια 'shellfish'.

**683b17 solinez quod interpretatur 'iuvenis'.** 'Solinez' is the Latin transcription of the Arabic سوليناس, which transcribes the Greek σωλῆνες 'razor-fishes' (i.e. in the nominative form; the Greek text has the genitive form σωλήνων).

**quod interpretatur 'iuvenis'.** This translates the Arabic وتفسيره بالعربية القنى ('which means in Arabic *'pipes' (or 'canals')*'). As a literal translation قنى (plur. of قناة) is a good equivalent of the Greek σωλῆνες ('shafts', 'tubes', 'pipes', 'canals'). Usually in this Arabic text the word انبوبة is used in these senses. But Scot probably read الصبى instead of القنى. He usually translates صبى as 'puer', but here he apparently opted for 'iuvenis'.

**683b18-23 omnia animalia, eius (2x), est, colat, recipit, habent.** It is not always clear in the Arabic whether a singular or a plural term is meant. Occasionally, Scot's translation therefore contains singular and plural forms and inflections side by side. The Latin scribes sometimes try to uniformize (→ *ad* 688a8-11).

**683b25 animalia ... mollis testae.** This translates the Arabic الحيوان ... اللين الخزف, which renders the Greek τὰ ὀστρακόδερμα 'crustacea'. Cf. *Ogle ad loc.*: 'Aristotle divides those known to him into four groups 1. Carcini (... Crabs) 2. Carabi (... Spiny Lobsters) 3. Astaci (... Smooth Lobsters and River Crawfish) 3. Carides (... Prawns, Shrimps, Squills and other small species)'.

**683b27 cesi.** This is the rather unfortunate Latin transcription of the Arabic استاقى, which transcribes the Greek ἀστακοί ('astaci', 'river-crayfish'). Perhaps Scot originally wrote 'cefi', mistaking, as often, ف (f) for ق (k), and this has become 'cesi' in the Latin tradition, with *s* instead of *f*. NB. The reverse happened to me, when I misread 'genus morfee' *a kind of lepra* (= 'morpheae', a clarification, possibly by Scot, for the transcription 'baraz') as 'genus morsee' in *GA* 784b26.

**hakocin.** This is the Latin transcription of the Arabic علقوسين ('aqūsīn) *L*, which transcribes the Syriac 'aqîsîn 'shrimps' (→ Kruk *Introd.* p. 96). So the Latin transcription is based on the Arabic transcription of a Syriac translation of the Greek text. The Greek text has καρίδες 'carides', 'shrimps'.

**683b32 duo labia scilicet duo additamenta.** Apparently the Arabic translator had χείλη (labia) in his text instead of χηλάς (*forfices, *Scot* 'additamenta'). He adopted the word, but suspected that the term was wrong and added a clarification (→ app. II *ad loc.*). Scot was probably unfamiliar with the word 'forfices', for he never uses it. He uses the word 'additamentum' for many kinds of anatomical parts in animals, especially when his vocabulary does not contain a separate technical term as an equivalent. It can mean, for instance, 'trunk', 'snout', 'crop', 'proboscis', and 'claws' (→ Index Lat.-Ar. *s.v.*). Albertus did know the term 'forfex', and neatly concealed the problem of the 'labia': 'uterque enim istorum modorum habet ante duo quae sunt quasi forfices, quae videntur quasi in usu manuum et labiorum ad apprehendum esse formata' (→ Stadler p. 955.30-3).

**684a3 kalatez.** This is the Latin transcription of the Arabic فلاطاس. Scot has confused the ف (f) with the ق (k). The Arabic translator has mistaken the Greek πλάταις 'oars' for an animal unfamiliar to him and transcribed the word (with ف for π).

**684a5-6 quod est ex eis pelagosum.** 'Pelagosum' translates the $L^1$ reading لجّى, which renders the Greek πελάγιοι 'in the open sea'. It should not be changed to بحريا* (ed. Kruk). For the careful distinction in both the Arabic and the Latin translation between the terms θάλαττα (بحر 'mare') and πέλαγος (لجّ 'pelagus'), and θαλάττιος (بحرى 'marinus') and πελάγιος (لجّى 'pelagosus') → *ad* 679a14.

**684a7 baha.** This transcribes the Arabic ليا *L s.p.* (مايا* Kruk), which transcribes the Greek μαῖαι ('maiae', 'spiny spider-crabs').

**harekiokiz.** This transcribes the Arabic اراقليوتيقس* (Kruk), which transcribes the Greek Ἡρακλεωτικοί 'Heracleotic'. The original Arabic transcription was based either on the form of the nominative sing., Ἡρακλεωτικός (→ *L*), or on the nominative plur. as found in the Greek text (→ *G*; cf. 684a10). Both in the Arabic and in the Latin tradition the forms have been corrupted beyond recognition (→ Kruk; → app. I *ad loc.*). It is impossible to determine exactly what the original Arabic and Latin transcriptions were. It is uncertain what kind Aristotle meant by the 'Heracleotic crabs' (→ Ogle *ad loc.*; d'Arcy Wentworth Thompson *s.v.* καρκίνος).

**684a10 baha.** → *ad* 684a7.

**hakkalionikis.** I have incorporated the Latin transcription of *AC* in the text; none of the extant transcriptions adequately represents the transcription in the Arabic text (→ app. I *ad loc.*). *L* here has اراقليوتيقو (→ Kruk), which is a good transcription of the Greek Ἡρακλεωτικοί 'Heracleotic'.

**684a12 multos.** Scot read كثيرة instead of كبيرة (magnos), which is how the

Arabic translator rather carelessly rendered the Greek τελευταίους 'hindmost'.

**684a13 alae.** This translates the Arabic اجنحة, plural of جناح, which in this text is used to translate πτερόν and πτέρυξ 'birds wing', and also πτερύγιον 'fin of fishes'.

**684a14 hakocin.** This is the Latin transcription of the Arabic العقوسين* (Kruk; الحفوسير L; للعفوسير G), which is the Arabic transcription of the Syriac 'aqūsīn 'shrimps', which translates the Greek (αἱ) καρίδες 'carides', 'shrimps'; → ad 683b27).

**a17 hakocin.** GL both have للعفوسير here. Kruk has normalized it to *للعقوسين. The name of the animals has been added by the Arabic translator here. It is not made explicit in the Greek text.

**684a18 natat et non ambulat.** Apparently the Arabic translator had a Greek text in the PY tradition without μή (→ Louis). The Greek text reads: ὅτι μὴ νευστικώτερά ἐστιν ἢ πορευτικώτερα 'because they need running as well as swimming' (lit. 'for they are not more swimmers than runners'), whereas the Arabic translator read ὅτι νευστικώτερά ἐστιν ἢ πορευτικώτερα 'because they need swimming more than running' (lit. 'for they are more swimmers than runners').

**684a20 branci.** This translates the Arabic نغانغ, L's reading. The Arabic translator has not given an exact rendering of the Greek βραγχοειδῆ ('formed like gills'). It is striking that G does have a good translation: هو لها كالاذان وهو ('they are like gills to them and they' → Kruk). G often uses the word آذان, which properly means 'ears', instead of نغانغ (→ ad 659b15). This variation in readings may indicate the fact that another Arabic translation was in circulation.

**684a20 multae plicationis.** This translates G's reading: كثيرة التشبيك (→ Kruk). L has the useless الشرك instead of تشبيك. The Greek text has πλακωδέστερα 'more laminar' (Ogle).

**684a21 autem.** This is one of Scot's translations of و (GL). The conjecture *فاما (Kruk) therefore seems unnecessary to me.

**684a30 serra +** والانياب الناتئة ('et in culmis prominentibus' → app. II ad loc.). Cf. 661b31 663b35 664a11. Read الناتئة (Bad.) instead of النائية (Kruk).

**684a32 asceh.** This transcribes the Arabic استاقو (astāqū), which transcribes the Greek ἀστακοί 'lobsters'. It may be that Scot read a هو (h) instead of the combination قو and that the ت (t) has become c in the Latin tradition. $D^2$ has apparently understood that this place and 683b27 refer to the same animal species (the transcription there was 'cesi'): in both places he has the reading 'cese' (→ app. I ad loc.).

**684a33 cum ungue unco.** This translates the $L^1$ reading (not $L^2$ → Kruk): بالمخلب. $L^2$ has the correct reading with respect to the Greek text ὁποτέραν ἂν τύχωσιν 'it is a matter of chance': بالبخت (casu → app. II *ad loc.*). Cf. 684a35, where بالبخت (*Scot* 'casu') translates the Greek ἀτάκτως.

**684a35 pluries.** Scot apparently read الاكثر (Bad.) instead of الاكبر 'the larger one' (Kruk). It is not clear how the Arabic translator interpreted the Greek τοῦτο; in the Greek text too it is far from clear what the word refers to (i.e. having 'claws', or the 'claws' themselves).

**684b2 situs istorum membrorum.** This must translate the Arabic text as Scot had it in his copy: ‏*ووضع هذه الاعضاء‎, the equivalent of the Greek καθ' ἕκαστον δὲ τῶν μορίων τίς ἡ θέσις αὐτῶν 'the several parts of these animals, of their position ...' (*Ogle*). The extant Arabic text has only يعرف) هذه الاعضاء) ('*one can learn about* the parts'). The Arabic equivalent of θέσις, وضع (*Scot* 'situs') was apparently lost later in the tradition of the Arabic text.

NB. Read يعرف instead of يعرفه *i. t.* (ed. Kruk).

**684b12 animal habens sanguinem.** This translates the Arabic الحيوان الدمى. Apparently the Arabic translator read ἔναιμα with SΣ (→ Louis) instead of ἄναιμα ('bloodless').

**684b17 animali durae testae.** This translates the Arabic الحيوان الخزفى الجلد. The Arabic translator has translated μαλακοστράκοις ('crustacea') as if it read ὀστρακοδέρμοις ('testacea'). $L^2$ has noticed the mistake and deleted ... الجلد بنوع.

**684b20 modus.** Read الصنف once instead of twice *i. t.* (ed. Kruk).

**684b22-4 Et propter hoc ambulant uniformiter ... et hominibus etiam.** These lines are regarded as partly corrupt by the interpreters of the Greek text (→ Ogle and Peck *ad loc.*). Peck has used Scot's translation for a reconstruction. In my view, however, the Greek text as printed in Bekker's edition makes good sense in general (reading στόμα τι with Bussemaker and Louis). The Arabic translator has interpreted ὥσπερ εἴ τις νοήσειεν ἐπ' εὐθείας 'as if someone would imagine a straight line' in 684b22 as ولذلك سيرها سير مستقيم 'and therefore they walk with an even gait' (*Peck*). He must have read a form of πορεύω instead of τις νοήσειεν. In any case the phrase then linked up poorly with what follows, 'sicut accidit animalibus quadrupedibus et hominibus etiam' (*Scot*), and is generally ill-fitting in the context, which does not talk about the locomotion of animals but about the anatomical structure of ἡ κεφαλὴ καὶ ὁ θώραξ ('head and trunk') in man and animals. Hence probably the corrections in the Latin MSS *ACH* to 'inuniformiter'. See also *ad* 685a2-3 for the question of the diagrams.

**684b27 istae ergo res.** Scot probably read فهذه الاشياء in his Arabic copy instead of the transmitted فهذه الاعضاء ('ista ergo membra'). The Greek text does not explicitly mention the parts: τοῦτον μὲν οὖν τὸν τρόπον ἔχει (τοῖς ἐναίμοις ζῴοις) 'this is the arrangement (in the blooded animals)' *(Peck)*, so that Scot may have had the correct reading with respect to the Greek text.

**684b28 clibanus.** 'Clibanus', which properly means 'iron vessel for baking bread' and 'oven', 'furnace', is the translation here of the Arabic تَنُّور (tannūr), meaning 'a kind of baking oven', 'cuirass', and then 'trunk', which renders the Greek θώραξ 'corslet', 'trunk'. The Arabic translator adds by way of explication: اعنى الصدر وما يليه (*Scot* 'scilicet pectus et quod vicinatur ei'). So he felt it necessary to clarify the unusual anatomical meaning of تَنُّور. θώραξ is ordinarily rendered by the Arabic صدر (*Scot* 'pectus'; → *PA* 689a3,25 *GA* 747a21). In *HA*, however, تَنُّور occurs several times in the sense of 'trunk' (→ *HA* 1. 491a28,30 493a11). So 'clibanus' as a translation of تَنُّور has been given the meaning of an anatomical term in this text, viz. 'trunk'.

**684b29 sunt propter ista et propter istum motum.** Read فلحال هذه ولحال هذه الحركة ($L^2$) *i. t.* Kruk. NB. The apparatus of Kruk's edition states: b29-30 الاعضاء ... مثل $-L^1\Sigma$. But Scot did translate the passage in question ('alia vero membra ... sicut').

**684b32 membris *interioribus.** The Latin MSS have passed down 'anterioribus' here instead of the required ' *interioribus'. Both words are often misread (or misheard) and confused in the Latin MSS, but here the scribes unanimously have the wrong word.

**684b34 satirinoz.** This transcribes the Arabic سطرنبوس (*L s.p.*), which transcribes the Greek στρομβώδης, i.e. the form of the nominative sing.; the Greek text has the plural form, στρομβώδη 'turbinated testacea'. ن (n) has been read as ي ($i^2$) and ب (b) as ن (n; → 683b12).

**685a2-3 sicut si linea recta AB esset incurvatum ad locum C.** The Arabic translator has only partly rendered the extant Greek text (which is regarded as corrupt → Ogle and Peck *ad loc.*). The text reads ὥσπερ ἂν εἴ τις τὴν εὐθεῖαν ἐφ' ἧς τὸ Ε κάμψας προσαγάγοι τὸ Δ πρὸς τὸ Α 'as if one were to bend the straight line marked E until D came close to A' *(Ogle)*. The Arabic translation reads كما يفعل الذى يثنى الخط المستقيم اعنى الذى عليه الف وبآ *يثنيه ( ؟ بينه* ) الى الموضع الذى عليه دال (*lit.* 'sicut facit ille qui incurvat lineam rectam scilicet super quam sunt A et B et incurvat ipsam (*or* in medio = 'in between' *?L*) ad locum super quem est D. *L* seems to have بينه *s.p.* ('in medio'), which is not in itself impossible. Kruk and Badawī read the problematic word as *يثنيه and *ليثنيه (et incurvat ipsam) respectively, which makes good sense, but is actually redundant after يثنى$^1$.

The Greek text is based here on the diagram described in 684b23-7:

```
            ┌── A mouth
    Line E  ├── B gullet
            ├── C stomach
            └── D intestine
```

for the anatomy of the trunk in human beings, and

```
            A  B  C  D
    Line E  ├──┼──┼──┤
```

for the trunk of quadrupeds, and gives the analogous diagram here for the anatomy of the trunk in the cephalopods and the turbinated testacea:

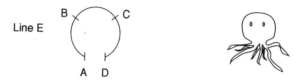

The Arabic translator has omitted the letters of the diagram, A, B, C, D and E in 684b23–7, possibly because he did not find them in his Greek copy (they are believed to be interpolated in the MS Z → *Peck* p. 432). This made the diagram in 685a2–3 unrecognizable for Scot. He tried to reconstruct it by replacing the letter D of the Arabic text with C, so according to the diagram:

which is basically the same diagram as the one in the original Greek text, but in a simplified form.

**685a6 astarinoz.** This is Scot's usual translation of the Arabic استرنبوس, which is ordinarily the Arabic transcription of the Greek στρομβώδη 'spiral shells and the creatures in them'. Here, however, the Arabic translator has used it to transcribe the Greek στρόμβος 'spiral shell'.

**685a14 tonidez.** This is the Latin transcription of the Arabic طاوثيداس (Bad. L s.p.; طاوتيداس Kruk), which transcribes the Greek τευθίδες 'calamaries'. The

ث (th; rendering the Greek θ) has been read as ن (n).

**685a15 in anteriori dentium.** This translates the Arabic فى مقدّم الاسنان (G). Apparently the Arabic translator had the reading ἄνωθεν τῶν ὀδόντων 'above the teeth' in his Greek copy (→ Louis).

**sex pedes.** The reading of the Arabic text, ستّة ارجل, confirms Schneider's conjecture ἓξ (from Gaza's translation) for the Greek text.

**685a28 ad figendum.** This translates the Arabic لشبات ($G^1L$). Apparently the Arabic translator read μένειν instead of νεῖν 'swimming'. This is confirmed by the $G^2$ variant: للوقوف 'for halting'.

**685a32 et¹.** This had to be inserted by Scot, because he had changed the Arabic syntax of the sentence a30 ولان رجليها ... a33 ميّا لها (→ app. II *ad loc.*), and was consequently in danger of producing an anacoluthon.

**685b1 tonidez:** → *ad* 685a14.

**et multipede.** The Arabic translator has failed to see that Aristotle distinguishes between (a) the Sepias and Calamaries and (b) the Poulps or Octopuses.

**685b3 orificia et venas.** This reading has been passed down generally in the Latin MSS. Apparently Scot read افواه وعروق instead of افواه عروق ('orificia venarum'), the Arabic translation of the Greek κοτυληδόνες 'suckers'. (For another meaning of κοτυληδόνες 'cotyledons' → GA 746a5).

**685b6 per involutionem.** Scot probably read فيتشبّك instead of فتشبّك (→ app. II *ad loc.*).

**685b16 propter diffinitionem substantialem.** This translates the Arabic لحال الكلمة الخاصّة للجوهر (*lit.* 'propter diffinitionem propriam substantiae' → app. II *ad loc.*), which renders the Greek διὰ τὸν ἴδιον λόγον τῆς οὐσίας 'by the particular and specific character of their being' *(Peck).* Cf. ad GA 715a5 'verbum substantiale'.

**alas.** This translates the Arabic جناح, which here renders the Greek πτερύγιον 'fin'. 'Ala' can mean both 'wing' and 'fin' in this text (→ *ad* 684a13).

**685b18 tani.** This is the Latin transcription of the Arabic طاوشي (L), which transcribes the Greek τεῦθοι 'large calamaries' (i.e. in the form of the nominative plur.; the Greek text has the genitive form τευθῶν). ث (th) has been read as ن (n).

**685b23 pectus.** This translates the Arabic صدر 'breast'. This must translate the Greek ὀρρυπύγιον 'tail-feathers'. Cf. 694b21 'loco posterioris pectoris et caudae'.

**685b25 et parvitas ipsius est.** This translates the Arabic وصغره ($L^1G$, after حسنا *i. t.*), which has been removed by $G^1L^2$ (→ Kruk).

**686a28 et operatio membri divini** *etc.* For some (religious? → Kruk *Introduction* p. 26) reason the Arabic translator has not translated 686a16–a28 πολὺ γὰρ τὸ μῆκος ... καὶ τὴν οὐσίαν εἶναι θείαν. As a result, the passage is also lacking in Scot's translation.

**686a29 intellectus et sensus.** Scot apparently read العقل ∗والحسّ as a translation of the Greek τὸ νοεῖν καὶ φρονεῖν. But الحسّ usually translates αἴσθησις, not φρονεῖν or φρόνησις. The Arabic MSS have passed down والحسد ('and envy') instead of ∗الحسّ, which might indicate that the Arabic translator read φθονεῖν instead of φρονεῖν. Scot may have adapted والحسد to the context, just as he substituted 'cum sensu et intellectu' for منه in 672b31 (→ app. II *ad loc.*), but it may be that his text did contain والحسّ.

A neat parallel for the word combination is 672b30 τὴν διάνοιαν καὶ τὴν αἴσθησιν, rendered by the Arabic translator as العقل والحسّ and translated by Scot as 'sensus et intellectus', so with inversion, where $GL^1$ did not originally have الحسّ in the text (→ Kruk *ad loc.*).

**686a34 loco manuum.** The Arabic translator has بدل العضدين واليدين (*lit.* 'loco assetorum et manuum'; → *ad* 646b14) as a translation of the Greek ἀντὶ βραγχιόνων καὶ χειρῶν 'instead of arms and hands' *(Peck)*. Read العضدين (Badawī) instead of العضوين (Kruk).

**686b7 in illis qui incurvantur ex aetate illorum.** The Arabic text is corrupt here (→ Kruk), and it is unclear by what words the Arabic translator has wanted to render the Greek τελειουμένοις 'as the man attains to full growth' *(Ogle)*, or what Scot exactly saw in the Arabic word combination. I suspect that the original Arabic translation read الذين ∗بحدّ ∗شبيبهم. But I have adopted Kruk's conjecture الذين ∗تمّت ∗شبيبتهم 'in illis quorum aetas fuerit completa' → app. II *ad loc.*). Badawī's conjecture الذين ∗نمت ∗سنونهم seems rather far removed from the Greek text.

**686b13 cum iuvenescit.** *LT* have اذا شبّ الانسان ('cum iuvenescit homo') here. But *G* does not have the element الانسان 'man', which is better with respect to the Greek text (προϊόντα δ' 'when the *quadruped animal* gets older'). As Scot's translation offers no equivalent either, it is perhaps better to regard الانسان as an interpolation and delete it from the Arabic text.

**686b22 et habens plus carnis.** This translates the Arabic اكثر لحما. The Arabic translator read λίαν σαρκῶδες instead of νανῶδες 'dwarf-like'. He has ignored the Greek καὶ πᾶν τὸ ἔναιμον 'and in every animal with blood in it'. He has added the passage فى الناحية العليا اعنى مقدّم الجسد (*Scot* 'in parte superiori scilicet in parte anteriori corporis') by way of explication.

The Arabic translator does not seem to know the words νᾶνος and νανώδης; he either ignores (686b3 10 19 25 689b25) or misreads them (like here and in 695a8).

**686b35-687a2 quoniam pars inferior ... ramorum.** The Greek text of this passage has been very poorly rendered by the Arabic translator, so that the description of the analogy between animals and plants in the Greek text has not come through in the Latin translation.

**687a7 manus.** The Arabic text here has عضدين ويدين ('duo asseta et duas manus' → app. II *ad loc.*) for the Greek βραχίονας καὶ χεῖρας 'arms and hands'. Read عضدين (*L* Bad.; cf. 686a34) instead of عضوين (Kruk).

Though the dual form is used in the Arabic, it is likely that Scot wrote 'manus' instead of 'duas manus', as the Latin MSS later have, because the number of two goes without saying with man. Of course, it is possible that Scot himself later wrote 'duas' above the text (perhaps meant to translate the entire expression, as in 646b14 'manus maior et manus minor'). But in that case it is strange that the best MSS have not passed down 'duas'.

**687a7-8 Et propter hoc, scilicet quia.** This is the translation according to the shortened text of *L* (→ Kruk). It is remarkable that the Arabic MS *G* has the complete rendering of the Greek text Ἀναξαγόρας μὲν οὖν φησι 'now it is the opinion of Anaxagoras that' *Ogle* (→ app. II *ad loc.*): ولم يقل انكساغورس فى ذلك قولا صوابا لانه قال 'and Anaxagoras wrongly asserts that'. This indicates that there were probably two versions of the Arabic translation of this text, one of which rendered the Greek text more accurately than the other; it may be that this so-called 'better' translation (i.e. closer to the Greek text) was produced via a Syriac translation (→ BDL *Introd.* pp. 4ff., p. 11ff.; Kruk *Introd.* pp. 22ff.).

**687a11 remanet.** This translates the Arabic يبقى. Apparently the Arabic translator read διαμένει with P (→ Louis) instead of διανέμει 'distributes' *(Ogle)*.

**687a29 et[1]** translates the Arabic و. The Arabic translator apparently read καὶ instead of ἀεὶ 'the whole time' *(Peck)*.

**calcians sotulari.** I have opted here for the reading of the Latin MS *E*, because it comes closest to that of the important MSS *AD*[1]. The active participle 'calcians' is apparently used here in a passive sense (instead of 'calcians se sotulari'; → *Thesaurus Linguae Latinae* s.v. calceo: Prisc. gramm. II 390,8 'sunt quaedam in o terminantia, quae cum sint activa pro passivis quoque solent poni, ut ... duro calceo pro duror calceor'). MS *H* gives the more usual form 'calceatum'.

This sentence offers another example of the sometimes inconsistent use of singular and plural, which is due to the uncertainty of the Arabic language in this regard: 'quoniam alia animalia non habent ... et non possunt ... sed necessario est sicut ... et facit ...' etc.

**687a30 calorem.** This translates the transmitted الدفاء. Apparently the Arabic translator read ἀλέαν instead of ἀλεωράν (→ *PA* 680a35 *GA* 761b8). For a similar error, see 679b28 'est calidus'.

**non ... etiam si.** This translates لا ... ولو لا. Apparently the Arabic translator read μηδὲ ... εἰ δὴ (→ Louis *ad loc.*).

**687a31 aliam animam.** The extant Arabic text has سلاح 'weapon(s)'. 'Anima' usually translates نفس. So we can exclude a reading error on Scot's part, especially because سلاح is correctly translated several times in this passage (→ a25 a28 b1). 'Aliam' has no equivalent in the Arabic text. Scot may have added it for clarification. The original, correct translation 'alia arma' was probably misread at a very early stage in the Latin tradition and became 'aliam animam'. Albertus does his best to make some sense of this error-ridden sentence (→ Stadler p. 966.5ff.).

**687b10 mobilitas.** This is the reading of the Latin MS *W* (Vindobonensis). Albertus also has this reading. The other MSS unanimously have 'nobilitas', which is incongruous here. $D^1$ makes a similar writing error in 645a25 (nobilem $D^2$: mobilem $D^1$). The Arabic text has انثناء as a translation of the Greek αἱ καμπαί 'the joints', which Scot usually translates as 'flexibilitas' (→ 690a33). But if 'nobilitas' was Scot's original translation, he may have read شأن instead of انثنى *L* (→ Kruk).

**687b21 et propter hoc ... sine pollice.** The Arabic translator has placed b21 between b11 and b12, and Scot's translation follows this division. For بقدر قول القائل ('fere' → app. II *ad loc.*), not translated by Scot, → *ad* 689b10. It translates the Greek ὡς εἰπεῖν 'practically', 'one might say'.

**687b18 remus medius navis.** This translates the Arabic مجناف السفينة 'remus navis'. 'Medius' has no equivalent in the Arabic text, and was probably added by Scot for clarification, unless one assumes that Scot had an Arabic text in which the Greek κώπη μεσόνεως (μέσον νεώς) 'an oar amidships,' 'centre oar' (→Ogle, Peck) was rendered more literally.

**687b25 asseti.** 'Assetum' is Scot's translation of the Arabic عضد, which renders the Greek βραχίων 'arm' (→ *ad* 646b14).

**688a6 sicut leo, lynx, canis lupus.** Scot had the text here in the *G* reading: without رجل 'pes' (→ Kruk), in agreement with the Greek text οἷον λέοντες etc. I think رجل was probably not in the original Arabic translation.

**lynx.** This is Scot's translation here of the Arabic فهود, plur. of فهد (fahd), which can mean both 'leopard' and 'cheetah'. The Greek text has παρδάλεις 'leopards'.

**688a8-11 habent ... repit ... sustentantur ... eius ... eius.** This sentence is a good illustration of how the use of sing. and plur. is not always consistent in this Arabic-Latin translation (→ *ad* 683b19-23).

**688a11 eleventur latera eius a terra** (→ app. II *ad loc.*). The Arabic translator either gave an interpretative translation of ἀνέρπῃ πρὸς τὸ μετεωρότερον ('creep up ... to greater heights' *Peck*), or he read a form of αἴρω ('to lift up') again (cf. *ad* 669a18). The forms ἐπαίρῃ (from ἐπαίρω with intransitive meaning) and ἀνεπαίρῃ (though not attested in Liddell & Scott, *A Greek-English Lexicon*, Oxford 1968 *(Suppl.* 1996*)*) were suggested to me by Dr. C. J. Ruijgh (Amsterdam), as possible misreadings. The Arabic translator did not understand the following καὶ ὑπὲρ κεφαλῆς 'and above your head' *(Peck)*.

**umeralia**. Like **umeri** in a14, this is the rather broadly interpreted translation of the Arabic مرفقان, which properly means 'elbows', but here designates the entire upper arm. The Greek text has ἀγκῶνες ('elbows' or 'arms').

**688a22 ambulationem**. The Arabic text has السترة (coopertorium → app. II *ad loc.*) here. Scot's confusion of ستر (coopertorium) and سير (ambulationem) could happen all the more easily because he had omitted ولان يستر ما يلى القلب ('et quia debet cooperiri illud quod vicinatur cordi') in a19. With a17 'propter ambulationem' still in mind the mistake was rapidly made.

**688a30 propter gravitatem**. This translates the Arabic لحال العسرة *(L)*. The Arabic translator probably had the P reading: ἔχειν ἢ χαλεπὸν τοὺς etc. (→ Louis *ad loc.*).

**688b10 et (habet) multum lac**. This translates the Arabic وجراؤه ترضع لبنا كثيرا *(Bad.)* ('et filii eorum sugunt multum lac' → app. II *ad loc.*). An inaccurate translation of the Greek καὶ ἱμῶνται γάλα πλεῖστον 'the ones *(sc. the mammae)* that yield the most milk' *(Peck)*. L has وجراه instead of وجراؤه.

**688b21 filios** + قرون وله (et habens cornua → app. II). GL's وله قرون translates the Greek καὶ κερατοφόρα 'and have horns' (SΠZΔ → Louis). The editors of the Greek text read ἢ κερατοφόρα ('or have horns'). Kruk therefore emends to ۰او له قرون.

**688b22 habet distinctiones in mamillis**. Scot probably read وله فروق فى ثديه, so فروق (distinctiones) instead of قرون (cornua) and فى ثديه *(G)* instead of وثدياه *(L²)*. وثدياه is probably the original Arabic translation of the Greek καὶ (ἐν τοῖς μηροῖς ἔχει) τοὺς μαστούς 'and have their mammae (by the thighs)' (→ *Peck*). The Arabic translator has interpreted ἐν τοῖς μηροῖς 'in the region of the thighs' *(Ogle)* as فيما يلى الابطى *(Scot* 'apud subascellaria'). الابطى usually translates the Greek μασχάλαι ('axillae').

**688b24-5 cerva et vacca et capra**. Scot has adapted the neutral generic name of the animals in the Greek and Arabic texts (ἔλαφος καὶ βοῦς καὶ αἴξ 'the deer, the ox, the goat' - الايّل والبقر والعنز) to the context, which deals mainly with female (i.e. suckling) animals. This is probably because the Arabic translator had done the same just before in b23: الفرس الانثى والاتان والجمل translating the Greek ἵππος, ὄνος κάμηλος ('the horse, the ass, the camel'). Scot has translated these in reverse order as 'camela et asina et equa'.

**688b26 cibo pluri.** This is Scot's translation of the Arabic فضلة غذاء (superfluitate cibi), which he has interpreted as 'surplus of food' instead of 'residue of food'. The Arabic translator has not understood the Greek text ὥσθ' ὅπου συλλογὴ καὶ περιουσία γίνεται etc. and rendered it very poorly, so that Scot could easily make the wrong choice.

**688b35 est continuum cum.** This translates the Arabic ملتئم ب معلق. The Arabic translator apparently had the reading of the Δ text: καί σύγκλειστος, instead of ἀσύγκλειστος 'not enclosed by' *(Peck)*.

**689a1 et ut non prohibeatur introductio cibi.** It is curious that Scot has the translation 'prohibeatur', whereas the extant Arabic text, which is very corrupt here (→ Kruk), no longer has an equivalent for the Greek ἐμποδίζωσι 'impede'. The entire passage ἦν ἀναγκαῖον ... περὶ τὴν κύησιν has been lost in the Arabic translation. It is impossible to reconstruct what Scot read as the Arabic equivalent of 'introductio'. Perhaps he also had a corrupt Arabic text, and tried to give an interpretative translation. Kruk's conjectures *يمنع (*Scot* 'prohibeatur') and تورّم (*tumor → app. II) for the Greek ἀνοίδησις are supported by the virtually identical circumscription in 655a2: 'ut non prohibeant tumorem ventris propter cibum animalis, et quod accidit feminis ex impraegnatione', Scot's translation of the Arabic لكى لا يمنع انتفاخ البطن وتورّمه الذى يكون من غذاء الحيوان ولما يعرض للاناث من حمل الجنين .

**689a10 (and a13) postremo.** Read فى آخرة (ed. Bad.) instead of فى آخره (ed. Kruk), translating the Greek ὕστερον 'later on'.

**689a16 et cognoscere hoc vere.** This translates the Arabic ومعرفة ذلك يكون يقينا. Scot probably did not read the $L^2$ addition يكون (تكون Kruk).

**689a30 extenditur** + وينقبض (Bad.) 'et constringitur'. In my view, this reading is preferable to that of the 5th form (Kruk), because this text always uses the 7th form of قبض (→ Index Ar. s.v.).

**689a34 (ex maribus ...) quae mingunt retro est elephas (leo et camelus et animal pilosum).** This translates the extant Arabic text: فالفيل يبول الى خلف (... مثل ). But the full Greek text is τῶν δ' ἀρρένων ὀλίγα ἐστὶν ὀπισθουρητικά οἷον λύγξ, λέων, κάμηλος, δασύπους 'a few males discharge the urine backwards, for instance the lynx, the lion, the camel and the hare'. So the elephant does not belong in the list. I suspect that the original Arabic text had فالقليل translating the Greek ὀλίγα, which was later corrupted to فالفيل. The Latin translation should thus be '(ex maribus vero animalium quadrupedum) pauci mingunt retro, (sicut leo et camelus et animal pilosum)'.

De λύγξ ('lynx') has been left out by the Arabic translator. He obviously did not know the meaning of the word, for he never translates it (cf. *HA* 3. 500b15 5. 539b23) and on one occasion gives a bad transcription (*HA* 2. 499b24).

**689b4-5 sive magnam sive parvam.** Scot apparently did find the contrasting pair μέγεθος ('great size') - μικροῦ ('small one') of the original Greek text in his Arabic text. I have therefore assumed that he had the text in the G reading: طول من instead of فى بعض (→ Kruk). طول ('longitudo'; for the translation 'magnam' → 685a26 'magnitudine') was doubtless contrasted with صغر G ('parvitas'; → Badawī); I believe this reading (instead of صغير Kruk) is supported by the writing error in L, صعد.

**689b6 ancas.** Anca ('hip') translates the Arabic ورك ('hip', 'haunch'; it may also mean 'thigh'). For the etymology of the word 'anca' (4th century) → André p. 107. The Arabic translator has consistently used وركان to render the Greek ἰσχία, which has the meaning 'haunches', 'buttocks' in the passage 689b6-33, but also ἰσχίον in the passage 694b29-695a11, which has the sense of 'hip', 'ischium' there (→ Ogle *to* 689b7 and 695a1). He probably failed to notice the difference in meaning. Scot has consistently translated وركان as 'ancae'.

**689b10 fere.** This is Scot's translation of the Arabic بقدر قول القائل, which renders the Greek ὡς εἰπεῖν 'so to say *(Ogle)* here.

بقدر قول القائل is in this text the Arabic translation of the Greek ὡς εἰπεῖν (648b8 652a27 675b4 687b21 689b10, ὡς ἐπίπαν εἰπεῖν 677a23, or of σχεδόν 649a25 650a2(*Scot* 'secundum quod possumus') 653b9 660a15 677a8 690 b33 (*Scot* 'fere'). Cf. *GA* 758a32 (*Scot* 'fere'). Scot usually ignores the expression in his translation.

**689b24 qua indigebat necessario.** This means 'which otherwise he would have needed'. Cf. *ad* 664a2 'transivit in'.

**690a3 anum.** Read المقعدة *i. t.* instead of القعدة (typing error ed. Kruk).

**690a12 non habent.** This translates the Arabic ليس فيها. The Arabic translator presumably read οὐκ ὄντος instead of ἐνόντος.

**690a18 quoniam non debent esse ita.** Scot had the G reading here: لانه لا (→ Kruk) ينبغى ان تكون الرجلان اللتان فى المقدّم سريعتى الانثناء and uses the summarizing 'ita' to avoid a supposed repetition of the first part of the sentence (→ *ad* 690b4). He has omitted the passage بل تكون فى الرجلين اللتين فى المؤخّر in his translation (→ app. II *ad loc.*).

**690b4 accideret²** translates the Arabic آفة اصابت (→ Kruk) is added by $G^4$, which is not supported by Scot's translation (→ app. Kruk: 'occasio' translates الضرورة, not آفة). الضرورة is implied as subject of اصابت. In 690b5 الضرورة is the subject of تعرض, but there Scot avoids a repetition of the expression by using 'ita' (cf. *ad* 690a18).

**690b11-3 iam ergo ... animalium ovantium.** The transmitted Arabic text reads: فقد وصفنا حال الحيوان الدمى وحال الحيوان المشاء الذى يبيض بيضا وحال الحيوان الذى يلد حيوانا ('iam ergo narravimus dispositionem animalium habentium sanguinem et dispositionem animalium ambulantium ovantium et dispositionem animalium generantium animal'). Apparently the Arabic translator had a Greek text in which b11 ζῳοτόκων 'vivipara' and b13 ᾠοτόκων 'ovipara' were transposed; σχεδὸν περὶ πάντων 'practically all' was not in his text or he ignored it. As a result, the contrast between the animals discussed in the foregoing 'practically all the blooded animals that are viviparous and live on the land' *(Peck)* and the animals discussed next, 'such sanguineous animals as are oviparous' *(Ogle)* has been completely lost in Scot's translation. Moreover, he probably had the text according to *G*, in which المشاء, the equivalent of the Greek πεζῶν 'land-animals', was lacking (→ Kruk).

**690b15 in motu serpentum.** Scotus had the *G* reading here: فى مسير الحيّات, instead of *L*'s فى مسير الحيوان ('in motu animalium'), translating the Greek ἐν τοῖς περὶ τῆς πορείας τῶν ζῴων 'On Animal Progression' *(Ogle)*.

In b16 too he had the *G* reading: فاما سائر الحيوان ('alia vero animalia') instead of *L*'s فاما سائر الحيّات ('alii vero serpentes'). But the translation of سائر here should have been 'residuum' (= residua pars): 'residuum vero serpentum' for the Greek τὰ δ' ἄλλα 'in other respects' *(Peck)*.

NB. Bekker's line numbers in the apparatus of Kruk's edition should be read as follows: b15 instead of b16 and b16 instead of *ib*.

**690b31 et sibi simile** was put in the first part of the sentence by Scot ('iste modus et sibi simile'). It belongs, however, to 'res calidas pingues' (→ app. II *ad loc.* 'et sibi similia' or 'et huiusmodi'). In view of the syntax and the Greek text, *والتى تشبه هذه الاصناف should have been read instead of - التى, for the Greek καὶ τῶν ἄλλων τῶν τοιούτων 'and the like' *(Peck)*.

**690b33 fere.** This translates the Arabic بقدر قول القائل, which renders the Greek σχεδόν 'practically' (→ *ad* 689b10).

**691a14 viae.** Scot may have had *G*'s reading سبل (plural) here. But perhaps he adapted the *L* reading سبيل, which is correct with respect to the Greek text (τὸν πόρον 'the duct'), by means of the plural form 'viae', to a12 'oculos' and a13 'auriculas'.

**691a25 visu acuto.** An interesting problem in the tradition of the text occurs here. Most Greek MSS have ἡ ὀξυωπία ('keen sight' *Peck*), which is rendered by حدّة البصر in the Arabic text, translated by Scot as 'visu acuto' (*lit.* 'acuitate visus'). But the Greek MSS UY have the addition καὶ τὸ πόρρω προϊδεῖν (ἰδεῖν Y → Louis) 'and far-sightedness' *(Ogle)*. The same division in the tradition is found in the Arabic MSS. *L* has the addition: والى بعد النظر ('et visu a remotis' (*lit.* 'et remotione visus' → *GA* 780b34), *G* does not (but *G* does have the addition الغذاء 'et cibo' → Kruk). It is therefore likely that the translations of *G* and *L* go back to two Greek MSS, each of which contained a different tradition of the text. It is impossible to say with certainty whether Scot read the addition in his Arabic copy. It may be that he interpreted the entire phrase الى حدّة البصر والى بعد النظر as a hendiadys and rendered it as 'acuto visu'. But as he often follows G's readings in this whole passage, we can perhaps assume that he did not have the addition in his text.

**691a26 foraminibus.** This translates the Arabic الثقب, plural of الثقبة. This reading is perhaps also to be preferred in *GA* 760a26 b34 and 770a29, instead of نقبة and نقب (ed. BDL).

**691a29 mandibulam utramque.** Scot has mistaken the Arabic form الفكّين for a dual form instead of the somewhat ambiguous plural form (Greek τὰς σιαγόνας 'their jaws'), apparently not mindful of the way his own jaws worked. Albertus has corrected the mistake: 'mandibulam unam quae est inferior' (→ Stadler p. 976.26-7).

**691b22 habent orificia divisa.** The Arabic translator has not understood the absolute διῄρηται ('the labour is divided' *Peck*), and has apparently translated τὴν χρῆσιν τοῦ στόματος διῄρηται as belonging together.

**691b28 et non vocatur collum ... 695b27 in sermone de generatione animalium.** The Arabic text (and consequently Scot's translation) follows the tradition of the Greek MS P (Vaticanus 1339) in this passage. At the request of Prof. Allan Gotthelf (Trenton) I have examined to what extent traces of the so-called Y tradition can be found in the Arabic textual tradition. I have compared the two versions as printed in the edition by B. Langkavel (Teubner 1868, pp. 134-149) with the Arabic text. This comparison shows that there are only two readings that clearly correspond in the Arabic text and the Greek text in the Y tradition (Vaticanus 261), viz. 694b26 غليظا (*Scot* 'grossum et spissum'), which clearly translates the Greek παχύτερον 'thick' instead of πλατύτερον in the P tradition; and 695a6 قيام جنّته (*Scot* 'elevare corpus'), which must render the Greek (οὐκ ἂν ἠδύνατο) ὀρθὸν (ἑστάναι) 'stand upright', which is also found in Π (Parisinus 1864; *post* ἑστάναι → Louis *ad loc.*), instead of the variant ὅλως ('(*not*) ... at all' *Peck*) in the P tradition. We may conclude that the Arabic translator mainly followed the P tradition.

**691b28 spatulas.** 'Spatula' is Scot's translation of the Arabic كتف, which renders the Greek ὦμος 'shoulder' here (→ 693b1 ὠμοπλάτη). For the etymology and use of the word → Singer p. 41 and André pp. 84-5.

**691b30 quoniam ... non est distinctum.** The Arabic translator probably read οὐ instead of εἰ, and perhaps δή instead of δεῖ (Σ → Louis *ad loc.*).

**distinctum.** This is the reading of the main and of most Latin MSS, translating the Arabic محدود (cf. *GA* 717a5 for a parallel). Albertus also reads it (→ Stadler p. 977. 28). Scot's usual translation of this word is 'determinatus' (→

*EW*). But forms of the verbs حدّ (determinare) and ميّز (distinguere) regularly occur side by side as equivalents in this text (→ Indices *s.v.*).

**692a11 quoniam** + ف للبن ... ليس ('non ... lac et' → app. II *ad loc.*): read a12 قبول للبن (*L*) instead of قبول اللبن *i. t.* (ed. Kruk).

**692a20 hameleon.** This transcribes the Arabic خامالیون, which transcribes the Greek χαμαιλέων 'chameleon'.

**692b14 parietem sicut canale.** If Scot translated his Arabic text literally here, he read مثل انابیب حجاب. But the extant Arabic text has حدد مثل انابیب (*L*; حر *G*), rightly emended by Kruk to جذر مثل انابیب (→ 682b18). The Greek text is: καὶ τὸ μὲν ἄκαυλον, τὸ δ' ἔχει καυλόν 'one has no shaft, whereas the other does have a shaft'. So the original Arabic translation was probably ومنه ما له *جذر مثل انابیب ومنه ما ليس له *جذر, with (an almost usual) inversion. Albertus' explanation is a marvellous one again: 'quaedam autem habent alas quae sunt compositae ex pennis sicut paries ex cannalibus ita quod canna sit iuxta cannam continue et tertia canna tegens quaslibet duas' (→ Stadler p. 979.11-4).

The καυλός ('quill') is described more accurately in *HA* 2. 504a31: اصل مجوّف مثل القصبة, which Scot translates literally as 'radicem concavam ut canna'.

**692b18 loco dentium et manuum.** This translates the Arabic بدل الاسنان واليدين. So the Arabic translator read here ἀντὶ ὀδόντων καὶ χειρῶν instead of ἀντὶ ὀδόντων καὶ χειλῶν 'instead of teeth and lips' *(Peck)* (→ Louis *ad loc.*); cf. 659b23 'loco dentium et labiorum'.

**693a3 avibus habentibus corium inter digitos.** The Arabic translator has mistranslated τοῖς κρεωφάγοις (*v. l.* σαρκοφάγοις 'carnivorous' →Louis *ad loc.*) namely as if the text had στεγανόποσι, so that the meaning of the sentence no longer agrees with that of the Greek text.

**693a13 Before** (الذى ياكل اللحم النىء) الطائر 'avibus (comedentibus carnem crudam)' the Bekker number 13 should be read in the Arabic text.

**693a15 quieta mansueta.** This is Scot's interpretative translation of the Arabic هيّن لذيذ ('facilis dulcis' → app. II *ad loc.*), viz. in contrast to the hectic and aggressive life of the birds of prey. So the Arabic translator read ἡδὺς 'sweet' instead of ἕλειος 'living in swamps' (→ Louis *ad loc.*), and rendered this in the Arabic by means of a hendiadys translation. In 694b13 the Arabic translator has ignored the word ἕλειος. He was probably unfamiliar with it.

**693a25 est.** The Latin MSS unanimously have 'et est' here, probably because the Arabic text has وهو instead of the grammatically required فهو (Bad.). I have deleted 'et' to avoid the anacoluthon.

**693a26 assetum.** This translates the Arabic عضد (*h. l.* dual العضدين for Greek τῶν βραχιόνων), which renders the Greek βραχίων 'arm' (→ *ad* 646b14).

**693b1-2 erit** *illud quod est* **inter spatulas apud finem dorsi super alas.**

The Arabic translator has totally misunderstood the Greek text ἀντὶ ὠμοπλάτης τὰ τελευταῖα ἐπὶ τοῦ νώτου τῶν πτερύγων ἔχουσιν 'instead of having the shoulder-blade on their back they have the ends of the wings there' *(Peck)*.

**693b3-4 homo** + ورجلاه ... الى داخل (et pedes earum ... ad interius → app. II *ad loc.*). The Arabic translator read the Greek text according to the tradition of YZ(Z²)Δ (→ Louis *ad loc.*), so ἔξω 'outwards' instead of εἴσω (b3) and εἴσω 'inwards' instead of ἔξω (b4). Scot has omitted the sentence, probably because he could make no sense of it.

**693b7 carens sanguine.** This translates the Arabic ليس بدمى. So the Arabic translator read ἄναιμα instead of ἔναιμα 'having blood' (cf. 666a16 678a36 680 a34 684b12).

**694a16 ungues qui sunt in pedibus.** This translates المخاليب التى تكون فى الساقين for Greek τὰ πλῆκτρα ('spurs'). At this place the sentence should therefore have 'ungues qui sunt in cruribus'.

**694a19 quoniam** + كان \*يوتّد فى الارض و\_ (' \*infigerentur in terra et' → app. II *ad loc.*). The Arabic translation of the Greek τῷ ἐμπήγνυσθαι ('they would stick into the ground' *Peck*) has been passed down in a corrupt form in the extant Arabic MSS. It is likely that Scot already had a corrupt version, and therefore omitted this part of the sentence. *L* has يوتو or يرتو, *G* يمر لا. Kruk offers the conjecture \*يربو 'to grow', Badawī \*يغرز 'to be implanted'. I venture to propose the conjecture \*يوتّد 'to be fixed', because it links up well with the transmitted Arabic forms and with the meaning of the Greek text.

**694a21 super arbores.** This translates على الشجر, unanimously transmitted in the Arabic MSS), which could be a corrupt form of an original على \*الحجر (conj. Kruk) translating the Greek ἐπὶ πέτραις 'upon rocks'. But the usual translation of πέτραι 'rocks' in this text is صخر (→ 681b6 685a32; indirectly 684a5 and *GA* 715b17), whereas حجر is mostly reserved for the translation of the Greek λίθοι 'stones'. I therefore suspect that the corruption شجر is due to the spelling سخر instead of صخر (→ BDL *Introd.* p. 34; Kruk *Introd.* p. 29 'Transcription').

**694b10 prope capita.** This translates the Arabic قريبة من رؤوسها. The Arabic translator apparently read πρὸς κεφαλῇ instead of σφαλῇ 'loose'.

**694b18 et cibus.** This translates the *G* reading والغناء. The insertion of و (et) has produced the anacoluthon, which Scot has taken over.

**694b19-21 posterius pectoris.** In b19 'posterius pectoris' translates the Arabic مؤخّر الصدر, which translates the Greek ὀρρυπύγιον (οὐροπύγιον) 'rump', 'tail'. In b21 the Arabic translator renders ὀρρυπυγίου as مؤخّر الصدر والذنب (*Scot* 'posterius pectoris et caudae'). Ὀρρυπύγιον also occurs in 685b23 ('tailfeathers', shortened by the Arabic translator to صدر and consequently rendered by Scot as 'pectus') and in 697b9–12 ('tail', connected by the Arabic translator with κέρκον and rendered in a hendiadys by ذنب, which Scot translated as 'cauda').

**694b23 pedes (*curtos*) et crura curta ... eos.** As the congruence of nouns and adjectives and pronouns often does not pose a problem in the Arabic text, Scot in his turn does not always observe the rules. 'curta' goes both with 'pedes' and with 'crura', and 'eos' refers both to 'pedes' and to 'crura'.

**694b26 grossum et spissum.** This is one of the rare occasions when Scot renders a single Arabic word, غليظا, by two Latin synonyms. The Arabic غليظا indicates that the Arabic translator had the reading παχύτερον 'thick' instead of πλατύτερον 'broad' (→ *ad* 691b28).

**694b29 ancas** → *ad* 689b6

**695a8 propter sui indigentiam ad quaerendum cibum** (a terra → app. II *ad loc.*). This translates the Arabic لحاجته الى طلب طعمه من الارض. The Greek text has διὰ τὸ νανώδεις εἶναι τὴν φύσιν 'owing to their dwarf-like shape' *(Ogle)*. Perhaps the Arabic translator read λιμώδεις instead of νανώδεις 'dwarf-ish'.

**695a17 Nubia.** This is Scot's rendering of the Arabic ارض لوبية 'terra Libyca', which he apparently read as ارض نوبية. The name Λιβύη 'Libya', in Arabic لوبيا (Lūbiyā), and the adjective Λιβυκός 'Libyan', in Arabic لوبى (Lūbī), appear to be transcribed rather than translated in Scot's translation of both Aristotle's and Avicenna's texts (→ 655a9 Nivia; ignored by the Arabic translator in 658a13 and 697b14). Possibly he did not know to what country the word referred. The usual transcription in the translation of Avicenna's text is 'Luvia'; this form is inflected (→ ed. Madkour p. 108.5 and 14, 109.1 and 13 etc.). Perhaps the spelling is Spanish for 'Lubia'.

**695a22 corcoz.** This is the Latin transcription of the Arabic قرقس, which transcribes the Greek κρέξ 'crex' (i.e. in the nominative form; the Greek text has the genitive form τῆς κρεκός). It is uncertain what bird is meant (→ d'Arcy Wentworth Thompson *s.v.*).

**695a23 hocoz.** This is the Latin transcription of the Arabic اوقس, which transcribes the Greek ἴυγξ 'wryneck'.

**695a24 duos pedes** (1+2). This is the Latin translation of the Arabic رجلان. For mysterious reasons the Arabic translator twice misinterpreted δύο as *sc.* τοὺς σκέλους instead of *sc.* τοὺς δακτύλους ('toes').

**695a28 animalium[2].** The Arabic text has the correct الطير ('avium'), translating the Greek ὀρνίθων 'birds'. The most probable cause is a misread ligature for 'avium', owing to 'animalium'[1] in what goes before. Albertus has corrected the reading (→ Stadler p. 984.11).

**695b3 alas.** This translates the Arabic اجنحة, which translates the Greek πτέρυγας 'wings'. Cf. 695b21, where 'alas', translating the dual form جناحان, renders the Greek πτερύγια 'fins' (→ ad 684a13).

**695b6 capita eorum.** This translates the Arabic (جميع السمك) رؤوس (→ app. II ad loc.). The Arabic translator has interpreted the Greek ταύτην as referring to τῆς κεφαλῆς instead of τῆς οὐρᾶς 'tail'.

**695b8 adro and b12 addro.** These are the Latin transcriptions of the Arabic خدر (kadar lit. 'torpor', 'numbness'), which translates the Greek νάρκαις 'electric rays', 'torpedos'. Scot probably read the خ (k̲) as ح (ḥ) and ignored the aspiration.

The following καὶ τρυγόσι 'and the sting-rays' is rendered by the Arabic translator as وفواخت, the plural of فاختة, which properly means 'ringdove', probably the only meaning of τρύγων (which properly means 'turtle-dove'), familiar to the Arabic translator. GA 774b30 has فاختة as the translation of φάττα 'ringdove', which Scot transcribes there as 'fecta' (A) or 'fehita' (K). But τρύγων can also mean 'sting-ray', as it does here. Scot has ignored فاختة both here and in 695b28. He probably did not know what animal was meant.

**695b10-1 sunt qui ... sunt curti.** Scot makes 'fish' (pisces) the subject of this passage, which relates to 'tails' (caudae) in the Greek text, because the foregoing passage in the Arabic وكلّ ما كان ... مستطيل ('et omnes ... longi' → app. II ad loc.), not translated by Scot, is connected with the fish خدر وفواخت (adro et *raiae). The misunderstanding is caused by the Arabic translator's very poor rendering of the Greek καὶ εἴ τι τοιοῦτον ... τὸ οὐραῖόν ἐστιν ('and many other Selachians of the same sort. These have long, spiny tails' Peck).

**695b14 ranae** (sc. marinae). This translates the Arabic الضفادع, which translates the Greek τῶν βατράχων 'fishing-frogs' (→ Ogle ad loc.: ' The Fishing-frog ( ... ) was erroneously classed by Aristotle with Selachia, confounding it with the rays' etc.).

**695b15-6 est pluris carnis ... in anteriori.** The Arabic translator has overlooked μή (b15), so that the sentence has the opposite meaning to the original Greek text.

**695b25 fordaloz.** This is the Latin transcription of the Arabic قورولو ($G^1L$), which transcribes the Greek κορδύλοι 'water-newt', ق (k) having been mistaken for ف (f). It is likely that Scot had an Arabic copy which contained the transcription of the form of the nominative singular, κορδύλος, probably written قوردلس (→ Scot fordaloz) or قردولوس (→ HA 1. 487a28). The form passed down in $G^1L$ probably goes back to an original قردولو (Kruk), i.e. a transcription of the nominative plural. An interesting clarification is found in $G^2$:

تمساح (timsāḥ). This translates the Greek κροκόδειλος 'crocodile', which occurs as a variant here in the Greek MS Π (→ Louis).

The κορδύλος occurs in three other places in this text. In *HA* 1. 487a28 the Arabic transcription قردولوس represents the Greek κορδύλος, which Scot transcribes as 'cardoloquios' *(E)*. *HA* 1. 490a3 has تمساح 'crocodile' as a translation of κορδύλος. Scot transcribes this as 'temsah'. Finally, in *HA* 7(8). 589b27 we find تمساح, which also translates κορδύλος. But some Greek MSS here have the variant κροκόδειλος (→ Louis *ad loc.*), so that we can assume that the Arabic translator had this reading in his text (as of course he may have had in 490a3). However, Scot's transcription here is 'codiloz'. This shows that his Arabic copy had a text which differed in some respects from the extant Arabic text, and which contained a transcription of the Greek κορδύλος in 589b27.

**695b28 batoz.** This is the Latin transcription of the Arabic باطوس, which transcribes the Greek βάτος 'batos' (kind of ray). Scot has omitted the translation of the following والذى يسمّى ٭فاختة, which translates the Greek καὶ τρυγών 'and the sting-ray' (→ app. II *ad loc.*; → *ad* 695b8).

**696a4 enkeliz.** This is the Latin transcription of the Arabic انكليس, which translates the Greek ἔγχελυς (or ἐγχέλεις ΡΥΣ → Louis) 'eel(s)'.

**hunceroz.** This is the Latin transcription of the Arabic غنغروس, which transcribes the Greek γόγγρος 'conger'.

**696a5 fastaroz.** This is the Latin transcription of the Arabic قسطروس, which transcribes the Greek κεστρεύς 'cestreus', 'kind of mullet' (i.e. the form of the nominative sing.; the Greek text has the form of the genitive plur. τῶν κεστρέων), ق (k) having been read as ف (f).

**Cifez.** This is the Latin transcription of the Arabic سيفاس, which transcribes the Greek Σιφαῖς, dat. plur. of Σῖφαι, 'Siphae' (village in Boeotia, now 'Tipha' → Peck *ad loc.*).

**in regione.** This translates the Arabic فى النقعة التى فى البلد ('in lacu quod est in regione'). Scot has not translated النقعة 'lacus' (→ *GA* 761b3,7), which renders the Greek τῇ λίμνῃ 'the lake'. I prefer the reading النقعة to النقيعة (Bad.) or البقعة (Kruk). Unfortunately, the passage in *HA* 2. 504b33 offers no parallel, since the 'Lake at Siphae' was not translated by the Arabic translator there.

**696a6 ascaiorini.** This is the Latin transcription of the Arabic اسمورينى, which transcribes the Greek σμύραινα (or σμύραιναι ΡΣΔ → Louis) 'smuraena', 'murry'. The 'Muraena Helena' is probably meant (→ d'Arcy Wentworth Thompson *s.v.*).

**696a15 magna multa.** Scot's Arabic copy doubtless had كبير without diacritical points, so that he hesitated between the readings كبير (magna) or كثير (multa), which was perhaps a better rendering of the Greek πολύ. Both readings probably come from Scot, written above or alongside each other in his translation. The last is most likely, as there are no variants in the Latin MSS.

**696a27 and a30 gidder.** This is the Latin transcription of the Arabic خدر (kadar), which translates the Greek νάρκη 'torpedo', 'electric ray' (→ ad 695b8 and b12 'ad(d)ro').

**696b3 taleni.** This is the Latin transcription of the Arabic صلاخى, which transcribes the Greek (τὰ) σελάχη 'selachia', 'cartilaginous fishes'. Scot apparently read it here as طلانى, for he usually transcribes صلاخى as 'celeti' (→ b5 and Index animalium s.v.). NB. *L* has صلانى (s.p.) here, سالاحي in b5 (for the various spellings of this word, see Kruk *Introd.* p. 82; BDL *Introd.* p. 34).

**696b4 \*super brancos.** The Arabic text has لنغانغه, which should properly be translated by the form of the dative: 'brancis' (cf. 672a17 'membris'), but 'coopertorium' is accompanied by 'super' (= على → *664b22 679b18), which Scot probably wrote in his original translation. But the Latin MSS unanimously have 'set', which must be due to an early misreading of a ligature of 'super', interpreted by the scribes as correlating with 'non'. Albertus has the correct reading 'super' (emended? → Stadler p. 987.3), but he lacks the necessary 'non'.

**696b4-b6ff. quia branci eius ... creationem brancorum cartilaginosam** etc. The Arabic translator has totally failed to understand the Greek text, in which the skeletal structure of fishes in general and cartilaginous fishes (Selachia) in particular is compared in relation to the nature of their gills (having or not having opercula), so that it was difficult for Scot to translate the text in a way that made sense.

**696b6 cartilaginosam +** وايضا ... ولا من غضروف ('et etiam ... neque cartilaginosam' → app. II *ad loc.*). The Arabic translator has wrongly translated μηδὲ νευρώδη 'and without sinews' as ولا من غضروف 'and without cartilage'. But it may also be that he did not have νευρώδη in his text at all (like Σ → Louis), and filled the gap himself to make ولا من غضروف. Scot has left the sentence out, probably because it failed to make a proper connection with the previous sentence.

**696b13 parvi.** This translates صغارا, passed down in $G^1L$ (not $GL^1$ → Kruk). The correct Arabic translation of the Greek text διπλᾶ 'double' would have been مضعّف 'duplices' (→ b19).

**extensi.** In this text this is one of the standard meanings of مبسوط, which here translates the Greek ἁπλᾶ. Scot should have chosen the meaning 'simplices' here, but because the element διπλᾶ ('double') had been lost in the first part of the sentence, he did not know that a contrast between 'duplex' and 'simplex' was involved here. In 696b19 he did not translate مضعّف 'double' (→ app. II *ad loc.*).

**696b15 et ex sermonibus quos fecimus in Anatomia.** This translates the

NOTES 311

Arabic ومن الاقاويل التى وصفنا فى حال طباع الحيوان (read وصفنا) (*L Bad.*) instead of وضعنا (*Kruk*)) 'et ex sermonibus quos narravimus in dispositione naturae animalium', which renders the Greek ἐν ταῖς ἱστορίαις ταῖς περὶ τὰ ζῷα 'The Researches upon Animals' *(Peck)* (= Historia animalium). This second part of the sentence was probably added later by Scot (*om. A¹* → app. I *ad loc.*). Apparently he made a mistake with the first part of the sentence in mind and wrote 'in Anatomia' again. The mistake has been unanimously passed down in the Latin MSS.

**696b17 est calor cordis quoniam semper calor.** This is the Latin translation of the Arabic فانها التى فى القلب والحرارة (→ Kruk and app. II *ad loc.*). 'Semper' has no equivalent in the Arabic and Greek texts. It was added by Scot for clarification.

**697a1 comedentes vero carnem.** Read فما كان منها اكولا للحم (*L Bad.*) instead of فما كان منها اكول اللحم (*Kruk*).

**697a6 tehabitoz.** This is the Latin transcription of the Arabic وباطوس بنا (*L*). So the Arabic translator read the erroneous πίν(ν)η ('a kind of bivalve') found in USΠ (→ Louis *ad loc.*; → GA 763b8) instead of the required ῥίνη 'rhine'. Scot then read the combination of the two animals as one word. I have opted for the reading 'tehabitoz'; it is impossible to determine what transcription Scot himself made (→ app. I *ad loc.*). The Greek text is ῥίνη καὶ βάτος 'the rhine and the batos'. This is usually translated as 'the angel-fish and the ray'. But it is uncertain what kinds of fish are exactly meant (→ d'Arcy Wentworth Thompson *s.v.* and Ogle *ad loc.*).

NB. Read Bekker number 7 before فاما¹ (a6) in the Arabic text.

**697a7 habentia vero corium lene sunt pauci.** This sentence illustrates the phenomenon of the incongruence in case, gender or number which sometimes occurs in Scot's translation from the Arabic. In this case the word الصنف ('modus') in a6 'huiusmodi' and a7 (untranslated by Scot → app. II) has influenced the translation. One should therefore read 'habentia *(sc. animalia)*' and 'pauci *(sc. modi)*'.

**habet cortices.** This translates the Arabic فله قشور. Apparently the Arabic translator read λεπιδωτά instead of ἀλεπίδωτα 'not having scales' (→ *ad* 682b17).

**697a12 generantia animalia.** Apparently the Arabic translator read ζωοτόκα (with PUSΣY → Louis) instead of ᾠοτόκα 'ovipara' (→ *ad* 669b24 673b21 676a23).

**697a16 kalabe.** This is the Latin transcription of the Arabic فالاينا* (Kruk), which transcribes the Greek φάλαινα (or -ναι) 'whales'. Scot apparently read this as قالابا, with ق (k) instead of ف (f) and ب (b) instead of ين (yn). But *L* has مالاقيا, which is usually transcribed as 'malakie' ('cephalopods'), while *G* offers a useless variant. In 669a8 all Arabic MSS have مالاقىا instead of the required فالاىىا*.

In *GA* 718b31 we also find the transcription 'kalabe', and it is interesting to see that *G* has the variant مالاقىا there. *L* has فلاىا, which Scot read as قلاىا. In *GA* 732b26 we find 'kaline' transcribing the Arabic فالىىا, read by Scot as قالىىا.

**697a19 minus.** This translates the Arabic أقل. Apparently the Arabic translator read ἔλαττον (with PUSΣΔ → Louis) instead of τὴν θάλατταν 'the seawater'.

**697a20 sic.** This word is regularly added by Scot for purposes of clarification (→ *GA* 748a16 777b25 etc.). Sometimes he also uses it to sum up a few words (as here → app. II) or an entire sentence (→ 643a21 672b26 *GA* 715b13).

**697a22 de piscibus.** The Greek text mentions the treatise Περὶ Ἀναπνοῆς ('De Respiratione'). Scot was probably unfamiliar with this treatise, for he does not translate the title (cf. 696b2; it is ignored by the Arabic translator in 669a4). But he had the *G* reading here ($G^1$ and $G^3$ → Kruk): السمك (piscibus) instead of *L*'s التنفس (respiratione).

**697a25 cerebri +** الفقار ... يأخذ وهو ('et incipit ... spondylium' → app. II *ad loc.*). The Arabic translator did not understand the Greek διελάμβανε γὰρ ἄν 'otherwise it would separate' *(Peck)*. Scot has therefore omitted the sentence, which no longer made sense.

**697a28 ad iuvamentum motus.** This is Scot's translation of the Arabic لتجود حركته (*lit.* 'ad bonitatem motus'). The Arabic translator probably had the Y reading (→ Louis): ἵνα εὐκίνητα ᾖ instead of ἵνα κινῆται ('in order to be able to move').

**697b1 kokaz and b2-4 koki.** These are the Latin transcriptions of the Arabic فوقى, which transcribes the Greek φώκη 'seal' (either in the form of the nominative singular, or, as in the Greek text, of the nominative plural φῶκαι). ف (f) has been read as ق (k). The z in **'kokaz'** may be due to a confusion of the letter س (final s; this becomes z in the transcriptions) with ى (final y).

**697b1 rapax.** This translates the Arabic الخُطَّاف (kuṭṭāf) 'swallow' (= 'hirundo'), which was read by Scot as الخَطَّاف (kaṭṭāf) 'rapacious'. الخُطَّاف is the incorrect Arabic translation of the Greek αἱ νυκτερίδες 'bats'. It is curious that the Arabic translator makes this mistake here, since he translates the word properly elsewhere (→ *HA* 1. 488a26 490a8; 3. 511a31), namely as وطواط (waṭwāṭ), which Scot renders as 'vespertilio(nes)'.

Avicenna uses the name خُفَّاش (kuffāš) instead of وطواط for these animals. This too is rendered as 'vespertilio' by Scot in his translation (→ ed. Madkour p. 3.5, 5.5-8 etc.). The Latin variants here, 'capaoz' *(B)* and 'kapaz' *($D^2$)* could go back to an (originally added?) خُفَّاش.

**697b2 aquosa.** This word apparently depends in case and gender on a non-explicit 'animalia', whereas 'communis' and 'agrestis' depend on 'modus'.

**hirundines.** This translates the Arabic الخطاف, as in b7 and b10. In b7 some Latin scribes ($A^2C^2D^1$) have written the correct clarification 'vespertiliones' in the margin (→ app. I *ad loc.*; → *ad* 697b1).

**697b4,5,7 sicut.** This is the literal translation of the Arabic مثل, which literally translates the Greek ὡς 'like', 'such as'. The meaning 'just as much as', 'considering the fact that they are' or 'if looked on as' *(Ogle)*, which ὡς, and so مثل, properly have here is not easily recognizable in the Latin translation, so that the sentence seems somewhat illogical.

**697b5 pedes anteriores.** This translates the Arabic الرجلان اللتان فى مقدّم جثته. Apparently the Arabic translator read τοὺς γὰρ πρόσθεν πόδας instead of τοὺς γὰρ ὄπισθεν πόδας 'their hind feet'.

**697b13 quoniam non sunt divisae.** These words are probably the equivalent of the Arabic إن لم يكن مشقوق الاجنحة ('nisi habeat alas divisas' → app. II *ad loc.*), which has not been translated in b11. I cannot explain why Scot has changed the meaning of the words and given them a different place in the sentence. Perhaps this was the text in his Arabic copy. The Arabic translator has understood almost nothing of the Greek text b10-b14 (including the difference between κέρκος 'quadruped's tail' and ὀρρυπύγιον 'bird's tail-feathers'). Scot has probably tried to make a text with a logical meaning.

**697b15 quoniam[1]**: read Bekker number 15 before لا in the Arabic text.

**697b15-6 quoniam[2] ... in aere]** فلانه ... فى الهواء ('quia ergo ... in aere' → app. II *ad loc.*). The Arabic text has probably been passed down in a slightly corrupted form. Kruk, rightly I believe, reads بحيوان with G instead of لحيوان (transmitted by L) and deletes و in b16 ولا[1]. ولا[1] is the literal translation of the rather illogical οὔτε ('also ... not'), which the Arabic translator did not understand properly (USΔ have also changed it, to οὐ → Louis).

**697b19 divisa.** This translates the Arabic مشقوقة. It is not very likely that the Arabic translator misread ψιλός ('bald', 'bare'). Perhaps the original translation had مكشوفة (*nuda → GA 745b17), which was later corrupted to مشقوقة. 'Nudus', which I have used here, is ordinarily Scot's translation of عريان, which translates the Greek γυμνός 'naked' (→ 687a25). A parallel in this work for forms of كشف is *HA* 3. 519b5: انكشف *Scot* 'est denudatus a', said of 'bones bared of (ψιλούμενα) their membranes' *(Peck)*. So عريان would have been a better translation in the present place 697b19 (→ Badawī), but the Arabic translator has probably stuck to his usual translation of ψιλός, viz. مكشوف.

# INDEX LATINO-ARABUS

A(B) من 51a8 → *lemmata* (separo *etc.*) aliud membrum a capite عضو آخر سوى الرأس 63b3
ABORTIOR ABORSUS سقط الجنين 65b1
ABSCIDO ABSCISUS caput abscisum رأس مقطوع 73a23 ABSCISIO حلق 58b20; قطع 75a6 91b20; قطع وتجزى ء 96b33 abscisio capitis قطع الرأس 73a29,30 abscisio ... in partes parvas باجزاء صغار ... قطع 50a12 اجزاء صغارا ... قطع 62a13 levis abscisionis سريع القطع والتجزى ء 54a30 non sufficiunt in abscisione cibi لا 82b30-1 post abscisionem بعد ان يقطع 79a36 تقطع الطعام قطعا فيه كفاية
ABSCINDO قطع (*act.*) 62a12 91b23; (*pass.*) 55a34 65b26 82a5 82b31 ABSCINDERE قطع 75a6 ad abscindendum للقطع 91b19; للقطع والجزّ 93a17 ad abscindendum cibum لحال قطع الطعام 61b8 ad abscindendum et molendum لحال قطع 91a ad mordendum et abscindendum للعضّ والقطع 55b9 وطحن واستعمال الطعام 32-b1
ABSCONDO non abscondebamus aliquid ... de لم نخف من ... ء شىء 53b9
ABSOLUTUS مرسل 60a17,25 61a10 81a19-22 81b2 non absolutus ليس بمرسل 60a32
ABSTINEO abstinent a potu هى قليلة الشرب ولذلك تصبر عن الماء 69a34 ABSTINERE abstinere ab ضبط نفسه 91a2
ABUNDO ABUNDANTIA كثرة 48a31
ACCIDO اصاب 52b30 (82a4) 90b4; عرض فى 46b10; عرض ل 39b4 62b13 76a31 توّلد 72b17 accido ex وصل الى 72a28; القىَ 43a30; من العرض الذى يعرض ل ;90b5 72a32 acccideret ex من العرض الذى يعرض من لكان 59b26 ex eo quod accidit يشبه له عرض الذى العرض 53a21 hoc quod accidit ei assimilatur ei quod accidit 95a21 accidit eis econtrario ei quod diximus بالعرض الذى يعرض لها على 97a22; يعرض ذلك العرض, هذا العرض 95b14 hoc accidit خلاف مما ذكرنا 48b8 53a36 59b5 64b17 77b6 79a25 80a19 *et passim* hoc accidit ut يعرض (ل) 87b15 iam accidit قد عرض 68b6 hoc accidit ... sicut accidit الذى يعرض ينبغى ان يعرض ذلك ل 70b13 illud accidit ei quod مثل ما يعرض ل ... مثل ل 58b1 70b11 73b34 84b15,23; 79a13 sicut accidit مثل, من قبل العرض الذى يعرض ل له 68a23,7 68b24 93b26 simile accidit in مثل هذه الاعراض يعرض كما يعرض ل 79a26 similiter accidit in مثل كذلك يعرض ل 40a16 similiter accidit (*c. dat.*) يعرض ل فى 40a20 nisi accidat quod عرض ان 76b35 accidit quod هذا العرض يعرض ل إن لم 73b34 accidit ut يعرض ان 39a29 42b12 64a30 74b33 80b32; عرض عرض و- 83b20 necessario accidit يعرض لـ ... ان 49a4 accidit (*c. dat.*) ut من الاعراض ان

hoc ل كينونة هذا 92a3 hoc membrum accidit necessario باضطرار عرض هذا العرض
79b22 لكانت الضرورة اسرع اليه 77b21 accideret ei occasio العضو تعرض باضطرار
90b4 accidit لكانت الضرورة تسرع الى multotiens accideret occasio (→ 82b16)
catarrhus phlegmatis تكون نازلة بلغم 53a2 accidunt statim catarrhi ينزل انواع
يلقى هذه 52b34 accidunt ei occasiones extrinsecae النازلة من الدماغ الى الجسد
يسرع الى ... ويشتدّ عليه (c. dat.) 58b10 cito accidit الآفات التى تعرض من خارج
53a3 هذا العرض (49b27 62b13) hoc accidens عرض ;44a34 آفة ACCIDENS 65b30
39a27 habet الاعراض التى هى فهى ;44a34 الآفة الواحدة التى هى فهى idem accidens
بنوع العرض ;49b2,21 بنوع عرض 50b28 per accidens يلقى هذه الآفة tale accidens
49a19 acci- بنوع آفة وعرض 43a28 modo accidentis بالاعراض بناتها ;49b12,5
dentia (= آثار ;44a15,23 آفات واعراض ;39a26 الاعراض التى تعرض ل ;45b33 آفة
41a24 39a18-9 accidentia quae accidunt الاعراض التى تعرض ل 44b26 maculae)
45b1-2 60b32 72b28 accidentia eius اعراضه وآفاته 39a24 accidentia corporalia
48b36 غريب ;49a17 عرضى يعرض له ACCIDENTALIS 44b13 الآفات الجسدانية
49a بنوع عرض ACCIDENTALITER 72b18 داخل عرضى accidentalis extrinsecus
70a30 بنوع عرضى ;49a8 بنوع العرض ;2,7
ACCIPIO اخذ 42b5 46b8 78a16 83a2 85b8,10; تناول 76a1 96b26 accipio ab اخذ
من 50a20,1,5; قبل من 82a20 accipio ex اخذ من 39b16 50a25 97a31 ex eis accipitur
cibus غناء الطعام يؤخذ منها 78a13-4 accipio extra اخذ من خارج 59a18 accipio per
ب اخذ 50a18,21 91b23 quoniam accipiunt لاخذه 97a19 ACCIPERE اخذ 87b12
90a33 90b1; ان يأخذ 42b4 85b8 potest accipere يقوى على اخذ 83a28 non posset
accipere cibum 81b24 debet accipi لم يكن يستطيع ان يناله الطعام ينبغى ان يؤخذ
لحال الاخذ 96b29; فى الاخذ ( ... ) وعضّ 93a12 ;( ... ) الى الاخذ 43b10 ad accipiendum
•لجمع ... واخذ ;93a9 92a6 91b6,10,3,8 87b10 83a5 46b24 للاخذ ;78b13 83b33
62b8 ;ان يأخذ ما 78a6; لكى يأخذ 83b36 ad accipiendum quod accipit ان يأخذ
85a31 لا ينتفع بها فى شىء من الاخذ 91b21 non adiuvant ad accipiendum يأخذ
ACCIPIENS est accipiens يأخذ ... يكون 50a28
ACQUIESCO acquieverunt ... ad الى ... مال 42a29
ACQUIRO كسب 93a19 quando quis acquisiverit استقصاء اذا طلب 42b4 quoniam
non acquiritur suum cibum nisi ex animalibus لكسبه وطعمه من الحيوان 93a14
ACULEUS حمة 61a18,30 61b31 (دبر) mist. for ابر 68b17) 78b16 79b8 82a11-2 82b
33-4 83a4,6,8,12-3,21 aculeus apum et vesparum حمة النحل والدبر 83a9 aculeus
scorpionum حمة العقارب 83a10 aculeus qui assimilatur linguae الحمة التى تشبه
اللسان 83a21 percutere cum aculeo لدغ بحمته 83a17 creatio aculei خلقة الحمة
79b8
ACUTUS حادّ 57a33 61b11,3,8,23 62a6,12,29 66b2 75a5 79b5 83a28 91a9 93b16
97b7 valde acutus حادّ جدّا 57a31 acutus visus حدّة البصر 57b24,9 91a25,6 acuti
visus valde حادّ البصر جدّا 57b26 infirmitas acuta مرض حادّ 77a6 pars acuta
48a19 58a2 احدّ ACUTIOR 93b15-6 صدر حادّ 66b12 pectus acutum الناحية الحادّة
ACUTUM حادّ 93b18 ad acutum الى شىء ضيّق 59b26 ACUITAS حدّة 61b26

INDEX LATINO-ARABUS 317

ACUMEN حدّة 61b20 83a21 acumen visus حدّة البصر 57a34
AD الى 43b32,4 50a17 *et passim*; ل 46b24 57b15-6 *et passim*; لحال 54b35 55b7 *et passim*; لكى يكون 64b33; مثل 66b20 est ad ipsum اليه ... منتهى 41b24-5 usque ad الى 81b18 82a14 AD INVICEM → *lemmata* (appropinquo, vado *etc.*)
ADDO addit minus maiori يزيد الشىء الاصغر على الاعظم 87a14 addidit ipsum super زاده على 89b13 ADDITAMENTUM زيادة 95b22; خرطوم (*trunk*) 59a2, 12-3,34 61a27,9 additamentum elephantis خرطوم الفيل 59a20 nasum scilicet additamentum منخر اعنى خرطوم 59a1,30 additamentum (*snout*) خرطوم 96b32 est habens additamentum latum عريض الخرطوم 62b14 quaedam additamenta prominentia (*crop*) شىء وارم ناتىء 74b24 additamentum (*proboscis of some sea-animals*) خرطوم 79b7-8 additamentum quod exit ab ore suo الخرطوم الذى يخرج من فيه 78b13-4 additamentum in anteriori corporis simile aculeo خرطوم فى مقدّم جثّته يشبه حمة 78b16 duo additamenta (*two special proboscides of Sepia and Calamary*) خراطيم، خرطومان 85a33 85b1,10 additamentum (*claws of Carabi and Carcini*) زبانتان (= *forfices) 83b34 84a16 84b1 91b17,8 animalia habentia additamenta شفتان 84a34 duo labia scilicet duo additamenta الحيوان الذى له زبانتان 83b32 habet duo additamenta له زبانتان 84a32 additamentum dextrum اعنى زبانتان الزبانة اليمنى 84a26 maius additamentum الزبانة الكبرى 84a32-3
ADDUCO (= هو معين على) 51b1 يكون داعية الى 73a9; خالية *pro* جالبة 69b1) adducit (85a35) adduco ad ... الى ذهب ب ... membrum per quod adducit cibum ad os صارت داعية الى العضو الذى به يقرّب الطعام الى فيه 58b35 cito adducunt ad mortem 72a36 adduxit ipsum necessario ad hoc الجاه واضطرّه الى ذلك 42a28 ad adducendum ب ينهب ... لكى 84a1
ADHUC بعد (65a34) adhuc non لم ... بعد 51a17-8 75b35 adhuc non ... neque adhuc لم ... بعد ... ولم ... بعد 70b30
ADIUVO adiuvant عنها ... دافعا لـ ... معين ... يكون 67a35 non adiuvant ad accipiendum ب 87b21 ADIUVANS لا ينتفع بها فى شىء من الاخذ adiuvor per 85a31 معين 52a31; (= نافع *pro* consequens) تابع ل 46a18
ADMISCEO admiscetur cum eo خالطه 48b15 admiscetur multum cum يخالط كثيرا 86b27 ADMIXTUS est admixtum ex eis خلط منها 42a22 (مخلوط من 68b11) ADMIXTIO خلط 77b22
ADORTI (*indecl.*; = *aorta*) العرق الذى يسمّى اورطى 67b16 68a1,2 68b20 71b17 52b29 العرق الذى يسمّى باليونانية اورطى 70a18; الذى يسمّى باليونانية اورطى 78a1,3; 66b26 72b5
ADUNOR اجتمع 49a34 51a6 coagulatur et adunatur ex جمد واجتمع من 49a31 citius ... adunatur اجتماعا ... اسرع 49a32 quando constringitur et adunatur in se 82b24 ADUNATUS مجتمع 59b23 84b15 اذا اجتمع وانضمّ تحزيزها بعضه الى بعض
ADVENIO ADVENIENS ventus adveniens illi الريح التى تعرض له 89a30
AEDIFICO AEDIFICATOR (= بنّاء) بناء (*pro* aedificatio) 46b3-4 (68a16,9) AEDIFICATIO بناء البيت 39b27 AEDES بيت[1] 46b4 AEDIFICIUM (*pro* aedificatio) بناء 46b4

AEGRITUDO سقم 48b6 principia aegritudinum اوائل الامراض 53a9
مستو شبيه بسطح 71b7; مستو *66b8 80b3 87b16; 43a7,29-31 مساو ل AEQUALIS 41a13 aequalis ex utraque parte مساو من كلا الجانبين 95a12 AEQUALITER non aequaliter finditur ليس ينشق ... شقوقا مستوية 54a17
AEQUIVOCATUS aliquid aequivocatorum in genere شىء من الاشياء المتفقة تشترك ... 42b16-7 AEQUIVOCUS sunt aequivoca in nomine بالاسم بالاجناس 40b36
AER جو 86a4; هواء 40b15,6 46a14 47a13 51a24 53a6 57b27 58a3 59a11 64a27 et passim recipit aerem يقبل الهواء 97a30 intrat aer دخل الهواء 69a17 exit aer خرج الهواء 69a5 aer الهواء الدخيل 59b19; 42b2 aer qui intrat الهواء الذى يدخل 69a17 aer extrinsecus الجو الخارج 86a4 exitus aeris خروج الهواء 42b2 introitus aeris دخول الهواء 42b2; 69a15 introitus et exitus aeris مدخل ومخرج الهواء مدخل الهواء 64a29 via ... وخروجه منها 64a18 introitus aeris ... et eius exitus 56b16 AEREUS مملوء هواء 56b15 plenus aere 42a36 سبيل الهواء aeris من هواء AES نحاس 40b25 42a11 AENEUS imagines aeneae اصنام النحاس 40a30
AETAS quando intrat aetatem اذا صار مسنا 86b16 → incurvo
AETERNUS سرمدى ابدا 40a7 *AETERNE → 39b24: دائم سرمدى 52b2; سرمدى عالم
AGO فعل 61b4 natura nihil agit otiose الطباع لا يصنع شيئا باطلا 58a8-9 ACTUS فعال 42a1 actu بالفعال 49b11 67b25 68a31 82a7 in actu بالفعال 47a8 49b3,12 بالقوة والفعال 49a28-9 potentia et actu الى فعل النار 67b23 per ignem in actu 67b24-5
AGGRAVO ثقل على 73b8
AGGREGO جمع 79b26 aggrego in (act.) جمع فى 62a23; (pass.) اجتمع فى 53a16 70b25 76a34 77a14 AGGREGATIO اجتماع 70b8
AGRESTIS برى 90b22 97a30 97b2,9; برى وحشى 43b5 animalia agrestia الحيوان البرى 63a14 AGRESTE generant animal 61b4 vacca agrestis البقر البرى 63a14 الذى طباعه برى in agresti يلد حيوانا فى البر 76b3
ALA (wings of birds) جناح (plur. اجنحة) 43b2 70b16 82b17-8 91a15 92b12 93b1, 2,21 94a9,10 95a20 97b16,7; قوة الاجنحة 82b15 alae avium اجنحة الطائر 94b10 alae hirundinum جناحى الخطاف 97b10 motus alarum حركة جناحه 97b13 duae alae جناحان 82b11 83a13 95a9 alae et plumae ريش وجناحان 92b12 alae continuae الاجنحة المتصلة الملتئمة 92b13 quattuor alas (wings of insects) اربعة اجنحة nuae له جناح 42b27 64b24 95b20 non habet alas ليس له 82b8 habet, habens alas اجنحة 95b3 habet multas alas له اجنحة كثيرة 82b13 83a18 modus multarum alarum بدل الجناحين 94a12 sunt alarum الصنف الكثير الاجنحة 83a18 loco alarum fissarum جناحه مشقوق 42b27 (sunt) brevis (alae) هو قصير الجناح 44a20 sunt longae alae هو طويل الجناح 44a20 suae alae sunt membranales لاجنحته 82b14(,7) carens alis الذى لا جناح له 42b33 alae apum اجنحة النحل 82b13 ala غلف communis جناح مشترك 93b12 ala lata non stricta جناح اعرض ليس بضيق 85b19

alae magnae fortes أجنحة كبار قوية 93b27 94a1 alae *(fins of fishes)* أجنحة 84a13 85b16-7,20-4 95b21 95b28-96a1 96a13,23 97b5 alae piscium الأجنحة للسمك 94b10 quattuor alae أجنحة قريبة الاجنحة التى 95b23,8 alae quae sunt prope caput أربعة أجنحة 96a28 alae posteriores الجناحان التى تكون فى المؤخر 96a26 pars quae est inter alas الجزء الذى بين الأجنحة 96a14-5 ALATUS مجنّح 59b7 93b7 alatum *(sc. animal)* مجنّح 42b33 43b20,2,5

ALBUS *(adj.)* أبيض 43b21 79a17 ALBUS *(subst. 'a white man')* الرجل الابيض 49b26 ALBEDO بياض 43a32 49b26 modi albedinis اصناف البياض 43a20-1

ALIQUI شىء من 41a20 66b18 67a30 92a10; واحد 43a9 *no Arabic equivalent* 56a36 non ... aliqua شىء من ... لا 52b18 aliqua res شىء واحد 39a9 ad aliquam formam الى صورة من الصور 46a33 aliquo modo فى نوع من انواع 77a16 aliqui ... alius شىء من سائر ... الآخر واحد 52b24 → instrumentum ALIQUOD *(c. gen.)* ليس لـ ... ولا عضو واحد من 56a24 non habet ... aliquod istorum membrorum ليس لشىء آخر ... شىء من هذه الاعضاء 69b7; 71a33-4 non ... aliquod من 84b16

ALIQUIS احد 39a26 41a33 42a3 44a12 45a26 73a10; من شىء 81b9 si aliquis الذى 45a31 aliquis dicit يقول القائل 49a3-4 sicut si aliquis dixerit مثل قول القائل 40b12 si aliquis elevaverit لو رُفع 59b24 ab aliquo من شىء 46a31 in aliquo فى شىء 46a31 non est in aliquibus istorum ليس ... فى واحد منها 41b8 aliquis modorum صورة من صور 60a21 94b14 aliqua formarum صنف من اصناف 43a2 aliqua partium جزء من اجزاء 93b25 aliquid شىء 41b25,6 46b24 *et passim*; من 43a4; (91b7) non ... aliquid praeter ما شىء ... لا شىء من الاشياء 42b4,16 68a22-3 non ... aliquid لم ... شيئا 76a1; ليس ... شىء من 74b30 dicit aliquid يقال شىء 48b1 aliquid contrarium خلاف 48b1 conveniens ad aliquid موافق لحاجة اخرى 49a26-7 propter aliquid قد بقيت ... بقية 58b24 remansit aliquid لحال شىء 42a33 45a25 77a30 aliquid لشىء 45a24 77b17;

ALIUS آخر 39a21,9 40a8,36 46a15 76b6 *et passim*; شىء آخر من 50b4 *et passim*; سائر 42b7 44b15 40b19 71b23; جميع 39a22 80b11; باقى 73b16; شىء آخر من سائر 46a19 47b35 53b19,21 76b4 *et passim*; غيره 39a10 44a30 45b30 46b1 77a23 78b18 81a27 *et passim*; غيره من 54b31 79a26 *et passim*; غير هذا 40a2 49a33 53b12 85b9 *et passim*; غير ذلك مما وصفنا 71a14; كثير 89a26; مثل هذا 78b16 quibusdam ... et aliis ولبعض ... لبعض 46b18 quaedam appropinquant aliis يقارب بعضها بعضا 95b6 (habet) ventrem post alium بطن بعد بطن ( قبله ) 74b11 alii modi usus عضو آخر سوى الرأس 87b26 aliud membrum a capite 63b3 لسائر انواع الاستعمال omnia alia جميع 73b28 → canalis, omnis, unus ALIUD شىء آخر 48a20 59a29 75b31 et nihil aliud *no Arabic equivalent* 59a28

ALTERO يغيّر 86a31 alterat ... alteratione manifesta تغييرا بيّنا ... يغيّر 72b33 ALTEROR تغيّر 53a7 75b32 mutor et alteror تغيّر 72b30 cito alterantur et mutantur وتنتقل تتغيّر عاجلا 49a28 ad alterandum ipsum ويغيّره 74a17 ALTE-RATUS est alterati coloris متغيّر اللون 52a18 ALTER احد 66a32 78b30; آخر

الواحد منهما 39a10 49b2; غيره 52b18; غير ذلك 39b26 alter eorum ... et alter ... اما النوع الواحد ... والنوع الآخر 39a3-4 alter illorum ... et alter والآخر 41a26 ALTERUM شيء آخر مثله 40b24 ALTERATIO تغيير 72b33 principium alterationis ابتداء التغيير 41b6 tempus alterationis زمان التغيير 76a3
ALTUS ALTIOR (c. abl.) اعلى من 71b28 ALTISSIMUS a locis altissimis من موضع عال 57b25
AMARUS AMARUM مُرّ 77a28
AMBO in ambobus فى كليهما 91a14
AMBULO سار 85a15; مشى 39b3 94a19 quia ambulant لانه مشاء 76a27 difficile ambulat a ... ad ... الى ... ليس بسريع الانتقال من 59a5-6 non ambulat ليس 84a18 ambulant uniformiter يسير على رجليه 95b21 ambulat super pedes بمشاء لحال المسير والمشى 84b22 ad ambulandum للمشى 85a29; سيرها سير مستقيم 83b32 in ambulando للمسير (G للمشى) 87b31 AMBULARE سير ;45b34* مسير 95a13 AMBULANS سيّار 67b32 81b35 83b25 86a35; مشاء 55a35 59a4 60a15 60b3,32 69a7,29 87b27 93b9; ما كان منها مشاء 50a24 → animal AMBULATIO لحال الانتقال والسير 84a7-8 (84b1 87b27); مشى 83a32 propter ambulationem 88a17 (*sermo de ambulatione animalium = de incessu animalium) من مكان الى مكان 92a18 sermones de ambulatione et motu animalium (= de incessu animalium) الاقاويل التى وصفنا على سير الحيوان الاقاويل التى وصفنا فى مسير وحركة الحيوان 96a12
AMITTO AMISSIO amissio intellectus ذهاب عقل 53b5
AMO quando amat aliquid اذا عشق شيئا 44b34 AMATOR عاشق 44b34
AMPLIOR إتّسع 64a33 AMPLUS واسع 67a29 75b14,27 valde amplus واسع جدّاً 68b16 fiunt amplae اتّسعت 68b22 a loco amplo من سعة الموضع 75b19 AMPLIOR (comp.) اوسع 75a35 amplior (c. abl. comp.) ... multum كثيراً ... اوسع من 75a30
AMPLITUDO سعة 69a14 75b24,5 76b10 84a25 88a19
ANATOMIA ex Anatomia من الشق 50a31 84b2; من شق الاجساد 66a9 68b29 80a2; per anatomiam بالشقّ 77a10 Anatomia corporum animalium شق اجساد الحيوان 74b16 (89a19) → sermo من معاينة الشقّ 96b14
ANCA ancae وركان (haunches, buttocks) 89b6 (→ adn. ad loc.), 14,24,7,33 94b29; (ischium) 95a1-11 ancae extensae usque ad medium ventris وركان تمتد الى 95a2 habet duas ancas له وركان 95a3 in medio ancarum فى وسط البطن الورك 95a11
ANCORO ارسى 85a34 ANCOROR ارسى 70a10 ANCORA (→ GA 763a31)
ANGULUS habens unum angulum له زاوية واحدة 90a13 habens plures angulos له زوايا كثيرة 90a13 quidam anguli ... sunt aequales duobus angulis rectis ... زواياه مساوية لزاويتين قائمتين 43a29 angulos aequales duobus rectis مساوية لقائمتين 43a30-1
ANGUSTIOR angustiatur in رغب فى 44b34 ANGUSTUS ضيّق 59b8 ANGUSTIA perveniunt ... ad magnam angustiam et parvitatem تصير ... اصغر واضيق 68b2

ANHELO تنفّس 59b15 62a17 64b31 69a5,7,12 78b1 86a4 97a23,6 anhelo per تنفّس 59b16 instrumentum quo anhelant in aqua آلة موافقة للتنفّس فى الماء 59a9–10 ANHELANS animal anhelans الحيوان الذى يتنفّس 59b14 69a6 70a29 ANHELITUS تنفّس 59a4,7,30 62a17,22 69a12,21 modi qui carent anhelitu الاصناف التى لا تتنفّس 97a21 anhelitus est per pulmonem يكون التنفّس بالرئة 65a16 instrumentum anhelitus آلة التنفّس 64a29–30 indigentia anhelitus الحاجة الى التنفّس 64b26 لحال التنفّس 65a4 apud horam anhelitus فى اوان التنفّس 65a19 propter anhelitum لحال 64a17 64b1 69b8; 59b3 propter motum anhelitus لحال الحاجة الى التنفّس 57a10 anhelitus aeris تنفّس الهواء 65a18 anhelitus et aer هواء ونفس حركة التنفّس 40b15

ANIMA تنفّس (= anhelitus) 42a31; نفس 41a19,22 43a35 45b19 52b8–9 67b23 anima naturalis et generalis النفس الطباعية الكلّية 41a34 anima singularis نفس واحدة 41a34 anima sensibilis النفس الحسية 72b16 hoc est anima كان ذلك نفسا 41a18 operationes animae اعمال النفس 52b10–2 pars animae جزء نفس 41a18 principium animae اوّل النفس 86b27 sensus animae حسّ النفس 78b2 substantia animae جوهر النفس 41a25 in tota anima فى كلّ النفس 41b9 ANIMATUS a corporibus inanimatis ad animata من الاجساد التى ليس لها انفس الى الحيوان 81a12–3

ANIMAL حيوان 39a13,8 39b1 40a20 et passim illa quae dicuntur animalia الذى يقال حيوانا 81a13 communicat cum animalibus يشارك طباع الحيوان 81b4 natura quae creavit animalia الطباع الذى خلق الحيوان 45a9 facere animal جبل حيوانا 54b29 inter naturam arborum et naturam animalium فيما بين طباع الحيوان وطباع الشجر 81b2 de animalibus et arboribus فى الحيوان والشجر 44b28 quasi animal مثل حيوان 66a21 genera animalium اجناس الحيوان 56a13 76a22 97a15 genera animalium quae sunt eadem اجناس الحيوان التى هى فهى 76b29 modi animalium اصناف الحيوان 53b21–2 78a34 corpus animalis جثّة الحيوان 69b5; جسد الحيوان 63a20 63b29 70a30 71b27 97b28 pars animalis جزء من اجزاء الحروان 41a24 sensus animalis حسّ الحيوان 56a28 compositio animalium تركيب الحيوان 46b10–1 motus et operationes animalium حركات وافعال الحيوان 46b15–6 animal agreste الحيوان الذى طباعه برّى 90b22 97a29 97b2,5; برّى 61b4 animal ambulans الحيوان المشّاء 60a15,6 68b33 69a7 93b9 81b35 83b25 86a35; الحيوان السيّار animal ambulans agreste الحيوان المشّاء البرّى 48a26 animal ambulans quadrupes الحيوان المشّاء الذى له اربعة ارجل 87b27 animal ambulans (quadrupes) et ovans الحيوان المشّاء الذى له اربعة ارجل ويبيض بيضا 69a29 animal ambulans habens sanguinem حيوان مشّاء دمى 59a4 animal habens sanguinem et ambulans الحيوان الدمى السيّار 67b32 animal anhelans, animal quod anhelat الحيوان الذى يتنفّس 59b14 62a17 69a5,6 70a29 animal longi corporis الحيوان الطويل الجثّة 82a5 animal anulosi corporis الحيوان المحزّز الجسد 54a26 57b30,7 59b16 61a15 71a11 78a31 78b20 (82a1) 83a1 84b32 85b27 92a2 92b17 (animal) anulosae cutis (= animal aquosum المائى) 42b19–20 الحيوان المحزّز الجسد (الجلد) 82a35 44a13 48a25 52a4 60b18 69a7 90b23 97a30,1 97b2,4 animal acutorum dentium

62a29 animal habens comedens carnes الحيوان الحادّ الاسنان الذى يأكل اللحم
84a34 animal habens caudam additamenta (= *forfices) الحيوان الذى له زبانتان
85b23 animal carens cornibus الحيوان الذى ليس له قرون 76a14 الحيوان الذى له ذنب
animal carens dente (dentibus) in mandibula superiori (et in mandibula inferiori, in utraque mandibula) الحيوان الذى ليس له اسنان فى الفكّ الاعلى (والفكّ الاسفل)
51a30,3 74a30 74b1 animal <non> habens dentes in utraque mandibula
75a5 animal carens sanguine الحيوان الذى ليس له اسنان فى الفكين جميعا الحيوان
48a28 50b30-2 47a30 67b25 69a1 93b7; الحيوان الذى لا دم له الذى ليس بدمى
50a35 50b24 (78b14) 65a32 68a6 73a30 78a30,6 78b13; الحيوان الذى ليس له دم
82a21 (animalia sanguinosa ... et) animalia carentia sanguine ( ... و)
76a24 97a10 animal carens pedibus الحيوان الذى ليس له رجلان 78a9 غيره
carens pulmone الحيوان الذى لا 71a9 animal carens vesica الحيوان الذى ليس له رئة
70b2 animal non gulosum الحيوان الذى ليس له مثانة 76b6; مثانة له الحيوان الذى لم
75b22-3 animal habens oesophagum يخلق رغيبا مشتاقا الى كثرة الطعام
74a10 animal habens pulmonem sanguineum الذى له العضو الذى يسمّى مريئا
71a9,34 animal habens vesicam الحيوان الذى له مثانة الحيوان الذى له رئة دمية
76a34 animal habens vesicam et pulmonem sanguineum الحيوان الذى له مثانة ورئة
دمية 70b17 animal duri corii الحيوان الجاسى الجلد 57a32 57b30 58a1 animal
magnum ;69a8 الحيوان العظيم 97a27 animal habens magnum
corpus الحيوان العظيم الجثّة 90a6 animal magni corporis الحيوان الذى له عظم الجثّة
79b4 63b25,30 66b21,31 75b36-76a1 animal maioris corporis الحيوان الاعظم الجثّة
66b22 animal parvi corporis الحيوان الصغير الجثّة animal magnorum ventriculorum البطون 67a30 animal parvorum ventriculorum الحيوان العظيم الحيوان
67a30 الحيوان الصغير البطون 67a31 animal magnarum venarum العروق
animal gracilium venarum الحيوان الصغير العروق 67a31 animal recti intestini
الحيوان المستقيم المعاء 75a21 animal forte vivens ex venatione الحيوان قوى يعيش
55a12-3 animal generans animal الحيوان الذى يلد حيوانا من صيده بقهر وشدّة
57a27 62b24 64b23 69a26 69b6,7,24 75a17 86a2 89b9 90a32 92a15 93b22,6
55a5 animal quod non animal generans sibi simile الحيوان الذى يلد حيوانا مثله
generat animal 55a7 الحيوان الذى لا يلد حيوانا animal paucorum filiorum ما كان
88a32 animal multorum filiorum من الحيوان قليل الولد الحيوان الذى يكثر الولد
88b16 88a34 animal quod habet multos filios جراء كثيرة الحيوان الذى يربى
76a14 75b2-5 74b1,6 74a29 63a18 الحيوان الذى له قرون animal habens cornua
73b32 الحيوان الذى له قرون واظلاف animal habens cornua et ungulas fissas animal habens cortices الحيوان الذى له قشور 70b2 animal habens plumam aut squamam aut corticem 71a12 ما كان من الحيوان ذا ريش او له قشور او تفليس فى جسده
animal habens plumas aut cortices aut squamas الحيوان الذى له ريش او قشور او
الحيوان الذى له نابان 71a26-7 animal habens culmos prominentes تفليس فى جلده
ناتئان 63a7 animal habens dentes in mandibula inferiori tantum الحيوان الذى
51b31 animal habens dentes in utraque ليس له اسنان فى الفكّ الاعلى والفكّ الاسفل

mandibula الحيوان الذي له اسنان فى الفكين 75a24 76b4; الحيوان الذي له اسنان فى
58a11 الفكّ الاعلى والفكّ الاسفل 51b31-2 74a24,7,32 animal habens pedes et manus
الحيوان الذي له شعر 54b17 animal habens pilos الحيوان الذي له يدان ورجلان
animal habens renes الحيوان الذي له كلى 71b35 animal habens sanguinem الحيوان
الدمى 43a4 45b10 48a28 50a35 50b30 56b20 65a29 65b5,10 et passim;
82a24 الحيوان التامّ الدمى الذي له دم 68a6 animal perfectum habens sanguinem
الحيوان الدمى الذي له اسنان 59b21 animal habens sanguinem et dentes
habens sanguinem ovans بيضا الحيوان الدمى الذي يبيض 85b32 animal habens
sanguinem ambulans ovans الحيوان الدمى المشاء الذي يبيض بيضا 60b3 animal
habens sanguinem multipes الحيوان الدمى الكثير الارجل 84b12 animal habens
sanguinem generans animal الحيوان الدمى الذي يلد حيوانا 85b29-30 animal
habens sanguinem quadrupes et generans animal الحيوان الدمى الذي له اربعة ارجل
ويلد حيوانا 60a31 animal habens sanguinem silvestre et aquosum الحيوان الدمى
البرّى والمائى 77b20-1 animal sanguinosum الحيوان الدمى 48a7 78a9 animal
habens sensum الحيوان الذي له حسّ 66a35 (67a9,14) animal carens sensu الحيوان
67a15 الحيوان الذي له قلوب كبار 67a13 animal habens magnum cor الذي لا حسّ له
animal multorum digitorum الحيوان الكثير الاصابع 74a26 88a4,8 animal habens
multos digitos الحيوان الذي له اصابع كثيرة 87b30 90a24 animal habens multos
digitos et carens cornibus 86b18 الحيوان الذي له اصابع كثيرة والذي لا قرون له
animal multi motus الحيوان الكثير الحركة 58a4 83b6 animal multae pinguedinis
الحيوان السمين جدّا 51b9; الحيوان الكثير الشحم 51b28 animal multipes
(many-footed animals) 42b19 84b12 (44a1 cf. 82a37 82b2,5 84b12 الكثير الارجل
86b30 87a3); (insects) 82b3; (οἱ πολύποδες Octopuses) 52b25 54a22 61a15
79a8,12,22 85a14,21,4 85b13,24 (→ s.v. multipes) animal habens unum ventrem
الحيوان الذي له بطن واحد 76a7,12,3 77b17 animal habens multos ventres الحيوان
الكثير الذي له بطون كثيرة 76a17 77b17 80a8-9 animal multorum ventrium
58a36 animal pilosum الحيوان الذي جسده ازبّ كثير الشعر 76a8 animal pilosi pedis الحيوان الازبّ الرجلين (= δασύπους) 76a7,15 89a34 animal pingue السمين
84b10 الحيوان الذي له رجلان 72a31 animal habens duos pedes الحيوان السمين
animal habens quattuor pedes الحيوان الذي له اربعة ارجل 86b17 animal quadrupes
الحيوان الذي له اربعة ارجل 57a12 58a1,25 53a19 97b15,8; الحيوان ذوات الاربعة الارجل
62b13 84b23 86a35 86b12 88a15,8 89a33 89b6 95a4,7 97b14,22,3 animal
quadrupes generans animal الحيوان الذي له اربعة ارجل ويلد حيوانا 55b13-4 76a23
91a28-9 97a12-3 animal ovans quadrupes الحيوان الذي يبيض بيضا وله اربعة
ارجل 70b1,13 animal quadrupes ovans الحيوان الذي له اربعة ارجل ويبيض بيضا
57b5,11,22 73b19-20,28-9 90b17 91a5,10 animal marinum الحيوان البحرى 54a21
57a22 60b34 76b2,21 81a9,35 96b3 animal marinum durae testae الحيوان البحرى
الخزفى الجلد 78b22 animal ovans 57a23 69a27 69b32 الحيوان الذي يبيض بيضا
73b21 86a2 90b13 92a12,21 93b22 animal fissi pedis حيوان مشقوق الرجلين 88b8
animal fissi pedis multae fissurae حيوان مشقوق الرجلين بشقوق كثيرة 62b30

88a34 animal الحيوان المشقوق اليدين والرجلين animal multae fissurae in pedibus 74a1 62b32 الحيوان الذى فى رجليه شقوق كثيرة animal habens multas fissuras in pedibus الحيوان الذى ليس بكثير animal carens multis fissuris in pedibus et manibus 88b21 الحيوان الشقوق فى اليدين والرجلين animal habens ungulas (in duo) fissas 63a1,32 الحيوان الذى له حوافر 86b17 animal habens soleas 62b35 الذى له ظلفان 74a2,26 77a32 88a2 89a34 animal habens (duos) sotulares الحيوان الذى له ظلفان 88b24 90a21 animal habens splenem الحيوان الذى له طحال 69b27-8 animal patiens pinguedinem من الحيوان الذى يحمل الشحم من الحيوان 72a11 animal zirbosum ما يحمل الثرب 72a11 animal silvestre الحيوان البرّى 42b20 69a12 animal squamosi corporis الحيوان المفلّس الجلد 58a12 animal squamosi corii الحيوان المفلّس الجلد الذى يبيض بيضا 71a21 animal squamosae cutis ovans 57a20-1 animal subtilis creationis الحيوان اللطيف الخلقة 66a28 animal durae testae الحيوان الخزفى الجلد 54a2 78b11,22 79b2,13,30,5 80a5,30 81b12 83b4,18 84b16-7,35 85a5,8 animal testei corii الحيوان الخزفى الجلد 61a17,21 animalia mollis testae et durae testae الحيوان اللّين الخزف والخزفى الجلد 85b27-8 animal mollis testae الحيوان اللّين الخزف الجلد 54a1 61a13 79b7 84b31 81b11; الحيوان اللّين الخزف animal ambulans mollis testae الحيوان السيّار اللّين الخزف 83b25 animal fertile bonae dispositionis الحيوان الذى يكون تقويمه من الخصب وحسن الحال 80b7 animal boni motus الحيوان الجيّد الحركة 82b16 animal frigidum naturaliter الحيوان البارد الطباع 82b2-3 animal vile الحيوان الحقير الذى ليس بحسن المنظر 45a8; الحيوان المعقف المخاليب animal uncorum unguium 45a16 الحقير الذى ليس بكريم 57b25 animalia currentia et volantia الحيوان السيّار والطيّار 43a36-b1 animalia quae manent in aqua الحيوان الذى يأوى فى الماء 58a7 93a22 animalia quae manent in aere الحيوان الذى يأوى فى الهواء 58a7 animal quod non anhelat aerem extrinsecum الحيوان الذى لا يتنفّس من الجوّ الخارج 86a4 animal fixum الحيوان الذى 81b35 animal quod assimilatur (simile) astarinoz (satirinoz) الثابت 85a11 84b15-6,34 80a22 79b14,7,27 يشبه الصنف الذى يسمّى (باليونانية) اسطرنبوس 79a31 الحيوان الذى يشبه الحيوان الذى يسمّى قارابو animal quod assimilatur karabo 50a32 مباشرة الطباعية (Historia naturalis (= Historia Animalium* quod narravimus de dispositione et natura animalium (= Historia animalium) ما وصفنا الاقاويل التى 68b29-30 sermo quem fecimus de animalibus عن حال الحيوان وطباعه 80a1-2 (89a19) sermones quos posuimus in aspectu animalium (= Historia animalium) وصفنا فى صفة الحيوان 84b2 الاقاويل التى وضعنا فى معرفة مناظر الحيوان dicere de generatione animalium ذكر ولاد الحيوان 97b29 sermo de generatione animalium الاقاويل التى وصفنا فى ولاد; 95a27 الاقاويل التى نضع فى ولاد الحيوان 92a16 (sermo de ambulatione animalium = de incessu animalium) وكينونة الحيوان 92a18 sermones de ambulatione et motu animalium (= de incessu animalium) الاقاويل التى وصفنا على سير الحيوان والاقاويل التى وصفنا فى مسير وحركة الحيوان 96a12 quaedam animalia من الحيوان حيوان 51b36 quaedam animalia habent sanguinem et quaedam non 78a33 بعض الحيوان الدمى وبعضه عادم الدم

## INDEX LATINO-ARABUS

ANNUS in temporibus anni فى ازمان السنة 80a28
ANTE (c. acc.) قبل 66b1 76a5 78b35 erat ante ipsum كان قبل 40a25 qui est ante الذى قبل 76a9 ante istud debemus dicere hoc ينبغى لنا ان نذكر هذا ايضا فى اوّل ذكر تلك 78a25-6 ANTEQUAM قبل ان 68a35 ANTERIOR أقدم 46b2 membra anteriora corporis مقدّم اعضاء اجسادها 85a3 membra posteriora et anteriora الاعضاء ناحية المؤخّر والمقدّم (inv.) pars anterior et posterior التى فى مؤخّر ومقدّم الجسد 84b30-1 والمقدّم الرجلان المقدّمان فى المقدّم 87a7; pedes anteriores 84b14-5 الرجلان اللتان فى مقدّم الجسد 88b20; الرجلان التى فى مقدّم الجسد 88a5,12,6,30 90a16 93b11 95a10; مقاديم الرجلين 97b5; فى مقدّم جثّته 59a23,35 83a28 83b2 86a34 87a6 87b31 88a3 dentes anteriores, anteriores dentium مقاديم الاسنان 61b9 63b36 79a32; المقاديم 61b10 anterior (c. abl. comp.) اقدم من 41b32 anterior quam اقدم من 41b31 46b1 in parte anteriori (c. gen.) ... فى مقدّم جزء 65a14; مقدّم 86b22
ANTERIUS مقدّم 65a19 67b33,4 68b23 95b14-6; مقدّم الجسد 69b20 latitudo sui anterioris عرض مقاديمها 95b14 anterius capitis مقدّم الراس 56b7 anterius corporis مقدّم الجثّة 86b3; مقدّم الجسد 86b14,18 ad posterius et anterius من خلف ومن قدّام 84b11 illud quod est anterius ما فى مقدّم الجسد 68b27 ad anterius الى المقدّم ينبغى للحيوان ان يتقدّم 95a25 animal debet videre quod est ad anterius فى 83a17 in anteriori وييصر ما بين يديه 56b30-1 ex anteriori (c. gen.) من مقدّم 56b22,5 57a8 فى مقدّم (الـ) 56b23 65a25 65b19 83a26 95a24 96b25; (c. gen.) فى مقدّم الجسد 68a2 65a10 66b3 74b24 78b16 83a16 84b8,14 85a16 97a25;
ANTIQUUS antiqui القدماء 40a11 40b4 42a24 48a32 85b5 sermo antiquorum قول القدماء 77a2 ANTIQUUM in antiquo (sc. tempore) فى الدهر السالف 77a30
ANULOSUS محزّز 82b4 anulosi corporis محزّز الجسد 82b20,7 animal anulosi corporis الحيوان المحزّز الجسد 54a10,26 57b30 → animal, cutis ANULOSITAS تحزيز 82b22-3
ANUS مقعدة 95a5 ad custodiendum anum لحفظ وسترة المقعدة 90a2-3
APERIO فتح 83b15 84a22 aperior انفتح 40b15 64b26 65a4 68b5 90a13 multum aperiunt os صار فتح الفم كبيرا 62a29 APERIRE quae bene possunt aperiri et separari قوية على الفتح والافتراق 59b31 APERTIO فتح 97a4; انفتاح 96b34 97a2; $G^4$ pro *tumor (= انتفاخ) 91a1 est apertio oris ... maxima ... صارت افواه انفتاح كبير الفتح 62a30 (est) magnae apertionis اكبر فتحا من غيرها 62a30
APOSTEMA دمّل 67b5
APPAREO استبان 45a13; ظهر 49b30 52a36 60b7,22 65a32,3,5 65b1 66a10 et passim apparet nobis (quod) يظهر لنا (ان) 41b12 45b24 in ... apparent ... فى تظهر 57a14 non apparet يظهر مثل هذه الحال 67b4 apparet ita تظهر ... مملوءة 67b6,8; omnino البتّة 93b24 APPARENS apparentia nobis لنا الاشياء الظاهرة لا يظهر 48a35
APPETO اشتاق الى 75a23 APPETENS propter ... erit cito appetens تكون علة سرعة 75b26 valde appetens (75b28): → gulosus APPETITIVUS virtus motus appetitivi القوة المهيّجة للشهوة 47a25 APPETITUS شهوة 61a8 appetitus شهوة الطعام

cibi تكثر رغبتها الى 61a6-7 sunt valde gulosi et multi appetitus شهوة الطعام
يتحرّك ويهيّج *للشوق 91a2 est motor et principium appetitus الطعام وشهوتها اليه
47a29 (→ adn.)
APPLICOR quando applicantur cum لاصق ب 81a16 APPLICATUS لاصق
بعضها لاصق 57a30 79a2 95a5; ملصق ب 81b6 applicati ad invicem لاصق 81b19;
ببعض 83b17 applicatus cum لاصق ب 61a11 74a11 81a26 APPLICATIO applicatio
ad بلوغ الى 79a17
APPROPINQUO دنا من 49a15-6 omne قارب 42a27 appropinquo ad دنا من 77b3;
quod sibi appropinquat جميع ما يدنو منه 79a12 naturae eorum appropinquant
naturis nostris انها اقرب الينا من غيرها وطباعها مدان لطباعنا 45a2-3 appropinquabitur يقرب 48b23 appropinquantur ad invicem قرب بعضها من بعض 81a15;
يقارب 45b23 quaedam appropinquant aliis in similitudine يقارب بعضها بعضا
الدنو منه 95b6 APPROPINQUARE appropinquare ad ipsum بعضها بعضا بالشبه
45a20 APPROPINQUATIO appropinquatio ad (... وتربية مع) قرب من 44b29
illud quod tangitur ab eo secundum appropinquationem ما يمسّه ويدنو منه 48b13
APUD عند 40a11 51a3 53a19 58b20 64a33 64b26 73a25 et passim apud me
عندى 73a23 apud horam (c. gen.) فى اوان 65a19 apud locum caudae عند الذنب
82b35 apud subascellaria فيما يلى الابطى 88b22 apud percussionem parietis اذا
اصاب الحجاب ضربة 73a28
AQUA ماء 40b13,6 41a10 46a14 47a12 47b2 48a27 et passim; رطوبة الماء 96a8
fiet aqua يصير ماء 53a7 quando fit aqua اذا صار ماء 69a33 extrahunt aquam
يخرج الماء 97a20 aqua calida الماء الحارّ 48b26 aqua dulcis الماء العذب 83b22
aqua dulcis potabilis الماء العذب الذى يشرب 76a35 aqua ebulliens الماء الذى
يغلى 48b28,31 49a10 aqua frigida الماء البارد 50b29 canales aquae قنى ومجارى
الماء 68a14 cursus aquae مجرى الماء 64b10; مسيل الماء 68a35 exitus aquae خروج
الماء 97a24 superfluitas aquae فضلة الماء 71a13 prope aquas قرب الماء ودفع الماء
فى 59a3 sursum super aquam الى فوق الماء 59a13 manet, manens in aqua يأوى
فى المياه 69a11,2 93a6,22 94a8 mansio in aqua مأوى فى الماء 59a32 93a3 natant in
aqua يعوم فى الماء 96a9 non stant neque natant in aqua لا يعوم ولا يأوى فى
الماء 94b15 → poto, submergo AQUOSUS مائى 50b16 68b8 97b2 97b2 animalia
aquosa الحيوان المائى 42b20 44a13 60b18 69a7,10 90b23 97a30,1 97b4,5 aves
aquosae الطائر المائى 42b13 pars aquosa الجزء المائى *51a30 53a23 AQUOSITAS
مائية 51b18 aquositas sanguinis مائية الدم 51a17 53a2
(*ARABICE) بالعربية (83b17)
ARBOR شجر 40b12 41b6 46a34 50a6,20-2 55b32 59a1 62b7 81a10,7,20,3 82a20
82b31 83b18; (pro صخر) 94a21 arbores terrestres الشجر الارضى 81a21 ad totam
arborem الى بقية الشجر 50a26 ex una arbore multae arbores من شجرة واحدة شجر
كثير العدد 82b32 cibus arborum غذاء الشجر 78a11 dispositiones arborum حال
الشجر 56a3 genus arborum جنس الشجر 81a29 81b7 natura arborum طباع الشجر
55b37 inter naturam arborum et naturam animalium فيما بين طباع الحيوان وطباع

86b34-5 الناحية السفلى من *جذور الشجر 81b2 pars inferior arborum الشجر للشجر اصولا 50a25 arbores habent radices in terra اصول الشجر radices arborum فى الارض 78a11-2 assimilatur arboribus يشبه الشجر 81a26 82b29 habet virtutem similem virtuti arborum قوة شبيهة بقوة الشجر جدا ... لـ 81a11 de animalibus et arboribus فى الحيوان والشجر 44b28

ARMA سلاح 55b12 83a7 87a25(,31) 87b1 94a10

ARMILLA armillae spondylium serpentum خرز فقار الحيّات 92a2

ARS مهنة 40a30 41b13 ARTIFEX صانع 41b29 45a13 ars quae est artifex imaginum aenearum اصحاب المهن 39b25 المهنة الصانعة لاصنام النحاس 40a30 artifices المهنة التى عملتها 45a12 ARTIFICIUM مهنة 39b15,20 39b25 artifex qui fecit ea 40a31 45a12 ARTIFICIALIS res artificiales الاشياء المهنية 41b13 ARTIFICIALITER فى علم المهنة 40a32

ASCENDO يصعد الى المكان الاعلى 53a5 ascendit ad superius صعد الى فوق 72b18 ascendit sursum يرتفع الى فوق 52b36

ASPER vena aspera الوريد الخشن 64a36 (64b5) habent corium asperum هو خشن جساوة وخشونة الجرم 97a6 est asper خشن 97a7 asperum et durum corpus الجلد (G) 83b9 ASPERUM خشونة 46a19 ASPERITAS خشونة 44b14 48b6 81b5,25; خشن 85b4

ASPICIO نظر الى 92a5 ad aspiciendum retro لحفظ ما خلفه 92a5 ASPECTUS منظر 74a23 74b15 figura et aspectus شكل ومنظر 40b32 in forma et aspectu بالصورة والمنظر 40b35 habet aspectum diversum منظره مختلف 56a4 aspectus earum non assimilatur aspectui ليس منظرها شبيه بمنظر 92b13 assimilantur ad invicem in aspectu يقارب بعضه بعضا بالمنظر 83b31 sermones quos posuimus in aspectu animalium (= Historia animalium) الاقاويل التى وضعنا فى معرفة مناظر الحيوان 84b2

ASSETUM عضد (46b14 86a34 87a7) 87b27 93a26 93b11 flexio asseti انثناء العضدين 87b25

ASSIMILOR اشبه 46a20 51a28 57b10 61a4 76b7 78b18 96a10 97b23; لاءم واشبه 47a31 (62b7); شبيه بـ (كان) 50b35 54a32 67a6,9 68a13-4 70a31 71b6 73b20 et passim assimilatur valde شبيه بـ ... جدّا 97b5 non assimilantur in convenientia فيه موافقة ومشابهة بالخلقة 44b11 assimila(n)tur in creatione ليس بشبه الملاءمة 84b35; خلقته شبيهة بخلقة 96a6 97b14 assimilatur in partibus كان بعضه شبيه ببعض 75a33 (membra) quae assimilantur in partibus, (membrum) quod assimilatur ببعضا 40b20 46b11 assimilantur ad invicem in aspectu يقارب بعضه بعضا بالمنظر 83b31 assimilantur ad invicem in membris يشبه بعضه بعضا من قبل الاعضاء 92b7

ASSUMPTOR assumptatur ad يفنى فى 51a22

ASTARINOZ membrum quod dicitur astarinoz العضو الذى يسمّى اسطرنبوس (στρόμβος, turbinate shell) 85a6; see also Index animalium s.v.

ASTROLOGUS astrologi اصحاب علم النجوم 39b7

(\*ATRAMENTUM) → sperma

ATTRAHO جذب 73a1 attraho ex من جذب 70b4,6 72b29 attraho per جذب ب 85b7 attrahit يجتر الطعم 61a19 attrahit cibum تنفتح وتجنب الهواء 69a8 attrahunt aerem (inv.?) 66b15 يجنب ويمدّ الى ذاته 73b7 emittit et attrahit ad se attrahor ad جذب الى 71b34 ATTRAHERE ad attrahendum aera وتجنب بها الهواء 59a13 ad attrahendum cibum جاذب للطعام 83a22 ATTRACTIO propter attractionem humidi extra suum locum لحال جنب الرطوبة الى غير مواضعها 70b10 per attractionem aeris بالتنفّس 57a7

ATTRIBUO منسوب; 47a13 attribuitur ينسب الى 41b17 42b25 43a13 48a23; ليس يمكن ان attribuere نسب الى 41a29 ATTRIBUERE نسب الى 47a6 ATTRIBUTUS منسوب الى 39a29 39b25 41b34,5 43a14 44a8 45b 22,3 40a6 ينسب الى

AUDAX iracundus et audax كثير الجرأة 50b34 magis audax اقدم واجرأ 67a16 AUDACIA جلادة 48a10

AUDIO سمع 56a35 56b28 73a20 AUDITOR auditor doctus الاديب 39a4 AUDITUS السمع 56b14 instrumentum auditus آلة السمع 56b14,28 91a13 sensus auditus آلة حسّ السمع 56a32,3 56b28 57a5 instrumentum sensus auditus السمع 56b16 viae auditus سبيل سمع 57a18,21

AUFERO abstulit ex رفع من 89b12

AUGMENTO augmento in زاد على 64a1 85a26,7 95b16 augmentor كثر 58b19; 58b20 كثر جدّا augmentor valde 86b11 يزداد عظما augmentatur 72a35 اشتدّ وكثر AUGMENTUM زيادة 89a25 crementum et augmentum (v. l. augmentatio) نشوء وزيادة 89a28 (92b4) زيادة ونقص 95b8 augmentum et diminutio

AURICULA اذن 55a31 56b18 57a12,23 91a13 motus auricularum حركة اذني 57a15

AUT امّا... وامّا 68a26-7 91a16 91b23; او 39b10 40a5,6 43b36 48b11 et passim; امّا... امّا 48a20 77a21-2; و اما امّا... (... اوت) 44a1 51b3 75b16 aut ... aut اِن... 77b24 si ... aut 39a14 non ... aut ليس... ولا 39b6 non ... aut ... neque إنّه... او 48b11; إن كان... او ليس... ولا 78a36-b1 utrum ... aut ولا انّه 49a13; هل... او 48b12 utrum ... aut non إن كان... ام لا 69b15 aut per ... aut per بعضه ب... وبعضه ب 59b15-6

AUTEM بل 87a9; ف 46b1 48b30 et passim; فاما... ف 58b20-1 65b8 et passim; وانما 51a12 54b34 57a30 62a2 et passim; واما... ف 60a1 65a22 et passim; و 77b14

AUTUMNUS ver et autumnus (inv.) الخريف والربيع 80a28

AVIS طائر 42b10 44a19-21 57a17,30 57b18 58a12 62a33 et passim; طير 55b4 62b12 74a34 75a16; طيور 59a35 62b11; جنس الطائر 70b11,3 71a31 74b19; صنف الطيور 71a20 in creatione assimilatur avibus خلقته شبيه بخلقة طير 97b14 avis quae est in Nubia scilicet struthio الطير الذى من ارض لوبية الذى يسمّى نعام 95a17 aves aquosae الطائر المائى 42b13 aves comedentes carnes الطائر الذى يأكل اللحم 62b4 aves comedentes carnem crudam الطائر الذى يأكل اللحم النىء 93a13 (aves quae ...)

93a15 aves ( الطائر الذي ... ) يرعى الخضرة والحشيش pascuntur ex herbis viridibus 62b15 الطير الذي يأكل الاصول aves quae comedunt vermes 62b9 الطائر الذي يأكل الدود aves depictae 42b12 الطائر المصوّر avis figurata 42b14 الطائر الطويل جدّا aves longae valde 74b31 الطائر المصوّر aves longorum crurium 95a22 الطير الطويل السافين avis ponderosi corporis الطائر الثقيل الجثّة 57a28 الطائر الثقيل الطيران العظيم الجثّة 94a12,7 avis ponderosa magni corporis 60a33 ما كان من الطائر صغيرا ;62b8 الطائر الصغير aves parvae aves indigentes ad accipiendum cibum الطائر الذي يحتاج الى اخذ الطعم 93a12 aves manentes in aqua habentes inter digitos corium الطائر الذي يأوي في الماء وبين اصابع رجليه جلدة 93a6-7 الطائر الذي يأوي aves manentes in terra 57b28; الطائر الذي مأواه في الارض 93a2 الطير الذي يعوم aves natantes 94b2 طائر له مخاليب معقّفة avis habens curvos ungues 94a20 الطائر المعقّف المخاليب aves uncorum unguium 93a6 94a4,8,16 94b25 aves uncorum unguium comedentes carnem الطير المعقّف 94a1 aves mali volatus الطائر الذي ليس بجيّد الطيران المخاليب الذي يأكل اللحم 94a11 aves non volantes ما لم يكن من اصناف الطائر طيارا 57b7 aves calidi ventris الحسن البطن 70a33-4 aves quae assimilantur ad invicem in membris 92b7 الطائر الذي يشبه بعضا بعضه من قبل الاعضاء aves habentes corium inter digitos الطائر الذي بين اصابعه جلد ;93a3 الطائر الذي فيما بين اصابع رجليه جلد 93a20 aves habentes corium inter digitos pedum صنف الطائر الذي فيما بين اصابع 92b24 aves quae habent inter pedes corium الطائر الذي فيما بين رجليه جلد 82b6 الطير الذي يكون مع سائر صنفه 62b10 aves quae volant in comitatu جلدة (→ adn. ad loc.) avis solitaria المنفرد 82b6 (→ adn. ad loc.) avis latae linguae الطائر العريض اللسان 60a29 avis strictae linguae الطائر الضيّق اللسان 60a30 avis perforans arbores النقّار الشجر 62b7 الطائر النقّار alae avium اجنحة الطائر 94b10 corpora avium اجساد الطائر 79a18 magnitudo corporum avium عظم جثّة 97b24 epar avium اكباد الطائر 73b20 genus avium جنس الطير 69a31 75a14 86b21 94a4 95a18 modus avium صنف من الطائر 94a22 94b14 ossa avium عظام الطائر 55a18-9 papum avium حوصلة الطير 78b26 79b9 pectus avium صدر الطائر 93b18 rostra avium مناقير الطير ، مناقر 55b4 59b26-7 62a35 62b1 aves habent plumas et alas 94b26; ما كان من الطير للطير اجنحة وريش 91a15 omnes aves 94b29 omnes aves habent plumas ريش لجميع الطائر 92b9 nulla avis habet ungues in pedibus et cruribus ليس يمكن ان يكون طير له مخاليب في رجليه ومخاليب 94a14 في ساقيه

(*BALBUTIO) → لجلج
BARBARUS barbari البرابرة 73a25
BASTIZ ميطيس (مسطيس L) 81b20-1 → bositiz, mastiz
BESTIA دابّة 42b30 muscae bestiarum ذباب الدوابّ 61a24
BONUS جيّد 50b1 68b15 72a4 73b23 75b15 boni coloris جيّد الالوان 77a23 bonae creationis جيّد الخلقة 76b9 bonae decoctionis جيّد الطبخ 52a23; جيّد الطبخ

والنضوج 51b7 est bonae decoctionis هو اجود وابلغ طبخا 51a23 (est) bonae dispositionis جيّد الانشاء 50b1; حسنت حاله 51a24 80b7 bonae flexionis حسن الحال 92a3 boni motus جيّد الحركة 65a2 82b16 boni sensus جيّد الحسّ 60a12 76b25 boni volatus جيّد الطيران 93b27 94a4 BENE نعم 56b27 57a11; *no Arabic equivalent* 59b31 69a27 bene dixit قد اصاب فى قوله 40b30 bene ingeniata est natura in فـ الحيلة بهذه حيث الطباع احتال اصاب قد 65a8-9 certe bene ingeniata est (natura) in ل (الطباع) احتال ما نعم 87b22 (→ optime) quando bene digeritur اذا 74b13 يقبله وطبخه بليغ محكم 51b29 recipit ipsum bene digestum جاد نضوج sermocinari bene من جودة الكلام وحسنه 60a25 qui volunt bene intueri in hoc لم تكن ... تأخذ 78a5 non possunt bene retinere et accipere نظرا فيه شافيا (95a2) BONITAS قد علمنا ان 90b1 nos bene scimus quod شيئا جيّدا وتضبط ضبطا جودة 51b1 72a4 73b25 bonitas vitae جودة المعاش 56a6 bonitas volatus جودة الطيران 94a2,5 ad bonitatem لجودة 60a21,3 MELIOR اجود 48a9 56a17 65a22 87a16; امثل اجود 80b26; امثل واجود 72a26 81b28; امثل 60a10; احسن واجود 74b13; اصفى 90b3 melior et perfectior ابلغ واجود 70b27 melior et purior انفع وامثل واجود 50b19; انقى واصفى 56b4 causa melioris digestionis علة جودة نضوج 50a11 habet meliorem sensum يكون حسّ حركته جيّدة 50b23 quanto magis fuerit acutum erit melioris volatus هو حادّ لحال جودة الطيران 93b16 est melior ad اجود 52b26-7 ad يصير .. جيّد المزاج 63b16 MELIORO meliorat complexionem ل meliorandum لحال جودة 77b31 MELIUS melius est (هو) اجود وامثل 85b15 propter melius لحال الامثل 92a4 quod est melius ما يكون من الامر الجيّد 39b19 quod est melius et perfectius الذى هو اجود وامثل وخير من غيره 63b33 melius narrat et perfectius 41a10 pascuntur melius اجود يرعى رعيا اجود 81a7 melius est dicere اوفق ان نقول 50b10; هو اوفق ان يكون ينكر 52b8 87a9; هو امثل هو امكن واشبه ان 83a19-20 melius est ut هو امثل واجود ان 66b32; اوفق ان 68a8-9 ل melius est ut dicatur وكذلك هو امثل 53b14 et ita est melius اوفق ان يقال ذكر (...) 65b15 OPTIME هو امثل واجود ان يكون (...) 87a15 melius est ita quam ان يكون optime ingeniata est natura in فى الطباع احتال ما نعم 64b32 (→ bene) MELIORATIO جودة 51a22; والامثل الاجود 72b22 convenientior meliorationi لحال الامثل 70b24; لحسن وجودة الحال 48a16 propter meliorationem للاجود 47b30 والاجود

BOSITIZ membrum quod dicitur graece bositiz العضو الذى يسمّى باليونانية موسيطيس L) 79a8 → bastiz, mastiz (ميطيس*

BRANCI (v. l. branchi; = *branchiae) نغانغ 59b15 60b24-5(v. l. آذان G → adn. ad loc.) 84a20( كالآذان G) 95b25 97a21,3 pisces habentes brancos السمك الذى له نغانغ 96b2 habent paucos brancos له نغانغ قليلة 96b12 habent multos brancos له نغانغ كثيرة 96b13,21 non habent brancos ليس له نغانغ 97a16 non habet coopertorium *super brancos omnino ليس لنغانغه غطاء البتّة 96b4 branci eius sunt spinosi نغانغه شوكية 96b4 branci loco pulmonis نغانغه بدل الرئة 76a28 compositio (= continuatio) brancorum التئام النغانغ 60b24 natura brancorum طباع ، طبع النغانغ 60b25 96b1,9

## INDEX LATINO-ARABUS

BREVIS قصير 44a20 58b1 (90b7) parvus brevis قصير 75a9 BREVITAS قصر 60b 25 (90b7)

BRODIUM brodium in quo decoquitur caro animalis المرقة التى يطبخ بها لحم الحيوان 51a29

CADO وقع على 58b17 cado in وقع فى 43b14,5 64b5,29,31 cado super وقع 41a11 81b9 cadit ad inferius يسيل الى المكان الاسفل اعنى الارض 53a7-8 CASUS ex casu من البخت 41b23 casu من البخت 41b22 casu; بالبخت 41b27 per casum بالبخت 40a32 CASUALITER neque casualiter ولا كما جاء ولا بالبخت 45a23 84a35

*CAECUS intestinum quod dicitur *caecum (centum codd.) المعاء الذى يسمّى اعمى 76a5 (→75b7)

CAELUM سماء 41b17 41b22 generatio caeli كينونة السماء 41b16 CAELESTIS in caelestibus فى السماوية 44b32 de substantiae caelestes الجواهر السماوية 41b18 illis substantiis caelestibus كل واحد منهما (interpret. transl.) 44b30

CAHAB (indecl.) كعب (ankle) 90a10,13,6,24-7 habent in pedibus cahab فى رجليه كعب 90a12 locus cahab ليس فيها كعاب كعاب 90a21 non habent cahab المكان الذى كان كعاب للكعب 90a26 → kahab

CALCIO (CALCEO) CALCIANS calcians sotulari (E) لابس خفًا 87a29

CALEFACIO سخّن ... سخّن; 48b26 49b4 سخونة 67a24-5 illud quod calefacit الذى يسخّن 48b13 CALEFIO 48b21,8(35) 50b35 سخّن; 73a1,5 دفى; 68b5 حمى ودفى CALIDUS حارّ 40b10 48b26 49a24 ما يحمى ... calore حرارة ... quod calefit الاسخن والابرد 67b28 72b29 77b33 90b31; سخن 70a34 72a15 'calidus' et 'frigidus' 48a35 fit calidus صار حارّ 49a26 qui est calidus حارّ 49a28 valde calidus حارّ 47b33 اسخن 48b19; احرّ من 56a22 CALIDIOR دفىء مسخن جدًا 53a30 67a1; جدًا حارّ اكثر من 48a28; احرّ واسخن من 48a25 48b28,33; اسخن من 48a4 80a34; غيره 49a12; اكثر دفاء وحرارة 49a5 est calidior هو اشدّ حرارة 48b31 CALIDIUS 41b15 46a16 CALIDUM حارّ 49a35 الذى هو اكثر حرارة من غيره 48b19; اكثر حرارة 47a18 48b13 51b12 70b21 77b32; الشىء الحارّ 49a35 calidum et frigidum الحارّ 48b25 non potest esse calidum لا يستطاع ان يسخن شىء واحد 48a21,35 والبارد

CALIDITAS (cuius) caliditas est accidentalis ما حرارته غريبة 48b36 CALOR حرارة 42a35,6 48a31 49a31 49b4 50a5 et passim; دفاء (80a35) 87a30; سخونة 72a16 primus calor اوّل الحرارة (= principium caloris) 67b26,9 70a24 calor accidentalis extrinsecus الحرارة الداخلة العرضية 72b18 calor naturalis حرارة طباعية 50a7 69b3 70a25 97a29; حرارة كيانية 50a14 calor naturae حرارة الطباع 81a6 calor parvus يسيرة الحرارة 67a18 calor temperatus حرارة معتدلة 52b28 multus calor et multum frigus من افراط الحرّ والبرد 80a30 a forti calore et frigore افراط الحرّ والبرد 80a29 debilitas in calore اذا كان حارًا 51a15; اذا كان زمان شدّة الحارّ 58b6-7 والبرد caloris ضعف الحرارة 68b8 diminutio caloris نقص الحرارة 92a24 paucitas caloris قلّة الحرارة 69a36 82a22 signum caloris علامة دليلة على حرارة 69b4 vapor caloris بخار الحرارة 53a35 calor cordis الحرارة التى فى القلب 96b17 est maioris caloris

(c. abl.) اكثر حرارة من ... صار 67a1 CALEFACTIO سخونة 77b22 calefiunt calefactione tardiori calefactione ... يسخّن سخونة ابطأ من سخونة 48b34-5 calefacit ... maiori calefactione يسخّن ...سخونة اكثر من 49a7
CANALIS (channel) ساقية 68a27; (blowhole) انبوبة 97a23 canales aquae قنى ومجارى الماء 68a14 dividuntur per canales et illae in alias تتجزّأ فى سواق ومجار كثيرة 68a15 ex canali (blowhole) من الانبوبة 97a19 (→ a17) locus canalis (blowhole) موضع الانبوبة 97a24 CANALE (shaft of feather) انبوبة 92b14 membrum quod dicitur canale (funnel in Cephalopods) العضو الذى يسمّى انبوبا 79a3
→ canna
CANDELA laterna quae est laterna et candela منارة تكون منارة وسراجا 83a25
CANINUS canini نابان 61b9 natura caninorum طباع النابين 61b10
CANNA (tube) انبوبة 64a27; (larynx) حلقوم 64a35; (windpipe) عرق 64b26; العرق وريد 64b36; فم العرق الخشن 64b31 65a9,19-21,7 73a24 76b14; (windpipe) الخشن خشن 76b13 habent cannam (blowhole) له انبوبة 97a17 id quod assimilatur cannae (shaft of feather) جذر يشبه انبوبة 82b18 recipiunt spiritum cum canna (windpipe) تقبل الروح لطول الوريد الخشن 91b27 per cannas (blowholes) بانبوب 59b15 dispositio cannae (windpipe) حال العرق الخشن 65a5 orificium cannae (= venae asperae) فم العرق الخشن (edges of windpipe) 64b22, (larynx) 64b26; (edges of windpipe) فم هذا العرق 65a4 → canalis, canale
CAPUT رأس 56a14,20 58b2 63a33 63b2,10 64a31 65b28 80b14 83b19 85a5 85b 35ff. 86b16,33 88a11 90b18 91a27 91b28,32 92b15 96a28 habet caput له رأس 83b22-3 aliud membrum a capite عضو آخر سوى الرأس 63b3 vertunt caput ad posterius تحوّل رؤوسه خلف 92a5 est caput transumptive باستعارة رأسا يسمّى رأس 62b25 caput abscisum رأس مقطوع 73a23 caput parvum valde رأس صغير جدّا 54a23 capita cancrorum رؤوس السراطين 86a1 caput dormientis رأس النائم 80b14 caput 53a14 capita feminarum رؤوس الاناث 53b1 caput ericii رأس القنفذ hominis رأس الانسان 73a14 abscisio capitis قطع الرأس 73a29,30 anterius capitis مقدّم الرأس 56b7 creatio capitis خلقة الرأس 86a5 elevatio capitis رفع رؤوسها 92a7 latera capitis جوانب الرأس 56a32 medium capitis وسط الرأس 63a25,6 membra capitis اعضاء الرأس 62b17; الاعضاء التى فى الرأس 64a12 membra quae sunt in parte capitis الاعضاء التى فى ناحية رؤوسها 84a18 membra quae vicinantur capitibus الاعضاء التى تلى الرأس 85b32 origo cornuum in capite نبات القرون من الرأس 64a11 habet os in capite له فم فى رأسه 84b24 pars capitis ناحية الرأس 97b19 pars superior capitis الجزء الاعلى من الرأس 91a27 ponderositas capitis ثقل الرأس 59b8-9 posterius capitis ثقل العنق وثقل الرأس 95a7 pondus capitis مؤخّر الرأس 56b13,4,8,26 rotundum capitis استدارة الرأس 56b28 situs capitis وضع الرأس 64a25 testa capitis قحف الرأس 62b18-9 in superiori capitis فى الناحية العليا من الرأس 57a13 in testa capitis فى قحف الرأس 58b4 est declinati capitis ad terram هو مطاطىء الرأس الى الارض 57a15 gravantur capita تثقل رؤوس 53a18-9 circa caput حول الرأس 84b9 quod vicinatur testae capitis ما يلى قحف عظم الرأس 53a37
CARBO carbones igniti جمر وتتّقد 51a1-2

INDEX LATINO-ARABUS 333

CAREO عدم 84a16 90b15; عادم 76a31; ليس ب 88b21; ليس فى 46b36 73b24; ليس
له 79a25; ليس يوجد فى 76a7; لم يكن له 74a32 carent ليس لشىء منها 57b31 carent
... omnino البتّة ... لـ ليس 75a9 87a3 carent aqua يقلّ الماء 68a29 non carent
عادم هو ليس 95a4 istis duobus caret ليس يكون شىء من هذين 50b22 caruit cauda
الاصناف التى لا تتنفّس 89b24 modi qui carent anhelitu اعدمته الطبيعة حاجة الذنب
97a21 quando animal caruerit anima اذا ذهبت النفس عن الحيوان 41a19 CARENS
ليس له 52a13 70b2 71a9 74b1; له ... لا الذى 42b15,33 67a13 78b13; له ليس
42b15 51a30 69b29 71a9 74a30 omnia passim; ولا له ليس 45b25 carens sanguine
48a28 الذى لا دم له (... الذى) ليس بدمى 47a30 60b11 67b25 69a1 (et passim);
50b30-2 65a32 68a6 73a30 78a30 et passim; الذى ليس له دم 50b24 (in animalibus sanguinosis ...) et in animalibus carentibus sanguine (... فى الحيوان الدمى)
69b7 لا يكون عادم (c. abl.) 78a9 non carens وفى غيره
CARO لحم 40b19 42a23 45a29 46a22 46b25 47a20 50b5 51b4 53b20 61b5 et passim carnes لحوم 80a19 efficitur caro يكون لحما 68a31 caro cruda اللحم النىء
93a13 (→ comedo) caro lenis aequalis لحم املس مستو 71b7 caro mollis اللحم
اللينّ 78b32 caro sicca لحم يابس 65a3 caro coxarum et crurium لحم الفخذين
89b23 caro hominis لحم الانسان 60a11 membrum conveniens carni وبطون السافين
53b21; العضو الملائم للحم 56b36 maioris carnis العضو الذى هو ملائم للحم اكثر
كثير لحما 66b4 est habens plus carnis لحما اكثر 86b22 multae carnis
56a20 95b12 habet multam carnem يكون كثير اللحم 95b11 multitudo carnis
سمين 82b4 89b26 paucae carnis قليل اللحم 66b4 82b5 pinguis carnis كثرة اللحم
89b8 pluris carnis اكثر لحما من 95b15 privatur a carne عديم اللحم 67a32
70b3-4 intra carnem الى ناحية اللحم 56b7 ad partem carnis عادم اللحم privatus a carne
carnem بين اللحم 54b7 → comedo CARNOSUS لحم 60b34-5 61a12 72b36;
لحمى 54a28 56b10 59b31 64a32,4 71a17 74b3,26 75a11 77b28 79b6 88a21;
جزء لحمى 93b16-7 membrum carnosum عضو لحمى 78b8 80a6 pars carnosa لحيم
54b33 79b33 81a27 82b20 84b18; شىء لحمى 79b34 80a12 est multum carnosum
كثير اللحم 72a17 89b7,14,22 non est carnosus عادم اللحم 73b6 CARNOSITAS est
maioris carnositatis اكثر لحما 72b25,35
CARPENTARIUS نجّار 39b17 41a6,9,10 CARPENTARIA (ars) بناء 40a16; مهنة
النجارة 39b18
CARTILAGO غضروف 53b36 55a23,9,33 89a29 92a3 CARTILAGINOSUS من
غضروف 54b25 55a37 96b6 97a8; غضروفى 79a23 est corpus cartilaginosum
55a36 تقويمها من جسد غضروفى 64a36 substantia cartilaginosa تقويم الغضروف
CATARRHUS accidit catarrhus phlegmatis تكون نازلة بلغم 53a2 accidunt statim
catarrhi ينزل انواع النازلة من الدماغ الى الجسد 52b34
CAUDA ذنب 84a1-2,15 85b23 89b3,30-1 95b5,16 97b12 caudae الاعضاء التى تسمّى
(οὐροπύγιον) مؤخّر الصدر والذنب 89b34-90a1 posterius pectoris et caudae اذناب
94b21 animalia habentia caudam الحيوان الذى له ذنب 85b23 habet caudam
brevem ذنبه قصير 58b1 cauda longa spinosa ذنب مستطيل مشوّك 95b7 quaedam

شعر caudae habent pilos شعر كثير لبعض الاذناب 89b5 pili caudarum parvarum الاذناب القصيرة 58a33 cauda addro ذنب الخدر 95b11-2 caudae animalium longae اذناب الخيل 58a32 caudae equi ما كان من اذناب الحيوان طويلا 58a32 caruit cauda ليس له ذنب 89b24 non habet caudam, caret cauda اعدمته الطبيعة حاجة الذنب قريب من الذنب 89b6,22 97b9 apud locum caudae عند الذنب 82b35 prope caudam 96a31

CAUSA داعية الى 64b5; سبب 45a9; علة 39b11 41a8 42b4 45a10 47b8,20 et passim quae causa est talis causa ومثل ماذا واي علة هى 40b6 العلة التى هى مثل هذه diximus causas illorum قلنا العلل التى من اجلها صارت 78a22 causa cuiuslibet illorum (c. gen.) لاي علة كلّ واحد منها 55b19 est causa يكون علة 71a32 causa ipsius علته 77b35 causa illius (est) علة ذلك 91a14 92a19 94b12 95a27 96b6 causa illius scilicet علة ذلك اعنى علة 96b16 causa illius(in hoc) est quoniam علة ذلك 56b35 69b27 80b5 86b26 88b25 91a31-2 95a24 علة ذلك من قبل (ان) 95a3; ان causa illius est quia علة ذلك ان 62a8-9; من قبل ان 73b22 84b14 89a9 العلة التى من اجلها 69b18; لانه ... فان ...; 90b21-2 91a24-5 97b23 علة ذلك ليس من قبل ان ... بل 84a33-4 causa illius est non quia ... sed quia علة ذلك من قبل ان 68a25-6 causa illius est sicut causa huius est quia 88b1-2 لانه 57a31 causa istius علة ذلك لكى 92a1 causa illius est ut مثل علة causa in 41b17 habet duas causas ... لـ 85b13 ex tali causa لعلة مثل هذه est علة ذلك 42a2 (debet) dare causas (de eis) يقول لماذا فياتى بالعلل 39b10 causa anterior علة اقدم 41b31; 41b32 causa finalis العلة التى هى اقدم العلل التى من اجلها 39b12 causae primae, secundae ثانيها ، العلل اولها 39b13 causa prima quae dicitur quod est propter quam العلة الاولى التى منها يقال ان الذى يكون من اجل هذا الشىء يكون لاي علة 39b14 causa quare العلة التى من اجلها 65a6 90b14 qua de causa لاي علة 53b15 causa propter quam causam علة 42b25 63b20 65b11 78a5 79a23; لماذا propter quam العلة التى من اجلها 39b19; الذى من اجله 47b8 59b14 64a3 66b11 73a32 78a36 87a2-3 95a14 97b27; لماذا 67b20 causa propter quam ... est eadem cum causa propter quam مثل العلة التى من اجلها ... العلة التى من اجلها 96a10-1 causa propter quam ... est quia لان ، من قبل ان ... العلة التى من اجلها 68a5 88b6-8 97a26-7 dat causam propter quam يؤدى العلة التى من اجلها 41a13-4 dant causas propter quas يؤدون الكلام والعلل التى من اجلها ... لماذا ، ومن اجل ماذا 39b18 diximus causam propter quam ... et propter quid ولاي علة ... لاي علة قلنا 67b13 reddidimus causam, causas علل ، اتينا علة 63b21 64a12 72b9 propter eandem causam للعلة ;80b27 من اجل هذه العلة هى فهى; 74b17-8 من اجل هذه العلة بعيها 78b32 التى هى فهى 90b18 propter eandem causam propter quam 95b11 propter eandem causam quam diximus in للعلة التى ذكرنا من اجلها 78b12 propter istam causam لحال العلة التى هى فهى اعنى العلة التى ذكرنا انها فن 60b16 لعلة واجبة 75a4 propter causam necessitatis لحال هذه العلل ;94b6 لهذه العلل propter causam quam diximus(narravimus) ( وصفنا ) ذكرنا لحال العلة التى 61a2,5 76b15 82b21 86a8,10 88a22 88b35 89b22 92a4 propter causam quam diximus

## INDEX LATINO-ARABUS

92b20 لحال العلة التى ذكرنا اعنى العلة التى من اجلها scilicet causam propter quam
95a15 propter eandem causam فهى هى العلة التى 53b1 propter alias causas
لعلل أخر 53a13 per istos duos modos modorum causae فى هذين النوعين من انواع
العلّة 42a14 causae communes et propriae العلل المشتركة والخاصّة 46a2-3 causae
vitae et mortis علل الحياة والموت 48b4

CAVO (pass.) حفر 68a30 conveniens ad cavandum موافق للحفر 62b13 93a17 ad
cavandum terram لانه يحفر الارض 62b14

CENTUM codd. (pro *caecum ?) 76a5

CEREBRUM دماغ ما يلى 52a24-5,7ff. 53a21,7 56a14 56b17ff. 58b4,6 86a5,10;
دماغ كبير 52b35 cerebrum hominis دماغ الانسان 58b7 magnum cerebrum
53a27 creatio cerebri خلقة الدماغ 52b18 operatio cerebri عمل الدماغ 56a20
sensus cerebri حسّ الدماغ 56b12 superfluitas cerebri فضلة الدماغ 53a1 tela
cerebri ملائم ... عضو 73b9 membrum conveniens cerebro صفاق الذى يلى الدماغ
97a25 فى مقدّم الدماغ in anteriori cerebri 52b24 للدماغ

CERTUS CERTE certe bene ingeniata est in نعم ما احتال ل 87b22 certe non ...
nisi انّما 48b1 *CERTITUDO ثقة 95a20

CHOLERA مرّة 48a32 49b32; المرّة الصفراء 49b34 cholera citrina المرّة الصفراء
49a26

CHORDA chordae grossae حبال غلاظ 70a10

CIBO cibor غذى (or غذّى → Kruk, Introd. p. 28) 50a3,36 68a7 81b2 quod cibatur
cibo humido الذى يطعم الطعام الرطب 78b20 cibor a غذى من 50a3 cibetur ex غذى
ب 50a36 ex quo cibantur الذى منه تغذى 52a22 cibor per غذى ب 50a35 quod
cibatur الذى يغذى 50a10 CIBUS طعام 50a9-4 58b35 59a17 61a3-10 et passim;
طعم 60b20 61a19 61b16 62a9,10 et passim; غذاء 47b7,26 50a19 55b27,34 64a2
68a8 77a27 et passim; الغذاء 50a8; طعام وغذاء 57b26; صيد وغذاء 74b2; غذاء وطعم
88b3 acquirit suum cibum يكسب طعمه وغذاءه 93a19 omnes الذى يأخذ من طعمه
modos cibi جميع اصناف الاطعمة وانواع الاشياء المأكولة 90b33 membrum recipiens
cibum العضو الذى يقبل 83b24 membrum quod recipit cibum العضو القبول للطعام
الاعضاء 82a9; membra convenientia cibo الاعضاء التى توافق الطعام 81b34 الطعام
الموافقة للطعم، للغذاء (G, L) 78b4 accipit cibum يأخذ الغذاء 78a12-6 ad accipiendum cibum يأخذ طعما 78a6 pauci cibi قليل الغذاء 82a21 cibus qui intrat
corpus الطعام الدخيل فى الجسد 74a17 cibus corruptus scilicet superfluum الطعام
الفاسد اعنى الفضلة 74a15 cibus qui non digeritur الطعام الذى لم ينضج 75b35 cibus
qui adhuc non est digestus الطعام الذى لم ينضج بعد 75b35 cibus crudus غير الطعام
مطحون 74b12 cibus siccus et humidus الغذاء اليابس والرطب 47b28 71a3-4 cibus
sanguineus الغذاء الدمى 77b26 multus cibus كثرة الطعام 74b27 omnis cibus كلّ
غذاء 50a32 totus cibus جميع الغذاء 40b14 cibus ultimus الغذاء الاخير 50a34
51a14-5 ex illo cibo erit cibus ultimus من ذلك الطعم يكون الغذاء الآخر 78a7 cibus
est materia هيولى الغذاء 51a14 cibus embryonis est sanguis دم غذاء الجنين 51b23
cibus fetus الغذاء الذى يغذى به المولود 88a24-5 sanguis est cibus omnium mem-

brorum الدم غذاء جميع الاعضاء 52a6 decoctio cibi طبخ الطعام 75a29 75b12 77b31 نضوج الطعام 90b30 digestio cibi نزول الطعام الى الجوف descensus cibi ad interius *تورّم غذاء الطعام 75a22 introductio cibi خروج الطعم 74a22 77b31,4 exitus cibi 64a33 81b27 86a12 89a1 introitus cibi مدخل الطعام Kruk → ( لمودًا $L^2$ ) 68b14 71b4; 88b29 multitudo cibi حركة الغذاء motus cibi (oboedio →) 64b4 72b24 75b12 retentio cibi قبول الطعام 68b13 receptio cibi كثرة وافراط الغذاء اصناف الغذاء 78b9 sapor sensus لذّة اصناف الطعام 91a1; لذّة الطعام 52a5 sapor cibi احتباس الغذاء 80a9 usus cibi لذّة حسّ الاشياء المأكولة 90b30 superfluitas cibi فضلة الطعام cibi المأكولة 74b9 75a18 75b5 83a1 vapor cibi بخار الغذاء ;52b36 ... البخار الذى استعمال الطعام 72b17 sermo de cibo et generatione الاقاويل التى وصفناها على الولاد من الغذاء 74a20 → absci(n)do والغذاء

CILIUM (plur.) شعر اشفار العين 58b14,5,21,3

CINIS رماد 49a25 49b14 72a6

CIRCUMDO 54b27 72a12,8 83b9 حول CIRCA 72a11 85b21 محيط ب 79b29; احاط ب 84b9-10 85a7 est circa حول 56b17 circa se جنّته 79a6 CIRCUITUS in circuitu (c. gen.) حول 85b17 87b20 CIRCULARITER finditur circulariter ينشقّ 54a18 CIRCUMQUAQUE من كلّ ناحية 60a24; فى كلّ ناحية من بشقوق مستديرة 56b29 72a27 80b9,12

CITO عاجلا 48b20 49a28 51b8 62a12 66b3 68a29 72b3,5,17 73a5 et passim; من ساعته 75a23 cito accidit (c. dat.) ويشتدّ عليه ... يسرع الى 65b30 propter ... erit صارت 75b26 cito adducunt ad mortem تكون علة سرعة شهوة الطعام cito appetens 48b21,9 90a13; عاجلا 48b32; CITIUS 72a36 داعية الى الموت اسرع 49a32 citius (c. abl.) اسرع من 51a4 citius quam 65a4-5 est citius يكثر 62a13 citius accidit ei occasio (اكثر من) تسرع اليه الضرورة 82b16 citius congelatur يسرع الى الجمود 50b29 recipit citius ex كان ايّما ... يلقى من 51b12

CITRINUS cholera citrina المرّة الصفراء 49a26

CLAMO سمّى 72b11

† CLANDESTINUM clandestinum retinens corpus مسامير تضبط وتشدّ الجسد (ἧλοι) 70a13 loco clandestini transeuntis بدل مسمار نافذ (περόνη) 52a19

CLARUS صاف 50b1 *CLARIOR (melior codd.) اصفى 56b4 CLARITAS صفاوة 56b2 (97a4)

CLAUDO غلق 79b26 83b15 84a22 claudit oculum يغلق عينيه 57a36 57b5,16 91a21 يغلق 57b2 claudit oculum per claudit oculos multotiens يغلق عينيه مرارا شتّى 91a22 ليس يغلق عينيه 57a30 57b18 non claudit oculos يغلق عينيه ب 57a29; ب لغلق العين 64b26 65a4 90a13 CLAUDERE ad claudendum oculum claudor انغلق 57b15 CLAUSURA clausura oculi غلق العين (57a37) 57b17

CLIBANUS clibanus scilicet pectus et quod vicinatur ei التنّور اعنى الصدر وما يليه (θώραξ) 84b28

CLIMA in climate Obo من كورة ابوا 77a3

COAGULO جمّد 49a29 COAGULOR جمد 48b31 49b29 50b15-7 71b15 73b1 76a

## INDEX LATINO-ARABUS 337

48b33 جمد جمدا اكثر من 49a30-1 coagulabitur magis من جمد 14,6 coagulatur ex
COAGULATIVUS virtus coagulativa تقويم تعقّد 72a25 COAGULUM مسوة
76a6-8,11,5,7
COEO (*pro* \*salio) نزا 83b3 quod coit ex eis ما كان ينزو منها 83a33 COITUS
45b34 89a32 membrum marium conveniens coitui عضو الذكورة
89a25; سفاد جماع الموافق للجماع والسفاد 89a21-2
COGNOSCO عرف 39a13 60a36 84b2-3; علم 60a36 cognoscitur sensu يعرف بالحسّ
48a35 hoc vere cognoscitur ex معرفة ذلك تكون يقينا من 96b14 COGNOSCERE
89a16 debemus معرفة ذلك (تكون) يقينا 41b1 45a10 cognoscere hoc vere معرفة
cognoscere لا يمكن ان يعرف ويعلم 63b26-7 non potest cognoscere ينبغى ان نعرف
45a28 qui voluerit cognoscere معرفة 74b15 ingenium cognoscendi الحيلة
41b28 معروف 46a2 COGNITUS فى معرفة 44b16 in cognoscendo الأخذة الى معرفة
56a8 cognitus per ب معروف 40b28,30 est cognitus يعلم 55b20 est cognitum (c.
dat.) 56a10 معروفة لنا ومناظرها ليست بمجهولة 63b31 cognitus nobis معروف ل
foret cognitum لعرف 77a10 COGNITIO معرفة 39a9 42a29 42b3; الرأى الذى يكون
43b10 معرفة الحيوان 45a26 cognitio animalium فى معرفة
COLLUM شعر (= pili) 65a6; عنق (59b8) 62b19 64a14,6,9,22 65a27 86a2-3,4,11
64a13 العضو الذى يسمّى عنقا 91b26,8 92b22 93a22 membrum quod dicitur collum
aliud membrum conveniens collo عضو آخر ملائم للعنق 91b30 membra quae vicinantur collo ما يلى عنقه 85b34 quod vicinatur collo eius العنق والحلق ما يلى
92b24 col- عنق قصير 91b29 collum curtum ليس له عنق 97b19 non habet collum
lum extensum naturaliter عنق ممدود من قبل الطباع 92b19-20 volant extenso collo
94b26 collum يطير مبسوط العنق 94b27 collum grossum et spissum عنق غليظ
94b27 عنق طويل 92b23 93a6,8 collum longum debile عنق طويل ضعيف longum
longitudo colli طول العنق 93a18-9
COLO صفّى 83b22 ad colandum لحال تصفية 70a22 COLATUS fuit colatum ex
صفّى من 77b26 COLAMENTUM تصفية 72a2 propter colamentum humiditatis
in renibus لحال تصفية الرطوبة التى تصفى بجسد الكليتين 71b20
75b18 قولون العضو الذى يسمّى قولون 75b7 membrum quod dicitur colon COLON
COLOR لون 40b30 64b16 73b22 79a13 mutat suum colorem يغيّر لونه 50b32 est
alterati coloris متغيّر اللون 52a18 boni coloris جيّد الالوان 77a23 nigri coloris
اسود اللون 80a14 immutatur color تغيّر لون 51b25 mutatur color eius in multos
colores تغيّر لونه الى الوان كثيرة 92a23 color vincens اللون الغالب 73b22
COMA ناصية 58a31
COMBURO احرق 48b27,35 comburor احترق (48b27) 72b4 COMBUSTUS corpora
combusta الاجساد المتّقدة التى تحترق بالنار 72a5-6; الاجساد التى احترقت 49a26
COMEDO أكل 88b4 non comedit nisi raro انما يأكل فى الفرط 76a2 طعم 62a20; COMEDO
62b1 62a31 comedit carnem يأكل اللحم 96b30 comedit animalia يأكل الحيوان
88b4 ea quae non comedunt carnem ما كان منه لا يأكل اللحم 97a3 comedunt vermes يأكل الدود 62b9 comeditur كان مأكول 80a21 non comeduntur ليس بمأكول

80a17,20 81a5 ad comedendum radices يأكل الاصول لانه 62b14 anhelaverit comedendo et potando يطعم الطعام ساعة تنفّس 64b31 COMEDENS comedens carnem 97a1 ما كان منها اكول للحم 94a1; 62b11 62a29 61b5 (الذى) هو يأكل اللحم comedens carnem crudam الذى يأكل اللحم النىء 93a13 lupi comedentes carnes السباع التى تأكل اللحم 55a13 comedens radices يأكل الاصول 62b15 COMESTUM 96b33 لو سهل اخذ الطعم 79b13 COMESTIO si esset levis comestionis مأكول (sup.)
COMITATUS aves quae volant in comitatu الطير الذى يكون مع سائر صنفه 82b6
COMMUNICO communico cum شارك 81b4 97b2; نُسب الى 51a24; مشترك ل 81b6 communico cum ... in ... ب شارك 47b18,20 55b21 communico in ب شارك 55b6,7; (83b8) COMMUNICANS مشترك 54b4; 52b23 COMMUNIS (ل) مشترك 39a18,9 43a10,35 43b7 44a15 44b3 45b4,21 86a31 97b2 et passim; مشترك عامّ 43a8,9 62a20(inv.); مشترك واقع على 43a11 communis generalis عامّ مشترك 39a19 est communis naturae مشترك الطباع 69a9 communis in nomine مشترك بالاسم 47b19 terminus communis inter مشترك حدّ ... فيما بين مشترك ... فيما بين و ... 81b1 forma eius est communis inter ... et 63a27 est communis inter formam ... et ... و ... صورة من شركة فيها ان اعنى مشتركة صورته 93b12 ala communis مشترك جناح 62a22 ليس بمشترك ل 89b32 non est communis 61b6 COMMUNITER مشترك ل 39b6 est communiter ad مشترك عامّ بقول COMMUNE مشترك 45b26 COMMUNICATIO شركة 49b34 communicatio cum شركة 74a7 مشارك ل 97b2; شارك habet communicationem cum 72b31 (68b10) 50a1 من habens communicationem in له شركة من 76a2
COMPARO COMPARATIO فصل 44a22
COMPETENS COMPETENTER non fuit competenter dispositum ليس بجيّد ولا محكم 87a23
COMPLEO compleo per اتمّ ب 74b28 quando complebitur hoc اذا تمّ ذلك 86b30 ut compleatur لكى يكون تامًّا 74b9 COMPLETUS بليغ 53a20; مفروغ منه 55b34 completus et perfectus تامّ كامل 64a29 factus completus مفروغ منه معمول 50a21 COMPLEMENTUM تمام 39b27,9 41a28 41b32 42a33 45a25 46b8-10 58b21,2 65b24 72a4 73b27 et passim; تمام وتمام 75a16; غاية 69a12 (72a4) complementum et finis تمام غاية (و) ... 41b24 50a27 sunt complementa aliarum 89a3 عند تمام 45b30-1 apud complementum تكون تماما لغيرها
COMPLEXIO مزاج 50b28 52b18,35 68b7 73b25 77a27 86a9 est malae complexionis valde ردى ء المزاج جدًّا 73b30
COMPONO componitur cum ركب مع 49a15-6 componitur ex ركب من 45a29 componit super ركب على 54b31; (pass.) 68b27 componuntur ex يكون من ... تركيب 68b26 اذا صار بعضها مركّبا على بعض 46b31 quando componuntur ad invicem COMPONERE scilicet componendo ركب اعنى ان ركب 44a5 COMPOSITUS مركّب 43b 46b23 مركّب من 83a1 compositus ex مركّب مع compositus cum 82a11 46a17 30,2 44a4 تركيب 85b15 COMPOSITIO ملتئم من 53a21; مشترك من 47b4 60a3 67a8; 45a34-5 46a8,20-2 46b9,31 60b24 68b29 compositio animalium تركيب الحيوان

46b10-1 modi compositionis انواع التركيب 46a12 46b30 in compositione فى تركيبه 49a30 ex compositione brancorum من التئام النغائص 60b24
COMPREHENDO ادرك 44b32 (47a18) 53a9; *(pass.)* 68b29 COMPREHENDERE in comprehendendo فى معرفة 44b34 COMPREHENSIO علم 44b34,5
CONCAVUS مجوّف 63b15 65b35 66a1 69a25,32 70b14 (83a21); عميق 54b18,20 CONCAVITAS concavitas pulmonis تجويف الرئة 64a28 vacuitas et concavitas تجويف 69a16
CONCIPIO CONCEPTUM محمول 76a17
CONCURRO لقى 53b7 concurrunt in uno loco تلتقى فى موضع واحد 68b24 loca in quibus concurrunt costis المواضع الذى فيه تلتقى وتلتئم الاضلاع 88a27-8
CONFERO cum(quando) confer(e)tur ad ( قيس ) الى اذا قسنا 53a3 54a27-8 84b35 85a14 quando confertur *(c. dat.)* اذا قيس الى 48a12; confertur ad 43b32 47b30-1 53a27 78a27 quando conferuntur ad invicem اذا قيس بعضها الى بعض 84b3 COL-LATIVUS res collativae الاشياء التى يضاف بعضها الى بعض 41b3
CONFIRMO confirmatur et coagulatur تقوّم وجمد 73b1
CONFORTO confortor اشتدّ 85b8
CONFRICO si confricentur ad invicem إن دلك بعض... ببعض 55a15
CONGELOR جمد 51a28 congelatur a frigore يجمد من البرد 51a8 citius congelatur يجمد اسرع من 50b29; يسرع الى الجمود 51a4-5
CONGREGO congregor اجتمع 82b22 congregor in اجتمع فى 64b14
CONIUNGO CONIUNCTIO coniunctio labiorum انضمام الشفتين 60a6-7
CONSEQUOR تبع 46a20
CONSERVO CONSERVATUS محفوظ حفظا جيّدا 70a26
CONSIDERO نظر فى 40b5 considero in نظر فى 48a21 77a32 considero ex مَن تفقّد ونظر فى 63b31 39b5 45a8 74a21 ille qui considerabat et intuebatur فى non consideraverunt لم يعاينوه 77a34 CONSIDERARE نظر 39b4 considerare ... de فى ... نظر 39b4; - ex 41b1; - in 44b15 85b29 debet considerare eas ينبغى لـ 48b12 63b6 ينبغى (لنا) ان ... نتفقّد 50a31 debemus considerare ... ان يعاينها debemus considerare in ينبغى ان يكون الرأى الناظر فى 44b17 debemus considerare et attribuere considerationem in ينبغى ان ينسب النظر فى 41a29 CONSIDERATIO consideratio *(c. gen.)* نظر فى 41a30 42a25 consideratio de نظر فى 68b31 consideratio in نظر فى 41a29 45a15 debemus considerare ... consideratione per se ينبغى ان ننظر فى ... نظرا مغردا بذاته 56a3
CONSIMILIS شبيه 61a9; اجزاؤه تشبه بعضها بعضا 46b33 53b19 sunt consimilia طباع شبيه بعضه ببعض بـ 73b2 sunt consimilia in ... يشبه بعضها بعضا 78b28 non sunt omnino consimilia ليس ... متشابهة 95b6 dividitur in partes consimiles يجزّأ فى اجزائها تشبه بعضها بعضا 47a31-2 habent partes consimiles اجزاء تشبه بعضها بعضا التى اجزاؤها ... تشبه بعضها 47a1 quae habent partes consimiles ad invicem بعضا الاعضاء (التى) اجزاؤها تشبه بعضها بعضا 46a21 46b6 membrum consimile 46b19,31 47a15 47b9 membra consimilia الاعضاء التى تشبهها بعضا 55b1

CONSOLIDOR non consolidatur لا يلتئم 57b3
CONSTRINGO constringunt eos ad ventrem ضمّها الى بطنه 94b23 cum constringitur اذا انقبضت واجتمعت الى ذاتها 69a17 quando constringitur et adunatur in se 82b24 اذا اجتمع وانضمّ تحزيزها بعضه الى بعض CONSTRINGERE flectunt pedes constringendo تثنى رجليها 83a35 CONSTRICTIO انثناء 54b2,5; انقباض 54b18,22, 34 → expansio, extensio
CONTERO conteritur يتفتّت 51a35 conteruntur ... يسحق بعضها ببعض 54b26
CONTERIBILIS متفتّت 51b36
CONTEXO CONTEXTUS contextus super منسوج مع 76b21
CONTINEO محدق ب 44a29 احدق ب 44a30; احاط ب 54a7 73b8 (quod) continet ب 61a35; محيط ب 82a2 corpus eius continetur in المحيط بجسده 71a19 CONTINENS محيط ب 54b35 55a1 56a20 52b32,3; الذى يحدق ب 52a8 52b30 53a6 57b3; محدق ب 57b6 73b4 85a8; الذى يحيط ب 54a4 55a30 CONTENTUS contentus in ore الذى يحدق به الفم 61a35
CONTINGO CONTACTUS corpus contactum الجسد الذى يماسّه 48b36
CONTINUOR continuor cum التأم ب 56b18 57b20 continuor cum ... per ب ... 93b25 sibi continuantur succedendo متّصلة متتابعة 72b7 CONTINUATUS ملتئم ب 85b18 CONTINUUS متّصل 51b33-5 52b1 54a33,5 80b15,25; متّصل 93a25 alae continuae الاجنحة المتّصلة الملتئمة 92b13 habet digitos latos continuos متّصل بعضه ببعض 94b4-5 continuus ad invicem عرض متّصل لاصابعه 54a34 sunt continuae ad invicem ملتئمين كلّ واحد بالآخر 69b16-7 continuus cum متّصل من 52a26,30 56a30 95b4; متّصل ب 88b34-5; معلق ملتئم ب 60b27; ملتئم ب 60b29; ليس بمتّصل 50b6 54b8 continuus per se ملتئم على حدته 59b24-5 non est continuus ad invicem ليس بملتئم بعضه ببعض 67a7 sit ... continua successiva يمتدّ ... متّصلا متتابعا 43b18 CONTINUE extenditur continue ex extensione يهيّأ ما يتلوه متّصلا 39b28-9 77b37 quod sequitur ipsum continue متّصلا من امتداد اتّصال 43b33 continuatio cum التئام ل 67a8; اتّصال CONTINUATIO التئام ل 67b8; يشارك 67b10 ... ب 52b3 habet continuationem cum ل
CONTRA بخلاف 39a15; على خلاف 83b34 contra hoc خلاف ذلك 42b9 contra nocumenta 70b21 ضدّ 94a22; مخالف 61b3 est contra لان لا يلقى اعنى يدفع به الاذى 70b21 على CONTRARIUS 54a10,27 56a20 80b11 87b27; على خلاف 77a27; مخالف ل 48b1 خلاف الحقّ 77a28 aliquid contrarium veritatis ضدّ ل 48a8; خلاف ذلك CONTRARIUM ضدّ 43a1 43b15 48b22 49b34 50a2; ضدّية 47a17 52b17-8; خلاف بضدّه 48a31-2 93a3 in suo contrario فى ضدّه 43a1 per suum contrarium 43a32 التجزى ء فى التى يضادّ بعضها بعضا 52a32 divisio per contraria المخالف debet dividi in contraria يجزّأ فى الذى يضادّه ويخالفه 43a34 unumquodque contrariorum كلّ واحد من الاضداد 70b20 CONTRARIETAS sine contrarietate alterius بعير ضدّية غيره 52b18 ECONTRA est econtra على خلاف (c. dat.) 60b30 على 86b8; على خلاف ... صار 83b34 85a12-3; على خلاف ذلك 87b27 89b2 90a31;

INDEX LATINO-ARABUS 341

39b10 يلزمه ان يفعل خلاف ما ذكرنا 88b28 debet facere econtra ذلك خلاف ذلك ; 95b14 79b32 على خلاف ذلك ; 60b28 49b32 خلافٌ ECONTRARIO 86b12 89b25 94a11; يكون ما يلى البطن من (summarizing) 65b30; على خلاف ما ذكرنا الذى يكون على خلاف هذه 75b1-2 quod est econtrario الماء اضيق وما يلى التمام اوسع الحال 58b10
CONTRADICO ضادّ 53a33 72a25 veritas contradicit illis الحقّ على خلاف ظنّهم 52a27

CONTRAHO extenditur et contrahitur ينقبض وينبسط 60a24 (inv.)

CONVENIO الذى ، لائم 46b19; وافق 46b19; موافقا ل 46b18 85b3 (id) quod convenit 83b36 ut conveniunt ad ل 60b25 يوافق ما 68a6,26 78b1; ما يلائم conveniant ad لحال تكون موافقة لكى 59b33 convenit cum يلائم 50a35 conveniunt in numero بالعدّة تتّفق 73b14 CONVENIRE possint ei convenire istae duae res متّفق 75b12; موافق 89a28 CONVENIENS يمكن ان تعرض له هذان الامران 70b22; (c. dat.) ملائم ل 45b8,9 48a2 52b24 53b21 66a27 68a6 78a9 81b14,29 88a3 91b30; ملائم متّفق 70b21; موافق فى 94a16; موافق ل 45b20 47b25 55b25 78a23 78b4 80b30 86a10-1 et passim; موافق عظيم ل 73b25; يلائم ( الذى ) 52a3-4 53b35 خلقته موافقة 74a22; الذى يوافق على 81b2 82a9; الذى يوافق 68a26 78b10 92a9; convenientes ad 84a12-3 موافقة للحاجة التى تراد 62b34 convenientes ei اوفق ل 46b23-4 54b18 57b15,6 58b24 59a2 موافق ل 50a9; ما يوافق 50a8; وافق 63b16; et passim non est conveniens (c. dat.) غير موافق ل 77a11; لم يكن ذلك موافقا ل 91b3; (c. inf.) لا ينبغى ان 91b6; (c. dat.) ليس بموافق ل CONVENIENTIOR 42b10 اكثر موافق ل (c. ad) 48a4,15 72b26 91b15 اوفق ل (c. dat.) 46a14; امثل وافق 66a15; ملاءمة له من غيره 96b9, (c. ad + ger.) 87b25 91b9-10; (c. dat.) اوفق لـ ... من غيره 72a21 convenientior in اوفق فى 48a10 74a20 erit convenientius ad كان اوفق ل 93a8 melius est et convenientius ut هو امثل وانفع ان 72a26 CONVENIENTIA ملاءمة 44b11; قرب ومناسبة 58b11-2 per convenientiam بالملاءمة 44a21 45b27 secundum convenientiam بالملاءمة 44b12; بنوع الملاءمة 45b6 convenientia similis ملاءمة 56a12 convenientia in له ملاءمة الى 44a18 habet convenientiam cum استقامة تلائم 84b32

CONVERTO convertuntur super se تنتكس وترجع على ذاتها 40a9
COOPERIO سترة 58a11,2 58b6 79b22(L) 87b24 94b8 cooperit يكون سترة 72a20 COOPERIENS ستر 58a12 COOPERTUS مستور (L) 42b9 COOPERIMENTUM غطاء 64b بشرة 66b5 COOPERTORIUM سترة 57a26,32 57b34 72a17 73b4,5,10; 22 79b25; غطاء وسترة 93b18 coopertoria super اغطية على 79b18 membrum quod assimilatur coopertorio العضو الذى يشبه غطاء 79b27 coopertoria (opercula) اغطية 96b3,5,8 non habet coopertorium *super brancos omnino غطاء ليس لنغانفه البتة 96b4

COQUO COCTUS مطبوخ 51a22 55b34
COR قلب 47a31 50b8,28 53a29 54b11 55a1 56a28 56b24 65a10,4,21,34 65b8 60a22 et passim illud quod assimilatur cordi العضو الذى يلائم ويشبه القلب 47a31 mem-

brum conveniens cordi عضو ملائم للقلب 81b28-9 membrum quod convenit cordi 78b1 العضو الذى يلائم القلب id quod vicinatur cordi ما يلى القلب 67b11 in opposito cordis ليس فى شىء 86a7 non est in aliquo corde فى موضع قبالة موضع القلب 66b17-8 dividitur cor in ventriculos ينقسم القلب فى البطون 69b23 من خلقة القلوب cor magnum القلب الكبير 67a19 calor cordis حرارة القلب 67a17; الحرارة التى فى 52b18 53b5 96b17 corpus cordis جسد القلب 65b34 creatio cordis خلقة القلب 66a10 dispositio cordis حال القلب 67b12 extremitas cordis طرف القلب 66b1 locus cordis مكان القلب 65b30; الموضع الذى يكون فيه القلب 81b30 pars acuta cordis الناحية الحادّة من القلب 66b12 principium quod est in corde الاوّل الذى فى القلب 65a17 pulsus cordis اختلاج القلب 69a18,9,21 natura creationis cordis طباع القلب 65b18 tela cordis موضع القلب 66b11; وضع القلب 65b17 situs cordis خلقة القلب 67a11 animal habens magnum cor الحيوان الذى له قلوب كبار 67a15 قلب الخنازير 73b9 cor porcorum صفاق الذى يلى ... القلب

CORAM 64b3,20 65a10 موضوع بين يدى 65a20 est positus coram فى مقدّم

CORIUM 53b32 55a26 55b16 57b3,9 61a24-5 94b15; جلدة 62b10 93a7 inter pedes corium جلد فيما بين الاصابع 62b10 corium inter digitos بين رجليه جلدة 94b2 aves habentes corium inter digitos جلد 93a3 الطائر الذى بين اصابعه جلد aves habentes inter digitos corium 93a20 الطائر الذى فيما بين اصابع رجليه جلد aves manentes in aqua habentes inter digitos corium وبين الطائر الذى يأوى فى الماء 93a6-7 aves habentes corium inter digitos pedum صنف الطائر اصابع رجليه جلدة 92b24 habent corium asperum الذى فيما بين اصابع رجليه جلد 97a6 هو خشن الجلد habent corium plenum corticibus ما 97a4 habentia corium lene جلده مملوء قشورا corium quod est super pupillam الجلد الذى على حدقة العين 97a7 له جلد املس 57a34 corium quod vicinatur subascellaribus الجلد الذى يلى الابطين 73a9 corium sine carne جلد بغير لحم 57b4 complementum corii تمام الجلد 58b21 durities corii جساوة الجلد 57a18 grossitudo corii غلظ الجلد 57b9 anulosi corii المحزّز الجلد (L) 82a1 duri corii الجاس الجلد 57b30,2 58a1 squamosi corii الجلد المقلس 57b11 71a21 tenuis corii رقيق الجلد 57b2 testei corii الخزفى الجلد 61a17,21 propter spissitudinem sui corii لحال غلظ الجلد 73a28 quia corium eius est tenue valde جلدى 77b24 ex corio من الجلد 57b33 (82b19) transit in corium رقّة الجلد 73a7 est corium 97a9 مال الى الجلد ... وفنى فيه الجلد

CORNU قرن 55b4,7 51a32 59a19 61b31 62a1 62b23 63a33 63b35 84a30 88a33 90a8 unum cornu قرن واحد 63a22,4,8,28,33 duo cornua قرنان 63a22 cornu dextrum قرن ايمن 62b23 63a22 cornu sinistrum قرن ايسر 63a22 causa cornuum علة القرون 63a34 63b3,10 natura cornuum طباع القرون 63b20 origo cornuum نبات القرون 63a10 carens cornibus 64a11 multitudo ramificationis cornuum كثرة شعوب قرونه 51a30 (الذى) له قرون 86b18 habens cornua الذى لا قرون له 51a34; ليس له قرون 63a18 63b26 73b32 74a29 74b1,6 75b4-5 75b2 76a14 carens cornibus الذى ليس له قرون 76a14 (→animal) cornua hinnulorum قرون الغزالان 63a11 cornua ovium قرون الغنم 62a3 cornua taurorum silvestrium قرون الجواميز 63a11 cornua vacca-

rum et taurorum قرون ذكورة البقار واناثها 62a2-3 cornua debilia قرون ضعيفة
62b29 cornua incurvata declinantia ad invicem قرونه معقفة بعضها مائل الى بعض
63a14-5 cornua quae dicuntur cornua transumptive قرون تقال قرونا باستعارة
63b13-4 eicit cornua (sua) يلقى قرونه 62b25 الاسم
CORPUS بدن ($L^1$) 42a30; جثة 53a17 54a23-4 69b4-6 *et passim*; جثة وجسد 94a11;
جرم (G) 83b9; ثقل (= pondus) 59a28; جزء (?) 50b35; جسد 40b13,7 41b28 46a17,
20 46b33 48a3 48b27 50b1 *et passim*; جسم 50b1 corpus aut conveniens corpori
كل ;68a5 50a25,30 جميع الجسد 68a26-7 totum corpus اما جسد واما الذى يلائمه
الجسد 66a26 كله الجسد 50a18 51a14 51b3 67b20 68a5,20,1 78b32 85a8 85b21;
corpus hominis جثة الانسان ;87a5 جسد الانسان 87a23 est nudus in corpore عريان
من الاجساد التى ليس لها سترة 87a25 a corporibus inanimatis ad animata
82b22 (quoniam) تجتمع اجسادها 81a12-3 congregatur corpus انفس الى الحيوان
corpus dividitur in duo ناحيتين فان لكل جسد افتراق الجسد 69b19 habent involutionem in corpore التواء لجسده 83b13 pars corporis جزء الجسد 62b18 anterius
corporis اواخر 86b3 posteriora corporis مقاديم جثث ... ;86b14,18-9 مقدم الجسد
جسده 85a1 anterius corporis et posterius eius مقدم الجسد ومؤخره 93a24 a posteriori corporis ad suum anterius من مؤخر الجسد الى مقدمه 68b22-3 anulositas
corporis اجسادها 82b23 crementum corporis نشوء الاجساد 88b26 declinatio corporis et via ميل ومذهب الجسد 89b12 asperitas corporis خشونة الجسد
81b5 complexio corporis مزاج الجسد 68b7 creatio corporis خلقة الجسد 76b7
declinatio corporis ad terram ميل الاجساد الى الارض 86a32-3 figura corporis شكل
الجسد تقويم 84b19 flexio, flexibilitas corporis انثناء جسده 96a7,18 gravitas
corporis ثقل جثته 57b7 inferius corporis اسفل جثته 96a27 97b21 latera corporis
sunt duo اثنان جوانب الجسد 88a26 latitudo corporis عرض الجثة 95b8 96a22
longitudo corporis طول الجثة 82b3 85b13 magnitudo corporis عظم جثة 63a4,10
75b4 83a18 83b29 97b24; 97b23 parvitas corporis صغر الجثة 85b25
materia corporum هيولى الاجساد 40b16 membra corporis اعضاء الجسد 74a4
pondus corporis ثقل الجسد 85a20 89b15 90a30 ;94a7 ثقل الجثة propter ponderositatem et gravedinem sui corporis من اجل ان عظم جثتها كثير وثقل اجسادها
59a26-7 residuum corporis سائر الجسد 77a12 82a2 rotunditas corporis استدارة
64a36 corpus تقويمها من جسد غضروفى 80b17,23 est corpus cartilaginosum جسده
54a7 الجسد الذى هو داخل 48b36 corpus intrinsecum الجسد الذى يماسه contactum
corpora combusta الاجساد المتقدة التى تحترق بالنار ;49a26 الاجساد التى احترقت
72a5-6 corpora dura الاجساد الصلبة 50b35 aliquod corpus durum جسد من
54b31 corpora quae involvuntur ad invicem الاجساد التى تنغفر
68b24-5 corpora quae وتشتبك بعضها ببعض (حتى تلتئم وتركب بعضها على بعض)
liquefiunt جثة طويلة ضيقة 49a34 corpus longum et strictum الاجساد التى تذوب
92a5 corpora quae macilenta sunt multum الاجساد التى تهزل هزالا كثيرا خاصة
الذى له عظم 97b25 habens corpus magnum جثة عظيمة 68a22 corpus magnum
اجساد صغار لطاف 60a21 corpora parva subtilia جسد لين 90a6 corpus molle الجثة

94a8-9 corpus terrestre (الجسدانى) الجسد الارضى 63b24-5 anulosi corporis المحزّز الجسد 57b30 59b16 61a15 78a31 78b20 82b20,7 *et passim* anulosae cutis 82b4 صارت اجساد ... محززة 82a35 fuit corpus anulosum المحزّز الجسد (الجلد =) 95a8 قائم الجثّة 95a6 elevati corporis يقيم الانسان جثّته elevat homo suum corpus قائم مستقيم 62b20; قائم الجثّة 53a17,30 recti corporis قائم الجثّة erecti corporis 69b6 rectus قائم الجثّة اكثر من سائر 69b5-6 rectioris corporis plus aliis الجثّة 56a13 non est rectus neque elevati corporis مستقيم قائم الجثّة 57b16 lati corporis 57a14 gravis corporis ثقيل الجثّة ليس بمستقيم ولا قائم الجثّة طويل الجثّة 82b8-9 longi corporis خفيف الجثّة 95b27 levis corporis عريض الجثّة 55a9,10 57a28 magni corporis عظيم الجثّة 76a26 96a6 مستطيل الجثّة ;82a5 63b25,30 66b21,31 69a8 76a1 97a16 maioris corporis الاعظم الجثّة 79b4 parvi corporis صغير الجثّة 66b22 68b5 85b19 ponderosi corporis ثقيل الجثّة 53a18 94a 12,7 recti corporis قائم الجثّة 89b11 rotundi corporis مستدير الجثّة ;80b9 مستدير فى مقدّم 83b13 squamosi corporis المقلّس الجلد 58a12 in anteriori corporis الجسد 66b3 83a4,16 84b8,14 ex anteriori corporis من مقدّم الجثّة 83a17 in posteriori corporis 79b24 quod فى ناحية مؤخر جسده 70a17 83a6,19; فى مؤخّر الجسد مقدّم est in posteriori corporis ما يلى مؤخر الجسد 89b1 pars anterior corporis الجثّة 86b22 pars superior corporis الناحية العليا من جسده 84b24 86b6 pars superior corporis est maior inferiori الناحية العليا من اجسادهم اكبر من الناحية السفلى 83a8 فى داخل الجسد 83a8 intra corpus خارج ناتىء عن جسده 86b10 extra corpus 84b18 95a26 ex, in medio corporis وسط الجثّة, فى ,من 80b14 81b34 85b21 ad profundum corporis الى ناحية عمق اجسادها 83b34-5 pars rotundum corporis 70b11 Anatomia فضلة اجساد 83b35 superfluitas corporis ناحية اجسادها المستديرة corporum animalium شقّ اجساد الحيوان 74b16 circa corpus حول الجسد 85a7 in circuitu corporis بقدر جثّته ;53a27 85b17 respectu corporis (eius) حول الجثّة بقدر قياس عظمه الى عظم سائر 55a7-8; بقدر قياس عظم الجثث ;65b7 قياس جثّته 90a28 secundum magnitudinem corporis eius بقدر عظم جثّته 59a7 propter paucitatem caloris in corpore لقلّة حرارة اجوافها 69a36 corpus eius est continuum cum capite et cauda جثّته متّصلة بالرأس والذنب 95b4-5 quando non habuerint corpus longum اذا لم يكن له طول جثّة 96a23-4 si corpus fuerit valde ponderosum اذا كثر ثقل الجسد 86a32 → animal, anulosus, pilus CORPORALIS جسدانى 44b13 CORPOREUS جسدانى 53b29 81b22 86b28

CORRUMPO (*act.*) افسد 51b2 (*pass.*) انطمّ 68a35; فسد 67a34 68a28 corrumpebatur قد فسد 51a18 quae corrumpuntur التى تبلى وتفسد 45a1 corrumperetur de facili الهيولى 83a10 CORRUMPENS materia corrumpens لهلكت وفسدت عاجلا 41b20 CORRUPTUS الذى يبلى ويموت ;75b35 فاسد 68a35 التى انطمّ بها مشترك RUPTIBILIS non corruptibilis لا يبلى 44b23 generabilis et corruptibilis سريع البلى 44b24 CORRUPTIO بلى 39a21; velocis corruptionis فى الولاد والبلى 51b11 بلى وفساد 51b11 corruptio et senectus 54a14 والفساد

اما قشور واما CORTEX قشر 45b5 70b2 71a12,27 92b12 97a7 cortices aut squamas

INDEX LATINO-ARABUS 345

97a4 جلده مملوء قشورا habent corium plenum corticibus 91a16 فلوس
COSTA ضلع 54b35 (72b24) 72b35 77a8 88a28
COXA coxae فخذان 88a33 89b14,21,30-1 95a1 coxae et crura والساقان الفخذان 89b 1,7,9,15,23 prope coxas فيما يلى ناحية الفخذين 88b7,8 → crus
CREDO صدّق 73a17 ego credo quod انا اظنّ ان 39a6
CREO خلق 45a9 55a19 57b36 creabatur صارت خلقته 92b20 propter quod creatur 47b5 الذى يخلق CREANS 92a2-3 مخلوق من creatur ex الذى خلق له 56a21 CREATUS creatus ex مخلوق من 54a4,13 55a23 57a31 65a5 92b18 est creatus خُلِقَ 45b20 46a10 53b31 54b35 55b12 56a17 57a35 58b23 61a29 62b27 et passim; خلق ... طباع 53b33 59b27 est creatus ad خُلِقَ لـ 61a28; خلق 58b14 est creatus propter خُلِقَ لحال 76b22 CREATIO خلقة 40a21 48a17 52b18 54a25 55b4 57a31 59b8,20,6,34-60a1 (62b34) et passim; خلقة وتقويم 65a33 creatio eius est sicut creatio خلقته شبيهة بخلقة 70b13 creatio ... est similis creationi ... خلقة خلقته شبيهة بخلقة 71a30 71b5 96a17 96b22-3 assimilantur in creatione شبيهة بخلقة 96a6; فيه موافقة ومشابهة بالخلقة 84b35 in creatione assimilantur ... et secundum quid 97b14 بعض خلقتها شبيه بخلقة ... وبعض خلقتها شبيه بخلقة creatio eius est contraria creationi خلقته على خلاف خلقة 87b26-7 (est in homine) quoad eius creationem econtra creationi على خلاف خلقة ما هو فى 89b2 creatio eius est ex خلقته من 57b33 89b9 creatio cartilaginosa خلقة من غضروف 96b6 creatio cartilaginosa et spinosa خلقة من غضروف وشوك 97a8 creatio eius est sanguinea خلقة التى تكون من شوك 96b7 خلقة دمية 70b6 creatio spinosa خلقة شوك 97a8 creatio tenuis خلقة دقيقة 97b17 mutavit creationem يغيّر الخلقة 55a18 propter diversitatem suae creationis لحال اختلاف خلقته 95a19 in initio suae creationis عند اولّ خلقته 66a20 bonae creationis جيّد الخلقة 76b9 fortis creationis قوى الخلقة 90b2
CRESCO نبت 58a26,7; عظم 86b13; نشأ 50a3 50b1 51b24-5 55a34 93b24 *94b20 crescit et diminuitur يزداد وينتقص 89a24 cresco ex ونما من 47b26 crescit super نشأ ونما هو نابت على 58b21 crevit ista opinio فشا ونمى هذا الراى 42a29 CRESCERE non potest generari vel crescere لا يمكن ان يكون ولا ينشؤ 55b31-2 CREMENTUM نشوء 39a21 45b34 53a32 73b34 80b31 86b19 crementum et augmentum ابتداء وزيادة 95b8 causa crementi علة نشوء 69b3 principium crementi نشوء 41b5 crementum corporis نشوء اجسادها 88b26 crementum piľorum نبات الشعر 58b25
CRINIS عُرف 58a30
CRUDUS غير مطحون 74b12 crudus indigestus غير نضيج 75a20 caro cruda اللحم النىء 93a13 phlegma crudum البلغم الخام 77b7 (pro الخام)
CRUS crura ساقان 92b22 93a10,27 94b19 95a11; فخذان وساقان 89b27 coxae et crura فخذى وساقان 89b7 coxa et crura hominis فخذان وساقان الانسان 89b9,15 caro coxarum et crurium لحم الفخذين وبطون الساقين 89b23 domesticum cruris (calf of the leg) بطون الساقين 89b15 crura domestica et crura بطون ساقى 89b21

crura curta ساقان قصار 93a10 crura longa ساقان طوال 93a1 habet curta crura هو 94b23 له رجلان وساقان قصار 92b5 habet pedes et crura curta قصير الساقين 92b23 est curti cruris قصير الساقين 92b5 est هو طويل الساقين habet longa crura longi cruris طويل الساقين 92b23 94b12 95a22 ungues qui sunt in cruribus مخاليب 94a13,6-7,26 ungues in pedibus et cruribus المخاليب التى تكون فى الساقين الاعضاء فيما بين 94a14 membrum inter alas et crura فى رجليه ومخاليب فى ساقيه 93b21 creatio crurium خلقة الساقين والساقين 94b22 الجناحين والساقين

CULMUS ناب (plur. انياب) 55b11 duo culmi نابان 61b18 culmi prominentes نابان ناتئان 61b23,6 63a7; باب read as ناب : duo 61b31 63b35 64a11 (84a30) انياب ناتئة culmi (= نابان) pro بابان (= duae *valvae) 79b17-8,25-7 80a23 83b11,4 quaedam habent culmos انيابه منه ما يوجد انيابه (L¹) 83b17 unus culmus باب واحد (= una *valva) 79b17,23 80a22 83b10

CULPO لام 63a35 63b1

CUM (prep.) ب 46b24 62a13 63a12; ل 63a12; مع 39a21 62a9 78b24 83b3 omnia passim (→ lemmata: communico etc.) cum hoc مع ذلك 52a36 (→ dicere) (conj.) اذا 49a15-6 51a8 68b21 69a16,7 73a4 et passim; أن 48b4; إن 43a8 48b4 cum sunt ما دام 47b12 → inspectio

CURO CURATIO est ... difficilis curationis عسر البروء ... يكون 71b9-10

CURRO currit (ab) (= لقى) pro القى (accidit, patitur) 47a8 currit ad جرى الى 68a33 سال من 40b13 47b2-4 currit per سال فى 77a7 currit in سال الى 70a22; currunt econtrario suae dispositioni تلقى خلاف ما هى عليه 49b32 CURRENS مجرى 43b1 CURSILIS animal cursile حيوان صغير جدّا 63b26 CURSUS سيّار 39b1 مسير الحيوان 42b11,3; (= divisio) 68a35 cursus animalis مسيل 64b10; تجزى ء مسيل 53a12 68a11; مسيل الدم (L) 68b3; مجاز الدم (G), مجارى الدم cursus sanguinis 68a20 ومجرى الدم

CURTUS قصير 82b22 84a10 85a23 87b11,6-8 92b5,21-4 93a1,10 95b11-2 CUR-TITAS curtitas pedum قصر الرجلين 94b24

CURVUS ungues curvos مخاليب معقّفة 94a20 non ... curvos لا ... معقّف 94a17 CURVITAS اعوجاج 43a33

CUSTODIO حفظ 54b13 custodio a من حفظ 58b6 custodio ex من حفظ 54a7 CUS-TODIENS الذى يحفظ 54a4 CUSTODIRE ad custodiendum لحفظ 60a2 66a2 لانها تحتاج الى حفظ وسترة ولا سيّما لحال ضعفها 90a2-3; لحفظ وسترة 92a7; 90b9-10 CUSTODITUS ut sit custoditum لكى يكون فى حفظ وسترة 89b29 CUS-TODIA حفظ 57a26 57b34 58b9 59b28,32; سترة وحفظ 57a31 ad custodiam لحال حفظ كثير 54b35 propter custodiam لحال الاحتراز 86a33 custodia multa الحفظ 73b10

CUTIS جلد 79a21(pro جَلَد ? σηπίον) 84b18; جلدة 91a24 durities cutis جساوة جلده 65a2 91a14 cutis dura جلد جاس 65a3 (animal) anulosae cutis ( pro corporis) 57a20 الحيوان المفلّس الجلد 82a35 animal squamosae cutis الحيوان المحزّز الجسد non squamosae cutis الذى ليس بمفلّس الجلد 64b24 cutis avium جلد الطير 91a24

# INDEX LATINO-ARABUS 347

DE على 69a1 74a20; عن 39a22 68b30; فى 39a18 56a29 76b33; مثل 53b31; من 40a13 44b26 *et passim* de ... ad, in الى ... من 70b4 94a5 est de natura (*c. gen.*) شبيه 55a20 qua de causa لاىّ علة 78a5 de quibus fingitur quod الذى يظنّ انه بطباع 40a27 (dicere) de venis ذكر العروق 67b15 → dico *etc.*

DEBEO ينبغى لـ ... 39a15 ينبغى ان 71a18; ينبغى ان 39a7,13 46a12 46b15 *et passim*; ان ... 50a31 61b27; لزم ان 42a9 53a8; لزمه ان 39b10 40b24 45b1; كان لازما ان 42a9 deberet (*c. inf.*) كان ينبغى ان 86a13 debemus لنا ان ينبغى 40a13 48b11 debemus dicere هو من عمل 46a2 debet هو لازم لنا ان نروم ان نذكر 42b9; يلزمنا ان نقول 39b6 debet esse يكون 39b30; ينبغى ان يكون 41a21 debet esse ان ... 70a24 in loco in quo debet esse فى المكان الذى ينبغى ان تكون من طباعها 58b28 naturaliter debent habere لها 64a6 debet dividi in يجزّأ فى 43a33-4

DEBILITO debilitor ضعف 67a19 DEBILIS ضعيف 62b29 83a14 93b18 94a28 94b27 debilis multum اضعف كثيرا 84a6 DEBILIOR اضعف 55a19 63b2 82a33 id quod est eo debilius ما يضعف عنه 63a12 DEBILITER manifestatur debiliter ... بين 57b36 يبصر بصرا ضعيفا 68a2-4 vident debiliter ضعيفا ... فهو يظهر ... ظهورا ... ضعيفا DEBILITAS ضعف 68b8 83a10,7

DECEM (= عشرة) *pro* عسرة (81b28)

DECIDO a quo deciditur sperma الذى منه يخرج الزرع 41b31

DECLARO بيّن واوضح 40b27 45a5 47b8 52a21 63b20 66b11 77b11 *et passim*; 92a16 declaratur استبان 43b26 nos declarabimus hoc سنوضح قولنا فى ذلك 46a8 iam declaravimus et distinximus قد بيّنا وميّزنا 56a29 iam diximus et declaravimus قد قلنا وبيّنا 53b9 iam declaravimus quod قد اوضحنا ان 44a7 iam declaravimus ... et declaravimus قد بيّنا ... واوضحنا 44b16-7 iam declaravimus causam قد قلنا العلة 52a20 iam declaravimus quare قد بيّنا علة ذلك 73a31 declaretur per يوضح بـ 39a14 DECLARARE debemus declarare quod ينبغى لنا ان 41a15 licet dicere et declarare ينبغى ان يقال ويبين لنا 42a15 debet dicere et declarare نروم ونوضح ان 46a10 volumus declarare سنوضح 40b18 volumus declarare ينبغى ان يقال ويبيّن dicere et declarare DECLARATIO ايضاح 40a7; نوع الايضاح 40a1

DECLINO declino ad مائل 60b22 63b34 66b7 70b3,15-6 76a31 94a24-5; مال الى 73a4 non declinat ad لا يميل وينقل الى 95a25 declinat ad وصل الى 95a7; الى inferius يثنيه عند 71b33-4 declinat ipsum (*sc.* collum) in volando يطأمن الى اسفل 83b1 declinantia ad interius مائل الى داخل 94b28 DECLINANS declinans ad interius الطيران ad invicem بعضها مائل الى بعض 63a14-5 DECLINATUS est declinati capitis ad terram ميل 89b12 declinatio هو مطأطرء الراس الى الارض 57a15 DECLINATIO corporis ad terram ميل الاجساد الى الارض 86a32-3 declinatio eius est ad ميله الى 57b9

DECOLLO gentes et barbari qui decollant multotiens الامم والبرابرة الذين يضربون الرقاب مرارا شتّى 73a25-6 DECOLLATUS مضروب الرقبة 73a21 quidam homo decollatus رجل من اهل الكورة مضروب الرقبة 73a19

DECOQUO decoquit ipsum يقوى على طبخه 70b5-6 decoquor طبخ 53a22,4; انطبخ

74b34 decoquor in طبخ ب 51a29 DECOQUERE طبخ 81a4 possunt decoquere مطبوخ 70a20 ad decoquendum لحال الطبخ 70a27 DECOCTUS معونة على طبخ 72a7 81b31 quando decoctum fuerit اذا انطبخ 77b26 DECOCTIO طبخ 53b14 75a 10,29 75b12 77b31 bonae decoctionis جيّد الطبخ 52a23 72a4 جيّد الطبخ والنضوج 51b7 est bonae decoctionis طبخا وابلغ اجود هو 51a23

DECURRO decurro ex سال من 68b17

(*DEFENDO) *defendet se يحامى عن نفسه 88a2

DEFERO حمل 83a15

DEINDE وبعد ذلك 83a35; من 59b25 46b8 39b5 80a7; ثم وبعد ذلك تتلوه 79b9; 80a7; وبعد ذلك... وبعد ومن هناك 95b7 deinde ... deinde هناك 75b17 et deinde ثم ... وبعد ... وما بعده 75b8 deinde ... deinde ... et post ... ثم بعد هنا ثم ... اوّلاً 39b28 40a14-5 48a21 64b14 et post ... وبعد 84b25 prius ... deinde ... ثم... post ... 79b8-11 وبعد... وبعد ذلك... وبعد... وبعد... deinde ... deinde ... et post بعد ... وبعد ... ثم ... وبعد 78b25-6 et post ... deinde ... deinde

DELECTOR DELECTARI delectari in فرح ب 45a12 DELECTABILIS res delectabiles الاشياء اللذينة 66a11 DELECTABILE dulce delectabile اللذيذ 61a8 DELECTATIO لذّة 45a9

DENS سنّ 51a30 51b31 55b9 59b23,7,32,6 60a2 62a6 63b34 64a2 64b35 74a24-32 74b1 75a1,5,24 78b18 82a13 84b10 90a8 92b18 97b6 duo dentes سنّان 78b7 duo dentes ex primis dentibus anterioribus سنّان فى اوّل مقاديم الاسنان 79a32 habet dentes 80a5-6 للقنافذ خمسة اسنان 83a4 ericius habet quinque dentes له اسنان habens dentes الذى له اسنان 59b21 dentes acuti اسنان حادّة 61b18,23 anteriores dentium مقاديم الاسنان 61b15 76b4 et passim dentes anteriores المقاديم 61b10; الاسنان موافقا للقوة 55b10; الاسنان القوية 63b36 dentes fortes مقاديم الاسنان اسنان السمك 61b21 in anteriori dentium فى مقدّم الاسنان 85a16 dentes piscium الاسنان التى فى 75a5 91a10 dentes (primi) السنّان الاوّلان 78b10 dentes superiores الاسنان التى ينطبق بعضها على 79a36 dentes qui sunt quasi serra الناحية العليا 74b1 خلقة اسنانه 61b26 creatio dentium حدّة اسنائه 84a30 acuitas dentium بعض dispositio dentium حال الاسنان 61b12 multitudo dentium كثرة الاسنان 62a13 natura dentium طباع الاسنان 55b8 61a34-5,6 numerus dentium عدّة الاسنان 80b5,33 numerus multitudinis dentium عدّة كثرة الاسنان 80b28 operatio propria dentium 74b5 acu- جزء الاسنان الارضى 91b20 pars terrestris dentium عمل خاصّ للاسنان torum dentium حادّ الاسنان 62a29 91a9 dentes non propter cibum sed propter vigorem اسنان ليس لحال الطعم بل لحال القوة 78b21 membrum quod est inter dentes لطحن الطعام 79b6 ad molendum cibum dentibus العضو الذى بين الاسنان بالاسنان 74b20 → animal, mandibula, serra

DEPICTUS aves depictae الطائر المصوّر 42b12

DEPONO depono cibum يكنز الطعام 75a12

DEPRAEDATIO venatio et depraedatio صيد وخطف 94b25

DEPREHENDO صاد 85a35 93a21 deprehenduntur cum تصاد مع 84a11 DEPRE-

# INDEX LATINO-ARABUS 349

HENDERE ad deprehendendum ... cum manu باليد ... *لصَيْد 46b24
DEPURATIO depuratio visus صفاء وحدّة البصر 53b25
DERIDEO debemus deridere به هو مما ينبغى ان يزدرى 64b9-10
DESCENDO نزل 75b14 a ... ad ... الى نزل من 58b16 DESCENSUS نزول 90b30
DESERTA in desertis فى البرّ 59a2-3
DESICCOR ييبس 68a25 DESICCATIO causa desiccationis ventris علة جفاف وييبس البطن 70b7-8
DETERMINO حدّ 46a4 64a12 DETERMINATUS محدود 41b28 42a5 44b9 91b30 (v. l.) distinctus determinatus مميّز محدود 78a22 85b35 determinatus per محدود ب 66a34 non determinatus غير محدود 39a22; لا محدود 84b8 est determinatum ليس ... *بمحدود 39b6 67b33 non est determinatum صار محدودا
DETINEO detineor ab من اشتغل (به) 63a16
DEUS dii آلهة 45a21
DEXTER ايمن 63a21 (88a26) 88b19 additamentum dextrum الزبانة اليمنى 84a26 cornu dextrum قرن ايمن 63a22 oculus dexter العين اليمنى 57a3 palpebra dextra الحاجب الايمن 71b33 pars dextra الناحية اليمنى 48a12 56b34 65a25-6 66b8,35 67a1 67b32 69b21,31,6 70a3 71b30 72a25 80a24 80b7 82a1 84a27 ren dexter الكلية الواحدة 71b28; الكلية التى تكون الكلية اليمنى 71b34,5 72a23; الكلية اليمنى 70a19 in dextra et in sinistra فى الناحية اليمنى واليسرى 82b10 DEXTRUM ايمن 67b34 dextrum est contra sinistrum الايمن ضدّ الايسر 70b21
DICO ذكر 39a25 43a36 45a4 47b35 et passim; قال 39a27 40a7 43b19 45a18 et passim; وصف 60a19 74b30 88b16 90b14,5; وضع 90b15; سمّى 45b22 50a16 53a34 62b19 63a23 et passim aliquid dicit يقال شيئا 48b1 dico istud اقول هذا القول 47b14 hoc quod dico قولى 63b31; ما قلت 65b21 dico quod ذكر ان 73a14 et passim; قال ان 69a6 76b23 et passim et hoc dico quia وانما اقول ذلك لان 64a19 non dicunt istud القول اقول مثل هذا 42a15 dicamus ergo de اقول مثل 53b31 dicitur لا يقولون مثل هذا القول يقال فى 39b23 48b13 81a13 97b1 dicitur de يقال 39b25 dicitur in يسمّى 45b36; يقال 49a28 50a1 dicitur duobus modis يقال بنوعين 41a25 41b33 dicitur multipliciter يقال بانواع شتّى 48a35 49a35 49b6-10 sicut dicebatur prius كما قيل اوّلا 79b30-1 dicit hoc يقال هذا القول 40b32 qui dicitur يسمّى 41b26 58b29 60b36 49a2 الذى يقال له 96a5; مسمّى 80a21; الذى يسمّى بعض الناس 76b10 et passim; quod dicitur a quibusdam hominibus الذى يسمّيه بعض الناس 81a35-6 81b19 quae dicuntur a quibusdam الذى يسمّيه بعض الناس 46a13 hoc quod dicitur ما يقال هذا 62b25 hoc dicunt omnes يقال ... باستعارة الاسم 39a14 dicitur transumptive ذكر 40b30 melius est ut dicatur قد اصاب فى قوله 40b17 bene dixit قوله قولهم جميعا قوله ... اوفق ان يقال 53b14 male dixerunt بئس ما ظنّوا 65b28 non recte dicit ليس بصواب 41a15 non dicuntur recte بنوع صواب ... ليس يسمّى 80a25 non dicunt ان تكون الاستقامة ... rectum قولا صوابا ... لا يقولون 42a15 ut dicamus recte 69a12 لحال العلة التى ذكرنا 44b2-3 propter hoc quod diximus والصواب فى ذكر لحال العلل 70b18; 75a18 propter causas quas diximus لحال هذه العلة التى وصفنا

39a8 secundum quod ذكرنا على ما ذكرت 56a14 secundum quod dixi التى ذكرنا فى صفة ما ذكرنا آنفا; 62b11 ما ذكرنا على ما لخّصنا 40a11 (hoc) quod diximus ما ذكرنا آنفا; 79a10 من الحجج 80a1 id quod diximus قولنا 52a30 ex eo quod diximus ما وصفنا 62b17 قد ذكرنا 55b37 iam diximus آنفا ذكرنا 50b3 diximus التى احتججنا بها 65b10-1 iam قد قلنا فيما سلف 51b17 53b9 65a6 66b25 87a2; 67b12 قد قلنا 65a27 iam diximus causam propter quam قد قلنا ما صلح فى ذكرنا de diximus 79a23 قد ذكرنا، قلنا فيما سلف 73a32 iam diximus superius العلل التى من اجلها 84b6 iam diximus superius quod 67b18 dico quod قد قلنا فيما سلف ان اقول 45a18 ينكر ان 65a11 dicitur quod نقول ان 42b10; كقولى ان 52a17 47b15 44a19 ان non dicitur quod 46a27 sicut dico quod مثل قولى ان 40b9 sicut كمثل ما نقول ... كذلك dicimus quod 42a9 sicut dicimus ... ita dicimus كقولنا ان نقول 87b12-3 sicut diximus كما قلنا 65b2 67a8 69a21 71a35 76a18 86b22; كما قلنا اوّلا 80b6 83b12 sicut diximus prius 70a2 sicut diximus قلنا فيما سلف superius 79b16 مثل الذى ذكرنا آنفا 40a13 51a9 59b22 61b16 64b32 65b31 66b11 et passim; 48a20 sicut diximus in aliis locis كما قلنا آنفا كما يقال قائل 47a26 sicut aliquis dicit quod قلنا فى امكان أخر من قولنا الذى سلف 49a3-4 sicut si aliquis dixerit quod 40b12 similiter dicunt in مثل قول القائل ان 48a30 dixit talem 40b11 similiter dixit قد قال مثل هذا القول مثل هذا القول يقولون فى sermonem 73a15-6 dicit contrarium huius قال قولا مثل هذا يقول خلاف هذا 47a10 sufficit nobis hoc quod diximus in ان يقال ... يروم 48a31 dixit قد القول 39a24 78a16 dicemus nos سنذكر ... dicemus (nos) 46a1-2 اكتفينا بقولنا الذى قلنا فى 39b11 dicemus cum تركنا ذكرها مع ذكر 55b24 nos dicemus ... post quando dicemus اخيرا مع ذكر 55b16 nos dicemus ultimo سنذكر ... اخيرا سنذكر 66b28 DICERE ذكر 39a24,6 46a2 61b28 62b23; قال ... فى آخرة 58a13; 39b6 debemus dicere de قال فى 97b29 dicere in 49b9 ذكر 49b1 dicere de ينبغى 40b18 licet ينبغى ان يقال ويبيّن 70b29 licet dicere et declarare لنا ان نأخذ فى ذكر nunc dicere in hoc quod debemus dicere ex نقول ينبغى لنا ان نذكر هذه الاشياء 87a9; هو اوفق ان هو امثل ان نقول 53a8 melius est dicere (in) فيها ما يلزمنا فى ذكر 52b8 خليق ان نقول ان هو امثل ان نقول 68a8-9; ذكره اوفق ل 50b10; يكون ينكر باضطرار 47a15 necessarium est dicere quod نقول بحقّ نقول ان dignum est dicere quod (الذى) يتلو قولنا 49b6 sequitur (dicere) de باضطرار يلزمنا ان 43a11; نقول ان 61a34 sufficit nobis dicere الذى يتلو قولنا الذى سلف ذكر 67b15; 52a24 65a28 ذكر قد اكتفينا بما ذكرنا 50b11 sufficit nobis quod diximus de نكتفى بقولنا ان 68b29-30 non sufficit dicere لا يكتفى بقول القائل 40b22 nos volumus dicere عن 41a22 ما يمكن فى قول 67b20 quanto magis poterit dicere نحن نريد ان نقول tantum valet dicere ... quantum dicere quod هذا القول اعنى قول الذين يزعمون ان 43b30 remanebit ad وانما اعنى 52b13 et dicere ... est ... شبيه بقول القائل ان 59b4 يمكن ان يقول قائل ان 45a5 potest homo dicere quod بقى ان نذكر dicendum secundum quod potest homo dicere simpliciter بقدر قول القائل بقول مبسوط 46b34 non potest aliquis dicere quod 66a25 لا يمكن ان يقول قائل ان modo re-

manebit dicendum الى ذكر 60a5; 78a22 ad dicendum قد بقى ان نذكر ان ينغم 82a31 dicendo (quod) ويقول (ان) 40b26 42a4 44a12 53b23 77a17 nihil est quod fingunt quidam homines dicendo quod ليس هو كما يزعم بعض الناس انه 56a15 DICENS قائل 39a5 DICTUS volumus incipere et dicere sermones nuper dictos نريد ان نبتدىء بقولنا ونذكر الاوائل 55b28-9 (*v. l. BD²*) DICTIO conveniens est dicere de eis cum dictione de ذكرها موافق للاقاويل الموضوعة على 55b25
DIES forte erit animal trium dierum ربما كان الحيوان ابن ثلاثة ايام 65a35
DIFFERO differunt secundum بينهما اختلاف بقدر 51a20 DIFFERENTIA صنف 42b6; فصل 39b1 42b7,8,15,22-4 43a24 43b34 45b23 46a17 47b(29)35 89a22 90a1; فصل واختلاف 60a7 differentia et diversitas فصل واختلاف 47b18 differentia ultima الفصل الآخر 43b35 differentia universalis الفصل الكلّى 42b25,6 secundum istam differentiam بهذا الفصل 48a11-2 diversus secundum differentias مختلف بفصوله 66b27-8 ex differentiis differentiarum من فصول الفصول 44a1 in duas differentias التجزىء الذى يجزّىء 42b5 divisio ... per duas differentias فى فصلين ... بفصلين 43b13 differentiae diversae فصول مختلفة 47b30 ultimae differentiae اواخر الفصول 43a22
DIFFICILIS عسر 42b31 90a11 valde difficilis عسر شديد 44a22 est grave difficile يكون عسر البروء جدّا 71b9-10 DIFFICILLIMUS ليس ... جدّا اعسر من كلّ ... 42b35 DIFFICILE non ... nisi difficile ... est difficilis curationis صعب عسر 42b6 الا بعسر 83a17 difficile et raro بعسرة وفى الفرط 58b10 difficile ambulat a ... ad ... الى (81b28) cum labore عسرة 59a5-6 DIFFICULTAS ليس بسريع الانتقال من ... الى et difficultate مع تعب وكدّ 44b31 sine difficultate بلا عسرة شديدة 45a29
DIFFINIO حدّ ... نحدّ 39b17 42a26 nos diffinimus dicendo ان ونقول 53b22-3 quae diffiniuntur ab hominibus التى حدّها الناس 44b3 DIFFINIRE حدّ 41a22; 42a20,3; مؤدّى حدّ 39b25 DIFFINITIO حدّ 39a14 39b15 49b25-6; مؤدّى حدود 39b25; كلمة 39b15 40a24,31 43b35 46b2-4; الكلمة اعنى الحدّ 42a20 diffinitiones notae كلمة من الكلمة 53b22; ex diffinitione من الكلمة 39a11,3 حدود معروفة 46a30 in diffinitione والحدّ بالكلمة 46b1 propter diffinitionem substantialem بالكلمة 85b16 per diffinitionem universalem لحال الكلمة الخاصّة للجوهر الكلّية 45b26
DIGERO انضج 72a22; منضج 77b32; طبخ وانضج 50a14 digeret ... digestione magna نضوجا اكثر ... انضجت 72a20-1 digeror نضج 51a18 52a8 68b10 74a15 74b34 quando bene digeritur sanguis نضوج دمه 51b29 cibus qui non digeritur اذا جاد نضوج 68b12 ad digerendum طبخ ونضوج 81a4; نضج 74a15 DIGERERE الطعام الذى لم ينضج 74b33 سريع الطحن والملوسة 70a27 est velox ad digerendum لحال النضوج DIGESTUS نضيج 72a7; مطحون 74b12; مطحون مطبوخ 74b27 recipit ipsum bene digestum نضوج الدم الذى 74b13 sanguis digestus per se يقبله وطبخه بليغ محكم الطعام الذى لم ينضج بعد 52a9 cibus qui adhuc non est digestus يكون من ذاته 75b35 DIGESTIO هضم 50a4; طبخ ونضوج 50a11,27 72a4 74a22 77b31,4; نضوج 50a11-2 est bonae digestionis جيّد النضوج 72a4 non est bonae digestionis ونضوج

يقبله وطبخه 68b15 recipit ipsum in meliori digestione ليس ... جيّد النضوج اجود 74b13 paucae digestionis قليل النضوج 70b14-5

DIGITUS اصبع 46b14 87b10,4-21 90a25-6 90b4 93a3,7,20 digiti lati continui لاصابعه عرض متّصل 94b4-5 digitus maior الاصبع الكبيرة 87b21 digitus medius الاصبع الوسطى 87b18,20 tres digiti ثلاثة اصابع 95a19 quattuor digiti اربعة اصابع 88a4,8 habens multos digitos خمسة اصابع 95a16 quinque digiti كثير الاصابع 86b18 87b30 90a24 longorum digitorum الذى له اصابع كثيرة 59a23,5; طويل الاصابع 74a26 88a4,8 non est multorum digitorum ليس بكثير الاصابع 95a22 digiti manuum اصابع اليدين 90a33 الحيوان الكثير الاصابع 94b16 animalia multorum digitorum حال اصابع ... اصابع رجليه 92b24 94b15 dispositio digitorum digiti pedum انثناء الاصابع 87b10 in extremo digitorum manuum et pedum فى اطراف اصابع اليدين والرجلين 90b8-9 magnitudo digitorum ووضعه 95a22-3 mobilitas (W) digitorum عظم اصابع الرجلين على خلاف عظم اصابع اليدين 90a31-2 corium inter digitos جلد فيما بين الاصابع 94b2
→ avis, corium

DIGNUS DIGNUM et dignum est وذلك بحقّ 51a12-3 dignum est quod, - ut, - (c. inf.) خليق ان 41b16 42a3 44a12 44b1 46a14 64b19 67b21; بحقّ 52a7 52a10; اجدر ان 55b13 dignum est dicere quod نقول ان 47a15 dignum est ut ... magis quam من اكثر ... ان اولى 41b17 DIGNIOR احقّ 81b28 dignius est ut اجدر ان 57b19 امثل الى ان 65a24; هو احرى ان 42a15;

DILIGO plus diligitur ab ... quam من ... احبّ الى 44b34-5 quas non diligit لا رغبة له فيها 44b35

DIMINUO نقص من 64a1 diminuo in 87a30 انتقص 85a25; نقص من 86b25; قلّ DIMINUOR نقص 95b16; انتقص 89a24 diminuo (r) ex نقص من 74b9 85a27 (89b30)
DIMINUTIO نقص 63a31 74b9 75a18 89a25-8 92a24 secundum diminutionem بقدر نقص 86b20

DIMITTO ودع (45a6 51b19) 70b29 89a10 quae dimisimus التى تركنا صفتها 82a32
DISCRETIO رأى 39b16

DISPONO DISPONERE ad disponendum فعل من الافعال 45b15 DISPOSITUS non fuit competenter dispositum ليس بجيّد ولا محكم 87a23 DISPOSITIO حال 39a2 45b 31 53b9 61b12 62b17 et passim; حالة 39b5 dispositio linguae حال طباع اللسان 61a25-6 dispositio venarum كيف حال معرفة العروق 68b28-9 dispositio eius est حاله تكون مثل sicut dispositio حاله مثل حال 81a17 dispositio eius erit semper sicut كيف حاله ... حاله 80b1 quae est dispositio illius 89a17 debet habere hanc dispositionem ينبغى ان يكون ... على مثل هذه الحال 39a7 secundum eandem (unam) dispositionem على حال واحدة 55a5 60a15 secundum hanc (istam) dispositionem على مثل هذه الحال 39b30 40a32 40b11 42a31 46a29 47b7,35 57a31 57b7,23 59a20-1 et passim semper remanet secundum unam dispositionem يبقى على حال مختلفة 65b25 non 87a11 secundum dispositiones diversas ابدا على حاله est omnino secundum totam dispositionem ليس ... على كلّ حال ... على حال

61a5 non est unius dispositionis ليس على حال واحدة 74a22-3 propter dispositionem لحال 41a31 45b17 econtrario suae dispositioni خلاف ما هو عليه 49b32 laeditur dispositio ـ تسوء حال 80a29 est bonae dispositionis حسنت حاله 50b1; 76b14 على حال واحدة 51a24 80b7 eiusdem dispositionis كان ... حسن الحال 77b20; 78b32 على مثل هذه الحال efficitur ... malae dispositionis ساءت حاله 50a36 est peioris dispositionis هو اردأ من تقويم ... واقلّ احكاما 87a24 talis dispositionis على مثل هذه الحال 56b10 60a4 60b17 74a33 79a22 80b13,20 83b2 animal talis dispositionis الحيوان الذى هذه حاله 51a29 de dispositione et natura animalium (= *Historia animalium*) عن حال الحيوان وطباعه 68b29-30

DISPUTO disputant de خاصم بعضهم بعضا فى 73a18-9

DISSIMILIS التى اجزاؤها لا تشبه بعضها بعضا 46b17 quae habent partes dissimiles (الاعضاء) التى اجزاؤها لا تشبه بعضها بعضا 46a23 (membrum) dissimile تشبه بعضها بعضا 46b12,31

DISSOLVO اذاب 72a25 dissolvor انحلّ 75a33; ذاب 69a33; انفشّ ($GL^2$) 71a20 dissolvitur ab eo per calorem فنى ... الحرارة 53a23 dissolvitur ab eis يفنى وينهب 53a25 DISSOLUTIO انفشاش 73b23; *تفشش، *تنفيس 71a32

DISTEMPERANTIA افراط مزاج 52b18; افراط 52a31

DISTINGUO (act.) فرّق 46a11 72b20-2; فصّل 48a21; ميّز 40a8 46a4 49b1,21 56a29 64a12 70b30 72a20 85b31 89a12(G) 97b28; ميّز وبيّن 39b13; ميّز واوضح 49a34 distinguo ab ميّز من و ... حدّ وميّز 72b11-2 distinguo inter ... et حدّ وميّز ما بين 78a34 (pass.) افترق 55a35; تميّز 65a14 DISTINGUERE deberemus distinguere لزمنا ان نميّز 40b24 distinguere hoc لخّص ذلك تخليصا بيّنا 40b27 DISTINCTUS مفترق 54a35 54b8,10 55a35 مفرد منفرد 76b27; محدود 91b30; مبدّد (?80a13-4) 65b29 distinctus determinatus ممّيز محدود 78a22 85b35 distincta per se مفترق هما مفترقان مفصّلان كلّ واحد 54a12 sunt distincta et divisa quaelibet per se بذاته 54b3 multa ova distincta شىء مفترق 88a27 res distincta على حدته بيض كثير (= قرون) 80a13 DISTINCTIO تمييز وفرق (72b15) distinctiones (= العدّة cornua) 88b22 est distinctus distinctione manifesta بائن 79b4 sunt distincta distinctione maiori ... distinctione minori مفصّلة تفصيلا دون ... مفصّلة تفصيلا اكثر 79b3 distinximus istud distinctione completa ميّزنا ذلك تمييزا بليغا 53a20

DIU حينا طويلا 62a11; 53a35 tam diu quod حينا بقدر ما 60b21

DIVERSOR خلاف ... و ... فى 84b34-5 85a14; اختلف 89a17; يكون ... الاختلاف فى ... اختلاف 84a1; بين ... و ... اختلاف 82a9; بينها اختلافا كثيرا 92b7; بين 65b4 78b6 مختلف 92b3 فى ... اختلاف بعضه الى بعض 62a35 75a14 78a27; (كثير) diversatur مختلف 74b18 diversatur a فى يوجد اختلاف 65b2-3; ليس ... واحدا بل مختلف 47b34 non diversatur ab ... مخالف لـ ... بالخلاف الذى ذكرنا ... ista diversitate ... nisi parum بينه وبين 81a10 diversantur ab ... in وبين ... ليس بينه وبين ... الآ اختلاف يسير 74a4-5 بين ... اختلاف ... 84b33 diversatur in اختلف ب 73b14; اختلاف من قبل 78b31; اختلافا ... فى 39b2 78b5; اختلاف من قبل 67a11 79b37 diversatur per ب اختلف 78a23 diversatur ... secundum خلاف ب بينهما 55a33; اختلاف ... فى

في ... اختلاف كثير مثل الاختلاف بقدر 93a11 diversantur secundum diversitatem عيناه مختلفة 75a32 diversantur الذي في 57b30 diversantur مختلف 48a20 diversantur in oculis يخالف بعضها بعضا ... ويبعد بعضها من بعض 45b29 diversantur ad invicem يخالف بعضها بعضا كثير 82a36 diversantur secundum magis et minus في ... اختلاف بعضه الى بعض يكون من قبل زيادة ونقص ... ومن قبل الاكثر والاقلّ 92b3-4 diversantur in ea (sc. cauda) secundum magis et minus منها ما له ذنب اكبر ومنها ما له ذنب اصغر 92a19 DIVERSATUS si diversati sunt in ... إن كانوا مختلف 39a20; 87a22 62a13 43b12; شتّى 43a14; آخر 48a33 DIVERSUS اختلفوا في 44b11 46b16,33 47a17 47b30 56a4 60a16 62a23 *et passim* moventur in partes diversas مخالف لـ 48a11 57a16 diversus ab تحرّكت ومالت من ناحية الى نواحى أخر 39b1 اختلافه بـ 52a27 diversus ab aliis غير الآخر 43a11 est diversus in 78a32; ليس يشبه طباعه سائر طباع 73b3 diversus in natura ab aliis diversus secundum differentias مختلف بفصوله 66b27-8 DIVERSITAS خلاف 40b8; اختلاف 40a12 51a15 62a24 74a21 80b11 81a13 84b3 90a4 magna diversitas اختلاف كثير 49a2 فصل 69a24 modica diversitas يسير اختلاف 92b7-8 differentia et diversitas ليس في ذلك اختلاف من قبل 47b18 in hoc non est diversitas secundum واختلاف ليس بينهما اختلاف آخر اكثر من 77b9 non diversantur alia diversitate nisi quod ان 85a6 diversitas inter ... et ... و ... الاختلاف الذي بين ... و ان 72a12 97a14 inter ... et ... بين ... و(بين) ... اختلاف 49a1-2 62a2-3 84a14-5 92b8 inter ... et est diversitas بين ... و ... اختلاف مثل ... est diversitas sicut diversitas quae est inter ... et ... نوعان من انواع الاختلاف الذي بين ... و ... 76a36-b1 duo modi diversitatis ليس بينه وبين ... اختلاف 75a25 nulla diversitas est inter eum et ... الاختلاف البتّة 41a35

DIVIDO جزّأ 43b11 ff. 44a5,33 dividunt ... in duo في اثنين ... يجزّئون 43a17 dividunt ... in duas differentias في فصلين ... يجزّى‌ء 42b5 si quis diviserit recte dividitur in انقسم: انقسم, تقسّم, تجزّأ, مَن جزّأ التجزى‌ء بنوع الصواب 44a2 dividor في 43a2 69b23 dividitur in duo مقسوم باثنين 69b24 quoniam corpus dividitur in duo تجزّأ 69b19 dividitur in duas partes افتراق الجسد فان لكلّ جسد ناحيتين بجزئين 64a28 dividitur in partes consimiles في اجزاء تشبه بعضها بعضا 67b20 68a5 dividitur per ... in انقسم في 68a15; تجزّأ في 47a31-2 dividor per جزأ 43a8-9 DIVIDERE لا تقسّم ولا تجزّأ 64a27 non dividitur انقسم من ... في تجزى‌ء بفنّ صواب 42b10,6; تجزى‌ء 42b10 فرّق وجزّأ 75a6 dividere recte 42b10 48a21 43b9 ad dividendum لتفصيل 60a22 DIVISUS مبدّد (80a14; NB. In *GA* 721b34 read '*divisum*' instead of '*diversum*'); مجزّأ 43a15 63a20; مشقوق 57a2 91a8 91b22 58b32 59b3,30 61a1 88a21 90b25; مفصّل 57a5 69b33 (87b8); مفترق 92b12 97b13(9); هما مفترقان مفصّلان 69b15 sunt distincta et divisa quaelibet per se مجزّأ 70b20 divisus in duo مجزّأ بقدر 88a27 divisus secundum كلّ واحد على حدته مقسوم بجزئين 69b30; مقسوم باثنين 66b29; مفترق على صنفين 91a27; باثنين ليس 69b13,22 divisus in multas partes مجزّأ باجزاء كثيرة 80a8 87b8 non divisus ليس هو مفصّل 61a2; ليس بمفصّل 84b8 non habet vocem divisam nisi parum

# INDEX LATINO-ARABUS 355

42b21,31,5 44a9 47b17 DIVISIO 60a31 لصوته تفصيل الا تفصيل يسير جدًا تجزى ء; 69b25 causa divisionis افتراق ;67a9,10 تفصيل ;43a17 ما يجزى ء ;40b3 تصنيف ;67a6-7; 70a4 modus divisionis علة تجزى ء; 44b18 in multa genera divisionis نوع التجزى ء; 43b14 non est multae divisionis ليس هو كثير فى اصناف تجزى ء كثيرة; 83b4 divisio in duo (= διχοτομία) تجزى ء باثنين; 44b19 divisio quae est duorum (= διχοτομία) التجزى ء باثنين; 43b25 divisiones (= rationes) التجوى ء الذى يجزى ء حجج; 43b26 divisio per ب تجزى ء فى; 43a27 تجزى ء; 43a32 divisio ... per duas differentias (= διχοτομία) بفصلين; 43b13 compositiones divisionis التجزى ء الذى يجزى ء ...; 44a4 secundum talem divisionem بمثل هذا المأخذ تركيب التجزى ء; 44a3 التجزى ء الاخير; 41a29 ultima divisio والتصنيف
DIVINUS 44b25 membrum divinum العضو الإلهى; 86a15,28 DIVINUS (priest) إلهى; divinus Iovis كاهن المشترى 73a19
DO 85a33 هيًا; 59b35 هيًا ل; 94b13 عمل; 61b29 70b34 صيّر فى; 39b18 80b36 ادّى; 87a7; 62b32 63a2-3,9-10,15 63a17 87a21 94a5 dat causam propter quam istam 64a9-10 خليق ان يذكر (= *dicat?) 41a13-4 dat يؤدّى العلة التى من اجلها; causam dant in essendo صار من اجلها التى العلة فى ... هذا قول; 56a18 dedit ei usum in بحق ينبغى ان ندفع الى ... (c. dat.) 59a34 recte dantur صار يستعمل; 87a12 DARE (debet) dare causas (de eis) يقول لماذا فيأتى بالعلل; 39b10 laborat in dando وهمًا احتال; 59a12 ingeniata est in dando يحتال ويصير; 52a31 ingeniata est ... in dando ad salvandum احتال ... بهذه الاشياء لحال سلامة; 55b7
DOCEO DOCTUS 39a4 الاديب; 39a7 auditor doctus المؤدّب المخرّج; 39a8; DOCERE علّم; 39a10 DOCERE اديب وعالم ب doctus et sapiens (pro علم scire) 41a21 DOCUMENTUM (= doctrina) ادب; 39a8 DOCTRINA doctina docti ادب الاديب 39a8
DOLOR 67b3 71b9 72a32,4 72b5 وجع; 72b4 dolor renum وجع الكليتين; 72a32 dolores quae accidunt ex ventositate الاوجاع التى تتولّد من الرياح; 72a34 dolores quando augmentantur اذا اشتدّت وكثرت اوجاع; 72a35 non potest pati dolorem لا يحتمل وجعا; 67a33 causa doloris علة الوجع; 48b16 cum dolore مع وجع; 75a36 sine dolore بغير وجع 68b18
DOMESTICUS 43b3,5,8,21 crura domestica et crura انيس; 89b21 DOMESTICUM domesticum cruris (calf of the leg) بطون الساقين 89b15
DOMINOR dominor super استولى على; 90a26 DOMINIUM habet dominium super كان غالبا مستوليا على 63b27
DOMUS بيت 39b25 46a27-8 46b4 67a25 forma domus صورة البيت 45a35
DONEC حتّى 50a26 68b2 75b9 77b37 78a21
DORMIO non dormit (= ليس ينام) ليس بتامّ; 81b6 DORMIENS نائم 87a29 caput dormientis رأس النائم 53a14
DORSUM ظهر 58a28 81b25; 81b24 pars dorsi ما يلى الظهر; 72a17 79a4 ناحية الظهر; 81b19 84a19 ex parte dorsi فى ناحية الظهر; 66b5 apud finem dorsi عند آخر الظهر; 96a22 super dorsum على; 96b25 فى ناحية الظهر; 93b1 in dorso فيما يلى الظهر; 96b27 dorsum silvestre (loin) صلب 72a18 ظهره

DUBITO شكّك 56a25 dubitat aliquis يعتاص احد 42a3 44a12 si dubitabant in إن (لزمه العويص) لانه يعتاص إن ... aut ... 48a33 dubitabit utrum كانوا شككوا فى 41a33-4 DUBIUM accidit dubium de يعرض الشكّ فى حال 76b33 de quibusdam est dubium utrum ... aut non لا ام ... منها ما يشكّ فى حاله إن كان 69b15 in ... est dubium فى هذا الامر عويص 44a28 69b26 in hoc est dubium حال ... مشكوكة DUBITATIO تشبيك (48a34) sine dubitatione ليس بمشكوك 40b33
DUCO ducit ipsum ad interius يصيّره الى جوفه 83a3
DULCIS حلو 77a20,9; عذب 76a35 83b22 valde dulcis حلو جدّا 77a25 DULCIOR احلى 77a23 DULCE حلو 77a28 dulce delectabile لذيذ 61a8 DULCEDO حلاوة 81b30
DUO usually expressed by the dual in Arabic 42a5 52b28 55b30 56a19 58b30 et passim; اثنان 42a21 54a35 88b18 in duobus فى كلاهما 44b31 duo modi نوعين من 42a21 54a35 88b18 illi duo modi ذانك الصنفان 85a15,24 latera corporis sunt duo جوانب 39a2 mamillae sunt duae الثديان اثنان 88a25 iudicium inter duo الجسد اثنان 88a26 rijlān iṯnān (iṯnatān) 95b23; رجلان 49a12 duo pedes القضاء بين اثنين والمعرفة 93b2,14 95a3,9,14 97b21 principia venarum sunt duo اوائل العروق عرقان 66b25-6 istae duae res هذان الامران 42b22 inter duas privationes فيما بين عدم وعدم 40a12 duo sotulares ظلفان 90a21 ungulas fissas in duo ظلفان 86b17 conveniens praedictis duobus موافق لحاجة الامرين التى ذكرنا 60a9 dividunt in duo يجزّئون فى مجزّا باثنين 43a17 dividitur in duo مقسوم باثنين 69b24 divisus in duo اثنين 91a27 est fissus in duo مشقوق باثنين 82b17 habet virtutem duorum فيه قوة 61b10 istis duobus caret ليس يكون شيء من هذين مشتركة من كليهما 50b22 → divido, omnis
DUPLICOR quae duplicabantur ex uno التى تضعّف من الواحد 43a23 DUPLICARI potens ... duplicari ينثنى ... قوى على ان 59a33 DUPLEX est duplex مضعّف 56b33 60b9,10 DUPLUS est duplus مضعّف الطباع 69b18 DUPLICATIO انثناء 46b19
DURESCO non durescit nisi tarde لا يصلب الا بطيئا 53a34 DURUS جاس 42a9 46b21 47b11 48a17 53a22 57b34 60a32 60b5 61a12 62b4 et passim; صلب 47b16 50b35 54b31 55a29 55b12 59b22 63b15 64b2 et passim durus fortis قوى 79b24 animal duri corii الحيوان الجاسى الجلد 57a32 57b30,2 58a1 animal durae testae الحيوان الخزفى الجلد 54a2 78a30 78b11,22 79b2,13,5,30-5 80a5,30 81b12,20 83b4, 18 84b16-7,35 85a5,8 85b28 durae testae الخزفى الجلد 84b16 non est durae testae ليس هو خزفى الجلد 81a36 asperum et durum corpus (inv.) جساوة وخشونة الجرم (G) 83b9 est duri oculi جاسى العينين 83a27 magis durus اصلب 66b2 valde durus جاس 84b18; جاس 53b34; جاس جدّا (ارضى) 53a26-7 55a15 57b13; يكون جساوة اكثر 82b24; يجسو جساوة اكثر 71b26 efficitur valde durus صلب جدّا 89b28; جاس جدّا 84b18 valde durus sicut testa جاس جدّا مثل الخزف 82b26-7 valde durus جسده جاسيا 54a27-8 له جساوة 71b5 totus est durus صلب جدّا اكثر من سائر durus magis aliis اقوى واجسى 55a12 fortior et durior اصلب واقوى 57b12 91a24; اجسى DURIOR

## INDEX LATINO-ARABUS 357

44b14 جساوة DURITIES 46b18 جساوة DURUM 63b12 صلب DURISSIMUS 55a11
57a18 57b6,15,36 65a2 67a12 70b8 74b4 85a7,8 91a14 propter duritiem لحال كثرة
جساوته 55a15 in duritie et fortitudine بالصلابة والقوة 55a5-6

EBULLIO *يغلى 58b9 EBULLIENS aqua ebulliens الماء الذى يغلى 48b28,31 49a10
EBULLITIO غليان 52b27
ECONTRARIO → contra
EFFICIO صيّر 53a31 EFFICIOR صار 49a16 51a23 51b7 51b14,29 52a9 55a36 73b1
75b30 86b28 94a26; كان 49b32 51b3 53a22 67a19 68a31 75b8 efficior ... ex كان
... من 69a32 efficitur curtus يكون قصيرا 82b22 efficitur macilentus هزل 50a36
efficitur valde durus يكون جسده جاسيا ;82b26-7 يجسو جساوة اكثر 82b24 efficitur valde humidus يرطب ... جدًّا 68b8 efficitur in ... sicut مثل ... يصير فى
51a1

EGO انا 39a6 77a5

EICIO اخرج 79a6; دفع عن (90a19,b7); ألقى 63b13-4 75a19 79a26 eicit nocumentum
a se يدفع الاذى عن نفسه 88a1 eicior دفع 51a9 51a9 EICIENS دافع ل 52a31
EIECTIO eiectio stercoris remote ذرق روثه والقاءه فى مكان بعيد 63a15 ingeniatus
est in eiectione occasionum ab احتال ... فدفع الضرورة عن 65a9

ELEMENTUM اسطقس 51a32 70b22 elementum humidum الاسطقس الرطب 59a8
elementa اسطقسات 42a21 46a13 46b6 47a13 elementa naturalia الاسطقسات
الطباعية 48b9 genus elementorum جنس الاسطقس 70b20-1

ELEVO رفع 59b24; اقام 95a6 elevat ... sursum super رفع ... الى فوق 59a13 elevat
se (elevatur) in aere يرتفع فى الهواء 57b27 97b16 elevor (ab) ارتفع (عن) 69a18
83a32,5 88a11; تقوّم 85b25 ELEVARE (non) potest ... elevare suum corpus (لا)
ELEVATUS 86b9 يقوى ... على قيام جثته 53a17 95a5-6; لا يقوى على اقامة جثته
87a5 elevati elevatus rectus مستقيم قائم 56b10 erectus et elevatus قائم مستقيم
56a13 57a14 rectus elevati corporis قائم مستقيم الجثة 95a8 corporis قائم الجثة
ELEVATIO ارتفاع 57a16 86b14 elevatio capitis رفع رؤوسها 92a7 corpus elevatur in pedibus elevatione sufficienti يقوّم جثته برجليه تقويما فيه كفاية 85b25-6

ELONGO elongatur طول ... يكون لـ 73b34 ELONGATIO elongatio loqui التطويل
وترداد القول مرارا شتى 44b1

EMBRYO cibus embryonis est sanguis دم غذاء الجنين 51b23 corpus embryonis
جسد الجنين 66a20

EMITTO emittit et attrahit ad se يجذب ويمدّ الى ذاته 66b15

ENIM ف 55a35 62b3; no Arabic equivalent 58a28

EO IRE non errabit in itinere eundo ad لا يخطىء مجراه ويصير الى 64b36 eundo
fixe super terram وهو ثابت على الارض 94a17

EPAR كبد 65a34 66a24-5,8,30,3 67b5 69b16,26,33 70a12,5,20,4,7,9 71b35 72b9,14
73b16,25 76b17,25,32 77a5 77b6 epar est multi sanguinis الكبد كثير الدم جدًّا
73b27 invenitur epar divisum in duo الكبد موجود مقسوم باثنين 69b30 duplex

اكباد الطائر epar 69b35 epar impurum كبد ليس بخالص 69b28 epar avium كبدان
اكباد السمك والحيوان 73b20 epar piscium et animalium quadrupedum ovantium
اكباد الحيوان الذى 73b19-20 epar animalis ovantis الذى له اربعة ارجل ويبيض بيضا
ويبيض بيضا 73b21 color epatis piscium لون اكباد السمك 73b22 infirmitates epatis
ناحية الكبد 77b35 pars epatis 77a19,36 طباع الكبد 67b8 natura epatis اوجاع الكبد
situs epatis وضع الكبد 69b36
EPIGLOTTIS حنجرة 65a19; العضو الذى يكون على اصل اللسان 65a7
ERADICO فقلع جذب 59a1
ERGO ف 39a12 39b3 46b1 et passim iam ergo قد 50a1; فقد 62b17 et passim quia
ergo ولان 40a4 ergo erunt سيكون 43a13 modo ergo وانما 85b29
ERIGO ERECTUS قائم 89b19 erectus et elevatus قائم مستقيم 87a5 animal erecti
corporis الحيوان القائم الجثة 53a17 est homo ... erecti corporis ... صار الانسان
قائم الجثة 53a30
ERRO يقولون الخطأ 65b28; ازمن 82a33 errat مخطىء 42b18 76b23 errant اخطأ
87a23 erravit quando dixit quod اخطأ 40a19 erravit فيما قال فى قوله قد اخطأ
... 65a30 errant in eo quod fingunt quod ... مخطئون فى قولهم فى ... حيث قال ان
63b2 erretur 77a5 erravit in sermone eius قد اخطأ وجهل فى قوله حيث زعموا ان
no الجهل والخطأ 64b36 ERROR يخطىء مجراه 39a6 errabit in itinere كان مخطئا
Latin equivalent 45a11) hoc est error 44a35 ذلك من الخطأ
ESSENTIA, ESSENTIALIS → sum
ET او 42a11 53b4; بل 52a13; و 39a1 et passim et ... etiam 49a27 62b25 78a29-30
و ... 39a11 et etiam ايضا و 40b19 et similiter ... etiam 96b34 et similiter وايضا
ETIAM ايضا 40a10 42a12 64b17 et passim et etiam و 49a27 62b25 78a29-30;
وايضا 60b32 61a20,3 96b34 ita etiam كذلك 65b4 similiter etiam ايضا 66a24
92b7; 71a26 → non, sed, tantum ايضا على مثل هذه الحال
EVENTO eventat (= تروّح) بروح 59b17
EX ب 66a19; عن 40a2; فى 40b5 66b5; ل 41b17; من 39a13 40b5 50a25 et passim;
من قبل 57b1 64b18 facit ex ea quasi مثل صيّرها 79a6
EXEO خرج 42a35 64b13 69a17 85a9,11 exeo ab خرج من 75a36; خرج 53a35 55a16
56b18 66a6 68a14 70a16,8 71b17 78a10 78b13 79b37 80a10 81a23 97a11; خارج
الذى يخرج من 65b16 ut non exeat subito بغتة خروجه يكون لا لكى 75b21 a quo exit
منه 41b28 exibit ab eis ignis حركت منه نار 55a15 exeo cum خرج ب 60a3 exibit
cum eo معها اخرجت 51a9 exeo ex خرج من 68b3-4,27 71b16,23; كان من 82b32
exeo ex ... ad بدأ ... من سلك 71b19 exivit prius بدأ 41b35 EXIRE non potest
exire ex من يخرج 85a31 EXIENS الخروج من 73a23 ad exeundum ab لا يمكن ان يخرج من
exiens ab uno principio خارج من اوّل واحد 54a33 EXITUS خروج 42a36 42b2
مسيل 97a24; خروج ودفع 59a33 64a29 71b2 75a22 75b13 79a14,7 89a4,6,11 97a13;
64a18 80a25 locus exitus superfluitatis مخرج 59a32; خروج وتنقّل 89a15 وخروج
82a14 موضع خروج الفضلة 78b27; مكان مخرج الفضلة 93b19; مكان خروج الفضلة
الموضع الذى منه تخرج الفضول 75b9-10 79b1-2 80a11 موضع مخرج الفضلة 84b26;
65b24

## INDEX LATINO-ARABUS

EXPANDO expandor ad فى انبسط 66a15 EXPANSIO propter expansionem et constrictionem والانثناء ( الكبّ* ؟) لحال 54b2 causa expansionis et constrictionis (inv.) علة الانثناء وعلة الاستقامة 54b5
EXPONO EXPOSITUS quia ... expositus est magno nocumento علة يكون ... لانه اذى وضرورة 64b21
EXPRIMOR exprimor ab من انعصر 51a9
EXSICCOR جفّ 51a10; ييس 49b33 51a35 53b3 citius exsiccatur جفافا اسرع هو 49a32
EXTENDO بسط 83a35; مدّ 60b7 extendunt ipsam extensione magna مدّا مدّتها 60b7 extendor امتدّ 68b1 extendor ex قبل من وتقبّض انبسط 89a30 extenditur continue ex extensione امتداد من متّصلا يمتدّ 77b37 extendor ad الى امتدّ 50a29 81b22-3 extendor ex ... ad الى ... من امتدّ 78a2 extenditur et contrahitur وينبسط ينقبض (inv.) EXTENSUS مبسوط (pro simplex) 96b13,20; (= ممتدّ) (G ممتدّ) collum extensum naturaliter الطباع قبل من ممدود عنق 80a9 مفترق 92b19-20 volant extenso collo العنق مبسوط يطير 94b27 intestinum extensum معاء مبسوط 78b27 79b1,11 82a14 extensus ad الى ممتدّ 71a29 extensus ad posterius خلف الى مبسوط 94b21 extensus ex ... ad الى ... من ممدود 70a11 extensus usque ad الى ممتدّ 95a2; 81b18 cum extensus fuerit امتدّ اذا 68b21 EXTENSIO بسط 46b19 مدّ و- ... انبساط 54a16 57b15 64a32 72b26; امتداد 60b7; مدّ 88a16; extensio et constrictio والانبساط والانقباض 54b22 propter extensionem et constrictionem لحال* الانبساط والانقباض 54b18
EXTINGUOR طفى‏ء 49a23
EXTRA خارج من 54a5 59a18 73a4 79b32-3 81b1; خارج 61a17 83b10; الذى 97a10 qui est extra الجسد ظاهر فى 83a8; جسده عن ناتى‏ء خارج 83a12; الجسد غير الى 42b2 extra corpus اجساد من خارج 54a1 72a11 extra suum locum خارج مواضعه 70b10 intra et extra وخارجا داخلا 55a5 EXTERIOR membra exteriora جميع الجسد ظاهر فى تكون التى الاعضاء 95b3 omnia membra interiora et exteriora من 97b7; خارج الى 92b1-2 EXTERIUS الظاهر وفى الجسد باطن فى التى الاعضاء 78a6 EXTRANEUS غريب 90a14
EXTRAHO (ab, ex) (من) خرج 68a35 مصّ 51a5-6 60b7 97a18,20 extrahor واستخرج 60b21 extrahor ab من خرج 51a4-5 EXTRAHERE conveniens ... ad extrahendum ipsam اخراجه ... لـ موافق 84a19-20
EXTREMUS EXTREMUM طرف 54b18 60b8 63a27 88b35 90b8 extrema illorum ramorum الشعبتين تلك اطراف 91a7 in extremo الطرف فى 91a6 duo extrema الطرفان 54b20 EXTREMITAS طرف 54b17 57a30 87b25 91b31 extremitas cordis القلب طرف 66b1 habent extremitates similes الآخر بغاية شبيه احدهما اوّل 54b24 extremitates ramorum الاغصان اطراف 87a1-2
EXTRINSECUS خارج 86a4; خارج من 54a8 81b26 extrinsecus accidentalis داخل عرضى 72b18 membra extrinseca من خارجة هى التى الاعضاء 56a9; الاعضاء التى فى ظاهر اجساد 84b7; الاعضاء التى فى ظاهر الجسد 82a31; خارج الجسد

من قبل الاستعمال الذى يكون من 65b2 in membris extrinsecis mobilibus الحيوان
الآفات التى تعرض من 84b33 occasiones extrinsecae خارج من الاعضاء المحرّكة
57a33 res extrinsecae ضرورتها من الاشياء التى تقع فيها من خارج; 58b10 خارج
79b22-3 ut non cadat super ipsum extrinsecum الاشياء التى توافقه وتلقاه من خارج
58b17 من خارج; 57a37 ab extrinseco لكى يدفع ما لا يوافقها من خارج

FABER (pro carpentarius) النجّار (او مهنة النجّار) 52b14 sicut facit faber مثل ما
يفعل الحدّاد 83a24
FACIES وجه 40b20 45b36 46a23 47b19 62b19; (منظر و ؟)وجه 47a11 facies tota
كلّ الوجه 46b13 super faciem terrae على وجه الارض 96a8
FACILIS يسير 44a22 FACILIOR امكن وايسر 88b30 FACILE de facili عاجلا 83a
10 de facili occasionaretur كانت الضرورة تسرع الى 54b6-7 multum vel de facili
laeditur ab aliis متوجّع للآخر جدّا 53b6
FACIO صنع 59b34 61b23 87a16; صيّر 54a25 76b25 81a6; عمل (ب) 45a12 63b33
84a29 85b5; استعمل 50a22; فعل 39b7,17,8 40a24 41a6 42a20 46a11 50a23 54a24
et passim; هيّا 59b36 natura nihil facit otiose الطباع لا يفعل شيئا باطلا (بنوع
95b19 natura nihil facit الطباع لا يصنع شيئا بنوع الفضلة والباطل; 91b4 83a24 باطل)
superflue الطباع لا يصنع شيئا فضلا 94a15 facit quod diximus يفعل مثل هذا الفعل
83a33 manifestius facit hoc ابين من غيره هو يفعل مثل هذا الفعل الذى ذكرنا
83a24 facio ex eo quasi مثل ما يفعل الحدّاد اذا هيّا sicut facit faber quando facit
79a6 facit suas operationes يعمل اعماله 87a29 non facit suum opus لا صيّره مثل
53b3-4 non faceret opus quod ... facit cum يعمل عمله لم يكن يعمل العمل الذى يعمل
54b4 non faceret opus proprium لم يعمل العمل الذى يعمل 57a6 facit ova ب
92a13 fecit quiescere ضعفت• (Kruk) 42a29 sermones quos fecimus de, in بيبض
53a20 80a1-2 96b15 sicut fecimus superius: sum- الاقاويل التى وصفنا فى (صفة)
marizing 68b32 → opus FACERE debet facere يلزمه ان يفعل 39b8 ينبغى ان يفعل
ingeniata est natura facere venas خلقة العروق وصيّر احتال الطباع 65b13-4 potest
facere هو يقوى على اخذ 86b17 non potest hoc facere لا يقوى على ذلك 87b5 non
potest facere suum opus لا يقوى ان يفعل عمله 41a1 illi qui volunt facere animal
ينبغى ان يطرق ... 54b29 debet facere viam ... ad superius الذين يجبلون حيوانا
71b30-1 melius est ita quam facere multa ويصير ... الى ما يلى الناحية العليا
principia هو امثل واجود ان يكون واحدا ولا تكون الاوائل كثيرة 65b15 ad faciendum
opus quod facit ... ... 61a29 FACTUS facta sunt ليعمل العمل الذى يشبه عمل
معمول 87b2 factus ab, ex له سلاح يتّخذه 94b20 habet arma facta طالت magna
41a14 45b18; فعل 41a6 50a21 fuit factus عمل من
FAEX ثفل (68a29) 71b20 77a14 faex alba terrestris الثفل الابيض الارضى 79a17
64b17 ثفل الشراب الاسود 77b8 faex vini nigri ثفل البطن faex ventris
FALSUS hoc falsum est خطأ فى ذلك 52b8 iste sermo apud me est falsus هذا
القول عندى كذب وزور 73a23 duo sermones sunt falsi القولان كذب 56a19
FAUX duae fauces (pro maxillas) longas لحيان مستطيلان 58b30

## INDEX LATINO-ARABUS 361

FAX جمرة 49a21,3
FEBRICITANS محموم 49a4
FEL مرة 73b24 76b16,9,24 76b34 77a1 77b8; طباع المرّة 76b22 creatio fellis خلقة المرّة 77a29 natura fellis طباع المرّة 76b18 substantia fellis تقويم المرّة 77a25 non habent fel omnino ليس لـ ... مرّة البتة 76b25
FEMINA (plur.) اناث 55a4 61b33-6 62a2 64a3,6 76a3 84a21 89a11 capita feminarum رؤوس الاناث 53b1 natura feminarum طباع الاناث 64a5 ossa feminarum عظام الاناث 55a13 feminae cancrorum اناث السراطين 84a21 elephas femina الفيل الانثى 88b5,15 mares et feminae الذكورة والاناث 78a24 84a33 84b4 mares et feminae hominum ذكورة واناث الناس 88b31
FERE قول قول القائل (= σχεδόν, ὡς εἰπεῖν) (60a15 77a8) 89b10 90b33 → قول
FERO حمل 90a29 FERRE حمل 86b2 non posset ferre super se لم يكن يمكن ان يكون عليه 86a29-30 ad ferendum cibum لنقل الطعام 87b25-6 ad ferendum pondus لحال حمل الثقل 85a19
FERRUM حديد 42a11 48b34 49a16
FERTILIS مخصب 51a24 animal fertile bonae dispositionis الحيوان الذى يكون تقويمه من الخصب وحسن الحال 80b7
FESTINUS سريع 57b33; عاجل 57b17 festinus valde سريع جدّا 53b7 FESTINE festine vadit ad يصير ... الى ... سريعا جدّا 60b20
FETEO FETENS plus fetens omnibus aliis يكون ... منتن الرائحة اكثر من جميع 71b23 FETIDUS منتن 75b30
FETUS cibus fetus الغذاء الذى يغذى به المولود 88a24-5 non parit nisi unicum fetum لا تلد الا واحدا فقط 88b7
FIGO FIGERE ad figendum للثبات 85a28 90b1 FIXUS est fixus ثابت 56a1 82b13 83b5 est fixus pauci motus ثابت قليل الحركة 82b16 est fixus remanens (inv.) باقى ثابت 56b2 animal fixum الحيوان الثابت 81b35 FIXE eundo fixe super terram وهو جيّد ثابت على الارض 94a17 FIXIO fixio pedum ثبات الرجلين 90a15 bonae fixionis الثبات 95a13
FIGURO FIGURATUS est figuratus tali figura ينقر ... نقرا مثل هذا 41a14 avis figurata اليد المعمولة اعنى 41a1; manus figurata اليد المعمولة 42b14 الطائر المصوّر figurata من 40b36 medicus figuratus المتطبّب المصوّر 41a1 piscis figuratus السمك المصوّر 42b14 FIGURA شكل 40b27,30 43a28,9 44b7 78b28,31 89a20,32 93a13; figura corporis تقويم شكل الجسد 84b19 شكل تقويم الجسد 42b14 83b29; صورة 84b19 figura trianguli شكل المثلّث 43a30 figura et aspectus شكل ومنظر 40b32 illa figura et forma ذلك الشكل وتلك الصورة 40b34 in figura et forma بالشكل والصورة 41a20; ut sit talis formae et talis figurae ليكون بصورته 42b12 فى الصورة pulchrae figurae حسن الشكل 76b9 → figuratus وشكله مثل هذا 41a14
FILIUS animal multorum filiorum الحيوان الكثير الولد 88b16; الحيوان الذى يكثر 88b16 animal quod habet multos filios الحيوان الذى يربّى جراء كثيرة 88a34 الولد animalia paucorum filiorum ما كان من الحيوان قليل الولد 88a32 est paucorum

filiorum قليل الولد 88b2 habens paucos filios هو قليل الولد 88b21 filius hirz → Index animalium s.v.

FINDO الذى يشقق فى كثير 42a9 finditur انشق 40b15 quod finditur in multa شق 43b36 non aequaliter finditur sed circulariter ليس ينشق ... شقوقا مستوية بل 54a17-8 FISSUS مشقوق باثنين 59a26 lingua fissa divisa in duos ramos ينشق بشقوق مستديرة 91a8 sunt alarum fissarum جناحه مشقوق 42b27 fissi pedis, habens fissum pedem (sc. animal) مشقوق الرجلين 42b8 88b7-8; مشقوق 42b29; بشقين ... مشقوق 90a6 fissus in duo مشقوق بشقوق الرجلين 82b17 animal fissi pedis multae fissurae حيوان مشقوق الرجلين بشقوق باثنين 62b30 est fissus multis fissuris متشقق بشقوق كثيرة 73b17 ungulae fissae كثيرة 62b35 63a8 73b32 74a27 97b21 ungulae in duo fissae ظلفان 86b17 (*non fissus غير مشقوق 92b14) FISSURA شق 69b7 84a5; تشقيق 63a31 90b3 si non esset fissura digitorum شقيق لو لم تكن مشقوقة الاصابع 90b4 fissura pedum 43b32 animalia habentia multas fissuras in pedibus الحيوان الذى فى رجليه الرجلين 62b32 74a1 animal multae fissurae in pedibus الحيوان المشقوق اليدين شقوق كثيرة 88a34 est multae fissurae كبير هو مشقوق 62a27 animal carens multis fissuris in pedibus et manibus الحيوان الذى ليس بكثير الشقوق فى اليدين والرجلين والرجاين 91a26 in lapidibus et foraminibus et fissuris فى الحجارة والثقب والشقوق 88b21

FINGO ظن 43b28 fingit quod زعم ان 40a20 40b15,31 48a29 52b7-8 56a15 63a35 64b9 65b27 73a10,3,9 76b22 77a5 et passim (de eo) fingitur quod يظن ان 47a16 52a2 de quibus fingitur quod الذى يظن انه 40a27 ita fingunt de كنلك يزعمون 59a18-9 secundum quod fingitur de eo فيما يظن 54a9 secundum quod fingit عن 55b33 secundum quod fingunt quidam homines يزعم بعض الناس بزعمه 63b2

FINIO FINALIS causa finalis العلل التى من اجلها 39b12 FINIS غاية 46b8 50a27; 58b21 finis pedum اواخر الرجلين 90b3 finis eorum est ex loco غاية وتمام منتهاها 80a11 apud finem عند الالتئام (= continuationem) 80a24 apud finem موضع 43a19 in fine فى اواخر 93b1 finis dorsi عند آخر الظهر

FIO صار 49a17 quod fit ultimo ex آخر ما يكون من 77b22 non fit nisi quando انما 49a26 fit صار حار 53a7 69a33 fit calidus يصير ماء 68b4-5 fit aqua اذا يكون 44a25 lignum a quo fit lectus الخشبة المعمولة تقال nobis necesse يلزمنا باضطرار 68b22 fiunt idem in forma واحدة ... كانت 41a31 fiunt amplae اتسعت سريرا 43b7-8 بالصورة → facio

FIRMO magis salvatur et firmatur (inv.) يكون ... اوثق واسلم 90a15 FIRMUS magis firmus اوثق 90a15 *FIRMITAS ثقة (95a20)

FISTULA fistulae الزمارة 87a12 FISTULATOR زامر 87a12

FLECTO flectunt pedes constringendo تثنى رجليها 83a35 FLECTOR ut non flecteretur eius corpus لثلا ينثنى 54a25 FLEXIBILIS قوى على الانثناء 59a18 FLEXIO ثنى (92a17) flexio corporis انثناء جسده 96a7 flexio asseti انثناء 87b25 flexio in pedibus الرجلين انثناء 83b1 (93b20) bonae flexionis العضدين 92a3 levis flexionis سريع الانثناء *90a18 motus flexionis حركة جيّد الانثناء

## INDEX LATINO-ARABUS 363

الانشاء 90a11 FLEXIBILITAS انشاء 90a33 96a18
FLUO fluo ex سال من 68b18,9 fluit sicut مثل مسيل ... يكون مسيل 68b19 FLUXUS مسيل 68b7 fluxus ventris سهل البطن 79a26
FLUVIUS in piscibus fluviorum فى السمك النهرى 60b35 FLUVIALIS tenchea fluviale النهرية 91a18 91b6 FLUVIANUS (?) tencheah fluvianum التماسيح النهرية 60b15
FOLIUM folia vitis et folia ficuum et sibi similia ورق الكرم وورق شجر التين وجميع 68a23-4 → Index plantarum الورق الذى هو مثله
FONS fons et principium عين وابتداء 66a8 exeunt ab uno principio et ab uno fonte يخرج من اوّل واحد وعين واحد 68a14-5
FORAMEN ثقبة 69b7 91a26 foramina lapidum ثقب الصخور 84a5
(*FORFEX) → additamentum
FORMA شكل 41a8; صورة 39b1 40b34 41a17 42b23 43a24 45a35 46b2 et passim forma ipsius صورته 40b25 aliqua forma صورة من صور 43a2 46a33 multarum formarum كثير الصور 56a4 forma membrorum صورة الاعضاء 92b9 in forma بالصورة 43a11 43b8 in forma et aspectu بالصورة والمنظر 40b35 in figura et forma فى الصورة 41a20; بالشكل والصورة 42b12 per formam بالصورة 45b28 habet formam sicut formam صورة صورته مثل 90b16 ut sit talis formae et talis figurae ليكون بصورته وشكله مثل هذا 41a14 formae (pro accidentia) الآفات 46a19
FORNAX مستوقد 70a25
FORTASSE (→ Index GA s.v.) FORTE خليق ان 53a13; ربّما 39a8,29 40a32 48b 15-6,29 54b20 58b20 60b7,35 62b25 et passim; no Latin equivalent بقدر قول القائل (= ὡς εἰπεῖν) 73b16 75b4; (= σχεδόν) 53b9 forte ... et forte ... ربّما 44b19 49a7 61b33 76b30 96b13 nisi forte habeat إن لم يكن له 52b24 وربّما
FORTIS قوى 51b37 52a11 55a22 55b10 61b19 62b7 71b17 74b26 77b4 78b23-4 85b8 87b11,5 90b2 93b27 94a3 94a24; موافق للقوة 61b21 durus fortis قوى 79b24 a forti frigore et calore من افراط الحرّ والبرد 58b6-7 valde fortis قوى جدّا 59a27 71b26 FORTIOR اشدّ 63b7 90a19; اقوى 61b32 67a29 71b30 72b24 73b8 84a22, 7-8 85a18-9,20 91a19 91b12 96b17; اشدّ واقوى 62a30 fortior quam اقوى من 61b33 fortior et durior اقوى واجسى 55a11 fortiores se الخبيث القتال 63a13 FORTIUS ut retineant fortius ما تمسك ضبطا شديدا 87b15 fortius → impello FORTITUDO قوة 50a2 51b1 52a17 53a2 54a18 66b16 94a27 habet maiorem fortitudinem له قوة اكثر من قوة 96b20 ad fortitudinem للقوة 82b37 in duritie et fortitudine والقوة بالصلابة 55a5-6 propter fortitudinem et iuvamentum لحال المعونة ودفع ما يضرّ به 82b33
FRANGO FRACTURA accidebat ei fractura عرض انه انكسر 40a21
FRIGUS برد 48a27 51a8 58b7 65b30; برودة 49a30 (51a9) frigus naturale برد طباعه 82b1 in frigore باردا ... اذا كان 51a15-6 in frigore et calore اذا كان زمان شدّة افراط الحرّ وزمان شدّة البرد 80a29 multus calor et multum frigus افراط الحرّ والبرد 80a30 FRIGIDUS بارد 40b10 50b29 56b1 65b30 'calidus' et 'frigidus'

82b2-3 الحيوان البارد الطباع animal frigidum naturaliter 48a35 الاسخن والابرد valde frigidus بارد جدًا 52a28,35 frigidus magis quam من 66b9 بارد خاصّة اكثر من غيره 50b17 FRIGIDIOR ابرد 47b32 48a4,7 52b35 67a2,19 70b19; FRIGIDUM بارد 41b15 46a17 47a18 49a18 51b12; برودة 53a33 calidum et frigidum الحارّ والبارد 70b21-2 FRIGIDITAS 48a21,35 calidum contra frigidum الحارّ ضدّ البارد برد 50b20 52a34; برودة 53a33

FRONS جبهة 58b16

FRUCTUS ثمرة *no Latin equivalent* 53a24(→ granum) 55b36

FUGIO هرب من 53a15 يهرب الى اسفل مع 63a13 fugit cum ... ad inferius

FULCIO fulcior super على 84a3 توكّأ

FUMUS دخان 49a21-2

(*FUNDAMENTUM) اساس (68a16-7,9)

(*FUNICULA) *(fishing-line)* خيط (93a23)

GENERALIZO يجنّس ... باسم واحد 44a13 generalizabant ... sub uno nomine GENERALIS كلّى 41a34 communis generalis مشترك عامّ 39a19 GENERALITER فى الكلّ ... 80a18; بقول كلّى 97b25; 92a20 84b16 بقول عامّ 80b24; على كلّ حال 39b6 (77a23) generaliter et communiter بقول عامّ مشترك بقدر قول القائل GENERO ولد 40a25 46a34 animal quod (non) generat animal ( لا ) الحيوان الذى 46a30-1 52a5-6 80a31 generatur ab من 52a23 generantur per se تكون من ذاتها 40a27 (generatur) per se et per casum ويكون من قبل ... من ذاتها ومن البخت 41b22 generantur natura كينونة 53b10; كان 46a30-1 52a5-6 80a31 generatur ab من 55a7 62b24 GENEROR تولد 53b10; كان 46a30-1 (و ... كينونة ) 41b21 GENERANS animal generans sibi simile الحيوان الطباع 55b14 55a5 animal generans animal الذى يلد حيوانا مثله الحيوان الذى يلد حيوانا 57a27 58b27 60a31 64b23 69a26 69b6-7,24 74a24 75a17 86a2 *et passim* GENERARE non potest generari لا يمكن ان يكون 55b31 GENERATUS si fuerit generatus 41b16-7 generatus cum إن كان له كينونة 53b9 GENERABILIS non generabilis غير مولود 44b22 generabilis فى الولاد 44b24 مشترك GENERATIO ولاد 77b28; تقويم كينونة 39b25 40a18,9,34 40b11 41b16 42a7,26 46b2 49b35 53a4 94a23; تكوين 39b15; ولاد 40a21 41a7 45b33 46a26 46b7 78a23; 40a15; ولاد وكينونة 46b1 modi generationis اصناف الولاد 66a9 in tempore generationis فى وقت الولادات 94a22-3 paucae generationis aut nullius omnino الولاد 49b35; الكينونة الطباعية 51b13 generatio naturalis قليل الولاد او لا تلد البتّة 40b12 كينونة الحيوان والشجر 39b11-2 generatio animalium et arborum الطباعى generatio rerum كينونة الاشياء 42a14 a tempore generationis من وقت الولاد 79b19 (dictio) de generatione على الولاد 55b25 (= *de generatione animalium*) dicere de generatione animalium ذكر ولاد الحيوان 97b29 in sermone quem narravimus in generatione فى الاقاويل التى وصفنا فى الولاد 50b10 in sermone de generatione animalium فى الاقاويل التى وصفنا فى 95a27; فى الاقاويل التى نضع فى ولاد الحيوان 92a16 in sermone de cibo et generatione ولاد وكينونة الحيوان فى الاقاويل التى

# INDEX LATINO-ARABUS

من الاقاويل 74a20 ex sermonibus positis in generatione وصفنا على الولاد والغذاء فى الاقاويل 89a19 in sermonibus positis in generatione التى نضع فى الولاد جنس 39a20,6 42b6,17 45b21 47a7 53b14 GENUS الموضوعة فى ولادها وكينونتها 55b8 62a17 62b8 69b2 79a24 *et passim*; صنف 42b11 43b14 aliquod genus ex generibus جنس من الاجناس 96a5 quoddam genus جنس من اجناس 43a19 quodlibet genus et quilibet modus per se كلّ جنس وصنف على حدته 97b28 natura generum اجناس من اجناس 66b19 unum genus vaccarum الطباع الاجناس 81b1 unum genus piscium هو مجنّس فى 62a7 est sub illo genere جنس واحد من السمك ذلك الجنس 44b5 in quolibet genere فى كلّ جنس من الاجناس 40a14 per genus جنس النحل 44a13 genus apum جنسان 45b27 duo genera بالاجناس 83a6 genus apum et muscarum جنس النحل والذباب 78b14,9 genus arborum جنس الشجر 81a27 81b7 genus avium جنس الطير 69a31 94a4 95a18 genus avium et piscium جنس الطائر وجنس السمك 86b21 genus canum جنس الكلاب 58a29 genus elementorum جنس الاسطقس 70b20 genera ericiorum اجناس القنافذ 80a15-6 genus formicarum جنس النمل 61a16 78b17(G) genus hominum جنس الانسان 55b15 genus muscarum جنس الذباب 82b12 genus piscium جنس السمك 64a20 75a1 95b2 97a14 genus venarum جنس العروق 65b17 genera avium et piscium اجناس الطير والسمك 75a14 genera animalium اجناس الحيوان 41b8 56a13 76a22 76b29 istius generis الذى من هذا الجنس 93a17 genera istius modi اجناس هذا الصنف 83b26

GENS gentes et barbari الامم والبرابرة 73a25

GINGIVA ex viis gingivarum من سبل اللثات 68b17

GLADIUS سيف 87b3 membrum quod dicitur gladius العضو الذى يسمى بسيف 54a21

GRACILIS دقيق 59b25 84a10(L) 97b20; رقيق 91a7; 52b32 54b28 valde gracilis دقيق جدًّا 77a22 animal gracilium venarum الحيوان الصغير العروق 67a31

GRACILITAS دقّة 83a10 85b14 tenuitas et gracilitas دقّة 85b13

GRAECE الذى يسمّى (المسمّى) باليونانية 60b36 qui dicitur Graece باليونانية 74b14 62a7 63a23 69a8 71a31 73a17 75a3,11 76a17 *et passim*

GRANUM حبّ 62b8 cibus earum est grana طعمه الحبوب 94a7 semen grani (= semen serpentis) 41b35 modi granorum اصناف الحبوب والثمرات (= زرع الحيّة: حبّة) 53a24

GRATIA verbi gratia كقولى 43a28 44a24 47b19 43b32; كقولنا 42b8; كقول القائل verbi gratia quod كقولنا ان 42a8 verbi gratia quia كقولى ان 50a8; كقولنا ان 47b30 verbi gratia quoniam كقولنا ان 41b3

GRAVO pondus gravat motum intellectus الثقل يصيّر العقل عسر الحركة 86a30-1 GRAVOR gravantur capita تثقل رؤوس 53a18-9 GRAVIS avis gravis corporis الطائر الثقيل الجثّة 57b16 est gravis motus عسر الحركة 80b32 93b17 يصير (يكون) esset gravis motus valde لكانت حركته عسرة جدًّا 96a14 non grave sit hoc nobis لا يصعب ذلك علينا 45a16 est grave difficile صعب عسر 42b6 GRAVEDO propter ponderositatem et gravedinem sui corporis من اجل ان عظم جثّتها كثير وثقل اجسادهما 59a26-7 GRAVITAS (weight) ثقل 57b7; (difficulty) عسر 88a30;

68b19 لا يكون ... عسرا مؤذيا sine gravitate 44b31 عويص
GROSSUS غليظ 49b30 70a10 87b11,6; *no Arabic equivalent* 89b28 grossus et spissus غليظ 94b26 magis grossus اغلظ 50b33 GROSSITIES in grossitie غليظا اذا كان 51a16 GROSSITUDO غلظ 57b9 58a9
GULOSUS propter ... est gulosus تكون علة كثرة رغبته فى الطعام 75b25 est valde gulosus رغبته فى الطعام كثيرة 90b25; هو رغيب فى طلب الطعم 75a20; est valde gulosum et valde appetens يكون كثير الرغبة فى الطعام وشهوة سريعة اليه 75b27-8 sunt valde gulosi et multi appetitus تكثر رغبتها الى الطعام وشهوتها اليه 91a2 animal non gulosum الحيوان الذى لم يخلق رغيبا مشتاقا الى كثرة الطعام 75b22-3
GUSTO gusto per ذاق ب 60b14 61a18 GUSTARE ad gustandum لحال المناقة 60a1 مناقة 90b27 GUSTUS مناقة 60a21; المناقة الرطوبات 60b5 gustus humiditatum حسّ مناقة الرطوبات 56a31 60a19 sensus gustus 60b10; حسّ المناقة الرطوبات
GYROR gyratur circumquaque in ore يصير فى كلّ ناحية من الفم 60a24

HABEO اصاب 52b27; فى 46b19-23 48a7 60b11 61b10 72b13 *et passim*; ... لـ 39a11 40a34 50a1 54a16 *et passim*; صار ب 45a25 63a27-8 صار ل 93b5; صار ذا 94b2; يوجد ل 90b19; كان ل 40a23 79b28; ـه 46a23 58b1,11 96b20; 94b5 95a14 97a26; 95b24 habet in se لو كان له ... لم يكن له 43b1 56b22 si habuisset, non haberet فيه 75a28 quod habet الذى له 46a32 sicut habet مثل ما له 66a29 habet illam figuram et formam على ذلك الشكل وتلك الصورة 40b34 habet iste modus يكون كثير اللحم 96b32 habet multam carnem خرطوم هذا الصنف additamentum 95b11 habet multos pedes كثرت ارجله 82b5 habet multos filios يربى جراء 88b16 habent rostra lata تكون عريضة المناقير 62b12 habet tale accidens 68b35 habent 50b28 habet maiorem calorem هو اكثر حرارة من غيره يلقى هذه الآنة sanguinem temperatum يقوى ب 67a3 habet vigorem cum الدم الذى فيه معتدل 83a19 quod habet aculeum ما كانت حمته 83a6 habent extra aculeum صارت الحمة 83b17 nisi منه ما يوجد ابوابه 83a12 quaedam habent culmos خارجا من الجسد habeat coopertorium إن لم يكن عليه غطاء وسترة 93b18 quando habuerit dominium → *dominium etc.* nisi forte habeat له إن لم يكن له 52b24 non habet كان ليس لـ 48a18 58a7 76a28 *et passim*; ... لـ 50b4; ... لـ 83a3-4; عادم 61b13 habent quaedam ... et quaedam ... ـه 43a3; ليس فى 72b31-2; شركة non 63b21-2 quaedam habent pedes لبعض ... وليس لبعض من ... ما رجلاه 84b11 non habetur ab ليس ل 52b24 → prohibeo من ... ما له رجلان 84b11 الذى HABENS ... ـه (فى) 62b15,32 *et passim;* له 63b26 71a2 88b8 *et passim;* 42b8 habens humiditatem ذو ... والذى له 42b24 56b1 62b35 63a1 *et passim;* له subtiliorem تكون رطوبته ارقّ 50b22 est habens plus carnis لحما اكثر 86b22 est habens additamentum latum عريض الخرطوم 62b14 habens pedes fissos المشقوق 44a5 habens sanguinem دمى 42b15 45b10 48a28 50b30 56b20 59a4 *et passim;* الذى له دم 50b25 animal habens plumam 48a1; هو دمى 48a8; الذى دمى ما كان من الحيوان ذا ريش او له قشور او تغليس فى aut squamam aut corticem

INDEX LATINO-ARABUS 367

جسده (a27→)71a12 non habens ليس له 44b5 (→ inter) HABERE debet habere
من 39a13 naturaliter debent habere ينبغى ان يكون ... ل ;81b14 ينبغى ان يكون فى
59b13 لم (يكن) لا ، non possunt habere 64a6 طباعها ان تكون لها يمكن ان يكون له
87a27 لا يمكن ان يغيّر ذلك النوع non possent habere alium modum 63b35 63a8
non potest esse ... et habere ذو ... ليس يمكن ان يكون 83a13
HABITO HABITARE ad habitandum in لمأوى فى 59a2
HAHINOZ venter qui dicitur graece hahinoz اخينوس البطن الذى يسمّى باليونانية
(= ἐχῖνος) 76a17
HAMUS sicut hamus مثل الخيط والصنّارة 93a23
HARUNDO harundo piscatorum القصبة للصيّادين 93a23
HERBA عشب (62b16) herbae virides الخضرة والحشيش 93a15 herbae multae humiditatis حشيش كثير الرطوبة والندى 76a15
HIC ذلك 40a31; مثل هذا 39a7 39b30 51b35 64a12; هذا 40b3 46b26 52b22 56a18
secundum hanc dispositionem على مثل هذه الحال 46a29 57b7,23 84b27 secundum
hunc modum بهذا 81b32; على مثل هذا النوع 77b28 83b36 94b22; بهذا النوع
39a2 ذلك 44a28; HOC هذا الامر 76a22 بقدر هذا الفنّ الذى وصفنا 82b29; الفنّ
56a31; مثل هذا 61a6 78a24; هذا الشىء 39b28 40a2,5 42a31; ما ذكرنا 66a22;
78a5 et فيه 59b5 64b17 in hoc يعرض هذا العرض 42a32 accidit hoc هو ;42a13 هذا
passim qui plus potest in hoc يمكن الذى 66b30 hoc quod ما 39a14 62b11 85b9
hoc quod dico قولى 63b31 hoc est hoc هو هذا 40a7 ad hoc لحال هذه العلة 55b10
de hoc من هاهنا 40a13 conveniens ad hoc موافق للحاجة التى ذكرنا 59a15 propter
hoc لذلك 60b36 62a24 63b30 66b30 88b26; لهذه العلة 57a31 57b 60a2 60b33
من اجل هذه العلة 62a1 66b28 71a33 71b26 90b8; من اجل ذلك 62a28 62b1;
46b35-47a1 48a5 56b6,20 62a12,30 63b35 71a8 71b9,22 72a8,22 72b19 73b24 et
passim ; لهذه الحال 59a23; لهذه الحال والعلة 50b24 propter hoc quod من اجل ان
56a9 propter hoc quod diximus لحال العلة التى ذكرنا 70b18 secundum hoc على
(= ὅμως) وعلى ذلك 42b4 et secundum hoc على مثل هذه الحال 40b25; هذه الحال
44a16 81a10 in hoc ... et in hoc وهاهنا ... هاهنا 49a13 HIC هنا 42a7; هاهنا 42a4
HINC من هنا (G) 80b31
HIEMS in hieme فى الشتاء 80b1 quando invalescit hiems اذا اشتدّ الشتاء 85a32; اذا
كان شتاء 85a35
HOMO انسان 39a17 40a4,25,34 43a3 43b5 46a33-4 53a27 56a8 57b2 58a15,21 58b2
61b14 73a6-8 87a9,11 et passim; جنس الانسان 45a29; ناس 61a25 86b23 hominis
73a14 رأس الانسان 44b12 in homine فى الناس 93b20 caput hominis الانسان
87a5; جسد cerebrum hominis دماغ الانسان 58b7 corpus hominis جثّة الانسان
الانسان 56a10 87a23 genus hominum جنس الانسان 55b15 mares et feminae hominum ذكورة واناث الناس 88b31 pectus hominis صدر الانسان 88a13 renes hominum كليتا الانسان 71b6,9 umeralia hominis مرفقى الانسان 88a11-2 homo et alia
animalia الانسان والحيوان 40b18 homo imaginatus اعنى بقولى ... الانسان الحديث
رجل من اهل الكورة 40b34 quidam homo decollatus الانسان الحديث المعمول بمهنة

59b4 secun- يمكن ان يقول قائل ان 73a19 potest homo dicere quod مضروب الرقبة
dum quod potest homo dicere simpliciter بقول مبسوط 46b34 بقدر قول القائل
51b21; بعض الناس multi homines 39a25 44a13 72a34 73a17 84b24 الناس homines
جميع omnes homines 43b11 48a24 52a24-5 69b24 73a20 95a1 كثير من الناس
الناس 76b34 quidam homines بعض الناس 43b28 55b33 56a15,8 68b6 73a10 81a36
81b19; مَن الناس 41b20 42b5 48a25 52b7-8 72b10 76b31 non adiuvatur homo
per ليس ينتفع ب 87b21

HORA apud horam anhelitus (v. l. B) فى اوان التنفّس 65a19
HORTUS بستان 68a14(18) introitus in hortum الدخول الى بعض الزرع والثمرات (→
adn.) 58b18
HUIUSMODI (45b5) et hu- ما يشبه هذا الفنّ 39a17; صنف آخر من اصناف (الحيوان)
iusmodi وسائر 47a19; وسائر الاشياء التى تشبه هذه 46a22; غير ذلك مما يشبه هذه
61a13 وما يشبه هذا الصنف 48b34; وما يشبه هذه الاشياء 46b26; الاشياء التى مثل هذه
97a6; عن هذه الاشياء 39a22 om- 50b26-7 de huiusmodi وكلّما يشبه هذه الاصناف
nia huiusmodi (paraphrase) 70a28 وكلّ جنس يشبه ما ذكرنا no Latin equivalent
81a25)
HUMEFIO رطب 53b3; ترطّب 49b34 HUMIDUS رطب 46b21 47b11-2,28 49b10
50b35 54b30 56b1 57b23 58a3 65b12 67b28 70b18 71a4,32 74b34 77b22 78b20
81b18,22 et passim efficitur humidus يكون رطبا 49b32 efficitur valde humidus
ترطّب جدّا 68b8 fit humidus رطبا صار 58a9 pars humida الجزء الرطب 53a24-5
HUMIDIOR ارطب 55a24 70b19 HUMIDUM رطب 46a16 47a19 49b9 50a4 (70b
21); رطوبة 51a9 53a33 70b8,10 72a21 76a35 97a31; ندى 73b1 humidum valde
الرطب جدّا 58b9 superfluitas (superfluum) humidi فضلة الرطوبة 68b3-4 70a22
70b6 71b2,19 HUMIDITAS رطوبة 47b26,35 49b14 50b18,22 51a10 52a35 53a33
53b9 56b2 57a31 58b3,4,14 et passim; ندى 72b36; رطوبة من الرطوبات 89a9; ندى
ندى دمى 73a1 humiditas nigra الرطوبة السوداء 79a6 humiditas sanguinea ورطوبة
حلاوة 73a34 cursus ... humiditatis مجرى ... الرطوبة 64b10 dulcedo humiditatis
فضل الرطوبة 81b30 sapor humiditatum لذّة الرطوبات 60b9 superfluitas humiditatis
رطوبة حارّة humor calidus 72a7,9 72b29 رطوبة 70b5 HUMOR الرطوبة والندى
72b29

IAM قد 46a8 56a29 62b17 et passim iam ergo قد 50a1; فقد 41b8 47b8 49a6 51b
17 et passim modo vero iam فاما حيننا هذا فقد 44a7 et iam وقد 40a2,8 45b14 et
passim sed iam ولكن قد 49a33
IBI هناك 45a21 68a34 75b10; هنالك 72a4 75b32; no Arabic equivalent 50a6 ubi ...
ibi حيث ... هناك 58b4-5,21-2
IDEM واحد 39a27 42b32 45b13 51b13 53b1 76b29 et passim; هو فهو (الذى)
41b3,4 واحد هو فهو 39b15,22 42b9 49b1 55a5 62a22 76b14 77b20 et passim;
41b35 43b15 47a9,26 48b25 89a16; الواحد الذى هو فهو 43a14 43b14 44a9,26 63a18
كانت ... واحدة 67b27 83a26 89a6 est idem cum مثل 96a11 fiunt idem in forma

من اجل الصورة 43b7-8 propter eandem causam من اجل هذه العلة بعينها 74b17-8; للعلة التى 80b27 propter eandem causam propter quam هذه العلة التى هى فهى 48a24 redeo in eundem اوائل باعيانها 95b11 eadem principia ذكرنا من اجلها sermonem نردّد القول 39a25 42b9 45b11-2
IDEO لان 52b19,33 quia ... ideo habet من اجل هذه العلة 53b4; من ذلك 54a6; ذلك لان ... صارت له 87a9
IEIUNUM صائم 76a1(3) membrum quod dicitur ieiunum العضو الذى يسمّى صائما 75b33
IGITUR ف 41a29 48a20 48b2
IGNIS نار 40b9,10,23 42b33 46a14 47a12,4 48b27,9 49a9,29 51a25 52b8 55a15 superfluitas ignis فضلة النار 49a25 ex inflammatione ignis من التهاب نار 49b5 ignis modicus النار القليلة 67a24 IGNITUS carbones igniti جمر وتتقد 51a1-2
IGNOBILIS غير كريم 45a27; دون الكريم 45a7;
IGNORO ignoravit قد جهل 40a22
ILLE ذلك 39a14 41b28 43a18 51a35 60b28 62a8 et passim; الذى يكون 70b15; هو 76b23 77a32 82a33 illa منهما 49b10 illi duo modi الصنفان ذانك 85a15,24 illius ه 63b21 causa illius من اجلها 84a33 illud ... et istud ... ذلك وهذا ($L^1$) ... 47a9 illud accidit ei quod له 79a13 ex illo الذى يعرض له 79a13 ex illo ... et ad ipsum واليه ... من هنا 66a12 ille qui (illud quod) الذى 40b5 42a15 45a10 48b13-4 56b15 73a13 76b22 et passim; ذلك الذى 80b6; ما 48b13 50a35 79b18; مَن 63b31 quod illi انهم 40b16 illi qui sunt in opinione Anaxagorae اصحاب انقسغوراس 77a5 diximus causas illorum قلنا العلل التى من اجلها صارت 78a22 non ... nisi per illum modum منهم من 48a32 quidam illorum ليس ... بنوع آخر إلاّ بالنوع 43b8 utrumque illorum كلّ واحد منهما 51a21 illud quod est subtile الدقيق 51a17 illud quod (interpr. transl. → cor, submergo etc.) de illis ... (interpr. transl. → caelestis, longus)
ILLIC هناك 71b15; هنالك 75b21
IMAGO صنم 40a31 45a13 imagines aeneae اصنام النحاس 40a30 → operatio IMAGINATUS homo imaginatus ... اعنى بقولى الانسان الحديث الانسان الحديث المعمول بمهنة 40b34
IMITOR imitatus est لازم 42a27
IMMO بل 44b13
(*IMMOBILIS) بغير حركة 86b10
IMMUTOR تغيّر 51b25 53b7
IMPAR numerus impar فرد العدد 80b4 (81a2) est impar فرد عدّته 80b18,24
IMPELLO impulisset fortius لكان نطحه قويا جدّا اكثر من النطح الذى ينطح به من رأسه 63b1 IMPELLERE melius ad impellendum اجود للنطح 63b16 IMPULSIO erit impulsio fortior يكون النطح اشدّ 63b6-7
IMPERFECTUS ناقص (71a16) 95b2
IMPINGUO impinguor اخصب 80a27-8,36; امتلأ شحما 72b2

IMPLEO ملأ 62a11 (67a18 *pro* convenio) 80b31 impleor ex انطمّ من 68a29; امتلأ 80b33 من

IMPOSSIBILIS est impossibile 42b35; ليس مما يستطاع 44b19; كان مما لا يستطاع 80b26 est impossibile ut ليس يمكن ولا مما يستطاع ولا يستطاع 42b7; مما لا يمكن ولا يستطاع لا يمكن ان 77b3 impossibile est quod ليس يمكن ان 47a21 43a1 (كان) لا يمكن ان لم يكن يمكن ذلك إلا 43b26 hoc erat impossibile nisi propter لا يستطاع ان 43b28; ب 82b23

IMPRAEGNOR IMPRAEGNATIO حمل 89a17 quod accidit feminis ex impraegnatione 55a3-4 ما يعرض للاناث من حمل الجنين (وتربيته ونشوءه)

IMPURUS ليس بخالص 69b28

IN (*c. abl.*) الى 39a19 *et passim*; ب 40a24 55a5-10 61a5 93b12; تحت 88b5; على 63a35 63b9; فى 39a5,9,13 *et passim*; لـ 40a20 46b12 48b17 60b8 64a10 83b 13; مع 39b11 42b12; من 57b14,20 60a24 64a11 *et passim*; من قبل 92b7; ـه 58b19 (*c. acc.*) الى 58b18 non recipit aquam in potum ليس يشرب الماء لحال الشرب 71a10 dicitur in يقال 49a28 50a1 in hoc ... et in hoc وهاهنا ... هاهنا 49a13 in ... vero, in ... autem ... واما فى ... اما فى 54b33-4 membra extrinseca in corpore hominis يظهر ... 56a9-10 in ... apparet الاعضاء التى هى خارجة من جسد الانسان وهيّأ 67b4 ingeniata est in dando احتال 59a12 praeterquam in homine ما مملوء خلا الانسان 86b3 contentus in ore الذى يحدق به الفم 61a35 → subtilis

INANIMATUS a corporibus inanimatis ad animata من الاجساد التى ليس لها انفس الى الحيوان 81a12-3

INCEDO مشى 94a20 incedunt pueri incurvati يحبون الاطفال 86b9 repit incedendo يدبّ 88a9

INCIDO INCISIO قطع 50a11 incisio ... in partibus parvis بقطع صغار ... قطع 50a10

INCIPIO بدأ 50a30; إبتدأ 66a12 77b3 إبتدأ ب 46a3 55b28 incipiemus in narratione لا نبدأ بذكر 85b31-2 non incipiemus in اخذنا فى صفة 85b30; نبدأ بصفة 56a10 debemus incipere de ابتداء 39b5; بدأ فى 82a32 INCIPERE ينبغى لنا ان 40a13 nos modo volumus incipere نحن نهم ان نأخذ فى نبتدئ بالقول من 97b29

INCOMPLETUS ليس بمحكم 75a6

INCONVENIENS est inconveniens ut ليس يمكن ان 56b9

INCURVO illi qui incurvantur ex aetate illorum شبيبتهم (؟) حبّت * الذين 86b7 INCURVATUS (59b7 → alatus) معقّف 62a14 62b1,3 63a14 rostrum incurvatum منقار معقّف 93a11 ungues incurvati مخاليب 62b32 incedunt incurvati يحبون 86b9 منقار معقّف est incurvatus ad مثنية الى ما *يثنى الى 85a2 sunt incurvata versus principium يلى اوائلها 85a1

INDE من هناك 88b30

INDETERMINATUS *no Arabic equivalent* 49a35

INDICUS → Index animalium *s.v.* asinus

INDIGEO (*act.*) احتاج الى 50a10 50b14 52b17 55a10,22,30 57a31 *et passim*; (*pass.*) 42a36 42b2 52a16 *et passim*; محتاج الى 88b16 يكون الحاجة الى 58a4 59b10

INDEX LATINO-ARABUS 371

indigeo ... ad ل ... يحتاج الى 97a27 indiget باضطرار يحتاج الى ان يكون له 65b12; يحتاج اليه 78a6; باضطراران يحتاج الى ان 65b14 necessario indiget باضطرار يكون ل 61b34 65b23 الذى يحتاج اليه ( باضطرار ) 89b24 quo indigetur (necessario) باضطرار 77b5 94b13 quo indigetur ad يحتاج اليه لحال 62a25 non indiget لم يحتج الى 87a5; 57b23 لا يحتاج باضطرار ان 84a4 non indiget necessario ut ليس لـ ... حاجة الى 61b30 (→ adn. ad loc.) INDIGENS 75b16; محتمل ل 93a12; الذى يحتاج الى INDIGENTIA حاجة 62a35 91b14,26 indigentia ad حاجة الى 95a8 apud indigentiam (c. gen.) بقدر الحاجة 64b26 65a4 secundum indigentiam عند الحاجة الى 65b3 secundum indigentiam ex ipsis بقدر الحاجة الداعية اليه 83b35 الداعية الى ذلك INDIGESTUS 74b25 crudus الذى ليس بمطبوخ ولا معمول 50a15; الذى لم ينضج بعد indigestus غير نضيج 75a20
INDISCRETUS جاهل 51a3
INDIVIDUUS شخص 43a7,8,12 43a14,22 44a28,9,32
†INDUATIONES habet multas †induationes له اوائل كثيرة (τὸ πολλὰς ἔχειν ἀρχάς) 82b29
INDUCO necessario inducit ad يضطر ... الى ان يلجأ الى 42a18 inducit pondus يكون منه ثقل 90a14
INFINITUS quae habent prohibentia quasi infinita الذى يمنع ويحجر بينه وبين البصر غير شىء واحد 58a7
INFIRMO quando infirmantur اذا اصابهما سقم 71b10 INFIRMUS سقيم 50b2 INFIRMITAS آفة 67b3; سقم 71b10; مرض 53b4 77a9; وجع 67b6,8 infirmitas acuta المرض الحاد 77a6 infirmitas magna سقم صعب شديد 67a33 infirmitates fortes الاوجاع القوية 77b4
INFIXIO ثبات 52a17
INFLAMMATIO ex inflammatione ignis من التهاب نار 49b5
INFLO inflor 69a16 انتفخ وتورم 69a18; انتفخ 69a28; ارتفع
INFRA دون 56b37 INFERIOR اسفل 59b25 mandibula inferior الفك الاسفل 51b31 60b27 61a11 91a28 91b5,16 membrum inferius العضو الاسفل 72b23 membra inferiora الاعضاء التى فى 47b34; الاعضاء التى فى اسفل الجسد 83b21; الاعضاء السفلية 48a11; الاعضاء التى فى الناحية السفلى 72b22 palpebra inferior الشفر الاسفل 57b5,6,10 58a25 91a21 pars inferior الناحية السفلى ( السفلى ) 69b20 72b29 79a16 85a17 86b7-12,34 87b14 89b13 94a25; الجزء الاسفل 91b17; المكان الذى يلى الناحية 88b28 venter inferior البطن الاسفل 50a13 75b19,30,5 76a5 76b18 in loco inferiori فى ، من الناحية السفلى 53a16 in parte inferiori فى المكان الاسفل الى ، 57b14 65a24 75a17 INFERIUS (subst.) الاسفل 67b34 96a27; (adv.) اسفل 79a9 86b34 91a29,31; فى الناحية السفلى 75a16 83b21 incipiunt inferius بدأ اسفل 50a30 ab inferiori من اسفل 87b14 91b12 ad inferius الى اسفل 53a15 cadit ad inferius يطأمن الى اسفل 53a7-8 declinat ad inferius يسيل الى المكان الاسفل اعنى الارض 71b33-4 inferius parietis اسفل الحجاب 77a8 in suo inferiori فى اسفله 76a34 ex inferiori من اسفل 72b27

INFRIGIDO برّد *50b28 53a12 infrigidor برد 48b20 49b32 53a1 53b4 56a22 58b9 67a28 82b20 infrigidatur cito يبرد عاجلا 66b3 infrigidor ex برد من 69b1 infrigidor per برد ب 69a5 INFRIGIDARI non potest infrigidari لا يمكن ان يبرد 48b30 INFRIGIDATIO تبريد 48b20; برودة 66b8 68b34 69a2 *92a23 96b23 quando infrigidatur ... infrigidatione magna بردا شديدا ... اذا برد 48b33

INGENIOR ل احتال 59a9 INGENIATUS ingeniatus in ب احتال 55b7 ingeniata est in dando احتال وهيّا 59a12 ingeniata est natura احتال الطباع 52b19 64b21 65b13 68a20 bene ingeniata est natura in قد اصاب الطباع حيث 75b12; احتال الطباع ب 87b22 نعم ما احتال ل 65a8-9 certe bene ingeniata est in احتال بهذه الحيلة فـ ... مذهب 64b32 INGENIUM نعم ما احتال الطباع فى optime ingeniata est natura in صار الحيلة ;46a2 الحياة (= vita) pro الحيلة 56a6 est maioris intellectus et ingenii 44b16 ingenium الحيلة الأخذة الى معرفة 87a8 ingenium cognoscendi اعقل واحكم من summae cognitionis حيلة مأخذ معرفة* 42b2-3

INICIO INICERE est inicere (c. dat.) هو يدفع الى 50a27
INITIUM in initio (c. gen.) عند اوّل 66a20
INQUIRO INQUIRERE طلب معرفة 45a21 debemus inquirere ان نطلب ينبغى 81b33 modi inquirendi اصناف طلب 42a29 ad inquirendum الى طلب 42a29 INQUISITIO طلب 49a35
INSATURITAS رغبة 60b9
INSPICIO نظر الى 45a19 INSPECTIO non apparet ... nisi multa inspectione ليس يظهر له ... إن لم يمل الانسان رأسه جدّا 90b24-5
INSPIRATIO levis inspirationis سهل التنفّس 53b2
INSPISSOR (L; → لبد) يكدّر بها الماء 68b10 per ipsam inspissatur aqua غلظ وثخن 79a7

INSTRUO INSTRUCTIO ادب من الأدب 39a4 INSTRUMENTUM آلة 41a11 50a8 53b24,9 59a11 61b33 69a14 83b7 87a10,9,21 87b4 92a6 94b13-4; خرطوم (pro additamentum) 59a15 aliquod instrumentum شيء من الآلة او من الآنية 56a36; آلة 45a31 tria instrumenta الثلاثة الآلة 57a9 instrumentum habet tres pedes آلة لها ثلاثة ارجل 41a32 instrumentum anhelitus آلة التنفّس 64a29-30 instrumentum auditus آلة السمع 56b14,28 instrumentum odoris آلة المشمّة 91a12 instrumentum olfactus 47a7,12 آلة الحسّ 58b27,34 instrumentum sensus آلة ( حسّ المشمّة) 56b6,20,35 91a11 quodlibet instrumentum sensus كلّ واحد من آلة الحواسّ 69b22 آلة instrumentum sensus auditus آلة حسّ السمع 56b16 instrumentum sensus visus آلة حسّ البصر 57b23 instrumentum quo anhelant in aqua longo tempore آلة موافقة اليدين آلة 59a9-10 manus non sunt nisi instrumentum للتنفّس فى الماء حينا كثيرا ليس اليد آلة واحدة 87a10 manus non est unum instrumentum sed multa من الآلات بل آلة كثيرة 87a19-20
INSUFFLOR نفخ فيه 69a28
INTELLIGO intelligit يفعل (= facit) pro يعقل 41b12 INTELLIGENS حكيم جدّا 87a17-8 quod est valde intelligens الحكيم جدّا 87a18 INTELLECTUS معقول

41a36 41b2 INTELLECTUM *(subst.)* المعقول 41b2 INTELLECTUS *(subst.)* رأى 40a2; عقل 41a36 41b1,8 50b19 72b30-3 73a6 86a29,31; عقل *(diaphragm →* paries*)* 72b11,31 amissio intellectus ذهاب عقل 53b5 convenientior intellectui اوفق لذى العقل 48a4 est maioris intellectus et ingenii من صار اعقل واحكم من 87a8 homo est pluris intellectus الانسان اعقل واحكم من 87a9 est minoris intellectus quam الانسان احكم من 87a11; اقلّ عقلا من 86b23 diminuet intellectum قلّ العقل 86b25 INTELLIGENTIA habent maius intelligentiae فى طباعها اعقل من 48a7
INTENDO intendebat يستأنف 39b29 intendunt per sermonem ad ipsum يرومون الكلام اليه 39b22 INTENTIO رأى 39a13; معنى 60a36 est ex intentione ut ( *pro* accidit) هو من العرض ان 47b27
INTER بين 40a12 49a12 54b25 55b37 62b13,8 79b6,31 80b34 93a3 *et passim*; فيما بين 42b22 47b2 54b6 56b32 64b35 75b31,4 80a6 92b24 93b21 *et passim*; كان ... بين 53a31 66a21 67a32 79b30 80a5 87a5 89a23 89b11 est inter مشترك ... بين 64a26 inter ... et و... بين وبين 62a2-3 72a12 72b20-2 76a36-b1 92b8; بين ... وبين ... 41a35 49a1-2 88a11-2 88b20; فيما بين ... و 54a15 64a31 81b1,23 inter ... et ... سنت ما بينهما ... و ... تفرق ... فيما بين ... و 61b9 est medius inter ... et فيما ... و ... بين 79b8; واسط فيما بين ... و 61b10 (→ diversitas, distinguo, modus) habens inter pedes corium الذى فيما بين رجليه جلدة 62b10 → communis
INTERFICIO INTERFECTUS nullum interfectum *(sc. animal)* in corde eius apparet *(sc. dolor)* لم يذبح ذبيحة يظهر فى قلبها 67b2
INTERPRETOR quod interpretatur وتفسيره 92a20; وتفسيره بالعربية 83b17
INTESTINUM معاء 74a12 75a32 75b25 76b11,7,20 77a15 77b37 78a13 81b26 82a15 84b26 93b25; *معاء الاجواف 76a22 intestina omnia 75a31 intestina طباع المعاء 76b21 amplitudo intestini سعة المعاء 75b25 involutio intestini التواء كلّ المعاء 75b20 80a22 magnitudo intestini عظم المعاء 75b3-4 medium intestini وسط المعاء 50a30 multitudo intestinorum كثرة المعاء 77b20 pars intestini quod orbum dicitur جزء المعاء الذى يسمّى اعمى 75b7 (→76a5) pars intestini quae vicinatur ventri اجزاء ناتئة من ما يلى البطن من المعاء 75a34 partes intestini prominentes اوعية (= معاءه): المعاء 75a17 rectitudo intestini استقامة المعاء 75b26 vasa intestini المعاء 75b27 apud complementum intestini عند تمام غاية المعاء 75a16 animal طعامه recti intestini الحيوان المستقيم المعاء 75a21 intestinum extensum معاء مبسوط 78b 27 79b1,11 intestinum rectum extensum *(inv.)* معاء مبسوط مستقيم 82a14 intestinum involutum المعاء ملتو 82a16 intestinum strictum معاء اضيق 75b18-9 intestinum interius *78a35 intestinum معاء الجوف quod dicitur *caecum المعاء الذى المعاء ( الذى يسمّى ) الاوسط 76a5 intestinum (quod dicitur) medium يسمّى اعمى 76b10 (77b12) 77b36 natura intestini medii طباع المعاء الاوسط 78a14
INTRA فى باطنه 97a10; بين 54b7; فى داخل 52a23 55b1 61a15 داخل من 56b36 82a13; داخلا وخارجا 83a8 84b18 95a26; من داخل 54a4; مداخل 61b23 intra et extra 55a5 INTERIOR membra (corporis 65b32) interiora ( باطن الجسد ) الاعضاء التى فى باطن 85b28 92b1; اعضاء الجوف 46b32 47b1,8 *55a1 65a28-33 65b5,32 67a33 67b3,7

68b31 69b13,8 70a8 71b23 72a2 73a32 73b2,4,12 76b5-8 *et passim* membra quae sunt interiora الاعضاء التى فى الجوف 47a32 dispositio membrorum interiorum طباع اعضاء الجوف 78a29 حال اعضاء الجوف 84b6 natura membrorum interiorum INTERIUS in omnibus interioribus فى جميع الاجواف 80b3 ad interius الى الجوف *42a36 83a3 90b30; الى داخل 83b1 in interiori فى الجوف 42b1* in interiori *(c. gen.)* 76b4* *69a5* فى جوفه in suo interiori 77a4 76a16
INTRINSECUS داخل 65b4 الاعضاء التى فى الجوف الذى هو داخل 54a7 membra intrinseca
INTRO دخل 42a35 42b2 59b19 69a17; دخل فى 65a22 78a17 quando intrat aetatem اذا صار مسنّا 86b16 intro in دخل فى 65a21; فدخل فى ... سال 62a11 intro per ... ad دخل من ... فى 64a21 qui intrat دخيل فى 69a5 74a17 intrant se secundum serram دخول الى 61b21 INTRARE intrare in يكون مداخلا اعنى يقع بعضه فى داخل بعض 45a20 INTRANS intrans ad داخل 45a19
INTRODUCO INTRODUCTIO introductio cibi تورّم غذاء الطعام* 89a1
INTROEO INTROITUS دخول 42a36 42b2 50a15,6 64a18,29; دخول الى داخل 72b 20; مدخل 60b30 64a33 69a15 81b27 86a12 introitus in الدخول الى 58b18 introitus quorundam in quaedam دخول بعضها فى بعض 54b18 → oboediens
INTROMITTOR intromittuntur in فى 73b4
INTUEOR ille qui considerabat et intuebatur من تفقّد ونظر 63b31 qui volunt bene intueri in hoc من نظر فيه نظرا شافيا 78a5
INUTILIS esset inutilis لم ينتفع به 87b17
INVALESCO quando invalescit hiems اذا اشتدّ الشتاء 85a32; اذا كان شتاء 85a35
INVENIO وجد 39b21 69b30; موجود 76b21 80a27; كان invenitur 56a24 80b2 وجد 69b33 76a8 76b30; يوجد 52a13 70b13,8 71a24 71b15 75a15 76b17 *et passim*; يؤخذ (= accipitur) *pro* يوجد 43a16 43b17,26 invenitur in كان فى 76a6; فى 74b21 96a5; يوجد فى ... كما sicut in كان مصيبا فى 39a5; يوجد فى 82a8 96a22 invenitur in ... يصاب فى 91a11 non invenitur in لا يكون فى 51a25; لا يوجد فى 92b16 invenitur super يوجد على 81a8 81b26 INVENTUS est inventus inter ... et ... يوجد فيما بين ... و 82a2
INVICEM AD INVICEM appropinquantur ad invicem قرب بعضها من بعض 81a15 quando conferuntur ad invicem اذا قيس بعضها الى بعض 84b3 consimiles ad invicem ليس ... بملتئم بعضه 46a21 non continua ad invicem تشبه بعضها بعضا ... 67a7 declinantes ad invicem بعضها مائل الى بعض 63a14-5 non remotae ad invicem إن ذلك 44b4 si confricentur ad invicem لا يبعد بعضها من بعض بعدا كثيرا 55a15 → assimilor, compono, continuus, diversor, involvo, remotus, separo *etc.*
INVOLVO لوى 83b35 per ... involvit يلزم ويتشبّك ب 79a12 involvuntur ad invicem الاجساد التى تتشبّك بعضها ببعض 68b21 corpora quae involvuntur ad invicem تضفر وتشتبك بعضها ببعض ( حتى تلتئم وتركّب بعضها على بعض ) 68b24-5 involvor super تشبّك ب 94a19 INVOLVERE potest involvi قوى على ان يلتفّ 59a33 INVOLUTUS ملتو 75b8 82a(15)16 non involutus غير ملتو 82b24 INVOLUTIO

INDEX LATINO-ARABUS 375

تشبيك 75a28 85b4,8; تشبّك 85b4-5,8; التواء 75b20,5 80a22 83b13 84b20 habet involutionem multam له انثناء كثير 75b2
IPSE بعينه 56b21; هو 41b29 59a2; ـه 66a21 72a11; *no Arabic equivalent* 48b1 66a17 73a21 ipse solus وحده 75a4 causa ipsius علته 77b35 formam ipsius صورته 40b25 ipsa res بعينه الامر 42a28 ex illo ... et ad ipsum من هنا ... واليه 66a12 prope ipsum قريب منه 52a32 quod sequitur ipsum ما يتلوه 40b3 ipsi dixerunt قالوا 77a11 quoniam magis utitur ipso لانه مما يستعمل 85a21 ante ipsum قبل 40a24
IRA غضب 83a7 IRACUNDUS غضوب 50b34 valde iracundus غضوب جدّا 51a3 IRACUNDIOR اشدّ غضبا 61b33 IRACUNDIA غضب 50b35 apud iracundiam عند غضبه 51a3 in temporibus iracundiae فى اوقات الغضب 51a2
IS ذلك 40a15 eius ـه 39a24 49b35 *et passim* cum separantur ab eo اذا فارقه 81a16 apud eos عندهم 40a11 in eo فيه 52a36 in eo quod fingunt quod ... فى قولهم فى 77a5 is qui الذى 43b9; مَن 78a5 id quod الذى 95b28; ما 61b27 62b3 حيث زعموا ان id quod est الشىء الذى يكون 42a14 id est quando اذا 87b19
ISTE ـه 41b8 65b6; ذلك 71b25; هذا صنف 83a3; هذا 39a26 40a8,9 41b24 46a18 *et passim* ; الذى نصف ... هذا 83b8; مثل هذا 77a17; هذه الحال 40b17 41b16 42b31 46b20 *et passim*; هو 87b5; ما وصفنا 70b13; الذى وصفنا 47b34; الذى ذكرنا 63b1 ينبغى لنا 69b1 illud ... et istud وهذا .... ذلك 47a9 ante istud debemus dicere hoc ان نذكر هذا ايضا فى اوّل ذكر تلك 78a25-6 ista duo هتان الخصلتان 43b1 istae aves هذه الاصناف من اجناس الطير 74b34 quodlibet istorum اصناف هذه الطيور 62b11; كلّ واحد ممّا ذكرنا 45b36 74a19 sermo in istis القول فيها 74a20 (quae diximus) ما وصفنا 48b6 omnia ista جميع هذه الاشياء 55b23 dico ista جملة الحاجة 62a23; من الحجج التى احتججنا 47b14 ex istis rationibus 77a29 اقول هذا القول istud
ITA كذلك 39b8 41b13 59a18 66a13 86a12 87a15; على هذه الحال 40a20; على مثل هذه بقدر ما 57a5,14 93a8; *no Arabic equivalent* 48a24 quantum est ... ita est كذلك ... يقال 67b34-5 sicut ... ita (etiam) كذلك ... كما 40a32-3 44a31 59a9-11 59b34-6 65b2-4 68a27-30 68b24 82b36-83a1 85a18-9; كذلك ... (ما) كمثل 50a كقولى 14-6 54b28-31 67a24-6 72a5-6 87b12-3 ita quod حتّى 58b20 68a15 73a18; لكى 54a35 et ita ولا 83a23 ita ut 60a35 60b7 ita quod non و 59b23-4; القائل ان لم يكن 43a6 non esset ita اذا كان ذلك كما ذكرنا 41a25 si ita est وكذلك هو est ذلك 54b4 non لو لم يكن على مثل هذه الحال 54b22 si ita non esset يمكن ان يكون ذلك يصيّر هذا accidit ita *(sc. occasio)* ليس تعرض لها الضرورة 90b5 ponere ... ita 44b20 → facere
ITER errabit in itinere eundo يخطىء مجراه ويصير الى 64b36
IUDICO IUDICARE iudicare super قضاء على 39a5 IUDICIUM multitudo iudiciorum كثرة الاحكام 39a8 iudicium inter duo القضاء بين اثنين والمعرفة 49a12
IUNCTURA divisio iuncturae تفصيل الفاصل 67a9,10
IUVENESCO cum iuvenescit اذا شبّ 86b13 dum iuvenescit homo اذا شبّ الانسان 86b11 IUVENIS cum iuvenis est pullus اذا كان الفرس حدثا 86b15 in iuvenibus فى

مغ الاحداث 51b22 medulla iuvenum مغ الاحداث 51b27 quod interpretatur 'iuvenis' (= الشباب) 83b17 IUVENTUS iuventus et senectus وتفسيره بالعربية القنى (الصبى والكبر 48b5-6
IUVO نفع 51a36 non iuvat ل ليس بنافع ل 64a7 non iuvat ad ليس يصلح ل 60b4 iuvor (c. abl.) انتفع ب 92a7 IUVANS نافع 42a30 plus iuvans ل انفع ل 72b26 IUVANTIOR امثل وانفع 58a21 IUVARE ad iuvandum لحال المعونة 58b6 ad vigorandum et iuvandum للتقوية والمنفعة والمعونة 55b5 IUVAMENTUM (عون 62a5); منفعة 63a8,11 معونة 53b37 62a35 62b27 63a6,9,15 79a11,30 84a31 87a31 94a12; اصناف كثيرة من اصناف المعونة 58a21 multi modi iuvamenti معونة ومنفعة 77a16; 63a17 quod non habet iuvamentum التى لا ينتفع بها 74a18 non ... ullus modus iuvamenti منفعة 63a8 non منفعة ex iuvamentum 63a2 لم ... صنفا من اصناف المعونة esset iuvamentum per ipsam لم يكن ينتفع به 63b5 ad iuvamentum لحال المعونة 58b14 ad iuvamentum لحال المعونة ودفع المكروه; 63b14 لحال المنفعة; 90a3 للمنفعة ;61b5 75a10 لحال معونة 97a28 propter iuvamentum motus لتجود حركته iuvamentum propter fortitudinem et iuvamentum لحال المعونة ودفع ما يضرّ به 82b33 est sine iuvamento لا ينتفع به 85a29

KAHAB simile kahab شبيه بكعب 54b21 → cahab
KALATEZ modus qui dicitur Graece kalatez الصنف الذى يسمّى باليونانية فلاطاس (πλάταις oars) 84a3

LABIUM شفة 59b23,4,27,31 60a4,7 62a34 75b15 duo labia شفتان 83b32 creatio labiorum خلقة الشفتين 59b20,36 60a1 virtus labiorum قوة شفتين 82a12
LABORO laboravit in hoc فعل ذلك 89b15 laborat in dando يحتال ويصير 52a31 LABOR cum labore et difficultate مع تعب وكدّ 44b31 sine labore بلا تعب وبغير 89b17 عناء
LAC لبن 53b12 55b24 76a14,6 lac tenue لبن دقيق 76a13 habet multum lac جراؤه له لبن 88b3 habet lac ليس كثير اللبن 88b10 est modici lactis ترضع لبنا كثيرا 92a15 non habet lac ليس لـ ... لبن 92a12 LACTATIO رضاع (88b17)
LAEDOR laeditur dispositio تسوء الحال 80a29 multum vel de facili laeditur ab aliis متوجّع للآخر جدا 53b6 LAESUS مضرور 84a35 LAESIO sine laesione sibi بغير مرض يعرض له 89a24
LANA est simile lanae شبيه بشىء مصفوف (Scot read من صوف ?) 54b26
LANCEA رمح 87b3
LAPIS حجر 48b34 55a16; صخر 85a32 lapides حجارة 46a27 67b4 (68a17) 91a26; ملصق بالصخور 81b6 mutabantur in lapidibus اللبن والحجارة 45a34 applicatus lapidibus تتحجّر اعنى انها تصير من حجارة 41a21 lapides
LATEO خفى 93b24 latet nos يخفى علينا 39b3 latent جعلت (= possunt *creari) 57a20 LATERE non debet nos latere quod ليس ينبغى ان يخفى علينا ان 48b2 LATENS latens est non manifestus neque determinatus غير بيّن وغير محدود 39a22 magis latens اخفى 82a8

LATERNA laterna quae est laterna et candela منارة تكون منارة وسراجا 83a25
LATUS (subst.) جنب (85a11); جانب 56a32 (63a27) 84b12 88a14 (88a26); ضلع 88b35
latera corporis sunt duo جوانب الجسد اثنان 88a26 duo sunt latera scilicet dextrum et sinistrum (inv.) الجوانب اثنان اعنى الايسر والايمن 88b18-9 (movet) in latus الحركة التى تكون فى الجانبين 91b1-2 91a29-30 motus in latus ( يحرّك ) الى الجوانب
LATUS (adj.) عريض 60a18,23,7,29,33 61b8,12 62b12,4 84a12,4 92b6 93a16 93b16 95b7,26-7; لـ 88a13 94b4-5 LATITUDO عرض ... عرض est latus 85b19 اعرض 62b12(b13) 88a15 88b18 90a30 95b8,14 96a22,6-7,9
LAUDO LAUDABILIS laudabile الشريف ... المحمود 41b18 (→ adn. ad loc.)
LECTUS سرير 40b23,6 41a31 forma lecti صورة السرير 41a17
LEGO legat libros nostros et utatur ... ومن ... فليعلم ذلك من كتبنا 74b16
LENIS املس 64b2 71b7 97a7 LENE ملوسة 46a19 LENITAS ملوسة 44b14 48b6
LEVIS خفيف 40b10 72a8 73b5,7 82b8; سهل 54b23 levis abscisionis سريع القطع 96b33 levis *flexionis والتجزى* 54a30 si esset levis comestionis لو سهل اخذ الطعم 44b29 (72a25) 79a17 88a10 levioris inspirationis سريع الانتشاء 90a18 LEVIOR ايسر 53b2 levioris motus ايسر حركة 90a22 LEVITAS خفة 46a18 48b7 76a36 89b12 سهل التنفس
LIBER libri nostri كتابنا 74b16 in alio libro فى غير كتابنا هذا 40a2 in aliis libris فى المتاب الذى وصفنا فى 40a8 50b10 in libro de quaestionibus فى كتب أخر المسائل 76a18
LICET ينبغى ان 40a10 40b18 42b4 53a8
LIGNUM خشب 40b25 41a12 42a9 45a34; خشبة 41a14,31 factus ex lignis معمول من الخشب 41a6 LIGNEUS materia lignea الهيولى الحطبية 74a28
LIGO ligor cum ربط ب 70a10 LIGATUS مربوط 60b5; متّصل 54b15 ligatus cum لتبقى ... برباط 70a9-10 res ligata مربوط ب 54b19,25 ut sint ... ligatae cum الذين ليس لسانهم مرسلا 60a25 illi qui habent linguas ligatas 54a35 شىء مربوط LIGAMENTUM رباط 52a17; رباط وعقد 43b18 retentus cum ligamentis يمسك برباطات 54b27-8
LINGUA لسان 56b36 57a1 59b35 60a6,26,9 60b3,6,8,29,33 62a8 64b32 74b3 82a19 90b19 91a6 92b17 non habet linguam, caret lingua ليس له لسان 90b20,3 aculeus qui assimilatur linguae الحمة التى تشبه اللسان 83a21 membrum quod assimilatur linguae العضو الذى يشبه اللسان 61a4 79a33 simile linguae العضو الذى يشبه اللسان 90b29 79b36 membrum quod est in loco linguae العضو الذى مثل اللسان 78b10 membrum carnosum conveniens linguae العضو الذى يلائم اللسان 78b8 membrum compositum cum lingua loco linguae عضو لحمى بدل اللسان 83a1 creatio linguae خلقة اللسان 59b34 60a1 79b8 parvitas et المركب مع اللسان brevitas linguae قصر وصغر ألسنة (inv.) 60b25 dispositio linguae حال طباع عند اللسان 61a25-6 locus linguae مكان اللسان 90b21,3 apud locum linguae اللسان 82b35 radix linguae اصل اللسان 64b22,6,32 sensus linguae حسّ اللسان 56b37 virtus linguae قوة لسان 82a12 lingua animalis لسان الحيوان 60a14 lingua divisa

91a8 لسان مشقوق بشعبتين 61a1 lingua fissa divisa in duos ramos لسان مفصّل lingua fortis لسان قوى 78b23-4 lingua lata لسان عريض 92b6 lingua mollis lata 92b6-7 latae linguae اللسان اللّين العريض 60a23 lingua stricta لسان ضيّق عريض 60a29 strictae linguae اللسان 60a30 illi qui habent linguas ligatas ضيّق اللسان 60a25 الذين ليس لسانهم مرسلا

LINEA linea recta AB (math.) 85a2 الخطّ المستقيم اعنى الذى عليه الف وباً

LIQUEFACIO اذاب 48b27 49a29 53b4 LIQUEFACIENS مذيب 48b17 LIQUEFIO ذاب (48b27) corpora quae liquefiunt الاجساد التى تذوب 49a34

LITTERA (plur.) حروف الكتاب 60a22,30 ex litteris من حروف الكتاب 60a3 in quibusdam litteris من كثير من الحروف 60a26-7 multi modi litterarum لبعض نغمة الحروف حروف الكتاب 60a5

LOCUS معرض (66a12); مكان 45a25 47b2 52a16 53a2,14 53b2 55b33 56a20 58b25,8 60b16,23 65b20,9,30 66a15 67a29 69b34 73a5 76b10 et passim; المكان الذى كان 73a11; موضع 40b14 53a35 54b18 57b25 65a20 65b24 المكان الذى يلى 90a26; ل 66a27 67b8,10 68a16 70b10 73a5 75b9 81b28 et passim; الموضع الذى يكون 81b30 locus (= locus primus) الاوّل 66a17 duo loci مكانان 76a2 locus C (!) فيه مكان خروج الفضلة 85a3 locus exitus superfluitatis الموضع الذى عليه دال (math.) 79b1-2 80a11 82a14 84b26 موضع خروج الفضلة 78b27; مكان مخرج الفضلة 93b19; locus ad recipiendum مكان قبول ل 66a28 locus receptionis مكان وموضع قبول 66b30 78b6 locus 66b23-4 loca quae recipiunt المواضع (الاماكن) التى تقبل ل remotus مكان بعيد 79a17 ad locum remotum الى مكان بعيد 79a17 a loco amplo من موضع 64b13 a loco remoto من اىّ موضع 75b19 a quo loco من سعة الموضع 59a5-6 من اليبس الى المكان الرطب 57b26 a loco sicco ad locum humidum بعيد motus de loco ad locum حركة ... وتنقّله من مكانه 73a29 in loco (c. gen.) 73a31 in مثل 90b29 in alio loco من مكان آخر 66a7 in aliis locis فى اماكن أخر loco amplo فى موضع واسع 75b14 in loco inferiori فى المكان الاسفل 53a16 in loco superiori فى الموضع الاوسط 65b23 65b19 in medio loco (c. gen.) فى المكان الاعلى 55a8 فى اماكن وبلدان كثيرة 41b24 80a36 in multis locis فى كلّ موضع in omni loco in locis calidis et siccis بالاماكن الحارّة اليابسة 55a9-10 in locis diversis فى اماكن 62a13 in loco temperato فى موضع معتدل 86a13 in quibusdam locis ... et in شتّى quibusdam ... وبعضه 41a12 in pluribus locis فى مواضع 42a18 in suo loco 68b24 in aliis 84b15; فى مكان واحد 74a19 in uno loco فى موضع واحد فى مكانه 46a15 فى مواضع أخر فيما سلف 47a26; فى اماكن أخر من قولنا الذى سلف locis mutant sua loca 68b21 secundum loca تبدّل اماكنها 77b9-10 apud من قبل الامكان locum caudae عند الذنب 82b35 apud locum linguae عند اللسان 82b35 LOCO (c. gen.) بدل 52a19 52b32 53b36 57b34 58a28 62a13,34 76a28 77b29 78b8 et passim; مكان 44a22 48a1 51a34 52a14 59a24,34 59b21,3 72a19 74b22-3 85b12 90a8 96a 18,32 utitur ... loco manus مثل استعمال اليد ... يستعمل 59a2 fuit aculeus loco armorum صارت الحمة دافعة للمكروه 83a21

LONGAON membrum quod dicitur longaon العضو الذى يسمّى مبعر 75b10

## INDEX LATINO-ARABUS 379

LONGUS طويل 44a20 58a32 59a33 74a1 74b31 78b25 82b22 87b17-8 92a5 92b5, 21,3 93a1,6,8,17 94b12,6,27 95a10,22 96a3; مستطيل 60b6,7; طويل جدًا 54a24 58b30 59b25 76b6 95b7 96a17 longus valde طويل جدًا 74b31 est longus طولا ... لـ 64a30 illa additamenta longa مثل عظم خراطيم 59a12 longi corporis الجثّة طويل 82a5; مستطيل الجثّة 76a26 96a6 quando non habuerint corpus longum اذا لم يكن له طول الجثّة 96a23-4 longo tempore حينا طويلا 73a30; حينا كثيرا 59a10 89b20 96a19 96b21; in longo tempore فى زمان 68a28 69a35 74b27 75a7 زمانا كثيرا اكثر 75a29 LONGIOR اطول 56a16 90a33 LONGITUDO طول 58b22 85b13-4 88b 19 90a30,3 93a18 causa longitudinis vitae علة طول العمر وكثرة الحياة 77a32

LOQUOR كلّم 47a11; تكلّم 73a14 qui loquebantur de natura الذين يكلّمون كلاما طباعيا 47a11 si aliquis loquatur de الذى يتكلّم فى 45a31 ذكرنا id quod loquimur in 64b19 LOQUI loqui de ذكر 39a18 loqui in الكلام فى 44a28; قال قولا فى 44a32; موافق لبعض الكلام والتصويت 41a33,4 41b9 conveniens ad loquendum in القول فى 61b14 → elongo LOQUENS متكلّم 39a5 unusquisque loquentium كلّ واحد من 48b1 LOCUTUS iam locuti sumus de ... subtiliter قولا ... قد قلنا فى المتكلّمين 53a19 quando locuti fuimus de فى القول الذى قلنا فى 97a22 illi qui locuti fuerunt philosophice de الذين تكلّموا بكلام حكمة وفلسفة فى 40b5 LOCUTIO كلمة 60a3 locutiones loquentis كلام المتكلّم 39a5 iam locuti fuimus ... locutione قد قلنا قولا ... 49a33

LUCEO vermis qui lucet sicut ignis الدودة التى تضىء كما تضىء النار 42b33
LUNA lux lunae ضوء القمر 80a34 PLENILUNIUM → plenus
LUTUM طين 45a34 54b31 68a29 lutum humidum الطين الرطب 51a8
LUX ضوء 58a2 lux lunae ضوء القمر 80a34

MACER اعجف 91a9 est macer valde هو مهزول جدًا 92a20 MACILENTUS efficitur macilentus هزل 50a36 corpora macilenta multum الاجساد التى تهزل هزالا كثيرا 68a22 خاصّة
MAGIS خاصّة 68b35; اكثر 41b20 44b28 45a1 49a33 57a33 67a9-10 magis quam 40a11-2 40b25 41b17,8 47a20 50b اكثر من ;66b9 خاصّة اكثر من ;41a30 اعظم من 35 et passim non magis quam ليس ... اكثر من 82b10 magis (c. abl.) اكثر من 48a35 48b26,33 52a28 55b14 60a30 71b5 92a21 magis quam debet مما اكثر 53b3 Often comp.: magis durus اصلب 66b2 fortior et magis firmus اشدّ واوثق 90a19 magis grossus اغلظ 50b33 magis latens اخفى 82a8 magis manifestus اوضح وابين 49a33 magis possibilis امكن وابعد 63b7 magis salvatur et firmatur اوثق واسلم ... يكون 90a15 magis similis اقرب الى طباع 72b25 etc. sunt propinquiores (c. dat.) ... magis alii اقرب الى ... من غيره 81a27 quanto magis poterit هو حادّ لحال ما يمكن فى 41a22 quanto magis fuerit acutum erit melioris volatus جودة الطيران 93b16 quoniam magis utitur ipso لانه مما يستعمل 85a21 secundum magis et minus بالاكثر والاقلّ 44a17-8 55a33; من قبل الاكثر والاقلّ 92b4; بالفضلة 44a20; بنوع زيادة ونقص 49b35 ( - من قبل) 92b4) → dignum, diversor

MAGNUS شديد 48b33 49b5; له طول 89b4; عظيم 45a9 55a9,10 57a28 67a18,30 69a8 85a30 97a16 97b25; ما عظم من 68a28,30-1؛ عظيم الجثة 55a21؛ كبير 53a27 62a25,30 65b7 67a15,20 69a25,6 75b5 81a3 85a24-5 91a18 93b27 94a3,11 96a15؛ كثير 49a1-2 60b7 est magnus عظم 44b35 factus est magnus طال 94b20 magnus calor سخونة كثيرة 58b34 habens قوة شديدة وعظم فاضل 72a16 magna virtus magnum corpus له عظم الجثة 90a6 valde magnus عظيم جدًا 55a21 86b12 90a27؛ عظيم الجثة 85a22 est magni caloris اشتدت حرارته 49b21 magni corporis انضجت ... نضوجا 63b25,30 66b21 69a8 75b36 digeret ... digestione magna العرق الخشن 72a20-1 infirmitas magna سقم صعب شديدا 67a33 vena magna اكثر العرق الذى 67b9,15 68a1-2 68b20 70a12,4,8,16 71b19؛ العرق العظيم 64b3,10,20؛ post magnum 67b8 64b5 الوريد الخشن 71b12؛ العرق الكبير 66b26؛ يسمى عظيما tempus بعد زمان كثير 53a34 pondus magnum ثقل 63b4 expositus est magno nocumento يكون علة اذى وضرورة 64b21 perveniunt ad magnam angustiam et parvitatem يصير اصغر واضيق 68b2 MAIOR اعظم 69b30 71a18 79b4 84a25,7-8 اكثر (من) 53a28 53b2 75a27 83a26,31 84a32 85a16 86b3,10,5,9؛ اكبر (من) 85a18؛ اكثر من 48b18 50b27,30 67a1,9,29 72b2 73a1 79a9 79b3 81a6 86b29 96b20؛ 52b29 العرق العظيم 87b21 vena maior الاصبع الكبير 68b35 digitus maior غيره 72b5 78a1,3 maioris carnis (carnositatis) لحما 66b4 72b25,35 est maioris intellectus et ingenii اكثر حسّا 87a8 maioris sensus صار اعقل واحكم من 48a4 maior valde اكبر جدًا من 55a6 in maiori parte ذلك اكثر 90a10 92b22؛ (c. gen.) اكثره 79a10؛ 67a32 est unus in maiori parte او يكون الاكثر على مثل هذه الحال الاكرم 73b29 in maiori parte temporis اكثر الزمان 69a11 MAIUS maius واحد 87a14 cum conferetur minus ad maius يزيد الشىء الاصغر على الاعظم 87a15 addit minus maiori والاعظم فى 53a3 in maiori et minori اذا قسنا الصغير الى الكبير 48a7 MAXIMUS لا سيّما 40a15 48b4 62a30 MAXIME خاصّة 50a24 53b2 67b7؛ اكبر من غيره 53a17 55a12,3 56a4 57b37 60b23 61a11 61b14 62a31 68b9 70a33 et passim 60a28 الصغير يكون فى الكبير 60a29 parvum est in magno كبير MAGNUM MAGNITUDO طول 85a26؛ عظم 44b13 59a7 64a10 65a35 66b32,4 67a11 68b1 69a16 74a22 75b3-4,16 83a18 83b29 90a31-2 94a27 97b23-4؛ اعظام (plur.) 69b2,3؛ كبر 66b20 (77a2) magnitudo ... est maior اكثر ... عظم 75b3 magnitudo corporis كبر الجثة 63a4,10؛ عظم الجثة 66b20 propter magnitudinem corporum لحال عظم جثث الاجساد 75b4 propter magnitudinem nobilitatis earum شأنها 44b33 in magnitudine بالعظم 74a5 parvus respectu magnitudinis corporis صغير بقدر عظم الاجساد وقياس صغيرها الى كبيرها 79a34-5
MALUS ردىء 50b1 73b24 75a6 96a12-4 valde malus ردى جدًّا 73b30 sunt malae complexionis valde رديئة المزاج جدًّا 73b30 efficitur malae dispositionis ساءت حاله 50a36 sunt mali volatus ليس هو جيّد الطيران 94a6,11 94b18 PEIOR est peioris dispositionis هو اردأ من تقويم ... واقلّ إحكاما 87a24 MALE erraverunt et male dixerunt قد اخطؤوا وبئس ما ظنّوا 65b28 MALITIA رداءة 68b7

# INDEX LATINO-ARABUS 381

MAMILLA شدى 88a23,9,33 92a9 mamillae sunt duae اثنان الثديان 88a25 duae mamillae شديان 88a19,34 88b5‒6,15,8 duae mamillae in pectore ثديان فى الصدر 88a18‒9 multae mamillae 88a34 88b10; كثرة الثدى 88b17 fuerunt mamillae carnosae divisae صارت الثديان لحميين مفصّلين 88a21 primae mamillae اوائل الثديين 88b14 dispositio mamillarum حال الثدى 88b33 primus locus mamillarum 88b19 وضع الثديين 88b9 situs mamillarum مكان الثديين الاوّل

MANDIBULA فكّ 60b28 mandibula inferior الفكّ الاسفل 51b31 60b27 61a11 91a28 91b5,16 mandibula superior الفكّ الاعلى 51a30,3 60b28‒9 64a2 74b1 91b6,15,25 in utraque mandibula فى الفكّين جميعا 75a5; فى الفكّين 75a24 76b4; فى الفكّ الاعلى والفكّ الاسفل 51b31‒2 63b36 74a24,7,30,2

MANEO manet in يأوى فى 69b7 81a16,26 84a5 94a8; يلبث فى 75a7 maneo in مأواه فى 62b10 manet in aqua يأوى فى الماء 69a11,2 animalia quae manent in aqua الحيوان الذى يأوى فى الماء 58a7 93a22 MANERE لبث 75b21 non potest manere in لا يمكن ان يلبث فى ، 60b21 62a10 MANENS يأوى 58a7 93a6 aves manentes in terra الذى يأوى ، البرّ 57b28 93a2 MANSIO مأوى 79a10 84a5 91a26 91b21 93a3 94a7 94b15 mansio eius in aqua مأواه فى الماء 59a32 mansio eius est in terra مأواه فى الارض 57b24

MANIFESTOR بيّن 68a34; استبان 64b13 68a35 77a10 85b24 manifestatur ex بيّن من 53a21 66a8; ظهر ب 66a19 quod manifestatur (= تتّضح) ex تتّضح من 77a11 التى manifestatur in بيّن فى 65b6 68a2,21; يستبين 45a12 manifestatur proprie in بيّن خاصّة فى 76b19; خاصّة ... 65b21‒2 in quibus manifestatur timor بيّن جدّا فى ذلك 69b32 ليس ذلك بيّن فى 67a22 hoc non manifestatur in الذى جزعه بيّن manifestatur quod (quia 65b33) يستبين ان 50a34 56b11 65b33 76b22 81b29 manifestatur nobis quod سيتبيّن لنا ان 53b30 non manifestatur visui لا يستبين 85b24 MANIFESTUS بيّن 44b25 48b14 56a36 59b3 72b33 73a2 81b8; حسنا 69b25 بيّن لكلّ واحد 40a14 manifestus cuilibet بيّن ظاهر 39b9 40a15 76b32; ظاهر manifestus visui ظاهر للمعاينة 69b32 latens est non manifestus غير بيّن 39a22 non est valde manifestus ليس بيّن جدّا 81b32‒3 sunt distincta distinctione manifesta ابين 79b4 magis manifestus اوضح وابين 49a33 MANIFESTUM manifestum est (ل) هو بيّن 74a12 78a4 manifestum est ex بيّن فى 78a33; بيّن من 77a29 manifestum est quod (quoniam) استبان ان 49b21 65a20; (هو) بيّن ان 41a14‒5 هو واضح ان 40a13; هو ظاهر بيّن ان 41a29 46a29 46b6,29 48b4,22 et passim; فهو بيّن ان 39a12 manifestum est 39a23; ابين ان 57a2 manifestum est ergo quod هو يظهر 64b12; هو بيّن لكلّ من عاينه 88a1; ذلك بيّن ظاهر لنا لانّا نعاين visui ذلك بيّن من من قبل 52b4 hoc manifestum est visui ظاهر للمعاينة 83a29; بالمعاينة 39a2; ذلك بيّن ظاهر 60a25 65a33; ذلك بيّن 56a31 hoc manifestum est المعاينة 41b8 MA‒ 46b2 82b25 iam manifestum est nobis quod قد وضح لنا ان يستبين NIFESTIOR ابين 82a8 manifestius facit hoc هو يفعل مثل هذا الفعل ابين من غيره 83a33 MANIFESTE apparet manifeste بيّنا 65a34 sentiet manifeste يظهر ظهورا بيّنا 50b6 كان له حسّ بيّن

MANSUETUS quietus mansuetus هيّن لنيذ 93a15
MANUS يد 40b21 46a24 63b8 68b21 81a9 83b33 84b31 85b12 87a7-9,17-8,21 87b 12-3,31 88b21 91b14,8 92b17-8 95b3; 86a34: عضد ويد; مرفق ويد 88a3-4 manus minor et manus maior وكلّ العضد اليد 46b14 manus vera الحقيقة اليد 40b36 manus figurata اليد المعمولة اعنى المصنوعة 41a1; اليد المعمولة 40b36 manus facta ex lignis اليد المعمولة من الخشب 41a6 manus non sunt nisi instrumentum آلة اليدان 87a10 manus non est unum instrumentum sed multa ليس اليد آلة واحدة من الآلات 87a19-20 ad accipiendum manu باليد للاخذ 46b24 utitur ... loco manus بل آلة كثيرة يستعمله كما ... مثل استعمال اليد يستعمل 59a2 utitur ipso sicut manu 87b2 creatio manus خلقة اليد 58b35-6 manus hominis يد الانسان 87b6 digiti manuum اصابع اليدين 90a32-3 90b9 operatio manuum عمل اليدين 90a33 animal habens pedes et manus الحيوان الذى له يدان ورجلان 54b17 ossa manuum et pedum عظام اليدين والرجلين 54b17 aut per manus aut per pedes إما باليدين وإما بالرجلين 91b23
MARE بحر 80a36 81a19 undae maris امواج البحر 85a32 MARINUS (81a19) animal marinum الحيوان البحرى 54a21 57a22 60b34 76b2,21 81a9,35 96b3 animalia marina durae testae السباع البحرية 78b22 lupi marini الحيوان البحرى الخزفى الجلد 69a8 tortuca marina السلحفاة البحرية 71a16-7,24,8
MAS mares ذكورة 76a4 84a21 88a22 mares et feminae الذكورة والاناث 78a24 84a 33 84b4 88b31 mares animalium quadrupedum ذكورة الحيوان الذى له اربعة ارجل 89a33 mares cervorum ذكورة الآيلة 62a1 mares karabo ذكورة الحيوان الذى يسمّى قارابو 84a21 leo mas الاسد الذكر 58a31 membrum marium عضو الذكورة 89a21 natura marium طباع الذكورة 64a5 MASCULUS masculi ذكورة 61b33,5 64a5,7 masculi animalium ذكورة الحيوان 61b32 ossa masculorum عظام الذكورة 55a12
MASCULINUS masculini ذكورة 61b33
MASTICO ad gustandum et ad masticandum لحال المذاقة والمضغ 90b27 ad molendum et masticandum لكى يكون مضغ وطحن (inv.) 64b33 ad masticandum et mollificandum لمضغ وتمليس 91b2
MASTIZ membrum quod dicitur mastiz العضو الذى يسمّى *ميطيس (مسطيس L) 81b26 → bastiz, bositiz
MATER امّ 88b33
MATERIA هيولى 40a32 40b5,16 41a26,30-1 43a24,5 45a32 46a17,35 47a35 51a14 et passim materia corrumpens هيولى بها انطمّ التى الهيولى 68a35 materia humida رطبة 54b30 materia lignea spinosa الهيولى الحطبية الشوكية 74a28 sanguis est materia totius corporis الدم هيولى جميع الجسد 68a5
MATHEMATICUS mathematici اصحاب العلم التعليمى 39b7
MAXILLA خدّ 58b33 (59b5 64a11 → HA 518b18) → لحى
MEDICUS متطبّب 39b17 medicus figuratus المتطبّب المصوّر 41a1,2 MEDICINA (ars) طبّ 39b17
MEDIO MEDIANS mediante isto instrumento بتلك الآلة 59a11 MEDIUS وَسَط

# INDEX LATINO-ARABUS 383

فيما 83a31 85a22؛ اوسط 65b23 83a31 85a21؛ متوسّط (67a3) est medius inter ... et واسط بينهما 61b10 est medium inter ea واسط فيما بين ... و 79b8؛ و بين ... مخلوط اعنى فيما بين الصنفين الذين ذكرنا 55b37 est medius inter istos duos modos خلط اعنى ان فيه 74a3 digitus medius الاصبع الوسطى 87b18,20 intestinum medium المعاء الذى يسمّى 77b36 78a14 intestinum quod dicitur medium المعاء الاوسط 76b10 remus medius navis مجذاف السفينة 87b18-9 MEDIUM وسط 63a26 وسط المعاء 65a14 66a15 66b33 medium intestini اوسط 72b33,6 85b21 88b34 95a2؛ من الوسط 71b23 ex medio ventris من وسط البطن 50a30 ex medio 77b18,34 in medio ventris مما يلى وسط البطن 88b1 in medio وسط (الـ) 54b21 56a31 65a11؛ فى وسط (c. gen.) 56b28 57a9 63a25 فى الاوسط 57a8 in medio حيث الاوسط 66a14؛ اوسطه 65b34 est in medio tenuior 66b6 80b14 81a34 81b34 82a1 95a11؛ الاوسط وسط العظم 67a16 MEDIOCRIS ارقّ 72b25
MEDULLA مخ (47b12 L) 51b20-7,37 52a20-1 55a35 55b1 medulla spondylium مثل هذا 52a17 talis est medulla المخّ الذى يكون فى الفقار 51b33,5 52a13,30؛ الفقار المخّ يكون مخ ... 51b32
MEMBRANALIS صفاقى 79a1؛ من جلد 97b10؛ 82b18-19 suae alae sunt membranales لاجنحته غلف 82b14
MEMBRUM عضو 40b3 45b8 46a1 53b21 62a23 70a30 71a34 93b8 et passim؛ 93a21 per aliquod membrum ('partially') بعضو من الاعضاء 52b18 من هذه الاعضاء quodlibet membrum 41a16 76a23 كلّ واحد من الاعضاء 68a33؛ ايّما عضو من الاعضاء perforant per hoc membrum يثقب بهذا العضو 61a24 membrum divinum العضو الإلهى 86a15,28 membrum nobilius العضو الاكرم 72b21 membrum nobilius et melius العضو الاكرم والاجود 65a22 membrum carnosum العضو اللحمى 80a6 membrum, duo membra عضو واحد، عضوان 85b13 membrum extraneum inter duo membra عضو غريب فيما بين عضوين 90a14 unum membrum conveniens uni operationi العضو الواحد موافقا لعمل واحد 83a20 unum membrum in duabus operationibus عضوين 83a24 duo membra in duabus operationibus فى عملين العضو الواحد الذى هو فهو 83a23 idem membrum in multis operationibus فى عملين العضو 53b21؛ 83a26 membrum conveniens carni العضو الملائم للحم فى اعمال كثيرة عضو ... ملائم للدماغ 56b36 membrum conveniens cerebri الذى هو ملائم للحم 52b24 membrum marium conveniens coitui 89a21-2 عضو الذكورة الموافق للجماع aliud membrum conveniens collo 91b30 عضو آخر ملائم للعنق membrum quod convenit cordi عضو ملائم 78b1 membrum conveniens cordi العضو الذى يلائم القلب عضو ملائم لعضو الحواس 81b28-9 membrum conveniens membro sentienti للقلب 81b14 membrum conveniens pectori عضو يلائم الصدر 92a9 membrum conveniens spinis piscium عضو ملائم لشوك السمك 54a18-20 membrum per quod adducit cibum ad os العضو الذى يقرّب الطعام الى فيه 58b35 membrum simile papo avium 79b9 membrum quod assimilatur بجوصلة الطير عضو شبيه الاعضاء التى اجزاؤها 46b11 membrum consimile الاعضاء التى تشبهها 55b1؛ الاعضاء التى تشبه بعضها بعضا الاعضاء 46b19,31 47a15 47b9 53b19 membrum dissimile اجزاؤها تشبه بعضها بعضا

membrum organicum 46b12,31 التى اجزاؤها لا تشبه بعضها بعضا الذى لا تشبه
membrum in quo est prima virtus 46b35 اجزاؤها بعضها بعضا العضو الذى فيه القوة
اوّلا ... العضو (66a8; من اعضاء) membrum primum 86b32 الاولى العضو الاوّل
membrum principale 66a34 عضو مسوّد (73b11) 77a37 81b14,31 membrum quod
assimilatur coopertorio غطاء العضو الذى يشبه 79b27 membrum quod assimilatur
linguae العضو الذى يشبه اللسان 61a4 79a33 membrum conveniens linguae العضو
الذى مثل 78b10 membrum quod est in loco linguae العضو الذى يلائم اللسان
اللسان 90b29 membrum carnosum loco linguae عضو لحمى بدل اللسان 78b8 membrum compositum cum lingua العضو المركّب مع اللسان 83a1 membrum quod est
super radicem linguae العضو الذى فوق اصل اللسان; 64b22 العضو الذى على اصل اللسان
اللسان 64b26,32 65a1 membrum quod est inter dentes العضو الذى بين الاسنان
79b6 membrum quod est inter caput et spatulas العضو الذى بين الرأس والكتفين
91b28 membrum per quod intrat cibus ad ventrem العضو الذى منه يدخل الطعام فى
البطن 64a21 membrum quod recipit cibum العضو الذى يقبل الطعام 81b34 membrum recipiens cibum العضو القبول للطعام 74b19 83b24 membrum a quo exit
superfluitas (et sperma) (والمنى) العضو الذى منه تخرج الفضلة 79b37 81b35; العضو
الذى يسمّى له مخرج الفضلة 89b29 membrum quod dicitur astarinoz العضو
الذى يسمّى باليونانية اسطرنبوس 85a6 membrum quod dicitur graece bositiz
79a3 العضو الذى يسمّى انبوبا (L) 79a8 membrum quod dicitur canale موسيطيس
membrum quod dicitur collum العضو الذى يسمّى عنقا 64a13 membrum quod
dicitur colon العضو الذى يسمّى قولون 75b18 membrum quod dicitur gladius
العضو الذى يسمّى صائما 54a21 membrum quod dicitur ieiunum الذى يسمّى بسيف
75b33 membrum quod dicitur longaon العضو الذى يسمّى مبعر 75b10 membrum
quod dicitur mastiz العضو الذى يسمّى مسطيس (L) 81b26 membrum quod dicitur
oesophagus العضو الذى يسمّى مريئا 64a16 membrum quod dicitur papum العضو
العضو الذى يسمّى حوصلة 74b22 membrum quod dicitur paries العضو الذى يسمّى
89a3 93a العضو الذى يسمى صدرا 72b20 membrum quod dicitur pectus حجابا
24-5 illud membrum dicitur sepion ذلك العضو يسمّى سبيون (σηπίον os sepiae)
54a21 membrum quod dicitur spondyle العضو الذى يسمّى فقارا 54b12 membrum
quod dicitur trachea العضو الذى يسمّى حنجرة 64a16 membrum quod vicinatur
telae 60b شىء آخر لزج (membrum) viscosum 73a4 ناحية الجلد الذى يلى الحجاب
13-4 dispositio membrorum حال الاعضاء 97b27 in figuris membrorum فى اشكال
الاعضاء 44b7 forma membrorum صورة الاعضاء 92b9 natura membrorum طباع
الاعضاء 72a24 similitudo membrorum شبه الاعضاء 80b36 sustentatio membrorum 52a28 membra الاعضاء التى فى اجساد الحيوان 68a9 تقويم الاعضاء membra
corporis اعضاء الجسد 74a4 duo membra عضوان 55b30 ista duo membra هذان
العضوان 70a13,16,28 membra inter alas et crura الاعضاء فيما بين الجناحين
64a12 الاعضاء التى فى الرأس; 62b17 اعضاء الرأس 93b21 membra capitis والساقين
membrum conveniens ossibus العضو الذى يلائم العظام 52a3-4 53b35 membra
convenientia cibo الاعضاء الموافقة للطعم 78b4; (L) 82a9 الاعضاء التى توافق الطعام

## INDEX LATINO-ARABUS 385

membra convenientia digestioni cibi الاعضاء التى توافقه على نضوج الطعام 74a22 membra convenientia exitui superfluitatis siccae et humidae الاعضاء الموافقة لخروج الفضلة اليابسة والرطبة 89a4 membra convenientia generationi الاعضاء الموافقة للولاد 78a23 membra convenientia vigori الاعضاء الموافقة للمعونة والقوة 61b29 membra quae conveniunt in numero الاعضاء التى تتفق بالعدّة 73b14 membra distincta determinata الاعضاء المميّزة المحدودة 78a22 membra extrinseca ( الجسد ) 82a31 membra extrinseca in corpore hominis الاعضاء التى فى خارج 56a9-10 in membris extrinsecis mobilibus الاعضاء التى هى خارجة من جسد الانسان 84b33 membra naturalia من قبل الاستعمال الذى يكون من خارج من الاعضاء المحرّكة 56a11 membra quae habent partes consimiles الاعضاء التى اعضاء ... الطباعية (→ assimilor) membra organica الآلة التى اجزاؤها تشبه بعضها بعضا 46b6 47a1; membra organica اجزاؤها لا تشبه بعضها بعضا 56a1; اجزاؤها لا تشبه بعضها بعضا 46b12,22,34 47a2 47a24 47b9,22 55b18; الاعضاء التى هى آلة 46b26 47b23(sing.) membra puerorum اعضاء الاطفال 65b7 membra quae vicinantur capitibus ... et collo 85b32-4 membra quae الاعضاء التى تلى الرأس ... وما يلى *العنق والحلق sunt in parte capitis et dorsi الاعضاء التى فى ناحية رؤوسها وظهورها 84a18-9 membra quae sunt in posteriori corporis الاعضاء التى فى مؤخر الجسد 83a19 membra quae sunt sub pariete proprie الاعضاء التى تحت الحجاب خاصّة 70a8 membra sanguinea الاعضاء الدمية 56b25 66a16 membra sensibilia الاعضاء ما يلى *الحاسة 52b3 membra simplicia الاعضاء المبسوطة 47a14 membra ventris عضوان يشبهان البطون 78b27 duo membra similia ventribus البطن من الاعضاء 78b30 membra inferiora الاعضاء السفلى 72b23 83b21; الاعضاء التى فى اسفل 47b34; الاعضاء التى فى اسفله 48a11 membra quae sunt inferius الاعضاء التى فى الناحية السفلى 72b22 membra anteriora corporis اعضاء مقدّم اجسادها 85a3 membra posteriora et anteriora الاعضاء التى فى مؤخّر ومقدّم الجسد 84b30-1 membra superiora الاعضاء العليا 47b34 56a12 72b22,3; الاعضاء التى فى اعلى 83b21 membra interiora et exteriora الاعضاء التى فوق 48a11; الاعضاء التى تكون فى باطن وظاهر اجسادها 85b28-9 92b1-2 membra exteriora ظاهر 95b3 membra interiora اعضاء الجوف 46b32 47b1,8 *55a1 65a28-3 65b5,32 67a33 67b3,7 68b31 69b13,8 70a8 71b23 72a2 73a32 73b2,4,12 76b6,8 78a29,31 *84b32 membra interiora parva اعضاء جوف صغار جدّا 76b5 membra intrinseca الاعضاء التى فى ظاهر اجساد 65b4 membra extrinseca الاعضاء التى فى الجوف 65b2 membra sicca dura الاعضاء اليابسة الصلبة 47b15-6 membra perfecta الحيوان الاعضاء التى يحتاج اليها 95b17 membra quibus necessario indigetur اعضاء تامّة الاعضاء التى يستعمل 61b34 77b5 membra quibus utuntur animalia باضطرار الحيوان 84a29 sanguis est cibus omnium membrorum الدم غذاء جميع الاعضاء 52a6
MENDACIUM كذب 48b16
MENSTRUUM طمث 48a31 exitus menstrui خروج الطمث 89a12
MENSURO mensuravit hoc secundum قدّر ذلك بقدر 58a33 MENSURA per mensuram بالمساحة L (pro بالسباحة per natationem) 43a34

METHODUS مسلك وسبيل 44b17
MICON ميقون 79b11-2 80a21
MINGO mingunt الذين 79a27 illi qui mingunt multum سالت الفضلة التى فى مثانته
يبولون بولا كثيرا 70b9 mingunt retro يبول الى خلف 89a31,4 MINGENS mingens
retro يبول الى خلف 89a34
MIRAC تقويم 77b14,7,33 dispositio mirac حال المراق 77b35 generatio mirac مراق
وولاد المراق 77b28
MIROR debemus mirari ex ينبغى لنا ان نعجب من 77a30 MIRABILIS est mirabilis
in quantitate كثرتها عجب من العجائب 77a2 MIRABILE شىء عجيب 45a17
MISCEOR misceturcum خالط 49b14
MODUS جنس 42b10 83b28; صنف 39b2 40a20 43a20 43b7 46b10 52b25 53a24
59b17 66a9 76a29 78a35 80a22-3 80b10-5,23 et passim; صنف من اصناف 83b13
91b26; علة 53b9; فنّ 40a9; نوع 44b18 45a34 46a12 46b10,30; وجه 63b5 genera
istius modi اجناس هذا الصنف 83b26 quodlibet genus et quilibet modus per se كلّ
جنس وصنف على حدته 97b28 modi animalium اصناف الحيوان 74a23 78a34 modi
piscium اصناف السمك 56a34 62a12 unus modus نوع واحد من انواع 87a27 duo
modi 78a30; جنسان 39a2 duo modi diversitatis نوعان من انواع نوعان من انواع
هذان النوعان 61b24 est medius inter istos duos modi الاختلاف 75a25 isti duo modi
74a3 ex duobus modis مخلوط اعنى فيما بين الصنفين الذين ذكرنا اعنى ان فيه خلط
بنوعين 68b14 multi modi اصناف كثيرة 79b15; (c. gen.) اجناس واصناف كثيرة
جميع هذه الاصناف 87a31 omnes isti modi انواع كثيرة من انواع 63a17; من اصناف
69a34 quidam, omnia istius modi بعض ، جميع هذا الصنف 79b19 96b21 quaedam
istius modi اصناف أخر من اصناف 82a16 alii modi (c. gen.) من هذا الصنف ما 62b32
63a6 modi parvi modici اصناف يسيرة 75a2 alio modo بنوع آخر 40a36 41a25
41b20 alii modi usus لسائر انواع الاستعمال 87b26 modo accidentis بنوع آفة
بنوع مبسوط دون 39a18 modo simplici بغنّ مشترك 49a19 modo communi وعرض
39b24 بنوع الاستعارة 47a16 tertio modo بنوع ثالث 42a7 modo transumptivo غيره
41b35 non sunt duobus modis بنوعين 41a25 41b33 unius modi بنوع واحد هو فهو
unius modi 74a15-6 aliqui mo- ليس ... على حال واحدة 73b15; لا تكون بنوع واحد
dorum, quidam modus صنف من اصناف 78b14 94b14 quilibet modus animae صنف
كثير من حروف 41a22 multi modi litterarum من اصناف النفس (بتخليس مفرد)
فى انواع شتى (ومهن مختلفة) 60a24; بانواع شتى 60a5 modis diversis الكتاب
87a21-2 multis modis diversis باصناف كثيرة مختلفة 47a17 aliquo modo (c. gen.)
... non 63b5 non ... لم ... فى وجه من الوجوه 77a16 non aliquo modo فى نوع من انواع -
aliquo modo necessitatis 61b36 non ullus modus لا ... فى نوع من الانواع باضطرار
iuvamenti ليس فى 63a2 nullus modus animalis لم ... صنفا من اصناف المعونة
مثل (c. gen.) 62b20 quot modis بكم نوع 39b23 ad modum اصناف الحيوان شىء
64a32 situs ad modum serrae بعضها يدخل فى بعض 61b19 per aliquem modorum 54b22,3 per hunc modum بنوع آخر 60a21 per alium modum بصنف من اصناف
40b3 46b26 per quem modum بأىّ نوع 44b16 per unum modum بهذا النوع

illorum duorum quos narravimus وصفنا اللذين النوعين من واحد بنوع 41b36 per istos duos modos modorum causae العلّة انواع من النوعين هذين فى 42a15 uno modo illorum duorum modorum النوعين من واحد بنوع 42a5 unus modus modorum necessitatis الاضطرار معانى من معنى اىّ 42a4 secundum modum (c. gen.) صنف بقدر 62a35 65b4; - بنوع. 49b4,20; النوع بقدر 85b32 secundum alium modum آخر بنوع 49b1 secundum eundem modum واحد بفنّ 39b22; واحد بنوع 49a27 57a5 secundum hunc modum الفنّ بهذا 82b29; النوع بهذا 64a28 77b28 79a18 83b36 94b22; 64a12; الحال هذه بمثل 51b35 81a27; الحال هذه مثل على 45b29 80b28; النوع هذا بقدر على مثل 50a18; النوع هذا بمثل 45b31; الفنّ هذا بمثل 76a22; وصفنا الذى الفنّ هذا بقدر النوع هذا 81a1 81b32 secundum tertium modum ثالث بنوع 45b32 secundum modos diversos مختلفة اصناف على 87b9 انواع مختلفة على 60a16 secundum unum modum واحد بنوع 66a16 66b10 68b15 72a32 77b17 89a11 secundum unum modum ... et secundum alium modum آخر وبنوع ... واحد بنوع 48b12-4 per unum modum ... per alium autem وبنوع ... الانواع من بنوع 42b6 uno modo ... et alio modo وبنوع ... بنوع 61b11 84b16-7 الانواع من بنوع 79b17 uno modo eodem modo واحد بنوع 62a22 80a20 modo quo diximus ذكرنا الذى بالنوع 91a5 in modo naturali الطباع فنّ على 39b30 MODICUS قليل 67a17,24; يسير 54a6 54b 22 92b7 modi parvi modici يسيرة اصناف 75a2 potans modicum aquae يشرب هو 88b3 modico tempore يسيرا شربا الماء من كثير ليس 71a9 est modici lactis اللبن 82b31 MODICUM حينا يسيرا 44b34 moventur modicum يسيرا حينا كان ايّما الاجزاء من جزء 83b9 non movetur nisi modicum يسيرة حركة شركة له الا يتحرّك لا 50b31 non utuntur ambulatione nisi modicum القليل الا السير من تستعمل لا 84a8 MODO هذا حيننا 39a22 39b6 44a7 46a2,10 50b11,4 53b19 55b28 58b11 61b27 74a21 modo remanebit ad dicendum نذكر ان بقى قد 78a23 nos modo volumus incipere dicere de قولنا من نستأنف فيما ... ذكر فى ناخذ ان نهم نحن 97b29 modo ergo وانّما 85b29
MOLARIS molares عريضة اسنان 75a7-8; اضراس 61b8-10
MOLLIFICO الآن 78b35 ad mollificandum لتمليس 91b2 MOLLIS رخو 61a18 70b 14 85b8; لين 46b21 48a18 53b34 54a13,5 55a25,9,36 59a18 59b31 60a21,3 61a12 et passim; اللين 67a14 valde mollis جدّا لين 60a11,7 60b36 mollis testae الجلد لين 81b11; الخزف لين 54a1 61a13 78a27 78b9,24 79a31 79b7,31 83b25 84b18 85b27 MOLLE لين 46b18 MOLLITIES رخاوة 69a16; لين 44b14 67a12 71a32
MOLO طحن 61b9 ad molendum لطحن 74b20; الطعام وتملّس تطحن لكى 78b35 ad abscindendum et molendum الطعام واستعمال وطحن قطع لحال 55b9 ad molendum et masticandum وطحن مضغ يكون لكى 64b33 MOLITIO طحن 62a13
MONTANUS caper montanus غزال 63b26
MORDEO عضّ 61b26 62a31 91b24 MORDERE suum mordere عضّه• 62a30 ad mordendum للعضّ 91a32 91b13 MORSUS عضّ 91b19
MORIOR هلك 72a28 81a16 96b33; وباد هلك 51b3 moritur cito عاجلا يهلك 72b5
MORTUUS quando mortuus fuit مات لما 73a19 MORS موت 39a21 53b5 causae

صارت داعية الى vitae et mortis والموت والحياة علل 48b4 cito adducunt ad mortem
بعد موته 73a21 post mortem suam 72a36 الموت
هيّج 72b4; هيّج 93b17; دفع 91b25; صارت حركته 91b5-6,16-7; حرّك 91a31 MOVEO
يرفع ... الى 83a7 movet calorem مهيّج للحرارة 50b35 movet ... ad superius وصيّر
يحرّك فوق واسفل والى الجوانب 71b33 movet superius et inferius et in latus فوق
91a29-30 movet ... econtrario motui ... حرّك 60b28 MOVEOR
تحرّك 54b34 60b27,9 65a19 82b26 85a34; هاج 72a33 85a32 تحرّك وانتقل 81a7;
moveor (c. abl.) تحرّك ب 93b7 moveor in تحرّك فى 96a8 moveor per ب
تحرّكت ومالت من ناحية الى 96a15 moventur in partes diversas 93b14; تحرّك ب
يسير على بطنه ويدبّ 57a16 moventur super ventrem 39b3 moventur نواحى أخر
لا يتحرّك إلا حركة 83b9 non movetur nisi modicum له شركة حركة يسيرة modicum
يسيرة 50b31 non moventur omnino البتّة لا يتحرّك 83b8-9 MOVENS primum movens المحرّك الاوّل 46a32 MOVERE movere ad posterius حركة الى ما خلف 91b32
لم يكن يمكن ان تكون ... moveri يظهر متحرّكا 66a20-1 non possunt ... moveri videtur
متحرّك 57b37 84b33 MOBILIS متحرّك 54b33 MOTUS (part.) له حركة 97b25
MOTUS (subst.) حركة 52b11 54b23 56b5 57a10,5 57b17 63a20 65a12 66a12 66b
13,4 69a14 69b1 71b29 72a25 74a4,5 82b1 84b29 87a11 88b29 90a11 91b15 96a29
96b7-8,17 97a28 97b13; مسير 90b15; دبيب وحركة 88a10; مسير وحركة 88a31 motus
naturalis الحركة الطباعية 71b30 motus corporis de loco ad locum حركة الجسد
وتنقّله من مكانه 73a29 motus in latus الحركة التى تكون فى الجانبين 91b1-2 modi
motuum اصناف الحركات 67a27 boni motus جيّد الحركة 65a2 82b16 gravis motus
96a14 كانت حركته عسرة جدّا 80b32 93b17 est gravis motus valde عسر الحركة
levioris motus حركة ايسر 90a22 maioris motus اكثر حركة 72a25 81a6 est motus
malus, mali motus رديئة ... 96a12-4 multi motus صارت الحركة 58a4 كثير الحركة
83b6 parvi motus عسر الحركة 86b28 pauci motus قليل الحركة 82b16 principium motus ابتداء الحركة 39b12-3 41b5 66a3 complementum et finis motus تمام
وغاية الحركة (و) ... 41b24-5 multitudo motus كثرة الحركة 81a9 tarditas motus
ابطاء الحركة 85a8 virtus motus appetitivi القوة المهيّجة للشهوة 47a25 virtus
sensus et motus animalium قوة الحسّ والقوة المحرّكة للحيوان 47a25 motus et
operationes animalium حركات وافعال الحيوان 46b15-6 sermones de ambulatione
et motu animalis الاقاويل التى وصفناها فى مسير وحركة الحيوان 96a12 MOTOR
محرّك 41a27 est motor et principium ويهيّج* يتحرّك 47a29 motor scilicet principium a quo اعنى المحرّك 40b7 MOBILITAS mobilitas (W) digitorum انثناء
الاصابع 87b10
MUCILAGO MUCILAGINOSUS (muscillaginosus codd.) مخاطى 55a30,6
MULIER نساء 48a29,31 53a28 88a23
MULTIPES كثير الارجل (many-footed, general) 42b19 84b12; (of insects) 82b3
animal multipes, animalia multipedia (= οἱ πολύποδες, Cephalopods) الحيوان
الكثير الارجل 52b25 54a22 61a15 etc. → animal
MULTIPLICO multiplicatur كثر جدّا ... 72a28 cum multiplicabitur اذا كثر 51b2

## INDEX LATINO-ARABUS 389

si multiplicetur اذا كثر 77a7 MULTIPLICITER بانواع شتّى 48a35 49a35 49b6-10; بانواع كثيرة 48b11 → dico
MULTUS شتّى 74a29; (من) كثير 40a20 43b11 46b10 46b16,23 47a17 *et passim*; (*c. gen.*) كثير (بـ) العدد 48b12 82b32; كثرة 57a17; اكثر 87a11 88a10 94a3 multus numero كثير العدد 83a14 multus cibus كثرة الطعام 74b27 sunt valde gulosi et multi appetitus تكثر رغبتها الى الطعام وشهوتها اليه 91a2 animal multorum filiorum الحيوان الذى يكثر الولد 88b16; الحيوان الكثير الولد 88a34 animal multae fissurae in pedibus الحيوان المشقوق اليدين والرجلين 88a34 animal multae pinguedinis الحيوان السمين جدّا 51b28; الحيوان الكثير الشحم 51b9 habent multam pinguedinem صار طباع الحرارة فيهما 72a13 habent multum calorem كثير الشحم 70a21 habet multos pedes كثرت ارجلها 82b5 multus calor et multum frigus 43b36 invenitur ... unum ... et multa الذى يشقق فى كثير 80a30 quod finditur in multa افراط الحرّ والبرد 82a4 ponet ipsum يوجد ... واحدا و... يوجد بكثرة ... multa ... بكثرة 82a8 ex multis من كثرة 46b23,32 super multa على كثرة 63b27 MULTUM (*subst.*) كثير من 79a15; (*adv.*) كثيرا 69a18 84a6 86b7,27 91a19 efficitur pauca ex multo يكون قليلا من كثير 69a32 multum aeris هوائية 69b1-2 est multum carnosus كثير اللحم 72a17 89b7,14,22 non est multum spissus ليس بكثير الصفاقة 72b1 multum aperiunt os صار فتح الفم كبيرا 62a29 diversantur multum فيها اختلاف كثير 82a36 illi qui mingunt multum بولا الذين يبولون 70b9 pascitur multum يرعى رعيا اكثر 80a33 sitit multum يعطش عطشا كثيرا 77a33 manent multum in aqua تبقى زمانا كثيرا 71a2 vivunt multum مأواه شديدا 62b10-1 → facilis MULTITUDO افراط 68b14; كثرة 39a8 62a13 63a10 66b13 68b14 69b4 71b4 73b34 77b20 79a16 80b28 81a9 *et passim*; كثرة وافراط 68b13 in multitudine فى الكثرة 43a24 propter multitudinem لكثرة 53a33 multitudo et paucitas كثرة وقلّة 96b16 PLUS quod est plus اكثر ... ما كان 49a32 qui plus potest in hoc الذى يمكن 66b30 est pluris intellectus اعقل واحكم من 87a9(11) plus fetentes omnibus aliis منتن الرائحة اكثر من جميع يكون ... 71b23 plus iuvans انفع ل 72b26 est habens plus carnis اكثر لحما 86b22 habens plures angulos ما له زوايا كثيرة 90a13 plures من كثير 39a19,24 44a23 45b4,13 46b35 60b34 61a1 62a7 62b35 63a18 *et passim*; الاكثر 63b28 plures eorum كثرتها 76b 36 vel plures او كثرة اخرى من 43a23 in pluribus locis فى مواضع 42a18 in pluribus ... et in quibusdam وفى بعضها 82a4 plus ... quam فى كثير من ... اكثر من ... 57b27 71a4 73b28 plus diligitur ab ... quam احبّ الى ... من 44b34-5 plus (*c. abl.*) اكثر من 48b35 49b4 54a30 57b2 69b6 72a1,10 PLURIES الاكثر 84a35
MULTOTIENS مرارا شتّى 39a24,7 42b9 44a26,34 45b12 49a7 *et passim* multotiens accideret occasio لكانت الضرورة تسرع الى 90b4
MUNDIFICO mundificor نقّى 68a30 MUNDUS نقى 52b33 sanguis mundus الدم النقى 48a4,9 MUNDIOR انقى 47b32 (73b22)
MUNDUS generatio mundi كينونة العالم 40b11
MURUS سياج وبناء حائط 72b20 سياج وحائط 79a6; سياج (82b17);

MUSICUS صاحب علم 49a4 (→ GA 724a26)

MUTO يغيّر لونه 55a18 73a2 mutant suum colorem 50b32 mutant sua loca تبدّل اماكنها 68b21 MUTOR تغيّر 51b25 mutor et alteror تغيّر 72b30 mutor ad انتقل ب 81a13 mutor in تغير الى 92a23 illud accidit ei quod mutatur in colore تتحجّر اعنى انها تصير من 79a13 mutabantur in lapides تغيير اللون الذى يعرض له وتنتقل 49a28 et sic mutabitur 41a21 cito alterantur et mutantur حجارة تتغير عاجلا ... الى 87b1 mutare يمكن ان يغيّر ... in فيتغيّر 73a6 MUTARE potest mutare ويتّخذ مكانه غيره 87a28 MUTATIO mutabit mutatione manifesta يغيّر ... غيّر تغييرا بيّنا 73a2

NAM فإنّ 47b23 48a35; لان 91b11

NARRO وصف 40a2 40b11 41a16 41b36 43a36 47b29 et passim narro in وصف فى (L) 50b10 narrabimus ينبغى لنا ان نصف 40b26 si non narraremus ipsum لم 40b25 melius narrat et perfectius اجود صفة وابلغ قولا نصفه 41a10 iam narravimus superius قد وصفنا فيما سلف من قولنا 72a12-3 in sermonibus quos narravimus de فى الاقاويل التى وصفنا فى (L) 56a29 est secundum quod narravimus كما وصفنا اوّلا 61a30 sicut narravimus prius هو كما ذكرنا ووصفنا 52a18 NARRARE وصف 39a13 39b11 45b1; تصنيف 39a24; تصنيف وتلخيص 39b5 (debet) narrare بوصفه ... يصف (ينبغى ان) 39a17 debemus prius narrare ... deinde narrare صفة ... اوّلا ... ثمّ نأخذ فى 40a14-5 quando voluerit narrare ان يصف ... وذكر 41a6; اذا اراد صفة 41a7 si voluerimus narrare نصف 40b27 NARRATIO تصنيف 82a33; صفة 40a15,6 85b30-2 debemus incipere in narratione eorum prius اوّلا ينبغى لنا ان يكون ابتداء قولنا من تصنيفها 56a10 narratio membrorum صفة الاعضاء 74b16

NASCOR nascitur (= ينبت) pro يثبت (= remanet) 89b16

NASUS انف 45b35 46b13 55a31 57b21; خطم 58b29; منخر 40b15 57a7,9 57b19 59b4,13,20 92b17 nasus quod est instrumentum odoris منخر وهو آلة المشمة 91a12 nasus elephantis منخر للفيل 58b35 59a15 nasus in elephante آلة حسّ المشمة للفيل 82b36 nasus scilicet additamentum منخر اعنى خرطوم 59a1,30 viae nasi سبل مناخير 59b1-2

NATO عام 39b2 84a3,18 85a15 95b15,20 96a9 nato cum عام ب 96a27 nato per ب 96a7,27 ova quae natant البيض الذى يطفو 80a17 quando natant in aqua اذا يعوم بانثناء جسده 59a14 natat per flexionem corporis احتاجت الى السباحة فى الماء 96a7 natat super humorem يطفو على الرطوبات 72a9 NATARE ad natandum للسباحة 94b9; لحال السباحة 84a3 93a10 est ad natandum يوافق السباحة 95b18 NATANS aves natantes الطير الذى يعوم 94b2 NATATIO (43a34 → mensura) non prohibentur a natatione لا يمتنع من ان يعوم 96a22

NATURO NATURATUS non fuit naturatum لم يطبع 45a23 secundum naturam qua naturatae fuerunt على طباعها الذى طبعت عليه 42a34 NATURA طباع 39a9,10 39b20 44b4 45a2-3,9 47b1 52a31 52b2,19 54a24 et passim; طبيعة 39a15,6,7 39b5

57a20 هيولى 49a18 54a15 54b32 59a27,33 77b30 (86a11); تقويم 55b14; قوة 78a13; 78a32 natura eorum خلقة طباعها 70b24 substantia naturae تقويم طباعه 78a32 natura est in eo inter naturam ... et ... و 79b31 natura طباعه مقوّم من تقويم بين طباع 58a8-9 natura nihil facit otiose الطباع لا يصنع شيئا باطلا 91b4; الطباع لا يصنع شيئا بنوع الفضلة والباطل 95b19 natura nihil facit superflue لا يفعل شيئا بنوع باطل 94a15 natura nihil fecit superflue الطباع لا يصنع شيئا فضلا 61b23-4 ingeniata est natura احتال الطباع الطباع لا يصنع شيئا باطلا ولا فضلا 64b21,32 65a8 65b13 68a20 75b12 calor naturae حرارة الطباع 81a6 dispositio naturae ... ـ حال طباع 70b30 natura spermatis et lactis حال طباع المنى واللبن 60a10 operationes naturae اعمال حال الطباع 55b24 operatio naturae اعمال الطباع 63b27 philosophi naturae عمل الطباع 45a10 opus naturae فلاسفة من الطباع 52b2 natura eius est هو فى طباعه 61a18 ex natura aeterna طباع سرمدى 41b21 est de natura (c. gen.) من قبل الطباع 82b28 naturā فى طباعه ان eius est ut 59b10 ex natura ossium شبيه بالعظم 55a20 quasi de natura من قبل شبيه بطباع 66b17 diversus in natura فى طباع 47b12; من الطباع 56b27 57b1 in natura 73b3 habet communicationem in natura cum aliis طباع سائر ليس يشبه طباعه 69a9 est calidae naturae الطباع مشترك 50a1-2 est communis naturae لطباعه شركة من 54a9 est naturae sanguineae حارّ الطباع 51b20 طباع من اصناف طباع الدم 50b33-4 51a34 secundum naturam على قدر sunt terrestris naturae هو ارضى الطباع 56a11 secundum naturam cuiuslibet illorum بقدر خصوصية طباع كلّ واحد الطباع 57a12 منها → os, vena etc. NATURALIS طباعى 39b12 40a2 41a34 44b22 45a23 49b35; كيانى 50a14 naturalis (sc. philosophus) صاحب العلم الطباعى 39b8 41a7, 10,21 42a27 naturalis philosophus صاحب العلم الطباعى 41a33,5(inv.) philosophia naturalis الفلسفة الطباعية 53a9 calor naturalis حرارة طباعية 50a7 69b3 70a25 97a29; حرارة كيانية 50a14 elementa naturalia الاسطقسات الطباعية 48b9 frigus naturale برد طباعه 82b1 membra naturalia اعضاء ... الطباعية 56a11 motus naturalis الاشياء 39b21 42b3; 71b30 res naturales الاشياء الطباعية الحركة الطباعية 48b2 scientia naturalis الاشياء المقوّمة من الطباع 40b4; التى تقوّم من الطباع العلم 69a2 sunt naturalia كان ... من قبل 41b1 spiritus naturalis الروح الطباعى الطباعى 39b30 NATURALITER على فنّ الطباع 40b18 in modo naturali من قبل الطباع 50b27 52a14 57a31 58b28 62b24 65b20,35 66b20 68a11,21 et passim; no Arabic equivalent 40a33 animal frigidum naturaliter الحيوان البارد الطباع 82b2-3 non est naturaliter nervosa عصبى الطباع ... ليس 89a23 sunt in animali ossa naturaliter debet habere 52a3 يكون فى الحيوان طباع العظام من طباعه ان 46a21 ـــ من قبل الطباع ... وهى ... من الطباع naturaliter ... habent 64a6 يكون له
NAVIS سفينة 70a10 85a35 87b19
NE ليس ... لانه ان 62a11
NEC non ... nec ليس ... ولا 41b4-5 78a28
NECESSARIUS necessarius est (يكون) باضطرار صار 47a22 55b11 indigentia est necessaria مضطرّة ... الحاجة 91b14 non est necessarius ad ليس هو من الذى يحتاج

باضطرار ... لحال اليه 65b25 non debemus ponere istam causam necessariam 58b25 hoc necessarium est باضطرار ذلك 58b3 68b34 80b30 quod est necessarium الامر الذى 77a17 NECESSARIUM باضطرار ليس ينبغى لنا ان نوجب هذه العلة يعرض باضطرار 50a2 77b26; باضطرار 39b21 necessarium est quod يكون باضطرار ان 54b14 necessarium est ut باضطرار 46b1,5 58a4 70a23 72a13 75b31 78b3 86b29; باضطرار(ان) يكون 39b26 40a5 necessarium est ut sit 74a14,9 باضطرار ينبغى ان يكون 65b11 باضطرار ينبغى ان 42b21 43a18 52a3,4 55a24 66a18,32 67b26 97b24; فباضطرار 42a13 necessarium est dicere quod necessarium ergo per necessitatem باضطرار يلزنا ان نقول ان 51b3 fit 49b6 NECESSE necesse est quod nobis necesse يلزنا باضطرار 44a25 NECESSITAS اضطرار 40a7 42a4,7 42a32; نوع من الاضطرار 42a3 per necessitatem الاضطرار ;40a1 الذى من الاضطرار 42a2 ex necessitate لعلة واجبة 42a8 propter causam necessitatis باضطرار 60b16 propter necessitatem باضطرار 63b14; لحال الاضطرار 63b22-3 secundum necessitatem لا ... فى نوع من الانواع باضطرار 42a9 non ... aliquo modo necessitatis باضطرار 61b36 NECESSARIO باضطرار 39b23 40b2 42a32 55b30 57b23-4 61b34 62a9 63b9 et passim; من الواجب ان 40a6; من اضطرار 42a11 necessario (adducit _ ad) يلزمنا ... اضطر 42a18,28 non necessario ليس باضطرار 70a30 fit nobis necessario باضطرار 44a25 accidit necessario ... اضطرارا عرض ... 97b10 necessario accidit ut 39a27 سيضطر الى ان 64a30-1 necessario sequitur ut ان باضطرار عرض ان quo indigetur necessario الذى يحتاج اليه باضطرار 65b23

NEGLEGO غفل 64b30

NEQUE ولا 45a23 et passim neque ... neque ولا ... 97a10; ولا ... ليس 91b14-5 non ... neque ولا ... لا 51a6; ولا ... ليس 51b5 non ... sicut neque (... omnino) لا ليس ... ولا ... كما لا ... ( البتّة ) 41a1 50b4 non sunt ... neque ... neque ولا 48b6-7 → non, nullus

NERVUS عصب 46b25 47b17,24 53b31 54a15,6 54b19,25 64a32 85b6 89a29 89b9,15 NERVOSUS عصبى 52a18 54b28

NESCIO nesciunt quare لماذا لا يعلمون 56a25

NEUTER neutra istarum ... habet ليس لواحد من هذين 42b16

NIGER اسود 43b21 64b17 humiditas nigra الرطوبة السوداء 79a6 est nigri coloris هو اسود اللون 80a14 NIGREDO سواد 43a32

NIHIL لا شىء ... لا 58a8 61b23 83a24 91b4 94a15 95b19 nihil ... nisi شىء ... الا غير 68a25 nihil est quod fingunt ليس هو كما يزعم 56a15 tantum et nihil aliud فقط 59a28

NIMIS NIMIUS per nimiam repletionem لحال الامتلاء 96b33

NISI إن لم 55a21 73b34 93b18 hoc erat impossibile nisi propter لم يكن يمكن ذلك الا ب 82b23 non est nisi إنّما 40a5; الا ... ليس 52a1; غير ... ليس 56a13 54a6 non إن لم 43b8 nisi forte إلّا ... ليس 48a27 50b31; لا ... إلّا 45a24; إنّما nisi ... 52b24 → nihil, non, nullus

NOBILIS كريم 39a2 45a23; فاضل صالح 45a25 NOBILIOR اعظم 65a23; اكرم 65b20

INDEX LATINO-ARABUS 393

68a1 72b21; اكرم واجود 65a22; اكرم وارأس (*v. l.* اشرف *G*) 67b35 nobilior quam اكرم 45a7 NOBILIUS اكرم 58a21 NOBILISSIMUS ;40b28 اشرف واعظم شأنا من (*subst.*) الاكرم 65b20 87a15 NOBILITAS (*pro* flexio 87b10) propter magnitudinem nobilitatis earum لكرمها وعظم شأنها 44b33
NOCEO ضرّ 51b2 94a18; اضرّ ب 54b7 NOCENS valde nocens مؤذ جدا 72a34 مضرّة 63a11 (90b7) 88a1 (68b20) 61b3 (48b15) اذى NOCUMENTUM (90a19) ut non accidat ... nocumentum ضرر ... لكى لا يصيب 52b30-1 quia exposita est magno nocumento يدفع 64b21 eicit nocumentum a se لانه يكون علة اذى وضرورة 61b3 لان لا يلقى اعنى يدفع به الاذى 88a1 contra nocumenta الاذى عن نفسه
NOMINO nominantur nominibus diversis تسمّى باسماء مختلفة 74b14 NOMINATUS مسمّى 83b24 sunt nominata uno nomine مسمّاة باسم واحد 44a18 NOMEN اسم 42b16 74b14 nomen proprium اسم خاصّ 44b5 80a15 sunt aequivoca in nomine تشترك ... بالاسم 40b36 sub uno nomine باسم واحد 44a13 carentes nominibus ليس لها اسماء 42b15 modi communis nominis الاصناف المشتركة بالاسم 43b7 communis in nomine مشترك بالاسم 47b19 communicat cum ... in nomine يشارك ... بالاسم 47b18,20 55b6,7,21
NON لا 40a34 48b30 *et passim*; ليس 39b3,6 40a5 48b2 *et passim*; لم 45b17 57a5-6 *et passim*; على خلاف ذلك 80a21 86a1; *often summarizing:* in quibusdam est pingue et in quibusdam non (*sc.* habet pinguedinem omnino) هو سمين فى بعض ... وليس له شحم البتّة فى بعض 75b11; cf. 78a33 non potest ليس 67a18 non est carnosus غير 69b7 non carens عادم ... لا يكون عادم اللحم 73b6 non continuus غير موافق 77a11 (etc.; non - : → *lemmata*) non est conveniens غير مفصّل 60b33 non ... aliquid لم شيئا 76a1 non ... aliqui ليس ... شيء من 52b18 69b7 74b30 non aliquid praeter ليس ... ما خلا 68a22-3 non ... aut ولا ... ليس 39b6 41b22-3 non ... aut ... neque ليس ... ولا ... ولا 78a36-b1 non ... et لا ... ولا 63b8 non ... immo ليس ... بل 44b11-3 non ... sed ليس ... الا 69b32; ليس ... بل 46a15 47b19 51a10 54a17-8 78b21 80a32-4 88b1-2; لا 47b14-5 64b14-5 non ... nec ليس ... ولا 41b4-5 78a28 non ... neque لا ... غير 44b23; وغير 39a22; لا ولا 41a19-20 51a6 66a25-6 67a30,3 71b15 73a23-4 94b15; لا ... على كلّ ... ولا 51b5 57a14 64a7 71a31 74b34; لم ... ولم 90b25; ولا ... ليس 94a20; لم ... ولا 86a13-4 non ... 56a22-3; لم ... ولم 89b6 92a6; ليس ... وليس 84b8; neque ... neque ليس`... لا ... ولا ... ايضا 95b3; ليس ... ولا 92a9-10 non est ... neque ... (neque) ( ... ولا ) ليس ... ولا 48b6-7 62b29 non ... neque ... omnino ليس ... ولا ... البتّة 95b23-4 non ... sicut neque (... omnino) كما ... لا 81a33 ليس ... كما ليس ... البتّة كما لا 68a33-5; ليس ... ( ... البتّة ) 41a1 50b4; لا 91a20 non est ... ليس ب 40a12 non est nisi انما 40a5; الا ... ليس 52a1 54a6; ليس ... غير 56a13 quoniam non ... nisi وانما 88b4 non ... nisi انما 40b5,15 48b1 58b10 61a8 61b26,30 82b31; انما هو 62b32; الا ... لا 48a27 50b31 72a7-8 84a8; لا ... الا 43b8 58b10 60a31 ليس ... الا 72b36 88b23; لا ... غير 88b7; الا ... فقط 81a10 83a17 85b1 95a9; لو ... لم 90b24-5; ان لم 73a28; ليس ... غير

لم 92a7-8; *no Arabic equivalent* 55a33 87a10 non habent nisi unum modum vigoris انواع القوة ... نوعا واحد من انواع القوة ـ 87a27 non diversantur alia diversitate nisi quod ان من اكثر آخر اختلاف بينهما ليس 85a6 non utitur eis in alio nisi solum ad 59a29 non ... omnino ... البتّة لا ... 51a5 60b27 68a4 73b17 77b3-4 83b8-9 93b24; 95b6 ليس ... البتّة ... 43b13 54a22 57b32 96b4 non est ... omnino ... البتّة ... ليس 52a2 64b11 68a34 80a11-2 non ... omnino sed بل البتّة ... لا 50a11 non ... omnino ... secundum totam dispositionem sed 63a35 non ليس هو كما ... على كلّ حال ... على حال بل 61a5 non sicut solummodo ... sed etiam (ايضا) ... بل فقط ... ليس 72b34-6 89b3 90a2 94a4 ليس ... فقط ... لكن ... 40b35 non ... tantum ... sed etiam ... non tamen ايضا 46a29-30; ليس ... فقط بل (ايضا) ... 56b7-8 66a19-20 74a4-5 85a28-9 non ... tantum sed (etiam) 56b29 63b6 64b1 70a17-8 71a3-4 ليس ... فقط ولكن ... ايضا 40a24 non ... nisi ... tantum الا ... لا 83b29 87b31; فقط ... 71a20; الا ... ليس 88a33-4 فقط ... انما 70a16 non habet ... nisi ... tantum غير ... ـ ليس 52a16 non ... vel ولا ... لا 55b31-2 adhuc non لم ... بعد ... ولم ... بعد 75b35 adhuc non ... neque adhuc بعد ... 70b30 non لو 50a6; إن لم ... 50a36 82a7; اذا لم 87a30 si non ... لا ولا ... etiam si لم 79b21-2 si autem non, ergo فانه والآ 43a13 si ... non ... لو 81b23-4 si non ... لم يكن ... لو لم يكن 60a4-5 utrum ... aut non ام لا ... إن كان 69b15 quatenus non لا لكى 73b7 ut non لكىّ 52b30 54a30 54b26 55a2 64b29 66b3 82a33 *et passim*; لكيما وذلك 61b21; لئلا 54a24 non tenax قحل 46b22 non habeo ل ليس 58a7 76a28; ليس ... ـه 61b13 → ullus
NOS نحن 56a25 62b23 67b20 89a10 97b29; ـنا 39b3 56a29 68b29; نـ 55b16 78a16 قد علمنا nos debemus verificare نحقّق ان لنا ينبغى 73a13 nos bene scimus quod سنذكر 39b11 nos dicemus ultimo اخيرا سنذكر 58a13 dicemus nos post 95a2 ان nos diffinimus نحدّ* 53b22 in nobis فينا وفيما يلينا 41b14,8 nobis لنا 44b25 56a8
NOSCO NOTUS معروف 39a11,3 39b6 91b31 notum est apud ... quod ذلك معروف عند ... و- 73a25-6
NOSTER نا ... 44b20,4 49b9 74b16 78b23 *et passim*
NOX noctes plenilunii ليالى امتلاء القمر 80a34
NUBES → Index animalium *s.v.* nubes, spongia
NUDUS est nudus in corpore عريان ليس له سترة 87a25
NULLUS ... شىء من (ليس) لا 52a36 58a25 78b35 nulla differentia فصل ليس 43 لا ... احد من a8 nulla diversitas est البتّة اختلاف ... ليس 41a35 nullus eorum qui الذين 47a10 nullus ... habet من لشىء ليس 57a23,5 76a29 nullus ex eis potest habere منها لشىء يكون ان يمكن لا 97a23 nullus istorum modorum habet ... neque ullum animal الحيوان من آخر لشىء ولا ... الاصناف هذه من لشىء ليس 97a10 nulla avis habet له طير يكون ان يمكن ليس 94a13-4 nullus modus animalis ... praeter ليس لشىء من ... ما خلا فقط 62b20 nullus ... omnino ليس فى اصناف الحيوان شىء

## INDEX LATINO-ARABUS 395

... البتّة 71a26 paucae generationis aut nullius omnino لا تلد البتّة او لا الولاد قليل
51b13 nullus ... neque ولا ... من شيء ... ليس 66a16-7 nullus ... nisi ... من شيء لا
ما خلا ... 73a8 in nullo membro ... nisi ... tantum ... ليس يكون فى سائر الاعضاء
فقط ... إلّا 66a3 nullum interfectum in corde eius apparet dolor لم يذبح ذبيحة
56b19 NULLUM nullum habet ليس شيء له 67b2 يظهر فى قلبها وجع
NUMERUS عدد (48b24) 73b14 80b5,18,28,33; عدد 80b4 numerus impar العدد فرد
80b4 العدد الفرد *no Latin equivalent* (81a2) est multus numero كثير العدد 83a14
non sunt multa numero ليس ... كثير العدد 82a35
NUMQUAM قط ... لم 73a26
NUNC *no Ar. equivalent* 53a8 nunc sequitur dicere de الذى يتلو قولنا ذكر 65a28
NUPER sermones nuper الاوائل 55b28-9
NUTRIMENTUM تربية 80b31

OBOEDIO OBOEDIENS ut sit oboediens ad introitum cibi لا وبحيث ليّنا يكون لكى
64a34-5 يصيبه من الطعام الذى يدخل فيه شيء (وتكون من ذلك ضرورة)
OBTUNDOR obtunduntur (من سحق بعضها ببعض) حدّتها تفسد 61b22
OCCASIO 54b6-7 de facili occasionaretur الى تسرع الضرورة كانت
الآفة التى (82b21); ضرورة 64a7 64b6 65a9 79b22 90b4 occasio quae accidit آفة
تصيب 67a16 67b11 citius accidit ei occasio تسرع اليه الضرورة 82b16 ad patiendum
occasionem الاحتمال لحال 73b6 occasiones التى تعرض الضرورة 63a5 est multarum
occasionum الآفات التى تعرض من خارج 51b12 occasiones extrinsecae هو كثير الآفات
57a33 ex occasionibus extrinsecis ضرورتها من الاشياء التى تقع فيها من خارج; 58b10
من قبل 54a8 propter occasionem et accidens من الاعراض التى تعرض لها من خارجا
وعرض آفة 49b27 sine occasione 72b16 بغير آفة وضرورة
OCCULTUS (= خفي) حقى (L) 42b9; occulte (→ *adn. ad loc.*) 49b18
OCTO ثمانية 85a23
OCULUS عين 45b36 46b13 48a17 56b32 57b15 58a9,12 84b9 91a12 in oculo dextro
et sinistro اليسرى والعين اليمنى العين فى 57a3 (sunt) duri oculi العين جاسى 48a17
83a27 humidi oculi العين رطب 58a3 mollis oculi العين ليّن 48a18 clausura oculi
العين غلق 57b17 durities oculi عينيه جساوة 57b36 extremitates oculorum اطراف
الاشفار 57a30 natura oculi العين طباع 57a31 pupilla oculi العين حدقة 53b25 via
oculorum البصر سبل 56b17 claudit oculum عينيه يغلق 57a36 57b5 91a21 claudit
oculos multotiens شتّى مرارا عينيه يغلق 57b2 claudit oculum per ب يغلق 57a29;
ب عينيه يغلق 57a30 57b18 (- cum) 57b16
ODOR modi odoris الرائحة اصناف 59b17 instrumentum odoris المشمّة آلة 91a12
OESOPHAGUS مرىء عضو 64a20,31 64b3,12,20 65a10,20,2,7 74a10 74b23 91a1;
64a16 العضو الذى يسمّى مريئا المرىء 64a23 membrum quod dicitur oesophagus
situs oesophagi المرىء ... وضع 76b14
OFFENDO OFFENSIBILIS res offensibiles الكريهة الاشياء 66a11
OLEUM زيت 48b33 49a23

OLFACIO شمّ 56a35 OLFACTUS حسّ المشمّة 56a32 instrumentum olfactus آلة المشمّة 56a31,4 56b31 sensus olfactus حسّ المشمّة 58b27 ; آلة حسّ المشمّة 58b34 57a7 viae olfactus سبل المشمّة 59b12 virtus olfactus قوة المشمّة 57a4
OMNINO omnino ليس لـ ... 75a9 ... البتّة 42a19 caret ... omnino لا يجد بدّا من ان 87a3 omnino debet esse لا بدّ من ان يكون 66b22 non ... omnino البتّة ... لا 60b27 ليس ... البتّة 43b13 54a22 54b22; لم ... البتّة 68a4 73b17 77b3-4 83b8-9 93b24; ليس ... على حال 61a5 non ... neque ... 57b32 64b11 68a34 76b25 80a11-2 96b4; ليس ... ولا ... بل البتّة 95b24 non ... omnino sed omnino 50a11 est impossibile ut ... omnino البتّة ... ان يمكن ليس 77b3 nullus ... omnino ليس ، لا شىء من ... البتّة 71a26 78b34-5 → nisi, non
OMNIS جميع 39a18 39b4,21 47a5,12 et passim; جميع عدّة 73b12; سائر 87a5 87b16 89a23; كلّ واحد 39a11 50a32 61b13 62b30 65a12 76b21 80a36 et passim; كلّ ما كان من 55b5 inter omnia a- 61b21 94b26; ما كان من 59a30; 42b36 من جميع سائر الحيوان 87a5 omnia alia سائر 89a23 omnia sensata nimalia الاشياء المحسوسة 47a29 hoc dicunt omnes هذا قولهم جميعا 40b17 omnia habent كلّ 79a12; جميع ما 76b12 omne quod ... وليس لكلّ لجميع ... et non omnia habent فى الكلّ او فى 50a3 50b33 90a12 in omnibus vel in pluribus (39b30 49b11) ما واحد ... اثنان ... ثلاثة ... كلّها omnia 63b28 unum ... duo ... tria ... الاكثر 42a21-2
OPEROR OPERANS عامل 45a12 OPERARI → operatio OPERATUM معمول 45a 12 OPUS عمل 54b4 57b33 66b15 74b19 non facit suum opus لا يعمل عمله 53b3-4 non potest facere suum opus لا يقوى ان يفعل عمله 41a1 non faceret opus pro- prium ليعمل العمل 57a6 ad faciendum opus quod facit لم يعمل العمل الذى يعمل مكان العمل الذى يكون 61a29 ut faciat opus loco operationis الذى يشبه عمل لم يكن يعمل العمل الذى يعمل ب 74b22-3 non faceret opus quod ... facit cum ب 54b4 opus naturae عمل الطباع 63b27 OPERATIO عمل 39a4,8 40a31 45a24 45b 20-3 47b25 et passim; عقل (= intellectus, pro عمل) 40b8; فعل 45b28,30 56a2; فعل وعمل 46b12; عمل وفعل 45a13; عمل ... وافراغ 55b20 quod est magnae ope- rationis العظيم الشأن 86a15 facit suas operationes يعمل اعماله 87a29 operatio propria dentium عمل خاصّ للاسنان 91b20 operatio imaginum عمل الاصنام عمل الرجلين 90a33 operatio pedum عمل اليدين 45a13 operatio manuum وافراغها 90b1 unum membrum conveniens uni operationi العضو الواحد موافقا لعمل واحد 83a24 unum membrum in duabus operationibus العضو الواحد فى عملين 83a23 non ... ulla opera- tio ex operationibus naturae لا ... عملا من عمل الطباع 58b23-4 operatio naturae 56a21 operationes العمل الطباعى 60a10 operatio naturalis اعمال حال الطباع افعال 43a35 46b15-6 47a23; اعمال وافعال 39b9 operationes communes الافعال المشتركة اعمال النفس 87b11 operationes animae الاعمال القوية 45b21-2 operationes fortes 52b10-2 operationes naturae et artificii اعمال الطباع واعمال المهنة 39b20 fuit يكون كلّ واحد من الاشياء ويستأنف operatio cuiuslibet rei quam intendebat operari

60a18 لكى يستعمل فى العملين كينونته 39b29 ut utatur ea in duabus operationibus propter multitudinem operationis ipsius لحال كثرة اعمالها وافعالها 83b7
OPINOR opinor quod زعم ان 48a25 opinatur quod يظنّ ان 60b1 69b21,8,34 76b34 79b13 90b20; قد يظنّ ان 95a18 opinatur quod non لا يظنّ ان 95a1 secundum quod opinatur ينبغى لنا ان نظنّ ان مما يظنّ 91b29 OPINARI debemus opinari quod 48a13 OPINIO رأى 41b2 42a29 45a6; رأى ومذهب 39a1 sua opinio ظنّه 40b31 opinio naturalis الرأى الطباعى 40a2 41b11 opinio nostra et sermo رأينا وقولنا 44b24 illi qui sunt in opinione Anaxagorae اصحاب انقسغوراس 77a5
OPPILATIO سدّة 72a33
OPPONO opponunt aliis يقاول ويشاجر غيره 48a24 OPPOSITUS erit oppositus ad وضع ... فى موضعه قبالة مكان 52b20 positus 42a36 ponere in opposito يكون قبالة in eius opposito قبالته 66a27 in opposito موضوع قبالته 96b24 in opposito cordis فى موضع قبالة موضع القلب 86a7 OPPOSITIO est in oppositione (c. gen.) قبالة 66b12 in oppositione ad قبالة 80b20
ORBUS pars intestini quod orbum dicitur جزء المعاء الذى يسمّى اعمى 75b7 (→ 76 a5)
ORDINO ORDINATUS ordinatus cum مرتّب مع 42b19 ordinatus in مرتّب فى 41b23 ترتيب ونضد 45a2; ORDO مرتبة 41b18 ordinatum المنضود المرتّب 65b20 ORDINATIO bene fuit ordinatio نعم ما رتّبت 56b27
ORGANICUS (membra) organica الآلة 56a2; ركّبت من اجزاء لا تشبه بعضها بعضا الاعضاء التى 56a1; 47b9 membra organica الآلة التى اجزاؤها لا تشبه بعضها بعضا الذى لا تشبه اجزاؤها بعضها 47b22*; 46b12,22,34 47a2 47b22; اجزاؤها لا تشبه بعضها بعضا الاعضاء التى هى آلة 47a24; الاعضاء التى لا تشبه بعضها بعضا 46b35 55b18; 46b26 47b23; no Arabic equivalent (→ app. ad loc.) 40b20
ORIFICIUM فم 62a30 64b22,6 65a4 68b5 78b7 79a33-4 79b8,35 81b8 82a19 85a10 91b9,12,24 96b24,34 97a2,4 orificia افواه (عروق) (κοτυληδόνες suckers) 85b3 orificium tenchea افواه التماسيح 91b24 habent orificia divisa صارت افواهها مشقوقة 91b22 in orificiis فى الافواه، على 62a11 63b9
ORIOR orior ex نشؤ من 67b17 oriuntur et sunt ex natura *تنبت وتكون من الطباع 41b29-30 → ثبت ORIGO origo et principium eorum نباتها وابتداؤها 41b30 origo cornuum نبات القرون 63a1,34 63b3,10 64a11
ORNO orno cum زيّن ب 58a32
OS (gen. oris) فم 50a9,15,27 58b35 59b2,21 60a14,24 60b7,22 61a14,35 64b12 74a11 75a7 78b14,25 82a16 84a1 84b24 90b19 circa os حول الفم 84b9 in ore فى الفم 92b17-8 per os بالفم 64b34 78b16 intra os فى داخل فيه 61a15 loco oris مكان الفم 97a18 magni oris كبير الفم 62a25 parvi oris صغير الفم 62a24 locus oris مكان الفم 60b16,23 creatio oris خلقة الفم 96b24 natura oris طباع الفم 62a15 operatio oris عمل الفم 74b23 quiddam operationis oris بعض عمل الفم ... بالفم 74b28 multum aperiunt os صارت افواه 62a29 est apertio oris ... maxima ... صار فتح الفم كبيرا اكبر فتحا من غيرها 62a30

OS (gen. ossis) عظم 40b19 42a20 45a29 46a22 46b25 47b16,23 53b31ff. 66b18 et passim os quod dicitur sinciput العظم الذى يسمّى يافوخ 53a34 ossa quae sunt valde dura يكون طباع عظامه جاسية جدّا 55a14-5 sunt in animalia ossa naturaliter الذى ليس له عظام 52a3 carens ossibus فى الحيوان طباع العظام 52a13 ossa masculorum sunt fortiora ossibus feminarum عظام الذكورة اصلب واقوى من عظام الاناث 55a12-3 ossa avium عظام الطائر 55a18-9 os hominis العظم فى الانسان 44b12 ossa leonis عظام الاسد 52a1 55a14 ossa manuum et pedum عظام اليدين والرجلين 54b17 ossa serpentum عظام الحيات 55a20 natura ossium طباع العظام 54a32 pars ossium جزء العظام 63b29 principium ossium ابتداء العظام 54b11 membrum conveniens ossibus العضو الذى يلائم العظام 52a3-4 53b35 ossa et spinae animalium عظام وشوك الحيوان 52a22 spinae loco ossium شوك مكان العظام 52a14 quasi de natura ossium شبيه بالعظم 59b10

OTIOR errat et otiatur مخطىء مبطل 42b18 OTIOSUS باطل 75a8 OTIOSE باطلا 45a23 على وجه الباطل 95b19; بنوع الفضلة والباطل 91b4; بنوع باطل 58a9 83a24;

OVO ovat, ovant (الذى) يبيض 76b3 84a23 OVANS يبيض بيضا 84a24; الحيوان الذى 57b5,11,22 59b1 60b3 69a29 89b3 90b13 93b22 animal ovans بيضا 57a23 69a27 69b32 70b1,13 73b20,1,9 86a2 92a12,21 animal quadrupes (et) ovans الحيوان الذى له اربعة ارجل ويبيض بيضا 90b17 91a5,10 animalia habentia sanguinem ovantia الحيوان الدمى الذى يبيض بيضا 85b32 animal squamosae cutis ovans الحيوان المفلس الجلد الذى يبيض بيضا 57a20-1 modi ovantes 55a19 → animal الاصناف التى تبيض 84a24 pisces ovantes السمك الذى يبيض بيضا OVUM بيضة 80b6,13; بيض 80a13,24ff. 92a13 illud quod dicitur ovum ذلك الذى 80b6 faciunt ova يبيض 92a13 caret ovis ليس له بيض 92a15 quodlibet ovum كلّ بيضة 80b20 ova ericiorum بيض القنافذ 80a16 ova quae natant البيض وضع البيض 80a17 numerus ovorum عدّة البيض 80b18 situs ovorum الذى يطفو 80b20

PALATUM حنك 60a14 60b34,6 61a1 62a8 74b4
PALMA (sc. manus) كفّ 46b19
PALPEBRA شفر 57a27,35 57b2,14,31 palpebrae العين 58b17 palpebra dextra الحاجب الايمن 71b33 palpebra sinistra الحاجب الايسر 71b33 palpebra inferior الشفر الاسفل 57b5-10 58a25 91a21 superior palpebra الشفر الاعلى 57a29 91a20; فى الشفرين جميعا 97b18 in utraque palpebra الشفر الذى تكون فى الناحية العليا 58a21 palpebra propinqua naso الشفر الذى هو قريب من المنخر 57b18-9 non habent palpebras ليس لعينه اشفار 48a18 motus palpebrae حركة الشفر 57b17 opus palpebrae عمل الشفر 57b33 pili palpebrarum شعر الاشفار 97b20

PAPUM (v. l. papa) حوصلة (πρόλοβος crop) 78b31 membrum quod dicitur *papum حوصلةِ ... مثل 74b22 papum sicut papum avis العضو الذى يسمّى حوصلة 78b26 membrum simile papo avium عضو شبيه بحوصلة الطير 79b9 حوصلة الطير papum longum حوصلة طويلة 74b31 creatio papi خلقة الحوصلة 78b35

INDEX LATINO-ARABUS 399

PAR *(subst.)* زوج 85a17,9,20
PAR *(adj.)* si esset par ازواجا (العدة) لو كانت 80b19
PARIES حجاب 70a8 72b11,3,24,7,31 73a1,28 74a9 76b11; صفاق 72b11; *pro* جذر ؟
92b14 membrum quod dicitur paries العضو الذى يسمّى حجابا 72b20 dicitur paries intellectus حال طباع الحجاب عقلا 72b30-1 dispositio naturae parietis يسمّى الحجاب عقلا 72b30-1 dispositio naturae parietis
المكان الذى يلى 70b30 inferius parietis اسفل الحجاب 77a8 locus parietis الحجاب
نواحى الحجاب التى تلى الاضلاع 73a11 partes parietis quae vicinantur costis الحجاب
72b35 tela parietis سفاق الحجاب 59b16
PARIO non pariunt nisi unum لا يضع غير واحد 88b23 non parit nisi unicum fetum
فى وقت الولاد 88b7 PARTUS tempore partus لا تلد الا واحدا فقط 93b22-3
PARO هيّا 91b8; هيّا فى 91b15 PARATUS est paratus ad صار موافقا لـ 68b7
PARS جزء 39b9 41a18,24 46a1 49a32 50a10 51a5 62b18 63b29 69b30 *et passim*;
ناحية 60b29 68b21 69b30 70b3-4 72a17 72b35 73a26 83b35 88a13; جزء الجسد
89b13 aliqua pars جزء من اجزاء 93b25 pars ... quae vicinatur ما يلى 75a34 maior
pars ... et minor pars الجزء الواحد الاعظم ... والجزء الاصغر 69b30-1 una pars ...
et alia pars الشقّ الواحد ... والشقّ الأخر 68b22-3 potest uti una parte sola et
duabus et multis هى تقوى على استعمال جزء واحد وجزءين واجزاء كثيرة 87b9 habet
partem *(c. gen.)* شركة من ... لـ 52b16 habet partem in شركة فى ... لـ 56a7-8
quaedam pars جزء من 41b10 una partium جزء من اجزاء 65b33 multa pars *(c. gen.)* جزء كثير من 49b17 quaelibet pars partium كلّ جزء من اجزاء 39a11 pars
anterior ناحية المقدّم 84b14-5 pars posterior ناحية المؤخّر 84b14-5 pars acuta
cordis الناحية الحادّة من القلب 66b12 pars aquosa الجزء المائى 51a30 53a23 pars
carnosa شىء لحمى 79b34 80a12 pars dura جزء لحمى 79b33 81a27 82b20 84b18;
الجزء الصلب 55a29 pars humida الجزء الرطب 53a24-5 pars dextra الناحية اليمنى
48a12 56b34 65a25-6 66b8,35 67a1 69b30 70a3 71b30 72a25 80a24 80b7 82a1
84a27 pars sinistra الناحية اليسرى 48a13 56b34 65a26 66b8,9 67a1 69b31 70a4
70b18 80a25 82a1 duae partes scilicet dextra et sinistra ناحيتان اعنى الناحية
اليمنى والناحية اليسرى 67b32 pars inferior الجزء الاسفل 91b17; الناحية السفلى
59b25 65a24 69b20 86b7,9-10,2 86b34 87b14 89b13 94a25; المكان الذى يلى الناحية
86b11 pars superior ما يلى الناحية السفلى من جسده 88b28; السفلى
ما يلى 59b25 63b34,6 65a24 68b27 69b20 86b6,8,10 87b14; الجزء الاعلى
91a27; الناحية العليا 86b13 pars parva جزء صغير 44b34 85b6 pars conveniens sanguini
الجزء الملائم للدم 68a6 pars quae continuatur cum naso الناحية التى تلتئم بالانف
57b20-1 pars quae est inter alas الجزء الذى بين الاجنحة 96a14-5 pars terrestris
الجزء الارضى 51a6,30 53a23 54a12 55a26 63b34 64a9 74b5 79a21 79b32 86b29
90a7 94a23,4 97a8 pars terrestris valde الجزء الارضى جدّا 79a20 pars soleae
حافر 55b7 partes parvae quae assimilantur pilis الاجزاء الصغار التى تشبه الشعر
51a28 (membra) quae assimilantur in partibus التى اجزاؤها تشبه بعضها بعضا
40b20 quae habent partes consimiles 46b6 47a1 التى اجزاؤها تشبه بعضها بعضا
dividuntur in partes consimiles تجزّأ فى اجزاء تشبه بعضها بعضا 47a31-2 quae ha-

46a21 quae التى اجزاؤها ... تشبه بعضها بعضا bent partes consimiles ad invicem 46a23 التى اجزاؤها لا تشبه بعضها بعضا partes quarum creatio est cartilaginosa 54b25 اجزاء خلقتها من غضروف partes carnosae الاجزاء اللحمية 54b33 اجزاء ناتئة partes prominentes 55a31 75a12,4,7 abscisio ... in partes parvas 62a13 قطع ... اجزاء صغارا incisio ... in partibus parvis 50a12; قطع ... باجزاء صغار 50a10 separatur in partes 50a10 بقطع صغار مفترق فى اجزاء كثيرة ad unam partem 91b12 (الواحدة) من فوق 71a30 a superiori parte 60b22 70a15 ad partem (c. gen.) الى ناحية 81b23 ex utraque parte من كلا النواحى 77b35 83b20 ex parte dorsi من ناحية 95a12 ex parte (c. gen.) فى ناحية الجانبين 65a14 in 86b22; ـ فى مقدّم 66b5 in anteriori parte (c. gen.) فى مقدّم جزء الظهر 57b14 75a17 79a16 85a17 in parte superiori فيما يلى الناحية العليا 88b26 in parte 79a8 84b24 89b26 96b34; فى الناحية العليا parte inferiori من الناحية السفلى 80a36 81b19 84a18,22 88b9 95a4-5 in maiori parte اكثر ذلك فى ناحية (c. gen.) 67a32 est unus in maiori parte 90a10; او يكون الاكثر على مثل هذه الحال اكثره 92b22 in maiori parte (c. gen.) واكثر ذلك 73b29 et in maiori parte واحد 80b23 in una parte 69a11 79a10 in una parte partium فى ناحية واحدة من نواحى 87b13 in una parte ... et in alia فى ناحية واحدة من نواحى اليد manus 57a3 in omnibus partibus فى كلّ 80b11 in utraque parte فى ناحيتين و ... فى باقية 59b25 habet duas partes له جزئين 69b16 in 80b20 duae partes الناحيتان النواحى 57a4 assimilatur in partibus فى ناحيتين duabus partibus كان بعضه شبيه ببعض 64a28 divisus in multas partes مجزّا 75a33 dividitur in duas partes تجزأ بجزئين 80a8; باجزاء كثيرة 87b8 versus partem dorsi مفترق مجزأ باجزاء كثيرة ما يلى ناحية الظهر 79a4

PARUM → parvus

PARVUS صغير 40a12 44b34 50b33,5 62a24 62b8 65b1 66b22 67a25,31 68a34,5 68b9 69a27,34 71b7 75a29 et passim; صغير جدّا 76b5; ما صغر من 68a28,31; يسير 52a1 76a30; قليل جدّا 97b24; قصير 55a2 58a33; ناقص الجثة 70a32; صغير جدّا 48b29 52a12 67a18 68b14 75a2 parvus brevis قصير 75a9 valde parvus قليل جدّا 65a34,5 69b29 70b12 71a25 85b24 91b7-8; 72b36 quod est ex ... parvum ما كان من 82b12 aves parvae ما كان من ... صغيرا 82b11; ما صغر من ... جدّا بطن 60a33 caput parvum valde راس صغير جدّا 54a23 venter parvus الطائر صغيرا 75a24 posuit ... parvos قليلا ... صغر 58a33 parvi motus عسر الحركة 86b28 صغير 81a3; صغير 69b3; من دون 79b3; دون 60b18 MINOR حينا يسيرا parvo tempore 48b19 64a7 67a2 اقلّ 96b20; 96a30 86b30 83a15 اصغر 87b21; صغير لحال قصره 78b30 82a33 86b7,23,9 est minoris sensus هو اقلّ حسّا 48a3 manus minor et manus maior 46b14 minor ... quam اقلّ ... من 72a23-4 MINUS اليد وكلّ العضد 87a14 cum 97a19 addit minus maiori الشىء الاصغر على الاعظم يزيد اقلّ (subst.) conferetur minus ad maius 53a3 in maiori et minori اذا قسنا الصغير الى الكبير 44a17-8 55a33; بالاكثر والاقلّ 44b15 secundum magis et minus فى الاكثر والاقلّ 49b35 di- بنوع زيادة ونقص 45b24; بالفضلة والزيادة والنقصان 44a20; بالفضلة

versantur secundum magis et minus (sc. voce) آخر يعرف الاصوات اكثر من آخر
60a36 (→ diversor) (comp.) minus quam دون 61b35 67a25 non minus quam وليس
68a32 PARUM non habet vocem divisam nisi parum ليس لصوته تفصيل الا بدون
60a31 non diversatur ab ... nisi parum الا ... تفصيل يسير جدّا ليس بينه وبين
60a 81a10 PARVUM parvum est in magno الصغير يكون فى الكبير اختلاف يسير
28 PARVITAS صغر 44b14 59b11 60b25 65a32 67a12 68b1 85b25 اصغر ... صار
واضيق pervenit ad magnam angustiam et parvitatem 68b2
PASCOR رعى 76a15 pascor ex رعى 93a15 pascuntur melius ترعى رعيا اجود 81a7
tunc pascitur multum يرعى رعيا اكثر 80a33 PASCENS vaccae pascentes ad posterius 59a19 PASCUUM pascua multa رعى كثير 80b2 البقر الذى يرعى من خلف
PATER اب 88b33
PATIOR لقى 61b4; احتمل 48a26 patientur fluxum ventris سهل بطنه 79a26 PATI
non potest pati لا يحتمل 67a33 77b3 80a30 ad patiendum occasionem لحال
الاحتمال 73b6 PATIENS ما يحمل 72a11
PAUCUS قليل 44b25 51a30 51b9,13 56a1,2 58b1 59b9 66b4 69a32 70b11,4 76a32
77a26 82a1 82b5,16 88a32 88b2,21 92a21 96b12 97a4,7; قليل بالعدد 48b12; يسير
89a8; 51a37 valde paucus قليل جدّا 81a14; يسير جدّا 44b26 animal
paucae segnitiei الحيوان الابله الكسل 67a10 PAUCIOR اقلّ 82b6 PAUCITAS قلّة
51b11 68b9,12 69a36 71a13 76a32 77a37 82a22 84a6 92a24 96b16
PAULATIM paulatim paulatim رويدا رويدا 55a18
PECTEN in pectine فى مواضع العانة 58a27 → Index animalium
PECTUS صدر 54b35 65a11 66b3,6 85b23(ὀρροπύγιον) 88a19,30 92a9 membrum
quod dicitur pectus العضو الذى يسمّى صدرا 89a3 93a24-5 pars quae dicitur pectus
عضو يلائم الصدر 88a13 membrum conveniens pectori جزء الجسد الذى يسمّى صدرا
92a9 clibanus scilicet pectus et quod vicinatur ei التنّور اعنى الصدر وما يليه
صدر الطائر 84b28 pectus acutum carnosum صدر حادّ لحيم 93b15-6 pectus avium
93b18 pectus hominis صدر الانسان 88a13 creatio pectoris خلقة الصدر 59b8 66b4
latitudo pectoris عرض الصدر 88a15 medium pectoris وسط الصدر 88b34 duae mamillae in pectore ثديان فى الصدر 88a18-9 posterius pectoris et caudae مؤخّر
الصدر والذنب (ὀρροπύγιον) 94b19,21
PELAGUS PELAGOSUS لجّى 79a14 84a6
PENDEO pendet ab متعلّقا ب ... يوجد 76b17 pendet ex متعلّق ب 80a10 pendet
super هو معلق على 93a26
PER ب 39a14 39b15 40a25 46b26 56b23 61b26 et passim; فى 43a32 56b25 68a5 et
passim; ل 56b3 et passim; لحال 96b33 et passim; من 50a26 64a27 82b22 et
passim aut per ... aut per بعضه ب ... وبعضه ب 59b15-6 alterantur et mutantur
per ignem in actu تتغيّر ... وتنتقل الى فعل النار 49a28-9 per quod الذى من اجله
72b22 per hoc manifestatur quod ذلك يستبين ان 50a34 per se → se
PERCUTIO percutere cum aculeo لدغ بحمته 83a17 PERCUSSUS si aliquis fuerit
percussus super ضربة على ... اذا ضرب احد 73a10-1 PERCUSSIO percussio lin-

73a28 اذا اصاب الحجاب ضربة apud percussionem parietis 60a6 قرع اللسان guae
percussio a superiori الضربة من فوق 91b9 percussio quae erit a superiori parte
الحرارة التى تكون من الضربة 91b11-2 calor percussionis الضربة التى تكون من فوق
73a12

PEREGRINUS غريب 45a18

PERFECTUS تامّ 82a24 membra perfecta اعضاء تامّة 95b17 sunt perfectae naturae
هو يكون ايضا تامّا كامل الطباع 82b31 completus et perfectus تامّ كامل 64a29 PER-
FECTIOR ابلغ 56a17 (56b4) melior et perfectior ابلغ واجود (inv.) 70b27 quod
est melius et perfectius الذى هو اجود وامثل وخير من غيره 63b33 PERFECTIUS
melius narrat et perfectius اجود صفة وابلغ قولا 41a10 magis et perfectius اكثر
وابلغ 45a1-2 PERFECTIO تمام 57a24 secundum perfectionem opinionis nostrae
بقدر مبلغ رأينا 45a6

PERFORO ثقب 61a22,4 avis perforans arbores الطائر النقّار الشجر 62b7

PERMUTO permutavit suum situm انقلب 40a22

PERSCRUTOR PERSCRUTARI debemus perscrutari a ... propter ينبغى ان نسل
عن ... 60a7 volumus perscrutari نريد النظر فى 53b19 considerare et perscrutari
نظر وفحص 39b4

PERTINGO PERTINGERE non potest pertingere ad لم يكن يمكن ان 60a5

PERVENIO pervenit (c. dat.) وصل الى 59a11 pervenit ad صار الى 53a6 68b2; انتهى
الى 56b17 71b12-3,6,24 72b5 75b9,20 77b19 94b8; وصل الى 65a21 72b36 pervenimus ad انتهينا الى 78a21 donec (quousque) perveniat(ur) ad حتّى ينتهى الى
39b29 43b34 50a27 PERVENIENS perveniens ad ينتهى الى 59b26 78b27 79b1
84b26 93b19 PERVENTIO perventio ... est in فى ... منتهى 52b29-30

PES رجل 40b21 45b5 63b8 68b21 81a9 82a37 82b5,6 83a35 84a16,8 84b11,31 85a20
85b25 86b30 87a3,25 88b21 90a4,20-1,7 91b9,14,23 94a14 94b23,5 97b4-7 duo
pedes رجلان 83a26 83b3,25 84b10 95b23; اثنتان ، رجلان اثنان 93b2,14 95a3,9,14
97b21 quattuor pedes اربعة ارجل 82b10 85a22 86a35 86b17 89b15 90b13
(→ quadrupes) sex pedes ستة ارجل 83b3 85a15-7 omnes pedes ... sunt octo جميع
ارجل ... ثمانية 85a22-3 in quolibet (utroque) pede فى كلّ رجل 95a16,9 pedes
extensi ad posterius رجلان مبسوطتان الى خلف 94b21 pedes qui ferunt pondus
corporis الرجلان التى تحمل ثقل الجسد 90a29-30 pedes anteriores مقاديم ، مقدّم
رجليه 59a23,35 83a28 83b2 86a34 87a6,7 87b31 88a3; الرجلان التى فى المقدّم
97b5 الرجلان اللتان فى مقدّم جثته 88a5,12,6,30 88b20 90a16 93b11 95a10; (الجسد)
pes posterior الرجل التى فى المؤخّر 86b16 pedes posteriores الرجلان المؤخّرتان
ارجل ... التى فى مؤخّر 88a2,5,8 88b20 90a19; الرجلان التى فى المؤخّر 86a35;
الجسد 85a18; مؤخّر رجليه 83a31 pedes lati الارجل العريضة 84a14 pedes medii
اوساط الارجل 85a22 est sine pedibus يكون بلا رجلين 86b30 caret pedibus ليس له
رجلان 92b1; الذى لا رجلين له 90b15 carens pedibus عدم الرجلين 90b13 97a30;
habens pedes رجلان له 97a10 non carens pedibus لا يكون عادم الرجلين 69b7
92a6 95b ليس لـ ... رجلان 42b24 non habet pedes الذى له رجلان 76a24,6 ليس له رجلان

## INDEX LATINO-ARABUS

42b28 82b10; (الذى) له رجلان ذو رجلين والذى له من 3,21 habens duos pedes
84a10 habens pedes fissos قصير الساقين 42b8 curtorum pedum الارجل اثنان فقط
44a5 habent duos pedes fissos in duo الذى له رجلان ما هو المشقوق الرجلين
42b28-9 (animal) fissi pedis مشقوق الرجلين بشقين 90a6; مشقوق بشقوق الرجلين
42b8 animal mul- مشقوق الرجلين 88b7-8 habens fissum pedem المشقوق الرجلين
tae fissurae in pedibus 88a34 animal fissi pedis الحيوان المشقوق اليدين والرجلين
62b30 animal habens multas حيوان مشقوق الرجلين بشقوق كثيرة
fissuras in pedibus 62b32 الحيوان الذى فى رجليه شقوق كثيرة 74a1 fissura pedum
43b32 gracilium pedum دقيق الرجلين 84a10 animal pilosi pedis تشقيق الرجلين
76a7,15 89a34 animal habens pedes et manus الحيوان الازبّ الرجلين الحيوان الذى
95a14-5 aves quae habent inter لارجل لحم 54b17 caro in pedibus له يدان ورجلان
اصابع الرجلين 62b10 digiti pedum الطائر الذى فيما بين رجليه جلدة pedes corium
90a31 90b8-9 94b15 ossa manuum et pedum عظام اليدين والرجلين 54b17 flexio in
pedibus انثناء فى الرجلين 83b1 motus flexionis pedum posteriorum حركة انثناء
79a12 التفليس الذى فى رجليه 90a11 squamositas pedum الارجل التى فى المؤخّر
instrumentum habet tres pedes آلة لها ثلاثة ارجل 41a32 ambulat super pedes
85a12,3 curtitas pedum خلقة رجلى (ـ ارجل ـ) 84a18 creatio pedum يسير على رجليه
ثبات الرجلين 90b3 fixio pedum اواخر الرجلين 94b24 finis pedum قصر الرجلين
90a15 operatio pedum est ad ل عمل الرجلين فهو اجود 90b1 ungues qui sunt in
pedibus 59a34 استعمال الرجلين 94a16 usus pedum المخاليب التى تكون فى الرجلين
PHILOSOPHIA 53a9 الفلسفة الطباعية 42a6 philosophia naturalis علم الفلسفة
PHILOSOPHUS فيلسوف 41a36 philosophi اهل الفلسفة 42a29 naturalis philosophus 45a10 فلاسفة من الطباع 41a33,5(inv.) philosophi naturae صحاب العلم الطباعى
PHILOSOPHICE 40b5 بكلام حكمة وفلسفة
PHLEGMA (FLEUMA codd.) phlegma crudum البلغم الخام 77b7 catarrhus phlegmatis نازلة بلغم 53a2
PILUS شعر (hair) 53b32 89b5 97b17; (fibres in blood) 55b17 57a18 58a11,3,26,7,33
60b8 sanguis in quo non sunt pili الدم ... الذى ليس فيه مثل الشعر 50b16 corpora
parva quae assimilantur pilis اجساد صغار تشبه الشعر 50b33 partes parvae quae
assimilantur pilis الاجزاء الصغار التى تشبه الشعر 51a28 graciles (-lia) sicut pili
50b14 شىء دقيق مثل الشعر 91a7 97b20 res subtilis sicut pilus دقيق (جدّا) مثل شعر
pili capitis شعر الرأس 58b11 pili duri terrestres الشعر صلبة ارضية 50b35-51a1 pili
nervosi شعر عصبية 54b28 pili palpebrarum شعر الاشفار 58b12 97b20 crementum
pilorum نبات الشعر 58b25 multorum pilorum in capite كثير شعر الرأس 58b2
paucorum pilorum قليل الشعر 58b1 sunt pili multi يكون ... نبات شعر كثير 58b5
PILOSUS 58a29; كثير الشعر ازبّ الذى جسده ازبّ كثير الشعر 58a36 animal pilosi
pedis الحيوان الازبّ الرجلين 76a7,15 89a34
PINGUIS يكون دسم 77b33 90b31; سمين 67a30,2 72a31 75b11 est valde pinguis
52a7 PIN- شحمى وثربى 51b28 zirbosus et pinguis (inv.) دسما شبيها بالشحم
GUEDO دسم 72a8 77b26; شحم 77b33; سمين 51a20,3,5,35 51b5,10 72a9,13,20-6,31

الجزء الدسم 77b15,28 80a26 80b7; دسم وشحم 52a29-30; 72a21 pars pinguedinis
51a24 substantia pinguedinis تقويم الشحم 72a11 efficitur pinguedo aut zirbus كان
شحما وثربا ... 51b3 pinguedo et (vel) zirbus الشحم والثرب 51b4 52a10 72a5,7,12
77b الذي له شحم مكان الثرب 51a34 habens pinguedinem شحم 77b pinguedo loco zirbi
51b9 الحيوان السمين جدّا 51b28; الحيوان الكثير الشحم 15 animal multae pinguedinis
animalia patientia pinguedinem 72a11 الحيوان ما يحمل الشحم pinguedo ovium
72b2 شحم الغنم
PISCATOR صيّاد 93a23
PISCIS سمك 44a21 44b12 53b36 54a20 57b30 58a3 60b13,36 66b10 69b35 71a11
75a14,5 76a29 *et passim* pisces et simile sibi السمك وما يشبهه 91a4 pisces habentes brancos السمك الذي له نغانغ 96b2 piscis figuratus السمك المصوّر 42b14
pisces fluviorum السمك النهري 60b35 pisces ovantes السمك الذي يبيض بيضا 55a19
62a31 pisces السمك الذي يعضّ ويأكل اللحم pisces qui mordent et comedunt carnes
95b27 pisces السمك العريض الجثّة 95b7 pisces lati corporis السمك العريض lati
84a12 alae piscium الاجنحة السمك الصغير 96a3 pisces parvi السمك الطويل longi
كبد للسمك 94b10 dentes piscium اسنان السمك 62a6 75a5 91a10 epar piscium
السمك 73b22 genus piscium جنس السمك 62a7 64a20 75a1 86b21 95b2 97a14 modi piscium اصناف السمك 56a34 62a12 interiora piscium اجواف السمك 77a4 modi
piscium اصناف السمك 92a10 95b25 oculi piscium عينا السمك 58a9 pedes *(fins)*
piscium ارجل السمك 97b5-6 regimen vitae piscium تدبير ومعاش السمك 60b33
جوهر السمك 55a20 substantia piscis الشوكة التي تكون في السمك spinae piscium
61a6 هذا مفرد للسمك فقط 95b20 hoc solum est in piscibus
PLENUS (c. gen.) مملوء 72a27; (c. abl.) مملوء 56b15 78a1 81a5 97a4; مملوء
من 51a32 77b24 97a29 plenus ex من مملوء 80a9 PLENILUNIUM in plenilunio
80a34 ليالي امتلاء القمر 80a31 noctes plenilunii اذا كان امتلاء القمر
PLICO PLICATIO multae plicationis كثير التشبيك 84a20
PLUMA ريش 42b24 44a22 45b5 55b17 57a19 70b16 71a12,4,26 76a32 91a15 92b
9,12 94a3 94b8 97b21 habens plumas له ريش 42b24 pars plumarum ناحية
ريش 94b9 pluma ... est sicut remi يكون له مثل المجاذيف ... الريش 70b4 PLU-
MATUS alae eius sunt plumatae جناحه من ريش 82b18
PLUS → multus
PLUVIA generatio pluviarum كينونة الامطار 53a4
POLLEX ابهام 87b11,3-4 alii digiti sine pollice بغير الابهام ... سائر الاصابع 87b21
pollex est fortis الابهام قوية 87b15
PONDUS ثقل 59a29 59b8-9 63b14 86b25 89b26 90a14; حمل وثقل 56b10 pondus
aequale ثقل مساو 95a12 pondus magnum ثقل 63b4 ferre pondus حمل الثقل 86b2
ad ferendum pondus لحمل الثقل 85a19 ad portandum pondus لحال حمل الثقل
43a34 propter (باللون) pro بالوزن 89b15 per pondus لحال كثرة الثقل والحمل 90b1;
pondus ثقله 86a30 pondus corporis ثقل الجسد 85a20 90a30 propter pondus
corporis لثقل جثّته 94a7; 89b15 pondus gravat motum in-

INDEX LATINO-ARABUS 405

40b11 53a14 PONDEROSUS ثقيل 86a30-1 الثقل يصيّر العقل عسر الحركة tellectus لـ ثقل ... ;94a11 47b3 avis ponderosa magni corporis الطائر الثقيل الطيران العظيم 86a32 اذا كثر ثقل الجسد si corpus fuerit valde ponderosum 57a28 الجنّة ثقيل الجنّة 53a18 94a12,7 PONDEROSIOR pars superior est ponderosi corporis 86b8-9 الناحية العليا اكبر والناحية السفلى اصغر ponderosior inferiori PONDE-ROSITAS ثقل 46a18 48b7 95a7; (pro ثقل) 47b28 propter ponderositatem loci لحال الثقل 53a13-4 propter ponderositatem 55a11 propter ponderositatem et gravedinem sui corporis من اجل ان عظم جثتها كثير وثقل اجسادهما 59a26-7 causa ponderositatis علة ثقل 83a10-1
ميّا PONO صنع 82a7; صيّر 43b24 59a33 59b24 62a23 65b28 68a20 95a10 96b17; وضع 59a27; 56b28 57a9 74a10 85a8 86a8,11,3 pono ad وضع مثل 95a11 pono circa وضع حول 83b9 pono in صيّر ل 39a19 63a32 64a10 84a28 88b28-9; 64a10; صيّر فيما بين pono inter 65b23 76a34 84b2 85a6-7 89a19 وضع فى ;59a1* لفّ فى 94b15 posuit ... parvos صيّر ... فيما بين ... قليلا 58a33 ponit ... inter ... et 59a20-1 صيّر على مثل هذه الحال 54a15 posuit secundum hanc dispositionem .... و ponunt sub تحت اقام 54b30 pono super صيّر على 64b22 89b29 ponitur in فى 77a17 اوجب 42b12-3 PONERE صيّر 44b20 ponere necessarium يوضع مع ;80a13 ponere in ... فى موضعه 42b10 ponere in opposito وضع فى ;82a6 صيّر فى موضوع ل 57a5,10 77b17; (c. abl.) 46a35; POSITUS موضوع 52b20 قبالة مكان موضوع لحال 46b6 positus coram (c. abl.) موضوع بين يدى 64b3,20 65a9-10 positus ad موضوع مثل 66b20 positus in موضوع فى 50b7 53b14 58b28 60a14 65b18 66a26,7 66b2,6,10 68a1,8 81b17 88a14; موضعه فى 66b3 positus in anteriori 54b33 موضوع تحت 75a31 positus sub موضوع بعد 65a10 positus post فى مقدّم positus supra موضوع فوق 86a13 nomen proprie positum اسم خاصّ موضوع عليه 42b16 fuerunt posita وضعت 57a11 sunt posita per se موضوعة على حدتها 44a19 sunt posita super على تركيب 58b19

PORTA (flap) in partibus portarum فى ناحية الابواب 84a22
PORTO PORTARE sustentamentum ad portandum سند لحمل 59a28 ad portandum pondus لحال كثرة الثقل والحمل 59a29; فى ... حمل الثقل ;90b1 لحمل الثقل 89b15

POSSUM قوى ان 45a10 45a20; قدر على 70a20; معونة على 48b25 81b24; استطاع ان يمكن ان 56a22 82a7; قوى على 53a17 60a25 62b3 74a27 81a4 82b30 83a17,28; 40a6 45a28 48b25 55b31 56a23 59b4 60a5 60b21 62a10 63a8 et passim; sometimes added, like: potest proferre ينفم 60a29 scilicet quod possunt movere اعنى حركة 91b32 ut possit retinere وحابس 59a17 etc.: 67a18,33 72b17 90b1 91a2 secundum quod potuimus no Arabic equivalent 78a22 bene potest قوى على 59b31 69a27 qui plus potest in hoc الذى يمكن 66b30 non potest esse لا يستطاع ان يكون لم يكن يمكن 47b14 non posset pertingere ad لا يكون ;42a8 لا يمكن ان يكون ;40a36 لم يكن 60a5 non potest facere لا يقوى ان يفعل 41a1 non potest habere لم يكن ان يكون 59b13 non potest pati لا يحتمل 67a33 77b3 80a30 quantum- يمكن ان يكون له

cumque possit esse ما يمكن 60a10 quanto magis poterit في 41a22 magis possumus dicere نحن نقوى ان نقول قولا اكثر 44b28 declaravimus ... secundum quod possumus بقدر قول القائل ... 50a2 secundum quod potest homo dicere simpliciter بقدر قول القائل بقول مبسوط 46b34 POTENS (ان) قوى على الاشياء التى 59a33 POSSIBILIS ممكن 44b19; ممّا يمكن 73a29-30 res possibiles امكن وابعد 58a21 magis possibilis 63b7 POSSIBILE الاشياء الممكنة 87a16; تمكن est possibile هو يمكن لـ 93a3 possibile est in ... ad (accipiendum) يمكن ان يكون 91b20 possibile est ut يمكن ان 46b31 (72b21) est possibile ut sit كان يمكن ان يكون 43a9 non erat possibile ut haberet لم يكن يمكن ان يكون ليس يمكن ان يكون لـ ... ولا 88a29 non est possibile habere ... neque habere يمكن ان يكون له 95b23-4 non esset possibile (لانه لم يكن مما يستطاع لم يكن ممكنا لم يكن يمكن ان يكون 86a13 ubi est possibile esse يمكن حيث 65b14 POTENTIA in potentia بالقوة 41a32 41b36 49b 3,15 68a26,32 82a7 potentiā بالقوة 49b11 67b24 → actus POTESTAS (dicere) secundum potestatem nostram بقدر ما نستطيع ان نقول 53a9

POST (praep.) بعد 57b21 64a25,6 73a21,9,30 73b27 75a31 76b11 78b25 79b1 82a13, 6; الذى يتلو 74a12; (adv.) اخيرا 55b18; من خلف 83a13-4 84b11 post hoc بعد ذلك بعد ان يقطع 41a20 post magnum tempus بعد زمان كثير 53a34 post abscisionem ثم ... يكون ، وضع ... بعد 74a9,11 deinde ... deinde ... et post ... 82b30,1 post ... est وبعد ... وبعد ذلك 84b25 et post ... deinde ... deinde ... post ... بعد ... وبعد ... ثم ... وبعد 79b8-11 post ... et post ... deinde ... deinde ... وبعد 78b25-6 et post ثمّ 39b10 dicemus nos post سنذكر 39b11 nos dicemus post, quando dicemus ما نهمّ سنذكر ... اخيرا 55b16 quod volumus dicere post ذكره باستئناف 61b27-8 habere aculeum post ذو حمة من خلف 83a13-4 POSTE-RIOR المؤخّر 96a26 الجناحان التى تكون فى المؤخّر 96a30 alae posteriores الذى فى المؤخّر membra posteriora ناحية (الجسد) مؤخّر فى 84b30-1 pars posterior الاعضاء التى فى مؤخّر (الجسد) pes posterior الرجل التى فى المؤخّر 86b16 pedes posteriores الرجلان فى المؤخّر 84b15 ارجل ... التى فى ...؛ 90a11,9 88b20 88a2,5,8 الرجلان التى فى المؤخّر 86a35; المؤخّرتان الاواخر فى الولاد 83a31 posterior in generatione مؤخّر رجليه 85a18; مؤخّر الجسد 46b7 POSTERIUS (subst.) مؤخّر 56b8,13-4 56b18,26 66b4 67b33-5 68b22 69b20 85a1 86b15,9 89b1 93a24 94b19,21 95b15-6; المؤخّر 86b3 ab ante-riori ad posterius فى (ناحية) 68b23 in posteriori (c. gen.) من المقدّم الى المؤخّر مؤخّر 79b24 83a6,19 in posteriori (الجسد) فى المؤخّر 65a25 68a2 70a17 95a24 (adv.) فى أخرة 95a17; خلف (82b35) quod est posterius ما خلف 92a7 quod est ex eis posterius الى خلف 92a5; خلف 68b26-7 ad posterius ما كان منها خُلف 92a8 من خلف ومن قدّام 59a19 ad posterius et anterius الى ما خلف 92a1; من خلف 94b21; ما خلف 84b11 POSTREMO فى أخرة 89a10 POSTQUAM اذ قد 45a4 49b5 66a16 82a30; اذ قد 49b20 85b31; بعد ان (60b7) 73a14 76b3 82a5 82b22 postquam iam اذ 44b20 arbores ... postquam abscinduntur ما يقطع من الشجر 82b31

POTO anhelaverit comedendo et potando تنفّس ساعة يطعم الطعام 64b31 POTANS

## INDEX LATINO-ARABUS 407

POTABILIS aqua 71a9 وهو يشرب من الماء شربا يسيرا potans modicum aquae dulcis potabilis ( هى قليلة ) POTUS 76a35 الماء العذب الذى يشرب abstinens a potu ليس يشرب الماء 69a34 non recipit aquam in potum تصبر عن الماء ولذلك الشرب 71a10 paucitas potus قلة الشرب 71a13 لحال الشرب
PRAECEDO تقدّم 45b30 PRAECEDENS in sermone praecedenti فى الاقاويل الاوائل 82a3
PRAECIPIO أمر 45a20 PRAECIPUUS PRAECIPUE خاصّة 69a19 73b12,27 79a5 82a6 84b20 95a22
(*PRAEDA) صيد (57b26)
PRAEDICO PRAEDICTUS praedicta duo الامرين التى ذكرنا 60a9
PRAEPARO هيّأ ... بقدر ... هيّأ 43b18 58a21 59a9 72b20 praeparo ... secundum 94b14 praeparor ad تهيّأ ل 68a35 PRAEPARATUS الذى تهيّج 68a14 praeparatus ad الذى تحيّى ؞ 69a14; no Arabic equivalent (or ... لـ ؞ → adn. ad loc.) 54b18 res ad quam est praeparata (sc. natura) الامر الذى يراد 45b20
PRAEPUTIUM طرف الكمرة 57b4
(*PRAESAEPIUM) (φάτνη) ؞فاتنى 50a19
PRAETER ما خلا 53b13 55b15 56a8 58a15 62a6 71a15,28 75a2 76a7,29 et passim non ... praeter لا ... ما خلا 68a22-3 nullus ... praeter ليس ... شيء ... ما خلا ... فقط 62b20 71a26-8 praeter in فى ... ولا 76a12 praeter hoc quod معما 96b32 PRAETERQUAM ما خلا 58b2 66b18 80a36 86b3 89a7 92b24
PRAETERITUS iam narravimus *in praeterito قد وصفنا فيما سلف من قولنا 85b32
*PRAVUS مكر 67a22 (→ adn. ad loc.)
PRIMUS اوّل 39b13 47b5 56b35 66a34 79a32 88b9,11-4 fuit primus qui من اوّل 42a27 primus calor اوّل الحرارة 67b26,9 70a24 primus sensus الحسّ الاوّل 53b23 prima virtus القوة الاولى 67a4 81b28 82a2 86a14 86b32 venter primus البطن الاوّل 74b11 76a8 PRIMUM اوّل 40a3 46a31-2 53b21,5; الامر الاوّل 80b25 primum movens المحرّك الاوّل 46a32 PRIOR اوّل 65b18 revertuntur ad priorem statum يستبين ايضا 68a30 PRIUS اوّلا 39b4,5,9 44a25 47a5 48b11 56a10 65a18 66a10 66b25 67b24 et passim; نظرنا اوّل 53b20 prius ... deinde ... ثمّ ... اوّلا 39b28 40a14-5 48a21 64b14 prius ... et post hoc اوّلا ... وبعد ذلك 45b1-2 recipiunt ... a ... prius تقبلان ... من ... قبل غيرهما 67b16
PRINCEPS رئيس؞ 70a26 PRINCIPALIS مسوّد (49b18 73b11) 77a37 81b14, 31 PRINCIPIUM ابتداء 41b5,6,14,29 50a7 52a25 56a28 57b21 et passim; اوّل 40b5 46a4 47a26 48a24 48b9 50a18 53b25 55b23 65a33 65b15 66a14,8,21-6 et passim; باوّله وابتدائه 65b15-6 66b27(inv.) cum eius principio ابتداء واوّل؛ 65b14 اوّل واحد الاوّل 54b8 principium animae اوّل النفس 86b27 principium quod est in corde الاوّل الذى فى القلب 65a17 principium generationis ابتداء كينونة 42a7 principium motus ابتداء الحركة 39b12-3 41b5 66a3 principium ossium ابتداء العظام 54b11 principium sanguinis ابتداء الدم 66a8 عين وابتداء الدم 66b1 fons et principium sanguinis الدم principium sensus اوّل الحسّ 67b29 principium venarum ابتداء العروق 47b5 54b11

66a1; اوّل العروق 65b27-8 66b25,8 principium vitae ابتداء الحياة 55b37 65a12 ponere principium sermonis nostri ita يصيّر هذا الابتداء اوّل قولنا 44b20 motor scilicet principium a quo المحرّك اعنى 40b7 est motor et principium ويهيج *يتحرّك 47a29 multa principia distincta مفترقة كثيرة اوائل 65b29 principia aegritudinum اوائل الامراض 53a9 ab, ex uno principio من اوّل واحد 57b20 67b20, 30-1 68a14-5 in principio فى اوّل من اوائل 78b3 secundum principium commune بالاوّل المشترك 43a10

PRIVO privo ab اعدم من ;91b3-4 63a33 64a6; اعدم حاجة 59a33 privor ab عدم 60b26; عديم 89b8 PRIVATUS est privatus ab عادم 52a35 56b7,21 PRIVATIO ذهاب عنه 50b18; عدم 41b23 42a23 43a6 43b25 49a18 52b26 77a31 secundum privationem بالعدم 42b21 43a7 inter duas privationes فيما بين عدم وعدم 42b22

PROCEDO procedo ad اخذ الى 68b27 70a14-7 procedo ab ... ad ... من ... الى 70b4 PROCEDIT ad اخذ الى 68b1 de ... procedit ad ... صار من ... الى 68b22; CEDENS procedens ab ... ad ... من ... الى 71b12 procedens ab, ex ... ad اخذ من ... الى 64b11,2 72b7,27

PROFERO PROFERRE potest proferre aliquas litteras ينغم ببعض حروف الكتاب 60a29-30

PROFUNDUS عميق 41a12 PROFUNDUM عمق 71b15 ad profundum corporis الى عمق اجسادها 83b34-5 ex profundo من العمق 93a19 PROFUNDITAS عمق 40b13 71b4,13,5,22

PROHIBEO منع 41b25 51b1 55a2 58b15,7,23 63b9 (88a14); قمع ومنع 56b5 prohiberent tunc كانا باضطرار 89a27 prohiberent tunc لكان ممتنعا ل 97b13; لكان مانعا ل hiberet يصيران مانعين 88a30-1 ut non prohibeatur لكى لا يمنع 89a1 ut non prohibeant معمول بمنع 58b18 prohibeo ab لكى لا يكون ... ممتنعا ل 82b10 qui prohibet منع 96a22 امتنع من (ان) 42a24 54b10 63a5 64b4 94b24 96a29 prohibeor ab من PROHIBENS يمنع 72b20; مانع ل 63b4 83a23 non habent prohibens visum ـ ليس الذى يمنع 58a7 quae habent prohibentia quasi infinita مانع يمنعه من البصر 58a7 ويحجر بينه وبين البصر غير شىء واحد

PROMINEO PROMINENS بارز 90b25; ناتىء 54b18 prominens exterius ناتىء الى 61b31 63b الانياب الناتئة 63a7; نابان ناتئان 61b23,6 97b7 culmi prominentes خارج 35 64a11 (84a30) partes prominentes الاجزاء الناتئة 55a31 75a12,4 quaedam additamenta prominentia شىء وارم ناتىء 74b24 non est prominens ليس بناتىء 91a13 (NB. In GA 780b36 read العين الناتئة (instead of بائنة))

PROPE تحت 88b14; قريب من 52a32 58b32 59b2 76b20 79a9 81b27 84b9 88a23 94b10 96a23, 8; فى قرب 59a3 79a11; (و) ما يلى 89b1, 14; فيما يلى 56b14 72b24; ناحية فيما يلى 88b7,8 prope radicem ما قرب من اصل 63b15 in locis prope terram فى الاماكن التى تقرب من البر 84a5

PROPINQUUS مقارب 49a2 57b18; قريب 79b25; (c. dat.) قريب الى 72b32; قريب من 96a14 PROPINQUIOR بعضها قريب من بعض (66a16) propinqui ad invicem ل 51a27 QUIOR propinquior ... quam (اكثر) ... اقرب الى 63a11 81a10-1 propinquior ...

magis alio 81a27 اقرب الى ... من غيره
PROPRIUS خاصّ 42b36 44b5 82a18; 65b5 communis et proprius شيء خاصّ لـ مشترك وخاصّ 46a2-3 nomen proprium اسم خاصّ 80a15 operatio propria عمل خاصّ لـ 91b20 opus proprium العمل الذى يعمل 57a6 hoc proprium est خاصّ ذلك ... لـ 44b34 PROPRIUM خصوصية 58b33; خاصّ 93b1 habet proprium عضو ... لـ 84b13 88b11 91b31 92b15 habet proprium quod non est in aliis شيء خاصّ (له) 96a34 habet proprium quod non habet aliquod ... شيء خاصّ ليس لسائر (sc. animal) 84b16 habent proprium inter لـ له شيئا خاصّا ليس هو لشيء آخر من 62a21 est eis proprium ... شيء خاصّ من بين هو شيء خاصّ لـ (c. dat.) 80a5 est proprium خاصّة 92b10 PROPRIE 39a10 40a33 42a14 51a4 58b10 61a5 65a29 70a8 72a1 79b28 82b3 manifestatur proprie in هذا الاختلاف خاصّ له في (جدّا) بيّن 65b21-2 76b19 → pono PROPRIETAS خاصّة ; 39b5 خصوصية 79b30 ... خاصّة 80b17

PROPTER ب 82b23; عن 60a7; من 55a3; الذي يكون ل 40a9 44b29,33 50b18 55b12 56a21 57a34 et passim; لحال 39b27 40a18 46a27 47b30 50b2 56a14 57a35 58a9 et passim; 59b3; لحال الحاجة الى 61b20; وذلك يكون لحال 57a18 71a32; وذلك لحال من قبل 49b27 propter ... et quia 45a32-3 48a5 59a26 60b21 92b20; (من اجل ان) لحال ... ولان 84a25 88a30 93a18-9 94a5 propter ... erit ... et لـ 94a5; ولان ... propter ... erit تكون علة ... و ... تكون علة من اجل ان 75b25-6 est propter 96b27-8 ليس لحال ... فقط بل لان صار لحال 67b18 non propter ... tantum sed ut non erit nisi propter انما يكون من 63a31 causa propter quam (... et propter quam) 47b8 59b14 64a3 66b11; العلة التى من اجلها ( ... والعلة التى من اجلها) 67b20 diximus causam propter quam ... et propter quid ... علة لاي قلنا لماذا 67b13 propter eandem causam لحال العلة التى هى فهي ولاي علة 51b13 propter dispositionem لحال 45b17 propter hoc بهذا القول ; 65a14 بهذا النوع 69b23; لذلك 40a19 40b15 46b17,23 50b31 61b19 62a24 63b30 66b30 67b26 et passim; لهذه الحال 59a23; لهذه العلة 51a2 51b8 52b22 57b7 62a1 66b28 71a33 71b26 90b8 91b16,25; لحال هذه العلة 80a35 ; 42a31 لحال هذا الشيء 50b24; لهذه الحال والعلة من اجل ذلك 40a5,33 42a13 52a7,17 62a28 62b1 66b5 67b23 69a6 78b35; 83a16; اجل هذه العلة 46b35-47a1 50a36 50b30 51a25,30 56b6,20 57b9 62a12,30 63b35 et passim; يكون 56a9 est propter hoc من اجل ان 42a13 propter hoc quod من مثل هذا باضطرار 39a26 propter necessitatem فإن 41b24 et propter hoc si من اجل هذا 63b14; لحال الاضطرار 63b22-3 propter quod من اجله الذي 39b29 40b2 41b33 42a2; لماذا 41a14 propter aliquid لشيء 45a24 77b17; لحال شيء 45a25 77a30 propter quid (indef.) لحال شيء 41b12 42a12; (interr.) لاي علة 49a34 73b13; لماذا 41a15; العلة التى من اجلها 77b11 → causa

PROVERBIUM in proverbiis في الامثال 41a20
PUER صبى 45a16 86b24 in pueris في الاحداث 86b8; في الاطفال 65b7 incedunt pueri incurvati يحبون الاطفال 86b9 membra puerorum اعضاء الاطفال 65b7
PUGNO pugnat cum قاتل بـ ... لـ 63a12 هو يقاتل 88a1 pugnat cum ... cum ب

PUGNARE ad pugnandum (ودفع المكروه) لحال القتال 61b25; لقتال ولقهر 62b29 conveniens ad pugnandum للذى يقاتل ويهارش بعضه بعضا* القتال فى موافق 94a17 PUGNA conveniens pugnae (ودفع المكروه عنه) خلقته موافقة للقتال 62b34
PULCHER حسن 76b9
PULLUS cum iuvenis est pullus (foal) اذا كان الفرس حدثا 86b15
PULMO رئة 45b7 53a29 64a19,22 64b11 65a15,6,21 67b6,8 68b33 69a6,14,27 69b14 70a30 76a27-8 et passim duo pulmones رئتان 69b25 membrum conveniens pulmoni ملائم للرئة 45b8 branci loco pulmonis نغانغ بدل الرئة 76a28 carens pulmone الذى ليس له رئة 71a9 habens pulmonem له رئة (الذى) 59a31 64b23 85a3 habet pulmonem له رئة 97a17,26 concavitas pulmonis تجويف الرئة 64a28 creatio pulmonis خلقة الرئة 69b8 70b14 indigentia pulmonis حاجة الرئة 91b26 motus pulmonis حركة الرئة 69a14 69b1 73a24 operatio pulmonis عمل الرئة 64a29 situs pulmonis وضع الرئة 64a26 pulmo magnus multi sanguinis رئة كبيرة كثيرة الدم 69a26-7 pulmo sanguineus رئة دمية 70b17,34 71a9,34 pulmo caret sanguine الرئة عادمة دم 76a30-1 pulmo tortucae رئة السلحفاة 71a16,8 pulmo vaccae رئة البقر 71a18
PULSUS pulsus cordis اختلاج القلب 69a18-21
PUNGO لدغ 76b25 PUNCTUS magnitudo eius quasi punctus عظمه مثل نقطة 65a35 sicut signum aut punctus مثل نقطة او علامة (inv.) 69b29 PUNCTUM super quattuor puncta على اربعة علامات 96a13
PUPILLA pupilla oculi حدقة العين 53b25 corium quod est super pupillam الجلد الذى على حدقة العين 57a34
PURUS نقى (67a3) sanguis purus (pro primus) الدم الاوّل 66b24 PURIOR subtilior et purior اصفى واجود 50b19 melior et purior انقى واصفى 56b4; ارقّ وانقى 50b23 (inv.) PURITAS نقاوة 50b21 in puritate اذا كان نقيا 51a16
PUTO ظنّ 45a26 51b21 puto quod ظنّ ان 52a25 69b24 ego puto quod انا اظنّ ان 77b7 49a29 putatur quod يظنّ ان 45a27 putet ergo (...) فليعلم ان (يظنّ) 77a5 sicut putant quidam كما يظنّ بعض الناس 80a33 81a16
PUTREFIO عفن 54b10

QUADRUPES ذو اربعة ارجل 57a4; دابّة التى لها اربعة ارجل 95a14-5; (الذى) الحيوان animal quadrupes 97b14,22-3 90a4 89a31,3 88a15 71b8 69b6 له اربعة ارجل الحيوان الذى له اربعة ارجل 57a12 57b5,11,22 58a25 60a31 84b23 88a18 89b6 95a4,7; حيوان له اربعة ارجل 53a19; animalia quadrupedia ذوات الاربعة الارجل 97b15, 8 الحيوان ذى اربعة ارجل animal quadrupes (et) 86b12 86a35 62b13 58b27 58a1 الحيوان الذى له اربعة ارجل generans animal 55b13-4 76a23 91a28-9 97a الحيوان الذى له اربعة ارجل ويلد حيوانا 12-3 animal ambulans quadrupes 87b27 الحيوان المشاء الذى له اربعة ارجل animal ovans quadrupes 90b17 73b20,8-9 70b1,13 الحيوان الذى يبيض بيضا وله اربعة ارجل 91a5,10 → quattuor
QUAERO طلب 41a36 41b1 48a24 QUAERERE ad quaerendum cibum الى طلب

INDEX LATINO-ARABUS 411

طعمه 95a8 QUAESITUS res quaesita الشيء الذى يطلب علمه 39a3 magis erat quaesitum ... quam كان ... مطلوبا اكثر من 40a11-2 QUAESTIO liber de quaestionibus الكتاب الذى وصفنا فى المسائل 76a18

QUALIS QUALITER كيف 39b3 40b7 44b18 50a1 68a7 qualiter ... et qualiter وكيف ... 50b8-9 quomodo et qualiter est كيف هو 40a12 qualiter et quomodo erit كيف يكون 40a11 QUALITAS (67a3) كيفية 61b13 87b2 quantitas et qualitas كمّية وكيفية 68b15 60a7(inv.)

QUAM من 44b34 → plus; → compar. forms: anterior quam اقدم من 46b1 fortior quam اقوى من 61b33 magis quam اكثر من 47a20 53b29 minus quam دون 61b35 propinquior quam اقرب ... اكثر من 63a11 etc.

QUAMVIS اذا 65b26; وإن 39a20 44b34,5 60a33 64b3 69b16 74a32 75a6 87b21 95a1; وهو بعد 65a34

QUANDO اذا 39b25 41a6 46b2 47b30 et passim; بقدر ما 40a7; حيث 39b17 40a 19,21 45a19 65a30; لمّا 73a19; مع 55b16 id est quando اذا 87b19 quando ... et quando ... وهى التى ... ولبعضها 88b33 quando locuti fuimus de فى القول الذى قلنا فى 97a22

QUANTUS QUANTUM narrabimus in quantum totum ينبغى لنا ان نصف كليّته 40b26 tantum valet dicere ... quantum dicere quod هذا القول اعنى قول الذين 52b13 quantum est ... ita est ... شبيه بقول القائل ان بقدر ما (يقال) 67b34-5 QUANTO quanto magis poterit ما يمكن فى 41a22 quanto plus كذلك 68b1 QUANTUSCUMQUE كلّ ما 45a24 87b19 QUANTUMCUMQUE quantumcumque possit esse ما يمكن 60a10 QUANTITAS طول 85a27; كثرة 67a3 77a2; كمّية 48b19 61b14 87b2 quantitas et qualitas كمّية وكيفية 68b15 60a7(inv.)

QUAPROPTER لانّه (يحتاج الى ان) 62a10 91b8; فـ QUARE لاذا 44a12 56a25 63b21 causa quare العلة التى من اجلها 67b20; لاىّ علة QUARE 65a6 90b14 quare ... est quia ... علة 73a7 iam declaravimus quare قد بيّنا علة ذلك 73a31

QUASI كأن 57a10 71b7,11; مثل 39a4 50b7 65a35 66a21 71a23 71b23 79b27 83a7; هو يكون مثل 76a1; no Arabic equivalent 91a14 est quasi مثل 43b34 50a33 quasi infinita غير شىء واحد 58a7 quasi de natura ossium شبيه بالعظم 59b10 quasi tela صفاقى 69a34 dentes qui sunt quasi serra الاسنان التى تنطبق بعضها على بعض 84a30

QUATENUS quatenus non لكى لا 73b7

QUATTUOR اربعة 43a22 82b8,10 83b26 85a22 88a5 89b15 93b7,14 95a16 95b23,8 96a13 quattuor pedes الاربعة الارجل 86a35 89b15 90b13 animalia habentia quattuor pedes الحيوان الذى له اربعة ارجل 86b17 QUARTUS venter quartus البطن الرابع 74b13

QUI (rel.) الذى 39a13 50a10 57b21 et passim; ما 64a1 65a21-2 68b26; مَن 50a31 80a1; ـه 71b16; وهو 83b13 quod ما 39a14 39b28 49a24 55b16 76a35; الامر الذى 39b21; شىء 45a5 ille qui الذى 40b5 illi qui sunt in opinione Anaxagorae اصحاب

الذى هو 77b5 a quo منه الذى 41b33 qui ergo فهو 40b31 quod est
78b2; وهو 78a9 et est quod الذى وهو 78b19 hoc quod ما 85b9 illud quod ما
68b27 omne quod كلّ ما 50a3 propter quod الذى من اجله 39b29 40b2 41b33 42a2
nihil est quod fingunt يزعم 56a15 qui est calidus حارّ 49a28 quarum
una vadit ad ... et alia ad وينتهى الواحد الى ... والآخر الى 70a18-9 QUI (interr.)
40b19 ماذا 39b13 40a9 40b6 44b16 48a24-5 49a12 53b15 64b13 65b11 73b13; اىّ
48b12 qua de causa لاىّ علة 78a5 per quam virtutem باىّ قوة 40b22 ex quibus
rebus من اىّ الاشياء 40b22 QUICUMQUE ايّما كان (51b12 87b4) quodcumque كلّ
ما 46a30

QUIA لان 40a5,31 41a15 47a28-9 51b9 57a14 et passim; 68b7; ... اعنى لان
73a3 64a29 54b14 50b6 من اجل ان 75a30; وذلك لحال 59a20; لما 74b19-21 ولذلك
74b2; وعلة ذلك من قبل ان 64a5 65a33 65b11,30 82a8 84b14 88b6; من قبل ان
لـ ... ( اعنى ان ... ) 83b5 92a22 96b4; ولهذه العلة فـ ... 63a21-2 quia ... est ... لـ
73a7 علة ... 62a8-9 quare ... est quia علة ذلك ان 65a3 causa illius est quia
94a5; 84a25 88a30 93a18-9 لـ ... 94a7; ولان ... ولان لحال propter ... et quia
94a10 quia ergo ولان 40a4 propter hoc scilicet quia اعنى ان 87a7 لذلك العلة و
scilicet quia ... et quia ... 63b24 89b11 scilicet quia اعنى لان 68b26; اعنى
ولان 92a5-6 non quia ... sed quia ليس لانه ... بل لان 80a32-4; اعنى ان من قبل ان
88b1-2 quia indigent لحال الحاجة الى 59b10 بل لان

QUIDAM بعض 79a24; اىّ 40a3 42b7 46b31 50b25 56a15 58a1 60a35-6 60b1 61b16
et passim; - بعض اجناس 71a31; ما ... فى 64a19; من ... ما 39b2 41b20 42b27
48a32 مِن ... مَن 43a10 47b31-3 92b5-6; من ... ما 60a6 61b17 et passim;
52b7-8 60a26 72b10; اجناس ... من 62b12 quoddam ... et quoddam منها ما هو
من 94b2-3; بعض ... ومنه ما 47a13 quaedam ... et quaedam ومنها ما هو
41a12 ومنها اشياء ... اشياء الاشياء 49b10-1 quaedam ... et quaedam ... et quaedam
بعض ... وبعض ... ومنها ما ... ومنها ما ... بعضها 79b16-7 quidam ... quidam ومنها ما
دخول 49b4 61a10-2 63b21-2,34 et passim introitus quorundam in quaedam
46b18 quaedam لبعض ... و ... لبعض 54b18 quibusdam ... et aliis بعضها فى بعض
virtus ... et alia وقوة اخرى ... قوة 46b24 quaedam animalia من الحيوان حيوان
صنف من اصناف 51b36 63a22 quoddam genus جنس من اجناس 96a5 quidam modus
43b28; بعض الناس 73a19 quidam homines رجل من اهل الكورة 78b14 quidam homo
الذى يسميه بعض الناس 42b5 48a25 quae dicuntur a quibusdam من الناس من
49b2 مِن ... مَن ... الآخر 49b3; احدهما ... والآخر (et) aliud ... quoddam 46a13
QUIDDAM quiddam conveniens شىء آخر ملائم 48a2 quiddam operationis oris
بعض عمل الفم 74b28

QUIDEM quidem, v. l. quidem no Arabic equivalent 46a33
QUIESCO QUIESCENS quiescente corpore مع سكون سائر اجسادها 92a1 QUIES-
CERE fecit quiescere ضعفت* (Kruk); or ووقّف* ? 42a29 QUIETUS quietus
mansuetus هيّن لذيذ 93a15 QUIES راحة 89b21; سكون 86a11
QUIETO سكن 42b1

QUILIBET جميع 80a30; كلّ 41a35 45b14 62a25 66a12 70b31 71a2 80b20 95a8,16; كلّ واحد 39a25,6 39b9 41a16 43a21 83b28; كلّ من 39a11 40a14 ; كلّ واحد 69b25 47b23 65b6 67a27 *et passim* quaelibet res كلّ واحد من الاشياء 39b29 in quolibet membro كلّ شيء وحده 68a33 quilibet, quodlibet per se فى ايّما عضو من الاعضاء 46a11 quod- libet ايّما 41b27 42b32; كلّ ما 45b25 كلّ واحد (منها) بناته 39a24 88a27 97b28; كلّ واحد على حدته 39a16;
QUINQUE quinque خمسة 80a6 80b4,23,33,4 81a2 88a4,8 fuerunt quinque صارت الخامس 80b25 QUINTUS اكثر من خمسة 80b26 plura quinque ... عدّة خمسة (88a7)
QUIS (*indef.*) احد 46b2 51a5 60b22 73a4 quando quis acquisiverit اذا طلب من ... إن 44a4; إن اراد احد 43a28 si quis voluerit إستقصاء 42b4 si quis 44a2 est propter quid هو لحال شيء 42a12 QUIS (*interr.*) ماذا 40b7 quid est مثل ما ذا هو 41a16 quid est ... et quid est ... et quid ... et quid 41a23 42a20,6 52a21; ماذا 51b17 quid ماذا 48a34 ex quo مماذا 68a7 propter quid لاىّ علّة 40a9 73b13; لماذا 41a15 ... وماذا ... وماذا ... وماذا
QUISQUIS quicquid كلّ ما 77b26 83a15 85a35 85b7
QUOAD quoad eius creationem econtra creationi على خلاف خلقة ما هو فى 89b2
QUOD (*conj.*) ان 39a6,12 *et passim*; العلة التى من اجلها 81a1 scilicet quod ان 72a6,7
QUOMODO كيف 78a17; باىّ نوع 68a7 78a16 quomodo et qualiter est كيف هو 40a12 qualiter et quomodo erit كيف يكون 40a11
QUONIAM اذ 56a22; ان 41b3; اعنى ان 40a34 55b6; حيث 54a25; فان 39a19 39b24 وذلك 40a31 62a18 66a20 76b1 79a5 *et passim*; فقد 42b33; لان 39a25 76a25 79a6; وانما اقول ذلك 62b31 74a6 90b25,6; وعلة ذلك لان 66a21 71a19,29 91b30 92a21; لان 64a14; من اجل ان 40a34 41b31 58a8 58b9 67b9 76b2,18 78a36 78b2 *et passim*; من قبل ان 42a25 46b20 47b18 51a8 58a4 59b5 66a6 *et passim*; من قبل 86b26; بقدر 72b24 88b16 91a31-2 92a11 94a14; وعلة ذلك من قبل ان 85a24; وذلك من قبل ان 87a17; و 61a8; لحال 71b10 لحال ان 93a14; لـ 52a27; قول القائل من قبل ان ولكن 87a11 quoniam فلهذه العلل ... ف ... 51b2 quoniam ergo فإنه إن 56a19 quoniam si non ... nisi وانما 88b4
QUOT quot modis بكم نوع 39b23
QUOUSQUE حتّى 39b29 43a21 43b34 45a34 71b24

RADIX اصل 62b14-5(6) 63b15 65b14 66a18 78a11-2,5 82a20 radices arborum اصول الشجر 50a25 ex parte radicis من ناحية الاصول 83b20 per radices suas باصوله 50a21 radix linguae اصل اللسان 64b22,6,32
RAMIFICO ramificor انشقّ وتشعّب (L) 68b22 ramificantur ab هى شعب من 67b17 RAMUS divisus in duos ramos مشقوق بشعبتين 91a8 duo rami in extremo شعبتان 60b8 extrema ramorum دقيقتان ... شعبتان 91a6 duo rami subtiles فى الطرف 87a1-2 RAMIFICA- اطراف الشعبتين 91a7 extremitates ramorum اطراف الاغصان

TIO multitudo ramificationis suorum cornuum كثرة شعوب قرونها 63a10
RAPAX خَطّاف (pro خُطّاف) → adn. ad loc.) 97b1
RARUS fuit valde rarum صار سخيفا 68b7 RARO فى الفرط 58b10 88b4 RARITAS سخافة 46a19
RATIOCINOR ratiocinantur ad hoc quod (quoniam) احتجّ وقال ان 48a26,30 RATIO ex ratione بالكلمة 66a19 ex istis rationibus من هذه الحجج 52b15 56b11 manifestum est ex istis rationibus بيّن من الحجج التى احتججنا 77a29 ex multis rationibus من حجج كثيرة 52a34 → divisio
RECENS طرى 75b28; حديث طرى 75b32
RECIPIO قبل 47b7 74b11-3 75b18 81b34 83b22 97a19,30 recipio ab اخذ من 50b9 اخذ من 67a35; قبل من 67b16 recipio cum قبل ل 91b27; قبل مع 62a9 recipio ex 67a35 68a8; قبل من 55b34 58a2 64b16 recipit citius ex ايّما كان ... يلقى من 51b12 recipio per قبل ب 78b13,30 82a20 97a18 recipit titillationem تدغدغ 73a7 non recipit aquam in potum ليس يشرب ... الماء لحال الشرب 71a10 recipitur in كان فى 49b25-6 loca quae recipiunt المواضع التى تقبل 66b30 RECIPERE ad recipiendum لقبول 66a2 84a19 fuit ad recipiendum يقبل 74a17 locus ad recipiendum مكان قبول ل 66a28 RECIPIENS الذى يقبل 40b14 66a8; الذى به يقبل 55b30; قبول 47a26,8 50a32-3 71a7,23 74b19 83b24 RECEPTIBILIS est receptibilis (c. gen.) قبول ل 72b24 recipiunt ... receptione multa قبولا اكثر 57a17 locus receptionis مكان وموضع قبول 40b15 64b4 75b12; قبول 88b30; اخذ 47a7 RECEPTIO قبول ل 66b23-4
RECTIFICO rectificat corpora animalium هى تصيّر جثث الحيوان قائمة 69b4-5 RECTUS قائم 43a29-31 89b15; مستقيم 75b9,27 82a14 93a11-2 elevatus rectus قائم مستقيم 56b10 linea recta AB (math.) الخطّ المستقيم اعنى الذى عليه الف وباً 69b5-6 rectum قائم مستقيم الجثّة 62b20 89b11; قائم الجثّة 85a2 recti corporis مستقيم قائم الجثّة 56a13 non est rectum neque elevati corporis ليس بمستقيم ولا قائم الجثّة 57a14 recti intestini مستقيم المعاء 75a21 valde rectus مستقيم جدّا 56b9 non sunt recta ليس هو مستقيما 75b25 RECTUM et hoc est rectum وذلك بحقّ 56b14 65b34 67a34 88a13-4 non est rectum ان 42b16; لا ينبغى ان 39a3 non dicunt ... rectum est dicere ان يسمّى من الصواب 42b10 rectum est quod بحقّ 68a11 rectum esset quod ... esset ليس مما ينبغى ان 42a15 rectum est quod ... فولا صوابا لا يقولون 77a36 non est rectum quod من الخطأ 77b7 RECTIOR rectioris corporis plus aliis قائم الجثّة اكثر من سائر (الحيوان) ان 69b6 RECTIUS rectius est هو اصوب ان 42b35 RECTE بحقّ 48b8 52b2 56a37 63a بنوع ( الـ ) صواب 43b9; بغنّ صواب 87a12; بحقّ ينبغى ان 87b17 90a27; 27,32-4 صواب النظر 44a2,16; بنوع الصواب والاستقامة 87a19 recte considerare et perscrutari ليس 39b4 non recte dicit قوله ليس بصواب 41a15 non dicuntur recte ان تكون الاستقامة والصواب فى ذكر 80a25 ut dicamus ... recte يسمّى ... بنوع صواب ليس بنوع مستقيم ... بنوع الصواب 44b2-3 non recte tantum sed circumquaque استقامة وطول 43a33 54a24; استقامة 56b29 RECTITUDO فقط بل من كلّ ناحية

54b13 rectitudo intestini استقامة المعاء 75b26
REDARGUO REDARGUERE dignum est nos redargui ab aliquo eo quod loquimur in كيف خليق ان يلومنا احد لذكرنا 64b19 quae divisio sit redarguenda كيف ينبغى ان يعلّمه الذى يريد ان يستعمله على الصواب 44b18-9
REDDO reddidimus causam illius, causas (eorum) علل، ادّينا علته، 63b21 64a12 72b9
REDEO redibimus in eundem sermonem نردّد القول 39a24 ad ipsum redeunt اليه تكون غايتها 66a1 REDIRE ردّد 42b9 redire in eundem sermonem multotiens ترداد القول مرارا شتّى 45b11-2
REFLECTOR انثنى 54b15
REGIO مدينة 70a26 de una regione in aliam من بلد الى بلد 94a5 in regione فى النقعة التى فى البلد 96a5 in quibusdam; 73a17 فى الناحية البلدة 77a2; البلدة locis et regionibus فى بعض الاماكن والبلدان 69b34
REGO رؤس 70a26 REGIMEN تدبير 42a30 regimen vitae تدبير ومعاش 60b33; تدبير المعاش 60b32; معاشه وتدبير حياته 79a11; تدبير الحياة 62b6 82b13 65b4 91a26 93a11
REMANEO بقى 53a22 64b34 68a28,31 72a4,7 78a29 87a11; ثبت (*81a7); وقف 75b15 remanebit in eis بقيتها يبقى 53a26-7 non remanet ... post hoc لا يبقى بعد 41a19-20 hoc remanebit (ad dicendum) هذا الذى بقى 78a24 remansit ... aliquid بقية ... بقيت 49a25; الذى يبقى 49a26-7 REMANENS باق 56b2 قد بقيت
REMOVEO removetur بعد 48b23 REMOTUS بعيد 79a17; على بعد 80b31 remotus est ab كلّ ما بعُد عنها 81b27-8 quicquid fuerit remotum ab eis يكون بعيدا من 80b24-5 remota ad invicem بعضه بعيدا من بعض 85a35; يبعد بعضها من بعض 96a14; non remotae ad invicem لا يبعد بعضها من بعض بعدا كثيرا 44b4 ad locum remotum الى مكان بعيد 79a17 videt a loco remoto ينظر من موضع بعيد 57b26 videt a remotis يبصر من بعد 57b24 REMOTE فى بعد منه 84a24 eiectio stercoris remote توجد بعيدة من 77a4-5 inveniuntur remote ab ذرق روثه والقاءه فى مكان بعيد 63a15 REMOTIO بُعد (91a25)
REMUS remus medius navis مجذاف السفينة 87b18-9 est sicut remi يكون له مثل المجاذيف 94b9 → kalatez
REN كلية 67b4 renes كليتان 69b13,25 70a22 70b23,6 71a26,34 71b20 72a12,3 72 b9; كلى 70a17 71a29 71b3,7; جسد الكلى 71b21-2 ren dexter الكلية اليمنى 71b34-5 ad 72a23; 71b28 ren sinister الكلية اليسرى 71b28-9 الكلية التى تكون الكلية اليمنى dextrum renem ... et ... ad sinistrum الى الكلية الواحدة ... و ... الى الكلية الاخرى 70a19 animalia habentia renes الحيوان الذى له كلى 71b35 non habet renes ليس له كليتان 71a31 renes hominis كليتا الانسان 71b6,9 renes ovium كلى الغنم 71b8 72b2 renes vaccae كليتى البقر 71b6; كلى البقر 71b5 corpus renum اجساد الكلى 72a11 creatio renum خلقة الكليتين، الكلى 70b13 71a30 72a14-5 dolor renum وجع الكليتين 72a34 operatio renum عمل الكليتين 70b28-9 profunditas renum عمق الكلى 71b15-6 profundum renum عمق الكليتين، الكلى 71b15,22

REPLETIO per nimiam repletionem لحال الامتلاء 96b33
REPO دبّ 83a11 repit incedendo يدبّ 88a9 repit in terra يدبّ فى اليبس 96a18-9 repit super terram تماسّ الأرض وتدبّ عليها 86b31 repit super faciem terrae سار 88a9 REPTIO 96a9 سار ودبّ على وجه الارض; 96a8 على وجه الارض دبيب
REPONO repono in كنز فى 74b24
REPUTO reputo quod ظنّ ان 48b1
RES امر 45b20 81b28; شىء 39a3,10,29 et passim; (= aliquid) الشىء 39b23 debet esse res sicut مثل شىء ينبغى ان يكون 70a24-5 res quae accidunt الاشياء التى تعرض 39b4 aliqua res شىء واحد 39a9 eadem res الشىء الواحد الذى هو فهو 44a9, 26 ipsa res الامر بعينه 42a28 quaelibet res كلّ واحد من الاشياء 39b29 res singularis per se شىء واحد 43b34 una res شىء من الاشياء المفردة بناتها 43b26,9 duae res امران 40a12 59b35 73b27 89a28 est contra istas duas res مخالف لهذين 94a22 utitur eo in multis rebus يستعمله فى اشياء كثيرة 59a21-2 res aeterna شىء 39b24 res aeternae السرمدية الدائمة الاشياء 40a7 res artificiales ابدا سرمدى 41b13 res calidae pingues الحارّة الدسمة الاشياء 90b31 res collativae المهنية الاشياء 41b3 res corruptibiles الاشياء التى تبلى وتموت الاشياء التى يضاف بعضها الى بعض 41b20 res delectabiles et offensibiles اللذيذة والكريهة الاشياء 66a11 res extrinsecae الاشياء المعقولة 79b22-3 res intellectae الاشياء التى توافقها وتلقاها من خارج 41a36 res ligata شىء مربوط 54a35 res manifestae الظاهرة الاشياء 39b9; الاشياء التى تقوّم من 39b21 42b3; res naturales الطباعية الاشياء 40a14 res naturales البيّنة الظاهرة 58a21; 48b2 res possibiles الاشياء الممكنة الاشياء المقوّمة من الطباع; 40b4 الطباع 87a16 res quaesita الشىء الذى يطلب علمه 39a3 res sensibiles الاشياء التى تمكن 47a7 res subtilis sicut pilus شىء دقيق مثل الشعر 50b14 res universales الاشياء الكلّيّة 44a26 generatio rerum كينونة الاشياء 42a14 subiectum rei موضوع الشىء 49a15
RESIDUUS باق 56a31; باق من 63b15; الذى بقى 85b30; سائر 67a35 membra residua بقية الاعضاء 46a1 RESIDUUM سائر 66b2 77a12 77b19 82a2 92a10
RESPECTUS RESPECTU ... الى 86b7 respectu 68b14 86b24; قياس الى اذا قياس الى corporis بقدر قياس عظم الجثث 90a28 بقدر قياس عظمه الى عظم سائر; - 55a7-8; respectu corporis eius بقدر جثّته 53a27 respectu sui corporis جثّته بقدر 65 b7 parvus respectu magnitudinis corporis صغير بقدر عظم الاجساد وقياس صغيرها 79a34-5 respectu sui et respectu ... الى اذا قياس هو الى ذاته واذا قياس الى ... كبيرها 60a16
RESPIRO RESPIRATIO تنفّس 73b23
RETARDO retardo ad أبطأ فى 96b29
RETINEO ضبط 87b14 retinet ما يمسك 87b14 retinere id quod tenet مسك 87b19 ut retineant fortius وإمساك ما يمسك 62b3 retinet valde ضبطا شديدا يضبط 87b15 ut retineant corpus ... ما يمسك ضبطا شديدا لضبط لتمسّك وتضبّط الجسد امساك 74b27 87b13 90a33; ضبط RETINERE 66a30 محتبس فى 68b21 retineor in للامساك 91b15; 93a13 لضبط ad retinendum يضبط ضبطا جيّدا 90b1 bene retinere

conveniens (-tior) ad accipiendum et retinendum موافق اوفق للاخذ والضبط 91b10; موافق للاخذ وضبط ومسك الاشياء 91b6-7; للاخذ والامساك 87b10-1 ad accipiendum et retinendum loco manuum لحال الاخذ والامساك بدل امساك اليدين 83b33 RETINENS retinens corpus ضبط وشدّ الجسد 70a13-4 RETENTUS retentus cum ligamentis يمسك برباطات 54b27-8 retentus in suo loco محتبس فى مكانه 74a19 retentus intra فى داخل 52a23 RETENTIO indigentia retentionis الحاجة لحال احتباس الغذاء 52a5 propter retentionem cibi للامساك 91b14 RETRO الى خلف 89a31,4 ad aspiciendum retro لحفظ ما خلفها 92a4-5 → mingo

REVERTOR revertor ad عاد فى (85b29); انقلب الى 58a2 revertuntur super dorsum 68a يستبين ايضا انقلب وصار على ظهره 96b27 revertuntur ad priorem statum 30 REVERTI debemus reverti ad dicendum ينبغى لنا ان نعطف ايضا ونعود الى ذكر 82a31

RIDEO ضحك 73a6,8,27,8 RISUS ضحك 73a4,9,11

ROSTRUM منقار 59b5,10-2, 21-2, 26-7 62a34 62b4, 11-2 92b18 93a11,23 (94a25); منقار معقّف 92b16 rostrum incurvatum طباع المنقار 93a 11-2 rostrum latum منقار عريض 93a15-6 longum rostrum منقار طويل 93a17 rostrum rectum منقار مستقيم 93a11-2 rostra avium مناقير الطير 55b4 62a35 62b1 rostrum corvi منقار الغربان 62b7 creatio rostri خلقة المنقار 93a13 latitudo rostri عرض المناقير 62b12

ROTUNDUS مستدير 73b32 80b9 83b13,35 96b32 est rotundus circumquaque هو فى مستوى الاستدارة من كلّ ناحية 80b11-2 ROTUNDUM in medio rotundi capitis وسط استدارة الراس 56b28 ROTUNDITAS استدارة 80b17,23 habet rotunditatem هو مستدير 80b11

RUMINO اجترّ 74b5 75a4-5

SAEPE مرارا شتّى 88a24
SAEPES سياج 58b18
SAGITTA spina vel sagitta شوكة او سهم 54b7
SALIO (to salt) SAL SALSUS مالح 76a34
(*SALIO to leap) → coeo 83a33 83b3
SALUS سلامة 53b34 ad salutem لحال سلامة 54b35 propter salutem لحال السلامة 57a35 59b27,32 72a14 84a9 94a5 96b28; لحال السلامة والمعونة 79a1
SALVOR سلم 54b9 79b24,6-7 magis salvatur يكون اسلم 90a15 ut salventur alae لكى تسلم قوة الاجنحة 82b15 SALVARI ad salvandum لحال السلامة 52b6-7 55b7 79a30 83b10 ad salvandum ipsum لكى يسلم 85a8 SALVATUS سليم 68a33 SALVATIO propter salvationem لحال السلامة 81b5
SANGUIS دم 40b19 45a29 47b12 48a3ff. 49b21 et passim omnes sanguines جميع الدم وما 51a4 totus sanguis جميع الدم 68b15 sanguis et quod convenit ipsi 68a26 conveniens sanguini يلائمه 78a9 ex sanguine من شىء آخر ملائم لذلك الدم 65b6 propter sanguinem لحال الدم 67b18 sanguis est cibus ultimus الدم غذاء 50a34 51a14-5 sanguis est cibus omnium membrorum الدم الغذاء الاخير

الدم هيولى جميع (كلّ) جميع الاعضاء 52a6 sanguis est materia totius corporis الدم رطب 65b12 sanguis efficitur valde humidus 68a5,21 sanguis est humidus رطب الجسد يخرج من 68b8 sanguis exit a corde et vadit in venis يرطب الدم جدّا 78a10 يؤدى الدم بالعروق 66a6-7 sanguis vadit per venas القلب ويصير فى العروق في quibus currit sanguis مائية الدم 51a17 فيها مسيل دم 47b4 aquositas sanguinis الدم 53a2 calor sanguinis حرارة الدم 67b29 cursus sanguinis مجارى الدم 68b3; (G) مسيل الدم 53a12 68a11,20 fons et principium sanguinis عين وابتداء الدم 66a8 كثرة الدم 69b4 natura sanguinis طباع الدم 48a20 66b29 multitudo sanguinis ابتداء الدم 77a20 paucitas sanguinis قلّة الدم 68b9 92a24 principium sanguinis فضلة غذاء الدم 66b1 spissitudo sanguinis غلظ الدم 68b2 superfluitas cibi sanguinis الجزء الملائم 52a21-2 vasa sanguinis وعاء دم 50a33-4 pars conveniens sanguini للدم 68a6 res conveniens sanguini شىء آخر ملائم للدم 45b9 illud quod convenit cum sanguine ما يلائم الدم 50a35 habet sanguinem هو دمى 48a1 quaedam animalia habent sanguinem et quaedam non بعض الحيوان دمى وبعضه عادم الدم 78a33 habens sanguinem دمى 42b15 56b20 43a4 45b10 48a28 50a35 50b30 52b23 59a4 59b21 60a31 et passim; هو دمى 74a24; الذى له دم 50b25 68a6 habens sanguinem contrarium الذى دمه على خلاف ذلك 48a8 caret sanguine ليس له دم 79a25; الذى لا دم له 48a28 50b30,2 73a30 78a30,6 carens sanguine عادم دم 76a31 et passim; الذى ليس بدمى 47a30 60b11 الذى ليس له دم 50a35 50b24 82a21 83a14; الذى لا دم له 42b15 65a32 68a6 pauci sanguinis قليل الدم (جدّا) 52a14 67b25 69a1; مملؤ من دم 97a29 est pluris sanguinis quam هو اكثر دما 92a21 plenus sanguine الدم ... الذى ليس فيه مثل الشعر 50b16 sanguis in quo non sunt pili من 73b28 sanguis bonae decoctionis دم مطبوخ 51a22 الدم الجيّد الطبخ 52a23 sanguis coctus نضوج الدم الذى يكون من ذاته 52a9 sanguis purus sanguis digestus per se الدم الاوّل (pro primus) الدم الصحيح 66b24 sanguis sanus 77a29 sanguis terrestris دم الثور 51a4 دم الايلة 50b15 sanguis tauri 50b17 sanguis cervorum الدم الارضى SANGUINEUS دمى 47b1 65b7 66a10, 6 66b1 68b6 69a25 70b6, 17, 34 71a9, 17, 34 73a34 81b31 95b20 cibus sanguineus الغذاء الدمى 77b26 membra sanguinea الاعضاء الدمية 51b20 طباع الدم من اصناف طباع الدم 56b25 est naturae sanguineae SANGUINOSUS animalia sanguinosa الحيوان الدمى 48a7 78a9 substantia sanguinosa التقويم الدمى 77b28
SANIES قَيْح (Bad.) 47b12 (→ adn. ad loc.)
SANUS صحيح 50b1 77a19,29 SANITAS صحّة 40a4 48b6 51b1 73b26
SAPIENS doctus et sapiens اديب وعالم 39a10 SAPIENTIOR احلم 48a8 SAPIENTIA حلم 48a10
SAPOR sapor cibi لذّة اصناف 61a8; اللذّة التى تكون من الطعام 91a1; لذّة الطعام 78b9 sapor sensus cibi لذّة حسّ الاشياء المأكولة 90b30 cibus ex quo sentiunt eius saporem الطعام 91a2 sapor humiditatum لذّة الرطوبات اذا حسّ بالطعم الذى يلذّه 60b9
SCILICET اعنى 39a15 46a32 53b24 57b16 59a1,30 et passim; اعنى ان 44a5 69a10;

# INDEX LATINO-ARABUS 419

45a10 53a34 53b23 66b31 72b وهو 53a34; و 56a8; وانما اعنى 44a13; اعنى بقولى
11,24 scilicet quia اعنى 68b26; اعنى ان 73b15 87a7 92a5; اعنى لان 63b24 89b11
scilicet quod ان 72a6,7; اعنى ان 39b2,8 40a13 61b11,28 62b14 *et passim*; كقولى
ان 40b16 scilicet quod ... et quod ... et و .... لانه .... 73b6 scilicet quoniam
ام ... ا 40b22-3 اعنى ان 49b10 scilicet ut ان اعنى 79a26 scilicet ... et (= aut)
SCIO sciet سيعلم 44a6; ليعلم 80a1 nos bene scimus quod قد علمنا ان 95a2 iam
scivimus quod قد علمنا ان 45b14 46a24 49a6 non scitur ليس يعلم 63b26 SCIRE
ينبغى ( لنا ) ان نعلم 45a30; ينبغى ان يظنّ ان 39a3 66a16 debemus scire (quod) علم
( ان ) 39b23 46a12 46b15 48b11 54b11 61b27 63b12 *et passim* licet nos etiam scire
50 مَن اراد علم هذه الاشياء 40a10 qui voluerit scire has res ينبغى ذن لا يخفى علينا
a31 inquisitio sciendi طلب معرفة 49a35 SCITUS sunt scitae nobis magis et perfectius نعلمها علما اكثر وابلغ 45a1-2 SCIENTIA علم 39a11 41a36 44b29 scientiae
علم يسير ( من علم ) 39a11 scientia artificis حكمة الصانع 45a13 parva scientia علوم
44b32 scientia naturalis العلم الطباعى 41b1 scientia singularis علم مفرد من غيره
39a9 ex eius scientia من علمه 41b1 scientiae quae utuntur intellectu العلوم التى
تستعمل الراى 40a2
SE elevat se in aere يرتفع ... فى الهواء 57b27 intrant se secundum serram يكون
مداخلا اعنى يقع بعضه فى داخل بعض 61b21 *etc.* (→ *lemmata*) a se عن نفسه 88a1 ad
se الى ذاته 66b15 circa se حول جنّته 79a6 habet in se فيه 75a28 quando constringitur et adunatur in se اذا اجتمع وانضمّ تحزيزها بعضه الى بعض 82b24 per se
على حدته 39a24 44a19 44b1 54a27 59b25 80a13 88a27; بذاته 46a11 49a3 53b21
54a12; مفرد بذاته 40a27,31 41b22 49a17 52a9; من ذاته 42b5 43b26,9 44b6 56a3;
52b18 (→ *quilibet*) مفردا بمزاج ذاته 39a16 in aliqua complexione per se وحده
60a16 SIBI اذا قيس هو الى ذاته 40a9 respectu sui على ذاته 86a30; عليه super se
جميع ما يدنو 89a24 praeparat sibi له يهيّأ 59a9 omne quod sibi appropinquat له
منه 79a12 sibi similis *etc.* (→ *lemmata*)
SEBUM (SEPUM *codd.*) شحم (πιμελή) 47b12 72a1
SECUNDUS الثانى 39b13 46a20 venter secundus البطن الثانى 74b12 SECUNDUM
(*subst.*) الامر الثانى 80b26 SECUNDUM (*prep.*) ب 39b22 41a29 42b21 43b12
48a11 55a33 77b17; لحال 76b6; من قبل 77b9 92b8; بقدر (ما ) 43a18 43b10 45a6
46b34 50a2 51a20 53a9 57a12 58a33 62a24 *et passim*; على 39a8 39b30 46a29
60a15-6 *et passim*; على قدر 56a11; بنوع 45b6 49b35 ut sit ... secundum ليكون
على 44a16 81a10 secundum quod وعلى ذلك et secundum hoc 39a13 عرض ... الى
ما 40a11 secundum quod fingit بزعمه 55b33 63b2; فيما يظنّ 54a9 secundum
quod narravimus وصفنا كما 57b16 secundum quod opinatur ممّا يظنّ 91b29
secundum quod vult كما شاء 87b2 est secundum quod هو كما 61a30 secundum
verum على مثل الحقيقة 39a14 secundum hoc على هذه الحال 40b25; على مثل ذلك
مذه الحال 42b4 → creatio, diversor, intro, modus, tango
SECURIS فاس 41a9 42a9
SED بل 39b30 40a24 41a9 41a20 41b36 44a35; غير ان 81b32 97a7; لكن 81b27; ولكن

41b35 49a33 55b15 56b37 61a2 61b35 *et passim*; و 41a10 72a10 81b1; وذلك 92b7 sed tamen غير ان 78b30 non ... sed الا ... ليس 69b32; بل ... ليس 46a15 46b35 47b19 51a10 54a17-8 71a10 80a32-4 87a19-20 88b1-2; لا ... بل 47b14-5 64b14-5 97b23 non ... omnino sed لا ... البتة بل 50a11 non ... solummodo ... sed ... (etiam) ليس ... فقط بل ... 89b3 90a2 non ... tantum ... sed (etiam) ليس ... فقط بل ... ايضا (ايضا) 63b6 64b1 70a17-8 71a3-4 74a4-5 83a29 85a28-9 87b31 96b27-8 sed tamen ولكن 46b11 65a32

SEDEO sedeo super جلس على 94a20

SEGNIS SEGNITIES animal paucae segnitiei الحيوان الابله الكسل 67a10

SEMEN زرع 41b28 55b35 ex quolibet semine من كلّ بذر (و) كلّ زرع 41b27 → non, tantum

SEMPER ابدا 42b25 43a2 49a9,22 49b2 52a31 58a21 77b23 81a12 81b33,5 84a28 87a11 dispositio eius erit semper sicut حاله ... وليس بدون ذلك حاله تكون مثل حاله 80b1

SENESCO cito senescet يكبر ويشيخ عاجلا 51b8 SENIOR pueri respectu seniorum قياس الصبيان الى كهولة الرجال 86b24 SENECTUS كبر 48b6 apud senectutem عند 51b11 corruptio et senectus البلى والفساد 58b20 الكبر

SENTIO احسّ 61a19; احسّ ب 47a17 56b23 59b16 60b11 61a9 78b8 81b2 90b29,31,3 91a2,4; وجد 80a35 91a1 illi qui sentiunt الذين يجدون الحسّ 48b17 sentiet manifeste بيّن 50b6 sentio per احسّ ب 83a2 SENTIENS membrum sentiens عضو الحواسّ 81b14 SENSATUS omnia sensata جميع الاشياء المحسوسة 47a29 res sensatae الاشياء المحسوسة 41b4 SENSIBILIS anima sensibilis النفس الحسّية 72b16 membra sensibilia الاعضاء الحاسّة 52b3 res sensibiles الاشياء الحسّية 47a7 SENSITIVUS virtus sensitiva قوة الحسّ 81b31,4 SENSUS حسّ المحسوسة 39a22 39b16 41b3 47a5,14 50b4ff. 53b30 56a4,23,8 61a7 66a17,20,35 72b30 73a2 76b23,5 86a11 90b33; الحسّ 55b1 duo sensus حسّان 56a29 primus sensus الحسّ الاوّل 53b23 omnis sensus كلّ حسّ 65a12-3 quidam sensus بعض الحواسّ 86a8 unusquisque sensus كلّ واحد من الحواسّ 47a6 sensus communis الحسّ المشترك 86a31 bonitas sensus جودة الحسّ 51b1 instrumentum sensus آلة الحسّ 47a7,12 56b6,16,20,35 69b22 operatio sensus فعل الحسّ 56b6 principium sensus اوّل الحسّ 78b2 sensus animae حسّ النفس 47a25 virtus sensus قوة الحسّ 67b29 virtus sensus حسّ الدماغ 56b12 sensus auditus حسّ السمع 56a32,3 56b28 57a5 sensus cerebri حسّ الطعام 61a3; حسّ الاشياء المأكولة 90b30 sensus gustus حسّ المذاقة sensus cibi حسّ اللسان 56b37 sensus olfactus حسّ مذاقة الرطوبات 56a31 sensus linguae 60b10; 47a15; حسّ اللمس 49a8; حسّ 56b31 57a7 sensus tactus حسّ المشمّة 56a31,34 الحسّ الذي 52b4; حسّ من المسّ 48b31,3 49b4 51b4 53b24 56b34 60a21; حسّ المسّ 60a13; حسّ الاشياء التي تحسّ بالمسّ 56a30 omnia instrumenta sensus يكون بالمسّ 57b23 est calidior sensui tactui حسّ البصر 48b31 sensus visus هو اشدّ حرارة اذا وقع حسّ المسّ 53b25 56a32-7 56b1,29-31 57a3 boni sensus جيّد الحسّ 60a12 est minoris sensus

INDEX LATINO-ARABUS 421

48a4 non habet sensum لا حسّ ... هو 48a3 est maioris sensus حسّا اكثر ... هو اقلّ حسّا 67a13 cognoscuntur sensu له حسّ لا الذى ... حسّ اذا مسّه احد يكون لـ ... 50b4 carens sensu 56a29 الاقاويل ... فى الحسّ 48a35 sermones ... de sensu تعرف بالحسّ
SEPARO separor ab فارق 49b29,31 81a16 82b19 separor per افترق فى 50a30 separatur in partes مفترق فى اجزاء كثيرة 71a30 SEPARARE debet ... separare ينبغى ان يفرد ... 39a15 quae bene possunt ... separari ... الافتراق قوى على 59b31 SEPARATUS separatus ab مفترق من 73a23 quando fuerint separatae اذا افترقت 49b16 postquam est separatum a corpore بعد ان يقطع ويرمى به عن الجثّة 73a14 sunt separata ad invicem مفترقة بعضها من بعض 72b10 SEPARATIO افتراق 68b29

SEPION سبيون (os sepiae) 54a21

SEQUOR تبع 40b1; تلا 73a4 (78a24) sequitur ل يكون تبعا 92b22 necessario sequitur ut ان الى سيضطرّ 39a27 quod sequitur ipsum (ea) ما يتلوه 40b3 55b16 quod sequitur ipsum continue ما يتلو متّصلا 39b28-9 (nunc) sequitur (dicere) de ذكر قولنا يتلو والذى 61a34 ;ذكر سلف الذى الذى يتلو قولنا (الذى) يتلو قولنا ذكر 52a24 65a28 67b15; sequitur consideratio de يتلو النظر فى قولنا الذى 68b31 sequitur in sermone nostro dicere ذكر قولنا يتلو الذى الكلام نوع من 46b9 SEQUENS sermone sequenti يتلو الذى 50a16 46a29 sequens ipsum يتلوه الذى

SERMOCINOR SERMOCINANS متكلّم 39b22 sermocinans in متكلّم فى 39a15 sermocinans in illa النظر ذلك فى المتكلّم 39a13 SERMOCINARI كلام 60a25 ad sermocinandum هذا القول 60a1 tantum indigemus ad sermocinandum in لحال الكلام SERMO ذكر 40a8 43a18 45b11 53a20 قول 45b10; الذى يحتاج اليه من ذكر 50b14 53b14 56a18 63b2 64b19 73a13,6,8,23 et passim; مقالة 39a29; كلام 39b22 43b18 45a19 59b33 60a23 73a23,4 sermo noster (in) قولنا فى 49b9 78b23 81b12 sermo suus قوله وكلامه 39a19; قوله 39a5 sermo antiquorum قول القدماء 77a30 sermo de ... عن 39a22 sermo in hoc ذكر صفته 89a10 sermo in istis فيها القول 74a20 القول ... عن sermones dicentis قول القائل 39a5 opinio nostra et sermo رأينا وقولنا 44b24 sermone sequenti يتلو الذى الكلام نوع من 46a29 in sermone praecedenti فى الاقاويل التى وصفنا على الولاد 82a3 in sermone de cibo et generatione فى الاقاويل التى وصفنا والغذاء 74a20 in sermone quem narravimus in generatione فى الاقاويل التى نضع فى ولاد 50b10 in sermone de generatione animalium فى الاقاويل التى وصفنا فى ولاد وكينونة الحيوان 92a16; 95a27 sermo quem fecimus de animalibus et Anatomia من الاقاويل التى وصفنا فى صفة الحيوان ومن شقّ الاجساد 80a1-2 (89a19) volumus incipere et dicere sermones nuper نريد ان نبتدى ء بقولنا وننكر الاوائل 55b28-9 sermones quos fecimus in Anatomia (pro de dispositione naturae animalium) الاقاويل التى وصفنا فى حال طباع الحيوان 96b15 sermones de ambulatione et motu animalis الاقاويل التى وصفنا فى مسير وحركة الحيوان 96a12 sermones quos diximus in motu serpentum (pro animalium) $(L^1)$ 90b15 sermones quos posuimus in aspectu animalium (= HA) الاقاويل التى وضعنا فى معرفة مناظر الحيوان 84b2 sermones positi in generatione (= GA) الاقاويل التى نضع فى الولاد 89a19 duo sermones sunt falsi القولان كذب 56a19 → sensus

SERRO *serrare (no Latin equivalent) نشر 45b18 SERRA منشار 45b17,8 52b14 operatio serrae فعل المنشار 45b17; مثقب (= *terebra) 41a9 dentes qui sunt quasi serra الاسنان التى ينطبق بعضها على بعض 84a30 (dentes) sunt acuti sicut serra يكون مداخلا اعنى يقع 62a6 intrant se secundum serram حادّة يدخل بعضها فى بعض 61b21 siti ad modum serrae بعضها يدخل فى بعض 61b19 بعضه فى داخل بعض

SERVIO خدم 52b10

SEX ستة 83b3 85a15-7

SI اذا 50b5-6 52b35 55a21,35 76a2,33 77a7,25 et passim; إن 39a8,24 40b17 44a4 55a15 64b30,4 et passim; لو (كان) 51b35 54b4-9 57a5 si ... (esset ...) ... لو ( كان ) لـ 56a15-6,19-20 59b24-6 63a35 72b36 96a12-6 et passim si non ... لو لا ما كان من ... ;50b1 واذا ... إن ...واذا 42a9 si ... et si 41a17; وإن ... لـ 57a2-3 et si منه كان وما 92b22-3 et propter hoc si فان 39a26 si ... aut ... إن او 39a14 si autem non, ergo فانه والّا 43a13 si ... tunc ف ... إن كان 42b17 sicut si esset incurvatus مثل قول القائل 40b12 sicut si aliquis dixerit كما يفعل الذى *يثنى 85a2 sicut si quis ... إن ... احد 44a4; من 44a2 et si ولو 40b23 et si est, est ... كان وربّما 52a12 si habeant له الذى ... من كان ما 88a32-3 si non إن لم 40b23 50a6 60b22; 79b21-2 90b4 si لم اذا 89a26 90a33; لو لا 41b25 اذا لم ... البتّة 50a36 82a7; لم اذا لو لم يكن على مثل هذه 54b23 93a1-2 si ita non esset لو ... لم 44a34; إلا non ... 54b4 الحال

SIC و- ... 83a35 88a11; فـ ... 73a6; و- ... 72b26 et sic بقدر هذا النوع 43b23; فى ذلك ولذلك 75a23; summarizing 97a20; no Arabic equivalent 97a27 et illae in alias et sic quousque وتذهب مثل هذا المذهب الى ما بين يديه حتّى 43a21

SICCOR جفّ 51a6 SICCUS قحل 55a25; يابس 46b22 47b16 49b10 51a34 53a22 55 a10 65a3 69a27 72a6 cibus siccus الغذاء اليابس 47b28 71a3 (efficitur) siccus قد الفضلة 75b31 locus siccus اليبس 59a5 superfluitas valde sicca جفّ ونشفت رطوبته نداها نشف قد جدًّا جافّة 75b20 SICCUM يابس 46a16 47a18 49b9 50a4 77b22 → subsiccus SICCITAS يبس 65a1

SICUT فى يعرض الذى العرض ذلك على والدليل 88b10; كقولى 39a20; كما 39b7,17 40a13 41a17 45a21 46a11 et passim; مثل 41b13; كمثل 39b1 40b9 46a13,8 et pas- sim; كما ... كذلك 58b1 sicut ... ita (etiam) 60b14; بنوع من الانواع مثل ;sim 40a32-3 44a31 59a9-11 59b34-6 65b2-4 68b24 82b36 85a18-9; كذلك ... كمثل 54b28-31 67a24-6 72a5-6 87b12-3; كمثل ... فذلك 50a14-6 non ... sicut neque 50b4 ليس ... البتّة ... لا كما ... لا 68a33-5 non ... sicut neque ... omnino كما ... لا est sicut ب شبيه 70b13; مثل 41a27 90a13; يكون ما مثل ... 93a22 est sicut diximus بقدر النوع الذى ذكرنا 84b22 → serra

SIGNIFICO significat quod يزعمون ان 47a13 SIGNIFICATIO est significatio quod ان على دليل 42a33 significatio eius quod diximus قولنا على دليل 52a30 sig- nificatio super hoc علامة الدليل على ذلك 51a24 72b28 79a21 81a8 81b30 82a8;

INDEX LATINO-ARABUS 423

الدليل على ذلك من قبل ان (quoniam) 80a31 significatio super hoc est quod ذلك
52a34; العلامة الدليلة على ان ... من قبل ان 67b1 significatio super hoc est ex
علامة 69b29 70b12; 73a2-3 SIGNUM علامة الدليل على ذلك العرض الذى يعرض من
دليلة على 69b4 quattuor signa اربع علامات 93b7-8,14 multa signa per quae moverentur بها علامات كثيرة تتحرّك 96a15
الحيوان SILVESTRIS برّى 43b3 69a10,2 77b20; وحشى 43b8 animalia silvestria
السلحفاة البرّية 42b20 69a12 tauri silvestres جواميس 63a11 tortuca silvestris
71a18,25,8 dorsum silvestre (loin) صُلْب 72a18
SIMILIS ب شبيه 44b12 51b30 53a13 54b24,6 55a29 61a5 62b15 et passim; الذى مثل
هذا 74b8; يشبه (الذى) 78b16,30 79b17,27 80a22 84a26; يلائم 44a18 similis est
dispositio حال 88b24 similis ei مثله 66a18 sibi similis يشبهه (ما) الذى
52b25 57b28 82b10,4 91b21; مثله 55a5; ما يلائمه 47a19; مما هو مثله 39b26 sibi
simile هذا مثل الذى 73b31; sibi similia 78b17 ما كان مثله وشبيهه التى تشبه هذه
التى تشبه ;68a23-4 جميع ... الذى هو مثله 61a20; جميع ما يسبه هذا الصنف 47b24;
69a30; كلّ جنس مثل هذا 45b35; التى تكون فى ... مثل هذه 44b15; هذه الصفة المصنّفة
الاعضاء التى هى مثل 79b20-1 membra sibi similia كلّ جنس يكون على مثل هذه الحال
هذه 61b32 et 45a30 omnia membra sibi similia مثل عضو كلّ مثل هذه الاعضاء التى ذكرنا
مشابه 53b33 similis in وإن كان شىء آخر مثل هذا 62b9; وما يشبهه
أقرب الى طباع 67a9-10; اكثر شبيه ب 44b7 magis similis 72b25 SIMILITER فى
41a7; على مثل هذا الفنّ 42a23 46a28; على مثل هذه الحال (ايضا) 46a1 65b1; ايضا
كذلك 51b25 70b9 79a26 92b7 94b10; ايضا ... كذلك 49b19; كمثل 42b28 46b16
48a32 48b33 57a28 62b7 80b28; مثل هذا 80b5; مثل هذا النوع (ب) 40a27 68a19
و 40b19; ... و 40b11 et similiter مثل هذا القول يقولون فى similiter dicunt in
63a11-2 et ... وكذلك ... ايضا 75a21 78b9,13 86b24; وكذلك 62a3 69b22; كمثل
similiter 39a11 وايضا 77a33; كمثل ... و 75b4 et similiter ... etiam و ... ايضا
46b5; وهذا العرض يعرض على مثل هذه الحال ... ايضا 66a24 92b7 et similiter etiam
42a12 كذلك ... ايضا و 71a26 similiter ... etiam و ... ايضا على مثل هذه الحال
similiter etiam ايضا 66a24 similiter accidit (c. dat.) ل مثل هذا العرض يعرض
76b35; قد قال هذا 70a34 similiter dixit ـ ... على مثل هذا الفنّ هذا العرض يعرض ـ
مثل هذه 48a30 SIMILE شبه 48b23; شىء شبيه ب 80b6 simile accidit in القول
العضو الذى 54b21 simile linguae شبيه بكعب 40a16 simile kahab الاعراض يعرض فى
96a26 وكلّ ما كان مثله ما يشبهه 79b36 sibi simile 91a4 et sibi simile يشبه اللسان
et similia الاشياء التى مثل هذه 88b25 sibi similia وجميع الاجناس التى تشبه هذه
شبه 97a16 SIMILITUDO وجميع الصنف الذى يشبه ما وصفنا 49b14 et sibi similia
78b31 80b36 in similitudine بالشبه 95b6 per similitudinem بالشبه 42b14 SIMUL
معا 61b23 (82a19) 97a23
SIMPLEX مبسوط 43b30 47a1 49a12 75a33 membra simplicia الاعضاء المبسوطة
47a14 modo simplici بنوع مبسوط 45b5; بنوع مبسوط دون غيره 47a16 SIMPLICI-
TER مبسوط (pro simplex) 47a14; بقول مبسوط 93a20 (94b2); بنوع مبسوط 39b24;
بقدر قول بنوع واحد مبسوط 48b11 secundum quod potest homo dicere simpliciter
46b34 القائل بقول مبسوط

SINCIPUT os quod dicitur sinciput يافوخ يسمّى الذى العظم 53a34
SINE بعدم (82b21); بغير 40a31 43a25 52b18 55a35 55b32 56a14,7 57b4 66a4 *et passim*; من غير 73a6; بلا 45a29 47a21 86b30; وبغير ... بلا 89b17 sine dubitatione بمشكوك ليس 40b33 sine gravitate مؤذيا عسرا ... لا يكون 68b19 sunt sine iuvamento لا ينتفع بها 85a29
SINGULARIS مفرد 66b33 anima singularis نفس واحدة 41a34 scientia singularis المفرد 43b26,9 SINGULARE مفرد بذاته 39a9 singularis per se علم مفرد من غيره 42b36 in omni singulari من الاشياء المفردة 42b26 الجزئى
SINISTER ايسر 63a21 67a2 (88a26) 88b19 cornu sinistrum القرن الايسر 63a22 oculus sinister العين اليسرى 57a3 palpebra sinistra الحاجب الايسر 71b33 pars sinistra الناحية اليسرى 48a13 56b34 65a26 66b8,9 67a1 67b32 69b21,31 70a1-4 70b19 80a25 82a1 ren sinister الكلية اليسرى 71b28-9 72a24 ad dextrum renem ... et ad sinistrum ... و ... الى الكلية الاخرى 70a19 in dextra et in sinistra فى الناحية اليمنى والناحية اليسرى 82b10 SINISTRUM الايسر 67b34 declinat ad sinistrum هو مائل الى الناحية اليسرى 66b7 dextrum est contra sinistrum الايمن ضدّ الايسر 70b21
SINO SITUS (part.) siti ad modum serrae بعضها يدخل فى بعض 61b19 SITUS (subst.) وضع 47b1 69b32 74b15 77b34 80b20 85a3; موضع 65b18 permutavit suum situm انقلب 40a22 situs capitis وضع الرأس 64a25 situs cannae et oesophagi موضع ; 66b11 وضع القلب 76b14 situs cordis وضع العرق الخشن والمرى ء phagi وضع الثديين 65b18 situs epatis وضع الكبد 69b36 situs mamillarum (مكان) القلب 88b19 situs pulmonis وضع الرئة 64a26 situs splenis وضع الطحال 69b36 situs ventris وضع البطن 64a25
SITIO عطش 69a34 sitit multum يعطش عطشا شديدا 71a2
SIVE sive sit ... sive لا وإن كان ... وإن كان 45a7 impossibile est quod ... sive ... sive وإن لم يكن لهذا ... لا إن ... ولا إن 43b28-30 sive magnus sive parvus يمكن ان ... لا إن ... ولا إن 89b4-5 العضو طول من الحيوان فله على كلّ حال صغر
SOLEA (solid hoof) حافر 55b1,7 59a26 63a19,24,8,32 88a32 90a5-6,8,23 pars soleae حافر 55b7 habens soleas له حوافر الذى 42b30 63a1 74a2,26 77a32 88a2 89a34
SOLIDUS صامت 63b12,5
SOLUS ipse solus وحده 75a4 solus per se مفرد على حدته 54a27; مفرد بذاته 54b2 una pars sola جزء واحد 87b9 unum solum per se مفرد بذاته واحد شىء 54a34 SOLUM فقط 43b36 73a7; فقط ... مفرد 61a6 non ... nisi solum ad لا ... اكثر من 59a29 SOLUMMODO فقط 89b11 solummodo inter فقط من بين 67a32 non solummodo ... sed (etiam) ليس ... فقط بل (ايضا) 72b34-6 89b3 90a2 94a4 SOLITARIUS avis solitarius الطير المنفرد 82b6
SOMNUS نوم 45b34 53a10,7 vigilia et somnus السهر والنوم 48b5 somnus et vigilia عند وقت النوم 53a19 de (→ adn. ad loc.) 39a20 apud tempus somni النوم والنفس somno فى النوم 53a19 de somno et vigilia فى الحسّ والنوم 53a20
SONUS اصناف الدوى 57a17

SORDES وسخ 81a8
SOTULARIS ظلف 63a18,24 90a27 97b22 habent sotulares ظلفان له 90a5 animal habens (duos) sotulares الحيوان الذى له ظلفان 88b24 90a21 calcians sotulari لابس خفا 87a29
SPATULA كتف 91b28 inter spatulas ما بين الكتفين 93b1
SPERMA زرع 40a23 41b31; منى 47b13 51b14 53b12 81b35 89a11,5,17; pro *atramentum: منى 79a8,14,8 81b26; رطوبة المنى 79a1 sperma est humiditas et superfluum قوة زرعية المنى 89a9 virtus spermatis المنى رطوبة من الرطوبات وهو فضلة 51b21 sperma et lac حال طباع المنى واللبن 53b13 natura spermatis et lactis 55b24 in exitu superfluitatis humidae et spermatis لخروج الفضلة الرطبة المنى واللبن 89a6-7 ولحال النكاح والسفاد
SPERO رجا 69a20
SPINA (fish-spine) شوكة 43b17 52a5,13 53b36 55a16,9,23; (spines of sea-urchin) 55a20; الشوك التى الشوكة التى تكون فى السمك 79b30 81a8-9 spina(e) piscium شوك 44b12 membrum conveniens spinis piscium عضو ملائم لشوك السمك فى السمك 54a18-20 spina quae est in animali aquoso الشوك التى فى الحيوان المائى 52a4 ossa et spinae animalium عظام وشوك الحيوان 52a22 spinae loco ossium مكان شوك 52a14 spina (thorn) vel sagitta شوكة او سهم 54b7 SPINOSUS (spinous) العظام مشوّك 60b16, 23, 5 96b4-5, (thorny) 74a28 74b3 ; (spinous) 95b7 creatio spinosa خلقة التى تكون من شوك 96b7 creatio eorum est cartilaginosa et spinosa خلقته من غضروف وشوك 97a8
SPIRITUS روح 67a29 91b27 spiritus naturalis الروح الطباعى 69a2
SPISSUS غليظ 48a3 51b37 52a11 52b32 65b35 66a2 71a19 73b6 78a2 85b8; صفيق 52b33 valde spissus صفيق جدّا 72a10 non spissus ليس بصفيق 95b26 SPISSIOR اصفق 84a22; اغلظ اثخن 47b31 SPISSITUDO صفاقة 46a19 77b25; غلظ 68b2 73a28 non est multum spissa sicut spissitudo ليس بكثير الصفاقة مثل صفاقة 72b1
SPLEN (الطحلة) 73b32 66a28 69b26,8 70a12,5,20,30-2 70b13,8 72b9 73b34 splen valde parvus طحال صغيرا جدّا 69b29 durities splenis جساوة الطحال 70b8 situs splenis وضع الطحال 69b36 splen vaccae طحال البقر 74a1
SPONDYLE (plur.) فقار 52a15 54b13 membrum quod dicitur spondyle العضو الذى يسمى فقارا 54b12 armillae spondylium serpentum خرز فقار الحيّات 92a2 creatio spondylium خلقة الفقار 40a21 medulla spondylium مخّ الفقار 51b33,5 52a13,30; 52a17 natura spondylium طباع الفقار المخّ الذى يكون فى الفقار 55a37 transiens per omnia spondylia يجوز بجميع الفقار ويتجزأ فى خرز الفقار 51b34
SPONGIA → Index animalium s.v. nubes, spongia
SPUMA زبد 69a32 similis spumae شبيه بزبد 69a32
SQUAMA فلس 91a16; قشر 44a22 squamae فلوس 91a16; تغليس 70b16 76a30 91a18 92b11 habens squamas له تغليس 71a12,27 SQUAMOSUS animal squamosi corporis الحيوان المغلّس الجلد 58a12 animal squamosae cutis الحيوان المغلّس الجلد 64b24 squamosi corii مغلّس 57a20 non squamosae cutis ليس بمغلّس الجلد الذى

الجلد 57b11 71a21 SQUAMOSITAS تغليس 79a12 85b4
STATIM no Arabic equivalent 52b34
STERCUS زبل 75b30 (82a14) eiectio stercoris remote ذرق روثه والقاءه فى مكان بعيد 63a15
STO وقف 45a20 non stant neque natant in aqua لا يعوم ولا يأوى فى الماء 94b15 STANS قائم 89b16 STATUS revertuntur ad priorem statum يستبين ايضا 68a30
STOMACHUS معدة 75a9 78b25 81b23 84b25; العضو المعدة 79b9-10 80a7 longus stomachus معدة طويلة 78b25 stomachus parvus معدة صغيرة 79a34 a stomacho (interpret. transl.) 72b17-8
STRANGULATIO خنق 64b5-6,31
STREPO STREPENS genus animalis strepentis alchearrar جنس الحيوان الصرّار 82a18
STRINGO STRICTUS ضيّق 59b11 60a27,30 74a3 76b6 92a5 92b7 fuit strictus صار ليس بضيّق 88a17 intestinum strictum معاء اضيق 75b18,9 non strictus ضيّق الخلقة 85b19 STRICTIOR اضيق 75a35 75b8
STULTUS sermo stultorum قول اهل الجهل وقلّة المعرفة 64b19
SUB تحت 54b30,3 56a33 58a26 59b20 60a14 64a13 et passim sub uno nomine هو مجنّس 44a13 qui est sub تحت الذى 70a8 72b12 est sub illo genere باسم واحد فى ذلك الجنس 44b5
SUBASCELLARE (v. l. subacellare) إبط 58a27 73a9 apud subascellaria فيما يلى الابطى 88b22 in subascellaribus تحت الابطين 88b5 prope subascellaria تحت الابطين 88b9 88b14 SUBASCELLARIS in parte subascellari فى ناحية الابطين 88b9
SUBIECTUM موضوع 49a19,20 subiectum rei موضوع الشىء 49a15
SUBITO عاجلا 62a10 ut non exeat subito لكى لا يكون خروجه بغتة 75b21 72b6,30 73a2,*4 80a31; من ساعته
SUBMERGO illi qui submergunt se in aqua غوّاصان 59a9
SUBSICCUS جافّ 52b1
SUBSTANTIA جوهر 39a15,6; تقويم طباعه 89a27; تقويم 47a35 65a3 72a11 77a25; 40a18 41a25,7 41b32 42a19 43a2 44a23 46b1 47b25 48a16 et passim eius substantia est ex substantia جوهره من جوهر 93b6 substantiae (التى تقوّم) الجواهر 44b22 aliquid substantiae شىء من الجوهر 43a4 omnis substantia كلّ الجوهر 45a35 substantia cartilaginosa تقويم الغضروف 55a36 substantia carnosa sanguinea الجوهر الواحد الإلهى 77b28 substantia una divina التقويم اللحمى والدمى 44b25 substantiae caelestes → caelestis substantia naturae تقويم الطباع 78a32 substantia piscis جوهر السمك 95b20 SUBSTANTIALIS diffinitio substantialis الكلمة الخاصّة للجوهر 85b16
SUBTILIO subtiliamus in eo in نلطّفه فى 92a16 SUBTILIARE a subtiliando in consideratione من لطف النظر فى 42a25 SUBTILIS دقيق 50b14 60b8 62b8; لطيف 48a9 52b33 57b23 66a28 94a9 illud quod est subtile الدقيق 51a17 valde subtilis لطيف جدّا 56b31 SUBTILIOR ارقّ 50b23; الطف 48a8,19 56b3; ارقّ والطف 47b31;

## INDEX LATINO-ARABUS

قد قلنا فى ... قولا SUBTILITER iam locuti sumus de ... subtiliter الِبّ 50b24
لطيفا 53a19 SUBTILITAS لطف 50b21 76a36 86a11; لطف الراى 42a27 in subtilitate اذا كان لطيفا 51a16

SUCCEDO succedunt sibi متتابعة 71b18 sibi continuantur succedendo متّصلة متتابعة 72b7 SUCCESSIVUS continuus successivus متّصل متتابع 43b18 80b25

SUDOR عرق 68b4 id quod dicitur sudor ندى وهو الذى يسمّى عرقا 68b4 sudor sanguineus عرق دمى 68b6

SUFFICIO ei sufficit de نكتفى بقولنا 69a1 sufficit nobis dicere quod هو قوى على 68b29-30 (89a13) sufficit nobis quod diximus de قد اكتفينا بما ذكرنا عن 50b11 sufficit nobis hoc quod diximus in قد اكتفينا بقولنا الذى قلنا فى 46a1-2 sufficit nobis quod diximus in hoc اكتفينا بما قلنا من ذلك 92b2 non sufficit dicere لا يكتفى بقول القائل 40b22; لا نكتفى بذكر 45a34 non sufficit ... dicere tantum لا يذكر ... فقط 45a31-2 non sufficiunt in abscisione cibi لا تقطع الطعام قطعا فيه كفاية 79a36 sufficit (pro manifestum est) بيّن واضح 40b32 SUFFICIENS elevatur ... elevatione sufficienti يقوّم ... تقويما فيه كفاية 85b25-6

SUGO استخرج 74a15; مصّ 81b10

SUM عرض 77b28; بقى 72b15; خُلق 73a32; صار 45b17 46b26 62a12 et passim; كان من 72b29; يوجد 82a12 est ante صار قبل 78b35 est كان 39b29 et passim; صار 41b29 est ... in يكون من 56a37-b1; يوجد حول 72a12 est ex صار حول 66a5 هو محتبس فى 46a31; كينونته تكون فى 39a8-9,25; كان ... فى 71a22 78a5; فى in eo sunt موجود ... فيه 79a36 in ... est multa pinguedo كان كثير الشحم 72a20 est ad (c. ger.) خلقته لحال 70a22,7 est ad ipsum منتهى ... اليه 41b24-5 est ... essentialiter كان ... من ذاته 49a7 est de natura (c. gen.) شبيه بطباع 55a20 est propter لـ خلقته 70b23-4 est sicut وضع ... بعد 74a9 est كان ... 74a11; بعد post كون 40a3 et est وهو 66b33 79a3 88a24 et est quod 70a13 quod est طباع ... مثل 40a6,7 erit ei متى سيكون 40a3 erit الذى سيكون 78b19 quod erit وهو الذى (rel.) erit in medio capitis 42a11 يكون معمولا من 79b25 erit ex يكون له ... مثل sicut كيف 47b12 qualiter et quomodo erit كيف 63a25 cum sunt ما دام نابت فى وسط الراس 40a12 quantum est ... ita est بقدر ما يكون 40a11 quomodo et qualiter est كيف هو ليس ... كذلك 40a12 51a35 non est ... nisi ... يقال 67b34-5 non est ... ليس ب 77a9 si لو كان ... لـ 62b32 (→ non, neque) si esset, foret انما هو 56a13; غير hoc non foret إن لم يكن ذلك 42a15 ut sit in eo فيه ... لحال وضع 70a25 sit ... continua يهيّا ... متّصلا 43b18 (→ praeparo) illi qui sunt in opinione Anaxagorae اصحاب انقسغوراس 77a5 ESSE كينونة 45b24 debet esse يكون 39b30 maior quam debet esse هو اعظم مما ينبغى 71a18 causa essendi sanguinem calidum et humidum هذا علة كينونة الدم حارّا رطبا 67b27-8 istam causam dant in essendo يستأنف القول ... فى العلة التى من اجلها صار 56a18 FUTURUS (sit) futurum اهلى له 48b36 ESSENTIALIS 69a21 الامر الآتى *futurum (subst.) 40a5 كينونته ESSENTIA ذات 71b27 ESSENTIA 49a7,9 من ذاته ESSENTIALITER

SUMMA → ingenium

SUMO SUMPTUS erunt sumptae ex يؤدى عن 40a1-2 sumptus ab مأخوذة من 41b11
SUPER على 39a5 39b3 51a24 54b31 56b10 58b21 72a9 76b17 et passim; فوق 56a32
est super على 47b1 57a34 contextus super مع منسوج 76b21 sunt posita super ossa
يرفع ... الى فوق 59a13 habet على تركيب عظام 58b19 elevant ... sursum super
dominium super multa كان غالبا مستوليا على كثرة 63b27 → cado SUPERIOR
اعلى 51a30,3 56a12 57a29 59b25 60b28-9 65b19 72b22-3 dentes superiores
64a2 74b1 91b الفك الاعلى mandibula superior 79a36 الاسنان التى فى الناحية العليا
6,15,25 membra superiora الاعضاء العليا 47b34; الاعضاء التى فى اعلى الجسد 48a11;
الشفر التى تكون فى 91a20; الشفر الاعلى palpebra superior 83b21 الاعضاء التى فوق
69b20 الناحية العليا 91a27; الجزء الاعلى 97b18 pars superior الناحية العليا
86b6-10; 86b13 a superiori parte من فوق 91b11-2 ad partem ما يلى الناحية العليا
superiorem من الناحية، فى 63b34 68b27-8 in parte superiori الى الناحية العليا
فيما يلى الناحية العليا 57b14 63b36 65a24 79a8 80b14 84b24 89b26 96b34; العليا
88b26 venter superior البطن الاعلى 75b18,28,35 SUPERIUS آنفا 79b16 (86b10);
79b8 (80a12); فوق 91a29,31; فيما سلف 46a11 73b13 75a24 76b15 78a33 79a23 اولا
فى الناحية 79b6 84b6 85b32 88b35; فيما سلف من قولنا 45a4 46a4,8 68b32 72a13;
كما قلنا فيما سلف 48a20; كما قلنا آنفا 75a15 83b21 sicut diximus superius العليا
40a13 51a9 59b22 61b16 62a19 64b32 65b31 66b11 et passim iam diximus superius quod فيما سلف ان 67b18 a superiori من فوق 91b9 ad superius الى فوق
الى ما يلى الناحية 71b34 87b14; الى الناحية العليا 53a5; الى المكان الاعلى 71b33;
56a33 76a4 فوق SUPRA 57a13 فى الناحية العليا 71b31 in superiori (c. gen.) العليا
96a29-30 ما يكون فوق 86a13,5 quod erit supra
SUPERCILIUM حاجب 58b14,9
SUPERFLUUS من فضلة 72b29 SUPERFLUE natura nihil facit superflue لا الطباع
لا يصنع شيئا باطلا ولا 94a15 natura nihil fecit superflue الطباع لا يصنع شيئا فضلا
61b23-4 SUPERFLUUM فضل 73b7,24 77a16; فضلة 72b29 74a17 75b35 فضلا
89a9; تنقية 77a26; فضلة تنقية 77a30 quasi superfluum مثل فضلة 71b23 superfluum humidi فضلة الرطوبة 71b2 superfluum salsum فضلة مالحة 76a34 exitus
superflui خروج الفضلة 75b13 SUPERFLUITAS فضل 42b7 47b27 49a25 53b10
56a24 65b24 70b5; فضلة 40b14 49a25 50a22 52a21 55b31 70a31 71a8,23 74a17
52b1 فضلة من الفضول 79a15; الفضلة الرطبة 76a34; فضلة الرطوبة 77b2,8 et passim;
80a9 فضلة الطعام 71a13 superfluitas cibi فضلة الماء superfluitas aquae (89a13)
superfluitas humidi فضلة الرطوبة 68b3-4 70a22 70b6 71b19 superfluitas humiditatis 70b5 superfluitas cerebri فضلة الدماغ 53a1 superfluitas فضل الرطوبة والندى
tas cibi فضلة البطن 75a19; فضل الغذاء 53b10-1 superfluitas corporis فضلة اجساد
70b11 superfluitas ventris فضل البطن 64b16; الفضلة التى تخرج من المعاء الذى يلى
الفضلة 89a4,6 superfluitas sicca الفضلة الرطبة 79a2 superfluitas humida البطن
75b20 superfluitas valde sicca نداها قد نشف جدا الفضلة جافة جدا 89a4 اليابسة superfluitas quae aggregatur in vesica الفضلة تجتمع فى المثانة 70b24-5 superfluitas ventris et vesicae الفضلة التى تكون من البطن والفضلة التى تكون من المثانة

70a31-2 complexio superfluitatis مزاج الفضلة 77a27 exitus superfluitatis مخرج الفضلة 80a25 superfluitatis locus مكان للفضلة 55b33 locus exitus superfluitatis 75b9-10; موضع مخرج الفضلة 93b19; مكان خروج الفضلة 78b27; مكان مخرج الفضلة 79b1-2 80a11 82a14 84b26 موضع خروج الفضلة
SURSUM الى فوق 52b36 elevant ... sursum super الى فوق ... يرفع 59a13
SUSTENTOR يقوّم من 47b23 sustentatur ex 53a7 sustentatur ab يكون له تقويم ب 85b22 sustentatur لتقوّم اجسادها ب 78b32 ut sustentantur per 65b6 مقوّم من 51b22 sustentatus ex مقوّم من 52b9 SUSTENTATUS مقوّم 88a9 يتوكّا على super
SUSTENTAMENTUM سند 55a11,22,5 magnum sustentamentum سند عظيم يسنده 55a10 quattuor sustentamenta اربعة اسناد 89b15 sustentamentum ad portandum سند لحمل 59a28 ad sustentamentum مثل سند 66b20 95a11 SUSTENTATIO تقويم 39b15 46a8 46b8,25,31 68a9,13; جمود وتقويم 54b10
SUSTINEO قوّم 40b16
SUTURA خياطة 53a37 53b1 67a6 suturae quae sunt in testa capitis الخياطات التى فى قحف الرأس 58b4
SUUS ـه 39a5 39b25 40a9 et passim; بعينه 57a1

TAEDA taeda pinus خشبة الصنوبر 49a23 taeda pini خشب الصنوبر 49a28
TALIS هذا 61b12; مثله 79a22; مثل هذا 40a23 49a20 51b7 54a22 61a13,6 63b36 73a9,15 73b6 et passim; مثل هذه الحال 48a10 50b28 (est) talis (الذى) يكون على مثل هذه الحال 41a25 cum fuerit tale هو مثل هذا 40b31 52b2 96b20 qui est talis على مثل هذه الحال 54a18 talis ... quod اذا كانت هذه حاله بقدر ما 61a22 89a28 est talis creationis بقدر هذه الخلقة 85a4 talis dispositionis الذى هذه حاله 51a29; على مثل هذه الحال 56b10 60a4 60b17 79a22 80b13,20 83b2 93b14 97b14 in talibus فى مثل هذه الحال 49a18 talis est medulla مثل هذا المخ يكون مخ 51b32 habet tale accidens يلقى مثل هذا 50b28 in tali animali فى كلّ حيوان دمى (interpr.) 65b11 TALE مثل هذه الآنة 73a26

TAM tam diu quod حينا بقدر ما 60b21
TAMEN و 39a22 66a25 72b31; ولكن 41b30 et tamen ليس 82a36 non tamen ولكن 46b11 65a32 78b30; غير ان 40b35 sed tamen
TANGO اذا دغدغ احد 73a4 71b35 cum quis tetigerit ماسّ 48b15 49a16 86b16; مسّ si tangatur اذا مسّه احد 50b5-6 quicquid tangitur ab eo كلّ ما يماسّه 85b7 illud quod tangitur ab eo secundum appropinquationem منه ما يمسّه ويدنو 48b13 TACTUS حسّ 49a8; حسّ اللمس 52a35 55b1; حسّ المسّ 78b28 sensus tactus 47a15; الحسّ الذى يكون بالمسّ 48b31,3 51b4 60a21; حسّ من المسّ 52b4; حسّ الاشياء التى تحسّ بالمسّ 56a30 60a13;
TANTUM فقط 41a20 43b36 52a14 61b16,33 63b13 71a1 77b6 82b11 83a13 85a5 88b5-6 90a5 91a31; no Arabic equivalent 50b14 tantum et nihil aliud فقط 59a28 habens dentes in mandibula inferiori tantum ليس له اسنان فى الفكّ الاعلى والفك 51b31-2 non ... tantum sed ليس ... فقط بل (ايضا) 56b29 63b6 70a17-8 الاسفل

40a24 non ... tantum sed etiam ايضا... ولكن فقط... ليس 71a3-4 83b29 87b31; ليس ... فقط ... بل ايضا ... 44a35 56b7-8 64b1 66a19-20 74a4-5 85a28-9; ... 46a29-30 non propter ... tantum sed ut فقط ... لكن ... ايضا ليس لحال 52a16; لا ليس ... غير ... انّما ... فقط 70a16; 96b27-8 non ... nisi ... tantum بل لان ( ليس ) ... الّا فقط 66a3 71a20 88a33-4 tantum quod بقدر ما 77a1-2 tantum indigemus ad sermocinandum in هذا القول الذى يحتاج اليه من ذكر 50b14 tantum valet dicere ... quantum dicere quod شبيه بقول ... ان هذا القول اعنى قول الذين يزعمون ان 52b13 القائل ان

TARDUS بطىء 48b20 57b17 TARDIOR ابطأ من 48b34-5 TARDE بطيئا 53a34 TARDITAS ابطاء 82a37 85a8 (91b21) اناة وابطاء 59a32; ابطاء TARDATIO

TEGULA لبن 46a27

TELA حجاب 81a34; صفاق 52b30 55b17 57a30 57b16 73b4,9 77b14,25,36 80a13 81b17 82b20; صفاقة (73b9) natura telae طباع الصفاق 73b6 tela parietis صفاق 73a4 ناحية الجلد الذى يلى الحجاب 59b16 membrum quod vicinatur telae الحجاب صفاقى 83b21 quasi tela هو فى صفاق 77b24 est in tela يصير ... صفاقيا est tela 69a34 magis similis telae الصفاق 72b25 quodlibet eorum per se in una tela كلّ واحد منها فى صفاق على حدته 80a13

TEMPEROR اعتدل 52b17 TEMPERATUS معتدل 52b28 52b35 67a3 86a9,13 86b7

TEMPLUM هيكل 45a20 (2x)

TEMPUS زمان 76a3 80b3; وقت 79b19 per tempus بالزمان 40a25 tempore (c. gen.) فى وقت 93b23 in tempore (c. gen.) لمّا كان زمان 42a28; فى وقت 94a22-3 in temporibus anni فى ازمان السنة 80a28 in temporibus iracundiae فى اوقات الغضب 51a2 in alio tempore فى زمان آخر 41b19 in maiori parte temporis اكثر الزمان 69a11 longo tempore حينا طويلا 73a30; حينا كثيرا 59a10 89b20 96a19 96b21; زمانا كثيرا 68a28 69a35 74b27 75a7 in longo tempore فى زمان اكثر 75a29 modico tempore حينا يسيرا 82b31 parvo tempore حينا يسيرا 60b18 quolibet tempore فى كلّ حين 95a8 post magnum tempus بعد زمان كثير 53a34

TENAX non tenax قحل 46b22

TENDO quod tendit ad الذى مصيره الى 42a1

TENEO quantumcumque tenet كلّ ما يمسك 87b19 retinere id quod tenet ضبط وامساك ما يمسك 62b3

TENUIS دقيق 79a23 96b13 97b17; دقيق الطباع 96b33; رقيق 72b33 73b7 76a13 est tenuis corii رقيق الجلد 57b2 valde tenuis رقيق جدًّا 57a34 quia corium eius est tenue valde رقة الجلد 73a7 TENUIOR ارقّ 72b25 TENUITAS tenuitas et gracilitas ipsius دقّته 85b13

(*TEREBRA) منقب (no Latin equivalent) 52b14

TERMINUS تمام 75a35; غاية 73a33 terminus communis inter حدّ ... فيما بين خدّان (حدّان) = (maxillae) بالطرف 61a5 duo termini = مشترك 63a27 in termino 59b5

TERRA ارض 40b10,1,23 41a10 43b6 46a13 47a11 et passim; برّ 79a11 facies terrae

## INDEX LATINO-ARABUS 431

وجه الارض 96a8 natura terrae قوة الارض 78a13 a terra عن الاعراض 83a32,5 88a11 declinat(io) ad terram ميل الى الارض 86a32-3 95a7 ex parte terrae من الارض 49a32 in terra فى الارض 78a12; 96b21 فى اليبس 96a18-9 in terra Nivia بارض لوبية 55a9 mansio eius est (est manens) in terra فى ماواه فى الارض 57b24,8; 93a2 fixus الذى يأوى فى البرّ 94b15 manens in terra ماواه فى البرّ super terram ثابت على الارض 94a17 mansio eius est super terram ماواه على الارض 94a7 repet super terram تماسّ الارض وتدبّ عليها 86b31 prope terram فى قرب البرّ 79a11; الذى يقرب من البرّ 84a5 versus terram مما يلى الارض 86b32 ad cavandum terram يحفر الارض لانه 62b14 TERRESTRIS ارضى 50b17 51a1,28 54 a30 55b12 57b24 63b29 79a17 terrestris naturae الطباع ارضى 50b33-4 51a34 arbores terrestres الشجر الارضى 81a21 corpus terrestre (الجسدانى) الجسد الارضى 63b24-5 pars terrestris الجزء الارضى 51a6,30 53a23 54a12 55a26 63b34 64a9 74b5 79a21 79b32 86b29 90a7 94a23-4 97a8 pars terrestris valde جدّا الجزء الارضى 79a20 non est terrestris ليس بارضى 51a35-6 TERRESTRE لحم (= caro) 54a4
TESTA جلد 54a2 *et passim*; خزف 54a7 79b22,4 84b18; خزفة 79b25; قحف 58b4 propter mollitiem suae testae لحال لين خزفه 71a32 (animal) mollis testae الحيوان اللين الخزف (الحيوان) 54a1 61a13 78a27 78b9,24 79a31 79b7 83b25 84b18,31 (animal) durae testae الخزفى الجلد (الحيوان) 54a2 78a30 78b11,22 79b2,13,5,30,5 80a5,30 81b12,20 83b4,18 84b16-7,35 85a5,8; الصنف الخزفى الجلد 84b16 animalia mollis testae et durae testae الحيوان اللين الخزف والخزفى الجلد 85b27-8 non est durae testae ليس هو خزفى الجلد 81a36 natura mollis testae et durae testae طباع الحيوان اللين *والحيوان الخزفى الجلد 79b31 testa circumdat ipsum به يحيط المحيط 79b29 corpus eius continetur in testa spissa يثقب خزف 71a19 perforat testas بجسدها خزفى صفيق 61a22 testa capitis قحف الرأس 62b18-9 quod vicinatur testae capitis ما يلى قحف عظم الرأس 53a37 TESTEUS animalia testei corii الحيوان الخزفى الجلد 61a17,21
TESTICULUS testiculi خصى 97a10 habent duos testiculos انثيان ... لـ 95a26
TESTIMONIUM testimonium ad hoc est quod ذكرنا الشاهد لنا على ما 66a22
TIMEO جزع 79a26; فزع 79a6 82b26; اتّقى 69a20 TIMIDUS جزوع 67a15 TIMOROSUS valde timorosus جزوع جدّا 92a22 TIMOR جزع 92a23; جزع وفزع 50b27 67a17 *(inv.)* in quibus manifestatur timor الفزع ... و الذى جزعه بيّن 67a22 est maioris timoris (من) هو يكون اكثر جزعا من الجزع 50b27, 30 ex timore 79a14 propter timorem لحال الجزع 79a13,28; لفزعه وجزعه 50b31
TITILLATIO دغدغة 73a3; تدغدغ 73a7,9
TORQUEO torquent per illos pedes يرمح بتلك الرجلين 90a20
TOTUS جميع 40b14 50a25,30 56b26 68a5 68b15 80b31; كلّ 41b9 45b36 46b13 50a 18 51a14 51b3 58a28 67b21 68a5,20-1 secundum totam dispositionem على كلّ حال 61a5 totum corpus كلّ الجسد 78b32 85b21; الجسد كلّه 66a26 ad totam arborem 54a27-8 TOTUM كلّ 40b7 له جساوة 50a26 totum est durum الى بقية الشجر 42a12 42b25 47b18 56a12 pars ex toto جزء من الكلّ 41b15 communicant cum toto

in nomine ينبغى لنا ان تشارك كليتها بالاسم 55b21 narrabimus in quantum totum نصف كليّته 40b26

TRACHEA membrum quod dicitur trachea العضو الذى يسمّى حنجرة 64a16 creatio tracheae خلقة الحنجرة 64a17

TRANSEO transit in باد ; 89b23 76a30 64a2 52a12 51b10 فنى فى ;90a7 صار الى مال الى ;64a9 نفد فى ;51b15 فنى وذهب فى ;94a10 صار الى وفنى فى ;88b4 وفنى فى الذى كان يصير 97a9 qui transibat in مال الى وفنى فى ;71a14 مال فى ;94b19 الى 89b31 iam qui transibat in ... transit in مال الى ... الذى كان يصير الى 94b18 الذى كان يؤدّى الى 64a2 qui transivit in قد فنى وصار الـى 76a35 transivit in transivit in corium فى الجلد 55a26 transit pluma in eis in grossitudinem corii غلظ الجلد 65b32 مرّ ب 57b8-9 transit per هو *يفنى بنشوء ريشه فى غلظ الجلد ليس يظهر مارّ ب 66a30 68a28 72b5 78a15 TRANSIRE non videtur transire per 65b16 TRANSIENS نافذ 52a19 transiens per omnia spondylia يجوز بجميع الفقار 51b34 ويتجزأ فى خرز الفقار

TRANSFEROR transfertur ab ... ad ينتقل من ... الى 81a12-3 transferuntur a suis locis منتقل من بلد الى امكانه 80b3 transferuntur de una regione ad aliam ينتقل من امكانه الى بلد 94a5

TRANSGLUTIO apud transglutionem عند الابتلاع (64b34) 90b31 91a1

TRANSUMPTIVUS modo transumptivo بنوع الاستعارة 39b24 TRANSUMPTIVE باستعارة الاسم 62b25

TRAULUS الثغ 60a26

TRES ثلاثة 41a32 42a21-2 46a12 56a31 57a9 66b21,33 80b23-4 95a19 erit animal trium dierum 42a7 45 الثالث TERTIUS omnis ← 65a35 كان الحيوان ابن ثلاثة ايام b32 46a22 46b9 55b36 70a30 86a11 TRIANGULUS figura trianguli شكل المثلّث 43a30

TRUTINA quasi una trutina كانه ميزان واحد 57a10

TUMESCO bene potest inflari et tumescere قوى على ان يرم ويرتفع (inv.) 69a27-8 انتفاخ ventris tumor (89a1) تورّم ;(91a1) انتفاخ TUMOR (75b8) متورّم TUMIDUS*) 55a2 البطن وتورّمه

TUNC سخنت اذا 48b35; no Arabic equivalent 56a13,22 65a28 66a17 80a33 et tunc 49b27 si (autem) ... واذا كان ... على مثل تلك الحال 75b20 80b31; و 45a20; فان tunc ف ... إن كان 42b17; ف ... فاما اذا 70b11 ubi ... tunc ف ... حيث 83a22-3 prohiberent tunc كانا باضطرار يصيران مانعين ل 88a30-1

TURBIDUS كدر 52b33 TURBIDIOR اكدر 47b32 TURBIDITAS in turbiditate اذا كان كدرا 51a16

TUSSIS سعال 64b31


UBI حيث 41a11 43a36 65a15 65b14 79a3 85a25,7 88b29; الذى فيه 86a14 ubi ... ibi حيثما ... هناك 58b4-5,21-2 ubi ... tunc ف ... حيث 83a22-3 (ubicumque كان 77b7)

INDEX LATINO-ARABUS 433

ULLUS neque ullus ليس لشىء من، ولا 89b6 97a10 non ... ulla operatio ex operationibus لم ..شىء منها 45a23 non ... ullum eorum عملا من عمل ... لا 58b23 non ... ullum modum iuvamenti صنفا من اصناف المعونة ... لم 63a2 non ... ullo شىء من ... ليس 52b3 neque ullus ولا شىء من 54a12
ULTIMUS آخر 78a7 85a20; اخير 43b35 44a3 46a26 51a14 76a9 ultimae differentiae اواخر اعضاء الجوف 72a15 ultima membrorum interiorum اواخر الفصول 43a22 ultimi sex pedum اواخر الستة الارجل 85a16 ULTIMUM مؤخّر 65a15 ULTIMO فى آخرة 53b10 58a13; اخيرا 77b22 quod fit ultimo ex آخر ما يكون من 66b28
UMBILICUS سرة 93b23-4
UMERUS umeri مرفقان 88a(3)14 in umeris على منكبيه 63a35 UMERALE umeralia hominis مرفقى الانسان 88a11-2
UNCUS erit cum ungue unco يكون بالمخلب 84a33 animal uncorum unguium الطائر، الطير المعقّف المخاليب 57b25 aves uncorum unguium الحيوان المعقف المخاليب 87b23 اظفار ... مخاليب ungues ... sunt unci 93a6 94a1,4,8,16 94b25
UNDA undae maris امواج البحر 85a32
UNGUIS اظفار 87b22,4 84a30; مخاليب 55b1 87b3 90a9 ungues ظفر ;62b4 مخلب 61b31 creatio unguium جنس الاظفار 53b32; المخاليب التى تكون فى ساقى الطير 88a10 90b8; خلقة الاظفار 87b22 magnitudo et fortitudo unguium عظم وقوة مخاليب 94a27 natura unguium طباع المخاليب 94a22 ungues curvi مخاليب معقّفة 94a17,20 non habent ungues curvos لا تكون مخاليبه معقّفة فى 94a17 ungues incurvati مخاليب 62b32 erit cum ungue unco يكون بالمخلب 84a33 animal uncorum unguium الحيوان المعقف المخاليب 57b25 aves uncorum unguium الطير، المعقّف المخاليب 93a6 94a1,4,8,16 94b25 ungues qui sunt in pedibus المخاليب التى تكون فى الرجلين 94a16 ungues qui sunt in cruribus (spurs) المخاليب التى تكون فى الساقين 94a13,6,26 ungues in pedibus et cruribus (talons and spurs) مخاليب فى الرجلين ومخاليب فى الساقين 94a14 UNGULA (cloven hoof) ظلف 51a32 55b1 87b3 ungulae fissae ظلفان 63a8 97b21; اظلاف 73b32 habens duas ungulas له الذى 42b29 habens ungulas fissas الذى له ظلفان 62b35 74a27 animalia habentia ungulas in duo fissas الحيوان الذى له ظلفان 86b17
UNIFORMIS UNIFORMITER ambulant uniformiter سيرها سير مستقيم 84b22
UNIVERSALIS كلّ 43b34 UNIVERSALE كلّ 42b25,6 44a26 45b26 عامّ 44b3; كلّى UNIVERSALITER بقول عامّ 43b5 44b15 47b35 61b26 66a12 66b3 69b18; بقول كلّى 69b8 70b19
UNUS واحد هو فهو 67b24 واحد ;59b24 احد 39a29 42a21-2 44a9 47a7 et passim; ليس بواحد 46b35 unum istorum احد هذين 49a22 unus solus واحد non est unus 87b9 unum solum per se شىء واحد مفرد بذاته 54a34 unus et continuus واحد ومتّصل فى ناحية 54a35 ad unam partem الى ناحية من النواحى 60b22 in una parte ... الواحد 61b24-5 83a23; ... احد ... الآخر 87b13 unus ... alius بنوع من 87a27 uno modo نوع واحد من انواع 68b22-3 70a18-9 unus modus الآخر 61b11 84b16-7 per unum بنوع ... وبنوع 79b17 uno modo ... et alio modo الانواع

modum ... per alium autem وبنوع... وبنوع من الانواع 42b6 secundum unum modum بنوع واحد 89a11 secundum unum modum ... et secundum alium modum بنوع واحد... وبنوع آخر 48b12-4 secundum unam dispositionem على حاله 87a11 quaedam in ... uno et quaedam in alio بعضه فى... وبعضه فى... آخر 42b11 in una parte et contrarium in alia فى ناحية وعلى خلاف ذلك فى باقية 80b11 ex uno من الواحد 43a23 operatio ... et ... est duplicabantur ex uno من الواحد 46b32 واحد جسد اجزاؤه تشبه بعضها عمل... و... واحدا una 70b28-9 unum corpus consimile بعضا 46b33 una partium venarum جزء من اجزاء العروق 65b33 ad unam partem الى الناحية الواحد من نواحى الجسد 70a15 non sunt unius modi لا يكون بنوع واحد 74a15-6 quodlibet eorum per se in una tela ليس على حال واحدة 73b15; كلّ واحد 85a17 habent unum culmum زوج 80a13 unum par منها فى صفاق على حدته (pro unam *valvam) له باب 83b10 UNICUS non parit nisi unicum fetum لا تلد الا واحدا فقط 88b7
UNUSQUISQUE كلّ واحد per se eorum unumquodque 70b20 47a6,32 كلّ واحد من منها بذاته 49a3
URINA via exitus urinae سبيل خروج فضلة البول 97a13
USITOR USITATUS calor usitatus جزء الحرارة المستعملة 72a8
USQUE usque ad الى 81b18 82a14 95a2
UT (adv. of manner) مثل 39b12 57b28 69b13; اعنى مثل 61b31; بقدر قول القائل مثل 49a25 (conj.) ان 50a28 53b14 et passim; لـ 39a13 41a14 48a19 54b21 59a28 62a12 et passim; لأن 89b15 96b28; لكى 39a14 50a18 52b17 53b2 56a17 57a31 58a2 63a16 et passim; لكى... 88a10 ولكى... 59a11,7 ut ... et ut 75a6; و بقدر ما 39a27; الى ان لـ... 54a35 ut ... et non... لكى... 95a12-3 ita ut لكى... و... ut ... et ut ... et ut وذلك 64b29; 54b26 55a2 54a30 52b30 لكى لا 54a24; لئلا 61b4 ut non ولكى لا عرض لا 61b21-2 necessarium est ut باضطرار 39b26 40a5 46b1,5 accidit ut لكيما لا 57a37 ut لكى يدفع ما لا يوافقه 49a4 ut non cadat super ipsum من الاعراض ان faciat opus loco operationis مكان العمل الذى يكون ب 74b22-3 → dignum etc.
UTERQUE كلّ 95a19; كلّ واحد من 51a21 54a33 66b27 in utraque mandibula فى 51b31-2 فى الفك الاعلى والفك الاسفل 75a5; فى الفكّين جميعا 75a24 76b4; الفكّين 63b36 74a24, 7, 30-2 in utraque palpebra فى الشفرين جميعا 58a21 ex utraque parte من كلا الجانبين 95a12 in utraque parte فى ناحيتين 57a3
UTOR استعمل 40a2 54a35 59a8 62a19 74b4 77a15 77b30 79a29 84a8, 29, 35 85a21 87a19 87b31 utuntur ... sicut utuntur يستعمل (مثل ما) كما... 61a26-7 utor ad لـ استعمل 90a1-2 utor in استعمل فى 83a24 87b30 88a23 utor in ... et 81a9 اذا امكن ان يستعمل 89a5-6 quando potuerit uti ... in ... utetur لـ استعمل... ولحال لكى يستعمل فى العملين 83a25-6 ut utatur ea in duabus operationibus فى... فعل 60a18 utitur ipsa in eo quod فيما يستعملها 79a10 utitur eo in multis rebus يستعملها فى لا يستعمله فى اشياء كثيرة 59a21-2 non utitur eis in alio nisi solum ad فى استعمل مكان 94b21; استعمل بدل 59a29 utitur loco (c. gen.) شىء آخر اكثر من 59a استعمال اليد مثل... يستعمل 59a2 utitur 23-4 96a18,32 utitur ... loco manus

## INDEX LATINO-ARABUS

71b1 يستعمل لحال ... ولـ ... propter utitur propter ... et ad 81b5 يستعمله كما يستعمل اليد utor sicut manu 87b31 utitur ipso sicut 58b35-6 legat libros nostros ... et utatur ومن ... فليعلم ذلك من كتبنا 74b16 UTI 46a2 التى ينبغى لنا ان نستعمل quo debemus uti 59a8 احتاج الى استعمال indiget uti potest uti 87b9 هو يقوى على استعمال potest uti in يمكن ان يستعمل فى 83a22,5 ad utendum لاستعمال 61b1,7 USUS (part.) usi sunt كانوا يستعملون 40a11 USUS 50a9 استعمال وخدمة (subst.) استعمال 50a8 59a34 65b2,4 74b9 75a18 75b5 87a12; modi usus انواع الاستعمال 87b26 dedit ei usum in ... loco illius ... صار يستعمل 61a3 لحال استعمال 83a1; لاستعمال 59a34 ad usum (c. gen.) مكان ذلك الاستعمال 39b4 هل ... او UTRUM utrum ... aut (إن ... او) 39a5 41a33-4 48b11 49a13; 48b12 utrum ... aut non لا ... ام (كان) إن 41a24 69b15

VACUUM 56b26 خال من est vacuus ab 69a25 رخو الجسد 61a18; مجوّف VACUUS 54b6 47b2 خلل VACUITAS 56b15 الذى يسمى خلاء 'illud quod vocatur 'vacuum 80b34 vacuitas et concavitas تجويف 69a16
VADO (60b20 G) صار الى، فى 50a17 83b34; ذهب الى 50a26; ادّى الى vado ad 62a10 65a18,22 68b21 75b19 77b37 78a10; انتهى الى 70a18 vado ab ... in صار من 66a6 vado فى 71b23; سلك 78a10 vado in ادّى من 64b15 vado ex ... الى 52b36 مذهبه ب 78a10; ادّى ب per
VALDE جدًا 51a3 52a28, 35 53a27, 30 et passim; شديد 44a22 est valde pinguis 51b28 يكون دسما شبيها بالشحم est valde rarus 68b7 valde durus صار سخيفا يجسو جساوة اكثر 82b26-7; يكون جسده جاسيا 53b34 efficitur valde durum 82b24 est valde gulosum et valde appetens يكون كثير الرغبة فى الطعام وشهوته رغبته فى 75a20; هو رغيب فى طلب الطعام 75b27-8 sunt valde gulosi سريعة اليه 91a2 تكثر رغبته الى الطعام 90b25; الطعام كثيرة
VALEO valet ad صلح 60b5 tantum valet dicere ... quantum dicere quod هذا القول 52b13 اعنى قول الذين يزعمون ان ... شبيه بقول القائل ان
VALLIS vallis magna الخنادق الصغار 68a28 valles parvae ما عظم من الخنادق 68a35
VAPOR بخار الغذاء 49a22 53a4 vapor caloris بخار الحرارة 53a35 vapor cibi بخار 52b36 72b17 vapor terrae بخار الارض 53a4-5
VAS وعاء 50b7 65b12 66a18 75b27 79a2 80b33 quasi vas آنية 76a34; مثل وعاء 71a23 vas membranale وعاء صفاقى 79a1 vasa sanguinis وعاء دم 50a33-4
VEL و 47a19 forte erit ... vel et passim; 40a5 41a18 43a22 49a16 50b33 52a3 او 55b31-2 لا ... ولا 49a21 non ... vel ربّما كان إمّا ... وإمّا
VELOX سريع 96b8 velocis corruptionis سريع البلى والفساد 54a14 est velox ad digerendum 74b33 VELOCIOR اسرع 56a18 88a10 96b17 causa velocioris digestionis علة سرعة وجودة الهضم والنضوج 50a12 VELOCITER moveri velociter in aere تكون له حركة سريعة فى الهواء 97b25-6 VELOCITAS سرعة 63a3,10

VENA (vein) عرق 45a30 47b4,17,9 50a29 50b8 54b2 56b17 65b14,31 66a7,30 67 b31ff. et passim; (bronchial tube) وريد 64a28, (windpipe) 68b20 vena aspera (windpipe) الوريد الخشن 64a36 vena magna (great Blood-vessel) العرق العظيم العرق الكبير 67b9,15 68a1-2 68b20 70a12,4,8 71b19; 66b26: العرق الذى يسمّى عظيما 71b12; الوريد الخشن (windpipe = vena aspera) 64b3,10,20; العرق الخشن 64b5 67b8 vena maior (great Blood-vessel) العرق العظيم 52b29 72b5 78a1,3 venae quae exeunt a vena magna العروق التى تخرج من العروق العظيم 70a16 vena valde gracilis عرق دقيق جدّا 77a22 vena parva عرق صغير 68a34 68b9 76b28 duae venae عرقان 52b28 66b27 67b16 70a18 creatio venarum خلقة العروق 67b18 dispositio venarum غاية وتمام العروق 68b28-9 finis venarum كيف حال معرفة العروق 58b21 genus venarum جنس العروق 65b17 longitudo venarum طول العروق 58b22 multitudo venarum كثرة العروق 66b13 natura venarum طباع العروق 54a32 orificia venarum جزء من اجزاء العروق 65b33 una partium venarum افواه العروق 68b5 principium venarum اوّل العروق 65b27-8 66b25,8 47b5 54b11 66a1; ابتداء العروق termini venarum غايات العروق 73a33 viae venarum سبل من عروق 47b1-2 vadit per venas يؤدى بالعروق 78a10; مذهبه بالعروق 52b36 animal gracilium venarum الحيوان العظيم العروق 67a31 animal magnarum venarum الحيوان الصغير العروق 67a30 plenus venis مملوء عروقا 78a1 dividuntur venae per totum corpus تنقسم العروق فى كلّ الجسد 67b20-1 68a5 de venis 67b15; ذكر العروق عن حال العروق 68b30
VENIO venio ad اتى الى 66a7; ادّى الى 68a16 sicut venit كما جاء 41b20 per quod venit يصير اليه من 72b22 VENIENS veniens ad ipsum ex الذى من اجله يكون 53a12
VENOR VENATOR مَن يطالبه 63a16 VENATIO صيد 94b25; صيد وامساك (93a3) animal forte vivens ex venatione الحيوان قويا يعيش من صيده بقهر وشدّة 55a12
VENTER بطن 50a17,23-4 53b11 55a2 60b20 62a10-1 64a21,31 64b11-5 65a22 et passim; (= ventriculus cordis) 66b21-35; (four chambers of stomach in ruminants) 74b11-6 duo membra similia ventribus عضوان يشبهان البطون 78b30 unus venter بطن واحد 76b4 duo ventres (= ventriculi) بطنان 66b22 76a8 tres ventres (= ventriculi) ثلاثة بطون 66b21 venter scilicet profunditas بطن اعنى عمق 40b13 venter qui dicitur graece hahinoz البطن الذى يسمّى باليونانية اخينوس 76a17 venter divisus in multas partes بطن مجزّأ باجزاء كثيرة 80a8 venter primus البطن الاوّل 74b11 venter secundus البطن الثانى 74b12 venter tertius البطن الثالث 74b13 venter ultimus البطن الاخير 74b13 76a9 venter quartus البطن الرابع 76a9 venter parvus بطن صغير 75a24 venter superior et inferior البطن الاعلى والاسفل 50a13 75b18-9, 28-30,35 natura ventris inferioris طباع البطن الاسفل 76b18 venter cameli بطن الجمل 74a33 74b6 venter canis بطن الكلب 75a27, 9, 36 venter porci بطن الخنزير 75a27 calidi ventris سخن البطن 70a33 desiccatio ventris جفاف ويبس البطن 70b7-8 dispositio ventris حال البطن 76a22-3 80b27 faex ventris ثفل البطن 77b8 patior fluxum ventris سهل بطنه 79a26 longitudo ventris طول البطن 88b19

## INDEX LATINO-ARABUS 437

magnitudo ventrium عظم بطون 75b3 ad medium ventris الى وسط البطن 95a2 ex medio ventris من وسط البطن 77b18,34 in medio ventris مما يلى وسط البطن 88b1 membra ventris ما يلى البطن من الاعضاء 78b27 natura ventris قوة البطن 78a13 numerus ventrium عدّة البطون 80b5 ad partem ventris الى ناحية البطن 81b23 residuum ventris سائر البطن 77b19 situs ventris وضع البطن 64a25 superfluitas ventris الفضلة التى تخرج من المعاء 70a31; الفضلة التى تكون من البطن 64b16; فضل البطن 79a2 tumor ventris انتفاخ البطن وتورّمه 55a2 virtus et calor ventris الذى يلى البطن 74b28-9 vulnera quae sunt in ventre القروح التى تكون فى البطن 64b18 habet unum ventrem ... لـ بطن واحد 74a24-5 76a7,12-3 76b4 animal multorum ventrium الحيوان الكثير البطون 76a8 habet (habens) multos ventres ... لـ بطون شتّى (كثيرة) 74a29 74b7 76a17 80a9 animalia habentia unum ventrem et habentia multos ventres الحيوان الذى له بطن واحد والحيوان الذى له بطون كثيرة 77b17 habent ventrem post os له بطن بعد الفم 82a16 moventur super ventrem فيما يلى البطن 88b16 est in ventre يسير على بطنه ويدبّ 39b3
VENTRICULUS (venter *pro* ventriculus 66b21-2, 32, 34-5) dividitur cor in ventriculos ينقسم القلب فى البطون 69b23 animal magnorum ventriculorum الحيوان العظيم البطون 67a30 animal parvorum ventriculorum الحيوان الصغير البطون 67a31 in parte sinistra (*pro* ventriculo -o) فى البطن الايسر 67b2
VENTUS ex vento adveniente illi من قبل الريح التى تعرض له 89a30 VENTOSITAS الاوجاع التى تتولّد من الرياح 72a33 72b4 dolores quae accidunt ex ventositate ريح 72a32
VER vere (فى) الربيع 80a28
VERBUM suum verbum كلامه 73a21 verbi gratia كقول القائل 42b8; كقولنا 43b32; كقولنا 44a24 47b19 verbi gratia quod كقولنا ان 47b30 verbi gratia quia كقولنا 41b3 50a8 verbi gratia quoniam كقولنا ان 43a28 45a13; كقولنا 42a8; ان 73a13 VERIFICO VERIFICARE nos debemus verificare ينبغى لنا ان نحقّق 39a14 VERUS حقيق 40b36 VERUM secundum verum بالحقيقة 39a14 VERE على مثل ذلك بالحقيقة 40b35 41a20; يقينا 80a1 89a16 96b14 VERO فـ 40b17 51a10 62a21 65a15; بحقّ 81a13; 48a25 68b14 58b15 96b7; و (و) اما... فـ 78a12 94b8; فاما... فـ 54b33-4 VERITAS حقّ 42a18 73b25 et ... vero و 42b6 vero ... autem اما... واما 52a27 contra veritatem بخلاف الحقّ veritas contradicit illis الحقّ على خلاف ظنّهم 39a15 secundum modum veritatis بنوع الحقّ 49b20
VERSIFICATOR Homerus versificator اوميرس الشاعر 73a15 versificatores اصحاب وزن الشعر 60a7
VERSUS (*prep.*) versus partem dorsi مما يلى ناحية الظهر 79a4 versus principium مما يلى ما اوائلها 86b32 85a1 versus terram مما يلى الارض
VERTO vertunt caput ad posterius تحوّل رؤوسها خلف 92a5
VESICA مثانة 47b29 53b11 55b16 64b14-5 70a22 70b33-4 71a9, 22, 31 71b16, 24 76a29 78b1 non habet vesicam ليس له مثانة 79a19 97a13 habens vesicam له مثانة 70b2 70b17 76a34 carens vesica الذى لا مثانة له 76b6; الذى ليس له مثانة

natura vesicae طباع المثانة 70b29 operatio vesicae عمل المثانة 70b27-8 superfluitas vesicae الفضلة التى تكون من المثانة 70a32 superfluitas quae aggregatur in vesica الفضلة التى تجتمع فى المثانة 70b24-5
VIA مذهب 89b12; سبيل 50a15 56b18 59b3 64b11-2 68b2-3 68b16-7 71b24-5 72b6 91a14 97a11 duae viae سبيلان 71b16-7 via procedens ab (ex) ... ad السبيل الأخذ من 53a32 viae الى المذهب الذى هو فهو 71b12, 27 secundum eandem viam الى ... 57a18,21 viae nasi سبل مناخير 59b1-2 via oculorum سبل البصر auditus سبيل سمع 57a18,21 viae olfactus سبل المشمّة 59b12 via exitus urinae سبيل خروج فضلة البول 56b17 97 a13 viae venarum سبل من عروق 47b1-2 motus naturalis debet facere viam omnium membrorum ad superius ينبغى ان يطرق للحركة الطباعية ويصير جميع الاعضاء الى ما يلى الناحية العليا 71b30-1

VICINOR ولى 45a1 53a29,34,7 55a1 57b13 67b7 72b35 73a4,9 75a34-5 77b29 85b 33 97b19 in eo quod vicinatur (c. dat.) فيما يلى 67b11 75b24

VIDEO بصر 83a28; رأى 41b22; عاين 39a13 videt a remotis يبصر من بعد 57b24 videt a loco remoto يبصر بصرا ضعيفا 57b26 vident debiliter ينظر من موضع بعيد 57b36 secundum quod vidimus بقدر ما عاينّا 66b18 VIDEOR ظهر 57a1 65b16 39b14 videtur quod ان 40b31; يشبه ان 66a20 يظهر ان 70b33 77a12; videtur nobis quod يظهر لنا ان 54b10 videntur sicut unum هو شبيه ان 48a35; يظنّ مثل واحد 69b17 non videtur in ليس يظهر فى 60b15 VIDERE videre quod est ad anterius تقدّم وبصر ما بين يديه 56b30-1 VIDENS plures videntes كثير ممّن يعاينه 61a1 VISUS (part.) ظاهر 45a5 VISUS (subst.) بصر 48a19 58a2, 4, 7 91a12; بصر 57b24,29 91a acutus visus حدّة البصر 56b1 habens visum الذى له بصر 57a31 العين 25,6 acuti visus valde حادّ البصر جدّاً 57b26 non esset acuti visus لم تكن حادّة 57a33 non vident visu acuto لا يبصر بصرا حادّاً 83a28 acumen visus حدّة البصر 57a34 sensus visus حسّ البصر 53b25 56a32-7 56b1 57a3 instrumentum sensus visus آلة حسّ البصر 57b23 depuratio visus صفاء وحدّة البصر 53b25 manifestum (est) visui ظاهر للمعاينة 52b4 69b32; هو بيّن لكلّ من عاينه 64b12 (hoc) est manifestum visui نعاين لانّا ظاهر بيّن ذلك 88a1; ذلك بيّن من قبل المعاينة 56a31; 85b24 non manifestatur visui (pro bene) حَسَناً 83a29 هو يظهر بالمعاينة لا يستبين

VIGILIA سهر 45b34 48b5; نفس (= anima) → somnus

VIGORO VIGORARE ad vigorandum لحال القوة 55b10 ad vigorandum et iuvandum للتقوية والمنفعة والمعونة 55b5 VIGOR قوة 59b10 61a22 61b2, 17, 20, 5 62a14,21 62b29 63a1,32 64a8 83a13,8 84a28 93b12 94a10; معونة وقوة 62a26 62b32 vigor eius est aequalis تكون بشدّتها مساوية لـ 87b16 habet vigorem cum يقوى بـ 83a19 unus modus vigoris نوع واحد من انواع القوة 87a27 multi modi vigoris انواع 62b32-3 alii modi vigoris كثيرة من انواع القوة 87a31 اصناف أخر من اصناف القوة propter vigorem sicut arma لتكون قوتها مثل قوة السلاح 55b12 propter vigorem لحال المعونة والقوة (inv.) 78b21 85b4 propter vigorem et iuvamentum لحال القوة 61b29 62b27 84a31 membra convenientia vigori الاعضاء الموافقة للمعونة والقوة

VILIS animal vile الحيوان الحقير الذى 45a8; الحيوان الحقير الذى ليس بحسن المنظر 39a2 VILIOR 45a16 وضيع ليس بكريم

## INDEX LATINO-ARABUS 439

VINCO VINCENS vincens super غالب على 73b22
VINUM vinum nigrum الشراب الاسود 64b17
VIR رجل 48a29 53a28 VIRILIS quaelibet virga virilis كلّ عضو ذكر 89a23
VIRGA quaelibet virga virilis كلّ عضو ذكر 89a23
VIRIDIS pascuntur ex herbis viridibus يرعى الخضرة والحشيش 93a15
VIRTUS فضيلة 42a30; قوة 39a7 40a23 41a8 45b9 46a17 46b23 47a25 67b24 *et passim* magna virtus قوة شديدة وعظم فاضل 58b34 prima virtus القوة الاولى 47b5 67a4 81b28 82a2 86a14,32 una virtus قوة على حدته 46b20 quaedam virtus ... et alia قوة ... وقوة اخرى 46b24 virtus adiuvans قوة معينة 52a31 virtus coagulativa pinguedinis قوى موافقة 72a25 virtutes convenientes essentiae تقويم تعقّد الشحم 71b27 virtus linguae et labiorum قوة لسان وشفتين 82a12 virtus olfactus قوة الشمّة 57a4 virtus sensitiva قوة الحسّ 81b31,4 virtus vitae قوة الحياة 73b12 81a35 per virtutem *(c. gen.)* بقوة 83a28 per quam virtutem بايّ قوة 40b22 propter virtutem بالقوة 47a8 ex virtutibus dissimilibus من قوى لا تشبه بعضها بعضا 46b17 habet virtutem duorum فيه قوة مشتركة من كليهما 61b10 habet virtutem similem virtuti ... قوة شبيهة بقوة جدّا ... لـ 81a11
VISCOSUS لزج 46b22 52a18 60b14
VITO كره 45a15
VIVO عاش 55b33 65b26 81a16,27 82a5 vivit longo tempore يعيش حينا طويلا 73a30; يعيش حينا كثيرا 96a19 vivunt multum تبقى زمانا كثيرا 77a33 non vivit nisi in modico tempore انما يلبث حينا يسيرا 82b31 vivo ex عاش من 62b9 vivo sicut عاش مثل 81a20 VIVERE potest vivere يقوى على العيش 82b30; يقوى على 55a12 VIVENS vivens ex venatione يعيش من صيده بقحر وشدّة 96b21 VICTUS *(subst.)* طعم 82b10 VITA حياة 56a4 62b15 65b25 81a10; معاش 94a7; يعيش 93a15; *(no Arabic equivalent)* 39a21 vivunt et habent vitam ولها حياة 78b3 causa vitae علة الحياة 56a6,8 bonitas vitae جودة المعاش 81a27 longitudo vitae طول العمر وكثرة 69a12 complementum vitae غاية وتمام حياته 77a37 principium vitae قلّة العمر 77a32 modus vitae صنف الحياة 80b30 paucitas vitae تدبير 62b6; regimen vitae تدبير الحياة 55a37 65a12 ابتداء الحياة 60b33 regimen vitae eius تدبير ومعاش 65b4 82b13 91a26; معاشه وتدبير 60b32 79a11 secundum modos et regimen vitae بقدر اصناف الحياة وتدبير حياته 48b4 virtus vitae قوة 93a11 causae vitae et mortis علل الحياة والموت الحياة 73b12 81a35 longioris vitae اطول عمرا 56a16
VOCO سمّى 54a13 87b21 91b28 illud quod vocatur الذى يسمّى 56b15 VOX صوت 60a31 VOCIFERO VOCIFERARE vociferando بتصويت 60a36 VOCIFERATIO تصويت 60a34 60b4
VOLO طار 39b2 94b20-3,7; *no Arabic equivalent* 54b29 non volat لا يطير 97b16 VOLARE الطير الذى يكون مع سائر صنفه 82b6 aves quae volant in comitatu اذا ارادت ان ترتفع عنها وتطير 83a32-3 ut possent volare لكى quando volunt volare 43b1 aves طيّار 94b28 VOLANS يقوى على الطيران 95a13 in volando عند الطيران

non volantes وليس ما لم يكن من اصناف الطائر طيارا 57b7 quae non sunt volantes هو جيّد الطيران 93b16 94b24 est boni volatus طيران 57b28 VOLATUS هو طيارا 94a11 ليس بجيّد الطيران 93b27 94a4 est mali volatus ليس هو جيّد الطيران 94a6; جودة 97b17 bonitas volatus ليس بموافق للطيران 94b18 non est conveniens volatui الطيران 94a2,5

VOLO اراد 39a13,8,26 39b25 42a20 43a28 43b9 50a31 53b19 55b28 62b23 *et passim*; هم 97b29 nos volumus dicere نحن نريد ان نقول 67b20 nos modo volumus incipere dicere de نحن نهمّ ان ناخذ فى ذكر ... فيما نستأنف من قولنا 97b29 si nos voluerimus لو انا اردنا ان نصف 40b23 si vellemus narrare إن اردنا 39a24 40b27 quando voluerit narrare اذا اراد ان يصف 41a6 qui volunt bene intueri in hoc من اراد معرفة 74b15 quod voluerit cognoscere نظر فيه نظرا شافيا 78a5 qui voluerit, sicut كالذى يريد ... ما يهمّ 39a17 volumus declarare سنوضع 46a10 quod volet ما يريد 83a28 secundum quod vult كما شاء 87b2 quod volumus dicere post ما نهمّ باستئناف ذكره 61b27-8 VOLUNTAS ex voluntate من قبل الارادة 57b1 sine voluntate من غير ارادة 73a6

VOMITUS غثيان والقىء 64b13

VULNUS قرح 67b5 vulnera quae sunt in ventre القروح التى تكون فى البطن 64b18

YLE (= materia) هيولى 46a29

ZIRBUS ثرب (στέαρ) 47b13 51a20-34 51b3-5 52a10 72a5,7,12 77b29 habens zirbum الذى له ثرب 77b15 → pinguedo ZIRBOSUS zirbosus et pinguis شحمى وثربى (*inv.*) 52a7 si fuerit ex animalibus zirbosis اذا كان الحيوان مما يحمل الثرب 72a11

# INDEX ANIMALIUM PLANTARUM NOMINUM PROPRIORUM

## ANIMALIA

ACCIPITER باز ἱέραξ (hawk) 70a34

AD(D)RO خدر νάρκη (torpedo, electric ray) 95b8,12 → gidder

ALCHEARRAR genus animalis strepentis alchearrar جنس الحيوان الصرّار τὸ τεττίγων γένος (cicadae) 82a18

ALFINIDEZ اقنيداس (*اقميداس L) κνίδη (sea-nettle) 81a36

AMIE اميا ἄμια (amia, Mediterranean fish) 76b21

AMIDON اميدون ἐμύς (freshwater tortoise) 54a9 → amoz

AMOZ اموس ἐμύς (freshwater tortoise) 71a31,3 → amidon

ANIMAL MULTIPES الحيوان الكثير الارجل οἱ πολύποδες (octopuses) → animal

ANIMAL PILOSI PEDIS etc. → Index Lat.-Ar. s.v. animal; → decheonoz

APIS نحل μέλιττα (bee) 48a6 50b26 61a20 78b14,9 82b9,13 83a6,8–9 modi qui assimilantur apibus الاصناف التى تشبه النحل τὰ μελιττώδη 83a30

ARCOZ ارقس ὄρυξ (oryx, kind of antelope) 63a23,4

ARIES (ram) no Arabic or Greek equivalent 73b32

ASCAIORINI اسمورينى σμύραινα (murry, muraena Helena) 96a6

ASCAROZ اسقاروس σκάρος (parrot-fish) 75a3 → tehakariz

ASCEH استاقو ἀστακός (lobster) 84a32 → cesi

ASINUS حمار ὄνος (ass) 67a21 74a4,27 76b26 ASINA اتان 88b23 ASINUS INDICUS حمار هندى ὁ Ἰνδικὸς ὄνος (Indian ass; prob. = rhinoceros) 63a19,23–4

ASTARINOZ (v. l. ASTARNIOZ) اسطرنبوس τὰ στρομβώδη (spiral shells or the creatures in them) 79b14,6–7,27 80a22 84b16,20 85a11 (→ satirinoz) membrum quod dicitur astarinoz العضو الذى يسمّى اسطرنبوس στρόμβος (turbinate shell) 85a6 → sarcoci

ASTAROZ 81a24 → Index plantarum

ATANIZ اوطانيس (*اقطانيس G) κτείς (pecten, scallop) 79b26 → pecten

BAHA مايا* (بال s.p. L) μαῖαι (maiae, spiny spider-crabs) 84a7,10

(*BALLAENA) فالاينا* φάλαινα (whale) 69a8 → kalabe

BARCORA بورفيرى πορφύρα (purpura) 79b20; برفورى 79b14 → bokori

BATOZ باطوس βάτος (kind of ray) 95b28 *96a25 → tehabitoz

BIRITIN نيريطى νηρείτης (nerite, spiral univalve shellfish) 79b20
BOKORI برفيرى πορφύρα (purpura) 61a22 → barcora
BOLOZ يولوس ἴουλος (millepede) 82b3 → haroloriz
BONACUS (= bonasus) → vacca
BONIZ لوباس λεπάς (limpet) 80a23 → lubarez
CAMELUS جمل κάμηλος (camel) 63a4,6 74a29,32,3 74b2,5,6 76b27 77a34 89a34 CAMELA الجمل الانثى 88b23
CANCER سرطان καρκίνος (crab) 54a2 79a30,6 83b28 84a1-4,26 91b16,8,20, τὰ καρκινώδη 83b30 cancri qui dicuntur graece baha et harekiokiz السراطين التى تسمّى باليونانية *مايا والتى تسمّى *اراقليوتيقس αἵ τε μαῖαι καὶ οἱ Ἡρακλεωτικοὶ καλούμενοι καρκίνοι (the Maiae <= spiny spider crabs> and the crabs called Heracleotic) 84a7(10) cancri parvi السراطين الصغار οἱ πάμπαν μικροὶ καρκίνοι (the little tiny crabs) 84a11 modi qui assimilantur cancris الاصناف التى تشبه السراطين اناث τὰ καρκινοειδῆ (carcinoids) 84a14 feminae cancrorum اناث السراطين 84a21 capita cancrorum رؤوس السراطين 86a1
CANIS كلب κύων (dog) 39a25 43b6 58a29 74a2,25 75a27,9,36 88a6,35
CAPER عنز (معزى G) αἴξ (goat) 74b8; معزى 73b33 76b35 CAPRA عنز 88b25; معزى 43b6 CAPER MONTANUS غزال δορκάς (gazelle) 63b26 → hinnulus
CARUI فرونى φρύνη (toad) 73b31
CELETI صلاخى τὰ σελάχη (selachia, cartilaginous fishes) 55a23,37 76b2 96b5 97a7, οἱ σελαχώδεις 69b36, τὰ σελαχώδη 96b26 TALENI صلاخى τὰ σελάχη 96b3
CERVUS ايّل ἔλαφος (deer) 50b15 63a10 (v. l. G: زرافة *cervus camelopardalis giraffe) 63b12,3 67a20 77a32 mares cervorum ... feminae اناثها ... ذكورة الايّلة 62a1-2 feminae cervorum اناث الايّلة 64a3,6 CERVA ايّل 88b24
CESI استاقى ἀστακοί (astaci, smooth lobsters and river cray-fish) 83b27 → asceh
(*CICADA) → alchearrar
CIMEX بقّ (= gnat, mosquito or bed-bug) οἶστρος (gad-fly) 61a24, ζῳδάριον (minute animal) 62b9
COLOBRIA قولوثوريا ( *هولوثوريا s.p. GL) ὁλοθούρια (holothurians, seacucumber) 81a17
COLUMBA حمام περιστερά (pigeon) 57b10 70a34
CORCOZ قرقس κρέξ (crex, unknown bird) 95a22
CORVUS غراب κόραξ (καὶ κορακώδης) (crow) 62b7
DECHEONOZ داسوبوس δασύπους (hare) 69b34 → Index Lat.-Ar. s.v. animal pilosum, - pilosi pedis
DELPHIN (indecl.) دلفين δελφίς (dolphin) 69a8 76b29 77a34 96b26 97a15 DELPHINUS دلفين 55a16

INDEX LATINO-ARABUS 443

ELEPHAS فيل ἐλέφας (elephant) 58b33,5 59a(12)15,20,5 61a27 63a6 (76b27) 82b36 (89a34) 92b16 elephas femina الفيل الانثى 88b5,15
ENKELIZ انكليس ἔγχελυς (eel) 96a4 96b22
EQUUS خيل ἵππος (horse) 39a25 58a30,32 63a3 66b18 86b15; ذكورة الخيل 88b32; فرس 41b34 74a4,26 76b26 pullus (sc. equi) πῶλος (foal) 86b15 EQUA الفرس الانثى 88b23
ERICIUS قنفذ ἐχῖνος (sea-urchin) 79b28,34 80a4-5,16,31 80b3,8,14,7,32 81a2,9 83b14
FASTAROZ قسطروس κεστρεύς (kind of mullet) 96a5 → taricoz
FILIUS HIRZ ابن عرس γαλῆ (weasel) 67a21
FORDALOZ ⁎قردولو κορδύλος (larval form of newt) 95b25
FORMICA نملة μύρμηξ (ant) 42b33; نمل 43b2 50b26 61a16 78b17(G) 83a5
GALLINA دجاج (و-) ( ديوك = ) (= galli et gallinae) ἀλεκτρυόνες (fowls) 57b28
GIDDER خدر νάρκη (torpedo) 96a27,30 → ad(d)ro
GRUS غرنوق γέρανος (crane) 44a33
HAKILIKEZ اقاليفاس ἀκαλήφη (sea-nettles, sea-anemones) 81a36
HAKKALIONIKIS اراقليوتيقو⁎ ) L) οἱ Ἡρακλεωτικοί (sc. καρκίνοι) (Heracleotic crabs) 84a10 → cancer
HAKOCIN عقوسين⁎ καρίδες (shrimps) 83b27 84a14,7
HALZUN حلزون τὰ ὄστρεια (testacea) 44b10, τὰ ὄστρεα (oysters) 54a3 80b10, κογχύλια (shell-fish) 61a22 sicut corpora halzun مثل اجساد الحلزون ὀστρει-ώδεις (shell-like) 84a9 HALZON حلزون ὄστρεα 80b21 (testacea), 80b22 81b10 (oysters), no Greek equivalent (testacea) 83b13
HAMELEON hameleon ... quod interpretatur 'leo terrae' اسد خامالیون وتفسیره الارض χαμαιλέων (chameleon) 92a20
HAREKIOKIZ اراقليوتيقس⁎ οἱ Ἡρακλεωτικοί (sc. καρκίνοι) (Heracleotic crabs) 84a7 → hakkalionikis
HAROLORIZ هولوريس⁎) GL) ἰουλώδης (animal resembling the millepede) 82a5 → boloz
HINNULUS غزال δορκάς (gazelle) 63a11 → caper montanus
HIRUNDO خطاف (= χελιδών swallow) pro νυκτερίς (= وطوط bat) 97b(1 → rapax),2,7,10
HIRZ → filius hirz
HOCOZ اوقس ἴυγξ (wryneck) 95a23
HUNCEROZ غنغروس γόγγρος (conger) 96a4
IOHALH (vespa) iohalh جُعَل κάνθαρος (dung-beetle) 82b25
KALABE فالاينا⁎ (= ballaena) φάλαινα (whale) (69a8) 97a16
KALATEZ (= πλάταις oars) 84a3 → Index Lat.-Ar. s.v. kalatez, remus
KARABO قارابو κάραβος (carabi, crayfish, prickly lobsters) 54a2 61a13 79a36

83b27 84a1-2,26, τὰ καραβώδη (caraboids) 83b31 mares karabo ذكورة الحيوان
الحيوان الذى يشبه الحيوان 84a21 animal quod assimilatur karabo الذى يسمّى قارابو
τὰ καραβοειδῆ 79a31 84a15 الذى يسمّى قارابو

KAROLOZ قخلوس κόχλος L (sea-snail) 79b14 → kogile, kogilio

KIKILEZ (B) قيرهاس) *قيريقاس L) κῆρυξ (whelk) 79b15 → kirikez, kirikoz

KIRIKEZ قيريقاس L κῆρυξ (whelk) 79b20; KIRIKOZ قيرقيس L² 83b13 → kikilez

KOBRI piscis qui dicitur graece kobri السمك الذى يسمّى باليونانية قوبرنى κυπρῖνος (carp) 60b36

KOGILE توخلى κόχλος (sea-snail) 78b23 → karoloz, kogilio

KOGILIO *قوخلى κόχλος (sea-snail) 79b5 → karoloz, kogile

KOKAZ فوقى φώκη (seal) 97b1 → koki

KOKI فوقى φώκη (seal) 57a22 76b28 91a8 97b2,4 → kokaz

LACERTUS سامّ ابرص σαῦρος (lizard) 60b6 LACERTULUS σαῦρος (lizard) 69a29 91a6 lacertuli longi corporis carentes pedibus سام ابرص مستطيلة الجثّة ليس لها رجلان 76a26

LEO اسد λέων (lion) 39a17 52a1 55a14 74a25 88a6 89a34 leo mas الاسد النكر 58a31 leo terrae → hameleon  LEAENA لبوة 88b1

LEPUS ارنب λαγώς (hare) 67a20; added by G⁵ 63a3

LOCUSTA جراد ἀκρίς (locust) 83a34

LUBAREZ لوباداس λεπάς (limpet) 79b25 → boniz

LUPUS ذئب λύκος (wolf) 88a6 lupi سَبُع τὰ βιαστικώτερα (predatory animals) 55a13, τὰ καρχαρόδοντα (the saw-toothed) 55b10, no Greek equivalent 62a30, τὰ θηριώδη (fierce animals) 63a13; دئبة (pro دبّة = ursus) 58b2 LUPUS MARINUS lupi marini سبع بحرى τὰ κήτη (cetacea) 69a8

LYNX (= λύγξ → adn. ad 89a34) فهد (= lynx, *panthera) πάρδαλις (leopard) 88a6

MALAKIE *فالاينا مالاقيا τὰ μαλάκια (cephalopods) 44b10 54a10,3 61a14 (pro φάλαινα whale 69a8) 78a27 78b7,25 79a4 79b7,32 81b11,7 84b6,17,20,34 85a4, 7,12 85b28

MILVUS حدأة ἰκτῖνος (kite) 70a34

MOEZ مواس μύες (mussels) 79b26 83b15

MULTIPES (animal) multipes الحيوان الكثير الارجل πολύπους (octopus) 52b25 54a22 61a15 78b28 79a8,12,22 85a5,14,21 85b1,13,20,4, τὰ πολυποδώδη 85a24

MULUS بغل ὀρεύς (mule) (41b35) 74a4,27 76b26

MUS فار μῦς (mouse) 67a20 76b31

MUSCA ذباب μυῖα (fly) 61a20 78b14,9 82b12 83a30 muscae bestiarum ذباب الدوابّ μύωψ (cattle-fly) 61a24

NUBES غيم σπόγγος (sponge) 81a15 spongia scilicet nubes الاسفنج اعنى الغيم

(σπόγγοι) 81a11 → spongia

OVIS شاء πρόβατον (sheep) 74b8; شاة 73b33; غنم 43b6 62a3 71b8 72a28 72b1,2 76b36

PASSER عصفور (sparrow) στρουθός (h. l. 'ostrich' edd.; also 'sparrow') 44a33 → struthio

PECTEN مشط κτείς (scallop) 80b23 83b15 → ataniz

PORCUS خنزير ὗς (swine) 43b6 61b18 62b13-5 63a7 67a11 74a2,28 75a26,7 88a35, κάπρος (boar) 51a2  PORCA خنزير 88b11; اناث الخنازير 61b26

PULEX برغوث ψύλλα (flea) 83a34

RABBA رئة πνεύμων (sea-lungs, jelly-fish) 81a18

RANA ضفدع βάτραχος (fishing-frog) 95b14 96a27

RAPAX (= خطّاف) خطّاف (= χελιδών swallow) pro νυκτερίς (bat) 97b1 → hirundo

SARCOCI اسطرنبس *اسطرنبس στρόμβος (spiral snail) 61a23 → astarinoz

SATIRINOZ اسطرنبوس τὰ στρομβώδη (animals having turbinate shells, spiral-shelled creatures) 83b12 84b34 → astarinoz

SCORPIO عقرب σκορπίος (scorpion) 83a10-1

SEPIE سيبيا σηπία (sepia, cuttle-fish) 54a21 61a15 78b28 79a5,9,15,20 85a14,23 85b1,20

SERPENS (masc. → GA 732b23) حيّة ὄφις (serpent) 55a20,1 59a35 60b6 76a24-5 76b6 90b13,5 91a6 91b29,31 92a2-6 96a8,9,11 96b23 97a11,3 (τὰ ὀφιώδη serpent-like fishes 96a6,10,7 96b23) serpentes magni كبار الحيّات 91a18

SIMIA قرد πίθηκος (ape) 89b31

SOLINEZ سوليناس σωλήν (razor-fish) 83b17

SPONGIA spongia scilicet nubes الغيم الاسفنج اعنى σπόγγος (sponge) 81a11 → nubes

(STELLA sc. marina → HA 548a7ff.) نجم ἀστήρ (starfish) 81b8

STRUTHIO (structio codd.) نعامة ὁ στρουθὸς ὁ Λιβυκός (Libyan ostrich) 58a13 97b14 avis quae est in Nubia scilicet struthio الطير الذى من ارض لوبية الذى يسمّى نعام 95a17 (ظليم male ostrich) v. l. G[1] instead of طير 61b31) → passer

TALENI → celeti

TANI طاوثي τεῦθος (large calamary) 85b18

TAOTIDEZ طاوثيداس τευθίς (small calamary) 79a8 → taukiz, taukum, tauridez, tobiz, tonidez

TARICOZ قسطروس κεστρεύς (mullet) 75a11 → fastaroz

TAUKIZ طاوثيس τευθίς (small calamary) 79a14 → taotidez

TAUKUM طاوثيس (طاوفس L) τευθίς (small calamary) 78b29 → taotidez

TAURIDEZ طاوثيداس τευθίς (small calamary) 79a22 → taotidez

TAURUS ثور βοῦς (ox) 39a17; ταῦρος (bull) 51a2,4 63a35; no Greek equivalent

63b1 vaccae et tauri ذكورة البقر واناثها 62a2-3 → vacca TAURUS SILVESTRIS جاموس (= buffalo) βούβαλος (kind of antelope) 63a11
TEHABITOZ *رينا وباطوس ῥίνη καὶ βάτος (kind of shark and ray) 97a6 → batoz
TEHAKARIZ سقاروس σκάρος (parrot-fish) 62a7 → ascaroz
TENCHEA(H) tenchea تمساح κροκόδειλος (crocodile) 60b33; تماسيح 60b25,8,9 91b24, ὁ ποτάμιος κροκόδειλος (river crocodile) 90b20 tenchea fluviale التمساح النهرى ὁ ποτάμιος κροκόδειλος (river crocodile) 91a18 91b6; tencheah fluvianum 60b15
TIBO طيثوا τήθυον (ascidian, sea-squirt) *80a5 81a10 → titho
TIRUS (= vipera) افعى ἔχις (viper) 76a36 76b3
TITHO طيثوا τήθυον (ascidian, sea-squirt) 81a25 → tibo
TOBIZ طوثيس τευθίς (small calamary) 54a21 → taotidez
TONIDEZ طاوثيداس τευθίς (small calamary) 85a14,23 85b1,19 → taotidez
TORTUCA سلحفاة χελώνη (tortoise) 54a8 69a29 71a15 73b30 76a29 91a17, no Greek equivalent 54a9 71a22 TORTUCA MARINA سلحفاة بحرية χελώνη θαλαττία (sea-tortoise) 71a16-7,24,8 TORTUCA SILVESTRIS سلحفاة برّية χελώνη χερσαία (land-tortoise) 71a18,25,8
(URSUS دبّ) → lupus
VACCA بقر βοῦς (ox, cow) 43b6 66b19 74a1 74b7 88b24, βόειος 71a18 71b5,6 vaccae pascentes ad posterius البقر الذي يرعى من خلف 59a19 vaccae et tauri ذكورة البقر واناثها 62a2-3 → taurus VACCA AGRESTIS (de bonaco mg. $A^2$) البقر البرّى βόνασος (bison) 63a14
VERMIS دود (worm) ζῳδάριον (minute animal) → cimex 62b9 vermis qui lucet sicut ignis الدودة التى تضىء كما تضىء النار λαμπυρίς (glow-worm) 42b33
VESPA دبر σφήξ (wasp) 83a9 (vespa iohalh 82b25 → iohalh), μηλολόνθη (melolonta; cockchafer?) 82b14
(ZABO) ضبع ὕαινα (hyena) 67a20

## PLANTAE

ASTAROZ (اسطرون *ابيطرون L) ἐπίπετρον (epipetrum, rockplant) 81a23
(BARNETEOZ arbores quae dicuntur barneteoz → Index nom. propr.)
FICUS folia ficuum (= συκῆ) ورق شجر التين σύκινα φύλλα (leaves of fig-trees) 68a24
PINUS taeda pinus (= πεύκη) خشبة الصنوبر πεύκη (pinewood) 49a23 taeda pini خشب الصنوبر 49a28
VITIS folia vitis (= ἄμπελος) ورق الكرم ἀμπελίνα φύλλα (leaves of vines) 68a23

## NOMINA PROPRIA

ALCINOZ ايسوبوس ʾAἴσωπος (Aesop) 63a35
ANAXAGORAS انقسغوراس ʾAναξαγόρας 77a5; انكساغورس (G) (87a7)
ARCHADIE (indecl.) ارقاديا ʾAρκαδία (Z; Καρία edd. Gr.) (Arcadia) 73a17
BARNETEOZ برناسوس Παρνασσός (Parnassus) 81a23 (→ adn. ad loc.)
BORIOZ HORINOZ pars maris quae dicitur borioz horinoz ناحية البحر الذى يسمّى ورييوس باليونانية بورييوس *اورييوس (GL) ὁ Πυρραῖος εὔριπος (Strait of Pyrrha) 80a36-b1
CIFEZ سيفاس Σῖφαι (Siphae, modern Tipha in Southern Boeotia) 96a5
DEMOCRITUS ديموقريطوس Δημόκριτος 40b30 42a26 65a31
EMPEDOCLES امبدوقليس ʾEμπεδοκλῆς 42a18 48a31; امبدوكليس 40a19
FORCICOZ قورسقوس Κορίσκος (Coriscus) 44a25
GORCION *برمنيدس (برسيون s.p. L) Παρμενίδης (Parmenides) 48a29
HALKIZ خلقس (L Kruk) Χαλκίς (Chalcis) 77a3
HAREKIOKIZ → Index animalium
HERACLITUS اراقليطوس Ἡράκλειτος 45a17
HOMERUS Homerus versificator اوميروس الشاعر (*اوميرس L Bad.) Ὅμηρος 73a15
INDIA in terra Indiae فى ارض الهند ἐν τῇ Ἰνδικῇ 43b6 INDICUS → asinus
IUPPITER divinus Iovis كاهن المشترى ὁ ἱερεύς τοῦ Ὁπλοσμίου Διός 73a19
(*NAXOS) ناقسوس Νάξος 77a2
NIVIA in terra Nivia بارض لوبية ἐν Λιβύῃ (Libya) 55a9
NUBIA avis quae est in Nubia (pro Libya) scilicet struthio الطير الذى من ارض لوبية الذى يسمّى نعام ὁ στρουθός ὁ Λιβυκός (the Libyan ostrich) 95a17
OBO clima Obo كورة ابوا Εὔβοια (Euboea) 77a3
PARMENIDES → Gorcion
SOCRATES سقراطيس Σωκράτης 42a28 44a25

# INDEX ARABO-LATINUS

ا ام ... ا scilicet ... et (= aut) 40b22-3
ابدا semper 42b25 43a2 49a9,22 49b2 52a31 58a21 77b23 et passim; untranslated 63b33 شىء سرمدى ابدا res aeterna 40a7
برص → سامّ ابرص
إبط subascellare 58a27 73a9 88b5,14,22 فى ناحية الابطين in parte subascellari 88b9
إبن كان ... ابن ثلاثة ايام erit trium dierum 65a35 ابن عرس filius hirz (weasel) 67a21
اب pater 88b33
ابوا L Bad. (اوبوا Kruk) Obo 77a3
ابيبطرون astaroz 81a23
اتان asina 88b23
اتى آتى venio ad 66a7 يقول لماذا فيأتى بالعلل dare causas (de eis) 39b10 الامر الآتى no Latin equivalent 69a21
اثر accidens 44b26
اجل اجل الذى من اجله per quod 72b22 العلة التى من اجلها causa finalis 39b12; propter quid 77b11 العلة التى من اجلها لان causa illius est quia 84a33-4 من اجل propter 39b14 45a32-3 74b17 من اجل ان propter 42a13 59a26 60b21 75b25; propter hoc quod 56a9; quia 50b6 54b14 64a29 65b11 67b21,8 73a3 et passim; quoniam 40a34 41b31 42a11 45a2 52a27 58a8 et passim من اجل ذلك propter hoc 40a5,33 52a7,17 62a28 62b1 et passim من اجل هذا propter hoc 41b24 من اجل هذه العلة (العلل) ideo 52b33; propter hoc 46b35-47a1 48a5 50a36 50b30 51a25,30 et passim فمن اجل هذه العلة et ideo 52b19 الذى من اجله causa propter quam 39b19; causa quare 90b14; propter quod 39b29 40b2 العلة التى من اجلها causa propter quam 59b14 64a3 66b11 68a5 73a32 78a36 87a2-3 96a10-1 et passim العلة التى من اجلها ... والعلة التى من اجلها causa propter quam ... et propter quam 47b8 هذا قول ... فى العلة التى من اجلها صار istam causam dant in essendo 56a18
احد aliquis 39a26 41a33 42a3 44a12,28 45a26 59b24 73a10; quis 43a28 44a5 46b2 51a5 60b22 73a4; alter 78b30 احد هنين alter istorum 66a32; unus istorum 49a22 لا احد ... من اللذين ... الآخر nullus eorum qui 47a10 احد ... والآخر unus ... alius 61b24-5 83a23 احدهما ... والآخر quoddam ... et aliud 49b3 (54b24) اذا مسّه احد si tangatur 50b5-6 لا يكون لـ ... حسّ اذا مسّه احد non habet sensum 50b4
اخذ accipio 42b4-5 43b10 46b8 50a28 78a16 83a2 85b8,10 90b1,21 93a12; incipio 85b30 ان يأخذ ad accipiendum 78a6 اتّخذ ب accipio per 50a18 85b8 91b23; incipio in 85b30 اخذ ب facio in 87b2 غيّر واتّخذ مكانه غيره mutare 87a28 اتّخذ

incipio 97b29; incipio in 85b31 (97a25) من اخذ accipio ab 50a20-5; accipio ex 50a25 78a12-4 97a31; recipio ab 50b9 67a35; recipio ex 67a35 68a8 اخذ من accipio extra 59a18 خارج يؤخذ invenitur (= يوجد pro accipitur) 43a16 43b17,26 يؤخذ من accipitur ex 39b16 ينبغى لنا ان نأخذ فى ذكر debemus dicere de 70b29 ينبغى لنا ان نأخذ ... اولّا ... ثم نأخذ فى صفة debemus prius narrare ... deinde narrare 40a14-5 اخذ (subst.) accipere 87b12 90a33; ad accipiendum 85a31; receptio 88b30 اخذ الطعم comestio 96b33 فى الاخذ 96b29 لاخذه quoniam accipiunt 97a19 للاخذ ad accipiendum 87b10 91b6,10,3,8 92a6 93a9 للاخذ باليد ad accipiendum manu 46b24 لاخذ الطعام ad accipiendum cibum 83a5 لحال لاخذ ad accipiendum 78b12-3 83b33 لكى يأخذ ad accipiendum 83b36 يقوى على اخذ potest accipere 83a28 آخذ أخذ الى procedo ad 68b27 70a14-7,17 اخذ من ... الى procedo de ... ad 70b4 أخذ من ... الى procedens ab (de, ex) ... ad 64b11-2 68b22 71b12 72b7,27 مأخوذ الحيلة الأخذة الى معرفة ingenium cognoscendi 44b16 no Latin equivalent 68b32 جملة مأخذ اخذنا الذى بقدر sumptus ab 41b11 من مأخذ معرفة (→ حيلة *) (تصنيف ingenium summae cognitionis 42b2

آخر alius 39a21,9 41b19-20 42b15 et passim; alter 39a10 41a26 49b2; diversus شىء آخر من سائر non ... aliquod 84b16 ليس لشىء آخر من (ناحية, غاية →) 43a14 الواحد ... الآخر unus ... alius 61b24-5 83a23 احد ... الآخر alius 73b16 unus ... et alius 68b22-3 70a18-9 الكلية الواحدة ... والكلية الاخرى dexter ren ... et sinister 70a19 كانا ملتئمين كلّ واحد بالآخر sunt continuae ad invicem 69b16-7 فى عضو آخر in alio membro a capite 63b3 آخر يعرف الاصوات اكثر من آخر سوى الرأس diversantur secundum magis et minus (sc. in vociferando) 60a36 موافق لحاجة اخرى conveniens ad aliquid 58b24 او كثرة اخرى من vel plures 43a23 ... احدهما شىء آخر لزج quoddam ... et aliud 49b3 آخر شىء aliud 48a20 75b31 والآخر et viscosum membrum 60b13-4 شىء آخر مثل هذا alius 50b4 وإن كان شىء آخر مثله sibi similia 53b33 آخر من الاشياء التى مثل هذه aliud ab istis 48b7 شىء آخر ملائم ل conveniens 78a9; quiddam conveniens 48a2 صنف alterum 40b24 آخر من اصناف huiusmodi 39a17 آخر بنوع secundum alium modum 57a5; alio modo 40a36 41a25 ليس ... بنوع آخر الا بالنوع non ... nisi per illum modum 43 b8 sometimes untranslated: آخر ملائم conveniens 45b8-9 آخر finis 90b3; posterior 46b7; ultimus 78a7 85a20 اواخر جسدها posteriora corporis 85a1 اواخر اواخر الفصول ultima membrorum interiorum 72a15 اعضاء الجوف ultimae differentiae 43a22 اواخر الستة الارجل ultimi sex pedum 85a16 آخر ما يكون من quod fit ultimo ex 77b22 عند آخر apud finem (c. gen.) 93b1; in fine (c. gen.) 74a10 فى اواخر posterius 95a17; postremo 89a10; ultimo 66b28 أخرة in fine (c. gen.) 43a19 اخير ultimus 44a3 46a26 50a34 51a15 الفصل الاخير differentia ultima 43b35 اخيرا post 55b16,8; ultimo 53b10 58a13 مؤخر (adj.) المؤخرتان الرجلان pedes posteriores 86a35; (subst.) posterius 56b8,13-4,8 65a25 67b33,5 68b22-3 70a17 86b15,9 89b1 93a24 95b14-6; ultimum 65a15 مؤخر الصدر posterius pectoris 94b19 (οὐροπύγιον) مؤخر الصدر والذنب posterius pectoris et caudae 94b21 مؤخر

الذى فى الجسد posterius 68a2 69b20 فى المؤخر in posteriori 95a24 *et passim* المؤخر posterior 86b3,16 88a2,5,8 90a11,9 96a26,30 فى مؤخر الجسد in posteriori corporis 83a6,19 فى ناحية مؤخر جسده in posteriori corporis 79b24 مؤخر رجليه pedes posteriores 83a31 الارجل التى فى مؤخر الجسد pedes posteriores 85a18 ناحية الاعضاء التى فى مؤخر ومقدم الجسد membra posteriora et anteriora 84b30-1 المؤخر والمقدم pars anterior et posterior *(inv.)* 84b14-5

بطن → اخينوس 76a17

ادب ادب الاديب documentum (= *doctrina*) 39a8 ادب من الآداب instructio 39a4 ادب doctrina docti 39a8; اديب auditor doctus 39a4; doctus 39a8,10 مؤدّب مؤدّب مخرّج doctus 39a7

اذى do 80b36 ادّينا علته reddidimus causam illius 63b21 ادّينا علل reddidimus causas 64a12 72b9 يؤدى العلة التى من اجلها dat causam propter quam 41a13-4 يؤدّون الكلام والعلل التى من اجلها ... لماذا ( ومن اجل ماذا ) dant causas propter quas يؤدّى ب ... الى transit in 64a2; vadit ad 50a26; venit ad 68a16 يؤدّى ... الى 39b18 vadit per 78a10 يؤدّى عن vadit ex 78a10; est sumptus ex 40a1-2 مؤدّى حدّ diffinitio 39b25 مؤدّى حدود diffinire 39b25 42a20,3

اذ postquam 66a16; quoniam 56a22 اذ قد postquam 45a4 49b5 82a30; postquam iam 44b20

اذا cum 49a15-6 51a8 53a1 68b21 *et passim*; quamvis 65b26; quando 39b25 41a6 44b34 46b2 47b30 *et passim*; id est quando 87b19; postquam 49b20; si 41b25 42a20 50b5 52b35 55a21,35 *et passim* اذا كان in *(c. subst.)* 51a15-6 80a29 اذا لم si ... non 50a36 واذا ... إن si ... et si 50b1 اذا اصاب الحجاب ضربة apud percussionem parietis 73a28 اذا سخنت tunc *(interpret. transl.)* 48b35 اذا قيس الى respectu *(c. gen.)* 68b14

اذن auricula 55a31 56b18 57a12,23 91a13; *sometimes variant for* نغنغ brancus 60b 24-5 ($G^2$) 95b25 ($G^5$) حركة اذنى motus auricularum 57a15

اذى nocumentum (48b15 68b20) 88a1 (90b7) اذى وضرورة magnum nocumentum 64b21 contra nocumenta لا يلقى اعنى يدفع به الاذى مؤذ 61b3 nocens (90a19) لا يكون عسرا مؤذيا sine gravitate 68b19 مؤذيا valde nocens 72a34 مؤذ جدّا

اراقليطوس Heraclitus 45a17

*اراقليوتيقس hakkalionikis 84a10; harekiokiz 84a7

ارض ad الى الارض terra 40b10-1,23 41a10 46a13 47a11 52b23 55b34 *et passim* على وجه الارض terram 57a15 86a33 95a7 على الارض super terram 86b31 94a7,17 super faciem terrae 96a8 عن الارض a terra 83a32,5 88a11 فى الارض in terra 78a12 مما يلى الارض versus terram 86b32 من جزء الارض ex parte terrae 49a32 من ارض لوبية in terra Nivia *(pro Libya)* 55a9 بارض لوبية in Nubia *(pro Libya)* 95a17 فى ارض الهند in terra Indiae 43b6 بخار الارض vapor terrae 53a 4-5 قوة الارض natura terrae 78a13 يسيل الى المكان الاسفل اعنى الارض cadit ad inferius 53a7-8 لانه يحفر الارض ad cavandum terram 62b14 ارضى terrestris 50b17 51a1,28 54a30 55b12 57b24 63b29 79a17 *et passim* الجسد الارضى (الجسدانى) corpus ter-

ليس بارضى restre 63b24-5 الطباع ارضى هو sunt terrestris naturae 50b33-4 51a34
non est terrestris 51a35-6 الجزء الارضى pars terrestris 51a6,30 53a23 54a12 55a26
63b34 64a9 et passim الشجر الارضى arbores terrestres 81a21 → جاس, اوى
ارقاديا Archadie 73a17
ارقس arcoz 63a23-4
ارنب lepus 67a20
اساس اسّ (*fundamentum) no Latin equivalent 68a16,9
استاقى cesi 83b27
اسطرنبس (Kruk) sarcoci 61a23
استاقو asceh 84a32
اسد leo 39a17 74a25 88a6 89a34 الاسد الذكر leo mas 58a31 عظام الاسد ossa leonis
52a1 55a14 اسد الارض leo terrae (chameleon) 92a20
اسطرنبوس astarinoz (v. l. astarnioz) 79b14,6-7,27 80a22 84b16,20 85a6,11; satirinoz 83b12 84b34
اسطرون (Kruk) astaroz 81a23 ابييطرون L
بقدر جنس الاسطقس elementum 42a21 46a13 46b6 47a13 51a32 70b22 اسطقس
اسطقس رطب secundum genus elementorum conveniens 70b20-1 الملائم المتّفق
elementum humidum 59a8 الاسطقسات الطباعية elementa naturalia 48b9
اسمورينى ascaiorini 96a6
اسقاروس ascaroz 75a3
اصل radix 50a21 62b14-5 63b15 65b14 66a18 78a11-2,5 اصول الشجر radices arborum 50a25 من ناحية الاصول ex (65a7) 64b22,6,32 اصل اللسان radix linguae
parte radicis 83b20
اقاليفاس hakilikez 81a36
اقطانيس (Kruk) اوطانيس (G) ataniz 79b26
اقنيداس (Kruk) اقميداس (L) alfinidez 81a36
اكل comedo 62a20 يأكل اللحم comedit carnem 62a31 62b1 88b4 97a3 يأكل الحيوان
non انما يأكل فى الفرط comedit vermes 62b9 يأكل الدود comedit animalia 96b30
الذى يأكل comedit nisi raro 88b4 لانه يأكل الاصول ad comedendum radices 62b14
ماكول comedens carnem 55a13 61b5 62 الذى يأكل اللحم comedens radices 62b15 الاصول
a29 62b4 93a13 94a1 أكول ما كان منها اكول للحم comedens carnem 97a1
الاشياء comestum (supinum) 79b13 بماكول (ليس) (non) comeditur 80a17,21 81a5
الماكولة cibus 90b30,3 اكل (subst.) (77a23(L)) 82a17)
الاّ si ... non 44a34 والاّ فانّه si autem non, ergo ... 43a13 الاّ ... لا non ... nisi 48a27
50b31 53a34 72a7-8 88b7 الاّ ... ليس non ... nisi 43b8 83a17 95a9; non est nisi
52a1 54a6; non ... sed 69b32 فقط ... الا ... ليس non ... nisi ... tantum 88a33-4
لم يكن يمكن ذلك الا ... إلا ... فقط nullus ... nisi ... tantum 66a3 ليس فى سائر ... إلا ... فقط
ب hoc erat impossibile nisi propter 82b23
الذى qui 39a13 40a27 46a13 et passim; ille qui 40b5 42a15 48b13 et passim; is qui
الذى من اجله propter الذى هو quod est 78b2 الذى منه a quo 41b33 43b9 et passim

الذى يقبل quod 41b33 42a2 ذكر سلف الذى قولنا يتلو الذى sequitur dicere de 61a34 recipiens 66a8

الخطّ المستقيم اعنى الذى عليه الف وبآ linea recta AB (math.) 85a2 الف

اله آلهة dii 45a21 إلهى divinus 44b25 العضو الإلهى membrum divinum 86a15,28

الى ad 39b29 et passim; usque ad 82a14

ام ← إن ، ا

امّ mater 88b33 امّة الامم والبرابرة gentes et barbari 73a25

امّا ( واما ) فامّا ( ف ... ) امّا autem 97a3 97b2; vero 68a5,7 78a12 94b8 et passim ف ... autem 60a1 65a22 66a4 68a3 71b12 97b2 et passim; vero 96b7; sometimes untranslated: 66b22 etc. فهو ... وامّا ... امّا ف ... autem ... est 52a28-9 vero 58b15 ف ... وامّا ... فى امّا in ... vero ..., in ... autem 54b33-4 ف ... فاما اذا si autem ... tunc 70b11

امّا ... وامّا ... إمّا وإمّا ... إمّا aut 68a26; vel 80b23; aut ... aut 48a20 91b23 واما aut ... aut ... aut 77a21-2 واما ... ربما كان اما forte erit ... vel 49a21

امبدوقليس ( امبدوقليس 40a19 ) Empedocles 40a19 42a18 48a31

الامر بعينه praecepit ipsis (c. inf.) 45a20 امر res 45b20 59b35 81b28 امرهم ب امر ipsa res 42a28 الامر الاوّل primum (subst.) 80b25 الامر الثانى secundum (subst.) 80b26 فى هذا الامر عويص quod est necessarium 39b21 الامر الذى يكون باضطرار in هذان ) الامران ( istae) duae res 40a12 73b27 89a28 hoc est dubium 44a28 التى ذكرنا praedicta duo 60a9 من امر (= περὶ) no Latin equivalent 78a25

اموس amoz 71a31,3

اميا amie 76b21

اميدون (ἐμύδων γένος) amidon 54a9

أنّ quod 63b12 et passim; scilicet quod 72a6-7 اعنى انّه scilicet quod 61b11 et passim

أن cum 48b4; quod 39a12; ut 39a27 et passim

إن cum 43a8; si 39a18,24 40b17 51a5 et passim وإن et si 42a9; quamvis 64b3 69b16 74a32 75a6 87b21 95a1 واذا إن ... si ... et si 50b1 وإن كان شىء آخر مثل هذا et sibi similia 53b33 سأل الماء فدخل فى إن ... لانه ليس ... ne intret aqua in إن كان ... ف إن كان ... sive sit ... sive 45a7 وإن كان 62a11 tunc 42b17 si ... لم nisi 93b18; si non 40b25 او ... إن si ... aut 39a14; utrum ... aut 39a5 41a33-4 وإن إنّه .. او إنّه utrum ... aut 49a13 ام لم ... إن كان utrum ... aut non 69b15 48b11 impossibile لا يمكن ان ... لا إن ... ولا إن ... ام لا ... aut utrum ... aut non 41a24 est quod sive ... sive 43b28-30 إن لم si non 50a6 60b22; nisi 73b34; nisi forte 52b24 إنّما non ... nisi 40b5,15 45a24 50a3 et passim; certe non ... nisi 48b1; non est nisi 40a5; often neglected: 43b30 47b14 61b24 62b27 80b2 etc. وانّما autem 77b14; modo ergo 85b29 وانما اعنى scilicet 56a8 انما هو non est nisi 62b31 وانما اقول ذلك لانه et hoc dico quia 64a19; quoniam 64a14 فقط ... انما non ... nisi ... tantum 70a16

انا ego 77a5

نبّ → انبوبة

الذكورة والاناث femina 53b1 55a4,13 61b33-6 62a2 76a3 84a21 89a11-2 انثى انث mares et feminae 78a24 84a33 84b4 88b31 طباع الاناث والذكورة natura feminarum et marium 64a5 الفرس الانثى equa 88b23 الفيل الانثى elephas femina 88b5,15 اناث الآيلة feminae cervorum 64a3,6 اناث الخنازير porcae 61b26 ذكورة واناثها البقر vaccae et tauri 62a2-3 اناث السراطين feminae cancrorum 84a21 اناث الحيوان الذى له اربعة ارجل feminae quadrupedum 89a31

ناس homo 86b23 93b20; homines 39a25 43a3 43b11 44a13 44b3 et passim بعض الناس quidam 46a13 80a33; quidam homines 43b28 56a15,8 68b6 73a10 81a36 81b19; sometimes untranslated: 80a21 مَن الناس quidam homines 41b20 42b5 48a25 52b7 72b10 76b31 كثير من الناس multi homines 48a24 52a24-5 69b 24 73a20 جلود الناس corium hominis 61a25 ذكورة واناث الناس mares et feminae hominum 88b31 انيس domesticus 43b5,8 الانيس domesticum 43b21; domesticum (sc. animal) 43b3 وحشى وانيس no Latin equivalent 61b6 انسان homo 39a17 40a4,25,34 43b5 44b12 46a33-4 53a27 56a8 et passim جنس الانسان genus hominum 55b15 (56a7); homo 45a29 الانسان الحديث ... اعنى بقولى الانسان الحديث homo imaginatus 40b35 الانسان والحيوان المعمول بمهنة جثّة ، جسد الانسان homo est erecti corporis 53a30 صار الانسان قائم الجثّة 40b18 صدر corpus hominis 56a10 87a5,23 مرفقى الانسان umeralia hominis 88a11-2 الانسان pectus hominis 88a13 فخذى وساقى الانسان coxae et crura hominis 89b7 يد الانسان manus hominis 87b2 ليس ... إن لم يمل الانسان رأسه جدّا non ... nisi multa inspectione 90b25

يكون كلّ واحد من الاشياء ويستأنف futurum 40a5 يستأنف كينونته استأنف انف نحن نهم ان fuit operatio cuiuslibet rei quam intendebat operari 39b29 كينونته ناخذ فى ذكر ... فيما نستأنف من قولنا nos modo volumus incipere dicere de انف lما نهم باستئناف ذكره quod volumus dicere post 61b27-8 استئناف 97b29 nasus 45b35 46b13 55a31 57b21 آنفا superius 48a20 79b16; no Latin equivalent 55b37 79a10

اصحاب انقسغوراس انقسغوراس illi qui sunt in opinione Anaxagorae 77a5 (→ 87 a7)

انكليس enkeliz 96a4 96b22

شىء من الآلة vas 76a34 آنية اناء no Latin equivalent (91b21) اناة وابطاء اناة انى او من الآنية aliquod instrumentum 45a31

اهل الجهل philosophi 42a29 اهل الفلسفة quidam homo 73a19 رجل من اهل الكورة اهل وقلّة المعرفة essentialis 48b36 اهلى ( له ) stuli 64b19

او aut 39b10 40a5-6 43a36 63a4 69b29 et passim; et 39b16 40a14 42a11 53b4; aut ... aut 77b24; vel 40a5 41a18 43a22 49a16 50b33 52a3 52b8 53b3 63b28 et passim; هل ... aut 48b11 ... إن ... او ... 71a12,26-7 او ... aut ... او in maiori parte او يكون الاكثر على مثل هذه الحال utrum ... aut 39b4 48b12 او 67a32

INDEX ARABO-LATINUS 455

ابوا → ⁕اوبوا
العرق الذى يسمّى اورطى اورطى adorti 67b16 68a1-2 68b20 71b17 78a1,3 العرق الذى
يسمّى باليونانية اورطى adorti 52b29 66b26 70a18 72b5
بورديوس → ⁕اوربيوس
الآفات آفة accidens 44a34 45b33; infirmitas 67b3; occasio 51b12 58b10 60a26 formae (pro accidentia) 46a19 الآفة التى تصيب، تعرض occasio quae accidit 67a16
من قبل آفة وعرض propter occasionem et accidens 49b27 يلقى هذه الآفة 67b11
هو كثير الآفات est multarum occasionum 51b12 بغير آفة habet tale accidens 50b28
آفات accidentia corporalia 44b13 الآفات الجسدانية sine occasione 72b16 وضرورة
الآفات التى تعرض accidentia eius 39a24 اعراضه وآفاته accidentia 44a15,23 واعراض
بنوع آفة وعرض modo accidentis 49a19 من خارج occasiones extrinsecae 58b10
اوقس hocoz 95a23
العلل اوّلها اوّل primus 47b5 53b23 66a34 79a32 من اوّل fuit primus qui 42a27 اوّل
causae primae 39b13 (→ علّة) 39b14 فى الاقاويل الاوائل in sermone praecedenti 39b13
الامر الاوّل primum (subst.) 80b25 الدم الاوّل sanguis purus (pro primus) 82a3
اوّل 66b24 initium 66a20; primum 40a3 46a31-2 53b21,5; principium 40b5 46a4
47a26 48a24 48b9 53a9 53b25 54a33 55b23 66a18 et passim (→ غاية) اوّله من
فى اوّل من اوائل in principio (c. gen.) 78b23 ـ فى اوّل _ incipiens ex 79b11-2 in
principio (c. gen.) 78b3 ابتداء اوّل principium 44b20 ابتداء واوّل principium 65b
15-6 66b27(inv.) اوّل واحد principium 65b14 ... وعين اوّل principium ... et fons
68a14-5 ان تكون له اوائل كثيرة ut habeat multas †induationes (→ adn. ad loc.)
باوّله وابتدائه multa principia distincta 65b29 اوائل كثيرة مفترقة cum eius 82b29
principio 54b8 الاوّل المحرّك primum movens 46a32 الاوّل الذى فى القلب principium quod est in corde 65a17 بالاوّل المشترك secundum principium commune
43a10 فى اوّل ذكر تلك ante istud 78a26 اوّلا prius 39b4,5,9 44a25 47a5 48b11
52a18 65a18 et passim; superius 79b8 (80a12) اوّلا فاذا prius ... et cum 86b13 اوّلا
... ثمّ ... prius ... et post hoc 45b1-2 اوّلا ... prius ... deinde 39b28
40a14-5 48a21 64b14 وبعد ذلك
آلة instrumentum 41a11 50a8 53b24,9 56a36 59a11 61b33 83b7 94b13-4 et passim
آلة لها ثلاثة instrumentum 87a10 ثلاثة الآلة tria instrumenta 57a9 آلة من الآلات
ارجل instrumentum habet tres pedes 41a32 شىء من الآلة او من الآنية aliquod
instrumentum 45a31 آلة الحسّ instrumentum sensus 47a7,12 56b6,20,6 91a11 آلة
الحسّ الاولى primum instrumentum sensus 56b35 آلة السمع instrumentum auditus
56b14,28 91a13; auditus 56b14 آلة حسّ السمع instrumentum sensus auditus 56b16
آلة البصر instrumentum visus 91a12 آلة حسّ البصر instrumentum sensus visus
57b23 آلة مشمّة instrumentum odoris 91a12; instrumentum olfactus 58b34 آلة حسّ
المشمّة instrumentum olfactus 58b27; nasus 82b36 آلة التنفّس instrumentum anhelitus 64a29-30 الاعضاء التى هى آلة membra organica 46b26 كلّ واحد من الاعضاء
التى هى آلة quodlibet membrum organicum 47b23 الآلة organica (sc. membra)
الآلة التى اجزاؤها لا تشبه بعضها بعضا membra organica 56a1 → تنفّس 56a2

ايّل cerva 88b24 آيلة cervi 63a10 63b12-3 67a20 77a32 اناث الآيلة feminae cervorum 64a3,6 اناثها ... ذكورة الآيلة mares cervorum ... feminae 62a1-2 دم الآيلة sanguis cervorum 50b15

اوميرس اوميرس الشاعر (L.) Homerus versificator 73a15

فى اوان التنفّس apud anhelitum (horam anhelitus B) 65a19

اوى فى اوى maneo in 58a7 69a11-2 69b7 81a16,26 84a5 93a2,6,22 94a8; sto in 94b15 مأوى mansio 79a10 84a5 91a26 91b21 93a3 94a7 94b15 مأواه فى الماء mansio eius in aqua 59a32; manent multum in aqua 62b10-1 الذى مأواه فى الارض manens in terra 57b28 لمأوى فى البرّ وفى قرب المياه ad habitandum in desertis et prope aquas 59a2-3

اىّ quis, qui (interr.) 39b13 40b22 (42a4) 48a24-5 49a12 73b13; quidam 79a24 العلّة التى هى مثل هذه واىّ علّة هى ومثل هذه الفنون qui istorum modorum 40a9 باىّ قوة ماذا quae causa est talis causa 40b6 فى اىّ الاشياء in quibus rebus 40a9 باىّ نوع per quam virtutem 40b21-2 باىّ نوع per quem modum 44b16; quomodo 68a7 78a16 لاىّ علّة qua de causa 65b11 78a5 79a23; propter quam causam 53b15; causam propter quam 67b13; propter quid 40a9 49a34 67b13 73b13; quare 67b20 من اىّ موضع a quo loco 64b13 ايّما quilibet 41b27 42b32 68a33 ايّما كان *(qui-cumque) no Latin equivalent 51b12 87b4 → جزأ

ايسوبوس alcinoz 63a35

ايضا etiam 44a35 et passim; similiter 46a1 65b1; similiter etiam 66a24; often neglected: 40a24 82b31 92a9 etc. ينبغى لنا ان نعطف ايضا ونعود الى ذكر debemus reverti ad dicendum 82a31 استبان ايضا revertor ad priorem statum 68a30 (when ايضا = πάλιν it is usually neglected: 53a7 etc.) وايضا et etiam 60b32 61a20,3 96b34 ايضا ... و et similiter 77a33; et similiter ... etiam 39a11 66a24 92b7 كذلك على مثل هذه الحال ... ايضا similiter 49b19 63a11-2; similiter ... etiam 42a12 وهنا ايضا similiter 42a23 و ... ايضا على مثل هذه الحال et similiter etiam 71a26 ليس, بل العرض يعرض على مثل هذه الحال ... ايضا et similiter etiam 46b5 → ايضا

ب cum 62a13 63a12 84a33; in 40a24 40b35 49b3; per 39b15 40a25 50a18 53a5 61b26; propter 47a8; secundum 39b22 41a29 42b21 63b2 omnia passim لا ... إلا بالرجل التى فى المؤخر non ... nisi difficile 83a17 بعسر pede posteriori 86b16 بجميع هذه الانواع omnibus istis modis 48b25 (→ نوع etc.) بلا sine 45a29 47a21 86b30 89b17

باء الخط المستقيم اعنى الذى عليه الف وباً (Kruk) linea recta AB (math.) 85a2

بئر الأبار (Bad.) بير *الابيار; (Kruk) *cisterna 75a13; *الأبار بئر (Kruk) بئر

بئس بئس ما ظنّوا male dixerunt 65b28

باطوس batoz 95b28 96a25; tehabitoz 97a6 (→ app. ad loc.)

البتّة ... اذا لم ... si non 87b12 92a11-2 لم, ليس ... البتّة (sometimes ignored: البتّة) ليس لا ... البتّة non 41b25) لا non ... omnino 51a5 68a4 73b17 77b3-4 83b8-9 93b24 ليس ولا ... البتّة non ... omnino 57b32 68a34 76b25 80a11-2 et passim

لا (ليس) ... شيء من ... البتّة nullus ... لا nullus ... non ... sicut neque ... omnino 95b24 البتّة
قليل الولاد او لا تلد البتّة paucae generationis aut nullius omnino 71a26 78b35 لا ... كما لا ... البتّة ... non ... sicut neque ... omnino 50b4 ... لا omnino 51b13
ليس ... البتّة ... non (est) ... omnino 43b13 52a2 بل البتّة non ... omnino sed 50a11
54a22 64b11; nullus ... est 41a35 البتّة ... ليس لـ ... caret omnino 75a9 87a3 ... لم
ليس يمكن ان ... البتّة est impossibile ut ... omnino non ... omnino 54b22 البتّة
77b3

بحر mare 80a36 81a19 امواج البحر undae maris 85a32 بحري marinus 71a24, 8
الحيوان البحري animal marinum 54a21 57a22 60b34 76b2,21 78b22 81a9,35 96b3
صلاحى, حيوان ←

بخت erit يكون بالبخت casu 41b23; ex casu 40a32; per casum 41b22,7 من البخت
casu 84a35 ولا كما جاء ولا بالبخت neque casualiter 45a23

بخار vapor بخار الحرارة vapor 49a22 53a4 72b17 بخار الارض vapor terrae 53a4-5 بخار
caloris 53a35 بخار الغذاء vapor cibi 52b36

مبدّد omnino 42a19 لا بدّ من ان يكون بدّ لا يجد بدّا من ان omnino debet esse 66b22 بدّ
مبدّد حول (= 'divisus circa') no Latin equivalent (or: distincta a13 ?) 80a14 NB.
in GA 721b34 read 'divisum' instead of 'diversum'

بدأ exivit prius 41b35 بدأ ب بدأ فى incipere 39b5 تبدا incipio in 82a32 85b30 بدأ
ابتدأ من incipio 46a3 55b28 ابتدأ ب ابتدأ من incipiunt inferius 50a30 اسفل
incipio de 40a13 ابتدأ بالقول incipio 66a12 من هنا ابتدأ ex illo incipio 77b34 ex
ابتداء principium علّة بادئة على كلّ حال واحدة بادى ء est eadem causa 39b15
39b12 41b5-6,14,29-30 42a7 47b5 50a7 52a25 54b11 56a28 57b21 et passim ابتداء
اوّل principium 44b20 55b37 85b21 واوّل ابتداء principium 65b15-6 66b27 (inv.)
ينبغى fons et principium 66a8 باوّله وابتدائه cum eius principio 54b8 عين وابتداء
لنا ان يكون ابتداء قولنا من تصنيفها اوّلا debemus incipere in narratione eorum
prius 56a10

بدل muto 68b21 بدل loco (c. gen.) 52a19 52b32 53b36 57b34 58a28 et passim بدل
وبدل ... بدل لـ ... habet loco ... et loco 93b11

بدن corpus $L^1\Sigma$ 42a30 (→ مدن) بدنى habens corpus ?54a25 ( pro دمى = habens sanguinem)

بذر كلّ زرع (و) من كلّ بذر ex quolibet semine 41b27

برّ تربط السفن فى فى البرّ in agresti 76b3; in desertis 59a3; in terra 93a2 94b15 برّ
البرّ ligantur naves 70a10 الذى يقرب من البرّ prope terram 84a5 فى قرب البرّ prope
terram 79a11 برّى agrestis 48a26 97a29 97b2-3,9; silvestris 69a10,2 71a18,25,8
الحيوان البرّى agrestis 43b5 البقر البرّى vacca agrestis 63a14 برّى وحشى animal
agreste 90b22; animal silvestre 42b20 69a12 77b20 الحيوان الذى طباعه برّى
animalia agrestia 61b4 البرّى agreste (sc. animal) 97a30 97b5; silvestre (sc. animal) 43b3

برئ يكون عسر البروء جدّا بروء est difficilis curationis 71b9-10

بربرى برابرة barbari 73a25

برد ب infrigidor 48b20,8-9,30 49b32 53a1 53b4 58b9 66b3 67a28 82b20 برد infrigidor per 69a5 برد من infrigidor ex 69b1 اذا بردا شديدا ... quando infrigidatur ... infrigidatione magna 48b33 برّد infrigido 50b28 53a12 (56a22) بارد
frigidus 40b10 بارد خاصّة اكثر من frigidus magis quam 66b9 ابرد frigidior 47b32
48a4,7 52b35 67a2,19 70b19 ابرد من غيره frigidior 50b17 الاسخن والابرد 'calidus'
et 'frigidus' 48a35 بارد frigidus 53a6 56b1 65b30 الماء البارد aqua frigida 50b29
in اذا كان ... باردا animal frigidum naturaliter 82b2-3 الحيوان البارد الطباع
frigore 51a16 بارد جدّا valde frigidus 52a28,35 بارد frigidum 41b15 46a17 47a18
48a21,35 49a18 51b12 70b22 برد frigiditas 50b20 52a34; frigus 48a27 51a8 65b30
اذا كان زمان شدّة افراط البرد multum frigus 80a30 برد طباعه frigus naturale 82b1
البرد in frigore 80a29 برودة frigiditas 53a7,33; frigidum 53a33; frigus 49a30
(51a9); infrigidatio 48b20 تبريد infrigidatio 66b8 68b34 69a2 (*92a23) 96b23
برز بارز prominens 90b25
سامّ ابرص مستطيلة الجثّة ليس sam ابرص برص lacertus 60b6; lacertulus 69a29 91a6
لها رجلان lacertuli longi corporis carentibus pedibus 76a26
برغوث جنس البراغيث pulices 83a34
برفوري L barcora 79b14
برفيري bokori 61a22
برمنيدس* برسيون s.p. L) Gorcion (= Parmenides) 48a29
برناسوس barneteoz 81a23
بستان (68a18) فى البساتين in hortis 68a14
انبسط extendor ex 89a30 انبسط من قبل extendor 60a24 انبسط extendo 83a35 بسط
فى expandor ad 66a15 مبسوط extensus 78b27 79b1,11 82a14 94b21,7 96b13,
20(pro simplex): simplex 43b30 47a1 49a12 75a33; simpliciter (pro simplex)
47a14 الاعضاء المبسوطة membra simplicia 47a14,28-9 بنوع مبسوط modo simplici
45b5; simpliciter 39b24 ذلك بنوع مبسوط دون غيره hoc est modo simplici 47a16
بقول مبسوط كثيرة بنوع واحد او بانواع كثيرة simpliciter aut multipliciter 48b11
simpliciter 93a20 (94b2) بقدر قول القائل بقول مبسوط secundum quod potest
homo dicere simpliciter 46b34 بسط extensio 54b18 88a16 انبساط extensio 54b22
المدّ والانبساط extensio 46b19
بشر بشر مثل هنا لم يعرض لبشر بشرة بشرة ... لـ numquam accidit tale 73a26
كثيرة habet cooperimentum multum 66b5 مباشرة الطباعية مباشرة (= Historia
animalium) no Latin equivalent 50a32
ابصر video 56b31 يبصر بصرا ضعيفا vident a remotis 57b24 يبصر من بعد vident
debiliter 57b36 لا يبصر بصرا حادّا non vident visu acuto 83a28 بصر visus 48a19
48b16 58a2,4 الذى له بصر habens visum 56b1 بصر العين visus 57a31 آلة البصر instrumentum visus 91a12 حدّة البصر acumen visus 57a34; acutus visus 57b24,9 91a
25-6 حادّ البصر جدّا acuti visus valde 57b26 مانع يمنعه من البصر prohibens visum
58a7 حسّ البصر sensus visus 53b25 56a32-7 56b1,29,31 57a3 آلة حسّ البصر
instrumentum sensus visus 57b23 صفاء وحدّة البصر depuratio visus 53b25 سبل
البصر via oculorum 56b17

INDEX ARABO-LATINUS 459

لا يصلب ... الا بطيئا non tardus 48b20 57b17 بطىء tardo ad 96b29 أبطأ بطؤ retardo
durescit ... nisi tarde 53a34 أبطأ tardior 48b34 إبطاء tardatio 59a32; tarditas
82a37 85a8 اناة وابطاء no Latin equivalent 91b21
على otiose 95b19 بنوع الفضلة والباطل otiose 91b4 بنوع باطل otiosus 75a8 باطل بطل
باطلا otiose 45a23 مخطىء مبطل مبطل errat et otiatur 42b18 وجه الباطل
58a9 83a24 باطلا وفضلا superflue 61b24
بطن venter 40b13 50a17,23-4 53b11 55a2 60b20 62a10 et passim; venter (=
ventriculus sc. cordis) 66b21-35; plur. ventres (= four chambers of stomach in
ruminants ) 74b11-6; ventriculus (sc. cordis) 67a30-1 69b23 فى البطن الايسر in
parte sinistra (pro ventriculo -o) 67b2 بطون الساقين domesticum cruris (calves
of the legs) 89b15; crura domestica et crura 89b21; crura 89b23 البطن الاول
venter primus 74b11 البطن الثانى venter secundus 74b12 البطن الثالث venter tertius 74b13 76a9 البطن الرابع venter quartus 74b13 البطن الاخير venter ultimus
76a9 بطن واحد unus venter 76a7,12-3 76b4 77b17 بطنان duo ventres (= ventriculi) 66b22 البطنان الاوان duo ventres primi 76a8 عضوان تشبهان البطون duo
membra similia ventribus 78b30 ثلاثة بطون tres ventres (= ventriculi) 66b21 لـ
البطن ... habet (habens) multos ventres 74b7 76a17 77b17 80a9 بطون كثيرة
الاسفل venter inferior 76b18 والاسفل البطن الاعلى venter superior et inferior
50a13 75b18-9,24-30,35 البطن الذى يسمّى باليونانية venter parvus 75a24 بطن صغير
يسير على (= ἐχῖνος manyplies) venter qui dicitur graece hahinoz 76a17 اخينوس
جفاف ويبس moventur super ventrem 39b3 ثفل البطن faex ventris 77b8 بطنه ويبسّ
البطن desiccatio ventris 70b7-8 حال البطن dispositio ventris 76a22-3 80b27 سهل
البطون fluxus ventris 79a26 طول البطن longitudo ventris 88b19 عدّة البطون
numerus ventrium 80b5 عظم البطن magnitudo ventris 75b3 *no Latin
equivalent 77b19 فضول البطن superfluitas ventris 70a31 (75a19) فضلة البطن superfluitates ventris 64b16 الفضلة التى تخرج من المعاء الذى يلى البطن superfluitas
ventris 79a2 فضلة بطون الكلاب superfluitas a ventre canis 75a36 قوة البطن natura ventris 78a13 الى ناحية البطن 74b28-9 قوة وحرارة البطن virtus et calor ventris
البطن ad partem ventris 81b23 وضع البطن situs ventris 64a25 وسط البطن medium
ventris 77b18,34 88b1 95a2 باطن الجسد الاعضاء التى فى membra interiora
92b1 لا فى ظاهر الجسد ولا فى باطنه neque extra neque intra 97a10
بعد removeor 48b23 لو كانت تبعد بعضها من بعض si essent remotae ad invicem
تخالف 96a14 لا يبعد بعضها من بعض بعدا كثيرا non remotae ad invicem 44b4
كلّ ما بعد بعضها بعضا ... وتبعد بعضها من بعض diversantur ad invicem 45b29
كان بعضه quicquid fuerit remotum ab eis 85a35 بعيد remotus 79a17 81b27 عنها
بعيدا من بعض sunt remota ad invicem 80b24-5 توجد بعيدة من invenitur remote
ابعد ab 77a4-5 من موضع بعيد remote 63a15 فى مكان بعيد a loco remoto 57b26
فى بعد منه امكن وابعد magis possibilis 63b7 بعد (91a25) على بعد remotus 80b31
remote 84a24 من بعد a remotis 57b24 بعدُ (prep.) post 53a34 57b21 64a25-6
73a21,9,30 73b27 et passim بعد ... ثم ... وبعد ... وبعد post ... et post ... deinde

ثم بعد deinde 78b25-6 وبعد ... ثم ... وبعد ... deinde ... deinde ... et post 84b25 بعد
et وبعد ... وبعد ذلك ... وبعد ... deinde ... deinde 75b8 وبعد ... هنا ... deinde وما بعده
post ... deinde ... deinde ... post 79b8-11 بعد ذلك post hoc 41a20 ذلك وبعد deinde
79b9 يتلوه ... وبعد ذلك deinde 80a7 وبعد ... وبعد ذلك deinde ... deinde 80a7
postquam 73a14 76b3 79b28 بعد ان prius ... et post hoc 45b1-2 اوّلا ... وبعد ذلك
quam- وهو بعد صغير جدًّا بعدُ post abscisionem 82b30-1 بعد ان يقطع 82a5 82b22
vis sit valde parvum 65a34 بعد ... لم adhuc non 51a17-8 70b30 75b35 الذى لم
ينضج بعد indigestus 50a15

longaon 75b10 مبعر بعر

بعض quidam 40a3 42b7 46b31 50b25 54b18 58a1 *et passim* بعض الناس multi homines 51b21; quidam homines 43b28 55b33 56a15,8; quidam 46a13 ... بعضه
وبعضه quidam ... quidam 60a35 60b1 61a10-2 *et passim*; *sometimes untranslated*
موافق لبعض الكلام ... ومنه ما بعض quidam ... et quidam 94b2-3 59b15-6
والتصويت conveniens ad loquendum 61b14 ولبعض ... لبعض quibusdam ... et
aliis 46b18 وبعضه ... صار بعض in quibusdam locis ... et in quibusdam 41a12
ولبعضه ... لبعضه quando ... et quando 88b33 دخول بعضها فى بعض introitus
quorundam in quaedam 54b18 consimilis in 78b28 شبيه بعضه ببعض ب بعض عمل
الفم quiddam operationis oris 74b28 وبعضها ... بعض الاشياء quiddam ... et
quiddam 49b4 آخر وبعضه فى ... بعضه فى quidam in ... uno et quidam in alio
42b11 بعضا الاعضاء التى اجزاؤها تشبه بعضها membra quae assimilantur in
partibus 40b20; membra quae habent partes consimiles (ad invicem) 46a23
47a1; membra consimilia 46b19,31 47a15 47b9 الاعضاء التى اجزاؤها لا تشبه بعضها
dissimilia membra 46b31; membra organica 46b34-5 47a2 47b9 55b18 (→ بعضا
ركّب) بعضها مائل الى بعض تقارب بعضها بعضا appropinquantur ad invicem 45b23
quando اذا اجتمع وانضم تحزيزها بعضه الى بعض declinans ad invicem 63a14-5
constringitur et adunatur in se 82b24 متّصل بعضه ببعض continuum ad invicem
54a34 بعضها يدخل بعضها من بعض بعدا كثيرا non remotae ad invicem 44b4
فى بعض qui sunt quasi الذى ينطبق بعضه على بعض siti ad modum serrae 61b19
serra 84a30 يكون مداخلا اعنى يقع بعضه فى داخل بعض intrant se secundum serram
سحق, خلف, بعد ← obtundantur 61b22 تفسد حدّتها من سحق بعضها ببعض 61b21
etc.

بغتة subito 75b21

بغل mulus 74a4,27 76b26

بغى ان ينبغى debeo 39a7,13 39b8,23 43b10 56a3 *et passim*; licet 40a10 40b18 42b4
53a8 *et passim* ننفقّد ينبغى debemus considerare 63b6 فى المكان الذى ينبغى in
باضطرار loco in quo debet esse 58b28 اكثر مما ينبغى magis quam debet 53b3
ينبغى ان necessarium est ut 65b11 74a14,9 ل ينبغى ان يعرض ذلك hoc accidit ut
ينبغى ... ان debeat 44a28 debet (c. inf.) 39a15 ل ينبغى ل ان كان si ... debeat 44a28
ينبغى ان لَـ ... ان 87b15 debemus 40a13 61b27 *et passim* لا ينبغى لنا ان non est conveniens 42b10; non
est rectum 42b16 ينبغى ان ليس مما ينبغى non est rectum 42b10 قد كان مما ينبغى ان
rectum esset quod 77a36

## INDEX ARABO-LATINUS 461

بقّ cimices 61a24 62b9

بقر vacca 43b6 74b4 88b24 البقر البرّى vacca agrestis 63a14 البقر الذى يرعى من
خلف vaccae pascentes ad posterius 59a19 رئة البقر pulmo vaccae 71a18 طحال
البقر splen vaccae 73b34-74a1 قرون ذكورة البقر واناثها cornua vaccarum et taurorum 62a2-3 كلى البقر renes vaccae 71b5-6 جنس من اجناس البقر unum genus vaccarum 66b19

*لتبقى بقى remaneo 53a23 68a28,31 72a4 (77b12) 78a22,4,9 et passim; sum 72b15
برباط ut sint ligatae cum 70a9-10 بعد الذى بقى residuus 85b30 بقى فى remaneo
in 49a25 بقى فيما بين remaneo inter 64b34-5 بقى من remaneo ex 64b34 يبقى
كثيرا زمانا vivunt multum 77a33 لا يبقى بعد ذلك non remanet ... post hoc
41a19-20 بقى ان نذكر remanebit ad dicendum 45a5 باق alius 39a22 80b11; remanens 56b2; residuus 56a31 (96a18, 32 L) الباقى منها residuum (subst.) 63b15
قد بقيت بقية جدّا جاسية ارضية بقيتها يبقى remanebit in eis valde durum 53a26-7
بقية ... فى remansit in ... aliquid 49a26-7 بقية الاعضاء membra residua 46a1 الى
بقية الشجر ad totam arborem 50a26

بل autem 87a9; et 52a13; sed 41a20 41b36 44a35 et passim لا ... بل non ... sed
47b14-5 64b14-5 97b23 بل البتّة ... لا non ... omnino sed 50a11 بل ... ليس non
... immo 44b11-3; non ... sed 46a15 46b35 47b19 54a17-8 61a5 71a10 78b21 et
passim ليس ... فقط بل ... ( ايضا ) non solummodo ... sed (etiam) 72b34-6 89b3
90a2 94a4; non ... tantum sed (etiam) 56b7-8,29 63b6 64b1 66a19-20 71a3-4
74a4-5 85a28-9 87b31 96b27-8

بلد فى بعض الاماكن والبلدان in regione 96a5 *البقعة التى فى البلد in quibusdam
locis et regionibus 69b34 فى اماكن وبلدان كثيرة in locis multis 55a8 بلدة regio
73a17 77a2

بلع ابتلاع transglutio (64b34) 90b31 91a1

بليغ completus 53a20 يقبله وطبخه بليغ محكم recipit ipsum bene digestum
74b13 ابلغ perfectior 56a17 (56b4) 70b27 وابلغ ... اجود melius ... et perfectius
41a10 اكثر وابلغ magis et perfectius 45a1-2 بلوغ بلوغه الى applicatio eius ad
79a17 مبلغ بقدر مبلغ رأينا secundum perfectionem opinionis nostrae 45a6

بلغم نازلة بلغم phlegma crudum 77b7 البلغم الخام catarrhus phlegmatis 53a2

بله الحيوان الابله الكسل بله animal paucae segnitiei 67a10

بلى التى تبلى وتفسد غير مولود لا يبلى non generabilis neque corruptibilis 44b23
بلى quae corrumpuntur 45a1 بلى corruptio 39a21 وفساد بلى corruptio et senectus 51
b11 مشترك فى الولاد والبلى velocis corruptionis 54a14 سريع البلى والفساد generabilis et corruptibilis 44b24

بنى بناء aedificator (= بنّاء pro aedificatio) 46b3-4; aedificium (pro aedificatio)
46b4 (68a16,9); carpentaria 40a16 بناء البيت aedificatio 39b27 مثل سياج وبناء
حائط sicut murum 72b20

باب ناب unus culmus (= ناب pro una *valva) 83b10 باب واحد unus culmus (= باب
pro una *valva) 79b17,23 80a22 بابان duo culmi (= نابان pro duae *valvae) 79b

منه ما يوجد انيابه 83b11,4 80a23 17-8,25-7 ($L^1$) quaedam habent culmos (pro ابوابه $GL^2$ *valvas) 83b17 فى ناحية الابواب in partibus portarum (flap) 84a22
ابهام pollex 87b11-5,21
بورفيرى barcora 79b20
ناحية البحر الذى يسمّى باليونانية بورييوس *اورييوس بوريوس pars maris quae dicitur Borioz Horinoz 80a36-b1
باز accipiter 70a34
mingunt بال يبول الى خلف illi qui multum mingunt 70b9 الذى ييولون بولا كثيرا سبيل فضلة البول via exitus urinae 97a13 بول retro 89a31,4
صورة البيت forma domus 67a25 46b4² 46a27-8 39b25 aedis 46b4¹; domus بناء البيت aedificatio 39b27 45a35
باد باد وباد هلك وفنى فى morior 51b3 باد transeo in 88b4
يبيض بيضا فى اجوافها ovat 84a23 يبيض البيض ovat 84a24; facit ova 92a13 باض (الذى) يبيض بيضا ovant prius in suo *interiori 76b3-4 اوّلا ovans 57a21 57a23 57b5-22 59b1 60b3 69a29 85b32 86a2 89b3 90b13,7 91a5,10 et passim الحيوان الذى يبيض بيضا animal ovans 69a27 70b1,13 73b20-1,29 السمك الذى يبيض بيضا pisces ovantes 55a19 الاصناف التى تبيض modi ovantes 84a24 بيضة ovum 80b20 ذلك الذى يسمّى بيضة illud quod dicitur ovum 80b6,13 بيض ova 80a18, 24ff. 92a13 بيض ليس له بيض caret ovis 92a15 كثير العدّة multa ova distincta 80a13 البيض الذى يطفو ova aequalia numero impari 80b3-4 مساوى فرد العدد natant 80a17 عدّة البيض numerus ovorum 80b18 وضع البيض situs ovorum 80b20 بياض albedo 49b26 الرجل الابيض albus (a white man) 49b26 ابيض albus 43b21 79a17 اصناف البياض modi albedinis 43a20-1 43a32 49b26
بان بيّن declaro 40b27 45a5 47b8 52a21 53b9 63b20 et passim; dico 78a33 قد بيّنا ... واوضحنا iam declaravimus ... et declaravimus واوضح declaro 46a8 ينبغى ان يقال declaro et distinguo 56a29 ميّز وبيّن distinguo 39b13 بيّن وميّز 44b16 ذلك سيتبيّن ( ؟ ) ان per hoc debet, licet dicere et declarare 40b18 41a15 ويبيّن manifestatur quod 50a34 استبان declaror 43b26; manifestor 64b13 65a20 68a35 يستبين ان revertor ad priorem statum 68a30 استبان ايضا 81b29 85b24 manifestum est quod 49b21; manifestatur quod 56b11 76b22 يستبين ذلك hoc manifestum est 46b2 يستبين لنا ان manifestatur nobis quod 53b30 استبان ب manifestor per 77a10 استبان فى appareo in 45a13; manifestor in 45a12 لا يستبين non manifestatur visui 85b24 بيّن manifestus 44b25 48b14 56a36 59b3 69b25 73a2 81b8; manifestor 68a34 بيّن ظاهر manifestus 39a2 40a14 ذلك بيّن لنا (hoc) manifestum est visui 88a1 manifestatur in 68a2 بيّن فى ظاهر لنا لانّا نعاين الذى جزعه بيّن ... خاصّة manifestatur proprie in 65b21-2 (ليس) ذلك بيّن جدّا فى manifestatur timor 67a22 بيّن ذلك hoc manifestum est 56a31 65a33 بيّن فى hoc (non) manifestatur in 65b6 69b32 76b19; hoc manifestum est ex, in هو بيّن (ان) ذلك يكون بيّنا فى hoc manifestatur in 68a21 manifestum est (quod) 78a4 89a20 هو بيّن ل manifestus est (c. dat.) 64b12 ذلك بيّن من hoc 78a33 91a17

sentiet كان له حسّ بيّن manifestatur ex 53a21 66a8; hoc manifestum est ex 60a25 بيّن واضح sufficit 65a34 apparent manifeste يظهر ظهورا بيّنا manifeste 50b6 (pro manifestum est) 40b32 (هو) بيّن ان manifestum est quod 39a12 41a14-5,29 44a1 46a29 46b5,29 48b4 64a22 et passim; manifestum est quoniam 48b22 هو غير بيّن ان ظاهر manifestum est quod 40a13 هو بيّن من manifestum est ex 77a29 ابين بيّن وغير محدود latens est non manifestus neque determinatus 39a22 manifestior 82a8 83a33; distinctus distinctione manifesta 79b4 اوضح وابين magis manifestus 49a33 ابين ان manifestum est quod 57a2 بين inter 54b25 55b37 62b 13, 8 79b6 et passim; فيما بين intra 54b7 بين inter 42b22 47b2 54b6 56b32 62b10 63a27 et passim; فيما بين و ... inter ... et 54a15 64a31 82a2; est medius inter ... et 79b8 من بين inter 53a31 66a21 67a32 87a5 89a23 89b11 الذي بين inter 40a12 بين ... و ... inter ... et 49a1-2 72a12 72b20-2 76a36 et passim; inter ... et inter 92b8 بين ... وبين distinguit inter ... et 78a34 يحدّ ويميّز ما بين ... و inter ... et 41a35 76b1-2 88a11-2 88b20 فيما بين ... و ... تفرق ... بحدّ ما بينهما inter ... et ... sunt 61b9 اختلاف ... و ... بين 62a2-3 inter ... et ... est diversitas 62a2-3 ينبغى للحيوان ان يتقدّم وييصر ما est medius inter ... et 61b10 واسط فيما بين ... و بين يديه animal debet videre quod est ad anterius 56b30-1 coram (c. abl.) 64b3 64b20 65a9-10 (→ خلاف, اختلاف, منع)

تبع ad- تابع ل consequor 46a20; sequor 40b1 تبعًا ل يكون تبعا ل sequitur 92b22 متّصل متتابع iuvans (= نافع pro *consequens) 46a18 متتابع succedunt sibi 71b18 continuus successivus 43b18 80b25(inv.); sibi continuantur succedendo 72b7
تحت sub 54b30,3 58a26 59b20 60a14 77a25 et passim
ترك التي تركنا صفتها dicemus cum 55b24 تركنا ذكرها مع ذكر quae dimisimus 82a32
تعب بلا تعب وبغير عناء sine مع تعب وكدّ cum labore et difficultate 44b31 تعب labore 89b17
تلا الذي يتلوه sequor (78a24) 61a34 65a28 67b15 73a4 sequens ipsum 50a16; post 74a12 ما يتلوه quod sequitur ipsum (eum) 40b3 55b16 متّصلا ما يتلوه quod sequitur ipsum continue 39b28-9 يتلوه ... وبعد ذلك deinde 80a7 sermo sequens يتلو قولنا ذكر sequitur 68b31 يتلو قولنا 46a29 الكلام الذي يتلو sequitur dicere de 52a24 الذي يتلو قولنا ذكر sequitur in sermone nostro dicere de 49b9
تمّ تامّ compleor (86b7) 86b30 تمّ no Latin equivalent 74b11 اتمّ compleo 74b28 تامّ الحيوان التامّ الدمى ut compleatur 74b9 لكى يكون تامّا animalia perfecta habentia sanguinem 82a24 اعضاء تامّة membra perfecta 95b17 تامّ كامل completus et perfectus 64a29 تامّ كامل الطباع (est) perfectae naturae 82b31 تمام complementum 39b29 41a28 41b24,32 42a33 45a25 46b8,10 50a27 58b21,2 65a24 73b27; perfectio 57a24; terminus 75a35 (75b1) تمام غاية ـ complementum 75a16 عند تمام apud complementum غاية وتمام complementum 69a12 72a4; finis 58b21 89a3 لحال التمام propter complementum 39b27 تكون تماما لغيرها sunt complementa aliarum 45b30-1

التماسيح (fluviale .sc) 91b6 tenchea التمساح النهرى tenchea 60b25,8 90b20 تمساح
افواه التماسيح tenchea fluviale 91a18; tencheah fluvianum 60b15 النهرية orificium
tenchea 91b24 لسان التمساح lingua tenchea 60b29,33
تنّور (θώραξ) التنّور اعنى الصدر وما يليه clibanus scilicet pectus et quod vicinatur
ei 84b28
ورق شجر التين folia ficuum 68a24 تين

ثبت 41b29 (=oritur (L) تثبت 89b16 (ينبت =) nascitur يثبت (remaneo 81a7*) ثبت
وهو ثابت fixus 56a1 56b2 82b13 ثابت قليل الحركة fixus pauci motus 82b16
الحيوان الثابت animal fixum 81b35 على الارض eundo fixē super terram 94a17 ثابت
جيّد الثبات bonae fixionis 95a13 لثبات ad figendum 85a28 90b1 ثبات fixio 90a15; infixio 52a17 طباعه ثابت natura eius est fixa 83b5
ثخن اغلظ اثخن اثخن inspissor 68b10 غلظ وخشن ثخن spissior 47b31
ثدى mamillae sunt duae 88a25 الثديان اثنان 88b9,11,4 92a9 mamilla 88a21,3,9,33
duae mamillae 88a19,34 88b5-6,15,8 ثديان فى الصدر duae mamillae in pectore 88a18-9 ثدى كثيرة 88b10 multae mamillae 88a34 كثرة الثدى multae mamillae 88b17 حال الثدى dispositio mamillarum 88b33 وضع الثديين situs mamillarum 88b19
ثرب zirbus (στέαρ) 47b13 51a20 (ἐπίπλοον = *omentum) 51a23, 5, 27-8, 30, 4 51b5 52a10 72a12 77b15,29 ... كان الشحم والثرب pinguedo et zirbus 51b4 72a5,7,12 efficitur pinguedo aut zirbus 51b3 الذى له ثرب habens zirbum 77b15 شحما وثربا ثربى zirbosus 52a7 الحيوان مما يحمل الثرب animalia zirbosa 72a11
ثفل faex (47b28) 71b20 77a14 الثفل الابيض الارضى faex alba terrestris 79a17 ثفل البطن faex ventris 77b8 ثفل الشراب الاسود faex vini nigri 64b17
ثقب perforo 61a22,4 ثقبة foramina 69b7 91a26 ثقب الصخور foramina lapidum 84a5 مثقب serra (= منثار pro *terebra) 41a9
ثقل ثقل (Kruk 53a13) تثقل رؤوس aggravo 73b8 gravantur capita 53a18-9 ثقل على ثقيل ponderosus 40b11 53a14 94a11 ثقيل الجثّة ponderosi corporis 53a18 94a12,7 ثقل الطيران ponderosus 57a28 ثقل corpus 59a28; gravitas 57b7; ponderositas 46a18 47b28 48b7 53a13 55a11 83a11 95a7; pondus 59a29 59b8,9 63b14 85a19-20 86a30 86b25 89b26 95a12; pondus magnum 63b4 ثقل حمل pondus 56b10 89b15; ferre pondus 86b2 ثقل الجثّة pondus corporis 94a7 ثقل الجسد pondus corporis 85a20 90a30 لحمل الثقل inducit pondus 90a14 يكون منه ثقل ad portandum pondus 90b1 لحال كثرة الثقل والحمل ad portandum pondus 89b15 ... من اجل ان عظم لـ ... ثقل ... وثقل propter ponderositatem et gravedinem 59a26-7 كثير ... ponderosus 47b3 اذا كثر ثقل الجسد si corpus fuerit valde ponderosum 86a32
ثلاثة له ثلاثة ارجل habet tres pedes tres 46a12 56a31 57a9 66b21,33 80b23-4 95a19 ... واحد كان الحيوان ابن ثلاثة ايّام forte erit animal trium dierum 65a35 41a32 الثالث tertius 42a7 اثنان ... ثلاثة ... كلّها unum ... duo ... tria ... omnia 42a21-2 بنوع ثالث secundum tertium modum 46a22 46b9 55b36 70a30 74b13 76a9 86a11

## INDEX ARABO-LATINUS 465

مثلّث الشكل المثلّث figura trianguli 43a30 45b32
ثمّ ... اوّلا prius ... deinde 39b5 46b8 59b25 et passim; et 83b15; et post 39b10 ثمّ
(بعد →) ثم بعد هنا ... وما بعده deinde ... deinde 75b8 deinde 39b28 48a21 64b14
ثمر ثمرة fructus 55b36; no Latin equivalent 53a24 اصناف الحبوب والثمرات modi
granorum 53a24 الى بعض الزرع والثمرات in hortum 58b18
ثمانية octo 85a23
ثنا declino 94b28 *يثنى الى تثنى رجليها flectunt pedes constringendo 83a35 est
incurvatus ad 85a2 انثى duplicari 59a33; reflector 54b15 لئلا ينثى ut non flecteretur (eius corpus) 54a24 على خلاف ... ينثى sunt ... econtra 83b34 مثى مُثنى
الى ما يلى est incurvatus versus 85a1 اثنان duo 42b8 54a35 (67b20) 88a25-6
واحد ... اثنان ... ثلاثة ... اثنتان 97b21 رجلان اثنتان duo pedes 95a3,9,14 88b18 93b2,14
كلها ... unum ... duo ... tria ... omnia 42a21-2 مجزّأ باثنين divisus in duo 91a27
باثنين مشقوق fissus 59a26; fissus in duo 82b17 مقسوم باثنين dividitur in duo
69b24; divisus in duo 69b30 يجزّئون ... فى اثنين dividunt ... in duo 43a17
باثنين ء التجزى divisio in duo 44b19 القضاء بين اثنين iudicium inter duo 49a12
الثانى secundum 39b13 46a20 74b12 الامر الثانى secundum (subst.) 80b26 ثنى
انثناء constrictio 54b5; duplicatio 46b19; flexibilitas 90a33 96a (*flexio) (92a17)
18; flexio 83b1 87b25 *90a18 96a7; involutio 75b2; mobilitas (W) (pro flexio)
87b10 حركة انثناء الارجل motus flexionis pedum 90a11 جيّد الانثناء bonae flexionis 92a3 لحال الكف (*الكبّ ؟) والانثناء flexibilis 59a18 قوى على الانثناء propter
expansionem et constrictionem 54b2 تجزى ء →

ثور taurus 39a17 51a2 63a35 63b1 دم الثور sanguis tauri 51a4

جاموس قرون الجواميس cornua taurorum silvestrium 63a11

جبل من جبل facio ex 54b29 جبل (= creatio) no Latin equivalent 54b30

جبه جبهة frons 58b16

جثّ جثّة corpus 53a17 54a23 83b29 84a25 85a4 et passim; latus (pro corpus)
88a11 (→ جسد) جثث واجساد corpora 94a11 جثّة الانسان corpus hominis 87a5
عظيم الجثّة corpus animalis 69b5 جثّة عظيمة magnum corpus 97b25 الحيوان
magni corporis 55a9,10 63b25,30 66b21,31 69a8 76a1 97a16; magnus 55a21 اعظم
الجسد maioris corporis 79b4 خفيف الجثّة levis corporis 82b8-9 مستدير الجثّة
rotundi corporis 80b9 صغير الجثّة parvi corporis 66b22 82b5 85b19 صغير ناقص
الجثّة parvus 70a32 طويل الجثّة longi corporis 82a5 مستطيل الجثّة longi corporis
95a8; erecti corporis 53a17,30; recti corporis 62b20 89b11 قائم مستقيم الجثّة recti
corporis 69b5-6 ثقيل الجثّة ponderosi corporis 53a18 94a12,7 انثناء الجثّة
flexibilitas corporis 96a18 لثقل جثّتة propter gravitatem corporis 57b7 ثقل الجثّة
pondus corporis 94a7 من اجل ان عظم جثته كثير وثقل اجساده propter ponderositatem et gravedinem sui corporis 59a26-7 صغر الجثّة parvitas corporis 85b25 طول
الجثّة longitudo corporis 82b3 85b13 عرض الجثّة latitudo corporis 95b8 96a22

عظم جثث الاجساد magnitudo corporis 63a4,10 83a18 97b24 عظم الجثّة magnitudo corporum 75b4 كبر الجثّة magnitudo corporis 66b20 مقدّم الجثّة anterius corporis 86b3; pars anterior corporis 86b22 لحال استقامة جثّتها propter rectitudinem corporis eius 54a24 بقدر قياس جثّته respectu corporis eius 53a27 بقدر جثّته respectu sui corporis 65b7 بقدر عظم جثّته secundum magnitudinem corporis eius 59a7 بقدر قياس عظم الجثث respectu corporis 55a7-8 فى مقدّم الجثّة in anteriori corporis 78b16 الذى فى مقدّم الجثّة anterior 97b5 فى٠ من وسط الجثّة in, ex medio corporis 80b14 85b21 حول الجثّة in circuitu corporis 85b17 حول جثّته circa se 79a6

جدّ جدّاً valde 40a35-6 44b26 51a3 52a28,35 *et passim*; multum vel de facili 53b6; *often ignored* 52a1 53a12 60a31 60b6,7 76a30 *etc.* الحيوان السمين جدّاً animal multae pinguedinis 51b9 جدّاً ... اعسر من كلّ difficillimus 42b35

هذا اجدر ان dignum est ut 55b13 اجدر ان جدر hoc dignius est ut 42a15

يجذب ويمدّ الى ذاته attraho 59a13 69a8 73a1 جذب الى ذاته attrahit ad se 73b7 جذب emittit et attrahit ad se 66b15 جذب الى الناحية العليا attrahitur ad superius 71b34 جذب وقلع eradico جذب من attraho ex 70b4,6 72b29 جذب ب attraho per 85b7 جاذب ل (est) ad attrahendum 83a22 59a1

جذر مثل انابيب id quod assimilatur cannae 82b18 جذر يشبه انبوبة جذر paries (حدد *LT, pro* \*caulis) sicut canale 92b14 جذور الشجر \*من الناحية السفلى pars inferior arborum 86b34-5

مجذاف مجذاف السفينة remus medius navis 87b18-9

جرّ اجترّ attraho 61a19; rumino 74b5 75a4-5

جرؤ جرىء اجرأ اقدم واجرأ magis audax 67a16 جرأة كثير الجرأة audax 50b34

جراد جنس الجراد locustae 83a34

جرم (G) corpus 83b9

جرو habet multum lac 88b10 جراء كثيرة multi filii 88b16 جراؤه ترضع لبنا كثيرا filius 88b12

جرى جرى الى cursus aquae et humiditatis 64b10 (G) مجارى الدم cursus sanguinis 68b3 مسيل ومجرى الدم cursus sanguinis 68a20 سواق ومجار canales 68a15 قنى ومجارى الماء canales aquae 68a14 لا يخطئ مجراه ويصير الى non errabit in itinere eundo ad 64b36

جزّ للقطع والجزّ ad abscindendum 93a17

جزّأ فرّق وجزّأ divido 42b10 43a9,16 43b11 44a5,33 48a21 ما يجزّى divisio 43a17 جزّءاً يجزّئون ... divido 42b10,6 قسم وجزّأ divido 43a8 جزّءاً فى divido in 42b5 43a33-4 تجزّأ فى dividunt ... in duo 43a17 فى اثنين dividor in 47a31; dividor per 68a12 تجزّأ بجزئين dividitur in duas partes 64a28 فى ذلك تجزّء sic dividitur 43b23 مجزّأ divisus 43a15 مجزّأ بقدر divisus secundum 63a20 70b20 مجزّأ باثنين divisus in duo 69b13,22 مقسوم بجزئين divisus in duo 91a27 باجزاء صغار قطع ... مجزّأ abscisio ... in partes parvas 50a12 كثير الاجزاء (est) multarum partium 83b6 المفرد الجزئى جزئى divisus in multas partes 80a8 87b8 باجزاء كثيرة singulare

جزء 42b26 corpus 50b35; pars 39b9 41a18 50a10 51a5 77a24 et passim له جزءان
habet duas partes 69b16 جزء الحرارة calor 72a8 جزء الجسد pars corporis 62b18
88a13 جزء العظام pars conveniens sanguini 68a6 الجزء الملائم للدم pars ossium
63b29 جزء واحد وجزءين واجزاء كثيرة una pars sola et duae et multae 87b9
الاجزاء الصغار التى تشبه الشعر partes parvae quae assimilantur pilis 51a28
(→ 50b35) جزء منها quaedam pars 41b10 جزء كثير من multa pars (c. gen.) 49b17
جزء من اجزاء ـ aliqua pars (c. gen.) 93b25; una partium (c. gen.) 65b33 جزء من
كلّ جزء من الكلّ pars ex toto 41b15 جزء من الحيوان pars animalis 41a24 اجزاء
quaelibet pars partium 39a11 جزء من الاجزاء ايما كان modicum (c. gen.)
44b34 جزء الارض pars terrae 49a32 الجزء الارضى pars terrestris 51a6,30 53a23
54a12 55a26 et passim; pars terrestris valde 79a20 الجزء اللحمى pars carnosa
54b33 79b33 81a27 82b20 84b18 جزء صغير pars parva 44b34 الجزء الصلب pars
dura 55a29 الجزء المائى pars aquosa *51a30 53a23 الجزء الرطب pars humida
الجزء الواحد الاعظم ... والجزء اجزاء ناتئة partes prominentes 75a12,4,7 53a24-5
الاصغر maior pars ... et minor pars 69b30-1 الجزء الاسفل pars inferior 91b17
فى مقدّم posterius 86b3 الجزء الذى فى المؤخّر pars superior 91a27 الجزء الاعلى
ـ جزء in anteriori parte (c. gen.) 65a14 جزء المعاء الذى يسمّى اعمى pars intestini
quod orbum dicitur 75b7 (→ 76a5) الجزء الذى بين الاجنحة pars quae est inter
alas 96a14-5 الجزء الذى يعلو الزبانتين pars quae claudit (= يعلق) additamenta
91b16-7 اجزاء خلقتها من غضروف partes quarum creatio est cartilaginosa 54b25
dividitur in partes consimiles 47a31-2 تجزّآ فى اجزاء تشبه بعضها بعضا الاعضاء التى
الاعضاء التى اجزاؤها لا membrum quod assimilatur 46b11 اجزاؤها تشبه بعضها بعضا
membrum dissimile 46b12,31; membrum organicum 46b12,22, تشبه بعضها بعضا
34-5 47a2 *47b22 56a1 الاعضاء التى لا تشبه اجزاؤها بعضها بعضا membra organica
55b18 الاعضاء التى اجزاؤها تشبه بعضها بعضا membra quae assimilantur in partibus 40b20; membra consimilia 46b31 47a15 47b9 53b19 (→ جسد) اجزاؤها
التى اجزاؤها ... تشبه بعضها بعضا quae habent partes consimiles (ad invicem) 46a21 46b6 47
a1 التى اجزاؤها لا تشبه بعضها بعضا quae habent partes dissimiles 46a23 تجزى ء
جيّد القطع dividere 43b9 75a6; divisio 42b21,31,5 44a4,9 47b17 67a6,7 70a4
سريع القطع والتجزى ء bonae abscisionis 96b33 والتجزى ء levis abscisionis 54a30
تجزى ء ب ليس هو كثير التجزى ء non est multae divisionis 83b4 divisio per 43a27
التجزى ء الذى يجزّى ء باثنين divisio in duo (= τὸ διχοτομεῖν) 44b19
التجزى ء الذى يجزّى ء باثنين divisio quae est duorum (= διχοτομία) 43b25 ...
تجزى ء فى بفصلين divisio ... per duas differentias (= διχοτομία) 43b13 divisio
التجزى ء من جزّآ التجزى ء بنوع الصواب si quis diviserit recte 44a2 per 43a32
فى اصناف تجزى ء ultima divisio 44a3 نوع التجزى ء modus divisionis 44b18 الاخير
كثيرة in multa genera divisionis 43b14
وعلة ذلك من قبل شكل نفسه اعنى انه جزوع جدّا timidus 67a15 جزوع timeo 79a26 جزع
quia est valde timorosum 92a22 جزع timor 92a23 جزع وفزع timor 50b27 67a22
لحال الجزء propter timorem 79a13,28 92a23 لفزعه وجزعه propter timorem 50b31

est هو اكثر جزءا من الجزع ex timore 79a14 والجزع من الفزع ex timore 67a17 maioris timoris 50b27 من اكثر جزءا يكون ... est maioris timoris *(c. abl.)* 50b30 جسد جسد corpus 40b13,7 41b28 46a17,20 48a3 48b27,36 50b1[1] 54a1,7 *et passim* (← جثّة) جثث واجساد corpora 94a11 اما جسد واما الذى يلائمه corpus aut conveniens corpori 68a26-7 افتراق الجسد فان لكلّ جسد ناحيتين quoniam corpus dividitur in duo 69b19 (الجسدانى) الجسد الارضى corpus terrestre 63b24-5 تقويمه من جسد القلب est corpus cartilaginosum 64a36 جسد غضروفى est corpus cartilaginosum 64a36 جسد القلب corpus cordis 65b34 جسد الانسان corpus hominis 87a23 جسد الحيوان corpus animalis 63a20 63b29 70a30 71b27 74a13 اجساد الكلى renes 71b20,2 جسد الكليتين corpus renum 72a11 اجساد الحيوان corpora animalium 53b21-2 جسد للحيوان corpus animalis 97b28 من الاجساد التى ليس لها انفس الى جسد الجنين corpus embryonis 66a20 49a25 الحيوان a corporibus inanimatis ad animata 81a12-3 جزء الجسد pars corporis 62b18 88a13 كلّ الجسد totum corpus 50a25,30 68a5 جميع الجسد totum corpus 50a18 51a14 51b3 67b21 68a21 78b32 85a8 85b21 بكلّ الجسد per totum corpus 68a20 الجسد كلّه per totum corpus 68a5,20 فى كلّ الجسد totum corpus 66a26 الاجساد التى احترقت unum corpus consimile 46b33 جسد اجزاؤه تشبه بعضها بعضا corpora combusta 49a26 الاجساد المتّقدة التى تحترق بالنار corpora combusta 72a5-6 جسد من الاجساد الصلبة aliquod corpus durum 54b31 الاجساد الصلبة corpora dura 50b35 جسد ليّن corpus molle 60a21 الاجساد التى تذوب corpora quae liquefiunt 49a34 اجساد صغار تشبه الشعر corpora parva quae assimilantur pilis 50b33 (← 50b35,51a28) المحزّز الجسد (الحيوان) (animal) anulosi corporis 54a10 78a31 78b20 82b20,7 83a1 84b32 85b27 *et passim*; anulosi cutis (= الجلد) 82a35 (← حزّ) تحزيز الجسد anulositas corporis 82b23 ثقل الجسد pondus corporis 85a20 جوانب الجسد latera corporis 88a26 انثناء الجسد flexio corporis 96a7 استدارة الجسد خلقة الجسد creatio corporis 76b7 خشونة الجسد asperitas corporis 81b5 شكل الجسد rotunditas corporis 80b17,23 مزاج الجسد complexio corporis 73b25-6 عظم الجسد figura corporis 84b19 اعضاء الجسد membra corporis 74a4 تقويم الجسد magnitudo corporis 79a34 97b23 عظم جثث الاجساد magnitudo corporum 75b4 هيولى الاجساد materia corporum 40b16 فضلة الجسد superfluitas corporis ميل motus corporis de loco ad locum 73a29 حركة الجسد وتنقّله من مكانه 70b11 الجسد declinatio corporis 86a32 89b12 نشؤ الجسد crementum corporis 88b26 اواخر الجسد مؤخّر الجسد posterius corporis 68b22-3 69b20 83a6,9 *et passim* posteriora corporis 85a1 مقدّم الجسد anterius corporis 66b3 68b23 69b20 83a4, 16-7 84b8,14 86b14,8-9 93a24 *et passim* فى مقدّم الجسد in anteriori 68a2; anterius 68b27 الاعضاء التى فى مؤخّر ومقدّم الجسد in posteriori 68a2 فى مؤخّر الجسد membra posteriora et anteriora 84b30-1 سائر الجسد residuum corporis 77a12 82a2 92a10 حول الجسد circa corpus 83b9 85a7 فى وسط الجسد in medio corporis 81b34 الاعضاء التى فى اسفل الجسد extra corpus 83a12 خارج من الجسد membra inferiora 47b34 الاعضاء التى فى اعلى الجسد membra superiora 48a11 (← نزل) intra فى داخل الجسد الاعضاء التى فى ظاهر الجسد membra extrinseca 65b2 84b7 corpus 83a8 84b18 95a26 لا فى ظاهر الجسد ولا فى باطنه neque extra neque intra 97a10 (→ عضو etc.) شقّ الاجساد Anatomia 66a9 68b29 80a1-2 شقّ اجساد الحيوان Anatomia corporum animalium 74b16 رخو الجسد vacuus 69a25 جسدانى corporalis 44b13 (63b25) 86b28; corporeus 53b29 81b22

جسم corpus 50b1²

جسا (→ Kruk, Introd. p. 28) جاس efficitur valde durum 82b24 هو يجسو جساوة اكثر durus 42a9 46b21 47b11 48a17 53a22 57a32 57b34 60a32 60b5 et passim; valde durus 53b34 جاس جدّا valde durus 62b7 جاسى جدّا valde durus 55a15 57b13 89b28 ارضى جاسى جدّا مثل الخزف valde durus sicut testa 84b18 جاسى جدّا valde durus 53a26 يكون جسده جاسيا efficitur valde durum 82b26-7 الحيوان الخزفى الجلد الجاسى الجلد animal duri corii 57a32 57b30,2,7 58a1 durae testae 84b35 اجسى durior 55a11 اجسى من durior (c. abl.) 57b12 91a24 جساوة durities 44b14 57a18 57b6,15,36 65a2 67a12 70b8 74b4 85a7-8 91a14; durum 46b18 جساوته كثرة durities eius 55a15 له جساوة totum est durum 54a27-8 جساوة وخشونة الجرم asperum et durum corpus (G) (inv.) 83b9 (→ جلد etc.)

جعل lateo (pro *creor) 57a20; (*fuit *creatus) 76b24 جُعَل vespa iohalh 82b25

جفّ siccor 51a6 من جفّ (efficitur) siccus 75b31 قد جفّ ونشفت رطوبته exsiccor ex هو جفاف subsiccus 52b1 جافّ جدّا قد نشف نداه valde siccus 75b20 جافّ 51a10 علة جفاف وييس البطن citius exsiccatur et adunatur 49a32 اسرع جفافا واجتماعا causa desiccationis ventris 70b7-8

*جالبة جلب → ad 669b1

جلد corium 53b32 55b16 57b3,9 92b24 93a20 94b15 (web); cutis 79a21 (σηπίον) 84b18 91a24 et passim; testa 54a2 جلود الناس وجلود سائر الحيوان corium hominis et aliorum animalium 61a25 تمام الجلد complementum corii 58b21 من الجلد ex corio 57b33 (82b19); membranalis 97b11 جلد هو صفاق من جلد sunt membranales 82b18-9 جلد الجلد الذى على حدقة العين corium quod est super pupillam 57a34 جلد مملوء قشورا corium plenum corticibus بغير لحم corium sine carne 57b4 97a4 هو خشن الجلد habet corium asperum 97a6 جلد املس corium lene 97a7 جلد رقّة الجلد tenuis corii 57b2 رقيق الجلد quia corium eius est tenue valde 73a7 جساوة الجلد cutis dura 65a3 جلد durities corii 57a18; durities cutis 65a2 91a14 (L) الحيوان المحزّز الجلد grossitudo corii 57b9; spissitudo corii 73a28 غلظ الجلد (animal) anulosi corii 82a1 (→ a35) الحيوان الجاسى الجلد animalia duri corii 57a32 57b30,2,7 58a1 الحيوان الخزفى الجلد durae testae 84b16 خزفى الجلد animal durae testae 54a2 78a30 78b11,22 79b2,13,5,30-5 80a5,30 81b12,20 83b4,18 84b 16-7,35 et passim; animal testei corii 61a17,21 ليس هو خزفى الجلد non est durae testae 81a36 مغلّس الجلد squamosi corii 57b11 الحيوان المغلّس الجلد animal squamosi corii 71a21; animal squamosae cutis 57a20-1 ليس بمغلّس الجلد non squamosae cutis 64b24 الحيوان اللين الجلد animal mollis testae 81b11 جلد فيما بين اصابعه corium inter digitos 94b2 الطائر الذى بين اصابعه جلد aves habentes الاصابع corium inter digitos 93a3 الجلد الذى يلى الابطين corium quod vicinatur subascellaribus 73a9 ناحية الجلد الذى يلى الحجاب membrum quod vicinatur telae 73a4 جلدة corium 62b10; cutis 91a24 جلدة بين اصابع رجليه inter digitos corium 93a7 جلدى est corium 77b24 جليد glacies 49b11 جلادة audacia 48a10 جلس جلس على sedeo super 94a20

جمد coagulor 48b33 49a30 49b29 50b15,7 71b15 73b1 76a14,6; congelor 48b31 51 a4,5,8,28 جمد واجتمع من coagulor et adunor ex 49a31 جمّد coagulo 49a29 جمد جمدا اكثر من coagulabitur magis (c. abl.) 48b33 جمودة وتقويم جمودة sustentatio 54b10 يسرع الى الجمودة citius congelatur 50b29

جمر وتتّقد carbones igniti 51a1-2 جمرة fax 49a21,3

جمع aggrego 79b26 جمع فى aggrego in 62a23 اجتمع adunor 49a34 51a6; aggregor *53a16; congregor 82b22 اجتمع فى aggregor in 70b25 76a34 77a14; congregor in 64b14 يجتمع فيه in quo sit 65b13 جمد واجتمع من coagulor et adunor ex 49a31 اذا اجتمع وانضمّ تحزيزها بعضه الى بعض constringitur et adunatur in se 82b24 انقبضت واجتمعت الى ذاتها cum constringitur 69a17 جميع alius 40b19 71b23; omnis 39a18 39b4,21 47a5,12,29 et passim; quilibet 80a30; totus 40b14 50a25,30 56b26 68a5 68b15 80b31; uterque 75a5; (after comp.) omnia alia 73b28 جميع عدّة omnis 73b12 وليس لكلّ ... لجميع omnia habent ... et non omnia habent 76b12 الشحم فى الشفرين جميعا in utraque palpebra 58a21 يستر pinguedo 72a21 وجميع الدسم وجميع الاجناس التى تشبه هذه cooperit sua corpora 94b8 جميع جلّته et similia وجميع الصنف الذى يشبه ما et sibi similia 61a20 وجميع ما يشبه هذا الصنف 88b25 موافق *لجمع ... et sibi similia 97a16 مجتمع adunatus 59b23 84b15 جمع وصفنا جماع وسفاد coitus 89a25 جماع conveniens ad accipiendum 62b8 وأخذه هو اسرع جفافا واجتماعا citius exsiccatur et adunatur 49a32 اجتماع aggregatio 70b8 89a22

جملة الحاجة summae cognitionis 42b2 (حيلة* =) ingenium جملة مأخذ معرفة جمل ista 62a23

جمل camelus 63a6 74a29,32 74b5 76b27 77a34 89a34 ( الانثى ) الجمل camela 88b23 بطن الجمل venter cameli 74a33 74b6 غذاء وطعم الجمل cibus cameli 74b2

غذاء الجنين cibus embryonis est دم الجنين corpus embryonis 66a20 جنين سقط الجنين aborsus 65b1 حمل الجنين impraegnatio 55a4 جنين sanguis 51b23

جنب corpus (pro latus) 85a11 جانب latus 56a32 (57b21 63a27) 84b12 (85a11) 88a14 جوانب الجسد اثنان اعنى الايسر latera corporis sunt duo 88a26 الجوانب اثنان من duo sunt latera scilicet dextrum et sinistrum (inv.) 88b18-9 (88a26) الى الجوانب in latus 91a30 كلا الجانبين ex utraque parte 95a12 فى الجانبين in latus 91b2 جنبى *الجنبية الحركة (motus *in latus) (91b4)

جنح جناح ala (wing) 43b2 مجتنح المجتنح alatum 42b33 43b20-5 جناح alatus 59b7 93b7 64b24 70b16 82b17 91a15 92b12 93b21 94a9-10 95a20 96a13-5,23,8 97b16-7; الاجنحة alae hirundinum 97b10 جناحى الخطّاف (fin) 84a13 85b16-22 97b5(seal) اجنحة النحل alae avium 94b10 اجنحة الطائر alae piscium 94b10 للسمك apum 82b13 جناح مشترك ala communis 93b12 جناحان alae 92b12 93b1-2 95b

INDEX ARABO-LATINUS 471

20-1; duae alae 82b11 83a13 95a9 95b28 اربعة اجنحة quattuor alae 95b23,8 اجنحة كبار قوية alae posteriores 96a26 الجناحان التى تكون فى المؤخر alae magnae fortes 93b27 94a3 الاجنحة المتّصلة الملتئمة alae continuae 92b13 جناحه من ريش alae eius sunt plumatae 82b18 غلف لاجنحته suae alae sunt membranales لكى تسلم قوة 82b14 (b17) من جلد ... جناحى alae ... sunt membranales 97b10-1 habens alas 42b27 الذى له جناح ut salventur alae 82b15 له اجنحة كثيرة الاجنحة habet multas alas 82b13 83a18 الذى لا جناح له carens alis 42b33 ليس له اجنحة non habet alas 95b3 منه ما جناحه مشقوق بدل الجناحين loco alarum 94a12 quaedam sunt alarum fissurum 42b27 هو طويل (قصير) الجناح sunt longae (brevis) alae الصنف الكثير الاجنحة motus alarum 97b13 حركة الجناح 44a20 modus multarum alarum 83a18

الجنسين باسم واحد يجنّس جنّس generalizabant duo genera ... sub uno nomine 44a13 مجنّس (الواحد هو فهو) هو مجتنس فى ذلك الجنس est sub illo genere 44b5 جنس genus 39a20,6 41b8 42b6,10 45b21 47a7 55b8 56a13 78b14 et passim اجناس واصناف كثيرة من الحيوان duo modi animalium 78a30 multi modi 79b15 اجناس هذا الصنف modi diversi 83b28 كثيرة مختلفة genera istius modi 83b26 كلّ جنس اجناس أخر من اجناس الطير alia genera avium 94a4 quodlibet genus et quilibet modus per se 97b28 وصنف على حدته وجميع الاجناس جنس من الطير اجناس quaedam aves 62b12 التى تشبه هذه الاجناس aliquod genus ex generibus 43a19; quoddam genus 96a5; unum genus in quolibet genere 40a14 فى كلّ جنس من الاجناس in quibusdam generibus 79a24 وكلّ جنس يكون et sibi similia 69a30 وكلّ جنس مثل هذا no Latin equivalent 81a25 وكلّ جنس يشبه ما ذكرنا 79b20-1 على مثل هذه الحال et sibi similia جنس الانسان homo 45a29; genus hominum 55b15; no Latin equivalent 56a7 جنس الحيّات جنس الجراد locustae 83a34 جنس البراغيث pulices 83a34 جنس الذباب serpentes 90b13 genus muscarum 82b12 جنس السمك genus piscium 64a20 75a1,14 86b21 95b2 97a14 جنس القنافذ ericius (sea-urchin) 83b14 جنس النحل genus apum 83a6 جنس الطائر genus avium 62b8 70b11-3 86b21 95a18; هذه الاصناف من جنس الطير genus avium 69a31 75a14; aves 74b19 istae aves 74b34 جنس النحل والذباب genus apum et muscarum 78b 14,9 جنس الكلاب genus canum 58a29 جنس النمل formicae 50b26; genus formicarum 78b17 اجناس الحيوان genera animalium 56a13 62a17 76a22 76b29 جنس الشجر genus arborum 81a27 81b7 جنس الاسطقس genus elementorum 70b20-1 جنس الاظفار ungues porci 63a7 جنس الخنازير genus venarum 65b17 جنس العروق 53b32 هو خارج من الطباع الاجناس per genus 45b27 بالاجناس mus جنس الفأر est extra naturam generum 81b1 (→ وفق)

جهل قد جهل ignoravit 40a22 قد اخطأ وجهل فى قوله erravit in sermone eius 63b2 مجهول معروفة لنا ومناظرها ليست بمجهولة cognitus nobis indiscretus 51a3 جاهل 56a10 جهل الجهل والخطأ sermo stultorum 64b19 قول اهل الجهل وقلّة المعرفة (= error → GA) no Latin equivalent 45a11

جوّ الجوّ الخارج aer extrinsecus 86a4
لتجود حركته quando bene digeritur sanguis 51b29 جاد اذا جاد نضوج دمه ad iuvamentum motus 97a28 جيّد bonus 50b1 51b7 52a23 65a2 72a4 73b23 75b15 76b9 77a23 82b16 92a3 93b27 94a4 95a13 96b33 97a2; melior 50b23 الحسن جيّد يصير ... جيّد المزاج meliorat complexionem 52b26-7 boni sensus 60a12 76b25 ليس جيّد النضج اخذ شيئا وضبط ضبطا جيّدا bene retinere et accipere 90b1 non est bonae digestionis 68b15 ليس بجيّد الطيران est mali volatus 94a6,11 94b18 محفوظ حفظا جيّدا بجيّد ولا محكم non fuit competenter dispositum 87a23 conservatus 70a26 اجود melior 48a9 56a17 65a22 74b13 ل اجود (est) melius ad 63b16 احسن واجود operatio pedum est ad 90b1 عمل الرجلين فهو اجود ل melior 60a10 اصفى واجود melior et purior 50b19 امثل واجود melius 65b15 66b32 85b15 الذى هو اجود وامثل وخير من melior et perfectior (inv.) 70b27 ابلغ واجود 87a16 اجود ... وابلغ melius ... et perfectius 63b33 غيره quod est melius et perfectius 63b33 هو اجود وابلغ طبخا non est melius 80b26 ليس بامثل واجود 41a10 est bonae decoctionis 51a23 ترعى رعيا اجود pascuntur melius 81a7 الاجود والامثل melioratio 72b22 جودة bonitas لحال الامثل والاجود propter meliorationem 47b30 51b1 56a6,8 60a21,3 (71a33) 72a4 73b25 94a2,5; melioratio 51a22 وجودة لحسن جودة لحال propter meliorationem 70b24 جودة ad meliorandum 77b31 الحال علة جودة نضوج sermocinari bene 60a25 الكلام وحسنه causa melioris digestionis هو حاد علة سرعة وجودة الهضم والنضوج causa velocioris digestionis 50a12 50a11 لحال جودة الطيران quanto magis fuerit acutum erit melioris volatus 93b16
مجارى (= G) 68b3 L cursus مجاز transeo per 51b34 (68a12) جاز ب جاز مجوّف concavus 63b15 65b35 66a1 69a25,32 70b14 (83a21); vacuus 61a18 جوف اعضاء الجوف membra interiora (often wrongly anteriora codd.) 46b32 47b1,8 *55a1 65a28-33 65b5,32 67a33 67b3,7 68b31 69b13,8 71b23 72a2 73a32 73b2,4,12 76b5-8 78a31 84b6 الاعضاء التى فى الجوف membra quae sunt interiora 47a32; membra intrinseca 65b4 خلقة اعضاء الجوف creatio membrorum interiorum 70a8 طباع اعضاء الجوف natura membrorum interiorum 78a29 جوف (subst.) interius 80b3 الى الجوف ad interius (often wrongly anterius codd.) 42a36 90b30 الى جوفه ad interius 83a3 فى الجوف in interiori (often wrongly anteriori codd.) 42b1 فى جوفه in suo *interiori 69a5 76b4 فى جوف المحمول in interiori concepti 76a16-7 فى اجواف السمك in interioribus piscium 77a4 تجويف vacuitas et concavitas 69a16 تجويف الرئة concavitas pulmonis 64a28
جوهر substantia 39a15,6 40a18 41a25,7 41b32 42a19 44a23 44b22 46b1 47b25 78a34 et passim جوهره من جوهر ـ طباعه وجوهره eorum natura 95b17 جوهره eius substantia est ex substantia 93b6 كلّ الجوهر omnis substantia 45a35 الجوهر الواحد الإلهى substantia una divina 44b25 شىء من الجوهر aliquid substantiae 43a4 صورة من صور الجوهر aliqua formarum substantiae 43a2 الجواهر المساوية substantiae السماوية) 44b32 لحال الكلمة الخاصّة للجوهر propter diffinitionem =) caelestes substantialem 85b16

## INDEX ARABO-LATINUS 473

ولا كما جاء ولا بالبخت (71b2,25) كما جاء (الذى) (quod est) sicut venit 41b20 جاء neque casualiter 45a23

حبّ  احبّ  احبّ اليه من احبّ plus diligitur ab ... quam 44b34-5
حبّ  حبوب  grana 62b8 94a7 اصناف الحبوب والثمرات modi granorum 53a24 حبّة granum (→ حيّة) 41b35
حبس  حابس  حابسا ل و(بقدر ما يكون) ut possit retinere 59a17 محتبس فى محتبس retinetur in 66a30; retentus in 74a19; est in 66a5 محتبس فى داخل retentus intra 52a23 لحال احتباس الغذاء احتباس propter retentionem cibi 52a5
حبل  مثل الحبال الغلاظ sicut chordae grossae 70a10
حبا  يحبون الاطفال incedunt pueri incurvati 86b9
حتّ  حتّى donec 50a26 68b2 75b9 77b37 78a21; ita quod 58b20 68a15 (68b25) 73a18; quousque 39b29 43a21 43b34 45a23 71b24
حجّ  احتجّ  هو بيّن من الحجج التى احتججنا manifestum est ex istis rationibus 77a29 يحتجّ ويقول انه ratiocinantur ad hoc quod 48a30 احتجّوا وقالوا ان ratiocinantur ad hoc quoniam 48a26 حجّة divisio (pro ratio) 43b26; ratio 52b15 من هذه الحجج ex istis rationibus 56b11 من حجج كثيرة ex multis rationibus 52a34 من الحجج التى ex eo quod diximus 50b3
حجب  حجاب paries (diaphragm) 70a8 72b11,3,24,7 73a1 74a9 76b11; tela 81a34 يسمّى الحجاب عقلا العضو الذى يسمّى حجابا membrum quod dicitur paries 72b20 dicitur paries intellectum 72b30-1 ليس للحجاب شركة عقل paries non habet intellectum 72b31 نواحى الحجاب التى تلى الاضلاع partes parietis quae vicinantur costis 72b35 ناحية الجلد الذى يلى الحجاب membrum quod vicinatur telae 73a4 المكان الذى يلى الحجاب dispositio naturae parietis 70b30 حال طباع الحجاب locus parietis 73a11 اسفل الحجاب inferius parietis 77a8 سفاق الحجاب tela parietis 59b16 اذا اصاب الحجاب ضربة apud percussionem parietis 73a28 حاجبان حاجب supercilia 58b14,9 الحاجب الايمن palpebra dextra 71b33 الحاجب الايسر palpebra sinistra 71b33
حجر  الذى يمنع ويحجر بينه وبين البصر غير شىء واحد quae habent prohibentia (sc. visum) quasi infinita 58a7
حجر  تتحجّر اعنى انها تصير من حجارة تحجّر mutabantur in lapides 41a21 حجر اللبن (in organs) 67b4 حجارة (plur.) lapides 46a27 48b34 55a16 (68a17) 91a26; والحجارة lapides 45a34
حدّ  ميّزنا وحدّدنا determino 46a4; diffinio 39b17 41a22 42a26 determinavimus et distinxiximus (inv.) 64a12 و ... حدّ وميّز ما بين distinguo inter ... et 78a34 حدّ وميّز التى حدّها الناس quae diffiniuntur ab hominibus 44b3 distinguo ab 72b11-2 من ونقول ان نحدّ ... nos diffinimus ... dicendo 53b22-3 حادّ acutus 57a33 61b11, 3,8,23 62a6,12,29 66b2,12 75a5 77a6 79b5 83a28 91a9 93b16 97b7 حادّ جدّا valde acutus 57a31 حادّ البصر جدّا acuti visus valde 57b26 احدّ acutior 48a19 58a2 محدود determinatus 41b28 42a5 44b9 84b8; distinctus (v. l. determinatus) 91b30

غير بين وغير محدود latens est مميّز محدود distinctus determinatus 78a22 85b35 غير بين وغير محدود non manifestus neque determinatus 39a22 محدود ب determinatus per 66a34 صار حدّاد est determinatus 67b33 بمحدود* ليس non est determinatus 39b6 محدودا faber 83a24 حدّ diffinitio 39a11,3,4 39b15 49b25-6 (61b9); terminus 59b5 حدود فيما بين ... حدّ مشترك (*delineationes *fundamenti) 68a17 الاساس terminus communis inter 63a27 الكلمة اعنى الحدّ diffinitio 42a20 كلمة والحدّ diffinitio تحديد diffinire 39b25 42a20,3 مؤدّى حدود diffinitio 39b25 مؤدّى حدّ 46a30 46b1 no Latin equivalent 49b8 حادّ acutum (subst.) 93b18 حدّة acuitas 61b26; acumen 61b20 حدّة البصر acumen visus (53b25) 57a34; acutus visus 57b 24,9 91a25-6 حديد ferrum 42a11 (من سحق بعضها ببعض) تفسد حدّتها obtundantur (sc. dentes) 48b34 49a16

حدأة milvus 70a34

اذا كان الفرس حدث iuvenis 51b22 حدث (انس →) recens 75b32 حديث طرى حديث حدث مع الاحداث in pueris 86b8 في الاحداث cum iuvenis est pullus 86b15 حدثا medulla iuvenum 51b27

الذى يحدق به continens ipsum 52b32,3 يحدق به contineo 44a30 احدق ب حدق الفم contentus in ore 61a35 محدق ب continens 52a8 52b30 53a6 57b3,6; continet 44a29 61a35 حدقة حدقة العين pupilla 57a34; pupilla oculi 53b25

حارّ حرّ calidus 40b10 48a9 48b26,33 52a29 55a9 72b29 77b33 90b31; qui est calidus 49a28 حارّ جدّا valde calidus 53a30 67a1 حارّ الطباع calidae naturae الشىء الحارّ ... حارّة fiunt calida 49a26 اذا كان حارّا in calore 51a15 حارّة 54a9 احرّ واسخن calidior 48b19 احرّ calidior 49a12 حارّ اكثر من غيره calidum 49a35 من calidior 48a28 حرّ افراط الحرّ والبرد multus calor et multum frigus 80a30 اذا كان زمان شدّة الحرّ a forti calore et frigore 58b6-7 افراط الحرّ والبرد in calore الحارّ ضدّ 80a29 حارّ calidum 41b15 46a16 47a18 48a21,35 48b13 51b12 77b32 البارد calidum contra frigidum 70b21-2 حرارة calor 42a35 42b1 48a31 49a17 49b4 50a5,22 et passim; caliditas 48b36 اوّل الحرارة primus calor 67b26,9 70a24 صار طباع الحرارة فيه كثير magni caloris 49b5 شديد الحرارة habet multum calorem 70a21 اكثر دفاء calidior 48b19 اكثر حرارة calidior 48b31 هو اشدّ حرارة est calidior 48b31 هو اكثر est maioris caloris (c. abl.) 67a1 صار اكثر حرارة من calidior 49a5 وحرارة calidius الذى هو اكثر حرارة من غيره habet maiorem calorem 68b35 حرارة من غيره 49a35 الحرارة التى فى القلب calor cordis 52b18 53b5 حرارة معتدلة calor temperatus 52b28 الحرارة اليسيرة calor parvus 67a18 حرارة طباعية calor naturalis 50a7 مع حرارة كيانية calor naturae 81a6 حرارة الطباع calore naturali 69b3 70a25 97a29 بخار calor accidentalis extrinsecus (inv.) 72b18 الحرارة الداخلة العرضية rali 50a14 قلّة الحرارة vapor caloris 53a35 ضعف الحرارة debilitas caloris 68b8 الحرارة paucitas caloris 69a36 82a22 نقص الحرارة diminutio caloris 92a24

لحال احتراز (محزّز =) 79b29 animal quod est anulosum (= *munitus) *مخرز حرز الاحتراز propter custodiam 86a33

حرف حروف الكتاب كثير من حروف الكتاب multi modi litterarum litterae 60a3,23,30 حروف الكتاب

60a5 لبعض نغمة الحروف in quibusdam litteris 60a26-7
الاجساد 72b4 (48b27) comburor 48b35 احترق comburo 48b27 احرق comburo حرق
التى احترقت corpora combusta 49a26; no Latin equivalent 48b27 الاجساد المتقدة
التى تحترق بالنار corpora combusta 72a5-6
حرّك ... خلاف حركة حرّك exeo ab 55a15 من حرّك 91b5-6,16-7 moveo 91a29,31 حرّك
movet ... econtrario motui 60b28 تحرّك moveor 54b34 60b27,9 65a19 82b26
85a34 93b7,14 96a8,15 ومال تحرّك moveor 57a16 وانتقل تحرّك moveor 81a7
يتحرّك est motor 47a29 لا يتحرّك الا حركة يسيرة non movetur nisi modicum
50b31 لا يتحرّك البتّة non movetur omnino 83b8-9 محرّك mobilis 84b33; motor
المحرّك الاوّل ... 41a27 motor scilicet principium a quo est 40b7
primum movens 46a32 متحرّك mobilis 57b37; motus 54b33 متحرّكا يظهر videtur
moveri 66a20-1 حركة motus 39a13 41b25 46b15 47a25 52b11 54b23 56b5 57a10,5
57b17 72a25 et passim وتنقّل ... وحركة دبيب motus 73a29 وحركة motus 88a10
لم يكن مسير وحركة motus 88a31 ـ اعنى حركة scilicet quod potest movere 91b32
الحركة movet 91b25 صارت حركة ـ non potest moveri 97b25 يمكن ان تكون له حركة
الحركة التى تكون فى الجانبين motus in latus 91b1-2 التى تكون من الناحية اليمنى
الحركة motus qui est ex parte dextra 71b29-30 حركة رديئة motus malus 96a14
ابتداء الحركة principium motus 41b5 66a3 69a14 motus naturalis 71b30 الطباعية
كانت اصناف الحركات modi motuum 67a27 جيّد الحركة boni motus 65a2 82b16
له شركة حركة est mali motus 96a12-3 قليل الحركة pauci motus 82b16 حركته رديئة
عسر movetur modicum 83b9 كانت حركته عسرة est gravis motus 96a14 يسيرة
الحركة gravis motus 80b32 93b17; parvi motus 86b28 كثير الحركة multi motus
58a4 83b6 ايسر حركة maioris motus 72a25 81a6 اكثر حركة levioris motus 90a22
يكون حسّ multitudo motus 81a9 ابطاء الحركة tarditas motus 85a8 كثرة الحركة
حركته جيّدة habet meliorem sensum 50b23 بغير حركة (*immobilis) (86b9)
هو احرى ان احرى حرى dignius est ut 65a24
الحيوان المحزّز anulosus 82b4 محزّز الجسد anulosi corporis 82b20,7 حزّ محزّز
الجسد animal anulosi corporis 54a10,26 57b30,7 59b16 61a15 78a31 83a1 etc. (→
جيوان); animal anulosae cutis 82a35 تحزيز anulositas 82b22-3 اذا اجتمع وانضمّ
تحزيزها بعضه الى بعض quando constringitur et adunatur in se 82b24
احسّ sentio 61a19 احسّ ب sentio 47a17 59b16 60b11 61a9 78b8 81b2 83a2 90b29-33
91a2,4 حسّ الذى به يحسّ per quod sensus tactus 56a30 حسّ الاشياء التى تحسّ بالمسّ
sentitur 56b23 حسّى *الحسّية النفس الحسية anima sensibilis 72b16 الاعضاء
membra sensibilia 52b3 الاشياء المحسوسة res sensibiles 47a7; sensata
47a29; no Latin equivalent 56a37 الحسّ والاشياء المحسوسة sensus et res sensatae
41b3-4 حسّ sensus 39a22 39b16 47a5,14 50b4ff. 53b23,30 56a4,23 et passim;
tactus sensus 49a8 الحسّان duo sensus 56a29 الذين يجدون الحسّ illi qui sentiunt
48b17 الاقاويل ... فى الحسّ membrum sentiens 81b14 عضو الحواسّ sermones ...
de sensu 56a29 فى الحسّ والنوم de somno et vigilia 53a20 (→ adn. ad loc.) الحسّ
الاوّل primus sensus 53b23 ابتداء حسّ الحيوان principium sensus animalis 56a28

sensus communis 86a31 حسّ مشترك unusquisque sensus 47a6 كلّ واحد من الحواس
instrumentum sensus 47a7,12 56b6,20 69b22 91a11 آلة الحسّ الاولى
primum instrumentum sensus 56b35 جودة الحسّ bonitas sensus 51b1 اوّل الحسّ
principium sensus 67b29 فعال الحسّ operatio sensus 56b6 قوة الحسّ virtus sensus
47a25; virtus sensitiva 81b31,4 حسّ البصر sensus visus 53b25 56a32,3,7 56b1,29,
31 57a3 آلة حسّ البصر instrumentum sensus visus 57b23 حسّ مذاقة الرطوبات
sensus gustus 56a31 حسّ السمع sensus auditus 56a32,3 56b28 57a5 آلة حسّ السمع
instrumentum sensus auditus 56b16 حسّ المشمّة sensus olfactus 56a31,4 56b31
57a7; olfactus 56a32 آلة حسّ المشمّة instrumentum olfactus 58b27; nasus 82b36
حسّ اللمس sensus tactus 47a15 حسّ المسّ sensus 55b1; sensus tactus 48b31,3
49b4 51b4 53b24ff. 55b1 (56a30) 56b34 60a21 78b28 الحسّ الذي يكون بالمسّ
sensus tactus 60a13 حسّ ... من المسّ sensus tactus 52b4 حسّ المذاقة sensus
gustus 60b10 حسّ اللذّة التي تكون من الطعام sensus cibi 61a3 حسّ الطعام sensus
saporis cibi 61a7-8 كان له حسّ بيّن ... حسّ اذا لا يكون لـ sentiet manifeste 50b6
هو اكثر منه حسّا non habet sensum 50b4 هو اقلّ حسّا est minoris sensus 48a3
يكون حسّا est maioris sensus 48a4 جيّد الحسّ boni sensus 60a12 76b25 حسّا
melioris sensus 50b23 حسّا اجود وابلغ واسرع habet meliorem sensum 50b23 حركته جيّدة
et perfectioris et velocioris 56a17-8 تعرف بالحسّ cognoscuntur sensu 48a35
86a29 الحسّ (*invidia) pro الحسد
pulchrae figurae حسن الشكل حسن est bonae dispositionis 50b1 حسنت حاله حسن
الحيوان الذي يكون fertilis bonae dispositionis 51a24 مخصب حسن الحال 76b9
حقير الذي animal fertile bonae dispositionis 80b7 تقويمه من الخصب وحسن الحال
لحسن sermocinari bene 60a25 جودة الكلام وحسنه vilis 45a8 ليس بحسن المنظر
melior 60a10 وجودة الحال propter meliorationem 70b24 احسن واجود احسن
non manifestatur visui 85b24 لا يستبين حسنا حسنا
حشيش كثير الرطوبة والندى herbae virides 93a15 خضرة وحشيش حشيش حشّ
herbae multae humiditatis 76a15
materia lignea 74a28 الهيولى الحطبية حطبى حطب
ad cavandum terram 62b14 لانه يحفر الارض quando cavatur 68a30 اذا حفر حفر
الحفر الذي يكون conveniens ad cavandum 62b13 93a17 موافق للحفر حفر
(προλάκκια) no Latin equivalent 75a13 حافر solea 55b4,7 59 بين يدى *الابيار
a26 63a19,24,8 88a32 90a5-8,23; pars soleae 55b7 الذي له حوافر habens soleas
42b30 63a1,32 74a2 74a26 77a32 88a2 etc. (→ حيوان)
الذي يحفظ custodio 54b13 من حفظ custodio ab 58b6; custodio ex 54a7 حفظ
custodiens 54a4 محفوظا حفظا جيّدا محفوظ conservatus 70a26 حفظ custodia
57a26 58b9 59b28,32 73b10 سترة وحفظ custodia 57a31; coopertorium et custodia
57b34 لحفظ ad aspiciendum 92a5; ad custodiendum 60a2 66a2 92a7 لحال الحفظ
ad custodiam 54b35

حقّ على مثل حقّق حقّق نحقّق ان ينبغى لنا nos debemus verificare 73a13 حقّى occultus (= خفى)
42b9 49b18 (56a25 ?Bad.) حقيق verus 40b36 بالحقيق vere 40b35 41a20

الحقّ veritas 42a18 حقّ dignior 81b28 احقّ ذلك بالحقيق secundum verum 39a14
بحقّ dignum est *(c. inf.)* 47a15 على خلاف ظنّهم veritas contradicit illis 52a27
52a10; rectum est quod 68a11; recte 48b8 52b2 56a37 63a27,32-4 87a12 87b17
90a27; vere 81a13 بحقّ يكون dignum est ut sit 52a7 وذلك بحقّ et dignum est
51a12-3; et hoc est rectum 56b14 65b34 67a34 88a13-4 بحقّ ... ليس هو non sunt
vere 81a13 بخلاف الحقّ contra veritatem 39a15 انّما يقول خلاف الحقّ ipse certe
non dicit nisi aliquid contrarium veritatis 48b1 بنوع الحقّ secundum modum
veritatis 49b20

حقر حقير vilis حقير الذي ليس بحسن المنظر vilis حقير الذي ليس بكريم 45a8 حقير الذي ليس
45a16

حكم حكيم حكيم جدًّا intelligens 87a17-8 الحكيم جدًّا quod est valde intelligens
87a18 احكم pluris intellectus 87a11 اعقل واحكم maioris intellectus et ingenii 87a8;
ليس بجيّد ولا محكم pluris intellectus 87a9 مُحكم ليس بمحكم incompletus 75a6
non fuit competenter dispositum 87a23 يقبله وطبخه بليغ محكم recipit ipsum bene
digestum 74b13 حكمة iudicium 39a8 حكمة الصانع scientia artificis 45a13
الذي تكلّموا بكلام حكمة وفلسفة في illi qui locuti fuerunt philosophice de 40b5
هو اردأ من تقويم ... واقلّ احكاما احكام est peioris dispositionis 87a24

حلّ انحلّ dissolvor 75a33

حلزون بعض اصناف الحلزون 44b10 54a3 80b10,21-2 81b10 83b13 84a9 quidam modi halzun 61a22

حلق abscisio 58b20 *العنق والحلق collum 85b34

حلقوم canna 64a35

حلم احلم sapientia 48a10 احلم sapientior 48a8

حلو حلو dulce dulcior 77a23 احلى valde dulcis 77a25 حلو جدًّا dulcis 77a20, 9 حلو
*(subst.)* 77a28 حلاوة dulcedo 81b30

حمّ حمام columbae 57b10 حمامة columba 70a34 محموم febricitans 49a4

حمد المحمود ... الشريف محمود laudabile 41b18 (→ *adn.*)

حمر حمار asinus 74a4,27 76b26 حمير asini 67a21 حمار هندي asinus Indicus 63a
19,23-4

حمل اذا كان defero 83a15; fero 90a29 ما يحمل الشحم patiens pinguedinem 72a11
الحيوان ممّا يحمل الثرب si fuerit ex animalibus zirbosis 72a11 احتمل patior 48a26
محتمل non potest pati 67a33 77b3 80a30 محمول conceptum 76a17 لا يحتمل
سند لحمل sustentamentum 61b30 حمل ferre 86b2; impraegnatio 89a17 محتمل ل indigens
في، ل، لحال حمل الثقل ad portandum pondus 59a28 tentamentum ad portandum
59a29 85a19 90b1 لحال حمل ثقل الجسد propter pondus corporis 89b15 لحال كثرة
حمل pondus 56b10 حمل وثقل ad portandum pondus 89b15 الثقل والحمل
ما يعرض للاناث من حمل الجنين وتربيته ونشوءه ponderositas 55a11 الثقل
accidit feminis ex impraegnatione 55a4 لحال الاحتمال احتمال ad patiendum occasionem 73b6

حمى calefio 49a24 حمى ودفيء calefio 68b5 حمّة aculeus 61a18,30 61b31 82a11-2 non habet aculeum 83a3-4 كان عادم الحمة 83a6,8,12-4,21 الحمة التي تشبه 82b33-4 additamentum خرطوم ... يشبه حمة 83a21 aculeus qui assimilatur linguae اللسان percutere cum لدغ بحمته creatio aculei 79b8 خلقة الحمة simile aculeo 78b16 ... aculeo 83a17 حمة النحل والدبر aculeus apum et vesparum 83a9 حمة العقارب aculeus scorpionum 83a10

*defendit se* (88a2) حامي عن نفسه حام حمى

membrum quod dicitur trachea العضو الذي يسمّى حنجرة epiglottis 65a19 حنجرة 64a16 خلقة الحنجرة creatio tracheae 64a17

حنك palatum 60a14 60b34,6 61a1 62a8 74b4

indigeo 50a10 50b14 52a16 52b17 55a10,22 57a31 58b9 احتاج الى احتاج احوج *et passim*; *untranslated* 59a14 احتيج الى indigens (ad) 93a12 الذي يحتاج الى indigeor ad 42b2 لانه يحتاج الى conveniens ad hoc quo indiget 59b30 موافق لما يحتاج اليه (quo) indiget(ur) necessario 42a36 55b30 57b24 (الذي) يحتاج اليه باضطرار 90b9 باضطرار ان يكون له indiget 65b12 يحتاج باضطرار ان يكون له 61b34 65b23 77b5 89b24 non indiget necessario لا يحتاج باضطرار ان necessario indiget 78a6 يحتاج الى ان non sunt necessaria ad ليس هي من التي يحتاج اليها لحال الحياة باضطرار ut 57b23 quapropter 62a10 لحال يحتاج اليه quo indigetur ad vitam 65b25 لانه يحتاج الى ان indigens 75b16; indiget 88b16 محتاج الى محتاج مسوّد 62a25 عضو محتاج اليه باضطرار membrum principale 77a37 حاجة *untranslated* 56a2 59a33 indigentia (c. gen.) 91b14 حاجة الى ... ليس لـ non indiget 84a4 حاجة اعدمته الطبيعة ista جملة الحاجة caruit cauda 89b24 صنف الحاجة modus indigentiae 62a35 الذنب secundum indigentiam ex ipsis 65b3 بقدر الحاجة الداعية اليه indiget 58a4 يكون الحاجة الى 62a23 عند secundum indigentiam 83b35 بقدر الحاجة الداعية الى ذلك propter sui indigentiam (c. gen.) 64b26 65a4 لحاجته الى apud indigentiam الحاجة الى لحال الحاجة الى gentiam ad 95a8 . لحال حاجة propter indigentiam (c. gen.) 91b26 موافق لحاجة propter anhelitum 59b3 لحال الحاجة الى التنفس quia indiget 59b10 موافق conveniens ei 84a12-3 موافق للحاجة التي تراد (c. dat.) 60a9 est conveniens موافق للحاجة التي ذكرنا conveniens ad aliquid 58b24 لحاجة اخرى conveniens ad hoc 59a15

membrum العضو الذي يسمّى حوصلة (πρόλοβος) papum (v. l. papa) (crop) حوصلة quod dicitur *papum 74b22 عضو شبيه بحوصلة الطير membrum simile papo avium 79b9 حوصلة طويلة papum sicut papum avis 78b26 حوصلة مثل حوصلة الطير papum longum 74b31 خلقة الحوصلة creatio papi 78b35

continens ipsum 54a4 55a30; quod الذي يحيط به continineo 54a4,7 احاط ب احاط continet 73b8 محيط ب circumdo 72a11 79b29 85b21; continens 54b35 55a1 56a20 73b4 85a8; quod continet 82a2 المحيط بجسده خزفي صفيق corpus eius continetur in testa spissa 71a19 حائط quasi murus 79a6 مثل سياج وحائط مثل سياج وبناء حائط sicut murus 72b20

ingeniatus est (in) 52b19 احتال (ب) verto ad posterius 92a5 حوّل خلف حوّل حال 64b21 65b13 68a20 75b12 وهيّا احتال praeparavit 72b19-20; ingeniata est in dan-

do 59a12 نعم ما احتال الطباع فى optime ingeniata est natura in 64b32 نعم ما احتال
يحتال certe bene ingeniata est natura in 87b22 ل احتال الطباع ل ingenior 59a9
ويصير laborat in dando 52a31 حول circa 54b27 حال dispositio 39a2,7 45b31
53b9 61b12 et passim مثل حاله dispositio eius est sicut dispositio 81a17 عن
حال العروق والقلب de venis et corde 68b30 يشك فى حاله de ... est dubium 69b15
يعرض الشك فى حال accidit dubium de 76b33 مشكوكة ... حال in ... est dubium
69b26 جميع هذه الحال omnia ista 77a17 حسن الحال bonae dispositionis 51a24
80b7 حسنت حاله est bonae dispositionis 50b1 ساءت حاله efficitur malae dispositionis 50a36 بمثل هذه الحال اذا كانت هذه حاله cum fuerit talis 54a18 secundum
hunc modum 64a12 الذى يكون على خلاف هذه الحال لهذه الحال propter hoc 59a23
quod est econtrario 58b10 حال طباع المنى واللبن natura spermatis et lactis 55b24
اعمال حال الطباع operatio naturae 60a10 على حاله secundum unam dispositionem
87a11 على حال واحدة secundum eandem dispositionem 55a5; secundum unam dispositionem 60a15 ليس ... على حال واحدة non est unius dispositionis 74a22-3;
non est unius modi 74a15-6 على حال مختلفة secundum dispositiones diversas
65b25 على هذه الحال واحدة eiusdem dispositionis 76b14 77b20 ita
40a20; secundum hoc 40b25 على مثل هذه الحال ita 54b4 57a5,14 93a8; eiusdem
dispositionis 78b32; secundum hanc dispositionem 39b30 40a32 40b11 46a29
47b7,35 57b7,23 59a20-1 84b27 85a3; secundum istam dispositionem 57a31; secundum hoc 42b4; secundum hunc modum 51b35 81a27; similiter 46a28; talis
40b31 42a31 48a10 50b28 52b2 96b20; talis dispositionis 56b10 60a4 60b17
79a22 80b13 83b2 93a14 93b14 97b14 وكل جنس يكون على مثل هذه الحال et sibi
similia 79b20-1 على كل الاكثر على مثل هذه الحال او يكون in maiori parte 67a32
ليس ... على كل حال ... على حال generaliter 80b24; omnino 61a5 (94a20) حال
non ... omnino secundum totam dispositionem 61a5 واذا كان ... على مثل تلك
الحال et tunc 49b27 و ... ايضا على مثل هذه الحال ايضا similiter 42a23 على مثل هذه الحال
الحال et similiter etiam 71a26 ايضا ... على مثل هذه الحال وهذا العرض يعرض على et
similiter etiam 46b5 لحال propter 39b27 40a18 42a31 45a25; propter dispositionem 41a31 45b17 لهذه الحال والعلة propter hoc 50b24 (→ ل ) حالة dispositio
قد اصاب احتال ingenium 46a2 منهب الحيلة ingenium *42b2 44b16 حيلة 39b5
الطباع حيث بهذه الحيلة فـ bene ingeniata est natura in 65a8-9 حول circa 56b1,17
72a12,8 84b9-10; in circuitu (c. gen.) 87b20 حول الجثة in circuitu corporis 85b17
حول جثته circa se 79a6 حول الجسد circa corpus 83b9 85a7

حيّة serpens 59a35 76a24-5,36 76b6 90b15 91a6 91b29,31 92a3,6 96a6-17
97a11,3 كبار الاصناف التى تشبه الحيّات modi qui assimilantur serpentibus 96a10
جنس الحيّات serpentes magni 91a18 حيّات عظيمة جدّا magni serpentes valde 55a21
الحيّات serpentes 90b13 خرز فقار الحيّات armillae spondylium serpentum 92a2
ألسن الحيّات ossa serpentum 55a20 عظام الحيّات creatio serpentum 96b23 خلقة الحيّات
زرع الحيّة in serpentibus 92a4 فى خلقة الحيّات linguae serpentum 60b6 الحيّات
semen grani (= الحبّة) 41b35 (→ adn. ad loc.) حياة ingenium (= حيلة) 56a6; vi-

يعيش وله ta 56a4 62b15 65b25 81a10; ('profit' ?) no Latin equivalent 96b30
صنف vivit et habet vitam 81a27 ابتداء الحياة principium vitae 55b37 65a12 حياة
معاشه وتدبير modus vitae 80b30 الحياة تدبير regimen vitae 62b6 79a11 الحياة
حياته regimen vitae eius 60b32 بقدر اصناف الحياة وتدبير المعاش secundum modos et regimen vitae 93a11 غاية وتمام حياته complementum vitae eius 69a12 علة
الحياة causa vitae 78b3 علل الحياة والموت causae vitae et mortis 48b4 علة طول
الحياة وكثرة العمر causa longitudinis vitae 77a32 قوة الحياة virtus vitae 73b12
81a35 حيوان animal 39a13,8 39b1 40a20 et passim الذى يقال حيوان illa quae dicuntur animalia 81a13 مثل حيوان quasi animal 66a21 هو من الطباع مثل الحيوان est
in natura sicut animal 66b17 يشارك طباع الحيوان communicat cum animalibus
81b4 فيما بين طباع الحيوان وطباع الشجر inter naturam arborum et naturam
animalium 81b2 من الاجساد التى ليس لها انفس الى الحيوان a corporibus inanimatis ad animata 81a12-3 ذكورة الحيوان masculi animalium 61b32 من الحيوان
حيوان quaedam animalia 51b36 الطباع الذى خلق الحيوان natura quae creavit animalia 45a9 حركات وافعال الحيوان motus et operationes animalium 46b15-6 قوة
ابتداء حس virtus sensus et motus animalium 47a25 الحس والقوة المحركة للحيوان
الحيوان principium sensus animalis 56a28 تركيب الحيوان compositio animalium
46b10-1 جثث الحيوان cognitio animalium 43b10 معرفة الحيوان corpora animalium
69b5 جسد للحيوان corpus animalis 53b21-2 اجساد الحيوان corpora animalium
49a25 63a20 63b29 70a30 71b27 97b28 شقّ اجساد الحيوان Anatomia corporum
animalium 74b16 (89a19) اسنان الحيوان dentes animalium 61a35 لحم الحيوان caro
animalis 51a29 عظام وشوك الحيوان ossa et spinae animalium 52a22 اجناس
الحيوان التى هى فهى genera animalium 41b8 56a13 76a22 97a15 الحيوان
genera animalium quae sunt eadem 76b29 اصناف الحيوان modi animalium
62b20 74a23 78a34 91b26 كينونة الحيوان والشجر generatio animalium et arborum 40b12 فى الحيوان والشجر de animalibus et arboribus 44b28 الانسان والحيوان
homo et alia animalia 40b18 الحيوان الذى له حس animal habens sensum 66a35
67a9,14 الحيوان الذى لا حس له animalia carentia sensu 67a13 الحيوان الذى يتنفس
animalia quae anhelant 62a17 69a5; animalia anhelantia 69a6 70a29 الحيوان الذى
لا يتنفس من الجو الخارج animal quod non anhelat aerem extrinsecum 86a4
الحيوان الذى يلد حيوانا animal generans animal 57a27 62b24 64b23 69a26 69b
6-7,24 75a17 86a2 89b3,9 90b32 92a15 93b22,6 الحيوان الذى يلد حيوانا وله اربعة ارجل animalia generantia animalia quadrupedia 97a12-3 الحيوان الذى يلد حيوانا
animal generans sibi simile 55a5 الحيوان الذى لا يلد حيوانا animal quod non مثله
generat animal 55a7 الحيوان الكثير الولد animal multorum filiorum 88b16 الحيوان
الحيوان الذى يربى جراء كثيرة animal multorum filiorum 88a34 الذى يكثر الولد animal
animal quod habet multos filios 88b16 ما كان من الحيوان قليل الولد
paucorum filiorum 88a32 الحيوان البحرى animal marinum 54a21 57a22 60b34
76b2,21 81a9,35 96b3 الحيوان البرّى animal agreste 90b22 97a29 97b2; animalia
silvestria 42b20 69a12 الحيوان الذى طباعه برّى animalia agrestia 61b4 الحيوان

# INDEX ARABO-LATINUS 481

المشاء animal ambulans 60a15,6 68b33 69a7 93b9 الحيوان المشاء البرّى animal ambulans agreste 48a26 الحيوان المشاء الذى له اربعة ارجل animal ambulans quadrupes 87b27 الحيوان الجاسى الجلد animal ambulans 81b35 86a35 الحيوان السيّار animal (marinum) durae testae 54a2 78a30 78b22 الحيوان الخزفى الجلد animalia testei corii 61a17,21; animalia durae testae 78b11 79b2,13,5,30–1,5 80a5 81b12,20 83b4,18 84b16–7,35 85a5,8 85b28 الحيوان اللّين الخزف animal mollis testae 61a13 78a27 78b9,24 79a31 79b7,31 84b18,31 85b27 الحيوان السيّار اللّين الخزف animalia ambulantia mollis testae 83b25 الحيوان اللّين الجلد animal mollis testae 81b11 الحيوان المفلّس الجلد animalia squamosi corii 71a21; animalia squamosi corporis ( pro cutis or corii) 58a12 الحيوان المفلّس الجلد الذى يبيض بيضا animal squamosae cutis ovans 57a20–1 الحيوان الذى يبيض بيضا animal ovans 57a23 69a27 69b32 73b21 86a2 90b13 92a12,21 93b22 الحيوان المشاء ( الذى له اربعة ارجل) ويبيض animal ambulans et ovans 69a29 الحيوان المعقّف المخاليب animal uncorum unguium 57b25 الحيوان الدمى animal habens sanguinem 43a4 45b10 48a28 50b30 56b20 65a29 65b5,10 66a22–3 67b24 68a3 68b35 70a27 76b12,6 78a29 78b12 81b15 84b27 89a8 90b11 92b1 93b6 96a34; animal sanguinosum 48a7 الحيوان التامّ الدمى الذى يلد حيوانا animalia perfecta habentia sanguinem 82a24 الحيوان الدمى البرّى animalia habentia sanguinem generantia animalia 85b29–30 الحيوان الدمى والمائى animalia habentia sanguinem silvestria et aquosa 77b20–1 بعض الحيوان ... وغيره animalia sanguinosa et animalia carentia sanguine 78a9 دمى وبعضه عادم الدم quaedam animalia habent sanguinem et quaedam non 78a33 الحيوان الدمى الذى له اسنان animalia habentia sanguinem et dentes 59b21 حيوان مشاء دمى animal ambulans habens sanguinem 59a4 الحيوان الدمى السيّار animalia habentia sanguinem et ambulantia 67b32 الحيوان الدمى الذى يبيض بيضا animalia habentia sanguinem ovantia 85b32 الحيوان الدمى المشاء الذى يبيض بيضا animalia habentia sanguinem ambulantia ovantia 60b3 الحيوان الذى ليس بدمى animalia carentia sanguine 47a30 60b11 67b25 69a1 93b7 الحيوان الذى له دم animal habens sanguinem 68a6 الحيوان الذى لا دم له animal carens sanguine 50b30,2 65a32 68a6 73a30 78a30,6 78b13 الحيوان الذى ليس له دم animalia carentia sanguine 50b24 82a21 الحيوان السيّار والطيّار animalia currentia et volantia 43a36–b1 الحيوان الذى يأوى فى الهواء animalia quae manent in aere 58a7 الحيوان المائى animalia aquosa 42b19–20 44a13 48a25 52a4 60b18 69a7 90b23 97a30 97b2 الحيوان الذى له يدان يأوى فى الماء animalia quae manent in aqua 58a7 93a22 الحيوان الذى ليس له رجلان animal habens pedes et manus 54b17 ورجلان animal carens pedibus 76a24 97a10 الحيوان الذى له رجلان animalia habentia duos pedes 84b10 من الحيوان ما له اربعة ارجل quaedam animalia habent quattuor pedes 90b13 a- الحيوان ذوات الاربعة الارجل animal quadrupes 97b15,8 حيوان ذى اربعة ارجل nimalia quadrupedia 53a19 الحيوان الذى له اربعة ارجل animal habens quattuor pedes 86b17; animal quadrupes 57a12 58a1,25 62b13 69b6 84b23 86a35 86b12

الحيوان الذى له 88a18 89b6 95a4,7 97b22-3; quadrupes 71b8 88a15 89a31-3 90a4 اربعة ارجل ويلد حيوانا animal quadrupes (et) generans animal 55b13-4 58b27 الحيوان الدمى الذى له اربعة ارجل ويلد حيوانا animal habens san- 76a23 91a28-9 guinem quadrupes et generans animal 60a31 الحيوان الذى له اربعة ارجل ويبيض animal quadrupes (et) ovans 57b5,11,22 (69a29) 90b17 بيضا الحيوان الذى له اربعة بيضا وله اربعة ارجل animalia ovantia quadrupedia 70b1,13 ارجل ويبيض بيضا animalia quadrupedia (et) ovantia 73b19-20, 28-9 91a5, 10 الحيوان الكثير الارجل animalia multipedia (= οἱ πολύποδες) 42b19 52b25 54a22 61a15 78b28 79a8,12,22 85a5 85b20,4 الحيوان الدمى الكثير الارجل animal habens sanguinem multipes 84b12 85a14,21,4 حيوان مشقوق الرجلين animal fissi pedis 88b8 الحيوان المشقوق الرجلين بشقوق كثيرة animal fissi pedis multae fissurae 62b30 الحيوان الذى فى رجليه شقوق كثيرة animalia habentia multas fissuras in pedibus 62b32 74a1 الحيوان المشقوق اليدين والرجلين animal multae fissurae in pedibus 88a34 الحيوان الذى ليس بكثير الشقوق فى اليدين والرجلين animal carens multis fissuris in pedibus et manibus 88b21 الحيوان الذى له ظلفان animal habens (duos) sotulares 88b24 90a21; animalia habentia ungulas (in duo) fissas 62b35 86b17 الحيوان الذى له حوافر animalia habentia soleas 63a1,32 74a2,26 77a32 88a2 89a34 الحيوان الذى له زبانتان animalia habentia additamenta (claws) 84a34 الحيوان الذى له قرون animalia habentia cornua 63a18 74a29 74b1,6 75b2-5 76a14 الحيوان الذى له قرون animal carens cornibus 76a14 الحيوان الذى ليس له قرون الحيوان الذى له اصابع animalia habentia cornua et ungulas fissas 73b32 واظلاف الحيوان الكثير الاصابع animal habens multos digitos 87b30 90a24 animalia كثيرة multorum digitorum 74a26 88a4, 8 الحيوان الذى له اصابع كثيرة والذى لا قرون له animal habens multos digitos et carens cornibus 86b18 الحيوان الازبّ الرجلين ani- mal pilosi pedis 76a7 89a34 الحيوان الذى له نابان ناتئان animal habens culmos prominentes 63a7 الحيوان الذى ليس له اسنان فى الفكّ الاعلى (والفكّ الاسفل) ani- malia carentia dente in mandibula superiori 51a30 الحيوان الذى له اسنان فى الفكّ الاعلى والفكّ الاسفل animal habens dentes in utraque mandibula 74a24, 7, 32 الحيوان الذى له اسنان فى الفكّين animal habens dentes in utraque mandibula 75a24 76b4 الحيوان الذى ليس له اسنان فى الفكّ الاعلى والفكّ الاسفل animal carens dentibus in utraque mandibula 74a30; - in mandibula superiori 74b1 الحيوان الذى ليس له اسنان فى الفكّين جميعا animal <non> habens dentes in utraque mandibula 75a5 الحيوان الحادّة الاسنان الذى يأكل اللحم animalia acutorum dentium comedentia carnes 62a29 الحيوان الذى له ذنب animalia habentia caudam 85b23 الحيوان القائم الجثّة animal habens magnum cor 67a15 الذى له قلوب كبار animal erecti corporis 53a17 الحيوان الطويل الجثّة animalia longi corporis 82a5 الحيوان الذى له عظم animal magni corporis 63b25,30 66b21,31 75b36 العظيم الجثّة animalia habentia magnum corpus 90a6 الحيوان العظيم animal magnum الجثّة animalia magna 97a27 الحيوان الاعظم الجثّة ما عظم من الحيوان animal 69a8 maioris corporis 79b4 الحيوان الصغير الجثّة animal parvi corporis 66b22 (83a14)

# INDEX ARABO-LATINUS 483

animal anulosi الحيوان المحزّز الجسد animal cursile 63b26 الحيوان الصغير جدّا
corporis 54a10,26 57b30,7 59b16 61a15 71a11 78a31 78b20 (82a1) 83a1 84b32
85b27 92b17; animal anulosae cutis 82a35 الحيوان المستقيم المعاء animalia recti
intestini 75a21 الحيوان الذى له طحال animal habens splenem 69b27-8
الحيوان الذى له كلى animalia habentia renes 71b35 الحيوان الذى له مثانة animalia habentia
vesicam 76a34 الحيوان الذى ليس له مثانة animalia carentia vesica 70b2
الحيوان الذى لا مثانة له animalia carentia vesica 76b6 الحيوان الذى له مثانة ورئة دمية
animal habens vesicam et pulmonem sanguineum 70b17 الحيوان الذى له رئة دمية
animalia habentia pulmonem sanguineum 71a9,34 الحيوان الذى ليس له رئة animal carens pulmone 71a9 الحيوان الذى له شعر animalia habentia pilos 58a11
الحيوان الذى له قشور animal pilosum 58a36 الحيوان الذى جسده ازبّ كثير الشعر
ما كان من الحيوان ذا ريش او له قشور او تفليس فى animalia habentia cortices 70b2
الحيوان الذى جسده animal habens plumam aut squamam aut corticem (inv.) 71a12
له ريش او قشور او تفليس فى جلده animal habens plumas aut cortices aut squamas
71a26-7 الحيوان الذى له بطن واحد animalia habentia unum ventrem 76a7,12-3
الحيوان الذى له بطون كثيرة animali habentia multos ventres 76a17 77b17
الحيوان الذى له animalia multorum ventrium 76a8 الحيوان الكثير البطون 80a8-9
الحيوان الذى له شحم animalia habentia oesophagum 74a10 العضو الذى يسمّى مريئا
animalia habentia pinguedinem 77b15 الحيوان السمين animalia pinguia 72a31
الحيوان الكثير الشحم animal multae pinguedinis 51b9 الحيوان السمين جدّا animal
multae pinguedinis 51b28 الحيوان مما يحمل الشحم animalia patientia pinguedinem 72a11 الحيوان مما يحمل الثرب animalia zirbosa 72a11 الحيوان العظيم البطون
animal magnorum ventriculorum 67a30 الحيوان الصغير البطون animal parvorum
ventriculorum 67a31 الحيوان العظيم العروق animal magnarum venarum 67a30
الحيوان الكثير الحركة animalia boni motus 82b16 الحيوان الجيّد الحركة animalia
الحيوان الثابت القليل multi motus 58a4 83b6 الحيوان الثابت animal fixum 81b35
الحيوان قويا يعيش من صيده بقهر وشدّة animal fixum pauci motus 82b16 الحركة
animal forte vivens ex venatione 55a12 الحيوان الذى يكون تقويمه من الخصب وحسن
الحال animal fertile bonae dispositionis 80b7 الحيوان اللطيف الخلقة animalia
subtilis creationis 66a28 الحيوان البارد الطباع animal frigidum naturaliter 82b2-3
الحيوان الحقير الذى ليس animal vile 45a8 الحيوان الحقير الذى ليس بحسن المنظر
الحيوان الذى لم يخلق رغيبا مشتاقا الى كثرة الطعام animalia vilia 45a16 ani- بكريم
mal non gulosum 75b22-3 ما وصفنا عن حال الحيوان وطباعه quod narravimus de
dispositione et natura animalium 68b29-30 الاقاويل التى وصفنا فى حال طباع الحيوان
الاقاويل التى وصفنا فى صفة sermones quos fecimus in Anatomia 96b15 الحيوان
الاقاويل التى وضعنا فى معرفة sermo quem fecimus de animalibus 80a1-2 الحيوان
الاقاويل التى sermones quos posuimus in aspectu animalium 84b2 مناظر الحيوان
الاقاويل التى وضعنا sermo de generatione animalium 95a27 نضع فى ولاد الحيوان
sermones positi in generatione 89a19 فى صفة الحيوان ومن شقّ اجساد الحيوان
sermo de generatione animalium 92 الاقاويل التى وضعنا فى ولاد وكينونة الحيوان

الاقاويل التى وصفناه ذكر ولاد الحيوان a16 dicere de generatione animalium 97b29
فى مسير وحركة الحيوان sermones de ambulatione et motu animalis (92a18) 96a12
حيث quando 39b17 40a19,21 45a19 63a35 65a30; quoniam 54a25; ubi 41a11 43a36
65a15 65b14 79a3 (84b7) 85a25,7 88b29 ف ... حيث ubi ... tunc 83a22-3 ... حيث
قد اصاب احتال الطباع حيث الاوسط in medio 66a14 ibi 58b4-5,21-2 ubi ... هناك
(ubicumque) حيثما كان حيث بهذه الحيلة فـ bene ingeniata est natura in 65a8-9
لين (64a34 →) بحيث لا (77b7)
حين quolibet tempore 95a8 حينا بقدر ما tam diu quod 60b21 حين فى كلّ حين
طويلا diu 62a11; longo tempore 73a30 حينا كثيرا longo tempore 59a10 89b20
96a19 96b21 حينا يسيرا modico tempore 82b31; parvo tempore 60b18 هذا حيننا
modo 39a22 39b6 44a7 46a2 46a10 50b11,4 53b19 et passim; untranslated 89a
10-3 حينئذ (tunc) no Latin equivalent (→ adn. ad loc.) 73b1

خام الخام البلغم الخام (خمّ → خامّ pro) phlegma crudum 77b7
خاماليون hameleon 92a20
خبث خبيث خبيث القتال fortior se 63a13
خدّ (maxilla → HA 518b18) خدّان (L) maxillae 58b33 (59b5); no Latin equivalent
64a11
خدر adro 95b8; gidder 96a27,30 ذنب الخدر cauda addro 95b11-2
خدم servio 52b10 خدمة استعمال وخدمة usus 50a9
خرج exeo 42a35 64b13 69a17; extrahor 51a4 خرج مع exit ab ... cum 75a36 خرج
exeo خرج من extrahor 68a35 خرج الى curro ad 70a22 خرج ب exeo cum 60a3 عنه
ab 53a35 55a16 56b18 66a6 68a14 70a16,8 71b17 73a23-4 78a10 et passim; exeo
ex 68b3-4,27 71b16,23 منه يخرج الذى a quo exit 41b28 تخرج منه الذى الموضع
الفضول locus exitus superfluitatum 65b24 الزرع منه يخرج الذى a quo deciditur
sperma 41b31 اخرج eicio 79a6; extraho 97a20 من اخرج extraho ab 51a5 60b7;
الذى extrahor 60b21 مُصّ واستخرج استخرج exeo cum 51a9 مع ـ extraho ex 97a18
الذى extra 61a17 83a8,10 خارج cuius humiditas sugitur 74a15 استخرجت رطوبته
aer الجوّ الخارج extrinsecus 82a31 الذى فى خارج (الجسد) qui est extra 42b2 خارج
extrinsecus 86a4 خارج من extrinsecus 84b33 خارج من extra 54a1 72a11 81b1
83a12; exiens ab 54a33; exeo ab 65b16 الانسان جسد من خارجة هى التى الاعضاء
membra extrinseca in corpore hominis 56a9-10 خارج الى exterius 97b7 من خارج
exterius 78a6; extra 54a5 59a18 73a4 79a32-3; extrinsecus 57a33,7 58b10 81b26;
ab extrinseco 58b17 وخارجا داخلا intra et خارج من تلقاها التى extrinsecus 79b23
extra 55a5 مُخرَج occasiones extrinsecae 54a8 خارجا من تعرض التى الاعراض
ومخرج مدخل doctus 39a7 مخرج exitus 75b9 78b27; exit 79a2 89b29 مُخرَج مؤدّب
introitus et exitus 64a18 خروج exitus 42a36 42b1 59a32 59b33 71b2 75a22 75b13
79a14,7 79b1 80a11,25 82a14 84b26 89a4,6,11 93b19 97a13,24 وخروج مسيل exitus
89a15 بغتة خروجه يكون لا لكى ut non exeat وخروج دخول introitus et exitus 64a29
conveniens موافق للاخراج إخراج ad exeundum ab 85a31 الخروج من subito 75b21
ad extrahendum 84a19-20

خرز خرز فقار الحيّات armillae spondylium serpentum 92a2 يجوز بجميع الفقار
ويتجزّأ فى خرز الفقار transiens per omnia spondylia 51b34

خرطوم additamentum (trunk) 59a2,12,3,34 61a27,9 (proboscis) 78b13 79b7-8 85a33 85b1,10 (snout) 96b32; instrumentum 59a15 خرطومان duo additamenta (proboscies) 85a33 خرطوم الفيل additamentum elephantis 59a20 منخر اعنى الخرطوم nasus scilicet additamentum 59a30 عريض الخرطوم est habens additamentum (snout) latum 62b14 خرطوم ... يشبه حمة additamentum ... simile aculeo 78b16

خرف خريف autumnus 80a28

خزف testa 54a7 61a22 79b22,4,9 84b18 ليّن الخزف mollis testae 54a1 61a13 78a27 (→ حيوان) خزفى testa 79b25 خزفة الحيوان الخزفى الجلد animal durae testae 54a2 78a30; animalia testei corii 61a17,21 (→ حيوان) ليس هو خزفى الجلد non est durae testae 81a36 المحيط بجسده خزفى صفيق corpus eius continetur in testa spissa 71a19 لين الخزف mollities testae 71a32

خشب lignum 40b25 41a6,12 42a9 45a34 خشب الصنوبر taeda pini 49a28 خشبة الصنوبر lignum 41a14,31 خشبة الصنوبر taeda pinus 49a23 *خشبى ligneus 74a28

خشن خشِن est asper 97a7 العرق الخشن canna 64b31 65a9,19-21,27 73a24 76b14; vena magna 64b3,10,20 الوريد الخشن canna 76b13 91b27; vena aspera 64a36; vena magna 64b5 67b8 خشن تغليس squamositas et asperitas 85b4 خشونة asperitas 44b14 48b6 81b5,25; asperum 46a19 فم العرق الخشن canna 64b36; orificium cannae 64b22,6 حال العرق الخشن dispositio cannae 65a5 هو خشن الجلد habet corium asperum 97a6 جساوة وخشونة الجرم asperum et durum (inv.) corpus 83b9

خصّ خاصّ proprius (42b15) 42b36 44b5 46a3 82a18 91b20 اسم خاصّ nomen proprium 80a15 عضو خاصّ اسم خاصّ موضوع عليه nomen proprie positum 42b16 (membrum) proprium 93b1 الكلمة الخاصّة للجوهر diffinitio substantialem 85b16 لـ ... شىء خاصّ (شىء) خاصّ ل proprium est (c. dat.) 44b34 62a21 65b5 92b10 خصوصية (من بين) habet proprium (inter) 80a5 84b13,6 88b11 91b31 92b15 96a34 proprietas 79b30 80b17; proprium 58b33 بقدر خصوصية طباع كلّ واحد منها secundum naturam cuiuslibet illorum 57a12 خاصّة proprietas 39b5 خاصّة magis 68b35; maxime 50a24 53b2 67b7; praecipue 69a19 73b12,27 79a5 82a6 84b20 95a22; proprie 39a10 40a33 42a14 51a4 58b10 61a5 65a29 65b22 70a8 72a1 76b19,28 82b3 بارد خاصّة اكثر من frigidus magis quam 66b9

مخصب اخصب impinguor 80a28, 36 اذا اخصب quando impinguatur 80a27 خصب الحيوان الذى يكون مخصب حسن الحال fertilis bonae dispositionis 51a24 تقويمه من الخصب وحسن الحال animal fertile bonae dispositionis 80b7

خصلة هتان الخصلتان ista duo 43b1

خصم خاصم بعضهم بعضا فى disputaverunt de 73a18-9

خصى خصية testiculi 97a10

خضر خضرة خضرة وحشيش herbae virides 93a15

خطّ الخطّ المستقيم اعنى الذى عليه الف وبا linea recta AB (math.) 85a2

erravit قد اخطأ erro 64b36 65a30 فى قوله اخطأ errauit 40a19 اخطأ وجهل فى قوله اخطأ
in sermone eius 63b2 قد اخطؤوا وبئس ما ظنّوا erraverunt et male dixerunt 65b28
errat et otiatur مخطىء مبطل erretur 39a6 كان مخطئنا erro 76b23 77a5 مخطىء
hoc est error ذلك من الخطأ hoc falsum est 52b8 قولهم فى ذلك خطأ خطأ 42b18
الجهل errant 87a23 من الخطأ non est rectum quod 77b7 الخطأ يقولون ان 44a35
والخطأ no Latin equivalent 45a11
خطف depraedatio 94b25 خُطّاف (pro خَطّاف) rapax 97b1 (→ adn. ad loc.)
hirundines 97b2,7,10 (→ app. ad loc.)
خطم nasus 58b29
خفّ خفّا لابس calcians sotulari 87a29 خفّ levis 40b10 72a8 73b5,7 82b8 خفيف
خفّة levitas 46a18 48b7 76a36 89b12
خفى ليس ينبغى ان يخفى علينا non debet latet 93b24 يخفى علينا latet nos 39b3 خفى
لم اخفى nos latere quod 48b2 ينبغى ان لا يخفى علينا licet nos etiam scire 40a10
نخف من ... شيئا non abscondebamus aliquid ... de 53b9 خفى occultus (pro
حقى) 49b18; (L Kruk) no Latin equivalent 56a25 خفى مستور occultus coopertus
(inv.) 42b9 اخفى magis latens 82a8
خلّ vacuitas 47b2 54b6 80b34
خلب مخلب بالمخلب cum ungue unco 84a33 مخاليب ungues 62b4 84a30; ungues
incurvati 62b32; (ungues) unci 87b23 طائر له مخاليب معقّفة avis habens curvos
ungues 94a20 لا تكون مخاليبه معقّفة فى non habent ungues curvos 94a17 طباع
مخاليبه natura unguium eius 94a22 عظم وقوة مخاليب الرجلين magnitudo et fortitudo unguium 94a27 *المخاليب التى تكون فى ساقى الطير ungues (spurs) 61b31
الطائر ، الطير المعقّف ، الحيوان المعقّف المخاليب animal uncorum unguium 57b25
المخاليب التى تكون فى aves uncorum unguium 93a6 94a1,4,8,16 94b25 المخاليب
ungues المخاليب التى تكون فى الساقين ungues qui sunt in pedibus 94a16 الرجلين
qui sunt in cruribus 94a16-7 *المخاليب التى تكون فى ساقيه ungues qui sunt in
cruribus (spurs) 94a13,26 مخاليب فى رجليه ومخاليب فى ساقيه ungues in pedibus
et cruribus 94a14
خلج اختلاج القلب pulsus cordis 69a18-21
خلص كبد ليس بخالص epar impurum 69b28
خلط خالط admisceor cum 48b15 49b14 خلط منها (est) admixtum ex eis 42a22 خلط
مخلوط اعنى فيما بين الصنفين الذين ذكرنا (admixtus ex) (68b11) مخلوط من 86b27
خلط اعنى ان فيه خلط est medius inter istos duos modos 74a3 خلط admixtio 77b22
خلف خالف يضادّه ويخالفه الذى contrarium 43a34 ... وتبعد تخالف بعضها بعضا
quid diver- بعضها من بعض diversantur ad invicem 45b29 اختلف بماذا يختلف
satur 89a17 اختلف ب diversor in 73b14; diversor per 78a23 اختلفوا فى diversati
con- مخالف ل per suum contrarium 52a32 مخالف بضدّه المخالف sunt in 48a33
tra 94a22; contrarius (c. dat.) 77a27; diversus ab 48a11 78a32 ... مخالف لـ
مختلف diversatur a ... ista diversitate 47b34 بالخلاف الذى ذكرنا diversus 39a20
44b11 46b16,33 47a17 47b30 56a4 60a16 62a23 65b25 66b11,29 74b14 83b28

87b9; diversor 48a20 65b3-4 78b6 مختلفة ومختلفة شتّى diversus 87a21-2 عيناه مختلفة diversantur in oculis 57b30 مختلف بفصوله diversus secundum differentias 66b 27-8 خلف posterius 68b27 (82b35); ad posterius 92a5 الى خلف ad posterius 92a8 94b21; retro 89a31,4 ما خلف quod est posterius 92a7 الى ما خلف ad posterius 92a1 من خلف ad posterius 59a19; post 83a14 84b11 من خلف ومن قدّام ad posterius et anterius 84b11 لحفظ ما خلفه ad aspiciendum retro 92a5 خلاف diversitas 40b8 بينهما خلاف بالاكثر والاقلّ diversatur ... secundum magis et minus 55a33 خلاف ... و ... بين، فى ، diversantur 84b34-5 85a14 خلافً econtrario (c. dat.) 60b28 تلقى خلاف ما هى عليه currunt econtrario duae dispositioni 49b32 يقول خلاف هذا القول contra 39a15 يفعل خلاف ذلك facere econtra 39b10 بخلاف dicit contrarium huius 48a31 انما يقول خلاف الحقّ ipse certe non dicit nisi aliquid contrarium veritatis 48b1 خلاف ذلك contra hoc 42b9; contrarium 48a32 على خلاف est possibile contrarium eius 93a3 يمكن ان يكون خلاف ذلك contrarium 80b11; est contrarius (c. dat.) 54a10,26 56a20; est contra 83b34; est econtrario (c. dat.) 79b32; (est) econtra 60b30 85a13 87b27 89b2 90a31 على خلاف ما ذكرنا est econtra 88b28; est econtrario 65b30; econtrario ei quod diximus 95b14 على خلاف ذلك contrarius 48a8; econtra 86b8; econtrario 86b12 89b25 94a11; non 80a21 86a1 الذى يكون على خلاف هذه الحال quod est econtrario 58b10 اختلاف diversitas 40a12 47b18 49a2 51a15 62a24 69a24 74a21 77b9 80b11 81a13 84b3 et passim نوعان من انواع الاختلاف differentiae 60a7 فصول واختلاف duo modi diversitatis 75a25 ب اختلافها sunt diversae in 39b1 (وب... ) بـ اختلاف... بين diversantur in (... et in) 74a4-5 78b31 بينهما اختلاف بقدر differunt secundum 51a20 ليس بينهما فيها اختلاف آخر اكثر من ان non diversantur alia diversitate nisi quod 85a6 بينها، فيه اختلاف كثير diversatur in 79b37 اختلاف من قبل diversantur (multum) 78a27 82a9,36 فى ... اختلاف كثير مثل الاختلاف الذى فى diversantur secundum diversitatem 75a32 ... فى اختلاف in ... est diversitas 90a4; diversantur 75a14 ... فى يوجد اختلاف فى diversatur 74b18 ... فى اختلاف diversatur in 39b2 78b5 ... فى diversantur secundum 62a35 93a11 اختلاف بقدر ... فى diversantur in 67a11; diversantur secundum 92b3-4 و... الاختلاف الذى بين diversitas inter ... et 72a12 اختلاف ... بين ... و(بين ) inter ... et ... est diversitas 62a2-3 76b1 84a14-5 92b8; diversatur 81a10 84a1 84b33 اختلاف مثل الاختلاف الذى ... و... بين وبين ... inter ... et ... est diversitas sicut diversitas quae est inter 76a36-b1 ليس بينه وبين ... اختلاف البتّة nulla diversitas est inter ... et 41a35
خلق (act.) creo 45a9 45b20 46a10 55a19 57b36 (pass.) creor 84b1; est, fuit creatum 53b31 54b35 55b12 56a17 57a35 et passim; fuit 73a32 الحيوان الذى لم يخلق creans 47b5 الذى يخلق رغيبا مشتاقا الى كثرة الطعام animal non gulosum 75b22-3 خلق ل خلقتا لكى fuerunt creati ut 70b26 خلق الطباع fuit creatus 59b27 est creatus ad 61a28 خلق لحال fuit creatum ad 58b14 الذى خلق له propter quam creabatur 56a21 خلق... طباع fuerunt creata 53b33 مخلوق من creatus ex 54a4,13 55a23 57a31 65a5 92b18; creatur ex 92a2-3 ان خليق dignum est quod 41b16;

dignum est ut 42a3 44a12 44b1 46a14 49a20; dignum est *(c. inf.)* 64b19 67b21; forte 53a13 خليق ان يذكر dat (= *dicat ?) 41a9–10 (→ امثل) خلقة creatio 40a21 48a17 52b18 54a25 54b25 55a18 57a31 59a18 *et passim* – خلقة صارت creatur 92b20 خلقة وتقويم creatio 65a33 خلقته خلقة دمية creatio eius est sanguinea 70b6 خلفته لحال est ad *(c. ger.)* 70a22,7 طباع الخلقة natura creationis 65b17 خلقة احتال الطباع وصيّر خلقة العروق ingeniata est natura facere venas 65b13–4 خلقته شبيهة بخلقة creatio eius est ex 57b33 خلقته من natura eius 70b24 طباعه creatio eius est sicut creatio 70b13; creatio eius est similis creationi 71a30 71b5 على خلاف خلقتهما على خلاف خلقة creatio eorum est contraria creationi 87b26–7 خلقتهما ل est quoad eius creationem econtra creationi 89b2 ما هو فى sunt propter 70b23–4 علة الخلقة causa creationis 62b17 عند اوّل خلقته in initio suae creationis 66a20 لطيف الخلقة 90b2 قوى الخلقة bonae creationis 76b9 جيّد الخلقة subtilis creationis 66a28 فى خلقة الحيّات in serpentibus 92a4 ضيّق الخلقة strictus 88a17 اختلاف خلقته diversitas suae creationis 95a19 خلقته شبيهة بخلقة assimilatur in creatione 96a6 97b14; creatio eorum est similis creationi 96a17 96b23 خلقة التى من شوك assimilantur in creatione 84b35 فيه موافقة ومشابهة بالخلقة creatio spinosa 96b7 97a8 ليس فى شىء من خلقة القلوب non est in aliquo corde 66b17–8 خلقته موافقة ل (est) conveniens *(c. dat.)* 62b34 رطبة ... خلقة est humidus 60a4

خلقيس *L Kruk* (خلقيس *Bad.)* Halkiz 77a3

خلا ما خلا praeter 53b13 55b15 56a8 58a15 62a6 *et passim*; praeterquam 58b2 ليس ... ما ... 80a36 86b3 89a7 92b24 لا شىء من ... ما خلا nullus ... nisi 73a8 ليس شىء ... لا ... شىء ما خلا non ... nisi 63b26 لا ... شىء ما خلا non ... aliquid praeter 68a22–3 ما خلا فقط ... nullus ... praeter 62b20 خال (69b1) خال من vacuus ab 56b26 الذى يسمّى خلاء illud quod vocatur 'vacuum' 56b15

خامّ خمّ → *ad* 677b7

خمسة اكثر من خمسة quinque 80a6 80b4,23 80b26,33–4 81a2 88a4,8 plura quinque 80b25 الخامس (quintus) (88a7)

خندق الخنادق الصغار valles parvae 68a35 ما عظم من الخنادق vallis magna 68a28

خنزير اناث الخنازير porcae porcus 43b6 62b13–4 74a2,28 75a26 88a35; porca 88b11 61b26 ذكورة الخنازير porcus 51a2 61b18 جنس الخنازير porci 63a7 حياة الخنزير vita porcorum 62b15 بطن الخنازير venter porci 75a27 قلوب الخنازير corda porcorum 67a11

خنق داعية الى اوجاع وخنق سعال وخنق tussis et strangulatio 64b31 erit causa strangulationis 64b5–6

خيْر لما فيه الذى هو اجود وامثل وخير من غيره quod est melius et perfectius 63b33 الخيرة (*propter melius) (94b6)

خاط خيط sutura 53a37 53b1 مثل الخيط والصنّارة sicut (*funicula et) hamus 93a23 خياطة sutura 67a6 الخياطات التى فى قحف الراس suturae quae sunt in testa capitis 58b4

اذناب الخيل equi 88b32 ذكورة الخيل equi 39a25 58a30 63a3 66b18 86b15 خيل caudae equi 58a32

داسوبوس decheonoz 69b34
دال locus C (math.) 85a3 الموضع الذى عليه دال
دبّ repo 83a11 يدبّ repit incedendo 88a9 سار ودبّ على repo super 96a9 دبّ فى repo in 96a18 ماس الارض ودبّ عليها repo super terram 86b31 يسير على بطنه moventur super ventrem 39b3 ودبّ ♦ (= ursus) lupus (= ذئب q.v.) 58b2 دابّة bestia 42b30 ذباب الدوابّ الدوابّ التى لها اربعة ارجل quadrupedia 95a15 muscae bestiarum 61a24 دبيب reptio 88a9 دبيب وحركة motus 88a10
تدبير (= *pars posterior) aculeus (= ابر) 68b17 دبر vespae 82b14 83a9 دبر دبّر regimen 42a30 تدبير الحياة regimen vitae 62b6 79a11 تدبير المعاش regimen vitae معاشه وتدبير حياته regimen vitae 60b33 تدبير ومعاش 65b4 82b13 91a26 93a11,5 regimen vitae eius 60b32

دجاج الدجاج و (الديوك) gallina 57b28
دخل intro 42a35 42b2 69a17 دخل فى intro 65a22 78a17; intro ad 64a21; intro in 62a11 65a21 يدخل بعضها فى بعض sicut serra 62a6 بعضها يدخل بعضها فى بعض siti ad modum serrae 61b19 (→ ليّن) الدخيل فى دخيل qui intrat (c. acc.) 74a17; qui intrat in 69a5 داخل extrinsecus 72b18; intro 59b19; intrans ad 45a19 الجسد الذى هو داخل corpus intrinsecum 54a7 داخل من intra 56b36 82a13 الى داخل ad interius من داخل intra 52a23 61a15 83a8 84b18 95a26 فى داخله intra ipsum 55b1 83b1 يكون داخل intra 54a4 داخلا وخارجا intra et extra 55a5 مداخل (est) intra 61b23 دخول intrant se secundum serram 61b21 مداخلا اعنى يقع بعضه فى داخل بعض introitus 42b2 64a29 دخول الى intrare in 45a20; introitus ad 42a36; introitus in يمنع الدخول 58b18 دخول بعضها فى بعض introitus quorundam in quaedam 54b18 الى داخل prohibens introitum 72b20 مدخل introitus 50a15,6 60b30 64a18,33 69a15 81b27 86a12
دخان fumus 49a21-2
ادرك comprehendo 44b32 (47a18) *53a9 68b29 (pass.)
دسم pinguedo 72a8 77b26 الشحم وجميع الدسم pinguedo 52a29-30 دسم وشحم pinguedo 72a21 الجزء الدسم pars pinguedinis 51a24 دسم pinguis 77b33 90b31 يكون دسما شبيها بالشحم est valde pinguis 51b28
بقدر دعا داعية الى est causa (c. gen.) 64b5; adducit 73a9; cito adducunt ad 72a36 بقدر الحاجة الداعية الى الحاجة الداعية اليه secundum indigentiam ex ipsis 65b3 ذلك secundum indigentiam 83b35
دغدغ tango (= *titillo) 73a4 دغدغة titillatio 73a3,9 تدغدغ titillatio 73a7
دفىء calefio 73a1,5 ودفىء حمى calefio 68b5 دفىء مسخن جدّا valde calidus 56a22 دفاء calor (80a35) 87a30; complexio (pro calor) 86a10
دفع eicio 51a9 (90a19 90b7); moveo 93b17 بحقّ ينبغى ان ندفع الى recte dantur (c. احتال ... فدفع عن نفسه يدفع الاذى عن نفسه eicit nocumentum a se 88a1 dat.) 87a12

ingeniatus est in eiectione ... ab 65a9 لكى يدفع ما لا يوافقه من خارج ut non cadat super ipsum extrinsecum 57a37 لان لا يلقى اعنى يدفع به الاذى contra nocumenta 61b3 يكون معين لـ ... دافعا عنه eiciens 52a31 دافع ل inicio 50a27 دفع الى adiuvant 67a35 دفع لحال fuit aculeus loco armorum 83a21 صارت الحمة دافعة للمكروه propter exitum aquae 97a24 خروج ودفع الماء propter fortitudinem et iuvamentum 82b33 لحال معونة ودفع المكروه ad iuvamentum ad pugnandum pugna 62b34 قتال ودفع المكروه لحال القتال ودفع المكروه عنه 58b14 61b25

دقيق gracilis 59b25 84a10 97b20; subtilis 50b14 60b8 62b8; tenuis 79a23 96b13,33 97b17 دقيق جدّا gracilis 91a7; valde gracilis 77a22 الدقيق illud quod est subtile 51a17 الدقيق (*intestinum tenue → André s.v.) المعاء no Latin equivalent 75b34 دقة gracilitas 83a10 85b14; tenuitas et gracilitas 85b13

دلّ دليل est significatio quod 42a33 الدليل على ذلك significatio super hoc 51a24 52a34 72b28 79a21 81a8 81b30 82a8 والدليل على ذلك العرض الذى يعرض sicut 88b10-1 الدليل على ذلك العرض الذى يعرض من signum (c. gen.) 69b4 علامة دليل على ex 73a2-3 العلامة الدليلة على ان ... من اجل significatio super hoc est quoniam 67b1 دليل على قولنا ان significatio eius quod diximus 52a30

دلفين delphin 69a8 76b29 77a33 96b26 97a15; delphinus 55a16

دلك ببعض ... إن دلك بعض si confricentur ad invicem 55a15

دم sanguis 40b19 45a29 47b4,12 48a3ff. 49b21 52a14,21 56b20 65b12 et passim الجزء الملائم للدم وما يلائمه sanguis et quod convenit ipsi 68a26 pars conveniens sanguini 68a6 شىء آخر ملائم للدم (res) conveniens sanguini 45b9 78a9 ما يلائم الدم illud quod convenit cum sanguine 50a35 جميع الدماء omnes sanguines 51a4 طباع من اصناف طباع الدم est naturae sanguineae 51b20 الدم الغذاء الاخير sanguis est cibus ultimus 50a34 51a14-5 غذاء الجنين دم cibus embryonis est sanguis 51b23 الدم غذاء جميع الاعضاء sanguis est cibus omnium membrorum 52a6 طباع الدم natura sanguinis 48a20 66b29 77a20 حرارة الدم calor sanguinis 67b29 مسيل ومجرى الدم cursus sanguinis 53a12 68a11 مسيل الدم cursus sanguinis 68a20 عين وابتداء الدم fons et principium sanguinis 66a8 مائية الدم aquositas sanguinis 51a17 53a2 غلظ الدم spissitudo sanguinis 68b2 قلة الدم paucitas sanguinis 68b9 الذى دمه على خلاف ذلك vasa sanguinis 50a33-4 وعاء دم 92a24 habens sanguinem contrarium 48a8 الدم ... الذى ليس فيه مثل الشعر sanguis in quo non sunt pili 50b16 الدم الاوّل sanguis terrestris 50b17 الدم الارضى sanguis purus (pro primus) 66b24 الدم الصحيح sanguis sanus 77a29 دم مطبوخ sanguis coctus 51a22 الدم نضوج الدم الذى يكون من ذاته sanguis bonae decoctionis 52a23 الجيّد الطبخ sanguis digestus per se 52a9 دم الأيّلة sanguis cervorum 50b15 دم الثور sanguis tauri 51a4 دمى habens sanguinem 42b15 48a28 50a35 50b30 52b23 56b20 59a4 59b21 60a31 60b3 et passim; sanguineus 47b1 56b25 65b7 66a10,6 66b1 68b6 69a5 70b6,34 71a9 et passim; sanguinosus 48a7 78a9 دميّة هيولى sanguis 65b6 هو دمى habet sanguinem 48a1 الذى له دم habens sanguinem 50b25 الحيوان الدمى animal habens sanguinem 43a4 45b10 65a29 (→ جيوان) قليل الدم جدًّا pauci sanguinis 92a21 كثير الدم est multi sanguinis 73b27 هو اكثر دما من est pluris sanguinis quam 73b28 مملوء من دم plenus sanguine 97a29 الحيوان الذى ليس بدمى animal carens sanguine 47a30 60b11 67b25 الذى ليس له دم carens sanguine 50a35 50b24 الذى لا بعض الحيوان دمى وبعضه دم له carens sanguine 42b15 48a28 50b30,2 65a32 78a30 عادم الدم quaedam animalia habent sanguinem et quaedam non 78a33

عضو آخر دماغ cerebrum 52a24,5,27ff. 52b18,35 53a21,7 56a14 56b17 et passim; دماغ الانسان aliud membrum conveniens cerebro 52b24 ملائم للدماغ cerebrum hominis 58b7 دماغ كبير cerebrum magnum 53a27 حسّ الدماغ sensus cerebri 56b12 عمل الدماغ operatio cerebri 56a20 فضلة الدماغ superfluitas cerebri 53a1 مقدّم الدماغ anterius cerebri 97a25 العظم الذى يلى الدماغ (os) quod vicinatur cerebro 53a34 → نزل

دمل دمّل دماميل apostemata 67b5

دنا من دنا من غيره appropinquo (c. dat.) 77b3 79a12; appropinquo ad 49a16 appropinquat ad aliud 49a15 ما يمسّه ويدنو منه illud quod tangitur ab eo secundum appropinquationem 48b13 الدنو منه دنو (45a3) قرب → مدان لـ appropinquare ad ipsum 45a20

دهر فى الدهر السالف in antiquo (sc. tempore) 77a2

دود الطائر الذى الدودة التى تضىء كما تضىء النار vermis qui lucet sicut ignis 42b33 يأكل الدود aves quae comedunt vermes 62b9

دار مستدير هو مستدير rotundus 73b32 80b9 83b13,35 96b32 habet rotunditatem 80b11 استدارة finditur circulariter 54a18 ينشقّ بشقوق مستديرة rotunditas 80b17,23 استدارة الرأس هو مستوى الاستدارة من كلّ ناحية est rotundum capitis 56b28 est rotundus circumquaque 80b11-2

دام ما دام دائم سرمدى cum sunt 47b12 دائم aeternus 39b24

دون يكون ... من دون est infra 56b37; minor 79b3; minus quam 61b35 67a25 minor (c. abl.) 69b3 ذلك بنوع مبسوط دون غيره hoc est دون الكريم ignobile 45a7 modo simplici 47a16 حاله تكون مثل حاله بدون ذلك ... dispostio eius erit semper sicut 80b1 وليس بدون ما non minus quam 68a32

دوى اصناف الدوى sonus 57a17

دجاج → ديك

ديموقريطوس Democritus 40b30 42a26 65a31

ذا ذلك hic 39a2 40a31; ille 39a13 41b28 43a18 44b5 51a35 et passim; is 40a14; iste 71b25 89b10 ما قلنا من ذلك quod diximus in hoc 92b2 ذلك الذى illud quod 80b6 علّة ذلك ان quare 73a31 وعلّة ذلك et secundum hoc 44a16 81a10 علّة ذلك causa illius est quoniam 56b35; علّة ذلك من قبل ان causa illius est quia 62a8-9 وذلك من قبل ان quia 96b4 وعلّة ذلك من قبل ان causa in hoc est quoniam 80b5 وانما اقول ذلك لان quoniam 62b31 74a6 وعلّة ذلك لان et hoc dico quoniam 85a24

غير ذلك alter ... et istud 47a9 ذلك illud ... وهنا ... quia 64a19; quoniam 64a14
sic dividitur فى ذلك تجزّى‌ء (اكثر →) et in maiori parte 92b22 واكثر ذلك 39b26
وذلك 43b23 sed 92b7 وذلك لان et ideo 54a6; quoniam 66a21 71a19,29 91b30
ut non وذلك لكى لا propter 57a18 61b20 71a32; quia 75a30 وذلك لحال 92a21
لذلك 54a30 ut non 61b21-2 وذلك لكيما لا propter hoc 40a19 40b15 42b2 46b17,23
propter hoc من اجل ذلك cum hoc 52a36 مع ذلك et passim 50b31 61b19 62a24
non pos- لا يمكن ان يغيّر ذلك النوع (مثل, صيّر →) ideo 53b4 من ذلك 62b1 62a28
sent habere alium modum 87a27 ذانك illi duo modi 85a15,24 ذانك الصنفان
lupus 58b2 (pro دبّ ursus) 88a6 ذئب
genus mus- جنس الذباب muscae bestiarum 61a24 ذباب الدواب muscae 61a20 ذباب
carum 82b12 صنف الذباب genus muscarum 83a29 جنس النحل والذباب genus apum
et muscarum 78b14,9

ذبح ذبيحة ينبح interfectum (subst.) 67b2

ذرق ذرق روثه والقاءه فى مكان بعيد eiectio stercoris remote 63a15

قد ذكر (ان) dico (quod) 39a8,25 43a36 45a4 47b35 55b28,37 56a14 et passim
iam diximus 77b35 78a21 et passim اذ قد ذكرنا postquam diximus 82a30 ذكرنا
diximus ذكرنا فيما سلف iam ergo diximus 62b17 67b12 88b33 92a24 فقد ذكرنا
superius 88b35 سنذكر (nos) dicemus 39a24 66b28 78a16; dicemus nos post 39b11
فى آخرة ... سنذكر dicemus ... postremo 89a10; nos dicemus ... posterius 95a17
nos dicemus ... سنذكر ... اخيرا مع ذكر nos dicemus ultimo 58a13 سنذكر اخيرا
post, quando dicemus 55b16 ينبغى لنا ان نذكر هذه الاشياء ونقول فيها ما يلزمنا فى
licet nunc dicere in hoc quod debemus dicere ex 53a8 ليس ينبغى ان يذكر ذكر
non debemus loqui de 44a32 هو اوفق ان يكون يذكر melius est dicere 50b10 ذكر
اوفق ان يقال ... melius est ut dicatur 53b14 إن كان ذلك كما ذكرنا si ita est 43a6
dicitur quod 45a18 يذكر ان modo remanebit ad dicendum 78a22 قد يقى ان نذكر
id quod dicemus 61b27 ما ذكرنا hoc quod diximus 62b11 68b30; hoc ما نذكر
est econtra 88b28; est econtrario 65b30 على خلاف ما ذكرنا hoc كما ذكرنا 66a22
sunt secundum quod narravimus 61a30 الامران التى ذكرنا praedicta duo ووصفنا
كلّ واحد مما ذكرنا sibi similia 61b32 كلّ عضو مثل هذه الاعضاء التى ذكرنا 60a9
quodlibet istorum 45b36 للعلة التى ذكرنا من اجلها propter eandem causam propter quam 95b11 موافق للحاجة التى ذكرنا conveniens ad hoc 59a15 خليق ان يذكر
dat (= dicat ?) 41a9-10

ذكر dicere (de) 39a24,6 45a34 49b9 61a34 68a9 70b29 78a26 97b29; sermo
45b10 نبدأ بذكر sermo in hoc 89a10 الى ذكر ad dicendum 82a31 ذكر صفته incipiemus in 82a32 ذكرها dicere de eis 55b25 وذكر ... صفة narrare 41a7 ان تكون
يتلو فولنا ذكر ... بنوع الصواب ut dicamus recte 44b2-3 الاستقامة والصواب فى ذكر
sequitur dicere de 52a24 65a28; sequitur de 67b15 ذكرنا id quod loquimur in
tantum هذا القول الذى يحتاج اليه من ذكر dicemus cum 55b24 تركنا ذكرها مع 64b19
indigemus ad sermocinandum in 50b14 ذكره باستئناف ما نهمّ quod volumus dicere post 61b27-8 نحن نريد ان نأخذ فى ذكر nos volumus dicere 62b23

ذكر الذكورة masculi 64a5,7 الذكورة والاناث mares et feminae 78a24 84a33 فى الذكورة in maribus 84b4 ذكورة واناث الناس mares et feminae hominum 88b31 76a4 84a21 88a22; in masculis 61b33,5; in masculinis 61b33 ذكورة الحيوان masculi animalium 61b32 ذكورة الايلة mares cervorum 58a31 ذكورة الاسد الذكر leo mas 62a1 ذكورة البقر tauri 62a3 ذكورة الخنازير porcus 51a2 61b18 ذكورة الخيل equi 88b32 ذكورة الحيوان الذى يسمّى قاربو mares karabo 84a21 ذكورة الحيوان الذى له natura feminarum et masculorum 64a5 طباع الاناث والذكورة mares animalium quadrupedum 89a33 اربعة ارجل 89a21 عضو الذكورة membrum marium كلّ عضو 89a23 ذكر virga virilis quaelibet 55a12 عظام الذكورة ossa masculorum

ذنب cauda 84a15 85b23 89b3,24,30-1 92a18-9 95b5,16 96a31 97b12 مؤخّر الصدر posterius pectoris et caudae 94b21 (οὐρυπύγιον) والذنب فى الاعضاء التى تسمّى اذناب in caudis 89b34-90a1 ذنب قصير cauda brevis 58a33 58b1 ذنب مستطيل مشوّك cauda longa spinosa 95b7 ذنب عريض ليس بصفيق cauda lata non spissa ليس له ذنب 89b5 quaedam caudae habent pilos لبعض الاذناب شعر كثير 95b26 caret cauda 97b9; non habet caudam 89b6,22 97b11 ذنب الخدر cauda addro 95b 11-2 اذناب الخيل caudae equi 58a32 عند الذنب apud locum caudae 82b35

لكى ينهب به (adduco ad) *ذهب بـ ... الى 85a35 ذهب الى vado ad 50a17 83b34 ذهب فيه فنى وذهب فى dissolvor ab 53a25 وذهب فنى الى ad adducendum ori 84a1 transeo in 51b15 اذا ذهبت النفس عن الحيوان quando animal caruerit anima 41a19 وتذهب مثل هذا المذهب الى ما بين يديه ( حتّى ... ) et illae in alias et sic (quousque ...) ذهاب privatio 50b18 ذهاب ... عنه amissio intellectus 53b5 ذهاب عقل 43a21 رأى ومذهب opinio 89b12 مذهبه بالعروق vadit per venas 52b36 مذهب via 53a32 مذهب الحيلة ingenium 46a2 39a1

ذو رجلين والذى له من الارجل اثنان فقط habet 93b5 صار ... ذا habere 83a13 ذو ارجل اربعة ارجل quadrupes 57a24 ذو اربعة ارجل habens duos pedes 42b8 الحيوان ذوات الاربعة الارجل animalia quadrupedia 53a19 animal quadrupes 97b15,8 ذات essentia 71b27 الى ذاته ad se convenientior intellectui 48a4 اوفق لذى العقل respectu sui 60a16 اذا قيس هو الى ذاته (جنب، اجتمع، انقبض ←) 66b15 بالاعراض per accidens 43a28 بذاته per se 46a11 49b15 53b21 54a12 كلّ واحد منهما بذاتها unumquodque eorum per se 49a3 من ذاته essentialiter 49a9; per se 40a 27,31 41b22 49a17 49b2 من ذاته ... كان est ... essentialiter 49a7 مفرد بذاته per se 42b5 43b26,9 44b6 56a3; solus per se 54a34 54b2 مفردا بمزاج ذاته in aliqua complexione per se 52b18

ذاب dissolvor 69a33; liquefio (48b27) 49a34 اذاب dissolvo 72a25; liquefacio 48b27 49a29 53b4 مذيب liquefaciens 48b17

ذاق gusto 60b14 61a18 مذاقة gustus 60a21 (91a4) حسّ مذاقة الرطوبات sensus gustus 56a31 60b10 مذاقة الرطوبات gustus 60b5 (91a2); gustus humiditatum 60a19 لحال المذاقة ad gustandum 60a1 90b27


رئة pulmo 45b7 53a29 64a19,22 64b11 65a15-6,21 67b6,8 68b33 69a6,14 69b14

رئتان (sea-lungs) 81a18 ; 70a30 76a27-8,30 76b12 77a7 86a3 91b26 97a17; rabba
duo pulmones 69b25 عضو آخر ملائم للرئة membrum conveniens pulmoni 45b8
نغانغ بدل الرئة branci loco pulmonis 76a28 رئة دميّة pulmo sanguineus 70b17,34
رئة الحيوان pulmo magnus multi sanguinis 69a26-7 رئة كبيرة كثيرة الدم 71a9,34
... لـ رئة ويتنفّس pulmo animalis ovantis 69a27 الذى يبيض بيضا habet pulmonem et anhelat 97a26 الذى له رئة habens pulmonem 59a31 64b23 الذى ليس له
رئة carens pulmone 71a9 خلقة الرئة creatio pulmonis 69b8 70b14 تجويف الرئة
concavitas pulmonis 64a28 حركة الرئة motus pulmonis 69b1 73a24 ابتداء حركة
الرئة principium motus pulmonis 69a14 عمل الرئة operatio pulmonis 64a29 وضع
الرئة situs pulmonis 64a26 رئة البقر pulmo vaccae 71a18 رئة السلحفاة البحرية
pulmo tortucae marinae 71a16-7 رئة السلحفاة البرّية pulmo tortucae silvestris
71a18

اشرف Bad.; v. l. ارأس) اكرم واروس princeps 70a26 •رئيس rego 70a26 رؤس
→ Kruk, Introd. p. 28) 67b35 رأس caput 53a14,19 53b1 56a14 63a25-6,33 63b
2-3,10 64a11,31 65b28 66b12 80b14 82a2 83b19,23 84a18 84b9,24 85a5 85b33,5ff.
86b16,33 88a11 90b18 91a27 91b28,32 92a5,7 92b15 94b10 95b5 96a23,8 97b19 رأس
الانسان caput hominis 73a14 رأس القنفذ caput ericii 80b14 رؤوس السراطين capita cancrorum 86a1 رأس يسمّى رأسا باستعارة الاسم est caput transumptive 62b25
رأس مقطوع caput abscisum 73a23 رأس صغير جدًا caput valde parvum (Octopus)
54a23 خلقة الرأس creatio capitis 86a5 اعضاء الرأس membra capitis 62b17
مؤخر الرأس membra capitis 64a12 الاعضاء التى فى الرأس posterius capitis 56b13,
4,8,26 ثقل الرأس ponderositas capitis 95a7 وثقل الرأس ( ثقل العنق ) pondus capitis 59b8-9 استدارة الرأس rotundum capitis 56b28 قحف الرأس testa capitis 58b4
جوانب قحف الرأس testa capitis 62b18-9 قحف عظم الرأس testa capitis 53a37
فى الرأس latera capitis 56a32 الجزء الاعلى من الرأس pars superior capitis 91a27
الرأس in superiori parte capitis 57a13 وضع الرأس situs capitis
64a25 قطع الرأس abscisio ca- المكان المحيط بالرأس locus continens caput 56a20
pitis 73a29-30 هو مطاطىء الرأس الى الارض est declinati capitis ad terram 57a15
كثير شعر الرأس pili capitis 58b11 شعر الرأس (est) multorum pilorum in capite
58b2 إن لم يمل الانسان رأسه جدًّا ... ليس يظهر له non apparet ... nisi multa inspectione 90b24-5

رأى ان رأى video quod 41b22 رأى discretio 39b16; intellectus 40a2; intentio 39a
13; opinio 41b2 42a29 44b24 الرأى الذى يكون فى معرفة cognitio 45a26 بقدر مبلغ
رأينا secundum perfectionem opinionis nostrae 45a6 لطف الرأى subtilitas 42a27
ينبغى ان يكون opinio 39a1 41b11 الرأى الطباعى opinio naturalis 40a2 رأى ومذهب
debemus considerare in 44b17 الرأى الناظر فى

ربّما ... et passim 39a8,29 40a32 48b15-6,29 54b20 58b20 60b7 ربّما
forte ... et forte 44b19 49a7 61b33 76b30 96b13 وإمّا ... إمّا ربّما كان وربّما forte
erit ... vel 49a21 وربّما كان et si est, est ... 52a12

ربط ب ربط ligatus (pass.) ligor cum 70a10 مربوط ligatus 54a35 60b5 مربوط ب

رباط ligamentum 43b18 رباط وعقد ligamentum 52a17 54b28 رباط cum 54b19, 25
*لتبقى ... برباط ut sint ligatae cum 70a9-10
ربع ver 80a28 اربعة quattuor 43a22 82b8,10 83b26 85a22 86a35 88a5 89b15 90b13 93b7, 14 95a16 95b23, 8 96a13 ذو اربعة ارجل quadrupes 57a24 له اربعة ارجل quadrupes 70b1, 13 الحيوان ذوات الاربعة الارجل animalia quadrupedia 53a19 الحيوان الذى له اربعة ارجل animal habens quattuor pedes 86b17; animal quadrupes 62b13; quadrupes 69b6 (→ حيوان) الرابع quartus 74b13
تربية animal quod habet multos filios 88b16 الحيوان الذى يربّى جراء كثيرة ربا حمل الجنين وتربيته nutrimentum 80b31 تربية ونشوء no Latin equivalent 64a3 تربية مع (44b29) impraegnatio 55a3-4 ونشوءه (→ قرب)
رتب ordinatus in 65b20 مرتّب فى مرتّب bene fuit ordinatio 56b27 نعم ما رتّبت رتّب مرتبة ordo 45a مرتّب مع ordinatus cum 42b19 المرتّب المنضود ordinatum 41b18 الترتيب والنضد ordo 41b23 ترتيب 25
رجع convertuntur super se 40a9 تنتكس وترجع على ذاتها
رجل pes 40b21 45b5 54b17 59a34 63b8 68b21 81a9 82a37 82b5-6 83a35 83b25 84a10,4-8 84b11,31 85a20 85b3,25 86b30 87a3,25 88a34 90a15,21,7,9 91b9,14,23 94a14,6,21 94b23,5 95a14-9 95b3 97b4-7 ارجل السمك pedes (fins) piscium 97b5 خلقة الارجل ، رجليه creatio pedum 85a12,3 قصر الرجلين curtitas pedum 94b24 اواخر الرجلين finis digiti pedum 90a31 90b8 92b24 93a7,20 94b15 اصابع الرجلين pedum 90b3 تشقيق الرجلين fissura pedum 43b32 عمل الرجلين operatio pedum التغليس الذى فى رجليه 90b1 عظام اليدين والرجلين ossa manuum et pedum 54b17 squamositas pedum 79a12 مقاديم الرجلين pedes anteriores 59a23,35 83a28 83b2 86a34 87a6 87b31 88a3 الرجلان المقادمان anteriores pedes 87a7 الرجلان اللتان فى المقدّم pedes anteriores 93b11 الرجلان التى فى المقدّم (مقدّم الجسد) pedes anteriores 88a5,12,6,30 88b20 90a16 95a10 الرجل التى فى المؤخّر pes posterior 86b16 مؤخّر رجليه pedes posteriores 83a31 الارجل التى فى مؤخر الجسد pedes posteriores 85a18 90a11 الرجلان المؤخرتان pedes posteriores 86a35 الرجلان التى فى المؤخّر pedes posteriores 88a2,5,8 88b20 90a19 هى اوساط الارجل sunt pedes medii 85a22 رجلان duo pedes 82b10 83a26 83b3 87a2-3 95b23 اثنتان duo pedes 93b2,14 95a3,9,14 97b21 الذى له رجلان habens pedes 42b24-30; habens duos pedes 42b28 84b10 ذو رجلين والذى له من الارجل اثنان فقط habens duos pedes 42b8 له ثلاثة ارجل habet tres pedes 41a32 اربعة ارجل quattuor pedes 82b10 85a22 86a35 89b15 90b13 ستّة ارجل sex pedes 83b3 85a15-7 ثمانية ... جميع ارجل omnes pedes sunt octo 85a22-3 هو مشقوق بشقوق الرجلين est fissi pedis 90a6 المشقوق الرجلين (animal) fissi pedis 88b7-8; habens fissum pedem 42b8; habens pedes fissos 44a5 الذى له رجلان ما هو مشقوق الرجلين بشقّين habent duos pedes fissos in duo 42b28-9 الذى فى رجليه شقوق كثيرة habens multas fissuras in pedibus 62b32 الحيوان الذى ليس بكثير الشقوق فى اليدين والرجلين animal carens multis fissuris in pedibus et manibus (inv.) 88b21 حيوان مشقوق الرجلين بشقوق كثيرة 74a1 animal fissi pedis multae fissurae 62b30 الطائر الذى فيما بين رجليه جلدة aves

الحيوان quadrupes 57a24 ذو اربعة ارجل quae habent inter pedes corium 62b10 له اربعة ارجل quadrupes 70b1,13 ذوات الاربعة الارجل animalia quadrupedia 53a19 الحيوان الذى له اربعة ارجل animal habens quattuor pedes 86b17; animal quadrupes 55b13 57a12; quadrupes 69b6 88a15 89a31 90a4 (→ الحيوان الكثير (حيوان) الارجل animalia multipedia (octopuses) 42b19 52b25 54a22 78b28 79a8,12,22 84b12 85a5,14,21,4 85b1,20,4; (insects) 82b3 الحيوان الازبّ الرجلين animal pilosi pedis 76a7,15 89a34 بلا رجلين sine pedibus 86b30 ليس لـ ... رجلان caret pedibus 97a30; non habet pedes 92a6 95b21 96a11 عدم الرجلين caret pedibus 90b15 الحيوان الذى لا رجلين له caret pedibus 90b13 carens pedibus 92b1 ليس له رجلين لا يكون عادم الرجلين non animal carens pedibus 76a24 97a10 الذى ليس له رجلان carens pedibus 69b7 رَجُل vir 48a29 53a28 الرجل الابيض albus (a white man) 49b26 رجل من اهل الكورة quidam homo 73a19 قياس الصبيان الى كهولة الرجال pueri respectu seniorum 86b24

رجا spero 69a20

رخو mollis 61a18 70b14 85b8 رخو الجسد vacuus 69a25 رخاوة mollities 69a16

ردّ ردّد القول redeo in eundem sermonem 39a24 42b9 ترداد ترداد القول مرارا التطويل وترداد القول مرارا 2-45b11 redire in eundem sermonem multotiens شتّى elongatio loqui 44b1

ردؤ ردى ء malus 50b1 73b24 75a6 96a13-4 ردى ء جدّا valde malus 73b30 هو اردأ رداءة malitia 68b7 اردأ من تقويم ... واقلّ إحكاما est peioris dispositionis 87a24

رسل non absolutus ليس بمرسل 81b2 81a19,20-2 61a10 60a17,25 absolutus مرسل لسان → 60a25 illi qui habent linguas ligatas الذين ليس لسانهم مرسلا 60a32

رسا ارسى ancoro 85a34; ancoror 70a10

رضع (88b17) (lactatio) رضاع جراؤه ترضع لبنا كثيرا habent multum lac 88b10

رطب humidus 68b8; humefio 53b3 ترطّب humefio 49b34 efficior humidus كان et passim 58a3 57b23 56b1 54b30 53a25 51b36 49b10 47b11,2,28 46b21 رطب humidum 46a16 رطب humidior 55a24 70b19 ارطب efficitur humidus 49b32 رطبا الرطب in humido 59a11 بوسط الرطب 77b22 (70b21) 51a8 50b35 50a4 49b9 47a19 رطوبة humiditas 47b26,35 49b14 50b18,22 51a10 52a35 humidum valde 58b9 جدّا 53a33 53b9 56b2 57a31 et passim; humidum 51a9 53a33 70b10 72a21 76a35 97a31; humor 72a7,9 72b29 ندى ورطوبة humiditas 73a1 76a15 قد جفّ ونشفت رطوبته efficitur siccum 75b31 رطوبة حارّة humor calidus 72b29 فضلة الرطوبة superfluitas 76a34; superfluitas humidi 68b3-4 70a22 70b6 71b19; superfluum humidum 71b2 فضلة الرطوبة والندى superfluitas 79a15 الفضلة الرطبة superfluitas humiditatis 70b5 فضلة المنى رطوبة من الرطوبات وهو sperma est humiditas et superfluum 89a9 رطوبة المنى sperma (= *atramentum → adn. ad loc.) 79a1 رطوبة الماء aqua 96a8 الرطوبة السوداء humiditas nigra 79a6 حسّ مذاقة الرطوبات sensus gustus 56a31 لذّة الرطوبات sapor humiditatum 60b9 اجتماع الرطوبة aggregatio humidi 70b8

رعى pascor 76a15; pascor ex 93a15 يرعى رعيا اكثر tunc pascitur multum 80a33

INDEX ARABO-LATINUS 497

البقر الذى يرعى من خلف vaccae pascentes يرعى رعيا اجود pascuntur melius 81a7 ad posterius 59a19 رعى كثير pascua multa 80b2
هو رغيب فى طلب الطعم sunt valde gulosi رغيب angustior in 44b34 رغب فى رغب 75a20 (96b30) رغبة non gulosus 75b22-3 لم يخلق رغيبا مشتاقا الى كثرة الطعام valde gulosus 75b28 رغبته فى الطعام كثيرة sunt valde gulosi 90b25 كثير الرغبة لحال رغبة طباعه sunt valde gulosi 91a2 تكثر رغبتها الى الطعام propter insaturitatem eius 60b8-9 من اجل ان ... تكون علة كثرة رغبته فى الطعام propter ... erit gulosum 75b25 لا رغبة له فيها quas non diligit 44b35

رفع فوق رفع رفع ... الى فوق elevat ... sursum super 59a13; movet ... ad superius 71b33 لو رُفع aufero ex 89b12-3 ارتفع si aliquis elevaverit 59b24 elevor 69a18 83a32 88a11; inflor 69a28 يرتفع الى فوق ascendit sursum 52b36 ارتفع عن الارض elevor a terra 83a35 88a11 اذا ارادت ان ترتفع عنها وتطير quando volunt volare 83a32-3 يرتفع ... فى الهواء elevat se in aere 57b27; elevatur in aere 97b16 (97b26) ارتفاع elevatio 57a16 86b14

مرفقان ويدان umeralia hominis 88a11-2 مرفقى الانسان umerus 88a(3)14 مرفق رفق manus (plur.) 88a3-4

رقيق جدّا valde رقيق رقّ gracilis 52b32 54b28; tenuis 57b2 72b33 73b7 76a13 tenuis 57a34 ارقّ subtilior 50b23; tenuior 72b25 ارق والطف subtilior 47b31 رقّة رقّة الجلد quia corium eius est tenue valde 73a7 مراقّ mirac (ἐπίπλοον) 77b14, 7,28,33 حال المراق dispositio mirac 77b35

رقبة (= *collum) مضروب الرقبة decollatus 73a19,21 الذين يضربون الرقاب qui decollant 73a25

ركب معه (.pass) ركّب على 68b27 compono super 54b31 68b27(pass.) اشتبك (→) 68b25 ركّب ركب ركّبت من اجزاء componitur cum eo 49a15-6 ركّب ... من ex ... componitur 45a29 اعنى ان ركّب (membra) organica 47b9 لا تشبه بعضها بعضا scilicet componendo 44 a5 مركّب compositus 43b30,2 46a17 82a11 مركّب مع compositus cum 83a1 كأنه مركّب من compositus ex 46b23 47b4 60a3 67a8 quasi esset ex 71b7 اذا صار بعضها مركّبا على بعض quando componuntur ad invicem 68b26 تركيب compositio 44a4 46a8,20-2 46b9,10,31 49a30 60b24 68b29 على تركيب est positus super 58b19 نوع التركيب componitur ex 46b31 modus compositionis 45a34-5 46a12 46b30

يرمح بتلك الرجلين torquent per illos pedes 90a20 رمح lancea 87b3 رمح
رماد cinis 49a25 49b14 72a6 رمد
يقطع ويرمى به عن الجثّة est separatum a corpore 73a14 رمى
روث stercus 63a15

الروح ventositas 72a32-3 72b4; ventus 89a30 روح spiritus 67a29 91b27 ريح راح روح الطباعى spiritus naturalis 69a2 بروح eventat (=) تروح (?) 59b17 راحة quies 89b21 منتن الرائحة اكثر من جميع اصناف الرائحة plus fetens modi odoris 59b16-7 رائحة omnibus aliis 71b23

الذى يريد is qui volo 39a13,7,8,26 39b25 41a34 42a20 53b19 55b28 83a28 اراد راد

vult loqui in يريد القول فى qui voluerit 50a31 74b15 80a1 voluerit 43b9 من اراد
volo *(c. inf.)* 40b convenientes ei 84a12-3 موافقة للحاجة التى تراد 41a33
23,7 41a6 82a6 83a32 85b8 نقول ان نريد نحن nos volumus dicere 67b20 نحن نريد
si nos voluerimus 39a24 إن اردنا إن nos volumus dicere 62b23 ان نأخذ فى ذكر
si quis voluerit 43a28 يراد للامر الذى اراد احد rei ad quam est praeparata 45b20
sine voluntate 73a6 من غير ارادة ex voluntate 57b1 من قبل الارادة ارادة
paulatim paulatim 55a18 رويدا رويدا
debemus dicere 46a2 هو لازم لنا ان نروم ذكر ad ... 39b22 رام الى رام intendo per
← وضع
pluma 42b24 44a22 45b5 55b17 57a19 57b8 70b4,16 71a14 76a32 91a15 ريش
92b9,12 94b8 97b20 ذا ريش habens plumam 71a12 ريش الذى له habens plumas
42b24 71a26-7 له كثرة ريش habet multas plumas 94a3 من ريش ( هو ) est pluma-
tus 82b18
tehabitoz 97a6 ♦ رينا وباطوس

animal الحيوان الذى جسده ازبّ كثير الشعر pilosus 58a29 ازبّ كثير الشعر ازبّ زبّ
pilosum 58a36 الحيوان الازبّ الرجلين animal pilosi pedis 76a7,15 89a34
spuma 69a32 زبد
stercus 75b30 (82a14) زبل
الزبانة اليمنى الزبانة الكبرى زبانة maius additamentum (= *forfex*) 84a32-3 زبانة
additamentum (= *forfex*) dextrum 84a26 زبانتان additamenta (= *forfices*)
83b34 84a16,34 84b1 91b17-8; duo additamenta 84a32 زبانتان اعنى الشفتان duo
labia scilicet duo additamenta (= *forfices*) 83b32
ex quolibet من كلّ بذر ( و ) كلّ زرع semen 41b28,35 55b35; sperma 40a23 41b31 زرع
semine 41b27 الى بعض الزرع والثمرات in hortum 58b18 زرعى قوة زرعية المنى
virtus spermatis 51b21
زرافة (v. l. G): ايّلة (q.v.) L 63a10
derideo 64b9 ازدرى ب زرى
fingo quod 40a20 40b15, 31-2 48a29 52b7 (13) 63a35 64b10 65b27 زعم ان زعم
73a10, 3 *et passim*; opinor quod 48a25; significo quod 47a13 الذين يزعمون ان
(illi) qui fingunt quod 76b22 77a31 87a23 يزعمون عن كذلك ita fingunt de 59a
18 9- ليس هو كما يزعم بعض الناس انه nihil est quod fingunt quidam homines dicendo quod 56a15 زعم بزعمه secundum quod finxit 63b2 يزعم بعض الناس secundum quod fingunt quidam homines 55b33
fistulae 87a12 زامر fistulator 87a12 انابيب الزمّارة زمّارة زمر
in اذا كان زمان شدّة البرد وزمان شدّة الحرّ tempus (74a18) 76a3 زمان 82a33 erro ازمن
frigore et calore 80a29 بالزمان in tempore 42a28 لمّا كان زمان per tempus 40
a25 بعد زمان كثير post magnum tempus 53a34 فى زمان آخر in alio tempore
41b19 الزمان فى ذلك in illo tempore 80b3 فى زمان اكثر in longo tempore 75a29
فى ازمان السنة in maiori parte temporis اكثر الزمان in temporibus anni 80a28

تبقى زمانا kathيرا diu 53a35; longo tempore 68a28 69a35 74b27 75a7 زمانا كثيرا 69a11 كثيرا vivunt multum 77a33

زوج زوج par 80b19 85a17,9,20; unum par 85a17

زار زور وزور... كذب وزور هذا القول iste sermo ... est falsus 73a23

زوى زاوية angulus 43a29 90a13 مساوية لزاويتين قائمتين ... زوايا anguli ... sunt aequales duobus angulis rectis 43a29 زواياه مساوية لقائمتين anguli aequales duobus rectis 43a30-1

زيت oleum 48b33 49a23

زاد زاد على addo (c. dat.) 87a14; addo super 89b13; augmento in 64a1 85a26-7 ازداد cresco 89a24 يزداد عظما augmentatur 86b11 زيادة additamentum 95b22; augmentum 89a25, 8 95b8 (v. l. augmentatio) بنوع زيادة ونقص secundum magis et minus 49b35 بالفضلة والزيادة والنقصان secundum magis et minus 45b24 ومن قبل الاكثر والاقلّ ... من قبل زيادة ونقص secundum magis et minus 92b3

زان زيّن ب orno cum 58a32

س (designates future tense) سننكر (nos) dicemus (post) 39a24 66b28 89a10 95a17, 27 سيكون erunt 43a13,22 سنوضح قولنا nos declarabimus 92a16 سيعلم sciet 44a6 الذى سيكون quod erit 40a3 سيضطر الى ان necessario sequitur ut 39a27

سئر سائر alius 42b7 44b15 46a19 47b35 52b24 53b19,21 57a2 59b13 et passim; جميع سائر omnis 87a5 87b16; omnis alius 87a24 89a23; residuus 66b2 67a35 سائر البطن omnis 91b4 سائر الجسد residuum ventris 77b19 residuum corporis 77a12 82a2 92a10 الطير الذى يكون مع سائر صنفه aves quae volant in comitatu 82b6 سائر ... الآ... فقط alius 73b16 ليس يكون فى سائر in nullo ... nisi ... tantum 66a3 وسائر الاشياء التى مثل هذه et huiusmodi 46b26 وسائر التى 47a19 et huiusmodi وسائر الاشياء التى تشبه هذه et sibi similia 47b24 تشبه هذه الكتاب الذى وصفنا فى مسألة perscrutor a ... propter 60a7 سأل ... عن سأل المسائل liber de quaestionibus 76a18

سبب سبب causa 45a9

سبح سباحة (43a34) للسباحة يوافق السباحة est ad natandum 95b18 ad natandum اذا احتاجت الى السباحة فى الماء ad natandum 84a3 93a10 لحال السباحة 94b9 quando natant in aqua 59a14

سبع السباع التى تأكل اللحم 62a30 63a13 (pl. سباع) lupus 55b10 lupi comedentes carnes 55a13 السباع البحرية العظيمة الجثث lupi marini magnorum corporum 69a8

سبيل via 42a36 47b1 50a15 56b18 64b11-2 68b2-3,16 71b12,7,24-5 72b6,27 91a14 97a11,3 سبيلان duae viae 71b16-7 سبيل سمع viae auditus 57a18,21 سبل مناخير viae nasi 59b1-3 سبل اللثاث viae gingivarum 68b17 مسلك وسبيل methodus 44b17

سبيون (σηπίον) sepion 54a21

ستة sex 83b3 85a15-7

ستر cooperio 58a11,2 58b6 79b22(L) 87a24 94b8 مستور خفى مستور occultus coopertus (inv.) 42b9 سترة coopertorium 57a26, 32 72a17 73b4-5, 10 (88a22) يكون

ستر cooperit 72a20 سترة وحفظ سترة custodia 57a31; coopertorium et custodia 57b34 لانها تحتاج coopertorium 93b18 لحفظ وسترة غطاء وسترة ad custodiendum 90a2 لکی یکون ... فی ad custodiendum 90b9-10 الی حفظ وسترة ولا سیما لحال ضعفها حفظ وسترة ut sit ... custoditus 89b29 سترة له عریان لیس est nudus in corpore 87a25

(فسد ←) بعضها ببعض سحق conteruntur 54b26 (61b22 → تسحق
سخف سخيف valde rarus 68b7 سخافة raritas 46a19
سخن calefio 48b21,8(35) 50b35 لا یستطاع ان یسخن شیء واحد non potest esse calidum 48b25 یسخن الذی calefacio 48b26 49b4 سخونة سخن calefacio 67a24 دفیء مسخن جداً calidus 70a34 72a15 مسخن illud quod calefacit 48b13 سخن valde calidus 56a22 اسخن calidior 47b33 48a4 48b28,33 80a34 احر واسخن calidior 48a28 الاسخن 'calidus' 48a35 سخونة calefactio 77b22; calor (67a24) 72a16 یسخن یسخن سخونة ابطأ من ... calefacit ... maiori calefactione 49a7 سخونة اکثر من ... سخونة calefiunt calefactione tardiori calefactione ... 48b34-5
سدّ سدّة oppilatio 72a33
سرّ سرّة umbilicus 93b23-4 سریر lectus 40b23,6 صورة السریر forma lecti 41a17 الخشبة المعمولة سریرا lignum a quo fit lectus 41a31
سرج سراج ومنارة تكون منارة وسراجا laterna quae est laterna et candela 83a25
سرطان cancer 54a2 79a30,6 83b28 84a1-4,26 91b16,8,20 (for plural form → Dozy s.v.) صنف السراطین اناث السراطین feminae cancrorum 84a21 modi cancrorum رؤوس الاصناف التی تشبه السراطین modi qui assimilantur cancris 84a14 83b30 السراطین التی السراطین الصغار cancri parvi 84a11 capita cancrorum 86a1 السراطین تسمّی *مایا و*اراقلیوتیقس cancri qui dicuntur baha et harekiokiz 84a7
سرع اسرع علیه ویشتدّ ... یسرع الی cito accidit (c. dat.) 65b30 تسرع الیه الضرورة لکانت الضرورة تسرع الی citius accidit ei occasio 82b16 اکثر من کانت الضرورة تسرع یسرع الی الجمودة citius congelatur 50b29 multotiens accideret occasio 90b4 de facili occasionaretur 54b6-7 سریع festinus 57b33; levis 54a30 90a18; velox 54a14 96b8; velox ad 74b33 شهوته سریعة الی est valde appetens 75b28 سریع تکون له حرکة سریعة festine 60b20 سریعا جداً festinus valde 53b7 جداً moveo difficile ambulat a ... ad 59a5-6 لیس بسریع الانتقال من ... الی velociter 97b25 اسرع levior 82b1; velocior 56a18 96b17 اسرع وایسر velocior et levior (inv.) 88a10 ac- citius (c. abl.) 51a4; citius quam 65a4-5 اسرع الیها لکانت الضرورة اسرع من cideret ei occasio 79b22 جفافا هو اسرع citius exsiccatur 49a32 سرعة velocitas 63a3,10 تکون علة سرعة وجودة الهضم والنضوج causa velocioris digestionis 50a12 علة سرعة شهوة الطعام propter ... erit cito appetens 75b26
سرمدی aeternus 52b2 شیء سرمدی ابدا res aeterna 40a7
سطح مستو شبیه بسطح aequalis 41a13
سعل سعال tussis 64b31
سفد سفاد coitus 45b34 89a32 جماع وسفاد coitus 89a21-2 لخروج الفضلة الرطبة ولحال النکاح والسفاد in exitu superfluitatis humidae et spermatis 89a6-7

## INDEX ARABO-LATINUS 501

سفاق → سفاق

سفل اسفل inferior 53a16 72b23 البطن الاسفل venter inferior 50a13 75b19,24,30,5 76a5 76b18 الشفر الاسفل palpebra inferior 57b5,6,10 58a25 الفك الاسفل mandibula inferior 51b31 60b27 61a11 91a28 91b5ff. الفكّ الاعلى والفكّ الاسفل utraque mandibula 63b36 74a24,7,30-2 الاعضاء السفلية membra inferiora 83b21 الاعضاء التى فى اسفل الجسد (فى اسفله) membra inferiora 47b34 48a11 الى المكان الاسفل الجزء الاسفل pars inferior 91b17 الناحية السفلى ad inferius 53a8 اعنى الارض pars inferior 57b14 59b25 65a24 69b20 et passim فى الناحية السفلى in parte inferiori 75a17 79a16 85a17; inferius 72b22 75a16 83b21 من الناحية السفلى ex parte inferiori 72b29 الاسفل inferius (subst.) 67b34 77a8 97b21 عرض اسفل الجنّة latitudo inferioris corporis 96a27 الى اسفله ad inferius 53a15 71b34 فى اسفله in suo inferiori 76a34 من اسفل ab inferiori 87b14 91b12; ex inferiori 72b27 اسفلَ inferius (adv.) 79a9 86b34 91a29,31 تبدأ اسفل incipiunt inferius 50a30

سفينة navis 85a35 87b19 سفن naves 70a10

سفنج الاسفنج اعنى الغيم spongia scilicet nubes 81a11

سقاروس tehakariz 62a7

سقراطيس Socrates 42a28 44a25

سقط فى سقط الجنين in aborso 65b1

سقم سقم صعب infirmus 50b2 سقيم aegritudo 48b6 (67b11); infirmitas 71b10 اذا اصابهما سقم شديدا infirmitas magna 67a33 quando infirmantur 71b10

سقى ساقية canalis 68a27 (تتجزّآ) فى سواق ومجار كثيرة (dividuntur) per canales et illae in alias 68a15

سكن مع سكون سائر الاجساد quiescente corpore 92a1 سكون quies 86a11 سكون quieto 42b1

سلاح مثل سلاح quasi arma 83a7 سلاح arma 55b12 87a25(31) 87b1 94a10

سلحفاة السلحفاة البحرية tortuca marina 71a16-7,24,8 السلحفاة البرّية tortuca silvestris 71a18,25,8 tortuca 54a8,9 69a29 71a15,22 73b20 76a29 91a17

سلف قد superius 76b15 78a33 84b6 85b32 88b35; untranslated 92a19 فيما سلف قلنا iam diximus 65b10-1; iam diximus superius 67b18 68b9 73b13 75a24 79a23 فيما سلف (كما قلنا) (sicut diximus) superius 40a13 46a11 51a9 (51b5) 59b22 61b16 62a19 64b32 65b31 66b11,6 68a10 71a9 79b6 فيما سلف من قولنا والذى يتلو superius 45a4 46a4,8 68b32 72a13 (96a33); *in praeterito 85b32 فيما سلف الذى ذكر قولنا فى مواضع أخر sequitur dicere de 61a34 in aliis locis 47a26 فى اماكن أخر من قولنا الذى سلف in aliis locis 46a15 كما عرض فى سالف الدهر السالف sicut accidit in antiquo (sc. tempore) 77a2

مسلك لكى يسلك من ... الى ut exeat ex ... ad 71b19 سلك فى سلك vado in 71b23 وسبيل methodus 44b17

سلم salvor 54b9 (63a16) 79b24,6-7 (96b28) لكى يسلم ad salvandum ipsum 85a8 يكون اسلم magis salvatur 90a15 سليم salvatus 68a33 لكى تسلم قوة الاجنحة ut salventur alae 82b15 سلامة salus 53b34 لحال السلامة ad salutem 54b35 84a9; ad salvandum 52b6-7 55b7 83b10; propter salutem 57a35 72a14 94a5 96 b28; propter salvationem 81b5 لحال السلامة والمعونة propter salutem 79a1; ad salvandum et iuvamentum 79a30 وحفظ ... لحال سلامة propter salutem ... et custodiam 59b27-8, 32(inv.)

اسم خاصّ nomen proprium 80a15 ليس له اسم خاصّ non habens nomen proprium 44b5 اسم خاصّ موضوع عليه nomen proprie positum 42b16 ليس لها اسماء (خاصّة) ... carentes nominibus 42b15 باسم واحد sub uno nomine 44a13 تسمّى مسمّى باسم واحد nominatus uno nomine 44a18 بالاسم ... يشارك communicat cum ... in nomine 47b18, 20 55b6-7,21 بالاسم ... تشترك sunt aequivoca in nomine 40b36 مشترك بالاسم communis nominis 43b7 يسمّى ... باستعارة الاسم est ... transumptive 62b25 يقال ... باستعارة الاسم dicitur transumptive 62b25

سامّ ابرص سامّ ابرص مستطيلة الجثّة ليس لها رجلان 91a6 69a29 lacertulus اصناف السامّ ابرص lacertuli longi corporis carentes pedibus 76a26 modi lacertorum 60b6

مسمار clandestinum (περόνη) 52a19; (ἧλοι) 70a13

سمع audio 56a35 56b28 73a20 آلة السمع instrumentum auditus 56b14,28; auditus 56b14 91a13 حسّ السمع sensus auditus 56a32,3 56b28 57a5 آلة حسّ السمع instrumentum sensus auditus 56b16 سبيل سمع viae auditus 57a18,21

سمك piscis 44b12 53b36 54a20 57b30 58a3 60b13 66b10 69b35 71a11 75a11,5 76a29 76b1,13,9 80b2 84a24 90b24 91a4,30 91b3 95b17 جنس السمك genus piscium 64 a20 75a1,14 86b21 95b2 97a14 جنس واحد من السمك unum genus piscium 62a7 صنف السمك الذى يسمّى ٭قردولو اصناف السمك modi piscium 56a34 62a12 92a10 modi piscium qui dicuntur fordaloz 95b25 الاجنحة للسمك alae piscium 94b10 ارجل السمك pedes piscium 97b5-6 السمك (جميع) اسنان dentes (omnium) piscium 62a6 75a5 91a10 عينا السمك oculi piscium 58a9 اكباد السمك epar piscium 73b19, 22 اجواف السمك interiora piscium 77a4 جوهر السمك substantia piscis 95b20 السمك العريض pisces lati 95b7 السمك العريض pisces parvi 84a12 السمك الصغير الجثّة السمك الذى يبيض pisces lati corporis 95b27 السمك الطويل pisces longi 96a3 السمك الذى له pisces ovantes 55a19 السمك النهرى pisces fluviorum 60b35 بيضا السمك الذى يعضّ ويأكل اللحم pisces habentes brancos 96b2 نغانغ pisces qui mordent et comedunt carnes 62a31 السمك الذى يسمّى خدر (وفواخت) piscis qui dicitur adro 95b8-9 السمك الذى باليونانية قوبرنى piscis qui dicitur graece kobri 60b36 تدبير ومعاش السمك regimen vitae piscium 60b33 السمك المصوّر piscis figuratus 42b14 هذا مفرد للسمك فقط hoc solum est in piscibus 61a6

سمن سمين pinguis 67a30,2 72a31 75b11 السمين pinguedo 77b33

فى السماوية سماوى caelum 41b17,22 كينونة السماء generatio caeli 41b16 سماء سما in caelestibus 41b18

سمّى clamo 72b11; dico 39a3 45b22,36 62b19 72b30 80a25; voco 54a13 87b21 91b28 الذى يسمّى (باليونانية) qui dicitur (graece) 41b26 46a13 50a16 53a34 54a21 54b12 57a22 58b29 63a23 64a13,6 et passim; id quod dicitur graece 95b28; illud quod vocatur 56b15; scilicet 95a17; *often untranslated* 54a10 63a19 66b26 67b16 90a1 *etc.* الذي يسمّيه بعض الناس quod dicitur 80a21 الذي يسمّى quod dicitur a quibusdam hominibus 81a35-6 يسمّيه بعض الناس a quibusdam hominibus dicitur 81b19 العرق الذي يسمّى عظيما vena magna 66b26 باستعارة ... يسمّى transumptive 62b25 تسمّى بأسماء مختلفة nominantur nominibus diversis 74b14 مسمّى nominatus 83b24 مسمّى باسم واحد nominatus uno nomine 44a18 مشترك بالاسم communis in nomine 47b19 مسمّى باليونانية qui dicitur graece 96a5

ازمان السنة سنة tempora anni 80a28

سنّ dens 51a30,3 51b31-2 55b9,10 63b34 64b35 74b1,20 78b18,21 79b6 82a13 83a4 84b10 90a8 91a10 92b18 97b6 سنّان 78b7 duo dentes 78b7 خمسة اسنان quinque dentes 80a6 حال الاسنان dispositio dentium 61b12 خلقة الاسنان creatio dentium 59b36 74b1 جزء الاسنان الارضى pars terrestris dentium 74b5 طباع الاسنان natura dentium 55b8 61a34,6 حدّة الاسنان acuitas dentium 61b26 كثرة الاسنان multitudo dentium 62a13 80b28 عدّة الاسنان numerus dentium 80b5,33 عمل خاصّ operatio propria dentium 91b20 الحيوان الدمى الذي له اسنان للاسنان animalia habentia sanguinem et dentes 59b21 مكان الاسنان والشفتين loco dentium et labiorum 59b23 لحال سلامة الاسنان وحفظها propter salutem dentium et custodiam earum 59b27-8, 32 (*inv.*) مقاديم الاسنان anteriores (*sc.* dentes) 61b9; dentes anteriores 63b36; anteriores dentium 61b15 السنّان الاوّلان dentes (*sc.* primi) 78b10 سنان من اوّل مقاديم الاسنان duo dentes ex primis dentibus anterioribus 79a32 اسنان عريضة dentes superiores 79a36 الاسنان التى فى الناحية العليا molares 75a7-8 اسنان جاسية حادّة dentes acuti 61b18,23 اسنان حادّة dentes duri acuti 79b5 الاسنان القوية dentes fortes 55b10 الاسنان موافقا للقوة dentes fortes 61b21 الاسنان التى ينطبق بعضها على بعض dentes qui sunt quasi serra 84a30 اسنان فى الفكّين dentes mandibulae superioris 64a2 فى الفكّ الاعلى dentes in utraque mandibula 75a24 76b4 اسنان فى الفكّ الاعلى والفكّ الاسفل dentes in utraque mandibula 63b36 74a24,7,30-2 اسنان السمك dentes piscium 62a6 الحيوان الحادّ الاسنان animalia acutorum dentium 62a29 مسنّ اذا صار مسنّا quando intrat aetatem 86b16

سند سنده عظيم يسنده magnum sustentamentum 55a10 سند sustentamentum 55a11, 22,5 الثقل تسند اسناد اربعة quattuor sustentamenta 89b15 سند مثل ad sustentamentum 66b20 95a11 سند لحمل sustentamentum ad portandum 59a28

سهر vigilia 48b5

سهل لو سهل اخذ الطعم si esset levis comestionis 96b33 سهل بطنه patiuntur fluxum ventris 79a26 سهل levis 53b2 54b23

سهم sagitta 54b7

ساء تسوء الحال laeditur dispositio 80a29 ساءت حاله efficitur malae dispositionis 50a36

سوّد اسود niger 43b21 64b17 79a6 80a14 سواد nigredo 43a32

ساد مسوّد no Latin equivalent 49b18 العضو المسوّد membrum principale (73b11) المسوّد اكثر 81b14,31 membrum principale 77a37 عضو مسوّد محتاج اليه باضطرار منه no Latin equivalent 87a14

من ساعته ساعة تنفّس ساعة يطعم الطعام anhelavit comedendo et potando 64b31 cito 75a23; subito 72b6,30 73a2 80a31

ساق coxae et crura 92b22 93a10,27 93b21 94b19 95a11 الفخذان والساقان ساقان crura 89b1,7,9,15(30); crura 89b27 ساقان طوال crura longa 93a1 ساقان قصار cru- ra curta 94b23 هو طويل الساقين est longi cruris 92b23 94b12; habet longa crura 92b5 est (هو) قصير الساقين aves longorum crurium 95a22 الطير الطويل الساقين curtorum pedum 84a10; est curti cruris 92b23; habet curta crura 92b5 بطون خلقة الساقين domesticum cruris 89b15; crura domestica et crura 89b21 creatio crurium 94b22 لحم الفخذين وبطون الساقين caro coxarum et crurium المخاليب التى تكون 61b31 (spurs) ungues المخاليب التى تكون فى ساقى الطير 89b23 فى الساقين ungues qui sunt in cruribus (spurs) 94a13-7,26

سوليناس solinez 83b17

(سماوى) سوى (ل) مساو aequalis 43a7,29-31 *66b8 80b3 87b16 95a12; caelestis (=) هو مستوى الاستدارة من aequalis 41a13 مستو شبيه بسطح aequalis 71b7 مستو 44b32 ينشقّ ... شقوقا مستوية 80b11-2 est rotundus circumquaque aequaliter كلّ ناحية فى عضو آخر سوى الرأس in alio membro a capite 63b3 لا finditur 54a17 سوى سيّما maxime 40a15 48b4 53a17 55a12,3 56a4 57b37 et passim

سييبا sepie 54a21 61a15 78b28 79a5,9,15,20 85a14,23 85b1,20

مثل سياج وبناء quasi murus 79a6 مثل سياج وحائط saepes 58b18(Bad.) سياج سيج حائط sicut murus 72b20 سياج يستره no Latin equivalent 82b17

سار ودبّ على يسير على بطنه ويدبّ moventur super ventrem 39b3 سار ambulo 85a15 الحيوان السيّار سيّار ambulat super pedes 84a18 يسير على رجليه repo super 96a9 الحيوان السيّار والطيّار animal ambulans 81b35 83b25 86a35 animalia currentia et volantia 43a36-b1 الحيوان الدمى السيّار animalia habentia sanguinem et ambu- lantia 67b32 سير ambulatio (45b34) 84a7-8 (84b1 87b27) لحال الانتقال والسير من ambulat uniformi- سيره سير مستقيم propter ambulationem 88a17 مكان الى مكان ter 84b22 مسير cursus 39b1; motus 90b15 (92a18) 96a12(→) قول) المسير والحركة (L) in ambulando للمسير ad ambulandum 83b32 لحال المسير والمشى motus 88a31 لكى يقوى على المسير 87b31 ut posset ambulare 95a13

سيف gladius 87b3 العضو الذى يسمّى بسيف membrum quod dicitur gladius 54a21

سيفاس cifez 96a5

سال فى سال ad 77a7 سال الى mingunt 79a27 سالت الفضلة التى فى مثانته سال cado ad 53a7; curro in 40b13 47b2 سال من curro per 68a33; decurro ex 68b17; ne intret aqua in 62a11 ليس ... لانه إن ... سال الماء فدخل فى fluo ex 68b18-9 fluit sicut مسيل يكون ... مثل مسيل exitus 89a15 مسيل وخروج fluxus 68b7 مسيل cursus sanguinis 53a12 68a11 مجرى الدم مسيل الدم cursus sanguinis 68b19 مسيل فى curro in 47b4 مسيل الماء cursus aquae 68a35 68a20

# INDEX ARABO-LATINUS 505

لكرمها وعظم شأنها quod est magnae operationis 86a15 العظيم الشأن شأن propter magnitudinem nobilitatis earum 44b33 → شرف

*شبيبة اذا شبّ (الانسان) شبّ cum iuvenescit (homo) 86b11,3 شباب iuventus 48b5 Kruk (or شبيب* ? ed.) aetas 86b7

تشبّك ب (85b4) تشبّك بعضها ببعض involvor super 94a19 تتشبّك involvuntur ad invicem 68b21 الاجساد التى تضفر وتشتبك بعضها ببعض حتى تلتثم وتركّت بعضها على بعض corpora quae involvuntur ad invicem 68b24-5 ب وتشبّك لزم involvo 79a12 تشبيك involutio 75a28; plicatio 84a20 تشبّك involutio 85b4-5,8

شبّه اشبه assimilor 46a20 50b33 51a28 57b10 61a4 78b18 79a31-3 et passim; similis 78b16,30 79b27 80a22 ان يشبه videtur quod 70b33 77a12 الذى يلائم ويشبه illud quod assimilatur 47a31 العضو الذى يشبه اللسان simile linguae 79b36 طباع ليس يشبه طباعها سائر طباع ... diversa sunt consimilia 73b2-3 يشبه بعضها بعضا in natura ab aliis 73b3 تجزّأ فى اجزاء تشبه بعضها بعضا dividitur in partes consimiles 47a31-2 الذى يشبهه sibi simile 82b10 91b21 ما يشبهه sibi simile 52b25 وجميع الصنف الذى يشبه et simile sibi 78b17 وما كان مثله وشبيهه 62b9 82b14 91a4 جميع ما يشبه هذا الفنّ (= omnia huiusmodi) no Latin equivalent 45b5 الذى يشبه التى تشبه هذه الصفة المصنّفة sibi similia 44b15 ما وصفنا et sibi similia 97a16 تشبه بعضها بعضا quae assimilantur ad invicem in 92b7 من قبل consimiles ad invicem 46a21 اجزاؤه تشبه بعضها بعضا dissimiles 46b17 لا تشبه بعضها بعضا habet partes consimiles 47a1; (unus) consimilis 46b33 47a15 اجزاؤها لا تشبه بعضا organica 47a2 الاعضاء التى تشبهها membra consimilia 55b1 الاعضاء الاعضاء التى اجزاؤها تشبه بعضها membra organica 47a24 التى لا تشبه بعضها بعضا (membrum) quod assimilatur 46b11; membrum consimile 46b19, 31 47b9 53b19; membra quae assimilantur in partibus 40b20; membra quae habent partes consimiles 46b6 (الاعضاء) التى اجزاؤها لا تشبه بعضها بعضا (membrum) dissimile 46b12,31; (membra) quae habent partes dissimiles 46a23; membra organica 46b12,22,34,5 *47b22 الآلة التى اجزاؤها لا تشبه بعضها بعضا membra organica 56a1 ركبت من اجزاء لا الاعضاء التى لا تشبه اجزاؤها بعضها بعضا membra organica 55b18 وما يشبه هذه الاشياء (membra) organica 47b9 تشبه بعضها بعضا et huiusmodi 48 b34 وجميع الاجناس التى تشبه هذه et huiusmodi 61a13 97a6 وما يشبه هذا الصنف et huiusmodi 46a22 وغير ذلك مما يشبه et sibi similia 61a20 وجميع ما يشبه هذا الصنف similia 88b25 وكلّ ما et huiusmodi 47a19 وسائر الاشياء التى تشبه هذه et huiusmodi 50b26-7 وكلّ جنس يشبه ما ذكرنا no Latin equivalent 81a25 يشبه هذه الاصناف شبيه (عمل →) et sibi similia 47b24 وسائر التى تشبه هذه consimilis 61a9 شىء شبيه ب est simile (c. dat.) 80b6 شبيه ب assimilor 50b35 54a32 67a6,9 68a14 70a31 71b6 73b20 74a33 75a26-7 et passim; est sicut 70b13; similis 44b12 51b30 53a13 54b24,6 55a29 61a5 62b15 69a32 71a18,30 71b5 79b9 et passim شبيه assimilatur in partibus كان بعضه شبيه ببعض assimilatur valde 97b5 بـ ... جدّا 75a33 اكثر شبيه ب est magis similis شبيه بعضه ببعض sunt consimilia in 78b28 شبيه بطباع simile kahab 54b21 شبيه بكعب sibi similis 57b28 ما شبيهه 67a9-10

هنا sunt de natura *(c. gen.)* 55a20 شبيه بالعظم quasi de natura ossium 59b10
هو شبيه ان القول ... شبيه بقول tantum valet dicere ... quantum dicere 52b13
مشابه melius est ut 83a19-20 هو امكن واشبه ان اشبه 48a35 videtur nobis quod
فى مشابه similis in 44b7 متشابه consimilis 95b6 شبه simile 48b23; similitudo
80b36 95b6 بشبه per similitudinem 42b14 الملاءمة ليس بشبه non assimilantur in
فيه مشابهة convenientia 44b11 اقل شبها ب minoris similitudinis *(c. gen.)* 78b30-1
موافقة ومشابهة بالخلقة assimilantur in creatione 84b35

شتى شتّ modis بانواع شتى multipliciter بنوع شتى multus 74a29; diversus 43b12 شتى
diversi 60a24 فى اماكن شتى in locis diver- فى انواع شتى diversis modis 87a21-2
sis 62a13 شتى يقال بانواع dicitur multipliciter 48a35 49a35 49b6-10 شتى مرارا
multotiens 39a24,7 42b9 44a26,34 45b12 49a7 *et passim*; saepe 88a24 → رد

شتا شتاء hiems 80b1 85a32,5

شاجر شجر غيره ويشاجر يقاول opponunt aliis 48a24 شجر arbor 46a34 50a6,20-2,6
من (صخر) *(pro)* 55b32 62b7 78a11 81a10,7,20,6 82a20 82b29,31 83b18 86b35 94a21
الشجر الارضى شجرة واحدة شجر كثير العدد ex una arbore multae arbores 82b32
ar- الشجر الذى يسمّى برناسوس شجر التين ficus 68a24 arbores terrestres 81a21
in فى الشجر bores qui dicuntur barneteoz 81a23 على الشجر in arboribus 59a1
arboribus 41b6 حال الشجر dispositiones arborum 56a3 غذاء الشجر cibus arborum
78a11 اصول الشجر radices arborum 50a25 جنس الشجر genus arborum 81a27 81b7
كينونة الشجر natura arborum 55b37 81b2 قوة الشجر virtus arborum 81a11 طباع الشجر
de فى الحيوان والشجر generatio animalium et arborum 40b12 الحيوان والشجر
animalibus et arboribus 44b28

شحم (= πιμελή) pinguedo 51a20,23,5,35 51b3-10,28 52a10 72a5,11-3,20,3,7,25-6
دسم وشحم (75b11) 77b15,28 80a26 80b7; sebum (sepum *codd.*) 47b12 72a1,7,9
pingue- شحم مكان الثرب pinguedo 72a21 الشحم وجميع الدسم pinguedo 52a29-30
do loco zirbi 51a34 الشحم فى الحيوان السمين pinguedo in animalibus pinguibus
72a31 الذى له شحم habens pinguedinem 77b15 تقويم الشحم substantia pinguedinis
72a11 تمتلىء شحما impinguantur 72b2 يكون دسما شبيها بالشحم est valde pinguis
51b28 شحم الغنم pinguedo ovium 72b2 شحمى pinguis 52a7

شخص individuus 43a7-14,22 44a28-9,32

شد شدّ وشدّ ضبط retineo 70a13-4 اشتدّ confortabor 85b8 ويشتدّ عليه ... يسرع الى cito
accidit *(c. dat.)* 65b30 اشتدّت حرارته est magni caloris 49b21 اذا اشتدّ الشتاء
quando invalescit hiems 85a32 اذا اشتدّت وكثرت اوجاع quando augmentantur
dolores 72a35 يعطش عطشا شديدا valde difficilis 44a22 عسر شديد sitit
لضبط ... ما تمسك ضبطا يضبط ضبطا شديدا retinet valde 87b19 شديدا multum 71a2
اذا برد ut retineant fortius 87b15 سقم صعب شديدا infirmitas magna 67a33 شديدا
قوة شديد وعظم ... بردا شديدا quando infrigidatur ... infrigidatione magna 48b33
فاضل magna virtus 58b34 شديد الحرارة magni caloris 49b5 بلا عسرة شديدة sine
هو اشدّ difficultate 45a29 اشدّ fortior 62a30 واقوى اشدّ fortior 63b7 90a19
تكون بشدّتها مساوية ل شِدّة iracundior 61b33 اشدّ غضبا est calidior 48b31 حرارة

vigor eius est aequalis 87b16 اذا كان زمان شدّة البرد وزمان شدّة الحرّ in frigore et calore 80a29 → صيد 55a12
شرب يشرب الماء العذب الذى يشرب شربا aqua dulcis potabilis 76a35 وهو يشرب من الماء شربا ليس يشرب الماء لحال الشرب بل لحال الغذاء يسيرا potans modicum aquae 71a9 recipit aquam in potum sed propter cibum 71a10 شرب (71a9-10) قليل الشرب (→ شراب لحال قلّة الشرب propter paucitatem potus 71a13 ثفل الشراب 69a34 (صبر الاسود faex vini nigri 64b17
شرف شريف اشرف (اشرف واشرف) اكرم (G 67b35) اشرف واعظم شأنا من nobilior quam المحمود ... الشريف 40b28 laudabile 41b18 (→ adn. ad loc.)
شرك يشارك شارك communico cum 97b2; habeo communicationem cum 97b2 يشارك القلب بهذا الموضع طباع الحيوان communicat cum animalibus 81b4 per hunc locum habet continuationem cum corde 67b10 يشارك ... بالاسم communicat (cum ...) in nomine 55b6,7,21 يشارك ... بالاسم communicat cum ... in nomine 47b18,20 تشترك ... بالاسم sunt aequivoca in nomine 40b36 مشترك habet communicationem cum 74a7 مشارك ل مشارك communicans 54b4; مشترك الطباع sunt communis naturae 69a9 فيه قوة مشتركة من كليهما habent virtutem duorum 61b10 حدّ مشترك ... فيما بين ter- minus communis inter 63a27 مشترك فيما بين ... و est communis inter ... et 81b1 ينبغى ان يكون ... مشترك (ل) debet esse inter ea 64a26 مشترك ... مشترك communico cum 51a24; communis 39a18, 9 43a10, 35 44a15 44b3 45b4, 21-2 89b32 93b12 ليس مشترك لـ ... اعنى ل non est communis (c. dat.) 62a22 بمشترك ل est in ... communiter ad 61b1 المشترك commune 45b26 مشترك من communicans (c. gen.) 52b23 مشترك من ... و compositus ex ... et 53a21 عامّ مشترك communis 43a8-9 مشترك واقع على communis 62a20; communis generalis 39a19 مشترك عامّ commu- nis 43a11 مشترك بالاسم communis nominis 43b7; communis in nomine 47b19 بقول عامّ مشترك generaliter et communiter 39b6 شركة communicatio 49b34 ليس للحجاب شركة عقل id quod habet 72b32 الذى له شركة (97b3) paries non habet intellectum 72b31 له شركة حركة يسيرة moventur modicum 83b9 شركة من مشترك اعنى ان فيه شركة من ... و 72b31 (68b10) communicatio cum 50a1 est communis inter ... et 89b32 شركة ... لـ habet partem in 56a7-8 لـ ... شركة فى من habens communicationem in 76a2; habet partem (c. gen.) 52b16
شرى المشترى كاهن المشترى divinus Iovis 73a19
شعب تشعّب ramificor 68b22 شعب ramus 60b8 91a7 شعبتان duo rami 91a6 مشقوق بشعبتين fissus divisus in duos ramos 91a8 كثرة شعوب قرونها multitudo ramifi- cationis suorum cornuum 63a10 شعبة هى شعب من ramificantur ab 67b17
شعر pilus (hair) 53b32 55b17 57a18 58a13,33 60b8 89b5 91a7 97b17,20; pilus (fibres in blood) 50b16 51a28 نبت شعر crescunt pili 58a26,7 نبات الشعر cre- mentum pilorum 58b25 يكون ... نبات شعر كثير sunt pili multi 58b5 شعر الراس pili capitis 58b11 شعر اشفار العين pili palpebrarum 58b12 97b20 cilia شعر الاشفار 58b14,5,21,3 pilosus 58a29 قليل الشعر paucorum pilorum 58b1 كثير الشعر ازبّ كثير الشعر

animalia الحيوان الذي له شعر 58b2 شعر الرأس (est) multorum pilorum in capite 58b2
animal pilosum 58a36 الحيوان الذي جسده ازبّ كثير الشعر 58a11 habentia pilos
pili duri terrestres 50b35 الشعر صلبة ارضية pili nervosi 54b28 شيء
corpora اجساد صغار تشبه الشعر res subtilis sicut pilus 50b14 دقيق مثل الشعر
parva quae assimilantur pilis 50b33 شِعر (73a15) اصحاب وزن الشعر versificatores
versificator 73a15 شاعر 60a7

ut detineatur ab ipso 63a16 لكي يشتغل به اشتغل شغل

احدى labium 59b27 60a4 62a34 75b15 82a12 شفتا الانسان labia hominis 59b31 شفة
الشفتان اعنى زبانتان unum labium hominis 59b24 شفتي الانسان duo labia scilicet
duo additamenta (claws) 83b32 خلقة الشفتين creatio labiorum 59b20 60a1 خلقة
انضمام الشفتين creatio labiorum et dentium 59b36 الشفتين والاسنان coniunctio
labiorum 60a6-7 لحفظ الاسنان ad custodiendum dentes 60a2 مكان الاسنان
loco dentium et labiorum 59b23 والشفتين

ليس لعينه اشفار palpebra 57a27,35 57b2,14,31 اشفار العين palpebrae 58b17 شفر
non habent palpebras 48a18 جميعا في الشفرين in utraque palpebra 58a21 الشفر
palpebrae اشفار تكون في الناحية العليا superior palpebra 57a29 91a20 الاعلى
superiores 97b18 الشفر الذي palpebra inferior 57b5,6,10 58a25 91a21 الشفر الاسفل
motus palpe- حركة الشفر palpebra propinqua naso 57b18-9 هو قريب من المنخر
brae 57b17 عمل الشفر opus palpebrae 57b33 شعر الاشفار pili palpebrarum 58b12
extremitates oculorum اطراف الاشفار cilia 58b14,5,21,3 شعر اشفار العين 97b20
57a30

شفى شاف شافيا نظرا مَن نظر فيه نظرا شافيا ei qui volunt bene intueri in hoc 78a5
انشقّ findo 42a9 شقّق الذي يشقّق في كثير quod finditur in multa 43b36 شقّ
findor 40b15 ليس ينشقّ ... شقوقا مستوية بل ينشقّ بشقوق مستديرة non aequaliter finditur sed circulariter 54a17-8 مشقوق divisus 57a2 91b22 92b12 97b13,9
مشقوق باثنين fissus 59a26; fissus in duo 82b17 مشقوق بشعبتين fissus divisus in
duos ramos 91a8 المشقوق الرجلين (animal) fissi pedis 88b7-8; habens fissum
pedem 42b8 habens pedes fissos 44a5 بشقوق كثيرة animal حيوان مشقوق الرجلين
fissi pedis multae fissurae 62b30 الذي له رجلان ما هو مشقوق الرجلين بشقّين
sunt fissi هو مشقوق بشقوق الرجلين habent duos pedes fissos in duo 42b28-9
pedis 90a6 منه ما جناحه مشقوق quaedam sunt alarum fissarum 42b27 الحيوان
الحيوان الذي المشقوق اليدين والرجلين animal multae fissurae in pedibus 88a34
ليس بكثير الشقوق في اليدين والرجلين animal carens multis fissuris in pedibus et
manibus (inv.) 88b21 لو لم تكن مشقوقة الاصابع si non esset fissura digitorum
90b4 غير مشقوق no Latin equivalent 92b14 مشقّق هو مشقّق كبير est multae
شقّ fissurae 62a27 متشقّق بشقوق كثيرة متشقّق fissus multis fissuris 73b17
Ana- شقّ الاجساد Anatomia 50a31 77a10 84b2; fissura 69b7 74a1 84a5 91a26
tomia 66a9 68b29 80a2 شقّ اجساد الحيوان Anatomia corporum animalium 74b16
una pars الشقّ الواحد ... والشقّ الآخر ex Anatomia 96b14 من معاينة الشقّ (89a19)
et alia pars 68b22-3 ... animalia habentia الحيوان الذي في رجليه شقوق كثيرة ...

# INDEX ARABO-LATINUS 509

تشقيق multas fissuras in pedibus 62b32 (→ مشقوق) تشقيق fissura 63a31 90b3 الرجلين fissura pedum 43b32

شكّ شكّ dubito 56a25 منها ما يشكّ فى حاله إن كان ... ام لا de quibusdam est dubium utrum ... aut non 69b15 فى ... شكّكوا إن كانوا si in ... dubitabant 48a33 ليس بمشكوك in ... et in ... est dubium 69b26 مشكوكة مشكوك ... حال sine dubitatione 40b33 شكّ يعرض الشكّ فى حال accidit dubium de 76b33 تشكيك (dubitatio) 48a34

شكل figura 40b27,30,2-4 44b7 46b33 76b9 78b28,31 89a20,32 (50b34 92a22 → جزوع) 93a13; forma 41a8 شكل تقويم الجسد figura corporis 84b19 تقويم شكل ليكون بصورته وشكله in figura et forma 41a20 بالشكل والصورة figura 84b19 الجسد مثل هذا ut sit talis formae et talis figurae 41a14 الاشكال figurae (math.) 43a28-9 الشكل المثلث figura trianguli 43a30

شمّ olfacio 56a35 مشمّة حسّ المشمّة sensus olfactus 56a31,4 56b31 57a7; olfactus 56a32 آلة المشمّة آلة حسّ المشمّة instrumentum olfactus 58b27; nasus 82b36 instrumentum odoris 91a12 آلة مشمّته instrumentum sui olfactus 58b34 سبل المشمّة viae olfactus 59b12 قوة المشمّة virtus olfactus 57a4

شهد شاهد الشاهد لنا على ما ذكرنا testimonium ad hoc est quod 66a22

شهوة شهوة الطعام appetitus cibi 61a6-7 تكون علة سرعة شهوة الطعام propter ... erit cito appetens 75b26 تكثر رغبتها الى est valde appetens 75b28 شهوته سريعة الى انما الشهوة شهوة الطعام وشهوتها اليه sunt valde gulosi et multi appetitus 91a2 القوة المهيّجة للشهوة appetitus non est nisi ad dulce delectabile 61a8 اللذيذ virtus motus appetitivi 47a25

شاء شاة ovis 74b8 شاء ovis 73b33

شاق اشتاق الى كثرة مشتاق appeto 75a23 الحيوان الذى لم يخلق رغيبا مشتاقا الى الطعام animal non gulosum 75b22-3 شوق *للشوق يهيّج (est) principium appetitus 47a29

شوك شوك مكان العظام spinae loco ossium spinae 52a13,22 55a16,23 79b30 81a8-9 عضو ملائم لشوك الشوك التى ( تكون ) فى السمك spinae piscium 44b12 55a20 52a14 السمك الشوك التى فى الحيوان membrum conveniens spinis piscium 54a18-20 المائى شوك خلقة التى تكون من شوك spina quae est in animali aquoso 52a4 creatio spinosa 96b7 شوكى خلقته من شوك creatio eius est spinosa 97a8 spinosus 60b16, 23,5 74a28 74b3 96b4-5 مشوّك spinosus 95b7 شوكة spina (spine) 47b16 52a5 53b36 54b7 55a19; (thorn) 54b7

شاء شاء كما شاء secundum quod vult 87b2 شىء aliquid 41b25-6 44b34 46a31 46b24 64b5,34 70b30; pars 79b34 80a12; res 39a3 39b23 44b25 50a31 67a8 (87b11,3) ينبغى ان يكون شىء مثل debet esse res sicut 70a24-5 يقال شيئا aliquid dicit ('he is right') 48b1 شىء من aliqui 81b9 92a10 شىء من الاشياء aliquid 42b4,16 43a4 الشىء الذى يكون ليس يكون شىء من هذين من istis duobus caret 50b22 id quod est 42a14 كينونة الاشياء generatio rerum 42a14 موضوع الشىء subiectum rei 49a15 لشىء يستعمله فى اشياء كثيرة utitur eo in multis rebus 59a21-2 propter

aliquid 45a24 77b17 شيء لحال propter aliquid 42a33 45a25 77a30; propter quid لحال هذا الشيء propter hoc 42a31 شيء آخر alia res 39a29; altera res 41b12 42a12
in 39a10; aliud 48a20 59a29 75b31 (77a14) شيء آخر من alius 50b4 في اشياء أخر
aliis rebus 41b8 آخر من الاشياء التي مثل هذه aliud ab istis 48b7 ... شيء من سائر
est شيء خاصّ لـ alterum 40b24 شيء آخر مثله aliquod ... aliud 52b24 الآخر
لـ ... شيء هو شيء خاصّ لـ est proprium (c. dat.) 62a21 شيء ... لـ proprius (c. dat.) 65b5
له شيئا خاصّا ليس هو habet proprium 84b13 88b11 91b31 92b15 96a34 خاصّ (له)
لـ ... شيء خاصّ من habet proprium quod non habet aliquod 84b16 لشيء آخر من
شيء habet proprium inter 80a5 لـ شيء آخر ملائم quiddam conveniens 48a2 بين
dat.) 80b6 هذا الشيء hoc 39b28 40a2,5 53a8 شيء واحد aliqua res 39a9; una res
43b34 eadem res 44a9,26 الشيء الواحد الذي هو فهو quidlibet 39a16 كلّ شيء بعض
من الاشياء اشياء ... ومنها quiddam ... et quiddam 49b4 الاشياء ... وبعضها
يزيد الشيء quaedam ... et quaedam 49b10-1 الشيء الحارّ calidum 49a35 اشياء
res aeternae 39b24 الاشياء المهنية res artificiales 41b13 شيء سرمدي ابدا addit minus maiori 87a14 الاصغر على الاعلى res aeterna 40a7
res الاشياء التي تبلى وتموت res collativae 41b3 الاشياء التي يضاف بعضها الى بعض الاشياء الدائمة السرمدية
corruptibiles 41b20 وتلقاه الاشياء التي توافقه res extrinsecae 79b22-3 التي
توافقه res convenientes ei 81b2 الاشياء الدسمة الحارّة res calidae pingues 90b31
res الاشياء المعقولة الاشياء اللذيذة والكريهة res delectabiles et offensibiles 66a11
intellectae 41a36 الاشياء الظاهرة res manifestae 39b9 الاشياء الظاهرة لنا apparentia nobis 48a35 الاشياء الطباعية res manifestae 40a14 الاشياء البيّنة الظاهرة res
الاشياء res naturales 39b21 42b3 الاشياء التي تقوم من الطباع res naturales 40b4
res sensatae 41b3-4 الاشياء المحسوسة res naturales 48b2 المقوّمة من الطباع
(56a37); sensata 47a29 الاشياء الكلّية res universales 44a26 الاشياء الممكنة res
possibiles 58a21 الاشياء التي تمكن res possibiles 87a16 الاشياء التي تعرض res quae
accidunt 39b4 الاشياء المأكولة cibus 90b30,3 شيء وارم ناتيء quaedam additamenta prominentia 74b24 احتال ... بهذه الاشياء لحال سلامة ingeniata est ... in
dando ad salvandum 55b7 جميع الاشياء المحسوسة omnia sensata 47a29 شيء واحد
res sin- (شيء من) الاشياء المفردة بذاتها unum solum per se 54a34 مفرد بذاته
gularis per se 43b26,9 في كلّ واحد من الاشياء المفردة in omni singulari 42b36
شيء acutum 59b26 شيء ضيّق quod visum fuit nobis 45a5 الاشياء الظاهرة لنا
quasi in- غير شيء واحد viscosum 60b13-4 شيء آخر لزج mirabile 45a17 عجيب
finitus 58a7 ... من ولا aliqui 41a20 45a31 67a30 ليس شيء من ... nullus
neque 66a16-7 ولا شيء من ... non aliquid ex ... nec 78a28 ليس في
لا ... شيء من خلقة nullus habet 56b19 ليس شيء له non est in aliquo ... 66b17-8
... nihil ... لا ... شيء غير nihil 58a8 61b23 (64a34) 83a24 91b4 94a15 95b19 شيء
nisi 68a25 ما خلا ... شيء ما non ... aliquid praeter 68a22-3 ليس شيء
لا ... nullus ... praeter 62b20 شيء من ليس ... non ... aliqui 69b7 74b30 فقط
شيء من nullus 52a36; non ... aliqui 52b18; non ... ullus 54a12 ولا ... لا يمكن ان

# INDEX ARABO-LATINUS 511

لا يمكن ان تكون لشىء ... شىء من ... البتّة nullus ... omnino potest 78b35 لا ... شىء من ... ما خلا nullus ex eis potest habere 97a23 منها nullus ... nisi ليس ... لشىء ... من 73a8 non ... ullo 52b3 89b6; nullus ... habet 57a23,5 76a29 ليس لشىء من ... ولا لشىء آخر من nullus ... habet ... neque ullus 97a10 لم ... شىء ... البتّة non aliquid 76a1 لم ... شيئا ... nullus ... omnino 71a26 لكى لا ... بشىء ... carent 57b31 ليس لشىء منها non ... ullum eorum 45a23 منها ضرورتها من الاشياء التى تقع فيها من 94b24 (G) ut non ... et non ... وليس ... بشىء خارج occasiones extrinsecae 57a33 حسّ الاشياء التى تحسّ باللمس sensus tactus كان ... شىء مثل هذا omnia ista 55b23 جميع هذه الاشياء 56a30 sunt sicut isti وإن كان شىء آخر مثل هذا sibi similia 81a25 الاشياء التى مثل هذه et sibi similia وسائر الاشياء التى تشبه 46b26 et huiusmodi وسائر الاشياء التى مثل هذه 49b14 53b33 عن هذه الاشياء de huiusmodi 39a22 شىء آخر من سائر 47a19 et huiusmodi هذه alius 73b16 → علة 39b14
شاخ عاجلا يكبر ويشيخ cito senescet 51b8

صبر يصبر عن الماء abstinet a potu 69a34
صبع اصبع digitus 46b14 59a23,5 86b18 87b10,4,6,9 90a25-6,30 90b4 93a3,7,20 94b4,16 95a22 الاصبع الصغيرة digitus parvus 87b17 الاصبع الوسطى digitus medius 87b18,20 الاصبع الكبيرة digitus maior 87b21 سائر الاصابع بغير الابهام alii digiti sine pollice 87b21 ثلاثة اصابع tres digiti 95a19 اربعة اصابع quattuor digiti 88a5 خمسة اصابع quinque digiti 88a4,8 اصابع اليدين digiti manuum 90a33 اصابع 95a16 اصابع اليدين والرجلين digiti pedum 92b24 94b15 الرجلين digiti manuum et pedum 90b8-9 عظم اصابع الرجلين على خلاف عظم اصابع اليدين magnitudo digitorum pedum est econtra magnitudini digitorum manuum 90a31-2 الحيوان الكثير الاصابع animal multorum digitorum 74a26 88a4,8 الحيوان الذى له اصابع كثيرة animal habens multos digitos 87b30 90a24 جلد فيما بين الاصابع corium inter digitos 94b2 انثناء الاصابع mobilitas (W) حال الاصابع ووضعه dispositio digitorum 95a22-3 digitorum 87b10

صبى iuvenis *83b17; puer 45a16 86b24
صحّ صحيح sanus 50b1 77a19,29 صحّة sanitas 40a4 48b6 51b1 73b26
صحب صاحب صاحب العلم الطباعى naturalis (sc. philosophus) 39b8 41a7,10,21 42a 27; naturalis philosophus 41a33, 5 (inv.) اصحاب العلم التعليمى mathematici 39b7 (sc. اللهو) → GA 724a26) musicus 49a4 اصحاب علم النجوم astrologi 39b7 اصحاب وزن الشعر versificatores 60a7 انقسفوراس illi qui sunt in opinione Anaxagorae 77a5 صاحب المهنة artifex 39b25
صخر ثقب الصخور (*94a21) lapis 81b6 85a32 foramina lapidum 84a5
صدر جزء pectus 54b35 59b8 65a11 66b3,6 85b23 (= ὀρρυπύγιον) 88a19,30 92a9 العضو الذى يسمّى صدرا pars quae dicitur pectus 88a13 الجسد الذى يسمّى صدرا membrum quod dicitur pectus 89a3 93a24-5 عضو يلائم الصدر membrum conveniens pectori 92a9 صدر الانسان pectus hominis 88a13 صدر الطائر pectus avium

التنّور اعنى الصدر وما يليه 93b18 clibanus scilicet pectus et quod vicinatur ei 84
b28 صدر حادّ لحيم 93b15-6 pectus acutum carnosum خلقة الصدر creatio pectoris
66b4 عرض الصدر 88a15 latitudo pectoris وسط الصدر medium pectoris 88b34
مؤخر الصدر (= οὐρυπύγιον) posterius pectoris 94b19,21

صدق credo 73a17 صداقة (= amicitia) *no Latin equivalent* 40b8
صرّ جنس الحيوان الصرّار genus animalis strepentis alchearrar 82a18
صعب عسر صعب لا يصعب ذلك علينا non grave sit hoc nobis 45a16 est grave
difficile 42b6 سقم صعب شديدا infirmitas magna 67a33
صعد يصعد الى المكان الاعلى ascendo a 72b18 صعد الى فوق من ascendit ad superius
53a5
صغر ما صغر من ... جدّاً 68a28,31 parvus ما صغر من صغر quod est ex ... parvum 82b11
صغر ... قليلا صغّر posuit ... parvos 58a33 صغير gracilis 67a31; parvus 40a12
44b34 50a10,2 50b33,5 51a28 54a23 60a33 62a13,24 62b8 65a34 65b1 66b22
67a25,31 68a34-5 68b9 69a27,34 71b7 76b28 79a34-5 82b5 83a14 84a11-2 85a5,29
85b6,19 87b17 94a9 97a4; minor 81a3 87b21 ما كان من ... صغيرا quod est ex ...
parvum 82b12 صغير ناقص الجثّة parvus 70a32 صغير جدّاً valde parvus 65a35
69b29 70b12 71a25 75a29 76b5 85b24 91b7 بطن صغير venter parvus 75a24 اصغر
minor 69b31 83a15 86b30 (92a19) 96a30 96b20 يصير اصغر pervenit ad magnam
parvitatem 68b2 يزيد الشيء الاصغر على الاعظم addit minus maiori 87a14 الصغير
اذا قيسنا الصغير الى الكبير cum conferetur minus ad maius 53a3 parvum 60a28
صغر parvitas 44b14 59b11 60b25 65a32 67a12 68b1 82a22 85b25

*من read as مصفوف صفّ مصفوف شبيه بشيء مصفوف est simile lanae 54b26 (صوف ؟)
صفر المرّة الصفراء اصفر cholera 49b34; cholera citrina 49a26
صفيق spissus 51b37 52a11 52b32 65b35 66a2 71a19 73b6 78a2 85b8 صفيق جدّاً
valde spissus 72a10 ليس بصفيق non spissus 95b26 اصفق spissior 84a22
صفاق vas membranalis 79a1 وعاء صفاقى quasi tela 69a34 صفاقى est tela 77b24;
(سفاق) paries 72b11; tela 52b30 55b17 57a30 57b16 59b16 72b25 73b4,9 77b14,
25,36 80a13 81b17 82b20 83b21 صفاق الحجاب tela parietis 59b16 هو صفاق من جلد
sunt membranales 82b18 طباع الصفاق natura telae 73b6 صَفاقة spissitudo 46a19
ليس بكثير الصفاقة مثل صفاقة 77b25 non est multum spissus sicut spissitudo 72b1
صَفاقة tela (73b9)

صفا propter colamentum humiditatis لحال تصفية الرطوبة التى تصفى بجسد الكليتين
in renibus 71b20 صفّى colo 83b22 صفّى من* fuit colatum ex 77b26 صاف clarus
انقى واصفى melior et purior 50b19 اصفى واجود clarus valde 56b2 صاف جدّاً 50b1
melior et purior 56b4 صفاوة claritas 56b2 (97a4); صفاء (53b25); تصفية (71b20)
لحال تصفية ad colandum 70a22; propter colamentum 72a2 → بصر

صلب duresco 53a34 صلب durus 50b35 51a1 54b31 55a29 55b12 59b22 63b15 64b2
71b17, 26; durissimus 63b12 صلب جدّاً valde durus 71b5 اصلب magis durus 66b2
صلب (*subst.*) dorsum silvestre 72 a18 صلابة durities 55a5 اصلب واقوى fortior 55a12

صلح ليس (60b2) valeo ad 60b5 في صلح ما قلنا قد (60b2) iam diximus de 65a27
يصلح ل non iuvat ad 60b4 صالح فاضل nobilis 45a25
صلاخى (→ Kruk, *Introd.* p. 29, 82) celeti 55a23, 37 76b2 96b5, 26 97a7; taleni
الحيوان البحرى الذي يسمّى باليونانية صلاخى celeti 69b35-6 96b3
صمت صامت solidus 63b12,5
صنارة (صنّارة و. خيط) hamus 93a23
صنع facio 59b34 87a16 94a15 95b19 صنعه ... يصنعه ان يقو لم اذا si non poterit
ponere ... ponet ipsum 82a7 باطلا شيئا يصنع لا الطباع natura nihil agit otiose
58a8-9 فضلا ولا باطلا شيئا يصنع لا الطباع natura nihil fecit superflue 61b23-4
حكمة صانع figuratus 40b36 artifex 40a30 41b29 مصنوع اعنى معمول مصنوع
الصانع scientia artificis 45a13
صنف مصنّف ممنّف differentia التى تشبه هذه الصفة المصنّفة sibi similia 44b15
42b16; genus 42b11 43b14; modus 39b2 40a20 43a20 43b7 46b10 53a24 56a34 57
b10 59b16 60b6 *et passim*; *often periphrastic* 57a17 57b7 62b11 87a25 الذي الطير
quidam بعض هذا الصنف aves quae volant in comitatu 82b6 صنفه سائر مع يكون
istius modi 78b17 اجناس واصناف genera istius modi 83b26 الصنف هذا اجناس
كثيرة الاصناف هذه ex istis animalibus 83a3 من صنف هذا الحيوان multi modi 79b15
يسيرة اصناف sapor cibi 78b9 لذّة اصناف الطعام istae aves 74b34 من اجناس الطير
modi parvi modici 75a2 duo modi 74a3 84b20 85a15,24 صنفان مفترق على
صنفين divisus in duo 66b29 ... صنف من اصناف modus 83b13; aliqui modorum
94b14; quidam modus 78b14; quilibet modus 41a22 صنف معونة اخرى aliud iuvamentum 63a15 اصناف أخر من اصناف alii modi 62b32 63a6; alius 63a9 ... لم
nullus ليس لشيء من هذا الصنف من اصناف non ... ullus modus 63a2 صنفا من اصناف
istorum modorum (habet) 76a29 اصناف كثيرة من اصناف multi modi 63a17 صنف
est naturae sanguineae 51b20 طباع من اصناف طباع الدم modus vitae 80b30 الحياة
per aliquem modum 60a21 بقدر صنف secundum modum (c. gen.) بصنف من اصناف
65b4 بقدر صنف الحاجة والمعونة secundum modum indigentiae et iuvamenti
62a35 باصناف كثيرة مختلفة multis modis diversis 47a17 صنف آخر من اصناف huiusmodi 39a17 الصنف هذا يشبه وما et huiusmodi 61a13 97a6 هذا يشبه ما وجميع
et sibi similia 97a16 وجميع الصنف الذي يشبه ما وصفنا et sibi similia 61a20 الصنف
الاصناف et huiusmodi 50b26-7 تصنيف divisio 40b3; narratio وكلّ ما يشبه هذه
82a33; narrare 39a24 (85b31) اوّلا تصنيفها من قولنا ابتداء يكون ان لنا ينبغى
debemus incipere in narratione eorum prius 56a10 تصنيف وتلخيص narrare 39b5
والتصنيف المأخذ هذا بمثل secundum talem divisionem 41a29
صنم imago 40a30-1 45a13
صنوبر الصنوبر خشبة taeda pini 49a28 الصنوبر خشب taeda pinus 49a23
صاب اصاب accido (64a34 82a4) 90b4 (كما) ما يصاب sicut in 76b30 91a11
قد اصاب الطباع حيث احتال بهذه الحيلة فـ bene dixit 40b30 اصاب قد قوله في
... bene ingeniata est natura in 65a8-9 سقم اصابه اذا quando infirmatur 71b10
ut habeat اذا اصاب الحجاب ضربة apud percussionem parietis 73a28 يصيب لكي

ut non لكى لا يصيب ... ضرر occasio quae accidit 67a16 الآفة التى تصيب 52b27
accidat ... nocumentum 52b30-1 صواب قولا صوابا ... لا يقولون non dicunt ...
rectum 42a15 صواب بغنّ recte 43b9 صواب (الـ) بنوع recte 44a2,16 80a25 بنوع
ان تكون الاستقامة والصواب فى ذكر ... بنوع الصواب recte 87a19 الصواب والاستقامة
ut dicamus ... recte 44b2-3 على الصواب ← علّم (44b18-9) ان الصواب من rectum est
(c. inf.) 39a3 صواب النظر والفحص (debemus) recte considerare et perscrutari
39b4 قولهم ليس بصواب هو اصوب ان اصوب non recte dicit 41a15 rectius est 42b35
مصيب ... مصيبا كان invenitur in 39a5

quaedam addis- صوت صات 64b1-2 (6) vox 60a3, 31 بعضها يتعلّم الاصوات من بعض
cunt voces a quibusdam 60b1 تصويت vociferatio 60b4 كثير التصويت sunt multae
vociferationis 60a34 موافق لبعض الكلام والتصويت conveniens ad loquendum 61b
14 بتصويت يعرف بعضه معانى بعض quaedam cognoscunt intentiones quarundam
vociferando 60a35-6

صوّر مصوّر figuratus 41a1-2 42b14 الطائر المصوّر aves depictae 42b12; avis figurata 42b14 صورة figura 42b14; forma 39b1 40b25,34-5 41a17 42b23 43a24 45a35
46b2,16 56a4 et passim بالصورة in figura 83b29; in forma 43a11 43b8; per
formam 45b28 فى الصورة in figura et in forma 42b12 بالشكل والصورة in figura
et forma 41a20 ليكون بصورته وشكله مثل هذا ut sit talis formae et talis figurae
41a14 الى صورة من الصور ad aliquam formam 46a33 صورة من صور الجوهر aliqua
formarum substantiae 43a2

صام صائم (subst.) ieiunum 76a1(3) العضو الذى يسمّى صائما membrum quod dicitur
ieiunum 75b33

صاد صيد وغناء deprehendo 85a35 93a21; (pass.) 84a11 صيّاد piscator 93a23 صاد
(praeda et) cibus 57b26 صيد وخطف venatio et depraedatio 94b25 صيد وامساك
(no Latin equivalent) 93a3 الحيوان قويا يعيش من صيده بقهر وشدّة animal forte
vivens ex venatione 55a12 باليد ... للصيد (→ L¹) ad deprehendendum ... cum
manu 46b24

صار efficior 49a16 51a1,23 51b7,14,29 52a9 55a36 73b1 86b28; fio 49a17,26 53a7
69a33 69b5; sum 45b17 46b26 52a30 52b18 53a30 56a37 56b1 57a3 omnia passim
هذا صارت خلقة . creatur 92b20 يصير اصغر pervenit ad magnam parvitatem 68b2
صار istam causam dant in essendo 56a18 قول ... فى العلة التى من اجلها صار
صار فتح componuntur 68b26 مركّبا quando intrat aetatem 86b16 اذا صار مستنّا
per- صار الى eundo ad 64b36 ويصير الى multum aperiunt os 62a29 الفم كبيرا
venio ad 53a6; transeo in 89b31 90a7 94b18; vado ad (60b20 G) 65a18,22 68b21
صار transeo in 76a35 94a10 فنى وصار الى venio ad 53a12; 75b19(G) 77b37 78a10
الى مال الى ... صار من ... الى transeo in ... transeo in 89b31 procedo ab ... ad
68b1; vado ab ... in 64b15 صار فى sum in 63b20 71a22 78a5 97b27-8; vado ad
صار ... على مثل هذه efficior ex 94a26 صار من vado in 66a6 62a10 75b19 (L);
الحال fuit ... talis 52b2 يحتال ويصير laborat in dando 52a31 يصير فى كلّ ناحية من
الفم habet صار ... اذا habet 94b2 صار ب gyratur circumquaque in ore 60a24

صار الذى habet 45a25 63a28 83a18 87a17-8 94b5 95a14 96a16 97a26 له 93b5
(→) صار ... convenit 46b18; est conveniens ad 46b23-4 موافقا ل habet 59a23 له
صيّر (حجّر) do 70b34; efficio 53a31; facio 54a25 76b25 81a6; pono 43b24 59a
20,33 59b24 62a23 65b28 95a10 96b17 هيج وصيّر moveo 83a7 مثل صيّره facit ex
eo quasi 79a6 صيّر قائما rectifico 69b5 الثقل يصيّر العقل عسر الحركة pondus
gravat motum intellectus 86a30-1 وصيّر خلقة العروق facere venas 65b13-4 صيّر
... in 39a19 يصيّره الى جوفه ducit ipsum ad interius 83a3 صيّر ... الى
pono ب pono per 68a20 صيّر على pono super 64b22 89b29 صيّر فى do (c. dat.) 61b29;
صيّر ... (و...) فيما بين posuit ... pono in 63a32 64a10 82a6 84a28 88b28-9
(... et) 54a15 94b15 صيّر ل pono in 64a10 صيّر هذا الابتداء اوّل قولنا ponere
principium sermonis nostri ita 44b20 يصيّر ... جيّد المزاج meliorat complexionem 52b26-7 مصير الذى مصيره الى quod tendit ad 42a1

ضبط لم تكن ... يضبط ضبطا شديدا يضبط ضبطا ويشدّ retinens 70a13 ضبط
لا retinet valde 87b19 تأخذ شيئا وتضبط ضبطا جيّدا non posset bene retinere et accipere (inv.) 90b1
يضبط نفسه non potest abstinere ab 91a2 ضبط retinere 87b13 90a33 ضبط وامساك
ما يمسك retinere id quod tenet 62b3 لضبط ما تمسك ضبطا شديدا ut retineant
fortius 87b15 للضبط ad retinendum 93a13 والضبط للاخذ ad accipiendum et retinendum 91b10 للاخذ وضبط ومسك الاشياء ad accipiendum et retinendum 87b10-1
تضبّط لتمسّك وتضبّط الجسد ut retineant corpus 68b21
ضبع (ὕαινα) no Latin equivalent 67a20
ضحك rideo 73a6,8,27-8 ضحك risus 73a4,9,11
ضادّ فى التى يضادّ contrarium 43a34 الذى يضادّه ويخالفه contradico 53a33 72a25 ضادّ
كلّ بعضها بعضا per contraria 43a32 ضدّ contrarium 43a1 43b15 48b22 49b34 50a2
بضدّه المخالف unumquodque contrariorum 70b20 per suum من الاضداد
contrarium 52a32 فى ضدّه in suo contrario 43a1 صار ضدّا ل ... est ... contrarium
77a28 الايمن ضدّ الايسر dextrum est contra sinistrum 70b21 ضدّية contrarietas
52b18; contrarium 47a17 52b17,8
ضرّ noceo 51b2 94a18 اضرّ ب اضرّ ما يضرّ به ودفع لحال المعونة propter fortitudinem et iuvamentum (inv.) 82b33 يضطرّ ... الى ان يلجأ الى inducit
necessario ... ad 42a18 الجأه واضطره الى ذلك adduxit ipsum necessario ad hoc
42a28 سيضطرّ الى ان necessario sequitur ut 39a27 مضطرّ necessarius 91b14
ضرر laesus 84a35 ضرر nocumentum 52b31 ضرورة occasio 64a7(35) 64b6 65a9
الضرورة التى تعرض sine occasione 72b16 بغير آفة وضرورة 90b4 82b16 79b22
occasiones extrinsecae ضرورتها من الاشياء التى تقع فيها من خارج occasiones 63a5
لانه ... يكون علة de facili occasionaretur 54b6-7 كانت الضرورة تسرع الى 57a33
مضرّة quia ... exposita est magno nocumento 64b21 وضرورة اذى nocumentum
63a11 اضطرارا ... عرض accidit necessario 97b10 اضطرار necessitas 40a7 42a7,32
باضطرار neces- (نوع) الاضطرار necessitas 40a1 الذى من الاضطرار necessitas 42a2
sarium est quod 50a2 77b26; necessarium est ut 46b1,5 58a4 63b34 70a23 72a13

78b3; necessario 39b23 40b2 42a32 55b30 57b23,4 *et passim*; per necessitatem 42a8; propter necessitatem 63b14; secundum necessitatem 42a9; *untranslated* 88 a30 ليس باضطرار ذلك non necessario 70a30 باضطرار hoc necessarium est (fuit) 58b3 68b34 80b30 صار باضطرار necessarius fuit 47a22 58b25; necessarium est ut sit 75b31 باضطرار ... يكون necessarius est 55b11 باضطرار ان necessarium est ut 43a18 55a24; necesse est quod 51b3 يعرض باضطرار ان necessarium est quod 54 b14 فباضطرار necessarium est ergo 43a11; necessarium ergo per necessitatem 42a13 ل يكون باضطرار indiget 65b14 يكون (ان) باضطرار necessarium est ut sit 39b26 40a5 42b21 52a3-4 66a18,32 67b26 86b29 97b24 ان ينبغى باضطرار neces- sarium est ut 74a14 يكون ان ينبغى باضطرار necessarium est ut sit 65b11 74a19 يلزمنا باضطرار quod est necessarium 39b21 الامر الذى يكون باضطرار fit nobis necesse 44a25 يلزمنا باضطرار ان نقول ان necessarium est dicere quod 49b6 باضطرار يحتاج الى ان يكون له necessario indiget 78a6 باضطرار ان يحتاج الى ان indiget 65b12 الذى يحتاج اليه باضطرار quo necessario indigetur 61b34 65b23 77b5 89b24; necessarius (ad) 65b25 لحال الاضطرار propter necessitatem 63b22-3 من الاضطرار ex necessitate 42a3 من اضطرار necessario 40a6 فى نوع من الانواع ... لا non ... aliquo modo necessitatis 61b36 → معنى باضطرار
يضرب si aliquis fuerit percussus super 73a10-1 احد ضرب اذا ... ضربة على ضرب مضروب الرقبة decollatus 73a19,21 مضروب مرارا شتى decollat multotiens 73a25-6 ضربة percussio (73a10) 73a12 الضربة من فوق percussio a superiori (parte) 91b9,11-2 اذا اصاب الحجاب ضربة dolor 72b4 ضربات ووجع apud percussionem parietis 73a28
ضرس اضراس molares 61b8-10
ضعف ضعيف debilis 67a19 ما يضعف عنه id quod est eo debilius 63a12 يظهر 62b29 83a14 93b18 94a28 94b27 يبصر بصرا ضعيفا vident debiliter 57b36 اضعف debilior 55a19 63b2 82a33 اضعف debiliter 68a3 ظهورا ضعيفا manifestatur debiliter 68a3 ظهورا ضعيفا لحال (42a29* وقف →) debilitas 68b8 83a10,7 ضعف debilis multum 84a6 كثيرا (ستر, حفظ →) ad custodiendum 90b10 ضعفه
ضعّف مضعّف est duplex الّتى تضعّف من الواحد quae duplicabantur ex uno 43a23 مضعّف الطباع est duplus 69b18 56b33 60b9,10 (96b19)
ضفدع ranae 95b14 ضفادع rana 96a27
ضغر corpora quae involvuntur ad invicem الاجساد التى تغفر وتشتبك بعضها ببعض 68b24
ضلع costa 54b35 (72b24) 72b35 77a8 88a28; latus 88b35
ضمّ constringo 94b23 انغم اذا اجتمع وانغمّ تحزيزها بعضه الى بعض quando constringitur et adunatur in se 82b24 انغمام انغمام الشفتين coniunctio labiorum 60a6
ضاء ضوء lux 42b33 الدودة التى تضىء كما تضىء النار vermis qui lucet sicut ignis 58a2 ضوء القمر lux lunae 80a34
ضاف اضاف الاشياء التى يضاف بعضها الى بعض res collativae 41b3

## INDEX ARABO-LATINUS 517

ضيّق الخلقة angustus 59b8; strictus 59b11 60a27 74a3 76b6 92a5 92b7 ضاق ضيّق strictus 88a17 ليس بضيّق الى شيء ad acutum 59b26 ضيّق non strictus 85b19 يصير اضيق strictior 75a35 (75b1) 75b8 اضيق معاء intestinum strictum 75b18,9 اضيق pervenit ad magnam angustiam 68b2 ضيق (= strictura) *no Latin equivalent* 62a33

هو مطاطىء الرأس الى الارض est declinati capitis ad terram 57a15 طاطأ طاوتيداس (طاوثيداس *Bad*.) *Kruk* taotidez 79a8; tauridez 79a22; tonidez 85a14,23 85b1,19

طاوثى tani 85b18

طاوثيس taukiz 79a14; (طاوفس *L*) taukum *78b29

طبّ medicina 39b17 متطبّب medicus 39b17 المتطبّب المصوّر medicus figuratus 41a1-2 طبخ decoquor 53a22,4 يطبخ به in quo decoquitur 51a29 طبخ ونضج digero 50a14 يقبله وطبخه 74a15 recipit ipsum in meliori digestione 74b13 يقبله وطبخه بليغ محكم recipit ipsum bene digestum 74b13 اذا انطبخ ب انطبخ quando decoctus fuerit per 77b26 لم ينطبخ ولم ينضج non decoquitur neque digeritur 74b34 مطبوخ الذى ليس coctus 51a22 55b34; decoctus 72a7 81b31 مطحون مطبوخ digestus 74b27 بمطبوخ ولا معمول indigestus 74b25 طبخ decoquere 70a20 81a4; decoctio 53b14 لحال الطبخ 75a10, 29 75b12 77b31 طبخ ونضوج digerere 68b12; digestio 50a4 والنضوج ad decoquendum et digerendum 70a27 يقوى على طبخه decoquit ipsum 70b5-6 جيّد الطبخ والنضوج bonae decoctionis 52a23 جيّد الطبخ bonae decoctionis 51b7; bonae digestionis et decoctionis (*inv*.) 72a4 هو اجود وابلغ طبخا est bonae decoctionis 51a23

طبع secundum naturam على طباعها الذى طبعت عليه non fuit naturatum 45a23 لم يطبع طبع كلّ واحد منها طباع موافق ل naturatae fuerunt 42a34 natura cuius-libet est conveniens 45b20 طباع natura 39a9,10 39b20 41b29-30 44b4 45a24 47b1 55b7,8 *et passim* طباع وجوهر natura 95b17 خلقة طباعه natura eius 70b24 له طباع خاصّ substantia naturae eius 78a32; substantia eius 89a27 تقويم طباعه habet naturam propriam 82a18 طباع المرّة fel 76b22, طباع المعاء intestinum 75a31 *etc.* يشارك طباع الحيوان communicat cum animalibus 81b4 حرارة الطباع calor naturae 69a27 81a6 صار طباع الحرارة فيهما كثير habent multum calorem 70a21 عمل الطباع opus naturae 63b27 طباع الاناث والذكورة natura feminarum et marium 64a5 ما وصفنا عن حال طباع المنى واللبن natura spermatis et lactis 55b24 حال الحيوان وطباعه hoc quod narravimus de dispositione et natura animalium (= *Historia animalium*) 68b29-30 حال طباع اللسان dispositio linguae 61a25-6 الطباع الذى خلق الحيوان الحيوان الذى طباعه برّى animalia agrestia 61b4 natura احتال الطباع (ب) quae creavit animalia 45a9 خلق الطباع fuerunt creata 59b27 نعم ما احتال الطباع فى ingeniata est (fuit) natura (in) 64b21 65b13 68a20 75b12 قد اصاب الطباع حيث احتال بهذه الحيلة فـ optime ingeniata est natura in 64b32 ... bene ingeniata est natura in 65a8-9 فعل ذلك الطباع natura fecit hoc 96b27

الطباع لا يفعل شيئا بنوع الطباع لا يفعل شيئا باطلا natura nihil facit otiose 83a24 الطباع لا يصنع شيئا فضلا natura nihil facit otiose 91b4 باطل natura nihil facit superflue 94a15 الطباع لا يصنع شيئا باطلا ولا فضلا natura nihil fecit superflue 61b23-4 الطباع لا يصنع شيئا بنوع الفضلة والباطل natura nihil facit otiose 95b19 هو يكون فى الحيوان طباع العظام natura eius est 61a18 فى طباعه sunt in animali ossa naturaliter 52a3 على قدر الطباع in modo naturali 39b30 على فنّ الطباع secundum naturam 56a11 بقدر خصوصية طباع كلّ واحد منها secundum naturam cuiuslibet illorum 57a12 الاشياء المقوّمة من الطباع الاشياء التى تقوّم من الطباع res naturales 40b4 من اجل انها اقرب الينا من غيرها وطباعها مدان لطباعنا res naturales 48b2 الطباع quoniam naturae eorum appropinquant naturis nostris 45a2-3 مشترك الطباع communis naturae 69a9 طباعه طباع سرمدى duplus 69b18 مضعّف الطباع natura eius est natura aeterna 52b2 يكون تامّا كامل الطباع est perfectae naturae 82b31 حارّ الطباع 51a34 est terrestris naturae 50b33-4 هو ارضى الطباع (est) calidae naturae 54a9 برد طباعه frigus naturale 82b1 الحيوان البارد الطباع animal frigidum naturaliter 82b2-3 طباع ... عصبى الطباع ليس non est naturaliter nervosa 89a23 فلاسفة من الطباع est naturae sanguineae 51b20 من اصناف طباع الدم philosophi naturae 45a10 طباع عظامه جاسية جدّا (ossa) quae sunt valde dura 55a14-5 التى اجزاؤها من قبل الطباع تشبه بعضها بعضا وهى ... من الطباع quae habent partes consimiles ad invicem naturaliter 46a21 (→ عقل) ... يشبه بعضها بعضا طباع consimilia 73b2 ليس يشبه طباعها سائر طباع شبيه diversa in natura ab aliis 73b3 هو من الطباع مثل طباع ... مثل est sicut 70a13 بطباع est de natura (c. gen.) 55a20 est in natura sicut 66b17 اقرب الى طباع est magis similis (c. dat.) 72b25 فى طباعه من طباعه ان يكون له naturaliter debet habere ex natura eius est ut 82b28 ان من قبل الطباع naturalis 40b18; naturā 41b21; ex natura 56b27 57b1; naturaliter 50b27 52a14 57a31 58b28 62b24 65b20, 35 et passim 64a6 طبيعة natura قد 39a17 49a18 54a15 54b32 59a27,33 77b30 86a11; طبائع naturae 39a15,6 39b5 caruit اعدمته الطبيعة حاجة الذنب transivit in corium 55a26 افنته الطبيعة فى الجلد cauda 89b24 طباعى naturalis 39b12,21 41a34 42b3 44b22 45a23 56a11,21 مباشرة الطباعية (*Historia naturalis = Historia animalium) no Latin equivalent 50a32 صاحب العلم الطباعى naturalis (sc. philosophus) 39b8 41a7,10,21 42a27; naturalis philosophus 41a33, 5(inv.) حرارة طباعية calor naturalis 50a7 69b3 70a25 97a29 الاسطقسات motus naturalis 71b30 حركة طباعية روح طباعى spiritus naturalis 69a2 العلم الطباعية elementa naturalia 48b9 الرأى الطباعى opinio naturalis 40a2 41b11 الطباعى scientia naturalis 41b1 الفلسفة الطباعية philosophia naturalis 53a9 الكينونة الطباعية generatio naturalis 49b35 الذين يكلّمون كلاما طباعيا qui loquebantur de natura 47a11
انطبق طبّق الاسنان التى ينطبق بعضها على بعض dentes qui sunt quasi serra 84a30
أطحلة طحال splen 66a28 69b26, 8 70a12, 5, 20, 30, 2 70b13, 8 72b9 73b34 74a1 (plur.) splen 73b32 الذى له طحال صغير جدّا طحال splen valde parvus 69b29 habens splenem 69b27-8 ليس له طحال carens splene 69b29 طحال البقر splen vac-

جساوة الطحال durities splenis 70b8 وضع الطحال situs splenis 69b36 cae 74a1
طحن molo 78b35 لكى تطحن وتملّس الطعام ad molendum cibum 61b9 مطحون digestus 74b12 مطحون مطبوخ digestus 74b27 غير مطحون crudus 74b12 طحن molitio 62a13 لحال ... طحن سريع الطحن والملوسة est velox ad digerendum 74b33 طحن ... لكى يكون ad molendum ... طحن الطعام ad molendum 55b9 واستعمال ad molendum ... cibum لطحن الطعام بالاسنان 64b33-4 ad molendum cibum dentibus 74b20

طرح الثقل لحال طرح propter pondus 63b14

طرف extremitas 54b17 57a30 87b25 91b31; extremum 54b18 60b8 88b35 90b8 91a6-7 اطراف extrema 63a27 الطرفان duo extrema 54b20 طرف القلب extremitas cordis 66b1 طرف الكمرة praeputium 57b4 اطراف الاغصان extremitates ramorum 87a1-2 بالطرف in termino 61a5

طرق ينبغى ان يطرق للحركة الطباعية ويصير جميع الاعضاء ... الى ما يلى الناحية العليا motus naturalis debet facere viam omnium membrorum ... ad superius 71b30-1

طرى recens 75b28 حديث طرى recens 75b32

طعم anhelaverit comedendo et potando تنفّس ساعة يطعم الطعام comedo 76a2 الذى يطعم الطعام الرطب quod cibatur cibo humido 78b20 طُعم cibus 60b20 64b31 61a19 61b16 62a9-12 63b9 et passim; victus 82b10 غذاء وطعم cibus 74b2 93a19 exitus خروج الطعم comestio 96b33 اخذ الطعم cibus 88b3 الغذاء الذى يأخذ من طعمه cibi 75a22 طعام cibus 50a9,12,4 (55b9) 58b35 59a17 61a10 61b1 et passim جميع اصناف الاطعمة وانواع الاشياء cibus 78a14 89a1 غذاء الطعام cibus 50a8 وغذاء الطعام no Latin equivalent 91a2 الاطعمة المناقة omnes modi cibi 90b33 المأكولة الطعام الذى لم ينضج cibus crudus 74b12 غير مطحون cibus qui non digeritur 74a15 الطعام الذى لم ينضج بعد cibus qui adhuc non est digestus 75b35 الطعام الرطب cibus humidus 78b20 الطعام الفاسد اعنى الفضلة cibus corruptus scilicet superfluum 75b35 حسّ الطعام sensus cibi 61a3 حسّ اللذة التى تكون من الطعام sensus saporis cibi 61a7-8 شهوة الطعام appetitus cibi 61a6-7 رغيب فى طلب الطعم est valde gulosus 90b25 رغبته فى الطعام كثيرة valde gulosus 75a20 تكثر رغبتها الحيوان الذى لم يخلق رغيبا مشتاقا الى كثرة الطعام sunt valde gulosi 91a2 الى الطعام propter ... erit cito تكون علة سرعة شهوة الطعام animal non gulosum 75b22-3 appetens 75b26 (-8) لذة (اصناف) الطعام sapor cibi 78b9 91a1 مدخل الطعام introitus cibi 64a33 81b27 86a12 قبول الطعام receptio cibi 64b4 72b24 75b12 نزول الطعام الى الجوف descensus cibi ad interius 90b30 طبخ الطعام decoctio cibi 75a29 هضم ونضوج الطعام digestio cibi 74a22 77b31,4 نضوج الطعام digestio 75b12 77b31 استعمال الطعام usus cibi 74b9 75a18 75b5 83a1 فضلة الطعام superfluitas cibi 50a11 كنز الطعام depono cibum 75a12; repono cibum 74b24-5 cibi 80a9

طفىء extinguor 49a23

طفل puer 86b9 فى الاطفال in pueris 65b7 اعضاء الاطفال membra puerorum 65b7

طفا nato 80a17 طفا على nato super 72a9

طلب quaero 41a36 41b1 يطلب quaerunt ita 48a24 اذا طلب استقصاء quando quis

acquisiverit 42b4 شيء الذى يطلب علمه debemus inquirere 81b33 ينبغى ان نطلب
res quaesita 39a3 مَن يطالبه طالب ad quaerendum cibum 95a8 الى طلب طعمه
venator 63a16 طلب inquirere 42a29 طلب الطعم valde gulosus 75a20 طلب
معرفة inquirere 45a21; inquisitio sciendi 49a35 مطلوب quaesitus 40a11

انطمّ corrumpor 68a35 انطمّ طمّ materia corrumpens 68a35 الهيولى التى انطمّ بها
من impleor ex 68a29

طمث menstruum 48a31 خروج الطمث exitus menstrui 89a12

يطأمن ... الى اسفل طأمن طمن declinat ... ad inferius 71b33-4

طوثيس tobiz 54a21

طاع استطاع يستطاع ان potest (c. inf.) 48b25 بقدر ما نستطيع ان secundum potestatem nostram 53a9 لو كان ... لم يكن يستطاع ان si esset ... non posset 81b
23-4 لا يستطاع ان يكون impossibile est quod 43b26 لا يستطاع non potest esse 40a35 ليس مما يستطاع non potest esse 40a36 (لانه لم يكن مما لم يكن ممكنا
كان ) ليس مما يستطاع non esset possibile 93a2 يستطاع est impossibile 42b35
مما لا يمكن ولا يستطاع erit impossibilis 44b19 مما لا يستطاع est impossibile 42b7
ليس يمكن ولا مما يستطاع impossibilis 80b26

طال factus est magnus 94b20 طويل longus 44a20 58a32 59a33 74a1 74b31 78b25
82a5 82b22 87b17-8 92a5 92b5,21,3 93a1,6,8,17 94b12,6,27 95a10,22 96a3
طويل longus 60b6-7 جدّا حينا طويلا no Latin equivalent 77a34 طويل العمر diu 62a11;
longo tempore 73a30 اطول longior 56a16 90a33 مستطيل longus 54a24 58b30
59b25 76a26 76b 95b7 96a6,17 طول longitudo 58b22 82b3 85b13-4 88b19 90a
30,3 (91b27) 93a18; magnitudo 85a26; quantitas 85a27 طول العمر وكثرة الحياة
longitudo vitae 77a32 طولا ... لـ (est) longus وطول استقامة rectitudo 54b13
تطويل 64a30 96a24; (est) magnus 89b4 طول يكون للطحال elongatur splen 73b34
التطويل وترداد القول مرارا شتّى elongatio loqui 44b1

طيثوا Kruk (Bad.) tibo 80a5 81a10; titho 81a25

الحيوان السيّار طيّار لا يطير non volat 97b16 طار volo 39b2 83a33 94b20-3, 7
ما لم يكن من اصناف الطائر طيّارا animalia currentia et volantia 43a36-b1 والطيّار
aves non volantes 57b7 وليس هو طيّارا quae non sunt volantes 57b28 طير (= volans, untranslated) 83a9 طير (coll. or plur.) avis 57a17 et passim جنس الطير genus avium 69a31 الطيور aves 59a35 62b11 اجناس الطير genera avium 75a14 94a4
95a18; aves 74b19 اصناف الطير modi avium 94b14 اصناف الطيور aves 71a20 هذه
الطير istae aves 74b34 الطير المنفرد avis solitaria 82b6 الاصناف من اجناس الطير
aves الطير الذى يعوم aves quae volant in comitatu 82b6 الذى يكون مع سائر صنفه
natantes 94b2 الطير البرّى aves agrestes 97b2-3 الطير الطويل الساقين aves longorum crurium 95a22 جثّة الطير corpora avium 97b24 حوصلة الطير papum a-
vium 78b26 79b9 جلد الطير cutis avium 91a24 (الطيور) مناقير الطير rostra 59b
10; rostra avium 55b4 59b26-7 62a35 62b1 طائر avis 42b10 44a19-21 55a18 57
a30 57b18 58a12 62a33 et passim جنس الطائر genus avium 86b21 اجناس الطائر
aves 70b11,3 71a31 صنف من الطائر modus avium 94a22 جوهر الطائر no Latin

INDEX ARABO-LATINUS 521

*equivalent* 93b12 الطائر المصوّر aves depictae 42b12; avis figurata 42b14 الطائر المائى aves aquosae 42b13 الطائر الذى يأوى فى الماء وبين اصابع رجليه جلدة aves manentes in aqua habentes inter digitos corium 93a6-7 الطائر الذى يأوى فى البرّ aves manentes in terra 93a2 الطائر الذى مأواه فى الارض aves manentes in terra 57b28 الطائر الذى يحتاج الى اخذ الطعم aves indigentes ad accipiendum cibum 93a12 الطائر الذى يأكل اللحم aves comedentes carnes 62b4 الطائر الذى يأكل اللحم النيء aves comedentes carnem crudam 93a13 الطائر الذى يأكل الدود aves quae comedunt vermes 62b9 الطير الذى يأكل الاصول aves comedentes radices 62b15 الطائر aves quae habent inter pedes corium 62b10 الطائر الذى فيما بين رجليه جلدة جلد صنف الطائر الذى فيما aves habentes corium inter digitos 93a3 الذى بين اصابعه جلد جلد بين اصابع رجليه aves habentes corium inter digitos pedum 92b24; aves habentes inter digitos corium 93a20 الطائر (الطير) المعقّف المخاليب aves uncurum unguium 93a6 94a8,16 94b25 طائر له مخاليب معقّف avis habens curvos ungues aves calidi الطائر السخن البطن 94a1 الطائر المعقّف المخاليب الذى يأكل اللحم 94a20 ventris 70a33-4 الطائر النقّار الشجر avis perforans arbores 62b7 ما كان من الطائر صغيرا aves parvae 60a33 اجناس الطائر الصغير genera avium parvarum 62b8 الطائر (الطير) الثقيل الجثّة aves longae valde 74b31 الطائر الطويل جدّا avis gravis corporis 57b16; aves ponderosi corporis 94a12,7 الطائر العريض اللسان avis latae linguae 60a29 الطائر الضيّق اللسان aves strictae linguae 60a30 اجساد الطائر corpora avium 79a18 صدر الطائر pectus avium 93b18 الطائر اكباد epar avium 73b20 اجنحة الطائر alae avium 94b10 طيران volare 95a13; volatus 94a2, 5-6, 11 94b18, 24 97b17 عند الطيران in volando 94b28 قوة الطيران *no Latin equivalent* هو حادّ لحال جودة الطيران 93b27 94a4 هو جيّد الطيران est boni volatus 93b12 الطائر الثقيل الطيران quanto magis fuerit acutum erit melioris volatus 93b16 avis ponderosa 57a28

الطين الرطب lutum humidum 51a8 طين 45a34 (51a6) 54b31 68a29 من طين او تقويم هيولى اخرى رطبة ex luto vel ex alia materia humida 54b29-30


ظفر unguis 55b1 87b3,22,4 88a10 90a9 90b8 هو مثل ظفر واحد (*solea*) est sicut unus unguis 90a9 خلقة الاظفار creatio unguium 87b22 جنس الاظفار ungues 53b32 ظلف ungula 51a32 55b4 87b3 ظلفان sotulares 90a5,27; ungulae fissae 63a8 97b22 (الذى) له ظلفان habens sotulares 88b24; habens duos sotulares 90a21; habens duas ungulas 42b29; habens ungulas fissas 62b35 74a27; habens ungulas in duo fissas 86b17 اظلاف sotulares 63a18,24; ungulae fissae 73b32

ظليم (*male ostrich*) v. l. G¹ 61b31 → نعام

ظنّ puto 80a33 بئس ما ظنّوا male dixerunt 65b28 فيما يُظنّ secundum quod fingitur de 54a9 مما يظنّ secundum quod opinatur 91b29 يظنّ مثل واحد videntur sicut unum 69b17 ظنّ ان fingo quod 40a27 43b28; puto quod 45a26-7 51b21 52a25 60b36 61a1 69b24; reputo quod 48b1 انا اظنّ ان ego credo quod 39a6; ego puto quod 77a5 يُظنّ ان dicitur quod 75a4; fingitur quod 52a2; de eo fingitur quod 47a16; opinatur quod 60b1 69b21 76b34 79b13 90b20 95a18; putatur quod 49a29 77b7 81a16; *no Latin equivalent* 77a1 يظنّ ان له opinatur de eo quod habeat 69b34 ينبغى ان نظنّ ان debemus opinari quod 48a13; debemus scire quod 45a30 يظنّ باضطرار necessario opinatur quod 69b28 لا يظنّ ان opinantur quod non 95a1 ظنّ opinio 40b31 ظنّهم خلاف على الحقّ veritas contradicit illis 52a27

ظهر appareo 49b30 52a36 57a14 60b7 65a33 65b1 66a10,20 *et passim*; videor 57a1 65b16 66a20 هو يظهر بالمعاينة بيّنا ظهورا يظهر manifestum est visui 83a29 (apparet) manifeste 65a34 ولا يظهر البتّة ... ضعيفا ظهورا يظهر manifestatur debiliter ... et non omnino 68a2-4 ليس لا يظهر non apparet 60b22 65a32 93b24 إن لم ... يظهر ( هو ) non apparet ... nisi 90b24-5 videtur quod 39b14 40b31 يظهر لنا ان ظهر ل videtur nobis quod 54b10 ظهر ب manifestor ex 66a19 appareo 45b24 ظهر فى appareo in 65a35 67b2,6,8 68a23 مملوء ... يظهر in ... ظاهر apparet 67b4 ليس يظهر فى ظهر من non videtur in 60b15 appareo ex 79b19 manifestus 40a15 76b32 للمعاينة ظاهر manifestus visui 69b32; manifestum est visui 52b4 بيّن ظاهر manifestus 39a2 40a14 الظاهرة الاشياء res manifestae 39b9 ذلك بيّن الاشياء الظاهرة لنا quod visum fuit nobis 45a5; apparentia nobis 48a35 manifestum est visui 88a1 ظاهر لنا لانّا نعاين هو ظاهر بيّن ان hoc manifestum est visui 88a1 الاعضاء التى فى ظاهر الجسد ( اجساد فى ظاهر الجسد extra 97a10 quod 40a13 membra exteriora 85b28-9 92b1-2 95b3; membra extrinseca 65b2 84b7 ظهر ظهور (apparet) manifeste 65a34 ظهر يظهر ظهورا بيّنا dorsum 58a28 81b25 96a1 96b27 ما يلى الظهر dorsum 81b24 96a22 ناحية الظهر pars dorsi 72a17 79a4 فى ناحية الظهر ex parte dorsi 66b5; in parte dorsi 81b19 84a18-9; in dorso 96b25 عند آخر الظهر apud finem dorsi 93b1

شىء عجيب عجيب عجب من عجب ينبغى لنا ان نعجب من debemus mirari ex 77a30 mirabile 45a17 عجب من العجائب كثرتها est mirabilis in quantitate 77a1-2

اعجف macer 91a9

عجل عاجل festinus 57b17 عاجلا cito 48b20 49a28 51b8 62a12 66b3 68a29 72b3, 5,17 73a5 75a22 83a32 96b33; citius 48b32; de facili 83a10; subito 62a10 عاجلا citius 48b21 عاجلا اكثر من غيره 48b29 90a13 citius (*c. abl.*) اكثر من

بيض كثير جميع عدّة numerus (48b24) 73b14 80b5 80b18,28,33 omnis 73b12 عدّة عدّ صارت عدّة ... عدّته فرد est impar 80b18, 24 multa ova distincta 80a13 العدّة هل ... قليلة بالعدد او كثيرة عدد fuerunt quinque 80b26 خمسة utrum sint paucae aut multae 48b12 كثير العدد multus 82b32; multus numero 83a14 ليس كثير العدد non est multus numero 82a35 من العدد الفرد *no Latin equivalent* 81a2 بيض مساوى فرد العدد ova aequalia numero impari 80b3-4

يسير اعتدل عدل temperor 52b17 معتدل temperatus 52b28,35 67a3 86a9,13 86b7 معتدل paucus 51a37

عدم careo 84a16 90b15; privor (*c. abl.*) 60b26 اعدم privo ab 59a33 64a6 91b3-4 عديم اعدم من privo ab 63a33 اعدمته الطبيعة حاجة الذنب caruit cauda 89b24

ما كان من ... عادم privor ab 89b8؛ عادم caret 76a31; est privatus ab 52a35 56b21 الحمة
لا يكون quod non habet aculeum 83a3-4 عادم اللحم non est carnosus 73b6 عادم
non carens 69b7 عادم ... ليس non caret 95a4; non est privatus ab 56b7 عادم الدم
بعض الحيوان دمى وبعضه عادم الدم quaedam animalia habent sanguinem et quaedam non 78a33 عدم privatio 41b23 42b23 43a6 43b25 49a18 52b26 77a31 فيما
بين عدم وعدم inter duas privationes 42b22 بالعدم secundum privationem 42b21
43a7 بعدم (*sine) no Latin equivalent 82b21
عذب dulcis 76a35 83b22
(صبى =) وتفسيره بالعربية القنى quod interpretatur 'iuvenis' 83b17 عربية عرّب
ابن عرس filius hirz 67a21 عرس
(ل) عرض accido 39b4 46b10 55a30,1 56a13 62b13 et passim يمكن ان يعرض له
من قبل الريح التى تعرض له ex vento adveniente illi 89 potest ei convenire 89a28
a30 sine laesione sibi يعرض تقويم وولاد est generatio 77b28 بغير مرض يعرض له
ما يعرض لـ occasiones 63a5 الضرورة التى تعرض accido in 69a19 عرض فى 89a24
من ... quod accidit ... ex 55a3-4 كما يعرض لـ sicut accidit (c. dat.) 68a23 68b24
sicut كما يعرض فى ... كذلك يعرض ل similiter accidit 79a26 كذلك يعرض ل 93b26
accidit in ... ita accidit 68a27-30 عرض ان accidit quod 40a20; accidit ut 39a29
باضطرار necessario accidit hoc 92a3 باضطرار عرض هذا العرض ل 74b33 42b12
يعرض ان necessario accidit ut 64a30-1 عرض من الاعراض ان accidit ut 49a4
necessarium est quod 54b14 عرض يعرض هذا العرض باضطرار ان accidit hoc
48b8 53a36 59b5 77b6 العرض الذى يعرض hoc quod accidit 95a21; id quod accidit 53a21 95a21 الدليل على ذلك العرض الذى يعرض من significatio super hoc est ex
من قبل العرض الذى 88b10-1 sicut والدليل على ذلك العرض الذى يعرض فى 73a2-3
الاعراض التى تعرض (ل) accidentia 39a26; accidentia يعرض ل sicut accidit 58b1
quae accidunt 39a18 41a24 45b1-2 60b32 72b28 اضطرارا ... عرض accidit ... necessario 97b10 (آفة ←) الاعراض التى تعرض من خارجها occasiones extrinsecae 54a8
ليكون عرض per accidens 43a28 بالاعراض بناتها hoc accidens 53a3 هذا العرض عرض
الى ... عرض ut sit ... secundum 39a13 بنوع عرض accidentaliter 49a2,7-8 70a30;
per accidens 49b2,21 بنوع العرض per accidens 49b12,5 بنوع آفة وعرض modo
accidentis 49a19 من قبل آفة وعرض propter occasionem et accidens 49b27 آفات
واعراض accidentia 44a15,23 اعراضه وآفاته accidentia eius 39a24 الاعراض التى هى
فهى idem accidens 39a27 من العرض الذى يعرض ل accidit 43a30 هذا العرض يعرض
hoc accidit 64b17 79a25 80a19 80b2 94a22 هو من العرض ان est ex intentione ut
مثل هذه (pro accidit) 47b27 مثل هذا العرض يعرض ل similiter accidit 76b35
sicut accidit الاعراض يعرض فى simile accidit in 40a16 مثل العرض الذى يعرض ل
(c. dat.) 70b11 73b34 84b15,23 مثل ما يعرض لـ ... مثل ما يعرض هذا العرض يعرض لـ hoc accidit
... similiter accidit هذا العرض يعرض لـ ... على مثل هذا الفن sicut accidit 70b13
et similiter etiam 46b5 وهذا العرض يعرض على مثل هذه الحال ... ايضا 70a34-b1
عرضى accidentalis 72b18 عريض latus 60a18, 23,7,9 61b8,12 84a12,4 92b6 93a 16
عريض الخرطوم السمك العريض pisces lati (corporis) 95b7,27 (الجثّة) 95b26 93b16

est habens additamentum latum 62b14 تكون عريضة المناقير habent rostra lata 62b12 اسنان عريضة molares 75a7-8 اعرض latus (*pro* latior) 85b19 عَرْض latitudo 62b12 88a15 88b18 90a30, 95b8,14 96a22,6-7,9 كان له عرض est latus 60a33 88a13 *no* فى \*معرضه معرض لاصابعه عرض متّصل habent digitos latos continuos 94b4-5 *Latin equivalent* 66a12

عرف بالحسّ cognosco 39a13 60a36 84b2-3 عرف وعلم cognoscere 45a28 عرف ب cognoscor sensu 48a35 ينبغى ان نعرف debemus cognoscere 63b26-7 لعرف ب foret cognitum per 77a10 الذى يعرف به (\*notus) *no Latin equivalent* 97a15 معروف cognitus 41b28; notus 39a11,3 39b6 91b31 و ... ذلك معروف عند notum est apud ... quod 73a25-6 معروف لنا cognitum est (*c. dat.*) 63b31 معروف لنا cognitus nobis 56a8 معروف ب cognita nobis 56a10 معروفة لنا ومناظرها ليست بمجهولة cognitus per 40b28-30 معرفة cognoscere 41b1 74b15 (80a1) 89a16; cognitio 39a9 42a29 42b3 43b10 ... قضاء معرفة ذلك تكون يقينا من hoc vere cognoscitur ex 96b14 ... الحيلة الأخذة الى iudicium 49a12 معرفة الرأي الذى يكون فى معرفة cognitio 45a26 والمعرفة ingenium cognoscendi 44b16 كيف حال معرفة العروق dispositio venarum 68b28-9 معرفة in comprehendendo 44b34; in cognoscendo 46a2 الذين يقوون على معرفة العلل illi qui possunt cognoscere causas 45a10 وقلّة قول اهل الجهل sermo stultorum 64b19 طلَب معرفة inquirere 45a21 طلَب معرفة inquisitio المعرفة sciendi 49a35 الاقاويل التى وضعناها فى معرفة مناظر الحيوان sermones quos posuimus in aspectu animalium 84b2 عُرْف crinis 58a30

عرق canna 64b26 65a4; vena 45a30 47b4,17,9 50a29 50b8 52b28,36 54b2 56b17,26 67b31ff. *et passim* عرقان duae venae 66b27 67b16 70a18 العرق العظيم vena magna 67b9,15 68a1-2 68b20 70a12,4,8 71b19; vena maior 52b29 72b5 78a1,3 العروق التى تخرج من العرق العظيم vena magna 66b26 العرق الذى يسمّى عظيما venae quae exeunt a vena magna 70a16 العرق الكبير vena magna 71b12 العرق الذى يسمّى (باليونانية) اورطى adorti 52b29 66b26 67b16 68a1-2 68b20 71b17 72b5 78a1,3 العرق الخشن canna 64b31 65a5,9,19-21,7 73a24 76b14; vena magna (*pro* aspera) 64b3,10,20 فم العرق الخشن canna 64b36; orificium cannae 64b22,6 عرق صغير vena parva 68a34 68b9 76b28 عروق دقيقة جدّا venae valde graciles 77a22 كيف حال معرفة العروق creatio venarum 67b18 خلقة العروق dispositio venarum 68b28-9 صيّر خلقة العروق de venis 68b30 عن حال العروق facere venas 65b 13-4 اوّل جنس العروق genus venarum 65b17 طباع العروق natura venarum 54a32 العروق principium venarum 65b27-8 ابتداء العروق principium venarum 47b5 غاية وتمام principia venarum sunt duo 66b25-6 اوائل العروق عرقان 54b11 66a1 العروق finis venarum 58b21 غايات العروق termini venarum 73a33 افواه عروق (κο-τυληδόνες '*suckers*') orificia et venas (*pro* venarum) 85b3 جزء من اجزاء العروق aliqua partium venarum 93b25; una partium venarum 65b33 كثرة العروق multitudo venarum 66b13 طول العروق longitudo venarum 58b22 سبل من عروق viae venarum 47b1-2 ذكر العروق de venis 67b15 الحيوان العظيم العروق animal magnarum venarum 67a30 الحيوان الصغير العروق animal gracilium venarum 67a31

# INDEX ARABO-LATINUS 525

ندى وهو الذى يسمّى عرقا id quod مملوء عروقا plenus venis 78a1 عَرَق sudor 68b4 dicitur sudor 68b4 عرق دمى sudor sanguineus 68b6
عريان ليس له سترة est nudus in corpore 87a25 عريان عرى
عسر difficilis 42b31 90a11; gravis 93b17 96a14 عسر شديد valde difficilis 44a22 يكون صعب عسر sine gravitate 68b19 لا يكون عسرا مؤذيا est grave difficile 42b6 يصير عسر الحركة est difficilis curationis 71b9-10 عسر البروء جدّا est gravis motus 80b32; efficitur parvi motus 86b28 عسر الحركة ... يصيّر gravat motum 86a31 بعسرة gravitas (81b28) 88a30 عسرة difficillimus 42b35 اعسر من كلّ ... جدًّا اعسر difficile et raro 58b10 بلا عسرة شديدة sine difficultate 45a29 وفى الفرط
اصول العشب (= radices *herbarum) no Latin equivalent 62b16 عشب
عشق amo 44b34 عاشق amator 44b34
عصب nervus 46b25 47b17,24 53b31 54a15,6 54b19,25 85b6 89a29 89b9,15 nervosus 52a18 54b28 ليس عصبى الطباع non est naturaliter nervosus 89a23
انعصر exprimor 51a9 عصر
عصفور passer 44a33
للعضّ mordeo 61b26 62a31 91b24 عضّ (subst.) mordere *62a30; morsus 91b19 ad mordendum 91a32 91b13 وعضّ.. فى اخذ ad accipiendum 96b29
عضد (87a7) عضدان assetum 93a26 93b11 خلقة عضدين creatio assetorum 87b27 وكلّ العضد flexio asseti 87b25 اليد manus minor et manus maior انثناء العضدين بدل العضدين واليدين loco manuum 86a34 46b14
عضو membrum 40b3 44b7 61a24 et passim عضو من هذه الاعضاء membrum 52b18 الاعضاء الذى فى اجساد per aliquod membrum ('partially') 93a21 بعضو من الاعضاء عضو غريب membra 52a28 عضوان duo membra 55b30 85b13 70a13,6,28 الحيوان شىء من الاعضاء membrum extraneum inter duo membra 90a14 فيما بين عضوين كلّ واحد aliquod membrum 41a20 ايّما عضو من الاعضاء quodlibet membrum 68a33 كلّ عضو ذكر quodlibet membrum 41a16 من الاعضاء quaelibet virga virilis 89a23 العضو الاوّل من اعضاء الحيوان totum membrum 90b4 كلّ العضو membrum primum animalis 66a34 العضو الاكرم membrum nobilius 72b21 العضو الاكرم والاجود membrum nobilius et melius 65a22 عضو مسوّد (محتاج اليه باضطرار) membrum principale (73b11) 77a37 81b14,31 العضو الذى فيه القوة الاولى membrum in quo est prima virtus 86b32 العضو الإلهى membrum divinum 86a15,28 عضو خاصّ membrum proprium 93b1 الدم غذاء جميع الاعضاء sanguis est cibus omnium membrorum 52a6 العضو الذى يسمّى صدرا membrum quod dicitur pectus 89a3 93a24-5 العضو stomachus 79b10 80a7 العضو الذى يسمّى عنقا membrum quod dicitur collum 64a13 المعدة العضو الذى بين الرأس والكتفين membrum quod est inter caput et spatulas 91b28 العضو aliud membrum conveniens collo 91b30 عضو آخر ملائم للعنق العضو الذى يسمّى membrum quod dicitur spondyle 54b12 الذى يسمّى فقارا حنجرة membrum quod dicitur trachea 64a16 العضو الذى يسمّى مريئا membrum quod dicitur oesophagus 64a16; oesophagus 74a10 عضو المرىء oesophagus 64a23 العضو الذى منه يدخل الطعام فى البطن membrum per quod intrat cibum ad

ventrem (= oesophagus) 64a21 العضو الذي يسمّى انبوبا membrum quod dicitur canale 79a3 حوصلة العضو الذي يسمّى membrum quod dicitur papum 74b22 العضو الذي يسمّى باليونانية 72b20 membrum quod dicitur paries الذي يسمّى حجابا membrum quod dicitur Graece bositiz 79a8 العضو الذي يسمّى قولون *ميطيس membrum quod dicitur colon 75b18 العضو الذي يسمّى صائما membrum quod dicitur ieiunum 75b33 العضو الذي يسمّى مبعر membrum quod dicitur longaon 75b10 العضو الذي يسمّى اسطرنبوس caudae 90a1 الاعضاء التي تسمّى اذناب membrum quod dicitur astarinoz 85a6 ذلك العضو يسمّى سبيون illud membrum dicitur sepion (σηπίον os sepiae) 54a21 العضو الذي يلائم ويشبه القلب membrum quod assimilatur cordi 47a31 عضو شبيه بحوصلة الطير membrum simile papo avium 79b9 العضو الذي يشبه غطاء membrum quod assimilatur coopertorio 79b27 العضو الذي يشبه اللسان membrum quod assimilatur linguae 61a4 79a33; simile linguae 79b36 العضو الذي يلائم اللسان membrum conveniens linguae 78b10 العضو الذي مثل اللسان membrum quod est in loco linguae 90b29 اللحمى عضو لحمى بدل اللسان membrum carnosum 80a6 membrum carnosum loco linguae 78b8 العضو الذي ملائم للدماغ ... عضو membrum conveniens cerebro 52b24 يلائم القلب membrum quod convenit cordi 78b1 عضو ملائم للقلب membrum conveniens cordi 81b28-9 عضو آخر ملائم للرئة membrum conveniens pulmoni 45b8 العضو الملائم للصدر membrum conveniens pectori 92a9 عضو يلائم الصدر pectus 92a9 عضو ملائم لشوك السمك membrum conveniens spinis piscium 54a18-20 العضو الملائم membrum conveniens ossibus 52a3-4 53b35 العضو الذي يلائم العظام عضو ملائم لعضو (الذي هو ملائم) للحم membrum conveniens carni 53b21 56b36 عضو موافق لمدخل الطعام membrum conveniens membro sentienti 81b14 الحواس membrum conveniens introitui cibi 86a12 عضو واحد موافق لعمل واحد عضو الذكورة الموافق للجماع والسفاد membrum conveniens uni operationi 83a20 membrum marium conveniens coitui 89a21-2 عضو واحد فى عملين unum membrum in duabus operationibus 83a24 عضوان فى عملين duo membra in duabus operationibus 83a23 العضو الذي به يقرب الطعام membrum per quod adducit cibum ad os 58b35 العضو الذي يقبل الطعام membrum quod recipit cibum 81b34 العضو القبول للطعام membrum recipiens cibum 74b19 83b24 العضو الذي بين الاسنان membrum quod est inter dentes 79b6 العضو الذي على اصل اللسان epiglottis 65a7; membrum quod est super radicem linguae 64b22 العضو الذي فوق اصل اللسان membrum quod est super radicem linguae 64b26, 32 65a1 العضو الذي له مخرج المركب مع اللسان membrum compositum cum lingua 83a1 العضو الذي منه تخرج الفضلة membrum ex quo exit superfluitas 89b29 الاعضاء التي (والمنى) membrum a quo exit superfluitas (et sperma) 79b37 81b35 الاعضاء التي تشبهها تتّفق بالعدّة membra quae conveniunt in numero 73b14 membra consimilia 55b1 الاعضاء التي هى مثل هذه membra sibi similia 45a30 الاعضاء (التي) اجزاؤها تشبه بعضها بعضا membra quae habent partes consimiles 46b6 47a1; membra consimilia 46b19,31 47a15 47b9 53b19 (→ اشبه التي الاعضاء)

# INDEX ARABO-LATINUS 527

اجزاؤها لا تشبه بعضها بعضا membra dissimilia 46b31; membra organica 46b 12,22,34-5 47a2,24 *47b22 55b18 الاعضاء التى هى آلة membra organica 46b26 الطائر الذى يشبه بعضه بعضا من قبل الاعضاء aves quae assimilantur ad invicem in membris 92b7 الاعضاء ... الطباعية aes اعضاء membra ... naturalia 56a11 الاعضاء المبسوطة المميّزة المحدودة membra distincta determinata 78a22 membra simplicia 47a1,14,29 اعضاء الجوف membra interiora 46b32 47b1,8 *55a1 65a28-33 65b5,32 67a33 67b3,7 68b31 69b13,8 71b23 72a2 73a32 73b2,4,12 76b5-8 78a31 *84b32 حال اعضاء الجوف *معاء حال dispositio membrorum interiorum 84b6 خلقة اعضاء الجوف (*اعضاء) الاجواف dispositio intestinorum 76a22 creatio membrorum interiorum 70a8 طباع اعضاء الجوف natura membrorum interiorum 78a29 الاعضاء التى فى الجوف membra intrinseca 65b4 الاعضاء التى فى خارج الجسد membra extrinseca 82a31 الاعضاء التى هى خارجة من جسد الانسان membra extrinseca in corpore hominis 56a9-10 (اجساد الاعضاء التى تكون فى ظاهر الجسد) الاعضاء التى فى (الحيوان) membra exteriora 95b3; membra extrinseca 65b2 84b7 الاعضاء العليا باطن وظاهر اجسادها membra interiora et exteriora 85b28-9 92b1-2 الاعضاء التى فى اعلى الجسد membra superiora 47b34 56a12 72b22-3 membra superiora 48a11 اعضاء سفلية الاعضاء التى فوق membra superiora 83b21 الاعضاء التى فى اسفل العضو الاسفل membrum inferius 72b23 membra inferiora 47b34 48a11 الاعضاء التى فى الناحية السفلى الجسد membra inferiora الاعضاء التى تحت الحجاب quae sunt inferius 72b22 membra quae sunt sub pariete 70a8 الاعضاء التى فى مقدّم الجسد اعضاء membra anteriora corporis 85a3 الاعضاء التى فى مؤخّر membra quae sunt in posteriori corporis 83a19 مؤخر الجسد اعضاء (التى فى) الرأس membra posteriora et anteriora 84b30-1 ومقدّم الجسد الاعضاء التى فى ناحية رؤوسها وظهورها membra capitis 62b17 64a12 membra quae sunt in parte capitis et dorsi 84a18-9 الاعضاء التى تلى الرأس وما يلى *العنق والحلق membra quae vicinantur capitibus et collo 85b32-4 الاعضاء فيما بين ما يلى البطن من الاعضاء membra inter alas et crura 93b21 الجناحين والساقين membra ventris 78b27 عضوان تشبهان البطون duo membra similia ventribus *الحسّية الاعضاء membra sensibilia اعضاء الاطفال membra puerorum 65b7 78b30 الاعضاء من خارج من الاعضاء المحرّكة in membris extrinsecis mobilibus 84b33 52b3 الدمية membra sanguinea 56b25 66a16 الاعضاء اليابسة membra sicca dura الاعضاء الاعضاء التى توافق الطعام membra convenientia cibo 82a9 47b15-6 الاعضاء التى توافقه على نضوج (L) الموافقة للطعم membra convenientia cibo 78b4 الاعضاء الموافقة لخروج الفضلة الطعام membra convenientia digestioni cibi 74a22 الاعضاء الموافقة لخروج الفضلة اليابسة والرطبة membra convenientia exitui superfluitatis siccae et humidae الاعضاء الموافقة للولاد membra convenientia generationi 78a23 89a4 الاعضاء التى يستعمل الموافقة للمعونة والقوة membra convenientia vigori 61b29 الاعضاء التى يحتاج اليها باضطرار الحيوان membra quibus utuntur animalia 84a29 membra quibus necessario indigetur 61b34 77b5 الاعضاء القوية membra fortiora اعضاء تامّة membra perfecta 95b17 بقية الاعضاء membra residua 46a1 94a23-4

اعضاء membra residua 85b30-1 الاعضاء التي بقيت بعد تصنيف الاعضاء التي وصفناها طباع الجسد membra corporis 74a4 حال الاعضاء dispositio membrorum 97b27 تقويم الاعضاء sustentatio membrorum 68a9 الاعضاء natura membrorum 72a24 صورة الاعضاء formae membrorum 92b9 اشكل الاعضاء figurae membrorum 89a20 صفة الاعضاء narratio membrorum 80b36 شبه الاعضاء similitudo membrorum 74b16

عطش sitit multum 71a2 لا تعطش يعطش عطشا شديدا non sitiunt 69a34

عطف debemus reverti ad dicendum 82a31 ينبغى لنا ان نعطف ايضا ونعود الى ذكر

عظم magnus ما عظم من quamvis sint magnae 44b35 وإن عظمت cresco 86b13(25) عظيم magnus 45a9 55a9,10,21 57a28 66b26 67a18,30 69a8 85a30 68a28,31 97a27 86a15 97b25 عظيم جدًا valde magnus 86b12 90a27 عظيم الجثة magnus 55a21; magni corporis 63b25,30 66b21,31 69a8 76a1 97a16 العرق العظيم vena magna 67b9,15 68a1 etc.; vena maior 52b29 اعظم maior 69b30 71a18 84a25,7-8 85a18; nobilior 65a23 الحيوان الاعظم الجثة animal maioris corporis 79b4 اعظم من magis quam 41a30 الاعظم nobilior quam 40b28 اشرف واعظم شأنا من maius (subst.) 87a14-5 عظم os (gen. ossis) 40b19 42a20 45a29 46a22 46b25 47b16,23 51b24,37 52a12 53a34,7 53b31,3 et passim طباع العظام natura ossium 54a32 (55a14) 91a19 ابتداء العظام principium ossium 54b11 شبيه بالعظم quasi de natura ossium 59b10 العضو الذى يلائم العظام membrum conveniens pars ossium 63b29 جزء العظام ossibus 52a3-4 53b35 عظام اليدين والرجلين ossa manuum et pedum 54b17 عظام شوك مكان العظام ossa et spinae animalium 52a22 وشوك الحيوان spinae loco ossium 52a14 العظم في الانسان os hominis 44b12 عظام الذكورة اصلب واقوى من عظام الاناث ossa masculorum sunt fortiora ossibus feminarum 55a12-3 عظام الاسد ossa leonis 52a1 55a14 عظام الحيّات ossa serpentum 55a20 عظام الطائر ossa avium 55a18-9 يكون فى الحيوان العظم الذى يسمّى يافوخ os quod dicitur sinciput 53a34 الذى ليس له عظام sunt in animali ossa naturaliter 52a3 طباع العظام carens ossibus 52a13 عظم magnitudo 44b13 59a7 63a4,10 64a10 65a35 66b34 67a11 68b1 69a16 74a5,22 75b3-4,16 79a34 83a18 83b29 94a27 97b23-4 اعظام (plur.) magnitudo 69b2-3 79b37 على خلاف عظم ... عظم magnitudo ... est econtra magnitudini 90a31-2 لـ ... عظم وسط العظم mediocris 67a16 habet magnitudinem له عظم الجثة habens magnum corpus 90a6 يزداد عظما augmentatur 86b11 66b32 عظم خراطيم (الفيل) magna virtus 58b34 قوة شديدة وعظم فاضل additamenta longa من اجل لكرمها وعظم شأنها propter magnitudinem nobilitatis earum 44b33 59a12 ان عظم جثتها كثير وثقل اجسادهما propter ponderositatem et gravedinem sui corporis 59a26-7 بقدر قياس عظم الجثث respectu corporis 55a7-8 بقدر قياس عظمه corporis 59a26-7 الى عظم سائر respectu corporis 90a28

عفن putrefio 54b10

عقد virtus coagulativa pinguedinis 72a25 تقويم تعقّد الشحم تعقّد رباط وعقد ligamentum 43b18

عقرب scorpio 83a11 حمة العقارب aculeus scorpionum 83a10

معقف عقف curvus 94a17,20; incurvatus 62a14 62b1,3 63a14 93a11-2; uncus 57b25 93a6 94a1,4,8,16 94b25

عقل intellectus 41a36 41b1,8 50b19 72b11 (= diaphragm) 72b30-3 73a6 86a29,31 86b25; operatio (= عمل pro intellectus) 40b8 يسمّى الحجاب عقلا dicitur paries intellectum 72b30-1 ليس للحجاب شركة عقل paries non habet intellectum 72b31 ذهاب عقل amissio intellectus 53b5 اوفق لذى العقل convenientior intellectui 48a4 فى طباعها اعقل من اعقل est minoris intellectus quam 86b23 اقلّ عقلا من habent maius intelligentiae 48a7 اعقل واحكم من maioris intellectus et ingenii 87a8; pluris intellectus 87a9 المعقول الاشياء المعقولة res intellectae 41a36 المعقول intellectum 41b2

*عقوسين hakocin 83b27 84a14,7

*عكن GL Kruk → عكر

عكن عكنة عكن البطن* (Bad.) no Latin equivalent 77b19

علة causa 39b11 41a8 41b31 42b4 45a10 47b20 48b4 et passim; quare ... est quia 73a7 يكون علة est causa (c. gen.) 71a32 ... لـ علّتين habet duas causas 42a2 ادّينا لانه reddidimus causam illius 63b21 علل ادّينا reddidimus causas 64a12 72b9 علته sui يكون ... quia ... exposita est magno nocumento 64b21 عللها علة ذلك causa illius (istius) 85b13 91a14 94b12 96b1,16; quare 73a31 علة ذلك كلّه causa omnium istorum 89b10 ان علة ذلك causa illius est quia 62a8-9; causa illius est quoniam 95a3 علة ذلك من قبل ان (و) causa illius est quoniam 56b35 69b27 88b25 91b6 95a24; causa illius est quia 89a9 90b21-2 91a24-5 97b23; causa in hoc est quoniam 80b5; causa huius est quia 68a25-6; quia 83b5 96b4; quoniam 72b24 88b16 91a32 92a11 94a14 من ... اعنى ذلك وعلة وعلة ذلك ... علة ذلك فان quoniam 72a30 علة ذلك causa illius est quoniam 69b18 قبل ان لاىّ quoniam 62b31 74a6 90b25-6 لكى ذلك علة causa illius est ut 57a31 لان علة propter quam causam 53b15; propter quid 40a9 49a34 73b13; qua de causa 65b11 78a5 79a23; quare 67b20 علة ولاىّ ... لاىّ علة causa propter quam ... et propter quid 67b13 لاىّ علة كلّ واحد منها causa cuiuslibet illorum 55b19 لذلك العلة propter hoc 87a7 لعلّة مثل هذه ex tali causa 41b17 واجبة لعلة propter causam necessitatis 60b16 يقول لماذا فياتى بالعلل dare causas (de eis) 39b10 (→ ادّى (39b18 من اقدم هى التى العلة causa anterior 41b32 العلة التى من اجلها causa 56a18; causa propter quam 59b14 64a3 73a32 78a36 87a2-3 95a14-5 96a10-1 97a22 97b27; propter quid 77b11; quod 81a1 العلل التى من اجلها صارت causae illorum 78a22 والعلة التى من اجلها ... العلة التى من اجلها causa propter quam ... et propter quam 47b8 لان ... العلة التى من اجلها causa illius est quia 84a33-4 من قبل ان ... العلة التى من اجلها causa propter quam ... est quia 68a5 97a26-7 اجل ان ... تكون علة ... و ... تكون علة propter ... erit ... et propter ... erit 75b25-6 لهذه العلة propter hanc (istam) causam 50a6 94b6; propter hoc 51a2 51b8 52b22 57a31 57b7 60b33 62a1 et passim فـ ... ولهذه العلة quia ... 63a21-2 من اجل هذه propter hoc 50b24 لهذه الحال والعلة propter hoc 60a2 لهذه العلل من اجل

العلّة ideo 52b19,33; propter hoc 48a5 50a36 50b30 51a25,30 56b6,20 62a12 *et passim* من اجل هذه العلّة 74b17-8 propter eandem causam من اجل هذه العلّة بعينها لحال هذه العلّة 80b27 propter eandem causam التى هى فهى ad hoc 55b10; propter istam causam 75a4 لحال العلّة التى ذكرنا propter hoc quod diximus 69a12 70b18 لحال هذه العلّة التى 82b21 لحال العلل التى ذكرنا propter causas quas diximus وصفنا propter hoc quod diximus 75a18 للعلّة التى هى فهى propter eandem causam لحال العلّة التى هى 78b32 لهذه العلّة التى هى فهى propter eandem causam 53b1 propter eandem causam 51b13 78b12 90b18 فهى العلّة التى من اجلها causa finalis 39b12; causa propter quam 66b11 92b20; causa quare 65a6 90b14 العلل اوّلها يكون العلّة الاولى التى منها يقال ان الذى يكون من اجل هذا الشىء causae primae 39b13 causa prima quae dicitur quod est propter quam 39b14 العلل المشتركة والخاصّة العلّة التى هى مثل هذه واىّ علّة هى ومثل ماذا 46a2-3 causae communes et propriae quae causa est talis causa 40b6 (→ اجل, نوع)

continuus cum 88b34-5 معلّق معلّق على معلّق ملتئم ب 93a26 pendet super معلّق متعلّق ب متعلّق pendet ab 76b17 يوجد متعلّقا ب 80a10 pendo ex

علم ليس يعلم non cognosco 60a36; scio 39b23 48b11; (*pass.*) est cognitus 55b20 فليعلم ذلك من sciet hoc ex من لا يعلمون لماذا nesciunt quare 56a25 فليعلم ذلك من كتبنا legat libros nostros ... et utatur 74b16 ومن فليعلم ان (... يظنّ ...) putet ergo 45a27 80a1 اذ علمنا ان postquam scivimus quod 66a16 قد اذ قد علمنا ان iam scivimus quod 45b14 46a24; nos bene scimus quod 95a2 علمنا ان debemus scire (quod) 46 ينبغى ان نعلم (لنا) (ان) *no Latin equivalent* 66a32 ان a12 46b15 54b11 61b27 63b12 66b25 76b25 سيعلم sciet 44a6 علما نعلمها sunt scitae nobis 45a1 وعلم عرف cognoscere 45a28 عالم ب sapiens 39a10 علّم doceo (*pro* علم scio) 41a21 وكيف ينبغى ان يعلّمه الذى يريد ان يستعمله على الصواب et quae divisio sit redarguenda 44b18-9 تعلّم (من) addisco (ab) 60b1 علم comprehensio 44b34-5; scientia 39a9,11 41a36 44b29,32; scire 39a3 50a31 من علمه ex eius scientia 41b1 الذى يطلب علمه العلوم التى تستعمل الرأى quaesitus 39a3 scientias quae utuntur intellectu 40a2 العلم الطباعى scientia naturalis 41b1 صاحب العلم الطباعى naturalis (sc. philosophus) 39b8 41a7,10,21 42a27; naturalis philosophus 41a33, 5(*inv.*) اصحاب العلم التعليمى mathematici 39b7 صاحب علم musicus 49a4 (cf. *GA* 724a26) اصحاب علم النجوم astrologi 39b7 فى علم الفلسفة in philosophia 42a6 فى علم المهنة artificialiter 40a32 علامة signum 69b29 70b12 96a15 اربعة يحرّك باربع علامات movebitur per quattuor signa اربع علامات quattuor puncta 96a13 93b14 ليس يتحرّك باكثر من اربع علامات non movetur plus quattuor signis 93b7-8 69b4 signum (c. gen.) علامة دليلة على ذلك significatio super hoc est 80a31 عالم 67b1 العلامة الدليلة على ان ... من قبل ان significatio super hoc est quoniam كينونة العالم *no* (τὸν ἅπαντα αἰῶνα) فى جميع العالم 40b11 generatio mundi *Latin equivalent* 44b23 → علم 39b7

superior 47b34 اعلى 91b16 (يغلق) (= quae claudit) (= quae est super) علا يعلو الذى altior اعلى من *et passim* 50a13 51a30,3 51b31 56a12 57a29 57b14 59b25 60b28-9

فى اعلى (c. abl.) 71b28 الاعلى superius 67b34 الكلّ الاعلى totum superius 56a12 ad الى الناحية العليا superior 48a11 الى المكان الاعلى ad superius 53a5 الجسد superius 71b34 فى الناحية العليا من superius 75a15 فى الناحية العليا in superiori (c. gen.) 57a13 (→ جزء, شفر, فلّ, ناحية etc.) عال (70a9) عال a locis altissimis 57b25 على de 55b25; in 63a35 63b9; secundum 39a8,14 39b30 40a32 40b11 56a11 et passim; super 39a5 56b10 58b17,21 et passim; est super 47b1 57 a34 على مثل هذه الحال secundum hanc dispositionem 46a29 47b7,35; secundum hunc modum 51b35 similiter 46a28 46b5 عليه ei 63b4 ذلك وعلى et secundum hoc 44a16 81a10 على ما secundum quod 40a11 (قضا على iudicare super → قضا etc.) → لقى 49b32

مشترك عامّ عمّ universalis (41a22) 44b3 عامّ مشترك communis 43a8-9 com- munis generalis 39a19; communis 62a20 بقول عامّ generaliter 84b16 92a20 97 b25; universaliter 40a36 43b5 44b15 47b35 61b26 66a12 66b3 69b18 بقول عامّ مشترك generaliter et communiter 39b6

قلّة العمر paucitas طول العمر وكثرة الحياة longitudo vitae 77a32 عمر vita 56a16 طويل العمر no Latin equivalent 77a34 vitae 77a37

عميق عمق concavus 54b18,20; profundus 41a12 عمق profunditas 40b13 71b4,13, 5,22; profundum 71b16 من الى ناحية عمق الجسد ad profundum corporis 83b34-5 العمق ex profundo 93a19

لا يعمل عمل do 94b13; facio 45a12 85b5 عمل ب 63b33 عمل فى facio in 84a29 عمله non faceret opus 53b3-4 لم يعمل العمل الذى يعمل non faceret opus لم يكن يعمل العمل الذى يعمل ب 57a6 non faceret opus quod ... facit cum proprium 57a6 عُمِلَ fuit factus 54b4 لا يقوى ان يعمل عمله non potest facere suum opus 41a1 استعمل facio 50a22; utor 40a2 46a2 54a35 59a8,21,9 62a19 74b4 77a15 45b18 77b30 79a10,29 81a9 81b5 84a8,29,35 85a21 87a19 87b31 استعمل فى utor in 83a 22-6 88a23 استعمل لـ utor ad 90a1; utor in 87b30-1 استعمل كما utor sicut 58b35 استعمل لحال ... ولـ 89a5-6 ولـ ... استعمل لـ utitur in ... et ولحال 87b31 61a26-7 ... utitur propter ... et ad 71b1 استعمل بدل utitur loco 94b21 استعمل مثل utitur loco 59a23 96a18,32 استعمل مكان utitur loco 59a2 كانوا يستعملون usi sunt 40a11 لكى يستعمل فى العملين (44b18-9) ut utatur ea in duabus operationibus 60a18 معمول factus completus معمول مفروغ منه figuratus 41a1 معمول operans 45a12 عامل 50a20 المعمول a quo fit 41a31; operatum 45a12 معمول اعنى مصنوع figuratus معمول بمنع indigestus 74b25 ليس بمطبوخ ولا معمول qui prohibet 58b18 40b36 يكون بمهنة معمول imaginatus 40b34 معمول من factus ab 50a21; factus ex 41a6 من معمولا erit ex 42a11 عَمِل operatio 39a4,8 39b20 40a31 45a24 45b20 47b25 اعمال وافعال 48a16 48b12 et passim; opus 41a1 53b4 54b4 57b33 66b15 74b19 operatio 83b7 عملان duae operationes 91b24 مكان العمل الذى يكون ب ut faciat اعمال حال الطباع opus loco operationis 74b22-3 عمل الطباع opus naturae 63b27 operatio naturae 60a10 لا ... عملا من عمل الطباع non ... ulla operatio ex ope- rationibus naturae 58b23-4 العمل الطباعى operatio naturalis 56a21 يعمل اعماله

ليعمل العمل الذى يشبه عمل ... 87a29 ad faciendum opus facit suas operationes
عمل الاصنام وافراغها operatio 39b9 46b12 55b20 (inv.) عمل وفعل 61a29 quod facit
هو من عمل ... operationes animae 52b10,2 اعمال النفس operatio imaginum 45a13
حاجة (84a1) 87a12 75b5 75a18 74b9 65b2,4 50a8 usus استعمال 41a21 debet ان
موافق لاستعماله بالحركة 50a9 usus استعمال وخدمة 59a34 usus ... استعمال conveniens motui 95b22-3 ... احتاج الى استعمال 59a8 indiget uti قوى على الاستعمال
صار يستعمل الخرطوم مكان ذلك الاستعمال 87b9 87a21 uti potest dedit ei usum in
additamento loco illius 59a34 لاستعمال ad utendum 66b1,7; ad usum 83a1 لحال
ad molendum 55b9 لحال ... طحن واستعمال 61a3 ad usum (c. gen.) استعماله
المعاء الذى يسمّى اعمى اعمى عمى intestinum quod dicitur *caecum (centum codd.)
جزء المعاء الذى يسمّى اعمى pars intestini quod orbum dicitur 75b7 76a5

- خارج ناتىء عن ab 65a9 73a14 83a32; de 39a22 68b30; ex 40a2; propter 60a7 عن الجسد extra (corpus) 83a8
- عند apud 40a11 51a3 53a19 58b20 64a33 64b26 et passim; apud locum (c. gen.) عند اوّل خلقته 82b35 عندى apud me 73a23 عند الطيران in volando 94b28 in initio suae creationis 66a20 عند آخر apud finem 93b1; in fine 74a10
- عنز caper (L, معزى G) 74b8; capra 88b25
- عنق collum 62b19 64a13-4,6,19,22 65a27 *85b34 86a2-4,11 91b28 92b19-24 93a6, 8,22 94b26-7 ما يلى العنق quod vicinatur collo 97b19 ... اعناق لـ habent collum 91b26 ليس له عنق non habet collum 91b29 عضو آخر ملائم للعنق aliud membrum conveniens collo 91b30 طول العنق longitudo colli 93a18-9 ثقل العنق وثقل pondus capitis 59b8-9 الرأس
- اعنى عنى scilicet 39a15 46a32 53b24 57b16 et passim; scilicet quia 68b26; scilicet quod 85a33; often untranslated 66b1,3,21 72a30 اعنى اذا ... اذا القى ذلك quando accidit eis quod 72a28 اعنى ان quoniam 40a34 55b6; scilicet 44a5 69a10; scilicet quod 39b2, 8 40a13 61b11, 28 62b14 et passim; scilicet quoniam 49b10; scilicet quia 73b15 87a7 92a5; scilicet ut 79a26 لان اعنى scilicet quia 63b24 89b11; quia 68b7 81b29 بقولى اعنى scilicet 44a13 اعنى وانّما et dicere ... est 43b30; scilicet معنى intentio 56a8 مثل اعنى ut 61b31 عناء بلا تعب وبغير عناء sine labore 89b17 اىّ معنى من معانى الاضطرار unus modus modorum necessitatis 42a4 60a36
- اعوجاج عوج curvitas 43a33
- ينبغى لنا ان نعطف ايضا ونعود الى ذكر عاد debemus reverti ad dicendum 82a31 (85b29)
- بنوع الاستعارة transumptive 62b25 باستعارة الاسم استعارة استعار عور modo transumptivo 39b24
- (لزمه العويص) dubitabit utrum ... aut 41a33-4 عويص gravitas 44b31 فى هذا الامر عويص in hoc est dubium 44a28
- عام nato 39b2 84a3,18 85b15 94b15 95b20 96a7,9 يعوم ب natat cum 96a27; natat per 96a27 لا يمتنع من ان يعوم non prohibetur aves natantes 94b2 الطير الذى يعوم a natatione 96a22

هو لتعينها اعان *no Latin equivalent* 61a28 قوة معينة معين virtus adiuvans 52a31 عون *no Latin equivalent* 62a5 استعان بها يستعين ... دافعا عنه لـ يكون معين adiuvat 67a35 معين على adducet 51b1 معونة utuntur ipsis 85b11 iuvamentum 53b37 58a21 62a35 62b27 63a2, 6, 9, 15, 7 79a11 94a12 معونة وقوة vigor 61b29 62a26 62b32 قوة ومعونة vigor et iuvamentum 87a31 معونة على طبخ possunt decoquere 70a20 لحال معونة propter iuvamentum 75a10 لحال المعونة ad iuvandum 58b6; propter iuvamentum 82b33 84a31 لحال المعونة ودفع المكروه ad iuvamentum 58b 14 لحال السلامة والمعونة ad salvandum et iuvamentum 79a30; propter salutem فى مواضع عانة للتقوية والمنفعة والمعونة ad vigorandum et iuvandum 55b5 79a1 العانة in pectine 58a27

عاش vivo 55b33 65b26 81a16,20 82a5 حياة يعيش وله vivit et habet vitam 81a27 يعيش حينا طويلا vivit longo tempore 73a30 يعيش حينا كثيرا vivit longo tempore 96a19 عاش من vivo ex 55a12 62b9 عيش يقوى على العيش potest vivere 82b30 معاش vita 56a6, 8 94a7 94b13 حينا كثيرا ... يقوى على المعاش potest vivere longo tempore 96b21 تدبير المعاش regimen vitae 65b4 82b13 91a26; vita 93a15 اصناف الحياة وتدبير المعاش modi et regimen vitae eius 60b32 معاشه وتدبير حياته regimen vitae 93a11 ومعاش السمك تدبير regimen vitae piscium 60b33

عاين عين considero 50a31 77a34; video 39a13 (88a1) بقدر ما عاينّا secundum quod vidimus 66b18 هو بيّن لكلّ من عاينه plures videntes 61a1 كثير ممن يعاينه manifestum est visui 64b12 ذلك بيّن ظاهر لنا لانّا نعاين hoc manifestum est visui 88a1 ظاهر للمعاينة معاينة manifestum est visui 52b4 عين fons 66a8 68a15; oculus 45b36 46b13 48a17 56b32 57b30 58a9 84b9 عينان وهى آلة البصر oculos *(qui sunt instrumenta)* visus 91a12 العين اليمنى والعين اليسرى oculus dexter et oculus sinister 57a3 جاس العين duri oculi 48a17 83a27 رطب العين humidi oculi 58a3 ليّن العين mollis (oculi) 48a18 بصر العين visus 57a31 جساوة عينيه durities oculi 57b36 تستر حدقة العين pupilla oculi 53b25; pupilla 57a34 طباع العين natura oculi 57a31 عينيه cooperientes oculos 58a12; per quas cooperiunt oculos 58a11 يغلق عينيه claudunt oculos 91a21 ليس يغلق عينيه non claudit oculos 91a22 اشفار العين palpebrae 58b17 شعر اشفار العين cilia 58b14, 5, 21, 3 ليس لعينه اشفار non habent palpebras 48a18 (→ اغلق) بعينه ipse 56b21; suus 57a1 الامر بعينه ipsa res 42a28 ذلك بيّن من قبل المعاينة (80a2) معاينة eadem principia 48a24 اوائل باعيانها hoc est manifestum visui 56a31 هو يظهر بالمعاينة manifestum est visui 83a29 ظاهر للمعاينة manifestus visui 69b32 معاينة الشقّ Anatomia 96b14

غثيان غثى غثيان والقىء vomitus 64b13
غذى (*or* غذّى → Kruk, *Introd.* p. 28) غذى ب cibor 50a3,10,36 68a7 81b2 غذى cibor ex 50a36; cibor per 50a35 ab من غذى cibor ab 50a3; cibor ex 52a22 غذاء cibus 40 b14 47b7, 26 50a19 52a5, 21 55b27, 32, 4 59b10 64a2 *et passim* صيد وغذاء cibus 57b26 غذاء الطعام cibus 50a8,32 غذاء وطعم cibus 74b2 93a19 طعام وغذاء cibus الغذاء 82a21 قليل الغذاء pauci cibi 88b3 الغذاء الذى ياخذ من طعمه 78a14

غناء دمى cibus sanguineus الیابس والرطب cibus siccus et humidus 47b28 71a3-4 الدم cibus est materia 51a14 الغذاء هيولى cibus ultimus 78a7 الغذاء الآخر 77b26 الدم غذاء جميع الاعضاء sanguis est cibus ultimus 50a34 51a14-5 الغذاء الاخير sanguis est cibus omnium membrorum 52a6 دم الجنين غذاء cibus embryonis est sanguis 51b23 غذاء الشجر cibus fetus 88a24-5 الغذاء الذى يغذى به المولود cibus arborum 78a11 حركة الغذاء motus cibi 88b29 بخار الغذاء vapor cibi 52b36 لحال البخار الذى يصعد الى فوق من الغذاء propter vaporem cibi qui ascendit a stomacho 72b17-8 *تورّم غذاء الطعام introductio cibi 89a1 مدخل غذائه introitus cibi 60b30 كثرة (وافراط) الغذاء multitudo cibi 68 superfluitates cibi 53b10-1 فضول الغذاء الاقاويل التى وضعنا على الولاد والغذاء sermo de cibo et generatione (inv.) 74a20 b13-4 71b4

مناقر غراب غريب غرب accidentalis 48b36; extraneus 90a14; peregrinus 45a18 الغربان rostrum corvi 62b7

غرنوق grus 44a33

غزال caper montanus 63b26 قرون الغزلان cornua hinnulorum 63a11

اطراف الاغصان غصن extremitates ramorum 87a1-2

فى اوقات الغضب ira 83a7; iracundia 50b35 عند غضبه apud iracundiam 51a3 in temporibus iracundiae 51a2 أشدّ غضبا iracundior 61b33 غضوب iracundus 50 b34 غضوب جدّا valde iracundus 51a3

غضروف cartilago 53b36 55a23,9,33 89a29 تقويم الغضروف substantia cartilaginosa 55a36 من غضروف ex cartilagine 92a3; cartilaginosus 55a37 96b6 97a8 اجزاء غضروفى partes quarum creatio est cartilaginosa 54b25 خلقتهما من غضروف cartilaginosus 79a23 تقويمه من جسد غضروفى est corpus cartilaginosum 64a36

غطا غطاء coopertorium 64b22 غطاء وسترة coopertorium 93b18 اغطية coopertoria (opercula) 96b3-5,8 العضو الذى يشبه غطاء membrum quod assimilatur coopertorio 79b27 الغطاء القريب coopertorium propinquum 79b25 اغطية على coopertoria super 79b18 غطاء لا لرجليه non habet ungulas in pedibus 87a25

غفل neglego 64b30

اذا كان غالبا مستوليا على كثرة vincens super 73b22 غالب على غالب غلب quando habuerit dominium super multa 63b27

غلظ وثخن غلظ inspissor 68b10 غليظ grossus 49b30 70a10 87b11,6; spissus 48a3 52b33; grossus et spissus 94b26 اذا كان غليظا in grossitie 51a16 اغلظ magis grossus 50b33 اثخن اغلظ spissior 47b31 غلظ grossitudo 57b9 58a9; spissitudo 68b2 73a28

غلف غلاف لاجنحته غلف suae alae sunt membranales 82b14(17)

اغلق claudo 79b26 83b15 84a22 (ب) يغلق (عينيه) claudit oculum (cum, per) 57a 29,30,6 57b2,5,16,8 91a21 ليس يغلق عينيه non claudit oculos 91a22 claudor 64b26 65a4 90a13 غلق غلق العين clausura oculi (57a37) 57b17 لغلق العين ad claudendum oculum 57b15

غلى غليان ebullitio الماء الذى يغلى aqua ebulliens 48b28,31 49a10 *58b9 ebullio 52b27

## INDEX ARABO-LATINUS 535

غنغروس hunceroz 96a4
غنم ovis 43b6 72a28 72b1 76b36 قرون الغنم cornua ovium 62a3 كلى الغنم renes ovium 71b8 72b2 شحم الغنم pinguedo ovium 72b2
غاص غوّاص غوّاصان illi qui submergunt se in aqua 59a9
غاية finis 41b24 46b8 50a27; terminus 73a33 تمام وغاية complementum 69a12 72a4($L^2G$); finis 58b21 تمام الغاية complementum 75a16 اوّل احدهما شبيه بغاية اليه تكون غايته habent extremitates similes 54b24 الآخر ad ipsum redit 66a1
غار غيّر altero 86a31; muto 50b32 55a18 غيّر تغييرا بيّنا altero alteratione manifesta 72b33; muto mutatione manifesta 73a2 لا يمكن ان يغيّر ذلك النوع non possunt habere alium modum 87a27 ويغيّره ad alterandum ipsum 74a17 تغيّر alteror 53a7 75b32; immutor 51b25 53b7; mutor 51b25; mutor et alteror 72b30 تغيّر وانتقل alteror et mutor 49a28 تغيّر الى mutor in 92a23 فيتغيّر et sic mutabitur 73a6 غير diversus ab 52a27 غير كريم ignobilis 45a27 غير ملتو non involutus 82b24 غير مفصّل non continuus 60b33 غير مولود لا يبلى non generabilis neque corruptibilis 44b23 غير بيّن وغير محدود latens est non manifestus neque determinatus 39a22 غير موافق non est conveniens 77a11 غير مطحون crudus 74b12 غير شيء واحد crudus indigestus 75a20 غير الآخر diversus ab alio 43a11 نضيج quasi infinita 39b26 (منع →) غير ذلك alter الى غير مواضعها extra suum locum 70b10 غيره alius 49a33 53b12 62b25 85b9 غير ذلك مما alia 71a14 وصفناه 39b26 (غيّر) واتّخذ alius 39a10 44a30 45b30-1 46b1 48a24,30 54b31 57b27 et passim بغير ضدّية غيره illud mutare 87a28 غيّر الى غيره mutare in alium 87b1 مكانه غيره sine contrarietate alterius 52b18 اكثر من غيره magis alio 49a9 81a27; plus alio 49b4 احلى من (after compar.): من غيره convenientior 66a15 اكثر ملاءمة له من غيره dulcior aliis 77a23 من غيره ... لـ اوفق convenientior 72a21 غيرها ابرد من غيره frigidior 50b17 هو يفعل مثل هذا الفعل ابين من غيره manifestius facit hoc 83a33 etc.
عاجلا الذى هو اكثر حرارة من غيره calidius 49a35; habet maiorem calorem 68b35 هذا ذلك بنوع مبسوط دون غيره prius 67b16 قبل من غيره citius 48b21 اكثر من غيره est modo simplici 47a16 فى غير كتابنا هذا (3-45a2 قرب →) اقرب من غيره in alio libro 40a2 اكبر فتحا من غيرها ... صارت افواه est apertio oris ... maxima 62a30 مفرد من غيره ... وفى غيره فى الحيوان الدمى in animalibus sanguinosis ... et in animalibus carentibus sanguine 78a9 وغير ذلك مما يشبه هذه et huiusmodi 46a22 ليس ... غير ... لا non (est) ... nisi singularis 39a9 غير ... لا non ... nisi 72b36 88b23 ليس ... لـ ... غير non habet ... nisi ... tantum 52a16 لا شيء غير ... لـ nihil ... nisi 68a25 غير ان sed 81b32 97a7; sed tamen 78b30 بغير sine 40a31,5 43a25 52b18 55a35 55b32 56a14,7 56b19 et passim بغير حركة (= *immobilis) no Latin equivalent 86b10 بلا تعب وبغير عناء sine labore 89b17 بغير مرض يعرض له sine laesione sibi 89a24 من غير sine 73a6 متغيّر متعيّر اللون est alterati coloris 52a18 تغيير alteratio (*50a5) 72b33 76a3; mutatio 73a2 ابتداء التغيير principium alterationis 41b6 تغيير اللون الذى يعرض له illud accidit ei quod mutatur in colore 79a13

الاسفنج اعنى الغيم spongia scilicet nubes 81a11 (= spongia) 81a15 الغيم اعنى nubes غيم غام

ف autem 46b1 48b30; ergo 39a12 39b3 40b31 43a13 46b1 *et passim*; cum 83b7; e-
nim 55a35 62b3; et 52b19; igitur 41a29 48a20 48b2; quapropter 91b8; tunc 42b
17 45a20; vero 40b17 51a10 62a21 *et passim* ف ... فاما vero 58b15 ف ... فاما
*autem* 58b20-1 65b8,30 *et passim; often untranslated* 66b22 etc. ف ... فاما اذا si
*autem* ... tunc 70b11 ف ... واما *autem* 60a1 ف ... واما فى ... ف ... اما فى in ...
vero ..., in ... *autem* 54b33-4 سال الماء فدخل فى لانه إن ... ليس ne intret
aqua in 62a11 فإن nam 47b23 48a35; quoniam 39a19 39b24 40a31 62a18 *et passim*; et propter hoc si 39a26 فإنه quoniam si 51b2 فقد iam ergo 49a6 51b17
62b17 *et passim*; quoniam 42b33 الاعضاء التى فى الجوف membra interiora 47a32
ليس فيه non habent 43a3

فى جنس الفأر mus 67a20 فأر in mure 76b31
فأس securis 41a9 42a9
*فاتنى (Kruk) φάτνη (\*praesaepium) no Latin equivalent* 50a19
*فالاينا kalabe* 97a16; *malakie* (= ملاقيا) 69a8
تفتّت conteror 51a35 متفتّت conteribilis 51b36
فتح aperio 62a29 83b15 84a22 انفتح aperior 40b15 64b26 65a4 68b5 90a13
aperire 59b31; apertio 97a4 اكبر فتحا من غيرها ... صارت افواه est apertio oris ...
maxima 62a30 الفتح كبيرة ... افواه orificia ... (sunt) magnae apertionis 62a30
انفتاح apertio 96b34 97a2 ه انفتاغ المرى (G[4] *pro* انتفاغ) apertio oesophagi 91a1
فحص نظر وفحص considerare et perscrutari 39b4
*فاختة (sting-ray) no Latin equivalent* \*95b28 فواخت *no Latin equivalent* 95b9
فخذ فخذان coxae 88a33 88b7-8 89b14,21,31 95a1 فخذان وساقان coxae et crura
89b1,7,9,15,23; crura 89b27

فرح ب فرح delector in 45a12
فرد separo 39a15 فرد singularis 66b33 مساوى فرد العدد aequalis numero impari 80
b3-4 فرد عدّته est impar 80b18,24 من العدد الفرد *no Latin equivalent* 81a2 مفرد
فى كلّ واحد من الاشياء *no Latin equivalent* 41a22 منفرد مفرد distinctus 76b27 مفرد
المفردة in omni singulari 42b36 فقط ... هذا مفرد لـ hoc solum est in 61a6 مفرد
res شىء من الاشياء المفردة بذاتها per se 42b5 44b6 56a3; solus per se 54b2 مفرد
شىء واحد مفرد واحد مفرد *no Latin equivalent* 80a16 singularis per se 43b26,9
بذاته unum solum per se 54a34 مفردا بمزاج ذاته in aliqua complexione per se
52b18 مفرد على حدته solus per se 54a27 (74a18) مفرد من غيره singularis 39a9 مفرد
singulare 42b26 منفرد الطير المنفرد avis solitaria 82b6 المفرد الجزئى مفرد
منفرد distinctus 76b27

فرس equus 41b34 74a26 76b26 اذا كان الفرس حدثا cum iuvenis est pullus 86b15
الفرس الانثى equa 88b23

فرط افراط multitudo 68b14 افراط الحرّ والبرد multus calor et multum frigus 80a30
لحال كثرة وافراط الغذاء a forti calore et frigore 58b6-7 من افراط الحرّ والبرد

## INDEX ARABO-LATINUS 537

فى فرط propter multitudinem cibi 68b13 افراط المزاج distemperantia 52a31 52b18 الفرط raro 58b10 88b4

عمل الاصنام وافراغها completus 50a21 55b34 إفراغ مفروغ منه فرغ operatio imaginum 45a13

فرّق (or فرق) distinguo 46a11 (61b9) فرّق وجزّأ divido 42b10,6 بما ... فرّق ما بين كان يمكن ان يفرّق من ... اعنى بين ... و distinxit inter ... et ... scilicet inter ... et فيما بين ... و ... تفرق ... بحدّ بينهما inter ... et ... sunt 61b9 72b20-2 فارق separor ab 49b29,31 81a16 82b19 افترق distinguor 55a35 اذا افترقت quando fuerint separatae 49b16 تفترق فى جميع الجسد separantur per totum corpus 50a30 مفترق distinctus 54a35 54b3,8,10 55a35 65b29; divisus 57a5 69b33; extensus (= ممتدّ) 87b8 مفترق مفصّل كلّ واحد على حدته distinctus et divisus quilibet per se 88a27 مفترق من separatus ab 73a23 مفترقة بعضها من بعض sunt separata ad invicem 72b10 مفترق على صنفين divisus in duo 66b29 مفترق فى اجزاء كثيرة separatur in partes 71a30 مفترق بذاته distinctus per se 54a12 فرْق وفروق تمييز no Latin equivalent 72b15 افتراق divisio 69b25; separare 59b31; separatio 68b29 افتراق الجسد فان لكلّ جسد ناحيتين quoniam corpus dividitur in duo 69b19

فرونى carui 73b31

لفزعه وجزعه timor 50b27 67a17,22 جزع وفزع timeo 79a6(28) 82b26 فزع propter timorem 50b31

فسد corrumpor 67a34 68a28-9 بلى وفسد corrumpor 45a1 هلك وفسد corrumpor 83a 10 قد فسد corrumpebatur 51a18 تفسد حدّته obtunditur 61b22 افسد corrumpo 51b2 سريع البلى فساد corruptio et senectus 51b11 بلى وفساد corruptus 75b35 فاسد والفساد velocis corruptionis 54a14

فسر تفسير وتفسيره بالعربية quod interpretatur 92a20 وتفسيره quod interpretatur 83b17

فشّ (GL²) انفشّ dissolvor 71a20 تفشش dissolutio (*71a32 Kruk) انفشاش dissolutio 73b23

فشا فشا ونمى cresco 42a29

فصّل مفصّل تفصيلا distinguo 48a21 (90b15) مفصّل divisus 58b32 59b3,30 61a1 88a21 مفصّل تفصيلا دون ... اكثر distinctus distinctione maiori ... distinctione minori 79b3 مفترق مفصّل كلّ واحد على حدته distinctus et divisus quilibet per se 88a27 غير مفصّل non est divisus 84b8 90b25 ليس هو مفصّل non divisus 61a2 ليس بمفصّل non continuus (pro non divisus) 60b33 فصل comparatio 44a22; differentia 39b1 فصل واختلاف 42b7-8,15,22-6 43a24 43b34 45b23-5 46a17 47b18,35 et passim مختلف بفصوله diversi 60a7 فصول مختلفة differentiae diversae 47b30 diversus secundum differentias 66b27-8 من فصول الفصول ex differentiis differentiarum 44a1 فصلان duae differentiae 42b5 بفصلين per duas differentias 43b13 الفصل الاخير الفصل الكلّى (جزْأ ←) differentia universalis 42b25-6 differentia ultima 43b35 اواخر الفصول ultimae differentiae 43a22 ليس فصل nulla differentia (est) 43a8 مفصل iunctura 67a9,10 تفصيل divisio 67a9-10 ... مفصّل تفصيلا اكثر

مفصّل تفصيلا دون distinctus distinctione maiori ... distinctione minori 79b3 ليس لصوته تفصيل الا ad dividendum litteras 60a22-3 حروف الكتاب لتفصيل tفصيل يسير جدًا non habet vocem divisam nisi parum 60a31 قوة شديدة وعظم فاضل magna virtus 58b34 nobilis 45a25 فاضل فاضل صالح فاضل فضل superfluitas 42b7 47b27 49a25 (50b31) 53b10,1 56a24; superfluum 73b7 فضل فضول البطن superfluitas humiditatis 70b5 فضل الرطوبة والندى 77a16 super- fluitates ventris 64b16 الموضع الذى منه تخرج الفضول locus exitus superfluitatum 65b24 فضلة superfluitas 40b14 50a22 52a21 55b31 70a31 70b15 et passim; super- fluum 73b24 74a17 75b35 89a9 فضلة تنقية superfluum 77a30 فضلة من الفضول كانت تلك الرطوبة من quasi superfluum 71b23 مثل فضلة (89a13) 52b1 superfluitas فضلة fuerit ille humor superfluus 72b29 فضلة مالحة superfluum salsum 76a34 فضلة البول urina 97a13 فضلة الطعام superfluitas cibi 80a9 فضلة الجسد superflui- tas corporis 70b11 فضلة الدماغ superfluitas cerebri 53a1 فضلة البطن superfluitas a ventre 75a36; superfluitas cibi 75a19 الفضلة التى يلى البطن الفضلة التى تخرج من المعاء الذى يلى البطن superfluitas cibi 75a19 الفضلة التى تكون من البطن والفضلة التى تكون من المثانة superfluitas ventris 79a2 الفضلة التى تجتمع فى المثانة superfluitas ventris et vesicae 70a31-2 superfluitas quae aggregatur in vesica 70b24-5 فضلة الرطوبة superfluitas humidi 68b3-4 70 a22 70b6 71b19 (97a13-4); superfluitas 76a34 خروج فضلة الرطوبة exitus superflui humidi 71b2 الفضلة الرطبة superfluitas humida 89a6; superfluitas 79a15 الفضلة خروج الفضلة اليابسة والرطبة superfluitas valde sicca 75b20 جافة جدًا قد نشف نداها exitus superfluitatis siccae et humidae 89a4 فضلة الماء superfluitas aquae 71a13 خروج superfluitatis locus 55b33 مكان للفضلة superfluitas ignis 49a25 فضلة النار مكان مخرج exitus superfluitatis 80a25 مخرج الفضلة exitus superflui 75b13 الفضلة locus exitus superfluitatis 78b27 مكان خروج الفضلة locus exitus super- fluitatis 93b19 موضع خروج الفضلة locus exitus superfluitatis 79b1-2 80a11 82a14 مزاج الفضلة locus exitus superfluitatis 75b9-10 موضع مخرج الفضلة 84b26 com- plexio superfluitatis 77a27 القى الفضلة eicio superfluitatem 79a26 سالت الفضلة التى فى مثانته mingit 79a27 بنوع الفضلة والباطل الطباع لا يصنع شيئا natura nihil facit otiose 95b19 بالفضلة secundum magis et minus 44a20 بالفضلة والزيادة (بالفضلة التى فيها) وبالاكثر والاقلّ secundum magis et minus 45b24 والنقصان الفضيلة النافعة virtus iuvans 42a30 فضيلة secundum magis et minus 44a17-8 الطباع لا يصنع natura nihil facit superflue 94a15 الطباع لا يصنع شيئا فضلا فضلا شيئا باطلا ولا فضلا natura nihil fecit superflue 61b23-4

فعل (act.) ago 61b4; facio 39b7,8,1-8 40a24 42a20 46a11 et passim; intelligo (= عقل) يفعل مثل هذا الفعل pro facio 41b12; laboro in 89b15 (pass.) est factus 41a14 يفعل مثل هذا الفعل ابين من غيره manifestius facit quod diximus 83a29 الذى ذكرنا اذا امكن ان يستعمل فى ... quando potuerit uti in ... utetur facit hoc 83a33 فعل operatio 43a35 45b17,21-3,28-30 46b16 47a23 et passim (plur.) فعال 83a25-6 عمل وفعل operatio 39b9 46b12 55b20 83b7 فعل operatio 56b6 وتنتقل الى فعل ... تتغير الافعال المشتركة alterantur et mutantur per ignem in actu 49a28-9 النار ope-

فعل من operationes animalium 46b16 افعال الحيوان rationes communes 45b21-2 بالافعال actu 42a1 فعال actus 45b15 (→ *app. ad loc.*) ad disponendum الافعال 67b25 68a31 82a7; in actu 47a8 49b3,11-2 67b23 بالقوة والفعال potentia et actu 67b24-5

افعى الافاعى tiri 76a36 76b3 → Index animalium *s.v.* tirus

من تفقّد ونظر debemus considerare 63b6 ينبغى ان نتفقّد considero 48b12 تفقّد فقد ille qui considerat et intuetur 63b31

فقار spondylia 40a21 52a16 54b13 (97a25) العضو الذى يسمّى فقارا membrum quod dicitur spondyle 54b12 طباع الفقار natura spondylium 55a37 خرز فقار الحيّات ( الذى يكون فى ) الفقار armillae spondylium serpentum 92a2 مخّ medulla spondylium 51b33,5 52a13,7,30 يجوز بجميع الفقار ويتجزّأ فى خرز الفقار transiens per omnia spondylia 51b34

فقط solum 43b36 73a7; solummodo 67a32 89b11; tantum 41a20 43b36 52a14 61b16 *et passim*; tantum et nihil aliud 59a28 فقط ... ـ هذا مغرد ـ فقط hoc solum est in 61a6 لا ... ليس ... الا ... فقط ... انما non ... nisi ... tantum 70a16 فقط ليس ... ( ايضا ) بل فقط ... non solummodo ... sed (etiam) 71a20 88a33-4 88b7 ليس ... فقط بل ( ايضا ) ... non ... tantum sed (etiam) 72b34-6 90a2 94a4; ليس ... فقط ... ( و ) لكن ... ايضا non ... solummodo sed etiam 89b3; non ... tantum sed (etiam) 40a24 46a29-30 لا يذكر ... فقط ... بل non sufficit ... dicere tantum ... sed 45a31-2 ليس ... شيء ... ما خلا فقط nullus ... praeter 62b20 71a26-8

فكّ mandibula 60b28 الفكّ الاعلى mandibula superior 51a30,3 (51b31) 60b28,9 91 b6,15,25 الفكّ الاسفل mandibula inferior 51b31 60b27 61a11 91a28 91b5,16 الاسنان اسنان فى الفكّ الاعلى والفكّ التى فى الفكّ الاعلى dentes mandibulae superioris 64a2 الاسفل dentes in utraque mandibula 51b31-2 63b36 74a24,7,30,2; dentes in mandibula superiori 74b1 اسنان فى الفكّين ( جميعا ) dentes in utraque mandibula 75 a5,24 76b4

فلاطاس (πλάταις) kalatez 84a3

فلس مفلس مفلس الجلد squamosi corii 57b11 الحيوان المفلس الجلد animal squamosae cutis 57a20; animal squamosi corii 71a21; animal squamosi corporis 58a12 تفليس (*G*) قشور وفلوس فلس الذى ليس بمفلس الجلد non squamosae cutis 64b24 cortices aut squamae 91a16 تفليس squamae 70b16 76a30 91a18 92b11; squamositas 79a12 85b4 الذى له تفليس habens squamas 71a12,27

فلسفة in philosophia فى علم الفلسفة philosophia naturalis 53a9 الفلسفة الطباعية فلسفة 42a6 الفلسفة اهل philosophi 42a29 الذين تكلموا بكلام حكمة فى وفلسفة illi qui فلاسفة philosophi 41a36 الفيلسوف فيلسوف locuti fuerunt philosophice de 40b5 رجل من الطباع philosophi naturae 45a10 →

فم orificium 62a11 63b9 78b7 79a33-4 79b8,35 81b8 *et passim*; os (*gen.* oris) 50a9, 15,27 58b35 59b2,21 60a14 *et passim* فم العرق الخشن orificium cannae 64b22,6; canna 64b36 فم هذا العرق orificium cannae 65a4 افواه عروق (κοτυληδόνες) 'suck-

ers') orificia et venas 68b5 خلقة الفم creatio oris 96b24 طباع الفم natura oris فى داخل 74b23,8 operatio oris (بـ) الفم locus oris 60b12,23 مكان الفم 62a15 له فم 61a15 intra os صغير الفم 62a24 parvi oris كبير الفم 62a24 magni oris 62a24 جيّد (كثير) الانفتاح habent orificia bonae (multae) apertionis 96b34 97a2
(= جميع ما يشبه هذا الفنّ 40a9 qui istorum modorum اىّ هذه الفنّون فنّ omnia huiusmodi) no Latin equivalent 45b5 بهذا الفنّ secundum hunc modum 82b29 بقدر هذا الفنّ الذى وصفنا secundum hunc modum 45b31 بمثل هذا الفنّ secundum hunc modum 76a22 بفنّ مشترك modo communi 39a18 بفنّ صواب recte 43b9 بفنّ على مثل هذا الفنّ similiter 41a7 70a34 secundum eundem modum 39b22 واحد فنّ الطباع in modo naturali 39b30
فنى dissolvor ab 53a23 فنى وذهب dissolvor ab 53a25 فنى فى assumptor ad 51a22; فنى وذهب transeo in 88b4 باد وفنى فى transeo in 51b10 52a12 64a2 76a30 89b23 صار الى وفنى فى transeo in 76a35 فنى وصار الى transeo in 51b15 فى قد افنته الطبيعة فى transivit in 55a26 مال الى وفنى فى transeo in 97a9 افنى transeo in 94a10
فهد lynx 88a6
الذى super 56a32 64b26,32; supra 56a33 76a4 86a13,5 96a30; superius 91a29,31 يرتفع الى فوق ad superius 71b33 الى فوق superior 83b21 فوق ascendit sursum ترفع ... الى فوق الماء elevant ... sursum super aquam 59a13 يصعد الى فوق من ascendit ab 72b18 من فوق 52b36 a superiori 91b9; a superiori parte 91b12
فوقى kokaz 97b1; koki 57a22 76b28 91a8 97b2,4
فى de 53a19,20; habeo 46b19-3 60b11; in 40a21 et passim; in ... invenitur 76a6; ponitur in 80a13; per 43a32 50a30 56b25 فى صفاق intromittuntur in tela 73b4 الحرارة cuiuslibet illorum 39b9 العظم فى الانسان os hominis 44b12 كلّ واحد منها فى ... ما 41b19 فينا وفى يلينا in nobis التى فى القلب calor cordis 52b18(27) فى نوع من quidam 64a19 فيه habet 61b10 et passim; habet in se 75a28; ubi 86a14 فيما بين inter 47b2 et passim (دخل فى → دخل) etc.) aliquo modo 61b36 الانواع فيما سلف superius 61b16 et passim
فيل elephas 58b33 63a6 76b27 (89a34) 92b16 الفيل الانثى elephas femina 88b5,15 للفيلة elephantes 59a25 61a27 فيلة in elephante 82b36 خرطوم الفيل additamentum elephantis 59a20 منخر الفيل nasus elephantis 58b35 59a15

ذكورة الحيوان الذى يسمّى karabo 54a2 61a13 79a31,6 83b27,31 84a1-2 قارابو التى تشبه قارابو illa quae assimilantur karabo 84a15 قارابو mares karabo 84a21 قارابو الاصناف التى تشبه قارابو modi similes karabo 84a26
قوبرنى kobri 60b36
انقبض ليقبض الطعام propter cibum (= *receptionem cibi) 74a14 contrahor قبض انقباض constringor 69a17 انقبض واجتمع الى ذاته constringor 89a30) ;60a24) constrictio 54b18,22,34
قبل recipio 47b7 55b34 58a2 66b30 67b16 74b11-3,13 75b18 78b6 81b34 83b22 97a19,30 يقبل الطعام fuerunt ad recipiendum cibum 74a17 قبل ب recipio per 78b

قبل من 13,30 82a20 97a18 قبل ل recipio cum 91b27 قبل مع recipio cum 62a9 قبول accipio ab 82a20; recipio ex 64b16 الذى يقبل recipiens 40b14 (55b30) 66a8 قبول ل recipiens 47a26,8 50a32-3 71a7-8,23 74b19 83b24; est receptibilis (c. gen.) مكان وموضع قبول ل locus ad recipiendum 66a28 مكان قبول ل locus receptionis (c. gen.) قبول recipit قبل ... قبولا اكثر receptio 40b15 64b4 72b24 75b12 recipit ... receptione multa 57a17 للقبول ad recipiendum 66a2 84a19 من قبل ex 56b 27 57b1 64b18 89a30; in 67a11 79b37 84b33 92b7; quoniam 86b26; secundum 77b9 92b4, 8 من قبل آفة وعرض propter occasionem et accidens 49b27 من قبل يكون من قبل الطباع sicut accidit 58b1 العرض الذى يعرض ل generantur natura 41b21 من قبل الطباع naturaliter 46a21 50b27 52a14 57a31 58b28 62b24 et passim; من ذلك بيّن من قبل المعاينة hoc est manifestum visui 56a31 من ex natura 56b27 57b1 قبل ان in 96b23; quod 52a34; quoniam 42a25 46b20 47b18 51a8 56b35 58a4 59b5 et passim; quia 64a5 65a33 65b30 68a5,26 et passim (→ علة) قبْل (adv.) ante (ipsum) 40a24 قبْلَ (prep.) ante 66b1 76a5,9 78b35; *pro (87a21) قبل غيرهما prius 67b16 قبل ان antequam 68a35 قبالة in oppositione (c. gen.) 66b12; in oppositione ad 80b20 قبالته in eius opposito 66a27; in opposito 96b24 يكون قبالة erit وضع ... فى موضع قبالة موضع القلب in opposito cordis 86a7 oppositus ad 42a36 فى موضعه قبالة مكان ponere ... in opposito (c. gen.) 52b20

قتال قاتل ب ... ل pugno cum 88a1 قاتل ب قاتل قتل pugno cum ... cum 63a12 موافق فى القتال الذى conveniens pugnae 62b34 موافق للقتال (ودفع المكروه عنه) لحال القتال (ودفع conveniens ad pugnandum 94a17 يقاتل ويهارش بعضه بعضا موافق لقتال ولقهر conveniens ad pugnandum 62b ad pugnandum 61b25 المكروه) ما يضعف عنه ولا يقوى على قتاله id quod est eo fortior se 63a13 خبيث القتال 29 debilius 63a12

قحف ما يلى قحف عظم الرأس testa capitis 58b4 62b18-9 قحف الرأس قحف quod vicinatur testae capitis 53a37

قحل non tenax 46b22; siccus 55a25

قد iam (c. perf.) 40a2,8 41b8 44a7 44b16 45b14 46a8 et passim; iam ergo 50a1; often untranslated: 46a1 48a30 49a27 63a9 etc. قد فسد corrumpebatur 51a18 قد اذ قد بقى ان نذكر bene 65a8 اصاب modo remanebit dicendum 78a22 قد postquam 45a4 49b5 (66a32) فقد et iam 63b20 et passim; iam ergo 62b17 et passim; quoniam 42b33 وقد et etiam 78a29-30 ولكن قد sed iam 49a33

قدّر ذلك بقدر mensuravit hoc secundum 58a33 بقدر secundum 43a18 43b10 45a6 45b29 51a20 53a9 57a12 59a7 et passim; secundum quod 46b34 بقدر جثّته respectu corporis eius 53a27 بقدر جثته بقدر قياس عظم الجثث respectu sui corporis 65b7 قياس جثته صغير بقدر عظم الاجساد وقياس صغيره الى كبيره parvus respectu magnitudinis corporis 79a34-5 بقدر ما quando 40a7; secundum quod 66b18; talis ... quod 61a22 89a28; tantum quod 77a1; ut 75a6 كذلك ... بقدر ما يقال quantum est ... ita est 67b34-5 بقدر ما tam diu quod 60b21 بقدر هذه الخلقة est talis creationis 85a4 بقدر نقص بقدر هذا الفنّ الذى secundum diminutionem 86b20 وصفنا secundum hunc modum 76a22 بقدر هذا النوع secundum hunc modum 45b29 80b28; sic 72b26 بقدر النوع الذى ذكرنا secundum modum quem diximus 84b32; est sicut diximus 84b22 بقدر القول *no Latin equivalent* 73b16 بقدر قول فانه بقدر القائل fere 89b10 90b33; *no Latin equivalent* 53b9 75b4 77a23 87b21 على قدر الطباع بقدر قول القائل quoniam 52a27 قول القائل من اجل ان quoniam (قاس, قول →) secundum naturam 56a11

تقدّم قدم *no Latin equiv-alent* 51b5 كما قلنا فيما سلف فيما تقدّم من قولنا praecedo 45b30 ينبغى للحيوان ان يتقدّم وييصر ما بين يديه animal debet videre quod est ad anterius 56b30-1 اقدم واجرأ اقدم قدوم magis audax 67a16 قديم القدماء an- tiqui 40a11 40b4 42a24 48a32 85b5 قول القدماء sermo antiquorum 77a30 اقدم anterior 46b2 اقدم من anterior quam 41b31-2 46b1 مقدّم anterior 84b14 *et pas- sim* مقدّم رجليه ، مقاديم رجليه pedes anteriores 59a23,35 83a28 83b2 86a34 *et passim* الرجلان التى فى المقدّم pedes anteriores 88a12,6 88b20 90a16 93b11 95a10 مقاديم الاسنان (dentes) anteriores 61b9-10 79a32; anteriores dentium 61b15 فى مقدّم جزء in anteriori parte *(c. gen.)* 65a14 مقدّم anterius *(subst.)* 65a19 67b33-4 68b23 86b3 95b14-6 مقدّم الجسد anterius 68a2 69b20; anterius corporis 83a17 *et passim* اعضاء مقدّم اجسادها membra anteriora corporis 85a3 مقدّم الرأس anterius capitis 56b7 فى مقدّم ad anterius 95a25 الى المقدّم in anteriori 56b23 65a25 65b19 83a26 95a24 96b25; in anteriori *(c. gen.)* 57a8 65a10 66b3 74b24 78b16 83a4,16 84b8,14 *et passim*; in parte anteriori *(c. gen.)* 86b22; coram 65a20 الذى ما فى مقدّم الجسد illud quod est an- terius 68b27 قدّام ومن قدّام من خلف ad posterius et anterius 84b11

قذى ما يخرج من قناها *no Latin equivalent* 49a25
قرب appropinquor 48b23 قرب بعضها من بعض appropinquantur ad invicem 81a15 adduco ad 58b35 الذى يقرب من prope 84a5 ما قرب من prope 63b15 قرّب الى التى تقارب بعضا appropinquo 42a27 quae appropinquantur ad in- vicem 45b23 يقارب بعضها بعضا بالشبه quidam appropinquant aliis in simili- tudine 95b6 يقارب بعضه بعضا بالمنظر assimilantur ad invicem in aspectu 83b31 قريب من propinquus 79b25 قريب الى propinquus est *(c. dat.)* 72b32 قريب prope 52a32 58b32 59a2 76b20 79a9 81b27 88a33 94b10 96a23,8,31; est propinquus *(c. dat.)* 49a2 57b18 بعضها قرييا من بعض prope 84b9 propinqui ad in- vicem 96a14 قرييا منها جدا fere valde 40a35-6 مقارب *no Latin equivalent* 66a16 مقارب ل propinquus 51a27 اقرب ... من اقرب الى propinquior ... quam 81a10-1 اقرب الى ... من غيره est propinquior ... quam 63a11 ... اكثر من pro- pinquior *(c. dat.)* ... magis aliis 81a27 ـ اقرب الى طباع magis similis *(c. dat.)* 72b25 قرب ... وتربية مع ) قرب appropinquo 45a2-3 اقرب ... ومدان appropinqua- tio ad 44b29 ومناسبته لقربته من ... propter convenientiam quam habet cum 58b11-2 فى قرب prope 59a2-3 79a11

قرح القروح التى تكون فى البطن vulnera quae sunt in ventre 64b18 vulnus 67b5

INDEX ARABO-LATINUS 543

قرد simia 89b31
*قردولو fordaloz 95b25
قرع بقرع اللسان per percussionem linguae 60a6
قرقس corcoz 95a22
قرن cornu 51a32 55b4,7 59a19 61b31 62a1 62b23 63a33 63b35 74a32 84a30 88a33 90a8 القرن الايمن unum cornu 63a22,4,8,28,33 قرنان duo cornua 63a22 قرن واحد cornu dextrum 63a22 القرن الايسر cornu sinistrum 63a22 علة القرون causa cornuum 62b23 نبات القرون origo cornuum 63b20 طباع القرون natura cornuum 63a10 شعوب القرون ramificatio cornuum 63a1,34 63b3,10 64a11 قرون ذكورة البقر cornua vaccarum et taurorum 62a2-3 قرون الجواميس cornua taurorum silvestrium 63a11 قرون الغزلان cornua hinnulorum 63a11 قرون الغنم cornua ovium 62a3 الذى له قرون habens cornua 51a30 63a18 63b26 73b32 74a29 74b1,6 75b2,5 76a14 الذى لا ، ليس له قرون carens cornibus 51a34 76a14 86b18 القى قرونه eicit cornua sua 63b13-4 قرون معقفة بعضها مائل الى بعض cornua incurvata declinantia ad invicem 63a14-5 قرون تقال قرونا باستعارة قرون ضعيفة cornua debilia 62b29 الاسم cornua quae dicuntur cornua transumptive 62b25

قسطروس السمك الذى يسمّى باليونانية قسطروس fastaroz 96a5 piscis qui dicitur Graece taricoz 75a11

قسم divido 43a8 انقسم فى dividor in 43a2 69b23; dividor per 67b20 68a5 من ... فى dividor per ... in 64a27 مقسوم باثنين dividitur in duo 69b24; مقسوم بجزئين divisus in duo 69b30 مقسوم divisus 69b15; divisus in duo 69b13,22

قشر cortex 45b5 91a16 92b12 97a4,7; squama 44a22 الذى له قشور habens cortices 70b2 71a12(5),27

قصب القصبة للصيّادين harundo piscatorum 93a23

قصر brevis 44a20 58b1; curtus 82b22 84a10 85a23 87b11,6,8 92b5,21-4 93a 1,10 94b23 95b11-2; parvus 55a2 58a33; parvus brevis 75a9 قصر brevitas 60b25 (87b21 90b7); curtitas 94b24

قصا اذا طلب استقصاء استقصاء quando quis acquisiverit 42b4

قضى قضاء على iudicare super 39a5 القضاء بين اثنين والمعرفة iudicium inter duo 49a12

قط لم ... قط numquam 73a26

قطع abscindo (act.) 62a12 91b23 (pass.) 55a34 65b26 82a5 (; abscido: → abscisus, abscisio) ما يقطع من الشجر بعد ان يقطع post abscisionem 82b30-1 arbores ... postquam abscinduntur 82b31 بعد ان يقطع ويرمى به عن postquam est separatus ab مقطوع 73a14 لا يقطع الطعام قطعا فيه كفاية non sufficit in abscisione cibi 79a36 قطع وتجزى ء abscisus 73a23 قطع abscindere 75a6; abscisio 73a29-30 75a6 91b20 قطع ... باجزاء صغار (اجزاء صغارا) abscisio ... in partes parvas abscisio 96b33 سريع القطع قطع ... بقطع صغار incisio in partibus parvis 50a11 50a12 62a13 والتجزى ء والجزّ للقطع levis abscisionis 54a30 للقطع ad abscindendum 91b1,19 ad abscindendum 93a17 لحال قطع ad abscindendum 55b9 61b8

قلّ diminuo (pro -or) 86b25; careo (pro diminuor) 68a29 قليل modicus 67a17,24;
parvus 97b24; paucus 44b25 48b12 51a30 51b9,13 52a14 56a1,2 58b1 59b9 *et
passim* صغّر ... قليلا posuit ... parvos 58a33 قليل جدّا valde parvus 72b36; valde
paucus 81a14; parvus 52a1 76a30 قليل يسير *no Latin equivalent* 51b17 لا تستعمل
من السير الا القليل non utuntur ambulatione nisi modicum 84a8 اقلّ minor 64a7
67a2 82a33 97a19; paucior 82b6 86b29 اقلّ ... من minor ... quam 86b23 اقلّ منه
اقلّ شبها ب minor eo multum 86b7 هو اقلّ حسًّا est minoris sensus 48a3 كثيرا
minoris similitudinis (c. gen.) 78b30-1 اقلّ شحما من est minoris pinquedinis quam
اكثر ... est peioris dispositionis 87a24 هو اردأ من تقويم ... واقلّ احكاما 72a23-4
اقلّ maior ... minor 48b18,9 بالاكثر والاقلّ secundum magis et minus 44a17-8
55a33 من قبل زيادة ونقص ... ومن قبل الاكثر والاقلّ secundum magis et minus
92b4 فى الاكثر والاقلّ in maiori et minori 44b15 قلّة paucitas 51b11 68b9,12 69a36
71a13 76a32 77a37 82a22 84a6 92a24 96b16 اهل الجهل وقلّة المعرفة stulti 64b19
انقلب وصار permutavit suum situm 40a22 انقلب الى revertor ad 58a2 قلب انقلب
revertitur super dorsum 96b27 قلب cor 47a31 50b8,28 52b20 53a29 على ظهره
54b11 55a1 56a28 65a10,4,21,34 65b8,33 66a6,20,2 66b18 67a9 67b2 68b27,30
69a14 69b14 70a24,9 72a18 72b6,8,14 73b15 76b12 77b3-4 86a14 العضو الذى يلائم
القلب membrum quod convenit cordi 78b1 عضو ملائم للقلب membrum conveniens cordi 81b28-9 حال القلب dispositio cordis 67b12 خلقة القلب creatio cordis
66a10 ما يلى القلب natura creationis cordis 65b17 طباع خلقة القلب id quod vicinatur cordi 67b11 فى موضع قبالة موضع القلب in opposito cordis 86a7 جسد القلب
corpus cordis 65b34 طرف القلب extremitas cordis 66b1 الناحية الحادّة من القلب
pars acuta cordis 66b12 صفاق القلب tela cordis 73b9 مكان القلب locus cordis
65b30 وضع القلب locus cordis 81b30 الموضع الذى يكون فيه القلب situs cordis 66b11
موضع القلب مكان موافق لكينونته اوّل situs cordis est conveniens ad suum esse
prius 65b18 الاوّل الذى فى القلب principium quod est in corde 65a17 الحرارة التى
اختلاج calor cordis 52b18 53b5 96b17 حرارة القلب calor cordis 67a17 فى القلب
القلب pulsus cordis 69a18-21 قلوب الخنازير corda porcorum 67a11 القلوب الكبار
corda magna 67a19-20 الذى له قلوب كبار habens magnum cor 67a15 القلب
ينقسم فى البطون dividitur cor in ventriculos 69b23
قلع قلع ... جنب eradico 59a1
قمر ضوء القمر lux lunae 80a34 اذا كان امتلاء القمر in plenilunio 80a31 ليالى امتلاء
القمر noctes plenilunii 80a34
قمع قمع ومنع prohibeo 56b5
قنفذ ericius 83b14 جنس القنافذ ericius 79b28,34 80a4,31 80b3,9,17,32 81a2,9 اجناس
القنافذ genera ericiorum 80a15-6 رأس القنفذ caput ericii 80b14 خمسة للقنافذ
اسنان ericius habet quinque dentes 80a5-6
قنا قناة canales aquae 68a14 قنى ومجارى الماء canales aquae 68a14 قنى وتفسيره بالعربية القنى quod interpretatur 'iuvenis' (= صبى) 83b17
قهر ( قهر وشدّة → صيد) موافق لقتال ولقهر conveniens ad pugnandum 62b29

# INDEX ARABO-LATINUS 545

قوخلى kogile 78b23 ‎*قوخلى‎ kogilio 79b5 قخلوس karoloz 79b14
قورسقوس Forcicoz (= Coriscus) 44a25

قال (act.) declaro 52a20; dico 39a14,27 40a7 45a18 52b8 53a9 et passim; dico in 49a28 50a1; loquor 49a33 (pass.) dicor 90b22 ما قلت hoc quod dico 65b21 هم وانما اقول ذلك لانه errant 87a23 يقولون الخطأ illi dicunt quod 76b23 يقولون ان et hoc dico quia 64a19; quoniam 64a14 قال مثل dico de 53b31 الذى يقال حيوان illa quae dicuntur animalia 81a13 يقال له الذى يقال 49a2 qui dicitur dicitur يقال ان ذكر ... اوفق ان يقال melius est ut dicatur 53b14 قال ان dico quod quod 97b1 قد قلنا وبيّنا نقول ان dico quod 65a11 et passim 41b13,5 43b19 44a19 47b15 كما قيل اوّلا ليس هو كما قال non sicut dixit 63a35 diximus et declaravimus 53b9 كما قلنا آنفا sicut diximus 54a27 كما قلنا sicut dicebatur prius 79b30-1 كما قلنا اوّلا sicut diximus superius 48a20 sicut diximus prius 80b6 83b12; sicut diximus superius 79b8 كما قلنا فيما سلف sicut diximus superius 51a9 59b22 61b16 et passim (→ سلف) كنلك نقول ... كمثل ما نقول sicut dicimus ... ita dicimus ولكن قد قلنا ... قولا dico 44b28 قال قولا dixit 47a10 يروم ... ان يقال 87b12-3 sed iam locuti fuimus locutione 49a33 قولا لطيفا ... قد قلنا فى iam locuti sumus de ... subtiliter 53a19 يقول هذا القول dicit hoc 40b32 قال قولا مثل هذا dixit talem sermonem 73a15-6 قال شيئا aliquid dicit (he is right) 48b1 اقول هذا القول dico istud 47b14 يقال باستعارة الاسم dicitur calidum illud quod 48b13-4 يقال حارّ للذى dicitur transumptive 62b25 ويقول (ان) dicendo (quod) 40b26 42a4 44a12 77a17 نحدّ ... ونقول ان nos diffinimus dicendo (+ acc. c. inf.) 53b22-3 قال فى dico in 39b6; loquor de 44a34 يقول لماذا فياتى بالعلل dare causas (de eis) 39b10 يقال احتجّ وقال ان ratio- (فى) dicitur (de) 39b23,5 لا يقال ان non dicitur quod 46a27 cinor ad hoc quoniam (quod) 48a26,30 قاول يقاول ويشاجر غيره opponunt aliis dicens 39a5 يمكن ان يقول قائل انه potest homo dicere quod 59b4 كما 48a24 قائل لا يمكن ان يقول قائل ان non potest يقال قائل ان sicut aliquis dicit quod 49a3-4 aliquis dicere quod 66a25 بقدر قول القائل fere 89b10 90b33; no Latin equivalent 48b8 53b9 60a15 73b16 75b4 77a23 87b21 فانه بقدر قول القائل quoniam (كقولى, قول →) quoniam 52a27 بقدر قول القائل من اجل ان 77a8

قول dicere 46b34 50b11; locutio 49a33; loqui 44b1; sermo 39a5,19 40a8 42b9 43a18 44b20,4 45b11 49b9 56a18 64b19 73a13,6,23 et passim; also untranslated: قولى 64b9 hoc quod dico 63b31 القولان كذب duo sermones sunt falsi 56a19 يتلو قولنا ذكر sequitur dicere سنوضع قولنا فى ذلك nos declarabimus hoc 92a16 والذى يتلو قولنا الذى سلف ذكر sequitur dicere de 61a34 de 52a24 65a28 فى الاقاويل الاوائل in sermone praecedenti 82a3 فيما الاقاويل in sermone 50b10 الاقاويل التى وصفنا فى sermones quos fecimus *in praeterito 85b32 سلف من قولنا de 53a20; sermones quos narravimus de 56a29 فى القول الذى قلنا فى quando locuti fuimus de 97a22 الاقاويل التى وضعنا فى معرفة مناظر الحيوان sermones quos posuimus in aspectu animalium 84b2 الاقاويل التى وصفنا فى صفة الحيوان ومن شقّ الاقاويل التى sermo quem fecimus de animalibus et Anatomia 80a1-2 الاجساد

الاقاويل وصفنا فى حال طباع الحيوان sermones quos fecimus in Anatomia 96b15
الاقاويل التى وصفنا فى صفة الحيوان ومن شقّ الحيوان (L) no Latin equivalent 89a19
الاقاويل التى وصفنا فى sermones positi in generatione 89a19 التى نضع فى الولاد
الاقاويل الموضوعة فى sermo de generatione animalium 92a16 ولاد وكينونة الحيوان
ولادها وكينونتها sermones positos in generatione (= de generatione animalium) 53b14 الاقاويل التى no Latin equivalent 89a19 الاقاويل التى نضع فى الولاد
الاقاويل التى وصفنا على الولاد والغذاء sermo de cibo et de generatione 74a20 والغذاء
وصفنا فى مسير وحركة الحيوان sermones de ambulatione et motu animalis 96a12
(G) الاقاويل التى وصفنا فى مسير الحيّات sermones quos diximus in motu serpentum 90b15 (92a18) هذا القول الذى يحتاج اليه من ذكر tantum indigemus ad sermocinandum in 50b14 هذا القول اعنى قول الذين يزعمون ان ... شبيه بقول القائل
ذكرهما موافق للاقاويل tantum valet dicere ... quantum dicere quod 52b13 ان
نريد ان نبتدى ء الموضوعة conveniens est dicere de eis cum dictione de 55b25 على
بقولنا وننكر الاوائل volumus incipere et dicere sermones nuper 55b28-9 (→
قول وكلام elongatio loqui 44b1 التطويل وترداد القول مرارا شتّى (تصنيف
39a5 قول عن sermo de 39a22 القول فيها sermo in istis 74a20 بقدر القول no Latin
equivalent 73b16 بقدر قول القائل (σχεδόν, ὡς εἰπεῖν) fere 89b10 90b33; secundum quod possumus 50a2; no Latin equivalent 48b8 53b9 60a15 75b4 77a23
87b21 قد بيّنّا بقدر قول القائل ut 49a25 بقدر قول القائل مثل iam declaravimus
secundum quod possumus 50a2 بقدر قول القائل بقول مبسوط secundum quod
potest homo dicere simpliciter 46b34 بقدر قول القائل من اجل ان quoniam 52a27
دليل على sicut dico quod 40b9 مثل قولى ان quoniam 77a8 فانه بقدر قول القائل
قولنا significatio eius quod diximus 52a30 فيما سلف من قولنا superius 45a4
46a4,8 72a13 (96a33) كما قلنا فى اماكن أخر من قولنا الذى سلف sicut diximus in
aliis locis 47a26 كما قلنا فيما سلف فيما يقدم من قولنا no Latin equivalent 51b5
إن كان ينبغى لاحد ان يقول sicut si aliquis dixerit quod 40b12 مثل قول القائل ان
هذا قولهم جميعا si aliquis debeat loqui de 44a28 hoc dicunt omnes قولا فى
40b17 قد قال هذا القول non dicunt istud 42a15 لا يقولون مثل هذا القول similiter
dixit 48a30 يقول خلاف هذا similiter dicunt in 40b11 فى مثل هذا القول يقولون
لا dicit contrarium huius 48a31-2 قوله ليس بصواب non recte dicit 41a15 القول
hoc falsum قولهم فى ذلك خطأ non dicunt ... rectum 42a15 يقولون ... قولا صوابا
est 52b8 مخطئون فى قولهم erravit in sermone eius 63b2 قد اخطأ وجهل فى قوله
melius اجود صفة وابلغ قولا bene dixit 40b30 قد اصاب فى قوله errant in 77a5 فى
لا يكتفى narrat et perfectius 41a10 بحقّ نقول ان dignum est dicere quod 47a15
sufficit nobis قد اكتفينا بقولنا الذى قلنا فى non sufficit dicere 40b22 بقول القائل
hoc quod diximus in 46a1-2 ينبغى ان يكون القول فى debemus loqui in 41b9 يريد
بهذا القول scilicet 44a13 اعنى بقولى vult loqui in 41a33-4 القول فى propter hoc
65a14 بقول مبسوط simpliciter 93a20 (94b2) بقول عامّ generaliter 84b16 92a20
97b25; universaliter 40a36 43b5 44b15 47b35 61b26 66a12 66b3 69b18 بقول عامّ
مشترك generaliter et communiter 39b6 بقول كلّى generaliter 80a18; universaliter

كقول القائل ان كقول القائل verbi gratia 42b8 ita quod 59b23-4 69b8 70b19 كقولى sicut 39a20; verbi gratia 44a24 47b19; verbi gratia quia 45a13 كقولنا (ان) verbi gratia dico quod 42b10; scilicet quod 40b16; verbi gratia 43a28 verbi gratia (quoniam) 41b3 43b32 مقالة sermo 39a29 (→ بدأ , سلف)

قولوثوريا (→ هولوثوريا*) s.p. GL colobria 81a17

قام قوّم sustineo 40b16 اذا تقوّم وجمد quando confirmatur et coagulatur 73b1 يقوّم جثته برجليه تقويما فيه كفاية corpus elevatur in pedibus elevatione sufficienti 85b25-6 يقوّم من sustentatur ab 47b23 اقام elevo 95a6 يقيمون تحت ponunt sub الجواهر 40b4 res naturales الاشياء التى تقوّم من الطباع 85b22 sustentor تقوّم 54b30 مقوّم من (59b6) مقوّم substantiae 44b22 التى تقوّم sustentatur ex 65b6 78b32; sustentatus ex 51b22 (61a36) طباعه مقوّم من تقويم بين طباع ... و natura est in eo inter naturam ... et 79b31 الاشياء المقوّمة من الطباع res naturales 48b2 قائم مستقيم erectus 53a17 89b20; rectus 43a29-31 89b15; stans 89b16 قائم elevatus rectus 56b10 قائم مستقيم الجثّة erectus et elevatus 87a5 قائم elevati corporis 56a13 95a8; erecti corporis 53a17,30; recti corporis 62b20 89b11 قائم مستقيم الجثّة اكثر من 69b5-6 recti corporis rectioris corporis plus يصيّر جثث الحيوان قائمة 69b4-5 rectificat corpora animalium لا يقوى قيام 69b6 ... على قيام جثّته non potest ... elevare suum corpus 53a17 مستقيم rectus 75a21 75b9,27 82a14 85a2 93a11-2 مستقيم جدّا valde rectus 56b9 ليس هو مستقيم non est rectus 75b25 قائم مستقيم elevatus rectus 56b10 قائم مستقيم erectus et elevatus 87a5 قائم مستقيم الجثّة 69b5-6 recti corporis rectus elevati corporis 56a13 ليس بمستقيم ولا قائم الجثّة non est rectus neque elevati corporis 57a14 سيرها سير مستقيم ambulant uniformiter 84b22 بنوع مستقيم recte 56b29 تقويم elevare 95a6 قيام elevatio 85b25; natura 55b14; substantia 47a35 55a36 65a3 72a11 77a25 77b28; sustentatio 39b15 46a8 46b8,25,31 68a9,13 جمودة تقويم ورولاد generatio 77b28 خلقة وتقويم creatio 65a33 وتقويم sustentatio 54b10 شكل تقويم substantia naturae eius 78a32; substantia eius 89a27 تقويم طباعه طباعه مقوّم من تقويم figura 84b19 تقويم شكل الجسد figura corporis 84b19 الجسد يكون له ... بين طباع natura est in eo inter naturam ... et 79b31 ... و هو اردأ من تقويم ... واقلّ احكاما sustentabitur 53a7 تقويم تقويمه من 87a24 tionis est peioris disposi- الحيوان الذى يكون تقويمه من الخصب animal fertile 80b7 تقويم تعقّد الشحم est corpus cartilaginosum 64a36 جسد غضروفى الذين يجبلون حيوانا من طين او تقويم هيولى اخرى رطبة 72a25 illi virtus coagu- lativa pinguedinis qui volunt facere animal ex luto vel ex alia materia humida 54b29-30 لا اقامة استقامة non possunt elevare corpus 86b9 يقوون على اقامة الجثّة convenientia in علة الانشاء 54b13 rectitudo استقامة وطول rectitudo 43a33 54a24 75b26 84b32; بنوع الصواب 54b5 (inv.) causa expansionis et constrictionis و ... علة الاستقامة ان تكون الاستقامة والصواب فى ذكر ... بنوع الصواب 87a19 والاستقامة ut dica- mus ... recte 44b2-3

قولون colon 75b7 العضو الذى يسمّى قولون membrum quod dicitur colon 75b18

قوى ب قوى يقوى ان habet vigorem cum 83a19 قوى possum 44b28 56a22 82a7 قوى
على possum 45a10 60a25 62b3 68b12 74b27 75a6 et passim; qui bene potest
59b31 لا يقوى على ei sufficit de 69a1 لا قوى على non possum 53a17 هو قوى على
ما decoquit ipsum 70b5-6 يقوى على طبخه non potest hoc facere 86b17 ذلك
قوى على ان possum يضعف عنه ولا يقوى على قتاله id quod est eo debilius 63a12
41a1 83a17; bene possum 69a27 قوى durus fortis 79b24; fortis 51b37 52a11 55a
12,22 55b10 (L) 61b19 71b17 74b26 77b4 78b23-4 85b8 87b11,5 90b2 94a1,3 قوى
قوى على الانتشاء fortior 63b1 قوى جدا اكثر من valde fortis 59a27 62b7 71b26 جدًا
flexibilis 59a18 قوى على ان potens 59a33 اقوى fortior 55a11 61b32 67a29 71b30
72b24 73b8 84a22,7-8 85a18-9 96b17 اشدّ واقوى fortior 62a30 اقوى كثيرا fortior
multum 91a19 اقوى من fortior (c. abl.) 55a12 85a20 91b12; fortior quam 61b33
قوة fortitudo 50a5 51b1 52a17 53a1 54a18 55a6 66b16 82b37 94a27 96b20; natura
78a13; vigor 55b12 59b10 61a22 61b2,17,20,5 62a14 62a21 et passim; virtus 39a7
40a23 41a8 45b9 46a17 67b24 et passim قوى موافقة للذات virtutes convenientes
essentiae 71b27 وقوة معونة vigor 61b29 62a26 62b32 اصناف القوة modi vigoris
62b32-3 القوة الاولى fortis 61b21 قوة على حدته una virtus 46b20 موافق للقوة
prima virtus 47b5 67a4 81b28 82a2 86a14 86b32 قوة معينة virtus adiuvans 52a31
قوة ... وقوة اخرى quaedam virtus ... قوة شديدة وعظم فاضل magna virtus 58b34
et alia 46b24 قوة الحسّ virtus القوة المهيّجة للشهوة virtus motus appetitivi 47a25
sensitiva 81b31,4 قوة الحسّ والقوة المحرّكة للحيوان virtus sensus et motus animalium 47a25 قوة الشجر virtus arborum 81a11 قوة المشمة virtus olfactus 57a4 قوة
الحياة virtus vitae 81a35 قوة الاجنحة alae 82b15 قوة الطيران no Latin equivalent
93b12 بقوة (c. gen.) per virtutem 83a28 باىّ قوة per quam virtutem 40b21-2 من
بالقوة in potentia 41a32 قوى لا تشبه بعضها بعضا ex virtutibus dissimilibus 46b17
41b36 49b3,11,5 68a26,32 82a7 بالقوة والفعال potentia et actu 67b24-5 لقوة ad
vigorem 62b29 لحال القوة ad vigorandum 55b10; propter vigorem 63a1 64a8
تقوية للتقوية ad vigorandum 55b5

قاء قىء وقىء غثيان vomitus 64b13

قيح *(Bad.) sanies 47b12

*قيريقاس kikilez 79b15; kirikez 79b20 قيرقيس $L^2$ kirikoz 83b13

قاس قيس الى اذا quando confertur ad 43b32 47b30-1 48a12 53a27 78a27 84b35
85a14; respectu (c. gen.) 68b14 86b7 اذا قيس بعضها الى بعض quando conferuntur
ad invicem 84b3 ... الى اذا قسنا (قيس) cum conferetur ... ad 53a3 54a28,9 اذا
قيس (79a35) قياس respectu sui et respectu 60a16 قيس هو الى ذاته واذا قيس الى
بقدر قياس عظم الجثث pueri respectu seniorum 86b24 الصبيان الى كهولة الرجال
respectu corporis 55a7-8 بقدر قياس جثته respectu sui corporis 65b7 بقدر قياس
صغير بقدر عظم الاجساد وقياس صغيره respectu corporis 90a28 عظمه الى عظم سائر
الى كبيره parvus respectu magnitudinis corporis 79a34-5

ك sicut 39a17 كانّ quasi 71b7, 11 كذلك ita 39b8 41a25 41b13 59a18 66a13 67b35 86 a12 87a16 *et passim;* propter hoc 45b19; similiter 51b25 70b9 75a21 *et passim* كذلك حال similis est dispositio 88b24 ... ايضا وكذلك (et) similiter 49b19 63a 11-2; similiter ... etiam 42a12 كمثل ... و et similiter 57a28 62a3 62b7 75b4 80b28 كذلك ... كمثل sicut ... ita 54b28-31 67a24-6 72a5-6 87b12-3 كقولى sicut 39a20; verbi gratia 44a24 47b19; verbi gratia quia 45a13 كقولى ان scilicet quod 40b16; verbi gratia 43a28; verbi gratia quod 47b30; verbi gratia quia 50a8 كقولنا verbi gratia 43b32 كقولنا ان verbi gratia quoniam (quia) 41b3 42a8; sicut dicimus quod 42a9 (→ قال) كما secundum quod 57b16 61a30; sicut 39b7,17 41a1,17 41b20 42b33 46a11 *et passim* ولا كما جاء ولا بالبخت neque casualiter 45a23 كما ... ليس non ... sicut neque 91a20 إن كان ذلك كما ذكرنا si ita est 43a6 كما ... كذلك sicut ... ita (etiam) 40a32-3 44a31 59a9-11 59b34-6 65b2-4 68a27-30 *et passim* وكما ... وكذلك et sicut ... et propter hoc 45a21

كبد epar 65a34 66a24-5,8,30,3 67b5 69b16,26,33 70a12,5,20,4,7,9 71b35 72b9,14 73b16,25 76b17,25,32 77a5 77b6,35 الكبد موجود مقسوم كبدان duplex epar 69b35 الكبد كثير الدم جدًا invenitur epar divisum in duo 69b30 epar est multi sanguinis 73b27 اكباد السمك والحيوان الذى كبد ليس بخالص epar impurum 69b28 له اربعة ارجل ويبيض بيضا epar piscium et animalium quadrupedum ovantium 73b19-20 اكباد الحيوان الذى يبيض بيضا epar avium 73b20 اكباد الطائر epar animalis ovantis 73b21 لون اكبار السمك color epatis piscium 73b22 طباع الكبد natura epatis 77a19, 36 وضع الكبد situs epatis 69b36 اوجاع الكبد infirmitates epatis 67b8

كبر magnus 53a27 62a25,30 67a15,20,5 يكبر ويشيخ عاجلا cito senescet 51b8 كبير 69a25-6 71b12 75b5 (79a35) 85a24-5 91a18 93b27 94a3,11; magnus multus 96a15; maior 81a3 84a33 الاصبع الكبيرة digitus maior 87b21 كبير جدًا valde magnus 65b7 هو مشقق كبير est multae fissurae 62a27 صار فتح الفم كبيرا multum aperiunt os 62a29 85a22 الكبير magnum 60a28; maius 53a3 اكبر maior 53b2 75a27 83a26 85a16 86b10; ponderosior 86b8 اكبر من maior *(c. abl.)* 53a28 86b3,19; maior quam 83a31 86b15 صارت افواه اكبر فتحا من غيره est apertio oris maxima 62a30 اكبر جدًا من maior valde *(c. abl.)* 55a6-7 كبر magnitudo 66b20; senectus 48b6 58b20

كتاب liber 40a2 74b16 الكتاب الذى وصفنا فى المسائل liber de quaestionibus كتب 76a18 فى كتب أخر in aliis libris 40a8 50b10 فى غير هذا الكتاب in alio *(sc.* libro) 49a33 حروف الكتاب litterae 60a3,5,23,30

كتف membrum العضو الذى بين الرأس والكتفين inter spatulas 93b1 ما بين الكتفين quod est inter caput et spatulas 91b28

كثر augmentor 58b19; multiplicor 51b2 77a7; est citius 62a13 كثر جدًا augmentor 72a35 اشتدّ وكثر augmentatur 72a28; multiplicatur 72a28 الحيوان الذى تكثر رغبتها الى الطعام وشهوتها اليه animal multorum filiorum 88a34 يكثر الولد sunt valde gulosi et multi appetitus 91a2 (من) كثير multus 40a20 43b11 46b10 48b12 *et passim;* magnus 49a2 60b7 69a24 72a16; multum *(subst.)* 79a15; plus

الحيوان الكثير (عظم →) *et passim* (→ 39a19, 24 44a23 45b4, 13 46b35 60b34 61a1 الذى يشقّق فى كثير (حيوان →) multipes 78b28 الارجل quod finditur in multa 43b36 بعد زمان كثير longo tempore 59a10 89b20 96b21 حينا كثيرا post magnum tempus 53a34 زمانا كثيرا diu 53a35; longo tempore 68a28 69a35 74b27 75a7 كانت يبقى زمانا كثيرا vivit multum 77a33 كثير اللحم multum carnosus 72a17 ليس كثير اللبن modici lactis 88b3 كثيرة الشحم in ... est multa pinguedo 72a20 ازب كثير الحيوان الكثير الارجل animalia multipedia 42b19 52b25 54a22 61a15 جزء كثير من الشعر pilosus 58a29,36 بانواع كثيرة multipliciter 48b11 multa pars (*c. gen.*) 49b17 كثيرا multum 69a18 86b7 91a19 اكثر magis 41b20 44b28 49b33 57a33 67a9; magnus 72a21; maior 48a4 66b4 67a29 72a25 72b25,35 73a1 75b3 79a9 79b3 *et passim*; in maiori parte 79a10; plus 63b28; est habens plus 86b22 فى زمان واكثر ذلك in maiori parte 90a10 واكثر ذلك et in maiori parte 92b22 كان اكثر in longo tempore 75a29 اقل ... اكثر maior ... minor 48b18-9 له قوة اكثر من قوته erit fortitudinis maioris 54a18 له قوة اكثر من قوة habet maiorem fortitudinem (*c. abl.*) 96b20 يكون ... اكثر هو اكثر جزعا est maioris timoris 50b27 est maioris timoris (*c. abl.*) 50b30 صار اكثر حرارة من جزعا من est maioris caloris (*c. abl.*) 67a1 اكثر دفاء وحرارة calidior 49a5 اكثر حرارة calidius 48b19 يجسو جساوة اكثر efficitur valde durum 82b24 اكثر من magis (*c. abl.*) 48a35 48b26,33 52a28,35 55b14 71b5 79b28 92a21; magis quam 40a11-2 40b25 41b17-8 47a20 48b27 50b35 53b3,29 73a13 84a21; maior (*c. abl.*) 72b2; plus (*c. abl.*) 48b35 54a30 57b2 69b6 72a1,10; plus quam 71a4; plus ... quam 73b28; (*post compar.*) quam 63a11 اكثر من لم ... اكثر ... لا non ... nisi solum 59a29 non ... plus (*c. abl.*) 88b18 اكثر من ... ليس non ... magis quam 82b10 ما كان ... اكثر quod est plus 49a32 اكثر من غيره magis alio 49a9; plus alio 49b4; plus quam alia 57b27; *pro compar.:* حار اكثر ملاءمة له من غيره est convenientior 66a15 اكثر ملاءمة له من غيره calidior 49a12 (الذى) هو اكثر حرارة من غيره habet maiorem calorem 68b35; calidius 49a35 بسخونة اكثر من ... يسخن calefacit ... maiori calefactione 49a7 عاجلا اكثر من citius 48b21 *etc.* خاصّة اكثر من magis quam 66b9 اكثر من غيره citius (*c. abl.*) 48b29 90a13 اكثر وابلغ magis et perfectius 45a1-2 بالاكثر والاقل من قبل الاكثر والاقل secundum magis et minus 44a17-8 55a33 الاكثر والاقل secundum magis et minus 92b4 اكثر الزمان in maiori et minori 44b15 فى الاكثر والاقل in maiori parte temporis 69a11 اكثرها واحد est unus in maiori parte 73b29 او يكون الاكثر كثرة على مثل هذه الحال in maiori parte 67a32 كثرة abundantia 48a31; multitudo 39a8 62a13 63a10 66b13 68b13-4 69b4 71b4 (75b23,5) 77b20 79a16 80b28 *et passim*; quantitas 67a3 77a2 كثرتها plures eorum 76b36 طول العمر وكثرة الحياة longitudo vitae 77a32 آلة كثرة الطعام multus cibus 74b27 كثرة الاظفار multi ungues 88a10 موافقة لكثرة حركاته واعماله instrumentum conveniens motibus et operationibus multis 87a11 بكثرة multus 82a4,8 لكثرة propter multitudinem 53a33 لحال كثرة جساوته لحال كثرة الثقل والحمل propter duritiem eorum 55a15 ad portandum اذا كان غالبا مستوليا على كثرة او كثرة اخرى من vel plures 43a23 pondus 89b15

## INDEX ARABO-LATINUS 551

من in multitudine 43a24 فى الكثرة in multitudine super multa 63b27 كثرة ex multis 46b23,32

كدّ مع تعب وكدّ cum labore et difficultate 44b31

كدر tur- (v. l. يلبدها بالماء) (G) per ipsam inspissatur aqua 79a7 يكدّر بها الماء bidus 52b33 اذا كان ... كدرا in turbiditate 51a16 اكدر turbidior 47b32

كذب مذا القول عندى mendacium 48b16 القولان كذب duo sermones sunt falsi 56a19 كذب وزور iste sermo apud me est falsus 73a23

كرم الحيوان الحقير الذى ليس بكريم animalia vilia 45a16 كريم nobilis 39a2 45a23,7 دون الكريم ignobile 45a7 اكرم nobilior 65a22 65b20 72b21 (87a15); nobilissimus 45a7 من اكرم nobilior (c. abl.) 67b35 اكرم وارأس (اشرف ؟) من nobilior (c. abl.) 58a21 68a1 الاكرم nobilius 65b20 87a14 كرْم folia vitis 68a23 ورق الكرم لكرمها وعظم شأنها propter magnitudinem nobilitatis earum 44b33

كره (61b25 62b34) مكروه res offensibiles 66a11 الاشياء الكريهة كريه vito 45a15 صارت الحمة دافعة للمكروه ad iuvamentum 58b14 لحال المعونة ودفع المكروه fuit aculeus loco armorum 83a21

كسب لكسبه وطعمه من الحيوان acquirit suum cibum 93a19 يكسب طعمه وغذاءه quoniam non acquiritur suum cibum nisi ex animalibus 93a14

كسر عرض انه انكسر accidebat ei fractura 40a21

كسل الحيوان الابله الكسل animal paucae segnitiei 67a10

كعب فى cahab 90a10,3 كعاب cahab 90a16,24-5,7 شبيه بكعب simile kahab 54b21 ليس فيها كعاب non habent cahab رجليه كعاب habent in pedibus cahab 90a21 المكان الذى كان للكعب locus cahab 90a26

كفّ لحال الكف ( العطف ؟ ) والانثناء palma 46b19 كفّ propter expansionem et constrictionem 54b2

كفى اكتفينا بما قلنا من ذلك sufficit 46a1 50b11 اكتفى sufficit nobis quod diximus لا in hoc 92b2 قد اكتفينا بما ذكرنا عن sufficit nobis quod diximus de 68b29-30 لا يكتفى بقول القائل non sufficit dicere 45a34 نكتفى بذكر non sufficit dicere لا تقطع الطعام قطعا فيه كفاية elevatio sufficiens 85b25-6 تقويم فيه كفاية 40b22 كفاية non sufficiunt in abscisione cibi 79a36

كلاهما فى كلاهما in ambobus 91a14; in duobus 44b31 فيه قوة مشتركة من كليهما habent virtutem duorum 61b10

كلّ omnis 39a11 42b36 45a35 50a32 61b13 et passim; quilibet 41a22,35 41b4,27 45b14 58a35 62a25 et passim; totus 41b9 45b36 46b13 50a18 58a28 90b4; uterque 95a19; often untranslated: 61b32 etc. لكلّ ... وليس للجميع omnia habent ... et non omnia habent 76b12 فى ( من ) كلّ ناحية circumquaque 56b29 60a24 72a27 80b9,12 على كلّ حال generaliter 80b24 (94a20) بكلّ نوع no Latin equivalent 81a17 وكلّ جنس يكون على مثل هذه الحال et sibi similia 69a30 وكلّ جنس مثل هذا similia 79b20-1 علة ذلك كلّه causa omnium istarum 89b10 كلّ الجسد totum corpus 51a14 51b3 67b21 68a5,20-1 et passim الجسد كلّه totum corpus 66a26 اليد وكلّ العضد manus minor et manus maior 46b14 اعسر من كلّ ... جدًّا difficillimus sunt كانا ملتئمين كلّ واحد بالآخر quilibet 39a11 40a14 83b28 كلّ ... من 42b35 continuae ad invicem 69b16-7 بيّن لكلّ واحد manifestus cuilibet 69b25 كلّ واحد من omnis 59a30; quilibet 39a25,6 39b9 41a16 43a21 46b11 et passim; unusquisque 47a6,32 70b20; uterque 54a33 66b27 كلّ واحد منهما uterque illorum 51a21; illa 49b10 كلّ شيء وحده quidlibet istorum 45b36 كلّ واحد ممّا ذكرنا quidlibet per se 39a16 كلّ ... على حدته quilibet ... per se 97b28 كلّ واحد على حدته quodlibet per se 39a24 كلّ واحد منها بذاته quodlibet illorum per se 46a11; unumquodque eorum per se 49a3 كلّ ما بيّن لكلّ من عاينه manifestus est visui 64b12 كلّ ما omne 90a12; omne quod (39b30 49b11) 50a3 50b33 90a12; quantumcumque 45a24 87b19; quicquid 77b26 83a15 85a35 85b7; quodcumque 46a30; quodlibet 45b25 وكلّ ما يشبه هذه omnia (51b11) 55b5 كلّ ما كان من (= omnis 55b17) كلّ ما ... من الاصناف et huiusmodi 50b26-7 وكلّ ما كان مثله et sibi simile 96a26 كلّما quanto plus 68b1 كلّى بقول generalis 41a34; universalis 42b25-6 44a26 45b26 generaliter 80a18; universaliter 69b8 70b19 الكلّ totum 40b7 42a12 42b25 47b18 56a12; universale 43b34 جزء من الكلّ pars ex toto 41b15 كلّيته totum 55b21 ينبغى لنا ان نصف كلّيته narrabimus in quantum totum 40b26

بطن canis 39a25 43b6 74a2,25 75a27 88a6,35 الكلاب genus canum 58a29 كلب الكلب venter canis 75a27,9,36

loquor 73 تكلّم qui loquebantur de natura 47a11 الذين يكلّمون كلاما طباعيا كلّم الذين تكلّموا بكلام حكمة وفلسفة si aliquis loquatur de 45a31 الذى يتكلّم فى a14 illi qui locuti fuerunt philosophice de 40b5 متكلّم loquens; sermocinans 39b22 متكلّم فى sermocinans in 48b1 كلّ واحد من المتكلّمين unusquisque loquentium 39a15 كلمة diffinitio 39b15 40a31 متكلّم فى ذلك النظر sermocinans in illa 39a13 43b35 46b2-4; locutio 60a3; ratio 66a19 الكلمة اعنى الحدّ diffinitio 42a20 بالكلمة in diffinitione 40a24; ex ratione 66a19 بالكلمة الكلّية per diffinitionem universalem 45b26 لحال الكلمة الخاصّة للجوهر in diffinitione 46b1 بالكلمة والحدّ propter diffinitionem substantialem 85b16 من الكلمة ex diffinitione 53b22 من الكلمة والحدّ ex diffinitione 46a30 كلام locutio 39a5; sermo 39b22 43b18 45a19 46a29 59b33 60a23 73a23-4 قول وكلام sermo 39a5 كلامه suum verbum 73a21 جودة الكلام sermocinari bene 60a25 كلام فى loqui de 39a18 47a11 الكلام وحسنه ad sermocinandum 60a1 موافق لبعض الكلام والتصويت conveniens ad loquendum 61b14

كلية الكلية اليمنى ren dexter 71b28 الكلية التى تكون الكلية اليمنى ren dexter 71b الكلية الواحدة ... والكلية الاخرى ren sinister 71b28-9 الكلية اليسرى 72a23 34-5 ren dexter ... et sinister 70a19 كلى renes 67b4 70a17 71a29 71b3,7,11 كليتان renes 69b13,25 70a22 70b23,6 71a26,34 71a12-3 72b9 جسد الكلى renes 71b22; كليتى، كلى البقر renes hominis 71b6,9 كليتا الانسان corpus renum 72a11 renes vaccae 71b5,6 كلى الغنم renes ovium 71b8 72b2 الكلى، خلقة الكليتين creatio renum 70b13 71a30 71b26-7 72a14-5 عمل الكليتين operatio renum 70b28 وجع الكلتين dolor renum 71b9 72a34 الكلى، عمق الكليتين profunditas renum 71b15, 22

## INDEX ARABO-LATINUS 553

عمق الكلى profundum renum 71b16 الحيوان الذى له كلى animalia habentia renes 71b35 ليس له كليتان non habet renes 71a31

بكم نوع كم quot modis 39b23

كمّ كمّية (71a5) فى الكمّية in quantitate 48b19 كمية وكيفية quantitas et qualitas 60a7 61b13-4 68b15 87b2

كمرة طرف الكمرة praeputium 57b4

كمل كامل تامّ كامل completus et perfectus 64a29; perfectus 82b31

كنز يكنز فيه الطعام lكى يكنز فيها الطعام in quibus deponunt cibum 75a12 in quibus reponunt cibum 74b24

كهل قياس الصبيان الى كهولة الرجال كهولة pueri respectu seniorum 86b24

كهن كاهن كاهن المشترى divinus (priest) Iovis 73a19

كورة رجل من اهل الكورة quidam homo 73a19 خلقس من كورة ابو Halkiz in climate Obo 77a3

كان accido 53a2 59b26; efficior 51b3 53a22 68a31 69a32; fio 43b7; generor 40a27 46a30-1 52a6 55b32 80a31; invenior 51a25 74b21 76b21 80a27 96a5; sum 39b29 *et passim* ما كان من id quod 97a3; quod est ex 76a35; omnis 61b21 *sometimes untranslated*: 71a12 ما كان من ... وما كان منه si ... et si 92b22-3 كان يكون ... esset 56a24 الذى كان يصير الى qui transibat in 94b18 كان يمنعه من prohiberet ipsum a 54b10 يكون الطباع صيّر فى natura dedit 70b33-4 الحسّ الذى يكون من sensus tactus 60a13 كان من exeo ex 82b32 الذى يكون بالحسّ propter ينبغى يكون فى حدّ recipitur in diffinitione 49b25,6 يكون debet esse 39b30 55a3 الذى سيكون quod erit 40a3 لا يكون debet esse 47a29 ان يكون non potest esse 47b14 ان لم يكن ذلك non invenitur in 51a25 لا يكون فى si hoc non foret 42a15 يكون من قبل الطباع (و ... كينونة) sum in 39a8-9,25 *et passim* كان فى natura 41b21 كان ل habeo 39a13 40a23 59b13 *et passim*; est habens 79b27 يكون erit ei sicut 79b25 إن لم يكن له nisi forte habeat 52b24 له مثل careo لم يكن له 74a32 كان على مثل هذه الحال والقوة habere hanc dispositionem et virtutem 39a7 ايّما كان ... يلقى من recipit citius ex 51b12 كون الكون quod est 40a3 ايّما كان ليس له كون non est 42b23 مكان locus 45a25 47a26 47b2 56a20 58b25,8 59a5-6 فى اماكن وبلدان كثيرة in locis multis 55a8 بالاماكن الحارّة اليابسة in locis calidis et siccis 55a9-10 كيان مع حرارة كيانية calore naturali 50a14 كينونة esse (41b21) 45b24 73b14; generatio 39b25 40a18,9,34 40b11-12 41b16 42a14,26 46b2 49b35 53a4 94a23² ولاد وكينونة generatio 46b1 علة كينونة الدم حارّ causa essendi sanguinem calidum 67b27 الاقاويل التى وضعنا فى الولاد وكينونة الحيوان sermo de generatione animalium 92a16 الاقاويل الموضوعة فى ولادها وكينونتها sermones positos in generatione (= *de generatione animalium*) 53b14 الكينونة الطباعية generatio naturalis 49b35 كينونة هذا العضو تعرض باضطرار hoc membrum accidit necessario 77b21 ابتداء كينونة كينونته تكون فى شىء est in aliquo 46a31 principium generationis 42a7 كينونة إن كانت لها كينونة si fuerit generatum 41b16-7 أنـف) ومن ذاتها ومن البخت السماء caelum generatur per se et per casum 41b22 (→

تكوين generatio 39b15 مكان locus 52a16 53a2, 14 53b2 55b33 62a13 *et passim* مكانان duo loca 76a2 مكان موافق لـ موضع ... situs ... est conveniens ad 65b18 سعة المكان amplitudo loci 76b10 88a19 مكان قبول لـ locus ad recipiendum 66a28 الاماكن التى تقبل الطعم locus receptionis *(c. gen.)* 66b23-4 مكان وموضع قبول لـ loca quae recipiunt cibum 78b6 مكان خروج، مخرج الفضلة locus exitus superfluitatis 78b27 93b19 المكان الذى كان للكعب locus cahab 90a26 مكان بارد locus frigidus 65b29-30 الاماكن الواسعة loca ampla 67a29 الاماكن الاكرم locus nobilior 65b20 المكان الذى يلى الناحية السفلى pars inferior 63a15 فى مكان بعيد remote 88b28 فى المكان الاسفل الى المكان الاسفل (اعنى الارض) ad inferius 53a7-8 in loco inferiori 53a16 الى المكان الاعلى ad superius 53a5 فى مكان الاعلى in loco superiori 65b19 حركة الجسد وتنقله من مكانه motus corporis de loco ad locum 73a29 تبدّل اماكنها mutant sua loca 68b21 ينتقل من اماكنه transferuntur a suis locis 80b3 لحال الانتقال والسير من مكان الى مكان propter ambulationem 88a17 فى مكان فى اماكن inter ... et 88b20 وبين ... فى المكان الذى بين in uno loco 84b15 واحد من مكان واحد هو فهو ex alio loco 66a7 من مكان آخر in aliis locis 73a31 آخر eodem loco 89a16 وضع ... فى موضعه قبالة مكان ponere ... in opposito *(c. gen.)* 52b20 المكان الذى منه a quo 63b6-7 مكانٍ loco *(c. gen.)* 44a22 48a1 51a34 52a14 59a24 *et passim*

كيف qualiter كيف ... وكيف qualiter 39b3 40b7 44b18 50a1 68a7; quomodo 78a17 كيف هو ... et qualiter 50b8-9 كيف يكون qualiter et quomodo erit 40a11 quomodo et qualiter est 40a12 كيف حال معرفة العروق dispositio venarum 68b28-9 كيفية quae est dispositio illius 89a17 كمّية وكيفية quantitas et qualitas 60a7 61b13-4 68b15 87b2

لَ ( ... يظنّ ) فليعلم ان putet ergo quod 45a27 لكان اطول عمرا esset longioris vitae 56a16 → لو

لِ ad 46b24 57b15,6 61b1-2,7 *et passim*; praeparatus ad *54b18; cum 51a24 52b3 63a12 74a7; ex 41b17; in 40a20 43a10 46b12 48b17 61b1 64a10 *et passim*; per 56b3; propter 40a19 40b15 44b29,33 45a24 50b18 52b22 57a34 *et passim*; quia ... est 65a3; ut 39a13 41a14 48a19 54b21 61b4 62a12 *et passim* لشىء propter aliquid لـ propter ... لـ .... ولـ *etc.* → وفق لـ موافق لـ debemus 61b27 ينبغى لنا ان 77b17 et ad 60a2 ولان ... لـ propter ... et quia 94a7 ولبعض ... لبعض quibusdam ... et aliis 46b18 لـ جسد للحيوان corpus animalis 53b21-2 ليكون مثل sicut 70b12 له habeo 39a11 40a34 *et passim* يكون له est habens 79b27 لـ ... لا careo 73a30; non habeo 50b4 *et passim* وليس لبعض ... ليس لـ البتّة caret omnino 75a9 ليس له habent quaedam ... et quaedam non 63b21-2 له habens 42b24-30 71a2 لـ ... ثقلٌ له الذى لا carens 48a28 له الذى qui habet 46a32 لـ ... له carens 71a9 طولٌ لـ ... est longus 64a30 *etc.* لان ut 89b15 لئلّا ut non 54a24 لانّ nam 91b11; quoniam 39a25 *et passim*; quia 40a4-5,31 41a15 *et passim*; quia ... tunc 81a16; scilicet quod 73b6; ut 96b29 لان اعنى scilicet quia 63b24

89b11; quia 68b7 لأنه ... ولذلك وذلك لأنّ et ideo 54a6; quoniam 66a21 et passim وعلة ذلك لأن quoniam 62b31 (→ علة) وانما اقول ذلك لأن et hoc dico quia 64a19; quoniam 64a14 لأن لا contra 61b3 لحال ad 52b6 54b35 55b7-10 61b5, 8 et passim; propter 45b17 46a27 et passim; quoniam 71b10; secundum 76b6 هو حاد لحال جودة الطيران quanto magis fuerit acutum erit melioris volatus لحال propter ... ولى لحال propter aliquid 77a30 لحال شيء quia 87a17 لحال ان 93b16 ... لحال propter ... et quia 84a25 93a18-9 94a5 ... ولأن لحال propter et ad 71b1 92a4-5 ولحال propter ... aut 75b16 بل لحال ليس لحال non in ... sed propter 71a10 propter 57a18 61b20 يكون لحال quia indigent 59b10 لحال وذلك ( ) الحاجة الى 71a32; quia 75a30 لحال موضوع positus (c. abl.) 46b6 لذلك propter hoc 50b31 62a24 63b30 et passim ولذلك et sic 75a23 لكى ad 61b9 64b33 (75a12); ut 39a14 50a18 52b17,27 53b2 56a17,31 et passim; ita ut 54a35 لكى quatenus non 73b7; ut non 52b30 54b26 55a2 61b4 64b29 66b3 et passim لا (لكيما) لكى وذلك ut non 54a30 61b21-2 لماذا causa propter quam 67b20; quare 44a12 56a25 63b21; qua de causa 63b20

لا non 40a34 40b22 46a27 et passim ل ... لا non habeo 50b4 له ... لا carens 65a32 67a13 لا يعلمون احد من الذين ... لا nesciunt 56a25 nullus eorum qui 47a10 لا يمكن ان ... ولا شىء من ... البتّة nihil 61b23 91b4 لا ... شىء nullus omnino potest 78b35 لا ... شىء من ما خلا nullus ... nisi 73a8 لا ... non ... aliquid praeter 68a22-3 لا ... شىء من غير nihil ... nisi 68a25 لا nullus 52a36 97a23; non ... aliqui 52b18 لا ... عملا من عمل non ... ulla operatio ex operationibus 58b23-4 قليل الولاد او لا تلد البتّة paucae generationis aut nullius omnino 51b13 ... له لا الذى carens 42b15,33 48a28 50b30,2 لا تشبه بعضها بعضا dissimilis 46a23 46b12; organicus 46b12,22,34 مما لا يستطاع erit impossibilis كان لا يمكن ان est impossibile ut 43a1 لا يمكن ان impossibile est quod 44b19 غير مولود لا يلى impossibile est quod 43b26 لا يستطاع ان non generabiles neque corruptibiles 44b23 (فقط الا) ... لا non ... nisi (tantum) 48a27 50b31 53a34 71a20 72a7-8 et passim غير لا ... ولا non ... nisi 88b23 لا non ليس ولا ... neque 41a19-20 51a6 67a30,3 et passim; neque ... neque 97a10 ... ولا لا ... كما لا (البتّة) non ... sicut neque non sunt ... neque ... neque 48b6-7 ولا وليس ... لا non ... neque 64a23 ولا ليس non ... aut (omnino) 41a1 50b4 39b6; non ... nec 41b4-5; non ... neque 51b5 ... البتّة لا non ... omnino 51a5 68a4 73b17 77b3-4 بل ... لا non ... sed 47b14-5 64b14-5 بل البتّة ... لا non ... omnino sed 50a11 ... ل لو لا si non esset ... (accideret) 57a32-3 لا ... اكثر من non ... nisi solum 59a29 بلا sine 45a29 47a21 ولا واحد ... ولا له ليس carens 45b25 ... ولا فى (سوى →) etc. maxime 61b14 لا سيّما praeter in 76a12

(يلائم (الذى convenio 46b19 (67a18) 68a6,26 لائم واشبه assimilor 47a31 (62b7) لاءم conveniens 52a3 53b35 68a27 78b10 92a9; quod convenit 78b1 ما يلائمه sibi similis 47a19 ما يلائم الدم illud quod convenit cum sanguine 50a35 التأم إلتأم والتقى concurro 88a28 لا يلتئم non consolidatur 57b3 إلتأم ب continuor cum 56

conveniens 45b8-9 ملائم لـ ... بـ continuor cum ... per 93b25 التأم بـ ... ب 57b20 b18
ملاءمة تلائم 48a2 52b24 54a18 56b36 66a27 68a6 78a9 81b14,29 88a3 91b30
posuerit ... صيّر ... ملتئمة على حدتها (82a19) ملتئم convenientia similis 44a18
معلق ملتئم ب (79b29) 60b27 continuus cum ملتئم ب continuam per se 59b24-5
continuatus ملتئم متّصل بـ continuus 92b13 93a25 متّصل ملتئم continuus cum 88b35
ليس sunt continuae ad invicem 69b16-7 كانا ملتئمين كلّ واحد بالآخر cum 85b18
compositus ex ملتئم من بعضه ببعض non est continuus ad invicem 67a7 ملتئم من
85b15 ملاءمة له ملاءمة الى habet convenientiam cum 56a12 له ملاءمة من غيره اكثر
convenientior 66a15 بالملاءمة per convenientiam 44a21 45b27; secundum convenientiam 44b12 بنوع الملاءمة secundum convenientiam 45b6 ليس بشبه الملاءمة
non assimilantur in convenientia 44b11 التئام continuatio 67a8 67b8; finis (=
تمام) 80a24 التئام النغانغ compositio brancorum 60b24

لبّ لبيب ألبّ subtilior 50b24

لبث maneo 75b21; vivo 82b31 لبث فى maneo in 60b21 62a10 75a7

لبد (v. l. G) كدر (L) inspissor 79a7

لبس لابس خفّا calcians sotulari 87a29

لبن لبِن tegulae 46a27 اللبن والحجارة lapides 45a34 لبَن lac 53b12,3 55b24 76a14,6
ليس كثير اللبن non habet lac 92a12 ليس لـ ... لبن له لبن habet lac 92a15 88b10
est modici lactis 88b3 لبن دقيق lac tenue 76a13 لبنى الرطوبة اللبنية humiditas
mollis (= اللينة) 92a13

لبوة leaena 88b1

لثغ (τραυλίζω) الثغ traulus 60a26 → لجلج

لثة سبل اللثات viae gingivarum 68b17

لجّ لجّى pelagosus 79a14 84a6

لجأ الى induco ad 42a18 الجأه واضطرّه الى ذلك adduxit ipsum necessario ad
hoc 42a28

لجلج (ψελλίζω) لجلجة (*balbutio) no Latin equivalent 60a26 → لثغ

لحم carnositas 72b35; caro 40b19 42a23 45a29 46a22 46b25 et passim; terrestre
caro hominis لحم الانسان carnes 80a19 يكون لحما efficitur caro 68a31 لحوم 54a4
caro coxarum لحم الفخذين وبطون الساقين caro animalis 51a29 لحم الحيوان 60a11
et crurium 89b23 العضو الملائم (الذى هو ملائم) للحم membrum conveniens carni
53b21 56b36 لينّ مثل لحم mollis sicut كثرة اللحم multitudo carnis 82b4 89b26
لحم املس caro sicca 65a3 لحم يابس caro cruda 93a13 اللحم النىء caro 54a16
multae كثير اللحم caro mollis 78b32 اللحم اللينّ caro lenis aequalis 71b7 مستو
carnis 56a20 95b12; multum carnosus 72a17 89b7,14,22; habet multam carnem
95b11 اكثر لحما maioris carnis 66b4; maioris carnositatis 72b35; habens plus
carnis 86b22 قليل اللحم اكثر لحما من pluris carnis (c. abl.) 95b15 paucae carnis
عادم pinguis carnis 67a32 عديم اللحم privor a carne 89b8 سمين اللحم 66b4 82b5
اللحم privatus a carne 56b7; non est carnosus 73b6 بين اللحم intra carnem 54b7
لا يأكل اللحم non comedit carnem يأكل اللحم comedit carnem 62a31 62b1 88b4

# INDEX ARABO-LATINUS 557

أكول للحـم 97a3 الذى ياكل اللحـم comedens carnem 55a13 62a29 62b4 94a1 comedens carnem 97a1 الى ناحية اللحم ad partem carnis 70b3-4 لَحِم carnosus 60b34,5 61a12 72b36 لحيم carnosus 93b16-7 لحمى carnosus 54a28 54b33 56b10 59b31 64a32,4 71a17 74b3,26 75a11 77b28 78b8 79b6,33-4 80a6,12 81a27 82b20 84b18 88a21

لحى (*58b33) له لحيان مستطيلان habent duas fauces (pro maxillas) longas 58b30

تصنيف (41a22) تلخيص distinguere 40b27 لخّص ... تلخيصا بيننا dico 40a11 لخّص وتلخيص narrare 39b5

لدغ pungo 76b25 لدغ بحمة percutere cum aculeo 83a17

لذيذ مبيّن اذا حسّ بالطعم الذى يلذّه اَلَّذ لَذّ cibus ex quo sentiunt eius saporem 91a2 اللذيذ quietus mansuetus 93a15 اللذيذة dulce delectabile 61a8 الاشياء اللذيذة res delectabiles 66a11 لذّة delectatio 45a9; sapor 90b30 لذّة الرطوبات sapor humiditatum 60b9 لذّة الطعام sapor cibi 91a1 لذّة اصناف الطعام sapor cibi 78b9 حسّ اللذة التى تكون من الطعام sensus saporis cibi 61a7-8

لزج viscosus 46b22 52a18 60b13

لزم يلزم ان involvo per 79a12 لزم وتشبّك ب est continuus cum 60b29 يلزم debet 42a9 يلزمه ان يفعل fit nobis necesse 44a25 يلزمنا باضطرار debet facere 42b9 45b1 ما يلزمنا فى ذكر quod debemus distinguere 40b24 لزمنا ان نميّز 39b10 (→ عوص) لازم كان يلزمنا ان نقول فى debemus dicere in 39b6 نقول ex 53a8 هو لازم لنا ان نروم ذكر debemus dicere 46a2 لازم ل imitatus debet 42a9 لازما ان est 42a27

لسان lingua 56b36 57a1 60a26,9 64a32 74b3 82a19 90b19 91a6 92b17 السن linguae 59b35 60b3,6,8 62a8 ليس له لسان non habet linguam 90b20; caret lingua 90b23 العضو الذى يشبه الحمة التى تشبه اللسان aculeus qui assimilatur linguae 83a21 اللسان membrum quod assimilatur linguae 61a4 79a33; simile linguae 79b36 عضو لحمى بدل اللسان membrum conveniens linguae 78b10 العضو الذى يلائم اللسان membrum carnosum loco linguae 78b8 العضو الذى مثل اللسان membrum quod est in loco linguae 90b29 العضو الذى على فوق اصل اللسان membrum quod est supra, super radicem linguae 64b22,6,32; epiglottis 65a7 العضو المركّب مع اللسان membrum compositum cum lingua 83a1 خلقة اللسان creatio linguae 59b34 60a1 79b8 مكان اللسان dispositio linguae 61a25-6 حال طباع اللسان locus linguae 90b21,3 حسّ اللسان sensus linguae 56b37 قرع اللسان percussio linguae 60a6 قوة اللسان virtus linguae 82a12 قصر وصغر السنه parvitas et brevitas (inv.) linguae eius 60b25 لسان مشقوق بشعبتين lingua divisa 61a1 لسان مفصّل lingua fissa in duos ramos 91a8 لسان عريض lingua lata 92b6 لسان ضيّق lingua stricta 60a23 اللسان الضيّق strictae linguae 60a30 الذين ليس لسانهم مرسلا illi qui habent linguas ligatas 60a25 لسان الحيوان lingua animalis 60a14 لسان التمساح lingua tenchea 60b29,33 السن الحيّات linguae serpentum 60b6 عند اللسان apud locum linguae 82b35 اللسان اللّيّن العريض lingua mollis lata 92b7 (هو) قوى لسان lingua fortis 78b23-4

لاصق ب لصق applicatus (c. dat.) 57a30 79a2 95a5; applicatus cum 61a11 74a11 81a26 اذا كان لاصقا ب بعضها لاصقا ببعض quando applicantur cum 81a16 applicati ad invicem 83b17 ملصق بالصخور applicatus lapidibus 81b6

لطف فى نلطّفه subtiliabimus in eo in 92a16 لطيف subtilis 48a9 52b33 57b23 لطيف جدًّا valde subtilis 56b31 قد قلنا فى ... قولا لطيفا iam locuti sumus de ... subtiliter 53a19 لطيفا اذا كان ... in subtilitate 51a16 اللطف subtilior 48a8,19 قارب لطف لطف subtilitas 50b21 76a36 86a11 ارقّ واللطف 56b3 ارقّ subtilior 47b31 من لطف النظر فى appropinquavit subtilitati 42a27 الرأى a subtiliando in consideratione 42a25

لفّ على لفّ *pono in 59a1 التفّ قوى على ان يلتفّ potens involvi 59a33

لقى concurro 53b7; curro 47a8; patior 61b4 تلقى خلاف ما هى عليه currunt econtrario suae dispositioni 49b32 يلقى هذه الآفة habet tale accidens 50b28 يلقى هذه الآفات التى تعرض من خارج accidunt ei occasiones extrinsecae 58b10 لان لا يلقى contra nocumenta 61b3 ايّما كان ... يلقى من recipit citius ex 51b12 القى accidit mihi 72a28; eicio 63b13 75a19 79a26 الاشياء التى توافقتها وتلقاها من خارج res extrinsecae 79b22-3 التقى التقى والتام concurro 88a28 القاء ذرق روثه والقاءه فى eiectio stercoris remote 63a15 مكان بعيد

لكن ليس ... فقط ... لكن ... ايضا non ... tantum ... sed etiam 46a29-30 sed 81b27 ولكن ← و

لم non 51b29 54b9 شىء منها ... لم ... non ... aliquid 76a1 لم ... non ... ullum eorum 45a23 الذى لم ينضج بعد non aliquo modo 63b5 لم فى وجه من الوجوه indigestus 50a15 لم يكن يقوى على ان careat 74a32 لم تكن له tunc non posset 56a22 لم ... neque 86a13-4 لم ... ولا non ... neque 56a23 74b34 ولم ... إن لم nisi 55a21 73b34 93b18; si non 40b25 42a15 50a6 إن لم يكن له nisi forte habeat 52b24 لم ... non ... nisi 41b25 اذا لم ... البتّة si ... non 50a36 اذا لم ... si esset 92a7-8 لم يكن ... si non 94a27 لو لم ... ل si ... non 57a5 لم ... si non ... non 60a4-5 لو لم يكن ... لم يكن non esset 54a23 93a1-2 لم ... قط numquam 73a26 بعد adhuc non 51a17-8 70b30

لمّ التمام no Latin equivalent 67b30

لمّا لمّا كان زمان in tempore 42a28 quando 73a19; quia 59a20

لمس حسّ اللمس sensus tactus 47a15 → ملس* (74b21)

لهب التهاب نار من التهاب ex inflammatione ignis 49b5

لو si ... (esset) 56a15-6,19-20 59b24-6 لو ... ل et si 40b23 ولو ان si 51b35 54b9 لو ... لم si non esset ... (accideret) 57a32-3 لو لا ... ل et passim 63a35 63b3-5 لو لم ... ل non 54b4 لو لم ... لم nisi 92a7-8 لو لم ... ولم si ... non 93a1-2 لو لم يكن على مثل هذه الحال si ita non esset 57a5 لم ... لو كان ... si non ... 94a27 لو لم يكن ... لو لم يكن si non ... non esset 54a23 لولا si esset ... non esset 54b23 لم ... si non ... non 90a33-b1

لوباداس lubarez 79b25

لوباس boniz 80a23

## INDEX ARABO-LATINUS 559

من ارض لوبية in Nubia بارض لوبية in terra Nivia (*pro* Libya) 55a9 لوبى لوبيا (*pro* Libya) 95a17

لام culpo 63a35 63b1 خليق ان يلومنا احد لذكرنا dignum est nos redargui ab aliquo eo quod loquimur in 64b19

لون color 40b30 50b32 51b25 64b16 73b22 تغيير اللون الذى يعرض له illud accidit ei quod mutatur in colore 79a13 تغيّر لونه الى الوان كثيرة mutatur color eius in multos colores 92a23 متغيّر اللون est alterati coloris 52a18 جيّد اللون boni coloris 77a23 اسود اللون nigri coloris 80a14

لوى involvo 83b35 ملتو involutus 75b8 82a(15)16 غير ملتو non involutus 82b24 التواء involutio 75b25 83b13 84b20 التواء المعاء involutio intestini 75b20 80a22

ليس ب non 39b3 *et passim*; non tamen 40b35 40a5; non est 57b28 *et passim* ليس يشبه non est 46b35 49a18 50b6 51a35 ليس بمرسل non absolutus 60a32 diversus 73b3 ليس بل مختلف ... واحدا ليس بدمى diversatur 65b3 ليس carens sanguine 47a30 60b11 الذين ليس لسانهم مرسلا illi qui habent linguas ligatas 60a25 ليس يكون شىء من هذين من est mali volatus 94a6 ليس هو جيّد الطيران istis duobus caret 50b22 آلة ... ليس ... شىء non aliquod instrumentum 56a36 ليس شىء ... nullus ... praeter 62b20 ليس ... شىء من non ... aliquis 74b30 خلا فقط ليس لشىء من ... من non aliquid ex ... nec 78a28 ولا شىء من non ... aliquis 69b7; non ... ullo 52b3; nullus ... habet 57a23 58a25; caret 57b31 ليس لشىء من ... ولا لشىء من nullus ... neque ullus 97a10 البتّة ... ليس لشىء من nullus ... omnino 71a26 ولا ... ليس شىء له nullus ... neque 66a16-7 ولا ... nullum ليس est inconveniens ut 56b9 ليس بسريع difficile 59a5 ليس يمكن ان habet 56b19 ليس ل caret 64b36 73b24 ليس فى est impossibile 42b35 مما يستطاع non habet 48a18 58a7 76a28; non habetur ab 52b24 ليس لشىء من nullus ... habet 76a29 ليس لـ ... البتّة caret omnino 75a9 87a3 ليس له carens 42b15 50a35 50b24 69b29 71a9 *et passim*; non habens 44b5 واحد ... ليس له ولا carens 45b25 ... ليس البتّة non 92a11; non (est) ... omnino 43b13 52a2 57b32 64b11 *et passim*; nullus (est) 41a35 البتّة ... ليس له non habet ... omnino 54a22 ليس فصل nulla differentia (est) 43a8 ليس هو كما nihil est quod 56a15 ليس بمشكوك sine dubitatione 40b33 ... الا ليس non (est) ... nisi 43b8 52a1 54a6 58b10 85b1; non ... sed 69b32 ليس ... وليس ... لا non ... neque 64a23 ... وليس ... ليس non ... neque 92a6 ولا non ... aut 39b6 41b22-3; non ... nec 41b4-5; non ... neque 51b5 57a14 84b8 ليس ... ولا ... ولا ... البتّة ليس ... ولا non ... neque omnino 95b24 (ايضا) ... ولا non (est) ... neque ... neque 48b6-7 62b29 92a9-10; non ... aut ... neque 78a36-b1 ليس ... كما ليس ... كما لا non ... sicut neque 68a33-5 ليس ... سيكت neque 81a33 91a20 بل ... ليس non ... immo 44b11-3; non ... sed 46a15 47b19 51a10 54a17-8 78b21 80a32-4 (ايضا) ... فقط بل ... ليس non solummodo ... sed (etiam) 72b34-6 89b3 90a2; non ... tantum sed (etiam) 44a35 56b7-8,29 63b6 *et passim* ايضا (و) لكن ... فقط ... ليس non ... tantum sed (etiam) 40a24 46a29 ليس فى سائر ... الا ... ليس الا (فقط) non ... nisi ... (tantum) 88a33-4 95a9

ليس فقط ... in nullo ... nisi ... tantum 66a3 ما خلا ... ليس ... non ... nisi 63b26 ليس
غير ... non (est) ... nisi 56a13 73a28 غير ... لـ ليس non habet ... nisi ... tantum
52a16

ليل ليالى امتلاء القمر noctes plenilunii 80a34

لان الآن mollifico 78b35 لين mollis 46b21 47b11 48a18 53b34 55a25,9,36 et passim
(الحيوان) اللين الخزف valde mollis 60a11,7 60b36 لين جدًا (animal) mollis testae
54a1 61a13 78a27 78b9,24 79a31 79b7,31 83b25 84b18,31 85b27 اللين الجسد mollis
carnis (pro corporis) 54a13 اللين الجلد mollis testae 81b11 لين مثل لحم mollis
لكى يكون لينًا وبحيث لا يصيبه من الطعام الذى يدخل فيه شىء وتكون sicut caro 54a16
لين mollis 67a14 ألين ut sit oboediens ad introitum cibi 64a34-5 من ذلك ضرورة
molle 46b18; mollities 44b14 67a12 71a32

ما quid 89a17; hoc quod 39a14 65b21 85b9; quod 39a8,13 39b28 49a24 55b16 etc.;
id quod 61b27 63a12; illud quod 50a35 68b27 et passim ما ذكرنا haec quae
diximus 62b11 وما يشبهه et sibi simile 62b9 ما ... فى quidam 64a19 منه ما
quidam 39b2 69b15 ما ... من quidam 61b17 et passim ما عظم من magnus ما
quidam ... et من ... ما هو ... ومنها ما هو parvus 68a 28, 31 ما صغر من 68a28, 31
quidam 47a13 47b31-3 ما كان من omnis 61b21; quod est ex 76a35; si 92b22-3 ما
يمكن (قدر →) بقدر ما (كلّ →) كلّ ما prope 63b15 قرب من quanto magis poterit 41a22; quantumcumque possit esse 60a10 بما كان يمكن ان no Latin equivalent 72b21 ما خلا praeter 62a6 (→ خلا) ماذا quis (est) 40b7,19 41a23 42a20,6
48a34 48b12 52a21 89a17 وماذا ... وماذا ... وماذا ... وماذا quid est ... et quid
est ... et quid ... et quid 51b17 ومثل ماذا ومثل العلّة التى هى مثل هذه واىّ علّة هى quae
causa est talis causa 40b6 لماذا causa propter quam 67b20; propter quid 41a15;
propter quod 41a14; qua de causa 42b25 63b20; quare 63b21 → أتى 39b10 مثل
رطب ما دام فى طباع ما دام ماذا quid est (sc. animal) 41a16 مماذا ex quo 68a7 ماذا هو
humidus in natura 47b12

مالاقيا malakie 54a13 61a14 69a8 (pro فلاينا*) 78a27 79b7 81b17 84b17, 20, 34
85a4,7,12 الحيوان الذى يسمى باليونانية مالاقيا malakie 44b10 54a10 78b25 79a4
79b32 81b11 84b6 85b28 الحيوان البحرى الذى يسمّى باليونانية مالاقيا malakie 78b7
مايا باا (s.p. L) baha 84a10 *مايا السراطين التى تسمّى cancri qui dicuntur baha
84a7

متى متى سيكون erit 40a6,7

مثل ad 66b20 95a11; ad modum (c. gen.) 64a32; in loco (c. gen.) 90b29; (est) quasi
39a4 43b34 50a33 50b7 66a21 71a23 71b23 et passim; (est) sicut 39b1 41a27 46a
13, 8 51a1 60b33 et passim; ut 39b12 69b13 et passim مثل اعنى ut 61b31 بنوع من
الانواع مثل sicut 60b14 مثل ليكون sicut 70b12 مثل اقول dicamus ergo de 53b31
مثله sibi similis 55a5; similis ei 66a18; talis 79a22 مثل هذا alius 78b16; hic 39a7
39b30 40a32 40b11 42a13; idem 78b32; iste 40b17 42b31 45b31 48b7 61a26; similis 40a16 73b31; similiter 80b5; talis 40a23 40b6 41a25 et passim مثل هذا المخ

# INDEX ARABO-LATINUS 561

sibi similis 45b35 الذى يكون فى ... مثل هذا يكون مخ talis est medulla 51b32
sibi similis 45a30 الذى هو مثل هذا sibi similia 49b14 الاشياء التى مثل هذه وما كان مثل
et sibi similia 53b33 وإن كان شىء آخر مثل هذا et simile sibi 78b17 مثله وشبيهه
in فى مثل هذه ut 49a25 بقدر قول القائل مثل sibi similia 61b32 هذه التى ذكرنا
فى ... similiter 68a19 من مثل هذا propter hoc 42a13 بمثل هذا النوع talibus 49a18
على اختلاف كثير مثل الاختلاف الذى فى diversantur secundum diversitatem 75a32
مثل هذه الحال ita 54b4 57a5,14; secundum hanc dispositionem 42a31 46a29 57b7,
23; secundum istam dispositionem 57a31; secundum hoc 42b4; similiter 46a28;
talis 40b31 52b2; talis dispositionis 60a4 على مثل هذه الحال ايضا similiter 42a23
et sibi وجميع ... الذى هو مثله similiter dicunt in 40b11 مثل هذا القول يقولون فى
similia 68a24 مما هو مثله et huiusmodi 46b26 وسائر الاشياء التى مثل هذه sibi
similis 39b26 شىء آخر مثله alterum 40b24 امثل melior 81b28 اجود وامثل (est)
melius 85b15 وكذلك هو امثل ان يكون هو امثل ان melius est (c. inf.) 87a9 et ita est
melius 87a15 هو انفع وامثل melius est (ut) 65b15 66b32 هو امثل واجود (ان) est
melior 90b3 هو امثل وانفع ان melius est et convenientius ut 72a26 الذى هو اجود
non ليس بامثل ولا اجود quod est melius et perfectius 63b33 وامثل وخير من غيره
est melius 80b26 امثل واوفق iuvantior 58a21 امثل وانفع convenientior 46a14 (هو)
melius est di- خليق ان نقول ان هو امثل ان نفول ان dignius est ut 57b19 امثل الى ان
cere quod 52b8 لحال الامثل melioratio 72b22; melius 87a16 الاجود والامثل propter melius 92a4 لحال الامثل والاجود propter meliorationem 47b30 كمثل sicut
41b13; similiter 42b28 46b16 48a32 48b33 فئلك ... كمثل sicut ... ita 50a14-6
in proverbiis 41a20 فى الامثال مثل

مثانة vesica 47b29 53b11 55b16 64b14-5 70a22 70b17, 33, 4 71a9, 22, 31 71b16, 24
76a29 78b1 الفضلة التى تكون من المثانة superfluitas vesicae 70a32
الذى له مثانة superfluitas quae aggregatur in vesica 70b24-5 تجتمع فى المثانة
habens vesicam 76a34 ليس له مثانة caret vesica 71a9; non habet vesicam 79a19
carens vesica 70b2 76b6 الذى لا مثانة له ، الذى ليس له مثانة 97a13 طباع المثانة
natura vesicae 70b29 عمل المثانة operatio vesicae 70b27,9

مخ medulla (47b12 L) 51b20,3,7,32,7 52a20,1 55a35 55b1 الفقار مخ (الذى يكون فى)
medulla spondylium 51b33,5 52a13,7,30

مخاطى مخط mucilaginosus 55a30,6

اذا extendor 68b1 امتد emittit et attrahit ad se 66b15 يجذب ويمد الى ذاته مد
cum extensus fuerit 68b21 يمتد متصلا من امتداد extenditur continue ex extensione 77b37 امتد من ... الى extendor ad 50a29 81b22 امتد الى extendor ex ...
ممدود من ... extensus 92b20 ممدود extensus usque ad 95a2 يمتد الى ad 78a2
الى extensus ex ... ad 70a11 ممتد الى extensus ad 71a29; extensus usque ad
81b18 مدتها مدا كثيرا extensio 46b19 مد وانبساط مد extendunt ipsam extensione
magna 60b7 امتداد extensio 54a16 57b15 64a32 72b26 77b37

مدن مدينة مدينة المدن بعض المدن regio 70a26 مدن $\Omega L^2$ (← بدن) 42a30

مر ب مر مر ب مار ب مار ب transeo per 65b32 66a30 68a28 72b5 78a15 transeo per

مرارا شتّى multotiens 39a 65b16 مرّة واحدة مرّة (= semel → GA 751a8) (71b10)
24,7 42b9 44a26,34 45b12 49a7 57b2 et passim; saepe 88a24
مرّ مرّ amarum (subst.) 77a28 مرّة cholera 48a32 49b32; fel 73b24 76b16,9,24,34
77a1 77b8 المرّة الصفراء cholera 49b34; cholera citrina 49a26 طباع المرّة natura
fellis 76b18; fel 76b22 خلقة المرّة creatio fellis 77a29 تقويم المرّة substantia fellis 77a25 ليس له مرّة البتّة non habet fel omnino 76b25
مرأ امرأة (→ نساء) مرى ء oesophagus 64a20,31 64b3,12,20 65a10,20,2,7 74b23 91
a1 عضو المرى ء oesophagus 64a23 العضو الذى يسمّى مريئا membrum quod dicitur oesophagus 64a16; oesophagus 74a10 وضع المرى ء situs oesophagi 76b14
مرض علة الامراض infirmitas 53b4 77a9 اوائل الامراض principia aegritudinum 53a9
causa infirmitatum acutarum 77a6 الحادّة بغير مرض يعرض له sine laesione sibi
89a24

مراق 77b14 → رقّ
مرقة brodium 51a29
مزج مزاج complexio 50b28 52b18 52b35 73b25 77a27 86a9 إفراط المزاج distemperantia 52a31 يصيّر ردى ء المزاج جدّا est malae complexionis valde 73b30
... جيّد المزاج meliorat complexionem 52b26-7
مسّ يمسّ رأسه بالرجل tango 48b13,5 49a16 (50b4) اذا مسّه احد si tangatur 50b5-6
tangit caput suum pede 86b16 ماسّ tango 71b35 (85b4) كلّ ما يماسّه quicquid
tangitur ab eo 85b7 عليها تماسّ الارض وتدبّ repet super terram 86b31 الجسد الذى
يماسّها corpus contactum 48b36 مسّ tactus 52a35 55b1 حسّ المسّ sensus tactus
48b31,3 49b4 51b4 53b24ff. 56b34 60a21; tactus 78b28 الحسّ الذى يكون بالمسّ
حسّ الاشياء التى تحسّ sensus tactus 52b4 حسّ ... من المسّ sensus tactus 60a13
بالمسّ sensus tactus 56a30
مسح (L) بالمساحة مساحة per mensuram 43a34
مسك يمسك ما يمسك من ... الى retinet ab ... ad 87b14 teneo 87b19 (90a25) مسك
لضبط يمسك برباطات ut retineant fortius 87b15 ... ما يمسك ضبطا شديدا retentus cum
ligamentis 54b27-8 تمسّك وتضبّط مسك ومسك لضبط ad retinendum 87b11 تمسّك
الجسد ut retineant corpus 68b21 امساك retinere 74b27 وامساك صيد no Latin
equivalent 93a3 للامساك ضبط وامساك ما يمسك retinere id quod tenet 62b3 ad
retinendum 91b7,15 لحال الامساك بدل امساك اليدين ad retinendum loco manuum
83b33 الحاجة للامساك indigentia retentionis 91b14

مسمار → سمر 52a19
مسو مسوة coagulum 76a6-8,11,5,7
مشط pecten 83b15 الاصناف الذى يسمّى امشاط modi qui dicuntur pecten 80b23
مشى مشاء ambulo 39b3 94a19; incedo 94a20 مشاء ambulans (59b7) 60b32 لانه
الحيوان المشاء animal quia ambulant 76a27 مشاء ما كان منها ambulantia 50a24
ليس بمشاء (→ حيوان) non ambulans 48a26 55a35 59a4 60a15,6 60b3 68b33 69a7
لحال المسير ambulat 95b21 المشى ambulatio 83a32 للمشى ad ambulandum 85a29
والمشى ad ambulandum 83b32

مصّ sugo 81b10 واستخرج ممّا extrahor 60b21
للمضغ مضغ ad masticandum 90b27 91b2
كينونة الامطار مطر generatio pluviarum 53a4
مع cum 39a21 42b19 44b31 49a15 51a9 53a15 55b24 83b3 84a11 *et passim*; in 39b11; quando 55b16; super 76b21 مع حرارة calore 50a14 مع ذلك cum hoc 52a36 معما cum hoc quod diximus 96b32 الطير الذى يكون مع سائر صنفه aves quae volant in comitatu 82b6 معا simul 61b23 (82a19) 97a23
معدة stomachus 75a9 78b25 81b18, 23 84b25 العضو المعدة stomachus 79b10 80a7 معدة طويلة longus stomachus 78b25 معدة صغيرة stomachus parvus 79a34
معزى caper 76b35; capra 43b6
معاء intestinum 74a12 76b17,20 81b26 82a15 84b26 93b25; intestina 75a32 77a15 77b37 معاء الاجواف intestina *76a22 معاء الجوف intestinum interius 78a35 طباع المعاء intestinum 75a31 قوة المعاء natura intestini 78a13 وسط المعاء medium intestini 50a30 ما يلى البطن من المعاء pars intestini quae vicinatur ventri 75a34 الفضلة التى تخرج من المعاء الذى يلى البطن superfluitas ventris 79a2 المعاء الذى جزء المعاء الذى يسمّى اعمى intestinum quod dicitur *caecum 76a5 يسمّى اعمى pars intestini quod orbum dicitur 75b7 المعاء الذى يسمّى الاوسط intestinum quod dicitur medium 76b10 المعاء الاوسط intestinum medium (77b12) 77b36 78a14 معاء مبسوط intestinum extensum 78b27 79b1,11 معاء مبسوط مستقيم intestinum rectum extensum 82a14 معاء ملتو intestinum involutum 82a16 معاء اضيق intestinum strictum 75b18,9 المعاء الدقيق no Latin equivalent 75b34 اجزاء ناتئة من المعاء partes intestini prominentes 75a17 سائر المعاء alia intestina 76b11 كلّ المعاء in- testina omnia 76b21 عظم المعاء magnitudo intestini 75b3-4 كثرة المعاء multitudo intestinorum 77b20 التواء المعاء involutio intestini 75b20,5 80a22 سعة المعاء am- plitudo intestini 75b25 استقامة المعاء rectitudo intestini 75b26 الحيوان المستقيم المعاء animalia recti intestini 75a21
مكر (Bad.) no Latin equivalent 67a22
مكن ممكّن امكن 88b11 do الذى يمكن امكن ان quae plus possunt in hoc 66b30 يمكن ان est possum (c. inf.) 83a25 كان يمكن ان يكون est possibile ut sit 43a9 possibile 93a3; possibile est ut 46b31; potest (c. inf.) 48b25,30 56a23 59b4 لا يمكن ان impossibile est quod 43b28-30; est impossibile ut 47a21; non potest (c. inf.) 45a28 52b18 55b31-2 63b35 et passim يمكن ان يكون ( لا ) (non) potest esse ليس يمكن 42a8 64a24,6 et passim لم يمكن ان non posset ... pertingere ad 60a5 ليس يمكن ان يكون طير له nulla avis habet ليس يمكن ان يكون non est possibile 95b23 الاشياء التى تمكن res هو يمكن لـ ... ان possibile est in ... ad 91b20 94a13-4 possibilibus 87a16 ممّا يمكن possibile est 73a30 ليس يمكن ولا مما يستطاع im- possibilis 80b26 ليس يمكن ان est impossibile 42b7 مما لا يمكن ولا يستطاع est ليس يمكن inconveniens ut 56b9; non potest (c. inf.) 40a6 46b34 62a10 et passim ان ... البتّة est impossibile ut ... omnino 77b3 حيث يمكن ubi est possibile esse ما يمكن فى القول quantumcumque possit esse 60a10 ما يمكن quanto magis 65b14

poterit dicere 41a22 بما كان يمكن ان *no Latin equivalent* 72b21 ممكن possibilis 44b19 58a21 93a2 امكن وابعد امكن وايسر magis possibilis 63b7 facilior 88 b30 هو امكن واشبه ان melius est ut 83a19-20

ملأ impleo 62a11 80b31 امتلأ من امتلأ impleor ex 80b33 شحما تمتلىء impinguantur 72b2 مملوء (من) (est) plenus (*c. abl.*) 51a32 56b15 77b24 78a1 81a5 97a4,29; مملوء من كلّ ناحية plenus ex 80a9 plenus circumquaque 72a27 ... تظهر مملوءة in ... apparent 67b4 امتلاء لحال الامتلاء per nimiam repletionem 96b33 ليالى امتلاء القمر in plenilunio 80a31 اذا كان امتلاء القمر noctes plenilunii 80a34

ملح مالح مالحة فضلة superfluum salsum 76a34

لكى تطحن وتملّس الطعام *74b21 ملّس ملس ad molendum (*sc. cibum*) 61b9 املس سريع الطحن lenis 64b2 71b7 97a7 ملوسة lene 46a19; lenitas 44b14 48b6 والملوسة velox ad digerendum 74b33 تمليس للتمليس ad mollificandum 91b2

مَن qui 50a31 74b15; ille qui 63b31; is qui 78a5 من جزآ si quis diviserit 44a2 اوّل من fuit primus qui 42a27 ... مِن مَن quidam 41b20 42b5 48a25,32 52b7 72b10 76b31 كثير ممّن يعاينه ومنهم من ... منهم من quidam ... et quidam 60a26 plures videntes 61a1 الأخر ... مَن ... من quoddam ... aliud 49b2

من ab 41b11 46a31 50a20-5 (generatur ab 52a23); de 44b26; ex 39a13 40b5 45a24 46a30 50a25 54a7; in 57b14 69a14 95a17; per 50a17,26 82b22; propter 63a31; quam (*post compar.*) 46b1 *et passim* اللذّة التى تكون من الطعام sapor cibi 61b8 من ... ما (هو) quidam الذى يكون من propter 55a3 اكثر من magis quam 47a20 42b27 43a10 61b17 *et passim* ما كان من ... مَن omnis 61b21 من quidam 41b20 42b5 48a25,32 52b7 72b10 76b31 كثير ممّن يعاينه plures videntes 61a1

منع prohibeo 51b1 55a2 58b15,7,23 قمع ومنع prohibeo 56b5 لكى لا يمنع ut non prohibeatur 89a1 منع ان *no Latin equivalent* 88a14 يمنعه يصير prohibens ipsum الذى يمنع ويحجر بينه وبين البصر غير شىء واحد quae habent prohibentia quasi infinita 58a7 منع من prohibeo ab 42a24 54b10 63a5 64b4 94b24 كان مانع non prohibetur a natatione 96a22 لا يمتنع من ان يعوم امتنع 96a29 اذا لم له شىء مانع البتّة si aliquid non prohibuerit prohibeo 88a31 97b13 مانعا ل مانع ل ليس لـ ... مانع يمنعه من البصر non habet prohibens visum 58a7 41b25 ممتنع ل prohibeo 89a27 ممتنع ل لكى لا يكون ممتنعا ل ut non prohibens 63b4 83a23 qui prohibet 58b18 منع معمول بمنع prohibeant 82b10

منى رطوبة sperma 47b13 51b14 53b12,3 89a11,5,7; (*pro* *atramentum) 79a8,18 81b26 المنى sperma (*pro* *atramentum) 79a1 خروج المنى exitus spermatis (= *atramenti) 79a14 المنى رطوبة من الرطوبات وهو فضلة sperma est humiditas et superfluum 89a9 حال طباع زرعية المنى natura spermatis 55b24 قوة زرعية المنى virtus spermatis 51b21

مهنة معمول ars 40a30 41b13; artifex 45a12; artificium 39b15, 20, 5 40a31 45a12 صاحب المهنة بمهنة imaginatus 40b34 مهنة النجارة carpentaria 39b18 (52b14) artifex 39b25 فى علم المهنة artificialiter 40a32 مهنى فى الاشياء المهنية in rebus artificialibus 41b13

مواس moez 79b26 83b15

فى الاشياء التى تبلى وتموت in rebus لمّا مات مات quando mortuus fuit 73a19 corruptibilibus 41b20 موت mors 39a21 53b5 73a21 الموت علل الحياة والموت causae vitae et mortis 48b4 صارت داعية الى الموت cito adducunt ad mortem 72a36

امواج البحر undae maris 85a32 موج

ماء aqua 40b13,6 41a10 46a14 47a12 47b2 52b22 56b1,2 59a13,4 et passim رطوبة الماء aqua 96a8 فى قرب المياه prope aquas اذا صار ماء quando fit aqua 69a33 الماء الحارّ aqua يصير ماء fit aqua 53a7 الماء البارد aqua frigida 50b29 aqua 59a2-3 calida 48b26 الماء العذب aqua dulcis 83b22 الماء العذب الذى يشرب aqua dulcis potabilis 76a35 الماء الذى يغلى aqua ebulliens 48b28, 31 49a10 برد الماء frigus aquae 48a27 مجرى الماء canales aquae 68a14 قنى ومجارى الماء cursus aquae 64b10 مسيل الماء cursus aquae 68a35 فضلة الماء superfluitas aquae 71a13 الحيوان الذى يأوى فى الماء animalia quae manent in aqua 58a7 مائى aquosus 50b16 *51 a30 68b8 69a10 77b21 97a31 97b4 الجزء المائى pars aquosa 53a23 الحيوان المائى animalia aquosa 42b19-20 44a13 48a25 52a4 60b18 69a7 et passim (→ حيوان) الطائر المائى aves aquosae 42b13 مائية aquositas 51b18 مائية الدم aquositas sanguinis 51a17 53a2

ميّز distinguo 46a4 49b1,21 64a12 70b30 72a20 85b31 89a12(G) 97b28 قد ميّزنا iam distinximus 40a8 56a29 لزمنا ان نميّز deberemus distinguere 40b24 ميّز وبيّن distinxi et ostendi ... ميّز واوضح distinguo 39b13 حدّ وميّز من distinguo 49a34 حدّ وميّز distinguo ab 72b11-2 مميّز distinguor 65a14 تميّز distinguo inter ... et 78a34 وميّز ما بين ... و no Latin equivalent تمييز وفرق distinctus determinatus 78a22 85b35 تمييز محدود distinctus determinatus ميّزنا ذلك تمييزا بليغا distinximus istud distinctione completa 53a20

مسطيس (μύτις L) مسطيس, موسيطيس ) bositiz *79a8; bastiz 81b20-1; mastiz 81b26

ميقون ( μήκων ) micon 79b11-2 80a21

مال ... الى مال acquiesco ... ad 42a29; declino ad 60b22 63b34 70b3,15-6 76a31 94a25; transeo in 71a14 94b19 مال ونقل الى declino ad 95a25 مال الى وفنى فى transeo in 97a9 مال الى ... الذى كان يصير الى qui transibat in ... transit in 89b31 تحرّكت ومالت من ناحية الى نواحى أخر moventur in partes diversas 57a16 ليس يظهر له ان لم يمل الانسان رأسه جدّا non apparet ... nisi multa inspectione 90b24-5 بعضها مائل مائل declinans ad 66b7 83b1 مائل الى declinat ad 95a7 هو مائل الى مائل ميل الى بعض declinantia ad invicem 63a14-5 ميل declinatio 89b12 (95a25) declinatio ad 57b9 86a32-3

نبّ انبوب canna 59b15 انبوبة canalis (blowhole) 97a19, 23; canna (tube) 64a27; العضو الذى يسمّى (shaft) 82b18; (blowhole) 97a17 الزمارة انابيب fistulae 87a12 انبوبـا membrum quod dicitur canale (funnel) 79a3 مثل انابيب sicut canale (shaft) 92b14 موضع الانبوبة locus canalis (blowhole) 97a24

نبت cresco 58a26,7 *تنبت وتكون من طباع oriuntur et sunt ex natura 41b29-30

نبات crementum 63a25 erit in نابت crescit super 58b21 هو نابت على نابت
58b25; origo 63a1,34 63b3,10 64a11 نباتها وابتداؤها origo ... et principium eorum
41b30 فى ... (ut) sint pili multi يكون ... نبات شعر كثير fuerit in 62a13 صار نبات
58b5

ناتىء نتأ prominens 54b18 55a31 61b(18)23, 6, 31 63a7 63b35 64a11 75a12, 4, 7
83a8 (sc. corpus) extra خارج ناتىء عن الجسد 74b24 وارم ناتىء 91a13; (84a30)
العين الناتئة prominens exterius 97b7 NB. In GA 780b36 read ناتىء الى خارج
(not البائنة)

نتن منتن fetidus 75b30 منتن الرائحة fetens 71b23

نجّار carpentarius 39b17 41a6, 9-10; faber 52b14 مهنة النجارة carpentaria 39b18
(52b14)

نجم (stella sc. marina → HA 548a7ff.) no Latin equivalent 81b8 اصحاب علم النجوم
astrologi 39b7

نحاس aes 40b25 42a11 المهنة الصانعة لاصنام النحاس ars quae est artifex imaginum
aenearum 40a30

نحل جنس النحل apes 48a6 50b26 61a20 82b9 83a8 genus apum 83a6 جنس النحل
والذباب genus apum et muscarum 78b14,9 الاصناف التى تشبه النحل modi qui assimilantur apibus 83a29-30 اجنحة النحل alae apum 82b13 حمة النحل والدبر aculeus
apum et vesparum 83a9

نحن nos 56a25 62b23 67b20 (68b32 74a21) 89a10 97b29 نحن نقوى ان نقول possumus dicere 44b28

ناحية نحا pars 57b20 60b29 66b12 68b21 70b3-4 72a17 72b35 (73a4) 77b35 79a4
80b11 81b19,23 83b20,35 84a18,22 88b9 89b13 95a4 96b25 97b19 الناحية البلدة
regio 73a17 ناحية البحر pars maris 80a36 فى ناحيتهم in partibus illorum 73a26
لكلّ جسد ناحيتان duae partes 59b25 ناحيتان corpus dividitur in duo 69b19
ناحيتان اعنى الناحية اليمنى والناحية اليسرى duae partes scilicet dextra et sinistra
67b32; pars dextra et sinistra 70a3-4 الناحية اليمنى pars dextra 48a12 56b34
65a25-6 66b8,35 67a1 69b21,30,6 71b30 72a25 80a24 80b7 82a1 84a27 الناحية
اليسرى pars sinistra 48a13 56b34 65a26 66b8-9 67a1 69b21,31 70a1 70b19 80a25
82a1 فى الناحية اليمنى والناحية اليسرى ad sinistrum 66b7 الى الناحية اليسرى
dextra et in sinistra 82b10 الناحية العليا pars superior 59b25 69b20 86b6-10
ما يلى الناحية السفلى pars inferior 59b25 69b20 86b7-10,2,34 89b13
ما pars inferior 86b11 المكان الذى يلى الناحية السفلى pars inferior 88b28 السفلى
يلى الناحية العليا pars superior 86b13 88b26 الى الناحية العليا ad partem superiorem 63b34 68b27-8; ad superius 71b34 87b14 الى ما يلى الناحية العليا ad
superius 71b31 الى الناحية السفلى ad partem inferiorem 94a25; in parte inferiori
65a24 فى الناحية السفلى in parte inferiori 75a17 79a16 85a17; inferius 72b22
من الى ناحية (الواحدة) ad unam partem 60b22 70a15 من النواحى 75a16 83a21
من الناحية السفلى ex parte inferiori 72b29; in parte inferiori 57b14 من الناحية
in من الناحية السفلى الى الناحية العليا a parte inferiori ad superius 87b14 العليا

superiori parte 57b14 الناحية العليا في in parte superiori 63b36 65a24 79a8 80b14 84b24 89b26 96b34; in superiori *(c. gen.)* 57a13; superius 75a15 83b21 الذى ناحية المؤخّر والمقدّم 97b18 ( يكون ) فى الناحية العليا superior 79a36 pars anterior et posterior *(inv.)* 84b14-5 فى ناحية مؤخّر الجسد in posteriori corporis 79b24 الى فى ناحية واحدة من نواحى ناحية عمق الجسد ad profundum corporis 83b34-5 in una parte partium 80b23; in una parte *(c. gen.)* 87b13 فى ناحيتين in duabus partibus 57a4; in utraque parte 57a3 فى ناحية الظهر ex parte dorsi 66b5 فيما يلى ناحية prope 88b7,8 فى كلّ ناحية circumquaque 60a24 من كلّ ناحية circumquaque تحرّكت ومالت من 56b29 72a27 80b9,12 فى كلّ النواحى in omnibus partibus 80b20 ناحية الى نواحى أخر moventur in partes diversas 57a16
منخر نخر nasus 40b15 57a7,9 57b19 59b4,13,20 92b17 منخر الفيل nasus elephantis 58b35 59a15 منخر اعنى الخرطوم nasus scilicet additamentum 59a1,30 آلة وهو منخر المشمّة nasus quod est instrumentum odoris 91a12 منخار سبل مناخير viae nasi 59b1-2
ندى humiditas 72b36; humidum 73b1 حشيش كثير الرطوبة والندى herbae multae humiditatis 76a15 الفضلة جافّة جدّا قد نشف نداها superfluitas valde sicca 75b20 فضل ندى دمى humiditas sanguinea 73a34 ندى ورطوبة اكثر maior humiditas 73a1 ندى وهو الذى يسمى عرقا الرطوبة والندى id quod superfluitas humiditatis 70b5 dicitur sudor 68b4
ينزل انواع النازلة من descendo 75b14 نزل من ... الى descendo ab ... ad 58b16 نزل نزول الى الدماغ الى الجسد acciderent statim catarrhi 52b34 نزول descensus ad تكون نازلة بلغم ومائية دم nazla 90b30 accidit catarrhus phlegmatis et aquositatis sanguinis 53a2
duo الرجلان التى بها ينزو quod coit *(pro* *salit) ex eis 83a33 ما كان ينزو منها نزا pedes per quos coit *(pro* *salit) 83b3
نسب الى attribuo 40a6 41a29 47a13 48a23 ينسب الى attribuitur 41b17 42b25 43a13; communicat cum 81b6 ناسب الذى يناسبه بشبه الخلفة *no Latin equivalent* 91b32 منسوب الى attributus 39a29 39b25 41b34-5 43a14 44a8 45b22-3; attribuitur 47a6 مناسبة لقربه من ... ومناسبته propter convenientiam quam habet cum 58b11-2
نسج منسوج مع منسوج contextus super 76b21
نساء mulieres 48a29,31 88a19,23 (89a14) النساء ... الرجال vir ... mulier 53a28
نشأ , نشؤ cresco 50a3 50b1 51b24,5 55a34 55b32 93b24 94b20 نشؤ من orior ex 67b17 نشأ ونمى من cresco ex 47b26 نشوء crementum 39a21 45b34 80b31 86b19 88b26 95b8 يصيّر النشوء efficit crementum 53a31-2 ابتداء النشوء principium crementi 41b5 علة النشوء causa crementi 69b3 كثرة النشوء multitudo crementi 73b34 → حمل 55a4
نشر نَشْر (= *serrare) no Latin equivalent* 45b18 منشار serra 45b17-8 52b14 → ثقب
نشط *نشاط Kruk (πρακτικόν) 47a29
نشف الفضلو جافّة جدّا قد نشف efficitur siccus 75b31 قد جفّ ونشفت رطوبته نشف نداها superfluitas valde sicca 75b20

comae 58a31 ناصية

نضج digeror ex نضج من digeror 74a15 طبخ ونضج digeror 74a15 74b34 74a15 68b10 51a18 digeror نضج
52a8 بعد انضج الذى لم ينضج qui adhuc non est digestus 75b35; indigestus 50a15 انضج
digero 72a20-2 طبخ وانضج digero 50a14 نضوجا اكثر ... انضج digeret ... digestione magna 72a20-1 نضيج digestus 72a7 غير نضيج crudus indigestus 75a20
منضج digerit 77b32 نضج digerere 81a4; digestio 72a4 نضج digestio 50a11,27 72a21 74a22 77b31,4 طبخ ونضج digerere 68b12; digestio 50a4 هضم ونضوج
digestio 50a12 نضوج الدم الذى يكون من ذاته digestio cibi 50a11 هضم ونضوج الطعام
sanguis digestus per se 52a9 اذا جاد جيّد الطبخ والنضوج bonae decoctionis 51b7
نضوج دمه quando bene digeritur sanguis 51b29 جيّد النضوج bonae digestionis
72a4 قليل النضوج ليس ... جيّد النضوج non est ... bonae digestionis 68b15 paucae
digestionis 70b14-5 لحال النضوج ad digerendum 70a27

نضح (= وضح) =) manifestor (= eicior) 77a11

نضد ordo 41b23 المنضود المرتّب ordinatum 41b18 نضد ترتيب ونضد منضود نضد

نطح impulisset fortius ... قويا جدّا اكثر من النطح الذى ينطح به من رأسه لكان نطحه impulisset fortius ...
63b1 نطح اجود للنطح erit impulsio fortior 63b6-7 يكون النطح اشدّ (est) melius
ad impellendum 63b16

نظر مَن نظر فيه نظرا ille qui considerabat et intuebatur 63b31 مَن تفقّد ونظر نظر
شافيا ei qui volunt bene intueri in hoc 78a5 نظر الى aspicio 92a5; considero in
45a8; inspicio 45a19 نظر فى considero 48a21 77a32; considero de 39b4; considero ex 40b5; considero in 39b5 44b15 74a21 نظر من video ab 57b26 ان ينبغى
ننظر فى ... نظرا مفردا بذاته debemus considerare consideratione per se 56a3
ناظر considero debemus considerare in 44b17 ينبغى ان يكون الرأى الناظر فى نظر
ratio 41a30 بعد النظر no Latin equivalent 91a25 النظر فى consideratio de 68b31;
consideratio in 45a15; considerare ex 41b1 ينبغى ان ينسب النظر فى debemus considerare et attribuere considerationem in 41a29 من لطف النظر فى a subtiliando
in consideratione 42a25 نريد النظر فى volumus perscrutari de 53b19 نظر وفحص
considerare et perscrutari 39b4 منظر aspectus 40b32,5 (60b2) 74a23 74b15 92b13
مختلف منظره habet aspectum diversum 56a4 الاقاويل التى وضعنا فى معرفة مناظر
الحيوان sermones quos posuimus in aspectu animalium 84b2 الحيوان الحقير الذى
ليس بحسن المنظر animal vile 45a8 (→ جهل)وجه( ؟)منظر )facies 47a11
نعم (ل) بنع ما احتال الطباع فى bene 57a11 نعم ما رتّبت bene fuit ordinatio 56b27
certe bene ingeniata est natura in 87b22; optime ingeniata est natura in 64b32

نعام نعامة struthio 58a13 نعام يسمّى الذى لوبية ارض من الذى الطير avis quae est in
Nubia scilicet struthio 95a17 نعامة struthio 97b14 ظليم (male ostrich) v. l. G[1]
(for طير) 61b31

نغم ان ينغم ينغم ببعض حروف الكتاب potest proferre aliquas litteras 60a29-30
dicendum 60a5 نغمة الحروف لبعض نغمة in quibusdam litteris 60a26-7

نغنغ (plur.) نغانغ (v. l. اذان G → adn. ad 659b15) branci 59b15 60b24 84a20 95b25
96b4 97a21, 3 طباع النغانغ natura brancorum 60b25 96b1, 9 اجتماع النغانغ no

# INDEX ARABO-LATINUS

له نغانع *Latin equivalent* 96b11 السمك الذى له نغانع pisces habentes brancos 96b2 له نغانع كثيرة habent multos brancos 96b13,21 له نغانع قليلة habent paucos brancos 96b12 ليس له نغانع non habent brancos 97a16 نغانع بدل الرئة branci loco pulmonis 76a28 ليس لنغانغه غطاء البتّة non habet coopertorium super brancos omnino 96b4

نفخ نفخ فيه اذا ينفخ ويجذب الهواء quando insufflatur 69a28 attrahit aerem 69a8 انتفاخ (= انفتاح) apertio 91a1 انتفاخ وتورّم inflor 69a16 انتفخ inflor 69a18 انتفخ البطن وتورّمه tumor ventris 55a2

نفد نفد فى transeo in 64a9

نفذ نافذ transiens 52a19

نفس الحيوان الذى يتنفّس anhelo 59b15 64a31 69a7,12 78b1 97a23,6; ('*exhale*') $L^1$ 71a20 يتنفّس animalia quae anhelant 62a17 69a5; animalia anhelantia 59b14 69a6 الاصناف التى لا تتنفّس modi qui carent anhelitu 97a21 الحيوان الذى لا يتنفّس 70a29 تنفّس ب من الجوّ الخارج animal quod non anhelat aerem extrinsecum 86a4 anhelo per 59b16 نَفس anima 41a18–9,22 43a35 45b19 52b8,9 67b23; vigilia (? → *app. ad loc.*) 39a20 النفس الطباعية الكلّية anima naturalis generalis 41a34 جزء نفس nafs anima sensibilis 72b16 نفس واحدة anima singularis 41a34 النفس الحسّية pars animae 41a18 اوّل النفس principium animae 86b27 جوهر النفس substantia animae 41a25 اعمال النفس operationes animae 52b10,2 حسّ النفس sensus animae a من الاجساد التى ليس لها انفس الى الحيوان in tota anima 41b9 فى كلّ النفس 78b2 من قبل شكل نفسه اعنى انه جزوع جدّا corporibus inanimatis ad animata 81a12–3 quia est valde timorosus 92a22 لا يضبط نفسه a se 88a1 عن نفسه non possunt abstinere ab 91a2 نَفس anhelitus 40b15 تنفّس anima (*pro* anhelitus) 42a31; anhelitus 59a4,7 62a17,22 64a17(8) 64b1 65a19 69a12,21 69b8; inspiratio 53b2; respiratio 73b23 ما وصفنا من التنفّس (= *de respiratione*) no Latin equivalent 96b2 (97a22) لحال الحاجة الى التنفّس (الى) عند الحاجة propter anhelitum 59b3 لحال حركة التنفّس apud indigentiam anhelitus 64b26 65a4 لحال propter mo- tum anhelitus 57a10 آلة التنفّس آلة موافقة للتنفّس instrumentum anhelitus 64a29–30 instrumentum quo anhelant in aqua longo tempore 59a9–10 يكون التنفّس بالرئة anhelitus est per pulmonem 65a16 تنفّس الهواء an- helitus aeris 65a18 بالتنفّس per attractionem aeris 57a7

نفع iuvo 51a36 انتفع ب ليس ينتفع لم ينتفع بها non adiuvatur homo per 87b21 لم تكن esset inutilis 87b17 لم يكن ينتفع به non esset iuvamentum per ipsam 63b5 لا ينتفع بها sunt sine iuvamento ...لو لم تكن بـ تنتفع non iuvarentur nisi 92a7–8 85a29; non adiuvant (ad) 85a31 التى لا ينتفع بها quod non habet iuvamentum 74a18 نافع iuvans 42a30 انفع ل ليست بنافعة لها non iuvant eas 64a7 plus هو امثل وانفع iuvantior 58a21 انفع وامثل est melior 90b3 امثل وانفع iuvans 72b26 معونة iuvamentum 63a11 77a16 منفعة iuvamentum 72a26 ان melius est et convenientius ut للمنفعة ad iuvamentum 63a8 منفعة من iuvamentum ex 58a21 ومنفعة iuvamentum لحال المنفعة ad iuvamentum 63b14 المنفعة والمعونة ad iuvandum 55b5 90a3

نقب منقب (= *terebra) no Latin equivalent 52b14
الطائر النقار الشجر نقّار ... نقرا مثل هذا نقر est figuratus tali figura 41a14 ينقر avis perforans arbores 62b7 منقار rostrum 59b5,12,21-2 62a34 62b4 92b18 93a 11,23 منقار الغربان rostrum corvi 62b7 مناقير الطير rostra 59b10; rostra avium 55b4 62a35 62b1,11 منقار rostrum rectum 93a11-2 منقار مستقيم rostra avium 59b27 مناقير الطيور rostrum incurvatum 93a11-2 منقار معقّف له منقار longum rostrum 93a17 طويل عريض habet rostrum latum 93a15-6 تكون عريضة المناقير habent rostra lata 62b 12 جساوة المنقار وعظمه no Latin equivalent عرض المناقير latitudo rostri 62b12 94a25

نقص diminuor 95b16 من نقص diminuo 85a25; diminuo in 64a1; diminuo ex 85a27 (89b30); diminuor ex 74b9 انتقص diminuo 87a30; diminuor 89a24 ناقص (71a16) imperfectus 95b2 صغير ناقص الجثّة parvus 70a32 نقص diminutio 63a31 74b9 75a18 89a25,7-8 92a24 بقدر نقص secundum diminutionem 86b20 من قبل زيادة ونقص ... ومن قبل الاكثر والاقلّ secundum magis et minus 92b4

نقط نقطة مثل نقطة sicut punctus 69b29 عظمه مثل نقطة magnitudo eius quasi punctus 65a35

نقع نقعة فى النقعة التى فى البلد in (loco qui est in) regione 96a5

نقل تتغير عاجلا تحرّك وانتقل انتقل moveor 81a7 مال ونقل الى declino ad 95a25 انتقل من ... وتنتقل cito alterantur et mutantur 49a28 انتقل ب mutor ad 81a13 الى ينتقل من اماكنه transferor ab ... ad 81a12-3 transferuntur a suis locis 80b3 منتقل لانه منتقل من بلد الى بلد quia transferuntur de una regione ad aliam 94a5 نقل حركة الجسد وتنقّله من مكانه تنقل ad ferendum 87b25 motus corporis de loco ad locum 73a29 ابطائه فى خروجه وتنقّله من الماء tardatio eius in exitu (sc. ex aqua) 59a32 ليس بسريع الانتقال من ... الى انتقال difficile ambulat ab ... ad 59a5-6 لحال الانتقال والسير من مكان الى مكان propter ambulationem 88a17

نقى (pass.) mundificor 68a30 نقى وأخرج (pass.) extrahor 68a35 نقى mundus 48a 4-9 52b33 (67a3) اذا كان نقيا in puritate 51a16 انقى mundior 47b32 (73b22); purior 50b23 انقى واصفى melior et purior 56b4 نقاوة puritas 50b21 تنقية superfluum 77a26 فضلة تنقية superfluum 77a30

نكب على منكبيه منكب in umeris 63a35

نكح نكاح والسفاد in exitu superfluitatis humi- لخروج الفضلة الرطبة ولحال النكاح dae et spermatis 89a6-7

نكس تنتكس وترجع على ذاتها انتكس convertuntur super se 40a9

نمل جنس النمل formicae 43b2 83a5 genus formicarum 61a16 78b17(G); formicae 50b26 نملة formica 42b33

نمى نشأ ونمى من cresco ex 47b26

نهر التماسيح النهرية tencheah (sc. fluviale) 91b6 التمساح النهرى نهرى نهر fluvianum 60b15; tenchea fluviale 91a18 السمك النهرى pisces fluviorum 60b35

نها انتهى الى pervenio ad 39b29 43b34 50a27 56b17 59b26 71b12, 6, 24 72b5 75b

9, 20 77b19 78a21 94b8; vado ad 70a18 الى ينتهى perveniens ad 78b27 79b1
84b26 93b19 منتهى (58b30) منتهاه الى finis eius est ex 80a11 اليه ... منتهى est
ad ipsum 41b24-5 فى ... منتهى perventio ... est in 52b29-30

نار ignis 40b9-10,23 42b33 46a14 47a12,4 48b27,9 49a9 et passim الاجساد المتّقدة
corpora combusta 72a5-6 النار القليل ignis modicus 67a24 التى تحترق بالنار
من exibit ab eis ignis 55a15 النار فضلة superfluitas ignis 49a25 حركت منه نار
منارة تكون منارة 51à30 ← (LT) نارى ex inflammatione ignis 49b5 التهاب نار
laterna quae est laterna et candela 83a25 منارة وسراجا

نوع modus 44b18 45a34 46a12 46b10 et passim التركيب انواع modi compositionis
46b30 الاستعمال انواع سائر alii modi usus 87b26 نوعان duo modi 61b24 يكون
بنوعين est duobus modis 68b14 انواع من واحد نوع unus modus (c. gen.) 87a27
نوعان من انواع duo modi 39a2 75a25 انواع كثيرة من انواع multi modi (c. gen.)
87a31 وانواع ... اصناف جميع omnes modi 90b33 بنوع secundum modum - 49b
4, 20 بنوع من modo 91a5 وبنوع ... بنوع uno modo ... et alio modo 61b11
الانواع من نوع فى uno modo 79b17; secundum unum modum 97a29 aliquo
modo 77a16 لا ... فى نوع من الانواع باضطرار non aliquo modo necessitatis 61b36
بنوع زيادة ونقص sicut 60b14 بنوع من الانواع مثل secundum magis et minus 49b35
بنوع واحد من النوعين dicitur duobus modis 41a25 41b33 يقال بنوعين uno modo
illorum duorum modorum 42a5 بنوع واحد من النوعين اللذين وصفنا per unum modum illorum duorum quos narravimus 41b36 العلّة انواع من النوعين هذين فى per
istos duos modos modorum causae 42a14 وبنوع ... بنوع uno modo ... et alio
modo 84b16-7 بنوع من الانواع ... وبنوع per unum modum ... per alium autem
42b6 وبنوع آخر ... بنوع واحد secundum unum modum ... et secundum alium
modum 48b12-4 بنوع آخر secundum alium modum 49a27 57a5 اما النوع الواحد
والنوع الآخر ... نوع الايضاح والاضرار alter illorum ... et alter 41a26 declaratio et
necessitas 40a1 يتلو الذى الكلام نوع من sermone sequenti 46a29 انواع مختلفة
على secundum modos diversos 60a16 النوع هذا بقدر secundum hunc modum 45b29
80b28; sic 72b26 ذكرنا الذى النوع بقدر secundum modum quem diximus 70b22
84b32; est sicut diximus 84b22 سلف فيما فعلنا الذى النوع بقدر secundum modum
quem fecimus superius 85b32 واحد بنوع secundum eundem modum 49b1; eodem
modo 62a22 80a20; secundum unum modum 66a16 66b10 68b15 72a32 77b17
89a11 واحد بنوع تكون لا non sunt unius modi 73b15 النوع هذا مثل similiter 40a27
نوع بأى per quem modum 44b16; quomodo 68a7 78a16 النوع بهذا per hunc
modum 40b3 46b26; secundum hunc modum 64a28 77b28 79a18 83b36 94b22
النوع هذا مثل يمثل secundum hunc modum 50a18; similiter 68a19 النوع هذا مثل على
secundum hunc modum 81a1 81b32 آخر بنوع per alium modum 54b22,3; alio
modo 40a36 41a25 41b20 بالنوع الا آخر بنوع ... ليس non ... nisi per illum
modum 43b8 ثالث بنوع secundum tertium modum 45b32; tertio modo 42a7 بكلّ
نوع (παντελῶς) no Latin equivalent 81a17 فهو هو واحد بنوع unius modi 41b35 et
بنوع مبسوط modo simplici 45b5; simpliciter 39b24 غيره دون مبسوط بنوع وذلك

simpliciter aut بنوع واحد مبسوط او بانواع كثيرة 47a16 hoc est modo simplici
multipliciter 48b11 بجميع هذه الانواع 48b25 omnibus istis modis بانواع شتى modis
diversis 60a24; multipliciter 48a35 49a35 49b6-10 فى انواع شتى diversis modis
recte بنوع الصواب والاستقامة 80a25 44b2-3 44a2,16 recte بنوع (الـ) صواب 87a21-2
بنوع (الـ) عرض accidentaliter 49a2,7-8; per accidens 49b2,12, (قام ← 87a19
بنوع عرضى accidentaliter 70a30 بنوع آفة وعرض modo accidentis 49a19 5,21
بنوع الملاءمة se- الاستعارة modo transumptivo 39b24 بنوع مستقيم recte 56b29
cundum convenientiam 45b6 بنوع باطل otiose 91b4 والباطل otiose بنوع الفضلة
95b19

نال accipio تناول لم يكن يستطيع ان يناله الطعام non posset accipere cibum 81b24
76a1 96b26

نام نائم dormiens نائم 87a29 نوم رأس النائم caput dormientis 53a14 نوم somnus 39a20
الاقاويل التى وصفنا عند وقت النوم apud tempus somni 53a19 53a10,7,9 48b5 45b34
فى الحسّ والنوم (L) sermones quos fecimus de somno et vigilia (pro de sensu et
de somno) 53a20

ناء نىء الذى يأكل اللحم النىء comedens carnem crudam 93a13

ناب (dual) نابان ناتثان canini 61b9 نابان duo culmi 61b18; culmi prominentes
61b23, 6 63a7 طباع النابين natura caninorum 61b10 (plural) انياب culmi 55b11
الانياب الناتثة culmi prominentes 61b31 63b35 64a11 (84a30) culmos $L^1$ (pro
ناب واحد una *valva read as ابوابه *valvas $GL^2$) 83b17 (For ناب واحد unus culmus 79b17, 23, نابان duae *valvae read as نابان : duo culmi 79b17 etc. → باب)

نيريطى biritin 79b20


هـ is 39a24; ipse 40b25 50a16-7 57b3; suus 39b25 omnia passim هما ... in eis
منها illorum 39b9 اليه ad ipsum 39b22 عليه super se 86a30
له habet 61b16 ... ه non habet 61b13 انهم quod illi 40b16 58b19

ما هاهنا hic 42a4 وهاهنا ... هاهنا in hoc ... et in hoc 49a13 من هاهنا de hoc 40a13

هجا هجاء no Latin equivalent 61b15

هذا hic 39b30 46b26 56a18 et passim; iste 40a8-9 41b24 42b32 46a18 et passim;
ليس talis 50b28 61b12 بعينه ... هنا idem 74b17 هذين احد unum istorum 49a22
هذا قولنا جميع هذه الاشياء هو هذا istis duobus caret 50b22 يكون شىء من هذين من
فى hoc est sermo noster in 81b12 هذا الشىء hoc 39b28 40a2,5 hoc est hoc 40a7
omnia ista 55b23 عن هذه الاشياء de huiusmodi 39a22 وما يشبه هذه الاشياء et
huiusmodi 48b34 هذا غير alius 49a33 62b25 85b9 لحال هذه العلة ad hoc 55b10
وهذا 40a16; similiter 80b5; talis 63b36 76a16 81b20 مثل هذا الذى sibi simile 73b31 similis
قد قال هذا القول et similiter etiam 46b5 العرض يعرض على مثل هذه الحال ايضا
similiter dixit 48a30 وهذا ... ذلك illud ... et istud 47a9 هذا القول الذى يحتاج اليه
alent 62a5 حيننا هذا modŏ 61b27 (→ مثل)

# INDEX ARABO-LATINUS 573

هرب   هرب من   هرب fugo 63a13 يهرب الى اسفل مع fugit cum ... ad inferius 53a15
مارش   ad pugnandum 94a17 فى القتال الذى يقاتل ويهارش بعضه بعضا
هزل   هزل حاله وساءت هزل efficitur macilentum et malae dispositionis 50a36
هزال   الاجساد التى تهزل هزالا كثيرا macer valde 92a20 مهزول جدّا corpora quae macilenta sunt multum 68a22
هضم   هضم ونضوج هضم ونضوج الطعام digestio 50a12 digestio cibi 50a11
هل   او هل   هل ... utrum ... aut 39b4 48b12
هلك   هلك morior 72a28 81a16 هلك وباد morior 51b3 هلك عاجلا moritur cito 72b5 96b33
نحن نهمّ   مّ نحن نهمّ ان ناخذ فى quod volumus dicere post 61b27-8 ما نهمّ باستئناف ذكره
يصف   ذكر ... فيما نستأنف من قولنا nos modo volumus incipere dicere de 97b29
وصف   منها ما يهمّ بوصفه كالذى يريد وصف narrare quod voluerit sicut 39a16-7
هنا   hic 42a7 هذا ($L^1$) (v. l. هذا من هنا ... واليه hinc 80b31 (G) من هنا et ad ipsum 66a12 هاهنا hic 42a4 من هاهنا de hoc 40a13 هناك ibi 45a21 68a34 75b10; illic 71b15 هناك ... حيث ubi ... ibi 58b4-5,21-2 من هناك deinde 75b17 95b7; ex eis 78a12; inde 88b30 هنالك ibi 72a4 75b32; illic 75b21
الهند   الهند ارض فى in terra Indiae 43b6 هندى الحمار الهندى asinus Indicus 63a 19, 23-4
هو   من ... ما hic 42a32; ipse 41b29 59a2 66b15; iste 63b1 هم illi 76b23 77a32 هو quidam 92b5-6 هو دمى هو ياكل اللحم habet sanguinem 48a1 هو comedens carnem 61b5 كما هى تكون ... سيكون erunt ... sicut sunt 42a34 ليس هو كما قال non sicut dixit 63a35 هو فى طباعه natura eius est 61a18 هو مستدير habet rotunditatem 80b11 انّما هو ei sufficit de 69a1 هو قوى على non est nisi 62b32 فهو qui ergo 40b31 وهو et est 66b33 79a3 88a24; qui est 78a9 83b13 91a12; scilicet 53b23 66b31 72b11,24 وهو الذى et est quod 78b19 وهو قوى له لسانا habet fortem linguam 78b22-3 وهو ثابت eundo fixe 94a17 وهو بعد quamvis 65a34 هو يكون مثل   هو مثل هذا   الذى هو مثل هذا quasi 76a1 قل qui est talis 41a25 هو هذا hoc est hoc 40a7 الذى هو quod est 78b2 هو فهو (الذى) idem لحال شىء est propter quid 42a12 واحد هو فهو et passim 39a27 42b32 43a10,3 45b13 51b13 53a32 53b1 idem 47a26 ليس هو الواحد الذى هو فهو idem 43a14 44a9,34 83a26 48b25 55a33; unus 41b35 هو بيّن ان manifestum est quod 41a14-5,29 46a29 بطبيعته non est natura 49a18 هو يشبه ان videtur nobis quod 48a35 وكذلك هو et ita est 46b5 64a22 et passim هو من عمل ... ان debet 41a21 41a25
مولوثوريا   *مولوثوريا (Bad.) GL s.p., colobria 81a17
هان   هيّن   هيّن لنيذ مهيّن quietus mansuetus 93a15
هواء   تنفّس الهواء aer 40b15-6 46a14 47a13 51a25 53a6 56b15 57b27 58a3 et passim دخول الهواء introitus aeris 42b2 سبيل الهواء via aeris 42a36 انحليتس aeris 65a18 خروج الهواء exitus aeris 42b2 64a29 مدخل الهواء introitus aeris 69a15 مدخل ومخرج الهواء (بالتنفّس) introitus et exitus aeris 64a18 الحيوان الذى ياوى فى الهواء animalia quae manent in aere 58a7 يدفع هواء كثيرا movet multum aeris هوائى aereus 56b16 من هواء ad attrahendum aera 59a13 وتجنب بها الهواء 93b17

خال هوائى adducit multum aeris (→ *app. ad loc.*) 69b1-2

هيّا do 59b35 85a33 87a7; facio 83a24; paro 91b8,15; pono 59a27; praeparo 43b18 58a21 59a9 72b19 94b14 هيّا وصيّر moveo 83a7 خلقة هيّا fecit in creatione 59b36 الذى احتال وهيّا ingeniatus est in dando 59a12 تهيّء est praeparatus ad 69a14 يهيّا ... تهيّا ل praeparatus 68a14 التى تهيّا ل quae praeparantur ad 68a35 ... فى تهيّا متّصلا sit ... continua 43b18

هاج moveor 72a33 85a32 هيج moveo 72b4 للشوق ويهيج يتحرّك* est motor et principium appetitus 47a29 مهيّج للحرارة movet calorem 50b35 القوة المهيّجة للشهوة virtus motus appetitivi 47a25

الدخول الى الهيكل templum 45a20 هيكل intrare in templum 45a20

هيولوديس* (*GL*) هولوريس haroloriz 82a5

هيولى materia 40a32 40b5,16 41a26,30-1 43a24-5 45a32 46a17 *et passim*; natura (*pro* materia) 57a20; yle 46a29 هيولى الغذاء cibus est materia 51a14 هيولى جميع (كلّ) الجسد materia totius corporis 68a5,21 ... رطبة هيولى materia humida 54b30 الهيولى التى انطمّ بها materia corrumpens 68a35 هيولى دمية sanguis 65b6

و ad 59a13; aut 44a1 51b3 75b16 77b15; autem 51a12 52a28 54b34 57a30 62a2 *et passim*; ergo 40a4 *et passim*; ita quod 60a35 60b7 83a23; quoniam 61a8; quia 94a10; scilicet 45a10 53a34; sed 41a10 72a10 81b1; tamen 39a22 66a25 72b31; ut 59a11; vel 47a19 52a10; vero 48a25 68b14 73b25; et etiam 49a27 62b25 78a 29-30; et sic 83a35 88a11; et similiter 40b19; et tunc 75b20 80b31; et ... vero 42b6 وانّما modo ergo 85b29 و ... ذلك معروف عند notum est apud ... quod 73a25-6 و ... ف ... لانه scilicet quod ... et quod ... et 73b6 واما ... فاما autem 60a1; vero 96b7 وانّما quoniam non ... nisi 88b4 وايضا et etiam 96b34; et similiter (etiam) 77a33 92b7 كمثل ... و et similiter 62a3 62b7 69b22 75b4 وكذلك et similiter 75a21 78b9,13 ولذلك et sic 75a23 وعلى ذلك et secundum hoc 81a10 ... وب ... بـ aut per ... aut per 59b15-6 وهو et est 66b33 79a3 88a24; qui est 78a9 83b13 91a12 97a16; scilicet 53b23 66b31 72b11,24 وهو الذى et est quod ونقول ان dicendo quod quamvis 65a34 وهو بعد eundo fixe 94a17 وهو ثابت 78b19 40b26; dicendo (*c. acc. c. inf.*) 53b22-3 وإن quamvis 39a20 44b34-5 60a33 75a6 87b21 95a1 وعلة ذلك لان quoniam 62b31 ولكن quoniam 56a19; sed 39b30 41a9 49a33 55b15 *et passim*; sed tamen 65a32; et tamen 82a36

وتّد* → *adn. ad* 694b19

يكون اوثق واسلم اشدّ واوثق اوثق وثق fortior et magis firmus 90a19 magis salvatur et firmatur (*inv.*) 90a15 ثقة (= *firmitas*) لحال الثقة propter pondus (= الثقل) 95a20

ليس ينبغى لنا ان نوجب هذه العلة اوجب *no Latin equivalent* 68a12 وجب non debemus ponere istam causam necessariam 77a17 واجبة لعلة واجبة propter causam necessitatis 60b16 من الواجب ان necessario 42a11

وجد (*act.*) invenio 56a24 80b2; (*pass.*) invenior 52a13 69b33 70b18 71a24 82a4;

## INDEX ARABO-LATINUS 575

وجد فى ... اصاب sentio 80a35 91a1 الذين يجدون الحسّ illi qui sentiunt 48b17
يوجد invenior in 91a11 و ... يوجد فيما بين est inventum inter ... et 82a2 فى
invenitur اختلاف فى diversatur 74b18 لا يجد بدًا من ان omnino 42a19 يوجد على
est يوجد فى ... سه habet 43b1 88a8 يوجد فيه habet 83b17 super 81a8 81b26
82a12; habet ... in 56b22; invenitur in 70b13 71b15 75a15 76a8 76b17,20,30 77a4
79b19 80a23 81b17 82a15 85b1 92a10 96a22 لا يوجد فى non invenitur in 92b16
حول ... يوجد erit circa 72a12 يوجد habeo 90b19 يوجد ل caret 76a7 ليس يوجد فى
in eo فيه موجود pendet ab 76b17 موجود invenitur 39b21 69b30 يوجد متعلقا ب
est 79a36

وجع dolor متوجّع للآخر جدًا multum vel de facili laeditur ab aliis 53b6 وجع
67a33 67b3 71b9 72a32,4-5 72b5 75a36 وجع وضربة dolor 72b4 اوجاع infirmitates
67b6,8 الاوجاع القوية infirmitates fortes 77b4 علة الوجع causa doloris 48b16
بغير وجع sine dolore داعية الى اوجاع وخنق erit causa strangulationis 64b5-6
68b18

وجه facies 47a11 (منظر؟) ووجه facies 40b20 45b36 46a23 47b19 62b19 كلّ الوجه
لم otiose 45a23 على وجه الباطل facies terrae 96a8 وجه الارض facies tota 46b13
... فى وجه من الوجوه non ... aliquo modo 63b5

وحد واحد aliqui 39a9 41b8 43a9 56a24; idem 39b22 42b9 43b7 55a5 62a22 76b14
77b20 80a20; singularis 41a34; unicus 88b7; unus 39a29 44a9,13,8 44b25 46b32
47a7 54a33,5 et passim; unus solus 87b9 شىء واحد اوّل واحد principium 65b14 يظنّ مثل
una res 43b34 واحدا ... و ... عمل operatio ... et ... est una 70b28-9 التى تضعّف من
videntur sicut unum 69b17 واحد غير شىء واحد quasi infinita 58a7 واحد
quae duplicabantur ex uno 43a23 لا تلد الا واحدا فقط non parit nisi uni- الواحد
cum fetum 88b7 ليس لواحد من هذين non est unum 46b35 ليس بواحد neutra istarum ... habet 42b16 ليس ... ولا واحد non ... aliquod 71a33-4 ... اثنان ... واحد
ثلاثة ... كلّها unum ... duo ... tria ... omnia 42a21-2 بنوع واحد مبسوط simpliciter 48b11 الجزء الواحد الاعظم ... والجزء الاصغر maior pars ... et minor pars
69b30-1 بنوع واحد ... وبنوع آخر secundum unum modum ... et secundum alium
modum 48b12-4 الشقّ الواحد ... والشقّ الآخر pars una ... et alia pars 68b22-3
كلّ واحد بالآخر ... والآخر alter ... et alter 39a3-4; unus ... et alius 70a18-9
ad invicem 69b17 كلّ واحد quilibet 69b25 كلّ واحد من quilibet 39a25, 6 39b9
43a21 45b36 47b23 55b19 et passim; unusquisque 47a6, 32 70b20 كلّ واحد منها
(الـ) واحد (الذى) هو est eadem causa 39b15 علّة بادئة على كلّ حال واحدة illa 49b10
فهو (est) idem 41b3-4 43b14-5 44a9,26,34 47a9,26 48b25 55a33 et passim; unus
41b35 67b24 واحد ... ليس له ولا carens 45b25 واحد مفرد no Latin equivalent
80a16 حدة حدّته positus per se 44b1; unus 46b20 موضوع على حدته per se
44a19 شىء واحد مفرد بذاته (74a18) solus per se 54a27 مفرد على حدّته unum
solum per se 54a34 كلّ واحد على حدّته quilibet per se 39a24 46a11 88a27 97b28
كلّ واحد منها فى صفاق على حدته quodlibet eorum per se ponitur in una tela
80a13 كلّ واحد منها quilibet illorum 57a12; utrumque istorum 54a33 كلّ واحد

منهما uterque illorum 51a21 بذاته كلّ واحد منها unusquisque eorum per se 49a3 وحده ipse solus 75a4; per se 39a16
وحشى silvestris 43b8 (61b6) برّى وحشى agrestis 43b5
ودع dimitto (45a6 51b19) 89a10
ورد وريد vena 64a28 الورید الخشن canna 76b13; vena aspera 64a36; vena magna 64b5 67b8 طول الورید الخشن canna 91b27
ورق folia 68a23-4
ورك ورك ancae 95a10 فى وسط الورك in medio ancarum 95a11 وركان ancae 89b6, 14,24,7,33 94b29 95a1-11 له وركان habet duas ancas 95a3
ورم تورّم وترتفع bene potest inflari et tumescere (inv.) 69a27-8 ورم شىء وارم ناتىء وارم quaedam addi- tamenta prominentia 74b24 متورّم no Latin equivalent 75b8 تورّم introductio اذا انتفخت وتورّمت cum inflatur 69a16 انتفاع البطن وتورّمه tumor ventris 55a2 (*tumor 89a1 مودّا $L^2$)
وزن ميزان (L) per pondus 43a34 بالوزن versificatores 60a7 اصحاب وزن الشعر وزن كانه ميزان واحد quasi una trutina 57a10
وسخ sordes 81a8
وسط اوسط medius (52b18 53a32) 76b10 (77b12) 77b36 78a14 83a31 85a21-2 87b 18,20 فى الموضع الاوسط in medio loco (c. gen.) 65b23 الاوسط medium 65a14 66a15 66b33 72b36 اوسطه est in medio 72b25 حيث الاوسط in medio 66a14 وسط in medio (c. gen.) 57a8 وسط (adj.) وسط العظم mediocris 67a16 الاوسط (subst.) medium 63a26 72b33,6 88b34 95a2 وبوسط ... بـ in (c. abl.) ... mediante 59a11 وسط (فى الـ ) in medio 54b21 56a31 56b28 65a11 65b34; (c. gen.) 57a9 63a25 66b6 80b14 81b34 82a1 95a11 فى وسطه in medio 81a34 من الوسط ex medio 71b23; (c. gen.) 77b18,34 85b21 وسط المعاء مما يلى وسط البطن in medio ventris 88b1 واسط فيما بين medium intestini 50a30 واسط واسط بينهما medium inter ea 55b37 ... متوسّط no Latin equivalent 67a3 و... medius inter ... et 61b10
وسع واسع amplior 64a33 اتّسعت (G) fiunt amplae 68b22 واسع amplus 67a29 75 b14,27 اوسع من ... واسع جدّا valde amplus 68b16 اوسع amplior 75a35 (75b2) كثيرا amplior (c. abl.) ... multum 75a30 سعة amplitudo 69a14 75b24-5 76b10 84a25 88a19 من سعة الموضع a loco amplo 75b19
وصف dico 60a19 73b22 74b30 75a18 80a1 88b16 90b14; narro 39b11 40a2 40b11,23-5 41a6,16 41b36 43a36 45b1 47b29 48b36 54a11 61a5 62b17 65a1 68b29 72a12 72b8 79b35 80b14 82a4 85b27-8,32 86a10 90b11,5 ($L^1$) 92a19 92b1 97a22 97b27 وصف فى narro de 56a29; narro in 50b10 كما وصفنا secundum quod narravimus 57b16 هو كما ذكرنا ووصفنا est secundum quod narravimus 61a30 كما ينبغى لنا ان نصف كلّيته 52a18 sicut narravimus prius وصفنا اوّلا narrabimus in الاقاويل quantum totum 40b26 وصفنا فى الحيوان الذى in istis animalibus 70b13 سرمونى quos fecimus الاقاويل التى وصفنا فى sermo de 74a20 وصفنا التى sermones de, in 53a20 96b15; sermo de 92a16 96a12 نصف ، وصفنا الذى ... هذا hic 76a22; iste 83b8 وصفنا فى ما وصفنا الذى de 76a18 hoc quod narravimus 85b9; ista 48b6

وجميع الصنف الذى يشبه ما وصفناه alia 71a14 غير ذلك مما وصفنا et sibi si- 87b5
milia 97a16 وصف narrare 39a13; بوصفه ... وصف 39a17 صفة narrare 40a14;
narratio 40a15,6 وذكر ... صفة narrare 41a7 اخذنا فى صفة incipiemus in narratione 85b31-2 نحن ندع ذكر صفته نبدأ بصفة incipiemus in narratione 85b30 nos
dimittemus sermonem in hoc 89a10 قولا اجود صفة وابلغ melius narrat et perfectius 41a10 الاقاويل التى وصفنا فى صفة ($L^1$) sermo quem fecimus de 80a1
لحال العلل التى ذكرنا فى صفة صفة الاعضاء narratio membrorum 74b16 (89a19)
propter causas quas diximus in 56a14 التى تشبه هذه الصفة المصنفة sibi similia
44b15

وصل accido 72b17; declino ad 73a4; pervenio ad 72b36 (78a17) ويصل وصل الى
اليهم الهواء ut perveniat aer eis 59a11 متصل متتابع continuus successivus
43b18 متصل continuus 51b33,5 52b1 54a33 80b15 94b5 متتابع متصل successivus
continuus (inv.) 80b25; sibi continuantur succedendo 72b7 متصل ملتئم continuus
92b13 93a25 متصلا ... صار fuit ... ligatus 54b15 ومتصل واحد unus et continuus
54a35 ب متصل continuus cum 52a26,30 56a30 95b4-5 ملتئم متصل ب continuatus
cum 85b18 متصل من خارج continuus ad invicem 54a34 متصل بعضه ببعض continuus cum 54b13 ليس بمتصل ب non est continuus cum 50b6 متصلا continue 39b
28-9 77b37 اتصال continuatio 43b33 إتصال ل continuatio cum 52b3

بين واوضح de- اوضح قد وضح لنا ان وضح iam manifestum est nobis quod 41b8 واوضح
claro 46a8 واوضحنا ... قد بينا iam declaravimus ... et declaravimus 44b16
سنوضح volumus declarare 46a10 سنوضح قولنا فى ذلك nos declarabimus hoc 92a
16 قد اوضحنا ان iam declaravimus quod 44a7 اوضح (رام و) declaro quod 42a15
677a11 ← اتضح pro نضح) ميز واوضح distinguo 49a34 اوضح ب declaro per 39a14
واضح ← اوضح هو واضح بين واضح ان manifestum est quod 39a23 واضح sufficit (pro manifestum est) 40b32 اوضح اوضح وابين magis manifestus 49a33 ايضاح declaratio 40a7
نوع الايضاح declaratio 40a1

وضع pono 85a8 86a11,3; pario (88b13) 88b23 قد وضع posuit 86a8 وضع فى pono in
42b10 56b28 57a9 65b23 85a6-7; (pass.) ponitur in 76a34; est positus in 57a11
وضع ... فى موضعه قبالة ponitur 74a10 يكون وضع est 74a9 بعد ... وضع post ... وضع
مكان ponere ... in opposito 52b20 ($L^2$) الاقاويل التى وضعنا فى sermones quos
posuimus in 84b2 الاقاويل التى نضع فى sermones positi in 89a19; sermo de 95a27
وضع حول pono circa 83b9 وضع مثل pono ad 95a11 وضع مع pono in 42b12-3
موضوع positus 57a5,10 77b17 موضوع بين يدى positus coram (c. abl.) 64b3,20
65a9-10 موضوع بعد positus post 75a31 موضوع تحت positus sub 54b33 موضوع
فوق positus supra 86a13 موضوع عليه positus 42b16 موضوع على حدته positus per
se 44a19 موضوع فى dictio de 55b25 الاقاويل الموضوعة على positus in 50b7 53b14
58b28 60a14 65a10 65b18 66a27 66b2,6,10 68a1,8 et passim موضوع ل positus (c.
abl.) 46a35 موضوع لحال positus (c. abl.) 46b6 موضوع مثل positus ad 66b20
موضوع الشىء subiectum rei 49a15 وضع situs 47b1 64a25-6 66b11 69b32,6 74b15
76b14 77b34 80b20 85a3 88b19 ووضع ... حال dispositio 95a22-3 ... وضع لحال

ut ... sit in eo 70a25 موضع فيه locus 40b14 53a35 54b18 57b25,6 65a20 65b24 66a27 68a16 68b24 70b10 73a5 75b9,14 79b1 80a11 81b28,30 82a14 84a23,5 84b26 86a13 88a27 97a24; situs 65b18 66b30 67b8,10; subiectum 49a15,9,20 مكان وموضع locus 66b23 دال على الموضع الذى موضعه فى locus C (math.) 85a3 est positus in a quo loco 64b13 من اىّ موضع a loco amplo 75b19 من سعة الموضع فى 66b3 in medio loco (c. gen.) 65b23 موضع كلّ فى in omni loco 41b24 الموضع الاوسط in aliis locis فيما سلف 42a18 فى مواضع أخر in pluribus locis 42a18 فى مواضع 80a36 in pec- tine 58a27 فى موضع قبالة موضع القلب in opposito cordis 86a7 فى مواضع العانة 46a15 vilis 39a2 وضيع

quasi vas مثل وعاء vasa 75b27 اوعية vasa 75b27 50b7 65b12 66a18 79a2 80b33 (92a12) وعاء vas 71a23 صفاقى vas membranalis 79a1 وعاء دم vasa sanguinis 50a33-4

con- وفق وافق convenio 46b19 يوافق السباحة est ad natandum 95b18 الذى يوافق conveniens (c. dat.) 82a9 ما يوافق conveniens (c. dat.) 74a22 الذى يوافق على conve- niens ad 50a9; quod convenit (c. dat.) 60b25 الذى يوافق استعمال conveniens ad usum 50a8 الاشياء التى توافقها res convenientes ei 81b2 جميع الاشياء التى توافقها ut omnes res extrinsecae 79b22-3 لكى يدفع ما لا يوافقها من خارج وتلقاها من خارج non cadat super ipsum extrinsecum 57a37 اتّفق ب اتّفق convenio in 73b14 اوفق convenientior in 74a20 اوفق (ل) conveniens 63b16; convenientior 48a4,15 72b26 96b9 هو اوفق ل اوفق من convenientior quam 91b15 est convenien- tior ad 87b25 91b9-10 كان اوفق ل erit convenientius ad 93a8 ... من غيره اوفق لـ convenientior 72a21 ذكر ... اوفق ان يقال melius est ut dicatur 53b14 هو اوفق ان convenien- tior 46a14 امثل واوفق convenientior in 48a10 اوفق فى (c. inf.) 50b10 melius est شىء من الاشياء conveniens 70b21 ملائم متّفق conveniens 70b22 متّفق موافق فى موافق aliquid aequivocatorum in genere 42b16-7 المتّفقة بالاجناس conveniens ad 94a16 موافق ل conveniens (c. dat.) 45b20 47b25 60a9 61b27,9 62b6,11,34 et passim; (c. inf.) 55b25; conveniens ad 54b18 57b15 58b24 59a2,15 59b30 60a21 61b14 62b8,13 et passim (→ تتنفّس) صار موافقا ل convenit 46b18; est conveniens ad 46b23-4; fuit paratus ad 68b7 يكون موافقا ل convenit ad hoc non est conveniens 91b3 لم يكن ذلك موافقا ل fortis 61b21 موافق للقوة 83b36 non est conveniens 77a11 غير موافق ل non est conveniens ad 91b6 ليس بموافق ل موافقة ut conveniant ad 59b33 لكى تكون موافقة لحال فيه موافقة ومشابهة بالخلقة assimilantur in creatione 84b35

in temporibus ira- فى اوقات الغضب apud tempus somni 53a19 عند وقت النوم وقت cundiae 51a2 فى وقت الولادات tempore partus 93b23 وقت الولاد in tempore generationis 94a22-3 من وقت الولاد a tempore generationis 79b19

الاجساد المتّقدة التى تحترق carbones igniti 51a1-2 متّقد جمر وتتّقد إتّقد وقد corpora combusta 72a5-6 مستوقد fornax 70a25 بالنار

ضرورتها من الاشياء التى تقع فيها من cado super 58b17 81b9 وقع على cado 41a11 وقع est calidior هو اشدّ حرارة اذا وقع حسّ المسّ occasiones extrinsecae 57a33 خارج sensui tactui 48b31 وقع فى cado in 43b14-5 64b5,29,31 يقع بعضه يكون مداخلا اعنى

communis 43a11 مشترك واقع على واقع فى داخل بعض intrant se secundum serram 61b21
وقف remaneo 75b15; sto 45a20 وقف وقف (*ضعفت* Kruk) fecit quiescere 42a29 وقوف v. l. $G^2$ (→ 85a28)
وقى اتقى timeo (63a16) 69a20 وقى calidus (= دفىء) 79b28
توكّأ توكّأ على fulcior super 84a3; sustentor super 88a9
ولد genero 40a25 46a34; pario 88b7 الذى يلد حيوانا illa quae generant animalia 89b3 الحيوان الذى يلد حيوانا animal generans animal 57a27 62b24 64b23 69a26 69b6-7 et passim (→ حيوان) ويلد حيوانا (et) generans animal 55b14 58b27 60a31 74a24 الذى يلد حيوانا مثله generans sibi simile 55a5 الذى لا يلد حيوانا quod non generat animal 55a7 الذى يولد مع تولّد generatus cum 53b9 تولّد فى generor in 53b10 غير مولود مولود non generabilis 44b22 تولّد من accido ex 72a32 الغذاء الذى يغذى به المولود paucorum filiorum 88b2; قليل الولد ولد cibus fetus 88a24-5 ما كان من الحيوان قليل الولد animalia paucorum filiorum habens paucos filios 88b21 الحيوان الذى يكثر animal multorum filiorum 88b16 الحيوان الكثير الولد rum 88a32 الولد animal multorum filiorum 88a34 ولاد generatio 39b11 40a15,21 41a7 45b33 تقويم وولاد ولاد وكينونة generatio 46b1 generatio 77b28 فى 46a26 46b7 78a23 فى وقت الولادات in tempore generationis 94a tempore partus 93b23 وقت الولاد 22-3 من وقت الولاد a tempore generationis 79b19 اصناف الولاد modi generationis 66a9 قليل الولاد او لا تلد البتّة paucae generationis aut nullius omnino 51b13 الاقاويل الموضوعة على ذكر ولاد الحيوان dicere de generatione animalium 97b29 الاقاويل التى وصفنا (نضع) فى الولاد الولاد dictio de generatione 55b25 sermo quem narravimus in generatione 50b10; sermones positi in generatione 89a19 الاقاويل الاقاويل التى نضع فى ولاد الحيوان sermo de generatione animalium 95a27 التى وصفنا فى ولاد وكينونة الحيوان sermo de generatione animalium 92a16 74a20 (inv.) الاقاويل التى وصفنا على الولاد والغذاء sermo de cibo et generatione علة تولّد الوجع من تولّد generabilis et corruptibilis 44b24 مشترك فى الولاد والبلى causa doloris est 72a32
ولكن non ... ليس ... فقط ولكن ... ايضا sed 41b35; sed tamen 46b11; tamen 41b30 ولكن tantum sed 40a24
ولى تلينا الذى يلى ولى qui vicinatur 53a29,34 55a1 72b35 73a4,9 77b29 85b33 vicinantur nobis 45a1 ما يلى quod vicinatur 53a37 57b13 67b7,11 97b19; pars quae vicinatur 75a35; prope 89b1,14; versus 79a4 86b32 ما يلى versus 85a1 الصدر ad superius 71b31 الى ما يلى الناحية العليا pars superior 86b13 العليا ما pars inferior 88b28 يلى الناحية السفلى من جسده pars inferior 86b11 ما يلى الظهر dorsum 81b24 96a22 ما يليه pectus et quod vicinatur ei 84b28 ما يلى مؤخّر الجسد membra ventris 78b27 يلى البطن من الاعضاء quod est in posteriori corporis 89b1 الفضلة التى تخرج من المعاء الذى يلى البطن superfluitas ventris 79a2 ما يلى الناحية super locum parietis 73a11 على المكان الذى يلى الحجاب المكان الذى يلى الناحية السفلى pars inferior 88b28 ما يلى الدماغ cerebrum 52b35 فيما يلى apud 88b22; in 88b16, 26; ferior 86b11

prope فيما يلى ناحية الفخذين prope 56b14 72b24; in eo quod vicinatur 75b24
coxas 88b7,8 مما يلى وسط البطن in medio ventris 88b1 اولى ان ... اكثر من اولى
dignum est ut ... magis quam 41b17 استولى على dominor super 90a26 مستولى
(→ وهب) اذا كان غالبا مستوليا على كثرة quando habuerit dominium super multa 63b27
(فى)

وهب ل وهب do 62b32 63a2-3,9-10,5,7 87a21 (87b6) 94a5

يافوخ يافوخ يسمّى يافوخ ... وهو العظم الذى يلى الدماغ quod vicinatur cerebro scilicet os quod dicitur sinciput 53a34

يبس desiccor 68a25; exsiccor 49b33 51a35 53b3 يابس siccus 46b22 47b15,28 49b10 51a34 53a22 55a10 69a27 71a3 72a6 89a4 levior (= ايسر) 72a25 ييس siccitas 65a1; locus siccus 59a5; terra 96a19 جفاف وييس desiccatio 70b7 يابس siccum 46a16 47a18 49b9 50a4 (64b5 70b21) 77b22

يد manus 40b21 41a6 46a24 54b17 58b35-6 59a2 63b8 68b21 81a9 83b33 84b31 85b12 86a34 87a7-8,19,21 87b12-3,31 88a4 88b21 91b14,8,23 92b17-8 له يدان habet manus 87a9,17-8 ليس له يدان non habet manus 95b3 اليدان آلة من الآلات manus non sunt nisi instrumentum 87a10 يد الانسان manus hominis 87b2 خلقة اليد creatio manus 87b6 اصابع اليدين digiti manuum عمل اليدين operatio manuum 90a33 عظام اليدين والرجلين ossa manuum et pedum 54b17 90a31-3 90b8-9 الحيوان المشقوق اليدين والرجلين animal multae fissurae in pedibus 88a34 اليد وكلّ العضد manus minor et manus maior 46b14 اليد الحقيقة manus vera 40b36 اليد المعمولة manus figurata 40b36 اليد المعمولة اعنى المصنوعة من manus figurata 41a1 للاخذ ad deprehendendum cum manu 46b24 *لصيد باليد ad accipiendum manu باليد ينبغى للحيوان ان يتقدّم وييصر ما coram (c. abl.) 64b3,20 65a9-10 بين يدى 46b24 (→ الى ما بين يديه animal debet videre quod est ad anterius 56b30-1 ذهب)

يسر يسير facilis 44a22; modicus 54a6 54a22; parvus 44b32 48b29 52a12 67a18 68b14; parvus modicus 75a2; paucus 89a9 قليل يسير no Latin equivalent 51b17 حينا يسيرا paucus valde 44b26 يسير جدّا paucus 51a37 يسير معتدل modico tempore 82b31; parvo tempore 60b18 ليس لصوته تفصيل الا تفصيل يسير جدّا non habet vocem divisam nisi parum 60a31 ليس بينه وبين ... الا اختلاف يسير non diversatur ab ... nisi parum 81a10 له شركة حركة يسيرة movetur modicum 83b9 لا يتحرّك الا حركة يسيرة non movetur nisi modicum 50b31 وهو يشرب من الماء شربا يسيرا potans modicum aquae 71a9 ايسر levior 44b29 79a17 88a10 90a22; sinister 57a3 63a21-2 71b29, 33 72a24 (88a26) 88b19 facilior 88b30 امكن وايسر الناحية اليسرى pars sinistra 48a13 56b34 et passim (→ ناحية) الايسر sinistrum 67b34 70b21

يقن يقينا vere 80a1 89a16 96b14

يمن ايمن dexter 57a3 63a21-2 71b28, 33-5 72a23 84a26 (88a26) 88b19 الناحية اليمنى pars dextra 48a12 56b34 et passim (→ ناحية) الايمن dextrum 67b34 70b21

يولوس boloz 82b3

الحيوان ابن ثلاثة ايّام يوم animal trium dierum 65a35
الذى يسمّى باليونانية يونانية qui dicitur Graece 60b36 62a7 63a23 69a8 71a31 73a17 75a3,11 76a17 79a8 81a23 81b21 82a5 95a23 95b28; *often untranslated* (44b 10 52b29 54a10 66b26 *etc.*) تسمّى باليونانية باسماء مختلفة nominantur Graece nominibus diversis 74b14 المسمّى باليونانية qui dicitur Graece 96a5

# DE PARTIBUS ANIMALIUM

## A GREEK INDEX OF NAMES, ANIMALS, PLANTS

### GEOGRAPHICAL NAMES

Ἡρακλεωτικοί (καρκίνοι) 4 84a7 10
Ἰνδικός 1 43b6 3 63a19 23
Καρία 3 73a17 (Ἀρκαδίαν Z)
Λιβύη 2 55a9
Λιβυκός 2 58a13 4 95a17 97b14
Νάξος 4 77a2
Παρνασσός 4 81a23
Πόντος 4 82a27
ὁ Πυρραῖος εὔριπος 4 80b1
Σῖφαι 4 96a5
Χαλκίς τῆς Εὐβοίας 4 77a3

### PERSONAL NAMES

Αἴσωπος 3 63a35
Ἀναξαγόρας 4 77a5 87a7
Δημόκριτος 1 40b30 42a26 3 65a31
Ἐμπεδοκλῆς 1 40a19 42a18 2 48a31
Ζεύς Ὁπλόσμιος 3 73a19
Ἡράκλειτος 1 45a17
Κερκιδᾶς 3 73a21 23
Κορίσκος 1 44a25
Μῶμος ὁ Αἰσώπου 3 63a35 b2
Ὅμηρος 3 73a15
Παρμενίδης 1 42a28 44a25

## NAMES OF ANIMALS

Αἴξ **1** 43b6 **3** 73b33 74b8 **4** 76b35 88b25
ἀκαλήφη **4** 81a36
ἀκρίδες (ἀκρίς) **4** 83a34 b1
ἀλεκτρυών **2** 57b28
ἀμία (ἄμια *codd.*) **4** 76b21
ἄνθρωπος **1** 39a17 25 40a4 25² 34 b18 32 35 43a4 b5 44a5 6 13 31 b3 6 12 45a29 b25 **2** 46a33 34 49b26 53a27 28 55b15 56a7 13 57a25 36 b2 58a15 17 21 27 b2 8 59b24 31 60a11 17 20 24 61a24 **3** 61b6 62b18 65b22 66b7 9 69a19 b5 71b6 9 72a34 73a7 8 14 74a2 25 **4** 76b31 84b24 86a25 b3 11 23² 87a5 9 11 17 24 31 b24 88a12 13 19 b30 89b1 5 7 12 19 21 90a27 b7 91a28 93b2 4 20 95a4 6
ἄπους **1** 42b8 **3** 69b7 **4** 76a24 6 86b30 87a3 90b13 4 92a6 b1 96a11 97a10 30
ἄρκτος **2** 58b2
ἀστακός **4** 83b27 84a32
ἀστήρ **4** 81b9

Βάτος **4** 95b28 96a25 97a6
βάτραχος **4** 95b14 96a27
βόνασος **3** 63a14
βούβαλος **3** 63a11
βοῦς **1** 39a17 43b6 **2** 59a19 **3** 62a3 66b19 74a1 b8 **4** 88b24

Γαλῆ **3** 67a21
γαμψῶνυξ **2** 57b25 60a34 **3** 62b1 **4** 93a5 94a1 4 8 14-5 20 b25
γέρανος **1** 44a33
γόγγρος **4** 96a4

Δασύπους **3** 69b34 76a7 15 **4** 89a34
δελφίς **2** 55a16 **3** 69a8 **4** 76b29 77a34 96b26 97a15
δορκάς **3** 63a11 b27
δρυοκόπος **3** 62b7

A GREEK INDEX 585

Ἔγχελυς 4 96a4 b22
ἔλαφος 2 50b15 3 62a1 63a10 b12 64a3 67a20 74b8 4 76b27 77a32 88b24
ἐλέφας 2 58b33 59a12 15 25 61a27 3 63a6 4 82b36 88b5 15 92b16
ἐμύς 2 54a8 3 71a31 33
ἔντομα 2 54a10 26 57b30 37 59b16 61a15 3 71a11 4 78a31 b13 20 82a1 21 35 b15 20 23 27 33 83a1 84b32 85b27 92a2 b17
ἑξάπους 4 83b2
ἐχῖνος 4 79b28 34 80a4-5 16 31 b3 9 11 32 81a2 83b14
ἔχις 4 76a36 b3

Ἱέραξ 3 70a34
ἴκτινος 3 70a34
Ἰνδικὸς ὄνος 3 63a19 23
ἴουλος 4 82b3
ἰουλώδης 4 82a5
ἵππος 1 39a25 41b34 43b6 2 58a30 33 3 63a3 66b18 74a4 26 4 76b26 88b23 32 πῶλοι τῶν ἵππων 4 86b15
ἴυγξ 4 95a24
ἰχθύς 1 42b14 43b12 44a21 b4 10 12 2 53b36 54a20 55a19 56a34 57b30 58a3 60b13 33 35 61a2 6 3 62a6 31 64a20 66b10 69a3 b35 70b12 71a11 73b19 29 75a1 14-5 18 4 76a26 29 b1 13 19 77a4 80b2 84a24 85b23 86b21 90b24 91a10 30 92a10 94b10 95b2 17 27 96a10 17 25 34 97a10 14 ἰχθύδιον 84a12
ἰχθυώδης 4 97b5

Κάμηλος 3 63a4 6 74a30 32 b5 4 76b27 77a35 88b23 89a34
κάνθαρος 4 82b26
κάπρος 2 51a2
καραβοειδής 4 79a31 84a15
κάραβος 2 54a2 61a13 4 79a36 83b27 84a1 21 26
καραβώδης 4 83b31
καρίδες 4 83b27 84a14
καρκίνος 2 54a2 4 79a31 36 83b28 84a2 4 11 22 26 86a1 91b16 20 καρκίνοι οἱ Ἡρακλεωτικοί 4 84a8
καρκινώδης 4 83b31 καρκινοειδής 84a14

καρχαρόδους 2 55b10 3 61b19 23 62a6 27 75a2 4 91a9 97a2 b6
κεστρεύς 3 75a11 4 96a5
κῆρυξ 4 79b15 20 83b13
κῆτος 3 69a8 4 97a16
κνῖδαι 4 81a36
κογχύλια 2 61a22
κόραξ 3 62b7
κορακώδης 3 62b7
κορδύλος 4 95b25
κόχλος 4 78b23 79b5 14
κρέξ 4 95a22
κροκόδειλος 2 60b25 4 91b24   κροκόδειλος ὁ ποταμίος 2 60b15 4 90b20 91a18 b6
κτείς 4 79b26 80b23 83b15
κυπρῖνος 2 60b36
κύων 1 39a25 2 58a29 3 74a2 25 75a26 29 36 4 88a6 35   κύνες ἐν τῇ Ἰνδικῇ 1 43b6

Λαγώς 3 67a20
λαμπυρίς 1 42b34
λεπάς 4 79b25 80a23
λέων 1 39a17 2 52a1 55a14 58a31 3 74a25 4 86a21 88a6 b1 89a34
λύγξ 4 89a34
λύκος 4 86a21 88a6

Μαῖα 4 84a7 10
μαλάκια 1 44b10 2 54a10 13 61a14 4 78a27 b7 25 79a4 b7 32 81b11 17 84b6 17 20 34 85a4 9 11-2 b28
μαλακόστρατος 2 54a1 61a13 4 78a27 b9 24 79a31 b7 31 81b11 20 83b25 84b17-8 31 85b27
μέλιττα 2 48a6 50b26 61a20 4 78b14 19 82b9 13 83a6 8
μελιττώδης 4 83a30
μηλολόνθαι 4 82b14
μυῖα 2 61a20 4 78b15 19 82b12 83a30
μύρμηξ 1 42b33 43b2 2 50b26 61a16 4 78b17 83a5

μῦς 3 67a20 4 76b31; 79b26 83b15
μύωψ 2 61a24

Νάρκη 4 95b8 12 96a27 30
νηρείτης 4 79b20
νυκτερίδες 4 97b1 7

Οἶστρος 2 61a24
ὁλοθούρια 4 81a17
ὄνος 3 63a19 23-4 67a21 74a4 27 4 76b26 88b23
ὀρεύς 1 41b35 3 74a4 27 4 76b26
ὄρνεον 2 57b27 3 62b15 70b11
ὄρνις 1 42b10 14 43a3 b11 44a19 21 32-3 b4 9 45b24 2 55a18 b4 57a17 25 28 30 b5 16 24 58a12 59a36 b4 6 21 60a29 33 3 62a33 69a31 b10-1 70b17 71a21 31 73b20 74b18 75a14 16 4 76a31 33 78b26 34 79a18 86b21 91a13 21-4 30 92a10 b3 10-12 93a26 b6 13 24 27 94a4 6 b2 12 26 29 95a8 16 19 26 b1 97b14 16 20-23 25
ὀρνιθώδης 59b27 75a10 79b9
ὄρυξ 3 63a23-4
ὀστρακηρός 4 79b12
ὀστρακόδερμος(ν) 2 54a2 61a17 21 4 78a30 b11 21 79b2 15 30-1 35 80a4 19 30 81a32 36 b1 12 31 83b4 18 84b15-6 34 85a5 b28
ὄστρεον 2 54a3 4 80b8 10 21-2 81b10 ὄστρεια 1 44b10
ὄφις 2 55a20 59a36 60b6-7 3 71a21 4 76a24-5 36 b6 21 90b14 91a6 18 b29 32 96a8-9 11 97a11
ὀφιώδης 4 96a6 10 17 b23

Πάρδαλις 3 67a21 88a6
περιστερά 2 57b10 3 70a34
πίθηκος 4 89b31
πνεύμων (πνεύμονες) 4 81a18
πολύπους 2 52b25 54a22 61a15 4 78b28 79a8 12 22 82a37 b2 5 84b12 85a5 21 b2 13-4 21 24 86b30 87a3
πολυποδώδης 4 85a24
πορφύρα 2 61a21 4 79b14 20

πρόβατον 1 43b6  3 62a3  71b8  72a28 31 b1-3  73b33  74b7  4 76b36
πρόξ 2 50b15  4 76b27
πῶλοι τῶν ἵππων 4 86b15

Ῥίνη 4 97a6

Σαῦρος 2 60b6  3 69a29  4 76a26  91a6
σέλαχος 2 55a23 37  4 76b2² 95b9  96b3 5  97a7
σελαχώδης 3 69b36  4 96b10 26
σηπία 2 54a20  61a14  4 78b28  79a5 9 15 20  85a14 23 b1 20
σκάρος 3 62a7  75a3
σκορπίος 4 83a10-1
σμύραινα 4 96a6
σπόγγος 4 81a11 15
στρόμβος 2 61a23  (4 85a6)
στρομβώδης 4 79b16 27  80a22  83b12 14  84b16 21 34  85a10-1
στρουθός 1 44a33
στρουθὸς ὁ Λιβυκός 2 58a13  4 95a17  97b14
σφῆξ 4 83a9
σωλήν 4 83b17

Ταῦρος 2 51a2 4  3 62a3  63a36
τέττιξ 4 82a18 24
τευθίς 2 54a21  4 78b29  79a7 14 22  85a14 23 b1 19
τεῦθος 4 85b19
τήθυον 4 80a5  81a9 25
τρυγών 4 95b9 28

Ὕαινα 3 67a20
ὗς 1 43b6  3 61b18 26  62b14  63a7  67a11  74a2 28  75a27²  88a35 b11

Φάλαινα 3 69a8  4 97a16
φρύνη 3 73b31
φώκη 2 57a22  3 71b4  4 76b28  91a8  97b1 4

Χαμαιλέων 4 92a20
χελώνη 2 54a8  3 69a30  71a15 28  73b31  4 76a29  91a17
χοῖρος 4 88b12

Ψύλλα 4 83a34

## NAMES OF PLANTS

ἄμπελος → ἀμπέλινος 3 68a23
ἐπίπετρον 4 81a23
πόα 3 76a15
συκῆ → σύκινος 3 68a24
χέδροπος (χεδροπά) 2 53a24

# ARISTOTELES SEMITICO-LATINUS

*Founded by*
H. J. Drossaart Lulofs

*General Editors*
H. Daiber
R. Kruk

★ *Volumes 1 to 4 are available directly from the Royal Netherlands Academy of Arts and Sciences, P.O. Box 19121, 1000 G C Amsterdam, The Netherlands / edita@bureau.knaw.nl*

*1 Ḥunain ibn Isḥâq. – *Ein Kompendium der aristotelischen Meteorologie in der Fassung des Ḥunain ibn Isḥâq*. Hrsg. mit Übers., Komm. und Einl. von H. Daiber. 1975. (viii, 117 [18 Arabic t.] pp., 4 [facs.] pl.). ISBN 7204 8302 6

*2 Aristotle. – *The Arabic version of Aristotle's Parts of Animals. Books XI-XIV of the Kitāb al-Ḥayawān*. Critical ed. with introd. and sel. glossary by R. Kruk. 1979 (96 [4 fasc.], 156 Arabic t. pp.). ISBN 0 7204 8467 7

*3 Gätje, H. *Das Kapitel über das Begehren aus dem Mittleren Kommentar des Averroes zur Schrift über die Seele*. [Mit Text u. Übers.] 1985. (viii, 100 [10 Arabic t.] pp.). ISBN 0 4448 5640 4

*4 Nicolaus Damascenus. *De Plantis*. Five translations. Ed. with introd. by H. J. Drossaart Lulofs and E. L. J. Poortman. 1989. (xvi, 732 [incl. Syriac, Arabic, Hebrew, Latin, Greek t. and num. facs.] pp.). ISBN 0 4448 5703 6

5 Aristotle. *De Animalibus. Michael Scot's Arabic-Latin translation*. Three parts.
Part 1. Books I-X: History of Animals. Ed. by A. M. I. van Oppenraaij. *In preparation*
Part 2. Books XI-XIV: Parts of Animals. Ed. by A. M. I. van Oppenraaij. 1998. ISBN 90 04 11070 4
Part 3. Books XV-XIX: Generation of Animals. Ed. by A. M. I. van Oppenraaij. With a Greek index to *De Generatione Animalium* by H. J. Drossaart Lulofs. 1992. (xxvi, 504 [243 Latin p.] pp.). ISBN 90 04 09603 5

6 Aristotle's *De Anima* translated into Hebrew by Zeraḥyah ben Isaac ben Shealtiel Ḥen. Ed. by G. Bos. 1993. ISBN 90 04 09937 9

7 P. Lettinck. *Aristotle's* Physics *and its reception in the Arabic world*. With an edition of the unpublished parts of Ibn Bājja's *Commentary on the Physics*. 1994. ISBN 90 04 09960 3

8 R. Fontaine (ed.). *Otot ha-Shamayim*. Samuel Ibn Tibbon's Hebrew version of Aristotle's *Meteorology*. A critical edition, with introduction, translation, and index. 1995. ISBN 90 04 10258 2

9 Aristoteles' *De Anima. Eine verlorene spätantike Paraphrase in arabischer und persischer Überlieferung*. Arabischer Text nebst Kommentar, quellengeschichtlichen Studien und Glossaren. Hrsg. von R. Arnzen. 1998. ISBN 90 04 10699 5

*Next volumes*

P. Lettinck. *The Reception of the Greek Meteorology in the Arab World.*
Pseudo-Aristotle. *Problemata Physica. The Hebrew and Arabic translations.* Ed. with transl., introd. and commentary by L. S. Filius.

*In preparation*

Aristotle. *Meteorologica. Yaḥyā ibn al-Biṭrīq's Arabic translation and Gerard of Cremona's Arabic-Latin translation.* Ed. by P. Schoonheim.
Aristotle. *Historia Animalium. The Arabic translation commonly ascribed to Yaḥyā ibn al-Biṭrīq.* Ed. with introd. by L. S. Filius, H. den Heijer and J. Mattock.
Aristotle. *Poetica. The Syriac fragments.* Ed. by O. Schrier.
Aristotle. *Parva Naturalia. The Arabic translation.* Ed. by H. Daiber.
Aristoteles. *De Cælo. Die arabische Übersetzung.* Hrsg. von G. Endress.
Aristotle. *De Cælo. Gerard of Cremona's Arabic-Latin translation.* Ed. by A. M. I. van Oppenraaij.
Aristotle. *Physica. Gerard of Cremona's Arabic-Latin translation.* Ed. by D. Konstan.
Pedro Gallego. *De Animalibus. A Latin compendium of Aristotle's* De Animalibus. Ed. by A. M. I. van Oppenraaij.

Printed in the United States
By Bookmasters